사도신경

The Apostle's Creed

전능하사 천지를 만드신 하나님 아버지를 내가 믿사오며,
그 외아들 우리 주 예수 그리스도를 믿사오니,
이는 성령으로 잉태하사 동정녀 마리아에게 나시고,
'본디오 빌라도'에게 고난을 받으사,
십자가에 못 박혀 죽으시고,
장사한 지 사흘 만에 죽은 자 가운데서 다시 살아나시며,
하늘에 오르사, 전능하신 하나님 우편에 앉아 계시다가,
저리로서 산 자와 죽은 자를 심판하러 오시리라.
성령을 믿사오며, 거룩한 공회와,
성도가 서로 교통하는 것과,
죄를 사하여 주시는 것과, 몸이 다시 사는 것과,
영원히 사는 것을 믿사옵나이다. 아멘.

[1] 사도신경 새번역

나는 전능하신 아버지 하나님, 천지의 창조주를 믿습니다.
나는 그의 유일하신 아들, 우리 주 예수 그리스도를 믿습니다.
그는 성령으로 잉태되어 동정녀 마리아에게서 나시고,
본디오 빌라도에게 고난을 받아 십자가에 못 박혀 죽으시고,
장사된 지[2] 사흘 만에 죽은 자 가운데서 다시 살아나셨으며,
하늘에 오르시어 전능하신 아버지 하나님 우편에 앉아 계시다가,
거기로부터 살아 있는 자와 죽은 자를 심판하러 오십니다.
나는 성령을 믿으며, 거룩한 공교회와 성도의 교제와
죄를 용서받는 것과 몸의 부활과 영생을 믿습니다. 아멘.

1) '사도신조'로도 번역할 수 있다.
2) '장사되시어 지옥에 내려가신지'가 공인된 원문(Forma Recepta)에는 있으나, 대다수의 본문에는 없다.

성경전서(국한문)

구약1 창세기~역대상

시작한 날

마친 날

신교횃불

손글씨 성경전서(국한문) 특징

(읽고, 쓰고, 새기어 영혼이 듣게하십시요)

- 손글씨성경을 다 쓰신 후 예배용 성경전서로 사용할 수 있도록 하였습니다.
- 성경본문 소제목, 장, 절과 중요단어(漢文)가 인쇄되어 있습니다.
- 손글씨성경을 다 쓰신후 자손들에게 믿음의 유산으로 남길 수 있습니다.
- 쓰기에 불편하지 않게 잘 펴지도록 제작하였습니다.
- 가독성, 필기감, 장기보존 등을 고려하여 제작하였습니다.

성경전서(국한문) 구약1 [창세기~역대상]

2022년 5월 20일 초판 1쇄 인쇄
2022년 5월 25일 1판 1쇄 발행

펴 낸 이 김수곤
디 자 인 디자인이츠
발 행 처 선교횃불
등 록 일 1999년 9월 21일 제 54호
등록주소 서울 송파구 백제고분로 27길 12(삼전동)
전 화 (02)2203-2739
팩 스 (02)2203-2738
이 메 일 ccm2you@gmail.com
홈페이지 www.ccm2u.com

손글씨 성경 성경전서 활용법

성경색인 표시로
찾기가 쉬움

創世記 Genesis 창

소제목

漢文 단어가
표기되어 있음

천지 창조

1 (太初)태초에 하나님이 천지를
(創造)창조하시니라

장숫자

2 땅이 [1](混沌)혼돈하고 공허하며
흑암이 깊음 위에 있고 하나님의
영은 수면 위에 (運行)운행하시니
라
3 하나님이 이르시되 빛이 있으라 하
시니 빛이 있었고
4 빛이 하나님이 보시기에 좋았더라
하나님이 빛과 어둠을 나누사
5 하나님이 빛을 낮이라 부르시고 어
둠을 밤이라 부르시니라 저녁이 되
고 아침이 되니 이는 첫째 날이니
라
6 ●하나님이 이르시되 물 가운데에
(穹蒼)궁창이 있어 물과 물로 나뉘
라 하시고
7 하나님이 (穹蒼)궁창을 만드사 궁
창 아래의 물과 궁창 위의 물로 나
뉘게 하시니 그대로 되니라
8 하나님이 (穹蒼)궁창을 하늘이라
부르시니라 저녁이 되고 아침이 되
니 이는 둘째 날이니라
9 ●하나님이 이르시되 (天下)천하
의 물이 한 곳으로 모이고 뭍이 드
러나라 하시니 그대로 되니라
10 하나님이 뭍을 땅이라 부르시고 모
인 물을 바다라 부르시니 하나님이
보시기에 좋았더라
11 하나님이 이르시되 땅은 풀과 씨
맺는 (菜蔬)채소와 각기 종류대로
씨 가진 열매 맺는 나무를 내라 하

바탕글씨를 따라
쓰며 마음판에
새기십시요.

절숫자

시니 그대로 되어
12 땅이 풀과 (各其)각기 (種類)종류
대로 씨 맺는 채소와 각기 종류대
로 씨 가진 열매 맺는 나무를 내니
하나님이 보시기에 좋았더라
13 저녁이 되고 아침이 되니 이는 셋
째 날이니라
14 ●하나님이 이르시되 하늘의 궁창
에 [2]광명체들이 있어 낮과 밤을 나
뉘게 하고 그것들로 (徵兆)징조와
계절과 날과 해를 이루게 하라
15 또 (光明體)광명체들이 하늘의 궁
창에 있어 땅을 비추라 하시니 그
대로 되니라
16 하나님이 두 큰 (光明體)광명체를
만드사 큰 광명체로 낮을 (主管)주
관하게 하시고 작은 광명체로 밤
을 주관하게 하시며 또 별들을 만
드시고
17 하나님이 그것들을 하늘의 (穹蒼)
궁창에 두어 땅을 비추게 하시며
18 낮과 밤을 (主管)주관하게 하시고
빛과 어둠을 나뉘게 하시니 하나님
이 보시기에 좋았더라
19 저녁이 되고 아침이 되니 이는 넷
째 날이니라
20 ●하나님이 이르시되 물들은 (生
物)생물을 번성하게 하라 땅 위 하
늘의 궁창에는 새가 날으라 하시고
21 하나님이 큰 바다 짐승들과 물에서
(蕃盛)번성하여 움직이는 모든 생
물을 그 종류대로, 날개 있는 모든

1) 또는 형체가 없는 2) 히, 또는 발광체

따라쓰기를
완성하면
예배용
성경전서가
완성됩니다.

난해주 표시로
정확한 의미를
찾아볼수 있다.

* 대한성서공회 NKR73ES 페이지와 동일하게 편집되도록 하였습니다.

손글씨 성경 성경전서 차례

구 약

신 약

創世記 Genesis

천지 창조

1 (太初)태초에 하나님이 천지를
(創造)창조하시니라
2 땅이 [1](混沌)혼돈하고 공허하며
흑암이 깊음 위에 있고 하나님의
영은 수면 위에 (運行)운행하시니
라
3 하나님이 이르시되 빛이 있으라 하
시니 빛이 있었고
4 빛이 하나님이 보시기에 좋았더라
하나님이 빛과 어둠을 나누사
5 하나님이 빛을 낮이라 부르시고 어
둠을 밤이라 부르시니라 저녁이 되
고 아침이 되니 이는 첫째 날이니
라
6 ●하나님이 이르시되 물 가운데에
(穹蒼)궁창이 있어 물과 물로 나뉘
라 하시고
7 하나님이 (穹蒼)궁창을 만드사 궁
창 아래의 물과 궁창 위의 물로 나
뉘게 하시니 그대로 되니라
8 하나님이 (穹蒼)궁창을 하늘이라
부르시니라 저녁이 되고 아침이 되
니 이는 둘째 날이니라
9 ●하나님이 이르시되 (天下)천하
의 물이 한 곳으로 모이고 뭍이 드
러나라 하시니 그대로 되니라
10 하나님이 뭍을 땅이라 부르시고 모
인 물을 바다라 부르시니 하나님이
보시기에 좋았더라
11 하나님이 이르시되 땅은 풀과 씨
맺는 (菜蔬)채소와 각기 종류대로
씨 가진 열매 맺는 나무를 내라 하
시니 그대로 되어
12 땅이 풀과 (各其)각기 (種類)종류
대로 씨 맺는 채소와 각기 종류대
로 씨 가진 열매 맺는 나무를 내니
하나님이 보시기에 좋았더라
13 저녁이 되고 아침이 되니 이는 셋
째 날이니라
14 ●하나님이 이르시되 하늘의 궁창
에 [2]광명체들이 있어 낮과 밤을 나
뉘게 하고 그것들로 (徵兆)징조와
계절과 날과 해를 이루게 하라
15 또 (光明體)광명체들이 하늘의 궁
창에 있어 땅을 비추라 하시니 그
대로 되니라
16 하나님이 두 큰 (光明體)광명체를
만드사 큰 광명체로 낮을 (主管)주
관하게 하시고 작은 광명체로 밤
을 주관하게 하시며 또 별들을 만
드시고
17 하나님이 그것들을 하늘의 (穹蒼)
궁창에 두어 땅을 비추게 하시며
18 낮과 밤을 (主管)주관하게 하시고
빛과 어둠을 나뉘게 하시니 하나님
이 보시기에 좋았더라
19 저녁이 되고 아침이 되니 이는 넷
째 날이니라
20 ●하나님이 이르시되 물들은 (生
物)생물을 번성하게 하라 땅 위 하
늘의 궁창에는 새가 날으라 하시고
21 하나님이 큰 바다 짐승들과 물에서
(蕃盛)번성하여 움직이는 모든 생
물을 그 종류대로, 날개 있는 모든

1) 또는 형체가 없는 2) 히, 또는 발광체

새를 그 종류대로 (創造)창조하시
니 하나님이 보시기에 좋았더라
22 하나님이 그들에게 복을 주시며
이르시되 생육하고 번성하여 여러
바닷물에 (充滿)충만하라 새들도
땅에 번성하라 하시니라
23 저녁이 되고 아침이 되니 이는 다
섯째 날이니라
24 ●하나님이 이르시되 땅은 (生物)
생물을 그 종류대로 내되 가축과
기는 것과 땅의 짐승을 종류대로
내라 하시니 그대로 되니라
25 하나님이 땅의 짐승을 그 종류대
로, (家畜)가축을 그 종류대로, 땅
에 기는 모든 것을 그 종류대로 만
드시니 하나님이 보시기에 좋았더
라
26 하나님이 이르시되 우리의 (形像)
형상을 따라 우리의 모양대로 우
리가 사람을 만들고 그들로 바다
의 물고기와 하늘의 새와 가축과
[1]온 땅과 땅에 기는 모든 것을 다
스리게 하자 하시고
27 하나님이 (自己)자기 형상 곧 하나
님의 형상대로 사람을 창조하시되
(男子)남자와 여자를 창조하시고
28 하나님이 그들에게 복을 주시며
하나님이 그들에게 이르시되 (生
育)생육하고 번성하여 땅에 충만
하라, 땅을 정복하라, 바다의 물고
기와 하늘의 새와 땅에 움직이는
모든 생물을 다스리라 하시니라
29 하나님이 이르시되 내가 온 (地面)
지면의 씨 맺는 모든 채소와 씨 가
진 열매 맺는 모든 나무를 너희에
게 주노니 너희의 먹을 거리가 되
리라
30 또 땅의 모든 짐승과 하늘의 모든
새와 (生命)생명이 있어 땅에 기는
모든 것에게는 내가 모든 푸른 풀
을 먹을 거리로 주노라 하시니 그
대로 되니라
31 하나님이 지으신 그 모든 것을 보
시니 보시기에 (甚)심히 좋았더라
저녁이 되고 아침이 되니 이는 여
섯째 날이니라

2 (天地)천지와 (萬物)만물이 다
이루어지니라
2 하나님이 그가 하시던 일을 일곱째
날에 마치시니 그가 하시던 모든
일을 그치고 일곱째 날에 (安息)안
식하시니라
3 하나님이 그 일곱째 날을 (福)복되
게 하사 거룩하게 하셨으니 이는
하나님이 그 창조하시며 만드시던
모든 일을 마치시고 그 날에 안식
하셨음이니라

에덴 동산

4 ●이것이 천지가 창조될 때에 하늘
과 땅의 (來歷)내력이니 여호와 하
나님이 땅과 하늘을 만드시던 날에
5 여호와 하나님이 땅에 비를 내리지
아니하셨고 땅을 갈 사람도 없었으
므로 들에는 (草木)초목이 아직 없
었고 밭에는 채소가 나지 아니하였
으며
6 안개만 땅에서 올라와 온 (地面)지
면을 적셨더라
7 여호와 하나님이 땅의 흙으로 사

1) 시리아어 역본에는 온 땅의 짐승과

람을 지으시고 (生氣)생기를 그
코에 불어넣으시니 사람이 [1](生
靈)생령이 되니라
8 여호와 하나님이 동방의 에덴에
동산을 (創設)창설하시고 그 지으
신 사람을 거기 두시니라
9 여호와 하나님이 그 땅에서 보기에
아름답고 먹기에 좋은 나무가 나게
하시니 동산 가운데에는 생명 나무
와 [2](善惡)선악을 알게 하는 나무
도 있더라
10 강이 에덴에서 흘러 나와 동산을
적시고 거기서부터 갈라져 네 (根
源)근원이 되었으니
11 첫째의 이름은 비손이라 (金)금이
있는 하윌라 온 땅을 둘렀으며
12 그 땅의 금은 (純金)순금이요 그
곳에는 [3]베델리엄과 호마노도 있
으며
13 둘째 (江)강의 이름은 기혼이라 구
스 온 땅을 둘렀고
14 셋째 강의 이름은 힛데겔이라 앗
수르 (東)동쪽으로 흘렀으며 넷째
강은 유브라데더라
15 여호와 하나님이 그 사람을 이끌어
에덴 동산에 두어 그것을 (耕作)경
작하며 지키게 하시고
16 여호와 하나님이 그 사람에게 명하
여 이르시되 동산 각종 나무의 열
매는 네가 (任意)임의로 먹되
17 (善惡)선악을 알게 하는 나무의 열
매는 먹지 말라 네가 먹는 날에는
반드시 죽으리라 하시니라
18 ●여호와 하나님이 이르시되 사람
이 혼자 사는 것이 좋지 아니하니
내가 그를 위하여 돕는 (配匹)배필
을 지으리라 하시니라
19 여호와 하나님이 흙으로 (各種)각
종 들짐승과 공중의 각종 새를 지
으시고 아담이 무엇이라고 부르나
보시려고 그것들을 그에게로 이끌
어 가시니 아담이 각 생물을 부르
는 것이 곧 그 이름이 되었더라
20 아담이 모든 (家畜)가축과 (空中)
공중의 새와 들의 모든 짐승에게
이름을 주니라 아담이 돕는 (配匹)
배필이 없으므로
21 여호와 하나님이 아담을 깊이 잠들
게 하시니 잠들매 그가 그 갈빗대
하나를 취하고 살로 (代身)대신 채
우시고
22 여호와 하나님이 아담에게서 취하
신 그 갈빗대로 (女子)여자를 만드
시고 그를 아담에게로 이끌어 오시
니
23 아담이 이르되 이는 내 뼈 중의 뼈
요 살 중의 살이라 이것을 남자에
게서 (取)취하였은즉 여자라 부르
리라 하니라
24 이러므로 남자가 부모를 떠나 그의
아내와 (合)합하여 둘이 한 몸을 이
룰지로다
25 아담과 그의 아내 두 사람이 벌거
벗었으나 부끄러워하지 아니하니
라

사람의 불순종과 하나님의 심판 선언

3 그런데 뱀은 여호와 하나님이 지
으신 들짐승 중에 가장 (奸巧)간
교하니라 뱀이 여자에게 물어 이르

1) 히, 생물 2) 선악 지식의 나무 3) 진주

창

되 하나님이 참으로 너희에게 동산
모든 나무의 열매를 먹지 말라 하
시더냐
2 (女子)여자가 뱀에게 말하되 동산
나무의 열매를 우리가 먹을 수 있
으나
3 동산 (中央)중앙에 있는 나무의 열
매는 하나님의 말씀에 너희는 먹지
도 말고 만지지도 말라 너희가 죽
을까 하노라 하셨느니라
4 뱀이 여자에게 이르되 너희가 (決)
결코 죽지 아니하리라
5 너희가 그것을 먹는 날에는 너희
눈이 밝아져 하나님과 같이 되어
(善惡)선악을 알 줄 하나님이 아심
이니라
6 여자가 그 나무를 본즉 먹음직도
하고 보암직도 하고 지혜롭게 할
만큼 (貪)탐스럽기도 한 나무인지
라 여자가 그 열매를 따먹고 자기
와 함께 있는 남편에게도 주매 그
도 먹은지라
7 이에 그들의 눈이 밝아져 자기들이
벗은 줄을 알고 (無花果)무화과나
무 잎을 엮어 치마로 삼았더라
8 그들이 그 날 바람이 불 때 동산에
거니시는 여호와 하나님의 소리를
듣고 아담과 그의 아내가 여호와
하나님의 낯을 (避)피하여 동산 나
무 사이에 숨은지라
9 여호와 하나님이 아담을 부르시며
그에게 이르시되 네가 어디 있느냐
10 이르되 내가 동산에서 하나님의 소
리를 듣고 내가 벗었으므로 두려워
하여 숨었나이다
11 이르시되 누가 너의 벗었음을 네게
알렸느냐 내가 네게 먹지 말라 (命)
명한 그 나무 열매를 네가 먹었느
냐
12 아담이 이르되 하나님이 주셔서 나
와 함께 있게 하신 (女子)여자 그
가 그 나무 열매를 내게 주므로 내
가 먹었나이다
13 여호와 하나님이 (女子)여자에게
이르시되 네가 어찌하여 이렇게 하
였느냐 여자가 이르되 뱀이 나를
꾀므로 내가 먹었나이다
14 여호와 하나님이 뱀에게 이르시되
네가 이렇게 하였으니 네가 모든
가축과 들의 모든 짐승보다 더욱
(詛呪)저주를 받아 배로 다니고 살
아 있는 동안 흙을 먹을지니라
15 내가 너로 여자와 (怨讐)원수가 되
게 하고 네 (後孫)후손도 여자의
후손과 원수가 되게 하리니 여자의
후손은 네 머리를 상하게 할 것이
요 너는 그의 발꿈치를 상하게 할
것이니라 하시고
16 또 여자에게 이르시되 내가 네게
임신하는 (苦痛)고통을 크게 더하
리니 네가 수고하고 자식을 낳을
것이며 너는 남편을 원하고 남편은
너를 다스릴 것이니라 하시고
17 아담에게 이르시되 네가 네 아내의
말을 듣고 내가 네게 먹지 말라 한
나무의 열매를 먹었은즉 땅은 너로
말미암아 저주를 받고 너는 네 평
생에 수고하여야 그 (所産)소산을
먹으리라
18 땅이 네게 가시덤불과 엉겅퀴를 낼

것이라 네가 먹을 것은 밭의 (菜蔬)
채소인즉
19 네가 흙으로 돌아갈 때까지 얼굴
에 땀을 흘려야 먹을 것을 먹으리
니 네가 그것에서 (取)취함을 입었
음이라 너는 흙이니 흙으로 돌아갈
것이니라 하시니라
20 아담이 그의 아내의 이름을 [1]하와
라 불렀으니 그는 모든 산 (者)자의
어머니가 됨이더라
21 여호와 하나님이 아담과 그의 아내
를 (爲)위하여 가죽옷을 지어 입히
시니라

아담과 하와를 쫓아내시다

22 ●여호와 하나님이 이르시되 보라
이 사람이 선악을 아는 일에 우리
중 하나 같이 되었으니 그가 그의
손을 들어 생명 나무 열매도 따먹
고 (永生)영생할까 하노라 하시고
23 여호와 하나님이 에덴 동산에서 그
를 내보내어 그의 (根源)근원이 된
땅을 갈게 하시니라
24 이같이 하나님이 그 사람을 쫓아내
시고 에덴 동산 동쪽에 그룹들과
두루 도는 불 칼을 두어 (生命)생
명 나무의 길을 지키게 하시니라

가인과 아벨

4 아담이 그의 아내 하와와 [2](同
寢)동침하매 하와가 임신하여 [3]
가인을 낳고 이르되 내가 여호와로
말미암아 (得男)득남하였다 하니
라
2 그가 또 가인의 아우 아벨을 낳았
는데 아벨은 양 치는 자였고 가인
은 (農事)농사하는 자였더라
3 세월이 지난 후에 가인은 땅의 (所
産)소산으로 (祭物)제물을 삼아
여호와께 드렸고
4 아벨은 자기도 양의 첫 새끼와 그
기름으로 드렸더니 여호와께서 아
벨과 그의 (祭物)제물은 받으셨으
나
5 가인과 그의 제물은 받지 아니하신
지라 가인이 몹시 분하여 (顔色)안
색이 변하니
6 여호와께서 가인에게 이르시되 네
가 (忿)분하여 함은 어찌 됨이며 안
색이 변함은 어찌 됨이냐
7 네가 (善)선을 행하면 어찌 낯을 들
지 못하겠느냐 선을 행하지 아니하
면 (罪)죄가 문에 엎드려 있느니라
죄가 너를 원하나 너는 죄를 다스
릴지니라
8 가인이 그의 아우 아벨에게 [4]말하
고 그들이 들에 있을 때에 가인이
그의 아우 아벨을 쳐죽이니라
9 여호와께서 가인에게 이르시되 네
아우 아벨이 어디 있느냐 그가 이
르되 내가 알지 못하나이다 내가
내 아우를 지키는 (者)자니이까
10 이르시되 네가 무엇을 하였느냐 네
아우의 핏소리가 땅에서부터 내게
(呼訴)호소하느니라
11 땅이 그 입을 벌려 네 손에서부터
네 아우의 피를 받았은즉 네가 땅
에서 (詛呪)저주를 받으리니
12 네가 밭을 갈아도 땅이 다시는 그
(效力)효력을 네게 주지 아니할 것

1) 생명 2) 히, 알게 되매 3) 얻음 4) 고대 역본들에 의하면 '우리가 들로 나가자'가 있음

이요 너는 땅에서 피하며 (流離)유
리하는 자가 되리라
13 가인이 여호와께 아뢰되 내 (罪罰)
죄벌이 지기가 너무 무거우니이다
14 주께서 오늘 이 (地面)지면에서 나
를 쫓아내시온즉 내가 주의 낯을
뵈옵지 못하리니 내가 땅에서 피하
며 (流離)유리하는 자가 될지라 무
릇 나를 만나는 자마다 나를 죽이
겠나이다
15 여호와께서 그에게 이르시되 그렇
지 아니하다 가인을 죽이는 자는
벌을 칠 배나 받으리라 하시고 가
인에게 (標)표를 주사 그를 만나는
모든 사람에게서 죽임을 면하게 하
시니라

가인의 자손

16 ●가인이 여호와 앞을 떠나서 에덴
동쪽 [1]놋 땅에 (居住)거주하더니
17 아내와 (同寢)동침하매 그가 (妊
娠)임신하여 에녹을 낳은지라 가
인이 성을 쌓고 그의 아들의 이름
으로 성을 이름하여 에녹이라 하니
라
18 에녹이 이랏을 낳고 이랏은 므후야
엘을 낳고 므후야엘은 므드사엘을
낳고 므드사엘은 라멕을 낳았더라
19 라멕이 두 아내를 맞이하였으니 하
나의 이름은 아다요 하나의 이름은
씰라였더라
20 아다는 야발을 낳았으니 그는 (帳
幕)장막에 거주하며 가축을 치는
자의 조상이 되었고
21 그의 아우의 이름은 유발이니 그는

1) 유리함

(竪琴)수금과 퉁소를 잡는 모든 자
의 조상이 되었으며
22 씰라는 두발가인을 낳았으니 그는
구리와 쇠로 여러 가지 (器具)기구
를 만드는 자요 두발가인의 누이는
나아마였더라
23 라멕이 아내들에게 이르되
아다와 씰라여 내 목소리를 들
으라 라멕의 아내들이여 내 말
을 들으라 나의 (傷處)상처로 말
미암아 내가 사람을 죽였고 나의
상함으로 말미암아 소년을 죽였
도다
24 가인을 위하여는 벌이 칠 배일진
대 라멕을 위하여는 (罰)벌이 칠
십칠 배이리로다
하였더라

셋과 에노스

25 ●아담이 다시 자기 아내와 (同寢)
동침하매 그가 아들을 낳아 그의
이름을 셋이라 하였으니 이는 하나
님이 내게 가인이 죽인 아벨 대신
에 다른 씨를 주셨다 함이며
26 셋도 아들을 낳고 그의 이름을 에
노스라 하였으며 그 때에 사람들이
비로소 여호와의 이름을 불렀더라

아담의 계보

5 이것은 아담의 (系譜)계보를 적
은 책이니라 하나님이 사람을
창조하실 때에 하나님의 모양대로
지으시되
2 남자와 여자를 (創造)창조하셨고
그들이 창조되던 날에 하나님이 그
들에게 (福)복을 주시고 그들의 이
름을 사람이라 일컬으셨더라

3 아담은 백삼십 (歲)세에 자기의 모
양 곧 자기의 형상과 같은 아들을
낳아 이름을 셋이라 하였고
4 아담은 셋을 낳은 (後)후 팔백 년을
지내며 자녀들을 낳았으며
5 그는 (九百三十 歲)구백삼십 세를
살고 죽었더라
6 ●셋은 (百五 歲)백오 세에 에노스
를 낳았고
7 에노스를 낳은 후 팔백칠 년을 지
내며 (子女)자녀들을 낳았으며
8 그는 (九百十二 歲)구백십이 세를
살고 죽었더라
9 ●에노스는 (九十 歲)구십 세에 게
난을 낳았고
10 게난을 낳은 (後)후 팔백십오 년을
지내며 자녀들을 낳았으며
11 그는 (九百五 歲)구백오세를 살고
죽었더라
12 ●게난은 (七十 歲)칠십 세에 마할
랄렐을 낳았고
13 마할랄렐을 낳은 후 팔백사십 년을
지내며 (子女)자녀들을 낳았으며
14 그는 (九百十 歲)구백십 세를 살고
죽었더라
15 ●마할랄렐은 (六十五 歲)육십오
세에 야렛을 낳았고
16 야렛을 낳은 후 팔백삼십 년을 지
내며 (子女)자녀를 낳았으며
17 그는 (八百九十五 歲)팔백구십오
세를 살고 죽었더라
18 ●야렛은 (百六十二 歲)백육십이
세에 에녹을 낳았고
19 에녹을 낳은 (後)후 팔백 년을 지내
며 자녀들을 낳았으며
20 그는 (九百六十二 歲)구백육십이
세를 살고 죽었더라
21 ●에녹은 (六十五 歲)육십오 세에
므두셀라를 낳았고
22 므두셀라를 낳은 후 삼백 년을 하
나님과 (同行)동행하며 자녀들을
낳았으며
23 그는 삼백육십오 (歲)세를 살았더
라
24 에녹이 하나님과 동행하더니 하나
님이 그를 데려가시므로 (世上)세
상에 있지 아니하였더라
25 ●므두셀라는 (百八十七 歲)백팔
십칠 세에 라멕을 낳았고
26 라멕을 낳은 후 칠백팔십이 년을
지내며 (子女)자녀를 낳았으며
27 그는 (九百六十九 歲)구백육십구
세를 살고 죽었더라
28 ●라멕은 (百八十二 歲)백팔십이
세에 아들을 낳고
29 이름을 [1]노아라 하여 이르되 여호
와께서 땅을 저주하시므로 수고롭
게 일하는 우리를 이 아들이 (安慰)
안위하리라 하였더라
30 라멕은 노아를 낳은 후 오백구십오
년을 지내며 (子女)자녀들을 낳았
으며
31 그는 (七百七十七 歲)칠백칠십칠
세를 살고 죽었더라
32 ●노아는 오백 세 된 (後)후에 셈
과 함과 야벳을 낳았더라

사람의 죄악

6 사람이 땅 위에 (蕃盛)번성하기
시작할 때에 그들에게서 딸들이

1) 안위함

나니
2 하나님의 아들들이 사람의 딸들의
아름다움을 보고 (自己)자기들이
좋아하는 모든 여자를 아내로 삼는
지라
3 여호와께서 이르시되 나의 (靈)영
이 영원히 사람과 함께 하지 아니
하리니 이는 그들이 (肉身)육신이
됨이라 그러나 그들의 날은 백이십
년이 되리라 하시니라
4 당시에 땅에는 [1]네피림이 있었고
그 후에도 하나님의 아들들이 사람
의 딸들에게로 들어와 자식을 낳았
으니 그들은 (勇士)용사라 고대에
명성이 있는 사람들이었더라
5 ●여호와께서 사람의 (罪惡)죄악
이 세상에 가득함과 그의 마음으로
생각하는 모든 계획이 항상 악할
뿐임을 보시고
6 땅 위에 사람 지으셨음을 (恨歎)한
탄하사 마음에 근심하시고
7 이르시되 내가 (創造)창조한 사람
을 내가 지면에서 쓸어버리되 사람
으로부터 (家畜)가축과 기는 것과
공중의 새까지 그리하리니 이는 내
가 그것들을 지었음을 한탄함이니
라 하시니라
8 그러나 노아는 여호와께 (恩惠)은
혜를 입었더라

노아의 족보

9 ●이것이 노아의 (族譜)족보니라
노아는 (義人)의인이요 (當代)당
대에 완전한 자라 그는 하나님과
동행하였으며
10 세 아들을 낳았으니 셈과 함과 야
벳이라
11 그 때에 온 땅이 하나님 앞에 (腐
敗)부패하여 (暴惡)포악함이 땅에
가득한지라
12 하나님이 보신즉 땅이 부패하였으
니 이는 땅에서 모든 (血肉)혈육
있는 자의 행위가 부패함이었더라
13 ●하나님이 노아에게 이르시되 모
든 (血肉)혈육 있는 자의 포악함이
땅에 가득하므로 그 끝 날이 내 앞
에 이르렀으니 내가 그들을 땅과
함께 (滅)멸하리라
14 너는 고페르 나무로 너를 위하여
(方舟)방주를 만들되 그 안에 칸들
을 막고 역청을 그 안팎에 칠하라
15 네가 만들 방주는 이러하니 그 길
이는 삼백 [2]규빗, 너비는 오십 규
빗, 높이는 삼십 규빗이라
16 거기에 (窓)창을 내되 위에서부터
한 규빗에 내고 그 문은 옆으로 내
고 상 중 하 삼층으로 할지니라
17 내가 (洪水)홍수를 땅에 일으켜 무
릇 생명의 기운이 있는 모든 육체
를 천하에서 (滅絶)멸절하리니 땅
에 있는 것들이 다 죽으리라
18 그러나 너와는 내가 내 (言約)언약
을 세우리니 너는 네 아들들과 네
아내와 네 며느리들과 함께 그 방
주로 들어가고
19 혈육 있는 모든 생물을 너는 각기
암수 한 쌍씩 방주로 이끌어들여
너와 함께 생명을 (保存)보존하게
하되
20 새가 그 종류대로, 가축이 그 종류

1) 장부가 2) 히, 임마

대로, 땅에 기는 모든 것이 그 종류
대로 각기 둘씩 네게로 나아오리니
그 (生命)생명을 보존하게 하라
21 너는 먹을 모든 양식을 네게로 가
져다가 (貯蓄)저축하라 이것이 너
와 그들의 먹을 것이 되리라
22 노아가 그와 같이 하여 하나님이
자기에게 (命)명하신 대로 다 (遵
行)준행하였더라

홍수

7 여호와께서 노아에게 이르시되
너와 네 온 집은 (方舟)방주로
들어가라 이 세대에서 네가 내 앞
에 의로움을 내가 보았음이니라
2 너는 모든 (淨潔)정결한 짐승은 암
수 일곱씩, (不淨)부정한 것은 암
수 둘씩을 네게로 데려오며
3 공중의 새도 암수 일곱씩을 데려와
그 씨를 온 지면에 (遺傳)유전하게
하라
4 지금부터 칠 일이면 내가 사십 주
야를 땅에 비를 내려 내가 지은 모
든 생물을 (地面)지면에서 쓸어버
리리라
5 노아가 여호와께서 자기에게 명하
신 대로 다 (遵行)준행하였더라
6 ●(洪水)홍수가 땅에 있을 때에
노아가 육백 세라
7 노아는 아들들과 아내와 며느리들
과 함께 홍수를 (避)피하여 방주에
들어갔고
8 (淨潔)정결한 짐승과 부정한 짐승
과 새와 땅에 기는 모든 것은
9 하나님이 노아에게 명하신 대로 암
수 둘씩 노아에게 나아와 (方舟)방
주로 들어갔으며
10 (七日)칠 일 (後)후에 홍수가 땅에
덮이니
11 노아가 육백 세 되던 해 둘째 달 곧
그 달 열이렛날이라 그 날에 큰 깊
음의 샘들이 터지며 하늘의 (窓門)
창문들이 열려
12 사십 (晝夜)주야를 비가 땅에 쏟아
졌더라
13 ●곧 그 날에 노아와 그의 아들 셈,
함, 야벳과 노아의 아내와 세 며느
리가 다 (方舟)방주로 들어갔고
14 그들과 모든 들짐승이 그 종류대
로, 모든 (家畜)가축이 그 종류대
로, 땅에 기는 모든 것이 그 종류대
로, 모든 새가 그 종류대로
15 무릇 (生命)생명의 기운이 있는 육
체가 둘씩 노아에게 나아와 방주로
들어갔으니
16 들어간 것들은 모든 것의 암수라
하나님이 그에게 (命)명하신 대로
들어가매 여호와께서 그를 들여보
내고 (門)문을 닫으시니라
17 (洪水)홍수가 땅에 사십 일 동안
계속된지라 물이 많아져 방주가 땅
에서 떠올랐고
18 물이 더 많아져 땅에 넘치매 (方舟)
방주가 물 위에 떠 다녔으며
19 물이 땅에 더욱 넘치매 (天下)천하
의 높은 산이 다 잠겼더니
20 물이 불어서 십오 규빗이나 오르니
(山)산들이 잠긴지라
21 땅 위에 움직이는 생물이 다 죽었
으니 곧 새와 (家畜)가축과 들짐승
과 땅에 기는 모든 것과 모든 사람

이라
22 육지에 있어 그 코에 생명의 기운
의 숨이 있는 것은 다 죽었더라
23 지면의 모든 (生物)생물을 쓸어버
리시니 곧 사람과 가축과 기는 것
과 공중의 새까지라 이들은 땅에서
쓸어버림을 당하였으되 오직 노아
와 그와 함께 방주에 있던 자들만
남았더라
24 물이 백오십 일을 땅에 넘쳤더라

홍수가 그치다

8 하나님이 노아와 그와 함께 (方
舟)방주에 있는 모든 들짐승과
가축을 (記憶)기억하사 하나님이
바람을 땅 위에 불게 하시매 물이
줄어들었고
2 깊음의 샘과 하늘의 (窓門)창문이
닫히고 하늘에서 비가 그치매
3 물이 땅에서 물러가고 (漸漸)점점
물러가서 백오십 일 후에 줄어들고
4 일곱째 달 곧 그 달 열이렛날에 (方
舟)방주가 아라랏 산에 머물렀으
며
5 물이 점점 줄어들어 열째 달 곧 그
달 (初)초하룻날에 산들의 봉우리
가 보였더라
6 ●(四十 日)사십 일을 지나서 노아
가 그 방주에 낸 창문을 열고
7 까마귀를 내놓으매 까마귀가 물이
땅에서 마르기까지 날아 (往來)왕
래하였더라
8 그가 또 비둘기를 내놓아 (地面)지
면에서 물이 줄어들었는지를 알고
자 하매
9 온 (地面)지면에 물이 있으므로 비
둘기가 발 붙일 곳을 찾지 못하고
방주로 돌아와 그에게로 오는지라
그가 손을 내밀어 방주 안 자기에
게로 받아들이고
10 또 칠 일을 기다려 다시 비둘기를
(方舟)방주에서 내놓으매
11 저녁때에 비둘기가 그에게로 돌아
왔는데 그 입에 (橄欖)감람 나무
새 잎사귀가 있는지라 이에 노아가
땅에 물이 줄어든 줄을 알았으며
12 또 (七 日)칠 일을 기다려 비둘기
를 내놓으매 다시는 그에게로 돌아
오지 아니하였더라
13 ●육백일 년 첫째 달 곧 그 달 초하
룻날에 땅 위에서 물이 걷힌지라
노아가 방주 뚜껑을 제치고 본즉
(地面)지면에서 물이 걷혔더니
14 둘째 달 스무이렛날에 땅이 말랐더
라
15 하나님이 노아에게 말씀하여 이르
시되
16 너는 네 아내와 네 아들들과 네 며
느리들과 함께 (方舟)방주에서 나
오고
17 너와 함께 한 모든 (血肉)혈육 있
는 생물 곧 새와 가축과 땅에 기는
모든 것을 다 이끌어내라 이것들이
땅에서 (生育)생육하고 땅에서 (蕃
盛)번성하리라 하시매
18 노아가 그 아들들과 그의 아내와
그 며느리들과 함께 나왔고
19 땅 위의 동물 곧 모든 짐승과 모든
기는 것과 모든 새도 그 (種類)종
류대로 방주에서 나왔더라

노아가 번제를 드리다

20 ●노아가 여호와께 제단을 쌓고 모
든 (淨潔)정결한 [1]짐승과 모든 정
결한 새 중에서 제물을 취하여 번
제로 제단에 드렸더니
21 여호와께서 그 (香氣)향기를 받으
시고 그 중심에 이르시되 내가 다
시는 사람으로 말미암아 땅을 저주
하지 아니하리니 이는 사람의 마음
이 계획하는 바가 어려서부터 악함
이라 내가 전에 행한 것 같이 모든
생물을 다시 (滅)멸하지 아니하리
니
22 땅이 있을 동안에는 심음과 거둠과
추위와 더위와 여름과 겨울과 낮과
밤이 쉬지 아니하리라

하나님이 노아와 언약을 세우시다

9 하나님이 노아와 그 아들들에게
복을 주시며 그들에게 이르시되
(生育)생육하고 (蕃盛)번성하여
땅에 (充滿)충만하라
2 땅의 모든 짐승과 (空中)공중의 모
든 새와 땅에 기는 모든 것과 바다
의 모든 물고기가 너희를 두려워하
며 너희를 무서워하리니 이것들은
너희의 손에 붙였음이니라
3 모든 산 (動物)동물은 너희의 먹을
것이 될지라 채소 같이 내가 이것
을 다 너희에게 주노라
4 그러나 고기를 그 (生命)생명 되는
피째 먹지 말 것이니라
5 내가 반드시 너희의 피 곧 너희의
생명의 피를 찾으리니 짐승이면 그
짐승에게서, 사람이나 사람의 (兄
弟)형제면 그에게서 그의 생명을
찾으리라
6 다른 사람의 피를 흘리면 그 사람
의 피도 흘릴 것이니 이는 하나님
이 자기 (形像)형상대로 사람을 지
으셨음이니라
7 너희는 생육하고 (蕃盛)번성하며
땅에 가득하여 그 중에서 번성하라
하셨더라
8 ●하나님이 노아와 그와 함께 한
아들들에게 말씀하여 이르시되
9 내가 내 (言約)언약을 너희와 너희
후손과
10 너희와 함께 한 모든 생물 곧 너희
와 함께 한 새와 가축과 땅의 모든
생물에게 세우리니 (方舟)방주에
서 나온 모든 것 곧 땅의 모든 짐승
에게니라
11 내가 너희와 언약을 세우리니 다시
는 모든 생물을 홍수로 멸하지 아
니할 것이라 땅을 (滅)멸할 홍수가
다시 있지 아니하리라
12 하나님이 이르시되 내가 나와 너
희와 및 너희와 함께 하는 모든 (生
物)생물 사이에 대대로 영원히 세
우는 언약의 증거는 이것이니라
13 내가 내 무지개를 구름 속에 두었
나니 이것이 나와 세상 사이의 언
약의 (證據)증거니라
14 내가 구름으로 땅을 덮을 때에 무
지개가 구름 속에 나타나면
15 내가 나와 너희와 및 (肉體)육체를
가진 모든 생물 사이의 내 언약을
기억하리니 다시는 물이 모든 육체
를 멸하는 (洪水)홍수가 되지 아니
할지라

1) 히, 또는 가축

16 무지개가 구름 사이에 있으리니 내
가 보고 나 하나님과 모든 육체를
가진 땅의 모든 생물 사이의 (永遠)
영원한 언약을 기억하리라
17 하나님이 노아에게 또 이르시되 내
가 나와 땅에 있는 모든 (生物)생
물 사이에 세운 언약의 증거가 이
것이라 하셨더라

노아와 그 아들들

18 ●(方舟)방주에서 나온 노아의 아
들들은 셈과 함과 야벳이며 함은
가나안의 아버지라
19 노아의 이 세 아들로부터 사람들이
온 땅에 퍼지니라
20 ●노아가 (農事)농사를 시작하여
포도나무를 심었더니
21 포도주를 마시고 취하여 그 (帳幕)
장막 안에서 벌거벗은지라
22 가나안의 아버지 함이 그의 아버지
의 (下體)하체를 보고 밖으로 나가
서 그의 두 형제에게 알리매
23 셈과 야벳이 옷을 가져다가 (自己)
자기들의 어깨에 메고 뒷걸음쳐 들
어가서 그들의 아버지의 하체를 덮
었으며 그들이 얼굴을 돌이키고 그
들의 아버지의 하체를 보지 아니하
였더라
24 노아가 술이 깨어 그의 [1)]작은 아들
이 자기에게 (行)행한 일을 알고
25 이에 이르되
가나안은 (詛呪)저주를 받아 그
의 (兄弟)형제의 종들의 종이 되
기를 원하노라
하고

1) 둘째

26 또 이르되
셈의 하나님 여호와를 (讚頌)찬
송하리로다 가나안은 셈의 종이
되고
27 하나님이 야벳을 (昌大)창대하게
하사 셈의 장막에 거하게 하시고
가나안은 그의 종이 되게 하시기
를 원하노라
하였더라
28 ●(洪水)홍수 후에 노아가 삼백오
십 년을 살았고
29 그의 나이가 (九百五十)구백오십
세가 되어 죽었더라

노아의 아들들의 족보(대상 1:5-23)

10 노아의 아들 셈과 함과 야벳
의 (族譜)족보는 이러하니
라 홍수 후에 그들이 아들들을 낳
았으니
2 야벳의 아들은 고멜과 마곡과 마대
와 야완과 두발과 메섹과 디라스요
3 고멜의 아들은 아스그나스와 리밧
과 도갈마요
4 야완의 아들은 엘리사와 달시스와
깃딤과 도다님이라
5 이들로부터 여러 나라 백성으로 나
뉘어서 각기 언어와 (宗族)종족과
나라대로 바닷가의 땅에 머물렀더
라
6 ●함의 아들은 구스와 미스라임과
붓과 가나안이요
7 구스의 아들은 스바와 하윌라와 삽
다와 라아마와 삽드가요 라아마의
아들은 스바와 드단이며
8 구스가 또 니므롯을 낳았으니 그는
세상에 첫 (勇士)용사라

9 그가 여호와 앞에서 용감한 사냥꾼
이 되었으므로 (俗談)속담에 이르
기를 아무는 여호와 앞에 니므롯
같이 (勇敢)용감한 사냥꾼이로다
하더라
10 그의 나라는 시날 땅의 바벨과 에
렉과 악갓과 갈레에서 (始作)시작
되었으며
11 그가 그 땅에서 앗수르로 나아가
니느웨와 르호보딜과 갈라와
12 및 니느웨와 갈라 사이의 레센을
건설하였으니 이는 큰 (城邑)성읍
이라
13 미스라임은 루딤과 아나밈과 르하
빔과 납두힘과
14 바드루심과 가슬루힘과 갑도림을
낳았더라 (가슬루힘에게서 블레셋
이 나왔더라)
15 ●가나안은 (長子)장자 시돈과 헷
을 낳고
16 또 여부스 (族屬)족속과 아모리 족
속과 기르가스 족속과
17 히위 족속과 알가 족속과 신 족속과
18 아르왓 족속과 스말 족속과 하맛
족속을 낳았더니 이 후로 가나안
(子孫)자손의 족속이 흩어져 나아
갔더라
19 가나안의 (境界)경계는 시돈에서
부터 그랄을 지나 가사까지와 소돔
과 고모라와 아드마와 스보임을 지
나 라사까지였더라
20 이들은 함의 자손이라 각기 족속과
(言語)언어와 (地方)지방과 나라
대로였더라
21 ●셈은 에벨 온 자손의 조상이요
야벳의 형이라 그에게도 자녀가
(出生)출생하였으니
22 셈의 아들은 엘람과 앗수르와 아르
박삿과 룻과 아람이요
23 아람의 아들은 우스와 훌과 게델과
마스며
24 아르박삿은 셀라를 낳고 셀라는 에
벨을 낳았으며
25 에벨은 두 아들을 낳고 하나의 이
름을 [1]벨렉이라 하였으니 그 때에
(世上)세상이 나뉘었음이요 [1]벨렉
의 아우의 이름은 욕단이며
26 욕단은 알모닷과 셀렙과 하살마웻
과 예라와
27 하도람과 우살과 디글라와
28 오발과 아비마엘과 스바와
29 오빌과 하윌라와 요밥을 낳았으니
이들은 다 욕단의 아들이며
30 그들이 (居住)거주하는 곳은 메사
에서부터 스발로 가는 길의 동쪽
산이었더라
31 이들은 셈의 자손이니 그 (族屬)족
속과 언어와 지방과 나라대로였더
라
32 ●이들은 그 백성들의 족보에 따르
면 노아 (子孫)자손의 족속들이요
홍수 후에 이들에게서 그 땅의 백
성들이 나뉘었더라

바벨

11 온 땅의 (言語)언어가 하나
요 말이 하나였더라
2 이에 그들이 (東方)동방으로 옮기다
가 시날 평지를 만나 거기 거류하며
3 서로 말하되 자, 벽돌을 만들어 견

1) 나눔

고히 굽자 하고 이에 벽돌로 돌을
대신하며 (瀝靑)역청으로 진흙을
대신하고
4 또 말하되 자, (城邑)성읍과 탑을
건설하여 그 탑 꼭대기를 하늘에
닿게 하여 우리 이름을 내고 온 지
면에 흩어짐을 면하자 하였더니
5 여호와께서 사람들이 (建設)건설
하는 그 성읍과 (塔)탑을 보려고 내
려오셨더라
6 여호와께서 이르시되 이 무리가 한
족속이요 언어도 하나이므로 이같
이 (始作)시작하였으니 이 후로는
그 하고자 하는 일을 막을 수 없으
리로다
7 자, 우리가 내려가서 거기서 그들
의 (言語)언어를 혼잡하게 하여 그
들이 서로 알아듣지 못하게 하자
하시고
8 여호와께서 거기서 그들을 온 (地
面)지면에 흩으셨으므로 그들이
그 도시를 건설하기를 그쳤더라
9 그러므로 그 이름을 바벨이라 하니
이는 여호와께서 거기서 온 땅의
언어를 (混雜)혼잡하게 하셨음이
니라 여호와께서 거기서 그들을 온
지면에 흩으셨더라

셈의 족보(대상 1:24-27)

10 ●셈의 (族譜)족보는 이러하니라
셈은 백 세 곧 홍수 후 이 년에 아르
박삿을 낳았고
11 아르박삿을 낳은 후에 오백 년을
지내며 (子女)자녀를 낳았으며
12 아르박삿은 (三十五)삼십오 세에

1) 히, 그의 출생지

셀라를 낳았고
13 셀라를 낳은 (後)후에 사백삼 년을
지내며 자녀를 낳았으며
14 셀라는 (三十)삼십 세에 에벨을 낳
았고
15 에벨을 낳은 후에 사백삼 년을 지
내며 (子女)자녀를 낳았으며
16 에벨은 (三十四)삼십사 세에 벨렉
을 낳았고
17 벨렉을 낳은 (後)후에 사백삼십 년
을 지내며 자녀를 낳았으며
18 벨렉은 (三十)삼십 세에 르우를 낳
았고
19 르우를 낳은 (後)후에 이백구 년을
지내며 자녀를 낳았으며
20 르우는 (三十二)삼십이 세에 스룩
을 낳았고
21 스룩을 낳은 후에 이백칠 년을 지
내며 (子女)자녀를 낳았으며
22 스룩은 (三十)삼십 (歲)세에 나홀
을 낳았고
23 나홀을 낳은 (後)후에 이백 년을 지
내며 자녀를 낳았으며
24 나홀은 (二十九)이십구 세에 데라
를 낳았고
25 데라를 낳은 후에 백십구 년을 지
내며 (子女)자녀를 낳았으며
26 데라는 (七十)칠십 (歲)세에 아브
람과 나홀과 하란을 낳았더라

데라의 족보

27 ●데라의 (族譜)족보는 이러하니
라 데라는 아브람과 나홀과 하란을
낳고 하란은 롯을 낳았으며
28 하란은 그 아비 데라보다 먼저 [1](故
鄕)고향 갈대아인의 우르에서 죽

었더라
29 아브람과 나홀이 장가 들었으니 아
브람의 아내의 이름은 사래며 나홀
의 아내의 이름은 밀가니 하란의
딸이요 하란은 밀가의 아버지이며
또 이스가의 아버지더라
30 사래는 (妊娠)임신하지 못하므로
(子息)자식이 없었더라
31 데라가 그 아들 아브람과 하란의
아들인 그의 손자 롯과 그의 며느
리 아브람의 아내 사래를 데리고
갈대아인의 우르를 떠나 가나안 땅
으로 가고자 하더니 하란에 이르러
거기 (居留)거류하였으며
32 데라는 나이가 (二百五)이백오 세
가 되어 하란에서 죽었더라

여호와께서 아브람에게 이르시다

12 여호와께서 아브람에게 이
르시되 너는 너의 고향과 (親
戚)친척과 아버지의 집을 떠나 내
가 네게 보여 줄 땅으로 가라
2 내가 너로 큰 민족을 이루고 네게
복을 주어 네 이름을 (昌大)창대하
게 하리니 너는 복이 될지라
3 너를 (祝福)축복하는 자에게는 내
가 복을 내리고 너를 저주하는 자
에게는 내가 저주하리니 땅의 모든
족속이 너로 말미암아 복을 얻을
것이라 하신지라
4 이에 아브람이 여호와의 말씀을 따
라갔고 롯도 그와 함께 갔으며 아
브람이 하란을 떠날 때에 (七十五)
칠십오 세였더라
5 아브람이 그의 아내 사래와 조카
롯과 하란에서 모은 모든 (所有)소
유와 얻은 사람들을 이끌고 가나안
땅으로 가려고 떠나서 마침내 가나
안 땅에 들어갔더라
6 아브람이 그 땅을 지나 세겜 땅 모
레 상수리나무에 이르니 그 때에
가나안 사람이 그 땅에 (居住)거주
하였더라
7 여호와께서 아브람에게 나타나 이
르시되 내가 이 땅을 네 자손에게
주리라 하신지라 자기에게 나타
나신 여호와께 그가 그 곳에서 (祭
壇)제단을 쌓고
8 거기서 벧엘 동쪽 산으로 옮겨 (帳
幕)장막을 치니 서쪽은 벧엘이요
동쪽은 아이라 그가 그 곳에서 여
호와께 제단을 쌓고 여호와의 이름
을 부르더니
9 점점 (南方)남방으로 옮겨갔더라

아브람이 애굽으로 내려가다

10 ●그 땅에 (饑饉)기근이 들었으므
로 아브람이 애굽에 (居留)거류하
려고 그리로 내려갔으니 이는 그
땅에 기근이 심하였음이라
11 그가 애굽에 가까이 이르렀을 때에
그의 아내 사래에게 말하되 내가
알기에 그대는 아리따운 (女人)여
인이라
12 애굽 사람이 그대를 볼 때에 이르
기를 이는 그의 아내라 하여 나는
죽이고 그대는 살리리니
13 원하건대 그대는 나의 누이라 하라
그러면 내가 그대로 말미암아 안전
하고 내 목숨이 그대로 말미암아
(保存)보존되리라 하니라
14 아브람이 애굽에 이르렀을 때에 애

굽 사람들이 그 여인이 (甚)심히 아
리따움을 보았고
15 바로의 고관들도 그를 보고 바로
앞에서 (稱讚)칭찬하므로 그 여인
을 바로의 궁으로 이끌어들인지라
16 이에 바로가 그로 말미암아 아브람
을 (厚待)후대하므로 아브람이 양
과 소와 (奴婢)노비와 암수 나귀와
낙타를 얻었더라
17 여호와께서 아브람의 아내 사래의
일로 바로와 그 집에 큰 (災殃)재
앙을 내리신지라
18 바로가 아브람을 불러서 이르되 네
가 어찌하여 나에게 이렇게 (行)행
하였느냐 네가 어찌하여 그를 네
아내라고 내게 말하지 아니하였느
냐
19 네가 어찌 그를 누이라 하여 내가
그를 데려다가 아내를 삼게 하였느
냐 네 아내가 여기 있으니 이제 데
려가라 하고
20 바로가 사람들에게 그의 일을 (命)
명하매 그들이 그와 함께 그의 아
내와 그의 모든 소유를 보내었더라

아브람과 롯이 서로 떠나다

13 아브람이 애굽에서 그와 그
의 아내와 모든 (所有)소유
와 롯과 함께 네게브로 올라가니
2 아브람에게 가축과 은과 금이 (豊
富)풍부하였더라
3 그가 네게브에서부터 길을 떠나 벧
엘에 이르며 벧엘과 아이 사이 곧
전에 (帳幕)장막 쳤던 곳에 이르니
4 그가 처음으로 (祭壇)제단을 쌓은

1) 히, 형제들

곳이라 그가 거기서 여호와의 이름
을 불렀더라
5 아브람의 일행 롯도 양과 소와 (帳
幕)장막이 있으므로
6 그 땅이 그들이 동거하기에 넉넉하
지 못하였으니 이는 그들의 소유가
많아서 (同居)동거할 수 없었음이
니라
7 그러므로 아브람의 (家畜)가축의
목자와 롯의 가축의 목자가 서로
다투고 또 가나안 사람과 브리스
사람도 그 땅에 (居住)거주하였는
지라
8 아브람이 롯에게 이르되 우리는 한
[1](親族)친족이라 나나 너나 내 목
자나 네 목자나 서로 다투게 하지
말자
9 네 앞에 온 땅이 있지 아니하냐 나
를 떠나가라 네가 (左)좌하면 나는
우하고 네가 (右)우하면 나는 좌하
리라
10 이에 롯이 눈을 들어 요단 (地域)
지역을 바라본즉 소알까지 온 땅에
물이 넉넉하니 여호와께서 소돔과
고모라를 멸하시기 전이었으므로
여호와의 동산 같고 애굽 땅과 같
았더라
11 그러므로 롯이 요단 온 지역을 (擇)
택하고 동으로 옮기니 그들이 서로
떠난지라
12 아브람은 가나안 땅에 거주하였고
롯은 그 지역의 (都市)도시들에 머
무르며 그 장막을 옮겨 소돔까지
이르렀더라
13 소돔 사람은 여호와 앞에 악하며

큰 (罪人)죄인이었더라

아브람이 헤브론으로 옮기다

14 ●롯이 아브람을 떠난 (後)후에 여
호와께서 아브람에게 이르시되 너
는 눈을 들어 너 있는 곳에서 북쪽
과 남쪽 그리고 동쪽과 서쪽을 바
라보라
15 보이는 땅을 내가 너와 네 자손에
게 주리니 (永遠)영원히 이르리라
16 내가 네 자손이 땅의 티끌 같게 하
리니 사람이 땅의 티끌을 (能)능히
셀 수 있을진대 네 자손도 세리라
17 너는 일어나 그 땅을 (縱)종과 (橫)
횡으로 두루 다녀 보라 내가 그것
을 네게 주리라
18 이에 아브람이 장막을 옮겨 헤브론
에 있는 마므레 상수리 수풀에 이
르러 거주하며 거기서 여호와를 위
하여 (祭壇)제단을 쌓았더라

아브람이 롯을 구하다

14 (當時)당시에 시날 왕 아므
라벨과 엘라살 왕 아리옥과
엘람 왕 그돌라오멜과 고임 왕 디
달이
2 소돔 (王)왕 베라와 고모라 왕 비르
사와 아드마 왕 시납과 스보임 왕
세메벨과 벨라 곧 소알 왕과 싸우
니라
3 이들이 다 싯딤 골짜기 곧 지금의
(鹽海)염해에 모였더라
4 이들이 십이 년 동안 그돌라오멜을
섬기다가 제십삼년에 (背叛)배반
한지라
5 제십사년에 그돌라오멜과 그와 함
께 한 왕들이 나와서 아스드롯 가
르나임에서 르바 (族屬)족속을, 함
에서 수스 족속을, [1]사웨 기랴다임
에서 엠 족속을 치고
6 호리 족속을 그 산 세일에서 쳐서
(廣野)광야 근방 엘바란까지 이르
렀으며
7 그들이 돌이켜 엔미스밧 곧 가데스
에 이르러 아말렉 (族屬)족속의 온
땅과 하사손다말에 사는 아모리 족
속을 친지라
8 소돔 왕과 고모라 왕과 아드마 왕
과 스보임 왕과 벨라 곧 소알 왕이
나와서 싯딤 골짜기에서 그들과
(戰爭)전쟁을 하기 위하여 진을 쳤
더니
9 엘람 (王)왕 그돌라오멜과 고임 왕
디달과 시날 왕 아므라벨과 엘라살
왕 아리옥 네 왕이 곧 그 다섯 왕과
맞서니라
10 싯딤 골짜기에는 (瀝靑)역청 구덩
이가 많은지라 소돔 왕과 고모라
왕이 달아날 때에 그들이 거기 빠
지고 그 나머지는 산으로 도망하매
11 네 왕이 소돔과 고모라의 모든 (財
物)재물과 (糧食)양식을 빼앗아 가
고
12 소돔에 거주하는 아브람의 조카 롯
도 사로잡고 그 재물까지 (擄掠)노
략하여 갔더라
13 ●도망한 자가 와서 히브리 사람
아브람에게 알리니 그 때에 아브람
이 아모리 족속 마므레의 상수리
수풀 근처에 거주하였더라 마므레
는 에스골의 형제요 또 아넬의 형

1) 평지

제라 이들은 아브람과 (同盟)동맹
한 사람들이더라
14 아브람이 그의 조카가 사로잡혔음
을 듣고 집에서 길리고 (訓練)훈련
된 자 삼백십팔 명을 거느리고 단
까지 쫓아가서
15 그와 그의 (家臣)가신들이 나뉘어
밤에 그들을 쳐부수고 다메섹 왼편
호바까지 쫓아가
16 모든 빼앗겼던 재물과 자기의 조카
롯과 그의 재물과 또 (婦女)부녀와
친척을 다 찾아왔더라

멜기세덱이 아브람에게 축복하다

17 ●아브람이 그돌라오멜과 그와 함
께 한 왕들을 쳐부수고 돌아올 때
에 소돔 왕이 사웨 골짜기 곧 왕의
골짜기로 나와 그를 (迎接)영접하
였고
18 살렘 왕 멜기세덱이 떡과 포도주를
가지고 나왔으니 그는 지극히 높으
신 하나님의 (祭司長)제사장이었
더라
19 그가 아브람에게 (祝福)축복하여
이르되 천지의 (主宰)주재이시요
(至極)지극히 높으신 하나님이여
아브람에게 복을 주옵소서
20 너희 (對敵)대적을 네 손에 붙이신
지극히 높으신 하나님을 찬송할지
로다 하매 아브람이 그 얻은 것에
서 십분의 일을 멜기세덱에게 주었
더라
21 소돔 왕이 아브람에게 이르되 사람
은 내게 보내고 (物品)물품은 네가
가지라
22 아브람이 소돔 왕에게 이르되 천지
의 주재이시요 (至極)지극히 높으
신 하나님 여호와께 내가 손을 들
어 맹세하노니
23 네 말이 내가 아브람으로 (致富)치
부하게 하였다 할까 하여 네게 속
한 것은 실 한 오라기나 들메끈 한
가닥도 내가 가지지 아니하리라
24 오직 젊은이들이 먹은 것과 나와
동행한 아넬과 에스골과 마므레의
분깃을 (除)제할지니 그들이 그 분
깃을 가질 것이니라

여호와께서 아브람과 언약을 세우시다

15 이 후에 여호와의 말씀이 (幻
像)환상 중에 아브람에게 임
하여 이르시되 아브람아 두려워하
지 말라 나는 네 방패요 너의 지극
히 큰 (賞給)상급이니라
2 아브람이 이르되 주 여호와여 무엇
을 내게 주시려 하나이까 나는 자
식이 없사오니 나의 (相續者)상속
자는 이 다메섹 사람 엘리에셀이니
이다
3 아브람이 또 이르되 (主)주께서 내
게 씨를 주지 아니하셨으니 내 집
에서 길린 자가 내 상속자가 될 것
이니이다
4 여호와의 말씀이 그에게 (臨)임하
여 이르시되 그 사람이 네 상속자
가 아니라 네 몸에서 날 자가 네 상
속자가 되리라 하시고
5 그를 이끌고 밖으로 나가 이르시되
하늘을 우러러 뭇별을 셀 수 있나
보라 또 그에게 이르시되 네 (子孫)
자손이 이와 같으리라
6 아브람이 여호와를 믿으니 여호와

께서 이를 그의 (義)의로 여기시고
7 또 그에게 이르시되 나는 이 땅을
네게 주어 (所有)소유를 삼게 하려
고 너를 갈대아인의 우르에서 이끌
어 낸 여호와니라
8 그가 이르되 (主)주 여호와여 내가
이 땅을 소유로 받을 것을 무엇으
로 알리이까
9 여호와께서 그에게 이르시되 나를
(爲)위하여 삼 년 된 암소와 삼 년
된 암염소와 삼 년 된 숫양과 산비
둘기와 집비둘기 새끼를 가져올지
니라
10 아브람이 그 모든 것을 가져다가
그 (中間)중간을 쪼개고 그 쪼갠
것을 마주 대하여 놓고 그 새는 쪼
개지 아니하였으며
11 솔개가 그 (死體)사체 위에 내릴
때에는 아브람이 쫓았더라
12 ●해 질 때에 아브람에게 깊은 잠
이 (臨)임하고 큰 흑암과 두려움이
그에게 임하였더니
13 여호와께서 아브람에게 이르시되
너는 반드시 알라 네 자손이 (異邦)
이방에서 객이 되어 그들을 섬기겠
고 그들은 사백 년 동안 네 자손을
괴롭히리니
14 그들이 섬기는 나라를 내가 (懲罰)
징벌할지며 그 후에 네 자손이 큰
재물을 이끌고 나오리라
15 너는 (長壽)장수하다가 평안히 조
상에게로 돌아가 (葬事)장사될 것
이요
16 네 자손은 (四代)사대 만에 이 땅
으로 돌아오리니 이는 아모리 족속
의 죄악이 아직 가득 차지 아니함
이니라 하시더니
17 해가 져서 어두울 때에 (煙氣)연기
나는 화로가 보이며 타는 횃불이
쪼갠 고기 사이로 지나더라
18 그 날에 여호와께서 아브람과 더불
어 (言約)언약을 세워 이르시되 내가
이 땅을 애굽 강에서부터 그 큰 강 유
브라데까지 네 자손에게 주노니
19 곧 겐 (族屬)족속과 그니스 족속과
갓몬 족속과
20 헷 (族屬)족속과 브리스 족속과 르
바 족속과
21 아모리 (族屬)족속과 가나안 족속
과 기르가스 족속과 여부스 족속의
땅이니라 하셨더라

하갈과 이스마엘

16 아브람의 아내 사래는 (出産)
출산하지 못하였고 그에게
한 여종이 있으니 애굽 사람이요
이름은 하갈이라
2 사래가 아브람에게 이르되 여호와
께서 내 출산을 (許諾)허락하지 아
니하셨으니 원하건대 내 여종에게
들어가라 내가 혹 그로 말미암아
자녀를 얻을까 하노라 하매 아브람
이 사래의 말을 들으니라
3 아브람의 아내 사래가 그 여종 애
굽 사람 하갈을 데려다가 그 남편
아브람에게 [1](妾)첩으로 준 때는 아
브람이 가나안 땅에 거주한 지 십
년 후였더라
4 아브람이 하갈과 동침하였더니 하
갈이 임신하매 그가 자기의 임신함

1) 히, 아내

을 알고 그의 여주인을 (蔑視)멸시
한지라
5 사래가 아브람에게 이르되 내가 받
는 모욕은 당신이 받아야 옳도다
내가 나의 여종을 당신의 품에 두
었거늘 그가 자기의 임신함을 알고
나를 멸시하니 당신과 나 사이에
여호와께서 (判斷)판단하시기를
원하노라
6 아브람이 사래에게 이르되 당신의
여종은 당신의 (手中)수중에 있으
니 당신의 눈에 좋을 대로 그에게
행하라 하매 사래가 하갈을 (虐待)
학대하였더니 하갈이 사래 앞에서
도망하였더라
7 여호와의 (使者)사자가 광야의 샘
물 곁 곧 술 길 샘 곁에서 그를 만나
8 이르되 사래의 여종 하갈아 네가
어디서 왔으며 어디로 가느냐 그가
이르되 나는 내 여주인 사래를 피
하여 (逃亡)도망하나이다
9 여호와의 사자가 그에게 이르되 네
여주인에게로 돌아가서 그 (手下)
수하에 복종하라
10 여호와의 사자가 또 그에게 이르되
내가 네 씨를 크게 (蕃盛)번성하여
그 수가 많아 셀 수 없게 하리라
11 여호와의 (使者)사자가 또 그에게
이르되 네가 (妊娠)임신하였은즉
아들을 낳으리니 그 이름을 [1]이스
마엘이라 하라 이는 여호와께서 네
고통을 들으셨음이니라
12 그가 사람 중에 들나귀 같이 되리
니 그의 손이 모든 사람을 치겠고
모든 사람의 손이 그를 칠지며 그
가 모든 형제와 (對抗)대항해서 살
리라 하니라
13 하갈이 (自己)자기에게 이르신 여
호와의 이름을 나를 살피시는 하나
님이라 하였으니 이는 내가 어떻게
여기서 나를 살피시는 하나님을 뵈
었는고 함이라
14 이러므로 그 샘을 [2]브엘라해로이라
불렀으며 그것은 가데스와 베렛 사
이에 있더라
15 ●하갈이 아브람의 아들을 낳으매
아브람이 하갈이 낳은 그 아들을
이름하여 이스마엘이라 하였더라
16 하갈이 아브람에게 이스마엘을 낳
았을 때에 아브람이 (八十六)팔십
육 세였더라

할례 : 언약의 표징

17 아브람이 구십구 세 때에 여
호와께서 아브람에게 나타나
서 그에게 이르시되 나는 (全能)전
능한 하나님이라 너는 내 앞에서
행하여 (完全)완전하라
2 내가 내 언약을 나와 너 사이에 두
어 너를 크게 (蕃盛)번성하게 하리
라 하시니
3 아브람이 엎드렸더니 하나님이 또
그에게 말씀하여 이르시되
4 보라 내 언약이 너와 함께 있으니
너는 여러 (民族)민족의 아버지가
될지라
5 이제 (後)후로는 네 이름을 아브람
이라 하지 아니하고 [3]아브라함이라
하리니 이는 내가 너를 여러 민족

1) 하나님이 들으심 2) 나를 살피시는 살아계신 이의 우물이라
3) 많은 무리의 아버지

의 아버지가 되게 함이니라
6 내가 너로 심히 (蕃盛)번성하게 하
리니 내가 네게서 민족들이 나게
하며 왕들이 네게로부터 나오리라
7 내가 내 (言約)언약을 나와 너 및
네 대대 (後孫)후손 사이에 세워서
영원한 언약을 삼고 너와 네 후손
의 하나님이 되리라
8 내가 너와 네 후손에게 네가 (居留)
거류하는 이 땅 곧 가나안 온 땅을
주어 영원한 (基業)기업이 되게 하
고 나는 그들의 하나님이 되리라
9 ●하나님이 또 아브라함에게 이르
시되 그런즉 너는 내 언약을 지키
고 네 후손도 (代代)대대로 지키
라
10 너희 중 남자는 다 (割禮)할례를
받으라 이것이 나와 너희와 너희
후손 사이에 지킬 내 언약이니라
11 너희는 (包皮)포피를 베어라 이것
이 나와 너희 사이의 언약의 (表
徵)표징이니라
12 너희의 대대로 모든 남자는 집에서
난 자나 또는 너희 (子孫)자손이
아니라 이방 사람에게서 돈으로 산
자를 막론하고 난 지 팔 일 만에 할
례를 받을 것이라
13 너희 집에서 난 자든지 너희 돈으
로 산 자든지 할례를 받아야 하리
니 이에 내 (言約)언약이 너희 살
에 있어 영원한 언약이 되려니와
14 할례를 받지 아니한 남자 곧 그 포
피를 베지 아니한 자는 백성 중에
서 끊어지리니 그가 내 언약을 (背
叛)배반하였음이니라
15 ●하나님이 또 아브라함에게 이르
시되 네 아내 사래는 이름을 사래
라 하지 말고 [1]사라라 하라
16 내가 그에게 복을 주어 그가 네게
아들을 낳아 주게 하며 내가 그에
게 복을 주어 그를 여러 민족의 어
머니가 되게 하리니 (民族)민족의
여러 왕이 그에게서 나리라
17 아브라함이 엎드려 웃으며 마음속
으로 이르되 백 세 된 사람이 어찌
자식을 낳을까 사라는 구십 세니
어찌 (出産)출산하리요 하고
18 아브라함이 이에 하나님께 아뢰되
이스마엘이나 하나님 앞에 살기를
(願)원하나이다
19 하나님이 이르시되 아니라 네 아내
사라가 네게 아들을 낳으리니 너는
그 이름을 [2]이삭이라 하라 내가 그
와 내 언약을 세우리니 그의 후손
에게 (永遠)영원한 언약이 되리라
20 이스마엘에 대하여는 내가 네 말
을 들었나니 내가 그에게 복을 주
어 그를 매우 크게 (生育)생육하고
(蕃盛)번성하게 할지라 그가 열두
두령을 낳으리니 내가 그를 큰 나
라가 되게 하려니와
21 내 언약은 내가 내년 이 (時期)시
기에 사라가 네게 낳을 이삭과 세
우리라
22 하나님이 아브라함과 말씀을 마치
시고 그를 떠나 올라가셨더라
23 ●이에 아브라함이 하나님이 자기
에게 말씀하신 대로 이 날에 그 아
들 이스마엘과 집에서 태어난 모든

1) 여주인 2)웃음

자와 돈으로 산 모든 자 곧 아브라
함의 집 사람 중 모든 (男子)남자
를 데려다가 그 포피를 베었으니
24 아브라함이 그의 (包皮)포피를 벨
때는 구십구 세였고
25 그의 아들 이스마엘이 그의 포피를
벨 때는 (十三)십삼 세였더라
26 그 날에 아브라함과 그 아들 이스
마엘이 (割禮)할례를 받았고
27 그 집의 모든 남자 곧 집에서 태어
난 자와 돈으로 이방 사람에게서
사온 자가 다 그와 함께 (割禮)할
례를 받았더라

아브라함이 아들을 약속받다

18 여호와께서 마므레의 상수리
나무들이 있는 곳에서 아브
라함에게 나타나시니라 날이 뜨거
울 때에 그가 (帳幕)장막 문에 앉
아 있다가
2 눈을 들어 본즉 사람 셋이 맞은편
에 서 있는지라 그가 그들을 보자
곧 장막 문에서 달려나가 (迎接)영
접하며 몸을 땅에 굽혀
3 이르되 내 주여 내가 주께 (恩惠)
은혜를 입었사오면 원하건대 종을
떠나 지나가지 마시옵고
4 물을 조금 가져오게 하사 (當身)당
신들의 발을 씻으시고 나무 아래에
서 쉬소서
5 내가 떡을 조금 가져오리니 당신들
의 마음을 (爽快)상쾌하게 하신 후
에 지나가소서 당신들이 종에게 오
셨음이니이다 그들이 이르되 네 말
대로 그리하라
6 아브라함이 (急)급히 장막으로 가
서 사라에게 이르되 속히 고운 가
루 세 스아를 가져다가 반죽하여
떡을 만들라 하고
7 아브라함이 또 (家畜)가축 떼 있는
곳으로 달려가서 기름지고 좋은 송
아지를 잡아 하인에게 주니 그가
급히 (料理)요리한지라
8 아브라함이 엉긴 젖과 (牛乳)우유
와 하인이 요리한 송아지를 가져다
가 그들 앞에 차려 놓고 나무 아래
에 모셔 서매 그들이 먹으니라
9 그들이 아브라함에게 이르되 네 아
내 사라가 어디 있느냐 (對答)대답
하되 장막에 있나이다
10 그가 이르시되 (來年)내년 이맘때
내가 반드시 네게로 돌아오리니 네
아내 사라에게 아들이 있으리라 하
시니 사라가 그 뒤 장막 문에서 들
었더라
11 아브라함과 사라는 나이가 많아 늙
었고 사라에게는 여성의 (生理)생
리가 끊어졌는지라
12 사라가 속으로 웃고 이르되 내가
(老衰)노쇠하였고 내 주인도 늙었
으니 내게 무슨 즐거움이 있으리요
13 여호와께서 아브라함에게 이르시
되 사라가 왜 웃으며 이르기를 내
가 늙었거늘 어떻게 아들을 낳으리
요 하느냐
14 여호와께 능하지 못한 일이 있겠느
냐 (期限)기한이 이를 때에 내가
네게로 돌아오리니 사라에게 아들
이 있으리라
15 사라가 두려워서 (否認)부인하여
이르되 내가 웃지 아니하였나이다

이르시되 아니라 네가 웃었느니라

아브라함이 소돔을 위하여 빌다

16 ●그 사람들이 거기서 일어나서 소
돔으로 향하고 아브라함은 그들을
(餞送)전송하러 함께 나가니라
17 여호와께서 이르시되 내가 하려는
것을 아브라함에게 숨기겠느냐
18 아브라함은 (强大)강대한 나라가
되고 천하 만민은 그로 말미암아
복을 받게 될 것이 아니냐
19 내가 그로 그 자식과 (眷屬)권속에
게 명하여 여호와의 (道)도를 지켜
(義)의와 (公道)공도를 행하게 하
려고 그를 택하였나니 이는 나 여
호와가 아브라함에게 대하여 말한
일을 이루려 함이니라
20 여호와께서 또 이르시되 소돔과 고
모라에 대한 부르짖음이 크고 그
(罪惡)죄악이 심히 무거우니
21 내가 이제 내려가서 그 모든 행한
것이 (果然)과연 내게 들린 부르
짖음과 같은지 그렇지 않은지 내가
보고 알려 하노라
22 ●그 사람들이 거기서 떠나 소돔으
로 (向)향하여 가고 아브라함은 여
호와 앞에 그대로 섰더니
23 아브라함이 가까이 나아가 이르되
주께서 (義人)의인을 악인과 함께
멸하려 하시나이까
24 그 (城)성 (中)중에 의인 오십 명이
있을지라도 주께서 그 곳을 멸하시
고 그 오십 의인을 위하여 용서하
지 아니하시리이까
25 주께서 이같이 하사 의인을 악인
과 함께 죽이심은 부당하오며 의인
과 악인을 같이 하심도 (不當)부당
하니이다 세상을 심판하시는 이가
(正義)정의를 행하실 것이 아니니
이까
26 여호와께서 이르시되 내가 만일 소
돔 성읍 가운데에서 의인 오십 명
을 찾으면 그들을 위하여 온 지역
을 (容恕)용서하리라
27 아브라함이 대답하여 이르되 나는
티끌이나 재와 같사오나 (敢)감히
주께 아뢰나이다
28 오십 (義人)의인 중에 오 명이 부
족하다면 그 오 명이 부족함으로
말미암아 온 성읍을 멸하시리이까
이르시되 내가 거기서 사십오 명을
찾으면 멸하지 아니하리라
29 아브라함이 또 아뢰어 이르되 거기
서 사십 명을 찾으시면 어찌 하려
하시나이까 이르시되 사십 명으로
말미암아 (滅)멸하지 아니하리라
30 아브라함이 이르되 내 주여 (怒)
노하지 마시옵고 말씀하게 하옵소
서 거기서 삼십 명을 찾으시면 어
찌 하려 하시나이까 이르시되 내가
거기서 삼십 명을 찾으면 그리하지
아니하리라
31 아브라함이 또 이르되 내가 감히
내 (主)주께 아뢰나이다 거기서 이
십 명을 찾으시면 어찌 하려 하시
나이까 이르시되 내가 이십 명으로
말미암아 그리하지 아니하리라
32 아브라함이 또 이르되 주는 노하지
마옵소서 내가 이번만 더 아뢰리이
다 거기서 (十 名)십 명을 찾으시
면 어찌 하려 하시나이까 이르시되

내가 십 명으로 말미암아 (滅)멸하
지 아니하리라
33 여호와께서 아브라함과 말씀을 마
치시고 가시니 아브라함도 (自己)
자기 곳으로 돌아갔더라

소돔의 죄악

19 저녁 때에 그 두 천사가 소돔
에 이르니 마침 롯이 소돔 성
문에 앉아 있다가 그들을 보고 일
어나 (迎接)영접하고 땅에 엎드려
절하며
2 이르되 내 (主)주여 돌이켜 종의 집
으로 들어와 발을 씻고 주무시고
일찍이 일어나 갈 길을 가소서 그
들이 이르되 아니라 우리가 거리에
서 밤을 새우리라
3 롯이 간청하매 그제서야 돌이켜
그 집으로 들어오는지라 롯이 그
들을 위하여 식탁을 베풀고 (無酵
餠)무교병을 구우니 그들이 먹으
니라
4 그들이 눕기 전에 그 성 사람 곧 소
돔 백성들이 (老少)노소를 막론하
고 원근에서 다 모여 그 집을 에워
싸고
5 롯을 부르고 그에게 이르되 오늘
밤에 네게 온 사람들이 어디 있느
냐 이끌어 내라 우리가 그들을 (相
關)상관하리라
6 롯이 (門)문 밖의 무리에게로 나가
서 뒤로 문을 닫고
7 이르되 청하노니 내 형제들아 이런
(惡)악을 (行)행하지 말라
8 내게 남자를 가까이 하지 아니한
두 딸이 있노라 (請)청하건대 내가
그들을 너희에게로 이끌어 내리니
너희 눈에 좋을 대로 그들에게 행
하고 이 사람들은 내 집에 들어왔
은즉 이 사람들에게는 아무 일도
저지르지 말라
9 그들이 이르되 너는 물러나라 또
이르되 이 자가 들어와서 거류하면
서 우리의 (法官)법관이 되려 하는
도다 이제 우리가 그들보다 너를
더 해하리라 하고 롯을 밀치며 가
까이 가서 그 문을 부수려고 하는
지라
10 그 사람들이 손을 내밀어 롯을 집
으로 끌어들이고 문을 닫고
11 문 밖의 무리를 대소를 (莫論)막론
하고 그 눈을 어둡게 하니 그들이
문을 찾느라고 헤매었더라

롯이 소돔을 떠나다

12 ●그 사람들이 롯에게 이르되 이
외에 네게 (屬)속한 자가 또 있느냐
네 사위나 자녀나 성 중에 네게 속
한 자들을 다 성 밖으로 이끌어 내
라
13 그들에 (對)대한 부르짖음이 여호
와 앞에 크므로 여호와께서 이 곳
을 멸하시려고 우리를 보내셨나니
우리가 멸하리라
14 롯이 나가서 그 딸들과 (結婚)결혼
할 사위들에게 말하여 이르기를 여
호와께서 이 성을 멸하실 터이니
너희는 일어나 이 곳에서 떠나라
하되 그의 사위들은 (弄談)농담으
로 여겼더라
15 동틀 때에 천사가 롯을 재촉하여
이르되 일어나 여기 있는 네 아내

와 두 딸을 이끌어 내라 이 성의 죄
악 중에 함께 (滅亡)멸망할까 하노
라
16 그러나 롯이 지체하매 그 사람들이
롯의 손과 그 아내의 손과 두 딸의
손을 잡아 인도하여 성 밖에 두니
여호와께서 그에게 (慈悲)자비를
더하심이었더라
17 그 사람들이 그들을 밖으로 이끌어
낸 후에 이르되 도망하여 생명을
(保存)보존하라 돌아보거나 들에
머물지 말고 산으로 도망하여 멸망
함을 면하라
18 롯이 그들에게 이르되 내 (主)주여
그리 마옵소서
19 주의 종이 주께 은혜를 입었고 주
께서 큰 인자를 내게 베푸사 내 생
명을 구원하시오나 내가 도망하여
산에까지 갈 수 없나이다 두렵건대
(災殃)재앙을 만나 죽을까 하나이
다
20 보소서 저 성읍은 도망하기에 가깝
고 작기도 하오니 나를 그 곳으로
도망하게 하소서 이는 작은 성읍이
아니니이까 내 (生命)생명이 (保
存)보존되리이다
21 그가 그에게 이르되 내가 이 일에
도 네 (所願)소원을 들었은즉 네가
말하는 그 성읍을 멸하지 아니하리
니
22 그리로 속히 도망하라 네가 거기
이르기까지는 내가 아무 일도 행할
수 없노라 하였더라 그러므로 그
(城邑)성읍 이름을[1]소알이라 불렀
더라

소돔과 고모라를 멸하시다

23 ●롯이 소알에 들어갈 때에 해가
돋았더라
24 여호와께서 하늘 곧 여호와께로부
터 (硫黃)유황과 불을 소돔과 고모
라에 비같이 내리사
25 그 성들과 온 들과 성에 (居住)거
주하는 모든 백성과 땅에 난 것을
다 엎어 멸하셨더라
26 롯의 아내는 뒤를 돌아보았으므로
소금 기둥이 되었더라
27 아브라함이 그 아침에 일찍이 일어
나 여호와 앞에 서 있던 곳에 이르
러
28 소돔과 고모라와 그 온 지역을 향
하여 눈을 들어 (煙氣)연기가 (甕
器)옹기 가마의 연기같이 치솟음
을 보았더라
29 ●하나님이 그 (地域)지역의 성을
멸하실 때 곧 롯이 거주하는 성을
엎으실 때에 하나님이 아브라함을
생각하사 롯을 그 엎으시는 중에서
내보내셨더라

모압과 암몬 자손의 조상

30 ●롯이 소알에 거주하기를 두려워
하여 두 딸과 함께 소알에서 나와
산에 올라가 거주하되 그 두 딸과
함께 (窟)굴에 거주하였더니
31 큰 딸이 작은 딸에게 이르되 우리
아버지는 늙으셨고 온 세상의 도리
를 따라 우리의 (配匹)배필 될 사
람이 이 땅에는 없으니
32 우리가 우리 아버지에게 술을 마시
게 하고 동침하여 우리 아버지로

1) 작음

말미암아 (後孫)후손을 이어가자
하고
33 그 밤에 그들이 아버지에게 술을
마시게 하고 큰 딸이 들어가서 그
아버지와 (同寢)동침하니라 그러
나 그 아버지는 그 딸이 눕고 일어
나는 것을 깨닫지 못하였더라
34 이튿날 큰 딸이 작은 딸에게 이르
되 어제 밤에는 내가 우리 아버지
와 동침하였으니 오늘 밤에도 우리
가 아버지에게 술을 마시게 하고
네가 들어가 동침하고 우리가 아버
지로 말미암아 (後孫)후손을 이어
가자 하고
35 그 밤에도 그들이 아버지에게 술을
마시게 하고 작은 딸이 일어나 아
버지와 (同寢)동침하니라 그러나
아버지는 그 딸이 눕고 일어나는
것을 깨닫지 못하였더라
36 롯의 두 딸이 아버지로 말미암아
(妊娠)임신하고
37 큰 딸은 아들을 낳아 이름을 모압
이라 하였으니 오늘날 모압의 (祖
上)조상이요
38 작은 딸도 아들을 낳아 이름을 벤
암미라 하였으니 오늘날 암몬 자손
의 (祖上)조상이었더라

아브라함과 아비멜렉

20 아브라함이 거기서 네게브
땅으로 옮겨가 가데스와 술
사이 그랄에 (居留)거류하며
2 그의 아내 사라를 (自己)자기 누이
라 하였으므로 그랄 왕 아비멜렉이
사람을 보내어 사라를 데려갔더니
3 그 밤에 하나님이 아비멜렉에게
(現夢)현몽하시고 그에게 이르시
되 네가 데려간 이 여인으로 말미
암아 네가 죽으리니 그는 남편이
있는 여자임이라
4 아비멜렉이 그 여인을 가까이 하지
아니하였으므로 그가 대답하되 주
여 주께서 (義)의로운 (百姓)백성
도 멸하시나이까
5 그가 나에게 이는 내 누이라고 하
지 아니하였나이까 그 여인도 그는
내 오라비라 하였사오니 나는 (穩
全)온전한 마음과 깨끗한 손으로
이렇게 하였나이다
6 하나님이 꿈에 또 그에게 이르시되
네가 온전한 마음으로 이렇게 한
줄을 나도 알았으므로 너를 막아
내게 (犯罪)범죄하지 아니하게 하
였나니 여인에게 가까이 하지 못하
게 함이 이 때문이니라
7 이제 그 사람의 아내를 돌려보내라
그는 (先知者)선지자라 그가 너를
위하여 (祈禱)기도하리니 네가 살
려니와 네가 돌려보내지 아니하면
너와 네게 속한 자가 다 반드시 죽
을 줄 알지니라
8 ●아비멜렉이 그 날 아침에 일찍이
일어나 모든 종들을 불러 그 모든
일을 말하여 들려 주니 그들이 (甚)
심히 두려워하였더라
9 아비멜렉이 아브라함을 불러서 그
에게 이르되 네가 어찌하여 우리에
게 이렇게 하느냐 내가 무슨 죄를
네게 범하였기에 네가 나와 내 나
라가 큰 죄에 빠질 뻔하게 하였느
냐 네가 (合當)합당하지 아니한 일

을 내게 행하였도다 하고
10 아비멜렉이 또 아브라함에게 이르
되 네가 무슨 뜻으로 이렇게 하였
느냐
11 아브라함이 이르되 이 곳에서는 하
나님을 두려워함이 없으니 내 아내
로 말미암아 사람들이 나를 죽일까
생각하였음이요
12 또 그는 정말로 나의 (異腹)이복
누이로서 내 아내가 되었음이니라
13 하나님이 나를 내 아버지의 집을
떠나 두루 다니게 하실 때에 내가
아내에게 말하기를 이 후로 우리의
가는 곳마다 그대는 나를 그대의
오라비라 하라 이것이 그대가 내게
베풀 (恩惠)은혜라 하였었노라
14 아비멜렉이 (羊)양과 소와 종들을
이끌어 아브라함에게 주고 그의 아
내 사라도 그에게 돌려보내고
15 아브라함에게 이르되 내 땅이 네
앞에 있으니 네가 보기에 좋은 대
로 (居住)거주하라 하고
16 사라에게 이르되 내가 은 천 개를
네 오라비에게 주어서 그것으로
너와 함께 한 여러 사람 앞에서 네
(羞恥)수치를 가리게 하였노니 네
일이 다 해결되었느니라
17 아브라함이 하나님께 기도하매 하
나님이 아비멜렉과 그의 아내와 여
종을 (治療)치료하사 (出産)출산
하게 하셨으니
18 여호와께서 이왕에 아브라함의 아
내 사라의 일로 아비멜렉의 집의
모든 (胎)태를 닫으셨음이더라

사라가 이삭을 낳다

21 여호와께서 말씀하신 대로
사라를 돌보셨고 여호와께서
말씀하신 대로 사라에게 (行)행하
셨으므로
2 사라가 (妊娠)임신하고 하나님이
말씀하신 시기가 되어 (老年)노년
의 아브라함에게 아들을 낳으니
3 아브라함이 그에게 태어난 아들 곧
사라가 (自己)자기에게 낳은 아들
을 이름하여 이삭이라 하였고
4 그 아들 이삭이 난 지 팔 일 만에 그
가 하나님이 명령하신 대로 (割禮)
할례를 행하였더라
5 아브라함이 그의 아들 이삭이 그에
게 태어날 때에 (百)백 (歲)세라
6 사라가 이르되 하나님이 나를 웃게
하시니 듣는 (者)자가 다 나와 함께
웃으리로다
7 또 이르되 사라가 자식들을 젖먹이
겠다고 누가 아브라함에게 말하였
으리요마는 아브라함의 (老境)노
경에 내가 아들을 낳았도다 하니라

하갈과 이스마엘을 내쫓다

8 ●아이가 자라매 젖을 떼고 이삭이
젖을 떼는 날에 아브라함이 큰 잔
치를 베풀었더라
9 사라가 본즉 아브라함의 아들 애굽
(女人)여인 하갈의 아들이 이삭을
놀리는지라
10 그가 아브라함에게 이르되 이 여종
과 그 아들을 내쫓으라 이 종의 아
들은 내 아들 이삭과 함께 (基業)
기업을 얻지 못하리라 하므로
11 아브라함이 그의 아들로 말미암아
그 일이 매우 근심이 되었더니

12 하나님이 아브라함에게 이르시되
네 아이나 네 여종으로 말미암아
근심하지 말고 사라가 네게 이른
말을 다 들으라 이삭에게서 나는
(者)자라야 네 씨라 부를 것임이니
라
13 그러나 여종의 아들도 네 씨니 내
가 그로 한 (民族)민족을 이루게
하리라 하신지라
14 아브라함이 아침에 일찍이 일어나
떡과 물 한 가죽부대를 가져다가
하갈의 어깨에 메워 주고 그 아이
를 데리고 가게 하니 하갈이 나가
서 브엘세바 광야에서 (彷徨)방황
하더니
15 가죽부대의 물이 떨어진지라 그 자
식을 (灌木)관목덤불 아래에 두고
16 이르되 아이가 죽는 것을 차마 보
지 못하겠다 하고 화살 한 바탕 (距
離)거리 떨어져 마주 앉아 바라보
며 소리 내어 우니
17 하나님이 그 어린 아이의 소리를
들으셨으므로 하나님의 (使者)사
자가 하늘에서부터 하갈을 불러 이
르시되 하갈아 무슨 일이냐 두려워
하지 말라 하나님이 저기 있는 아
이의 소리를 들으셨나니
18 일어나 아이를 일으켜 네 손으로
붙들라 그가 큰 (民族)민족을 이루
게 하리라 하시니라
19 하나님이 하갈의 눈을 밝히셨으므
로 샘물을 보고 가서 가죽(負袋)부
대에 물을 채워다가 그 아이에게
마시게 하였더라
20 하나님이 그 아이와 함께 계시매
그가 (長成)장성하여 광야에서 거
주하며 활 쏘는 자가 되었더니
21 그가 바란 (曠野)광야에 (居住)거
주할 때에 그의 어머니가 그를 위
하여 애굽 땅에서 아내를 얻어 주
었더라

아브라함과 아비멜렉의 언약

22 ●그 때에 아비멜렉과 그 (軍隊)
군대 (長官)장관 비골이 아브라함
에게 말하여 이르되 네가 무슨 일
을 하든지 하나님이 너와 함께 계
시도다
23 그런즉 너는 나와 내 아들과 내 손
자에게 거짓되이 행하지 아니하기
를 이제 여기서 하나님을 가리켜
내게 맹세하라 내가 네게 (厚待)후
대한 대로 너도 나와 네가 머무는
이 땅에 행할 것이니라
24 아브라함이 이르되 내가 (盟誓)맹
세하리라 하고
25 아비멜렉의 종들이 아브라함의 우
물을 빼앗은 일에 관하여 아브라함
이 아비멜렉을 (責望)책망하매
26 아비멜렉이 이르되 누가 그리하였
는지 내가 알지 못하노라 너도 내
게 알리지 아니하였고 나도 듣지
못하였더니 오늘에야 들었노라
27 아브라함이 양과 소를 가져다가 아
비멜렉에게 주고 두 사람이 서로
(言約)언약을 세우니라
28 아브라함이 일곱 암(羊)양 새끼를
따로 놓으니
29 아비멜렉이 아브라함에게 이르되
이 일곱 암(羊)양 새끼를 따로 놓음
은 어찜이냐

30 아브라함이 이르되 너는 내 손에서
이 암양 새끼 일곱을 받아 내가 이
우물 판 (證據)증거를 삼으라 하고
31 두 사람이 거기서 서로 (盟誓)맹세
하였으므로 그 곳을 [1]브엘세바라
이름하였더라
32 그들이 브엘세바에서 (言約)언약
을 세우매 아비멜렉과 그 군대 장
관 비골은 떠나 블레셋 사람의 땅
으로 돌아갔고
33 아브라함은 브엘세바에 에셀 나무
를 심고 거기서 (永遠)영원하신 여
호와의 이름을 불렀으며
34 그가 블레셋 사람의 땅에서 여러
날을 지냈더라

이삭을 번제로 드리라 하시다

22 그 일 (後)후에 하나님이 아
브라함을 (試驗)시험하시려
고 그를 부르시되 아브라함아 하시
니 그가 이르되 내가 여기 있나이
다
2 여호와께서 이르시되 네 아들 네
사랑하는 독자 이삭을 데리고 모리
아 땅으로 가서 내가 네게 일러 준
한 산 거기서 그를 (燔祭)번제로
드리라
3 아브라함이 아침에 일찍이 일어나
나귀에 (鞍裝)안장을 지우고 두 종
과 그의 아들 이삭을 데리고 번제
에 쓸 나무를 쪼개어 가지고 떠나
하나님이 자기에게 일러 주신 곳으
로 가더니
4 (第三日)제삼일에 아브라함이 눈
을 들어 그 곳을 멀리 바라본지라
5 이에 아브라함이 종들에게 이르되
너희는 나귀와 함께 여기서 기다리
라 내가 아이와 함께 저기 가서 (禮
拜)예배하고 우리가 너희에게로
돌아오리라 하고
6 아브라함이 이에 번제 나무를 가져
다가 그의 아들 이삭에게 지우고
자기는 불과 칼을 손에 들고 두 사
람이 (同行)동행하더니
7 이삭이 그 아버지 아브라함에게 말
하여 이르되 내 아버지여 하니 그
가 이르되 내 아들아 내가 여기 있
노라 이삭이 이르되 불과 나무는
있거니와 번제할 어린 (羊)양은 어
디 있나이까
8 아브라함이 이르되 내 아들아 (燔
祭)번제할 어린 양은 하나님이 자
기를 위하여 친히 준비하시리라 하
고 두 사람이 함께 나아가서
9 하나님이 그에게 일러 주신 곳에
이른지라 이에 아브라함이 그 곳에
(祭壇)제단을 쌓고 나무를 벌여 놓
고 그의 아들 이삭을 (結縛)결박하
여 제단 나무 위에 놓고
10 손을 내밀어 칼을 잡고 그 아들을
잡으려 하니
11 여호와의 (使者)사자가 하늘에서
부터 그를 불러 이르시되 아브라함
아 아브라함아 하시는지라 아브라
함이 이르되 내가 여기 있나이다
하매
12 사자가 이르시되 그 아이에게 네
손을 대지 말라 그에게 아무 일도
하지 말라 네가 네 아들 네 (獨子)
독자까지도 내게 아끼지 아니하였

1) 맹세의 우물

으니 내가 이제야 네가 하나님을
(敬畏)경외하는 줄을 아노라
13 아브라함이 눈을 들어 살펴본즉 한
숫양이 뒤에 있는데 뿔이 수풀에
걸려 있는지라 아브라함이 가서 그
숫양을 가져다가 아들을 (代身)대
신하여 번제로 드렸더라
14 아브라함이 그 땅 이름을 [1]여호와
이레라 하였으므로 오늘날까지 사
람들이 이르기를 여호와의 산에서
(準備)준비되리라 하더라
15 여호와의 (使者)사자가 하늘에서
부터 두 번째 아브라함을 불러
16 이르시되 여호와께서 이르시기를
내가 나를 가리켜 (盟誓)맹세하노
니 네가 이같이 행하여 네 아들 네
독자도 아끼지 아니하였은즉
17 내가 네게 큰 복을 주고 네 씨가 크
게 번성하여 하늘의 별과 같고 바
닷가의 모래와 같게 하리니 네 씨
가 그 (對敵)대적의 성문을 차지하
리라
18 또 네 씨로 말미암아 (天下萬民)천
하 만민이 복을 받으리니 이는 네
가 나의 말을 (遵行)준행하였음이
니라 하셨다 하니라
19 이에 아브라함이 그의 종들에게로
돌아가서 함께 떠나 브엘세바에 이
르러 거기 (居住)거주하였더라

나홀의 후예

20 ●이 일 후에 어떤 사람이 아브라
함에게 알리어 이르기를 밀가가
(當身)당신의 형제 나홀에게 자녀
를 낳았다 하였더라

1) 여호와께서 준비하심

21 그의 맏아들은 우스요 우스의 (兄
弟)형제는 부스와 아람의 아버지
그므엘과
22 게셋과 하소와 빌다스와 이들랍과
브두엘이라
23 이 여덟 사람은 아브라함의 형제
나홀의 아내 밀가의 (所生)소생이
며 브두엘은 리브가를 낳았고
24 나홀의 (妾)첩 르우마라 하는 자도
데바와 가함과 다하스와 마아가를
낳았더라

아브라함이 막벨라 굴을 사다

23 사라가 백이십칠 세를 살았
으니 이것이 곧 사라가 누린
햇(數)수라
2 사라가 가나안 땅 헤브론 곧 기럇
아르바에서 죽으매 아브라함이 들
어가서 사라를 위하여 슬퍼하며
(哀痛)애통하다가
3 그 (屍身)시신 앞에서 일어나 나가
서 헷 족속에게 말하여 이르되
4 나는 당신들 중에 나그네요 거류하
는 자이니 당신들 중에서 내게 매
장할 소유지를 주어 내가 나의 죽
은 자를 내 앞에서 내어다가 (葬事)
장사하게 하시오
5 헷 (族屬)족속이 아브라함에게 대
답하여 이르되
6 내 주여 들으소서 당신은 우리 가
운데 있는 하나님이 세우신 지도자
이시니 우리 (墓室)묘실 중에서 좋
은 것을 택하여 당신의 죽은 자를
장사하소서 우리 중에서 자기 묘실
에 당신의 죽은 자 장사함을 금할
자가 없으리이다

7 아브라함이 일어나 그 땅 (住民)주
민 헷 족속을 향하여 몸을 굽히고
8 그들에게 말하여 이르되 나로 나의
죽은 자를 내 앞에서 내어다가 (葬
事)장사하게 하는 일이 당신들의
뜻일진대 내 말을 듣고 나를 위하
여 소할의 아들 에브론에게 (求)구
하여
9 그가 그의 밭머리에 있는 그의 막
벨라 굴을 내게 주도록 하되 충분
한 대가를 받고 그 굴을 내게 주어
당신들 중에서 (埋葬)매장할 소유
지가 되게 하기를 원하노라 하매
10 에브론이 헷 족속 중에 앉아 있더
니 그가 헷 족속 곧 (城門)성문에
들어온 모든 자가 듣는 데서 아브
라함에게 대답하여 이르되
11 내 주여 그리 마시고 내 말을 들으
소서 내가 그 밭을 당신에게 드리
고 그 속의 굴도 내가 당신에게 드
리되 내가 내 (同族)동족 앞에서
당신에게 드리오니 당신의 죽은 자
를 장사하소서
12 아브라함이 이에 그 땅의 (百姓)백
성 앞에서 몸을 굽히고
13 그 땅의 백성이 듣는 데서 에브론
에게 말하여 이르되 당신이 (合當)
합당히 여기면 청하건대 내 말을
들으시오 내가 그 밭 값을 당신에
게 주리니 당신은 내게서 받으시오
내가 나의 죽은 자를 거기 장사하
겠노라
14 에브론이 아브라함에게 (對答)대
답하여 이르되
15 내 주여 내 말을 들으소서 땅 값은
은 사백 세겔이나 그것이 나와 당
신 사이에 무슨 (問題)문제가 되리
이까 당신의 죽은 자를 장사하소서
16 아브라함이 에브론의 말을 따라 에
브론이 헷 족속이 듣는 데서 말한
대로 (商人)상인이 (通用)통용하
는 은 사백 세겔을 달아 에브론에
게 주었더니
17 마므레 앞 막벨라에 있는 에브론의
밭 곧 그 밭과 거기에 속한 굴과 그
밭과 그 (周圍)주위에 둘린 모든
나무가
18 성 문에 들어온 모든 헷 족속이 보
는 데서 아브라함의 소유로 (確定)
확정된지라
19 그 후에 아브라함이 그 아내 사라
를 가나안 땅 마므레 앞 막벨라 밭
(窟)굴에 장사하였더라 (마므레는
곧 헤브론이라)
20 이와 같이 그 밭과 거기에 속한 굴
이 헷 족속으로부터 아브라함이 매
장할 (所有地)소유지로 확정되었
더라

이삭이 리브가를 아내로 삼다

24 아브라함이 나이가 많아 늙
었고 여호와께서 그에게 (凡
事)범사에 복을 주셨더라
2 아브라함이 자기 집 모든 소유를
맡은 늙은 종에게 이르되 (請)청하
건대 내 허벅지 밑에 네 손을 넣으
라
3 내가 너에게 하늘의 하나님, 땅의
하나님이신 여호와를 가리켜 (盟
誓)맹세하게 하노니 너는 내가 거
주하는 이 지방 가나안 (族屬)족속

의 딸 중에서 내 아들을 위하여 아
내를 택하지 말고
4 내 고향 내 족속에게로 가서 내 아
들 이삭을 위하여 아내를 (擇)택하
라
5 종이 이르되 여자가 나를 따라 이
땅으로 오려고 하지 아니하거든 내
가 주인의 아들을 주인이 나오신
땅으로 (引導)인도하여 돌아가리
이까
6 아브라함이 그에게 이르되 내 아들
을 그리로 데리고 돌아가지 아니하
도록 하라
7 하늘의 하나님 여호와께서 나를 내
아버지의 집과 내 고향 땅에서 떠
나게 하시고 내게 말씀하시며 내게
(盟誓)맹세하여 이르시기를 이 땅
을 네 씨에게 주리라 하셨으니 그
가 그 (使者)사자를 너보다 앞서
보내실지라 네가 거기서 내 아들을
위하여 아내를 (擇)택할지니라
8 만일 여자가 너를 따라 오려고 하
지 아니하면 나의 이 맹세가 너와
(相關)상관이 없나니 오직 내 아들
을 데리고 그리로 가지 말지니라
9 그 종이 이에 그의 주인 아브라함
의 허벅지 아래에 손을 넣고 이 일
에 대하여 그에게 (盟誓)맹세하였
더라
10 ●이에 종이 그 주인의 낙타 중 열
필을 끌고 떠났는데 곧 그의 주인
의 모든 좋은 것을 가지고 떠나 메
소보다미아로 가서 나홀의 (城)성
에 이르러
11 그 (駱駝)낙타를 성 밖 우물 곁에
꿇렸으니 저녁 때라 여인들이 물을
길으러 나올 때였더라
12 그가 이르되 우리 주인 아브라함의
하나님 여호와여 원하건대 오늘 나
에게 (順調)순조롭게 만나게 하사
내 주인 아브라함에게 은혜를 베푸
시옵소서
13 (城)성 (中)중 사람의 딸들이 물 길
으러 나오겠사오니 내가 우물 곁에
서 있다가
14 한 소녀에게 이르기를 청하건대 너
는 물동이를 기울여 나로 마시게
하라 하리니 그의 대답이 마시라
내가 당신의 낙타에게도 마시게 하
리라 하면 그는 주께서 주의 종 이
삭을 위하여 정하신 자라 이로 말
미암아 주께서 내 (主人)주인에게
(恩惠)은혜 베푸심을 내가 알겠나
이다
15 말을 마치기도 전에 리브가가 물동
이를 어깨에 메고 나오니 그는 아
브라함의 동생 나홀의 아내 밀가의
아들 브두엘의 (所生)소생이라
16 그 (少女)소녀는 보기에 심히 아리
땁고 지금까지 남자가 가까이 하지
아니한 (處女)처녀더라 그가 우물
로 내려가서 물을 그 물동이에 채
워가지고 올라오는지라
17 종이 마주 달려가서 이르되 (請)청
하건대 네 물동이의 물을 내게 조
금 마시게 하라
18 그가 이르되 내 주여 마시소서 하
며 (急)급히 그 물동이를 손에 내려
마시게 하고
19 마시게 하기를 다하고 이르되 (當

身)당신의 낙타를 위하여서도 물
을 길어 그것들도 배불리 마시게
하리이다 하고
20 급히 물동이의 물을 구유에 붓고
다시 길으려고 우물로 달려가서 모
든 (駱駝)낙타를 위하여 긷는지라
21 그 사람이 그를 묵묵히 주목하며
여호와께서 과연 평탄한 길을 주신
(與否)여부를 알고자 하더니
22 낙타가 마시기를 다하매 그가 반
세겔 무게의 금 코걸이 한 개와 열
세겔 무게의 금 손목고리 한 (雙)쌍
을 그에게 주며
23 이르되 네가 누구의 딸이냐 청하건
대 내게 말하라 네 아버지의 집에
우리가 (留宿)유숙할 곳이 있느냐
24 그 (女子)여자가 그에게 이르되 나
는 밀가가 나홀에게서 낳은 아들
브두엘의 딸이니이다
25 또 이르되 우리에게 짚과 (飼料)사
료가 족하며 유숙할 곳도 있나이다
26 이에 그 사람이 머리를 숙여 여호
와께 (敬拜)경배하고
27 이르되 나의 (主人)주인 아브라함
의 하나님 여호와를 찬송하나이다
나의 주인에게 주의 사랑과 (誠實)
성실을 그치지 아니하셨사오며 여
호와께서 길에서 나를 (引導)인도
하사 내 주인의 동생 집에 이르게
하셨나이다 하니라
28 ●(少女)소녀가 달려가서 이 일을
어머니 집에 알렸더니
29 리브가에게 오라버니가 있어 그의
이름은 라반이라 그가 우물로 달려
가 그 사람에게 이르러
30 그의 누이의 코걸이와 그 손의 손
목고리를 보고 또 그의 누이 리브
가가 그 사람이 (自己)자기에게 이
같이 말하더라 함을 듣고 그 사람
에게로 나아감이라 그 때에 그가
우물가 낙타 곁에 서 있더라
31 라반이 이르되 여호와께 복을 받은
자여 들어오소서 어찌 밖에 서 있
나이까 내가 방과 낙타의 (處所)처
소를 준비하였나이다
32 그 사람이 그 집으로 들어가매 라
반이 낙타의 짐을 부리고 짚과 사
료를 낙타에게 주고 그 사람의 발
과 그의 (同行者)동행자들의 발 씻
을 물을 주고
33 그 앞에 음식을 베푸니 그 사람이
이르되 내가 내 일을 (陳述)진술하
기 전에는 먹지 아니하겠나이다 라
반이 이르되 말하소서
34 그가 이르되 나는 아브라함의 종이
니이다
35 여호와께서 나의 주인에게 크게 복
을 주시어 (昌盛)창성하게 하시되
소와 양과 은금과 종들과 낙타와
나귀를 그에게 주셨고
36 나의 주인의 아내 사라가 (老年)노
년에 나의 주인에게 아들을 낳으매
주인이 그의 모든 소유를 그 아들
에게 주었나이다
37 나의 주인이 나에게 (盟誓)맹세하
게 하여 이르되 너는 내 아들을 위
하여 내가 사는 땅 가나안 족속의
딸들 중에서 아내를 택하지 말고
38 내 아버지의 집, 내 족속에게로 가
서 내 아들을 위하여 아내를 (擇)택

하라 하시기로
39 내가 내 주인에게 여쭈되 (或)혹 여
자가 나를 따르지 아니하면 어찌하
리이까 한즉
40 주인이 내게 이르되 내가 섬기는
여호와께서 그의 (使者)사자를 너
와 함께 보내어 네게 (平坦)평탄한
길을 주시리니 너는 내 족속 중 내
아버지 집에서 내 아들을 위하여
아내를 택할 것이니라
41 네가 내 (族屬)족속에게 이를 때에
는 네가 내 맹세와 상관이 없으리
라 만일 그들이 네게 주지 아니할
지라도 네가 내 맹세와 상관이 없
으리라 하시기로
42 내가 오늘 우물에 이르러 말하기를
내 주인 아브라함의 하나님 여호와
여 만일 내가 행하는 길에 (亨通)
형통함을 주실진대
43 내가 이 우물 곁에 서 있다가 젊은
여자가 물을 길으러 오거든 내가
그에게 (請)청하기를 너는 물동이
의 물을 내게 조금 마시게 하라 하
여
44 그의 대답이 당신은 마시라 내가
또 당신의 (駱駝)낙타를 위하여도
길으리라 하면 그 여자는 여호와께
서 내 주인의 아들을 위하여 정하
여 주신 자가 되리이다 하며
45 내가 마음속으로 말하기를 마치기
도 전에 리브가가 물동이를 어깨에
메고 나와서 우물로 내려와 긷기로
내가 그에게 이르기를 (請)청하건
대 내게 마시게 하라 한즉
46 그가 (急)급히 물동이를 어깨에서
내리며 이르되 마시라 내가 당신의
낙타에게도 마시게 하리라 하기로
내가 마시매 그가 또 낙타에게도
마시게 한지라
47 내가 그에게 묻기를 네가 뉘 딸이
냐 한즉 이르되 밀가가 나홀에게서
낳은 브두엘의 딸이라 하기로 내가
코걸이를 그 코에 꿰고 손목고리를
그 손에 끼우고
48 내 주인 아브라함의 하나님 여호와
께서 나를 바른 길로 인도하사 나
의 주인의 동생의 딸을 그의 아들
을 위하여 (擇)택하게 하셨으므로
내가 머리를 숙여 그에게 (敬拜)경
배하고 (讚頌)찬송하였나이다
49 이제 당신들이 인자함과 진실함으
로 내 주인을 (待接)대접하려거든
내게 알게 해 주시고 그렇지 아니
할지라도 내게 알게 해 주셔서 내
가 우로든지 좌로든지 행하게 하소
서
50 ●라반과 브두엘이 대답하여 이르
되 이 일이 여호와께로 말미암았
으니 우리는 (可否)가부를 말할 수
없노라
51 리브가가 (當身)당신 앞에 있으니
데리고 가서 여호와의 (命令)명령
대로 그를 당신의 주인의 아들의
아내가 되게 하라
52 아브라함의 종이 그들의 말을 듣고
땅에 엎드려 여호와께 절하고
53 은금 (佩物)패물과 의복을 꺼내어
리브가에게 주고 그의 오라버니와
어머니에게도 보물을 주니라
54 이에 그들 곧 종과 동행자들이 먹

고 마시고 (留宿)유숙하고 아침에
일어나서 그가 이르되 나를 보내어
내 주인에게로 돌아가게 하소서
55 리브가의 오라버니와 그의 어머니
가 이르되 이 아이로 하여금 며칠
또는 열흘을 우리와 함께 머물게
하라 그 (後)후에 그가 갈 것이니라
56 그 사람이 그들에게 이르되 나를
(挽留)만류하지 마소서 여호와께
서 내게 형통한 길을 주셨으니 나
를 보내어 내 주인에게로 돌아가게
하소서
57 그들이 이르되 우리가 (少女)소녀
를 불러 그에게 물으리라 하고
58 리브가를 불러 그에게 이르되 네가
이 사람과 함께 가려느냐 그가 (對
答)대답하되 가겠나이다
59 그들이 그 누이 리브가와 그의 (乳
母)유모와 아브라함의 종과 그 동
행자들을 보내며
60 리브가에게 축복하여 이르되 우리
누이여 너는 천만인의 어머니가 될
지어다 네 씨로 그 (怨讐)원수의
성 문을 얻게 할지어다
61 ●리브가가 일어나 (女子)여자 종
들과 함께 낙타를 타고 그 사람을
따라가니 그 종이 리브가를 데리고
가니라
62 그 때에 이삭이 브엘라해로이에서
왔으니 그가 네게브 (地域)지역에
(居住)거주하였음이라
63 이삭이 저물 때에 들에 나가 (默
想)묵상하다가 눈을 들어 보매 낙
타들이 오는지라
64 리브가가 눈을 들어 이삭을 바라보
고 (駱駝)낙타에서 내려
65 종에게 말하되 들에서 (徘徊)배회
하다가 우리에게로 마주 오는 자가
누구냐 종이 이르되 이는 내 주인
이니이다 리브가가 너울을 가지고
자기의 얼굴을 가리더라
66 종이 그 (行)행한 일을 다 이삭에게
아뢰매
67 이삭이 리브가를 인도하여 그의 어
머니 사라의 (帳幕)장막으로 들이
고 그를 맞이하여 아내로 삼고 사
랑하였으니 이삭이 그의 어머니를
장례한 후에 위로를 얻었더라

아브라함이 죽다

25 아브라함이 (後妻)후처를 맞
이하였으니 그의 이름은 그
두라라
2 그가 시므란과 욕산과 므단과 미디
안과 이스박과 수아를 낳고
3 욕산은 스바와 드단을 낳았으며 드
단의 자손은 앗수르 (族屬)족속과
르두시 족속과 르움미 족속이며
4 미디안의 아들은 에바와 에벨과 하
녹과 아비다와 엘다아이니 다 그두
라의 (子孫)자손이었더라
5 아브라함이 이삭에게 자기의 모든
(所有)소유를 주었고
6 자기 (庶子)서자들에게도 재산을
주어 자기 생전에 그들로 하여금
자기 아들 이삭을 떠나 동방 곧 동
쪽 땅으로 가게 하였더라
7 아브라함의 (享年)향년이 백칠십
오 세라
8 그의 나이가 높고 늙어서 기운이
다하여 죽어 자기 (列祖)열조에게

로 돌아가매
9 그의 아들들인 이삭과 이스마엘이
그를 마므레 앞 헷 족속 소할의 아
들 에브론의 밭에 있는 막벨라 굴
에 (葬事)장사하였으니
10 이것은 아브라함이 헷 족속에게서
산 밭이라 아브라함과 그의 아내
사라가 거기 (葬事)장사되니라
11 아브라함이 죽은 후에 하나님이 그
의 아들 이삭에게 (福)복을 주셨고
이삭은 브엘라해로이 (近處)근처
에 (居住)거주하였더라

이스마엘의 후예

12 ●사라의 여종 애굽인 하갈이 아
브라함에게 낳은 아들 이스마엘의
(族譜)족보는 이러하고
13 이스마엘의 아들들의 이름은 그 이
름과 그 세대대로 이와 같으니라
이스마엘의 (長子)장자는 느바욧
이요 그 다음은 게달과 앗브엘과
밉삼과
14 미스마와 두마와 맛사와
15 하닷과 데마와 여둘과 나비스와 게
드마니
16 이들은 이스마엘의 아들들이요 그
촌과 (部落)부락대로 된 이름이며
그 족속대로는 열두 지도자들이었
더라
17 이스마엘은 향년이 백삼십칠 세에
기운이 다하여 죽어 자기 (百姓)백
성에게로 돌아갔고
18 그 자손들은 하윌라에서부터 앗수
르로 (通)통하는 애굽 앞 술까지 이
르러 그 모든 형제의 맞은편에 거
주하였더라

에서와 야곱이 태어나다

19 ●아브라함의 아들 이삭의 (族譜)
족보는 이러하니라 아브라함이 이
삭을 낳았고
20 이삭은 (四十 歲)사십 세에 리브가
를 맞이하여 아내를 삼았으니 리브
가는 밧단 아람의 아람 족속 중 브
두엘의 딸이요 아람 족속 중 라반
의 누이였더라
21 이삭이 그의 아내가 임신하지 못하
므로 그를 위하여 여호와께 간구하
매 여호와께서 그의 (懇求)간구를
들으셨으므로 그의 아내 리브가가
임신하였더니
22 그 아들들이 그의 (胎)태 속에서
서로 싸우는지라 그가 이르되 이럴
경우에는 내가 어찌할꼬 하고 가서
여호와께 묻자온대
23 여호와께서 그에게 이르시되
두 국민이 네 (胎中)태중에 있구
나 두 민족이 네 (腹中)복중에서
부터 나누이리라 이 족속이 저 족
속보다 강하겠고 큰 자가 어린 자
를 섬기리라
하셨더라
24 그 (解産)해산 기한이 찬즉 태에
쌍둥이가 있었는데
25 먼저 나온 자는 붉고 (全身)전신이
털옷 같아서 이름을 에서라 하였고
26 (後)후에 나온 아우는 손으로 에서
의 발꿈치를 잡았으므로 그 이름을
[1]야곱이라 하였으며 리브가가 그들
을 낳을 때에 이삭이 육십 세였더라

에서가 장자의 명분을 팔다

1) 발꿈치를 잡았다는 뜻

27 ●그 아이들이 (長成)장성하매 에
서는 익숙한 사냥꾼이었으므로 들
사람이 되고 야곱은 조용한 사람이
었으므로 장막에 거주하니
28 이삭은 에서가 사냥한 고기를 좋아
하므로 그를 사랑하고 리브가는 야
곱을 사랑하였더라
29 야곱이 (粥)죽을 쑤었더니 에서가
들에서 돌아와서 심히 (疲困)피곤
하여
30 야곱에게 이르되 내가 피곤하니 그
붉은 것을 내가 먹게 하라 한지라
그러므로 에서의 (別名)별명은 [1]에
돔이더라
31 야곱이 이르되 형의 장자의 (名分)
명분을 오늘 내게 팔라
32 에서가 이르되 내가 죽게 되었으니
이 장자의 명분이 내게 무엇이 (有
益)유익하리요
33 야곱이 이르되 오늘 내게 맹세하라
에서가 (盟誓)맹세하고 장자의 명
분을 야곱에게 판지라
34 야곱이 떡과 팥죽을 에서에게 주매
에서가 먹으며 마시고 일어나 갔으
니 에서가 (長子)장자의 명분을 가
볍게 여김이었더라

이삭이 그랄에 거주하다

26 아브라함 때에 첫 (凶年)흉
년이 들었더니 그 땅에 또 흉
년이 들매 이삭이 그랄로 가서 블
레셋 왕 아비멜렉에게 이르렀더니
2 여호와께서 이삭에게 나타나 이르
시되 애굽으로 내려가지 말고 내가
네게 (指示)지시하는 땅에 거주하라
3 이 땅에 거류하면 내가 너와 함께
있어 네게 (福)복을 주고 내가 이
모든 땅을 너와 네 자손에게 주리
라 내가 네 아버지 아브라함에게
맹세한 것을 이루어
4 네 자손을 하늘의 별과 같이 (蕃盛)
번성하게 하며 이 모든 땅을 네 자
손에게 주리니 네 자손으로 말미암
아 천하 만민이 복을 받으리라
5 이는 아브라함이 내 말을 (順從)순
종하고 내 명령과 내 계명과 내 (律
例)율례와 내 법도를 지켰음이라
하시니라
6 이삭이 그랄에 (居住)거주하였더니
7 그 곳 사람들이 그의 아내에 대하
여 물으매 그가 말하기를 그는 내
누이라 하였으니 리브가는 보기에
아리따우므로 그 곳 (百姓)백성이
리브가로 말미암아 자기를 죽일까
하여 그는 내 아내라 하기를 두려
워함이었더라
8 이삭이 거기 오래 거주하였더니 이
삭이 그 아내 리브가를 껴안은 것
을 블레셋 왕 아비멜렉이 (窓)창으
로 내다본지라
9 이에 아비멜렉이 이삭을 불러 이르
되 그가 (分明)분명히 네 아내거늘
어찌 네 누이라 하였느냐 이삭이
그에게 대답하되 내 생각에 그로
말미암아 내가 죽게 될까 두려워하
였음이로라
10 아비멜렉이 이르되 네가 어찌 우리
에게 이렇게 행하였느냐 백성 중
하나가 네 아내와 (同寢)동침할 뻔
하였도다 네가 죄를 우리에게 입혔

1) 붉음

으리라
11 아비멜렉이 이에 모든 백성에게 명
하여 이르되 이 사람이나 그의 아
내를 (犯)범하는 자는 죽이리라 하
였더라
12 ●이삭이 그 땅에서 (農事)농사하
여 그 해에 백 배나 얻었고 여호와
께서 복을 주시므로
13 그 사람이 (昌大)창대하고 (旺盛)왕
성하여 마침내 (巨富)거부가 되어
14 양과 소가 떼를 이루고 종이 심히
많으므로 블레셋 사람이 그를 (猜
忌)시기하여
15 그 아버지 아브라함 때에 그 아버
지의 종들이 판 모든 우물을 막고
흙으로 메웠더라
16 아비멜렉이 이삭에게 이르되 네가
우리보다 크게 (强盛)강성한즉 우
리를 떠나라
17 이삭이 그 곳을 떠나 그랄 골짜기
에 (帳幕)장막을 치고 거기 (居留)
거류하며
18 그 아버지 아브라함 때에 팠던 우
물들을 다시 팠으니 이는 아브라함
이 죽은 (後)후에 블레셋 사람이 그
우물들을 메웠음이라 이삭이 그 우
물들의 이름을 그의 아버지가 부르
던 이름으로 불렀더라
19 이삭의 종들이 골짜기를 파서 샘
(根源)근원을 얻었더니
20 그랄 (牧者)목자들이 이삭의 목자
와 다투어 이르되 이 물은 우리의
것이라 하매 이삭이 그 다툼으로
말미암아 그 우물 이름을 [1]에섹이

1) 다툼 2) 대적함 3) 장소가 넓음

라 하였으며
21 또 다른 우물을 팠더니 그들이 또
다투므로 그 이름을 [2]싯나라 하였
으며
22 이삭이 거기서 옮겨 다른 우물을
팠더니 그들이 다투지 아니하였으
므로 그 이름을 [3]르호봇이라 하여
이르되 이제는 여호와께서 우리를
위하여 넓게 하셨으니 이 땅에서
우리가 (蕃盛)번성하리로다 하였
더라
23 ●이삭이 거기서부터 브엘세바로
올라갔더니
24 그 밤에 여호와께서 그에게 나타나
이르시되 나는 네 아버지 아브라함
의 하나님이니 두려워하지 말라 내
종 아브라함을 위하여 내가 너와
함께 있어 네게 복을 주어 네 자손
이 (蕃盛)번성하게 하리라 하신지
라
25 이삭이 그 곳에 제단을 쌓고, 여호
와의 이름을 부르며 거기 (帳幕)장
막을 쳤더니 이삭의 종들이 거기서
도 우물을 팠더라

이삭과 아비멜렉의 계약

26 ●아비멜렉이 그 (親舊)친구 아훗
삿과 군대 장관 비골과 더불어 그
랄에서부터 이삭에게로 온지라
27 이삭이 그들에게 이르되 너희가 나
를 미워하여 나에게 너희를 떠나게
하였거늘 어찌하여 내게 왔느냐
28 그들이 이르되 여호와께서 너와 함
께 계심을 우리가 분명히 보았으므
로 우리의 사이 곧 우리와 너 사이
에 맹세하여 너와 (契約)계약을 맺

으리라 말하였노라
29 너는 우리를 (害)해하지 말라 이는
우리가 너를 범하지 아니하고 선한
일만 네게 행하여 네가 평안히 가
게 하였음이니라 이제 너는 여호와
께 복을 받은 자니라
30 이삭이 그들을 (爲)위하여 잔치를
베풀매 그들이 먹고 마시고
31 아침에 일찍이 일어나 서로 (盟誓)
맹세한 후에 이삭이 그들을 보내매
그들이 (平安)평안히 갔더라
32 그 날에 이삭의 종들이 자기들이
판 우물에 (對)대하여 이삭에게 와
서 알리어 이르되 우리가 물을 얻
었나이다 하매
33 그가 그 이름을 세바라 한지라 그
러므로 그 (城邑)성읍 이름이 오늘
까지 브엘세바더라

에서의 이방인 아내들

34 ●에서가 사십 세에 헷 (族屬)족속
브에리의 딸 유딧과 헷 족속 엘론
의 딸 바스맛을 아내로 맞이하였더
니
35 그들이 이삭과 리브가의 마음에 근
심이 되었더라

이삭이 야곱에게 축복하다

27 이삭이 나이가 많아 눈이 어
두워 잘 보지 못하더니 맏아
들 에서를 불러 이르되 내 아들아
하매 그가 이르되 내가 여기 있나
이다 하니
2 이삭이 이르되 내가 이제 늙어 어
느 날 죽을는지 알지 못하니
3 그런즉 네 (器具)기구 곧 화살통과
활을 가지고 들에 가서 나를 위하
여 사냥하여
4 내가 즐기는 (別味)별미를 만들어
내게로 가져와서 먹게 하여 내가
죽기 전에 내 마음껏 네게 (祝福)
축복하게 하라
5 ●이삭이 그의 아들 에서에게 말할
때에 리브가가 들었더니 에서가 사
냥하여 오려고 들로 나가매
6 리브가가 그의 아들 야곱에게 말하
여 이르되 네 아버지가 네 (兄)형
에서에게 말씀하시는 것을 내가 들
으니 이르시기를
7 나를 위하여 사냥하여 가져다가 별
미를 만들어 내가 먹게 하여 죽기
전에 여호와 앞에서 네게 (祝福)축
복하게 하라 하셨으니
8 그런즉 내 아들아 내 말을 따라 내
가 네게 (命)명하는 대로
9 염소 떼에 가서 거기서 좋은 염소
새끼 두 마리를 내게로 가져오면
내가 그것으로 네 아버지를 위하여
그가 즐기시는 (別味)별미를 만들
리니
10 네가 그것을 네 아버지께 가져다
드려서 그가 죽기 (前)전에 네게 축
복하기 위하여 잡수시게 하라
11 야곱이 그 어머니 리브가에게 이르
되 내 (兄)형 에서는 털이 많은 사
람이요 나는 매끈매끈한 사람인즉
12 아버지께서 나를 만지실진대 내가
아버지의 눈에 속이는 자로 보일지
라 (福)복은 고사하고 (詛呪)저주
를 받을까 하나이다
13 어머니가 그에게 이르되 내 아들아
너의 (詛呪)저주는 내게로 돌리리

니 내 말만 따르고 가서 가져오라
14 그가 가서 끌어다가 어머니에게로
가져왔더니 그의 어머니가 그의 아
버지가 즐기는 (別味)별미를 만들
었더라
15 리브가가 집 안 자기에게 있는 그
의 맏아들 에서의 좋은 (衣服)의복
을 가져다가 그의 작은 아들 야곱
에게 입히고
16 또 염소 새끼의 가죽을 그의 손과
목의 매끈매끈한 곳에 입히고
17 자기가 만든 (別味)별미와 떡을 자
기 아들 야곱의 손에 주니
18 야곱이 아버지에게 나아가서 내 아
버지여 하고 부르니 이르되 내가 여
기 있노라 내 아들아 네가 누구냐
19 야곱이 아버지에게 대답하되 나는
아버지의 맏아들 에서로소이다 아
버지께서 내게 (命)명하신 대로 내
가 하였사오니 (願)원하건대 일어
나 앉아서 내가 사냥한 고기를 잡
수시고 아버지 마음껏 내게 (祝福)
축복하소서
20 이삭이 그의 아들에게 이르되 내
아들아 네가 어떻게 이같이 속히
잡았느냐 그가 이르되 아버지의 하
나님 여호와께서 나로 (順調)순조
롭게 만나게 하셨음이니이다
21 이삭이 야곱에게 이르되 내 아들아
가까이 오라 네가 (果然)과연 내
아들 에서인지 아닌지 내가 너를
만져보려 하노라
22 야곱이 그 아버지 이삭에게 가까이
가니 이삭이 만지며 이르되 (音聲)
음성은 야곱의 음성이나 손은 에서
의 손이로다 하며
23 그의 손이 형 에서의 손과 같이 털
이 있으므로 (分別)분별하지 못하
고 축복하였더라
24 이삭이 이르되 네가 참 내 아들 에
서냐 그가 (對答)대답하되 그러하
니이다
25 이삭이 이르되 내게로 가져오라 내
아들이 사냥한 고기를 먹고 내 마
음껏 네게 축복하리라 야곱이 그에
게로 가져가매 그가 먹고 또 (葡萄
酒)포도주를 가져가매 그가 마시고
26 그의 아버지 이삭이 그에게 이르되
내 아들아 가까이 와서 내게 입맞
추라
27 그가 가까이 가서 그에게 입맞추니
아버지가 그의 옷의 (香臭)향취를
맡고 그에게 축복하여 이르되
내 아들의 향취는 여호와께서 복
주신 밭의 향취로다
28 하나님은 하늘의 이슬과 땅의 기
름짐이며 (豊盛)풍성한 곡식과 포
도주를 네게 주시기를 원하노라
29 만민이 너를 섬기고 열국이 네게
굴복하리니 네가 형제들의 주가
되고 네 어머니의 아들들이 네게
(屈服)굴복하며 너를 저주하는
자는 저주를 받고 너를 축복하는
자는 복을 받기를 원하노라
30 이삭이 야곱에게 (祝福)축복하기
를 마치매 야곱이 그의 아버지 이
삭 앞에서 나가자 곧 그의 형 에서
가 사냥하여 돌아온지라
31 그가 (別味)별미를 만들어 아버지
에게로 가지고 가서 이르되 아버지

여 일어나서 아들이 사냥한 고기를
잡수시고 마음껏 내게 축복하소서
32 그의 아버지 이삭이 그에게 이르되
너는 누구냐 그가 (對答)대답하되
나는 아버지의 아들 곧 아버지의
맏아들 에서로소이다
33 이삭이 (甚)심히 크게 떨며 이르되
그러면 사냥한 고기를 내게 가져온
자가 누구냐 네가 오기 전에 내가
다 먹고 그를 위하여 축복하였은즉
그가 반드시 복을 받을 것이니라
34 에서가 그의 아버지의 말을 듣고
소리 질러 슬피 울며 아버지에게
이르되 내 아버지여 내게 (祝福)축
복하소서 내게도 그리하소서
35 이삭이 이르되 네 아우가 와서 속
여 네 (福)복을 빼앗았도다
36 에서가 이르되 그의 이름을 야곱이
라 함이 합당하지 아니하니이까 그
가 나를 속임이 이것이 두 번째니
이다 전에는 나의 장자의 (名分)명
분을 빼앗고 이제는 내 복을 빼앗
았나이다 또 이르되 아버지께서 나
를 위하여 빌 복을 남기지 아니하
셨나이까
37 이삭이 에서에게 대답하여 이르되
내가 그를 너의 주로 세우고 그의
모든 (兄弟)형제를 내가 그에게 종
으로 주었으며 곡식과 포도주를 그
에게 주었으니 내 아들아 내가 네
게 무엇을 할 수 있으랴
38 에서가 아버지에게 이르되 내 아버
지여 아버지가 빌 (福)복이 이 하나
뿐이리이까 내 아버지여 내게 축복
하소서 내게도 그리하소서 하고 소
리를 높여 우니
39 그 아버지 이삭이 그에게 대답하여
이르되

네 (住所)주소는 땅의 기름짐에
서 멀고 내리는 하늘 이슬에서
멀 것이며
40 너는 칼을 믿고 (生活)생활하겠
고 네 아우를 섬길 것이며 네가
매임을 벗을 때에는 그 멍에를
네 목에서 떨쳐버리리라

하였더라
41 그의 아버지가 야곱에게 축복한 그
축복으로 말미암아 에서가 야곱을
미워하여 (心中)심중에 이르기를
아버지를 (哭)곡할 때가 가까웠은
즉 내가 내 아우 야곱을 죽이리라
하였더니
42 맏아들 에서의 이 말이 리브가에
게 들리매 이에 사람을 보내어 작
은 아들 야곱을 불러 그에게 이르
되 네 형 에서가 너를 죽여 그 (恨)
한을 풀려 하니
43 내 아들아 내 말을 따라 일어나 하
란으로 가서 내 오라버니 라반에게
로 (避身)피신하여
44 네 형의 (怒)노가 풀리기까지 몇 날
동안 그와 함께 거주하라
45 네 형의 (憤怒)분노가 풀려 네가
자기에게 행한 것을 잊어버리거든
내가 곧 사람을 보내어 너를 거기
서 불러오리라 어찌 하루에 너희
둘을 잃으랴

이삭이 야곱을 라반에게 보내다

46 ● 리브가가 이삭에게 이르되 내가
헷 사람의 딸들로 말미암아 내 삶

이 싫어졌거늘 야곱이 (萬一)만일
이 땅의 딸들 곧 그들과 같은 헷 사
람의 딸들 중에서 아내를 맞이하면
내 삶이 내게 무슨 재미가 있으리
이까

28 이삭이 야곱을 불러 그에게
축복하고 또 (當付)당부하여
이르되 너는 가나안 사람의 딸들
중에서 아내를 맞이하지 말고
2 일어나 밧단아람으로 가서 네 (外
祖父)외조부 브두엘의 집에 이르
러 거기서 네 외삼촌 라반의 딸 중
에서 아내를 맞이하라
3 전능하신 하나님이 네게 복을 주시
어 네가 (生育)생육하고 (蕃盛)번
성하게 하여 네가 여러 족속을 이
루게 하시고
4 아브라함에게 (許諾)허락하신 복
을 네게 주시되 너와 너와 함께 네
(子孫)자손에게도 주사 하나님이
아브라함에게 주신 땅 곧 네가 거
류하는 땅을 네가 차지하게 하시기
를 원하노라
5 이에 이삭이 야곱을 보내매 그가
밧단아람으로 가서 라반에게 이르
렀으니 라반은 아람 사람 브두엘의
아들이요 야곱과 에서의 어머니 리
브가의 오라비더라

에서가 다른 아내를 맞이하다

6 ●에서가 본즉 이삭이 야곱에게 축
복하고 그를 밧단아람으로 보내어
거기서 아내를 맞이하게 하였고 또
그에게 (祝福)축복하고 (命)명하
기를 너는 가나안 사람의 딸들 중
에서 아내를 맞이하지 말라 하였고
7 또 야곱이 (父母)부모의 명을 따라
밧단아람으로 갔으며
8 에서가 또 본즉 가나안 사람의 딸
들이 그의 아버지 이삭을 기쁘게
하지 못하는지라
9 이에 에서가 이스마엘에게 가서 그
(本妻)본처들 외에 아브라함의 아들
이스마엘의 딸이요 느바욧의 누이
인 마할랏을 아내로 맞이하였더라

야곱이 벧엘에서 꿈을 꾸다

10 ●야곱이 브엘세바에서 떠나 하란
으로 (向)향하여 가더니
11 한 곳에 이르러는 해가 진지라 거
기서 (留宿)유숙하려고 그 곳의 한
돌을 가져다가 베개로 삼고 거기
누워 자더니
12 꿈에 본즉 사닥다리가 땅 위에 서
있는데 그 꼭대기가 하늘에 닿았고
또 본즉 하나님의 (使者)사자들이
그 위에서 오르락내리락 하고
13 또 본즉 여호와께서 그 위에 서서
이르시되 나는 여호와니 너의 (祖
父)조부 아브라함의 하나님이요
이삭의 하나님이라 네가 누워 있는
땅을 내가 너와 네 (子孫)자손에게
주리니
14 네 (子孫)자손이 땅의 티끌 같이
되어 네가 서쪽과 동쪽과 북쪽과
남쪽으로 퍼져나갈지며 땅의 모든
족속이 너와 네 자손으로 말미암아
복을 받으리라
15 내가 너와 함께 있어 네가 어디로
가든지 너를 지키며 너를 이끌어
이 땅으로 돌아오게 할지라 내가
네게 (許諾)허락한 것을 다 이루기

까지 너를 떠나지 아니하리라 하신
지라
16 야곱이 잠이 깨어 이르되 여호와께
서 (果然)과연 여기 계시거늘 내가
알지 못하였도다
17 이에 두려워하여 이르되 두렵도다
이 곳이여 이것은 다름 아닌 하나
님의 집이요 이는 하늘의 (門)문이
로다 하고
18 야곱이 아침에 일찍이 일어나 베개
로 삼았던 돌을 가져다가 기둥으로
세우고 그 위에 기름을 붓고
19 그 곳 이름을 [1]벧엘이라 하였더라
이 (城)성의 옛 이름은 루스더라
20 야곱이 (誓願)서원하여 이르되 하
나님이 나와 함께 계셔서 내가 가
는 이 길에서 나를 지키시고 먹을
떡과 입을 옷을 주시어
21 내가 (平安)평안히 아버지 집으로
돌아가게 하시오면 여호와께서 나
의 하나님이 되실 것이요
22 내가 기둥으로 세운 이 돌이 하나
님의 집이 될 것이요 하나님께서
내게 주신 모든 것에서 (十分)십분
의 (一)일을 내가 반드시 하나님께
드리겠나이다 하였더라

야곱이 라반의 집에 이르다

29 야곱이 길을 떠나 (東方)동
방 사람의 땅에 이르러
2 본즉 들에 우물이 있고 그 곁에
(羊)양 세 떼가 누워 있으니 이는
목자들이 그 우물에서 양 떼에게
물을 먹임이라 큰 돌로 우물 아귀
를 덮었다가
3 모든 떼가 모이면 그들이 우물 아
귀에서 돌을 옮기고 그 (羊)양 떼에
게 물을 먹이고는 우물 아귀 그 자
리에 다시 그 돌을 덮더라
4 야곱이 그들에게 이르되 내 (兄弟)
형제여 어디서 왔느냐 그들이 이르
되 하란에서 왔노라
5 야곱이 그들에게 이르되 너희가 나
홀의 (孫子)손자 라반을 아느냐 그
들이 이르되 아노라
6 야곱이 그들에게 이르되 그가 (平
安)평안하냐 이르되 평안하니라
그의 딸 라헬이 지금 양을 몰고 오
느니라
7 야곱이 이르되 해가 아직 높은즉 (家
畜)가축 모일 때가 아니니 양에게 물
을 먹이고 가서 풀을 뜯게 하라
8 그들이 이르되 우리가 그리하지 못
하겠노라 떼가 다 모이고 (牧者)목
자들이 우물 아귀에서 돌을 옮겨야
우리가 양에게 물을 먹이느니라
9 야곱이 그들과 말하는 동안에 라헬
이 그의 아버지의 (羊)양과 함께 오
니 그가 그의 양들을 치고 있었기
때문이더라
10 야곱이 그의 (外三寸)외삼촌 라반
의 딸 라헬과 그의 외삼촌의 양을
보고 나아가 우물 아귀에서 돌을
옮기고 외삼촌 라반의 양 떼에게
물을 먹이고
11 그가 라헬에게 입맞추고 소리 내어
울며
12 그에게 (自己)자기가 그의 아버지
의 생질이요 리브가의 아들 됨을
말하였더니 라헬이 달려가서 그 아

1) 하나님의 집

버지에게 알리매
13 라반이 그의 (甥姪)생질 야곱의
소식을 듣고 달려와서 그를 (迎接)
영접하여 안고 입맞추며 자기 집으
로 인도하여 들이니 야곱이 자기의
모든 일을 라반에게 말하매
14 라반이 이르되 너는 참으로 내 (血
肉)혈육이로다 하였더라 야곱이
한 달을 그와 함께 거주하더니
15 라반이 야곱에게 이르되 네가 비록
내 (甥姪)생질이나 어찌 그저 내
일을 하겠느냐 네 품삯을 어떻게
할지 내게 말하라
16 라반에게 두 딸이 있으니 언니의
이름은 레아요 아우의 이름은 라헬
이라
17 레아는 (視力)시력이 (弱)약하고
라헬은 곱고 아리따우니
18 야곱이 라헬을 더 사랑하므로 대답
하되 내가 (外三寸)외삼촌의 작은
딸 라헬을 위하여 외삼촌에게 칠
년을 섬기리이다
19 라반이 이르되 그를 네게 주는 것
이 (他人)타인에게 주는 것보다 나
으니 나와 함께 있으라
20 야곱이 라헬을 (爲)위하여 (七 年)
칠 년 동안 라반을 섬겼으나 그를
사랑하는 까닭에 칠 년을 며칠 같
이 여겼더라

야곱이 레아와 라헬을 아내로 맞다

21 ●야곱이 라반에게 이르되 내 (期
限)기한이 찼으니 내 아내를 내게 주
소서 내가 그에게 들어가겠나이다
22 라반이 그 곳 사람을 다 모아 잔치
하고
23 저녁에 그의 딸 레아를 야곱에게로
데려가매 야곱이 그에게로 들어가
니라
24 라반이 또 그의 여종 실바를 그의
딸 레아에게 (侍女)시녀로 주었더라
25 야곱이 아침에 보니 레아라 라반에
게 이르되 외삼촌이 어찌하여 내게
이같이 행하셨나이까 내가 라헬을
(爲)위하여 외삼촌을 섬기지 아니
하였나이까 외삼촌이 나를 속이심
은 어찌됨이니이까
26 라반이 이르되 언니보다 아우를 먼
저 주는 것은 우리 (地方)지방에서
하지 아니하는 바이라
27 이를 위하여 칠 일을 채우라 우리
가 그도 네게 주리니 네가 또 나를
(七 年)칠 년 동안 섬길지니라
28 야곱이 그대로 하여 그 (七 日)칠
일을 채우매 라반이 딸 라헬도 그
에게 아내로 주고
29 라반이 또 그의 여종 빌하를 그의
딸 라헬에게 주어 (侍女)시녀가 되
게 하매
30 야곱이 또한 라헬에게로 들어갔고
그가 레아보다 라헬을 더 사랑하여
다시 (七 年)칠 년 동안 라반을 섬
겼더라

야곱에게 아이들이 생기다

31 ●여호와께서 레아가 사랑 받지 못
함을 보시고 그의 (胎)태를 여셨으
나 라헬은 자녀가 없었더라
32 레아가 (妊娠)임신하여 아들을 낳
고 그 이름을 [1]르우벤이라 하여 이
르되 여호와께서 나의 괴로움을 돌

1) 보라 아들이라

보셨으니 이제는 내 남편이 나를
사랑하리로다 하였더라
33 그가 다시 (妊娠)임신하여 아들을
낳고 이르되 여호와께서 내가 사랑
받지 못함을 들으셨으므로 내게 이
아들도 주셨도다 하고 그의 이름을
[1]시므온이라 하였으며
34 그가 또 임신하여 아들을 낳고 이
르되 내가 그에게 세 아들을 낳았
으니 내 남편이 지금부터 나와 (聯
合)연합하리로다 하고 그의 이름
을 [2]레위라 하였으며
35 그가 또 임신하여 아들을 낳고 이
르되 내가 이제는 여호와를 (讚頌)
찬송하리로다 하고 이로 말미암아
그가 그의 이름을 [3]유다라 하였고
그의 (出産)출산이 멈추었더라

30 라헬이 자기가 야곱에게서
아들을 낳지 못함을 보고 그
의 언니를 (猜忌)시기하여 야곱에
게 이르되 내게 자식을 낳게 하라
그렇지 아니하면 내가 죽겠노라
2 야곱이 라헬에게 성을 내어 이르
되 그대를 임신하지 못하게 하시는
이는 하나님이시니 내가 하나님을
(代身)대신하겠느냐
3 라헬이 이르되 내 여종 빌하에게로
들어가라 그가 아들을 낳아 내 무릎
에 두리니 그러면 나도 그로 말미암
아 (子息)자식을 얻겠노라 하고
4 그의 시녀 빌하를 (男便)남편에게
아내로 주매 야곱이 그에게로 들어
갔더니
5 빌하가 (妊娠)임신하여 야곱에게
아들을 낳은지라
6 라헬이 이르되 하나님이 내 (抑鬱)
억울함을 푸시려고 내 (呼訴)호소
를 들으사 내게 아들을 주셨다 하
고 이로 말미암아 그의 이름을 [4]단
이라 하였으며
7 라헬의 (侍女)시녀 빌하가 다시 임신
하여 둘째 아들을 야곱에게 낳으매
8 라헬이 이르되 내가 언니와 크게
경쟁하여 이겼다 하고 그의 이름을
[5]납달리라 하였더라
9 ●레아가 자기의 (出産)출산이 멈
춤을 보고 그의 시녀 실바를 데려
다가 야곱에게 주어 아내로 삼게
하였더니
10 레아의 (侍女)시녀 실바가 야곱에
게서 아들을 낳으매
11 레아가 이르되 (福)복되도다 하고
그의 이름을 [6]갓이라 하였으며
12 레아의 (侍女)시녀 실바가 둘째 아
들을 야곱에게 낳으매
13 레아가 이르되 기쁘도다 모든 딸들
이 나를 기쁜 (者)자라 하리로다 하
고 그의 이름을 [7]아셀이라 하였더라
14 ●밀 거둘 때 르우벤이 나가서 들
에서 합환채를 얻어 그의 어머니
레아에게 드렸더니 라헬이 레아에
게 이르되 언니의 아들의 (合歡菜)
합환채를 (請求)청구하노라
15 레아가 그에게 이르되 네가 내 남
편을 빼앗은 것이 작은 일이냐 그
런데 네가 내 아들의 합환채도 빼
앗고자 하느냐 라헬이 이르되 그러
면 언니의 아들의 합환채 대신에

1) 들으심 2) 연합함 3) 찬송함 4) 억울함을 푸심 5) 경쟁함 6) 복됨 7) 기쁨

오늘 밤에 내 남편이 언니와 (同寢)
동침하리라 하니라
16 저물 때에 야곱이 들에서 돌아오
매 레아가 나와서 그를 (迎接)영접
하며 이르되 내게로 들어오라 내가
내 아들의 (合歡菜)합환채로 당신
을 샀노라 그 밤에 야곱이 그와 동
침하였더라
17 하나님이 레아의 (所願)소원을 들
으셨으므로 그가 임신하여 다섯째
아들을 야곱에게 낳은지라
18 레아가 이르되 내가 내 시녀를 내
(男便)남편에게 주었으므로 하나
님이 내게 그 값을 주셨다 하고 그
의 이름을 [1]잇사갈이라 하였으며
19 레아가 다시 (妊娠)임신하여 여섯
째 아들을 야곱에게 낳은지라
20 레아가 이르되 하나님이 내게 (厚)
후한 (膳物)선물을 주시도다 내가
남편에게 여섯 아들을 낳았으니 이
제는 그가 나와 함께 살리라 하고
그의 이름을 [2]스불론이라 하였으
며
21 그 (後)후에 그가 딸을 낳고 그의
이름을 디나라 하였더라
22 하나님이 라헬을 생각하신지라 하
나님이 그의 소원을 들으시고 그의
(胎)태를 여셨으므로
23 그가 (妊娠)임신하여 아들을 낳고
이르되 하나님이 내 부끄러움을 씻
으셨다 하고
24 그 이름을 [3]요셉이라 하니 여호와
는 다시 다른 아들을 내게 더하시
기를 (願)원하노라 하였더라

1) 값 2) 거함 3) 더함

야곱이 라반과 품삯을 정하다

25 ●라헬이 요셉을 낳았을 때에 야
곱이 라반에게 이르되 나를 보내어
내 (故鄕)고향 나의 땅으로 가게
하시되
26 내가 외삼촌에게서 일하고 얻은
(妻子)처자를 내게 주시어 나로 가
게 하소서 내가 외삼촌에게 한 일
은 외삼촌이 아시나이다
27 라반이 그에게 이르되 여호와께서
너로 말미암아 내게 (福)복 주신 줄
을 내가 깨달았노니 네가 나를 사
랑스럽게 여기거든 그대로 있으라
28 또 이르되 네 품삯을 (定)정하라 내
가 그것을 주리라
29 야곱이 그에게 이르되 내가 어떻게
외삼촌을 섬겼는지, 어떻게 외삼촌
의 (家畜)가축을 쳤는지 외삼촌이
아시나이다
30 내가 오기 전에는 외삼촌의 (所有)
소유가 적더니 번성하여 떼를 이루
었으니 내 발이 이르는 곳마다 여
호와께서 외삼촌에게 복을 주셨나
이다 그러나 나는 언제나 내 집을
세우리이까
31 라반이 이르되 내가 무엇으로 네게
주랴 야곱이 이르되 (外三寸)외삼
촌께서 내게 아무것도 주시지 않아
도 나를 위하여 이 일을 (行)행하시
면 내가 다시 외삼촌의 양 떼를 먹
이고 지키리이다
32 오늘 내가 외삼촌의 양 떼에 두루
다니며 그 (羊)양 중에 아롱진 것과
점 있는 것과 검은 것을 가려내며
또 염소 중에 점 있는 것과 아롱진

것을 가려내리니 이같은 것이 내
품삯이 되리이다
33 후일에 외삼촌께서 오셔서 내 품삯
을 (調査)조사하실 때에 나의 의가
내 대답이 되리이다 내게 혹시 염
소 중 아롱지지 아니한 것이나 점
이 없는 것이나 양 중에 검지 아니
한 것이 있거든 다 도둑질한 것으
로 (認定)인정하소서
34 라반이 이르되 내가 네 말대로 하
리라 하고
35 그 날에 그가 숫염소 중 얼룩무늬
있는 것과 (點)점 있는 것을 가리
고 암염소 중 흰 바탕에 아롱진 것
과 점 있는 것을 가리고 양 중의 검
은 것들을 가려 자기 아들들의 손
에 맡기고
36 (自己)자기와 야곱의 사이를 사흘
길이 뜨게 하였고 야곱은 라반의
남은 양 떼를 치니라
37 ●야곱이 버드나무와 살구나무와
신풍나무의 푸른 가지를 가져다가
그것들의 껍질을 벗겨 흰 무늬를
내고
38 그 껍질 벗긴 가지를 양 떼가 와서
먹는 개(川)천의 물 구유에 세워 양
떼를 향하게 하매 그 떼가 물을 먹
으러 올 때에 새끼를 배니
39 가지 앞에서 새끼를 배므로 얼룩
얼룩한 것과 (點)점이 있고 아롱진
것을 낳은지라
40 야곱이 새끼 양을 (區分)구분하고
그 얼룩무늬와 검은 빛 있는 것을
라반의 양과 서로 마주보게 하며
자기 양을 따로 두어 라반의 양과
섞이지 않게 하며
41 튼튼한 양이 새끼 밸 때에는 야곱
이 개천에다가 (羊)양 떼의 눈 앞에
그 가지를 두어 양이 그 가지 곁에
서 새끼를 배게 하고
42 (弱)약한 양이면 그 가지를 두지 아
니하니 그렇게 함으로 약한 것은
라반의 것이 되고 튼튼한 것은 야
곱의 것이 된지라
43 이에 그 사람이 매우 (繁昌)번창하
여 양 떼와 (奴婢)노비와 낙타와
나귀가 많았더라

야곱이 라반을 떠나다

31 야곱이 라반의 아들들이 하
는 말을 들은즉 야곱이 우리
아버지의 (所有)소유를 다 빼앗고
우리 아버지의 소유로 말미암아 이
모든 (財物)재물을 모았다 하는지
라
2 야곱이 라반의 (顔色)안색을 본즉
자기에게 대하여 전과 같지 아니하
더라
3 여호와께서 야곱에게 이르시되 네
조상의 땅 네 (族屬)족속에게로 돌
아가라 내가 너와 함께 있으리라
하신지라
4 야곱이 사람을 보내어 라헬과 레아
를 자기 (羊)양 떼가 있는 들로 불
러다가
5 그들에게 이르되 내가 그대들의 아
버지의 안색을 본즉 내게 (對)대하
여 전과 같지 아니하도다 그러할지
라도 내 아버지의 하나님은 나와
함께 계셨느니라
6 그대들도 알거니와 내가 힘을 다하

여 그대들의 아버지를 섬겼거늘
7 그대들의 아버지가 나를 속여 품삯
을 열 번이나 (變更)변경하였느니
라 그러나 하나님이 그를 막으사
나를 해치지 못하게 하셨으며
8 그가 이르기를 점 있는 것이 네 삯
이 되리라 하면 온 양 떼가 낳은 것
이 (點)점 있는 것이요 또 얼룩무늬
있는 것이 네 삯이 되리라 하면 온
양 떼가 낳은 것이 얼룩무늬 있는
것이니
9 하나님이 이같이 그대들의 아버지
의 (家畜)가축을 빼앗아 내게 주셨
느니라
10 그 (羊)양 떼가 새끼 밸 때에 내가
꿈에 눈을 들어 보니 양 떼를 탄 숫
양은 다 얼룩무늬 있는 것과 점 있
는 것과 아롱진 것이었더라
11 꿈에 하나님의 (使者)사자가 내게
말씀하시기를 야곱아 하기로 내가
대답하기를 여기 있나이다 하매
12 이르시되 네 눈을 들어 보라 양 떼
를 탄 숫양은 다 얼룩무늬 있는 것,
점 있는 것과 아롱진 것이니라 라
반이 네게 (行)행한 모든 것을 내가
보았노라
13 나는 벧엘의 하나님이라 네가 거기
서 기둥에 기름을 붓고 거기서 내
게 (誓願)서원하였으니 지금 일어
나 이 곳을 떠나서 네 (出生地)출
생지로 돌아가라 하셨느니라
14 라헬과 레아가 그에게 대답하여 이
르되 우리가 우리 아버지 집에서
무슨 분깃이나 (遺産)유산이 있으
리요
15 아버지가 우리를 팔고 우리의 돈을
다 먹어버렸으니 아버지가 우리를
(外國人)외국인처럼 여기는 것이
아닌가
16 하나님이 우리 아버지에게서 취하
여 가신 (財物)재물은 우리와 우리
자식의 것이니 이제 하나님이 당신
에게 이르신 일을 다 준행하라
17 ●야곱이 일어나 자식들과 아내들
을 (駱駝)낙타들에게 태우고
18 그 모은 바 모든 가축과 모든 (所有
物)소유물 곧 그가 밧단아람에서
모은 가축을 이끌고 가나안 땅에
있는 그의 아버지 이삭에게로 가려
할새
19 그 때에 라반이 (羊)양털을 깎으러
갔으므로 라헬은 그의 아버지의 드
라빔을 도둑질하고
20 야곱은 그 (去就)거취를 아람 사람
라반에게 말하지 아니하고 가만히
떠났더라
21 그가 그의 모든 (所有)소유를 이끌
고 강을 건너 길르앗 산을 향하여
도망한 지
22 삼 일 만에 야곱이 (逃亡)도망한
것이 라반에게 들린지라
23 라반이 그의 (兄弟)형제를 거느리
고 칠 일 길을 쫓아가 길르앗 산에
서 그에게 이르렀더니
24 밤에 하나님이 아람 사람 라반에게
(現夢)현몽하여 이르시되 너는 삼
가 야곱에게 (善惡)선악간에 말하
지 말라 하셨더라
25 라반이 야곱을 뒤쫓아 이르렀으니
야곱이 그 산에 (帳幕)장막을 친지

라 라반이 그 형제와 더불어 길르
앗 산에 장막을 치고
26 라반이 야곱에게 이르되 네가 나를
속이고 내 딸들을 칼에 사로잡힌
(者)자 같이 끌고 갔으니 어찌 이같
이 하였느냐
27 내가 즐거움과 노래와 북과 (竪琴)
수금으로 너를 보내겠거늘 어찌하
여 네가 나를 속이고 가만히 도망
하고 내게 알리지 아니하였으며
28 내가 내 손자들과 딸들에게 입맞추
지 못하게 하였으니 네 (行爲)행위
가 참으로 어리석도다
29 너를 (害)해할 만한 (能力)능력이
내 손에 있으나 너희 아버지의 하
나님이 어제 밤에 내게 말씀하시
기를 너는 삼가 야곱에게 선악간에
말하지 말라 하셨느니라
30 이제 네가 네 아버지 집을 (思慕)사
모하여 돌아가려는 것은 옳거니와
어찌 내 (神)신을 도둑질하였느냐
31 야곱이 라반에게 대답하여 이르되
내가 생각하기를 (外三寸)외삼촌
이 외삼촌의 딸들을 내게서 억지로
빼앗으리라 하여 두려워하였음이
니이다
32 외삼촌의 신을 누구에게서 찾든지
그는 살지 못할 것이요 우리 형제
들 앞에서 무엇이든지 외삼촌의 것
이 (發見)발견되거든 외삼촌에게
로 가져가소서 하니 야곱은 라헬이
그것을 도둑질한 줄을 알지 못함이
었더라
33 라반이 야곱의 (帳幕)장막에 들어
가고 레아의 장막에 들어가고 두
여종의 장막에 들어갔으나 찾지 못
하고 레아의 장막에서 나와 라헬의
장막에 들어가매
34 라헬이 그 드라빔을 가져 낙타 (鞍
裝)안장 아래에 넣고 그 위에 앉은
지라 라반이 그 장막에서 찾다가
찾아내지 못하매
35 라헬이 그의 아버지에게 이르되 마
침 생리가 있어 일어나서 (迎接)영
접할 수 없사오니 내 주는 노하지
마소서 하니라 라반이 그 드라빔을
두루 찾다가 찾아내지 못한지라
36 야곱이 노하여 라반을 (責望)책망
할새 야곱이 라반에게 대답하여 이
르되 내 허물이 무엇이니이까 무슨
죄가 있기에 외삼촌께서 내 뒤를
급히 추격하나이까
37 외삼촌께서 내 (物件)물건을 다 뒤
져보셨으니 외삼촌의 집안 물건 중
에서 무엇을 찾아내었나이까 여기
내 형제와 외삼촌의 형제 앞에 그
것을 두고 우리 둘 사이에 (判斷)
판단하게 하소서
38 내가 이 이십 년을 외삼촌과 함께
하였거니와 외삼촌의 암양들이나
암염소들이 (落胎)낙태하지 아니
하였고 또 외삼촌의 양 떼의 숫양
을 내가 먹지 아니하였으며
39 물려 찢긴 것은 내가 외삼촌에게로
가져가지 아니하고 낮에 도둑을 맞
았든지 밤에 도둑을 맞았든지 외삼
촌이 그것을 내 손에서 찾았으므로
내가 스스로 그것을 (補充)보충하
였으며
40 내가 이와 같이 낮에는 더위와 밤

에는 추위를 무릅쓰고 눈 붙일 겨
를도 없이 지냈나이다
41 내가 외삼촌의 집에 있는 이 이십
년 동안 외삼촌의 두 딸을 위하여
십사 년, 외삼촌의 양 떼를 위하여
육 년을 외삼촌에게 (奉事)봉사하
였거니와 외삼촌께서 내 품삯을 열
번이나 바꾸셨으며
42 우리 아버지의 하나님, 아브라함의
하나님 곧 이삭이 (敬畏)경외하는
이가 나와 함께 계시지 아니하셨더
라면 외삼촌께서 이제 나를 빈손으
로 돌려보내셨으리이다마는 하나
님이 내 (苦難)고난과 내 손의 수
고를 보시고 어제 밤에 외삼촌을
(責望)책망하셨나이다

야곱과 라반의 언약

43 ●라반이 야곱에게 대답하여 이르
되 딸들은 내 딸이요 (子息)자식들
은 내 자식이요 양 떼는 내 양 떼요
네가 보는 것은 다 내 것이라 내가
오늘 내 딸들과 그들이 낳은 자식
들에게 무엇을 하겠느냐
44 이제 오라 나와 네가 언약을 맺고
그것으로 너와 나 사이에 (證據)증
거를 삼을 것이니라
45 이에 야곱이 돌을 가져다가 기둥으
로 세우고
46 또 그 (兄弟)형제들에게 돌을 모으
라 하니 그들이 돌을 가져다가 무
더기를 이루매 무리가 거기 무더기
곁에서 먹고
47 라반은 그것을 [1]여갈사하두다라 불
렀고 야곱은 그것을 [2]갈르엣이라
불렀으니
48 라반의 말에 오늘 이 무더기가 너
와 나 사이에 (證據)증거가 된다
하였으므로 그 이름을 갈르엣이라
불렀으며
49 또 미스바라 하였으니 이는 그의
말에 우리가 서로 떠나 있을 때에
여호와께서 나와 너 사이를 살피시
옵소서 함이라
50 만일 네가 내 딸을 (薄待)박대하거
나 내 딸들 외에 다른 아내들을 맞
이하면 우리와 함께 할 사람은 없
어도 보라 하나님이 나와 너 사이
에 증인이 되시느니라 함이었더라
51 라반이 또 야곱에게 이르되 내가
나와 너 사이에 둔 이 무더기를 보
라 또 이 기둥을 보라
52 이 무더기가 증거가 되고 이 기둥
이 증거가 되나니 내가 이 무더기
를 넘어 네게로 가서 (害)해하지 않
을 것이요 네가 이 무더기, 이 기둥
을 넘어 내게로 와서 해하지 아니
할 것이라
53 아브라함의 하나님, 나홀의 하나
님, 그들의 조상의 하나님은 우리
사이에 (判斷)판단하옵소서 하매
야곱이 그의 아버지 이삭이 (敬畏)
경외하는 이를 가리켜 맹세하고
54 야곱이 또 산에서 (祭祀)제사를 드
리고 형제들을 불러 떡을 먹이니
그들이 떡을 먹고 산에서 밤을 지
내고
55 라반이 아침에 일찍이 일어나 손자
들과 딸들에게 입맞추며 그들에게

1) 아람 방언이니 증거의 무더기 2) 히브리 방언이니 증거의 무더기

(祝福)축복하고 떠나 (故鄕)고향
으로 돌아갔더라

야곱이 에서를 만날 준비를 하다

32 야곱이 길을 가는데 하나님
의 (使者)사자들이 그를 만
난지라
2 야곱이 그들을 볼 때에 이르기를
이는 하나님의 (軍隊)군대라 하고
그 땅 이름을 마하나임이라 하였더
라
3 ●야곱이 세일 땅 에돔 들에 있는
형 에서에게로 (自己)자기보다 앞
서 사자들을 보내며
4 그들에게 명령하여 이르되 너희는
내 주 에서에게 이같이 말하라 주
의 종 야곱이 이같이 말하기를 내
가 라반과 함께 (居留)거류하며 지
금까지 머물러 있었사오며
5 내게 소와 나귀와 양 떼와 노비가
있으므로 사람을 보내어 내 주께
알리고 내 주께 (恩惠)은혜 받기를
원하나이다 하라 하였더니
6 사자들이 야곱에게 돌아와 이르되
우리가 (主人)주인의 형 에서에게
이른즉 그가 사백 명을 거느리고
주인을 만나려고 오더이다
7 야곱이 심히 두렵고 답답하여 자기
와 함께 한 (同行者)동행자와 양과
소와 낙타를 두 떼로 나누고
8 이르되 에서가 와서 한 떼를 치면
남은 한 떼는 (避)피하리라 하고
9 야곱이 또 이르되 내 (祖父)조부
아브라함의 하나님, 내 아버지 이
삭의 하나님 여호와여 주께서 전에
내게 (命)명하시기를 네 고향, 네
족속에게로 돌아가라 내가 네게 은
혜를 베풀리라 하셨나이다
10 나는 주께서 주의 종에게 베푸신
모든 (恩寵)은총과 모든 (眞實)진
실하심을 조금도 감당할 수 없사오
나 내가 내 지팡이만 가지고 이 요
단을 건넜더니 지금은 두 떼나 이
루었나이다
11 내가 주께 (懇求)간구하오니 내 형
의 손에서, 에서의 손에서 나를 건
져내시옵소서 내가 그를 두려워함
은 그가 와서 나와 내 처자들을 칠
까 겁이 나기 때문이니이다
12 (主)주께서 말씀하시기를 내가 반
드시 네게 은혜를 베풀어 네 씨로
바다의 셀 수 없는 모래와 같이 많
게 하리라 하셨나이다

야곱이 브니엘에서 씨름을 하다

13 ●야곱이 거기서 밤을 지내고 그
(所有)소유 중에서 형 에서를 위하
여 예물을 택하니
14 암염소가 이백이요 숫염소가 이십
이요 암(羊)양이 이백이요 숫양이
이십이요
15 젖 나는 (駱駝)낙타 삼십과 그 새
끼요 암소가 사십이요 황소가 열이
요 암나귀가 이십이요 그 새끼 나
귀가 열이라
16 그것을 각각 떼로 나누어 종들의
손에 맡기고 그의 종에게 이르되
나보다 앞서 건너가서 각 떼로 (距
離)거리를 두게 하라 하고
17 그가 또 앞선 자에게 (命令)명령하
여 이르되 내 형 에서가 너를 만나
묻기를 네가 누구의 사람이며 어디

로 가느냐 네 앞의 것은 누구의 것
이냐 하거든
18 대답하기를 주의 종 야곱의 것이요
자기 주 에서에게로 보내는 (禮物)
예물이오며 야곱도 우리 뒤에 있나
이다 하라 하고
19 그 둘째와 셋째와 (各)각 떼를 따라
가는 자에게 명령하여 이르되 너희
도 에서를 만나거든 곧 이같이 그
에게 말하고
20 또 너희는 말하기를 주의 종 야곱
이 우리 뒤에 있다 하라 하니 이는
야곱이 말하기를 내가 내 앞에 보
내는 예물로 형의 (感情)감정을 푼
후에 (對面)대면하면 형이 혹시 나
를 받아 주리라 함이었더라
21 그 (禮物)예물은 그에 앞서 보내고
그는 무리 가운데서 밤을 지내다가
22 밤에 일어나 두 아내와 두 여종과
열한 아들을 (引導)인도하여 얍복
나루를 건널새
23 그들을 인도하여 시내를 건너가게
하며 그의 (所有)소유도 건너가게
하고
24 야곱은 홀로 남았더니 어떤 사람이
날이 새도록 야곱과 씨름하다가
25 자기가 야곱을 이기지 못함을 보고
그가 야곱의 허벅지 (關節)관절을
치매 야곱의 허벅지 관절이 그 사
람과 씨름할 때에 어긋났더라
26 그가 이르되 날이 새려하니 나로
가게 하라 야곱이 이르되 당신이
내게 (祝福)축복하지 아니하면 가
게 하지 아니하겠나이다

1) 하나님과 겨루어 이김 2) 하나님의 얼굴

27 그 사람이 그에게 이르되 네 이름
이 무엇이냐 그가 이르되 야곱이니
이다
28 그가 이르되 네 이름을 다시는 야
곱이라 부를 것이 아니요 [1]이스라
엘이라 부를 것이니 이는 네가 하
나님과 및 사람들과 겨루어 이겼음
이니라
29 야곱이 (請)청하여 이르되 당신의
이름을 알려주소서 그 사람이 이르
되 어찌하여 내 이름을 묻느냐 하
고 거기서 야곱에게 축복한지라
30 그러므로 야곱이 그 곳 이름을 [2]브
니엘이라 하였으니 그가 이르기를
내가 하나님과 대면하여 보았으나
내 생명이 (保全)보전되었다 함이
더라
31 그가 브니엘을 지날 때에 해가 돋
았고 그의 허벅다리로 말미암아 절
었더라
32 그 사람이 야곱의 허벅지 관절에
있는 둔부의 힘줄을 쳤으므로 이스
라엘 사람들이 (只今)지금까지 허
벅지 관절에 있는 (臀部)둔부의 힘
줄을 먹지 아니하더라

야곱이 에서를 만나다

33 야곱이 눈을 들어 보니 에서
가 사백 명의 장정을 거느리
고 오고 있는지라 그의 (子息)자식
들을 나누어 레아와 라헬과 두 여
종에게 맡기고
2 (女)여종들과 그들의 자식들은 앞
에 두고 레아와 그의 자식들은 다
음에 두고 라헬과 요셉은 뒤에 두
고

3 자기는 그들 앞에서 나아가되 몸을
일곱 번 땅에 굽히며 그의 (兄)형
에서에게 가까이 가니
4 에서가 달려와서 그를 맞이하여 안
고 목을 어긋맞추어 그와 입맞추고
서로 우니라
5 에서가 눈을 들어 여인들과 자식들
을 보고 묻되 너와 함께 한 이들은
누구냐 야곱이 이르되 하나님이 주
의 종에게 (恩惠)은혜로 주신 자식
들이니이다
6 그 때에 여종들이 그의 (子息)자식
들과 더불어 나아와 절하고
7 레아도 그의 자식들과 더불어 나아
와 절하고 그 (後)후에 요셉이 라헬
과 더불어 나아와 절하니
8 에서가 또 이르되 내가 만난 바 이
모든 떼는 무슨 까닭이냐 야곱이
이르되 내 주께 (恩惠)은혜를 입으
려 함이니이다
9 에서가 이르되 내 동생아 내게 있
는 것이 (足)족하니 네 (所有)소유
는 네게 두라
10 야곱이 이르되 그렇지 아니하니이
다 내가 형님의 눈앞에서 은혜를
입었사오면 청하건대 내 손에서 이
(禮物)예물을 받으소서 내가 형님
의 얼굴을 뵈온즉 하나님의 얼굴을
본 것 같사오며 형님도 나를 기뻐
하심이니이다
11 하나님이 내게 은혜를 베푸셨고 내
소유도 족하오니 청하건대 내가 형
님께 드리는 예물을 받으소서 하고
그에게 (强勸)강권하매 받으니라
12 에서가 이르되 우리가 떠나자 내가
너와 (同行)동행하리라
13 야곱이 그에게 이르되 내 주도 아
시거니와 자식들은 (軟弱)연약하
고 내게 있는 양 떼와 소가 새끼를
데리고 있은즉 하루만 지나치게 몰
면 모든 떼가 죽으리니
14 청하건대 내 주는 종보다 앞서 가
소서 나는 앞에 가는 가축과 (子息)
자식들의 걸음대로 천천히 인도하
여 세일로 가서 내 주께 나아가리
이다
15 에서가 이르되 내가 내 종 몇 사람
을 네게 머물게 하리라 야곱이 이
르되 어찌하여 그리하리이까 나로
내 (主)주께 (恩惠)은혜를 얻게 하
소서 하매
16 이 날에 에서는 세일로 돌아가고
17 야곱은 숙곳에 이르러 자기를 위
하여 집을 짓고 그의 (家畜)가축을
위하여 [1]우릿간을 지었으므로 그
땅 이름을 [2]숙곳이라 부르더라
18 ●야곱이 밧단아람에서부터 평안
히 가나안 땅 세겜 성읍에 이르러
그 성읍 앞에 (帳幕)장막을 치고
19 그가 장막을 친 밭을 세겜의 아버
지 하몰의 아들들의 손에서 (百)백
[3]크시타에 샀으며
20 거기에 (祭壇)제단을 쌓고 그 이름을
[4]엘엘로헤이스라엘이라 불렀더라

디나가 부끄러운 일을 당하다

34 레아가 야곱에게 낳은 딸 디
나가 그 땅의 딸들을 보러 나
갔더니

1) 히, 막 2) 막들 3) 히, 화폐 단위임 4) 하나님, 이스라엘의 하나님

2 히위 족속 중 하몰의 아들 그 땅의
추장 세겜이 그를 보고 끌어들여
(强姦)강간하여 욕되게 하고
3 그 마음이 깊이 야곱의 딸 디나에
게 연연하며 그 소녀를 사랑하여
그의 마음을 말로 (慰勞)위로하고
4 그의 아버지 하몰에게 청하여 이르
되 이 (少女)소녀를 내 아내로 얻
게 하여 주소서 하였더라
5 야곱이 그 딸 디나를 그가 더럽혔
다 함을 들었으나 자기의 아들들이
들에서 (牧畜)목축하므로 그들이
돌아오기까지 잠잠하였고
6 세겜의 아버지 하몰은 야곱에게 말
하러 왔으며
7 야곱의 아들들은 들에서 이를 듣고
돌아와서 그들 모두가 근심하고 심
히 노하였으니 이는 세겜이 야곱의
딸을 (强姦)강간하여 이스라엘에
게 부끄러운 일 곧 (行)행하지 못할
일을 행하였음이더라
8 하몰이 그들에게 이르되 내 아들
세겜이 마음으로 너희 딸을 (戀戀)
연연하여 하니 원하건대 그를 세겜
에게 주어 아내로 삼게 하라
9 너희가 우리와 (通婚)통혼하여 너
희 딸을 우리에게 주며 우리 딸을
너희가 데려가고
10 너희가 우리와 함께 거주하되 땅이
너희 앞에 있으니 여기 머물러 (賣
買)매매하며 여기서 (基業)기업을
얻으라 하고
11 세겜도 디나의 아버지와 그의 남자
형제들에게 이르되 나로 너희에게
(恩惠)은혜를 입게 하라 너희가 내
게 말하는 것은 내가 다 주리니
12 이 소녀만 내게 주어 아내가 되게
하라 아무리 큰 (婚需)혼수와 예물
을 청할지라도 너희가 내게 말한
대로 주리라
13 야곱의 아들들이 세겜과 그의 아버
지 하몰에게 속여 (對答)대답하였
으니 이는 세겜이 그 누이 디나를
더럽혔음이라
14 야곱의 아들들이 그들에게 말하되
우리는 그리하지 못하겠노라 할례
받지 아니한 사람에게 우리 누이를
줄 수 없노니 이는 우리의 (羞恥)
수치가 됨이니라
15 그런즉 이같이 하면 너희에게 허락
하리라 만일 너희 중 남자가 다 (割
禮)할례를 받고 우리 같이 되면
16 우리 딸을 너희에게 주며 너희 딸을
우리가 데려오며 너희와 함께 거주
하여 한 (民族)민족이 되려니와
17 너희가 (萬一)만일 우리 말을 듣지
아니하고 할례를 받지 아니하면 우
리는 곧 우리 딸을 데리고 가리라
18 ●그들의 말을 하몰과 그의 아들
세겜이 좋게 여기므로
19 이 소년이 그 일 행하기를 (遲滯)
지체하지 아니하였으니 그가 야곱
의 딸을 사랑함이며 그는 그의 아
버지 집에서 가장 (尊貴)존귀하였
더라
20 하몰과 그의 아들 세겜이 그들의
(城邑)성읍 문에 이르러 그들의 성
읍 사람들에게 말하여 이르되
21 이 사람들은 우리와 (親睦)친목하
고 이 땅은 넓어 그들을 (容納)용

납할 만하니 그들이 여기서 거주하
며 (賣買)매매하게 하고 우리가 그
들의 딸들을 아내로 데려오고 우리
딸들도 그들에게 주자
22 그러나 우리 중의 모든 남자가 그
들이 할례를 받음 같이 할례를 받
아야 그 사람들이 우리와 함께 (居
住)거주하여 한 민족 되기를 허락
할 것이라
23 그러면 그들의 (家畜)가축과 (財
産)재산과 그들의 모든 짐승이 우
리의 (所有)소유가 되지 않겠느냐
다만 그들의 말대로 하자 그러면
그들이 우리와 함께 거주하리라
24 (城門)성문으로 출입하는 모든 자
가 하몰과 그의 아들 세겜의 말을
듣고 성문으로 출입하는 그 모든
남자가 할례를 받으니라
25 제삼일에 아직 그들이 아파할 때에
야곱의 두 아들 디나의 오라버니
시므온과 레위가 각기 칼을 가지고
가서 몰래 그 성읍을 (奇襲)기습하
여 그 모든 남자를 죽이고
26 칼로 하몰과 그의 아들 세겜을 죽이
고 디나를 세겜의 집에서 데려오고
27 야곱의 여러 아들이 그 시체 있는
성읍으로 가서 (擄掠)노략하였으
니 이는 그들이 그들의 누이를 더
럽힌 까닭이라
28 그들이 (羊)양과 소와 나귀와 그 성
읍에 있는 것과 들에 있는 것과
29 그들의 모든 (財物)재물을 빼앗으
며 그들의 자녀와 그들의 아내들을
사로잡고 집 속의 물건을 다 노략
한지라
30 야곱이 시므온과 레위에게 이르되
너희가 내게 (禍)화를 끼쳐 나로 하
여금 이 땅의 주민 곧 가나안 족속
과 브리스 족속에게 악취를 내게 하
였도다 나는 수가 적은즉 그들이 모
여 나를 치고 나를 죽이리니 그러면
나와 내 집이 (滅亡)멸망하리라
31 그들이 이르되 그가 우리 누이를
(娼女)창녀 같이 대우함이 옳으니
이까

하나님이 야곱에게 복을 주시다

35 하나님이 야곱에게 이르시되
일어나 벧엘로 올라가서 거
기 거주하며 네가 네 (兄)형 에서의
낯을 피하여 도망하던 때에 네게
나타났던 하나님께 거기서 (祭壇)
제단을 쌓으라 하신지라
2 야곱이 이에 자기 집안 사람과 자
기와 함께 한 모든 자에게 이르되
너희 중에 있는 이방 (神像)신상들
을 버리고 자신을 정결하게 하고
너희들의 의복을 바꾸어 입으라
3 우리가 일어나 벧엘로 올라가자 내
(患難)환난 날에 내게 응답하시며
내가 가는 길에서 나와 함께 하신
하나님께 내가 거기서 제단을 쌓으
려 하노라 하매
4 그들이 자기 손에 있는 모든 이방
신상들과 자기 귀에 있는 귀고리들
을 야곱에게 주는지라 야곱이 그것
들을 세겜 (近處)근처 상수리나무
아래에 묻고
5 그들이 떠났으나 하나님이 그 사면
고을들로 크게 두려워하게 하셨으
므로 야곱의 아들들을 (追擊)추격

하는 자가 없었더라
6 야곱과 그와 함께 한 모든 사람이
가나안 땅 루스 곧 벧엘에 이르고
7 그가 거기서 (祭壇)제단을 쌓고 그
곳을 [1]엘벧엘이라 불렀으니 이는 그
의 형의 낯을 피할 때에 하나님이
거기서 그에게 나타나셨음이더라
8 리브가의 (乳母)유모 드보라가 죽
으매 그를 벧엘 아래에 있는 상수리
나무 밑에 (葬事)장사하고 그 나무
이름을 [2]알론바굿이라 불렀더라
9 ●야곱이 밧단아람에서 돌아오매
하나님이 다시 야곱에게 나타나사
그에게 (福)복을 주시고
10 하나님이 그에게 이르시되 네 이름
이 야곱이지마는 네 이름을 다시는
야곱이라 부르지 않겠고 이스라엘
이 네 이름이 되리라 하시고 그가
그의 이름을 이스라엘이라 부르시
고
11 하나님이 그에게 이르시되 나는 전
능한 하나님이라 (生育)생육하며
(蕃盛)번성하라 한 백성과 백성들
의 총회가 네게서 나오고 왕들이
네 허리에서 나오리라
12 내가 아브라함과 이삭에게 준 땅을
네게 주고 내가 네 (後孫)후손에게
도 그 땅을 주리라 하시고
13 하나님이 그와 말씀하시던 곳에서
그를 떠나 올라가시는지라
14 야곱이 하나님이 자기와 말씀하시
던 곳에 기둥 곧 돌 기둥을 세우고
그 위에 (奠祭物)전제물을 붓고 또
그 위에 기름을 붓고

1) 벧엘의 하나님 2) 곡함의 상수리 3) 슬픔의 아들 4) 오른손의 아들

15 하나님이 (自己)자기와 말씀하시
던 곳의 이름을 벧엘이라 불렀더라

라헬이 산고로 죽다

16 ●그들이 벧엘에서 길을 떠나 에브
랏에 이르기까지 얼마간 거리를 둔
곳에서 라헬이 (解産)해산하게 되
어 심히 고생하여
17 그가 난산할 즈음에 산파가 그에게
이르되 두려워하지 말라 지금 네가
또 (得男)득남하느니라 하매
18 그가 죽게 되어 그의 (魂)혼이 떠
나려 할 때에 아들의 이름을 [3]베노
니라 불렀으나 그의 아버지는 그
를 [4]베냐민이라 불렀더라
19 라헬이 죽으매 에브랏 곧 베들레헴
길에 (葬事)장사되었고
20 야곱이 라헬의 묘에 비를 세웠더니
지금까지 라헬의 (墓碑)묘비라 일
컫더라
21 이스라엘이 다시 길을 떠나 에델
망대를 지나 (帳幕)장막을 쳤더라
22 이스라엘이 그 땅에 거주할 때에
르우벤이 가서 그 아버지의 첩 빌
하와 (同寢)동침하매 이스라엘이
이를 들었더라

야곱의 아들들(대상 2:1-2)

●야곱의 아들은 열둘이라
23 레아의 아들들은 야곱의 (長子)장
자 르우벤과 그 다음 시므온과 레
위와 유다와 잇사갈과 스불론이요
24 라헬의 아들들은 요셉과 베냐민이며
25 라헬의 (女)여종 빌하의 아들들은
단과 납달리요
26 레아의 여종 실바의 아들들은 갓과
아셀이니 이들은 야곱의 아들들이

요 밧단아람에서 그에게 낳은 (者)
자더라

이삭이 죽다

27 ●야곱이 기럇아르바의 마므레로
가서 그의 아버지 이삭에게 이르렀
으니 기럇아르바는 곧 아브라함과
이삭이 (居留)거류하던 헤브론이
더라
28 이삭의 나이가 (百八十)백팔십 세라
29 이삭이 나이가 많고 늙어 기운이
다하매 죽어 자기 열조에게로 돌아
가니 그의 아들 에서와 야곱이 그
를 (葬事)장사하였더라

에서의 자손(대상 1:34-37)

36 에서 곧 에돔의 (族譜)족보
는 이러하니라
2 에서가 가나안 (女人)여인 중 헷
족속 엘론의 딸 아다와 히위 족속
시브온의 딸인 아나의 딸 오홀리바
마를 자기 아내로 맞이하고
3 또 이스마엘의 딸 느바욧의 누이
바스맛을 맞이하였더니
4 아다는 엘리바스를 에서에게 낳았
고 바스맛은 르우엘을 낳았고
5 오홀리바마는 여우스와 얄람과 고
라를 낳았으니 이들은 에서의 아들
들이요 가나안 땅에서 그에게 태어
난 (者)자들이더라
6 에서가 자기 아내들과 자기 자녀들
과 자기 집의 모든 사람과 자기의
(家畜)가축과 자기의 모든 짐승과
자기가 가나안 땅에서 모은 모든
(財物)재물을 이끌고 그의 동생 야
곱을 떠나 다른 곳으로 갔으니
7 두 사람의 소유가 (豊富)풍부하여
함께 거주할 수 없음이러라 그들이
거주하는 땅이 그들의 가축으로 말
미암아 그들을 용납할 수 없었더라
8 이에 에서 곧 에돔이 세일 산에 (居
住)거주하니라
9 ●세일 산에 있는 에돔 족속의 (祖
上)조상 에서의 족보는 이러하고
10 그 (子孫)자손의 이름은 이러하니
라 에서의 아내 아다의 아들은 엘
리바스요 에서의 아내 바스맛의 아
들은 르우엘이며
11 엘리바스의 아들들은 데만과 오말
과 스보와 가담과 그나스요
12 에서의 아들 엘리바스의 (妾)첩 딤
나는 아말렉을 엘리바스에게 낳았
으니 이들은 에서의 아내 아다의
자손이며
13 르우엘의 아들들은 나핫과 세라와
삼마와 미사니 이들은 에서의 아내
바스맛의 (子孫)자손이며
14 시브온의 (孫女)손녀 아나의 딸 에
서의 아내 오홀리바마의 아들들은
이러하니 그가 여우스와 얄람과 고
라를 에서에게 낳았더라
15 ●에서 자손 중 (族長)족장은 이러
하니라 에서의 장자 엘리바스의 자
손으로는 데만 족장, 오말 족장, 스
보 족장, 그나스 족장과
16 고라 족장, 가담 족장, 아말렉 족장
이니 이들은 에돔 땅에 있는 엘리
바스의 족장들이요 이들은 아다의
자손이며
17 에서의 아들 르우엘의 (子孫)자손으
로는 나핫 족장, 세라 족장, 삼마 족
장, 미사 족장이니 이들은 에돔 땅

에 있는 르우엘의 족장들이요 이들
은 에서의 아내 바스맛의 자손이며
18 에서의 아내인 오홀리바마의 아들
들은 여우스 (族長)족장, 얄람 족
장, 고라 족장이니 이들은 아나의
딸이요 에서의 아내인 오홀리바마
로 말미암아 나온 족장들이라
19 에서 곧 에돔의 자손으로서 족장
된 (者)자들이 이러하였더라

세일의 자손(대상 1:38-41)

20 ●그 땅의 (住民)주민 호리 족속
세일 의 자손은 로단과 소발과 시
브온과 아나와
21 디손과 에셀과 디산이니 이들은 에
돔 땅에 있는 세일의 자손 중 호리
(族屬)족속의 족장들이요
22 로단의 자녀는 호리와 헤맘과 로단
의 누이 딤나요
23 소발의 (子女)자녀는 알완과 마나
핫과 에발과 스보와 오남이요
24 시브온의 자녀는 아야와 아나며 이
아나는 그 아버지 시브온의 나귀를
칠 때에 광야에서 (溫泉)온천을 발
견하였고
25 아나의 (子女)자녀는 디숀과 오홀
리바마니 오홀리바마는 아나의 딸
이며
26 디숀의 (子女)자녀는 헴단과 에스
반과 이드란과 그란이요
27 에셀의 (子女)자녀는 빌한과 사아
완과 아간이요
28 디산의 (子女)자녀는 우스와 아란
이니
29 호리 족속의 (族長)족장들은 곧 로
단 족장, 소발 족장, 시브온 족장,
아나 족장,
30 디숀 족장, 에셀 족장, 디산 족장이
라 이들은 그들의 (族屬)족속들에
따라 세일 땅에 있는 호리 족속의
족장들이었더라

에돔의 왕들(대상 1:43-54)

31 ●이스라엘 자손을 다스리는 왕이
있기 (前)전에 에돔 땅을 다스리던
왕들은 이러하니라
32 브올의 아들 벨라가 에돔의 왕이
되었으니 그 (都城)도성의 이름은
딘하바며
33 벨라가 죽고 보스라 사람 세라의
아들 요밥이 그를 (代身)대신하여
왕이 되었고
34 요밥이 죽고 데만 족속의 땅의 후삼
이 그를 대신하여 (王)왕이 되었고
35 후삼이 죽고 브닷의 아들 곧 모압
들에서 미디안 족속을 친 하닷이
그를 (代身)대신하여 왕이 되었으
니 그 도성 이름은 아윗이며
36 하닷이 죽고 마스레가의 삼라가 그
를 대신하여 왕이 되었고
37 삼라가 죽고 유브라데 (江邊)강변
르호봇의 사울이 그를 대신하여 왕
이 되었고
38 사울이 죽고 악볼의 아들 바알하난
이 그를 대신하여 왕이 되었고
39 악볼의 아들 바알하난이 죽고 하달
이 그를 대신하여 왕이 되었으니
그 (都城)도성 이름은 바우며 그의
아내의 이름은 므헤다벨이니 마드
렛의 딸이요 메사합의 손녀더라
40 ●에서에게서 나온 족장들의 이름
은 그 종족과 (居處)거처와 이름을

따라 나누면 이러하니 딤나 족장,
알와 족장, 여뎃 족장,
41 오홀리바마 (族長)족장, 엘라 족
장, 비논 족장,
42 그나스 족장, 데만 족장, 밉살 족장,
43 막디엘 족장, 이람 (族長)족장이
라 이들은 그 (區域)구역과 거처를
따른 에돔 족장들이며 에돔 족속의
조상은 에서더라

요셉과 형제들

37 야곱이 가나안 땅 곧 그의 아
버지가 (居留)거류하던 땅에
거주하였으니
2 야곱의 (族譜)족보는 이러하니라
요셉이 십칠 세의 소년으로서 그의
형들과 함께 양을 칠 때에 그의 아
버지의 아내들 빌하와 실바의 아
들들과 더불어 함께 있었더니 그가
그들의 잘못을 아버지에게 말하더
라
3 요셉은 노년에 얻은 아들이므로 이
스라엘이 여러 아들들보다 그를 더
사랑하므로 그를 위하여 (彩色)채
색옷을 지었더니
4 그의 형들이 아버지가 형들보다 그
를 더 사랑함을 보고 그를 미워하
여 그에게 (便安)편안하게 말할 수
없었더라
5 ●요셉이 꿈을 꾸고 (自己)자기 형
들에게 말하매 그들이 그를 더욱
미워하였더라
6 요셉이 그들에게 이르되 (請)청하
건대 내가 꾼 꿈을 들으시오
7 우리가 밭에서 (穀食)곡식 단을 묶
더니 내 단은 일어서고 당신들의
단은 내 단을 둘러서서 절하더이다
8 그의 (兄)형들이 그에게 이르되 네
가 참으로 우리의 왕이 되겠느냐
참으로 우리를 다스리게 되겠느냐
하고 그의 꿈과 그의 말로 말미암
아 그를 더욱 미워하더니
9 요셉이 다시 꿈을 꾸고 그의 (兄)형
들에게 말하여 이르되 내가 또 꿈
을 꾼즉 해와 달과 열한 별이 내게
절하더이다 하니라
10 그가 그의 꿈을 아버지와 (兄)형들
에게 말하매 아버지가 그를 꾸짖고
그에게 이르되 네가 꾼 꿈이 무엇
이냐 나와 네 어머니와 네 형들이
참으로 가서 땅에 엎드려 네게 절
하겠느냐
11 그의 형들은 (猜忌)시기하되 그의
아버지는 그 말을 간직해 두었더라

요셉이 애굽으로 팔려가다

12 ●그의 형들이 세겜에 가서 아버지
의 (羊)양 떼를 칠 때에
13 이스라엘이 요셉에게 이르되 네 형
들이 세겜에서 양을 치지 아니하느
냐 너를 그들에게로 보내리라 요셉
이 아버지에게 (對答)대답하되 내
가 그리하겠나이다
14 이스라엘이 그에게 이르되 가서 네
형들과 (羊)양 떼가 다 잘 있는지를
보고 돌아와 내게 말하라 하고 그
를 헤브론 골짜기에서 보내니 그가
세겜으로 가니라
15 어떤 사람이 그를 만난즉 그가 들
에서 (彷徨)방황하는지라 그 사람
이 그에게 물어 이르되 네가 무엇
을 찾느냐

16 그가 이르되 내가 내 형들을 찾으
오니 (請)청하건대 그들이 양치는
곳을 내게 가르쳐 주소서
17 그 사람이 이르되 그들이 여기서
떠났느니라 내가 그들의 말을 들으
니 도단으로 가자 하더라 하니라
요셉이 그의 (兄)형들의 뒤를 따라
가서 도단에서 그들을 만나니라
18 ● 요셉이 그들에게 가까이 오기
(前)전에 그들이 요셉을 멀리서 보
고 죽이기를 꾀하여
19 서로 이르되 꿈 꾸는 (者)자가 오는
도다
20 자, 그를 죽여 한 구덩이에 던지고
우리가 말하기를 (惡)악한 짐승이
그를 잡아먹었다 하자 그의 꿈이
어떻게 되는지를 우리가 볼 것이니
라 하는지라
21 르우벤이 듣고 요셉을 그들의 손에
서 구원하려 하여 이르되 우리가
그의 (生命)생명은 (害)해치지 말자
22 르우벤이 또 그들에게 이르되 피를
흘리지 말라 그를 (曠野)광야 그
구덩이에 던지고 손을 그에게 대지
말라 하니 이는 그가 요셉을 그들
의 손에서 구출하여 그의 아버지에
게로 돌려보내려 함이었더라
23 요셉이 형들에게 이르매 그의 형들
이 요셉의 옷 곧 그가 입은 (彩色)
채색옷을 벗기고
24 그를 잡아 구덩이에 던지니 그 구
덩이는 빈 것이라 그 속에 물이 없
었더라
25 ● 그들이 앉아 음식을 먹다가 눈을
들어 본즉 한 무리의 이스마엘 사
람들이 길르앗에서 오는데 그 낙타
들에 향품과 유향과 (沒藥)몰약을
싣고 애굽으로 내려가는지라
26 유다가 자기 형제에게 이르되 우리
가 우리 동생을 죽이고 그의 피를
덮어둔들 무엇이 (有益)유익할까
27 자 그를 이스마엘 사람들에게 팔고
그에게 우리 손을 대지 말자 그는
우리의 동생이요 우리의 (血肉)혈
육이니라 하매 그의 형제들이 (聽
從)청종하였더라
28 그 때에 미디안 사람 (商人)상인들
이 지나가고 있는지라 형들이 요셉
을 구덩이에서 끌어올리고 은 이십
에 그를 이스마엘 사람들에게 팔매
그 상인들이 요셉을 데리고 애굽으
로 갔더라
29 ● 르우벤이 돌아와 구덩이에 이르
러 본즉 거기 요셉이 없는지라 옷
을 찢고
30 아우들에게로 되돌아와서 이르되
아이가 없도다 나는 어디로 갈까
31 그들이 요셉의 옷을 가져다가 숫염
소를 죽여 그 옷을 피에 적시고
32 그의 채색옷을 보내어 그의 아버지
에게로 가지고 가서 이르기를 우리
가 이것을 (發見)발견하였으니 아
버지 아들의 옷인가 보소서 하매
33 아버지가 그것을 알아보고 이르되
내 아들의 옷이라 악한 짐승이 그
를 잡아 먹었도다 요셉이 (分明)분
명히 찢겼도다 하고
34 자기 옷을 찢고 굵은 베로 허리를
묶고 오래도록 그의 아들을 위하여
(哀痛)애통하니

35 그의 모든 자녀가 (慰勞)위로하되
그가 그 위로를 받지 아니하여 이
르되 내가 슬퍼하며 스올로 내려가
아들에게로 가리라 하고 그의 아버
지가 그를 위하여 울었더라
36 그 미디안 사람들은 그를 애굽에서
바로의 신하 (親衛隊長)친위대장
보디발에게 팔았더라

유다와 다말

38 그 (後)후에 유다가 자기 형
제들로부터 떠나 내려가서
아둘람 사람 히라와 가까이 하니라
2 유다가 거기서 가나안 사람 수아라
하는 자의 딸을 보고 그를 데리고
(同寢)동침하니
3 그가 (妊娠)임신하여 아들을 낳으
매 유다가 그의 이름을 엘이라 하
니라
4 그가 다시 (妊娠)임신하여 아들을
낳고 그의 이름을 오난이라 하고
5 그가 또 다시 아들을 낳고 그의 이
름을 셀라라 하니라 그가 셀라를
낳을 때에 유다는 거십에 있었더라
6 유다가 장자 엘을 위하여 아내를
데려오니 그의 이름은 다말이더라
7 유다의 (長子)장자 엘이 여호와가
보시기에 악하므로 여호와께서 그
를 죽이신지라
8 유다가 오난에게 이르되 네 (兄嫂)
형수에게로 들어가서 남편의 아우
된 (本分)본분을 행하여 네 형을
위하여 씨가 있게 하라
9 오난이 그 씨가 자기 것이 되지 않
을 줄 알므로 형수에게 들어갔을
때에 그의 형에게 씨를 주지 아니
하려고 땅에 (泄精)설정하매
10 그 일이 여호와가 보시기에 (惡)악
하므로 여호와께서 그도 죽이시니
11 유다가 그의 며느리 다말에게 이르
되 (守節)수절하고 네 아버지 집에
있어 내 아들 셀라가 (長成)장성하
기를 기다리라 하니 셀라도 그 형
들 같이 죽을까 염려함이라 다말이
가서 그의 아버지 집에 있으니라
12 ● 얼마 후에 유다의 아내 수아의 딸
이 죽은지라 유다가 (慰勞)위로를
받은 후에 그의 친구 아둘람 사람
히라와 함께 딤나로 올라가서 자기
의 양털 깎는 자에게 이르렀더니
13 어떤 사람이 다말에게 말하되 네
시아버지가 (自己)자기의 양털을
깎으려고 딤나에 올라왔다 한지라
14 그가 그 (寡婦)과부의 의복을 벗고
너울로 얼굴을 가리고 몸을 휩싸고
딤나 길 곁 에나임 문에 앉으니 이
는 셀라가 장성함을 보았어도 자기
를 그의 아내로 주지 않음으로 말
미암음이라
15 그가 얼굴을 가리었으므로 유다가
그를 보고 (娼女)창녀로 여겨
16 길 곁으로 그에게 나아가 이르되
(請)청하건대 나로 네게 들어가게
하라 하니 그의 며느리인 줄을 알
지 못하였음이라 그가 이르되 당신
이 무엇을 주고 내게 들어오려느냐
17 유다가 이르되 내가 내 떼에서 염
소 새끼를 주리라 그가 이르되 당
신이 그것을 줄 때까지 (擔保物)담
보물을 주겠느냐
18 유다가 이르되 무슨 담보물을 네게

주라 그가 이르되 당신의 (圖章)도
장과 그 끈과 당신의 손에 있는 지
팡이로 하라 유다가 그것들을 그에
게 주고 그에게로 들어갔더니 그가
유다로 말미암아 임신하였더라
19 그가 일어나 떠나가서 그 너울을
벗고 과부의 (衣服)의복을 도로 입
으니라
20 유다가 그 친구 아둘람 사람의 손
에 (付託)부탁하여 염소 새끼를 보
내고 그 (女人)여인의 손에서 담보
물을 찾으려 하였으나 그가 그 여
인을 찾지 못한지라
21 그가 그 곳 사람에게 물어 이르되
길 곁 에나임에 있던 [1](娼女)창녀
가 어디 있느냐 그들이 이르되 여
기는 [1]창녀가 없느니라
22 그가 유다에게로 돌아와 이르되 내
가 그를 찾지 못하였고 그 곳 사람
도 이르기를 거기에는 (娼女)창녀
가 없다 하더이다 하더라
23 유다가 이르되 그로 그것을 가지게
두라 우리가 부끄러움을 (當)당할
까 하노라 내가 이 염소 새끼를 보
냈으나 그대가 그를 찾지 못하였느
니라
24 석 달쯤 후에 어떤 사람이 유다에
게 일러 말하되 네 며느리 다말이
(行淫)행음하였고 그 행음함으로
말미암아 임신하였느니라 유다가
이르되 그를 끌어내어 불사르라
25 여인이 끌려나갈 때에 사람을 보내
어 시아버지에게 이르되 이 물건
임자로 말미암아 (妊娠)임신하였

1) 히, 크데샤, 가나안 이방 성소의 창녀 2) 터뜨림

나이다 청하건대 보소서 이 도장과
그 끈과 지팡이가 누구의 것이니이
까 한지라
26 유다가 그것들을 알아보고 이르되
그는 나보다 옳도다 내가 그를 내
아들 셀라에게 주지 아니하였음이
로다 하고 다시는 그를 가까이 하
지 아니하였더라
27 해산할 때에 보니 (雙胎)쌍태라
28 (解産)해산할 때에 손이 나오는지
라 (産婆)산파가 이르되 이는 먼저
나온 자라 하고 홍색 실을 가져다
가 그 손에 매었더니
29 그 손을 도로 들이며 그의 아우가
나오는지라 산파가 이르되 네가 어
찌하여 터뜨리고 나오느냐 하였으
므로 그 이름을 [2]베레스라 불렀고
30 그의 형 곧 손에 (紅色)홍색 실 있
는 자가 뒤에 나오니 그의 이름을
세라라 불렀더라

요셉과 보디발의 아내

39 요셉이 이끌려 애굽에 내려
가매 바로의 (臣下)신하 (親
衛隊長)친위대장 애굽 사람 보디
발이 그를 그리로 데려간 이스마엘
사람의 손에서 요셉을 사니라
2 여호와께서 요셉과 함께 하시므로
그가 형통한 자가 되어 그의 (主人)
주인 애굽 사람의 집에 있으니
3 그의 주인이 여호와께서 그와 함께
하심을 보며 또 여호와께서 그의
범사에 (亨通)형통하게 하심을 보
았더라
4 요셉이 그의 주인에게 은혜를 입어
섬기매 그가 요셉을 가정 (總務)총

무로 삼고 자기의 소유를 다 그의
손에 (委託)위탁하니
5 그가 요셉에게 자기의 집과 그의 모
든 소유물을 (主管)주관하게 한 때
부터 여호와께서 요셉을 위하여 그
애굽 사람의 집에 복을 내리시므로
여호와의 복이 그의 집과 밭에 있는
모든 (所有)소유에 미친지라
6 주인이 그의 소유를 다 요셉의 손
에 위탁하고 자기가 먹는 음식 외
에는 간섭하지 아니하였더라 요셉
은 (容貌)용모가 빼어나고 아름다
웠더라
7 ●그 후에 그의 주인의 아내가 요
셉에게 눈짓하다가 (同寢)동침하
기를 청하니
8 요셉이 (拒絕)거절하며 자기 주인
의 아내에게 이르되 내 주인이 집
안의 모든 소유를 간섭하지 아니하
고 다 내 손에 위탁하였으니
9 이 집에는 나보다 큰 이가 없으며
주인이 아무것도 내게 금하지 아니
하였어도 금한 것은 당신뿐이니 당
신은 그의 아내임이라 그런즉 내가
어찌 이 큰 악을 행하여 하나님께
(罪)죄를 지으리이까
10 (女人)여인이 날마다 요셉에게 청
하였으나 요셉이 듣지 아니하여 동
침하지 아니할 뿐더러 함께 있지도
아니하니라
11 그러할 때에 요셉이 그의 일을 하
러 그 집에 들어갔더니 그 집 사람
들은 하나도 거기에 없었더라
12 그 여인이 그의 옷을 잡고 이르되
나와 동침하자 그러나 요셉이 (自
己)자기의 옷을 그 여인의 손에 버
려두고 밖으로 나가매
13 그 (女人)여인이 요셉이 그의 옷을
자기 손에 버려두고 도망하여 나감
을 보고
14 그 여인의 집 사람들을 불러서 그
들에게 이르되 보라 (主人)주인이
히브리 사람을 우리에게 데려다가
우리를 (戲弄)희롱하게 하는도다
그가 나와 동침하고자 내게로 들어
오므로 내가 크게 소리 질렀더니
15 그가 나의 소리 질러 부름을 듣고
그의 옷을 내게 버려두고 (逃亡)도
망하여 나갔느니라 하고
16 그의 옷을 곁에 두고 (自己)자기
주인이 집으로 돌아오기를 기다려
17 이 말로 그에게 말하여 이르되 당
신이 우리에게 데려온 히브리 종이
나를 희롱하려고 내게로 들어왔으
므로
18 내가 소리 질러 불렀더니 그가 그
의 옷을 내게 버려두고 밖으로 (逃
亡)도망하여 나갔나이다
19 ●그의 주인이 자기 아내가 자기에
게 이르기를 당신의 종이 내게 이
같이 행하였다 하는 말을 듣고 심
히 (怒)노한지라
20 이에 요셉의 (主人)주인이 그를 잡
아 옥에 가두니 그 옥은 왕의 (罪
囚)죄수를 가두는 곳이었더라 요
셉이 옥에 갇혔으나
21 여호와께서 요셉과 함께 하시고 그
에게 인자를 더하사 (看守長)간수
장에게 은혜를 받게 하시매
22 간수장이 옥중 죄수를 다 요셉의

손에 맡기므로 그 (諸般)제반 사무
를 요셉이 처리하고
23 간수장은 그의 손에 맡긴 것을 무
엇이든지 살펴보지 아니하였으니
이는 여호와께서 요셉과 함께 하심
이라 여호와께서 그를 범사에 (亨
通)형통하게 하셨더라

요셉이 관원장의 꿈을 해석하다

40 그 후에 애굽 왕의 술 맡은 자
와 떡 굽는 자가 그들의 주인
애굽 왕에게 (犯罪)범죄한지라
2 바로가 그 두 (官員長)관원장 곧
술 맡은 관원장과 떡 굽는 관원장
에게 노하여
3 그들을 (親衛隊長)친위대장의 집
안에 있는 옥에 가두니 곧 요셉이
갇힌 곳이라
4 친위대장이 요셉에게 그들을 (隨
從)수종들게 하매 요셉이 그들을
섬겼더라 그들이 갇힌 지 여러 날
이라
5 옥에 갇힌 애굽 왕의 술 맡은 자와
떡 굽는 자 두 사람이 하룻밤에 꿈
을 꾸니 각기 그 (內容)내용이 다
르더라
6 아침에 요셉이 들어가 보니 그들에
게 근심의 빛이 있는지라
7 요셉이 그 주인의 집에 자기와 함
께 갇힌 바로의 (臣下)신하들에게
묻되 어찌하여 오늘 당신들의 얼굴
에 근심의 빛이 있나이까
8 그들이 그에게 이르되 우리가 꿈을
꾸었으나 이를 (解釋)해석할 자가
없도다 요셉이 그들에게 이르되 해
석은 하나님께 있지 아니하니이까
청하건대 내게 이르소서
9 ●술 맡은 관원장이 그의 꿈을 요
셉에게 말하여 이르되 내가 꿈에
보니 내 앞에 (葡萄)포도나무가 있
는데
10 그 나무에 세 가지가 있고 싹이 나
서 꽃이 피고 포도송이가 익었고
11 내 손에 바로의 (盞)잔이 있기로 내
가 포도를 따서 그 즙을 바로의 잔
에 짜서 그 잔을 바로의 손에 드렸
노라
12 요셉이 그에게 이르되 그 (解釋)해
석이 이러하니 세 가지는 사흘이라
13 지금부터 사흘 안에 바로가 당신의
머리를 들고 당신의 (前職)전직을
회복시키리니 당신이 그 전에 술
맡은 자가 되었을 때에 하던 것 같
이 바로의 잔을 그의 손에 드리게
되리이다
14 당신이 잘 되시거든 나를 생각하
고 내게 은혜를 베풀어서 내 (事情)
사정을 바로에게 아뢰어 이 집에서
나를 건져 주소서
15 나는 히브리 땅에서 끌려온 자요
여기서도 (獄)옥에 갇힐 일은 행하
지 아니하였나이다
16 ●떡 굽는 관원장이 그 (解釋)해석
이 좋은 것을 보고 요셉에게 이르
되 나도 꿈에 보니 흰 떡 세 광주리
가 내 머리에 있고
17 맨 윗광주리에 바로를 위하여 만든
(各種)각종 구운 음식이 있는데 새
들이 내 머리의 광주리에서 그것을
먹더라
18 요셉이 대답하여 이르되 그 (解釋)

해석은 이러하니 세 광주리는 사흘
이라
19 (只今)지금부터 사흘 안에 바로가
당신의 머리를 들고 당신을 나무에
달리니 새들이 당신의 고기를 뜯어
먹으리이다 하더니
20 제삼일은 바로의 생일이라 바로가
그의 모든 (臣下)신하를 위하여 잔
치를 베풀 때에 술 맡은 관원장과
떡 굽는 관원장에게 그의 신하들
중에 머리를 들게 하니라
21 바로의 술 맡은 관원장은 (前職)전
직을 회복하매 그가 잔을 바로의
손에 받들어 드렸고
22 떡 굽는 (官員長)관원장은 매달리
니 요셉이 그들에게 (解釋)해석함
과 같이 되었으나
23 술 맡은 관원장이 요셉을 (記憶)기
억하지 못하고 그를 잊었더라

요셉이 바로의 꿈을 해석하다

41 만 이 년 후에 바로가 꿈을 꾼
즉 (自己)자기가 나일 강 가
에 서 있는데
2 보니 아름답고 살진 일곱 암소가
(江)강 가에서 올라와 갈밭에서 뜯
어먹고
3 그 뒤에 또 (凶)흉하고 파리한 다른
일곱 암소가 나일 강 가에서 올라
와 그 소와 함께 나일 강 가에 서 있
더니
4 그 (凶)흉하고 파리한 소가 그 아름
답고 살진 일곱 소를 먹은지라 바
로가 곧 깨었다가
5 다시 잠이 들어 꿈을 꾸니 한 줄기
에 (茂盛)무성하고 (充實)충실한
일곱 이삭이 나오고
6 그 후에 또 가늘고 (東風)동풍에
마른 일곱 이삭이 나오더니
7 그 가는 일곱 이삭이 무성하고 충
실한 일곱 이삭을 삼킨지라 바로가
깬즉 꿈이라
8 아침에 그의 마음이 (煩悶)번민하
여 사람을 보내어 애굽의 점술가
와 (賢人)현인들을 모두 불러 그들
에게 그의 꿈을 말하였으나 그것을
바로에게 (解釋)해석하는 자가 없
었더라
9 ●술 맡은 관원장이 바로에게 말하
여 이르되 내가 오늘 내 (罪)죄를
기억하나이다
10 바로께서 종들에게 (怒)노하사 나
와 떡 굽는 관원장을 친위대장의
집에 가두셨을 때에
11 나와 그가 하룻밤에 꿈을 꾼즉 (各
其)각기 뜻이 있는 꿈이라
12 그 곳에 친위대장의 종 된 히브리
(靑年)청년이 우리와 함께 있기로
우리가 그에게 말하매 그가 우리의
꿈을 풀되 그 꿈대로 각 사람에게
해석하더니
13 그 해석한 대로 되어 나는 (復職)
복직되고 그는 매달렸나이다
14 ●이에 바로가 사람을 보내어 요셉
을 부르매 그들이 급히 그를 옥에
서 내 놓은지라 요셉이 곧 (鬚髥)
수염을 깎고 그의 옷을 갈아 입고
바로에게 들어가니
15 바로가 요셉에게 이르되 내가 한
꿈을 꾸었으나 그것을 해석하는 자
가 없더니 들은즉 너는 꿈을 들으

면 (能)능히 푼다 하더라
16 요셉이 바로에게 대답하여 이르되
내가 아니라 하나님께서 바로에게
(便安)편안한 대답을 하시리이다
17 바로가 요셉에게 이르되 내가 꿈에
나일 (江)강 가에 서서
18 보니 살지고 아름다운 일곱 암소가
나일 (江)강 가에 올라와 갈밭에서
뜯어먹고
19 그 뒤에 또 약하고 심히 (兇)흉하고
파리한 일곱 암소가 올라오니 그같
이 흉한 것들은 애굽 땅에서 내가
아직 보지 못한 것이라
20 그 파리하고 (凶)흉한 소가 처음의
일곱 살진 소를 먹었으며
21 먹었으나 먹은 듯 하지 아니하고
(如前)여전히 흉하더라 내가 곧 깨
었다가
22 다시 꿈에 보니 한 줄기에 (茂盛)
무성하고 (充實)충실한 일곱 이삭
이 나오고
23 그 (後)후에 또 가늘고 동풍에 마른
일곱 이삭이 나더니
24 그 가는 이삭이 좋은 일곱 이삭을
삼키더라 내가 그 꿈을 (占術家)점
술가에게 말하였으나 그것을 내게
풀이해 주는 자가 없느니라
25 ●요셉이 바로에게 아뢰되 바로의
꿈은 하나라 하나님이 그가 하실
일을 바로에게 보이심이니이다
26 일곱 좋은 암소는 일곱 해요 일곱
좋은 이삭도 일곱 해니 그 꿈은 하
나라
27 그 후에 올라온 파리하고 흉한 일
곱 소는 칠 년이요 (東風)동풍에
말라 속이 빈 일곱 이삭도 일곱 해
(凶年)흉년이니
28 내가 바로에게 이르기를 하나님이
그가 하실 일을 바로에게 보이신다
함이 이것이라
29 온 애굽 땅에 일곱 해 큰 (豊年)풍
년이 있겠고
30 후에 일곱 해 흉년이 들므로 애굽
땅에 있던 풍년을 다 잊어버리게
되고 이 땅이 그 (饑饉)기근으로
망하리니
31 후에 든 그 흉년이 너무 심하므로
(以前)이전 풍년을 이 땅에서 기억
하지 못하게 되리이다
32 바로께서 꿈을 두 번 겹쳐 꾸신 것
은 하나님이 이 일을 (定)정하셨음
이라 하나님이 속히 행하시리니
33 이제 바로께서는 (明哲)명철하고
(智慧)지혜 있는 사람을 택하여 애
굽 땅을 다스리게 하시고
34 바로께서는 또 이같이 (行)행하사
나라 안에 감독관들을 두어 그 일
곱 해 풍년에 애굽 땅의 오분의 일
을 거두되
35 그들로 장차 올 풍년의 모든 (穀物)
곡물을 거두고 그 곡물을 바로의
손에 돌려 양식을 위하여 각 성읍
에 쌓아 두게 하소서
36 이와 같이 그 곡물을 이 땅에 저장
하여 애굽 땅에 임할 일곱 해 (凶
年)흉년에 대비하시면 땅이 이 흉
년으로 말미암아 망하지 아니하리
이다

요셉이 애굽의 총리가 되다

37 ●바로와 그의 모든 (臣下)신하가

이 일을 좋게 여긴지라
38 바로가 그의 신하들에게 이르되 이
와 같이 하나님의 영에 (感動)감동
된 사람을 우리가 어찌 찾을 수 있
으리요 하고
39 요셉에게 이르되 하나님이 이 모든
것을 네게 보이셨으니 너와 같이
(明哲)명철하고 지혜 있는 자가 없
도다
40 너는 내 집을 다스리라 내 백성이
다 네 명령에 (服從)복종하리니 내
가 너보다 높은 것은 내 왕좌뿐이
니라
41 바로가 또 요셉에게 이르되 내가
너를 애굽 온 땅의 (總理)총리가
되게 하노라 하고
42 자기의 (印章)인장 반지를 빼어 요
셉의 손에 끼우고 그에게 세마포
옷을 입히고 금 사슬을 목에 걸고
43 자기에게 있는 버금 수레에 그를
태우매 무리가 그의 앞에서 소리
지르기를 엎드리라 하더라 바로가
그에게 애굽 (全國)전국을 총리로
다스리게 하였더라
44 바로가 요셉에게 이르되 나는 바로
라 애굽 온 땅에서 네 허락이 없이
는 (手足)수족을 놀릴 자가 없으리
라 하고
45 그가 요셉의 이름을 사브낫바네아
라 하고 또 온의 제사장 보디베라
의 딸 아스낫을 그에게 주어 아내
로 삼게 하니라 요셉이 나가 애굽
온 땅을 (巡察)순찰하니라
46 ● 요셉이 애굽 왕 바로 앞에 설 때
에 (三十)삼십 세라 그가 바로 앞
을 떠나 애굽 온 땅을 순찰하니
47 일곱 해 풍년에 토지 (所出)소출이
심히 많은지라
48 요셉이 애굽 땅에 있는 그 칠 년 곡
물을 거두어 각 성에 (貯藏)저장하
되 각 성읍 주위의 밭의 곡물을 그
성읍 중에 쌓아 두매
49 쌓아 둔 (穀食)곡식이 바다 모래
같이 심히 많아 세기를 그쳤으니
그 수가 한이 없음이었더라
50 흉년이 들기 전에 요셉에게 두 아
들이 나되 곧 온의 (祭司長)제사장
보디베라의 딸 아스낫이 그에게서
낳은지라
51 요셉이 그의 장남의 이름을 [1]므낫
세라 하였으니 하나님이 내게 내
모든 (苦難)고난과 내 아버지의 온
집 일을 잊어버리게 하셨다 함이요
52 차남의 이름을 [2]에브라임이라 하
였으니 하나님이 나를 내가 수고한
땅에서 (蕃盛)번성하게 하셨다 함
이었더라
53 애굽 땅에 일곱 해 (豊年)풍년이
그치고
54 요셉의 말과 같이 일곱 해 흉년이
들기 시작하매 각국에는 (饑饉)기
근이 있으나 애굽 온 땅에는 먹을
것이 있더니
55 애굽 온 땅이 굶주리매 백성이 바
로에게 부르짖어 (糧食)양식을 구
하는지라 바로가 애굽 모든 백성에
게 이르되 요셉에게 가서 그가 너
희에게 이르는 대로 하라 하니라
56 온 (地面)지면에 기근이 있으매 요

1) 잊어버림 2) 창성함

셉이 모든 (倉庫)창고를 열고 애굽
백성에게 팔새 애굽 땅에 (饑饉)기
근이 심하며
57 각국 백성도 양식을 사려고 애굽으
로 들어와 요셉에게 이르렀으니 기
근이 온 세상에 (甚)심함이었더라

요셉의 형들이 애굽으로 가다

42 그 때에 야곱이 애굽에 (穀
食)곡식이 있음을 보고 아들
들에게 이르되 너희는 어찌하여 서
로 바라보고만 있느냐
2 야곱이 또 이르되 내가 들은즉 저
애굽에 곡식이 있다 하니 너희는
그리로 가서 거기서 우리를 (爲)위
하여 사오라 그러면 우리가 살고
죽지 아니하리라 하매
3 요셉의 (兄)형 열 사람이 애굽에서
곡식을 사려고 내려갔으나
4 야곱이 요셉의 아우 베냐민은 그의
형들과 함께 보내지 아니하였으니
이는 그의 생각에 (災難)재난이 그
에게 미칠까 두려워함이었더라
5 이스라엘의 아들들이 양식 사러 간
자 중에 있으니 가나안 땅에 (饑饉)
기근이 있음이라
6 때에 요셉이 나라의 (總理)총리로
서 그 땅 모든 (百姓)백성에게 곡
식을 팔더니 요셉의 형들이 와서
그 앞에서 땅에 엎드려 절하매
7 요셉이 보고 형들인 줄을 아나 모
르는 체하고 엄한 소리로 그들에게
말하여 이르되 너희가 어디서 왔느
냐 그들이 이르되 (穀物)곡물을 사
려고 가나안에서 왔나이다
8 요셉은 그의 (兄)형들을 알아보았
으나 그들은 요셉을 알아보지 못하
더라
9 요셉이 그들에게 대하여 꾼 꿈을
생각하고 그들에게 이르되 너희는
(偵探)정탐꾼들이라 이 나라의 틈
을 엿보려고 왔느니라
10 그들이 그에게 이르되 내 (主)주여
아니니이다 당신의 종들은 곡물을
사러 왔나이다
11 우리는 다 한 사람의 아들들로서
확실한 자들이니 당신의 종들은
(偵探)정탐꾼이 아니니이다
12 요셉이 그들에게 이르되 아니라 너
희가 이 나라의 틈을 엿보러 왔느
니라
13 그들이 이르되 당신의 종 우리들은
열두 (兄弟)형제로서 가나안 땅 한
사람의 아들들이라 막내 아들은 오
늘 아버지와 함께 있고 또 하나는
없어졌나이다
14 요셉이 그들에게 이르되 내가 너희
에게 이르기를 너희는 (偵探)정탐
꾼들이라 한 말이 이것이니라
15 너희는 이같이 하여 너희 (眞實)진
실함을 (證明)증명할 것이라 바로
의 생명으로 (盟誓)맹세하노니 너
희 막내 아우가 여기 오지 아니하
면 너희가 여기서 나가지 못하리라
16 너희 중 하나를 보내어 너희 아우
를 데려오게 하고 너희는 갇히어
있으라 내가 너희의 말을 (試驗)시
험하여 너희 중에 진실이 있는지
보리라 바로의 생명으로 맹세하노
니 그리하지 아니하면 너희는 과연
정탐꾼이니라 하고

17 그들을 다 함께 (三 日)삼 일을 가
두었더라
18 ●사흘 만에 요셉이 그들에게 이르
되 나는 하나님을 (敬畏)경외하노
니 너희는 이같이 하여 (生命)생명
을 (保全)보전하라
19 너희가 (確實)확실한 자들이면 너
희 형제 중 한 사람만 그 옥에 갇히
게 하고 너희는 곡식을 가지고 가
서 너희 집안의 굶주림을 구하고
20 너희 막내 아우를 내게로 데리고
오라 그러면 너희 말이 (眞實)진실
함이 되고 너희가 죽지 아니하리라
하니 그들이 그대로 하니라
21 그들이 서로 말하되 우리가 아우의
일로 말미암아 범죄하였도다 그가
우리에게 (哀乞)애걸할 때에 그 마
음의 괴로움을 보고도 듣지 아니하
였으므로 이 괴로움이 우리에게 임
하도다
22 르우벤이 그들에게 대답하여 이르
되 내가 너희에게 그 아이에 대하
여 (罪)죄를 짓지 말라고 하지 아니
하였더냐 그래도 너희가 듣지 아니
하였느니라 그러므로 그의 핏값을
치르게 되었도다 하니
23 그들 사이에 (通譯)통역을 세웠으
므로 그들은 요셉이 듣는 줄을 알
지 못하였더라
24 요셉이 그들을 떠나가서 울고 다시
돌아와서 그들과 말하다가 그들 중
에서 시므온을 끌어내어 그들의 눈
앞에서 (結縛)결박하고
25 (命)명하여 곡물을 그 그릇에 채우게
하고 각 사람의 돈은 그의 자루에 도
로 넣게 하고 또 길 양식을 그들에게
주게 하니 그대로 행하였더라

요셉의 형들이 가나안으로 돌아오다

26 ●그들이 (穀食)곡식을 나귀에 싣
고 그 곳을 떠났더니
27 한 사람이 (旅館)여관에서 나귀에
게 먹이를 주려고 자루를 풀고 본
즉 그 돈이 자루 아귀에 있는지라
28 그가 그 형제에게 말하되 내 돈을
도로 넣었도다 보라 자루 속에 있
도다 이에 그들이 (魂)혼이 나서 떨
며 서로 돌아보며 말하되 하나님이
어찌하여 이런 일을 우리에게 행하
셨는가 하고
29 그들이 가나안 땅에 돌아와 그들의
아버지 야곱에게 이르러 그들이 당
한 일을 (仔細)자세히 알리어 아뢰되
30 그 땅의 주인인 그 사람이 (嚴)엄
하게 우리에게 말씀하고 우리를 그
땅에 대한 정탐꾼으로 여기기로
31 우리가 그에게 이르되 우리는 (確
實)확실한 자들이요 정탐꾼이 아
니니이다
32 우리는 한 아버지의 아들 열두 (兄
弟)형제로서 하나는 없어지고 막
내는 오늘 우리 아버지와 함께 가
나안 땅에 있나이다 하였더니
33 그 땅의 주인인 그 사람이 우리에
게 이르되 내가 이같이 하여 너희
가 확실한 자들임을 알리니 너희
형제 중의 하나를 내게 두고 (糧食)
양식을 가지고 가서 너희 집안의
굶주림을 구하고
34 너희 막내 아우를 내게로 데려 오
라 그러면 너희가 정탐꾼이 아니요

확실한 자들임을 내가 알고 너희
형제를 너희에게 돌리리니 너희가
이 나라에서 (貿易)무역하리라 하
더이다 하고
35 (各其)각기 자루를 쏟고 본즉 각
사람의 돈뭉치가 그 자루 속에 있
는지라 그들과 그들의 아버지가 돈
뭉치를 보고 다 두려워하더니
36 그들의 아버지 야곱이 그들에게 이
르되 너희가 나에게 내 (子息)자식
들을 잃게 하도다 요셉도 없어졌고
시므온도 없어졌거늘 베냐민을 또
빼앗아 가고자 하니 이는 다 나를
해롭게 함이로다
37 르우벤이 그의 아버지에게 말하여
이르되 내가 그를 아버지께로 데리
고 오지 아니하거든 내 두 아들을
죽이소서 그를 내 손에 맡기소서
내가 그를 아버지께로 데리고 돌아
오리이다
38 야곱이 이르되 내 아들은 너희와
함께 내려가지 못하리니 그의 형은
죽고 그만 남았음이라 만일 너희가
가는 길에서 (災難)재난이 그에게
미치면 너희가 내 흰 머리를 슬퍼
하며 스올로 내려가게 함이 되리라

형들이 베냐민을 데리고 애굽으로 가다

43 그 땅에 (饑饉)기근이 심하고
2 그들이 애굽에서 가져온 곡
식을 다 먹으매 그 아버지가 그들
에게 이르되 다시 가서 우리를 (爲)
위하여 양식을 조금 사오라
3 유다가 아버지에게 말하여 이르되
그 사람이 우리에게 엄히 (警告)경
고하여 이르되 너희 아우가 너희와
함께 오지 아니하면 너희가 내 얼
굴을 보지 못하리라 하였으니
4 아버지께서 우리 아우를 우리와 함
께 보내시면 우리가 내려가서 아버
지를 위하여 (糧食)양식을 사려니와
5 아버지께서 (萬一)만일 그를 보내
지 아니하시면 우리는 내려가지 아
니하리니 그 사람이 우리에게 말하
기를 너희의 아우가 너희와 함께
오지 아니하면 너희가 내 얼굴을
보지 못하리라 하였음이니이다
6 이스라엘이 이르되 너희가 어찌하
여 너희에게 또 다른 아우가 있다
고 그 사람에게 말하여 나를 괴롭
게 하였느냐
7 그들이 이르되 그 사람이 우리와
우리의 (親族)친족에 대하여 자세
히 질문하여 이르기를 너희 아버
지가 아직 살아 계시느냐 너희에게
아우가 있느냐 하기로 그 묻는 말
에 따라 그에게 대답한 것이니 그
가 너희의 아우를 데리고 내려오라
할 줄을 우리가 어찌 알았으리이까
8 유다가 그의 아버지 이스라엘에게
이르되 저 아이를 나와 함께 보내
시면 우리가 곧 가리니 그러면 우
리와 아버지와 우리 어린 아이들이
다 살고 죽지 아니하리이다
9 내가 그를 위하여 (擔保)담보가 되
오리니 아버지께서 내 손에서 그를
찾으소서 내가 만일 그를 아버지께
데려다가 아버지 앞에 두지 아니하
면 내가 영원히 죄를 지리이다
10 우리가 (遲滯)지체하지 아니하였더
라면 벌써 두 번 갔다 왔으리이다

11 그들의 아버지 이스라엘이 그들에
게 이르되 그러할진대 이렇게 하라
너희는 이 땅의 아름다운 (所産)소
산을 그릇에 담아가지고 내려가서
그 사람에게 예물로 드릴지니 곧
유향 조금과 꿀 조금과 향품과 몰
약과 유향나무 열매와 감복숭아이
니라
12 너희 손에 갑절의 돈을 가지고 너
희 자루 아귀에 도로 넣어져 있던
그 돈을 다시 가지고 가라 (或)혹
잘못이 있었을까 두렵도다
13 네 아우도 데리고 떠나 다시 그 사
람에게로 가라
14 (全能)전능하신 하나님께서 그 사
람 앞에서 너희에게 (恩惠)은혜를
베푸사 그 사람으로 너희 다른 형
제와 베냐민을 돌려보내게 하시기
를 원하노라 내가 자식을 잃게 되
면 잃으리로다
15 그 형제들이 (禮物)예물을 마련하
고 갑절의 돈을 자기들의 손에 가
지고 베냐민을 데리고 애굽에 내려
가서 요셉 앞에 서니라
16 ●요셉은 베냐민이 그들과 함께 있
음을 보고 자기의 청지기에게 이르
되 이 사람들을 집으로 인도해 들
이고 짐승을 잡고 (準備)준비하라
이 사람들이 정오에 나와 함께 먹
을 것이니라
17 청지기가 요셉의 (命)명대로 하여 그
사람들을 요셉의 집으로 인도하니
18 그 사람들이 요셉의 집으로 (引導)
인도되매 두려워하여 이르되 전번
에 우리 자루에 들어 있던 돈의 일
로 우리가 끌려드는도다 이는 우리
를 (抑留)억류하고 달려들어 우리
를 잡아 (奴隸)노예로 삼고 우리의
나귀를 빼앗으려 함이로다 하고
19 그들이 요셉의 집 (廳)청지기에게
가까이 나아가 그 집 문 앞에서 그
에게 말하여
20 이르되 내 주여 우리가 (前番)전번
에 내려와서 양식을 사가지고
21 여관에 이르러 자루를 풀어본즉 각
사람의 돈이 (全額)전액 그대로 자
루 아귀에 있기로 우리가 도로 가
져왔고
22 (糧食)양식 살 다른 돈도 우리가
가지고 내려왔나이다 우리의 돈을
우리 자루에 넣은 자는 누구인지
우리가 알지 못하나이다
23 그가 이르되 너희는 (安心)안심하
라 두려워하지 말라 너희 하나님,
너희 아버지의 하나님이 재물을 너
희 자루에 넣어 너희에게 주신 것
이니라 너희 돈은 내가 이미 받았
느니라 하고 시므온을 그들에게로
이끌어내고
24 그들을 요셉의 집으로 (引導)인도
하고 물을 주어 발을 씻게 하며 그
들의 나귀에게 먹이를 주더라
25 그들이 거기서 (飮食)음식을 먹겠다
함을 들었으므로 예물을 정돈하고
요셉이 정오에 오기를 기다리더니
26 요셉이 집으로 오매 그들이 집으로
들어가서 (禮物)예물을 그에게 드
리고 땅에 엎드려 절하니
27 요셉이 그들의 (安否)안부를 물으
며 이르되 너희 아버지 너희가 말

하던 그 노인이 안녕하시냐 아직도
(生存)생존해 계시느냐
28 그들이 대답하되 주의 종 우리 아
버지가 평안하고 지금까지 (生存)
생존하였나이다 하고 머리 숙여 절
하더라
29 요셉이 눈을 들어 자기 어머니의
아들 자기 동생 베냐민을 보고 이
르되 너희가 내게 말하던 너희 작
은 동생이 이 아이냐 그가 또 이르
되 (小子)소자여 하나님이 네게
(恩惠)은혜 베푸시기를 원하노라
30 요셉이 아우를 사랑하는 마음이 복
받쳐 급히 울 곳을 찾아 안방으로
들어가서 울고
31 얼굴을 씻고 나와서 그 정을 (抑制)
억제하고 음식을 차리라 하매
32 그들이 요셉에게 따로 차리고 그
형제들에게 따로 차리고 그와 함께
먹는 애굽 사람에게도 따로 차리니
애굽 사람은 히브리 사람과 같이
먹으면 (不淨)부정을 입음이었더라
33 그들이 요셉 앞에 앉되 그들의 나
이에 따라 앉히게 되니 그들이 서
로 (異常)이상히 여겼더라
34 요셉이 자기 음식을 그들에게 주되
베냐민에게는 다른 사람보다 다섯
(倍)배나 주매 그들이 마시며 요셉
과 함께 즐거워하였더라

은잔이 없어지다

44 요셉이 그의 집 청지기에게
명하여 이르되 양식을 각자
의 자루에 (運搬)운반할 수 있을
만큼 채우고 각자의 돈을 그 자루
에 넣고
2 또 내 잔 곧 (銀盞)은잔을 그 청년
의 자루 아귀에 넣고 그 양식 값 돈
도 함께 넣으라 하매 그가 요셉의
(命令)명령대로 하고
3 아침이 밝을 때에 사람들과 그들의
나귀들을 보내니라
4 그들이 (城邑)성읍에서 나가 멀리
가기 전에 요셉이 청지기에게 이르
되 일어나 그 사람들의 뒤를 따라
가서 그들에게 이르기를 너희가 어
찌하여 선을 악으로 갚느냐
5 이것은 내 주인이 가지고 마시며
늘 (占)점치는 데에 쓰는 것이 아
니냐 너희가 이같이 하니 악하도다
하라
6 (廳)청지기가 그들에게 따라 가서
그대로 말하니
7 그들이 그에게 대답하되 내 주여
어찌 이렇게 말씀하시나이까 당신
의 종들이 이런 일은 (決斷)결단코
아니하나이다
8 우리 자루에 있던 돈도 우리가 가
나안 땅에서부터 당신에게로 가져
왔거늘 우리가 어찌 당신의 주인의
집에서 (銀)은 (金)금을 도둑질하
리이까
9 당신의 종들 중 누구에게서 (發見)
발견되든지 그는 죽을 것이요 우리
는 내 주의 종들이 되리이다
10 그가 이르되 그러면 너희의 말과
같이 하리라 그것이 누구에게서든
지 발견되면 그는 내게 종이 될 것
이요 너희는 (罪)죄가 없으리라
11 그들이 (各各)각각 급히 자루를 땅
에 내려놓고 자루를 각기 푸니

12 그가 나이 많은 자에게서부터 (始
作)시작하여 나이 적은 자에게까
지 조사하매 그 잔이 베냐민의 자
루에서 발견된지라
13 그들이 옷을 찢고 각기 짐을 나귀
에 싣고 (城)성으로 돌아 가니라

유다가 베냐민을 위하여 인질을 청하다

14 ●유다와 그의 (兄弟)형제들이 요
셉의 집에 이르니 요셉이 아직 그
곳에 있는지라 그의 앞에서 땅에
엎드리니
15 요셉이 그들에게 이르되 너희가 어
찌하여 이런 일을 행하였느냐 나
같은 사람이 (占)점을 잘 치는 줄을
너희는 알지 못하였느냐
16 유다가 말하되 우리가 내 주께 무
슨 말을 하오리이까 무슨 설명을
하오리이까 우리가 어떻게 우리의
(正直)정직함을 나타내리이까 하
나님이 종들의 죄악을 찾아내셨으
니 우리와 이 (盞)잔이 발견된 자가
다 내 주의 노예가 되겠나이다
17 요셉이 이르되 내가 결코 그리하지
아니하리라 잔이 그 손에서 발견된
자만 내 종이 되고 너희는 (平安)
평안히 너희 아버지께로 도로 올라
갈 것이니라
18 유다가 그에게 가까이 가서 이르되
내 주여 원하건대 당신의 종에게
내 주의 귀에 한 말씀을 아뢰게 하
소서 주의 종에게 (怒)노하지 마소
서 주는 바로와 같으심이니이다
19 (以前)이전에 내 주께서 종들에게
물으시되 너희는 아버지가 있느냐
아우가 있느냐 하시기에
20 우리가 내 주께 아뢰되 우리에게 아
버지가 있으니 노인이요 또 그가
(老年)노년에 얻은 아들 청년이 있
으니 그의 형은 죽고 그의 어머니가
남긴 것은 그뿐이므로 그의 아버지
가 그를 사랑하나이다 하였더니
21 (主)주께서 또 종들에게 이르시되
그를 내게로 데리고 내려와서 내가
그를 보게 하라 하시기로
22 우리가 내 (主)주께 말씀드리기를
그 아이는 그의 아버지를 떠나지
못할지니 떠나면 그의 아버지가 죽
겠나이다
23 (主)주께서 또 주의 종들에게 말씀
하시되 너희 막내 아우가 너희와
함께 내려오지 아니하면 너희가 다
시 내 얼굴을 보지 못하리라 하시
기로
24 우리가 (主)주의 종 우리 아버지에
게로 도로 올라가서 내 주의 말씀
을 그에게 아뢰었나이다
25 그 후에 우리 아버지가 다시 가서
(穀物)곡물을 조금 사오라 하시기로
26 우리가 이르되 우리가 내려갈 수
없나이다 우리 막내 아우가 함께
가면 내려가려니와 막내 아우가 우
리와 함께 가지 아니하면 그 사람
의 얼굴을 볼 수 없음이니이다
27 (主)주의 종 우리 아버지가 우리에
게 이르되 너희도 알거니와 내 아
내가 내게 두 아들을 낳았으나
28 하나는 내게서 나갔으므로 내가 말
하기를 틀림없이 찢겨 죽었다 하고
내가 (只今)지금까지 그를 보지 못
하거늘

29 너희가 이 아이도 내게서 데려 가
려하니 만일 (災害)재해가 그 몸에
미치면 나의 흰 머리를 슬퍼하며
스올로 내려가게 하리라 하니
30 아버지의 (生命)생명과 아이의 생
명이 서로 하나로 묶여 있거늘 이
제 내가 주의 종 우리 아버지에게
돌아갈 때에 아이가 우리와 함께
가지 아니하면
31 아버지가 아이의 없음을 보고 죽으
리니 이같이 되면 종들이 (主)주의
종 우리 아버지가 흰 머리로 슬퍼
하며 스올로 내려가게 함이니이다
32 주의 종이 내 아버지에게 아이를
(擔保)담보하기를 내가 이를 아버
지께로 데리고 돌아오지 아니하면
영영히 아버지께 죄짐을 지리이다
하였사오니
33 이제 주의 종으로 그 아이를 (代身)
대신하여 머물러 있어 내 주의 종
이 되게 하시고 그 아이는 그의 형
제들과 함께 올려 보내소서
34 그 아이가 나와 함께 가지 아니하
면 내가 어찌 내 아버지에게로 올
라갈 수 있으리이까 두렵건대 (災
害)재해가 내 아버지에게 미침을
보리이다

요셉이 형제들에게 자기를 밝히다

45 요셉이 (侍從)시종하는 자들
앞에서 그 (情)정을 (抑制)억
제하지 못하여 소리 질러 모든 사
람을 자기에게서 물러가라 하고 그
(兄弟)형제들에게 자기를 알리니
그 때에 그와 함께 한 다른 사람이
없었더라
2 요셉이 큰 소리로 우니 애굽 사람
에게 들리며 바로의 (宮中)궁중에
들리더라
3 요셉이 그 (兄)형들에게 이르되 나
는 요셉이라 내 아버지께서 아직
살아 계시니이까 형들이 그 앞에서
놀라서 대답하지 못하더라
4 요셉이 형들에게 이르되 내게로 가
까이 오소서 그들이 가까이 가니
이르되 나는 (當身)당신들의 아우
요셉이니 당신들이 애굽에 판 자라
5 당신들이 나를 이 곳에 팔았다고
해서 근심하지 마소서 (恨歎)한탄
하지 마소서 하나님이 생명을 구원
하시려고 나를 당신들보다 먼저 보
내셨나이다
6 이 땅에 이 년 동안 흉년이 들었으
나 아직 오 년은 밭갈이도 못하고
(秋收)추수도 못할지라
7 하나님이 큰 구원으로 당신들의 생
명을 (保存)보존하고 당신들의 후
손을 세상에 두시려고 나를 당신들
보다 먼저 보내셨나니
8 그런즉 나를 이리로 보낸 이는 당
신들이 아니요 하나님이시라 하나
님이 나를 바로에게 아버지로 삼으
시고 그 온 집의 주로 삼으시며 애
굽 온 땅의 (統治者)통치자로 삼으
셨나이다
9 당신들은 속히 아버지께로 올라가
서 아뢰기를 아버지의 아들 요셉의
말에 하나님이 나를 애굽 전국의
주로 세우셨으니 (遲滯)지체 말고
내게로 내려오사
10 아버지의 아들들과 아버지의 (孫

子)손자들과 아버지의 양과 소와
모든 (所有)소유가 고센 땅에 머물
며 나와 가깝게 하소서
11 흉년이 아직 다섯 해가 있으니 내
가 거기서 아버지를 (奉養)봉양하
리이다 아버지와 아버지의 가족과
아버지께 속한 모든 사람에게 부족
함이 없도록 하겠나이다 하더라고
전하소서
12 (當身)당신들의 눈과 내 아우 베냐
민의 눈이 보는 바 당신들에게 이
말을 하는 것은 내 입이라
13 당신들은 내가 애굽에서 누리는
(榮華)영화와 당신들이 본 모든 것
을 다 내 아버지께 아뢰고 (速)속히
모시고 내려오소서 하며
14 (自己)자기 아우 베냐민의 목을 안
고 우니 베냐민도 요셉의 목을 안
고 우니라
15 요셉이 또 (兄)형들과 입맞추며 안
고 우니 형들이 그제서야 요셉과
말하니라
16 ●요셉의 형들이 왔다는 (所聞)소
문이 바로의 궁에 들리매 바로와
그의 신하들이 기뻐하고
17 바로는 요셉에게 이르되 네 형들에
게 명령하기를 너희는 이렇게 하여
너희 (糧食)양식을 싣고 가서 가나
안 땅에 이르거든
18 너희 아버지와 너희 (家族)가족을
이끌고 내게로 오라 내가 너희에게
애굽의 좋은 땅을 주리니 너희가
나라의 기름진 것을 먹으리라
19 이제 (命令)명령을 받았으니 이렇
게 하라 너희는 애굽 땅에서 수레
를 가져다가 너희 자녀와 아내를
태우고 너희 아버지를 모셔 오라
20 또 너희의 (器具)기구를 아끼지 말
라 온 애굽 땅의 좋은 것이 너희 것
임이니라
21 ●이스라엘의 아들들이 그대로 할
새 요셉이 바로의 명령대로 그들
에게 수레를 주고 길 (糧食)양식을
주며
22 또 그들에게 다 (各其)각기 옷 한
벌씩을 주되 베냐민에게는 은 삼백
과 옷 다섯 벌을 주고
23 그가 또 이와 같이 그 아버지에게
보내되 수나귀 열 필에 애굽의 아
름다운 물품을 실리고 암나귀 열
(匹)필에는 아버지에게 길에서 드
릴 곡식과 떡과 양식을 실리고
24 이에 형들을 돌려보내며 그들에게
이르되 (當身)당신들은 길에서 다
투지 말라 하였더라
25 그들이 애굽에서 올라와 가나안 땅
으로 들어가서 아버지 야곱에게 이
르러
26 알리어 이르되 요셉이 지금까지 살
아 있어 애굽 땅 (總理)총리가 되
었더이다 야곱이 그들의 말을 믿지
못하여 어리둥절 하더니
27 그들이 또 요셉이 자기들에게 부탁
한 모든 말로 그에게 말하매 그들
의 아버지 야곱은 요셉이 자기를
태우려고 보낸 수레를 보고서야 기
운이 (蘇生)소생한지라
28 이스라엘이 이르되 족하도다 내 아
들 요셉이 지금까지 살아 있으니
내가 죽기 (前)전에 가서 그를 보리

라 하니라

야곱 가족이 애굽으로 내려가다

46 이스라엘이 모든 소유를 이
끌고 떠나 브엘세바에 이르
러 그의 아버지 이삭의 하나님께
(犧牲)희생제사를 드리니
2 그 밤에 하나님이 (異像)이상 중에
이스라엘에게 나타나 이르시되 야
곱아 야곱아 하시는지라 야곱이 이
르되 내가 여기 있나이다 하매
3 하나님이 이르시되 나는 하나님이
라 네 아버지의 하나님이니 애굽으
로 내려가기를 두려워하지 말라 내
가 거기서 너로 큰 (民族)민족을
이루게 하리라
4 내가 너와 함께 애굽으로 내려가겠
고 반드시 너를 (引導)인도하여 다
시 올라올 것이며 요셉이 그의 손
으로 네 눈을 감기리라 하셨더라
5 야곱이 브엘세바에서 떠날새 이스
라엘의 아들들이 바로가 그를 태우
려고 보낸 수레에 자기들의 아버지
야곱과 자기들의 (妻子)처자들을
태우고
6 그들의 (家畜)가축과 가나안 땅에
서 얻은 (財物)재물을 이끌었으며
야곱과 그의 자손들이 다함께 애굽
으로 갔더라
7 이와 같이 야곱이 그 아들들과 손
자들과 딸들과 손녀들 곧 그의 모
든 (子孫)자손을 데리고 애굽으로
갔더라
8 ●애굽으로 내려간 이스라엘 (家
族)가족의 이름은 이러하니라 야
곱과 그의 아들들 곧 야곱의 맏아
들 르우벤과
9 르우벤의 아들 하녹과 발루와 헤스
론과 갈미요
10 시므온의 아들은 여무엘과 야민과
오핫과 야긴과 스할과 가나안 (女
人)여인의 아들 사울이요
11 레위의 아들은 게르손과 그핫과 므
라리요
12 유다의 아들 곧 엘과 오난과 셀라와
베레스와 세라니 엘과 오난은 가나
안 땅에서 죽었고 베레스의 아들은
헤스론과 하물이요
13 잇사갈의 아들은 돌라와 부와와 욥
과 시므론이요
14 스불론의 아들은 세렛과 엘론과 얄
르엘이니
15 이들은 레아가 밧단아람에서 야곱
에게 난 자손들이라 그 딸 디나를
(合)합하여 남자와 여자가 삼십삼
명이며
16 갓의 아들은 시뵨과 학기와 수니와
에스본과 에리와 아로디와 아렐리
요
17 아셀의 아들은 임나와 이스와와 이
스위와 브리아와 그들의 누이 세라
며 또 브리아의 아들은 헤벨과 말
기엘이니
18 이들은 라반이 그의 딸 레아에게
준 실바가 야곱에게 낳은 (子孫)자
손들이니 모두 십육 명이라
19 야곱의 아내 라헬의 아들 곧 요셉
과 베냐민이요
20 애굽 땅에서 온의 (祭司長)제사장
보디베라의 딸 아스낫이 요셉에게
낳은 므낫세와 에브라임이요

21 베냐민의 아들 곧 벨라와 베겔과
아스벨과 게라와 나아만과 에히와
로스와 뭅빔과 훕빔과 아릇이니
22 이들은 라헬이 야곱에게 낳은 자손
들이니 모두 (十四 名)십사 명이요
23 단의 아들 후심이요
24 납달리의 아들 곧 야스엘과 구니와
예셀과 실렘이라
25 이들은 라반이 그의 딸 라헬에게
준 빌하가 야곱에게 낳은 (子孫)자
손들이니 모두 칠 명이라
26 야곱과 함께 애굽에 들어간 (者)자
는 야곱의 며느리들 외에 육십육
명이니 이는 다 야곱의 몸에서 태
어난 자이며
27 애굽에서 요셉이 낳은 아들은 두
(名)명이니 야곱의 집 사람으로 애
굽에 이른 자가 모두 칠십 명이었
더라

야곱 일행이 애굽에 이르다

28 ●야곱이 유다를 요셉에게 미리 보
내어 자기를 고센으로 (引導)인도
하게 하고 다 고센 땅에 이르니
29 요셉이 그의 수레를 갖추고 고센으
로 올라가서 그의 아버지 이스라엘
을 맞으며 그에게 보이고 그의 목
을 어긋맞춰 안고 얼마 동안 울매
30 이스라엘이 요셉에게 이르되 네가
(只今)지금까지 살아 있고 내가 네
얼굴을 보았으니 지금 죽어도 족하
도다
31 요셉이 그의 형들과 아버지의 가족
에게 이르되 내가 올라가서 바로에
게 아뢰어 이르기를 가나안 땅에
있던 내 형들과 내 아버지의 (家族)
가족이 내게로 왔는데
32 그들은 (牧者)목자들이라 (牧畜)
목축하는 사람들이므로 그들의 양
과 소와 모든 소유를 이끌고 왔나
이다 하리니
33 바로가 당신들을 불러서 너희의
(職業)직업이 무엇이냐 묻거든
34 당신들은 이르기를 주의 종들은 어
렸을 때부터 지금까지 목축하는 자
들이온데 우리와 우리 선조가 다
그러하니이다 하소서 애굽 사람은
다 목축을 (可憎)가증히 여기나니
당신들이 고센 땅에 살게 되리이다

47

요셉이 바로에게 가서 고하
여 이르되 내 아버지와 내 형
들과 그들의 양과 소와 모든 (所有)
소유가 가나안 땅에서 와서 고센
땅에 있나이다 하고
2 그의 형들 중 다섯 명을 (擇)택하여
바로에게 보이니
3 바로가 요셉의 형들에게 묻되 너희
(生業)생업이 무엇이냐 그들이 바
로에게 대답하되 종들은 목자이온
데 우리와 선조가 다 그러하니이다
하고
4 그들이 또 바로에게 고하되 가나안
땅에 (饑饉)기근이 심하여 종들의
양 떼를 칠 곳이 없기로 종들이 이
곳에 (居留)거류하고자 왔사오니
원하건대 종들로 고센 땅에 살게
하소서
5 바로가 요셉에게 말하여 이르되 네
아버지와 (兄)형들이 네게 왔은즉
6 애굽 땅이 네 앞에 있으니 땅의 좋
은 곳에 네 아버지와 네 (兄)형들이

거주하게 하되 그들이 고센 땅에
거주하고 그들 중에 능력 있는 자
가 있거든 그들로 내 가축을 관리
하게 하라
7 요셉이 자기 아버지 야곱을 인도하
여 바로 앞에 서게 하니 야곱이 바
로에게 (祝福)축복하매
8 바로가 야곱에게 묻되 네 나이가
얼마냐
9 야곱이 바로에게 아뢰되 내 나그네
길의 세월이 백삼십 년이니이다 내
나이가 얼마 못 되니 우리 조상의
나그네 길의 연조에 미치지 못하나
(險惡)험악한 세월을 보내었나이
다 하고
10 야곱이 바로에게 (祝福)축복하고
그 앞에서 나오니라
11 요셉이 바로의 명령대로 그의 아버
지와 그의 형들에게 (居住)거주할
곳을 주되 애굽의 좋은 땅 라암셋
을 그들에게 주어 소유로 삼게 하
고
12 또 그의 아버지와 그의 형들과 그
의 아버지의 온 집에 그 식구를 따
라 먹을 것을 주어 (奉養)봉양하였
더라

기근이 더욱 심해지다

13 ●기근이 더욱 심하여 사방에 먹을
것이 없고 애굽 땅과 가나안 땅이
기근으로 (荒廢)황폐하니
14 요셉이 (穀食)곡식을 팔아 애굽 땅
과 가나안 땅에 있는 돈을 모두 거
두어들이고 그 돈을 바로의 궁으로
가져가니
15 애굽 땅과 가나안 땅에 돈이 떨어
진지라 애굽 (百姓)백성이 다 요셉
에게 와서 이르되 돈이 떨어졌사오
니 우리에게 먹을 거리를 주소서
어찌 주 앞에서 죽으리이까
16 요셉이 이르되 너희의 (家畜)가축
을 내라 돈이 떨어졌은즉 내가 너
희의 가축과 바꾸어 주리라
17 그들이 그들의 가축을 요셉에게 끌
어오는지라 요셉이 그 말과 (羊)양
떼와 소 떼와 나귀를 받고 그들에
게 먹을 것을 주되 곧 그 모든 가축
과 바꾸어서 그 해 동안에 먹을 것
을 그들에게 주니라
18 그 해가 다 가고 새 해가 되매 무리
가 요셉에게 와서 그에게 말하되
우리가 (主)주께 숨기지 아니하나
이다 우리의 돈이 다하였고 우리의
가축 떼가 주께로 돌아갔사오니 주
께 낼 것이 아무것도 남지 아니하
고 우리의 몸과 토지뿐이라
19 우리가 어찌 우리의 토지와 함께
주의 (目前)목전에 죽으리이까 우
리 몸과 우리 토지를 먹을 것을 주
고 사소서 우리가 토지와 함께 바
로의 종이 되리니 우리에게 (種子)
종자를 주시면 우리가 살고 죽지
아니하며 토지도 (荒廢)황폐하게
되지 아니하리이다
20 ●그러므로 요셉이 애굽의 모든 토
지를 다 사서 바로에게 바치니 애
굽의 모든 사람들이 (饑饉)기근에
시달려 각기 토지를 팔았음이라 땅
이 바로의 (所有)소유가 되니라
21 요셉이 애굽 땅 이 끝에서 저 끝까
지의 백성을 (城邑)성읍들에 옮겼

으나
22 제사장들의 토지는 사지 아니하였
으니 제사장들은 바로에게서 (祿)
녹을 받음이라 바로가 주는 녹을
먹으므로 그들이 토지를 팔지 않음
이었더라
23 요셉이 백성에게 이르되 오늘 내가
바로를 (爲)위하여 너희 몸과 너희
토지를 샀노라 여기 종자가 있으니
너희는 그 땅에 뿌리라
24 추수의 오분의 일을 바로에게 (上
納)상납하고 오분의 사는 너희가
가져서 토지의 종자로도 삼고 너희
의 양식으로도 삼고 너희 가족과
어린 아이의 양식으로도 삼으라
25 그들이 이르되 주께서 우리를 살리
셨사오니 우리가 주께 (恩惠)은혜
를 입고 바로의 종이 되겠나이다
26 요셉이 애굽 (土地法)토지법을 세
우매 그 오분의 일이 바로에게 상
납되나 제사장의 토지는 바로의 소
유가 되지 아니하여 오늘날까지 이
르니라

야곱의 마지막 청

27 ●이스라엘 족속이 애굽 고센 땅에
거주하며 거기서 (生業)생업을 언
어 생육하고 번성하였더라
28 야곱이 애굽 땅에 십칠 년을 (居住)
거주하였으니 그의 나이가 백사십
칠 세라
29 이스라엘이 죽을 날이 가까우매 그
의 아들 요셉을 불러 그에게 이르
되 이제 내가 네게 은혜를 입었거
든 청하노니 네 손을 내 허벅지 아
래에 넣고 (仁愛)인애와 성실함으
로 내게 행하여 애굽에 나를 (葬事)
장사하지 아니하도록 하라
30 내가 조상들과 함께 눕거든 너는
나를 애굽에서 메어다가 조상의 묘
지에 (葬事)장사하라 요셉이 이르
되 내가 아버지의 말씀대로 행하리
이다
31 야곱이 또 이르되 내게 맹세하라
하매 그가 맹세하니 이스라엘이
(寢床)침상 머리에서 하나님께 경
배하니라

야곱이 에브라임과 므낫세에게 축복하다

48 이 일 후에 어떤 사람이 요셉
에게 말하기를 네 아버지가
(病)병들었다 하므로 그가 곧 두 아
들 므낫세와 에브라임과 함께 이르
니
2 어떤 사람이 야곱에게 말하되 네
아들 요셉이 네게 왔다 하매 이스
라엘이 힘을 내어 (寢牀)침상에 앉
아
3 요셉에게 이르되 이전에 가나안 땅
루스에서 (全能)전능하신 하나님
이 내게 나타나사 복을 주시며
4 내게 이르시되 내가 너로 (生育)생
육하고 (蕃盛)번성하게 하여 네게
서 많은 백성이 나게 하고 내가 이
땅을 네 후손에게 주어 영원한 소
유가 되게 하리라 하셨느니라
5 내가 애굽으로 와서 네게 이르기
(前)전에 애굽에서 네가 낳은 두 아
들 에브라임과 므낫세는 내 것이라
르우벤과 시므온처럼 내 것이 될
것이요
6 이들 후의 네 (所生)소생은 네 것

이 될 것이며 그들의 유산은 그들
의 형의 이름으로 함께 받으리라
7 내게 대하여는 내가 이전에 밧단에
서 올 때에 라헬이 나를 따르는 도
중 가나안 땅에서 죽었는데 그 곳
은 에브랏까지 길이 아직도 먼 곳
이라 내가 거기서 그를 에브랏 길
에 (寢床)장사 하였느니라 (에브랏
은 곧 베들레헴이라)
8 ●이스라엘이 요셉의 아들들을 보
고 이르되 이들은 누구냐
9 요셉이 그의 아버지에게 아뢰되 이
는 하나님이 여기서 내게 주신 아
들들이니이다 아버지가 이르되 그
들을 데리고 내 앞으로 나아오라
내가 그들에게 (祝福)축복하리라
10 이스라엘의 눈이 나이로 말미암아
어두워서 보지 못하더라 요셉이 두
아들을 이끌어 아버지 앞으로 나아
가니 이스라엘이 그들에게 입맞추
고 그들을 안고
11 요셉에게 이르되 내가 네 얼굴을
보리라고는 생각하지 못하였더니
하나님이 내게 네 (子孫)자손까지
도 보게 하셨도다
12 요셉이 아버지의 무릎 사이에서 두
아들을 물러나게 하고 땅에 엎드려
절하고
13 오른손으로는 에브라임을 이스라
엘의 왼손을 (向)향하게 하고 왼손
으로는 므낫세를 이스라엘의 오른
손을 향하게 하여 이끌어 그에게
가까이 나아가매
14 이스라엘이 오른손을 펴서 차남 에
브라임의 머리에 얹고 왼손을 펴서
므낫세의 머리에 얹으니 므낫세는
(長子)장자라도 팔을 엇바꾸어 얹
었더라
15 그가 요셉을 위하여 축복하여 이르
되 내 (祖父)조부 아브라함과 아버
지 이삭이 섬기던 하나님, 나의 출
생으로부터 지금까지 나를 기르신
하나님,
16 나를 모든 (患難)환난에서 건지신
여호와의 (使者)사자께서 이 아이
들에게 복을 주시오며 이들로 내
이름과 내 조상 아브라함과 이삭의
이름으로 칭하게 하시오며 이들이
세상에서 (蕃殖)번식되게 하시기
를 원하나이다
17 요셉이 그 아버지가 오른손을 에브
라임의 머리에 얹은 것을 보고 기
뻐하지 아니하여 아버지의 손을 들
어 에브라임의 머리에서 므낫세의
머리로 옮기고자 하여
18 그의 아버지에게 이르되 아버지여
그리 마옵소서 이는 (長子)장자이
니 오른손을 그의 머리에 얹으소서
하였으나
19 그의 아버지가 허락하지 아니하
며 이르되 나도 안다 내 아들아 나
도 안다 그도 한 (族屬)족속이 되
며 그도 크게 되려니와 그의 아우
가 그보다 큰 자가 되고 그의 자손
이 여러 민족을 이루리라 하고
20 그 날에 그들에게 (祝福)축복하여
이르되 이스라엘이 너로 말미암아
축복하기를 하나님이 네게 에브라
임 같고 므낫세 같게 하시리라 하
며 에브라임을 므낫세보다 앞세웠

더라
21 이스라엘이 요셉에게 또 이르되 나
는 죽으나 하나님이 너희와 함께
계시사 너희를 인도하여 너희 (祖
上)조상의 땅으로 돌아가게 하시
려니와
22 내가 네게 네 (兄弟)형제보다 [1]세
겜 땅을 더 주었나니 이는 내가 내
칼과 활로 아모리 족속의 손에서
빼앗은 것이니라

야곱의 유언과 죽음

49 야곱이 그 아들들을 불러 이
르되 너희는 모이라 너희가
(後日)후일에 당할 일을 내가 너희
에게 이르리라
2 너희는 모여 들으라 야곱의 아들
들아 너희 아버지 이스라엘에게
들을지어다
3 르우벤아 너는 내 장자요 내 능
력이요 내 (氣力)기력의 시작이
라 (威風)위풍이 월등하고 권능
이 탁월하다마는
4 물의 끓음 같았은즉 너는 (卓越)
탁월하지 못하리니 네가 아버지
의 침상에 올라 더럽혔음이로다
그가 내 침상에 올랐었도다
5 시므온과 레위는 형제요 그들의
칼은 (暴力)폭력의 도구로다
6 내 혼아 그들의 (謀議)모의에 상
관하지 말지어다 내 영광아 그들
의 집회에 참여하지 말지어다 그
들이 그들의 분노대로 사람을 죽
이고 그들의 혈기대로 소의 발목
힘줄을 끊었음이로다
7 그 노여움이 (酷毒)혹독하니 저
주를 받을 것이요 (忿氣)분기가
맹렬하니 저주를 받을 것이라 내
가 그들을 야곱 중에서 나누며
이스라엘 중에서 흩으리로다
8 유다야 너는 네 형제의 (讚頌)찬
송이 될지라 네 손이 네 원수의
목을 잡을 것이요 네 아버지의
아들들이 네 앞에 절하리로다
9 유다는 (獅子)사자 새끼로다 내
아들아 너는 움킨 것을 찢고 올
라갔도다 그가 엎드리고 웅크림
이 수사자 같고 암사자 같으니
누가 그를 범할 수 있으랴
10 규가 유다를 떠나지 아니하며 통
치자의 지팡이가 그 발 사이에서
떠나지 아니하기를 실로가 오시
기까지 이르리니 그에게 모든 백
성이 (服從)복종하리로다
11 그의 나귀를 포도나무에 매며 그
의 암나귀 새끼를 아름다운 포도
나무에 맬 것이며 또 그 옷을 포
도주에 빨며 그의 (服裝)복장을
포도즙에 빨리로다
12 그의 눈은 (葡萄酒)포도주로 인
하여 붉겠고 그의 이는 (牛乳)우
유로 말미암아 희리로다
13 스불론은 (海邊)해변에 거주하
리니 그 곳은 배 매는 해변이라
그의 경계가 시돈까지리로다
14 잇사갈은 양의 우리 사이에 꿇어
앉은 (健壯)건장한 나귀로다
15 그는 쉴 곳을 보고 좋게 여기며
토지를 보고 아름답게 여기고 어
깨를 내려 짐을 메고 (壓制)압제

1) 또는 한 몫을

아래에서 섬기리로다
16 단은 이스라엘의 한 지파 같이
그의 백성을 (審判)심판하리로
다
17 단은 길섶의 뱀이요 샛길의 (毒
蛇)독사로다 말굽을 물어서 그
탄 자를 뒤로 떨어지게 하리로다
18 여호와여 나는 주의 (救援)구원
을 기다리나이다
19 갓은 군대의 (追擊)추격을 받으
나 도리어 그 뒤를 추격하리로다
20 아셀에게서 나는 먹을 것은 기름
진 것이라 그가 왕의 (水刺床)수
라상을 차리리로다
21 납달리는 놓인 암사슴이라 아름
다운 소리를 (發)발하는도다
22 요셉은 (茂盛)무성한 가지 곧 샘
곁의 무성한 가지라 그 가지가
담을 넘었도다
23 활쏘는 자가 그를 (虐待)학대하
며 적개심을 가지고 그를 쏘았으
나
24 요셉의 활은 도리어 굳세며 그의
팔은 힘이 있으니 이는 야곱의
(全能者)전능자 이스라엘의 반
석인 목자의 손을 힘입음이라
25 네 아버지의 하나님께로 말미암
나니 그가 너를 도우실 것이요
전능자로 말미암나니 그가 네게
(福)복을 주실 것이라 위로 하늘
의 복과 아래로 깊은 샘의 복과
젖먹이는 복과 (胎)태의 복이리
로다
26 네 아버지의 (祝福)축복이 내 선
조의 축복보다 나아서 영원한 산
이 한 없음 같이 이 축복이 요셉
의 머리로 돌아오며 그 형제 중
뛰어난 자의 정수리로 돌아오리
로다
27 베냐민은 물어뜯는 이리라 아침
에는 빼앗은 것을 먹고 저녁에는
움킨 것을 나누리로다
28 이들은 이스라엘의 열두 지파라 이
와 같이 그들의 아버지가 그들에게
말하고 그들에게 축복하였으니 곧
그들 각 사람의 (分量)분량대로 축
복하였더라
29 그가 그들에게 명하여 이르되 내가
내 (祖上)조상들에게로 돌아가리
니 나를 헷 사람 에브론의 밭에 있
는 굴에 우리 선조와 함께 장사하
라
30 이 굴은 가나안 땅 마므레 앞 막벨
라 밭에 있는 것이라 아브라함이
헷 사람 에브론에게서 밭과 함께
사서 그의 (埋葬地)매장지를 삼았
으므로
31 아브라함과 그의 아내 사라가 거기
(葬事)장사되었고 이삭과 그의 아
내 리브가도 거기 장사되었으며 나
도 레아를 그 곳에 장사하였노라
32 이 밭과 거기 있는 (窟)굴은 헷 사
람에게서 산 것이니라
33 야곱이 아들에게 명하기를 마치고
그 발을 침상에 모으고 숨을 거두
니 그의 [1](百姓)백성에게로 돌아갔
더라

50 요셉이 그의 아버지 얼굴에
구푸려 울며 입맞추고

1) 또는 열조에게로

2 그 (隨從)수종 드는 의원에게 명하
여 아버지의 몸을 향으로 처리하게
하매 의원이 이스라엘에게 그대로
하되
3 사십 일이 걸렸으니 향으로 처리하
는 데는 이 날수가 걸림이며 애굽
사람들은 칠십 일 동안 그를 위하
여 (哭)곡하였더라
4 ●곡하는 (期限)기한이 지나매 요
셉이 바로의 궁에 말하여 이르되
내가 너희에게 은혜를 입었으면 원
하건대 바로의 귀에 아뢰기를
5 우리 아버지가 나로 (盟誓)맹세하
게 하여 이르되 내가 죽거든 가나
안 땅에 내가 파 놓은 (墓室)묘실
에 나를 (葬事)장사하라 하였나니
나로 올라가서 아버지를 장사하게
하소서 내가 다시 오리이다 하라
하였더니
6 바로가 이르되 그가 네게 시킨 (盟
誓)맹세대로 올라가서 네 아버지
를 장사하라
7 요셉이 자기 아버지를 (葬事)장사
하러 올라가니 바로의 모든 (臣下)
신하와 바로 (宮)궁의 원로들과 애
굽 땅의 모든 원로와
8 요셉의 온 집과 그의 형제들과 그
의 아버지의 집이 그와 함께 올라
가고 그들의 어린 아이들과 (羊)양
떼와 소 떼만 고센 땅에 남겼으며
9 병거와 기병이 요셉을 따라 올라가
니 그 떼가 (甚)심히 컸더라
10 그들이 요단 강 건너편 아닷 타작
마당에 이르러 거기서 크게 울고
(哀痛)애통하며 요셉이 아버지를
위하여 칠 일 동안 애곡하였더니
11 그 땅 거민 가나안 백성들이 아닷
마당의 애통을 보고 이르되 이는
애굽 사람의 큰 (哀痛)애통이라 하
였으므로 그 땅 이름을 [1]아벨미스
라임이라 하였으니 곧 요단 강 건
너편이더라
12 야곱의 아들들이 아버지가 그들에
게 (命令)명령한 대로 그를 위해
따라 행하여
13 그를 가나안 땅으로 메어다가 마므
레 앞 막벨라 밭 (窟)굴에 장사하였
으니 이는 아브라함이 헷 족속 에
브론에게 밭과 함께 사서 매장지를
삼은 곳이더라
14 요셉이 아버지를 장사한 후에 자기
형제와 (護喪)호상꾼과 함께 애굽
으로 돌아왔더라

요셉이 형들을 위로하다

15 ●요셉의 형제들이 그들의 아버지
가 죽었음을 보고 말하되 요셉이
혹시 우리를 미워하여 우리가 그에
게 행한 모든 (惡)악을 다 갚지나
아니할까 하고
16 요셉에게 말을 전하여 이르되 당신
의 아버지가 돌아가시기 전에 (命
令)명령하여 이르시기를
17 너희는 이같이 요셉에게 이르라 네
형들이 네게 악을 행하였을지라도
이제 바라건대 그들의 허물과 (罪)
죄를 (容恕)용서하라 하셨나니 당
신 아버지의 하나님의 종들인 우리
죄를 이제 용서하소서 하매 요셉이
그들이 그에게 하는 말을 들을 때

1) 애굽인의 곡함

에 울었더라
18 그의 형들이 또 (親)친히 와서 요셉
의 앞에 엎드려 이르되 우리는 당
신의 종들이니이다
19 요셉이 그들에게 이르되 두려워하
지 마소서 내가 하나님을 (代身)대
신하리이까
20 당신들은 나를 (害)해하려 하였으
나 하나님은 그것을 선으로 바꾸사
오늘과 같이 많은 백성의 생명을
구원하게 하시려 하셨나니
21 당신들은 두려워하지 마소서 내가
당신들과 당신들의 자녀를 기르리
이다 하고 그들을 (懇曲)간곡한 말
로 (慰勞)위로하였더라

요셉이 죽다

22 ●요셉이 그의 아버지의 가족과 함
께 애굽에 (居住)거주하여 백십 세
를 살며
23 에브라임의 자손 삼대를 보았으며
므낫세의 아들 마길의 아들들도 요
셉의 (膝下)슬하에서 양육되었더
라
24 요셉이 그의 형제들에게 이르되 나
는 죽을 것이나 하나님이 당신들을
돌보시고 당신들을 이 땅에서 인도
하여 내사 아브라함과 이삭과 야곱
에게 (盟誓)맹세하신 땅에 이르게
하시리라 하고
25 요셉이 또 이스라엘 자손에게 (盟
誓)맹세시켜 이르기를 하나님이
반드시 당신들을 돌보시리니 당신
들은 여기서 내 해골을 메고 올라
가겠다 하라 하였더라
26 요셉이 백십 세에 죽으매 그들이
그의 몸에 (香)향 재료를 넣고 애굽
에서 (入棺)입관하였더라

出애굽記 Exodus

이스라엘 자손이 학대를 받다

1 야곱과 함께 각각 자기 (家族)
가족을 데리고 애굽에 이른 이
스라엘 아들들의 이름은 이러하니
2 르우벤과 시므온과 레위와 유다와
3 잇사갈과 스불론과 베냐민과
4 단과 납달리와 갓과 아셀이요
5 야곱의 허리에서 나온 사람이 모두
(七十)칠십이요 요셉은 애굽에 있
었더라
6 요셉과 그의 모든 형제와 그 (時代)
시대의 사람은 다 죽었고
7 이스라엘 자손은 (生育)생육하고
불어나 (蕃盛)번성하고 매우 강하
여 온 땅에 가득하게 되었더라
8 ●요셉을 알지 못하는 새 (王)왕이
일어나 애굽을 다스리더니
9 그가 그 백성에게 이르되 이 백성
이스라엘 자손이 우리보다 많고
(强)강하도다
10 자, 우리가 그들에게 대하여 (智
慧)지혜롭게 하자 두렵건대 그들
이 더 많게 되면 전쟁이 일어날 때
에 우리 대적과 합하여 우리와 싸
우고 이 땅에서 나갈까 하노라 하
고
11 감독들을 그들 위에 세우고 그들에
게 무거운 짐을 지워 괴롭게 하여
그들에게 바로를 위하여 (國庫城)
국고성 비돔과 라암셋을 (建築)건
축하게 하니라
12 그러나 (虐待)학대를 받을수록 더
욱 번성하여 퍼져나가니 애굽 사람
이 이스라엘 자손으로 말미암아 근
심하여
13 이스라엘 자손에게 일을 (嚴)엄하
게 시켜
14 어려운 (勞動)노동으로 그들의 생
활을 괴롭게 하니 곧 흙 이기기와
벽돌 굽기와 농사의 여러 가지 일
이라 그 시키는 일이 모두 엄하였
더라
15 ●애굽 왕이 히브리 (産婆)산파 십
브라라 하는 사람과 부아라 하는
사람에게 말하여
16 이르되 너희는 히브리 여인을 위하
여 (解産)해산을 도울 때에 그 자
리를 살펴서 아들이거든 그를 죽이
고 딸이거든 살려두라
17 그러나 산파들이 하나님을 두려워
하여 애굽 왕의 (命令)명령을 어기
고 남자 아기들을 살린지라
18 애굽 왕이 산파를 불러 그들에게
이르되 너희가 어찌하여 이같이
(男子)남자 아기들을 살렸느냐
19 (産婆)산파가 바로에게 대답하되
히브리 여인은 애굽 여인과 같지
아니하고 (健壯)건장하여 산파가
그들에게 이르기 전에 해산하였더
이다 하매
20 하나님이 그 산파들에게 은혜를 베
푸시니 그 백성은 (蕃盛)번성하고
매우 강해지니라
21 그 산파들은 하나님을 (敬畏)경외
하였으므로 하나님이 그들의 집안
을 흥왕하게 하신지라

22 그러므로 바로가 그의 모든 백성에
게 (命令)명령하여 이르되 아들이 태
어나거든 너희는 그를 나일 강에 던
지고 딸이거든 살려두라 하였더라

모세가 태어나다

2 레위 (家族)가족 중 한 사람이
가서 레위 여자에게 장가 들어
2 그 여자가 (妊娠)임신하여 아들을
낳으니 그가 잘 생긴 것을 보고 석
달 동안 그를 숨겼으나
3 더 숨길 수 없게 되매 그를 위하여
갈대 상자를 가져다가 (瀝青)역청
과 나무 진을 칠하고 아기를 거기
담아 나일 강 가 갈대 사이에 두고
4 그의 누이가 어떻게 되는지를 알려
고 멀리 섰더니
5 바로의 딸이 목욕하러 나일 강으로
내려오고 (侍女)시녀들은 나일 강
가를 거닐 때에 그가 갈대 사이의
상자를 보고 시녀를 보내어 가져다
가
6 열고 그 아기를 보니 아기가 우는
지라 그가 그를 불쌍히 여겨 이르
되 이는 히브리 사람의 아기로다
7 그의 누이가 바로의 딸에게 이르되
내가 가서 당신을 위하여 히브리
여인 중에서 (乳母)유모를 불러다
가 이 아기에게 젖을 먹이게 하리
이까
8 바로의 딸이 그에게 이르되 가라
하매 그 (少女)소녀가 가서 그 아
기의 어머니를 불러오니
9 바로의 딸이 그에게 이르되 이 아
기를 데려다가 나를 (爲)위하여 젖
을 먹이라 내가 그 삯을 주리라 (女
人)여인이 아기를 데려다가 젖을
먹이더니
10 그 아기가 자라매 바로의 딸에게로
데려가니 그가 그의 아들이 되니라
그가 그의 이름을 [1]모세라 하여 이
르되 이는 내가 그를 물에서 건져
내었음이라 하였더라

모세가 미디안으로 피하다

11 ●모세가 (長成)장성한 후에 한번
은 자기 형제들에게 나가서 그들이
고되게 노동하는 것을 보더니 어떤
애굽 사람이 한 히브리 사람 곧 자
기 형제를 치는 것을 본지라
12 (左右)좌우를 살펴 사람이 없음을
보고 그 애굽 사람을 쳐죽여 모래
속에 감추니라
13 이튿날 다시 나가니 두 히브리 사
람이 서로 싸우는지라 그 잘못한
사람에게 이르되 네가 어찌하여
(同胞)동포를 치느냐 하매
14 그가 이르되 누가 너를 우리를 다
스리는 자와 (裁判官)재판관으로
삼았느냐 네가 애굽 사람을 죽인
것처럼 나도 죽이려느냐 모세가 두
려워하여 이르되 일이 (綻露)탄로
되었도다
15 바로가 이 일을 듣고 모세를 죽이
고자 하여 찾는지라 모세가 바로의
낯을 (避)피하여 미디안 땅에 머물
며 하루는 우물 곁에 앉았더라
16 ●미디안 (祭司長)제사장에게 일
곱 딸이 있었더니 그들이 와서 물
을 길어 구유에 채우고 그들의 아
버지의 양 떼에게 먹이려 하는데

1) 건져 냄

17 (牧者)목자들이 와서 그들을 쫓는
지라 모세가 일어나 그들을 도와
그 양 떼에게 먹이니라
18 그들이 그들의 아버지 르우엘에게
이를 때에 아버지가 이르되 너희가
오늘은 어찌하여 이같이 (速)속히
돌아오느냐
19 그들이 이르되 한 애굽 사람이 우
리를 목자들의 손에서 건져내고 우
리를 위하여 물을 길어 (羊)양 떼에
게 먹였나이다
20 아버지가 딸들에게 이르되 그 사람
이 어디에 있느냐 너희가 어찌하여
그 사람을 버려두고 왔느냐 그를
청하여 음식을 (待接)대접하라 하
였더라
21 모세가 그와 (同居)동거하기를 기
뻐하매 그가 그의 딸 십보라를 모
세에게 주었더니
22 그가 아들을 낳으매 모세가 그의
이름을 게르솜이라 하여 이르되 내
가 (他國)타국에서 나그네가 되었
음이라 하였더라
23 ●여러 해 후에 애굽 왕은 죽었고
이스라엘 자손은 고된 노동으로 말
미암아 탄식하며 부르짖으니 그 고
된 노동으로 말미암아 부르짖는 소
리가 하나님께 (上達)상달된지라
24 하나님이 그들의 (苦痛)고통 소리
를 들으시고 하나님이 아브라함과
이삭과 야곱에게 세운 그의 (言約)
언약을 기억하사
25 하나님이 이스라엘 자손을 돌보셨
고 하나님이 그들을 (記憶)기억하
셨더라

여호와께서 모세를 부르시다

3 모세가 그의 장인 미디안 제사
장 이드로의 양 떼를 치더니 그
떼를 (曠野)광야 서쪽으로 인도하
여 하나님의 산 호렙에 이르매
2 여호와의 (使者)사자가 떨기나무
가운데로부터 나오는 불꽃 안에서
그에게 나타나시니라 그가 보니 떨
기나무에 불이 붙었으나 그 떨기나
무가 사라지지 아니하는지라
3 이에 모세가 이르되 내가 돌이켜
가서 이 큰 (光景)광경을 보리라
떨기나무가 어찌하여 타지 아니하
는고 하니 그 때에
4 여호와께서 그가 보려고 돌이켜 오
는 것을 보신지라 하나님이 떨기나
무 가운데서 그를 불러 이르시되
모세야 모세야 하시매 그가 이르되
내가 여기 있나이다
5 하나님이 이르시되 이리로 가까이
오지 말라 네가 선 곳은 거룩한 땅
이니 네 발에서 신을 벗으라
6 또 이르시되 나는 네 (祖上)조상의
하나님이니 아브라함의 하나님, 이
삭의 하나님, 야곱의 하나님이니라
모세가 하나님 뵈옵기를 두려워하
여 얼굴을 가리매
7 여호와께서 이르시되 내가 애굽에
있는 내 백성의 고통을 분명히 보
고 그들이 그들의 (監督者)감독자
로 말미암아 부르짖음을 듣고 그
근심을 알고
8 내가 내려가서 그들을 애굽인의 손
에서 건져내고 그들을 그 땅에서
(引導)인도하여 아름답고 (廣大)

광대한 땅, 젖과 꿀이 흐르는 땅 곧
가나안 족속, 헷 족속, 아모리 족
속, 브리스 족속, 히위 족속, 여부
스 족속의 지방에 데려가려 하노라
9 이제 가라 이스라엘 자손의 부르짖
음이 내게 달하고 애굽 사람이 그
들을 괴롭히는 (虐待)학대도 내가
보았으니
10 이제 내가 너를 바로에게 보내어
너에게 내 (百姓)백성 이스라엘 자
손을 애굽에서 인도하여 내게 하리
라
11 모세가 하나님께 아뢰되 내가 누
구이기에 바로에게 가며 이스라엘
(子孫)자손을 애굽에서 인도하여
내리이까
12 하나님이 이르시되 내가 반드시 너
와 함께 있으리라 네가 그 백성을
애굽에서 (引導)인도하여 낸 후에
너희가 이 산에서 하나님을 섬기리
니 이것이 내가 너를 보낸 (證據)
증거니라
13 ●모세가 하나님께 아뢰되 내가 이
스라엘 자손에게 가서 이르기를 너
희의 (祖上)조상의 하나님이 나를
너희에게 보내셨다 하면 그들이 내
게 묻기를 그의 이름이 무엇이냐
하리니 내가 무엇이라고 그들에게
말하리이까
14 하나님이 모세에게 이르시되 나는
[1]스스로 있는 자이니라 또 이르시
되 너는 이스라엘 (子孫)자손에게
이같이 이르기를 [1]스스로 있는 자
가 나를 너희에게 보내셨다 하라

1) 히, 나는 나다

15 ●하나님이 또 모세에게 이르시되
너는 이스라엘 자손에게 이같이 이
르기를 너희 조상의 하나님 여호와
곧 아브라함의 하나님, 이삭의 하
나님, 야곱의 하나님께서 나를 너
희에게 보내셨다 하라 이는 나의
영원한 이름이요 대대로 기억할 나
의 (稱號)칭호니라
16 너는 가서 이스라엘의 (長老)장로
들을 모으고 그들에게 이르기를 여
호와 너희 조상의 하나님 곧 아브
라함과 이삭과 야곱의 하나님이 내
게 나타나 이르시되 내가 너희를
돌보아 너희가 애굽에서 당한 일을
(確實)확실히 보았노라
17 내가 말하였거니와 내가 너희를 애
굽의 (苦難)고난 중에서 인도하여
내어 젖과 꿀이 흐르는 땅 곧 가나
안 족속, 헷 족속, 아모리 족속, 브
리스 족속, 히위 족속, 여부스 족속
의 땅으로 올라가게 하리라 하셨다
하면
18 그들이 네 말을 들으리니 너는 그
들의 장로들과 함께 애굽 왕에게
이르기를 히브리 사람의 하나님 여
호와께서 우리에게 임하셨은즉 우
리가 우리 하나님 여호와께 제사를
드리려 하오니 사흘길쯤 (曠野)광
야로 가도록 허락하소서 하라
19 내가 아노니 강한 손으로 치기 전
에는 애굽 왕이 너희가 가도록 (許
諾)허락하지 아니하다가
20 내가 내 손을 들어 애굽 중에 여러
가지 (異蹟)이적으로 그 나라를 친
후에야 그가 너희를 보내리라

21 내가 애굽 사람으로 이 백성에게
(恩惠)은혜를 입히게 할지라 너희
가 나갈 때에 빈손으로 가지 아니
하리니
22 여인들은 모두 그 이웃 사람과 및
자기 집에 (居留)거류하는 여인에
게 은 패물과 금 (佩物)패물과 의
복을 구하여 너희의 자녀를 꾸미라
너희는 애굽 사람들의 물품을 [1]취
하리라

여호와께서 모세에게 능력을 주시다

4 모세가 (對答)대답하여 이르되
그러나 그들이 나를 믿지 아니
하며 내 말을 듣지 아니하고 이르
기를 여호와께서 네게 나타나지 아
니하셨다 하리이다
2 여호와께서 그에게 이르시되 네 손
에 있는 것이 무엇이냐 그가 이르
되 지팡이니이다
3 여호와께서 이르시되 그것을 땅에
던지라 하시매 곧 땅에 던지니 그
것이 뱀이 된지라 모세가 뱀 앞에
서 (避)피하매
4 여호와께서 모세에게 이르시되 네
손을 내밀어 그 꼬리를 잡으라 그
가 손을 내밀어 그것을 잡으니 그
의 손에서 지팡이가 된지라
5 이는 그들에게 그들의 (祖上)조상
의 하나님 곧 아브라함의 하나님,
이삭의 하나님, 야곱의 하나님 여
호와가 네게 나타난 줄을 믿게 하
려 함이라 하시고
6 여호와께서 또 그에게 이르시되 네
손을 품에 넣으라 하시매 그가 손
을 품에 넣었다가 내어보니 그의
손에 (癩病)나병이 생겨 눈 같이
된지라
7 이르시되 네 손을 다시 품에 넣으
라 하시매 그가 다시 손을 품에 넣
었다가 내어보니 그의 손이 (本來)
본래의 살로 되돌아왔더라
8 여호와께서 이르시되 만일 그들이
너를 믿지 아니하며 그 처음 표적
의 [2](表徵)표징을 받지 아니하여도
나중 표적의 [3]표징은 믿으리라
9 그들이 이 두 (異蹟)이적을 믿지
아니하며 네 말을 듣지 아니하거든
너는 나일 강 물을 조금 떠다가 땅
에 부으라 네가 떠온 나일 강 물이
땅에서 피가 되리라
10 ●모세가 여호와께 아뢰되 오 주여
나는 본래 말을 잘 하지 못하는 자
니이다 주께서 주의 종에게 명령하
신 후에도 역시 그러하니 나는 입
이 뻣뻣하고 혀가 (鈍)둔한 자니이
다
11 여호와께서 그에게 이르시되 누가
사람의 입을 지었느냐 누가 말 못
하는 자나 못 듣는 자나 눈 밝은 자
나 (盲人)맹인이 되게 하였느냐 나
여호와가 아니냐
12 이제 가라 내가 네 입과 함께 있어
서 할 말을 가르치리라
13 모세가 이르되 오 (主)주여 보낼 만
한 (者)자를 보내소서
14 여호와께서 모세를 향하여 (怒)노
하여 이르시되 레위 사람 네 형 아
론이 있지 아니하냐 그가 말 잘 하
는 것을 내가 아노라 그가 너를 만

1) "약탈"의 뜻이 있음 2) 히, 소리를 듣지 3) 히, 소리는

나러 나오나니 그가 너를 볼 때에
그의 마음에 기쁨이 있을 것이라
15 너는 그에게 말하고 그의 입에 할
말을 주라 내가 네 입과 그의 입에
함께 있어서 너희들이 (行)행할 일
을 가르치리라
16 그가 너를 (代身)대신하여 백성에
게 말할 것이니 그는 네 입을 대신
할 것이요 너는 그에게 하나님 같
이 되리라
17 너는 이 지팡이를 손에 잡고 이것
으로 (異蹟)이적을 행할지니라

모세가 애굽으로 돌아가다

18 ●모세가 그의 (丈人)장인 이드로
에게로 돌아가서 그에게 이르되 내
가 애굽에 있는 내 형제들에게로
돌아가서 그들이 아직 살아 있는지
알아보려 하오니 나로 가게 하소서
이드로가 모세에게 평안히 가라 하
니라
19 여호와께서 미디안에서 모세에게
이르시되 애굽으로 돌아가라 네 목
숨을 노리던 (者)자가 다 죽었느니
라
20 모세가 그의 아내와 아들들을 나귀
에 태우고 애굽으로 돌아가는데 모
세가 하나님의 지팡이를 손에 잡았
더라
21 여호와께서 모세에게 이르시되 네
가 애굽으로 돌아가거든 내가 네
손에 준 이적을 바로 앞에서 다 행
하라 그러나 내가 그의 마음을 (頑
惡)완악하게 한즉 그가 백성을 보
내 주지 아니하리니
22 너는 바로에게 이르기를 여호와의
말씀에 이스라엘은 내 아들 내 (長
子)장자라
23 내가 네게 이르기를 내 아들을 보
내 주어 나를 섬기게 하라 하여도
네가 보내 주기를 (拒絶)거절하니
내가 네 아들 네 장자를 죽이리라
하셨다 하라 하시니라
24 모세가 길을 가다가 (宿所)숙소에
있을 때에 여호와께서 그를 만나사
그를 죽이려 하신지라
25 십보라가 돌칼을 가져다가 그의 아
들의 (包皮)포피를 베어 그의 발에
갖다 대며 이르되 당신은 참으로
내게 피 남편이로다 하니
26 여호와께서 그를 놓아 주시니라 그
때에 십보라가 피 남편이라 함은
(割禮)할례 때문이었더라
27 ●여호와께서 아론에게 이르시되
(曠野)광야에 가서 모세를 맞으라
하시매 그가 가서 하나님의 산에서
모세를 만나 그에게 입맞추니
28 모세가 여호와께서 자기에게 (吩
咐)분부하여 보내신 모든 말씀과
여호와께서 자기에게 (命令)명령
하신 모든 이적을 아론에게 알리니
라
29 모세와 아론이 가서 이스라엘 자손
의 모든 (長老)장로를 모으고
30 아론이 여호와께서 모세에게 이르
신 모든 말씀을 전하고 그 백성 앞
에서 (異蹟)이적을 행하니
31 백성이 믿으며 여호와께서 이스라
엘 자손을 찾으시고 그들의 고난을
살피셨다 함을 듣고 머리 숙여 (敬
拜)경배하였더라

모세와 아론이 바로 앞에 서다

5 그 후에 모세와 아론이 바로에
게 가서 이르되 이스라엘의 하
나님 여호와께서 이렇게 말씀하시
기를 내 (百姓)백성을 보내라 그러
면 그들이 광야에서 내 앞에 (節期)
절기를 지킬 것이니라 하셨나이다
2 바로가 이르되 여호와가 누구이기
에 내가 그의 목소리를 듣고 이스
라엘을 보내겠느냐 나는 여호와를
알지 못하니 이스라엘을 보내지 아
니하리라
3 그들이 이르되 히브리인의 하나님
이 우리에게 나타나셨은즉 우리가
광야로 사흘길쯤 가서 우리 하나님
여호와께 (祭祀)제사를 드리려 하
오니 가도록 허락하소서 여호와께
서 전염병이나 칼로 우리를 치실까
두려워하나이다
4 애굽 왕이 그들에게 이르되 모세
와 아론아 너희가 어찌하여 백성의
(勞役)노역을 쉬게 하려느냐 가서
너희의 노역이나 하라
5 바로가 또 이르되 이제 이 땅의 (百
姓)백성이 많아졌거늘 너희가 그
들로 노역을 쉬게 하는도다 하고
6 바로가 그 날에 백성의 (監督)감독
들과 기록원들에게 명령하여 이르
되
7 너희는 백성에게 다시는 (甓)벽돌
에 쓸 짚을 전과 같이 주지 말고 그
들이 가서 스스로 짚을 줍게 하라
8 또 그들이 전에 만든 벽돌 (數爻)
수효대로 그들에게 만들게 하고
(減)감하지 말라 그들이 게으르므
로 소리 질러 이르기를 우리가 가
서 우리 하나님께 제사를 드리자
하나니
9 그 사람들의 (勞動)노동을 무겁게
함으로 수고롭게 하여 그들로 거짓
말을 듣지 않게 하라
10 ●백성의 감독들과 (記錄員)기록원
들이 나가서 백성에게 말하여 이르
되 바로가 이렇게 말하기를 내가 너
희에게 짚을 주지 아니하리니
11 너희는 짚을 찾을 곳으로 가서 주
우라 그러나 너희 일은 조금도 (減)
감하지 아니하리라 하셨느니라
12 백성이 애굽 온 땅에 흩어져 (穀草)
곡초 그루터기를 거두어다가 짚을
대신하니
13 (監督)감독들이 그들을 (督促)독
촉하여 이르되 너희는 짚이 있을
때와 같이 그 날의 일을 그 날에 마
치라 하며
14 바로의 감독들이 자기들이 세운 바
이스라엘 자손의 기록원들을 때리
며 이르되 너희가 어찌하여 어제와
오늘에 만드는 벽돌의 (數爻)수효
를 전과 같이 채우지 아니하였느냐
하니라
15 ●이스라엘 자손의 기록원들이 가
서 바로에게 (呼訴)호소하여 이르
되 왕은 어찌하여 당신의 종들에게
이같이 하시나이까
16 당신의 종들에게 짚을 주지 아니하
고 그들이 우리에게 벽돌을 만들라
하나이다 당신의 종들이 매를 맞사
오니 이는 당신의 백성의 (罪)죄니
이다

17 바로가 이르되 너희가 게으르다 게
으르다 그러므로 너희가 이르기를
우리가 가서 여호와께 (祭祀)제사
를 드리자 하는도다
18 이제 가서 일하라 짚은 너희에게
주지 않을지라도 벽돌은 너희가
(數量)수량대로 바칠지니라
19 기록하는 일을 맡은 이스라엘 자손
들이 너희가 매일 만드는 벽돌을
조금도 (減)감하지 못하리라 함을
듣고 (禍)화가 몸에 미친 줄 알고
20 그들이 바로를 떠나 나올 때에 모
세와 아론이 길에 서 있는 것을 보
고
21 그들에게 이르되 너희가 우리를 바
로의 눈과 그의 신하의 눈에 [1]미운
것이 되게 하고 그들의 손에 칼을
주어 우리를 죽이게 하는도다 여호
와는 너희를 살피시고 (判斷)판단
하시기를 원하노라

모세가 여호와께 아뢰다

22 ●모세가 여호와께 돌아와서 아뢰
되 주여 어찌하여 이 백성이 (虐待)
학대를 당하게 하셨나이까 어찌하
여 나를 보내셨나이까
23 내가 바로에게 들어가서 주의 이름
으로 말한 후로부터 그가 이 백성
을 더 학대하며 주께서도 주의 백
성을 (救援)구원하지 아니하시나
이다

6 여호와께서 모세에게 이르시되
이제 내가 바로에게 하는 일을
네가 보리라 (强)강한 손으로 말미
암아 바로가 그들을 보내리라 강한

1) 히, 나쁜 냄새 2) 히, 엘샤다이

손으로 말미암아 바로가 그들을 그
의 땅에서 쫓아내리라

하나님이 모세를 부르시다

2 ●하나님이 모세에게 말씀하여 이
르시되 나는 여호와이니라
3 내가 아브라함과 이삭과 야곱에게
[2](全能)전능의 하나님으로 나타났
으나 나의 이름을 여호와로는 그들
에게 알리지 아니하였고
4 가나안 땅 곧 그들이 (居留)거류하
는 땅을 그들에게 주기로 그들과
(言約)언약하였더니
5 이제 애굽 사람이 종으로 삼은 이
스라엘 자손의 (呻吟)신음 소리를
내가 듣고 나의 언약을 기억하노라
6 그러므로 이스라엘 자손에게 말하
기를 나는 여호와라 내가 애굽 사
람의 무거운 짐 밑에서 너희를 빼
내며 그들의 노역에서 너희를 건지
며 편 팔과 여러 큰 심판들로써 너
희를 (贖良)속량하여
7 너희를 내 (百姓)백성으로 삼고 나
는 너희의 하나님이 되리니 나는
애굽 사람의 무거운 짐 밑에서 너
희를 빼낸 너희의 하나님 여호와인
줄 너희가 알지라
8 내가 아브라함과 이삭과 야곱에게
주기로 맹세한 땅으로 너희를 인도
하고 그 땅을 너희에게 주어 (基業)
기업을 삼게 하리라 나는 여호와라
하셨다 하라
9 모세가 이와 같이 이스라엘 자손에
게 전하나 그들이 마음의 상함과
(苛酷)가혹한 노역으로 말미암아
모세의 말을 듣지 아니하였더라

10 ●여호와께서 모세에게 말씀하여
이르시되
11 들어가서 애굽 왕 바로에게 말하여
이스라엘 (子孫)자손을 그 땅에서
내보내게 하라
12 모세가 여호와 앞에 아뢰어 이르되
이스라엘 자손도 내 말을 듣지 아
니하였거든 바로가 어찌 들으리이
까 나는 입이 (鈍)둔한 자니이다
13 ●여호와께서 모세와 아론에게 말
씀하사 그들로 이스라엘 자손과 애
굽 왕 바로에게 (命令)명령을 전하
고 이스라엘 자손을 애굽 땅에서
(引導)인도하여 내게 하시니라

모세와 아론의 조상

14 ●그들의 조상을 따라 집의 어른은
이러하니라 이스라엘의 장자 르우
벤의 아들은 하녹과 발루와 헤스론
과 갈미니 이들은 르우벤의 (族長)
족장이요
15 시므온의 아들들은 여무엘과 야민
과 오핫과 야긴과 소할과 가나안
(女人)여인의 아들 사울이니 이들
은 시므온의 가족이요
16 레위의 아들들의 이름은 그들의
(族譜)족보대로 이러하니 게르손
과 고핫과 므라리요 레위의 나이는
백삼십칠 세였으며
17 게르손의 아들들은 그들의 (家族)
가족대로 립니와 시므이요
18 고핫의 아들들은 아므람과 이스할
과 헤브론과 웃시엘이요 고핫의 나
이는 백삼십삼 (歲)세였으며
19 므라리의 아들들은 마흘리와 무시
니 이들은 그들의 족보대로 레위의
(族長)족장이요
20 아므람은 그들의 아버지의 누이 요
게벳을 아내로 맞이하였고 그는 아
론과 모세를 낳았으며 아므람의 나
이는 (百三十七)백삼십칠 세였으
며
21 이스할의 아들들은 고라와 네벡과
시그리요
22 웃시엘의 아들들은 미사엘과 엘사
반과 시드리요
23 아론은 암미나답의 딸 나손의 누이
엘리세바를 아내로 맞이하였고 그
는 나답과 아비후와 엘르아살과 이
다말을 낳았으며
24 고라의 아들들은 앗실과 엘가나와
아비아삽이니 이들은 고라 사람의
(族長)족장이요
25 아론의 아들 엘르아살은 부디엘의
딸 중에서 아내를 맞이하였고 그는
비느하스를 낳았으니 이들은 레위
사람의 (祖上)조상을 따라 가족의
어른들이라
26 이스라엘 자손을 그들의 (軍隊)군
대대로 애굽 땅에서 인도하라 하신
여호와의 (命令)명령을 받은 자는
이 아론과 모세요
27 애굽 왕 바로에게 이스라엘 (子孫)
자손을 애굽에서 내보내라 말한 사
람도 이 모세와 아론이었더라

여호와께서 모세와 아론에게 명령하시다

28 ●여호와께서 애굽 땅에서 모세에
게 말씀하시던 날에
29 여호와께서 모세에게 말씀하여 이
르시되 나는 여호와라 내가 네게
이르는 바를 너는 애굽 (王)왕 바로

에게 다 말하라
30 모세가 여호와 앞에서 아뢰되 나는
입이 (鈍)둔한 자이오니 바로가 어
찌 나의 말을 들으리이까

7

여호와께서 모세에게 이르시되
볼지어다 내가 너를 바로에게
(神)신 같이 되게 하였은즉 네 형
아론은 네 [1](代言者)대언자가 되
리니
2 내가 네게 (命令)명령한 바를 너는
네 형 아론에게 말하고 그는 바로
에게 말하여 그에게 이스라엘 자손
을 그 땅에서 내보내게 할지니라
3 내가 바로의 마음을 완악하게 하고
내 (表徵)표징과 내 이적을 애굽
땅에서 많이 행할 것이나
4 바로가 너희의 말을 듣지 아니할
터인즉 내가 내 손을 애굽에 뻗쳐
여러 큰 (審判)심판을 내리고 내
군대, 내 백성 이스라엘 자손을 그
땅에서 인도하여 낼지라
5 내가 내 손을 애굽 위에 펴서 이스
라엘 자손을 그 땅에서 (引導)인도
하여 낼 때에야 애굽 사람이 나를
여호와인 줄 알리라 하시매
6 모세와 아론이 여호와께서 자기들
에게 명령하신 대로 (行)행하였더
라
7 그들이 바로에게 말할 때에 모세는
(八十)팔십 세였고 아론은 팔십삼
세였더라

뱀이 된 아론의 지팡이

8 ●여호와께서 모세와 아론에게 말
씀하여 이르시되

1) 히, 예언자가

9 바로가 너희에게 이르기를 너희는
(異蹟)이적을 보이라 하거든 너는
아론에게 말하기를 너의 지팡이를
들어서 바로 앞에 던지라 하라 그
것이 뱀이 되리라
10 모세와 아론이 바로에게 가서 여호
와께서 명령하신 대로 행하여 아
론이 바로와 그의 (臣下)신하 앞에
지팡이를 던지니 뱀이 된지라
11 바로도 현인들과 마술사들을 부르
매 그 애굽 (妖術師)요술사들도 그
들의 요술로 그와 같이 행하되
12 (各)각 사람이 지팡이를 던지매 뱀
이 되었으나 아론의 지팡이가 그들
의 지팡이를 삼키니라
13 그러나 바로의 마음이 (頑惡)완악
하여 그들의 말을 듣지 아니하니
여호와의 말씀과 같더라

첫째 재앙 : 물이 피가 되다

14 ●여호와께서 모세에게 이르시되
바로의 마음이 (頑强)완강하여 백
성 보내기를 거절하는도다
15 아침에 너는 바로에게로 가라 보라
그가 물 있는 곳으로 나오리니 너
는 나일 (江)강 가에 서서 그를 맞
으며 그 뱀 되었던 지팡이를 손에
잡고
16 그에게 이르기를 히브리 사람의 하
나님 여호와께서 나를 왕에게 보내
어 이르시되 내 (百姓)백성을 보내
라 그러면 그들이 (曠野)광야에서
나를 섬길 것이니라 하였으나 이제
까지 네가 듣지 아니하도다
17 여호와가 이같이 이르노니 네가 이
로 말미암아 나를 여호와인 줄 알

리라 볼지어다 내가 내 손의 지팡
이로 나일 강을 치면 그것이 피로
(變)변하고
18 나일 강의 고기가 죽고 그 물에서
는 (惡臭)악취가 나리니 애굽 사람
들이 그 강 물 마시기를 싫어하리
라 하라
19 여호와께서 또 모세에게 이르시되
아론에게 (命令)명령하기를 네 지
팡이를 잡고 네 팔을 애굽의 물들
과 강들과 (運河)운하와 못과 모든
호수 위에 내밀라 하라 그것들이
피가 되리니 애굽 온 땅과 나무 그
릇과 돌 그릇 안에 모두 피가 있으
리라
20 ●모세와 아론이 여호와께서 (命
令)명령하신 대로 (行)행하여 바로
와 그의 신하의 (目前)목전에서 지
팡이를 들어 나일 강을 치니 그 물
이 다 피로 변하고
21 나일 (江)강의 고기가 죽고 그 물
에서는 악취가 나니 애굽 사람들이
나일 강 물을 마시지 못하며 애굽
온 땅에는 피가 있으나
22 애굽 (妖術師)요술사들도 자기들
의 요술로 그와 같이 행하므로 바
로의 마음이 완악하여 그들의 말을
듣지 아니하니 여호와의 말씀과 같
더라
23 바로가 돌이켜 궁으로 들어가고 그
일에 (關心)관심을 가지지도 아니
하였고
24 애굽 사람들은 나일 강 물을 마실
수 없으므로 나일 강 가를 두루 파
서 마실 물을 (求)구하였더라
25 여호와께서 나일 강을 치신 (後)후
이레가 지나니라

둘째 재앙 : 개구리가 올라오다

8 여호와께서 모세에게 이르시되
너는 바로에게 가서 그에게 이
르기를 여호와의 말씀에 내 (百姓)
백성을 보내라 그들이 나를 섬길
것이니라
2 네가 만일 보내기를 (拒絕)거절하
면 내가 개구리로 너의 온 땅을 치
리라
3 개구리가 나일 강에서 무수히 생기
고 올라와서 네 궁과 네 침실과 네
(寢牀)침상 위와 네 신하의 집과
네 백성과 네 화덕과 네 떡 반죽 그
릇에 들어갈 것이며
4 개구리가 너와 네 (百姓)백성과 네
모든 (臣下)신하에게 기어오르리
라 하셨다 하라
5 여호와께서 모세에게 이르시되 아
론에게 명령하기를 네 지팡이를 잡
고 네 팔을 강들과 (運河)운하들과
못 위에 펴서 개구리들이 애굽 땅
에 올라오게 하라 할지니라
6 아론이 애굽 물들 위에 그의 손을
내밀매 개구리가 올라와서 애굽 땅
에 덮이니
7 (妖術師)요술사들도 자기 요술대
로 그와 같이 행하여 개구리가 애
굽 땅에 올라오게 하였더라
8 ●바로가 모세와 아론을 불러 이르
되 여호와께 구하여 나와 내 백성
에게서 개구리를 떠나게 하라 내가
이 백성을 보내리니 그들이 여호와
께 (祭祀)제사를 드릴 것이니라

9 모세가 바로에게 이르되 내가 왕과
왕의 신하와 왕의 백성을 위하여
이 개구리를 왕과 (王宮)왕궁에서
끊어 나일 강에만 있도록 언제 간
구하는 것이 좋을는지 내게 분부하
소서
10 그가 이르되 (來日)내일이니라 모
세가 이르되 왕의 말씀대로 하여
왕에게 우리 하나님 여호와와 같은
이가 없는 줄을 알게 하리니
11 개구리가 왕과 (王宮)왕궁과 왕의
신하와 왕의 백성을 떠나서 나일
강에만 있으리이다 하고
12 모세와 아론이 바로를 떠나 나가서
바로에게 내리신 개구리에 대하여
모세가 여호와께 (懇求)간구하매
13 여호와께서 모세의 말대로 하시니
개구리가 집과 마당과 밭에서부터
나와서 죽은지라
14 사람들이 모아 무더기로 쌓으니 땅
에서 (惡臭)악취가 나더라
15 그러나 바로가 숨을 쉴 수 있게 됨
을 보았을 때에 그의 마음을 (頑剛)
완강하게 하여 그들의 말을 듣지
아니하였으니 여호와께서 말씀하
신 것과 같더라

셋째 재앙 : 티끌이 이가 되다

16 ●여호와께서 모세에게 이르시되
아론에게 (命令)명령하기를 네 지
팡이를 들어 땅의 티끌을 치라 하
라 그것이 애굽 온 땅에서 이가 되
리라
17 그들이 그대로 (行)행할새 아론이
지팡이를 잡고 손을 들어 땅의 티
끌을 치매 애굽 온 땅의 티끌이 다
이가 되어 사람과 (家畜)가축에게
오르니
18 (妖術師)요술사들도 자기 요술로
그같이 행하여 [1]이를 생기게 하려
하였으나 못 하였고 이가 사람과
가축에게 생긴지라
19 요술사가 바로에게 말하되 이는 하
나님의 [2](權能)권능이니이다 하였
으나 바로의 마음이 완악하게 되어
그들의 말을 듣지 아니하였으니 여
호와의 말씀과 같더라

넷째 재앙 : 파리가 가득하다

20 ●여호와께서 모세에게 이르시되
아침에 일찍이 일어나 바로 앞에
서라 그가 물 있는 곳으로 나오리
니 그에게 이르기를 여호와께서 이
와 같이 말씀하시기를 내 (百姓)백
성을 보내라 그러면 그들이 나를
섬길 것이니라
21 네가 만일 내 (百姓)백성을 보내지
아니하면 내가 너와 네 신하와 네
백성과 네 집들에 파리 떼를 보내
리니 애굽 사람의 집집에 파리 떼
가 가득할 것이며 그들이 사는 땅
에도 그러하리라
22 그 날에 나는 내 백성이 거주하는
고센 땅을 (區別)구별하여 그 곳에
는 파리가 없게 하리니 이로 말미
암아 이 땅에서 내가 여호와인 줄
을 네가 알게 될 것이라
23 내가 내 백성과 네 백성 사이를 구
별하리니 내일 이 (表徵)표징이 있
으리라 하셨다 하라 하시고
24 여호와께서 그와 같이 하시니 (無

1) 각다귀 종류로 볼 수 있음 2) 히, 손가락

數)무수한 파리가 바로의 (宮)궁과
그의 신하의 집과 애굽 온 땅에 이
르니 파리로 말미암아 그 땅이 황
폐하였더라
25 ●바로가 모세와 아론을 불러 이르
되 너희는 가서 이 땅에서 너희 하
나님께 (祭祀)제사를 드리라
26 모세가 이르되 그리함은 부당하니
이다 우리가 우리 하나님 여호와께
제사를 드리는 것은 애굽 사람이 싫
어하는 바인즉 우리가 만일 애굽 사
람의 (目前)목전에서 제사를 드리
면 그들이 그것을 미워하여 우리를
돌로 치지 아니하리이까
27 우리가 사흘길쯤 (曠野)광야로 들
어가서 우리 하나님 여호와께 제사
를 드리되 우리에게 (命令)명령하
시는 대로 하려 하나이다
28 바로가 이르되 내가 너희를 보내리
니 너희가 너희의 하나님 여호와께
광야에서 (祭祀)제사를 드릴 것이
나 너무 멀리 가지는 말라 그런즉
너희는 나를 위하여 간구하라
29 모세가 이르되 내가 왕을 떠나가서
여호와께 간구하리니 내일이면 파
리 떼가 바로와 바로의 신하와 바
로의 백성을 떠나려니와 바로는 이
백성을 보내어 여호와께 제사를 드
리는 일에 다시 거짓을 (行)행하지
마소서 하고
30 모세가 바로를 떠나 나와서 여호와
께 (懇求)간구하니
31 여호와께서 모세의 말대로 하시니
그 파리 떼가 바로와 그의 (臣下)
신하와 그의 백성에게서 떠나니 하
나도 남지 아니하였더라
32 그러나 바로가 이 때에도 그의 마
음을 (頑强)완강하게 하여 그 백성
을 보내지 아니하였더라

다섯째 재앙 : 가축의 죽음

9 여호와께서 모세에게 이르시되
바로에게 들어가서 그에게 이르
라 히브리 사람의 하나님 여호와께
서 말씀하시기를 내 (百姓)백성을
보내라 그들이 나를 섬길 것이니라
2 네가 만일 보내기를 (拒絶)거절하
고 억지로 잡아두면
3 여호와의 손이 들에 있는 네 (家畜)
가축 곧 말과 나귀와 낙타와 소와
양에게 더하리니 심한 돌림병이 있
을 것이며
4 여호와가 이스라엘의 가축과 애굽
의 가축을 (區別)구별하리니 이스
라엘 자손에게 속한 것은 하나도 죽
지 아니하리라 하셨다 하라 하시고
5 여호와께서 (期限)기한을 정하여
이르시되 여호와가 내일 이 땅에서
이 일을 행하리라 하시더니
6 이튿날에 여호와께서 이 일을 행하
시니 애굽의 모든 가축은 죽었으나
이스라엘 (子孫)자손의 가축은 하
나도 죽지 아니한지라
7 바로가 사람을 보내어 본즉 이스라
엘의 가축은 하나도 죽지 아니하였
더라 그러나 바로의 마음이 (頑强)
완강하여 백성을 보내지 아니하니
라

여섯째 재앙 : 악성 종기가 생기다

8 ●여호와께서 모세와 아론에게 이
르시되 너희는 화덕의 재 두 움큼

을 가지고 모세가 바로의 (目前)목
전에서 하늘을 향하여 날리라
9 그 재가 애굽 온 땅의 티끌이 되어
애굽 온 땅의 사람과 짐승에게 붙
어서 (惡性)악성 종기가 생기리라
10 그들이 (火)화덕의 재를 가지고 바
로 앞에 서서 모세가 하늘을 향하
여 날리니 사람과 짐승에게 붙어
악성 종기가 생기고
11 요술사들도 악성 (腫氣)종기로 말
미암아 모세 앞에 서지 못하니 악
성 종기가 요술사들로부터 애굽 모
든 사람에게 생겼음이라
12 그러나 여호와께서 바로의 마음을
(頑惡)완악하게 하셨으므로 그들
의 말을 듣지 아니하였으니 여호와
께서 모세에게 말씀하심과 같더라

일곱째 재앙 : 우박이 내리다

13 ● 여호와께서 모세에게 이르시되
아침에 일찍이 일어나 바로 앞에
서서 그에게 이르기를 히브리 사람
의 하나님 여호와의 말씀에 내 (百
姓)백성을 보내라 그들이 나를 섬
길 것이니라
14 내가 이번에는 모든 (災殃)재앙을
[1]너와 네 신하와 네 백성에게 내려
온 천하에 나와 같은 자가 없음을
네가 알게 하리라
15 내가 손을 펴서 돌림(病)병으로 너
와 네 백성을 쳤더라면 네가 세상
에서 끊어졌을 것이나
16 내가 너를 세웠음은 나의 (能力)능
력을 네게 보이고 내 이름이 온 천
하에 (傳播)전파되게 하려 하였음

1) 히, 네 마음과

이니라
17 네가 여전히 내 백성 앞에 (驕慢)
교만하여 그들을 보내지 아니하느
냐
18 내일 이맘때면 내가 무거운 (雨雹)
우박을 내리리니 애굽 나라가 세워
진 그 날로부터 지금까지 그와 같
은 일이 없었더라
19 이제 사람을 보내어 네 (家畜)가축
과 네 들에 있는 것을 다 모으라 사
람이나 짐승이나 무릇 들에 있어서
집에 돌아오지 않는 것들에게는 우
박이 그 위에 내리리니 그것들이
죽으리라 하셨다 하라 하시니라
20 바로의 신하 중에 여호와의 말씀을
두려워하는 자들은 그 종들과 가축
을 집으로 (避)피하여 들였으나
21 여호와의 말씀을 마음에 두지 아니
하는 사람은 그의 종들과 (家畜)가
축을 들에 그대로 두었더라
22 ● 여호와께서 모세에게 이르시되
너는 하늘을 향하여 손을 들어 애
굽 전국에 우박이 애굽 땅의 사람
과 짐승과 밭의 모든 (菜蔬)채소에
내리게 하라
23 모세가 하늘을 향하여 지팡이를 들
매 여호와께서 우렛소리와 (雨雹)
우박을 보내시고 불을 내려 땅에
달리게 하시니라 여호와께서 우박
을 애굽 땅에 내리시매
24 우박이 내림과 불덩이가 우박에 섞
여 내림이 심히 (猛烈)맹렬하니 나
라가 생긴 그 때로부터 애굽 온 땅
에는 그와 같은 일이 없었더라
25 우박이 애굽 온 땅에서 사람과 짐

승을 (莫論)막론하고 밭에 있는 모
든 것을 쳤으며 우박이 또 밭의 모
든 채소를 치고 들의 모든 나무를
꺾었으되
26 이스라엘 (子孫)자손들이 있는 그
곳 고센 땅에는 우박이 없었더라
27 ●바로가 사람을 보내어 모세와 아
론을 불러 그들에게 이르되 이번
은 내가 (犯罪)범죄하였노라 여호
와는 의로우시고 나와 나의 백성은
악하도다
28 여호와께 (求)구하여 이 우렛소리
와 우박을 그만 그치게 하라 내가
너희를 보내리니 너희가 다시는 머
물지 아니하리라
29 모세가 그에게 이르되 내가 (城)성
에서 나가서 곧 내 손을 여호와를
향하여 펴리니 그리하면 우렛소리
가 그치고 우박이 다시 있지 아니
할지라 세상이 여호와께 속한 줄을
왕이 알리이다
30 그러나 (王)왕과 왕의 (臣下)신하
들이 여호와 하나님을 아직도 두려
워하지 아니할 줄을 내가 아나이다
31 그 때에 보리는 이삭이 나왔고 삼
은 꽃이 피었으므로 삼과 보리가
(傷)상하였으나
32 그러나 밀과 쌀보리는 자라지 아니
한 (故)고로 상하지 아니하였더라
33 모세가 바로를 떠나 성에서 나가
여호와를 (向)향하여 손을 펴매 우
렛소리와 우박이 그치고 비가 땅에
내리지 아니하니라
34 바로가 비와 우박과 우렛소리가 그
친 것을 보고 다시 범죄하여 마음
을 (頑惡)완악하게 하니 그와 그의
신하가 꼭 같더라
35 바로의 마음이 완악하여 이스라엘
(子孫)자손을 내보내지 아니하였
으니 여호와께서 모세에게 말씀하
심과 같더라

여덟째 재앙 : 메뚜기가 땅을 덮다

10 여호와께서 모세에게 이르시
되 바로에게로 들어가라 내
가 그의 마음과 그의 신하들의 마
음을 (頑强)완강하게 함은 나의
(表徵)표징을 그들 중에 보이기 위
함이며
2 네게 내가 애굽에서 행한 일들 곧
내가 그들 가운데에서 행한 표징을
네 아들과 네 (子孫)자손의 귀에
전하기 위함이라 너희는 내가 여호
와인 줄을 알리라
3 모세와 아론이 바로에게 들어가서
그에게 이르되 히브리 사람의 하나
님 여호와께서 말씀하시기를 네가
어느 때까지 내 앞에 (謙卑)겸비하
지 아니하겠느냐 내 백성을 보내라
그들이 나를 섬길 것이라
4 네가 만일 내 백성 보내기를 거절
하면 내일 내가 메뚜기를 네 (境內)
경내에 들어가게 하리니
5 메뚜기가 지면을 덮어서 사람이 땅
을 볼 수 없을 것이라 메뚜기가 네게
남은 그것 곧 우박을 (免)면하고 남
은 것을 먹으며 너희를 위하여 들에
서 자라나는 모든 나무를 먹을 것이
며
6 또 네 집들과 네 모든 신하의 집들
과 모든 애굽 사람의 집들에 가득

하리니 이는 네 아버지와 네 (祖上)
조상이 이 땅에 있었던 그 날로부
터 오늘까지 보지 못하였던 것이리
라 하셨다 하고 돌이켜 바로에게서
나오니
7 바로의 신하들이 그에게 말하되 어
느 때까지 이 사람이 우리의 (陷穽)
함정이 되리이까 그 사람들을 보내
어 그들의 하나님 여호와를 섬기게
하소서 왕은 아직도 애굽이 (亡)망
한 줄을 알지 못하시나이까 하고
8 모세와 아론을 바로에게로 다시 데
려오니 바로가 그들에게 이르되 가
서 너희의 하나님 여호와를 섬기라
갈 (者)자는 누구 누구냐
9 모세가 이르되 우리가 여호와 앞에
(節期)절기를 지킬 것인즉 우리가
남녀 노소와 양과 소를 데리고 가
겠나이다
10 바로가 그들에게 이르되 내가 너희
와 너희의 어린 아이들을 보내면
여호와가 너희와 함께 함과 같으니
라 보라 그것이 너희에게는 나쁜
것이니라
11 그렇게 하지 말고 너희 (壯丁)장정
만 가서 여호와를 섬기라 이것이
너희가 구하는 바니라 이에 그들이
바로 앞에서 쫓겨나니라
12 ●여호와께서 모세에게 이르시되
애굽 땅 위에 네 손을 내밀어 메뚜
기를 애굽 땅에 올라오게 하여 우
박에 (傷)상하지 아니한 밭의 모든
채소를 먹게 하라
13 모세가 애굽 땅 위에 그 지팡이를
들매 여호와께서 (東風)동풍을 일
으켜 온 낮과 온 밤에 불게 하시니
아침이 되매 동풍이 메뚜기를 불어
들인지라
14 메뚜기가 애굽 온 땅에 이르러 그
사방에 내리매 그 피해가 심하니
이런 메뚜기는 (前)전에도 없었고
후에도 없을 것이라
15 메뚜기가 온 땅을 덮어 땅이 어둡
게 되었으며 메뚜기가 (雨雹)우박
에 상하지 아니한 밭의 채소와 나
무 열매를 다 먹었으므로 애굽 온
땅에서 나무나 밭의 (菜蔬)채소나
푸른 것은 남지 아니하였더라
16 바로가 모세와 아론을 급히 불러
이르되 내가 너희의 하나님 여호와
와 너희에게 (罪)죄를 지었으니
17 바라건대 이번만 나의 죄를 (容恕)
용서하고 너희의 하나님 여호와께
구하여 이 죽음만은 내게서 떠나게
하라
18 그가 바로에게서 나가서 여호와께
(求)구하매
19 여호와께서 돌이켜 (强烈)강렬한
서풍을 불게 하사 메뚜기를 홍해에
몰아넣으시니 애굽 온 땅에 메뚜기
가 하나도 남지 아니하니라
20 그러나 여호와께서 바로의 마음을
(頑惡)완악하게 하셨으므로 이스
라엘 자손을 보내지 아니하였더라

아홉째 재앙 : 흑암이 땅에 있다

21 ●여호와께서 모세에게 이르시되
하늘을 향하여 네 손을 내밀어 애
굽 땅 위에 (黑暗)흑암이 있게 하
라 곧 더듬을 만한 흑암이리라
22 모세가 하늘을 (向)향하여 손을 내

밀매 캄캄한 흑암이 삼 일 동안 애
굽 온 땅에 있어서
23 그 동안은 사람들이 서로 볼 수 없
으며 자기 (處所)처소에서 일어나
는 자가 없으되 온 이스라엘 자손들
이 거주하는 곳에는 빛이 있었더라
24 바로가 모세를 불러서 이르되 너희
는 가서 여호와를 섬기되 너희의
(羊)양과 소는 머물러 두고 너희 어
린 것들은 너희와 함께 갈지니라
25 모세가 이르되 왕이라도 우리 하
나님 여호와께 드릴 (祭祀)제사와
(燔祭物)번제물을 우리에게 주어
야 하겠고
26 우리의 (家畜)가축도 우리와 함께
가고 한 마리도 남길 수 없으니 이
는 우리가 그 중에서 가져다가 우
리 하나님 여호와를 섬길 것임이며
또 우리가 거기에 이르기까지는 어
떤 것으로 여호와를 섬길는지 알지
못함이니이다 하나
27 여호와께서 바로의 마음을 (頑惡)
완악하게 하셨으므로 그들 보내기
를 기뻐하지 아니하고
28 바로가 모세에게 이르되 너는 나를
떠나가고 스스로 삼가 다시 내 얼
굴을 보지 말라 네가 내 얼굴을 보
는 날에는 죽으리라
29 모세가 이르되 (當身)당신이 말씀
하신 대로 내가 다시는 당신의 얼
굴을 보지 아니하리이다

처음 난 것의 죽음을 경고하다

11 여호와께서 모세에게 이르시
기를 내가 이제 한 가지 (災
殃)재앙을 바로와 애굽에 내린 후
에야 그가 너희를 여기서 내보내리
라 그가 너희를 내보낼 때에는 여
기서 반드시 다 쫓아내리니
2 백성에게 말하여 사람들에게 각기
이웃들에게 은금 (佩物)패물을 구
하게 하라 하시더니
3 여호와께서 그 백성으로 애굽 사람
의 은혜를 받게 하셨고 또 그 사람
모세는 애굽 땅에 있는 바로의 신
하와 백성의 눈에 아주 (偉大)위대
하게 보였더라
4 ●모세가 바로에게 이르되 여호와
께서 이와 같이 말씀하시기를 밤중
에 내가 애굽 가운데로 들어가리니
5 애굽 땅에 있는 모든 처음 난 것은
왕위에 앉아 있는 바로의 장자로부
터 맷돌 뒤에 있는 몸종의 (長子)
장자와 모든 가축의 처음 난 것까
지 죽으리니
6 애굽 온 땅에 (前無後無)전무후무
한 큰 부르짖음이 있으리라
7 그러나 이스라엘 자손에게는 사람
에게나 짐승에게나 개 한 마리도
그 혀를 움직이지 아니하리니 여호
와께서 애굽 사람과 이스라엘 사이
를 (區別)구별하는 줄을 너희가 알
리라 하셨나니
8 왕의 이 모든 신하가 내게 내려와
내게 절하며 이르기를 너와 너를
따르는 온 백성은 나가라 한 후에
야 내가 나가리라 하고 (甚)심히
(怒)노하여 바로에게서 나오니라
9 ●여호와께서 모세에게 이르시기
를 바로가 너희의 말을 듣지 아니
하리라 그러므로 내가 애굽 땅에서

나의 (奇蹟)기적을 더하리라 하셨
고
10 모세와 아론이 이 모든 기적을 바
로 앞에서 행하였으나 여호와께서
바로의 마음을 (頑惡)완악하게 하
셨으므로 그가 이스라엘 (子孫)자
손을 그 나라에서 보내지 아니하였
더라

유월절

12 여호와께서 애굽 땅에서 모
세와 아론에게 일러 말씀하
시되
2 이 달을 너희에게 달의 (始作)시작
곧 해의 첫 달이 되게 하고
3 너희는 이스라엘 온 회중에게 말하
여 이르라 이 달 열흘에 너희 각자
가 어린 양을 취할지니 각 (家族)
가족대로 그 식구를 위하여 어린
양을 취하되
4 그 어린 양에 대하여 식구가 너무
적으면 그 집의 이웃과 함께 사람
수를 따라서 하나를 취하며 각 사람
이 먹을 수 있는 분량에 따라서 너
희 어린 양을 (計算)계산할 것이며
5 너희 어린 양은 (欠)흠 없고 일 년
된 수컷으로 하되 양이나 염소 중
에서 (取)취하고
6 이 달 열나흗날까지 간직하였다가
해 질 때에 이스라엘 (會衆)회중이
그 양을 잡고
7 그 피를 양을 먹을 집 (左右)좌우
문설주와 (引枋)인방에 바르고
8 그 밤에 그 고기를 불에 구워 (無酵
餠)무교병과 쓴 나물과 아울러 먹되
9 날것으로나 물에 삶아서 먹지 말고
머리와 다리와 (內臟)내장을 다 불
에 구워 먹고
10 아침까지 남겨두지 말며 아침까지
남은 것은 곧 불사르라
11 너희는 그것을 이렇게 먹을지니 허
리에 띠를 띠고 발에 신을 신고 손
에 지팡이를 잡고 급히 먹으라 이
것이 여호와의 (逾越節)유월절이
니라
12 내가 그 밤에 애굽 땅에 두루 다니
며 사람이나 짐승을 막론하고 애굽
땅에 있는 모든 처음 난 것을 다 치
고 애굽의 모든 신을 내가 (審判)
심판하리라 나는 여호와라
13 내가 애굽 땅을 칠 때에 그 피가 너
희가 사는 집에 있어서 너희를 위
하여 (表蹟)표적이 될지라 내가 피
를 볼 때에 너희를 넘어가리니 재
앙이 너희에게 내려 멸하지 아니하
리라
14 너희는 이 날을 기념하여 여호와의
절기를 삼아 영원한 (規例)규례로
대대로 지킬지니라

무교절

15 ●너희는 이레 동안 무교병을 먹을
지니 그 첫날에 누룩을 너희 집에
서 (除)제하라 무릇 첫날부터 일곱
째 날까지 (有酵餠)유교병을 먹는
자는 이스라엘에서 끊어지리라
16 너희에게 첫날에도 성회요 일곱째
날에도 (聖會)성회가 되리니 너희
는 이 두 날에는 아무 일도 하지 말
고 각자의 먹을 것만 갖출 것이니라
17 너희는 무교절을 지키라 이 날에
내가 너희 군대를 애굽 땅에서 인

도하여 내었음이니라 그러므로 너
희가 영원한 (規例)규례로 삼아 대
대로 이 날을 지킬지니라
18 첫째 달 그 달 열나흗날 저녁부터 이
십일일 저녁까지 너희는 (無酵餠)
무교병을 먹을 것이요
19 이레 동안은 누룩이 너희 집에서
발견되지 아니하도록 하라 무릇
(有酵物)유교물을 먹는 자는 타국
인이든지 본국에서 난 자든지를 막
론하고 이스라엘 회중에서 끊어지
리니
20 너희는 아무 유교물이든지 먹지 말
고 너희 모든 (留)유하는 곳에서 무
교병을 먹을지니라

첫 유월절

21 ●모세가 이스라엘 모든 (長老)장
로를 불러서 그들에게 이르되 너희
는 나가서 너희의 가족대로 어린
양을 택하여 유월절 양으로 잡고
22 (牛膝草)우슬초 묶음을 가져다가
그릇에 담은 피에 적셔서 그 피를
문 인방과 좌우 (楔柱)설주에 뿌리
고 아침까지 한 사람도 자기 집 문
밖에 나가지 말라
23 여호와께서 애굽 사람들에게 (災
殃)재앙을 내리려고 지나가실 때
에 문 인방과 좌우 문설주의 피를
보시면 여호와께서 그 문을 넘으시
고 멸하는 자에게 너희 집에 들어
가서 너희를 치지 못하게 하실 것
임이니라
24 너희는 이 일을 (規例)규례로 삼아
너희와 너희 자손이 영원히 지킬
것이니
25 너희는 여호와께서 허락하신 대로
너희에게 주시는 땅에 이를 때에
이 (禮式)예식을 지킬 것이라
26 이 후에 너희의 (子女)자녀가 묻기
를 이 예식이 무슨 뜻이냐 하거든
27 너희는 이르기를 이는 여호와의 유
월절 (祭祀)제사라 여호와께서 애
굽 사람에게 재앙을 내리실 때에
애굽에 있는 이스라엘 자손의 집을
넘으사 우리의 집을 구원하셨느니
라 하라 하매 백성이 머리 숙여 경
배하니라
28 이스라엘 자손이 물러가서 그대로
행하되 여호와께서 모세와 아론에
게 (命令)명령하신 대로 (行)행하
니라

열째 재앙 : 처음 난 것들의 죽음

29 ●밤중에 여호와께서 애굽 땅에서
모든 처음 난 것 곧 (王位)왕위에
앉은 바로의 장자로부터 옥에 갇힌
사람의 장자까지와 가축의 처음 난
것을 다 치시매
30 그 밤에 바로와 그 모든 (臣下)신
하와 모든 애굽 사람이 일어나고
애굽에 큰 부르짖음이 있었으니 이
는 그 나라에 죽임을 당하지 아니
한 집이 하나도 없었음이었더라
31 밤에 바로가 모세와 아론을 불러
서 이르되 너희와 이스라엘 (子孫)
자손은 일어나 내 백성 가운데에서
떠나 너희의 말대로 가서 여호와를
섬기며
32 너희가 말한 대로 너희 양과 너희
소도 몰아가고 나를 위하여 축복하
라 하며

33 애굽 사람들은 말하기를 우리가 다
죽은 자가 되도다 하고 그 (百姓)
백성을 재촉하여 그 땅에서 속히
내보내려 하므로
34 그 백성이 (發酵)발교되지 못한 반
죽 담은 그릇을 옷에 싸서 어깨에
메니라
35 이스라엘 자손이 모세의 말대로 하
여 애굽 사람에게 은금 패물과 (衣
服)의복을 구하매
36 여호와께서 애굽 사람들에게 이스
라엘 백성에게 은혜를 입히게 하사
그들이 구하는 대로 주게 하시므로
그들이 애굽 사람의 (物品)물품을
[1]취하였더라

이스라엘이 애굽 땅에서 나오다

37 ●이스라엘 자손이 라암셋을 떠나
서 숙곳에 이르니 유아 외에 보행
하는 (壯丁)장정이 육십만 가량이
요
38 수많은 (雜族)잡족과 양과 소와 심
히 많은 가축이 그들과 함께 하였
으며
39 그들이 애굽으로부터 가지고 나온
발교되지 못한 반죽으로 무교병을
구웠으니 이는 그들이 애굽에서 쫓
겨나므로 (遲滯)지체할 수 없었음
이며 아무 양식도 준비하지 못하였
음이었더라
40 이스라엘 자손이 애굽에 (居住)거
주한 지 사백삼십 년이라
41 사백삼십 년이 끝나는 그 날에 여
호와의 (軍隊)군대가 다 애굽 땅에
서 나왔은즉
42 이 밤은 그들을 애굽 땅에서 (引導)
인도하여 내심으로 말미암아 여호
와 앞에 지킬 것이니 이는 여호와
의 밤이라 이스라엘 자손이 다 (代
代)대대로 지킬 것이니라

유월절 규례

43 ●여호와께서 모세와 아론에게 이
르시되 (逾越節)유월절 규례는 이
러하니라 이방 사람은 먹지 못할
것이나
44 각 사람이 돈으로 산 종은 (割禮)
할례를 받은 후에 먹을 것이며
45 (居留人)거류인과 타국 품꾼은 먹
지 못하리라
46 한 집에서 먹되 그 고기를 조금도
집 밖으로 내지 말고 뼈도 꺾지 말
지며
47 이스라엘 (會衆)회중이 다 이것을
지킬지니라
48 너희와 함께 (居留)거류하는 타국
인이 여호와의 유월절을 지키고자
하거든 그 모든 남자는 할례를 받
은 후에야 가까이 하여 지킬지니
곧 그는 본토인과 같이 될 것이나
할례 받지 못한 자는 먹지 못할 것
이니라
49 (本土人)본토인에게나 너희 중에
거류하는 이방인에게 이 법이 (同
一)동일하니라 하셨으므로
50 온 이스라엘 자손이 이와 같이 행
하되 여호와께서 모세와 아론에게
(命令)명령하신 대로 행하였으며
51 바로 그 날에 여호와께서 이스라엘
자손을 그 무리대로 애굽 땅에서
(引導)인도하여 내셨더라

1) '약탈'의 뜻이 있음

무교절

13 여호와께서 모세에게 일러
이르시되
2 이스라엘 자손 중에서 사람이나 짐
승을 막론하고 (胎)태에서 처음 난
모든 것은 다 거룩히 구별하여 내
게 돌리라 이는 내 것이니라 하시
니라
3 모세가 백성에게 이르되 너희는 애
굽 곧 종 되었던 집에서 나온 그 날
을 기념하여 (有酵餠)유교병을 먹
지 말라 여호와께서 그 손의 (權能)
권능으로 너희를 그 곳에서 인도해
내셨음이니라
4 아빕(月)월 이 날에 너희가 나왔으
니
5 여호와께서 너를 인도하여 가나안
사람과 헷 사람과 아모리 사람과
히위 사람과 여부스 사람의 땅 곧
네게 주시려고 네 조상들에게 (盟
誓)맹세하신 바 젖과 꿀이 흐르는
땅에 이르게 하시거든 너는 이 달
에 이 예식을 지켜
6 이레 동안 (無酵餠)무교병을 먹고
일곱째 날에는 여호와께 절기를 지
키라
7 이레 동안에는 무교병을 먹고 (有
酵餠)유교병을 네게 보이지 아니
하게 하며 네 땅에서 누룩을 네게
보이지 아니하게 하라
8 너는 그 날에 네 아들에게 보여 이
르기를 이 (禮式)예식은 내가 애굽
에서 나올 때에 여호와께서 나를
위하여 행하신 일로 말미암음이라
하고
9 이것으로 네 손의 (記號)기호와 네
(眉間)미간의 표를 삼고 여호와의
(律法)율법이 네 입에 있게 하라
이는 여호와께서 강하신 손으로 너
를 애굽에서 인도하여 내셨음이니
10 해마다 (節期)절기가 되면 이 규례
를 지킬지니라

태에서 처음 난 것

11 ●여호와께서 너와 네 조상에게 맹
세하신 대로 너를 가나안 사람의
땅에 (引導)인도하시고 그 땅을 네
게 주시거든
12 너는 태에서 처음 난 모든 것과 네
게 있는 가축의 태에서 처음 난 것
을 다 (區別)구별하여 여호와께 돌
리라 수컷은 여호와의 것이니라
13 나귀의 첫 새끼는 다 어린 양으로
대속할 것이요 그렇게 하지 아니하
려면 그 목을 꺾을 것이며 네 아들
중 처음 난 모든 자는 (代贖)대속
할지니라
14 후일에 네 아들이 네게 묻기를 이
것이 어찌 됨이냐 하거든 너는 그
에게 이르기를 여호와께서 그 손의
(權能)권능으로 우리를 애굽에서
곧 종이 되었던 집에서 인도하여
내실새
15 그 때에 바로가 (頑惡)완악하여 우
리를 보내지 아니하매 여호와께서
애굽 나라 가운데 처음 난 모든 것
은 사람의 (長子)장자로부터 가축
의 처음 난 것까지 다 죽이셨으므
로 (胎)태에서 처음 난 모든 수컷
들은 내가 여호와께 제사를 드려서
내 아들 중에 모든 처음 난 자를 다

대속하리니
16 이것이 네 손의 기호와 네 (眉間)
미간의 표가 되리라 이는 여호와께
서 그 손의 권능으로 우리를 애굽
에서 인도하여 내셨음이니라 할지
니라

구름 기둥과 불 기둥

17 ●바로가 백성을 보낸 후에 블레
셋 사람의 땅의 길은 가까울지라도
하나님이 그들을 그 길로 인도하지
아니하셨으니 이는 하나님이 말씀
하시기를 이 백성이 (戰爭)전쟁을
하게 되면 마음을 돌이켜 애굽으로
돌아갈까 하셨음이라
18 그러므로 하나님이 홍해의 광야 길
로 돌려 백성을 인도하시매 이스라
엘 자손이 애굽 땅에서 (隊列)대열
을 지어 나올 때에
19 모세가 요셉의 (遺骨)유골을 가졌
으니 이는 요셉이 이스라엘 자손으
로 단단히 (盟誓)맹세하게 하여 이
르기를 하나님이 반드시 너희를 찾
아오시리니 너희는 내 유골을 여기
서 가지고 나가라 하였음이더라
20 그들이 숙곳을 떠나서 광야 끝 에
담에 (帳幕)장막을 치니
21 여호와께서 그들 앞에서 가시며 낮
에는 구름 기둥으로 그들의 길을
인도하시고 밤에는 불 기둥을 그들
에게 비추사 낮이나 밤이나 (進行)
진행하게 하시니
22 낮에는 구름 기둥, 밤에는 불 기둥
이 (百姓)백성 앞에서 떠나지 아니
하니라

1) 히, 높은 손으로

홍해를 건너다

14 여호와께서 모세에게 말씀하
여 이르시되
2 이스라엘 자손에게 명령하여 돌이
켜 바다와 믹돌 사이의 비하히롯
앞 곧 바알스본 맞은편 바닷가에
(帳幕)장막을 치게 하라
3 바로가 이스라엘 자손에 대하여 말
하기를 그들이 그 땅에서 멀리 떠
나 (曠野)광야에 갇힌 바 되었다
하리라
4 내가 바로의 마음을 완악하게 한즉
바로가 그들의 뒤를 따르리니 내가
그와 그의 온 군대로 말미암아 (榮
光)영광을 얻어 애굽 사람들이 나
를 여호와인 줄 알게 하리라 하시
매 무리가 그대로 행하니라
5 그 백성이 (逃亡)도망한 (事實)사
실이 애굽 왕에게 알려지매 바로와
그의 신하들이 그 백성에 대하여
마음이 변하여 이르되 우리가 어찌
이같이 하여 이스라엘을 우리를 섬
김에서 놓아 보내었는가 하고
6 바로가 곧 그의 (兵車)병거를 갖추
고 그의 백성을 데리고 갈새
7 선발된 병거 육백 대와 애굽의 모
든 병거를 (動員)동원하니 지휘관
들이 다 거느렸더라
8 여호와께서 애굽 왕 바로의 마음
을 완악하게 하셨으므로 그가 이스
라엘 자손의 뒤를 따르니 이스라엘
자손이 [1](膽大)담대히 나갔음이라
9 애굽 사람들과 바로의 말들, 병거
들과 그 마병과 그 군대가 그들의
뒤를 따라 바알스본 맞은편 비하히

롯 곁 해변 그들이 (帳幕)장막 친
데에 미치니라
10 ●바로가 가까이 올 때에 이스라엘
자손이 눈을 들어 본즉 애굽 사람
들이 자기들 뒤에 이른지라 이스라
엘 자손이 (甚)심히 두려워하여 여
호와께 부르짖고
11 그들이 또 모세에게 이르되 애굽에
(埋葬地)매장지가 없어서 당신이
우리를 이끌어 내어 이 광야에서
죽게 하느냐 어찌하여 당신이 우리
를 애굽에서 이끌어 내어 우리에게
이같이 하느냐
12 우리가 애굽에서 당신에게 이른 말
이 이것이 아니냐 이르기를 우리를
내버려 두라 우리가 애굽 사람을
섬길 것이라 하지 아니하더냐 애굽
사람을 섬기는 것이 (曠野)광야에
서 죽는 것보다 낫겠노라
13 모세가 백성에게 이르되 너희는 두
려워하지 말고 가만히 서서 여호와
께서 오늘 너희를 위하여 행하시는
(救援)구원을 보라 너희가 오늘 본
애굽 사람을 영원히 다시 보지 아
니하리라
14 여호와께서 너희를 (爲)위하여 싸우
시리니 너희는 가만히 있을지니라
15 ●여호와께서 모세에게 이르시되
너는 어찌하여 내게 부르짖느냐 이
스라엘 자손에게 (命令)명령하여
앞으로 나아가게 하고
16 지팡이를 들고 손을 바다 위로 내
밀어 그것이 갈라지게 하라 이스라
엘 자손이 바다 가운데서 마른 땅
으로 (行)행하리라
17 내가 애굽 사람들의 마음을 (頑惡)
완악하게 할 것인즉 그들이 그 뒤
를 따라 들어갈 것이라 내가 바로
와 그의 모든 군대와 그의 병거와
(馬兵)마병으로 말미암아 영광을
얻으리니
18 내가 바로와 그의 병거와 마병으
로 말미암아 (榮光)영광을 얻을 때
에야 애굽 사람들이 나를 여호와인
줄 알리라 하시더니
19 이스라엘 (陳)진 앞에 가던 하나님
의 (使者)사자가 그들의 뒤로 옮겨
가매 구름 기둥도 앞에서 그 뒤로
옮겨
20 애굽 진과 이스라엘 진 사이에 이
르러 서니 저쪽에는 구름과 (黑暗)
흑암이 있고 이쪽에는 밤이 밝으므
로 밤새도록 저쪽이 이쪽에 가까이
못하였더라
21 ●모세가 바다 위로 손을 내밀매
여호와께서 큰 (東風)동풍이 밤새
도록 바닷물을 물러가게 하시니 물
이 갈라져 바다가 마른 땅이 된지라
22 이스라엘 자손이 바다 가운데를 육
지로 걸어가고 물은 그들의 (左右)
좌우에 벽이 되니
23 애굽 사람들과 바로의 말들, (兵
車)병거들과 그 (馬兵)마병들이 다
그들의 뒤를 추격하여 바다 가운데
로 들어오는지라
24 새벽에 여호와께서 불과 구름 기둥
가운데서 애굽 군대를 보시고 애굽
(軍隊)군대를 어지럽게 하시며
25 그들의 병거 바퀴를 벗겨서 달리기
가 어렵게 하시니 애굽 사람들이 이

르되 이스라엘 앞에서 우리가 (逃
亡)도망하자 여호와가 그들을 위하
여 싸워 애굽 사람들을 치는도다
26 ●여호와께서 모세에게 이르시되
네 손을 바다 위로 내밀어 물이 애
굽 사람들과 그들의 (兵車)병거들
과 마병들 위에 다시 흐르게 하라
하시니
27 모세가 곧 손을 바다 위로 내밀매
새벽이 되어 바다의 힘이 (回復)회
복된지라 애굽 사람들이 물을 거슬
러 도망하나 여호와께서 애굽 사람
들을 바다 가운데 엎으시니
28 물이 다시 흘러 병거들과 (騎兵)기
병들을 덮되 그들의 뒤를 따라 바
다에 들어간 바로의 군대를 다 덮
으니 하나도 남지 아니하였더라
29 그러나 이스라엘 자손은 바다 가운
데를 (陸地)육지로 행하였고 물이
좌우에 (壁)벽이 되었더라
30 그 날에 여호와께서 이같이 이스라
엘을 애굽 사람의 손에서 (救援)구
원하시매 이스라엘이 바닷가에서
애굽 사람들이 죽어 있는 것을 보
았더라
31 이스라엘이 여호와께서 애굽 사람
들에게 행하신 그 큰 [1]능력을 보았
으므로 백성이 여호와를 (敬畏)경
외하며 여호와와 그의 종 모세를
믿었더라

모세의 노래

15 이 때에 모세와 이스라엘 자
손이 이 노래로 여호와께 노
래하니 일렀으되

1) 히, 손

내가 여호와를 (讚頌)찬송하리
니 그는 높고 (榮華)영화로우심
이요 말과 그 탄 자를 바다에 던
지셨음이로다
2 여호와는 나의 힘이요 노래시며
나의 구원이시로다 그는 나의 하
나님이시니 내가 그를 (讚頌)찬
송할 것이요 내 아버지의 하나님
이시니 내가 그를 높이리로다
3 여호와는 (勇士)용사시니 여호
와는 그의 이름이시로다
4 그가 바로의 병거와 그의 군대를
바다에 던지시니 최고의 지휘관
들이 (紅海)홍해에 잠겼고
5 깊은 물이 그들을 덮으니 그들이
돌처럼 깊음 속에 가라앉았도다
6 여호와여 주의 오른손이 권능으
로 영광을 나타내시니이다 여호
와여 주의 오른손이 (怨讐)원수
를 부수시니이다
7 주께서 주의 큰 (威嚴)위엄으로
주를 거스르는 자를 엎으시니이
다 주께서 진노를 발하시니 그
진노가 그들을 지푸라기 같이 사
르니이다
8 주의 콧김에 물이 쌓이되 (波濤)
파도가 언덕 같이 일어서고 큰
물이 바다 가운데 엉기니이다
9 원수가 말하기를 내가 뒤쫓아 따
라잡아 탈취물을 나누리라, 내가
그들로 말미암아 내 (慾望)욕망
을 채우리라, 내가 내 칼을 빼리
니 내 손이 그들을 멸하리라 하
였으나
10 (主)주께서 바람을 일으키시매

바다가 그들을 덮으니 그들이 거
센 물에 납 같이 잠겼나이다
11 여호와여 신 중에 주와 같은 자
가 누구니이까 주와 같이 거룩
함으로 영광스러우며 (讚頌)찬
송할 만한 (威嚴)위엄이 있으며
(奇異)기이한 일을 행하는 자가
누구니이까
12 (主)주께서 오른손을 드신즉 땅
이 그들을 삼켰나이다
13 주의 인자하심으로 주께서 (救
贖)구속하신 백성을 인도하시되
주의 힘으로 그들을 주의 거룩한
(處所)처소에 들어가게 하시나
이다
14 여러 나라가 듣고 떨며 블레셋
(住民)주민이 두려움에 잡히며
15 에돔 (頭領)두령들이 놀라고 모
압 영웅이 떨림에 잡히며 가나안
주민이 다 낙담하나이다
16 놀람과 두려움이 그들에게 임하
매 주의 팔이 크므로 그들이 돌
같이 침묵하였사오니 여호와여
주의 백성이 (通過)통과하기까
지 곧 주께서 사신 백성이 통과
하기까지였나이다
17 주께서 백성을 인도하사 그들을
주의 기업의 산에 심으시리이다
여호와여 이는 주의 처소를 삼으
시려고 예비하신 것이라 주여 이
것이 주의 손으로 세우신 (聖所)
성소로소이다
18 여호와께서 (永遠無窮)영원무
궁 하도록 다스리시도다
하였더라

미리암의 노래

19 ●바로의 말과 병거와 (馬兵)마병
이 함께 바다에 들어가매 여호와께
서 바닷물을 그들 위에 되돌려 흐르
게 하셨으나 이스라엘 자손은 바다
가운데서 마른 땅으로 지나간지라
20 아론의 누이 선지자 미리암이 손에
(小鼓)소고를 잡으매 모든 여인도
그를 따라 나오며 소고를 잡고 춤
추니
21 미리암이 그들에게 (和答)화답하
여 이르되
너희는 여호와를 (讚頌)찬송하
라 그는 높고 영화로우심이요 말
과 그 탄 자를 바다에 던지셨음
이로다
하였더라

단 물로 변한 마라의 쓴 물

22 ●모세가 (紅海)홍해에서 이스라
엘을 인도하매 그들이 나와서 수르
광야로 들어가서 거기서 사흘길을
걸었으나 물을 얻지 못하고
23 마라에 이르렀더니 그 곳 물이 써
서 마시지 못하겠으므로 그 이름을
[1]마라라 하였더라
24 백성이 모세에게 (怨望)원망하여
이르되 우리가 무엇을 마실까 하매
25 모세가 여호와께 부르짖었더니 여
호와께서 그에게 한 나무를 가리키
시니 그가 물에 던지니 물이 달게
되었더라 거기서 여호와께서 그들
을 위하여 (法度)법도와 율례를 정
하시고 그들을 시험하실새
26 이르시되 너희가 너희 하나님 나

1) 쓴 것

여호와의 말을 들어 (順從)순종하
고 내가 보기에 의를 행하며 내 계
명에 귀를 기울이며 내 모든 (規例)
규례를 지키면 내가 애굽 사람에게
내린 모든 질병 중 하나도 너희에
게 내리지 아니하리니 나는 너희를
치료하는 여호와임이라
27 ●그들이 엘림에 이르니 거기에 물
샘 열둘과 (棕櫚)종려나무 일흔 그
루가 있는지라 거기서 그들이 그
물 곁에 장막을 치니라

만나와 메추라기

16 이스라엘 자손의 온 (會衆)
회중이 엘림에서 떠나 엘림
과 시내 산 사이에 있는 신 광야에
이르니 애굽에서 나온 후 둘째 달
십오일이라
2 이스라엘 자손 온 (會衆)회중이 그
광야에서 모세와 아론을 원망하여
3 이스라엘 자손이 그들에게 이르되
우리가 애굽 땅에서 고기 가마 곁
에 앉아 있던 때와 떡을 배불리 먹
던 때에 여호와의 손에 죽었더라면
좋았을 것을 너희가 이 (曠野)광야
로 우리를 인도해 내어 이 온 회중
이 주려 죽게 하는도다
4 ●그 때에 여호와께서 모세에게 이
르시되 보라 내가 너희를 위하여
하늘에서 양식을 비 같이 내리리니
백성이 나가서 (日用)일용할 것을
날마다 거둘 것이라 이같이 하여
그들이 내 율법을 (遵行)준행하나
아니하나 내가 시험하리라
5 여섯째 날에는 그들이 그 거둔 것
을 (準備)준비할지니 날마다 거두
던 것의 갑절이 되리라
6 모세와 아론이 온 이스라엘 자손에
게 이르되 저녁이 되면 너희가 여
호와께서 너희를 애굽 땅에서 (引
導)인도하여 내셨음을 알 것이요
7 아침에는 너희가 여호와의 (榮光)
영광을 보리니 이는 여호와께서 너
희가 자기를 향하여 (怨望)원망함
을 들으셨음이라 우리가 누구이기
에 너희가 우리에게 대하여 원망하
느냐
8 모세가 또 이르되 여호와께서 저녁
에는 너희에게 고기를 주어 먹이
시고 아침에는 떡으로 배불리시리
니 이는 여호와께서 자기를 (向)향
하여 너희가 원망하는 그 말을 들
으셨음이라 우리가 누구냐 너희의
원망은 우리를 향하여 함이 아니요
여호와를 향하여 함이로다
9 모세가 또 아론에게 이르되 이스라
엘 (子孫)자손의 온 회중에게 말하
기를 여호와께 가까이 나아오라 여
호와께서 너희의 원망함을 들으셨
느니라 하라
10 아론이 이스라엘 자손의 온 (會衆)
회중에게 말하매 그들이 광야를 바
라보니 여호와의 영광이 구름 속에
나타나더라
11 여호와께서 모세에게 말씀하여 이
르시되
12 내가 이스라엘 자손의 (怨望)원망
함을 들었노라 그들에게 말하여 이
르기를 너희가 해 질 때에는 고기
를 먹고 아침에는 떡으로 배부르
리니 내가 여호와 너희의 하나님인

줄 알리라 하라 하시니라
13 ●저녁에는 메추라기가 와서 (陣)
진에 덮이고 아침에는 이슬이 진
주위에 있더니
14 그 이슬이 마른 후에 (廣野)광야
(地面)지면에 작고 둥글며 서리 같
이 가는 것이 있는지라
15 이스라엘 자손이 보고 그것이 무엇
인지 알지 못하여 서로 이르되 이
것이 무엇이냐 하니 모세가 그들에
게 이르되 이는 여호와께서 너희에
게 주어 먹게 하신 (糧食)양식이라
16 여호와께서 이같이 명령하시기를
너희 각 사람은 먹을 만큼만 이것
을 거둘지니 곧 너희 사람 (數爻)
수효대로 한 사람에 한 [1]오멜씩 거
두되 각 사람이 그의 장막에 있는
자들을 위하여 거둘지니라 하셨느
니라
17 이스라엘 (子孫)자손이 그같이 하
였더니 그 거둔 것이 많기도 하고
적기도 하나
18 오멜로 되어 본즉 많이 거둔 자도
남음이 없고 적게 거둔 자도 (不足)
부족함이 없이 각 사람은 먹을 만
큼만 거두었더라
19 모세가 그들에게 이르기를 아무든
지 아침까지 그것을 남겨두지 말라
하였으나
20 그들이 모세에게 (順從)순종하지
아니하고 더러는 아침까지 두었더
니 벌레가 생기고 냄새가 난지라
모세가 그들에게 (怒)노하니라
21 ●무리가 아침마다 (各)각 사람은
먹을 만큼만 거두었고 햇볕이 뜨겁
게 쬐면 그것이 스러졌더라
22 여섯째 날에는 각 사람이 갑절의
식물 곧 하나에 두 오멜씩 거둔지
라 회중의 모든 (指導者)지도자가
와서 모세에게 알리매
23 모세가 그들에게 이르되 여호와께
서 이같이 말씀하셨느니라 내일은
휴일이니 여호와께 거룩한 안식일
이라 너희가 구울 것은 굽고 삶을
것은 삶고 그 나머지는 다 너희를
위하여 아침까지 간수하라
24 그들이 모세의 (命令)명령대로 아침
까지 간수하였으나 냄새도 나지 아
니하고 벌레도 생기지 아니한지라
25 모세가 이르되 오늘은 그것을 먹으
라 오늘은 여호와의 (安息日)안식
일인즉 오늘은 너희가 들에서 그것
을 얻지 못하리라
26 엿새 동안은 너희가 그것을 거두되
일곱째 날은 (安息日)안식일인즉
그 날에는 없으리라 하였으나
27 일곱째 날에 (百姓)백성 중 어떤
사람들이 거두러 나갔다가 얻지 못
하니라
28 여호와께서 모세에게 이르시되 어
느 때까지 너희가 내 (誡命)계명과
내 율법을 지키지 아니하려느냐
29 볼지어다 여호와가 너희에게 안식
일을 줌으로 여섯째 날에는 이틀
양식을 너희에게 주는 것이니 너희
는 각기 (處所)처소에 있고 일곱째
날에는 아무도 그의 처소에서 나오
지 말지니라
30 그러므로 백성이 일곱째 날에 (安

1) 한 오멜은 약 2리터임

息)안식하니라
31 ●이스라엘 (族屬)족속이 그 이름
을 [1]만나라 하였으며 [2]깟씨 같이 희
고 맛은 꿀 섞은 과자 같았더라
32 모세가 이르되 여호와께서 이같이
명령하시기를 이것을 오멜에 채워
서 너희의 대대 후손을 위하여 간
수하라 이는 내가 너희를 애굽 땅
에서 (引導)인도하여 낼 때에 광야
에서 너희에게 먹인 양식을 그들에
게 보이기 위함이니라 하셨다 하고
33 또 모세가 아론에게 이르되 항아리
를 가져다가 그 속에 만나 한 오멜
을 담아 여호와 앞에 두어 너희 (代
代)대대로 간수하라
34 아론이 여호와께서 모세에게 명령
하신 대로 그것을 증거판 앞에 두
어 간수하게 하였고
35 사람이 사는 땅에 이르기까지 이스
라엘 자손이 사십 년 동안 만나를
먹었으니 곧 가나안 땅 (接境)접경
에 이르기까지 그들이 만나를 먹었
더라
36 오멜은 십분의 일 에바이더라

반석에서 물이 나오다(민 20:1-13)

17 이스라엘 자손의 온 (會衆)
회중이 여호와의 명령대로
신 광야에서 떠나 그 (路程)노정대
로 행하여 르비딤에 장막을 쳤으나
백성이 마실 물이 없는지라
2 (百姓)백성이 모세와 다투어 이르
되 우리에게 물을 주어 마시게 하
라 모세가 그들에게 이르되 너희가
어찌하여 나와 다투느냐 너희가 어

1) 히, 만 2) 깟은 식물의 일종

찌하여 여호와를 시험하느냐
3 거기서 백성이 목이 말라 물을 찾
으매 그들이 모세에게 대하여 원망
하여 이르되 당신이 어찌하여 우리
를 애굽에서 인도해 내어서 우리와
우리 자녀와 우리 (家畜)가축이 목
말라 죽게 하느냐
4 모세가 여호와께 부르짖어 이르되
내가 이 (百姓)백성에게 어떻게 하
리이까 그들이 조금 있으면 내게
돌을 던지겠나이다
5 여호와께서 모세에게 이르시되 백
성 앞을 지나서 이스라엘 (長老)장
로들을 데리고 나일 강을 치던 네
지팡이를 손에 잡고 가라
6 내가 호렙 산에 있는 그 반석 위 거
기서 네 앞에 서리니 너는 그 반석
을 치라 그것에서 물이 나오리니
(百姓)백성이 마시리라 모세가 이
스라엘 장로들의 (目前)목전에서
그대로 행하니라
7 그가 그 곳 이름을 맛사 또는 므리
바라 불렀으니 이는 이스라엘 (子
孫)자손이 다투었음이요 또는 그
들이 여호와를 (試驗)시험하여 이
르기를 여호와께서 우리 중에 계신
가 안 계신가 하였음이더라

아말렉과 싸우다

8 ●그 때에 아말렉이 와서 이스라엘
과 르비딤에서 싸우니라
9 모세가 여호수아에게 이르되 우리
를 위하여 사람들을 (擇)택하여 나
가서 아말렉과 싸우라 내일 내가
하나님의 지팡이를 손에 잡고 산
꼭대기에 서리라

10 여호수아가 모세의 말대로 (行)행
하여 아말렉과 싸우고 모세와 아론
과 훌은 산 꼭대기에 올라가서
11 모세가 손을 들면 이스라엘이 이기
고 손을 내리면 아말렉이 이기더니
12 모세의 팔이 (疲困)피곤하매 그들
이 돌을 가져다가 모세의 아래에
놓아 그가 그 위에 앉게 하고 아론
과 훌이 한 사람은 이쪽에서, 한 사
람은 저쪽에서 모세의 손을 붙들어
올렸더니 그 손이 해가 지도록 내
려오지 아니한지라
13 여호수아가 칼날로 아말렉과 그
(百姓)백성을 쳐서 무찌르니라
14 여호와께서 모세에게 이르시되 이
것을 책에 (記錄)기록하여 (記念)
기념하게 하고 여호수아의 귀에 외
워 들리라 내가 아말렉을 없이하여
천하에서 기억도 못 하게 하리라
15 모세가 (祭壇)제단을 쌓고 그 이름
을 여호와 [1]닛시라 하고
16 이르되 [2]여호와께서 (盟誓)맹세하
시기를 여호와가 아말렉과 더불어
대대로 싸우리라 하셨다 하였더라

이드로가 모세를 방문하다

18 모세의 장인이며 미디안 (祭
司長)제사장인 이드로가 하
나님이 모세에게와 자기 백성 이스
라엘에게 하신 일 곧 여호와께서
이스라엘을 애굽에서 인도하여 내
신 모든 일을 들으니라
2 모세의 (丈人)장인 이드로가 모세
가 돌려 보냈던 그의 아내 십보라
와
3 그의 두 아들을 데리고 왔으니 그
하나의 이름은 [3]게르솜이라 이는
모세가 이르기를 내가 (異邦)이방
에서 나그네가 되었다 함이요
4 하나의 이름은 [4]엘리에셀이라 이
는 내 아버지의 하나님이 나를 도
우사 바로의 칼에서 (救援)구원하
셨다 함이더라
5 모세의 장인 이드로가 모세의 아들
들과 그의 아내와 더불어 광야에
들어와 모세에게 이르니 곧 모세가
하나님의 산에 (陳)진 친 곳이라
6 그가 모세에게 말을 (傳)전하되 네
장인 나 이드로가 네 아내와 그와
함께 한 그의 두 아들과 더불어 네
게 왔노라
7 모세가 나가서 그의 장인을 맞아
절하고 그에게 입 맞추고 그들이
서로 (問安)문안하고 함께 (帳幕)
장막에 들어가서
8 모세가 여호와께서 이스라엘을 위
하여 바로와 애굽 사람에게 행하신
모든 일과 길에서 그들이 당한 모
든 고난과 여호와께서 그들을 (救
援)구원하신 일을 다 그 장인에게
말하매
9 이드로가 여호와께서 이스라엘에
게 큰 (恩惠)은혜를 베푸사 애굽 사
람의 손에서 구원하심을 기뻐하여
10 이드로가 이르되 여호와를 (讚頌)
찬송하리로다 너희를 애굽 사람의
손에서와 바로의 손에서 건져내시
고 백성을 애굽 사람의 손 아래에
서 건지셨도다

1) 나의 기 2) 여호와의 보좌를 향해 손을 들었으니
3) 객이라는 뜻 4) 하나님이 도우심

11 이제 내가 알았도다 여호와는 모든
신보다 크시므로 이스라엘에게 (驕
慢)교만하게 행하는 그들을 이기
셨도다 하고
12 모세의 장인 이드로가 번제물과
(犧牲祭物)희생제물들을 하나님
께 가져오매 아론과 이스라엘 모든
장로가 와서 모세의 장인과 함께
하나님 앞에서 떡을 먹으니라

우두머리를 세워 재판하게 하다(신 1:9-18)

13 ●이튿날 모세가 백성을 (裁判)재
판하느라고 앉아 있고 백성은 아침
부터 저녁까지 모세 곁에 서 있는
지라
14 모세의 장인이 모세가 백성에게
(行)행하는 모든 일을 보고 이르되
네가 이 백성에게 행하는 이 일이
어찌 됨이냐 어찌하여 네가 홀로
앉아 있고 백성은 아침부터 저녁까
지 네 곁에 서 있느냐
15 모세가 그의 장인에게 대답하되
(百姓)백성이 하나님께 물으려고
내게로 옴이라
16 그들이 일이 있으면 내게로 오나니
내가 그 양쪽을 재판하여 하나님의
(律例)율례와 법도를 알게 하나이다
17 모세의 (丈人)장인이 그에게 이르
되 네가 하는 것이 옳지 못하도다
18 너와 또 너와 함께 한 이 백성이 필
경 (氣力)기력이 쇠하리니 이 일이
네게 너무 (重)중함이라 네가 혼자
할 수 없으리라
19 이제 내 말을 들으라 내가 네게 (方
針)방침을 가르치리니 하나님이
너와 함께 계실지로다 너는 하나님
앞에서 그 백성을 위하여 그 사건
들을 하나님께 가져오며
20 그들에게 율례와 (法度)법도를 가
르쳐서 마땅히 갈 길과 할 일을 그
들에게 보이고
21 너는 또 온 백성 가운데서 능력 있
는 사람들 곧 하나님을 두려워하며
(眞實)진실하며 불의한 이익을 미
워하는 자를 살펴서 백성 위에 세
워 천부장과 백부장과 오십부장과
십부장을 삼아
22 그들이 때를 따라 백성을 (裁判)재
판하게 하라 큰 일은 모두 네게 가
져갈 것이요 작은 일은 모두 그들
이 스스로 재판할 것이니 그리하면
그들이 너와 함께 담당할 것인즉
일이 네게 쉬우리라
23 네가 만일 이 일을 하고 하나님께
서도 네게 (許諾)허락하시면 네가
이 일을 (堪當)감당하고 이 모든
백성도 자기 곳으로 평안히 가리라
24 이에 모세가 (自己)자기 장인의 말
을 듣고 그 모든 말대로 하여
25 모세가 이스라엘 무리 중에서 (能
力)능력 있는 사람들을 택하여 그
들을 백성의 우두머리 곧 천부장과
백부장과 오십부장과 십부장을 삼
으매
26 그들이 때를 따라 백성을 (裁判)재
판하되 어려운 일은 모세에게 가져
오고 모든 작은 일은 스스로 재판
하더라
27 모세가 그의 (丈人)장인을 보내니
그가 자기 땅으로 가니라

이스라엘 자손이 시내 산에 이르다

19 이스라엘 자손이 애굽 땅을
떠난 지 삼 개월이 되던 날 그
들이 시내 (曠野)광야에 이르니라
2 그들이 르비딤을 떠나 시내 광야에
이르러 그 광야에 (帳幕)장막을 치
되 이스라엘이 거기 산 앞에 장막
을 치니라
3 모세가 하나님 앞에 올라가니 여호
와께서 (山)산에서 그를 불러 말씀
하시되 너는 이같이 야곱의 집에 말
하고 이스라엘 자손들에게 말하라
4 내가 애굽 사람에게 어떻게 행하였
음과 내가 어떻게 독수리 날개로
너희를 업어 내게로 (引導)인도하
였음을 너희가 보았느니라
5 세계가 다 내게 속하였나니 너희가
내 말을 잘 듣고 내 (言約)언약을
지키면 너희는 모든 민족 중에서
내 소유가 되겠고
6 너희가 내게 대하여 제사장 나라가
되며 거룩한 (百姓)백성이 되리라
너는 이 말을 이스라엘 (子孫)자손
에게 전할지니라
7 ●모세가 내려와서 백성의 장로들
을 불러 여호와께서 자기에게 명령
하신 그 모든 말씀을 그들 앞에 (陳
述)진술하니
8 백성이 일제히 (應答)응답하여 이
르되 여호와께서 명령하신 대로 우
리가 다 행하리이다 모세가 백성의
말을 여호와께 전하매
9 여호와께서 모세에게 이르시되 내
가 빽빽한 구름 가운데서 네게 임함
은 내가 너와 말하는 것을 백성들이
듣게 하며 또한 너를 (永永)영영히
믿게 하려 함이니라 모세가 백성의
말을 여호와께 아뢰었으므로
10 여호와께서 모세에게 이르시되 너
는 백성에게로 가서 오늘과 내일
그들을 (聖潔)성결하게 하며 그들
에게 옷을 빨게 하고
11 준비하게 하여 셋째 날을 기다리게
하라 이는 셋째 날에 나 여호와가
온 백성의 목전에서 시내 산에 (降
臨)강림할 것임이니
12 너는 백성을 위하여 주위에 경계를
정하고 이르기를 너희는 삼가 산에
오르거나 그 (境界)경계를 침범하
지 말지니 산을 (侵犯)침범하는 자
는 반드시 죽임을 당할 것이라
13 그런 자에게는 손을 대지 말고 돌
로 쳐죽이거나 화살로 쏘아 죽여야
하리니 짐승이나 사람을 (莫論)막
론하고 살아남지 못하리라 하고 나
팔을 길게 불거든 산 앞에 이를 것
이니라 하라
14 모세가 산에서 내려와 백성에게 이
르러 백성을 (聖潔)성결하게 하니
그들이 자기 옷을 빨더라
15 모세가 백성에게 이르되 (準備)준
비하여 셋째 날을 기다리고 여인을
가까이 하지 말라 하니라
16 ●셋째 날 아침에 우레와 번개와
빽빽한 구름이 산 위에 있고 나팔
소리가 매우 크게 들리니 (陣中)진
중에 있는 모든 백성이 다 떨더라
17 모세가 하나님을 맞으려고 백성을
거느리고 (陣)진에서 나오매 그들
이 산 기슭에 서 있는데
18 시내 산에 연기가 자욱하니 여호와

께서 불 가운데서 거기 (降臨)강림
하심이라 그 연기가 옹기 가마 연
기 같이 떠오르고 온 산이 크게 진
동하며
19 나팔 소리가 점점 커질 때에 모세
가 말한즉 하나님이 (音聲)음성으
로 대답하시더라
20 여호와께서 시내 (山)산 곧 그 산
꼭대기에 강림하시고 모세를 그리
로 부르시니 모세가 올라가매
21 여호와께서 모세에게 이르시되 내
려가서 백성을 (警告)경고하라 백
성이 밀고 들어와 나 여호와에게로
와서 보려고 하다가 많이 죽을까
하노라
22 또 여호와에게 가까이 하는 제사장
들에게 그 몸을 (聖潔)성결히 하게 하
라 나 여호와가 그들을 칠까 하노라
23 모세가 여호와께 아뢰되 주께서 우
리에게 (命令)명령하여 이르시기
를 산 주위에 경계를 세워 산을 거
룩하게 하라 하셨사온즉 백성이 시
내 산에 오르지 못하리이다
24 여호와께서 그에게 이르시되 가라
너는 내려가서 아론과 함께 올라오
고 제사장들과 백성에게는 (境界)
경계를 넘어 나 여호와에게로 올라
오지 못하게 하라 내가 그들을 칠
까 하노라
25 모세가 (百姓)백성에게 내려가서
그들에게 알리니라

십계명(신 5:1-21)

20 하나님이 이 모든 말씀으로
말씀하여 이르시되
2 나는 너를 애굽 땅, 종 되었던 집에
서 (引導)인도하여 낸 네 하나님
여호와니라
3 ●너는 [1]나 외에는 다른 (神)신들
을 네게 두지 말라
4 ●너를 위하여 새긴 (偶像)우상
을 만들지 말고 또 위로 하늘에 있
는 것이나 아래로 땅에 있는 것이
나 땅 아래 물 속에 있는 것의 어떤
(形像)형상도 만들지 말며
5 그것들에게 절하지 말며 그것들을
섬기지 말라 나 네 하나님 여호와
는 (嫉妬)질투하는 하나님인즉 나
를 미워하는 자의 죄를 갚되 아버
지로부터 아들에게로 삼사 대까지
이르게 하거니와
6 나를 사랑하고 내 계명을 지키는
자에게는 (千)천 (代)대까지 은혜
를 베푸느니라
7 ●너는 네 하나님 여호와의 이름을
(妄靈)망령되게 부르지 말라 여호
와는 그의 이름을 망령되게 부르는
자를 죄 없다 하지 아니하리라
8 ●(安息日)안식일을 기억하여 거
룩하게 지키라
9 엿새 동안은 힘써 네 모든 일을
(行)행할 것이나
10 일곱째 날은 네 하나님 여호와의
안식일인즉 너나 네 아들이나 네
딸이나 네 남종이나 네 여종이나
네 가축이나 네 문안에 머무는 (客)
객이라도 아무 일도 하지 말라
11 이는 엿새 동안에 나 여호와가 하
늘과 땅과 바다와 그 가운데 모든
것을 만들고 일곱째 날에 쉬었음이

1) 히, 내 앞에

라 그러므로 나 여호와가 안식일을
(福)복되게 하여 그 날을 거룩하게
하였느니라
12 ●네 부모를 (恭敬)공경하라 그리
하면 네 하나님 여호와가 네게 준
땅에서 네 생명이 길리라
13 ●(殺人)살인하지 말라
14 ●(姦淫)간음하지 말라
15 ●도둑질하지 말라
16 ●네 이웃에 대하여 거짓 (證據)증
거하지 말라
17 ●네 이웃의 집을 탐내지 말라 네
이웃의 아내나 그의 남종이나 그의
여종이나 그의 소나 그의 나귀나
무릇 네 이웃의 (所有)소유를 탐내
지 말라

백성이 두려워 떨다(신 5:22-33)

18 ●뭇 백성이 우레와 번개와 나팔
소리와 산의 (煙氣)연기를 본지라
그들이 볼 때에 떨며 멀리 서서
19 모세에게 이르되 (當身)당신이 우
리에게 말씀하소서 우리가 들으리
이다 하나님이 우리에게 말씀하시
지 말게 하소서 우리가 죽을까 하
나이다
20 모세가 백성에게 이르되 두려워하
지 말라 하나님이 (臨)임하심은 너
희를 시험하고 너희로 (敬畏)경외
하여 (犯罪)범죄하지 않게 하려 하
심이니라
21 백성은 멀리 서 있고 모세는 하나
님이 계신 (黑暗)흑암으로 가까이
가니라

제단에 관한 법

22 ●여호와께서 모세에게 이르시되
너는 이스라엘 (子孫)자손에게 이
같이 이르라 내가 하늘로부터 너희
에게 말하는 것을 너희 스스로 보
았으니
23 너희는 나를 비겨서 은으로나 금으
로나 너희를 위하여 (神像)신상을
만들지 말고
24 내게 (土壇)토단을 쌓고 그 위에
네 양과 소로 네 번제와 화목제를
드리라 내가 내 이름을 기념하게
하는 모든 곳에서 네게 임하여 복
을 주리라
25 네가 내게 돌로 제단을 쌓거든 다
듬은 돌로 쌓지 말라 네가 (釘)정으
로 그것을 쪼면 부정하게 함이니라
26 너는 층계로 내 (祭壇)제단에 오르
지 말라 네 하체가 그 위에서 드러
날까 함이니라

종에 관한 법(신 15:12-18)

21 네가 백성 앞에 세울 (法規)
법규는 이러하니라
2 ●네가 히브리 종을 사면 그는 여
섯 해 동안 섬길 것이요 일곱째 해
에는 몸값을 물지 않고 나가 (自由
人)자유인이 될 것이며
3 만일 그가 (單身)단신으로 왔으면
단신으로 나갈 것이요 장가 들었으
면 그의 아내도 그와 함께 나가려
니와
4 만일 (上典)상전이 그에게 아내를
주어 그의 아내가 아들이나 딸을
낳았으면 그의 아내와 그의 자식들
은 상전에게 속할 것이요 그는 단
신으로 나갈 것이로되
5 만일 종이 분명히 말하기를 내가 상

전과 내 (妻子)처자를 사랑하니 나
가서 자유인이 되지 않겠노라 하면
6 상전이 그를 데리고 [1](裁判長)재판
장에게로 갈 것이요 또 그를 문이
나 문설주 앞으로 데리고 가서 그
것에다가 송곳으로 그의 귀를 뚫을
것이라 그는 종신토록 그 상전을
섬기리라
7 ●사람이 (自己)자기의 딸을 여종
으로 팔았으면 그는 남종 같이 나
오지 못할지며
8 만일 상전이 그를 기뻐하지 아니하
여 상관하지 아니하면 그를 (贖良)
속량하게 할 것이나 상전이 그 여
자를 속인 것이 되었으니 외국인에
게는 팔지 못할 것이요
9 만일 그를 자기 아들에게 주기로
하였으면 그를 딸 같이 (待遇)대우
할 것이요
10 만일 상전이 다른 여자에게 장가 들
지라도 그 여자의 음식과 의복과 (同
寢)동침하는 것은 끊지 말 것이요
11 그가 이 세 가지를 (施行)시행하지
아니하면, 여자는 (贖錢)속전을 내
지 않고 거저 나가게 할 것이니라

폭행에 관한 법

12 ●사람을 쳐죽인 (者)자는 반드시
죽일 것이나
13 만일 사람이 (故意的)고의적으로
한 것이 아니라 나 하나님이 사람
을 그의 손에 넘긴 것이면 내가 그
를 위하여 한 곳을 정하리니 그 사
람이 그리로 도망할 것이며
14 사람이 그의 이웃을 고의로 죽였으
면 너는 그를 내 (祭壇)제단에서라
도 잡아내려 죽일지니라
15 ●(自己)자기 아버지나 어머니를
치는 자는 반드시 죽일지니라
16 ●사람을 납치한 자가 그 사람을
팔았든지 자기 (手下)수하에 두었
든지 그를 반드시 죽일지니라
17 ●자기의 아버지나 어머니를 (詛
呪)저주하는 자는 반드시 죽일지
니라
18 ●사람이 서로 싸우다가 하나가 돌
이나 주먹으로 그의 (相對方)상대
방을 쳤으나 그가 죽지 않고 자리
에 누웠다가
19 지팡이를 짚고 일어나 걸으면 그를
친 자가 형벌은 면하되 그간의 손
해를 배상하고 그가 (完治)완치되
게 할 것이니라
20 ●사람이 매로 그 남종이나 여종을
쳐서 (當場)당장에 죽으면 반드시
(刑罰)형벌을 받으려니와
21 그가 하루나 이틀을 (延命)연명하
면 형벌을 면하리니 그는 상전의
재산임이라
22 ●사람이 서로 싸우다가 임신한 여
인을 쳐서 (落胎)낙태하게 하였으
나 다른 해가 없으면 그 남편의 청
구대로 반드시 벌금을 내되 재판장
의 판결을 따라 낼 것이니라
23 그러나 다른 해가 있으면 갚되 (生
命)생명은 생명으로,
24 눈은 눈으로, 이는 이로, 손은 손으
로, 발은 발로,
25 덴 것은 덴 것으로, (傷)상하게 한
것은 상함으로, 때린 것은 때림으

1) 하나님

로 갚을지니라
26 ●사람이 그 남종의 한 눈이나 여
종의 한 눈을 쳐서 상하게 하면 그
눈에 (對)대한 보상으로 그를 놓아
줄 것이며
27 그 남종의 이나 여종의 이를 쳐서
빠뜨리면 그 이에 대한 (報償)보상
으로 그를 놓아 줄지니라

임자의 책임

28 ●소가 남자나 여자를 받아서 죽이
면 그 소는 반드시 돌로 쳐서 죽일
것이요 그 고기는 먹지 말 것이며
임자는 (刑罰)형벌을 면하려니와
29 소가 본래 받는 버릇이 있고 그 임
자는 그로 말미암아 (警告)경고를
받았으되 (團束)단속하지 아니하
여 남녀를 막론하고 받아 죽이면
그 소는 돌로 쳐죽일 것이고 임자
도 죽일 것이며
30 만일 그에게 (贖罪金)속죄금을 부
과하면 무릇 그 명령한 것을 생명
의 대가로 낼 것이요
31 아들을 받든지 딸을 받든지 이 (法
規)법규대로 그 임자에게 행할 것
이며
32 소가 만일 남종이나 여종을 받으면
소 임자가 (銀)은 삼십 세겔을 그의
(上典)상전에게 줄 것이요 소는 돌
로 쳐서 죽일지니라
33 ●사람이 구덩이를 열어두거나 구
덩이를 파고 덮지 아니하므로 소나
나귀가 거기에 빠지면
34 그 구덩이 (主人)주인이 잘 보상하
여 짐승의 임자에게 돈을 줄 것이요
죽은 것은 그가 차지할 것이니라
35 ●이 사람의 소가 저 사람의 소를
받아 죽이면 살아 있는 소를 팔아
그 값을 (半)반으로 나누고 또한 죽
은 것도 반으로 나누려니와
36 그 소가 본래 받는 버릇이 있는 줄
을 알고도 그 임자가 (團束)단속하
지 아니하였으면 그는 소로 소를
갚을 것이요 죽은 것은 그가 차지
할지니라

배상에 관한 법

22 사람이 소나 (羊)양을 도둑질
하여 잡거나 팔면 그는 소 한
마리에 소 다섯 마리로 갚고 양 한
마리에 양 네 마리로 갚을지니라
2 도둑이 뚫고 들어오는 것을 보고
그를 쳐죽이면 피 흘린 (罪)죄가 없
으나
3 해 돋은 후에는 피 흘린 죄가 있으
리라 도둑은 반드시 (賠償)배상할
것이나 배상할 것이 없으면 그 몸
을 팔아 그 도둑질한 것을 배상할
것이요
4 도둑질한 것이 살아 그의 손에 있
으면 소나 나귀나 양을 (莫論)막론
하고 갑절을 배상할지니라
5 ●사람이 밭에서나 (葡萄園)포도
원에서 짐승을 먹이다가 자기의 짐
승을 놓아 남의 밭에서 먹게 하면
자기 밭의 가장 좋은 것과 자기 포
도원의 가장 좋은 것으로 배상할지
니라
6 ●불이 나서 가시나무에 댕겨 낟
가리나 거두지 못한 곡식이나 밭을
태우면 불 놓은 자가 반드시 (賠償)
배상할지니라

7 ●사람이 돈이나 (物品)물품을 이
웃에게 맡겨 지키게 하였다가 그 이
웃 집에서 도둑을 맞았는데 그 도둑
이 잡히면 갑절을 배상할 것이요
8 도둑이 잡히지 아니하면 그 집 주
인이 [1]재판장 앞에 가서 자기가 그
이웃의 물품에 손 댄 (與否)여부의
(調査)조사를 받을 것이며
9 어떤 잃은 물건 즉 소나 나귀나 양
이나 의복이나 또는 다른 잃은 물
건에 대하여 어떤 사람이 이르기를
이것이 그것이라 하면 양편이 [1](裁
判長)재판장 앞에 나아갈 것이요
재판장이 죄 있다고 하는 자가 그
상대편에게 갑절을 배상할지니라
10 ●사람이 나귀나 소나 양이나 다른
짐승을 이웃에게 맡겨 지키게 하였
다가 죽거나 (傷)상하거나 끌려가
도 본 사람이 없으면
11 두 사람 사이에 맡은 자가 이웃의
것에 손을 대지 아니하였다고 여호
와께 (盟誓)맹세할 것이요 그 임자
는 그대로 믿을 것이며 그 사람은
배상하지 아니하려니와
12 (萬一)만일 자기에게서 도둑 맞았
으면 그 임자에게 배상할 것이며
13 만일 찢겼으면 그것을 가져다가
(證言)증언할 것이요 그 찢긴 것에
대하여 배상하지 아니할지니라
14 ●만일 이웃에게 빌려온 것이 그
임자가 함께 있지 아니할 때에 (傷)
상하거나 죽으면 반드시 배상하려
니와
15 그 임자가 그것과 함께 있었으면

1) 하나님

배상하지 아니할지니라 만일 (貰)
세 낸 것이면 세로 족하니라

도덕에 관한 법

16 ●사람이 약혼하지 아니한 처녀를
꾀어 동침하였으면 (納幣金)납폐
금을 주고 아내로 삼을 것이요
17 만일 처녀의 아버지가 딸을 그에게
주기를 (拒絕)거절하면 그는 처녀
에게 납폐금으로 돈을 낼지니라
18 ●너는 무당을 살려두지 말라
19 ●짐승과 (行淫)행음하는 자는 반
드시 죽일지니라
20 ●여호와 외에 다른 신에게 (祭祀)
제사를 드리는 자는 멸할지니라
21 너는 이방 나그네를 (壓制)압제하
지 말며 그들을 학대하지 말라 너
희도 애굽 땅에서 나그네였음이라
22 너는 과부나 (孤兒)고아를 해롭게
하지 말라
23 네가 만일 그들을 (害)해롭게 하므
로 그들이 내게 부르짖으면 내가
반드시 그 부르짖음을 들으리라
24 나의 (怒)노가 (猛烈)맹렬하므로
내가 칼로 너희를 죽이리니 너희의
아내는 과부가 되고 너희 자녀는
고아가 되리라
25 ●네가 만일 너와 함께 한 내 백성
중에서 가난한 자에게 돈을 꾸어
주면 너는 그에게 (債權者)채권자
같이 하지 말며 이자를 받지 말 것
이며
26 네가 만일 이웃의 옷을 (典當)전당
잡거든 해가 지기 전에 그에게 돌
려보내라
27 그것이 유일한 옷이라 그것이 그의

알몸을 가릴 옷인즉 그가 무엇을
입고 자겠느냐 그가 내게 부르짖으
면 내가 들으리니 나는 (慈悲)자비
로운 자임이니라
28 ●너는 재판장을 (冒瀆)모독하지
말며 백성의 지도자를 저주하지 말
지니라
29 너는 네가 (秋收)추수한 것과 네가
짜낸 즙을 바치기를 더디하지 말지
며 네 처음 난 아들들을 내게 줄지며
30 네 소와 (羊)양도 그와 같이 하되
이레 동안 어미와 함께 있게 하다
가 여드레 만에 내게 줄지니라
31 너희는 내게 거룩한 사람이 될지니
들에서 짐승에게 찢긴 (動物)동물
의 고기를 먹지 말고 그것을 개에
게 던질지니라

공평에 관한 법

23 너는 거짓된 (風說)풍설을
퍼뜨리지 말며 악인과 연합
하여 (僞證)위증하는 증인이 되지
말며
2 다수를 따라 악을 행하지 말며 (訟
事)송사에 다수를 따라 부당한 증
언을 하지 말며
3 가난한 자의 송사라고 해서 (偏僻)
편벽되이 두둔하지 말지니라
4 ●네가 만일 네 (怨讐)원수의 길
잃은 소나 나귀를 보거든 반드시
그 사람에게로 돌릴지며
5 네가 (萬一)만일 너를 미워하는 자
의 나귀가 짐을 싣고 엎드러짐을
보거든 그것을 버려두지 말고 그것
을 도와 그 짐을 부릴지니라
6 ●너는 가난한 자의 송사라고 (正
義)정의를 굽게 하지 말며
7 거짓 일을 멀리 하며 무죄한 자와
의로운 자를 죽이지 말라 나는 (惡
人)악인을 의롭다 하지 아니하겠
노라
8 너는 (賂物)뇌물을 받지 말라 뇌물
은 밝은 자의 눈을 어둡게 하고 의
로운 자의 말을 굽게 하느니라
9 너는 이방 나그네를 (壓制)압제하
지 말라 너희가 애굽 땅에서 나그
네 되었었은즉 나그네의 (事情)사
정을 아느니라

안식년과 안식일에 관한 법

10 ●너는 여섯 해 동안은 너의 땅에
(播種)파종하여 그 (所産)소산을
거두고
11 일곱째 해에는 갈지 말고 묵혀두어
서 네 백성의 가난한 자들이 먹게
하라 그 남은 것은 들짐승이 먹으
리라 네 (葡萄園)포도원과 감람원
도 그리할지니라
12 너는 엿새 동안에 네 일을 하고 일
곱째 날에는 쉬라 네 소와 나귀가
쉴 것이며 네 여종의 (子息)자식과
나그네가 숨을 돌리리라
13 내가 네게 이른 모든 일을 삼가 지
키고 다른 (神)신들의 이름은 부르
지도 말며 네 입에서 들리게도 하
지 말지니라

세 가지 절기에 관한 법
(출 34:18-26; 신 16:1-17)

14 ●너는 매년 세 번 내게 (節期)절
기를 지킬지니라
15 너는 (無酵餠)무교병의 절기를 지
키라 내가 네게 명령한 대로 아빕

월의 정한 때에 이레 동안 무교병
을 먹을지니 이는 그 달에 네가 애
굽에서 나왔음이라 빈 손으로 내
앞에 나오지 말지니라
16 맥추절을 지키라 이는 네가 수고하
여 밭에 뿌린 것의 첫 열매를 거둠
이니라 (收藏節)수장절을 지키라
이는 네가 수고하여 이룬 것을 (年
末)연말에 밭에서부터 거두어 저
장함이니라
17 네 모든 남자는 (每年)매년 세 번
씩 주 여호와께 보일지니라
18 ●너는 네 제물의 피를 (有酵餅)유
교병과 함께 드리지 말며 내 절기
제물의 기름을 아침까지 남겨두지
말지니라
19 네 토지에서 처음 거둔 열매의 가
장 좋은 것을 가져다가 너의 하나
님 여호와의 (殿)전에 드릴지니라
너는 염소 새끼를 그 어미의 젖으
로 삶지 말지니라

명령과 약속

20 ●내가 사자를 네 앞서 보내어 길
에서 너를 (保護)보호하여 너를 내
가 예비한 곳에 이르게 하리니
21 너희는 삼가 그의 목소리를 (聽從)
청종하고 그를 노엽게 하지 말라
그가 너희의 허물을 용서하지 아니
할 것은 내 이름이 그에게 있음이
니라
22 네가 그의 목소리를 잘 청종하고
내 모든 말대로 행하면 내가 네 원
수에게 원수가 되고 네 (對敵)대적
에게 대적이 될지라
23 내 (使者)사자가 네 앞서 가서 너
를 아모리 사람과 헷 사람과 브리
스 사람과 가나안 사람과 히위 사
람과 여부스 사람에게로 인도하고
나는 그들을 끊으리니
24 너는 그들의 신을 (敬拜)경배하지
말며 섬기지 말며 그들의 행위를
본받지 말고 그것들을 다 깨뜨리며
그들의 (柱像)주상을 부수고
25 네 하나님 여호와를 섬기라 그리하
면 여호와가 너희의 양식과 물에
복을 내리고 너희 중에서 병을 (除)
제하리니
26 네 나라에 (落胎)낙태하는 자가 없
고 임신하지 못하는 자가 없을 것
이라 내가 너의 날 수를 채우리라
27 내가 내 (威嚴)위엄을 네 앞서 보
내어 네가 이를 곳의 모든 백성을
물리치고 네 모든 원수들이 네게
등을 돌려 도망하게 할 것이며
28 내가 (王)왕벌을 네 앞에 보내리니
그 벌이 히위 족속과 가나안 족속
과 헷 족속을 네 앞에서 쫓아내리
라
29 그러나 그 땅이 (荒廢)황폐하게 됨
으로 들짐승이 (繁盛)번성하여 너
희를 해할까 하여 일 년 안에는 그
들을 네 앞에서 쫓아내지 아니하고
30 네가 번성하여 그 땅을 (基業)기업
으로 얻을 때까지 내가 그들을 네
앞에서 조금씩 쫓아내리라
31 내가 네 (境界)경계를 홍해에서부
터 블레셋 바다까지, 광야에서부터
[1]강까지 정하고 그 땅의 주민을 네
손에 넘기리니 네가 그들을 네 앞

1) 유브라데 강

에서 쫓아낼지라
32 너는 그들과 그들의 신들과 (言約)
언약하지 말라
33 그들이 네 땅에 머무르지 못할 것
은 그들이 너를 내게 (犯罪)범죄하
게 할까 두려움이라 네가 그 신들
을 섬기면 그것이 너의 올무가 되
리라

시내 산에서 언약을 세우다

24 또 모세에게 이르시되 너는
아론과 나답과 아비후와 이
스라엘 장로 칠십 명과 함께 여호
와께로 올라와 멀리서 (敬拜)경배
하고
2 너 모세만 여호와께 가까이 나아오
고 그들은 가까이 나아오지 말며
(百姓)백성은 너와 함께 올라오지
말지니라
3 모세가 와서 여호와의 모든 말씀과
그의 모든 (律例)율례를 백성에게
전하매 그들이 한 소리로 응답하여
이르되 여호와께서 말씀하신 모든
것을 우리가 준행하리이다
4 모세가 여호와의 모든 말씀을 기록
하고 이른 아침에 일어나 산 아래
에 제단을 쌓고 이스라엘 열두 (支
派)지파대로 열두 기둥을 세우고
5 이스라엘 자손의 청년들을 보내어
여호와께 소로 번제와 (和睦祭)화
목제를 드리게 하고
6 모세가 피를 가지고 반은 여러 양푼
에 담고 반은 (祭壇)제단에 뿌리고
7 (言約書)언약서를 가져다가 백성
에게 낭독하여 듣게 하니 그들이
이르되 여호와의 모든 말씀을 우리
가 (遵行)준행하리이다
8 모세가 그 피를 가지고 백성에게
뿌리며 이르되 이는 여호와께서 이
모든 말씀에 대하여 너희와 세우신
(言約)언약의 피니라
9 ●모세와 아론과 나답과 아비후와
이스라엘 (長老)장로 칠십 인이 올
라가서
10 이스라엘의 하나님을 보니 그의 발
아래에는 (靑玉)청옥을 편 듯하고
하늘 같이 (淸明)청명하더라
11 하나님이 이스라엘 자손들의 (尊
貴)존귀한 자들에게 손을 대지 아
니하셨고 그들은 하나님을 뵙고 먹
고 마셨더라

시내 산에서 사십 일을 있다

12 ●여호와께서 모세에게 이르시되
너는 산에 올라 내게로 와서 거기
있으라 네가 그들을 가르치도록 내
가 (律法)율법과 (誡命)계명을 친
히 기록한 돌판을 네게 주리라
13 모세가 그의 (部下)부하 여호수아
와 함께 일어나 모세가 하나님의
산으로 올라가며
14 (長老)장로들에게 이르되 너희는
여기서 우리가 너희에게로 돌아오
기까지 기다리라 아론과 훌이 너희
와 함께 하리니 무릇 일이 있는 자
는 그들에게로 나아갈지니라 하고
15 모세가 (山)산에 오르매 구름이 산
을 가리며
16 여호와의 (榮光)영광이 시내 산 위
에 머무르고 구름이 엿새 동안 산을
가리더니 일곱째 날에 여호와께서
구름 가운데서 모세를 부르시니라

17 산 위의 여호와의 영광이 이스라엘
(子孫)자손의 눈에 맹렬한 불 같이
보였고
18 모세는 구름 속으로 들어가서 산
위에 올랐으며 모세가 사십 일 사
십 야를 (山)산에 있으니라

성소를 지을 예물

25 여호와께서 모세에게 말씀하
여 이르시되
2 이스라엘 자손에게 명령하여 내게
(禮物)예물을 가져오라 하고 기쁜
마음으로 내는 자가 내게 바치는
모든 것을 너희는 받을지니라
3 너희가 그들에게서 받을 예물은 이
러하니 금과 (銀)은과 놋과
4 (靑色)청색 자색 홍색 실과 가는
베 실과 염소 털과
5 붉은 물 들인 숫양의 가죽과 [1](海
獺)해달의 가죽과 [2]조각목과
6 (燈油)등유와 (灌油)관유에 드는
향료와 분향할 향을 만들 향품과
7 호마노며 에봇과 (胸牌)흉패에 물
릴 보석이니라
8 내가 그들 중에 거할 (聖所)성소를
그들이 나를 위하여 짓되
9 무릇 내가 네게 보이는 (貌樣)모양
대로 장막을 짓고 기구들도 그 모
양을 따라 지을지니라

증거궤(출 37:1-9)

10 ●그들은 조각목으로 (櫃)궤를 짜
되 길이는 두 [3]규빗 반, 너비는 한
규빗 반, 높이는 한 규빗 반이 되게
하고

1) 또는 돌고래 2) 또는 아카시아나무 3) 히, 암마 4) 법
5) 시은좌 곧 은혜의 자리 6) 법궤

11 너는 (純金)순금으로 그것을 싸되
그 안팎을 싸고 위쪽 가장자리로
돌아가며 (金)금 테를 두르고
12 (金)금 고리 넷을 부어 만들어 그
네 발에 달되 이쪽에 두 고리 저쪽
에 두 고리를 달며
13 (皁角木)조각목으로 채를 만들어
금으로 싸고
14 그 채를 궤 (兩)양쪽 고리에 꿰어서
궤를 메게 하며
15 채를 (櫃)궤의 고리에 꿴 대로 두고
빼내지 말지며
16 내가 네게 줄 [4](證據板)증거판을
궤 속에 둘지며
17 순금으로 [5](贖罪所)속죄소를 만
들되 길이는 두 규빗 반, 너비는 한
규빗 반이 되게 하고
18 금으로 그룹 둘을 [5](贖罪所)속죄
소 두 끝에 쳐서 만들되
19 한 그룹은 이 끝에, 또 한 그룹은
저 끝에 곧 [5]속죄소 두 끝에 [5]속죄
소와 한 덩이로 (連結)연결할지며
20 그룹들은 그 날개를 높이 펴서 그
날개로 [5]속죄소를 덮으며 그 얼굴
을 서로 대하여 [5]속죄소를 (向)향
하게 하고
21 [5]속죄소를 궤 위에 얹고 내가 네게
줄 [4](證據板)증거판을 궤 속에 넣
으라
22 거기서 내가 너와 만나고 [5]속죄소
위 곧 [6](證據櫃)증거궤 위에 있는
두 그룹 사이에서 내가 이스라엘
(子孫)자손을 위하여 네게 명령할
모든 일을 네게 이르리라

진설병을 두는 상(출 37:10-16)

23 ● 너는 (皂角木)조각목으로 상을 만
들되 길이는 두 규빗, 너비는 한 규
빗, 높이는 한 규빗 반이 되게 하고
24 순금으로 싸고 (周圍)주위에 금 테
를 두르고
25 그 주위에 손바닥 넓이만한 턱을
만들고 그 턱 주위에 (金)금으로 테
를 만들고
26 그것을 (爲)위하여 금 고리 넷을 만
들어 그 네 발 위 네 모퉁이에 달되
27 턱 곁에 붙이라 이는 (床)상을 멜
채를 꿸 곳이며
28 또 조각목으로 그 채를 만들고 금
으로 싸라 (床)상을 이것으로 멜 것
이니라
29 너는 대접과 숟가락과 병과 붓는
(盞)잔을 만들되 순금으로 만들며
30 상 위에 (陳設餠)진설병을 두어 항
상 내 앞에 있게 할지니라

등잔대와 기구들(출 37:17-24)

31 ● 너는 순금으로 (燈盞臺)등잔대
를 쳐 만들되 그 밑판과 줄기와 잔
과 꽃받침과 꽃을 한 덩이로 연결
하고
32 가지 여섯을 (燈盞臺)등잔대 곁에
서 나오게 하되 다른 세 가지는 이
쪽으로 나오고 다른 세 가지는 저
쪽으로 나오게 하며
33 이쪽 가지에 살구꽃 (形狀)형상의
잔 셋과 꽃받침과 꽃이 있게 하고
저쪽 가지에도 살구꽃 형상의 잔
셋과 꽃받침과 꽃이 있게 하여 등
잔대에서 나온 가지 여섯을 같게
할지며
34 등잔대 줄기에는 살구꽃 형상의 (盞)
잔 넷과 꽃받침과 꽃이 있게 하고
35 등잔대에서 나온 가지 여섯을 위하
여 꽃받침이 있게 하되 두 가지 아
래에 한 꽃받침이 있어 줄기와 연
결하며 또 두 가지 아래에 한 꽃받
침이 있어 줄기와 (連結)연결하며
또 두 가지 아래에 한 꽃받침이 있
어 줄기와 연결하게 하고
36 그 꽃받침과 가지를 줄기와 연결하
여 (全部)전부를 순금으로 쳐 만들고
37 (燈盞)등잔 일곱을 만들어 그 위에
두어 앞을 비추게 하며
38 그 불 집게와 불 똥 그릇도 (純金)
순금으로 만들지니
39 등잔대와 이 모든 (器具)기구를 순
금 한 달란트로 만들되
40 너는 삼가 이 산에서 네게 보인 (樣
式)양식대로 할지니라

성막(출 36:8-38)

26 너는 (聖幕)성막을 만들되
가늘게 꼰 베 실과 청색 자색
홍색 실로 그룹을 정교하게 수 놓
은 열 폭의 (揮帳)휘장을 만들지니
2 매 폭의 길이는 스물여덟 규빗, 너
비는 네 규빗으로 각 폭의 (長短)
장단을 같게 하고
3 그 휘장 다섯 (幅)폭을 서로 연결하
며 다른 다섯 폭도 서로 연결하고
4 그 휘장을 이을 끝폭 가에 (靑色)
청색 고리를 만들며 이어질 다른 끝
폭 가에도 그와 같이 하고
5 휘장 끝폭 가에 고 쉰 (個)개를 달
며 다른 휘장 끝폭 가에도 고 쉰 개
를 달고 그 고들을 서로 마주 보게
하고

6 금 갈고리 쉰 개를 만들고 그 갈고
리로 휘장을 연결하여 한 (聖幕)성
막을 이룰지며
7 그 성막을 덮는 막 곧 (揮帳)휘장
을 염소털로 만들되 열한 폭을 만
들지며
8 (各)각 폭의 길이는 서른 규빗, 너
비는 네 규빗으로 열한 폭의 길이
를 같게 하고
9 그 휘장 다섯 폭을 서로 연결하며
또 여섯 폭을 서로 연결하고 그 여
섯째 폭 절반은 성막 (前面)전면에
접어 드리우고
10 (揮帳)휘장을 이을 끝폭 가에 고
쉰 개를 달며 다른 이을 끝폭 가에
도 고 쉰 개를 달고
11 놋 갈고리 쉰 개를 만들고 그 갈
고리로 그 고를 꿰어 연결하여 한
(幕)막이 되게 하고
12 그 막 곧 휘장의 그 나머지 (半)반
폭은 성막 뒤에 늘어뜨리고
13 막 곧 휘장의 길이의 남은 것은 이
쪽에 한 규빗, 저쪽에 한 규빗씩 성
막 (左右)좌우 (兩)양쪽에 덮어 늘
어뜨리고
14 붉은 물 들인 숫양의 가죽으로 막
의 덮개를 만들고 [1](海獺)해달의
가죽으로 그 웃덮개를 만들지니라
15 ●너는 (皁角木)조각목으로 성막
을 위하여 널판을 만들어 세우되
16 각 판의 길이는 열 규빗, 너비는 한
규빗 (半)반으로 하고
17 (各)각 판에 두 촉씩 내어 서로 연
결하게 하되 너는 성막 널판을 다

1) 또는 돌고래

그와 같이 하라
18 너는 (聖幕)성막을 위하여 널판을
만들되 남쪽을 위하여 널판 스무
개를 만들고
19 스무 널판 아래에 은 받침 마흔
(個)개를 만들지니 이쪽 널판 아래
에도 그 두 촉을 위하여 두 받침을
만들고 저쪽 널판 아래에도 그 두
촉을 위하여 두 받침을 만들지며
20 성막 다른 쪽 곧 그 (北)북쪽을 위
하여도 널판 스무 개로 하고
21 (銀)은 받침 마흔 개를 이쪽 널판
아래에도 두 받침, 저쪽 널판 아래
에도 두 받침으로 하며
22 성막 뒤 곧 그 (西)서쪽을 위하여는
널판 여섯 개를 만들고
23 성막 뒤 두 모퉁이 쪽을 (爲)위하여
는 널판 두 개를 만들되
24 아래에서부터 위까지 (各其)각기
두 겹 두께로 하여 윗고리에 이르
게 하고 두 모퉁이 쪽을 다 그리하
며
25 그 여덟 널(板)판에는 은 받침이 열
여섯이니 이쪽 판 아래에도 두 받
침이요 저쪽 판 아래에도 두 받침
이니라
26 너는 (皁角木)조각목으로 띠를 만
들지니 성막 이쪽 널판을 위하여
다섯 개요
27 (聖幕)성막 저쪽 널판을 위하여 다
섯 개요 성막 뒤 곧 서쪽 널판을 위
하여 다섯 개이며
28 널판 가운데에 있는 (中間)중간 띠
는 이 끝에서 저 끝에 미치게 하고
29 그 널판들을 (金)금으로 싸고 그 널

판들의 띠를 꿸 금 고리를 만들고
그 띠를 금으로 싸라
30 너는 산에서 보인 (樣式)양식대로
성막을 세울지니라
31 ●너는 청색 자색 홍색 실과 가늘
게 꼰 베 실로 짜서 (揮帳)휘장을
만들고 그 위에 그룹들을 정교하게
수 놓아서
32 (金)금 갈고리를 네 기둥 위에 늘
어뜨리되 그 네 기둥을 조각목으로
만들고 금으로 싸서 네 은 받침 위
에 둘지며
33 그 휘장을 갈고리 아래에 늘어뜨
린 후에 [1]증거궤를 그 휘장 안에 들
여놓으라 그 휘장이 너희를 위하여
(聖所)성소와 (至聖所)지성소를
구분하리라
34 너는 지성소에 있는 [1](證據櫃)증거
궤 위에 [2]속죄소를 두고
35 그 휘장 바깥 북쪽에 상을 놓고 남
쪽에 (燈盞臺)등잔대를 놓아 상과
마주하게 할지며
36 청색 자색 홍색 실과 가늘게 꼰 베
실로 수 놓아 짜서 (聖幕)성막 (門)
문을 위하여 휘장을 만들고
37 그 (揮帳)휘장 문을 위하여 기둥
다섯을 조각목으로 만들어 금으로
싸고 그 갈고리도 금으로 만들지며
또 그 기둥을 위하여 받침 다섯 개
를 놋으로 부어 만들지니라

제단(출 38:1-7)

27 너는 조각목으로 길이가 다
섯 규빗, 너비가 다섯 규빗의
(祭壇)제단을 만들되 네모 반듯하
게 하며 높이는 삼 규빗으로 하고
2 그 네 모퉁이 위에 뿔을 만들되 그
뿔이 그것에 이어지게 하고 그 (祭
壇)제단을 놋으로 싸고
3 재를 담는 (桶)통과 부삽과 대야와
고기 갈고리와 불 옮기는 그릇을
만들되 제단의 그릇을 다 놋으로
만들지며
4 제단을 (爲)위하여 놋으로 그물을
만들고 그 위 네 모퉁이에 놋 고리
넷을 만들고
5 그물은 제단 (周圍)주위 가장자리
아래 곧 제단 절반에 오르게 할지
며
6 또 그 제단을 위하여 채를 만들되
(皂角木)조각목으로 만들고 놋으
로 쌀지며
7 제단 (兩)양쪽 고리에 그 채를 꿰어
제단을 메게 할지며
8 (祭壇)제단은 널판으로 속이 비게
만들되 산에서 네게 보인 대로 그
들이 만들게 하라

성막의 뜰(출 38:9-20)

9 ●너는 성막의 뜰을 만들지니 남쪽
을 향하여 뜰 남쪽에 너비가 백 규
빗의 (細麻布)세마포 휘장을 쳐서
그 한 쪽을 당하게 할지니
10 그 기둥이 스물이며 그 받침 스물
은 놋으로 하고 그 기둥의 갈고리
와 가름대는 (銀)은으로 할지며
11 그 (北)북쪽에도 너비가 백 규빗의
(布帳)포장을 치되 그 기둥이 스물
이며 그 기둥의 받침 스물은 놋으
로 하고 그 기둥의 갈고리와 가름
대는 은으로 할지며

1) 법궤 2) 시은좌 곧 은혜의 자리

12 뜰의 옆 곧 (西)서쪽에 너비 쉰 규
빗의 포장을 치되 그 기둥이 열이
요 받침이 열이며
13 (東)동쪽을 향하여 뜰 동쪽의 너비
도 쉰 규빗이 될지며
14 (門)문 이쪽을 위하여 포장이 열다
섯 규빗이며 그 기둥이 셋이요 받
침이 셋이요
15 문 저쪽을 (爲)위하여도 포장이 열
다섯 규빗이며 그 기둥이 셋이요
받침이 셋이며
16 뜰 문을 위하여는 청색 자색 홍색 실
과 가늘게 꼰 베 실로 (繡)수 놓아
짠 스무 규빗의 휘장이 있게 할지니
그 기둥이 넷이요 받침이 넷이며
17 뜰 (周圍)주위 모든 기둥의 가름대
와 갈고리는 은이요 그 받침은 놋
이며
18 뜰의 길이는 백 규빗이요 너비는
쉰 규빗이요 (細麻布)세마포 (揮
帳)휘장의 높이는 다섯 규빗이요
그 받침은 놋이며
19 성막에서 쓰는 모든 (器具)기구와
그 말뚝과 뜰의 포장 말뚝을 다 놋
으로 할지니라

등불 관리(레 24:1-4)

20 ●너는 또 이스라엘 자손에게 명령
하여 (橄欖)감람으로 짠 순수한 기
름을 등불을 위하여 네게로 가져오
게 하고 끊이지 않게 등불을 켜되
21 아론과 그의 아들들로 회막 안 [1](證
據櫃)증거궤 앞 휘장 밖에서 저녁
부터 아침까지 항상 여호와 앞에
그 등불을 보살피게 하라 이는 이
스라엘 자손이 대대로 지킬 (規例)
규례이니라

제사장의 옷(출 39:1-7)

28 너는 이스라엘 (子孫)자손
중 네 형 아론과 그의 아들들
곧 아론과 아론의 아들들 나답과
아비후와 엘르아살과 이다말을 그
와 함께 네게로 나아오게 하여 나
를 섬기는 제사장 (職分)직분을 행
하게 하되
2 네 형 아론을 위하여 거룩한 옷을
지어 (榮華)영화롭고 아름답게 할
지니
3 너는 무릇 마음에 (智慧)지혜 있는
모든 자 곧 내가 지혜로운 영으로
채운 자들에게 말하여 아론의 옷을
지어 그를 거룩하게 하여 내게 제
사장 직분을 행하게 하라
4 그들이 지을 옷은 이러하니 곧 (胸
牌)흉패와 에봇과 겉옷과 (斑布)반
포 속옷과 (冠)관과 띠라 그들이 네
형 아론과 그 아들들을 위하여 거
룩한 옷을 지어 아론이 내게 제사
장 직분을 행하게 하라
5 그들이 쓸 것은 금 실과 청색 (紫
色)자색 홍색 실과 가늘게 꼰 베 실
이니라
6 ●그들이 금 실과 청색 자색 홍색
실과 가늘게 꼰 베 실로 (精巧)정
교하게 짜서 에봇을 짓되
7 그것에 어깨받이 둘을 달아 그 두
끝을 이어지게 하고
8 에봇 위에 매는 띠는 에봇 짜는 법
으로 금 실과 청색 자색 (紅色)홍
색 실과 가늘게 꼰 베 실로 에봇에

1) 법궤

정교하게 붙여 짤지며
9 (縞瑪瑙)호마노 두 개를 가져다가
그 위에 이스라엘 아들들의 이름을
새기되
10 그들의 나이대로 여섯 이름을 한
(寶石)보석에, 나머지 여섯 이름은
다른 보석에 새기라
11 보석을 새기는 자가 (圖章)도장에
새김 같이 너는 이스라엘 아들들의
이름을 그 두 보석에 새겨 금 테에
물리고
12 그 두 보석을 에봇의 두 어깨받이
에 붙여 이스라엘 아들들의 기념
보석을 삼되 아론이 여호와 앞에서
그들의 이름을 그 두 어깨에 메워
서 (記念)기념이 되게 할지며
13 너는 (金)금으로 테를 만들고
14 (純金)순금으로 노끈처럼 두 사슬
을 땋고 그 땋은 사슬을 그 테에 달
지니라

판결 흉패(출 39:8-21)

15 ● 너는 판결 흉패를 에봇 짜는 (方
法)방법으로 금 실과 청색 자색 홍
색 실과 가늘게 꼰 베 실로 정교하
게 짜서 만들되
16 길이와 너비가 한 뼘씩 두 겹으로
네모 반듯하게 하고
17 그것에 네 줄로 보석을 물리되 첫
줄은 (紅寶石)홍보석(黃玉)황옥
(綠珠玉)녹주옥이요
18 둘째 줄은 석류석 [1]남보석 [2](紅瑪
瑙)홍마노요
19 셋째 줄은 호박 백마노 (紫水晶)자
수정이요
20 넷째 줄은 녹보석 호마노 (碧玉)벽
옥으로 다 금 테에 물릴지니
21 이 보석들은 이스라엘 아들들의 이
름대로 열둘이라 보석마다 열두
(支派)지파의 한 이름씩 도장을 새
기는 법으로 새기고
22 순금으로 노끈처럼 땋은 사슬을
(胸牌)흉패 위에 붙이고
23 또 (金)금 고리 둘을 만들어 흉패
위 곧 흉패 두 끝에 그 두 고리를 달
고
24 땋은 두 금 사슬로 (胸牌)흉패 두
끝 두 고리에 꿰어 매고
25 두 땋은 사슬의 다른 두 끝을 에봇
앞 두 어깨받이의 (金)금 테에 매고
26 또 금 고리 둘을 만들어 흉패 아래
(兩)양쪽 가 안쪽 곧 에봇에 닿은
곳에 달고
27 또 금 고리 둘을 만들어 에봇 앞 두
어깨받이 아래 매는 자리 가까운
쪽 곧 (精巧)정교하게 짠 띠 위쪽
에 달고
28 (靑色)청색 끈으로 흉패 고리와 에
봇 고리에 꿰어 흉패로 정교하게
짠 에봇 띠 위에 붙여 떨어지지 않
게 하라
29 아론이 (聖所)성소에 들어갈 때에
는 이스라엘 아들들의 이름을 기록
한 이 판결 흉패를 가슴에 붙여 여
호와 앞에 영원한 (記念)기념을 삼
을 것이니라
30 너는 [3]우림과 [4]둠밈을 판결 흉패
안에 넣어 아론이 여호와 앞에 들
어갈 때에 그의 가슴에 붙이게 하
라 아론은 여호와 앞에서 이스라엘

1) 청보석 2) 금강석 3) 빛 4) 완전함

자손의 흉패를 (恒常)항상 그의 가
슴에 붙일지니라

제사장의 또 다른 옷(출 39:22-31)

31 ●너는 에봇 받침 겉옷을 (全部)전
부 청색으로 하되
32 두 어깨 사이에 머리 들어갈 구멍
을 내고 그 (周圍)주위에 (甲)갑옷
깃 같이 깃을 짜서 찢어지지 않게
하고
33 그 옷 가장자리로 돌아가며 청색
자색 홍색 실로 석류를 수 놓고 금
방울을 (間隔)간격을 두어 달되
34 그 옷 가장자리로 돌아가며 한 금
방울, 한 석류, 한 금 방울, 한 (石
榴)석류가 있게 하라
35 아론이 입고 여호와를 섬기러 (聖
所)성소에 들어갈 때와 성소에서
나올 때에 그 소리가 들릴 것이라
그리하면 그가 죽지 아니하리라
36 ●너는 또 순금으로 (牌)패를 만들
어 도장을 새기는 법으로 그 위에
새기되 '여호와께 성결'이라 하고
37 그 패를 청색 끈으로 (冠)관 위에
매되 곧 관 전면에 있게 하라
38 이 패를 아론의 이마에 두어 그가
이스라엘 자손이 거룩하게 드리는
성물과 관련된 (罪責)죄책을 담당
하게 하라 그 패가 아론의 이마에
늘 있으므로 그 성물을 여호와께서
받으시게 되리라
39 너는 가는 베 실로 (斑布)반포 속
옷을 짜고 가는 베 실로 관을 만들
고 띠를 수 놓아 만들지니라
40 ●너는 아론의 아들들을 위하여 속
옷을 만들며 그들을 위하여 띠를
만들며 그들을 위하여 관을 만들어
(榮華)영화롭고 아름답게 하되
41 너는 그것들로 네 형 아론과 그와
함께 한 그의 아들들에게 입히고
그들에게 기름을 부어 위임하고 거
룩하게 하여 그들이 제사장 (職分)
직분을 내게 행하게 할지며
42 또 그들을 위하여 베로 속바지를
만들어 허리에서부터 두 넓적다리
까지 이르게 하여 (下體)하체를 가
리게 하라
43 아론과 그의 아들들이 (會幕)회막
에 들어갈 때에나 제단에 가까이
하여 거룩한 곳에서 섬길 때에 그
것들을 입어야 죄를 짊어진 채 죽
지 아니하리니 그와 그의 후손이
영원히 지킬 (規例)규례니라

제사장 직분 위임(레 8:1-36)

29 네가 그들에게 나를 섬길 제
사장 직분을 (委任)위임하여
그들을 거룩하게 할 일은 이러하니
곧 어린 수소 하나와 흠 없는 숫양
둘을 택하고
2 무교병과 기름 섞인 무교 과자와
기름 바른 (無酵 煎餠)무교 전병을
모두 고운 밀가루로 만들고
3 그것들을 한 광주리에 담고 그것을
광주리에 담은 채 그 송아지와 두
(羊)양과 함께 가져오라
4 너는 아론과 그의 아들들을 (會幕)
회막문으로 데려다가 물로 씻기고
5 의복을 가져다가 아론에게 속옷과
에봇 받침 겉옷과 에봇을 입히고
(胸牌)흉패를 달고 에봇에 정교하
게 짠 띠를 띠게 하고

6 그의 머리에 관을 씌우고 그 위에
거룩한 (牌)패를 더하고
7 (灌油)관유를 가져다가 그의 머리
에 부어 바르고
8 그의 아들들을 데려다가 그들에게
속옷을 입히고
9 아론과 그의 아들들에게 띠를 띠우
며 관을 씌워 그들에게 제사장의
직분을 맡겨 (永遠)영원한 규례가
되게 하라 너는 이같이 아론과 그
의 아들들에게 위임하여 거룩하게
할지니라
10 ●너는 수송아지를 회막 앞으로 끌
어오고 아론과 그의 아들들은 그
송아지 머리에 (按手)안수할지며
11 너는 (會幕)회막 문 여호와 앞에서
그 송아지를 잡고
12 그 피를 네 손가락으로 (祭壇)제단
뿔들에 바르고 그 피 전부를 제단
밑에 쏟을지며
13 (內臟)내장에 덮인 모든 기름과 간
위에 있는 꺼풀과 두 콩팥과 그 위
의 기름을 가져다가 제단 위에 불
사르고
14 그 수소의 고기와 가죽과 똥을 진
밖에서 불사르라 이는 (贖罪祭)속
죄제니라
15 ●너는 또 숫양 한 마리를 끌어오
고 아론과 그의 아들들은 그 숫양
의 머리 위에 (按手)안수할지며
16 너는 그 숫양을 잡고 그 피를 가져다
가 제단 위의 (周圍)주위에 뿌리고
17 그 숫양의 (脚)각을 뜨고 그 (臟腑)
장부와 다리는 씻어 각을 뜬 고기
와 그 머리와 함께 두고
18 그 숫양 전부를 제단 위에 불사르
라 이는 여호와께 드리는 (燔祭)번
제요 이는 향기로운 냄새니 여호와
께 드리는 (火祭)화제니라
19 ●너는 다른 숫양을 (擇)택하고 아
론과 그 아들들은 그 숫양의 머리
위에 안수할지며
20 너는 그 숫양을 잡고 그것의 피를
가져다가 아론의 오른쪽 귓부리와
그의 아들들의 오른쪽 귓부리에 바
르고 그 오른손 엄지와 오른발 엄
지에 바르고 그 피를 (祭壇)제단
(周圍)주위에 뿌리고
21 제단 위의 피와 (灌油)관유를 가져
다가 아론과 그의 옷과 그의 아들
들과 그의 아들들의 옷에 뿌리라
그와 그의 옷과 그의 아들들과 그
의 아들들의 옷이 거룩하리라
22 또 너는 그 숫양의 기름과 기름진
꼬리와 그것의 내장에 덮인 기름과
간 위의 꺼풀과 두 콩팥과 그것들
위의 기름과 오른쪽 넓적다리를 가
지라 이는 (委任式)위임식의 숫양
이라
23 또 여호와 앞에 있는 무교병 광주
리에서 떡 한 개와 기름 바른 과자
한 개와 (煎餠)전병 한 개를 가져
다가
24 그 전부를 아론의 손과 그의 아들
들의 손에 주고 그것을 흔들어 여
호와 앞에 (搖祭)요제를 삼을지며
25 너는 그것을 그들의 손에서 가져다
가 제단 위에서 (燔祭物)번제물을
더하여 불사르라 이는 여호와 앞에
향기로운 냄새니 곧 여호와께 드리

는 화제니라
26 ●너는 아론의 위임식 숫양의 가
슴을 가져다가 여호와 앞에 흔들어
(搖祭)요제를 삼으라 이것이 네 분
깃이니라
27 너는 그 흔든 (搖祭物)요제물 곧
아론과 그의 아들들의 (委任式)위
임식 숫양의 가슴과 넓적다리를 거
룩하게 하라
28 이는 이스라엘 자손이 아론과 그
의 자손에게 돌릴 영원한 분깃이요
(擧祭物)거제물이니 곧 이스라엘
자손이 화목제의 제물 중에서 취한
거제물로서 여호와께 드리는 거제
물이니라
29 ●아론의 (聖衣)성의는 후에 아론
의 아들들에게 돌릴지니 그들이 그
것을 입고 기름 부음으로 (委任)위
임을 받을 것이며
30 그를 이어 (祭司長)제사장이 되는
아들이 회막에 들어가서 성소에서
섬길 때에는 이레 동안 그것을 입
을지니라
31 ●너는 위임식 숫(羊)양을 가져다
가 거룩한 곳에서 그 고기를 삶고
32 아론과 그의 아들들은 (會幕)회막
(門)문에서 그 숫양의 고기와 광주
리에 있는 떡을 먹을지라
33 그들은 속죄물 곧 그들을 위임하며
그들을 거룩하게 하는 데 쓰는 것
을 먹되 (他人)타인은 먹지 못할지
니 그것이 거룩하기 때문이라
34 (委任式)위임식 고기나 떡이 아침
까지 남아 있으면 그것을 불에 사
를지니 이는 거룩한즉 먹지 못할지
니라
35 ●너는 내가 네게 한 모든 (命令)
명령대로 아론과 그의 아들들에게
그같이 하여 이레 동안 위임식을
행하되
36 매일 수송아지 하나로 속죄하기 위
하여 (贖罪祭)속죄제를 드리며 또
제단을 위하여 속죄하여 깨끗하게
하고 그것에 기름을 부어 거룩하게
하라
37 너는 이레 동안 제단을 위하여 (贖
罪)속죄하여 거룩하게 하라 그리
하면 지극히 거룩한 제단이 되리니
제단에 (接觸)접촉하는 모든 것이
거룩하리라

매일 드릴 번제(민 28:1-8)

38 ●네가 (祭壇)제단 위에 드릴 것은
이러하니라 매일 일 년 된 어린 양
두 마리니
39 한 어린 (羊)양은 아침에 드리고 한
어린 양은 저녁 때에 드릴지며
40 한 어린 양에 고운 밀가루 십분의
일 에바와 찧은 기름 사분의 일 힌
을 더하고 또 (奠祭)전제로 포도주
사분의 일 힌을 더할지며
41 한 어린 양은 저녁 때에 드리되 아
침에 한 것처럼 (素祭)소제와 전제
를 그것과 함께 드려 향기로운 냄
새가 되게 하여 여호와께 화제로
삼을지니
42 이는 너희가 대대로 여호와 앞 회
막 문에서 늘 드릴 (燔祭)번제라
내가 거기서 너희와 만나고 네게
말하리라
43 내가 거기서 이스라엘 자손을 만나

리니 내 영광으로 말미암아 (會幕)
회막이 거룩하게 될지라
44 내가 그 회막과 제단을 거룩하게
하며 아론과 그의 아들들도 거룩하
게 하여 내게 제사장 (職分)직분을
행하게 하며
45 내가 이스라엘 자손 중에 (居)거하
여 그들의 하나님이 되리니
46 그들은 내가 그들의 하나님 여호와
로서 그들 중에 거하려고 그들을
애굽 땅에서 (引導)인도하여 낸 줄
을 알리라 나는 그들의 하나님 여
호와니라

분향할 제단(출 37:25-28)

30 너는 (焚香)분향할 제단을
만들지니 곧 조각목으로 만
들되
2 길이가 한 규빗, 너비가 한 규빗으
로 네모가 반듯하게 하고 높이는
두 규빗으로 하며 그 뿔을 그것과
이어지게 하고
3 제단 (上面)상면과 전후 좌우 면과
뿔을 순금으로 싸고 주위에 금 테
를 두를지며
4 금 테 아래 (兩)양쪽에 금 고리 둘
을 만들되 곧 그 양쪽에 만들지니
이는 제단을 메는 채를 뀔 곳이며
5 그 채를 (皁角木)조각목으로 만들
고 금으로 싸고
6 그 제단을 [1](證據櫃)증거궤 위 [2]속
죄소 맞은편 곧 증거궤 앞에 있는
휘장 밖에 두라 그 (贖罪所)속죄소
는 내가 너와 만날 곳이며
7 아론이 아침마다 그 위에 (香氣)향
기로운 향을 사르되 등불을 손질할
때에 사를지며
8 또 저녁 때 (燈)등불을 켤 때에 사
를지니 이 향은 너희가 대대로 여
호와 앞에 끊지 못할지며
9 너희는 그 위에 다른 향을 사르지
말며 (燔祭)번제나 (素祭)소제를 드
리지 말며 전제의 술을 붓지 말며
10 아론이 일 년에 한 번씩 이 (香壇)
향단 뿔을 위하여 속죄하되 속죄제
의 피로 일 년에 한 번씩 대대로 속
죄할지니라 이 제단은 여호와께 지
극히 거룩하니라

회막 봉사에 쓰는 속전

11 ●여호와께서 모세에게 말씀하여
이르시되
12 네가 이스라엘 자손의 수효를 조사
할 때에 조사 받은 각 사람은 그들
을 계수할 때에 자기의 생명의 (贖
錢)속전을 여호와께 드릴지니 이
는 그들을 계수할 때에 그들 중에
질병이 없게 하려 함이라
13 무릇 (計數)계수 중에 드는 자마다
성소의 세겔로 반 세겔을 낼지니
한 세겔은 이십 게라라 그 반 세겔
을 여호와께 드릴지며
14 (計數)계수 중에 드는 모든 자 곧
스무 살 이상 된 자가 여호와께 드
리되
15 너희의 생명을 (代贖)대속하기 위
하여 여호와께 드릴 때에 부자라고
반 세겔에서 더 내지 말고 가난한
자라고 덜 내지 말지며
16 너는 이스라엘 자손에게서 속전을
취하여 회막 (奉事)봉사에 쓰라 이

1) 법궤 2) 시은좌 곧 은혜의 자리

것이 여호와 앞에서 이스라엘 자
손의 기념이 되어서 너희의 생명을
대속하리라

놋 물두멍

17 ●여호와께서 모세에게 말씀하여
이르시되
18 너는 물두멍을 놋으로 만들고 그
받침도 놋으로 만들어 씻게 하되
그것을 회막과 (祭壇)제단 사이에
두고 그 속에 물을 담으라
19 아론과 그의 아들들이 그 두멍에서
(手足)수족을 씻되
20 그들이 (會幕)회막에 들어갈 때에
물로 씻어 죽기를 면할 것이요 제
단에 가까이 가서 그 직분을 행하
여 여호와 앞에 화제를 사를 때에
도 그리 할지니라
21 이와 같이 그들이 그 (手足)수족을
씻어 죽기를 면할지니 이는 그와
그의 자손이 대대로 영원히 지킬
규례니라

거룩한 향기름

22 ●여호와께서 모세에게 또 말씀하
여 이르시되
23 너는 상등 향품을 가지되 액체 (沒
藥)몰약 오백 세겔과 그 반수의 향
기로운 (肉桂)육계 이백오십 세겔
과 향기로운 (菖蒲)창포 이백오십
세겔과
24 계피 오백 세겔을 (聖所)성소의 세겔
로 하고 감람 기름 한 힌을 가지고
25 그것으로 거룩한 (灌油)관유를 만
들되 향을 제조하는 법대로 향기름
을 만들지니 그것이 거룩한 관유가
될지라
26 너는 그것을 (會幕)회막과 [1]증거궤
에 바르고
27 상과 그 모든 기구이며 등잔대와
그 기구이며 (焚香壇)분향단과
28 및 (燔祭壇)번제단과 그 모든 기구
와 물두멍과 그 받침에 발라
29 그것들을 지극히 거룩한 것으로
(區別)구별하라 [2]이것에 접촉하는
것은 모두 거룩하리라
30 너는 아론과 그의 아들들에게 기름
을 발라 그들을 거룩하게 하고 그
들이 내게 제사장 (職分)직분을 행
하게 하고
31 이스라엘 자손에게 말하여 이르기
를 이것은 너희 대대로 내게 거룩
한 (灌油)관유니
32 사람의 몸에 붓지 말며 이 (方法)
방법대로 이와 같은 것을 만들지
말라 이는 거룩하니 너희는 거룩히
여기라
33 이와 같은 것을 만드는 모든 자와
이것을 (他人)타인에게 붓는 모든
자는 그 백성 중에서 끊어지리라
하라

거룩한 향

34 ●여호와께서 모세에게 이르시되
너는 소합향과 나감향과 풍자향의
향품을 가져다가 그 향품을 유향에
섞되 각기 같은 (分量)분량으로 하
고
35 그것으로 향을 만들되 향 만드는
법대로 만들고 그것에 소금을 쳐서
(聖潔)성결하게 하고
36 그 향 얼마를 곱게 찧어 내가 너와

1) 법궤 2) 이것을 만지는 자가

만날 회막 안 [1](證據櫃)증거궤 앞
에 두라 이 향은 너희에게 (至極)
지극히 거룩하니라
37 네가 여호와를 위하여 만들 향은
거룩한 것이니 너희를 위하여는 그
(方法)방법대로 만들지 말라
38 냄새를 맡으려고 이같은 것을 만드
는 모든 자는 그 (百姓)백성 중에
서 끊어지리라

회막 기구를 만들게 하라
(출 35:30-36:1)

31 여호와께서 모세에게 말씀하
여 이르시되
2 내가 유다 지파 훌의 손자요 우리
의 아들인 브살렐을 (指名)지명하
여 부르고
3 하나님의 (靈)영을 그에게 (充滿)
충만하게 하여 지혜와 총명과 지식
과 여러 가지 재주로
4 (精巧)정교한 일을 연구하여 금과
은과 놋으로 만들게 하며
5 (寶石)보석을 깎아 물리며 여러 가
지 기술로 나무를 새겨 만들게 하
리라
6 내가 또 단 지파 아히사막의 아들
오홀리압을 세워 그와 함께 하게
하며 (智慧)지혜로운 마음이 있는
모든 자에게 내가 지혜를 주어 그
들이 내가 네게 명령한 것을 다 만
들게 할지니
7 곧 회막과 [1]증거궤와 그 위의 [2]속죄
소와 회막의 모든 (器具)기구와
8 (床)상과 그 기구와 순금 등잔대와
그 모든 기구와 분향단과
9 (燔祭壇)번제단과 그 모든 기구와
물두멍과 그 받침과
10 제사직을 행할 때에 입는 정교하게
짠 의복 곧 제사장 아론의 (聖衣)
성의와 그의 아들들의 옷과
11 (灌油)관유와 성소의 향기로운 향
이라 무릇 내가 네게 명령한 대로
그들이 만들지니라

안식일

12 ● 여호와께서 모세에게 말씀하여
이르시되
13 너는 이스라엘 자손에게 말하여 이
르기를 너희는 나의 (安息日)안식
일을 지키라 이는 나와 너희 사이
에 너희 대대의 (表徵)표징이니 나
는 너희를 거룩하게 하는 여호와인
줄 너희가 알게 함이라
14 너희는 안식일을 지킬지니 이는 너
희에게 거룩한 날이 됨이니라 그
날을 더럽히는 자는 모두 죽일지며
그 날에 일하는 자는 모두 그 (百
姓)백성 중에서 그 생명이 끊어지
리라
15 엿새 동안은 일할 것이나 일곱째 날
은 큰 안식일이니 여호와께 거룩한
것이라 (安息日)안식일에 일하는 자
는 누구든지 반드시 죽일지니라
16 이같이 이스라엘 자손이 안식일
을 지켜서 그것으로 대대로 영원한
(言約)언약을 삼을 것이니
17 이는 나와 이스라엘 자손 사이에
영원한 표징이며 나 여호와가 엿새
동안에 천지를 (創造)창조하고 일
곱째 날에 일을 마치고 쉬었음이니
라 하라

1) 법궤 2) 시은좌 곧 은혜의 자리

증거판

18 ● 여호와께서 시내 산 위에서 모
세에게 이르시기를 마치신 때에
[1]증거판 둘을 모세에게 주시니 이
는 돌판이요 하나님이 [2](親)친히
쓰신 것이더라

금 송아지(신 9:6-29)

32 백성이 모세가 산에서 내려
옴이 더딤을 보고 모여 백성
이 아론에게 이르러 말하되 일어나
라 우리를 위하여 우리를 (引導)인
도할 신을 만들라 이 모세 곧 우리
를 애굽 땅에서 인도하여 낸 사람
은 어찌 되었는지 알지 못함이니라
2 아론이 그들에게 이르되 너희의 아
내와 (子女)자녀의 귀에서 금 고리
를 빼어 내게로 가져오라
3 모든 (百姓)백성이 그 귀에서 금
고리를 빼어 아론에게로 가져가매
4 아론이 그들의 손에서 금 고리를
받아 부어서 조각칼로 새겨 송아
지 (形像)형상을 만드니 그들이 말
하되 이스라엘아 이는 너희를 애굽
땅에서 (引導)인도하여 낸 너희의
신이로다 하는지라
5 아론이 보고 그 앞에 제단을 쌓고
이에 아론이 (公布)공포하여 이르되
내일은 여호와의 절일이니라 하니
6 이튿날에 그들이 일찍이 일어나 번
제를 드리며 (和睦祭)화목제를 드
리고 백성이 앉아서 먹고 마시며
일어나서 뛰놀더라
7 ●여호와께서 모세에게 이르시되
너는 내려가라 네가 애굽 땅에서
인도하여 낸 네 백성이 (腐敗)부패
하였도다
8 그들이 내가 그들에게 명령한 길을
속히 떠나 자기를 위하여 송아지
를 부어 만들고 그것을 (禮拜)예배
하며 그것에게 제물을 드리며 말하
기를 이스라엘아 이는 너희를 애굽
땅에서 인도하여 낸 너희 신이라
하였도다
9 여호와께서 또 모세에게 이르시되
내가 이 (百姓)백성을 보니 목이
뻣뻣한 백성이로다
10 그런즉 내가 하는 대로 두라 내가
그들에게 (震怒)진노하여 그들을
진멸하고 너를 큰 나라가 되게 하
리라
11 모세가 그의 하나님 여호와께 구하
여 이르되 여호와여 어찌하여 그
큰 (權能)권능과 강한 손으로 애굽
땅에서 인도하여 내신 주의 백성에
게 진노하시나이까
12 어찌하여 애굽 사람들이 이르기를
여호와가 자기의 백성을 산에서 죽
이고 지면에서 진멸하려는 악한 의
도로 인도해 내었다고 말하게 하시
려 하나이까 주의 (猛烈)맹렬한 노
를 그치시고 뜻을 돌이키사 주의
백성에게 이 (禍)화를 내리지 마옵
소서
13 주의 종 아브라함과 이삭과 이스라
엘을 기억하소서 주께서 그들을 위
하여 주를 가리켜 맹세하여 이르시
기를 내가 너희의 자손을 하늘의
별처럼 많게 하고 내가 허락한 이
온 땅을 너희의 자손에게 주어 영

1) 법 2) 손가락으로

원한 (基業)기업이 되게 하리라 하
셨나이다
14 여호와께서 뜻을 돌이키사 말씀하
신 (禍)화를 그 백성에게 내리지 아
니하시니라
15 ●모세가 돌이켜 산에서 내려오는
데 두 [1](證據板)증거판이 그의 손
에 있고 그 판의 양면 이쪽 저쪽에
글자가 있으니
16 그 (板)판은 하나님이 만드신 것이
요 글자는 하나님이 쓰셔서 판에
새기신 것이더라
17 여호수아가 백성들의 (擾亂)요란
한 소리를 듣고 모세에게 말하되
진중에서 싸우는 소리가 나나이다
18 모세가 이르되 이는 (勝戰歌)승전
가도 아니요 패하여 부르짖는 소리
도 아니라 내가 듣기에는 노래하는
소리로다 하고
19 (陣)진에 가까이 이르러 그 송아지
와 그 춤 추는 것들을 보고 크게 노
하여 손에서 그 판들을 산 아래로
던져 깨뜨리니라
20 모세가 그들이 만든 송아지를 가져
다가 불살라 부수어 가루를 만들어
물에 뿌려 이스라엘 (子孫)자손에
게 마시게 하니라
21 ●모세가 아론에게 이르되 이 백성
이 당신에게 어떻게 하였기에 당신
이 그들을 큰 (罪)죄에 빠지게 하였
느냐
22 아론이 이르되 내 주여 (怒)노하지
마소서 이 백성의 악함을 당신이
아나이다
23 그들이 내게 말하기를 우리를 위하
여 우리를 (引導)인도할 신을 만들
라 이 모세 곧 우리를 애굽 땅에서
인도하여 낸 사람은 어찌 되었는지
알 수 없노라 하기에
24 내가 그들에게 이르기를 (金)금이
있는 자는 빼내라 한즉 그들이 그
것을 내게로 가져왔기로 내가 불에
던졌더니 이 송아지가 나왔나이다
25 ●모세가 본즉 백성이 (放恣)방자
하니 이는 아론이 그들을 방자하게
하여 원수에게 조롱거리가 되게 하
였음이라
26 이에 모세가 (陣)진 (門)문에 서서
이르되 누구든지 여호와의 편에 있
는 자는 내게로 나아오라 하매 레
위 자손이 다 모여 그에게로 가는
지라
27 모세가 그들에게 이르되 이스라엘
의 하나님 여호와께서 이렇게 말씀
하시기를 너희는 각각 허리에 칼을
차고 진 이 문에서 저 문까지 (往來)
왕래하며 각 사람이 그 형제를, 각
사람이 자기의 친구를, 각 사람이
자기의 이웃을 죽이라 하셨느니라
28 레위 자손이 모세의 말대로 (行)행
하매 이 날에 백성 중에 삼천 명 가
량이 죽임을 당하니라
29 모세가 이르되 각 사람이 자기의
아들과 자기의 형제를 쳤으니 오늘
여호와께 (獻身)헌신하게 되었느
니라 그가 오늘 너희에게 복을 내
리시리라
30 ●이튿날 모세가 백성에게 이르되
너희가 큰 죄를 범하였도다 내가

1) 법

이제 여호와께로 올라가노니 혹 너
희를 위하여 (贖罪)속죄가 될까 하
노라 하고
31 모세가 여호와께로 다시 나아가 여
짜오되 슬프도소이다 이 백성이 자
기들을 위하여 (金)금 (神)신을 만
들었사오니 큰 죄를 범하였나이다
32 그러나 이제 그들의 죄를 (赦)사하
시옵소서 그렇지 아니하시오면 원
하건대 주께서 (記錄)기록하신 책
에서 내 이름을 지워 버려 주옵소서
33 여호와께서 모세에게 이르시되 누
구든지 내게 (犯罪)범죄하면 내가
내 책에서 그를 지워 버리리라
34 이제 가서 내가 네게 말한 곳으로
백성을 인도하라 내 사자가 네 앞
서 가리라 그러나 내가 (報應)보응
할 날에는 그들의 죄를 보응하리라
35 여호와께서 (百姓)백성을 치시니
이는 그들이 아론이 만든 바 그 송
아지를 만들었음이더라

시내 산을 떠나라고 명하시다

33 여호와께서 모세에게 이르시
되 너는 네가 애굽 땅에서 인
도하여 낸 백성과 함께 여기를 떠
나서 내가 아브라함과 이삭과 야곱
에게 (盟誓)맹세하여 네 자손에게
주기로 한 그 땅으로 올라가라
2 내가 (使者)사자를 너보다 앞서 보
내어 가나안 사람과 아모리 사람과
헷 사람과 브리스 사람과 히위 사
람과 여부스 사람을 쫓아내고
3 너희를 젖과 꿀이 흐르는 땅에 이
르게 하려니와 나는 너희와 함께
올라가지 아니하리니 너희는 목이
곧은 백성인즉 내가 길에서 너희를
(殄滅)진멸할까 염려함이니라 하
시니
4 백성이 이 준엄한 말씀을 듣고 슬
퍼하여 한 사람도 자기의 몸을 (丹
粧)단장하지 아니하니
5 여호와께서 모세에게 이르시기를
이스라엘 자손에게 이르라 너희는
목이 곧은 백성인즉 내가 한 순간
이라도 너희 가운데에 이르면 너희
를 (殄滅)진멸하리니 너희는 장신
구를 떼어 내라 그리하면 내가 너
희에게 어떻게 할 것인지 정하겠노
라 하셨음이라
6 이스라엘 자손이 호렙 산에서부터
그들의 (裝身具)장신구를 떼어 내
니라

회막

7 ●모세가 항상 장막을 취하여 진
밖에 쳐서 진과 멀리 떠나게 하고
회막이라 이름하니 여호와를 (仰
慕)앙모하는 자는 다 진 바깥 회막
으로 나아가며
8 모세가 (會幕)회막으로 나아갈 때
에는 백성이 다 일어나 자기 (帳幕)
장막 (門)문에 서서 모세가 회막에
들어가기까지 바라보며
9 모세가 (會幕)회막에 들어갈 때에
구름 기둥이 내려 회막 문에 서며
여호와께서 모세와 말씀하시니
10 모든 백성이 회막 문에 구름 기둥
이 서 있는 것을 보고 다 일어나 각
기 장막 문에 서서 (禮拜)예배하며
11 사람이 자기의 친구와 이야기함 같
이 여호와께서는 모세와 (對面)대

면하여 말씀하시며 모세는 진으로
돌아오나 눈의 아들 젊은 (隨從者)
수종자 여호수아는 회막을 떠나지
아니하니라

여호와께서 친히 가리라 하시다

12 ●모세가 여호와께 아뢰되 보시옵
소서 주께서 내게 이 백성을 인도
하여 올라가라 하시면서 나와 함께
보낼 자를 내게 지시하지 아니하시
나이다 주께서 전에 말씀하시기를
나는 이름으로도 너를 알고 너도
내 앞에 (恩寵)은총을 입었다 하셨
사온즉
13 내가 참으로 주의 (目前)목전에 은
총을 입었사오면 원하건대 주의 길
을 내게 보이사 내게 주를 알리시
고 나로 주의 목전에 은총을 입게
하시며 이 족속을 주의 백성으로
여기소서
14 여호와께서 이르시되 내가 (親)친
히 가리라 내가 너를 쉬게 하리라
15 모세가 여호와께 아뢰되 (主)주께서
친히 가지 아니하시려거든 우리를
이 곳에서 올려 보내지 마옵소서
16 나와 주의 백성이 주의 목전에 은
총 입은 줄을 무엇으로 알리이까
주께서 우리와 함께 행하심으로 나
와 주의 백성을 (天下 萬民)천하
만민 중에 구별하심이 아니니이까
17 ●여호와께서 모세에게 이르시되
네가 말하는 이 일도 내가 하리니
너는 내 (目前)목전에 은총을 입었
고 내가 이름으로도 너를 앎이니라
18 모세가 이르되 원하건대 주의 (榮
光)영광을 내게 보이소서
19 여호와께서 이르시되 내가 내 모든
선한 것을 네 앞으로 지나가게 하
고 여호와의 이름을 네 앞에 (宣布)
선포하리라 나는 은혜 베풀 자에게
은혜를 베풀고 긍휼히 여길 자에게
(矜恤)긍휼을 베푸느니라
20 또 이르시되 네가 내 얼굴을 보지
못하리니 나를 보고 살 (者)자가 없
음이니라
21 여호와께서 또 이르시기를 보라 내
곁에 한 장소가 있으니 너는 그 (磐
石)반석 위에 서라
22 내 (榮光)영광이 지나갈 때에 내가
너를 반석 틈에 두고 내가 지나도
록 내 손으로 너를 덮었다가
23 손을 거두리니 네가 내 등을 볼 것
이요 얼굴은 보지 못하리라

두 번째 돌판(신 10:1-5)

34 여호와께서 모세에게 이르시
되 너는 돌판 둘을 처음 것과
같이 다듬어 만들라 네가 깨뜨린
처음 (板)판에 있던 말을 내가 그
판에 쓰리니
2 아침까지 (準備)준비하고 아침에
시내 산에 올라와 산 꼭대기에서
내게 보이되
3 아무도 너와 함께 오르지 말며 온
산에 아무도 나타나지 못하게 하고
(羊)양과 소도 (山)산 앞에서 먹지
못하게 하라
4 모세가 돌판 둘을 처음 것과 같이
깎아 만들고 아침에 일찍이 일어나
그 두 돌판을 손에 들고 여호와의
(命令)명령대로 시내 산에 올라가니
5 여호와께서 구름 가운데에 (降臨)

강림하사 그와 함께 거기 서서 여
호와의 이름을 선포하실새
6 여호와께서 그의 앞으로 지나시며
선포하시되 여호와라 여호와라 자
비롭고 은혜롭고 노하기를 더디하
고 (仁慈)인자와 진실이 많은 하나
님이라
7 인자를 천대까지 베풀며 악과 과실
과 죄를 용서하리라 그러나 벌을
면제하지는 아니하고 아버지의 악
행을 자손 삼사 대까지 (報應)보응
하리라
8 모세가 급히 땅에 엎드려 경배하며
9 이르되 주여 내가 주께 은총을 입
었거든 원하건대 주는 우리와 동행
하옵소서 이는 목이 뻣뻣한 백성이
니이다 우리의 악과 죄를 사하시고
우리를 주의 (基業)기업으로 삼으
소서

다시 언약을 세우시다
(출 23:14-19; 신 7:1-5; 16:1-17)

10 ●여호와께서 이르시되 보라 내가
(言約)언약을 세우나니 곧 내가 아
직 온 땅 아무 국민에게도 행하지
아니한 이적을 너희 전체 백성 앞
에 행할 것이라 네가 머무는 나라
백성이 다 여호와의 행하심을 보리
니 내가 너를 위하여 행할 일이 두
려운 것임이니라
11 너는 내가 오늘 네게 (命令)명령하
는 것을 삼가 지키라 보라 내가 네
앞에서 아모리 사람과 가나안 사람
과 헷 사람과 브리스 사람과 히위
사람과 여부스 사람을 쫓아내리니
12 너는 스스로 삼가 네가 들어가는
땅의 (住民)주민과 (言約)언약을
세우지 말라 그것이 너희에게 올무
가 될까 하노라
13 너희는 도리어 그들의 제단들을 헐
고 그들의 (柱像)주상을 깨뜨리고
그들의 아세라 상을 찍을지어다
14 너는 다른 신에게 절하지 말라 여
호와는 (嫉妬)질투라 이름하는 질
투의 하나님임이니라
15 너는 삼가 그 땅의 주민과 언약을
세우지 말지니 이는 그들이 모든
신을 (淫亂)음란하게 섬기며 그들
의 신들에게 제물을 드리고 너를
청하면 네가 그 제물을 먹을까 함
이며
16 또 네가 그들의 딸들을 네 아들들
의 아내로 삼음으로 그들의 딸들
이 그들의 신들을 (淫亂)음란하게
섬기며 네 아들에게 그들의 신들을
음란하게 섬기게 할까 함이니라
17 너는 (神像)신상들을 부어 만들지
말지니라
18 ●너는 (無酵節)무교절을 지키되
내가 네게 명령한 대로 아빕월 그
절기에 이레 동안 무교병을 먹으라
이는 네가 아빕월에 애굽에서 나왔
음이니라
19 모든 첫 (胎生)태생은 다 내 것이
며 네 가축의 모든 처음 난 수컷인
소와 양도 다 그러하며
20 나귀의 첫 새끼는 어린 양으로 대
속할 것이요 그렇게 하지 아니하려
면 그 목을 꺾을 것이며 네 아들 중
장자는 다 (代贖)대속할지며 빈 손
으로 내 얼굴을 보지 말지니라

21 ● 너는 엿새 동안 일하고 일곱째
날에는 쉴지니 밭 갈 때에나 거둘
때에도 쉴지며
22 (七七節)칠칠절 곧 맥추의 초실절
을 지키고 세말에는 (收藏節)수장
절을 지키라
23 너희의 모든 남자는 (每年)매년 세
번씩 주 여호와 이스라엘의 하나님
앞에 보일지라
24 내가 이방 나라들을 네 앞에서 쫓
아내고 네 (地境)지경을 넓히리니
네가 매년 세 번씩 여호와 네 하나
님을 뵈려고 올 때에 아무도 네 땅
을 탐내지 못하리라
25 ● 너는 내 (祭物)제물의 피를 유교
병과 함께 드리지 말며 유월절 제
물을 아침까지 두지 말지며
26 네 토지 (所産)소산의 처음 익은
것을 가져다가 네 하나님 여호와의
전에 드릴지며 너는 염소 새끼를
그 어미의 젖으로 삶지 말지니라
27 ● 여호와께서 모세에게 이르시되
너는 이 말들을 (記錄)기록하라 내
가 이 말들의 뜻대로 너와 이스라엘
과 언약을 세웠음이니라 하시니라
28 모세가 여호와와 함께 사십 일 사
십 야를 거기 있으면서 떡도 먹지
아니하였고 물도 마시지 아니하였
으며 여호와께서는 언약의 말씀 곧
(十誡命)십계명을 그 (板)판들에
기록하셨더라

모세가 시내 산에서 내려오다

29 ● 모세가 그 증거의 두 판을 모세
의 손에 들고 시내 산에서 내려오
니 그 산에서 내려올 때에 모세는
자기가 여호와와 말하였음으로 말
미암아 얼굴 피부에 (光彩)광채가
나나 깨닫지 못하였더라
30 아론과 온 이스라엘 자손이 모세를
볼 때에 모세의 얼굴 피부에 (光彩)
광채가 남을 보고 그에게 가까이
하기를 두려워하더니
31 모세가 그들을 부르매 아론과 (會
衆)회중의 모든 어른이 모세에게
로 오고 모세가 그들과 말하니
32 그 후에야 온 이스라엘 자손이 가
까이 오는지라 모세가 여호와께서
시내 산에서 자기에게 이르신 말씀
을 다 그들에게 (命令)명령하고
33 모세가 그들에게 말하기를 마치고
(手巾)수건으로 자기 얼굴을 가렸
더라
34 그러나 모세가 여호와 앞에 들어가
서 함께 말할 때에는 나오기까지
수건을 벗고 있다가 나와서는 그
명령하신 일을 이스라엘 (子孫)자
손에게 (傳)전하며
35 이스라엘 자손이 모세의 얼굴의
(光彩)광채를 보므로 모세가 여호
와께 말하러 들어가기까지 다시 수
건으로 자기 얼굴을 가렸더라

안식일 규례

35 모세가 이스라엘 자손의 온
(會衆)회중을 모으고 그들에
게 이르되 여호와께서 너희에게 명
령하사 행하게 하신 말씀이 이러하
니라
2 엿새 동안은 일하고 일곱째 날은
너희를 위한 거룩한 날이니 여호와
께 엄숙한 (安息日)안식일이라 누

구든지 이 날에 일하는 자는 죽일
지니
3 안식일에는 너희의 모든 (處所)처
소에서 불도 피우지 말지니라

여호와께 드릴 것들(출 25:1-9)

4 ●모세가 이스라엘 자손의 온 회
중에게 말하여 이르되 여호와께서
(命令)명령하신 일이 이러하니라
이르시기를
5 너희의 (所有)소유 중에서 너희는
여호와께 드릴 것을 택하되 마음에
원하는 자는 누구든지 그것을 가져
다가 여호와께 드릴지니 곧 금과
은과 놋과
6 청색 자색 (紅色)홍색 실과 가는
베 실과 염소 털과
7 붉은 물 들인 숫양의 가죽과 [1](海
獺)해달의 가죽과 조각목과
8 (燈油)등유와 및 (灌油)관유에 드
는 향품과 분향할 향을 만드는 향
품과
9 호마노며 에봇과 (胸牌)흉패에 물
릴 보석이니라
10 ●무릇 너희 중 마음이 (智慧)지혜
로운 자는 와서 여호와께서 명령하
신 것을 다 만들지니
11 곧 (聖幕)성막과 천막과 그 덮개와
그 갈고리와 그 널판과 그 띠와 그
기둥과 그 받침과
12 증거궤와 그 채와 속죄소와 그 가
리는 (揮帳)휘장과
13 상과 그 채와 그 모든 기구와 (陳設
餠)진설병과
14 불 켜는 등잔대와 그 (器具)기구와
그 등잔과 등유와
15 분향단과 그 채와 관유와 분향할
(香品)향품과 성막 문의 휘장과
16 (燔祭壇)번제단과 그 놋 그물과 그
채와 그 모든 기구와 물두멍과 그
받침과
17 뜰의 (布帳)포장과 그 기둥과 그
받침과 뜰 문의 휘장과
18 (帳幕)장막 말뚝과 뜰의 말뚝과 그
줄과
19 (聖所)성소에서 섬기기 위하여 (精
巧)정교하게 만든 옷 곧 제사 직분
을 행할 때에 입는 제사장 아론의
거룩한 옷과 그의 아들들의 옷이니
라

여호와께 자원하여 드린 예물

20 ●이스라엘 자손의 온 (會衆)회중
이 모세 앞에서 물러갔더니
21 마음이 감동된 모든 자와 (自願)자
원하는 모든 자가 와서 회막을 짓
기 위하여 그 속에서 쓸 모든 것을
위하여, 거룩한 옷을 위하여 예물
을 가져다가 여호와께 드렸으니
22 곧 마음에 원하는 남녀가 와서 팔
찌와 귀고리와 가락지와 [2]목걸이
와 여러 가지 금품을 가져다가 사
람마다 여호와께 금 (禮物)예물을
드렸으며
23 무릇 청색 자색 홍색 실과 가는 베
실과 염소 털과 붉은 물 들인 숫양
의 가죽과 [1](海獺)해달의 가죽이
있는 자도 가져왔으며
24 은과 놋으로 예물을 삼는 모든 자
가 가져다가 여호와께 드렸으며 섬
기는 일에 (所用)소용되는 조각목

1) 또는 돌고래 2) 팔고리

이 있는 모든 자는 가져왔으며
25 마음이 슬기로운 모든 (女人)여인은
손수 실을 빼고 그 뺀 청색 자색 홍
색 실과 가는 베 실을 가져왔으며
26 마음에 (感動)감동을 받아 슬기로
운 모든 여인은 염소 털로 실을 뽑
았으며
27 모든 (族長)족장은 호마노와 및 에봇
과 흉패에 물릴 보석을 가져왔으며
28 등불과 관유와 분향할 향에 (所用)
소용되는 기름과 향품을 가져왔으
니
29 마음에 (自願)자원하는 남녀는 누
구나 여호와께서 모세의 손을 빌어
명령하신 모든 것을 만들기 위하여
물품을 드렸으니 이것이 이스라엘
자손이 여호와께 자원하여 드린 예
물이니라

성막 일꾼(출 31:1-11)

30 ●모세가 이스라엘 자손에게 이르
되 볼지어다 여호와께서 유다 지파
훌의 손자요 우리의 아들인 브살렐
을 (指名)지명하여 부르시고
31 하나님의 영을 그에게 (充滿)충만
하게 하여 지혜와 총명과 지식으로
여러 가지 일을 하게 하시되
32 금과 은과 놋으로 제작하는 기술을
(考案)고안하게 하시며
33 (寶石)보석을 깎아 물리며 나무를
새기는 여러 가지 정교한 일을 하
게 하셨고
34 또 그와 단 지파 아히사막의 아들
오홀리압을 (感動)감동시키사 가
르치게 하시며
35 (智慧)지혜로운 마음을 그들에게
(充滿)충만하게 하사 여러 가지 일
을 하게 하시되 (彫刻)조각하는 일
과 세공하는 일과 청색 자색 홍색
실과 가는 베 실로 수 놓는 일과 짜
는 일과 그 외에 여러 가지 일을 하
게 하시고 정교한 일을 고안하게
하셨느니라

36

브살렐과 오홀리압과 및 마
음이 지혜로운 사람 곧 여호
와께서 지혜와 총명을 부으사 (聖
所)성소에 쓸 모든 일을 할 줄 알게
하신 자들은 모두 여호와께서 명령
하신 대로 할 것이니라

예물로 드린 재료가 넉넉하다

2 ●모세가 브살렐과 오홀리압과 및
마음이 지혜로운 사람 곧 그 마음
에 여호와께로부터 (智慧)지혜를
얻고 와서 그 일을 하려고 마음에
(願)원하는 모든 자를 부르매
3 그들이 이스라엘 자손의 성소의 모
든 것을 만들기 위하여 가져온 예
물을 모세에게서 받으니라 그러나
백성이 아침마다 자원하는 예물을
(連)연하여 가져왔으므로
4 성소의 모든 일을 하는 지혜로운
자들이 (各其)각기 하는 일을 중지
하고 와서
5 모세에게 말하여 이르되 백성이 너
무 많이 가져오므로 여호와께서
(命令)명령하신 일에 쓰기에 남음
이 있나이다
6 모세가 명령을 내리매 그들이 (陣
中)진중에 공포하여 이르되 남녀
를 막론하고 성소에 드릴 예물을
다시 만들지 말라 하매 백성이 가

져오기를 그치니
7 있는 (材料)재료가 모든 일을 하기
에 넉넉하여 남음이 있었더라

성막을 만들다(출 26:1-37)

8 ●일하는 사람 중에 마음이 지혜로
운 모든 사람이 열 폭 휘장으로 (聖
幕)성막을 지었으니 곧 가늘게 꼰
베 실과 청색 자색 홍색 실로 그룹
들을 무늬 놓아 짜서 지은 것이라
9 매 폭의 길이는 스물여덟 규빗, 너
비는 네 규빗으로 각 폭의 (長短)
장단을 같게 하여
10 그 다섯 폭을 서로 (連結)연결하며
또 그 다섯 폭을 서로 연결하고
11 연결할 끝폭 가에 (靑色)청색 [1]고
를 만들며 다른 연결할 끝폭 가에
도 [1]고를 만들되
12 그 연결할 한 폭에 고리 쉰 (個)개
를 달고 다른 연결할 한 폭의 가에
도 고리 쉰 개를 달아 그 고들이 서
로 (對)대하게 하고
13 금 갈고리 쉰 개를 만들어 그 갈고
리로 두 (揮帳)휘장을 연결하여 한
막을 이루었더라
14 ●그 (聖幕)성막을 덮는 막 곧 휘
장을 염소 털로 만들되 열한 폭을
만들었으니
15 각 폭의 길이는 서른 규빗, 너비는
네 규빗으로 열한 폭의 (長短)장단
을 같게 하여
16 그 휘장 다섯 (幅)폭을 서로 연결하
며 또 여섯 폭을 서로 연결하고
17 휘장을 (連結)연결할 끝폭 가에 고
리 쉰 개를 달며 다른 연결할 끝폭
가에도 고리 쉰 개를 달고
18 놋 갈고리 쉰 개를 만들어 그 휘장
을 연결하여 한 (幕)막이 되게 하고
19 붉은 물 들인 숫양의 가죽으로 막
의 덮개를 만들고 [2](海獺)해달의
가죽으로 그 웃덮개를 만들었더라
20 ●그가 또 조각목으로 (聖幕)성막
에 세울 널판들을 만들었으니
21 각 판의 길이는 열 규빗, 너비는 한
규빗 (半)반이며
22 각 판에 두 (鏃)촉이 있어 서로 연
결하게 하였으니 성막의 모든 판이
그러하며
23 성막을 위하여 널판을 만들었으되
남으로는 (南)남쪽에 널판이 스무
개라
24 그 스무 개 널판 밑에 (銀)은 받침
마흔 개를 만들었으되 곧 이 널판
밑에도 두 받침이 그 두 촉을 받게
하였고 저 널판 밑에도 두 받침이
그 두 촉을 받게 하였으며
25 성막 다른 쪽 곧 (北)북쪽을 위하여
도 널판 스무 개를 만들고
26 또 은 받침 마흔 (個)개를 만들었으
니 곧 이 판 밑에도 받침이 둘이요
저 판 밑에도 받침이 둘이며
27 (帳幕)장막 뒤 곧 서쪽을 위하여는
널판 여섯 개를 만들었고
28 장막 뒤 두 모퉁이 편을 (爲)위하여
는 널판 두 개를 만들되
29 아래에서부터 위까지 (各其)각기
두 겹 두께로 하여 윗고리에 이르게
하고 두 모퉁이 쪽을 다 그리하며
30 그 널판은 여덟 개요 그 받침은
(銀)은 받침 열여섯 개라 각 널판

1) 또는 고리 2) 또는 돌고래

밑에 두 개씩이었더라
31 ●그가 또 (皂角木)조각목으로 띠
를 만들었으니 곧 성막 이쪽 널판
을 위하여 다섯 개요
32 성막 저쪽 널판을 위하여 다섯 개
요 성막 뒤 곧 (西)서쪽 널판을 위
하여 다섯 개며
33 그 (中間)중간 띠를 만들되 널판
중간 이 끝에서 저 끝에 미치게 하
였으며
34 그 널(板)판들을 금으로 싸고 그 널
판에 띠를 꿸 금 고리를 만들고 그
띠도 금으로 쌌더라
35 ●그가 또 청색 자색 홍색 실과 가늘
게 꼰 베 실로 (揮帳)휘장을 짜고 그
위에 그룹들을 정교하게 수 놓고
36 조각목으로 네 기둥을 만들어 (金)
금으로 쌌으며 그 갈고리는 금으로
기둥의 네 받침은 (銀)은으로 부어
만들었으며
37 청색 자색 홍색 실과 가늘게 꼰 베
실로 수 놓아 장막 문을 위하여 (揮
帳)휘장을 만들고
38 휘장 (門)문의 기둥 다섯과 그 갈고
리를 만들고 기둥 머리와 그 가름
대를 금으로 쌌으며 그 다섯 받침
은 놋이었더라

언약궤를 만들다(출 25:10-22)

37 브살렐이 조각목으로 (櫃)궤
를 만들었으니 길이가 두 규
빗 반, 너비가 한 규빗 반, 높이가
한 규빗 반이며
2 (純金)순금으로 안팎을 싸고 위쪽
가장자리로 돌아가며 금 테를 만들
었으며
3 (金)금 고리 넷을 부어 만들어 네
발에 달았으니 곧 이쪽에 두 고리
요 저쪽에 두 고리이며
4 (皂角木)조각목으로 채를 만들어
금으로 싸고
5 그 채를 (櫃)궤양쪽 고리에 꿰어 궤
를 메게 하였으며
6 순금으로 [1](贖罪所)속죄소를 만들
었으니 길이가 두 규빗 반, 너비가
한 규빗 반이며
7 금으로 그룹 둘을 [1](贖罪所)속죄소
양쪽에 쳐서 만들었으되
8 한 그룹은 이쪽 끝에, 한 그룹은 저
쪽 끝에 곧 [1]속죄소와 한 덩이로 그
(兩)양쪽에 만들었으니
9 그룹들이 그 날개를 높이 펴서 그
날개로 [1]속죄소를 덮었으며 그 얼
굴은 서로 (對)대하여 [1]속죄소를
향하였더라

상을 만들다(출 25:23-30)

10 ●그가 또 조각목으로 (床)상을 만
들었으니 길이가 두 규빗, 너비가
한 규빗, 높이가 한 규빗 반이며
11 (純金)순금으로 싸고 위쪽 가장자
리로 돌아가며 금 테를 둘렀으며
12 그 주위에 손바닥 넓이만한 턱을
만들고 그 턱 (周圍)주위에 금으로
테를 만들었고
13 상을 (爲)위하여 금 고리 넷을 부어
만들어 네 발 위, 네 모퉁이에 달았
으니
14 그 고리가 턱 곁에 있어서 (床)상을
메는 채를 꿰게 하였으며
15 또 조각목으로 상 멜 채를 만들어

1) 시은좌 곧 은혜의 자리

(金)금으로 쌌으며
16 상 위의 기구 곧 대접과 숟가락과
(盞)잔과 따르는 병을 순금으로 만
들었더라

등잔대를 만들다(출 25:31-40)

17 ●그가 또 순금으로 (燈盞臺)등잔
대를 만들되 그것을 쳐서 만들었으
니 그 밑판과 줄기와 잔과 꽃받침과
꽃이 그것과 한 덩이로 되었고
18 가지 여섯이 그 곁에서 나왔으니
곧 (燈盞臺)등잔대의 세 가지는 저
쪽으로 나왔고 등잔대의 세 가지는
이쪽으로 나왔으며
19 이쪽 가지에 살구꽃 (形狀)형상의
잔 셋과 꽃받침과 꽃이 있고 저쪽
가지에 살구꽃 형상의 잔 셋과 꽃
받침과 꽃이 있어 등잔대에서 나온
가지 여섯이 그러하며
20 등잔대 줄기에는 살구꽃 형상의
(盞)잔 넷과 꽃받침과 꽃이 있고
21 등잔대에서 나온 가지 여섯을 위하
여는 꽃받침이 있게 하였으되 두
가지 아래에 한 꽃받침이 있어 줄
기와 (連結)연결하였고 또 두 가지
아래에 한 꽃받침이 있어 줄기와
연결하였고 또 다시 두 가지 아래
에 한 꽃받침이 있어 줄기와 연결
되게 하였으니
22 이 꽃받침과 가지들을 줄기와 연결
하여 (全部)전부를 순금으로 쳐서
만들었으며
23 등잔 일곱과 그 불 집게와 불 똥 그
릇을 (純金)순금으로 만들었으니 ·
24 등잔대와 그 모든 (器具)기구는 순
금 한 달란트로 만들었더라

분향할 제단을 만들다
(출 30:1-5, 22-38)

25 ●그가 또 조각목으로 (焚香)분향
할 제단을 만들었으니 길이는 한
규빗이요 너비도 한 규빗이라 네모
가 반듯하고 높이는 두 규빗이며
그 뿔들이 제단과 연결되었으며
26 제단 (上面)상면과 전후 좌우면과
그 뿔을 순금으로 싸고 주위에 금
테를 둘렀고
27 그 테 아래 (兩)양쪽에 금 고리 둘
을 만들었으되 곧 그 양쪽에 만들
어 제단을 메는 채를 꿰게 하였으
며
28 조각목으로 그 채를 만들어 (金)금
으로 쌌으며
29 거룩한 (灌油)관유와 향품으로 (淨
潔)정결한 향을 만들었으되 향을
만드는 법대로 하였더라

번제단을 만들다(출 27:1-8)

38 그가 또 (皁角木)조각목으로
번제단을 만들었으니 길이는
다섯 규빗이요 너비도 다섯 규빗이
라 네모가 반듯하고 높이는 세 규
빗이며
2 그 네 모퉁이 위에 그 뿔을 만들되
그 뿔을 (祭壇)제단과 연결하게 하
고 제단을 놋으로 쌌으며
3 제단의 모든 기구 곧 (桶)통과 부삽
과 대야와 고기 갈고리와 불 옮기
는 그릇을 다 놋으로 만들고
4 제단을 위하여 놋 그물을 만들어
제단 주위 가장자리 아래에 두되
제단 (折半)절반에 오르게 하고
5 그 놋 그물 네 모퉁이에 채를 꿸 고

리 넷을 부어 만들었으며
6 채를 (皁角木)조각목으로 만들어
놋으로 싸고
7 제단 양쪽 고리에 그 채를 꿰어 메
게 하였으며 제단은 널(板)판으로
속이 비게 만들었더라

놋 물두멍을 만들다(출 30:18)

8 ●그가 놋으로 물두멍을 만들고 그
받침도 놋으로 하였으니 곧 회막
문에서 (隨從)수종드는 여인들의
거울로 만들었더라

성막 울타리를 만들다(출 27:9-19)

9 ●그가 또 뜰을 만들었으니 남으로
뜰의 남쪽에는 (細麻布)세마포 포
장이 백 규빗이라
10 그 기둥이 스물이며 그 받침이 스
물이니 놋이요 기둥의 갈고리와 가
름대는 (銀)은이며
11 그 북쪽에도 (百)백 규빗이라 그 기
둥이 스물이며 그 받침이 스물이니
놋이요 기둥의 갈고리와 가름대는
은이며
12 서쪽에 (布帳)포장은 쉰 규빗이라
그 기둥이 열이요 받침이 열이며
기둥의 갈고리와 가름대는 은이며
13 동으로 (東)동쪽에도 쉰 규빗이라
14 (門)문 이쪽의 포장이 열다섯 규빗이
요 그 기둥이 셋이요 받침이 셋이며
15 문 저쪽도 그와 같으니 뜰 문 이쪽,
저쪽의 (布帳)포장이 열다섯 규빗
씩이요 그 기둥이 셋씩, 받침이 셋
씩이라
16 뜰 주위의 포장은 (細麻布)세마포
요
17 기둥 받침은 놋이요 기둥의 갈고리
와 가름대는 (銀)은이요 기둥 머리
싸개는 은이며 뜰의 모든 기둥에
은 가름대를 꿰었으며
18 뜰의 (揮帳)휘장 (門)문을 청색 자
색 홍색 실과 가늘게 꼰 베 실로 수
놓아 짰으니 길이는 스무 규빗이요
너비와 높이는 뜰의 포장과 같이
다섯 규빗이며
19 그 기둥은 넷인데 그 받침 넷은 놋
이요 그 갈고리는 (銀)은이요 그 머
리 싸개와 가름대도 은이며
20 (聖幕)성막 말뚝과 뜰 주위의 말뚝
은 모두 놋이더라

성막 재료의 물자 목록

21 ● 성막 곧 [1](證據幕)증거막을 위
하여 레위 사람이 쓴 재료의 (物目)
물목은 제사장 아론의 아들 이다말
이 모세의 명령대로 계산하였으며
22 유다 (支派)지파 훌의 손자요 우리
의 아들인 브살렐은 여호와께서 모
세에게 (命令)명령하신 모든 것을
만들었고
23 단 지파 아히사막의 아들 오홀리압
이 그와 함께 하였으니 오홀리압은
(才能)재능이 있어서 조각하며 또
청색 자색 홍색 실과 가는 베 실로
수 놓은 자더라
24 ●(聖所)성소 건축 (費用)비용으
로 들인 금은 성소의 세겔로 스물
아홉 달란트와 칠백삼십 세겔이며
25 계수된 (會衆)회중이 드린 은은 성
소의 세겔로 백 달란트와 천칠백칠
십오 세겔이니
26 (計數)계수된 자가 이십 세 이상으

1) 법

로 육십만 삼천오백오십 명인즉 성
소의 세겔로 각 사람에게 은 한 베
가 곧 반 세겔씩이라
27 은 백 달란트로 성소의 받침과 (揮
帳)휘장 문의 기둥 받침을 모두 백
개를 부어 만들었으니 각 받침마다
한 달란트씩 모두 백 달란트요
28 (千七百七十五)천칠백칠십오 세
겔로 기둥 갈고리를 만들고 기둥
머리를 싸고 기둥 가름대를 만들었
으며
29 드린 놋은 (七十)칠십 달란트와 이
천사백 세겔이라
30 이것으로 회막 문 기둥 받침과 놋
(祭壇)제단과 놋 그물과 제단의 모
든 (器具)기구를 만들었으며
31 뜰 주위의 기둥 받침과 그 휘장 문
의 기둥 받침이며 성막의 모든 말
뚝과 뜰 (周圍)주위의 모든 말뚝을
만들었더라

제사장의 옷을 만들다(출 28:1-14)

39 그들은 여호와께서 모세에게
명령하신 대로 청색 자색 홍
색 실로 성소에서 섬길 때 입을 (精
巧)정교한 옷을 만들고 또 아론을
위해 거룩한 옷을 만들었더라
2 ●그는 또 금 실과 (靑色)청색 자
색 홍색 실과 가늘게 꼰 베 실로 에
봇을 만들었으되
3 금을 얇게 쳐서 오려서 실을 만들
어 청색 자색 홍색 실과 가는 베 실
에 섞어 (精巧)정교하게 짜고
4 에봇에는 어깨받이를 만들어 그 두
끝에 달아 서로 연결되게 하고

1) 청보석 2) 금강석

5 에봇 위에 에봇을 매는 띠를 에봇과
같은 모양으로 금 실과 청색 자색
홍색 실과 가늘게 꼰 베 실로 에봇
에 붙여 짰으니 여호와께서 모세에
게 (命令)명령하신 대로 하였더라
6 ●그들은 또 호마노를 깎아 금 테
에 물려 (圖章)도장을 새김 같이
이스라엘의 아들들의 이름을 그것
에 새겨
7 에봇 어깨받이에 달아 이스라엘의
아들들을 (記念)기념하는 보석을
삼았으니 여호와께서 모세에게 명
령하신 대로 하였더라

흉패를 짜다(출 28:15-30)

8 ●그가 또 흉패를 (精巧)정교하게
짜되 에봇과 같은 모양으로 금 실
과 청색 자색 홍색 실과 가늘게 꼰
베 실로 하였으니
9 그것의 길이가 한 뼘, 너비가 한 뼘
으로 네 모가 반듯하고 두 겹이며
10 그것에 네 줄 보석을 물렸으니 곧
(紅寶石)홍보석 (黃玉)황옥 (綠珠
玉)녹주옥이 첫 줄이요
11 둘째 줄은 석류석 [1]남보석 [2](紅瑪
瑙)홍마노요
12 셋째 줄은 (琥珀)호박 백마노 자수
정이요
13 넷째 줄은 녹보석 호마노 벽옥이라
다 (金)금 테에 물렸으니
14 이 (寶石)보석들은 이스라엘의 아
들들의 이름 곧 그들의 이름대로
열둘이라 도장을 새김 같이 그 열
두 지파의 각 이름을 새겼으며
15 그들이 또 순금으로 노끈처럼 사슬
을 땋아 (胸牌)흉패에 붙이고

16 또 금 테 둘과 (金)금 고리 둘을 만들
어 그 두 고리를 흉패 두 끝에 달고
17 그 땋은 두 금 사슬을 (胸牌)흉패
끝 두 고리에 꿰매었으며
18 그 땋은 두 사슬의 다른 두 끝을 에
봇 앞 두 어깨받이의 (金)금 테에
매고
19 또 금 고리 둘을 만들어 (胸牌)흉
패 두 끝에 달았으니 곧 그 에봇을
마주한 안쪽 가장자리에 달았으며
20 또 금 고리 둘을 만들어 에봇 앞 두
어깨받이 아래 매는 자리 가까운
쪽 곧 (精巧)정교하게 짠 에봇 띠
위쪽에 달고
21 (青色)청색 끈으로 흉패 고리와 에
봇 고리에 꿰어 흉패로 정교하게
짠 에봇 띠 위에 붙여서 에봇에서
벗어지지 않게 하였으니 여호와께
서 모세에게 명령하신 대로 하였더
라

제사장의 또 다른 옷을 만들다
(출 28:31-43)

22 ●그가 에봇 받침 긴 옷을 (全部)
전부 청색으로 짜서 만들되
23 그 옷의 두 어깨 사이에 구멍을 내
고 (甲)갑옷 깃 같이 그 구멍 (周
圍)주위에 깃을 짜서 찢어지지 않
게 하고
24 청색 자색 홍색 실과 가는 베 실로
그 옷 가장자리에 (石榴)석류를 수
놓고
25 순금으로 방울을 만들어 그 옷 가
장자리로 돌아가며 (石榴)석류 사
이사이에 달되
26 방울과 석류를 서로 (間隔)간격을
두고 번갈아 그 옷 가장자리로 돌
아가며 달았으니 여호와께서 모세
에게 명령하신 대로 하였더라
27 ●그들이 또 (織造)직조한 가는 베
로 아론과 그의 아들들을 위하여
속옷을 짓고
28 (細麻布)세마포로 (頭巾)두건을
짓고 세마포로 빛난 관을 만들고
가는 베 실로 짜서 세마포 속바지
들을 만들고
29 가는 베 실과 청색 자색 홍색 실로
수 놓아 띠를 만들었으니 여호와께
서 모세에게 (命令)명령하신 대로
하였더라
30 ●그들이 또 순금으로 거룩한 [1](牌)
패를 만들고 도장을 새김 같이 그
위에 '여호와께 성결'이라 새기고
31 그 패를 청색 끈으로 관 (前面)전
면에 달았으니 여호와께서 모세에
게 명령하신 대로 하였더라

성막의 모든 역사를 마치다
(출 35:10-19)

32 ●이스라엘 자손이 이와 같이 성막
곧 회막의 모든 (役事)역사를 마치
되 여호와께서 모세에게 명령하신
대로 다 행하고
33 그들이 (聖幕)성막을 모세에게로
가져왔으니 곧 막과 그 모든 기구
와 그 갈고리들과 그 널판들과 그
띠들과 그 기둥들과 그 받침들과
34 붉은 물을 들인 숫양의 가죽 덮개
와 [2]해달의 가죽 덮개와 가리는
(揮帳)휘장과
35 [3]증거궤와 그 채들과 [4]속죄소와

1) 히, 면류관의 패 2) 또는 돌고래 3) 법궤 4) 시은좌 곧 은혜의 자리

36 상과 그 모든 기구와 (陳設餅)진설
병과
37 순금 등잔대와 그 잔 곧 벌여놓는
등잔대와 그 모든 기구와 (燈油)등
유와
38 금 제단과 관유와 (香氣)향기로운
향과 장막 휘장 문과
39 놋 (祭壇)제단과 그 놋 그물과 그
채들과 그 모든 기구와 물두멍과
그 받침과
40 뜰의 포장들과 그 기둥들과 그 받
침들과 뜰 문의 휘장과 그 줄들과
그 말뚝들과 성막 곧 회막에서 (使
用)사용할 모든 기구와
41 (聖所)성소에서 섬기기 위한 정교
한 옷 곧 제사 직분을 행할 때에 입
는 제사장 아론의 거룩한 옷과 그
의 아들들의 옷이라
42 여호와께서 모세에게 명령하신 대
로 이스라엘 자손이 모든 (役事)역
사를 마치매
43 모세가 그 마친 모든 것을 본즉 여
호와께서 명령하신 대로 되었으므
로 모세가 그들에게 (祝福)축복하
였더라

성막 봉헌

40 여호와께서 모세에게 말씀하
여 이르시되
2 너는 첫째 달 초하루에 (聖幕)성막
곧 (會幕)회막을 세우고
3 또 [1](證據櫃)증거궤를 들여놓고 또
휘장으로 그 궤를 가리고
4 또 상을 들여놓고 그 위에 물품을
(陳設)진설하고 등잔대를 들여놓
아 불을 켜고
5 또 금 (香壇)향단을 [1]증거궤 앞에
두고 성막 문에 휘장을 달고
6 또 (燔祭壇)번제단을 회막의 성막
문 앞에 놓고
7 또 물두멍을 회막과 (祭壇)제단 사
이에 놓고 그 속에 물을 담고
8 또 뜰 주위에 포장을 치고 뜰 문에
(揮帳)휘장을 달고
9 또 (灌油)관유를 가져다가 성막과
그 안에 있는 모든 것에 발라 그것
과 그 모든 기구를 거룩하게 하라
그것이 거룩하리라
10 너는 또 (燔祭壇)번제단과 그 모든
기구에 발라 그 안을 거룩하게 하
라 그 제단이 지극히 거룩하리라
11 너는 또 물두멍과 그 받침에 발라
거룩하게 하고
12 너는 또 아론과 그 아들들을 (會幕)
회막 문으로 데려다가 물로 씻기고
13 아론에게 거룩한 옷을 입히고 그에
게 기름을 [2]부어 거룩하게 하여 그
가 내게 제사장의 (職分)직분을 행
하게 하라
14 너는 또 그 아들들을 데려다가 그
들에게 겉옷을 입히고
15 그 아버지에게 기름을 부음 같이
그들에게도 부어서 그들이 내게
(祭司長)제사장의 (職分)직분을
행하게 하라 그들이 기름 부음을
받았은즉 대대로 영영히 제사장이
되리라 하시매
16 모세가 그같이 (行)행하되 곧 여호
와께서 자기에게 명령하신 대로 다
행하였더라

1) 법궤 2) 또는 '발라'

17 ●둘째 해 첫째 달 곧 그 달 초하루
에 (聖幕)성막을 세우니라
18 모세가 성막을 세우되 그 받침들을
놓고 그 널(板)판들을 세우고 그 띠
를 띠우고 그 기둥들을 세우고
19 또 성막 위에 막을 펴고 그 위에 덮
개를 덮으니 여호와께서 모세에게
(命令)명령하신 대로 되니라
20 그는 또 증거판을 궤 속에 넣고 채
를 궤에 꿰고 (贖罪所)속죄소를 궤
위에 두고
21 또 그 궤를 성막에 들여놓고 가리
개 휘장을 늘어뜨려 그 (證據櫃)증
거궤를 가리니 여호와께서 모세에
게 명령하신 대로 되니라
22 그는 또 회막 안 곧 성막 북쪽으로
휘장 밖에 (床)상을 놓고
23 또 여호와 앞 그 상 위에 떡을 (陳
設)진설하니 여호와께서 모세에게
명령하신 대로 되니라
24 그는 또 (會幕)회막 안 곧 성막 남
쪽에 등잔대를 놓아 상과 마주하게
하고
25 또 여호와 앞에 (燈盞臺)등잔대에
불을 켜니 여호와께서 모세에게 명
령하신 대로 되니라
26 그가 또 금 향단을 회막 안 (揮帳)
휘장 앞에 두고
27 그 위에 향기로운 (香)향을 사르니
여호와께서 모세에게 명령하신 대
로 되니라
28 그는 또 성막 문에 휘장을 달고
29 또 회막의 성막 문 앞에 번제단을
두고 (燔祭)번제와 (素祭)소제를
그 위에 드리니 여호와께서 모세에
게 명령하신 대로 되니라
30 그는 또 물두멍을 회막과 (祭壇)제
단 사이에 두고 거기 씻을 물을 담
으니라
31 모세와 아론과 그 아들들이 거기서
(手足)수족을 씻되
32 그들이 회막에 들어갈 때와 제단에
가까이 갈 때에 씻었으니 여호와께
서 모세에게 (命令)명령하신 대로
되니라
33 그는 또 성막과 제단 주위 뜰에 (布
帳)포장을 치고 뜰 문에 휘장을 다
니라 모세가 이같이 (役事)역사를
마치니

여호와의 영광이 성막에 충만하다 (민 9:15-23)

34 ●구름이 회막에 덮이고 여호와의
영광이 (聖幕)성막에 (充滿)충만
하매
35 모세가 회막에 들어갈 수 없었으니
이는 구름이 회막 위에 덮이고 여
호와의 (榮光)영광이 성막에 충만
함이었으며
36 구름이 성막 위에서 떠오를 때에는
이스라엘 자손이 그 모든 (行進)행
진하는 길에 앞으로 나아갔고
37 구름이 떠오르지 않을 때에는 떠오
르는 날까지 나아가지 아니하였으
며
38 낮에는 여호와의 구름이 성막 위에
있고 밤에는 불이 그 구름 가운데
에 있음을 이스라엘의 온 (族屬)족
속이 그 모든 행진하는 길에서 그
들의 눈으로 보았더라

레위記 Leviticus

번제

1 여호와께서 (會幕)회막에서 모세를 부르시고 그에게 말씀하여 이르시되

2 이스라엘 자손에게 말하여 이르라 너희 중에 누구든지 여호와께 (禮物)예물을 드리려거든 (家畜)가축 중에서 소나 양으로 예물을 드릴지니라

3 ●그 예물이 소의 (燔祭)번제이면 흠 없는 수컷으로 회막 문에서 여호와 앞에 기쁘게 받으시도록 드릴지니라

4 그는 번제물의 머리에 (按手)안수할지니 그를 위하여 기쁘게 받으심이 되어 그를 위하여 (贖罪)속죄가 될 것이라

5 그는 여호와 앞에서 그 수송아지를 잡을 것이요 아론의 자손 제사장들은 그 피를 가져다가 회막 문 앞 (祭壇)제단 사방에 뿌릴 것이며

6 그는 또 그 번제물의 가죽을 벗기고 (脚)각을 뜰 것이요

7 (祭司長)제사장 아론의 자손들은 제단 위에 불을 붙이고 불 위에 나무를 벌여 놓고

8 아론의 (子孫)자손 제사장들은 그 뜬 각과 머리와 기름을 제단 위의 불 위에 있는 나무에 벌여 놓을 것이며

9 그 내장과 정강이를 물로 씻을 것이요 제사장은 그 전부를 제단 위에서 불살라 번제를 드릴지니 이는 (火祭)화제라 여호와께 향기로운 냄새니라

10 ●만일 그 예물이 가축 떼의 양이나 염소의 (燔祭)번제이면 흠 없는 수컷으로 드릴지니

11 그가 제단 북쪽 여호와 앞에서 그것을 잡을 것이요 아론의 자손 제사장들은 그것의 피를 제단 (四方)사방에 뿌릴 것이며

12 그는 그것의 (脚)각을 뜨고 그것의 머리와 그것의 기름을 베어낼 것이요 제사장은 그것을 다 제단 위의 불 위에 있는 나무 위에 벌여 놓을 것이며

13 그 내장과 그 정강이를 물로 씻을 것이요 제사장은 그 전부를 가져다가 제단 위에서 불살라 번제를 드릴지니 이는 (火祭)화제라 여호와께 향기로운 냄새니라

14 ●만일 여호와께 드리는 (禮物)예물이 새의 번제이면 산비둘기나 집비둘기 새끼로 예물을 드릴 것이요

15 제사장은 그것을 (祭壇)제단으로 가져다가 그것의 머리를 비틀어 끊고 제단 위에서 불사르고 피는 제단 곁에 흘릴 것이며

16 그것의 모이주머니와 [1]그 더러운 것은 (除去)제거하여 제단 동쪽 재 버리는 곳에 던지고

17 또 그 날개 자리에서 그 몸을 찢되 아주 찢지 말고 제사장이 그것을 제단 위의 불 위에 있는 나무 위에

1) 또는 깃털

서 불살라 번제를 드릴지니 이는
(火祭)화제라 여호와께 향기로운
냄새니라

소제의 예물

2 누구든지 (素祭)소제의 (禮物)
예물을 여호와께 드리려거든
고운 가루로 예물을 삼아 그 위에
기름을 붓고 또 그 위에 (乳香)유
향을 놓아
2 아론의 자손 제사장들에게로 가져
갈 것이요 제사장은 그 고운 가루
한 움큼과 기름과 그 모든 유향을
가져다가 (記念物)기념물로 제단
위에서 불사를지니 이는 화제라
여호와께 향기로운 냄새니라
3 그 (素祭物)소제물의 남은 것은
아론과 그의 자손에게 돌릴지니
이는 여호와의 화제물 중에 지극
히 거룩한 것이니라
4 ●네가 화덕에 구운 것으로 소제
의 예물을 드리려거든 고운 가루
에 기름을 섞어 만든 (無酵餠)무
교병이나 기름을 바른 (無酵煎餠)
무교전병을 드릴 것이요
5 (鐵板)철판에 부친 것으로 소제의
예물을 드리려거든 고운 가루에
누룩을 넣지 말고 기름을 섞어
6 조각으로 나누고 그 위에 기름을
부을지니 이는 (素祭)소제니라
7 네가 냄비의 것으로 (素祭)소제를
드리려거든 고운 가루와 기름을
섞어 만들지니라
8 너는 이것들로 만든 소제물을 여
호와께로 가져다가 (祭司長)제사
장에게 줄 것이요 제사장은 그것
을 제단으로 가져가서
9 그 소제물 중에서 기념할 것을 가
져다가 제단 위에서 불사를지니
이는 (火祭)화제라 여호와께 향기
로운 냄새니라
10 (素祭物)소제물의 남은 것은 아론
과 그의 아들들에게 돌릴지니 이
는 여호와의 화제물 중에 지극히
거룩한 것이니라
11 ●너희가 여호와께 드리는 모든
소제물에는 누룩을 넣지 말지니
너희가 누룩이나 꿀을 여호와께
(火祭)화제로 드려 사르지 못할지
니라
12 처음 익은 것으로는 그것을 여호
와께 드릴지나 (香氣)향기로운 냄
새를 위하여는 제단에 올리지 말
지며
13 네 모든 소제물에 소금을 치라 네
하나님의 (言約)언약의 소금을 네
소제에 빼지 못할지니 네 모든 예
물에 소금을 드릴지니라
14 ●너는 첫 이삭의 (素祭)소제를
여호와께 드리거든 첫 이삭을 볶
아 찧은 것으로 네 소제를 삼되
15 그 위에 기름을 붓고 그 위에 (乳
香)유향을 더할지니 이는 소제니라
16 제사장은 찧은 곡식과 기름을 모
든 (乳香)유향과 함께 (記念物)기
념물로 불사를지니 이는 여호와께
드리는 화제니라

화목제의 예물

3 사람이 만일 [1](和睦祭)화목제
의 제물을 예물로 드리되 소로

1) 또는 감사제

드리려면 수컷이나 암컷이나 흠 없
는 것으로 여호와 앞에 드릴지니
2 그 예물의 머리에 (按手)안수하고
회막 문에서 잡을 것이요 아론의
자손 제사장들은 그 피를 제단 사
방에 뿌릴 것이며
3 그는 또 그 화목제의 (祭物)제물
중에서 여호와께 화제를 드릴지니
곧 내장에 덮인 기름과 내장에 붙
은 모든 기름과
4 두 콩팥과 그 위의 기름 곧 허리 쪽
에 있는 것과 (肝)간에 덮인 꺼풀
을 콩팥과 함께 떼어낼 것이요
5 아론의 자손은 그것을 (祭壇)제단
위의 불 위에 있는 나무 위의 (燔
祭物)번제물 위에서 사를지니 이
는 화제라 여호와께 향기로운 냄
새니라
6 ●만일 여호와께 (禮物)예물로 드
리는 화목제의 제물이 양이면 수
컷이나 암컷이나 흠 없는 것으로
드릴지며
7 만일 그의 예물로 드리는 것이 어
린 (羊)양이면 그것을 여호와 앞으
로 끌어다가
8 그 예물의 머리에 안수하고 (會幕)
회막 앞에서 잡을 것이요 아론의
자손은 그 피를 제단 사방에 뿌릴
것이며
9 그는 그 화목제의 제물 중에서 여
호와께 화제를 드릴지니 그 기름
곧 (尾骨)미골에서 벤 기름진 꼬리
와 내장에 덮인 기름과 내장에 붙
은 모든 기름과
10 두 콩팥과 그 위의 기름 곧 허리쪽
에 있는 것과 (肝)간에 덮인 꺼풀
을 콩팥과 함께 떼어낼 것이요
11 제사장은 그것을 제단 위에서 불
사를지니 이는 화제로 여호와께
드리는 음식이니라
12 ●만일 그의 (禮物)예물이 염소면
그것을 여호와 앞으로 끌어다가
13 그것의 머리에 (按手)안수하고 회막
앞에서 잡을 것이요 아론의 자손은
그 피를 제단 사방에 뿌릴 것이며
14 그는 그 중에서 예물을 가져다가
여호와께 화제를 드릴지니 곧 (內
臟)내장에 덮인 기름과 내장에 붙
은 모든 기름과
15 두 콩팥과 그 위의 기름 곧 허리 쪽
에 있는 것과 (肝)간에 덮인 꺼풀
을 콩팥과 함께 떼어낼 것이요
16 제사장은 그것을 제단 위에서 불
사를지니 이는 (火祭)화제로 드리
는 음식이요 향기로운 냄새라 모
든 기름은 여호와의 것이니라
17 너희는 기름과 피를 먹지 말라 이
는 너희의 모든 (處所)처소에서 너
희 대대로 지킬 영원한 (規例)규례
니라

속죄제를 드리는 규례

4 여호와께서 모세에게 말씀하여
이르시되
2 이스라엘 자손에게 말하여 이르라
누구든지 여호와의 (誡命)계명 중
하나라도 그릇 범하였으되
3 만일 기름 부음을 받은 제사장이
(犯罪)범죄하여 백성의 허물이 되
었으면 그가 범한 죄로 말미암아
흠 없는 수송아지로 속죄제물을

삼아 여호와께 드릴지니
4 그 수송아지를 (會幕門)회막문 여
호와 앞으로 끌어다가 그 수송아
지의 머리에 (按手)안수하고 그것
을 여호와 앞에서 잡을 것이요
5 기름 부음을 받은 제사장은 그 수
송아지의 피를 가지고 (會幕)회막
에 들어가서
6 그 제사장이 손가락에 그 피를 찍
어 여호와 앞 곧 (聖所)성소의 (揮
帳)휘장 앞에 일곱 번 뿌릴 것이며
7 제사장은 또 그 피를 여호와 앞 곧
회막 안 (香壇)향단 뿔들에 바르고
그 송아지의 피 전부를 회막 문 앞
번제단 밑에 쏟을 것이며
8 또 그 (贖罪祭物)속죄제물이 된
수송아지의 모든 기름을 떼어낼지
니 곧 내장에 덮인 기름과 내장에
붙은 모든 기름과
9 두 콩팥과 그 위의 기름 곧 허리쪽
에 있는 것과 (肝)간에 덮인 꺼풀
을 콩팥과 함께 떼어내되
10 화목제 제물의 소에게서 떼어냄 같
이 할 것이요 제사장은 그것을 (燔
祭壇)번제단위에서 불사를 것이며
11 그 수송아지의 가죽과 그 모든 고
기와 그것의 머리와 정강이와 (內
臟)내장과
12 똥 곧 그 송아지의 전체를 (陣營)
진영 바깥 재 버리는 곳인 (淨潔)
정결한 곳으로 가져다가 불로 나
무 위에서 사르되 곧 재 버리는 곳
에서 불사를지니라
13 ●만일 이스라엘 온 (會衆)회중이
여호와의 계명 중 하나라도 부지
중에 범하여 허물이 있으나 스스
로 깨닫지 못하다가
14 그 범한 죄를 깨달으면 회중은 수
송아지를 (贖罪祭)속죄제로 드릴
지니 그것을 (會幕)회막 앞으로 끌
어다가
15 회중의 (長老)장로들이 여호와 앞
에서 그 수송아지 머리에 안수하
고 그것을 여호와 앞에서 잡을 것
이요
16 기름 부음을 받은 (祭司長)제사장
은 그 수송아지의 피를 가지고 회
막에 들어가서
17 그 제사장이 손가락으로 그 피를
찍어 여호와 앞, (揮帳)휘장 앞에
일곱 번 뿌릴 것이며
18 또 그 피로 회막 안 여호와 앞에 있
는 제단 뿔들에 바르고 그 피 전부
는 회막 문 앞 (燔祭壇)번제단 밑
에 쏟을 것이며
19 그것의 기름은 다 떼어 (祭壇)제단
위에서 불사르되
20 그 송아지를 속죄제의 수송아지에
게 한 것 같이 할지며 제사장이 그
것으로 (會衆)회중을 위하여 (贖
罪)속죄한즉 그들이 (赦)사함을
받으리라
21 그는 그 수송아지를 (陣營)진영 밖
으로 가져다가 첫번 수송아지를
사름 같이 불사를지니 이는 회중
의 속죄제니라
22 ●만일 족장이 그의 하나님 여호
와의 계명 중 하나라도 (不知中)
부지중에 범하여 허물이 있었는데
23 그가 범한 죄를 누가 그에게 깨우

쳐 주면 그는 흠 없는 숫염소를
(禮物)예물로 가져다가
24 그 숫염소의 머리에 (按手)안수하
고 여호와 앞 번제물을 잡는 곳에
서 잡을지니 이는 속죄제라
25 제사장은 그 속죄 (祭物)제물의 피
를 손가락에 찍어 번제단 뿔들에
바르고 그 피는 번제단 밑에 쏟고
26 그 모든 기름은 (和睦祭)화목제
제물의 기름 같이 제단 위에서 불
사를지니 이같이 제사장이 그 범
한 죄에 대하여 그를 위하여 (贖
罪)속죄한즉 그가 (赦)사함을 얻
으리라
27 ●만일 (平民)평민의 한 사람이
여호와의 계명 중 하나라도 부지
중에 범하여 허물이 있었는데
28 그가 범한 죄를 누가 그에게 깨우
쳐 주면 그는 흠 없는 암염소를 끌
고 와서 그 범한 죄로 말미암아 그
것을 (禮物)예물로 삼아
29 그 속죄제물의 머리에 안수하고
그 제물을 (燔祭物)번제물을 잡는
곳에서 잡을 것이요
30 제사장은 손가락으로 그 피를 찍
어 번제단 뿔들에 바르고 그 피 전
부를 (祭壇)제단 밑에 쏟고
31 그 모든 기름을 화목제물의 기름
을 떼어낸 것 같이 떼어내 제단 위
에서 불살라 여호와께 향기롭게
할지니 제사장이 그를 위하여 속
죄한즉 그가 (赦)사함을 받으리라
32 ●그가 만일 어린 양을 속죄제물
로 가져오려거든 (欠)흠 없는 암컷
을 끌어다가
33 그 속죄제 제물의 머리에 (按手)안
수하고 번제물을 잡는 곳에서 속
죄제물로 잡을 것이요
34 제사장은 그 속죄제물의 피를 손
가락으로 찍어 번제단 뿔들에 바
르고 그 피는 (全部)전부 제단 밑
에 쏟고
35 그 모든 기름을 (和睦祭)화목제
어린 양의 기름을 떼낸 것 같이 떼
내어 제단 위 여호와의 (火祭物)
화제물 위에서 불사를지니 이같이
제사장이 그가 범한 죄에 대하여
그를 위하여 속죄한즉 그가 사함
을 받으리라
5 만일 누구든지 저주하는 소리
를 듣고서도 (證人)증인이 되어
그가 본 것이나 알고 있는 것을 알
리지 아니하면 그는 자기의 죄를
져야 할 것이요 그 허물이 그에게
로 돌아갈 것이며
2 만일 누구든지 (不淨)부정한 것들
곧 부정한 들짐승의 (死體)사체나
부정한 (家畜)가축의 사체나 부정
한 곤충의 사체를 만졌으면 부지
중이라고 할지라도 그 몸이 더러
워져서 허물이 있을 것이요
3 만일 (不知中)부지중에 어떤 사람
의 부정에 닿았는데 그 사람의 부
정이 어떠한 부정이든지 그것을
깨달았을 때에는 허물이 있을 것
이요
4 만일 누구든지 입술로 (盟誓)맹세
하여 악한 일이든지 선한 일이든지
하리라고 함부로 말하면 그 사람이
함부로 말하여 맹세한 것이 무엇이

든지 그가 깨닫지 못하다가 그것을
깨닫게 되었을 때에는 그 중 하나
에 그에게 허물이 있을 것이니
5 이 중 하나에 허물이 있을 때에는
아무 일에 잘못하였노라 (自服)자
복하고
6 그 잘못으로 말미암아 여호와께
[1](贖罪祭)속죄제를 드리되 양 떼
의 암컷 어린 양이나 염소를 끌어
다가 속죄제를 드릴 것이요 제사
장은 그의 허물을 위하여 (贖罪)속
죄할지니라
7 ●만일 그의 힘이 어린 (羊)양을
바치는 데에 미치지 못하면 그가
지은 죄를 속죄하기 위하여 (山)
산비둘기 두 마리나 집비둘기 새
끼 두 마리를 여호와께로 가져가
되 하나는 속죄제물을 삼고 하나
는 번제물을 삼아
8 (祭司長)제사장에게로 가져갈 것
이요 제사장은 그 속죄제물을 먼
저 드리되 그 머리를 목에서 비틀
어 끊고 몸은 아주 쪼개지 말며
9 그 속죄제물의 피를 (祭壇)제단 곁
에 뿌리고 그 남은 피는 제단 밑에
흘릴지니 이는 속죄제요
10 그 다음 것은 (規例)규례대로 번제
를 드릴지니 제사장이 그의 잘못
을 위하여 속죄한즉 그가 사함을
받으리라
11 ●만일 그의 손이 산비둘기 두 마
리나 집비둘기 두 마리에도 미치
지 못하면 그의 범죄로 말미암아
고운 가루 십분의 일 [2]에바를 예

1) 히, 벌금 2) 1에바는 22리터 3) 1세겔은 11.4그램

물로 가져다가 속죄제물로 드리되
이는 속죄제인즉 그 위에 기름을
붓지 말며 (乳香)유향을 놓지 말고
12 그것을 제사장에게로 가져갈 것이
요 제사장은 그것을 (記念物)기념
물로 한 움큼을 가져다가 제단 위
여호와의 (火祭物)화제물 위에서
불사를지니 이는 속죄제라
13 제사장이 그가 이 중에서 하나를
범하여 얻은 허물을 위하여 속죄
한즉 그가 사함을 받으리라 그 나
머지는 (素祭物)소제물 같이 제사
장에게 돌릴지니라

속건제를 드리는 규례

14 ●여호와께서 모세에게 말씀하여
이르시되
15 누구든지 여호와의 (聖物)성물에
대하여 부지중에 범죄하였으면 여
호와께 (贖愆祭)속건제를 드리되
네가 (指定)지정한 (價値)가치를
따라 성소의 [3]세겔로 몇 [3]세겔 은
에 상당한 흠 없는 숫양을 양 떼 중
에서 끌어다가 속건제로 드려서
16 (聖物)성물에 대한 잘못을 보상하
되 그것에 오분의 일을 더하여 제
사장에게 줄 것이요 제사장은 그
속건제의 숫양으로 그를 위하여
속죄한즉 그가 사함을 받으리라
17 ●만일 누구든지 여호와의 (誡命)
계명 중 하나를 부지중에 범하여
도 허물이라 벌을 당할 것이니
18 그는 네가 (指定)지정한 가치대
로 양 떼 중 흠 없는 숫양을 속건제
물로 제사장에게로 가져갈 것이요
제사장은 그가 부지중에 범죄한

허물을 위하여 속죄한즉 그가 사
함을 받으리라
19 이는 (贖愆祭)속건제니 그가 여호
와 앞에 참으로 잘못을 저질렀음
이니라

6 여호와께서 모세에게 말씀하여
이르시되
2 누구든지 여호와께 (信實)신실하
지 못하여 (犯罪)범죄하되 곧 이웃
이 맡긴 물건이나 (典當物)전당물
을 속이거나 도둑질하거나 착취하
고도 사실을 부인하거나
3 남의 잃은 물건을 줍고도 사실을
부인하여 거짓 맹세하는 등 사람
이 이 모든 일 중의 하나라도 행하
여 (犯罪)범죄하면
4 이는 죄를 범하였고 죄가 있는 자
니 그 훔친 것이나 (搾取)착취한
것이나 맡은 것이나 잃은 물건을
주운 것이나
5 그 거짓 맹세한 모든 (物件)물건을
돌려보내되 곧 그 본래 물건에 오
분의 일을 더하여 돌려보낼 것이
니 그 죄가 드러나는 날에 그 임자
에게 줄 것이요
6 그는 또 그 속건제물을 여호와께
가져갈지니 곧 네가 (指定)지정한
(價値)가치대로 양 떼 중 흠 없는
숫양을 속건제물을 위하여 제사장
에게로 끌고 갈 것이요
7 제사장은 여호와 앞에서 그를 위
하여 (贖罪)속죄한즉 그는 무슨 허
물이든지 사함을 받으리라

번제를 드리는 규례

8 ●여호와께서 모세에게 말씀하여
이르시되
9 아론과 그의 자손에게 명령하여 이
르라 번제의 (規例)규례는 이러하
니라 번제물은 아침까지 제단 위에
있는 석쇠 위에 두고 제단의 불이
그 위에서 꺼지지 않게 할 것이요
10 제사장은 (細麻布)세마포 긴 옷을
입고 세마포 속바지로 하체를 가리
고 제단 위에서 불태운 (燔祭)번제
의 재를 가져다가 제단 곁에 두고
11 그 옷을 벗고 다른 옷을 입고 그 재
를 진영 바깥 (淨潔)정결한 곳으로
가져갈 것이요
12 제단 위의 불은 항상 피워 꺼지지
않게 할지니 제사장은 아침마다 나
무를 그 위에서 태우고 번제물을
그 위에 벌여 놓고 (和睦祭)화목제
의 기름을 그 위에서 불사를지며
13 불은 끊임이 없이 (祭壇)제단 위에
피워 꺼지지 않게 할지니라

소제를 드리는 규례

14 ●(素祭)소제의 규례는 이러하니
라 아론의 자손은 그것을 제단 앞
여호와 앞에 드리되
15 그 소제의 고운 가루 한 움큼과 기
름과 소제물 위의 (乳香)유향을 다
가져다가 기념물로 제단 위에서
불살라 여호와 앞에 향기로운 냄
새가 되게 하고
16 그 나머지는 아론과 그의 (子孫)자
손이 먹되 누룩을 넣지 말고 거룩
한 곳 회막 뜰에서 먹을지니라
17 그것에 누룩을 넣어 굽지 말라 이
는 나의 (火祭物)화제물 중에서
내가 그들에게 주어 그들의 소득

이 되게 하는 것이라 속죄제와 속
건제 같이 지극히 거룩한즉
18 아론 자손의 남자는 모두 이를 먹
을지니 이는 여호와의 화제물 중
에서 대대로 그들의 (永遠)영원한
(所得)소득이 됨이라 이를 만지는
자마다 거룩하리라
19 ●여호와께서 모세에게 말씀하여
이르시되
20 아론과 그의 자손이 기름 부음을
받는 날에 여호와께 드릴 예물은
이러하니라 고운 가루 십분의 일
에바를 항상 드리는 (素祭物)소제
물로 삼아 그 절반은 아침에, 절반
은 저녁에 드리되
21 그것을 기름으로 반죽하여 철판에
굽고 기름에 적셔 썰어서 소제로
여호와께 드려 (香氣)향기로운 냄
새가 되게 하라
22 이 소제는 아론의 자손 중 기름 부
음을 받고 그를 이어 제사장 된 자
가 드릴 것이요 영원한 (規例)규례
로 여호와께 온전히 불사를 것이니
23 제사장의 모든 소제물은 (穩全)온
전히 불사르고 먹지 말지니라

속죄제를 드리는 규례

24 ●여호와께서 모세에게 말씀하여
이르시되
25 아론과 그의 아들들에게 말하여
이르라 속죄제의 규례는 이러하니
라 속죄제 제물은 지극히 거룩하
니 여호와 앞 번제물을 잡는 곳에
서 그 속죄제 (祭物)제물을 잡을
것이요
26 죄를 위하여 제사 드리는 제사장
이 그것을 먹되 곧 (會幕)회막 뜰
거룩한 곳에서 먹을 것이며
27 그 고기에 (接觸)접촉하는 모든 자
는 거룩할 것이며 그 피가 어떤 옷
에든지 묻었으면 묻은 그것을 거
룩한 곳에서 빨 것이요
28 그 고기를 (土器)토기에 삶았으면
그 그릇을 깨뜨릴 것이요 (鍮器)유
기에 삶았으면 그 그릇을 닦고 물
에 씻을 것이며
29 제사장인 (男子)남자는 모두 그것
을 먹을지니 그것은 지극히 거룩
하니라
30 그러나 피를 가지고 회막에 들어
가 성소에서 (贖罪)속죄하게 한 속
죄제 제물의 고기는 먹지 못할지
니 불사를지니라

속건제를 드리는 규례

7 (贖愆祭)속건제의 (規例)규례
는 이러하니라 이는 지극히 거
룩하니
2 번제물을 잡는 곳에서 속건제의
번제물을 잡을 것이요 제사장은
그 피를 (祭壇)제단 (四方)사방에
뿌릴 것이며
3 그 기름을 모두 드리되 곧 그 기름진
꼬리와 (內臟)내장에 덮인 기름과
4 두 콩팥과 그 위의 기름 곧 허리 쪽
에 있는 것과 (肝)간에 덮인 꺼풀
을 콩팥과 함께 떼어내고
5 제사장은 그것을 다 (祭壇)제단 위
에서 불살라 여호와께 (火祭)화제
로 드릴 것이니 이는 속건제니라
6 (祭司長)제사장인 남자는 모두 그
것을 먹되 거룩한 곳에서 먹을지

니라 그것은 지극히 거룩하니라
7 속죄제와 속건제는 규례가 같으니
그 (祭物)제물은 속죄하는 제사장
에게로 돌아갈 것이요
8 사람을 위하여 (燔祭)번제를 드리
는 제사장 곧 그 제사장은 그 드린
번제물의 가죽을 자기가 가질 것
이며
9 화덕에 구운 (素祭物)소제물과 냄
비에나 철판에서 만든 소제물은
모두 그 드린 제사장에게로 돌아
갈 것이니
10 소제물은 기름 섞은 것이나 마른
것이나 모두 아론의 모든 자손이
균등하게 (分配)분배할 것이니라

화목제물을 드리는 규례

11 ●여호와께 드릴 화목제물의 (規
例)규례는 이러하니라
12 만일 그것을 감사함으로 드리려면
기름 섞은 (無酵餠)무교병과 기름
바른 (無酵煎餠)무교전병과 고운
가루에 기름 섞어 구운 과자를 그
감사제물과 함께 드리고
13 또 (有酵餠)유교병을 (和睦祭)화
목제의 감사제물과 함께 그 예물
로 드리되
14 그 전체의 (禮物)예물 중에서 하나
씩 여호와께 (擧祭)거제로 드리고
그것을 (和睦祭)화목제의 피를 뿌
린 제사장들에게로 돌릴지니라
15 ●(感謝)감사함으로 드리는 화목
제물의 고기는 드리는 그 날에 먹
을 것이요 조금이라도 이튿날 아
침까지 두지 말 것이니라
16 그러나 그의 예물의 제물이 (誓願)
서원이나 (自願)자원하는 것이면
그 제물을 드린 날에 먹을 것이요
그 남은 것은 이튿날에도 먹되
17 그 (祭物)제물의 고기가 셋째 날까
지 남았으면 불사를지니
18 만일 그 화목제물의 고기를 셋째
날에 조금이라도 먹으면 그 제사
는 기쁘게 받아들여지지 않을 것
이라 드린 자에게도 예물답게 되
지 못하고 도리어 (可憎)가증한 것
이 될 것이며 그것을 먹는 자는 그
죄를 짊어지리라
19 ●그 고기가 (不淨)부정한 물건에
접촉되었으면 먹지 말고 불사를
것이라 그 고기는 깨끗한 자만 먹
을 것이니
20 만일 몸이 (不淨)부정한 자가 여호
와께 속한 화목제물의 고기를 먹
으면 그 사람은 자기 백성 중에서
끊어질 것이요
21 만일 누구든지 부정한 것 곧 사람
의 부정이나 부정한 짐승이나 부
정하고 가증한 무슨 물건을 만지
고 여호와께 속한 (和睦祭物)화목
제물의 고기를 먹으면 그 사람도
자기 백성 중에서 끊어지리라

피와 기름은 먹지 말라

22 ●여호와께서 모세에게 말씀하여
이르시되
23 이스라엘 (子孫)자손에게 말하여
이르라 너희는 소나 양이나 염소
의 기름을 먹지 말 것이요
24 스스로 죽은 것의 기름이나 짐승
에게 찢긴 것의 기름은 다른 데는
쓰려니와 (決斷)결단코 먹지는 말

지니라
25 사람이 여호와께 (火祭)화제로 드
리는 제물의 기름을 먹으면 그 먹
는 자는 자기 백성 중에서 끊어지
리라
26 너희가 사는 모든 곳에서 새나 짐
승의 피나 무슨 피든지 먹지 말라
27 무슨 피든지 먹는 사람이 있으면
그 사람은 다 자기 (百姓)백성 중
에서 끊어지리라

화목제물 중에서 제사장이 받을 소득

28 ●여호와께서 모세에게 말씀하여
이르시되
29 이스라엘 자손에게 말하여 이르라
화목제물을 여호와께 드리려는 자
는 그 화목제물 중에서 그의 (禮
物)예물을 여호와께 가져오되
30 여호와의 화제물은 그 사람이 자
기 손으로 가져올지니 곧 그 (祭
物)제물의 기름과 가슴을 가져올
것이요 제사장은 그 가슴을 여호
와 앞에 흔들어 (搖祭)요제를 삼고
31 그 기름은 (祭壇)제단 위에서 불사
를 것이며 가슴은 아론과 그의 자
손에게 돌릴 것이며
32 또 너희는 그 (和睦祭物)화목제
물의 오른쪽 뒷다리를 제사장에게
주어 (擧祭)거제를 삼을지니
33 아론의 자손 중에서 화목제물의
피와 기름을 드리는 자는 그 오른
쪽 뒷다리를 자기의 (所得)소득으
로 삼을 것이니라
34 내가 이스라엘 자손의 화목제물
중에서 그 흔든 가슴과 든 뒷다리
를 가져다가 제사장 아론과 그의
자손에게 주었나니 이는 이스라엘
자손에게서 받을 영원한 (所得)소
득이니라

맺는 말(1)

35 ●이는 여호와의 화제물 중에서
아론에게 돌릴 것과 그의 아들들
에게 돌릴 것이니 그들을 세워 여
호와의 제사장의 (職分)직분을 행
하게 한 날
36 곧 그들에게 기름 부은 날에 여호
와께서 (命令)명령하사 이스라엘
자손 중에서 그들에게 돌리게 하
신 것이라 대대로 영원히 받을 (所
得)소득이니라

맺는 말(2)

37 ●이는 번제와 소제와 속죄제와
속건제와 (委任式)위임식과 화목
제의 (規例)규례라
38 여호와께서 시내 (曠野)광야에서
이스라엘 자손에게 그 예물을 여
호와께 드리라 명령하신 날에 시
내 산에서 이같이 모세에게 명령
하셨더라

아론과 그의 아들들의 제사장 위임식

8 여호와께서 모세에게 말씀하여
이르시되
2 너는 아론과 그의 아들들과 함께
그 의복과 (灌油)관유와 속죄제의
수송아지와 숫양 두 마리와 (無酵
餠)무교병 한 광주리를 가지고
3 온 (會衆)회중을 회막 문에 모으라
4 모세가 여호와께서 자기에게 명령
하신 대로 하매 회중이 (會幕)회막
문에 모인지라
5 모세가 (會衆)회중에게 이르되 여

호와께서 행하라고 명령하신 것이
이러하니라 하고
6 모세가 아론과 그의 아들들을 데
려다가 물로 그들을 씻기고
7 아론에게 속옷을 입히며 띠를 띠
우고 겉옷을 입히며 에봇을 걸쳐
입히고 에봇의 (裝飾)장식 띠를 띠
워서 에봇을 몸에 매고
8 (胸牌)흉패를 붙이고 흉패에 우림
과 둠밈을 넣고
9 그의 머리에 (冠)관을 씌우고 그
관 위 (前面)전면에 (金 牌)금 패
를 붙이니 곧 거룩한 관이라 여호
와께서 모세에게 명령하신 것과
같았더라
10 ●모세가 (灌油)관유를 가져다가
성막과 그 안에 있는 모든 것에 발
라 거룩하게 하고
11 또 제단에 일곱 번 뿌리고 또 그 제
단과 그 모든 (器具)기구와 물두멍
과 그 받침에 발라 거룩하게 하고
12 또 (灌油)관유를 아론의 머리에 붓
고 그에게 발라 거룩하게 하고
13 모세가 또 아론의 아들들을 데려
다가 그들에게 속옷을 입히고 띠
를 띠우며 관을 씌웠으니 여호와
께서 모세에게 (命令)명령하신 것
과 같았더라
14 ●모세가 또 속죄제의 수송아지를
끌어오니 아론과 그의 아들들이
그 속죄제의 수송아지 머리에 (按
手)안수하매
15 모세가 잡고 그 피를 가져다가 손
가락으로 그 피를 제단의 네 귀퉁
이 뿔에 발라 (祭壇)제단을 깨끗하
게 하고 그 피는 제단 밑에 쏟아 제
단을 (贖)속하여 거룩하게 하고
16 또 (內臟)내장에 덮인 모든 기름과
간 꺼풀과 두 콩팥과 그 기름을 가
져다가 모세가 제단 위에 불사르고
17 그 수송아지 곧 그 가죽과 고기와
똥은 (陣營)진영 밖에서 불살랐으
니 여호와께서 모세에게 명령하심
과 같았더라
18 ●또 번제의 숫양을 드릴새 아론
과 그의 아들들이 그 숫양의 머리
에 (按手)안수하매
19 모세가 잡아 그 피를 제단 (四方)
사방에 뿌리고
20 그 숫양의 (脚)각을 뜨고 모세가
그 머리와 각 뜬 것과 기름을 불사
르고
21 물로 내장과 정강이들을 씻고 모
세가 그 숫양의 전부를 제단 위에
서 불사르니 이는 (香氣)향기로운
냄새를 위하여 드리는 번제로 여
호와께 드리는 (火祭)화제라 여호
와께서 모세에게 명령하심과 같았
더라
22 ●또 다른 숫양 곧 (委任式)위임
식의 숫양을 드릴새 아론과 그의
아들들이 그 숫양의 머리에 안수
하매
23 모세가 잡고 그 피를 가져다가 아
론의 오른쪽 귓부리와 그의 오른
쪽 엄지 손가락과 그의 오른쪽 엄
지 발가락에 바르고
24 아론의 아들들을 데려다가 모세가
그 오른쪽 귓부리와 그들의 손의
오른쪽 엄지 손가락과 그들의 발

의 오른쪽 엄지 발가락에 그 피를
바르고 또 모세가 그 피를 (祭壇)
제단 사방에 뿌리고
25 그가 또 그 기름과 기름진 꼬리와
내장에 덮인 모든 기름과 (肝)간
꺼풀과 두 콩팥과 그 기름과 오른
쪽 뒷다리를 떼어내고
26 여호와 앞 (無酵餠)무교병 광주리
에서 무교병 한 개와 기름 섞은 떡
한 개와 (煎餠)전병 한 개를 가져
다가 그 기름 위에와 오른쪽 뒷다
리 위에 놓아
27 그 전부를 아론의 손과 그의 아들
들의 손에 두어 여호와 앞에 흔들
어 (搖祭)요제를 삼게 하고
28 모세가 그것을 그들의 손에서 가
져다가 제단 위에 있는 번제물 위
에 불사르니 이는 향기로운 냄새
를 위하여 드리는 (委任式)위임식
제사로 여호와께 드리는 (火祭)화
제라
29 이에 모세가 그 가슴을 가져다가
여호와 앞에 흔들어 요제를 삼았으
니 이는 (委任式)위임식에서 잡은
숫양 중 모세의 몫이라 여호와께서
모세에게 명령하심과 같았더라
30 ●모세가 (灌油)관유와 제단 위의
피를 가져다가 아론과 그의 옷과
그의 아들들과 그의 아들들의 옷
에 뿌려서 아론과 그의 옷과 그의
아들들과 그의 아들들의 옷을 거
룩하게 하고
31 모세가 아론과 그의 아들들에게
이르되 내게 이미 명령하시기를
아론과 그의 아들들은 먹으라 하
셨은즉 너희는 (會幕)회막 문에서
그 고기를 삶아 위임식 광주리 안
의 떡과 아울러 그 곳에서 먹고
32 고기와 떡의 나머지는 불사를지며
33 위임식은 이레 동안 (行)행하나니
위임식이 끝나는 날까지 이레 동
안은 회막 문에 나가지 말라
34 오늘 행한 것은 여호와께서 너희
를 위하여 속죄하게 하시려고 (命
令)명령하신 것이니
35 너희는 칠 (晝夜)주야를 (會幕)회
막 (門)문에 머물면서 여호와께서
지키라고 하신 것을 지키라 그리
하면 (死亡)사망을 면하리라 내가
이같이 명령을 받았느니라
36 아론과 그의 아들들이 여호와께서
모세를 통하여 명령하신 모든 일
을 (遵行)준행하니라

아론이 첫 제사를 드리다

9 여덟째 날에 모세가 아론과 그
의 아들들과 이스라엘 (長老)장
로들을 불러다가
2 아론에게 이르되 (贖罪祭)속죄제
를 위하여 흠 없는 송아지를 가져
오고 (燔祭)번제를 위하여 흠 없는
숫양을 여호와 앞에 가져다 드리고
3 이스라엘 자손에게 말하여 이르기
를 너희는 속죄제를 위하여 숫염
소를 가져오고 또 (燔祭)번제를 위
하여 일 년 되고 흠 없는 송아지와
어린 양을 가져오고
4 또 (和睦祭)화목제를 위하여 여호
와 앞에 드릴 수소와 숫양을 가져
오고 또 기름 섞은 (素祭物)소제
물을 가져오라 하라 오늘 여호와

께서 너희에게 나타나실 것임이니
라 하매
5 그들이 모세가 명령한 모든 것을
(會幕)회막 앞으로 가져오고 온
(會衆)회중이 나아와 여호와 앞에
선지라
6 모세가 이르되 이는 여호와께서
너희에게 하라고 명령하신 것이니
여호와의 (榮光)영광이 너희에게
나타나리라
7 모세가 또 아론에게 이르되 너는
제단에 나아가 네 (贖罪祭)속죄
제와 네 (燔祭)번제를 드려서 너
를 위하여, 백성을 위하여 속죄하
고 또 백성의 (禮物)예물을 드려서
그들을 위하여 속죄하되 여호와의
명령대로 하라
8 ●이에 아론이 (祭壇)제단에 나아
가 자기를 위한 속죄제 송아지를
잡으매
9 아론의 아들들이 그 피를 아론에
게 가져오니 아론이 손가락으로
그 피를 찍어 (祭壇)제단 뿔들에
바르고 그 피는 제단 밑에 쏟고
10 그 (贖罪祭物)속죄제물의 기름과
콩팥과 간 꺼풀을 제단 위에서 불
사르니 여호와께서 모세에게 명령
하심과 같았고
11 그 고기와 가죽은 (陣營)진영 밖에
서 불사르니라
12 ●아론이 또 (燔祭物)번제물을 잡
으매 아론의 아들들이 그 피를 그
에게로 가져오니 그가 그 피를 제
단 사방에 뿌리고
13 그들이 또 번제의 제물 곧 그의
(脚)각과 머리를 그에게로 가져오
매 그가 제단 위에서 불사르고
14 또 내장과 정강이는 씻어서 (壇)단
위에 있는 번제물 위에서 불사르
니라
15 ●그가 또 (百姓)백성의 예물을
드리되 곧 백성을 위한 속죄제의
염소를 가져다가 잡아 전과 같이
죄를 위하여 드리고
16 또 번제물을 드리되 (規例)규례대
로 드리고
17 또 (素祭)소제를 드리되 그 중에서
그의 손에 한 움큼을 채워서 아침
번제물에 더하여 제단 위에서 불
사르고
18 또 백성을 위하는 (和睦祭物)화목
제물의 수소와 숫양을 잡으매 아론
의 아들들이 그 피를 그에게로 가
져오니 그가 제단 사방에 뿌리고
19 그들이 또 수소와 숫(羊)양의 기름
과 기름진 꼬리와 내장에 덮인 것
과 콩팥과 간 꺼풀을 아론에게로
가져다가
20 그 기름을 가슴들 위에 놓으매 아
론이 그 기름을 (祭壇)제단 위에서
불사르고
21 가슴들과 오른쪽 뒷다리를 그가
여호와 앞에 (搖祭)요제로 흔드니
모세가 명령한 것과 같았더라
22 ●아론이 백성을 (向)향하여 손을
들어 축복함으로 속죄제와 번제와
화목제를 마치고 내려오니라
23 모세와 아론이 (會幕)회막에 들
어갔다가 나와서 (百姓)백성에게
(祝福)축복하매 여호와의 영광이

온 백성에게 나타나며
24 불이 여호와 앞에서 나와 제단 위
의 (燔祭物)번제물과 기름을 사른
지라 온 백성이 이를 보고 소리 지
르며 엎드렸더라

나답과 아비후가 벌을 받아 죽다

10 아론의 아들 나답과 아비후
가 각기 (香爐)향로를 가져
다가 여호와께서 명령하시지 아니
하신 다른 불을 담아 여호와 앞에
(焚香)분향하였더니
2 불이 여호와 앞에서 나와 그들을
삼키매 그들이 여호와 앞에서 죽
은지라
3 모세가 아론에게 이르되 이는 여
호와의 말씀이라 이르시기를 나는
나를 가까이 하는 자 중에서 내 거
룩함을 나타내겠고 온 백성 앞에
서 내 (榮光)영광을 나타내리라 하
셨느니라 아론이 잠잠하니
4 모세가 아론의 삼촌 웃시엘의 아
들 미사엘과 엘사반을 불러 그들
에게 이르되 나아와 너희 형제들
을 (聖所)성소 앞에서 (陣營)진영
밖으로 메고 나가라 하매
5 그들이 나와 모세가 말한 대로 그
들을 옷 입은 채 (陣營)진영 밖으
로 메어 내니
6 모세가 아론과 그의 아들 엘르아
살과 이다말에게 이르되 너희는
머리를 풀거나 옷을 찢지 말라 그
리하여 너희가 죽음을 면하고 여
호와의 (震怒)진노가 온 회중에게
미침을 면하게 하라 오직 너희 형
제 이스라엘 온 족속은 여호와께
서 치신 불로 말미암아 슬퍼할 것
이니라
7 여호와의 (灌油)관유가 너희에게
있은즉 너희는 회막 문에 나가지
말라 그리하면 죽음을 (免)면하리
라 그들이 모세의 말대로 하니라

제사장이 회막에 들어갈 때의 규례

8 ●여호와께서 아론에게 말씀하여
이르시되
9 너와 네 자손들이 회막에 들어갈
때에는 포도주나 (毒酒)독주를 마
시지 말라 그리하여 너희 죽음을
면하라 이는 너희 대대로 지킬 영
영한 (規例)규례라
10 그리하여야 너희가 거룩하고 속
된 것을 분별하며 (不淨)부정하고
(淨)정한 것을 (分別)분별하고
11 또 나 여호와가 모세를 통하여 모
든 규례를 이스라엘 자손에게 가
르치리라

제사장이 거룩한 곳에서 먹을 제물

12 ●모세가 아론과 그 남은 아들 엘
르아살에게와 이다말에게 이르되
여호와께 드린 (火祭物)화제물 중
(素祭)소제의 남은 것은 지극히 거
룩하니 너희는 그것을 취하여 누
룩을 넣지 말고 제단 곁에서 먹되
13 이는 여호와의 화제물 중 네 (所
得)소득과 네 아들들의 소득인즉
너희는 그것을 거룩한 곳에서 먹
으라 내가 명령을 받았느니라
14 흔든 가슴과 들어올린 뒷다리는
너와 네 자녀가 너와 함께 (淨潔)
정결한 곳에서 먹을지니 이는 이
스라엘 자손의 화목제물 중에서

네 소득과 네 아들들의 소득으로
주신 것임이니라
15 그 들어올린 뒷다리와 흔든 가슴
을 화제물의 기름과 함께 가져다
가 여호와 앞에 흔들어 (搖祭)요제
를 삼을지니 이는 여호와의 명령
대로 너와 네 자손의 영원한 소득
이니라
16 ●모세가 (贖罪祭)속죄제 드린 염
소를 찾은즉 이미 불살랐는지라
그가 아론의 남은 아들 엘르아살
과 이다말에게 노하여 이르되
17 이 (贖罪祭物)속죄제물은 지극히
거룩하거늘 너희가 어찌하여 거룩
한 곳에서 먹지 아니하였느냐 이
는 너희로 (會衆)회중의 죄를 (擔
當)담당하여 그들을 위하여 여호
와 앞에 속죄하게 하려고 너희에
게 주신 것이니라
18 그 피는 성소에 들여오지 아니하
는 것이었으니 그 (祭物)제물은 너
희가 내가 명령한 대로 거룩한 곳
에서 먹었어야 했을 것이니라
19 아론이 모세에게 이르되 오늘 그
들이 그 (贖罪祭)속죄제와 번제를
여호와께 드렸어도 이런 일이 내
게 임하였거늘 오늘 내가 속죄제
물을 먹었더라면 여호와께서 어찌
좋게 여기셨으리요
20 모세가 그 말을 듣고 좋게 여겼더라

정한 짐승과 부정한 짐승

11 여호와께서 모세와 아론에게
말씀하여 이르시되
2 이스라엘 자손에게 말하여 이르라
육지의 모든 짐승 중 너희가 먹을
만한 (生物)생물은 이러하니
3 모든 짐승 (中)중 굽이 갈라져 쪽
발이 되고 새김질하는 것은 너희
가 먹되
4 새김질하는 것이나 굽이 갈라진
짐승 중에도 너희가 먹지 못할 것
은 이러하니 낙타는 새김질은 하
되 굽이 갈라지지 아니하였으므로
너희에게 (不淨)부정하고
5 사반도 새김질은 하되 굽이 갈라
지지 아니하였으므로 너희에게
(不淨)부정하고
6 토끼도 새김질은 하되 굽이 갈라
지지 아니하였으므로 너희에게
(不淨)부정하고
7 돼지는 굽이 갈라져 쪽발이로되
새김질을 못하므로 너희에게 (不
淨)부정하니
8 너희는 이러한 고기를 먹지 말고
그 주검도 만지지 말라 이것들은
너희에게 (不淨)부정하니라
9 ●물에 있는 모든 것 중에서 너희
가 먹을 만한 것은 이것이니 (江)
강과 바다와 다른 물에 있는 모든
것 (中)중에서 지느러미와 비늘 있
는 것은 너희가 먹되
10 물에서 움직이는 모든 것과 물에
서 사는 모든 것 곧 강과 바다에 있
는 것으로서 지느러미와 비늘 없
는 모든 것은 너희에게 (可憎)가증
한 것이라
11 이들은 너희에게 (可憎)가증한 것
이니 너희는 그 고기를 먹지 말고
그 주검을 가증히 여기라
12 (水中)수중 생물에 지느러미와 비

늘 없는 것은 너희가 혐오할 것이
니라
13 ●새 중에 너희가 가증히 여길 것
은 이것이라 이것들이 가증한즉
먹지 말지니 곧 (禿)독수리와 솔개
와 물수리와
14 말똥가리와 말똥가리 (種類)종류와
15 까마귀 (種類)종류와
16 (駝鳥)타조와 [1]타흐마스와 갈매기
와 새매 종류와
17 올빼미와 가마우지와 부엉이와
18 흰 올빼미와 사다새와 너새와
19 황새와 (白鷺)백노 종류와 오디새
와 박쥐니라
20 ●날개가 있고 네 발로 기어 다니
는 (昆蟲)곤충은 너희가 혐오할 것
이로되
21 다만 날개가 있고 네 발로 기어 다
니는 모든 곤충 (中)중에 그 발에
뛰는 다리가 있어서 땅에서 뛰는
것은 너희가 먹을지니
22 곧 그 중에 메뚜기 (種類)종류와
베짱이 종류와 귀뚜라미 종류와
팥중이 종류는 너희가 먹으려니와
23 오직 날개가 있고 기어다니는 곤
충은 다 너희가 (嫌惡)혐오할 것이
니라
24 ●이런 것은 너희를 (不淨)부정하
게 하나니 누구든지 이것들의 주
검을 만지면 저녁까지 부정할 것
이며
25 그 주검을 옮기는 모든 (者)자는
그 옷을 빨지니 저녁까지 부정하
리라
26 굽이 갈라진 모든 짐승 (中)중에
쪽발이 아닌 것이나 새김질 아니
하는 것의 주검은 다 네게 부정하
니 만지는 자는 부정할 것이요
27 네 발로 다니는 모든 짐승 중 발바
닥으로 다니는 것은 다 네게 부정
하니 그 주검을 만지는 자는 저녁
까지 (不淨)부정할 것이며
28 그 주검을 옮기는 (者)자는 그 옷
을 빨지니 저녁까지 부정하리라
그것들이 네게 부정하니라
29 ●땅에 기는 길짐승 중에 네게 부
정한 것은 이러하니 곧 두더지와
쥐와 큰 도마뱀 (種類)종류와
30 도마뱀붙이와 (陸地)육지 악어와
도마뱀과 사막 도마뱀과 카멜레온
이라
31 모든 기는 것 중 이것들은 네게
부정하니 그 주검을 만지는 모든
(者)자는 저녁까지 부정할 것이며
32 이런 것 중 어떤 것의 주검이 나무
그릇에든지 의복에든지 가죽에든
지 자루에든지 무엇에 쓰는 그릇
에든지 떨어지면 (不淨)부정하여
지리니 물에 담그라 저녁까지 부
정하다가 (淨)정할 것이며
33 그것 (中)중 어떤 것이 어느 질그
릇에 떨어지면 그 속에 있는 것이
다 부정하여지나니 너는 그 그릇
을 깨뜨리라
34 먹을 만한 축축한 (食物)식물이 거
기 담겼으면 부정하여질 것이요
그같은 그릇에 담긴 마실 것도 부
정할 것이며
35 이런 것의 주검이 물건 위에 떨어

1) 히, 새의 일종

지면 그것이 모두 부정하여지리니
화덕이든지 (火爐)화로이든지 깨
뜨려버리라 이것이 부정하여져서
너희에게 부정한 것이 되리라
36 샘물이나 물이 고인 웅덩이는 부
정하여지지 아니하되 그 주검에
닿는 것은 모두 (不淨)부정하여질
것이요
37 이것들의 주검이 심을 (種子)종자에
떨어지면 그것이 (淨)정하거니와
38 만일 (種子)종자에 물이 묻었을 때
에 그것이 그 위에 떨어지면 너희
에게 부정하리라
39 ●너희가 먹을 만한 짐승이 죽은
때에 그 주검을 만지는 (者)자는
저녁까지 부정할 것이며
40 그것을 먹는 자는 그 옷을 빨 것이
요 저녁까지 (不淨)부정할 것이며
그 주검을 옮기는 자도 그의 옷을
빨 것이요 저녁까지 부정하리라
41 ●땅에 기어 다니는 모든 길짐승
은 (可憎)가증한즉 먹지 못할지니
42 곧 땅에 기어다니는 모든 기는 것
중에 배로 밀어 다니는 것이나 네
발로 걷는 것이나 여러 발을 가진
것이라 너희가 먹지 말지니 이것
들은 (可憎)가증함이니라
43 너희는 기는 바 기어다니는 것 때문
에 (自己)자기를 가증하게 되게 하
지 말며 또한 그것 때문에 스스로
더럽혀 부정하게 되게 하지 말라
44 나는 여호와 너희의 하나님이라
내가 거룩하니 너희도 몸을 (區別)
구별하여 거룩하게 하고 땅에 기
는 길짐승으로 말미암아 스스로
더럽히지 말라
45 나는 너희의 하나님이 되려고 너
희를 애굽 땅에서 (引導)인도하여
낸 여호와라 내가 거룩하니 너희
도 거룩할지어다
46 ●이는 짐승과 새와 물에서 움직
이는 모든 생물과 땅에 기는 모든
길짐승에 대한 (規例)규례니
47 (不淨)부정하고 정한 것과 먹을 생
물과 먹지 못할 생물을 (分別)분별
한 것이니라

아이를 낳은 여인에 대한 규례

12 여호와께서 모세에게 말씀하
여 이르시되
2 이스라엘 자손에게 말하여 이르라
여인이 임신하여 남자를 낳으면 그
는 이레 동안 (不淨)부정하리니 곧
월경할 때와 같이 부정할 것이며
3 여덟째 날에는 그 아이의 (包皮)포
피를 벨 것이요
4 그 여인은 아직도 삼십삼 일을 지
내야 (產血)산혈이 깨끗하리니 정
결하게 되는 기한이 차기 전에는
(聖物)성물을 만지지도 말며 성소
에 들어가지도 말 것이며
5 여자를 낳으면 그는 두 이레 동안
부정하리니 (月經)월경할 때와 같
을 것이며 산혈이 깨끗하게 됨은
육십육 일을 지내야 하리라
6 ●아들이나 딸이나 (淨潔)정결하
게 되는 (期限)기한이 차면 그 여
인은 번제를 위하여 일 년 된 어린
양을 가져가고 속죄제를 위하여
집비둘기 새끼나 산비둘기를 회막
문 제사장에게로 가져갈 것이요

7 제사장은 그것을 여호와 앞에 드
려서 그 여인을 위하여 (贖罪)속죄
할지니 그리하면 산혈이 깨끗하리
라 이는 아들이나 딸을 생산한 여
인에게 대한 규례니라
8 그 여인이 어린 양을 바치기에 힘
이 미치지 못하면 산비둘기 두 마
리나 집비둘기 새끼 두 마리를 가
져다가 하나는 번제물로, 하나는
속죄제물로 삼을 것이요 제사장은
그를 위하여 속죄할지니 그가 (淨
潔)정결하리라

피부에 나병 같은 것이 생기거든

13 여호와께서 모세와 아론에게
말씀하여 이르시되
2 만일 사람이 그의 피부에 무엇이
돋거나 뾰루지가 나거나 (色點)색
점이 생겨서 그의 피부에 [1]나병 같
은 것이 생기거든 그를 곧 제사장
아론에게나 그의 아들 중 한 제사
장에게로 데리고 갈 것이요
3 제사장은 그 피부의 병을 진찰할지
니 (患部)환부의 털이 희어졌고 환
부가 피부보다 우묵하여졌으면 이
는 나병의 환부라 제사장이 그를
진찰하여 그를 부정하다 할 것이요
4 피부에 색점이 희나 우묵하지 아
니하고 그 털이 희지 아니하면 제
사장은 그 (患者)환자를 이레 동안
가두어둘 것이며
5 이레 만에 제사장이 그를 (診察)진
찰할지니 그가 보기에 그 환부가
변하지 아니하고 병색이 피부에 퍼
지지 아니하였으면 제사장이 그를
또 이레 동안을 가두어둘 것이며
6 이레 만에 제사장이 또 (診察)진
찰할지니 그 환부가 엷어졌고 병
색이 피부에 퍼지지 아니하였으면
피부병이라 제사장이 그를 정하다
할 것이요 그의 옷을 빨 것이라 그
리하면 정하리라
7 그러나 그가 (淨潔)정결한지를 제
사장에게 보인 후에 병이 피부에
퍼지면 제사장에게 다시 보일 것
이요
8 제사장은 진찰할지니 그 병이 피
부에 퍼졌으면 그를 (不淨)부정하
다 할지니라 이는 나병임이니라
9 ●사람에게 (癩病)나병이 들었거
든 그를 제사장에게로 데려갈 것
이요
10 (祭司長)제사장은 진찰할지니 피
부에 흰 점이 돋고 털이 희어지고
거기 생살이 생겼으면
11 이는 그의 (皮膚)피부의 오랜 나병
이라 제사장이 부정하다 할 것이
요 그가 이미 부정하였은즉 가두
어두지는 않을 것이며
12 제사장이 보기에 나병이 그 피부
에 크게 (發生)발생하였으되 그 환
자의 머리부터 발끝까지 퍼졌으면
13 그가 진찰할 것이요 나병이 과연
그의 (全身)전신에 퍼졌으면 그 환
자를 정하다 할지니 다 희어진 자
인즉 정하거니와
14 아무 때든지 그에게 (生)생살이 보
이면 그는 부정한즉
15 제사장이 생살을 (診察)진찰하고
그를 부정하다 할지니 그 생살은

1) 넓은 의미로 악성피부병을 뜻함

부정한 것인즉 이는 나병이며
16 그 생살이 (變)변하여 다시 희어지
면 제사장에게로 갈 것이요
17 제사장은 그를 진찰하여서 그 (患
部)환부가 희어졌으면 환자를 (淨)
정하다 할지니 그는 정하니라
18 ●피부에 (腫氣)종기가 생겼다가
나았고
19 그 (腫處)종처에 흰 점이 돋거나
희고 불그스름한 (色點)색점이 생
겼으면 제사장에게 보일 것이요
20 그는 (診察)진찰하여 피부보다 얕
고 그 털이 희면 그를 부정하다 할
지니 이는 종기로 된 나병의 환부
임이니라
21 그러나 제사장이 진찰하여 거기
흰 털이 없고 (皮膚)피부보다 얕지
아니하고 빛이 엷으면 제사장은
그를 이레 동안 가두어둘 것이며
22 그 병이 크게 피부에 퍼졌으면 제
사장은 그를 (不淨)부정하다 할지
니 이는 환부임이니라
23 그러나 그 (色點)색점이 여전하고
퍼지지 아니하였으면 이는 종기
(痕跡)흔적이니 제사장은 그를 정
하다 할지니라
24 ●피부가 불에 데었는데 그 덴 곳
에 불그스름하고 희거나 순전히
흰 (色點)색점이 생기면
25 제사장은 진찰할지니 그 색점의
털이 희고 그 자리가 피부보다 우
묵하면 이는 (火傷)화상에서 생긴
나병인즉 제사장이 그를 부정하다
할 것은 나병의 환부가 됨이니라
26 그러나 제사장이 보기에 그 (色點)
색점에 흰 털이 없으며 그 자리가
피부보다 얕지 아니하고 빛이 엷
으면 그는 그를 이레 동안 가두어
둘 것이며
27 이레 만에 제사장이 그를 진찰할
지니 만일 병이 크게 피부에 퍼졌
으면 그가 그를 부정하다 할 것은
나병의 환부임이니라
28 만일 색점이 (如前)여전하여 피부
에 퍼지지 아니하고 빛이 엷으면
화상으로 부은 것이니 제사장이
그를 정하다 할 것은 이는 화상의
흔적임이니라
29 ●남자나 여자의 머리에나 (鬚髥)
수염에 환부가 있으면
30 제사장은 진찰할지니 환부가 피부
보다 우묵하고 그 자리에 누르스
름하고 가는 털이 있으면 그가 그
를 부정하다 할 것은 이는 옴이니
라 머리에나 수염에 (發生)발생한
(癩病)나병임이니라
31 만일 제사장이 보기에 그 옴의 (患
部)환부가 피부보다 우묵하지 아
니하고 그 자리에 검은 털이 없으
면 제사장은 그 옴 환자를 이레 동
안 가두어둘 것이며
32 이레 만에 (祭司長)제사장은 그
환부를 진찰할지니 그 옴이 퍼지
지 아니하고 그 자리에 누르스름
한 털이 없고 피부보다 우묵하지
아니하면
33 그는 (毛髮)모발을 밀되 환부는 밀
지 말 것이요 제사장은 옴 환자를
또 이레 동안 가두어둘 것이며
34 이레 만에 제사장은 그 옴을 또 진

찰할지니 그 옴이 피부에 퍼지지
아니하고 피부보다 우묵하지 아니
하면 그는 그를 정하다 할 것이요
그는 자기의 옷을 빨아서 (淨)정하
게 되려니와
35 깨끗한 (後)후에라도 옴이 크게 피
부에 퍼지면
36 제사장은 그를 진찰할지니 과연 옴
이 피부에 퍼졌으면 누른 털을 찾
을 것 없이 그는 (不淨)부정하니라
37 그러나 제사장이 보기에 옴이 (如
前)여전하고 그 자리에 검은 털이
났으면 그 옴은 나았고 그 사람은
정하니 제사장은 그를 정하다 할
지니라
38 ●남자나 여자의 피부에 (色點)색
점 곧 흰 색점이 있으면
39 제사장은 (診察)진찰할지니 그 피
부의 (色點)색점이 부유스름하면
이는 피부에 발생한 어루러기라
그는 정하니라
40 ●누구든지 그 머리털이 빠지면
그는 대머리니 (淨)정하고
41 앞머리가 빠져도 그는 이마 대머
리니 (淨)정하니라
42 그러나 대머리나 이마 대머리에
희고 불그스름한 색점이 있으면
이는 나병이 대머리에나 이마 대
머리에 (發生)발생함이라
43 제사장은 그를 진찰할지니 그 대
머리에나 이마 대머리에 돋은 색
점이 희고 불그스름하여 (皮膚)피
부에 발생한 나병과 같으면
44 이는 나병 환자라 부정하니 제사
장이 그를 확실히 부정하다고 할
것은 그 (患部)환부가 그 머리에
있음이니라
45 ●나병 환자는 옷을 찢고 머리를 풀
며 윗입술을 가리고 외치기를 (不
淨)부정하다 부정하다 할 것이요
46 병 있는 날 동안은 늘 부정할 것이
라 그가 부정한즉 혼자 살되 (陣
營)진영 밖에서 살지니라

의복이나 가죽에 생기는 곰팡이

47 ●만일 (衣服)의복에 나병 색점이
발생하여 털옷에나 베옷에나
48 베나 털의 [1]날에나 씨에나 (或)혹
가죽에나 가죽으로 만든 모든 것
에 있으되
49 그 의복에나 가죽에나 그 날에나
씨에나 가죽으로 만든 모든 것에
(病色)병색이 푸르거나 붉으면 이
는 나병의 색점이라 제사장에게
보일 것이요
50 제사장은 그 색점을 진찰하고 그
것을 이레 동안 간직하였다가
51 이레 만에 그 (色點)색점을 살필지
니 그 색점이 그 의복의 날에나 씨
에나 가죽에나 가죽으로 만든 것
에 퍼졌으면 이는 (惡性)악성 나병
이라 그것이 부정하므로
52 그는 그 색점 있는 (衣服)의복이나
털이나 베의 날이나 씨나 모든 가
죽으로 만든 것을 불사를지니 이
는 악성 나병인즉 그것을 불사를
지니라
53 ●그러나 (祭司長)제사장이 보기
에 그 색점이 그 의복의 날에나 씨
에나 모든 가죽으로 만든 것에 퍼

1) 직조한 것에나 편물

지지 아니하였으면
54 제사장은 명령하여 그 색점 있는
것을 빨게 하고 또 이레 동안 간직
하였다가
55 그 빤 곳을 볼지니 그 색점의 빛이
(變)변하지 아니하고 그 색점이 퍼
지지 아니하였으면 부정하니 너는
그것을 불사르라 이는 거죽에 있든
지 속에 있든지 악성 나병이니라
56 ●빤 (後)후에 제사장이 보기에
그 색점이 엷으면 그 의복에서나
가죽에서나 그 날에서나 씨에서나
그 색점을 찢어 버릴 것이요
57 그 의복의 날에나 씨에나 가죽으로
만든 모든 것에 색점이 여전히 보
이면 (再發)재발하는 것이니 너는
그 색점 있는 것을 불사를지니라
58 네가 빤 의복의 날에나 씨에나 가
죽으로 만든 모든 것에 그 색점이
벗겨졌으면 그것을 다시 빨아야
(淨)정하리라
59 ●이는 털옷에나 베옷에나 그 날
에나 씨에나 가죽으로 만든 모든
것에 발생한 나병 색점의 정하고
부정한 것을 (診斷)진단하는 규례
니라

환자가 정결하게 되는 날의 규례

14 여호와께서 모세에게 말씀하
여 이르시되
2 나병 환자가 (淨潔)정결하게 되는
날의 규례는 이러하니 곧 그 사람
을 제사장에게로 데려갈 것이요
3 제사장은 진영에서 나가 진찰할지
니 그 환자에게 있던 나병 (患部)
환부가 나았으면
4 제사장은 그 정결함을 받을 자를
위하여 명령하여 살아 있는 정결
한 새 두 마리와 (柏香木)백향목
과 홍색 실과 (牛膝草)우슬초를
가져오게 하고
5 제사장은 또 (命令)명령하여 그 새
하나는 흐르는 물 위 질그릇 안에
서 잡게 하고
6 다른 새는 산 채로 가져다가 (伯香
木)백향목과 홍색 실과 우슬초와
함께 가져다가 흐르는 물 위에서
잡은 새의 피를 찍어
7 (癩病)나병에서 정결함을 받을 자
에게 일곱 번 뿌려 정하다 하고 그
살아 있는 새는 들에 놓을지며
8 정결함을 받는 자는 그의 옷을 빨
고 모든 털을 밀고 물로 몸을 씻을
것이라 그리하면 정하리니 그 후
에 진영에 들어올 것이나 자기 (帳
幕)장막 밖에 이레를 머물 것이요
9 일곱째 날에 그는 모든 털을 밀되
머리털과 수염과 눈썹을 다 밀고
그의 옷을 빨고 몸을 물에 씻을 것
이라 그리하면 (淨)정하리라
10 ●여덟째 날에 그는 흠 없는 어린
숫양 두 마리와 일 년 된 흠 없는
어린 암양 한 마리와 또 고운 가루
십분의 삼 에바에 기름 섞은 (素祭
物)소제물과 기름 한 [1]록을 취할
것이요
11 정결하게 하는 제사장은 정결함을
받을 자와 그 물건들을 (會幕門)
회막문 여호와 앞에 두고
12 어린 숫양 한 마리를 가져다가 기

1) 약 0.31리터

름 한 록과 아울러 (贖愆祭)속건
제로 드리되 여호와 앞에 흔들어
(搖祭)요제를 삼고
13 그 어린 숫양은 거룩한 장소 곧
(贖罪祭)속죄제와 (燔祭物)번제
물 잡는 곳에서 잡을 것이며 속건
제물은 속죄제물과 마찬가지로 제
사장에게 돌릴지니 이는 지극히
거룩한 것이니라
14 제사장은 그 속건제물의 피를 취
하여 (淨潔)정결함을 받을 자의 오
른쪽 귓부리와 오른쪽 엄지 손가
락과 오른쪽 엄지 발가락에 바를
것이요
15 제사장은 또 그 한 록의 기름을
(取)취하여 자기 왼쪽 손바닥에 따
르고
16 오른쪽 손가락으로 왼쪽 손의 기
름을 찍어 그 손가락으로 그것을
여호와 앞에 일곱 (番)번 뿌릴 것
이요
17 손에 남은 기름은 (祭司長)제사장
이 정결함을 받을 자의 오른쪽 귓
부리와 오른쪽 엄지 손가락과 오
른쪽 엄지 발가락 곧 속건제물의
피 위에 바를 것이며
18 아직도 그 손에 남은 기름은 제사
장이 그 정결함을 받는 자의 머리
에 바르고 제사장은 여호와 앞에
서 그를 (爲)위하여 속죄하고
19 또 제사장은 속죄제를 드려 그 (不
淨)부정함으로 말미암아 정결함을
받을 자를 위하여 속죄하고 그 후
에 번제물을 잡을 것이요
20 제사장은 그 번제와 소제를 (祭壇)
제단에 드려 그를 위하여 속죄할
것이라 그리하면 그가 정결하리라
21 ●만일 그가 가난하여 그의 힘이
미치지 못하면 그는 흔들어 자기
를 속죄할 (贖愆祭)속건제를 위하
여 어린 숫양 한 마리와 (素祭)소
제를 위하여 고운 가루 십분의 일
에바에 기름 섞은 것과 기름 한 록
을 취하고
22 그의 힘이 미치는 대로 산비둘기
둘이나 집비둘기 새끼 둘을 가져
다가 하나는 (贖罪祭物)속죄제물
로, 하나는 번제물로 삼아
23 여덟째 날에 그 (潔禮)결례를 위하
여 그것들을 회막 문 여호와 앞 제
사장에게로 가져갈 것이요
24 제사장은 (贖愆祭)속건제의 어린
양과 기름 한 록을 가져다가 여호
와 앞에 흔들어 요제를 삼고
25 속건제의 어린 (羊)양을 잡아서 제
사장은 그 속건제물의 피를 가져다
가 정결함을 받을 자의 오른쪽 귓
부리와 오른쪽 엄지 손가락과 오른
쪽 엄지 발가락에 바를 것이요
26 제사장은 그 기름을 (自己)자기 왼
쪽 손바닥에 따르고
27 오른쪽 손가락으로 왼쪽 손의 기
름을 조금 찍어 여호와 앞에 일곱
(番)번 뿌릴 것이요
28 그 손의 기름은 제사장이 (淨潔)정
결함을 받을 자의 오른쪽 귓부리
와 오른쪽 엄지 손가락과 오른쪽
엄지 발가락 곧 속건제물의 피를
바른 곳에 바를 것이며
29 또 그 손에 남은 기름은 제사장이

그 정결함을 받는 자의 머리에 발
라 여호와 앞에서 그를 위하여 (贖
罪)속죄할 것이며
30 그는 힘이 미치는 대로 (山)산비둘
기 한 마리나 집비둘기 새끼 한 마
리를 드리되
31 곧 그의 힘이 미치는 대로 한 마리
는 속죄제로, 한 마리는 소제와 함
께 번제로 드릴 것이요 제사장은
(淨潔)정결함을 받을 자를 위하여
여호와 앞에 (贖罪)속죄할지니
32 나병 환자로서 그 (淨潔禮式)정결
예식에 그의 힘이 미치지 못한 자
의 규례가 그러하니라

집에 생기는 곰팡이

33 ●여호와께서 모세와 아론에게 말
씀하여 이르시되
34 내가 네게 (基業)기업으로 주는 가
나안 땅에 너희가 이를 때에 너희
(基業)기업의 땅에서 어떤 집에 나
병 (色點)색점을 발생하게 하거든
35 그 집 (主人)주인은 제사장에게 가
서 말하여 알리기를 무슨 색점이
집에 생겼다 할 것이요
36 제사장은 그 색점을 살펴보러 가
기 전에 그 집안에 있는 모든 것이
(不淨)부정을 면하게 하기 위하여
그 집을 비우도록 명령한 후에 들
어가서 그 집을 볼지니
37 그 색점을 볼 때에 그 집 (壁)벽에
푸르거나 붉은 무늬의 색점이 있
어 벽보다 우묵하면
38 제사장은 그 집 문으로 나와 그 집
을 이레 동안 (閉鎖)폐쇄하였다가
39 이레 만에 또 가서 살펴볼 것이요
그 (色點)색점이 벽에 퍼졌으면
40 그는 (命令)명령하여 색점 있는 돌
을 빼내어 성 밖 부정한 곳에 버리
게 하고
41 또 집 안 (四方)사방을 긁게 하고
그 긁은 흙을 성 밖 부정한 곳에 쏟
아버리게 할 것이요
42 그들은 다른 돌로 그 돌을 (代身)
대신하며 다른 흙으로 집에 바를
지니라
43 ●돌을 빼내며 집을 긁고 고쳐 바른
후에 색점이 집에 (再發)재발하면
44 제사장은 또 가서 살펴볼 것이요
그 색점이 만일 집에 퍼졌으면 (惡
性)악성 나병인즉 이는 부정하니
45 그는 그 집을 헐고 돌과 그 (材木)
재목과 그 집의 모든 흙을 성 밖 부
정한 곳으로 내어 갈 것이며
46 그 집을 (閉鎖)폐쇄한 날 동안에
들어가는 자는 저녁까지 부정할
것이요
47 그 집에서 자는 (者)자는 그의 옷
을 빨 것이요 그 집에서 먹는 자도
그의 옷을 빨 것이니라
48 ●그 집을 고쳐 바른 후에 (祭司
長)제사장이 들어가 살펴보아서
색점이 집에 퍼지지 아니하였으면
이는 색점이 나은 것이니 제사장
은 그 집을 정하다 하고
49 그는 그 집을 정결하게 하기 위하
여 새 두 마리와 (柏香木)백향목
과 홍색 실과 우슬초를 가져다가
50 그 새 하나를 흐르는 물 위 질그릇
안에서 잡고
51 백향목과 (牛膝草)우슬초와 홍색

실과 살아 있는 새를 가져다가 잡
은 새의 피와 흐르는 물을 찍어 그
집에 일곱 번 뿌릴 것이요
52 그는 새의 피와 흐르는 물과 살아
있는 새와 백향목과 우슬초와 (紅
色)홍색 실로 집을 정결하게 하고
53 그 살아 있는 새는 성 밖 들에 놓아
주고 그 집을 위하여 (贖罪)속죄할
것이라 그러면 정결하리라
54 ●이는 각종 나병 환부에 대한 (規
例)규례니 곧 옴과
55 의복과 (家屋)가옥의 나병과
56 돋는 것과 뾰루지와 (色點)색점이
57 어느 때는 (不淨)부정하고 어느 때
는 (淨)정함을 가르치는 것이니 나
병의 규례가 이러하니라

몸에 유출병이 있으면

15 여호와께서 모세와 아론에게
말씀하여 이르시되
2 이스라엘 자손에게 말하여 이르라
누구든지 그의 몸에 (流出病)유출
병이 있으면 그 유출병으로 말미
암아 부정한 자라
3 그의 유출병으로 말미암아 (不淨)
부정함이 이러하니 곧 그의 몸에서
흘러 나오든지 그의 몸에서 흘러
나오는 것이 막혔든지 부정한즉
4 유출병 있는 자가 눕는 (寢牀)침상
은 다 부정하고 그가 앉았던 자리
도 다 부정하니
5 그의 침상에 (接觸)접촉하는 자는
그의 옷을 빨고 물로 몸을 씻을 것
이며 저녁까지 부정하리라
6 유출병이 있는 (者)자가 앉았던 자
리에 앉는 자는 그의 옷을 빨고 물
로 씻을 것이요 저녁까지 부정하
리라
7 유출병이 있는 자의 몸에 (接觸)접
촉하는 자는 그의 옷을 빨고 물로
몸을 씻을 것이며 저녁까지 부정
하리라
8 유출병이 있는 자가 (淨)정한 자에
게 침을 뱉으면 정한 자는 그의 옷
을 빨고 물로 몸을 씻을 것이며 저
녁까지 부정하리라
9 유출병이 있는 자가 탔던 (鞍裝)안
장은 다 부정하며
10 그의 몸 아래에 닿았던 것에 (接
觸)접촉한 자는 다 저녁까지 부정
하며 그런 것을 옮기는 자는 그의
옷을 빨고 물로 몸을 씻을 것이며
저녁까지 부정하리라
11 유출병이 있는 자가 물로 그의 손
을 씻지 아니하고 아무든지 만지
면 그 자는 그의 옷을 빨고 물로 몸
을 씻을 것이며 저녁까지 (不淨)부
정하리라
12 유출병이 있는 (者)자가 만진 질그
릇은 깨뜨리고 나무 그릇은 다 물
로 씻을지니라
13 ●(流出病)유출병이 있는 자는 그
의 유출이 깨끗해지거든 그가 (淨
潔)정결하게 되기 위하여 이레를
센 후에 옷을 빨고 흐르는 물에 그
의 몸을 씻을 것이라 그러면 그가
정하리니
14 여덟째 날에 산비둘기 두 마리나
집비둘기 새끼 두 마리를 자기를
위하여 가져다가 (會幕)회막 문 여
호와 앞으로 가서 제사장에게 줄

것이요
15 제사장은 그 한 마리는 (贖罪祭)속
죄제로, 다른 한 마리는 (燔祭)번
제로 드려 그의 유출병으로 말미암
아 여호와 앞에서 속죄할지니라
16 ●(泄精)설정한 자는 (全身)전신
을 물로 씻을 것이며 저녁까지 부
정하리라
17 (精水)정수가 묻은 모든 옷과 가죽
은 물에 빨 것이며 저녁까지 부정
하리라
18 남녀가 (同寢)동침하여 설정하였거
든 둘 다 물로 몸을 씻을 것이며 저
녁까지 부정하리라

여인이 유출을 하면

19 ●어떤 여인이 유출을 하되 그의
몸에 그의 유출이 피이면 이레 동
안 (不潔)불결하니 그를 만지는 자
마다 저녁까지 부정할 것이요
20 그가 (不潔)불결할 동안에는 그가
누웠던 자리도 다 부정하며 그가
앉았던 자리도 다 부정한즉
21 그의 침상을 만지는 자는 다 그의
옷을 빨고 물로 몸을 씻을 것이요
저녁까지 (不淨)부정할 것이며
22 그가 앉은 자리를 만지는 (者)자도
다 그들의 옷을 빨고 물로 몸을 씻
을 것이요 저녁까지 부정할 것이며
23 그의 (寢牀)침상 위에나 그가 앉은
자리 위에 있는 것을 만지는 모든
자도 저녁까지 부정할 것이며
24 누구든지 이 여인과 (同寢)동침하
여 그의 불결함에 (傳染)전염되면
이레 동안 부정할 것이라 그가 눕

1) 또는 생리 기간

는 침상은 다 부정하니라
25 ●만일 여인의 피의 유출이 그의 [1)]
(不潔期)불결기가 아닌데도 여러
날이 간다든지 그 유출이 그의 [1)]불
결기를 지나도 계속되면 그 부정
을 유출하는 모든 날 동안은 그 불
결한 때와 같이 부정한즉
26 그의 유출이 있는 모든 날 동안에
그가 눕는 침상은 그에게 불결한
때의 (寢牀)침상과 같고 그가 앉는
모든 자리도 부정함이 불결한 때
의 부정과 같으니
27 그것들을 만지는 자는 다 (不淨)부
정한즉 그의 옷을 빨고 물로 몸을
씻을 것이며 저녁까지 부정할 것
이요
28 그의 유출이 그치면 이레를 센
(後)후에야 정하리니
29 그는 여덟째 날에 산비둘기 두 마
리나 집비둘기 새끼 두 마리를 자
기를 위하여 가져다가 (會幕)회막
문 앞 제사장에게로 가져갈 것이요
30 제사장은 그 한 마리는 (贖罪祭)
속죄제로, 다른 한 마리는 번제로
드려 유출로 부정한 여인을 위하
여 여호와 앞에서 속죄할지니라
31 ●너희는 이와 같이 이스라엘 (子
孫)자손이 그들의 부정에서 떠나
게 하여 그들 가운데에 있는 내
(聖幕)성막을 그들이 더럽히고 그
들이 부정한 중에서 죽지 않도록
할지니라
32 ●이 (規例)규례는 유출병이 있는
자와 설정함으로 부정하게 된 자와
33 불결기의 앓는 여인과 유출병이 있

는 남녀와 그리고 불결한 여인과
(同寢)동침한 자에 대한 것이니라

속죄일

16 아론의 두 아들이 여호와 앞
에 나아가다가 죽은 (後)후
에 여호와께서 모세에게 말씀하시
니라
2 여호와께서 모세에게 이르시되 네
형 아론에게 이르라 (聖所)성소의
(揮帳)휘장 안 (法櫃)법궤 위 속죄
소 앞에 아무 때나 들어오지 말라
그리하여 죽지 않도록 하라 이는
내가 구름 가운데에서 속죄소 위
에 나타남이니라
3 아론이 (聖所)성소에 들어오려면
수송아지를 속죄제물로 삼고 숫양
을 (燔祭物)번제물로 삼고
4 거룩한 (細麻布)세마포 속옷을 입
으며 세마포 속바지를 몸에 입고
세마포 띠를 띠며 세마포 (冠)관을
쓸지니 이것들은 거룩한 옷이라
물로 그의 몸을 씻고 입을 것이며
5 이스라엘 자손의 회중에게서 (贖罪
祭物)속죄제물로 삼기 위하여 숫
염소 두 마리와 번제물로 삼기 위
하여 숫양 한 마리를 가져갈지니라
6 ●아론은 자기를 위한 속죄제의
수송아지를 드리되 자기와 집안을
위하여 속죄하고
7 또 그 두 염소를 가지고 (會幕 門)
회막 문 여호와 앞에 두고
8 두 염소를 (爲)위하여 제비 뽑되
한 제비는 여호와를 위하고 한 제
비는 [1]아사셀을 위하여 할지며
9 아론은 여호와를 위하여 제비 뽑은
염소를 (贖罪祭)속죄제로 드리고
10 아사셀을 위하여 제비 뽑은 염소
는 산 채로 여호와 앞에 두었다가
그것으로 속죄하고 아사셀을 위하
여 (曠野)광야로 보낼지니라
11 ●아론은 (自己)자기를 위한 속
죄제의 수송아지를 드리되 자기와
집안을 위하여 속죄하고 자기를
위한 그 속죄제 수송아지를 잡고
12 (香爐)향로를 가져다가 여호와 앞
제단 위에서 피운 불을 그것에 채
우고 또 곱게 간 향기로운 향을 두
손에 채워 가지고 (揮帳)휘장 안에
들어가서
13 여호와 앞에서 (焚香)분향하여
(香煙)향연으로 [2](證據櫃)증거궤
위 [3]속죄소를 가리게 할지니 그리
하면 그가 죽지 아니할 것이며
14 그는 또 수송아지의 피를 가져다
가 손가락으로 [3]속죄소 (東)동쪽
에 뿌리고 또 손가락으로 그 피를
[3]속죄소 앞에 일곱 번 뿌릴 것이며

15 또 백성을 위한 속죄제 염소를 잡
아 그 피를 가지고 휘장 안에 들어
가서 그 수송아지 피로 행함 같이
그 피로 행하여 [3]속죄소 위와 [3](贖
罪所)속죄소 앞에 뿌릴지니
16 곧 이스라엘 자손의 부정과 그들
이 범한 모든 죄로 말미암아 (至聖
所)지성소를 위하여 속죄하고 또
그들의 (不淨)부정한 중에 있는 회
막을 위하여 그같이 할 것이요
17 그가 지성소에 속죄하러 들어가서

1) 내보내는 염소 2) 법궤 3) 시은좌 곧 은혜의 자리

자기와 그의 집안과 이스라엘 온
(會衆)회중을 위하여 속죄하고 나
오기까지는 누구든지 회막에 있지
못할 것이며
18 그는 여호와 앞 (祭壇)제단으로 나
와서 그것을 위하여 속죄할지니
곧 그 수송아지의 피와 염소의 피
를 가져다가 제단 귀퉁이 뿔들에
바르고
19 또 손가락으로 그 피를 그 위에 일
곱 번 뿌려 이스라엘 자손의 부정
에서 제단을 (聖潔)성결하게 할 것
이요
20 그 지성소와 (會幕)회막과 제단을
위하여 속죄하기를 마친 후에 살
아 있는 염소를 드리되
21 아론은 그의 두 손으로 살아 있는
염소의 머리에 (按手)안수하여 이
스라엘 자손의 모든 불의와 그 범
한 모든 죄를 아뢰고 그 죄를 염소
의 머리에 두어 미리 정한 사람에
게 맡겨 광야로 보낼지니
22 염소가 그들의 모든 (不義)불의를
지고 접근하기 어려운 땅에 이르
거든 그는 그 염소를 광야에 놓을
지니라
23 ●아론은 회막에 들어가서 지성소
에 들어갈 때에 입었던 (細麻布)
세마포옷을 벗어 거기 두고
24 거룩한 곳에서 물로 그의 몸을 씻
고 자기 옷을 입고 나와서 자기의
(燔祭)번제와 백성의 번제를 드려
자기와 백성을 위하여 속죄하고
25 (贖罪祭物)속죄제물의 기름을 제

1) 또는 정결하게 하고

단에서 불사를 것이요
26 염소를 아사셀에게 보낸 자는 그
의 옷을 빨고 물로 그의 몸을 씻은
후에 (陣營)진영에 들어갈 것이며
27 속죄제 수송아지와 속죄제 염소의
피를 (聖所)성소로 들여다가 속죄
하였은즉 그 가죽과 고기와 똥을
밖으로 내다가 불사를 것이요
28 불사른 자는 그의 옷을 빨고 물로
그의 몸을 씻은 후에 (陣營)진영에
들어갈지니라
29 ●너희는 영원히 이 (規例)규례를
지킬지니라 일곱째 달 곧 그 달 십
일에 너희는 스스로 괴롭게 하고
아무 일도 하지 말되 (本土人)본
토인이든지 너희 중에 (居留)거류
하는 거류민이든지 그리하라
30 이 날에 너희를 위하여 속죄하여
너희를 (淨潔)정결하게 하리니 너
희의 모든 죄에서 너희가 여호와
앞에 정결하리라
31 이는 너희에게 (安息日)안식일 중
의 안식일인즉 너희는 스스로 괴
롭게 할지니 영원히 지킬 규례라
32 기름 부음을 받고 (委任)위임되어
자기의 아버지를 대신하여 제사장
의 직분을 행하는 제사장은 속죄하
되 세마포 옷 곧 거룩한 옷을 입고
33 (至聖所)지성소를 [1]속죄하며 회막
과 제단을 속죄하고 또 제사장들
과 백성의 (會衆)회중을 위하여 속
죄할지니
34 이는 너희가 (永遠)영원히 지킬 규
례라 이스라엘 자손의 모든 죄를
위하여 일 년에 한 번 속죄할 것이

니라 아론이 여호와께서 모세에게
(命令)명령하신 대로 행하니라

제물을 드릴 곳

17 여호와께서 모세에게 말씀하
여 이르시되
2 아론과 그의 아들들과 이스라엘의
모든 자손에게 말하여 그들에게
이르기를 여호와의 (命令)명령이
이러하시다 하라
3 이스라엘 집의 모든 사람이 소나
어린 (羊)양이나 염소를 진영 안에
서 잡든지 진영 밖에서 잡든지
4 먼저 (會幕 門)회막 문으로 끌고
가서 여호와의 (聖幕)성막 앞에서
여호와께 (禮物)예물로 드리지 아
니하는 자는 피 흘린 자로 여길 것
이라 그가 피를 흘렸은즉 자기 백
성 중에서 끊어지리라
5 그런즉 이스라엘 자손이 들에서
잡던 그들의 (祭物)제물을 회막 문
여호와께로 끌고 가서 제사장에게
주어 (和睦祭)화목제로 여호와께
드려야 할 것이요
6 제사장은 그 피를 (會幕 門)회막
문 여호와의 제단에 뿌리고 그 기
름을 불살라 여호와께 향기로운
냄새가 되게 할 것이라
7 그들은 전에 (淫亂)음란하게 섬기
던 숫염소에게 다시 제사하지 말
것이니라 이는 그들이 대대로 지
킬 영원한 (規例)규례니라
8 ●너는 또 그들에게 이르라 이스
라엘 집 사람이나 혹은 그들 중에
거류하는 거류민이 번제나 (祭物)
제물을 드리되
9 (會幕)회막 (門)문으로 가져다가
여호와께 드리지 아니하면 그는
백성 중에서 끊어지리라

피를 먹지 말라

10 ●이스라엘 집 사람이나 그들 중
에 (居留)거류하는 (居留民)거류
민 중에 무슨 피든지 먹는 자가 있
으면 내가 그 피를 먹는 그 사람에
게는 내 얼굴을 대하여 그를 백성
중에서 끊으리니
11 육체의 생명은 피에 있음이라 내
가 이 피를 너희에게 주어 제단에
뿌려 너희의 생명을 위하여 (贖罪)
속죄하게 하였나니 생명이 피에
있으므로 피가 죄를 속하느니라
12 그러므로 내가 이스라엘 (子孫)자
손에게 말하기를 너희 중에 아무
도 피를 먹지 말며 너희 중에 거류
하는 거류민이라도 피를 먹지 말
라 하였나니
13 모든 이스라엘 자손이나 그들 (中)
중에 거류하는 거류민이 먹을 만
한 짐승이나 새를 사냥하여 잡거
든 그것의 피를 흘리고 흙으로 덮
을지니라
14 모든 (生物)생물은 그 피가 생명
과 (一體)일체라 그러므로 내가 이
스라엘 자손에게 이르기를 너희는
어떤 (肉體)육체의 피든지 먹지 말
라 하였나니 모든 육체의 생명은
그것의 피인즉 그 피를 먹는 모든
자는 끊어지리라
15 또 스스로 죽은 것이나 들짐승에
게 찢겨 죽은 것을 먹은 모든 자는
본토인이거나 거류민이거나 그의

옷을 빨고 물로 몸을 씻을 것이며
저녁까지 (不淨)부정하고 그 후에
는 정하려니와
16 그가 빨지 아니하거나 그의 몸을
물로 씻지 아니하면 그가 (罪)죄를
담당하리라

가증한 풍속을 따르지 말라

18 여호와께서 모세에게 말씀하
여 이르시되
2 너는 이스라엘 (子孫)자손에게 말
하여 이르라 나는 여호와 너희의
하나님이니라
3 너희는 너희가 거주하던 애굽 땅
의 풍속을 따르지 말며 내가 너희
를 인도할 가나안 땅의 (風俗)풍속
과 (規例)규례도 행하지 말고
4 너희는 내 (法度)법도를 따르며 내
규례를 지켜 그대로 행하라 나는
너희의 하나님 여호와이니라
5 너희는 내 (規例)규례와 (法度)법
도를 지키라 사람이 이를 행하면
그로 말미암아 살리라 나는 여호
와이니라
6 ●각 사람은 자기의 살붙이를 가
까이 하여 그의 (下體)하체를 (犯)
범하지 말라 나는 여호와이니라
7 네 어머니의 하체는 곧 네 아버지
의 하체이니 너는 (犯)범하지 말라
그는 네 어머니인즉 너는 그의 하
체를 범하지 말지니라
8 너는 네 아버지의 아내의 (下體)하
체를 범하지 말라 이는 네 아버지
의 하체니라
9 너는 네 자매 곧 네 아버지의 딸이
나 네 어머니의 딸이나 집에서나
다른 곳에서 (出生)출생하였음을
막론하고 그들의 하체를 범하지
말지니라
10 네 (孫女)손녀나 네 외손녀의 하체
를 범하지 말라 이는 네 하체니라
11 네 아버지의 아내가 네 아버지에
게 낳은 딸은 네 누이니 너는 그의
하체를 (犯)범하지 말지니라
12 너는 네 (姑母)고모의 하체를 범하
지 말라 그는 네 아버지의 살붙이
니라
13 너는 네 (姨母)이모의 하체를 범하
지 말라 그는 네 어머니의 살붙이
니라
14 너는 네 아버지 (兄弟)형제의 아내
를 가까이 하여 그의 하체를 범하
지 말라 그는 네 숙모니라
15 너는 네 며느리의 (下體)하체를 범
하지 말라 그는 네 아들의 아내이
니 그의 하체를 범하지 말지니라
16 너는 네 (兄弟)형제의 아내의 하체
를 범하지 말라 이는 네 형제의 하
체니라
17 너는 여인과 그 여인의 딸의 하체
를 아울러 범하지 말며 또 그 여인
의 손녀나 외손녀를 아울러 데려
다가 그의 하체를 범하지 말라 그
들은 그의 살붙이이니 이는 (惡行)
악행이니라
18 너는 아내가 (生存)생존할 동안에
그의 자매를 데려다가 그의 하체
를 범하여 그로 질투하게 하지 말
지니라
19 ●너는 여인이 월경으로 (不潔)불
결한 동안에 그에게 가까이 하여

그의 하체를 범하지 말지니라
20 너는 네 이웃의 아내와 (同寢)동침
하여 설정하므로 그 여자와 함께
자기를 더럽히지 말지니라
21 너는 결단코 자녀를 몰렉에게 주
어 불로 (通過)통과하게 함으로 네
하나님의 이름을 욕되게 하지 말
라 나는 여호와이니라
22 너는 여자와 동침함 같이 남자와
동침하지 말라 이는 (可憎)가증한
일이니라
23 너는 짐승과 교합하여 자기를 더
럽히지 말며 여자는 짐승 앞에 서
서 그것과 (交接)교접하지 말라 이
는 (紊亂)문란한 일이니라
24 ●너희는 이 모든 일로 스스로 더
럽히지 말라 내가 너희 앞에서 쫓
아내는 (族屬)족속들이 이 모든 일
로 말미암아 더러워졌고
25 그 땅도 더러워졌으므로 내가 그 악
으로 말미암아 (罰)벌하고 그 땅도
스스로 그 주민을 토하여 내느니라
26 그러므로 너희 곧 너희의 동족이
나 혹은 너희 중에 (居留)거류하는
거류민이나 내 규례와 내 법도를
지키고 이런 (可憎)가증한 일의 하
나라도 행하지 말라
27 너희 전에 있던 그 땅 (住民)주민
이 이 모든 가증한 일을 행하였고
그 땅도 더러워졌느니라
28 너희도 더럽히면 그 땅이 너희가
있기 전 주민을 토함 같이 너희를
(吐)토할까 하노라
29 이 가증한 모든 일을 (行)행하는
자는 그 백성 중에서 끊어지리라
30 그러므로 너희는 내 명령을 지키
고 너희가 들어가기 전에 행하던
가증한 (風俗)풍속을 하나라도 따
름으로 스스로 더럽히지 말라 나
는 너희의 하나님 여호와이니라

너희는 거룩하라

19 여호와께서 모세에게 말씀하
여 이르시되
2 너는 이스라엘 자손의 온 (會衆)회
중에게 말하여 이르라 너희는 거
룩하라 이는 나 여호와 너희 하나
님이 거룩함이니라
3 너희 각 사람은 부모를 (敬畏)경외
하고 나의 (安息日)안식일을 지키
라 나는 너희의 하나님 여호와이
니라
4 너희는 헛된 것들에게로 향하지
말며 너희를 위하여 (神像)신상들
을 부어 만들지 말라 나는 너희의
하나님 여호와이니라
5 ●너희는 (和睦祭物)화목제물을
여호와께 드릴 때에 기쁘게 받으
시도록 드리고
6 그 (祭物)제물은 드리는 날과 이튿
날에 먹고 셋째 날까지 남았거든
불사르라
7 셋째 날에 조금이라도 먹으면 (可
憎)가증한 것이 되어 기쁘게 받으
심이 되지 못하고
8 그것을 먹는 자는 여호와의 (聖物)
성물을 더럽힘으로 말미암아 죄를
담당하리니 그가 그의 백성 중에
서 끊어지리라
9 ●너희가 너희의 땅에서 (穀食)곡
식을 거둘 때에 너는 밭 모퉁이까

지 다 거두지 말고 네 떨어진 이삭
도 줍지 말며
10 네 포도원의 열매를 다 따지 말며
네 포도원에 떨어진 열매도 줍지
말고 가난한 사람과 (居留民)거류
민을 위하여 버려두라 나는 너희
의 하나님 여호와이니라
11 ●너희는 도둑질하지 말며 속이지
말며 서로 거짓말하지 말며
12 너희는 내 이름으로 거짓 (盟誓)맹세
함으로 네 하나님의 이름을 (辱)욕되
게 하지 말라 나는 여호와이니라
13 ●너는 네 이웃을 (抑壓)억압하지
말며 (搾取)착취하지 말며 품꾼의
삯을 아침까지 밤새도록 네게 두
지 말며
14 너는 귀먹은 자를 (詛呪)저주하지
말며 맹인 앞에 장애물을 놓지 말
고 네 하나님을 경외하라 나는 여
호와이니라
15 ●너희는 재판할 때에 (不義)불의
를 행하지 말며 가난한 자의 편을
들지 말며 세력 있는 자라고 두둔
하지 말고 (公義)공의로 사람을 재
판할지며
16 너는 네 백성 중에 돌아다니며 사
람을 (誹謗)비방하지 말며 네 이웃
의 피를 흘려 이익을 도모하지 말
라 나는 여호와이니라
17 ●너는 네 형제를 마음으로 미워
하지 말며 네 이웃을 반드시 (譴
責)견책하라 그러면 네가 그에 대
하여 죄를 담당하지 아니하리라
18 (怨讐)원수를 갚지 말며 동포를 원
망하지 말며 네 이웃 사랑하기를
네 자신과 같이 사랑하라 나는 여
호와이니라
19 ●너희는 내 (規例)규례를 지킬
지어다 네 가축을 다른 종류와 (交
尾)교미시키지 말며 네 밭에 두 종
자를 섞어 뿌리지 말며 두 재료로
(織造)직조한 옷을 입지 말지며
20 만일 어떤 사람이 다른 사람과 정
혼한 여종 곧 아직 (贖良)속량되
거나 (解放)해방되지 못한 여인과
(同寢)동침하여 설정하면 그것은
(責望)책망을 받을 일이니라 그러
나 그들은 죽임을 당하지는 아니
하리니 그 여인이 해방되지 못하
였기 때문이니라
21 그 남자는 그 (贖愆祭物)속건제물
곧 속건제 숫양을 (會幕 門)회막
문 여호와께로 끌고 올 것이요
22 제사장은 그가 범한 죄를 위하여
그 속건제의 숫양으로 여호와 앞
에 속죄할 것이요 그리하면 그가
범한 죄를 (赦)사함 받으리라
23 ●너희가 그 땅에 들어가 각종 (果
木)과목을 심거든 그 열매는 아직
할례 받지 못한 것으로 여기되 곧
삼 년 동안 너희는 그것을 (割禮)
할례 받지 못한 것으로 여겨 먹지
말 것이요
24 넷째 해에는 그 모든 (果實)과실이
거룩하니 여호와께 드려 찬송할
것이며
25 다섯째 해에는 그 열매를 먹을지
니 그리하면 너희에게 그 (所産)소
산이 풍성하리라 나는 너희의 하
나님 여호와이니라

26 ●너희는 무엇이든지 피째 먹지
말며 (占)점을 치지 말며 (術法)술
법을 행하지 말며
27 머리 가를 둥글게 깎지 말며 수염
끝을 (損傷)손상하지 말며
28 죽은 자 때문에 너희의 살에 (文
身)문신을 하지 말며 무늬를 놓지
말라 나는 여호와이니라
29 ●네 딸을 더럽혀 창녀가 되게 하
지 말라 (淫行)음행이 (全國)전국
에 퍼져 (罪惡)죄악이 가득할까 하
노라
30 내 안식일을 지키고 내 (聖所)성소
를 귀히 여기라 나는 여호와이니라
31 ●너희는 (神接)신접한 자와 박수
를 믿지 말며 그들을 (追從)추종하
여 스스로 더럽히지 말라 나는 너
희 하나님 여호와이니라
32 ●너는 센 머리 앞에서 일어서고
노인의 얼굴을 (恭敬)공경하며 네
하나님을 (敬畏)경외하라 나는 여
호와이니라
33 ●(居留民)거류민이 너희의 땅에
거류하여 함께 있거든 너희는 그
를 (虐待)학대하지 말고
34 너희와 함께 있는 거류민을 너희
(中)중에서 낳은 자 같이 여기며
자기 같이 사랑하라 너희도 애굽
땅에서 거류민이 되었었느니라 나
는 너희의 하나님 여호와이니라
35 ●너희는 재판할 때나 길이나 무
게나 양을 잴 때 (不義)불의를 행
하지 말고
36 (公平)공평한 저울과 공평한 추와
공평한 에바와 공평한 [1]힌을 사용
하라 나는 너희를 인도하여 애굽
땅에서 나오게 한 너희의 하나님
여호와이니라
37 너희는 내 모든 (規例)규례와 내
모든 (法度)법도를 지켜 행하라 나
는 여호와이니라

반드시 죽여야 하는 죄

20 여호와께서 모세에게 말씀하
여 이르시되
2 너는 이스라엘 자손에게 또 이르
라 그가 이스라엘 자손이든지 이
스라엘에 (居留)거류하는 (居留
民)거류민이든지 그의 자식을 몰
렉에게 주면 반드시 죽이되 그 (地
方)지방 사람이 돌로 칠 것이요
3 나도 그 사람에게 (震怒)진노하여
그를 그의 백성 중에서 끊으리니
이는 그가 그의 자식을 몰렉에게
주어서 내 성소를 더럽히고 내 (聖
號)성호를 욕되게 하였음이라
4 그가 그의 (子息)자식을 몰렉에게
주는 것을 그 지방 사람이 못 본 체
하고 그를 죽이지 아니하면
5 내가 그 사람과 그의 (眷屬)권속에
게 진노하여 그와 그를 본받아 몰
렉을 (淫亂)음란하게 섬기는 모든
사람을 그들의 백성 중에서 끊으
리라
6 ●(接神)접신한 자와 박수무당을
음란하게 따르는 자에게는 내가
(震怒)진노하여 그를 그의 백성 중
에서 끊으리니
7 너희는 스스로 깨끗하게 하여 거
룩할지어다 나는 너희의 하나님

1) 한 힌은 3.67리터

여호와이니라
8 너희는 내 (規例)규례를 지켜 행하
라 나는 너희를 거룩하게 하는 여
호와이니라
9 만일 누구든지 자기의 아버지나
어머니를 (詛呪)저주하는 자는 반
드시 죽일지니 그가 자기의 아버
지나 어머니를 저주하였은즉 그의
피가 자기에게로 돌아가리라
10 ● 누구든지 남의 아내와 (姦淫)
간음하는 자 곧 그의 이웃의 아내
와 간음하는 자는 그 (姦夫)간부와
(淫婦)음부를 반드시 죽일지니라
11 누구든지 그의 아버지의 아내와
(同寢)동침하는 자는 그의 아버지
의 (下體)하체를 범하였은즉 둘 다
반드시 죽일지니 그들의 피가 자
기들에게로 돌아가리라
12 누구든지 그의 며느리와 동침하거
든 둘 다 반드시 죽일지니 그들이
(可憎)가증한 일을 행하였음이라
그들의 피가 자기들에게로 돌아가
리라
13 누구든지 여인과 동침하듯 남자와
동침하면 둘 다 가증한 일을 행함
인즉 반드시 죽일지니 (自己)자기
의 피가 자기에게로 돌아가리라
14 누구든지 아내와 자기의 (丈母)장
모를 함께 데리고 살면 악행인즉
그와 그들을 함께 불사를지니 이
는 너희 중에 악행이 없게 하려 함
이니라
15 (男子)남자가 짐승과 (交合)교합
하면 반드시 죽이고 너희는 그 짐
승도 죽일 것이며
16 (女子)여자가 짐승에게 가까이 하
여 교합하면 너는 여자와 짐승을 죽
이되 그들을 반드시 죽일지니 그들
의 피가 자기들에게로 돌아가리라
17 ● 누구든지 그의 (姉妹)자매 곧
그의 아버지의 딸이나 그의 어머
니의 딸을 데려다가 그 여자의 하
체를 보고 여자는 그 남자의 하체
를 보면 부끄러운 일이라 그들의
(民族)민족 앞에서 그들이 끊어질
지니 그가 자기의 자매의 하체를
(犯)범하였은즉 그가 그의 죄를 담
당하리라
18 누구든지 월경 중의 여인과 동침
하여 그의 하체를 범하면 남자는
그 여인의 (根源)근원을 드러냈고
여인은 자기의 피 근원을 드러내
었음인즉 둘 다 백성 중에서 끊어
지리라
19 네 이모나 고모의 하체를 범하지
말지니 이는 살붙이의 하체인즉 그
들이 그들의 (罪)죄를 담당하리라
20 누구든지 그의 (叔母)숙모와 동침
하면 그의 (叔父)숙부의 하체를 범
함이니 그들은 그들의 죄를 담당
하여 자식이 없이 죽으리라
21 누구든지 그의 (兄弟)형제의 아내
를 데리고 살면 더러운 일이라 그
가 그의 형제의 하체를 범함이니
그들에게 자식이 없으리라
22 ● 너희는 나의 모든 규례와 (法度)
법도를 지켜 행하라 그리하여야 내
가 너희를 인도하여 거주하게 하는
땅이 너희를 토하지 아니하리라
23 너희는 내가 너희 앞에서 쫓아내

는 족속의 (風俗)풍속을 따르지 말
라 그들이 이 모든 일을 행하므로
내가 그들을 가증히 여기노라
24 내가 전에 너희에게 이르기를 너
희가 그들의 땅을 (基業)기업으로
받을 것이라 내가 그 땅 곧 젖과 꿀
이 흐르는 땅을 너희에게 주어 (遺
業)유업을 삼게 하리라 하였노라
나는 너희를 만민 중에서 (區別)구
별한 너희의 하나님 여호와이니라
25 너희는 짐승이 정하고 부정함과
새가 정하고 부정함을 (區別)구별
하고 내가 너희를 위하여 부정한
것으로 구별한 짐승이나 새나 땅
에 기는 것들로 너희의 몸을 더럽
히지 말라
26 너희는 나에게 거룩할지어다 이는
나 여호와가 거룩하고 내가 또 너
희를 나의 (所有)소유로 삼으려고
너희를 만민 중에서 구별하였음이
니라
27 ●남자나 여자가 (接神)접신하거
나 박수무당이 되거든 반드시 죽
일지니 곧 돌로 그를 치라 그들의
피가 자기들에게로 돌아가리라

제사장이 지켜야 할 규례

21 여호와께서 모세에게 이르시
되 아론의 자손 (祭司長)제사
장들에게 말하여 이르라 그의 백성
중에서 죽은 자를 만짐으로 말미암
아 스스로를 더럽히지 말려니와
2 그의 살붙이인 그의 어머니나 그
의 아버지나 그의 아들이나 그의
딸이나 그의 (兄弟)형제나
3 (出嫁)출가하지 아니한 처녀인 그
의 자매로 말미암아서는 몸을 더
럽힐 수 있느니라
4 제사장은 그의 백성의 [1]어른인즉
자신을 더럽혀 (俗)속되게 하지 말
지니라
5 제사장들은 머리털을 깎아 대머리
같게 하지 말며 자기의 수염 (兩)
양쪽을 깎지 말며 살을 베지 말고
6 그들의 하나님께 대하여 거룩하고
그들의 하나님의 이름을 욕되게 하
지 말 것이며 그들은 여호와의 (火
祭)화제 곧 그들의 하나님의 음식
을 드리는 자인즉 거룩할 것이라
7 그들은 부정한 창녀나 이혼 당한
여인을 (娶)취하지 말지니 이는 그
가 여호와 하나님께 거룩함이니라
8 너는 그를 거룩히 여기라 그는 네
하나님의 (飮食)음식을 드림이니
라 너는 그를 거룩히 여기라 너희
를 거룩하게 하는 나 여호와는 거
룩함이니라
9 어떤 제사장의 딸이든지 (行淫)행
음하여 자신을 속되게 하면 그의
아버지를 속되게 함이니 그를 불
사를지니라
10 ●자기의 형제 중 (灌油)관유로
부음을 받고 (委任)위임되어 그
(禮服)예복을 입은 (大祭司長)대
제사장은 그의 머리를 풀지 말며
그의 옷을 찢지 말며
11 어떤 (屍體)시체에든지 가까이 하
지 말지니 그의 부모로 말미암아
서도 더러워지게 하지 말며
12 그 (聖所)성소에서 나오지 말며 그

1) 또는 남편

의 하나님의 성소를 속되게 하지
말라 이는 하나님께서 (聖別)성별
하신 관유가 그 위에 있음이니라
나는 여호와이니라
13 그는 (處女)처녀를 데려다가 아내
를 삼을지니
14 과부나 이혼 당한 여자나 창녀 짓
을 하는 더러운 여인을 (娶)취하지
말고 자기 백성 중에서 처녀를 취
하여 아내를 삼아
15 그의 (子孫)자손이 그의 백성 중에
서 속되게 하지 말지니 나는 그를
거룩하게 하는 여호와임이니라
16 ●여호와께서 모세에게 말씀하여
이르시되
17 아론에게 말하여 이르라 누구든지
너의 자손 중 (代代)대대로 육체에
흠이 있는 자는 그 하나님의 음식
을 드리려고 가까이 오지 못할 것
이니라
18 누구든지 (欠)흠이 있는 자는 가까
이 하지 못할지니 곧 (盲人)맹인이
나 다리 저는 자나 코가 불완전한
자나 지체가 더한 자나
19 발 부러진 자나 손 부러진 자나
20 등 굽은 자나 키 못 자란 자나 눈에
(白膜)백막이 있는 자나 습진이나
버짐이 있는 자나 고환 상한 자나
21 제사장 아론의 자손 중에 흠이 있
는 자는 나와 여호와께 (火祭)화제
를 드리지 못할지니 그는 흠이 있
은즉 나와서 그의 하나님께 음식
을 드리지 못하느니라
22 그는 그의 하나님의 음식이 (至聖
物)지성물이든지 성물이든지 먹을
것이나
23 (揮帳)휘장 안에 들어가지 못할 것
이요 제단에 가까이 하지 못할지
니 이는 그가 흠이 있음이니라 이
와 같이 그가 내 성소를 더럽히지
못할 것은 나는 그들을 거룩하게
하는 여호와임이니라
24 이와 같이 모세가 아론과 그의 아
들들과 온 이스라엘 (子孫)자손에
게 말하였더라

성물을 먹는 규례

22 여호와께서 모세에게 말씀하
여 이르시되
2 아론과 그의 아들들에게 말하여
그들로 이스라엘 자손이 내게 드
리는 그 (聖物)성물에 대하여 스스
로 구별하여 내 (聖號)성호를 (辱)
욕되게 함이 없게 하라 나는 여호
와이니라
3 그들에게 이르라 누구든지 네 자
손 중에 대대로 그의 몸이 부정하
면서도 이스라엘 자손이 (區別)구
별하여 여호와께 드리는 성물에
가까이 하는 자는 내 앞에서 끊어
지리라 나는 여호와이니라
4 아론의 자손 중 나병 환자나 유출
병자는 그가 (淨潔)정결하기 전에
는 그 성물을 먹지 말 것이요 시체
의 부정에 접촉된 자나 (泄精)설정
한 자나
5 무릇 사람을 (不淨)부정하게 하는
벌레에 접촉된 모든 사람과 무슨
부정이든지 사람을 더럽힐 만한
것에게 접촉된 자
6 곧 이런 것에 (接觸)접촉된 자는

저녁까지 부정하니 그의 몸을 물
로 씻지 아니하면 그 성물을 먹지
못할지며
7 해 질 때에야 (淨)정하리니 그 후
에야 그 성물을 먹을 것이니라 이
는 자기의 음식이 됨이니라
8 (屍體)시체나 찢겨 죽은 짐승을 먹
음으로 자기를 더럽히지 말라 나
는 여호와이니라
9 그들은 내 (命令)명령을 지킬 것이
니라 그것을 속되게 하면 그로 말
미암아 죄를 짓고 그 가운데에서
죽을까 하노라 나는 그들을 거룩
하게 하는 여호와이니라
10 ● (一般人)일반인은 성물을 먹지
못할 것이며 제사장의 객이나 품꾼
도 다 성물을 먹지 못할 것이니라
11 그러나 제사장이 그의 돈으로 어
떤 사람을 샀으면 그는 그것을 먹
을 것이며 그의 집에서 (出生)출생
한 자도 그렇게 하여 그들이 제사
장의 음식을 먹을 것이며
12 제사장의 딸이 일반인에게 (出嫁)
출가하였으면 (擧祭)거제의 성물
을 먹지 못하되
13 만일 그가 (寡婦)과부가 되든지 이
혼을 당하든지 자식이 없이 그의
(親庭)친정에 돌아와서 젊었을 때
와 같으면 그는 그의 아버지 몫의
음식을 먹을 것이나 일반인은 먹
지 못할 것이니라
14 만일 누가 (不知中)부지중에 성물을
먹으면 그 성물에 그것의 오분의 일
을 더하여 제사장에게 줄지니라
15 이스라엘 자손이 여호와께 드리는
성물을 그들은 (俗)속되게 하지 말
지니
16 그들이 (聖物)성물을 먹으면 그 죄
로 인하여 형벌을 받게 할 것이니
라 나는 그 음식을 거룩하게 하는
여호와이니라

여호와께서 기쁘게 받으시는 제물

17 ● 여호와께서 모세에게 말씀하여
이르시되
18 아론과 그의 아들들과 이스라엘 온
족속에게 말하여 이르라 이스라엘
자손이나 그 중에 (居留)거류하는
자가 (誓願祭物)서원제물이나 (自
願祭物)자원제물로 번제와 더불어
여호와께 예물로 드리려거든
19 기쁘게 받으심이 되도록 소나 양
이나 염소의 (欠)흠 없는 수컷으로
드릴지니
20 (欠)흠 있는 것은 무엇이나 너희가
드리지 말 것은 그것이 기쁘게 받
으심이 되지 못할 것임이니라
21 만일 누구든지 (誓願)서원한 것을
갚으려 하든지 자의로 (禮物)예물
을 드리려 하여 소나 양으로 화목
제물을 여호와께 드리는 자는 기
쁘게 받으심이 되도록 아무 흠이
없는 온전한 것으로 할지니
22 너희는 눈 먼 것이나 상한 것이나
(肢體)지체에 베임을 당한 것이나
종기 있는 것이나 습진 있는 것이
나 비루먹은 것을 여호와께 드리
지 말며 이런 것들은 (祭壇)제단
위에 (火祭物)화제물로 여호와께
드리지 말라
23 소나 양의 (肢體)지체가 더하거

나 덜하거나 한 것은 너희가 자원
제물로는 쓰려니와 (誓願祭物)서
원제물로 드리면 기쁘게 받으심이
되지 못하리라
24 너희는 고환이 (傷)상하였거나 치
었거나 터졌거나 베임을 당한 것은
여호와께 드리지 말며 너희의 땅에
서는 이런 일을 행하지도 말지며
25 너희는 외국인에게서도 이런 것을
받아 너희의 하나님의 음식으로
드리지 말라 이는 (缺點)결점이 있
고 흠이 있는 것인즉 너희를 위하
여 기쁘게 받으심이 되지 못할 것
임이니라
26 ●여호와께서 모세에게 말씀하여
이르시되
27 수소나 양이나 염소가 나거든 이
레 동안 그것의 어미와 같이 있게
하라 여덟째 날 이후로는 여호와
께 (火祭)화제로 예물을 드리면 기
쁘게 받으심이 되리라
28 암소나 암양을 (莫論)막론하고 어
미와 새끼를 같은 날에 잡지 말지
니라
29 너희가 여호와께 (感謝祭物)감사
제물을 드리려거든 너희가 기쁘게
받으심이 되도록 드릴지며
30 그 (祭物)제물은 그 날에 먹고 이
튿날까지 두지 말라 나는 여호와
이니라
31 너희는 내 계명을 지키며 (行)행하
라 나는 여호와이니라
32 너희는 내 (聖號)성호를 속되게 하
지 말라 나는 이스라엘 자손 중에서
거룩하게 함을 받을 것이니라 나는
너희를 거룩하게 하는 여호와요
33 너희의 하나님이 되려고 너희를
애굽 땅에서 (引導)인도하여 낸 자
니 나는 여호와이니라

성회를 삼을 여호와의 절기

23 여호와께서 모세에게 말씀하
여 이르시되
2 이스라엘 자손에게 말하여 이르라
이것이 나의 절기들이니 너희가
(聖會)성회로 (公布)공포할 여호
와의 (節期)절기들이니라
3 엿새 동안은 일할 것이요 일곱째 날
은 쉴 (安息日)안식일이니 성회의 날
이라 너희는 아무 일도 하지 말라
이는 너희가 거주하는 (各處)각처에
서 지킬 여호와의 안식일이니라

유월절과 무교절

4 ●이것이 너희가 그 정한 때에 (聖
會)성회로 공포할 여호와의 절기
들이니라
5 첫째 달 열나흗날 저녁은 여호와
의 (逾越節)유월절이요
6 이 달 열닷샛날은 여호와의 (無酵
節)무교절이니 이레 동안 너희는
(無酵餠)무교병을 먹을 것이요
7 그 첫 날에는 너희가 성회로 모이
고 아무 (勞動)노동도 하지 말지며
8 너희는 이레 동안 여호와께 (火祭)
화제를 드릴 것이요 일곱째 날에
도 성회로 모이고 아무 노동도 하
지 말지니라

첫 이삭 한 단을 바치는 절기

9 ●여호와께서 모세에게 말씀하여
이르시되
10 이스라엘 자손에게 말하여 이르라

너희는 내가 너희에게 주는 땅에
들어가서 너희의 (穀物)곡물을 거
둘 때에 너희의 곡물의 첫 이삭 한
단을 제사장에게로 가져갈 것이요
11 제사장은 너희를 위하여 그 단을
여호와 앞에 기쁘게 받으심이 되
도록 흔들되 (安息日)안식일 이튿
날에 흔들 것이며
12 너희가 그 단을 흔드는 날에 일 년
되고 (欠)흠 없는 숫양을 여호와께
(燔祭)번제로 드리고
13 그 (素祭)소제로는 기름 섞은 고운
가루 십분의 이 에바를 여호와께
드려 화제로 삼아 향기로운 냄새
가 되게 하고 (奠祭)전제로는 포도
주 사분의 일 힌을 쓸 것이며
14 너희는 너희 하나님께 (禮物)예물
을 가져오는 그 날까지 떡이든지
볶은 곡식이든지 (生)생 이삭이든
지 먹지 말지니 이는 너희가 거주
하는 각처에서 대대로 지킬 영원
한 (規例)규례니라

두 번째 거둔 곡식을 바치는 절기

15 ●안식일 이튿날 곧 너희가 (搖
祭)요제로 곡식단을 가져온 날부
터 세어서 일곱 안식일의 (數爻)수
효를 채우고
16 일곱 안식일 이튿날까지 합하여
오십 일을 (計數)계수하여 새 (素
祭)소제를 여호와께 드리되
17 너희의 (處所)처소에서 십분의 이
에바로 만든 떡 두 개를 가져다가
흔들지니 이는 고운 가루에 누룩을
넣어서 구운 것이요 이는 첫 (搖祭)
요제로 여호와께 드리는 것이며
18 너희는 또 이 떡과 함께 일 년 된
흠 없는 어린 양 일곱 마리와 어린
수소 한 마리와 숫양 두 마리를 드
리되 이것들을 그 소제와 그 (奠祭
祭物)전제제물과 함께 여호와께
드려서 번제로 삼을지니 이는 화
제라 여호와께 향기로운 냄새며
19 또 숫염소 하나로 (贖罪祭)속죄제
를 드리며 일 년 된 어린 숫양 두
마리를 (和睦祭物)화목제물로 드
릴 것이요
20 제사장은 그 첫 이삭의 떡과 함께
그 두 마리 어린 양을 여호와 앞에
흔들어서 (搖祭)요제를 삼을 것이
요 이것들은 여호와께 드리는 성
물이니 제사장에게 돌릴 것이며
21 이 날에 너희는 너희 중에 성회를
(公布)공포하고 어떤 노동도 하지
말지니 이는 너희가 그 거주하는
각처에서 대대로 지킬 영원한 규
례니라
22 ●너희 땅의 (穀物)곡물을 벨 때에
밭 모퉁이까지 다 베지 말며 떨어
진 것을 줍지 말고 그것을 가난한
자와 거류민을 위하여 남겨두라 나
는 너희의 하나님 여호와이니라

일곱째 달 첫 날은 쉬는 날

23 ●여호와께서 모세에게 말씀하여
이르시되
24 이스라엘 자손에게 말하여 이르라
일곱째 달 곧 그 달 첫 날은 너희에
게 쉬는 날이 될지니 이는 나팔을
불어 기념할 날이요 (聖會)성회라
25 어떤 (勞動)노동도 하지 말고 여호
와께 화제를 드릴지니라

속죄일

26 ●여호와께서 모세에게 말씀하여
이르시되
27 일곱째 달 열흘날은 (贖罪日)속죄
일이니 너희는 성회를 열고 스스
로 괴롭게 하며 여호와께 화제를
드리고
28 이 날에는 어떤 일도 하지 말 것은
너희를 (爲)위하여 너희 하나님 여
호와 앞에 속죄할 속죄일이 됨이
니라
29 이 날에 스스로 괴롭게 하지 아니
하는 자는 그 (百姓)백성 중에서
끊어질 것이라
30 이 날에 누구든지 어떤 일이라도
하는 자는 내가 그의 (百姓)백성
중에서 (滅絕)멸절시키리니
31 너희는 아무 일도 하지 말라 이는
너희가 거주하는 각처에서 대대로
지킬 영원한 규례니라
32 이는 너희가 쉴 (安息日)안식일이라
너희는 스스로 괴롭게 하고 이 달
아흐렛날 저녁 곧 그 저녁부터 이튿
날 저녁까지 안식을 지킬지니라

초막절

33 ●여호와께서 모세에게 말씀하여
이르시되
34 이스라엘 자손에게 말하여 이르
라 일곱째 달 열닷새날은 (草幕節)
초막절이니 여호와를 위하여 이레
동안 지킬 것이라
35 첫 날에는 (聖會)성회로 모일지니
너희는 아무 노동도 하지 말지며
36 이레 동안에 너희는 여호와께 (火
祭)화제를 드릴 것이요 여덟째 날
에도 너희는 성회로 모여서 여호
와께 화제를 드릴지니 이는 거룩
한 대회라 너희는 어떤 노동도 하
지 말지니라
37 ●이것들은 여호와의 (節期)절기
라 너희는 공포하여 성회를 열고
여호와께 화제를 드릴지니 번제와
소제와 희생제물과 전제를 각각
그 날에 드릴지니
38 이는 여호와의 안식일 외에, 너희
의 (獻物)헌물 외에, 너희의 모든
서원제물 외에 또 너희의 모든 자
원제물 외에 너희가 여호와께 드
리는 것이니라
39 ●너희가 토지 (所產)소산 거두기
를 마치거든 일곱째 달 열닷새날
부터 이레 동안 여호와의 절기를
지키되 첫 날에도 (安息)안식하고
여덟째 날에도 안식할 것이요
40 첫 날에는 너희가 아름다운 나무
(實果)실과와 (棕櫚)종려나무 가지
와 무성한 나무 가지와 시내 버들
을 취하여 너희의 하나님 여호와
앞에서 이레 동안 즐거워할 것이라
41 너희는 매년 이레 동안 여호와께
이 (節期)절기를 지킬지니 너희 대
대의 영원한 규례라 너희는 일곱
째 달에 이를 지킬지니라
42 너희는 이레 동안 (草幕)초막에 거
주하되 이스라엘에서 난 자는 다
초막에 (居住)거주할지니
43 이는 내가 이스라엘 자손을 애굽
땅에서 (引導)인도하여 내던 때에
초막에 거주하게 한 줄을 너희 대
대로 알게 함이니라 나는 너희의

하나님 여호와이니라
44 모세는 이와 같이 여호와의 절기
를 이스라엘 자손에게 (公布)공포
하였더라

계속해서 켜 둘 등잔불

24 여호와께서 모세에게 말씀하
여 이르시되
2 이스라엘 자손에게 명령하여 불을
켜기 위하여 (橄欖)감람을 찧어낸
(純潔)순결한 기름을 네게로 가져
오게 하여 계속해서 등잔불을 켜
둘지며
3 아론은 회막안 [1](證據櫃)증거궤
휘장 밖에서 저녁부터 아침까지
여호와 앞에 항상 등잔불을 정리
할지니 이는 너희 대대로 지킬 영
원한 (規例)규례라
4 그는 여호와 앞에서 [2]순결한 등잔
대 위의 등잔들을 항상 (整理)정리
할지니라

여호와 앞에 진설할 떡

5 ●너는 고운 가루를 가져다가 떡
열두 개를 굽되 각 덩이를 (十分)
십분의 (二)이 에바로 하여
6 여호와 앞 [2]순결한 (床)상 위에 두
줄로 한 줄에 여섯씩 (陳設)진설
하고
7 너는 또 정결한 (乳香)유향을 그
각 줄 위에 두어 (記念物)기념물
로 여호와께 (火祭)화제를 삼을 것
이며
8 안식일마다 이 떡을 여호와 앞에
항상 진설할지니 이는 이스라엘
자손을 위한 것이요 영원한 (言約)
언약이니라
9 이 떡은 아론과 그의 자손에게 돌
리고 그들은 그것을 거룩한 곳에
서 먹을지니 이는 여호와의 화제
중 그에게 돌리는 것으로서 지극
히 거룩함이니라 이는 영원한 (規
例)규례니라

여호와의 이름을 모독하면

10 ●이스라엘 자손 중에 그의 어머
니가 이스라엘 여인이요 그의 아
버지는 애굽 사람인 어떤 사람이
나가서 한 이스라엘 사람과 (陣營)
진영 중에서 싸우다가
11 그 이스라엘 여인의 아들이 여호
와의 이름을 모독하며 (詛呪)저주
하므로 무리가 끌고 모세에게로
가니라 그의 어머니의 이름은 슬
로밋이요 단 지파 디브리의 딸이
었더라
12 그들이 그를 가두고 여호와의 (命
令)명령을 기다리더니
13 여호와께서 모세에게 말씀하여 이
르시되
14 그 저주한 사람을 진영 밖으로 끌
어내어 그것을 들은 모든 사람이
그들의 손을 그의 머리에 얹게 하
고 온 (會衆)회중이 돌로 그를 칠
지니라
15 너는 이스라엘 자손에게 말하여 이
르라 누구든지 그의 하나님을 저주
하면 죄를 (擔當)담당할 것이요
16 여호와의 이름을 (冒瀆)모독하면
그를 반드시 죽일지니 온 회중이
돌로 그를 칠 것이니라 (居留民)
거류민이든지 (本土人)본토인이

1) 법궤 2) 또는 순금

든지 여호와의 이름을 (冒瀆)모독
하면 그를 죽일지니라
17 사람을 쳐죽인 (者)자는 반드시 죽
일 것이요
18 짐승을 쳐죽인 (者)자는 짐승으로
짐승을 갚을 것이며
19 사람이 만일 그의 이웃에게 (傷害)
상해를 입혔으면 그가 (行)행한 대
로 그에게 행할 것이니
20 상처에는 상처로, 눈에는 눈으로,
이에는 이로 갚을지라 남에게 (傷
害)상해를 입힌 그대로 그에게 그
렇게 할 것이며
21 짐승을 죽인 (者)자는 그것을 물어
줄 것이요 사람을 죽인 자는 죽일
지니
22 거류민에게든지 본토인에게든지
그 법을 (同一)동일하게 할 것은 나
는 너희의 하나님 여호와임이니라
23 모세가 이스라엘 자손에게 말하니
그들이 그 (詛呪)저주한 자를 (陣
營)진영 밖으로 끌어내어 돌로 쳤
더라 이스라엘 자손이 여호와께서
모세에게 (命令)명령하신 대로 행
하였더라

안식년

25 여호와께서 시내 산에서 모
세에게 말씀하여 이르시되
2 이스라엘 자손에게 말하여 이르라
너희는 내가 너희에게 주는 땅에
들어간 후에 그 땅으로 여호와 앞
에 (安息)안식하게 하라
3 너는 육 년 동안 그 밭에 (播種)파
종하며 육 년 동안 그 포도원을 가
꾸어 그 소출을 거둘 것이나
4 일곱째 해에는 그 땅이 쉬어 (安
息)안식하게 할지니 여호와께 대
한 안식이라 너는 그 밭에 파종하
거나 포도원을 가꾸지 말며
5 네가 거둔 후에 자라난 것을 거두
지 말고 가꾸지 아니한 포도나무
가 맺은 열매를 거두지 말라 이는
땅의 (安息年)안식년임이니라
6 안식년의 (所出)소출은 너희가 먹
을 것이니 너와 네 남종과 네 여종
과 네 품꾼과 너와 함께 거류하는
자들과
7 네 (家畜)가축과 네 땅에 있는 들
짐승들이 다 그 (所出)소출로 먹을
것을 삼을지니라

희년

8 ● 너는 일곱 안식년을 (計數)계수
할지니 이는 칠 년이 일곱 번인즉 안
식년 일곱 번 동안 곧 사십구 년이라
9 일곱째 달 열흘날은 (贖罪日)속죄
일이니 너는 뿔나팔 소리를 내되
(全國)전국에서 뿔나팔을 크게 불
지며
10 너희는 오십 년째 해를 거룩하게
하여 그 땅에 있는 모든 주민을 위
하여 자유를 (公布)공포하라 이 해
는 너희에게 (禧年)희년이니 너희
는 각각 자기의 [1](所有地)소유지
로 돌아가며 각각 자기의 가족에
게로 돌아갈지며
11 그 오십 년째 해는 너희의 희년이
니 너희는 (播種)파종하지 말며 스
스로 난 것을 거두지 말며 가꾸지
아니한 포도를 거두지 말라

1) 분배 받은 토지

12 이는 (禧年)희년이니 너희에게 거
룩함이니라 너희는 밭의 (所出)소
출을 먹으리라

부당한 이익을 취하지 말라

13 ●이 희년에는 너희가 (各其)각기
자기의 소유지로 돌아갈지라
14 네 이웃에게 팔든지 네 이웃의 손
에서 사거든 너희 각 사람은 그의
(兄弟)형제를 속이지 말라
15 그 희년 후의 (年數)연수를 따라서
너는 이웃에게서 살 것이요 그도
소출을 얻을 연수를 따라서 네게
팔 것인즉
16 연수가 많으면 너는 그것의 값을
많이 매기고 연수가 적으면 너는
그것의 값을 적게 매길지니 곧 그
가 소출의 (多少)다소를 따라서 네
게 팔 것이라
17 너희 각 사람은 자기 이웃을 속이지
말고 네 하나님을 (敬畏)경외하라
나는 너희의 하나님 여호와이니라
18 ●너희는 내 (規例)규례를 행하며
내 (法度)법도를 지켜 행하라 그리
하면 너희가 그 땅에 (安全)안전하
게 거주할 것이라
19 땅은 그것의 열매를 내리니 너희
가 배불리 먹고 거기 (安全)안전하
게 거주하리라
20 (萬一)만일 너희가 말하기를 우리
가 만일 일곱째 해에 심지도 못하
고 소출을 거두지도 못하면 우리
가 무엇을 먹으리요 하겠으나
21 내가 명령하여 여섯째 해에 내
(福)복을 너희에게 주어 그 (所出)
소출이 삼 년 동안 쓰기에 족하게
하리라
22 너희가 여덟째 해에는 (播種)파종
하려니와 묵은 소출을 먹을 것이
며 아홉째 해에 그 땅에 소출이 들
어오기까지 너희는 묵은 것을 먹
으리라
23 ●(土地)토지를 영구히 팔지 말
것은 토지는 다 내 것임이니라 너
희는 [1](居留民)거류민이요 동거하
는 자로서 나와 함께 있느니라
24 너희 기업의 온 땅에서 그 토지 무
르기를 (許諾)허락할지니
25 만일 네 (兄弟)형제가 가난하여 그
의 기업 중에서 얼마를 팔았으면 그
에게 가까운 기업 무를 자가 와서
그의 형제가 판 것을 무를 것이요
26 만일 그것을 무를 사람이 없고 자
기가 (富裕)부유하게 되어 무를 힘
이 있으면
27 그 판 해를 (計數)계수하여 그 남
은 값을 산 자에게 주고 자기의 소
유지로 돌릴 것이니라
28 그러나 자기가 무를 힘이 없으면
그 판 것이 (禧年)희년에 이르기까
지 산 자의 손에 있다가 희년에 이
르러 돌아올지니 그것이 곧 그의
(基業)기업으로 돌아갈 것이니라
29 ●성벽 있는 (城 內)성 내의 (家
屋)가옥을 팔았으면 판 지 만 일
년 안에는 무를 수 있나니 곧 그
(期限)기한 안에 무르려니와
30 일 년 안에 무르지 못하면 그 성 안
의 가옥은 산 자의 소유로 확정되
어 (代代)대대로 (永久)영구히 그

1) 또는 소작인

에게 속하고 (禧年)희년에라도 돌
려보내지 아니할 것이니라
31 그러나 성벽이 둘리지 아니한 (村
落)촌락의 가옥은 나라의 (田土)전
토와 같이 물러 주기도 할 것이요
희년에 돌려보내기도 할 것이니라
32 레위 (族屬)족속의 성읍 곧 그들의
소유의 성읍의 가옥은 레위 사람
이 언제든지 무를 수 있으나
33 만일 레위 사람이 무르지 아니하
면 그의 소유 성읍의 판 (家屋)가
옥은 희년에 돌려 보낼지니 이는
레위 사람의 성읍의 가옥은 이스
라엘 자손 중에서 받은 그들의 기
업이 됨이니라
34 그러나 그들의 (城邑)성읍 주위에
있는 들판은 그들의 영원한 소유
지이니 팔지 못할지니라
35 ● 네 형제가 가난하게 되어 빈 손
으로 네 곁에 있거든 너는 그를 도
와 (居留民)거류민이나 (同居人)동
거인처럼 너와 함께 생활하게 하되
36 너는 그에게 이자를 받지 말고 네
하나님을 (敬畏)경외하여 네 형제
로 너와 함께 생활하게 할 것인즉
37 너는 그에게 이자를 위하여 돈을
꾸어 주지 말고 이익을 위하여 네
(糧食)양식을 꾸어 주지 말라
38 나는 너희의 하나님이 되며 또 가
나안 땅을 너희에게 주려고 애굽
땅에서 너희를 (引導)인도하여 낸
너희의 하나님 여호와이니라
39 ● 너와 함께 있는 네 (兄弟)형제가
가난하게 되어 네게 몸이 팔리거
든 너는 그를 종으로 부리지 말고
40 품꾼이나 동거인과 같이 함께 있
게 하여 (禧年)희년까지 너를 섬기
게 하라
41 그 때에는 그와 그의 자녀가 함께
네게서 떠나 그의 가족과 그의 (祖
上)조상의 기업으로 돌아가게 하라
42 그들은 내가 애굽 땅에서 (引導)인
도하여 낸 내 종들이니 종으로 팔
지 말 것이라
43 너는 그를 (嚴)엄하게 부리지 말고
네 하나님을 경외하라
44 네 종은 남녀를 막론하고 네 사방
(異邦人)이방인 중에서 취할지니
남녀 종은 이런 자 중에서 사올 것
이며
45 또 너희 중에 (居留)거류하는 동거
인들의 자녀 중에서도 너희가 사올
수 있고 또 그들이 너희와 함께 있
어서 너희 땅에서 (家庭)가정을 이
룬 자들 중에서도 그리 할 수 있은
즉 그들이 너희의 소유가 될지니라
46 너희는 그들을 너희 (後孫)후손에
게 (基業)기업으로 주어 소유가 되
게 할 것이라 (異邦人)이방인 중
에서는 너희가 영원한 종을 삼으
려니와 너희 동족 이스라엘 자손
은 너희가 피차 (嚴)엄하게 부리지
말지니라
47 ●만일 너와 함께 있는 거류민이
나 동거인은 (富裕)부유하게 되고
그와 함께 있는 네 형제는 가난하
게 되므로 그가 너와 함께 있는 거
류민이나 동거인 또는 거류민의
가족의 후손에게 팔리면
48 그가 팔린 후에 그에게는 속량 받

을 권리가 있나니 그의 형제 중 하
나가 그를 (贖良)속량하거나
49 또는 그의 삼촌이나 그의 삼촌의
아들이 그를 (贖良)속량하거나 그
의 가족 중 그의 살붙이 중에서 그
를 속량할 것이요 그가 부유하게
되면 스스로 속량하되
50 자기 몸이 팔린 해로부터 (禧年)희
년까지를 그 산 자와 계산하여 그 연
수를 따라서 그 몸의 값을 정할 때
에 그 사람을 섬긴 날을 그 사람에게
(雇傭)고용된 날로 여길 것이라
51 만일 남은 해가 많으면 그 (年數)
연수대로 팔린 값에서 속량하는
값을 그 사람에게 도로 주고
52 (萬一)만일 희년까지 남은 해가 적
으면 그 사람과 계산하여 그 연수
대로 속량하는 그 값을 그에게 도
로 줄지며
53 주인은 그를 (每年)매년의 삯꾼과
같이 여기고 네 (目前)목전에서 엄
하게 부리지 말지니라
54 그가 이같이 속량되지 못하면 희
년에 이르러는 그와 그의 자녀가
(自由)자유하리니
55 이스라엘 (子孫)자손은 나의 종들
이 됨이라 그들은 내가 애굽 땅에
서 인도하여 낸 내 종이요 나는 너
희의 하나님 여호와이니라

26 너희는 자기를 위하여 (偶像)
우상을 만들지 말지니 조각
한 것이나 (柱像)주상을 세우지 말
며 너희 땅에 조각한 (石像)석상을
세우고 그에게 경배하지 말라 나
는 너희의 하나님 여호와임이니라
2 너희는 내 (安息日)안식일을 지키
며 내 (聖所)성소를 경외하라 나는
여호와이니라

상과 벌

3 ●너희가 내 규례와 (誡命)계명을
(遵行)준행하면
4 내가 너희에게 철따라 비를 주리
니 땅은 그 (産物)산물을 내고 밭
의 나무는 열매를 맺으리라
5 너희의 (打作)타작은 포도 딸 때까
지 미치며 너희의 포도 따는 것은
(播種)파종할 때까지 미치리니 너
희가 음식을 배불리 먹고 너희의
땅에 안전하게 거주하리라
6 내가 그 땅에 (平和)평화를 줄 것
인즉 너희가 누울 때 너희를 두렵
게 할 자가 없을 것이며 내가 사나
운 짐승을 그 땅에서 제할 것이요
칼이 너희의 땅에 두루 행하지 아
니할 것이며
7 너희의 (怨讐)원수들을 쫓으리니
그들이 너희 앞에서 칼에 엎드러
질 것이라
8 또 너희 다섯이 백을 쫓고 너희 백
이 만을 쫓으리니 너희 (對敵)대적
들이 너희 앞에서 칼에 엎드러질
것이며
9 내가 너희를 돌보아 너희를 (繁盛)
번성하게 하고 너희를 (昌大)창대
하게 할 것이며 내가 너희와 함께
한 내 (言約)언약을 이행하리라
10 너희는 오래 두었던 묵은 곡식을
먹다가 새 곡식으로 말미암아 묵
은 곡식을 치우게 될 것이며
11 내가 내 (聖幕)성막을 너희 중에

세우리니 내 마음이 너희를 싫어
하지 아니할 것이며
12 나는 너희 중에 행하여 너희의 하
나님이 되고 너희는 내 (百姓)백성
이 될 것이니라
13 나는 너희를 애굽 땅에서 (引導)
인도해 내어 그들에게 종된 것을
(免)면하게 한 너희의 하나님 여호
와이니라 내가 너희의 멍에의 빗
장을 부수고 너희를 바로 서서 걷
게 하였느니라
14 ●그러나 너희가 내게 (聽縱)청종
하지 아니하여 이 모든 명령을 (遵
行)준행하지 아니하며
15 내 규례를 (蔑視)멸시하며 마음에
내 (法度)법도를 싫어하여 내 모든
(誡命)계명을 준행하지 아니하며
내 언약을 배반할진대
16 내가 이같이 너희에게 행하리니
곧 내가 너희에게 놀라운 (災殃)재
앙을 내려 (肺病)폐병과 (熱病)열
병으로 눈이 어둡고 생명이 (衰弱)
쇠약하게 할 것이요 너희가 파종
한 것은 헛되리니 너희의 대적이
그것을 먹을 것임이며
17 내가 너희를 치리니 너희가 너희
의 대적에게 (敗)패할 것이요 너희
를 미워하는 자가 너희를 다스릴
것이며 너희는 쫓는 자가 없어도
도망하리라
18 또 만일 너희가 그렇게까지 되어
도 내게 (聽從)청종하지 아니하면
너희의 죄로 말미암아 내가 너희
를 일곱 배나 더 (懲罰)징벌하리라
19 내가 너희의 (勢力)세력으로 말미
암은 교만을 꺾고 너희의 하늘을
철과 같게 하며 너희 땅을 놋과 같
게 하리니
20 너희의 수고가 헛될지라 땅은 그
(産物)산물을 내지 아니하고 땅의
나무는 그 열매를 맺지 아니하리라
21 ●너희가 나를 거슬러 내게 (聽
縱)청종하지 아니할진대 내가 너
희의 죄대로 너희에게 일곱 배나
더 (災殃)재앙을 내릴 것이라
22 내가 들짐승을 너희 중에 보내리
니 그것들이 너희의 자녀를 움키
고 너희 (家畜)가축을 멸하며 너희
의 (數爻)수효를 줄이리니 너희의
길들이 (荒廢)황폐하리라
23 ●이런 일을 당하여도 너희가 내
게로 돌아오지 아니하고 내게 (對
抗)대항할진대
24 나 곧 나도 너희에게 대항하여 너
희 (罪)죄로 말미암아 너희를 칠
배나 더 치리라
25 내가 칼을 너희에게로 가져다가
(言約)언약을 어긴 원수를 갚을 것
이며 너희가 성읍에 모일지라도
너희 중에 (染病)염병을 보내고 너
희를 대적의 손에 넘길 것이며
26 내가 너희가 (依賴)의뢰하는 양식
을 끊을 때에 열 여인이 한 화덕에
서 너희 떡을 구워 저울에 달아 주
리니 너희가 먹어도 배부르지 아
니하리라
27 ●너희가 이같이 될지라도 내게 청
종하지 아니하고 내게 대항할진대
28 내가 (震怒)진노로 너희에게 대항
하되 너희의 죄로 말미암아 칠 배

나 더 (懲罰)징벌하리니
29 너희가 아들의 살을 먹을 것이요
딸의 살을 먹을 것이며
30 내가 너희의 (山堂)산당들을 헐며
너희의 분향단들을 부수고 너희의
시체들을 부서진 우상들 위에 던지
고 내 마음이 너희를 싫어할 것이며
31 내가 너희의 (城邑)성읍을 (荒廢)
황폐하게 하고 너희의 성소들을
황량하게 할 것이요 너희의 향기
로운 냄새를 내가 (歆饗)흠향하지
아니하고
32 그 땅을 (荒蕪)황무하게 하리니 거
기 거주하는 너희의 원수들이 그
것으로 말미암아 놀랄 것이며
33 내가 너희를 여러 (民族)민족 중에
흩을 것이요 내가 칼을 빼어 너희
를 따르게 하리니 너희의 땅이 황
무하며 너희의 성읍이 황폐하리라
34 ●너희가 원수의 땅에 살 동안에
너희의 (本土)본토가 황무할 것이
므로 땅이 (安息)안식을 누릴 것이
라 그 때에 땅이 안식을 누리리니
35 너희가 그 땅에 (居住)거주하는 동
안 너희가 안식할 때에 땅은 쉬지
못하였으나 그 땅이 황무할 동안
에는 쉬게 되리라
36 너희 남은 자에게는 그 원수들의
땅에서 내가 그들의 마음을 (弱)약
하게 하리니 그들은 바람에 불린
잎사귀 소리에도 놀라 도망하기를
칼을 피하여 도망하듯 할 것이요
쫓는 자가 없어도 엎드러질 것이라
37 그들은 쫓는 자가 없어도 칼 앞에
있음 같이 서로 짓밟혀 넘어지리
니 너희가 (怨讐)원수들을 맞설 힘
이 없을 것이요
38 너희가 여러 민족 중에서 (亡)망하
리니 너희의 원수들의 땅이 너희
를 삼킬 것이라
39 너희 남은 자가 너희의 원수들의
땅에서 자기의 죄로 말미암아 쇠잔
하며 그 (祖上)조상의 죄로 말미암
아 그 조상 같이 (衰殘)쇠잔하리라
40 ●그들이 나를 거스른 잘못으로
자기의 죄악과 그들의 조상의 죄
악을 (自服)자복하고 또 그들이 내
게 대항하므로
41 나도 그들에게 대항하여 내가 그
들을 그들의 원수들의 땅으로 끌
어 갔음을 깨닫고 그 (割禮)할례
받지 아니한 그들의 마음이 낮아
져서 그들의 죄악의 형벌을 기쁘
게 받으면
42 내가 야곱과 맺은 내 (言約)언약과
이삭과 맺은 내 언약을 기억하며
아브라함과 맺은 내 언약을 기억
하고 그 땅을 기억하리라
43 그들이 내 (法度)법도를 싫어하며
내 규례를 멸시하였으므로 그 땅
을 떠나서 사람이 없을 때에 그 땅
은 황폐하여 안식을 누릴 것이요
그들은 자기 죄악의 (刑罰)형벌을
기쁘게 받으리라
44 그런즉 그들이 그들의 원수들의
땅에 있을 때에 내가 그들을 내버
리지 아니하며 미워하지 아니하며
아주 (滅)멸하지 아니하고 그들과
맺은 내 언약을 (廢)폐하지 아니하
리니 나는 여호와 그들의 하나님

이 됨이니라
45 내가 그들의 하나님이 되기 위하
여 민족들이 보는 앞에서 애굽 땅
으로부터 그들을 (引導)인도하여
낸 그들의 조상과의 언약을 그들
을 위하여 기억하리라 나는 여호
와이니라
46 ●이것은 여호와께서 시내 산에서
자기와 이스라엘 자손 사이에 모
세를 통하여 세우신 (規例)규례와
(法度)법도와 (律法)율법이니라

서원 예물의 값

27 여호와께서 모세에게 말씀하
여 이르시되
2 이스라엘 자손에게 말하여 이르라
만일 어떤 사람이 사람의 값을 여호
와께 드리기로 분명히 (誓願)서원
하였으면 너는 그 값을 정할지니
3 네가 정한 값은 스무 살로부터 예
순 살까지는 남자면 (聖所)성소의
세겔로 은 오십 세겔로 하고
4 (女子)여자면 그 값을 삼십 세겔로
하며
5 다섯 살로부터 스무 살까지는 (男
子)남자면 그 값을 이십 세겔로 하
고 여자면 열 세겔로 하며
6 (一 箇月)일 개월로부터 다섯 살
까지는 남자면 그 값을 은 다섯 세
겔로 하고 여자면 그 값을 은 삼 세
겔로 하며
7 예순 살 (以上)이상은 남자면 그
값을 십오 세겔로 하고 여자는 열
세겔로 하라
8 그러나 (誓願者)서원자가 가난하
여 네가 정한 값을 감당하지 못하
겠으면 그를 제사장 앞으로 데리
고 갈 것이요 제사장은 그 값을 정
하되 그 서원자의 (形便)형편대로
값을 정할지니라
9 ●사람이 서원하는 (禮物)예물로 여
호와께 드리는 것이 (家畜)가축이면
여호와께 드릴 때는 다 거룩하니
10 그것을 변경하여 (優劣間)우열간
바꾸지 못할 것이요 혹 가축으로 가
축을 바꾸면 둘 다 거룩할 것이며
11 (不淨)부정하여 여호와께 예물로
드리지 못할 가축이면 그 가축을
제사장 앞으로 끌어갈 것이요
12 제사장은 (優劣間)우열간에 값을
정할지니 그 값이 제사장의 정한
대로 될 것이며
13 만일 그가 그것을 무르려면 네가
(定)정한 값에 그 오분의 일을 더
할지니라
14 ●만일 어떤 사람이 자기 집을 (聖
別)성별하여 여호와께 드리려하면
(祭司長)제사장이 그 우열간에 값
을 정할지니 그 값은 제사장이 정
한 대로 될 것이며
15 만일 그 사람이 (自己)자기 집을
무르려면 네가 값을 정한 돈에 그
오분의 일을 더할지니 그리하면
자기 소유가 되리라
16 ●만일 어떤 사람이 자기 (基業)기
업된 밭 얼마를 성별하여 여호와께
드리려하면 마지기 (數)수대로 네
가 값을 정하되 보리 한 호멜지기
에는 은 오십 세겔로 계산할지며
17 만일 그가 그 밭을 (禧年)희년부터
성별하여 드렸으면 그 값을 네가

정한 대로 할 것이요
18 만일 그 밭을 (禧年)희년 후에 성
별하여 드렸으면 제사장이 다음
희년까지 남은 연수를 따라 그 값
을 계산하고 정한 값에서 그 값에
(相當)상당하게 (減)감할 것이며
19 만일 밭을 (聖別)성별하여 드린 자
가 그것을 무르려면 네가 값을 정
한 돈에 그 오분의 일을 더할지니
그리하면 그것이 자기 소유가 될
것이요
20 만일 그가 그 밭을 무르지 아니하
려거나 (他人)타인에게 팔았으면
다시는 무르지 못하고
21 희년이 되어서 그 밭이 돌아오게
될 때에는 여호와께 바친 (聖物)성
물이 되어 (永永)영영히 드린 땅과
같이 제사장의 (基業)기업이 될 것
이며
22 만일 사람에게 샀고 (自己)자기 기
업이 아닌 밭을 여호와께 성별하
여 드렸으면
23 너는 값을 정하고 제사장은 그를
위하여 희년까지 계산하고 그는
네가 값을 정한 돈을 그 날에 여호
와께 드려 (聖物)성물로 삼을지며
24 그가 판 밭은 희년에 그 판 사람 곧
그 땅의 (原主人)원주인에게로 되
돌아갈지니라
25 또 네가 정한 모든 값은 (聖所)성
소의 세겔로 하되 이십 게라를 한
세겔로 할지니라

처음 난 가축

26 ●오직 가축 중의 처음 난 것은 여
호와께 드릴 첫 것이라 소나 (羊)
양은 여호와의 것이니 누구든지
그것으로는 성별하여 드리지 못할
것이며
27 만일 (不淨)부정한 짐승이면 네가
정한 값에 그 오분의 일을 더하여
무를 것이요 만일 무르지 아니하
려면 네가 정한 값대로 팔지니라

여호와께 온전히 바친 것

28 ●어떤 사람이 자기 소유 중에서
오직 여호와께 온전히 바친 모든
것은 사람이든지 (家畜)가축이든지
(基業)기업의 밭이든지 팔지도 못
하고 무르지도 못하나니 바친 것은
다 여호와께 지극히 거룩함이며
29 (穩全)온전히 바쳐진 그 사람은 다
시 무르지 못하나니 반드시 죽일
지니라

십분의 일은 여호와의 것

30 ●그리고 그 땅의 십분의 일 곧 그
땅의 곡식이나 나무의 열매는 그
십분의 일은 여호와의 것이니 여
호와의 (聖物)성물이라
31 또 만일 어떤 사람이 그의 (十一
條)십일조를 무르려면 그것에 오
분의 일을 더할 것이요
32 모든 소나 양의 십일조는 목자의
지팡이 아래로 (通過)통과하는 것
의 열 번째의 것마다 여호와의 성
물이 되리라
33 그 (優劣)우열을 가리거나 바꾸거
나 하지 말라 바꾸면 둘 다 거룩하
리니 무르지 못하리라
34 ●이것은 여호와께서 시내 산에서
이스라엘 자손을 위하여 모세에게
명령하신 (誡命)계명이니라

民數記 Numbers

싸움에 나갈 만한 자를 계수하다

1 이스라엘 자손이 애굽 땅에서
나온 후 둘째 해 둘째 달 첫째
날에 여호와께서 시내 (曠野)광야
(會幕)회막에서 모세에게 말씀하
여 이르시되
2 너희는 이스라엘 자손의 모든 (會
衆)회중 각 남자의 수를 그들의 종
족과 조상의 가문에 따라 그 명수
대로 (計數)계수할지니
3 이스라엘 중 이십 세 이상으로 싸움
에 나갈 만한 모든 자를 너와 아론
은 그 (陣營別)진영별로 계수하되
4 각 지파의 각 조상의 (家門)가문의
우두머리 한 사람씩을 너희와 함
께 하게 하라
5 너희와 함께 설 사람들의 이름은
이러하니 르우벤 (支派)지파에서
는 스데울의 아들 엘리술이요
6 시므온 (支派)지파에서는 수리삿
대의 아들 슬루미엘이요
7 유다 (支派)지파에서는 암미나답
의 아들 나손이요
8 잇사갈 (支派)지파에서는 수알의
아들 느다넬이요
9 스불론 (支派)지파에서는 헬론의
아들 엘리압이요
10 요셉의 (子孫)자손들 중 에브라임
지파에서는 암미훗의 아들 엘리사
마요 므낫세 지파에서는 브다술의
아들 가말리엘이요
11 베냐민 (支派)지파에서는 기드오
니의 아들 아비단이요
12 단 (支派)지파에서는 암미삿대의
아들 아히에셀이요
13 아셀 (支派)지파에서는 오그란의
아들 바기엘이요
14 갓 (支派)지파에서는 [1]드우엘의
아들 엘리아삽이요
15 납달리 (支派)지파에서는 에난의
아들 아히라이니라 하시니
16 그들은 회중에서 부름을 받은 자
요 그 조상 지파의 (指揮官)지휘
관으로서 이스라엘 종족들의 우두
머리라
17 모세와 아론이 (指名)지명된 이 사
람들을 데리고
18 둘째 달 첫째 날에 온 회중을 모으
니 그들이 각 종족과 조상의 가문
에 따라 이십 세 이상인 남자의 이
름을 자기 (系統)계통별로 신고하
매
19 여호와께서 모세에게 명령하신 대
로 그가 시내 광야에서 그들을 (計
數)계수하였더라
20 ●이스라엘의 장자 르우벤의 아들
들에게서 난 자를 그들의 (宗族)종
족과 조상의 가문에 따라 이십 세
이상으로 싸움에 나갈 만한 각 남자
를 그 명수대로 다 (計數)계수하니
21 르우벤 (支派)지파에서 계수된 자
는 사만 육천오백 명이었더라
22 ●시므온의 아들들에게서 난 자를
그들의 종족과 조상의 가문에 따
라 이십 세 이상으로 싸움에 나갈

1) 2:14 '르우엘'

만한 각 남자를 그 (名數)명수대로 다 계수하니

23 시므온 지파에서 (計數)계수된 자는 오만 구천삼백 명이었더라

24 ●갓의 아들들에게서 난 자를 그들의 (宗族)종족과 조상의 가문에 따라 이십 세 이상으로 싸움에 나갈 만한 자를 그 명수대로 다 계수하니

25 갓 지파에서 (計數)계수된 자는 사만 오천육백오십 명이었더라

26 ●유다의 아들들에게서 난 자를 그들의 종족과 (祖上)조상의 가문에 따라 이십 세 이상으로 싸움에 나갈 만한 자를 그 명수대로 다 계수하니

27 유다 지파에서 계수된 (者)자는 칠만 사천육백 명이었더라

28 ●잇사갈의 아들들에게서 난 자를 그들의 종족과 조상의 가문에 따라 이십 세 이상으로 싸움에 나갈 만한 자를 그 (名數)명수대로 다 계수하니

29 잇사갈 지파에서 (計數)계수된 자는 오만 사천사백 명이었더라

30 ●스불론의 아들들에게서 난 자를 그들의 종족과 조상의 (家門)가문에 따라 이십 세 이상으로 싸움에 나갈 만한 자를 그 명수대로 다 계수하니

31 스불론 (支派)지파에서 계수된 자는 오만 칠천사백 명이었더라

32 ●요셉의 아들 에브라임의 아들들에게서 난 자를 그들의 종족과 조상의 가문에 따라 이십 세 이상으로 싸움에 나갈 만한 자를 그 (名數)명수대로 다 계수하니

33 에브라임 지파에서 (計數)계수된 자는 사만 오백 명이었더라

34 ●므낫세의 아들들에게서 난 자를 그들의 종족과 조상의 가문에 따라 이십 세 (以上)이상으로 싸움에 나갈 만한 자를 그 명수대로 다 계수하니

35 므낫세 (支派)지파에서 계수된 자는 삼만 이천이백 명이었더라

36 ●베냐민의 아들들에게서 난 자를 그들의 (宗族)종족과 조상의 가문에 따라 이십 세 이상으로 싸움에 나갈 만한 자를 그 명수대로 다 계수하니

37 베냐민 (支派)지파에서 계수된 자는 삼만 오천사백 명이었더라

38 ●단의 아들들에게서 난 자를 그들의 종족과 조상의 (家門)가문에 따라 이십 세 이상으로 싸움에 나갈 만한 자를 그 명수대로 다 계수하니

39 단 (支派)지파에서 계수된 자는 육만 이천칠백 명이었더라

40 ●아셀의 아들들에게서 난 자를 그들의 종족과 조상의 가문에 따라 이십 세 이상으로 싸움에 나갈 만한 자를 그 명수대로 다 (計數)계수하니

41 아셀 (支派)지파에서 계수된 자는 사만 천오백 명이었더라

42 ●납달리의 아들들에게서 난 자를 그들의 종족과 조상의 (家門)가문에 따라 이십 세 이상으로 싸움에

나갈 만한 자를 그 명수대로 다 계
수하니
43 납달리 (支派)지파에서 계수된 자
는 오만 삼천사백 명이었더라
44 ●이 계수함을 받은 자는 모세와
아론과 각기 이스라엘 조상의 가
문을 대표한 열두 (指揮官)지휘관
이 계수하였더라
45 이같이 이스라엘 (子孫)자손이 그
조상의 가문을 따라 이십 세 이상
으로 싸움에 나갈 만한 이스라엘
자손이 다 계수되었으니
46 (計數)계수된 자의 (總計)총계는
육십만 삼천오백오십 명이었더라

레위 지파는 계수하지 말라

47 ●그러나 레위인은 그들의 조상의
지파대로 그 (計數)계수에 들지 아
니하였으니
48 이는 여호와께서 모세에게 말씀하
여 이르시되
49 너는 레위 지파만은 (計數)계수하
지 말며 그들을 이스라엘 자손 계
수 중에 넣지 말고
50 그들에게 (證據)증거의 성막과 그
모든 기구와 그 모든 (附屬品)부
속품을 관리하게 하라 그들은 그
(聖幕)성막과 그 모든 기구를 운반
하며 거기서 봉사하며 성막 주위
에 (陣)진을 칠지며
51 성막을 운반할 때에는 레위인이
그것을 걷고 성막을 세울 때에는
레위인이 그것을 세울 것이요 (外
人)외인이 가까이 오면 죽일지며
52 이스라엘 자손은 (幕舍)막사를 치
되 그 진영별로 각각 그 진영과 군
기 곁에 칠 것이나
53 레위인은 (證據)증거의 성막 사방
에 진을 쳐서 이스라엘 자손의 회
중에게 (震怒)진노가 임하지 않게
할 것이라 레위인은 증거의 성막
에 대한 책임을 지킬지니라 하셨
음이라
54 이스라엘 자손이 그대로 행하되
여호와께서 모세에게 (命令)명령
하신 대로 행하였더라

진 편성 및 행군 순서

2 여호와께서 모세와 아론에게
말씀하여 이르시되
2 이스라엘 자손은 각각 자기의 진
영의 군기와 자기의 조상의 가문
의 (旗號)기호 곁에 진을 치되 (會
幕)회막을 향하여 사방으로 치라
3 (東方)동방 해 돋는 쪽에 진 칠 자
는 그 진영별로 유다의 진영의 군
기에 속한 자라 유다 자손의 지휘
관은 암미나답의 아들 나손이요
4 그의 군대로 (計數)계수된 자가 칠
만 사천육백 명이며
5 그 곁에 진 칠 자는 잇사갈 지파라
잇사갈 자손의 (指揮官)지휘관은
수알의 아들 느다넬이요
6 그의 (軍隊)군대로 계수된 자가 오
만 사천사백 명이라
7 그리고 스불론 (支派)지파라 스불
론 자손의 지휘관은 헬론의 아들
엘리압이요
8 그의 군대로 (計數)계수된 자가 오
만 칠천사백 명이니
9 유다 진영에 속한 군대로 계수된
군인의 총계는 십팔만 육천사백

명이라 그들은 제일대로 (行進)행
진할지니라
10 ●남쪽에는 르우벤 군대 진영의
(軍旗)군기가 있을 것이라 르우벤
자손의 지휘관은 스데울의 아들
엘리술이요
11 그의 (軍隊)군대로 계수된 자가 사
만 육천오백 명이며
12 그 곁에 (陣)진 칠 자는 시므온 지
파라 시므온 자손의 지휘관은 수
리삿대의 아들 슬루미엘이요
13 그의 군대로 (計數)계수된 자가 오
만 구천삼백 명이며
14 또 갓 (支派)지파라 갓 자손의 지휘
관은 [1]르우엘의 아들 엘리아삽이요
15 그의 (軍隊)군대로 계수된 자가
사만 오천육백오십 명이니
16 르우벤 진영에 속하여 계수된 군
인의 (總計)총계는 십오만 천사백
오십 명이라 그들은 제이대로 행
진할지니라
17 ●그 다음에 (會幕)회막이 레위인
의 진영과 함께 모든 (陣營)진영의
중앙에 있어 행진하되 그들의 진
친 순서대로 각 사람은 자기의 위
치에서 자기들의 기를 따라 앞으
로 행진할지니라
18 ●서쪽에는 에브라임의 군대의 진
영의 군기가 있을 것이라 에브라
임 (子孫)자손의 지휘관은 암미훗
의 아들 엘리사마요
19 그의 군대로 (計數)계수된 자가 사
만 오백 명이며
20 그 곁에는 므낫세 (支派)지파가 있
을 것이라 므낫세 자손의 지휘관
은 브다술의 아들 가말리엘이요
21 그의 (軍隊)군대로 계수된 자가 삼
만 이천이백 명이며
22 또 베냐민 (支派)지파라 베냐민 자
손의 지휘관은 기드오니의 아들
아비단이요
23 그의 군대로 (計數)계수된 자가 삼
만 오천사백 명이니
24 에브라임 진영에 속하여 계수된
군인의 총계는 십만 팔천백 명이
라 그들은 제삼대로 (行進)행진할
지니라
25 ●북쪽에는 단 군대 (陣營)진영의
군기가 있을 것이라 단 자손의 지
휘관은 암미삿대의 아들 아히에셀
이요
26 그의 군대로 계수된 (者)자가 육만
이천칠백 명이며
27 그 곁에 진 칠 자는 아셀 (支派)지
파라 아셀 자손의 지휘관은 오그
란의 아들 바기엘이요
28 그의 (軍隊)군대로 계수된 자가 사
만 천오백 명이며
29 또 납달리 지파라 납달리 (子孫)자
손의 지휘관은 에난의 아들 아히
라요
30 그의 군대로 (計數)계수된 자가 오
만 삼천사백 명이니
31 단의 진영에 속하여 계수함을 받
은 군인의 (總計)총계는 십오만 칠
천육백 명이라 그들은 기를 따라
(後隊)후대로 행진할지니라 하시
니라
32 ●(以上)이상은 이스라엘 자손이

1) 1:14 '드우엘'

민

그들의 조상의 가문을 따라 계수
된 자니 모든 진영의 군인 곧 계수
된 자의 총계는 육십만 삼천오백
오십 명이며
33 레위인은 이스라엘 자손과 함께
계수되지 아니하였으니 여호와께
서 모세에게 (命令)명령하심과 같
았느니라
34 이스라엘 자손이 여호와께서 모세
에게 명령하신 대로 다 (遵行)준행
하여 각기 종족과 조상의 가문에
따르며 자기들의 기를 따라 진 치
기도 하며 행진하기도 하였더라

아론의 아들들

3 여호와께서 시내 산에서 모세
와 말씀하실 때에 아론과 모세
가 낳은 자는 이러하니라
2 아론의 아들들의 이름은 이러하니
(長子)장자는 나답이요 다음은 아
비후와 엘르아살과 이다말이니
3 이는 아론의 아들들의 이름이며
그들은 기름 부음을 받고 거룩하
게 (區別)구별되어 제사장 직분을
(委任)위임 받은 제사장들이라
4 나답과 아비후는 시내 (曠野)광야
에서 여호와 앞에 다른 불을 드리
다가 여호와 앞에서 죽어 자식이
없었으며 엘르아살과 이다말이 그
의 아버지 아론 앞에서 제사장의
직분을 행하였더라

제사장을 돕는 레위 사람

5 ●여호와께서 또 모세에게 말씀하
여 이르시되
6 레위 지파는 나아가 제사장 아론
앞에 서서 그에게 (侍從)시종하게
하라
7 그들이 회막 앞에서 아론의 직무
와 온 회중의 직무를 위하여 회막
에서 (視務)시무하되
8 곧 회막의 모든 기구를 맡아 지키
며 이스라엘 자손의 직무를 위하
여 (聖幕)성막에서 시무할지니
9 너는 레위인을 아론과 그의 아들
들에게 맡기라 그들은 이스라엘
자손 중에서 아론에게 (穩全)온전
히 맡겨진 자들이니라
10 너는 아론과 그의 아들들을 세워
제사장 직무를 행하게 하라 (外人)
외인이 가까이 하면 죽임을 당할
것이니라
11 ●여호와께서 모세에게 말씀하여
이르시되
12 보라 내가 이스라엘 자손 중에서
레위인을 택하여 이스라엘 자손
중에 (胎)태를 열어 태어난 모든
맏이를 대신하게 하였은즉 레위인
은 내 것이라
13 처음 태어난 자는 다 내 것임은 내
가 애굽 땅에서 그 처음 태어난 자
를 다 죽이던 날에 이스라엘의 처
음 태어난 자는 사람이나 짐승을
다 거룩하게 (區別)구별하였음이
니 그들은 내 것이 될 것임이니라
나는 여호와이니라

레위 자손 인구 조사

14 ●여호와께서 시내 광야에서 모세
에게 말씀하여 이르시되
15 레위 자손을 그들의 조상의 가문
과 (宗族)종족을 따라 계수하되 일
개월 이상된 남자를 다 계수하라

16 모세가 여호와의 말씀을 따라 그
(命令)명령하신 대로 (計數)계수
하니라
17 레위의 아들들의 이름은 이러하니
게르손과 고핫과 므라리요
18 게르손의 아들들의 이름은 그들의
(宗族)종족대로 이러하니 립니와
시므이요
19 고핫의 아들들은 그들의 (宗族)종
족대로 이러하니 아므람과 이스할
과 헤브론과 웃시엘이요
20 므라리의 아들들은 그들의 종족대
로 말리와 무시이니 이는 그의 종
족대로 된 레위인의 (祖上)조상의
가문들이니라
21 ●게르손에게서는 립니 종족과 시
므이 종족이 났으니 이들이 곧 게
르손의 조상의 (家門)가문들이라
22 계수된 자 곧 일 개월 이상 된 남자
의 (數爻)수효 합계는 칠천오백 명
이며
23 게르손 종족들은 성막 뒤 곧 서쪽
에 (陣)진을 칠 것이요
24 라엘의 아들 엘리아삽은 게르손
사람의 조상의 가문의 (指揮官)지
휘관이 될 것이며
25 게르손 자손이 회막에서 맡을 일
은 성막과 장막과 그 덮개와 회막
(揮帳 門)휘장 문과
26 뜰의 (揮帳)휘장과 및 성막과 (祭
壇)제단 사방에 있는 뜰의 휘장 문
과 그 모든 것에 쓰는 줄들이니라
27 ●고핫에게서는 아므람 (宗族)종
족과 이스할 종족과 헤브론 종족
과 웃시엘 종족이 났으니 이들은
곧 고핫 종족들이라
28 계수된 자로서 출생 후 일 개월 이
상 된 남자는 모두 팔천육백 명인
데 (聖所)성소를 맡을 것이며
29 고핫 자손의 종족들은 (聖幕)성막
남쪽에 진을 칠 것이요
30 웃시엘의 아들 엘리사반은 고핫
사람의 종족과 조상의 (家門)가문
의 지휘관이 될 것이며
31 그들이 맡을 것은 [1]증거궤와 상과
(燈盞臺)등잔대와 제단들과 성소
에서 봉사하는 데 쓰는 기구들과
휘장과 그것에 쓰는 모든 것이며
32 제사장 아론의 아들 엘르아살은
레위인의 지휘관들의 어른이 되고
또 성소를 맡을 자를 (統轄)통할할
것이니라
33 ●므라리에게서는 말리 (宗族)종
족과 무시 종족이 났으니 이들은
곧 므라리 종족들이라
34 그 (計數)계수된 자 곧 일 개월 이상
된 남자는 모두 육천이백 명이며
35 아비하일의 아들 수리엘은 므라리
종족과 조상의 가문의 지휘관이
될 것이요 이 종족은 성막 (北)북
쪽에 진을 칠 것이며
36 므라리 자손이 맡을 것은 (聖幕)성
막의 널판과 그 띠와 그 기둥과 그
받침과 그 모든 기구와 그것에 쓰
는 모든 것이며
37 뜰 (四方)사방 기둥과 그 받침과
그 말뚝과 그 줄들이니라
38 ●성막 앞 동쪽 곧 회막 앞 해 돋
는 쪽에는 모세와 아론과 아론의

1) 법궤

민

아들들이 진을 치고 이스라엘 자
손의 (職務)직무를 위하여 성소의
직무를 수행할 것이며 외인이 가
까이 하면 죽일지니라
39 모세와 아론이 여호와의 (命令)명
령을 따라 레위인을 각 종족대로
(計數)계수한즉 일 개월 이상 된 남
자는 모두 이만 이천 명이었더라

레위 사람이 맏아들 구실을 하다

40 ●여호와께서 또 모세에게 이르시
되 이스라엘 자손의 처음 태어난
남자를 일 개월 이상으로 다 계수
하여 그 명수를 (記錄)기록하라
41 나는 여호와라 이스라엘 자손 중
모든 처음 태어난 자 대신에 레위
인을 내게 돌리고 또 이스라엘 자
손의 가축 중 모든 처음 태어난 것
대신에 레위인의 (家畜)가축을 내
게 돌리라
42 모세가 여호와께서 자기에게 명령
하신 대로 이스라엘 자손 중 모든
처음 태어난 자를 (計數)계수하니
43 일 개월 이상으로 계수된 처음 태
어난 남자의 (總計)총계는 이만 이
천이백칠십삼 명이었더라
44 ●여호와께서 모세에게 말씀하여
이르시되
45 이스라엘 자손 중 모든 처음 태어
난 자 (代身)대신에 레위인을 취하
고 또 그들의 가축 대신에 레위인
의 가축을 (取)취하라 레위인은 내
것이라 나는 여호와니라
46 이스라엘 자손의 처음 태어난 자
가 레위인보다 이백칠십삼 명이
더 많은즉 (贖錢)속전으로
47 한 사람에 다섯 세겔씩 받되 (聖
所)성소의 세겔로 받으라 한 세겔
은 이십 게라니라
48 그 더한 (者)자의 속전을 아론과
그의 아들들에게 줄 것이니라
49 모세가 레위인으로 (代贖)대속한 이
외의 사람에게서 속전을 받았으니
50 곧 이스라엘 (子孫)자손의 처음 태
어난 자에게서 받은 돈이 성소의
세겔로 천삼백육십오 세겔이라
51 모세가 이 (贖錢)속전을 여호와의
말씀대로 아론과 그의 아들들에게
주었으니 여호와께서 모세에게 명
령하심과 같았느니라

고핫 자손의 임무

4 또 여호와께서 모세와 아론에
게 말씀하여 이르시되
2 레위 자손 중에서 고핫 자손을 그
들의 종족과 조상의 가문에 따라
(集計)집계할지니
3 곧 삼십 세 이상으로 오십 세까지
회막의 일을 하기 위하여 그 (役
事)역사에 참가할 만한 모든 자를
계수하라
4 고핫 자손이 회막 안의 (至聖物)
지성물에 대하여 할 일은 이러하
니라
5 진영이 전진할 때에 아론과 그의
아들들이 들어가서 칸 막는 휘장
을 걷어 [1](證據櫃)증거궤를 덮고
6 그 위를 (海獺)해달의 가죽으로 덮
고 그 위에 순청색 보자기를 덮은
후에 그 채를 꿰고
7 (陳設餠)진설병의 상에 청색 보

1) 법궤

자기를 펴고 대접들과 숟가락들과
주발들과 붓는 잔들을 그 위에 두
고 또 항상 (陳設)진설하는 떡을
그 위에 두고
8 (紅色)홍색 보자기를 그 위에 펴고
그것을 해달의 가죽 덮개로 덮은
후에 그 채를 꿰고
9 (青色)청색 보자기를 취하여 등잔
대와 등잔들과 불 집게들과 불똥
그릇들과 그 쓰는 바 모든 기름 그
릇을 덮고
10 (燈盞臺)등잔대와 그 모든 기구를
해달의 가죽 덮개 안에 넣어 메는
틀 위에 두고
11 (金祭壇)금제단 위에 청색 보자기
를 펴고 해달의 가죽 덮개로 덮고
그 채를 꿰고
12 (聖所)성소에서 봉사하는 데에 쓰
는 모든 기구를 취하여 청색 보자
기에 싸서 해달의 가죽 덮개로 덮
어 메는 틀 위에 두고
13 제단의 재를 버리고 그 제단 위에
(紫色)자색 보자기를 펴고
14 (奉事)봉사하는 데에 쓰는 모든 기
구 곧 불 옮기는 그릇들과 고기 갈
고리들과 부삽들과 대야들과 제단
의 모든 기구를 두고 해달의 가죽
덮개를 그 위에 덮고 그 채를 꿸 것
이며
15 진영을 떠날 때에 아론과 그의 아
들들이 [1]성소와 성소의 모든 기구
덮는 일을 마치거든 고핫 자손들
이 와서 멜 것이니라 그러나 (聖
物)성물은 만지지 말라 그들이 죽
으리라 회막 물건 중에서 이것들
은 고핫 자손이 멜 것이며
16 제사장 아론의 아들 엘르아살이
맡을 것은 등유와 태우는 향과 항
상 드리는 (素祭物)소제물과 (灌
油)관유이며 또 장막 전체와 그 중
에 있는 모든 것과 성소와 그 모든
기구니라
17 ●여호와께서 또 모세와 아론에게
말씀하여 이르시되
18 너희는 고핫 (族屬)족속의 지파를
레위인 중에서 끊어지게 하지 말
지니
19 그들이 지성물에 접근할 때에 그
들의 생명을 보존하고 죽지 않게
하기 위하여 이같이 하라 아론과
그의 아들들이 들어가서 각 사람
에게 그가 할 일과 그가 멜 것을
(指揮)지휘하게 할지니라
20 그들은 잠시라도 들어가서 [1](聖所)
성소를 보지 말라 그들이 죽으리라

게르손 자손의 임무

21 ●여호와께서 또 모세에게 말씀하
여 이르시되
22 게르손 (子孫)자손도 그 조상의 가
문과 종족에 따라 계수하되
23 삼십 세 이상으로 오십 세까지 회
막에서 (服務)복무하고 봉사할 모
든 자를 계수하라
24 게르손 종족의 할 일과 멜 것은 이
러하니
25 곧 그들이 성막의 (揮帳)휘장들과
회막과 그 덮개와 그 위의 해달의
가죽 덮개와 회막 휘장 문을 메며
26 뜰의 휘장과 (聖幕)성막과 (祭壇)

1) 성물

(제단 사방에 있는 뜰의 휘장 문과
그 줄들과 그것에 사용하는 모든
기구를 메며 이 모든 것을 이렇게
맡아 처리할 것이라
27 게르손 자손은 그들의 모든 일 곧
멜 것과 (處理)처리할 것을 아론과
그의 아들들의 명령대로 할 것이
니 너희는 그들이 멜 짐을 그들에
게 맡길 것이니라
28 게르손 자손의 종족들이 (會幕)회
막에서 할 일은 이러하며 그들의
직무는 제사장 아론의 아들 이다
말이 (監督)감독할지니라

므라리 자손의 임무

29 ●너는 므라리 자손도 그 조상의
가문과 종족에 따라 계수하되
30 삼십 세부터 오십 세까지 회막에
서 복무하고 (奉事)봉사할 모든 자
를 계수하라
31 그들이 (職務)직무를 따라 회막에
서 할 모든 일 곧 그 멜 것은 이러
하니 곧 장막의 널판들과 그 띠들
과 그 기둥들과 그 받침들과
32 뜰 둘레의 기둥들과 그 받침들과
그 말뚝들과 그 줄들과 그 모든 기
구들과 그것에 쓰는 모든 것이라
너희는 그들이 맡아 멜 모든 기구
의 (品目)품목을 지정하라
33 이는 제사장 아론의 아들 이다말
의 수하에 있을 므라리 자손의 종
족들이 그 모든 직무대로 (會幕)회
막에서 행할 일이니라

레위 사람 인구 조사

34 ●모세와 아론과 회중의 지도자들
이 고핫 자손들을 그 (宗族)종족과
조상의 가문에 따라 계수하니
35 삼십 세부터 오십 세까지 회막에
서 (服務)복무하고 봉사할 모든 자
36 곧 그 (宗族)종족대로 계수된 자가
이천칠백오십 명이니
37 이는 모세와 아론이 여호와께서
모세에게 명령하신 대로 회막에서
(從事)종사하는 고핫인의 모든 종
족 중 계수된 자이니라
38 ●게르손 자손 중 그 종족과 (祖上)
조상의 가문을 따라 계수된 자는
39 삼십 세부터 오십 세까지 회막 봉
사에 (參與)참여하여 일할 만한 모
든 자라
40 그 종족과 조상의 (家門)가문을 따
라 계수된 자는 이천육백삼십 명
이니
41 이는 모세와 아론이 여호와의 (命
令)명령대로 회막에서 종사하는
게르손 자손의 모든 종족 중 계수
된 자니라
42 ●므라리 (子孫)자손의 종족 중
그 종족과 조상의 가문을 따라 계
수된 자는
43 삼십 세부터 오십 세까지 (會幕)회
막에서 복무하고 봉사할 모든 자라
44 그 종족을 따라 (計數)계수된 자는
삼천이백 명이니
45 이는 모세와 아론이 여호와께서
모세에게 명령하신 대로 므라리
(子孫)자손들의 종족 중 계수된 자
니라
46 ●모세와 아론과 이스라엘 (指揮
官)지휘관들이 레위인을 그 종족과
조상의 가문에 따라 다 계수하니

47 삼십 세부터 오십 세까지 회막 봉
사와 메는 일에 (參與)참여하여 일
할 만한 모든 자
48 곧 그 (計數)계수된 자는 팔천오백
팔십 명이라
49 그들이 할 일과 짐을 메는 일을 따
라 모세에게 계수되었으되 여호와
께서 모세에게 (命令)명령하신 대
로 그들이 계수되었더라

부정한 사람의 처리

5 여호와께서 모세에게 말씀하여
이르시되
2 이스라엘 자손에게 명령하여 모든
나병 환자와 (流出症)유출증이 있
는 자와 주검으로 부정하게 된 자
를 다 진영 밖으로 내보내되
3 남녀를 (莫論)막론하고 다 진영 밖
으로 내보내어 그들이 진영을 더
럽히게 하지 말라 내가 그 진영 가
운데에 거하느니라 하시매
4 이스라엘 자손이 그같이 행하여
그들을 (陣營)진영 밖으로 내보냈
으니 곧 여호와께서 모세에게 이
르신 대로 이스라엘 자손이 행하
였더라

죄에 대한 값

5 ●여호와께서 모세에게 말씀하여
이르시되
6 이스라엘 자손에게 이르라 남자나
여자나 사람들이 범하는 죄를 범
하여 여호와께 (拒逆)거역함으로
죄를 지으면
7 그 지은 죄를 (自服)자복하고 그
죄 값을 온전히 갚되 오분의 일을
더하여 그가 죄를 지었던 그 사람
에게 돌려줄 것이요
8 만일 (罪)죄 값을 받을 만한 친척
이 없으면 그 죄 값을 여호와께 드
려 제사장에게로 돌릴 것이니 이
는 그를 위하여 (贖罪)속죄할 속죄
의 숫양과 함께 돌릴 것이니라
9 이스라엘 자손이 (擧祭)거제로 제
사장에게 가져오는 모든 (聖物)성
물은 그의 것이 될 것이라
10 각 사람이 (區別)구별한 물건은 그
의 것이 되나니 누구든지 제사장에
게 주는 것은 그의 것이 되느니라

아내의 간통을 밝히는 절차

11 ●여호와께서 모세에게 말씀하여
이르시되
12 이스라엘 자손에게 말하여 그들에
게 이르라 만일 어떤 사람의 아내
가 (脫線)탈선하여 남편에게 신의
를 저버렸고
13 한 남자가 그 여자와 동침하였으
나 그의 남편의 눈에 숨겨 드러나
지 아니하였고 그 여자의 더러워
진 일에 (證人)증인도 없고 그가
잡히지도 아니하였어도
14 그 남편이 (疑心)의심이 생겨 그
아내를 의심하였는데 그의 아내가
더럽혀졌거나 또는 그 남편이 의
심이 생겨 그 아내를 의심하였으
나 그 아내가 더럽혀지지 아니하
였든지
15 그의 아내를 데리고 (祭司長)제사
장에게로 가서 그를 위하여 보리
가루 십분의 일 에바를 (獻物)헌물
로 드리되 그것에 기름도 붓지 말
고 (乳香)유향도 두지 말라 이는

의심의 (素祭)소제요 (罪惡)죄악
을 기억나게 하는 기억의 소제라
16 ●(祭司長)제사장은 그 여인을 가까
이 오게 하여 여호와 앞에 세우고
17 토기에 거룩한 물을 담고 (聖幕)성
막 바닥의 티끌을 취하여 물에 넣고
18 여인을 여호와 앞에 세우고 그의 머
리를 풀게 하고 기억나게 하는 (素
祭物)소제물 곧 의심의 소제물을 그
의 두 손에 두고 제사장은 저주가
되게 할 쓴 물을 자기 손에 들고
19 여인에게 맹세하게 하여 그에게
이르기를 네가 네 남편을 두고 탈
선하여 다른 남자와 (同寢)동침하
여 더럽힌 일이 없으면 저주가 되
게 하는 이 쓴 물의 (害毒)해독을
면하리라
20 그러나 네가 네 남편을 두고 (脫
線)탈선하여 몸을 더럽혀서 네 남
편 아닌 사람과 동침하였으면
21 (제사장이 그 여인에게 저주의 (盟
誓)맹세를 하게 하고 그 여인에게
말할지니라) 여호와께서 네 넓적
다리가 마르고 네 배가 부어서 네
가 네 백성 중에 저줏거리, 맹셋거
리가 되게 하실지라
22 이 (詛呪)저주가 되게 하는 이 물
이 네 창자에 들어가서 네 배를 붓
게 하고 네 넓적다리를 마르게 하
리라 할 것이요 여인은 아멘 아멘
할지니라
23 ●(祭司長)제사장이 저주의 말을
두루마리에 써서 그 글자를 그 쓴
물에 빨아 넣고
24 (女人)여인에게 그 저주가 되게 하
는 쓴 물을 마시게 할지니 그 저주
가 되게 하는 물이 그의 속에 들어
가서 쓰리라
25 제사장이 먼저 그 여인의 손에서
(疑心)의심의 소제물을 취하여 그
소제물을 여호와 앞에 흔들고 (祭
壇)제단으로 가지고 가서
26 제사장은 그 (素祭物)소제물 중에
서 한 움큼을 취하여 그 여자에게
기억나게 하는 소제물로 제단 위
에 불사르고 그 후에 여인에게 그
물을 마시게 할지라
27 그 물을 마시게 한 후에 만일 여인
이 몸을 더럽혀서 그 남편에게 범
죄하였으면 그 (詛呪)저주가 되게
하는 물이 그의 속에 들어가서 쓰
게 되어 그의 배가 부으며 그의 넓
적다리가 마르리니 그 여인이 그
백성 중에서 저줏거리가 될 것이
니라
28 그러나 여인이 더럽힌 일이 없고
(淨潔)정결하면 해를 받지 않고 임
신하리라
29 ●이는 의심의 법이니 아내가 그
의 남편을 두고 (脫線)탈선하여 더
럽힌 때나
30 또는 그 남편이 (疑心)의심이 생겨
서 자기의 아내를 의심할 때에 여
인을 여호와 앞에 두고 제사장이
이 법대로 행할 것이라
31 남편은 (無罪)무죄할 것이요 여인
은 죄가 있으면 당하리라

나실인의 법

6 여호와께서 모세에게 말씀하여
이르시되

2 이스라엘 자손에게 전하여 그들에
게 이르라 남자나 여자가 특별한
서원 곧 [1]나실인의 (誓願)서원을
하고 자기 몸을 구별하여 여호와
께 드리려고 하면
3 (葡萄酒)포도주와 (毒酒)독주를
멀리하며 포도주로 된 초나 독주
로 된 초를 마시지 말며 포도즙도
마시지 말며 생포도나 건포도도
먹지 말지니
4 자기 몸을 구별하는 모든 날 동안
에는 포도나무 (所産)소산은 씨나
껍질이라도 먹지 말지며
5 그 (誓願)서원을 하고 구별하는 모
든 날 동안은 (削刀)삭도를 절대로
그의 머리에 대지 말 것이라 자기
몸을 구별하여 여호와께 드리는
날이 차기까지 그는 거룩한즉 그
의 머리털을 길게 자라게 할 것이
며
6 자기의 몸을 구별하여 여호와께
드리는 모든 날 동안은 (屍體)시체
를 가까이 하지 말 것이요
7 그의 부모 형제 자매가 죽은 때
에라도 그로 말미암아 몸을 더럽
히지 말 것이니 이는 자기의 몸을
(區別)구별하여 하나님께 드리는
표가 그의 머리에 있음이라
8 (自己)자기의 몸을 구별하는 모든
날 동안 그는 여호와께 거룩한 자
니라
9 누가 갑자기 그 곁에서 죽어서 스
스로 구별한 자의 머리를 더럽히
면 그의 몸을 (淨潔)정결하게 하는
날에 머리를 밀 것이니 곧 일곱째
날에 밀 것이며
10 여덟째 날에 (山)산비둘기 두 마리
나 집비둘기 새끼 두 마리를 가지
고 회막 문에 와서 제사장에게 줄
것이요
11 제사장은 그 하나를 속죄제물로,
하나를 번제물로 드려서 그의 시
체로 말미암아 얻은 죄를 속하고
또 그는 그 날에 그의 머리를 (聖
潔)성결하게 할 것이며
12 자기 몸을 구별하여 여호와께 드
릴 날을 새로 정하고 일 년 된 숫양
을 가져다가 속건제물로 드릴지니
라 자기의 몸을 구별한 때에 그의
몸을 더럽혔은즉 지나간 기간은
(無效)무효니라
13 ●나실인의 법은 이러하니라 자기
의 몸을 구별한 날이 차면 그 사람
을 (會幕 門)회막 문으로 데리고
갈 것이요
14 그는 여호와께 헌물을 드리되 번
제물로 일 년 된 흠 없는 숫양 한
마리와 속죄제물로 일 년 된 흠 없
는 어린 암양 한 마리와 (和睦祭
物)화목제물로 흠 없는 숫양 한 마
리와
15 (無酵餠)무교병 한 광주리와 고운
가루에 기름 섞은 과자들과 기름
바른 (無酵煎餠)무교전병들과 그
(素祭物)소제물과 (奠祭物)전제
물을 드릴 것이요
16 제사장은 그것들을 여호와 앞에
가져다가 (贖罪祭)속죄제와 번제
를 드리고

1) 구별

17 화목제물로 숫양에 무교병 한 광주
리를 아울러 여호와께 드리고 그
소제와 (奠祭)전제를 드릴 것이요
18 (自己)자기의 몸을 구별한 나실인
은 회막 문에서 자기의 머리털을
밀고 그것을 화목제물 밑에 있는
불에 둘지며
19 자기의 몸을 (區別)구별한 나실인
이 그의 머리 털을 민 후에 제사장
이 삶은 숫양의 어깨와 광주리 가
운데 무교병 하나와 무교전병 하
나를 취하여 나실인의 두 손에 두
고
20 여호와 앞에 (搖祭)요제로 흔들 것
이며 그것과 흔든 가슴과 받들어
올린 [1]넓적다리는 성물이라 다 제
사장에게 돌릴 것이니라 그 후에
는 나실인이 포도주를 마실 수 있
느니라
21 ●이는 곧 (誓願)서원한 나실인이
자기의 몸을 구별한 일로 말미암
아 여호와께 헌물을 드림과 행할
법이며 이외에도 힘이 미치는 대
로 하려니와 그가 서원한 대로 자
기의 몸을 구별하는 법을 따라 할
것이니라

제사장의 축복

22 ●여호와께서 모세에게 말씀하여
이르시되
23 아론과 그의 아들들에게 말하여
이르기를 너희는 이스라엘 (子孫)
자손을 위하여 이렇게 (祝福)축복
하여 이르되
24 여호와는 네게 복을 주시고 너를
지키시기를 (願)원하며
25 여호와는 그의 얼굴을 네게 비추
사 (恩惠)은혜 베푸시기를 원하며
26 여호와는 그 얼굴을 네게로 향하
여 드사 (平康)평강 주시기를 원하
노라 할지니라 하라
27 ●그들은 이같이 내 이름으로 이
스라엘 자손에게 축복할지니 내가
그들에게 (福)복을 주리라

감독 된 자들이 드린 헌물

7 모세가 장막 세우기를 끝내고
그것에 기름을 발라 거룩히 구
별하고 또 그 모든 기구와 제단과
그 모든 기물에 기름을 발라 거룩
히 (區別)구별한 날에
2 이스라엘 지휘관들 곧 그들의 조
상의 가문의 우두머리들이요 그
지파의 지휘관으로서 그 (計數)계
수함을 받은 자의 (監督)감독된 자
들이 헌물을 드렸으니
3 그들이 여호와께 드린 헌물은 [2]덮
개 있는 수레 여섯 대와 소 열두 마
리이니 지휘관 두 사람에 수레가
하나씩이요 지휘관 한 사람에 소
가 한 마리씩이라 그것들을 (帳幕)
장막 앞에 드린지라
4 여호와께서 모세에게 말씀하여 이
르시되
5 그것을 그들에게서 받아 레위인에
게 주어 각기 (職任)직임대로 회막
봉사에 쓰게 할지니라
6 모세가 수레와 소를 받아 레위(人)
인에게 주었으니
7 곧 게르손 자손들에게는 그들의
(職任)직임대로 수레 둘과 소 네

1) 어깨 2) 짐차

마리를 주었고
8 므라리 자손들에게는 그들의 직임
대로 수레 넷과 소 여덟 마리를 주
고 제사장 아론의 아들 이다말에
게 (監督)감독하게 하였으나
9 고핫 자손에게는 주지 아니하였으
니 그들의 (聖所)성소의 직임은 그
어깨로 메는 일을 하는 까닭이었
더라
10 (祭壇)제단에 기름을 바르던 날에
지휘관들이 제단의 봉헌을 위하여
헌물을 가져다가 그 헌물을 제단
앞에 드리니라
11 여호와께서 모세에게 이르시기를
(指揮官)지휘관들은 하루 한 사람
씩 제단의 (奉獻物)봉헌물을 드릴
지니라 하셨더라
12 ●첫째 날에 헌물을 드린 자는 유
다 (支派)지파 암미나답의 아들 나
손이라
13 그의 헌물은 성소의 세겔로 백삼
십 세겔 무게의 (銀盤)은반 하나와
칠십 세겔 무게의 은 바리 하나라
이 두 그릇에는 소제물로 기름 섞
은 고운 가루를 채웠고
14 또 열 세겔 무게의 금 그릇 하나라
그것에는 (香)향을 채웠고
15 또 (燔祭物)번제물로 수송아지 한
마리와 숫양 한 마리와 일 년 된 어
린 숫양 한 마리이며
16 속죄제물로 숫염소 한 마리이며
17 (和睦祭物)화목제물로 소 두 마리
와 숫양 다섯 마리와 숫염소 다섯
마리와 일 년 된 어린 숫양 다섯 마
리라 이는 암미나답의 아들 나손
의 헌물이었더라
18 ●둘째 날에는 잇사갈의 지휘관
수알의 아들 느다넬이 (獻物)헌물
을 드렸으니
19 그가 드린 헌물도 (聖所)성소의 세
겔로 백삼십 세겔 무게의 은반 하
나와 칠십 세겔 무게의 은 바리 하
나라 이 두 그릇에는 소제물로 기
름 섞은 고운 가루를 채웠고
20 또 열 세겔 무게의 (金)금 그릇 하
나라 그것에는 향을 채웠고
21 또 번제물로 수송아지 한 마리와
숫(羊)양 한 마리와 일 년 된 어린
숫양 한 마리이며
22 (贖罪祭物)속죄제물로 숫염소 한
마리이며
23 (和睦祭物)화목제물로 소 두 마리
와 숫양 다섯 마리와 숫염소 다섯
마리와 일년 된 어린 숫양 다섯 마
리라 이는 수알의 아들 느다넬의
헌물이었더라
24 ●셋째 날에는 스불론 (子孫)자손
의 지휘관 헬론의 아들 엘리압이
헌물을 드렸으니
25 그의 (獻物)헌물도 성소의 세겔로
백삼십 세겔 무게의 은반 하나와
칠십 세겔 무게의 은 바리 하나라
이 두 그릇에는 소제물로 기름 섞
은 고운 가루를 채웠고
26 또 열 세겔 무게의 금 그릇 하나라
이것에는 (香)향을 채웠고
27 또 번제물로 수송아지 한 마리와
숫양 한 마리와 (一 年)일 년 된 어
린 숫양 한 마리이며
28 (贖罪祭物)속죄제물로 숫염소 한

마리이며
29 화목제물로 소 두 마리와 숫(羊)양
다섯 마리와 숫염소 다섯 마리와
일 년 된 어린 숫양 다섯 마리라 이
는 헬론의 아들 엘리압의 (獻物)헌
물이었더라
30 ● 넷째 날에는 르우벤 자손의 (指
揮官)지휘관 스데울의 아들 엘리
술이 헌물을 드렸으니
31 그의 헌물도 (聖所)성소의 세겔로
백삼십 세겔 무게의 은 쟁반 하나
와 칠십 세겔 무게의 은 바리 하나
라 이 두 그릇에는 소제물로 기름
섞은 고운 가루를 채웠고
32 또 열 세겔 무게의 금 그릇 하나라
이것에는 (香)향을 채웠고
33 또 (燔祭物)번제물로 수송아지 한
마리와 숫양 한 마리와 일 년 된 어
린 숫양 한 마리이며
34 (贖罪祭物)속죄제물로 숫염소 한
마리이며
35 (和睦祭物)화목제물로 소 두 마리
와 숫양 다섯 마리와 숫염소 다섯
마리와 일 년 된 어린 숫양 다섯 마
리라 이는 스데울의 아들 엘리술
의 헌물이었더라
36 ● 다섯째 날에는 시므온 자손의
지휘관 수리삿대의 아들 슬루미엘
이 (獻物)헌물을 드렸으니
37 그 헌물도 (聖所)성소의 세겔로 백
삼십 세겔 무게의 은 쟁반 하나와
칠십 세겔 무게의 은 바리 하나라
이 두 그릇에는 (素祭物)소제물로
기름 섞은 고운 가루를 채웠고
38 또 열 세겔 무게의 (金)금 그릇 하
나라 이것에는 향을 채웠고
39 또 번제물로 수송아지 한 마리와
숫(羊)양 한 마리와 일 년 된 어린
숫양 한 마리이며
40 (贖罪祭物)속죄제물로 숫염소 한
마리이며
41 화목제물로 소 두 마리와 숫양 다
섯 마리와 숫염소 다섯 마리와 (一
年)일 년 된 어린 숫양 다섯 마리
라 이는 수리삿대의 아들 슬루미
엘의 헌물이었더라
42 ● 여섯째 날에는 갓 (子孫)자손의
지휘관 드우엘의 아들 엘리아삽이
헌물을 드렸으니
43 그의 헌물도 성소의 세겔로 백삼
십 세겔 무게의 (銀)은 (錚盤)쟁반
하나와 칠십 세겔 무게의 은 바리
하나라 이 두 그릇에는 소제물로
기름 섞은 고운 가루를 채웠고
44 또 열 세겔 무게의 (金)금 그릇 하
나라 이것에는 향을 채웠고
45 또 (燔祭物)번제물로 수송아지 한
마리와 숫양 한 마리와 일 년 된 어
린 숫양 한 마리이며
46 (贖罪祭物)속죄제물로 숫염소 한
마리이며
47 (和睦祭物)화목제물로 소 두 마리
와 숫양 다섯 마리와 숫염소 다섯
마리와 일 년 된 어린 숫양 다섯 마
리라 이는 드우엘의 아들 엘리아
삽의 헌물이었더라
48 ● 일곱째 날에는 에브라임 자손의
(指揮官)지휘관 암미훗의 아들 엘
리사마가 헌물을 드렸으니
49 그의 헌물도 (聖所)성소의 세겔로

백삼십 세겔 무게의 은 쟁반 하나
와 칠십 세겔 무게의 은 바리 하나
라 이 두 그릇에는 (素祭物)소제물
로 기름 섞은 고운 가루를 채웠고
50 또 열 세겔 무게의 금 그릇 하나라
이것에는 (香)향을 채웠고
51 또 번제물로 수송아지 한 마리와
숫양 한 마리와 (一 年)일 년 된 어
린 숫양 한 마리이며
52 (贖罪祭物)속죄제물로 숫염소 한
마리이며
53 화목제물로 소 두 마리와 숫(羊)양
다섯 마리와 숫염소 다섯 마리와
일 년 된 어린 숫양 다섯 마리라 이
는 암미훗의 아들 엘리사마의 헌
물이었더라
54 ● 여덟째 날에는 므낫세 자손의
지휘관 브다술의 아들 가말리엘이
(獻物)헌물을 드렸으니
55 그 헌물도 성소의 세겔로 백삼십
세겔 무게의 은 쟁반 하나와 칠십
세겔 무게의 은 바리 하나라 이 두
그릇에는 (素祭物)소제물로 기름
섞은 고운 가루를 채웠고
56 또 열 세겔 무게의 (金)금 그릇 하
나라 이것에는 향을 채웠고
57 또 번제물로 수송아지 한 마리와
숫(羊)양 한 마리와 일 년 된 어린
숫양 한 마리이며
58 (贖罪祭物)속죄제물로 숫염소 한
마리이며
59 화목제물로 소 두 마리와 숫양 다
섯 마리와 숫염소 다섯 마리와 일
년 된 어린 숫양 다섯 마리라 이는
브다술의 아들 가말리엘의 (獻物)
헌물이었더라
60 ● 아홉째 날에는 베냐민 (子孫)자
손의 지휘관 기드오니의 아들 아
비단이 헌물을 드렸으니
61 그의 헌물도 성소의 세겔로 백삼
십 세겔 무게의 (銀)은 (錚盤)쟁반
하나와 칠십 세겔 무게의 은 바리
하나라 이 두 그릇에는 소제물로
기름 섞은 고운 가루를 채웠고
62 또 열 세겔 무게의 (金)금 그릇 하
나라 이것에는 향을 채웠고
63 또 (燔祭物)번제물로 수송아지 한
마리와 숫양 한 마리와 일 년 된 어
린 숫양 한 마리이며
64 (贖罪祭物)속죄제물로 숫염소 한
마리이며
65 (和睦祭物)화목제물로 소 두 마리
와 숫양 다섯 마리와 숫염소 다섯
마리와 일 년 된 어린 숫양 다섯 마
리라 이는 기드오니의 아들 아비
단의 헌물이었더라
66 ● 열째 날에는 단 (子孫)자손의
지휘관 암미삿대의 아들 아히에셀
이 헌물을 드렸으니
67 그의 헌물도 (聖所)성소의 세겔로
백삼십 세겔 무게의 은 쟁반 하나
와 칠십 세겔 무게의 은 바리 하나
라 이 두 그릇에는 소제물로 기름
섞은 고운 가루를 채웠고
68 또 열 세겔 무게의 (金)금 그릇 하
나라 이것에는 향을 채웠고
69 또 (燔祭物)번제물로 수송아지 한
마리와 숫양 한 마리와 일 년 된 어
린 숫양 한 마리이며
70 (贖罪祭物)속죄제물로 숫염소 한

마리이며
71 (和睦祭物)화목제물로 소 두 마리
와 숫양 다섯 마리와 숫염소 다섯
마리와 일 년 된 어린 숫양 다섯 마
리라 이는 암미삿대의 아들 아히
에셀의 헌물이었더라
72 ● 열한째 날에는 아셀 자손의 (指
揮官)지휘관 오그란의 아들 바기
엘이 헌물을 드렸으니
73 그의 (獻物)헌물도 성소의 세겔로
백삼십 세겔 무게의 은 쟁반 하나
와 칠십 세겔 무게의 은 바리 하나
라 이 두 그릇에는 소제물로 기름
섞은 고운 가루를 채웠고
74 또 열 세겔 무게의 (金)금 그릇 하
나라 이것에는 (香)향을 채웠고
75 또 번제물로 수송아지 한 마리와
숫(羊)양 한 마리와 일 년 된 어린
숫양 한 마리이며
76 (贖罪祭物)속죄제물로 숫염소 한
마리이며
77 (和睦祭物)화목제물로 소 두 마리
와 숫양 다섯 마리와 숫염소 다섯
마리와 일 년 된 어린 숫양 다섯 마
리라 이는 오그란의 아들 바기엘
의 헌물이었더라
78 ● 열두째 날에는 납달리 (子孫)자
손의 지휘관 에난의 아들 아히라
가 헌물을 드렸으니
79 그의 (獻物)헌물도 성소의 세겔로
백삼십 세겔 무게의 은 쟁반 하나
와 칠십 세겔 무게의 은 바리 하나
라 이 두 그릇에는 소제물로 기름
섞은 고운 가루를 채웠고
80 또 열 세겔 무게의 금 그릇 하나라
이것에는 (香)향을 채웠고
81 또 (燔祭物)번제물로 수송아지 한
마리와 숫양 한 마리와 일 년 된 어
린 숫양 한 마리이며
82 (贖罪祭物)속죄제물로 숫염소 한
마리이며
83 (和睦祭物)화목제물로 소 두 마리
와 숫양 다섯 마리와 숫염소 다섯
마리와 일 년 된 어린 숫양 다섯 마
리라 이는 에난의 아들 아히라의
헌물이었더라
84 ●이는 곧 (祭壇)제단에 기름 바
르던 날에 이스라엘 지휘관들이
드린 바 제단의 (奉獻物)봉헌물이
라 은 쟁반이 열둘이요 은 바리가
열둘이요 금 그릇이 열둘이니
85 은 쟁반은 각각 백삼십 세겔 무게
요 은 바리는 각각 칠십 세겔 무게
라 성소의 세겔로 모든 (器具)기구
의 은이 모두 이천사백 세겔이요
86 또 향을 채운 금 그릇이 열둘이니
(聖所)성소의 세겔로 각각 열 세겔
무게라 그 그릇의 금이 모두 백이
십 세겔이요
87 또 번제물로 수송아지가 열두 마
리요 숫양이 열두 마리요 일 년 된
어린 숫양이 열두 마리요 그 (素祭
物)소제물이며 속죄제물로 숫염소
가 열두 마리이며
88 화목제물로 수소가 스물네 마리요
숫양이 육십 마리요 숫염소가 육
십 마리요 일 년 된 어린 숫양이 육
십 마리라 이는 (祭壇)제단에 기름
바른 후에 드린 바 제단의 (奉獻
物)봉헌물이었더라

89 ● 모세가 (會幕)회막에 들어가서
여호와께 말하려 할 때에 [1)]증거궤
위 [2)]속죄소 위의 두 그룹 사이에서
자기에게 말씀하시는 목소리를 들
었으니 여호와께서 그에게 말씀하
심이었더라

등잔을 차려 놓는 방식

8 여호와께서 또 모세에게 말씀
하여 이르시되
2 아론에게 말하여 이르라 등불을
켤 때에는 일곱 (燈盞)등잔을 등잔
대 앞으로 비추게 할지니라 하시
매
3 아론이 그리하여 등불을 (燈盞臺)
등잔대 앞으로 비추도록 켰으니
여호와께서 모세에게 명령하심과
같았더라
4 이 등잔대의 제작법은 이러하니
곧 금을 쳐서 만든 것인데 밑판에
서 그 꽃까지 쳐서 만든 것이라 모
세가 여호와께서 자기에게 보이신
(樣式)양식을 따라 이 등잔대를 만
들었더라

레위인을 요제로 여호와께 드리다

5 ● 여호와께서 모세에게 말씀하여
이르시되
6 이스라엘 자손 중에서 레위인을
데려다가 (淨潔)정결하게 하라
7 너는 이같이 하여 그들을 정결하
게 하되 곧 (贖罪)속죄의 물을 그
들에게 뿌리고 그들에게 그들의
(全身)전신을 (削刀)삭도로 밀게
하고 그 (衣服)의복을 빨게 하여
몸을 정결하게 하고
8 또 그들에게 수송아지 한 마리를
(燔祭物)번제물로, 기름 섞은 고
운 가루를 그 소제물로 가져오게
하고 그 외에 너는 또 수송아지 한
마리를 속죄제물로 가져오고
9 레위인을 회막 앞에 나오게 하고
이스라엘 자손의 온 (會衆)회중을
모으고
10 레위인을 여호와 앞에 나오게 하
고 이스라엘 자손이 그들에게 (按
手)안수하게 한 후에
11 아론이 이스라엘 자손을 위하여
레위인을 흔들어 바치는 (祭物)제
물로 여호와 앞에 드릴지니 이는
그들에게 여호와께 (奉事)봉사하
게 하기 위함이라
12 레위인으로 수송아지들의 머리에
안수하게 하고 네가 그 하나는 (贖
罪祭物)속죄제물로, 하나는 번제
물로 여호와께 드려 레위인을 속
죄하고
13 레위인을 아론과 그의 아들들 앞
에 세워 여호와께 (搖祭)요제로 드
릴지니라
14 ● 너는 이같이 이스라엘 자손 중
에서 레위인을 (區別)구별하라 그
리하면 그들이 내게 속할 것이라
15 네가 그들을 (淨潔)정결하게 하여
요제로 드린 후에 그들이 회막에
들어가서 봉사할 것이니라
16 그들은 이스라엘 자손 중에서 내
게 (穩全)온전히 드린 바 된 자라
이스라엘 자손 중 모든 (初胎生)초
태생 곧 모든 처음 태어난 자 (代
身)대신 내가 그들을 취하였나니

1) 법궤 2) 시은좌 곧 은혜의 자리

17 이스라엘 자손 중에 처음 태어난
것은 사람이든지 짐승이든지 다
내게 속하였음은 내가 애굽 땅에
서 모든 처음 태어난 자를 치던 날
에 그들을 내게 (區別)구별하였음
이라
18 이러므로 내가 이스라엘 자손 중
모든 처음 태어난 자 (代身)대신
레위인을 취하였느니라
19 내가 이스라엘 자손 중에서 레위
인을 취하여 그들을 아론과 그의
아들들에게 주어 그들로 회막에서
이스라엘 자손을 대신하여 봉사하
게 하며 또 이스라엘 자손을 위하
여 속죄하게 하였나니 이는 이스
라엘 자손이 성소에 가까이 할 때
에 그들 중에 (災殃)재앙이 없게
하려 하였음이니라
20 ●모세와 아론과 이스라엘 자손의
온 회중이 여호와께서 레위인에
대하여 모세에게 (命令)명령하신
것을 다 따라 레위인에게 행하였
으되 곧 이스라엘 자손이 그와 같
이 그들에게 행하였더라
21 레위인이 이에 죄에서 스스로 깨
끗하게 하고 그들의 옷을 빨매 아
론이 그들을 여호와 앞에 요제로
드리고 그가 또 그들을 위하여 (贖
罪)속죄하여 정결하게 한
22 후에 레위인이 회막에 들어가서
아론과 그의 아들들 앞에서 (奉事)
봉사하니라 여호와께서 레위인의
일에 대하여 모세에게 명령하게
하신 것을 따라 그와 같이 그들에
게 행하였더라
23 ●여호와께서 또 모세에게 말씀하
여 이르시되
24 레위인은 이같이 할지니 곧 이십
오 세 이상으로는 (會幕)회막에 들
어가서 복무하고 봉사할 것이요
25 오십 세부터는 그 일을 쉬어 (奉
事)봉사하지 아니할 것이나
26 그의 형제와 함께 회막에서 돕는
(職務)직무를 지킬 것이요 일하지
아니할 것이라 너는 레위인의 직
무에 대하여 이같이 할지니라

두 번째 유월절

9 애굽 땅에서 나온 다음 해 첫째
달에 여호와께서 시내 광야에
서 모세에게 말씀하여 이르시되
2 이스라엘 (子孫)자손에게 유월절
을 그 정한 기일에 지키게 하라
3 그 정한 기일 곧 이 달 열넷째 날
해 질 때에 너희는 그것을 지키되
그 모든 (律例)율례와 그 모든 (規
例)규례대로 지킬지니라
4 모세가 이스라엘 자손에게 명령하
여 (逾越節)유월절을 지키라 하매
5 그들이 첫째 달 열넷째 날 해 질 때
에 시내 (曠野)광야에서 유월절을
지켰으되 이스라엘 자손이 여호와
께서 모세에게 명령하신 것을 다
따라 행하였더라
6 그 때에 사람의 시체로 말미암아
(不淨)부정하게 되어서 유월절을
지킬 수 없는 사람들이 있었는데
그들이 그 날에 모세와 아론 앞에
이르러
7 그에게 이르되 우리가 사람의 시
체로 말미암아 부정하게 되었거니

와 우리를 (禁止)금지하여 이스라
엘 자손과 함께 정한 (期日)기일에
여호와께 헌물을 드리지 못하게
하심은 어찌함이니이까
8 모세가 그들에게 이르되 기다리라
여호와께서 너희에게 대하여 어떻
게 (命令)명령하시는지 내가 들으
리라
9 ●여호와께서 모세에게 말씀하여
이르시되
10 이스라엘 자손에게 말하여 이르라
너희나 너희 (後孫)후손 중에 시체
로 말미암아 부정하게 되든지 먼
여행 중에 있다 할지라도 다 여호
와 앞에 마땅히 유월절을 지키되
11 둘째 달 열넷째 날 해 질 때에 그것
을 지켜서 어린 양에 (無酵餠)무
교병과 쓴 나물을 아울러 먹을 것
이요
12 아침까지 그것을 조금도 남겨두지
말며 그 뼈를 하나도 꺾지 말아서
유월절 모든 (律例)율례대로 지킬
것이니라
13 그러나 사람이 (淨潔)정결하기도
하고 여행 중에도 있지 아니하면
서 유월절을 지키지 아니하는 자
는 그 백성 중에서 끊어지리니 이
런 사람은 그 정한 기일에 여호와
께 헌물을 드리지 아니하였은즉
그의 죄를 담당할지며
14 만일 타국인이 너희 중에 (居留)거
류하여 여호와 앞에 유월절을 지
키고자 하면 유월절 율례대로 그
규례를 따라서 행할지니 거류민에
게나 본토인에게나 그 율례는 (同
一)동일할 것이니라

길을 안내한 구름(출 40:34-38)

15 ●성막을 세운 날에 구름이 성막 곧
(證據)증거의 성막을 덮었고 저녁
이 되면 성막 위에 불 모양 같은 것
이 나타나서 아침까지 이르렀으되
16 항상 그러하여 낮에는 구름이 그
것을 덮었고 밤이면 불 (貌樣)모양
이 있었는데
17 구름이 성막에서 떠오르는 때에는
이스라엘 자손이 곧 (行進)행진하
였고 구름이 머무는 곳에 이스라
엘 자손이 진을 쳤으니
18 이스라엘 자손이 여호와의 (命令)
명령을 따라 행진하였고 여호와의
명령을 따라 진을 쳤으며 구름이
성막 위에 머무는 동안에는 그들
이 (陣營)진영에 머물렀고
19 구름이 (聖幕)성막 위에 머무는 날
이 오랠 때에는 이스라엘 자손이
여호와의 명령을 지켜 행진하지
아니하였으며
20 혹시 구름이 성막 위에 머무는 날
이 적을 때에도 그들이 다만 여호
와의 명령을 따라 진영에 머물고
여호와의 명령을 따라 (行進)행진
하였으며
21 (或時)혹시 구름이 저녁부터 아침
까지 있다가 아침에 그 구름이 떠
오를 때에는 그들이 행진하였고
구름이 밤낮 있다가 떠오르면 곧
행진하였으며
22 이틀이든지 한 달이든지 일 년이
든지 구름이 성막 위에 머물러 있
을 동안에는 이스라엘 (子孫)자손

이 진영에 머물고 행진하지 아니
하다가 떠오르면 행진하였으니
23 곧 그들이 여호와의 명령을 따라
진을 치며 여호와의 명령을 따라
행진하고 또 모세를 통하여 이르
신 여호와의 명령을 따라 여호와
의 (職任)직임을 지켰더라

나팔 신호

10 여호와께서 모세에게 말씀하
여 이르시되
2 은 나팔 둘을 만들되 두들겨 만들
어서 그것으로 (會衆)회중을 (召
集)소집하며 진영을 출발하게 할
것이라
3 나팔 두 개를 불 때에는 온 회중이
(會幕 門)회막 문 앞에 모여서 네
게로 나아올 것이요
4 하나만 불 때에는 이스라엘의 (千
夫長)천부장 된 지휘관들이 모여
서 네게로 나아올 것이며
5 너희가 그것을 크게 불 때에는
(東)동쪽 진영들이 행진할 것이며
6 두 번째로 크게 불 때에는 남쪽 진
영들이 행진할 것이라 떠나려 할
때에는 (喇叭)나팔 소리를 크게 불
것이며
7 또 (會衆)회중을 모을 때에도 나팔
을 불 것이나 소리를 크게 내지 말
며
8 그 나팔은 아론의 자손인 제사장
들이 불지니 이는 너희 대대에 영
원한 (律例)율례니라
9 또 너희 땅에서 너희가 자기를 압
박하는 대적을 치러 나갈 때에는
나팔을 크게 불지니 그리하면 너
희 하나님 여호와가 너희를 기억
하고 너희를 너희의 대적에게서
(救援)구원하시리라
10 또 너희의 (喜樂)희락의 날과 너희
가 정한 절기와 초하루에는 (燔祭
物)번제물을 드리고 (和睦祭物)화
목제물을 드리며 나팔을 불라 그
로 말미암아 너희의 하나님이 너
희를 기억하시리라 나는 너희의
하나님 여호와니라

이스라엘 자손이 진행하기를 시작하다

11 ●둘째 해 둘째 달 스무날에 구름
이 (證據)증거의 (聖幕)성막에서
떠오르매
12 이스라엘 자손이 시내 광야에서
(出發)출발하여 자기 길을 가더니
바란 광야에 구름이 머무니라
13 이와 같이 그들이 여호와께서 모
세에게 명령하신 것을 따라 (行進)
행진하기를 시작하였는데
14 선두로 유다 자손의 (陣營)진영의
(軍旗)군기에 속한 자들이 그들의
진영별로 행진하였으니 유다 군대
는 암미나답의 아들 나손이 이끌
었고
15 잇사갈 자손 지파의 (軍隊)군대는
수알의 아들 느다넬이 이끌었고
16 스불론 자손 (支派)지파의 군대는
헬론의 아들 엘리압이 이끌었더라
17 ●이에 (聖幕)성막을 걷으매 게르
손 자손과 므라리 자손이 성막을
메고 출발하였으며
18 다음으로 르우벤 (陣營)진영의 군
기에 속한 자들이 그들의 진영별
로 출발하였으니 르우벤의 군대는

스데울의 아들 엘리술이 이끌었고
19 시므온 (子孫)자손 지파의 군대는
수리삿대의 아들 슬루미엘이 이끌
었고
20 갓 자손 (支派)지파의 군대는 드우
엘의 아들 엘리아삽이 이끌었더라
21 ●고핫인은 (聖物)성물을 메고 행
진하였고 그들이 이르기 전에 성
막을 세웠으며
22 다음으로 에브라임 자손 진영의
군기에 속한 자들이 그들의 (陣營
別)진영별로 행진하였으니 에브라
임 군대는 암미훗의 아들 엘리사
마가 이끌었고
23 므낫세 자손 지파의 (軍隊)군대는
브다술의 아들 가말리엘이 이끌었
고
24 베냐민 (子孫)자손 지파의 군대는
기드오니의 아들 아비단이 이끌었
더라
25 ●다음으로 단 자손 진영의 군기
에 속한 자들이 그들의 진영별로
(行進)행진하였으니 이 군대는 모
든 진영의 마지막 진영이었더라
단 군대는 암미삿대의 아들 아히
에셀이 이끌었고
26 아셀 (子孫)자손 지파의 군대는 오
그란의 아들 바기엘이 이끌었고
27 납달리 자손 (支派)지파의 군대는
에난의 아들 아히라가 이끌었더라
28 이스라엘 자손이 (行進)행진할 때
에 이와 같이 그들의 군대를 따라
나아갔더라
29 ●모세가 모세의 장인 미디안 사
람 르우엘의 아들 호밥에게 이르
되 여호와께서 주마 하신 곳으로
우리가 행진하나니 우리와 동행하
자 그리하면 (善待)선대하리라 여
호와께서 이스라엘에게 복을 내리
리라 하셨느니라
30 호밥이 그에게 이르되 나는 가지
아니하고 내 고향 내 (親族)친족에
게로 가리라
31 모세가 이르되 청하건대 우리를
떠나지 마소서 당신은 우리가 (曠
野)광야에서 어떻게 진 칠지를 아
나니 우리의 눈이 되리이다
32 우리와 (同行)동행하면 여호와께
서 우리에게 (福)복을 내리시는 대
로 우리도 당신에게 행하리이다
33 ●그들이 여호와의 산에서 떠나
삼 일 길을 갈 때에 여호와의 (言
約櫃)언약궤가 그 삼 일 길에 앞서
가며 그들의 쉴 곳을 찾았고
34 그들이 (陣營)진영을 떠날 때에 낮
에는 여호와의 구름이 그 위에 덮
였었더라
35 ●(櫃)궤가 떠날 때에는 모세가 말
하되 여호와여 일어나사 주의 대
적들을 흩으시고 주를 미워하는
자가 주 앞에서 도망하게 하소서
하였고
36 궤가 쉴 때에는 말하되 여호와여
이스라엘 (宗族)종족들에게로 돌
아오소서 하였더라

다베라

11 여호와께서 들으시기에 백성
이 악한 말로 (怨望)원망하
매 여호와께서 들으시고 (震怒)진
노하사 여호와의 불을 그들 중에

붙여서 진영 끝을 사르게 하시매
2 백성이 모세에게 부르짖으므로 모
세가 여호와께 (祈禱)기도하니 불
이 꺼졌더라
3 그 곳 이름을 [1]다베라라 불렀으니
이는 여호와의 불이 그들 (中)중에
붙은 까닭이었더라

모세가 장로 칠십 인을 뽑다

4 ●그들 중에 섞여 사는 다른 인종
들이 (貪慾)탐욕을 품으매 이스라
엘 자손도 다시 울며 이르되 누가
우리에게 고기를 주어 먹게 하랴
5 우리가 애굽에 있을 때에는 값없
이 생선과 오이와 참외와 부추와
파와 마늘들을 먹은 것이 생각나
거늘
6 이제는 우리의 (氣力)기력이 다하
여 이 만나 외에는 보이는 것이 아
무 것도 없도다 하니
7 만나는 [2]깟씨와 같고 모양은 (眞
珠)진주와 같은 것이라
8 (百姓)백성이 두루 다니며 그것을
거두어 맷돌에 갈기도 하며 절구
에 찧기도 하고 가마에 삶기도 하
여 (菓子)과자를 만들었으니 그 맛
이 기름 섞은 과자 맛 같았더라
9 밤에 이슬이 (陣營)진영에 내릴 때
에 만나도 함께 내렸더라
10 ●백성의 온 종족들이 각기 자기
(帳幕 門)장막 문에서 우는 것을
모세가 들으니라 이러므로 여호와
의 진노가 심히 크고 모세도 기뻐
하지 아니하여
11 모세가 여호와께 여짜오되 어찌하
여 주께서 종을 괴롭게 하시나이
까 어찌하여 내게 주의 (目前)목전
에서 은혜를 입게 아니하시고 이
모든 백성을 내게 맡기사 내가 그
짐을 지게 하시나이까
12 이 모든 백성을 내가 배었나이까
내가 그들을 낳았나이까 어찌 주
께서 내게 (養育)양육하는 아버지
가 젖 먹는 아이를 품듯 그들을 품
에 품고 주께서 그들의 열조에게
맹세하신 땅으로 가라 하시나이까
13 이 모든 백성에게 줄 고기를 내가
어디서 얻으리이까 그들이 나를
(向)향하여 울며 이르되 우리에게
고기를 주어 먹게 하라 하온즉
14 책임이 심히 중하여 나 혼자는 이
모든 백성을 (堪當)감당할 수 없나
이다
15 주께서 내게 이같이 행하실진대
구하옵나니 내게 (恩惠)은혜를 베
푸사 즉시 나를 죽여 내가 (苦難)
고난당함을 내가 보지 않게 하옵
소서
16 ●여호와께서 모세에게 이르시되
이스라엘 노인 중에 네가 알기로
백성의 장로와 지도자가 될 만한
자 칠십 명을 모아 내게 데리고 와
(會幕)회막에 이르러 거기서 너와
함께 서게 하라
17 내가 (降臨)강림하여 거기서 너와
말하고 네게 임한 영을 그들에게
도 임하게 하리니 그들이 너와 함
께 백성의 짐을 담당하고 너 혼자
담당하지 아니하리라
18 또 백성에게 이르기를 너희의 몸

1) 불사름 2) 식물의 일종

을 거룩히 하여 (來日)내일 고기
먹기를 기다리라 너희가 울며 이
르기를 누가 우리에게 고기를 주
어 먹게 하라 애굽에 있을 때가 우
리에게 좋았다 하는 말이 여호와
께 들렸으므로 여호와께서 너희에
게 고기를 주어 먹게 하실 것이라
19 하루나 이틀이나 닷새나 열흘이나
스무 날만 먹을 뿐 아니라
20 냄새도 싫어하기까지 한 달 동안
먹게 하시리니 이는 너희가 너희
중에 계시는 여호와를 (蔑視)멸시
하고 그 앞에서 울며 이르기를 우
리가 어찌하여 애굽에서 나왔던가
함이라 하라
21 모세가 이르되 나와 함께 있는 이
백성의 (步行者)보행자가 육십만
명이온데 주의 말씀이 한 달 동안
고기를 주어 먹게 하겠다 하시오니
22 그들을 위하여 (羊)양 떼와 소 떼
를 잡은들 (足)족하오며 바다의 모
든 고기를 모은들 족하오리이까
23 여호와께서 모세에게 이르시되 여
호와의 손이 짧으냐 네가 이제 내
말이 네게 응하는 (與否)여부를 보
리라
24 ●모세가 나가서 여호와의 말씀을
백성에게 알리고 백성의 장로 칠
십 인을 모아 (帳幕)장막에 둘러
세우매
25 여호와께서 구름 가운데 강림하사
모세에게 말씀하시고 그에게 임한
영을 칠십 장로에게도 임하게 하
시니 영이 임하신 때에 그들이 (豫
言)예언을 하다가 다시는 하지 아
니하였더라
26 ●그 (記名)기명된 자 중 엘닷이
라 하는 자와 메닷이라 하는 자 두
사람이 진영에 머물고 장막에 나
아가지 아니하였으나 그들에게도
영이 임하였으므로 (陣營)진영에
서 예언한지라
27 한 소년이 달려와서 모세에게 전
하여 이르되 엘닷과 메닷이 (陣中)
진중에서 예언하나이다 하매
28 (擇)택한 자 중 한 사람 곧 모세를
섬기는 눈의 아들 여호수아가 말
하여 이르되 내 주 모세여 그들을
말리소서
29 모세가 그에게 이르되 네가 나를
두고 (猜忌)시기하느냐 여호와께
서 그의 (靈)영을 그의 모든 백성
에게 주사 다 (先知者)선지자가
되게 하시기를 원하노라
30 모세와 이스라엘 장로들이 (陣中)
진중으로 돌아왔더라

여호와께서 메추라기를 보내시다

31 ●바람이 여호와에게서 나와 바
다에서부터 메추라기를 몰아 진영
곁 이쪽 저쪽 곧 진영 사방으로 각
기 하룻길 되는 (地面)지면 위 두
[1]규빗쯤에 내리게 한지라
32 백성이 일어나 그 날 (終日)종일
(終夜)종야와 그 이튿날 종일토록
메추라기를 모으니 적게 모은 자
도 열 [2]호멜이라 그들이 자기들을
위하여 진영 사면에 펴 두었더라
33 고기가 아직 이 사이에 있어 씹히
기 전에 여호와께서 백성에게 대

1) 히, 암마 2) 1호멜은 약 220리터

하여 (震怒)진노하사 심히 큰 재앙
으로 치셨으므로
34 그 곳 이름을 [1]기브롯 핫다아와라
불렀으니 욕심을 낸 백성을 거기
(葬事)장사함이었더라
35 백성이 기브롯 핫다아와에서 행진
하여 하세롯에 이르러 거기 (居)거
하니라

미리암이 벌을 받다

12 모세가 구스 여자를 취하였
더니 그 구스 여자를 취하였
으므로 미리암과 아론이 모세를
(誹謗)비방하니라
2 그들이 이르되 여호와께서 모세와
만 말씀하셨느냐 우리와도 말씀하
지 아니하셨느냐 하매 여호와께서
이 말을 들으셨더라
3 이 사람 모세는 (溫柔)온유함이 지
면의 모든 사람보다 더하더라
4 ●여호와께서 갑자기 모세와 아론
과 미리암에게 이르시되 너희 세
사람은 (會幕)회막으로 나아오라
하시니 그 세 사람이 나아가매
5 여호와께서 구름 기둥 가운데로부
터 (降臨)강림하사 장막 문에 서시
고 아론과 미리암을 부르시는지라
그 두 사람이 나아가매
6 이르시되 내 말을 들으라 너희 중
에 선지자가 있으면 나 여호와가
(幻像)환상으로 나를 그에게 알리
기도 하고 꿈으로 그와 말하기도
하거니와
7 내 종 모세와는 그렇지 아니하니
그는 내 온 집에 (忠誠)충성함이라

1) 탐욕의 무덤

8 그와는 내가 대면하여 명백히 말하
고 은밀한 말로 하지 아니하며 그
는 또 여호와의 (形像)형상을 보거
늘 너희가 어찌하여 내 종 모세 비
방하기를 두려워하지 아니하느냐
9 여호와께서 그들을 향하여 (震怒)
진노하시고 떠나시매
10 구름이 장막 위에서 떠나갔고 미
리암은 (癩病)나병에 걸려 눈과 같
더라 아론이 미리암을 본즉 나병
에 걸렸는지라
11 아론이 이에 모세에게 이르되 슬
프도다 내 주여 우리가 어리석은
일을 하여 (罪)죄를 지었으나 청하
건대 그 (罰)벌을 우리에게 돌리지
마소서
12 그가 살이 반이나 썩어 (母胎)모태
로부터 죽어서 나온 자 같이 되지
않게 하소서
13 모세가 여호와께 부르짖어 이르되
하나님이여 (願)원하건대 그를 고
쳐 주옵소서
14 여호와께서 모세에게 이르시되 그
의 아버지가 그의 얼굴에 침을 뱉
었을지라도 그가 이레 동안 부끄
러워하지 않겠느냐 그런즉 그를
진영 밖에 이레 동안 가두고 그
(後)후에 들어오게 할지니라 하시
니
15 이에 미리암이 (陣營)진영 밖에 이
레 동안 갇혀 있었고 백성은 그를
다시 들어오게 하기까지 (行進)행
진하지 아니하다가
16 그 후에 백성이 하세롯을 떠나 바
란 (曠野)광야에 진을 치니라

가나안 땅 정탐(신 1:19-33)

13 여호와께서 모세에게 말씀하
여 이르시되
2 사람을 보내어 내가 이스라엘 자
손에게 주는 가나안 땅을 (偵探)정
탐하게 하되 그들의 조상의 가문
각 지파 중에서 지휘관 된 자 한 사
람씩 보내라
3 모세가 여호와의 명령을 따라 바
란 광야에서 그들을 보냈으니 그
들은 다 이스라엘 자손의 (首領)수
령 된 사람이라
4 그들의 이름은 이러하니라 르우벤
(支派)지파에서는 삭굴의 아들 삼
무아요
5 시므온 (支派)지파에서는 호리의
아들 사밧이요
6 유다 (支派)지파에서는 여분네의
아들 갈렙이요
7 잇사갈 (支派)지파에서는 요셉의
아들 이갈이요
8 에브라임 (支派)지파에서는 눈의
아들 호세아요
9 베냐민 (支派)지파에서는 라부의
아들 발디요
10 스불론 (支派)지파에서는 소디의
아들 갓디엘이요
11 요셉 (支派)지파 곧 므낫세 지파에
서는 수시의 아들 갓디요
12 단 (支派)지파에서는 그말리의 아
들 암미엘이요
13 아셀 (支派)지파에서는 미가엘의
아들 스둘이요
14 납달리 (支派)지파에서는 웝시의
아들 나비요
15 갓 (支派)지파에서는 마기의 아들
그우엘이니
16 이는 모세가 땅을 (偵探)정탐하러
보낸 자들의 이름이라 모세가 눈
의 아들 호세아를 여호수아라 불
렀더라
17 ●모세가 가나안 땅을 정탐하러
그들을 보내며 이르되 너희는 네
겝 길로 행하여 (山地)산지로 올라
가서
18 그 땅이 어떠한지 정탐하라 곧 그
땅 거민이 (强)강한지 (弱)약한지
많은지 적은지와
19 그들이 사는 땅이 좋은지 나쁜지
와 사는 (城邑)성읍이 진영인지 산
성인지와
20 토지가 (肥沃)비옥한지 메마른지
나무가 있는지 없는지를 탐지하라
담대하라 또 그 땅의 (實果)실과를
가져오라 하니 그 때는 포도가 처
음 익을 즈음이었더라
21 ●이에 그들이 올라가서 땅을 정
탐하되 신 (曠野)광야에서부터 하
맛 어귀 르홉에 이르렀고
22 또 네겝으로 올라가서 헤브론에
이르렀으니 헤브론은 애굽 소안보
다 칠 년 (前)전에 세운 곳이라 그
곳에 아낙 자손 아히만과 세새와
달매가 있었더라
23 또 에스골 골짜기에 이르러 거기
서 (葡萄)포도송이가 달린 가지를
베어 둘이 막대기에 꿰어 메고 또
석류와 무화과를 따니라
24 이스라엘 (子孫)자손이 거기서 포
도를 베었으므로 그 곳을 에스골

골짜기라 불렀더라
25 ●사십 일 동안 땅을 (偵探)정탐
하기를 마치고 돌아와
26 바란 광야 가데스에 이르러 모세
와 아론과 이스라엘 자손의 온 회
중에게 나아와 그들에게 (報告)보
고하고 그 땅의 과일을 보이고
27 모세에게 말하여 이르되 당신이
우리를 보낸 땅에 간즉 (果然)과연
그 땅에 젖과 꿀이 흐르는데 이것
은 그 땅의 과일이니이다
28 그러나 그 땅 거주민은 강하고 성
읍은 (堅固)견고하고 심히 클 뿐
아니라 거기서 아낙 자손을 보았
으며
29 아말렉인은 남방 땅에 거주하고 헷
인과 여부스인과 아모리인은 (山
地)산지에 거주하고 가나안인은 해
변과 요단 가에 거주하더이다
30 ●갈렙이 모세 앞에서 백성을 조
용하게 하고 이르되 우리가 곧 올
라가서 그 땅을 (取)취하자 (能)능
히 이기리라 하나
31 그와 함께 올라갔던 사람들은 이
르되 우리는 (能)능히 올라가서 그
백성을 치지 못하리라 그들은 우
리보다 강하니라 하고
32 이스라엘 자손 앞에서 그 정탐한
땅을 (惡評)악평하여 이르되 우리
가 두루 다니며 (偵探)정탐한 땅은
그 거주민을 삼키는 땅이요 거기
서 본 모든 백성은 신장이 장대한
자들이며
33 거기서 네피림 후손인 아낙 자손
의 [1](巨人)거인들을 보았나니 우
리는 스스로 보기에도 메뚜기 같
으니 그들이 보기에도 그와 같았
을 것이니라

1) 히, '네피림'

백성의 원망

14 온 (會衆)회중이 소리를 높
여 부르짖으며 백성이 밤새
도록 (痛哭)통곡하였더라
2 이스라엘 자손이 다 모세와 아론
을 (怨望)원망하며 온 회중이 그들
에게 이르되 우리가 애굽 땅에서
죽었거나 이 광야에서 죽었으면
좋았을 것을
3 어찌하여 여호와가 우리를 그 땅
으로 (引導)인도하여 칼에 쓰러지
게 하려 하는가 우리 처자가 사로
잡히리니 애굽으로 돌아가는 것이
낫지 아니하랴
4 ●이에 서로 말하되 우리가 한 (指
揮官)지휘관을 세우고 애굽으로
돌아가자 하매
5 모세와 아론이 이스라엘 (子孫)자
손의 온 회중 앞에서 엎드린지라
6 그 땅을 (偵探)정탐한 자 중 눈의
아들 여호수아와 여분네의 아들
갈렙이 자기들의 옷을 찢고
7 이스라엘 자손의 온 (會衆)회중에
게 말하여 이르되 우리가 두루 다
니며 정탐한 땅은 심히 아름다운
땅이라
8 여호와께서 우리를 기뻐하시면 우
리를 그 땅으로 (引導)인도하여 들
이시고 그 땅을 우리에게 주시리
라 이는 과연 젖과 꿀이 흐르는 땅
이니라

9 다만 여호와를 (拒逆)거역하지는
말라 또 그 땅 백성을 두려워하지
말라 그들은 우리의 먹이라 그들
의 (保護者)보호자는 그들에게서
떠났고 여호와는 우리와 함께 하
시느니라 그들을 두려워하지 말라
하나
10 온 회중이 그들을 돌로 치려 하는
데 그 때에 여호와의 (榮光)영광이
회막에서 이스라엘 모든 자손에게
나타나시니라

모세가 백성을 두고 기도하다

11 ● 여호와께서 모세에게 이르시되
이 백성이 어느 때까지 나를 멸시
하겠느냐 내가 그들 중에 많은 (異
蹟)이적을 행하였으나 어느 때까
지 나를 믿지 않겠느냐
12 내가 (傳染病)전염병으로 그들을
쳐서 멸하고 네게 그들보다 크고
강한 나라를 이루게 하리라
13 ● 모세가 여호와께 여짜오되 애굽
인 중에서 주의 (能力)능력으로 이
백성을 인도하여 내셨거늘 그리하
시면 그들이 듣고
14 이 땅 (居住民)거주민에게 전하리
이다 주 여호와께서 이 백성 중에
계심을 그들도 들었으니 곧 주 여
호와께서 (對面)대면하여 보이시
며 주의 구름이 그들 위에 섰으며
주께서 낮에는 구름 기둥 가운데
에서, 밤에는 불 기둥 가운데에서
그들 앞에 행하시는 것이니이다
15 이제 주께서 이 백성을 하나 같이
죽이시면 주의 (名聲)명성을 들은
여러 나라가 말하여 이르기를
16 여호와가 이 백성에게 주기로 맹세
한 땅에 인도할 (能力)능력이 없었
으므로 광야에서 죽였다 하리이다
17 이제 구하옵나니 이미 말씀하신
대로 주의 큰 (權能)권능을 나타내
옵소서 이르시기를
18 여호와는 노하기를 더디하시고
(仁慈)인자가 많아 죄악과 허물을
사하시나 형벌 받을 자는 결단코
사하지 아니하시고 아버지의 죄악
을 자식에게 갚아 삼사대까지 이
르게 하리라 하셨나이다
19 구하옵나니 주의 인자의 (廣大)광
대하심을 따라 이 백성의 죄악을
사하시되 애굽에서부터 지금까지
이 백성을 사하신 것 같이 사하시
옵소서
20 ● 여호와께서 이르시되 내가 네
말대로 (赦)사하노라
21 그러나 진실로 내가 살아 있는 것
과 여호와의 영광이 온 세계에 (充
滿)충만할 것을 두고 맹세하노니
22 내 영광과 애굽과 광야에서 행한
내 (異蹟)이적을 보고서도 이같이
열 번이나 나를 시험하고 내 목소
리를 (聽從)청종하지 아니한 그 사
람들은
23 내가 그들의 조상들에게 맹세한
땅을 결단코 보지 못할 것이요 또
나를 (蔑視)멸시하는 사람은 한 사
람도 그것을 보지 못하리라
24 그러나 내 종 갈렙은 그 마음이 그
들과 달라서 나를 (穩全)온전히 따
랐은즉 그가 갔던 땅으로 내가 그
를 인도하여 들이리니 그의 자손

이 그 땅을 차지하리라
25 아말렉인과 가나안인이 골짜기에
거주하나니 너희는 내일 돌이켜
홍해 길을 따라 (曠野)광야로 들어
갈지니라

여호와께서 원망하는 백성을 벌하시다

26 ●여호와께서 모세와 아론에게 말
씀하여 이르시되
27 나를 (怨望)원망하는 이 악한 회중
에게 내가 어느 때까지 참으랴 이
스라엘 자손이 나를 향하여 원망
하는 바 그 원망하는 말을 내가 들
었노라
28 그들에게 이르기를 여호와의 말씀
에 내 삶을 두고 (盟誓)맹세하노라
너희 말이 내 귀에 들린 대로 내가
너희에게 행하리니
29 너희 (屍體)시체가 이 광야에 엎드
러질 것이라 너희 중에서 이십 세
이상으로서 (計數)계수된 자 곧 나
를 원망한 자 전부가
30 여분네의 아들 갈렙과 눈의 아들
여호수아 외에는 내가 [1](盟誓)맹
세하여 너희에게 살게 하리라 한
땅에 결단코 들어가지 못하리라
31 너희가 사로잡히겠다고 말하던 너
희의 (幼兒)유아들은 내가 인도하
여 들이리니 그들은 너희가 싫어
하던 땅을 보려니와
32 너희의 시체는 이 (曠野)광야에 엎
드러질 것이요
33 너희의 자녀들은 너희 (叛逆)반역
한 죄를 지고 너희의 시체가 광야
에서 소멸되기까지 사십 년을 광
야에서 [2](彷徨)방황하는 자가 되
리라
34 너희는 그 땅을 정탐한 날 수인 사
십 일의 하루를 일 년으로 쳐서 그
사십 년간 너희의 (罪惡)죄악을 담
당할지니 너희는 그제서야 내가
싫어하면 어떻게 되는지를 알리라
하셨다 하라
35 나 여호와가 말하였거니와 모여
나를 거역하는 이 악한 온 회중에
게 내가 반드시 이같이 행하리니
그들이 이 광야에서 (消滅)소멸되
어 거기서 죽으리라
36 ●모세의 보냄을 받고 땅을 정탐
하고 돌아와서 그 땅을 (惡評)악평
하여 온 회중이 모세를 원망하게
한 사람
37 곧 그 땅에 대하여 (惡評)악평한
자들은 여호와 앞에서 재앙으로
죽었고
38 그 땅을 정탐하러 갔던 사람들 중
에서 오직 눈의 아들 여호수아와
여분네의 아들 갈렙은 (生存)생존
하니라

첫 번째 점령 시도(신 1:41-46)

39 ●모세가 이 말로 이스라엘 모든
자손에게 알리매 (百姓)백성이 크
게 슬퍼하여
40 아침에 일찍이 일어나 산 꼭대기
로 올라가며 이르되 보소서 우리
가 여기 있나이다 우리가 여호와
께서 허락하신 곳으로 올라가리니
우리가 (犯罪)범죄하였음이니이다
41 모세가 이르되 너희가 어찌하여
이제 여호와의 명령을 범하느냐

1) 손을 들어 2) 목자

이 일이 (亨通)형통하지 못하리라
42 여호와께서 너희 중에 계시지 아
니하니 올라가지 말라 너희의 (對
敵)대적 앞에서 (敗)패할까 하노라
43 아말렉인과 가나안인이 너희 앞에
있으니 너희가 그 칼에 망하리라
너희가 여호와를 (背叛)배반하였
으니 여호와께서 너희와 함께 하
지 아니하시리라 하나
44 그들이 그래도 산 꼭대기로 올라
갔고 여호와의 (言約櫃)언약궤와
모세는 진영을 떠나지 아니하였더
라
45 아말렉인과 산간지대에 (居住)거
주하는 가나안인이 내려와 그들을
무찌르고 호르마까지 이르렀더라

여호와께 드리는 제물

15 여호와께서 모세에게 말씀하
여 이르시되
2 이스라엘 (子孫)자손에게 말하여
그들에게 이르라 너희는 내가 주
어 살게 할 땅에 들어가서
3 여호와께 (火祭)화제나 번제나 [1]
(誓願)서원을 갚는 제사나 (樂獻
祭)낙헌제나 정한 절기제에 소나
양을 여호와께 향기롭게 드릴 때에
4 그러한 (獻物)헌물을 드리는 자는
고운 가루 십분의 일에 기름 사분
의 일 힌을 섞어 여호와께 (素祭)
소제로 드릴 것이며
5 번제나 다른 제사로 드리는 제물
이 어린 양이면 (奠祭)전제로 포도
주 사분의 일 힌을 준비할 것이요
6 숫양이면 소제로 고운 가루 십분
의 이에 기름 삼분의 일 힌을 섞어
(準備)준비하고
7 (奠祭)전제로 포도주 삼분의 일 힌
을 드려 여호와 앞에 향기롭게 할
것이요
8 번제로나 (誓願)서원을 갚는 제사
로나 화목제로 수송아지를 예비하
여 여호와께 드릴 때에는
9 소제로 고운 가루 십분의 삼 에바
에 기름 (半)반 힌을 섞어 그 수송
아지와 함께 드리고
10 전제로 포도주 반 힌을 드려 여호
와 앞에 (香氣)향기로운 화제를 삼
을지니라
11 ●수송아지나 숫양이나 어린 숫양
이나 어린 염소에는 그 마리 수마
다 위와 같이 (行)행하되
12 너희가 준비하는 수효를 따라 각
기 수효에 맞게 하라
13 누구든지 본토 (所生)소생이 여호
와께 향기로운 화제를 드릴 때에
는 이 법대로 할 것이요
14 너희 중에 (居留)거류하는 타국인
이나 너희 중에 대대로 있는 자나
누구든지 여호와께 향기로운 화제
를 드릴 때에는 너희가 하는 대로
그도 그리할 것이라
15 회중 곧 너희에게나 거류하는 타
국인에게나 같은 (律例)율례이니
너희의 대대로 영원한 율례라 너
희가 어떠한 대로 타국인도 여호
와 앞에 그러하리라
16 너희에게나 너희 중에 거류하는
타국인에게나 같은 법도, 같은 (規
例)규례이니라

1) 특별 서원하는

17 ●여호와께서 모세에게 말씀하여 이르시되

18 이스라엘 자손에게 말하여 이르라 너희는 내가 (引導)인도하는 땅에 들어가거든

19 그 땅의 양식을 먹을 때에 여호와께 (擧祭)거제를 드리되

20 너희의 처음 익은 (穀食)곡식 [1]가루 떡을 거제로 타작 마당의 거제같이 들어 드리라

21 너희의 처음 익은 곡식 [1]가루 떡을 대대에 여호와께 거제로 드릴지니라

22 ●너희가 그릇 (犯罪)범죄하여 여호와가 모세에게 말씀하신 이 모든 명령을 지키지 못하되

23 곧 여호와께서 모세를 (通)통하여 너희에게 명령한 모든 것을 여호와께서 명령한 날 이후부터 너희 (代代)대대에 지키지 못하여

24 회중이 (不知中)부지중에 범죄하였거든 온 회중은 수송아지 한 마리를 여호와께 향기로운 (火祭)화제로 드리고 규례대로 (素祭)소제와 (奠祭)전제를 드리고 숫염소 한 마리를 속죄제로 드릴 것이라

25 제사장이 이스라엘 자손의 온 회중을 위하여 속죄하면 그들이 사함을 받으리니 이는 그가 부지중에 범죄함이며 또 부지중에 범죄함으로 말미암아 헌물 곧 화제와 (贖罪祭)속죄제를 여호와께 드렸음이라

26 이스라엘 자손의 온 회중과 그들 중에 (居留)거류하는 타국인도 사함을 받을 것은 온 백성이 부지중에 범죄하였음이니라

27 ●만일 한 사람이 (不知中)부지중에 범죄하면 일 년 된 암염소로 속죄제를 드릴 것이요

28 (祭司長)제사장은 그 부지중에 범죄한 사람이 부지중에 여호와 앞에 범한 죄를 위하여 속죄하여 그 죄를 속할지니 그리하면 사함을 얻으리라

29 이스라엘 자손 중 (本土)본토 (所生)소생이든지 그들 중에 거류하는 타국인이든지 누구든 부지중에 범죄한 자에 대한 법이 (同一)동일하거니와

30 (本土人)본토인이든지 (他國人)타국인이든지 고의로 무엇을 범하면 누구나 여호와를 (誹謗)비방하는 자니 그의 백성 중에서 끊어질 것이라

31 그런 사람은 여호와의 말씀을 멸시하고 그의 명령을 (破壞)파괴하였은즉 그의 죄악이 자기에게로 돌아가서 온전히 끊어지리라

안식일에 일을 한 사람

32 ●이스라엘 자손이 광야에 거류할 때에 (安息日)안식일에 어떤 사람이 나무하는 것을 (發見)발견한지라

33 그 나무하는 (者)자를 발견한 자들이 그를 모세와 아론과 온 회중 앞으로 끌어왔으나

34 어떻게 (處置)처치할는지 (指示)지시하심을 받지 못한 고로 가두

1) 거친 먹을 거리

었더니
35 여호와께서 모세에게 이르시되 그
사람을 반드시 죽일지니 온 회중
이 (陣營)진영 밖에서 돌로 그를
칠지니라
36 온 (會衆)회중이 곧 그를 진영 밖
으로 끌어내고 돌로 그를 쳐죽여
서 여호와께서 모세에게 명령하신
대로 하니라

옷단 귀에 다는 술

37 ●여호와께서 모세에게 말씀하여
이르시되
38 이스라엘 자손에게 명령하여 (代
代)대대로 그들의 옷단 귀에 술을
만들고 (靑色)청색 끈을 그 귀의
술에 더하라
39 이 술은 너희가 보고 여호와의 모
든 계명을 기억하여 준행하고 너
희를 (放縱)방종하게 하는 자신의
마음과 눈의 욕심을 따라 음행하
지 않게 하기 위함이라
40 그리하여 너희가 내 모든 (誡命)계
명을 기억하고 행하면 너희의 하
나님 앞에 거룩하리라
41 나는 여호와 너희 하나님이라 나
는 너희의 하나님이 되려고 너희
를 애굽 땅에서 (引導)인도해 내었
느니라 나는 여호와 너희의 하나
님이니라

고라와 다단과 아비람의 반역

16 레위의 (曾孫)증손 고핫의
손자 이스할의 아들 고라
와 르우벤 자손 엘리압의 아들 다
단과 아비람과 벨렛의 아들 온이
(黨)당을 짓고
2 이스라엘 자손 (總會)총회에서 택
함을 받은 자 곧 회중 가운데에서
이름 있는 지휘관 이백오십 명과
함께 일어나서 모세를 거스르니라
3 그들이 모여서 모세와 아론을 거
슬러 그들에게 이르되 너희가 (分
數)분수에 지나도다 회중이 다 각
각 거룩하고 여호와께서도 그들
중에 계시거늘 너희가 어찌하여
여호와의 총회 위에 스스로 높이
느냐
4 ●모세가 듣고 엎드렸다가
5 고라와 그의 모든 무리에게 말하
여 이르되 아침에 여호와께서 자
기에게 (屬)속한 자가 누구인지,
거룩한 자가 누구인지 보이시고
그 사람을 자기에게 가까이 나아
오게 하시되 곧 그가 택하신 자를
자기에게 가까이 나아오게 하시리
니
6 이렇게 하라 너 고라와 네 모든 무
리는 (香爐)향로를 가져다가
7 내일 여호와 앞에서 그 향로에 불
을 담고 그 위에 향을 두라 그 때에
여호와께서 택하신 자는 거룩하게
되리라 레위 자손들아 너희가 너
무 (分數)분수에 지나치느니라
8 모세가 또 고라에게 이르되 너희
레위 자손들아 들으라
9 이스라엘의 하나님이 이스라엘 회
중에서 너희를 구별하여 자기에게
가까이 하게 하사 여호와의 성막
에서 (奉事)봉사하게 하시며 회중
앞에 서서 그들을 대신하여 섬기
게 하심이 너희에게 작은 일이겠

느냐
10 하나님이 너와 네 모든 형제 레위
자손으로 너와 함께 가까이 오게
하셨거늘 너희가 오히려 제사장의
(職分)직분을 구하느냐
11 이를 위하여 너와 너의 무리가 다
모여서 여호와를 거스르는도다 아
론이 어떠한 사람이기에 너희가
그를 (怨望)원망하느냐
12 ●모세가 엘리압의 아들 다단과
아비람을 부르러 사람을 보냈더니
그들이 이르되 우리는 올라가지
않겠노라
13 네가 우리를 젖과 꿀이 흐르는 땅
에서 이끌어 내어 (曠野)광야에서
죽이려 함이 어찌 작은 일이기에
오히려 스스로 우리 위에 왕이 되
려 하느냐
14 이뿐 아니라 네가 우리를 젖과 꿀
이 흐르는 땅으로 (引導)인도하여
들이지도 아니하고 밭도 포도원도
우리에게 (基業)기업으로 주지 아
니하니 네가 이 사람들의 눈을 [1]빼
려느냐 우리는 올라가지 아니하겠
노라
15 ●모세가 심히 노하여 여호와께
여짜오되 주는 그들의 (獻物)헌물
을 돌아보지 마옵소서 나는 그들
의 나귀 한 마리도 빼앗지 아니하
였고 그들 중의 한 사람도 해하지
아니하였나이다 하고
16 이에 모세가 고라에게 이르되 너
와 너의 온 무리는 아론과 함께 (來
日)내일 여호와 앞으로 나아오되

1) 꿰뚫으려

17 너희는 제각기 (香爐)향로를 들고
그 위에 향을 얹고 각 사람이 그 향
로를 여호와 앞으로 가져오라 향
로는 모두 이백오십 개라 너와 아
론도 각각 향로를 가지고 올지니
라
18 그들이 제각기 향로를 가져다가
불을 담고 향을 그 위에 얹고 모세
와 아론과 더불어 (會幕門)회막문
에 서니라
19 고라가 온 회중을 회막 문에 모아
놓고 그 두 사람을 대적하려 하매
여호와의 (榮光)영광이 온 회중에
게 나타나시니라
20 ●여호와께서 모세와 아론에게 말
씀하여 이르시되
21 너희는 이 회중에게서 떠나라 내
가 순식간에 그들을 (滅)멸하려 하
노라
22 그 두 사람이 엎드려 이르되 하나
님이여 모든 육체의 생명의 하나
님이여 한 사람이 (犯罪)범죄하였
거늘 온 회중에게 (震怒)진노하시
나이까
23 여호와께서 모세에게 말씀하여 이
르시되
24 (會衆)회중에게 명령하여 이르기
를 너희는 고라와 다단과 아비람
의 장막 사방에서 떠나라 하라
25 ●모세가 일어나 다단과 아비람에
게로 가니 이스라엘 (長老)장로들
이 따랐더라
26 모세가 회중에게 말하여 이르되 이
악인들의 장막에서 떠나고 그들의
물건은 아무 것도 만지지 말라 그

들의 모든 죄중에서 너희도 (滅亡)
멸망할까 두려워하노라 하매
27 무리가 고라와 다단과 아비람의
장막 사방을 떠나고 다단과 아비
람은 그들의 처자와 유아들과 함
께 나와서 자기 (帳幕)장막 문에
선지라
28 모세가 이르되 여호와께서 나를 보
내사 이 모든 일을 행하게 하신 것
이요 나의 (任意)임의로 함이 아닌
줄을 이 일로 말미암아 알리라
29 곧 이 사람들의 죽음이 모든 사람
과 같고 그들이 당하는 벌이 모든
사람이 당하는 (罰)벌과 같으면 여
호와께서 나를 보내심이 아니거니
와
30 만일 여호와께서 새 일을 행하사
땅이 입을 열어 이 사람들과 그들
의 모든 (所有物)소유물을 삼켜
산 채로 스올에 빠지게 하시면 이
사람들이 과연 여호와를 멸시한
것인 줄을 너희가 알리라
31 ●그가 이 모든 말을 마치자마자
그들이 섰던 땅바닥이 갈라지니라
32 땅이 그 입을 열어 그들과 그들의
집과 고라에게 속한 모든 사람과
그들의 (財物)재물을 삼키매
33 그들과 그의 모든 재물이 산 채로
스올에 빠지며 땅이 그 위에 덮이
니 그들이 (會衆)회중 가운데서
(亡)망하니라
34 그 주위에 있는 온 이스라엘이 그
들의 부르짖음을 듣고 (逃亡)도망
하며 이르되 땅이 우리도 삼킬까
두렵다 하였고
35 여호와께로부터 불이 나와서 (焚
香)분향하는 이백오십 명을 불살
랐더라

향로

36 ●여호와께서 모세에게 말씀하여
이르시되
37 너는 제사장 아론의 아들 엘르아
살에게 명령하여 붙는 불 가운데
에서 (香爐)향로를 가져다가 그 불
을 다른 곳에 쏟으라 그 향로는 거
룩함이니라
38 사람들은 범죄하여 그들의 생명을
스스로 해하였거니와 그들이 향로
를 여호와 앞에 드렸으므로 그 향
로가 거룩하게 되었나니 그 향로
를 쳐서 (祭壇)제단을 싸는 철판을
만들라 이스라엘 자손에게 표가
되리라 하신지라
39 제사장 엘르아살이 불탄 자들이
드렸던 놋 향로를 가져다가 쳐서
(祭壇)제단을 싸서
40 이스라엘 자손의 (記念物)기념물
이 되게 하였으니 이는 아론 자손
이 아닌 다른 사람은 여호와 앞에
분향하러 가까이 오지 못하게 함
이며 또 고라와 그의 무리와 같이
되지 않게 하기 위함이라 여호와
께서 모세를 시켜 그에게 (命令)명
령하신 대로 하였더라

아론이 백성을 구하다

41 ●이튿날 이스라엘 자손의 온 회
중이 모세와 아론을 (怨望)원망하
여 이르되 너희가 여호와의 백성
을 죽였도다 하고
42 회중이 모여 모세와 아론을 칠 때

에 (會幕)회막을 바라본즉 구름이
회막을 덮었고 여호와의 영광이
나타났더라
43 모세와 아론이 (會幕)회막 앞에 이
르매
44 여호와께서 모세에게 말씀하여 이
르시되
45 너희는 이 (會衆)회중에게서 떠나
라 내가 순식간에 그들을 (滅)멸하
려 하노라 하시매 그 두 사람이 엎
드리니라
46 이에 모세가 아론에게 이르되 너
는 (香爐)향로를 가져다가 제단의
불을 그것에 담고 그 위에 향을 피
워 가지고 급히 회중에게로 가서
그들을 위하여 속죄하라 여호와께
서 진노하셨으므로 (染病)염병이
시작되었음이니라
47 아론이 모세의 명령을 따라 향로를
가지고 (會衆)회중에게로 달려간즉
백성 중에 염병이 시작되었는지라
이에 백성을 위하여 속죄하고
48 죽은 자와 산 (者)자 사이에 섰을
때에 염병이 그치니라
49 고라의 일로 죽은 자 (外)외에 염
병에 죽은 자가 만 사천칠백 명이
었더라
50 염병이 그치매 아론이 (會幕)회막
문 모세에게로 돌아오니라

아론의 지팡이

17 여호와께서 모세에게 말씀하
여 이르시되
2 너는 이스라엘 자손에게 말하여
그들 중에서 각 조상의 (家門)가
문을 따라 지팡이 하나씩을 취하
되 곧 그들의 조상의 가문대로 그
모든 지휘관에게서 지팡이 열둘을
취하고 그 사람들의 이름을 각각
그 지팡이에 쓰되
3 레위의 지팡이에는 아론의 이름을
쓰라 이는 그들의 조상의 가문의
(各)각 (首領)수령이 지팡이 하나
씩 있어야 할 것임이니라
4 그 지팡이를 회막 안에서 내가 너
희와 만나는 곳인 [1](證據櫃)증거
궤 앞에 두라
5 내가 택한 자의 지팡이에는 싹이
나리니 이것으로 이스라엘 자손이
너희에게 대하여 (怨望)원망하는
말을 내 앞에서 그치게 하리라
6 모세가 이스라엘 자손에게 말하
매 그들의 (指揮官)지휘관들이 각
(支派)지파대로 지팡이 하나씩을
그에게 주었으니 그 지팡이가 모
두 열둘이라 그 중에 아론의 지팡
이가 있었더라
7 모세가 그 지팡이들을 [1](證據)증
거의 장막 안 여호와 앞에 두었더라
8 ●이튿날 모세가 증거의 (帳幕)장
막에 들어가 본즉 레위 집을 위하
여 낸 아론의 지팡이에 움이 돋고
순이 나고 꽃이 피어서 살구 열매
가 열렸더라
9 모세가 그 지팡이 (全部)전부를 여
호와 앞에서 이스라엘 모든 자손
에게로 가져오매 그들이 보고 각
각 자기 지팡이를 집어들었더라
10 여호와께서 또 모세에게 이르시되
아론의 지팡이는 증거궤 앞으로

1) 법궤

도로 가져다가 거기 간직하여 (叛
逆)반역한 자에 대한 (表徵)표징
이 되게 하여 그들로 내게 대한 원
망을 그치고 죽지 않게 할지니라
11 모세가 곧 그 같이 하되 여호와께
서 자기에게 (命令)명령하신 대로
하였더라
12 ●이스라엘 자손이 모세에게 말하
여 이르되 보소서 우리는 죽게 되
었나이다 (亡)망하게 되었나이다
다 망하게 되었나이다
13 가까이 나아가는 자 곧 여호와의
(聖幕)성막에 가까이 나아가는 자
마다 다 죽사오니 우리가 다 망하
여야 하리이까

제사장과 레위인의 직무

18 여호와께서 아론에게 이르시
되 너와 네 아들들과 네 조상
의 가문은 (聖所)성소에 대한 죄를
함께 담당할 것이요 너와 네 아들
들은 너희의 제사장 직분에 대한
죄를 함께 (擔當)담당할 것이니라
2 너는 네 (兄弟)형제 레위 지파 곧
네 조상의 지파를 데려다가 너와
함께 있게 하여 너와 네 아들들이
[1]증거의 장막 앞에 있을 때 그들이
너를 돕게 하라
3 레위인은 네 직무와 장막의 모든
(職務)직무를 지키려니와 성소의
기구와 제단에는 가까이 하지 못
하리니 두렵건대 그들과 너희가
죽을까 하노라
4 레위인은 너와 합동하여 장막의
모든 일과 (會幕)회막의 직무를 다
할 것이요 다른 사람은 너희에게
가까이 하지 못할 것이니라
5 이와 같이 너희는 성소의 (職務)직
무와 제단의 직무를 다하라 그리하
면 여호와의 진노가 다시는 이스라
엘 자손에게 미치지 아니하리라
6 보라 내가 이스라엘 자손 중에서
너희의 형제 레위인을 택하여 내
게 돌리고 너희에게 (膳物)선물로
주어 회막의 일을 하게 하였나니
7 너와 네 아들들은 (祭壇)제단과
(揮帳)휘장 안의 모든 일에 대하여
제사장의 (職分)직분을 지켜 섬기
라 내가 제사장의 직분을 너희에
게 선물로 주었은즉 거기 가까이
하는 외인은 죽임을 당할지니라

제사장의 몫

8 ●여호와께서 또 아론에게 이르시
되 보라 내가 내 (擧祭物)거제물
곧 이스라엘 자손이 거룩하게 한
모든 헌물을 네가 주관하게 하고
네가 기름 부음을 받았음으로 말
미암아 그것을 너와 네 아들들에
게 영구한 몫의 음식으로 주노라
9 (至聖物)지성물 중에 불사르지 아
니한 것은 네 것이라 그들이 내게
드리는 모든 헌물의 모든 소제와
속죄제와 속건제물은 다 지극히
거룩한즉 너와 네 아들들에게 돌
리리니
10 지극히 거룩하게 여김으로 먹으라
이는 네게 (聖物)성물인즉 남자들
이 다 먹을지니라
11 네게 돌릴 것은 이것이니 곧 이스
라엘 자손이 드리는 거제물과 모

1) 법궤

든 (搖祭物)요제물이라 내가 그것
을 너와 네 자녀에게 영구한 몫의
음식으로 주었은즉 네 집의 정결
한 자마다 먹을 것이니라
12 그들이 여호와께 드리는 첫 (所産)
소산 곧 제일 좋은 기름과 제일 좋
은 포도주와 곡식을 네게 주었은즉
13 그들이 여호와께 드리는 그 땅의
처음 익은 모든 열매는 네 것이니
네 집에서 (淨潔)정결한 자마다 먹
을 것이라
14 이스라엘 중에서 (特別)특별히 드
린 모든 것은 네 것이 되리라
15 여호와께 드리는 모든 생물의 처
음 나는 것은 사람이나 짐승이나
다 네 것이로되 처음 태어난 사람
은 반드시 (代贖)대속할 것이요 처
음 태어난 부정한 짐승도 대속할
것이며
16 그 사람을 대속할 때에는 난 지 한
달 이후에 네가 (定)정한 대로 (聖
所)성소의 세겔을 따라 은 다섯 세
겔로 대속하라 한 세겔은 이십 게
라이니라
17 오직 처음 태어난 소나 처음 태어
난 양이나 처음 태어난 염소는 대
속하지 말지니 그것들은 거룩한즉
그 피는 제단에 뿌리고 그 기름은
불살라 여호와께 향기로운 (火祭)
화제로 드릴 것이며
18 그 고기는 네게 돌릴지니 흔든 가
슴과 오른쪽 넓적다리 같이 네게
돌릴 것이니라
19 이스라엘 자손이 여호와께 거제로
드리는 모든 성물은 내가 영구한
몫의 음식으로 너와 네 자녀에게
주노니 이는 여호와 앞에 너와 네
후손에게 영원한 소금 (言約)언약
이니라
20 여호와께서 또 아론에게 이르시되
너는 이스라엘 자손의 땅에 (基業)
기업도 없겠고 그들 중에 아무 분
깃도 없을 것이나 내가 이스라엘
자손 중에 네 분깃이요 네 기업이
니라

레위인의 몫

21 ●내가 이스라엘의 십일조를 레위
자손에게 (基業)기업으로 다 주어
서 그들이 하는 일 곧 회막에서 하
는 일을 갚나니
22 이 후로는 이스라엘 자손이 회막
에 가까이 하지 말 것이라 (罪)죄
값으로 죽을까 하노라
23 그러나 레위인은 회막에서 봉사하
며 자기들의 죄를 (擔當)담당할 것
이요 이스라엘 자손 중에는 기업
이 없을 것이니 이는 너희 대대에
영원한 (律例)율례라
24 이스라엘 자손이 여호와께 (擧祭)
거제로 드리는 (十一條)십일조를
레위인에게 기업으로 주었으므로
내가 그들에 대하여 말하기를 이
스라엘 자손 중에 기업이 없을 것
이라 하였노라

레위인의 십일조

25 ●여호와께서 모세에게 말씀하여
이르시되
26 너는 레위인에게 말하여 그에게
이르라 내가 이스라엘 (子孫)자손
에게 받아 너희에게 기업으로 준

십일조를 너희가 그들에게서 받을
때에 그 십일조의 십일조를 거제
로 여호와께 드릴 것이라
27 내가 너희의 거제물을 (打作)타작
마당에서 드리는 곡물과 포도즙
틀에서 드리는 즙 같이 여기리니
28 너희는 이스라엘 자손에게서 받는
모든 것의 십일조 중에서 여호와
께 거제로 드리고 여호와께 드린
그 거제물은 (祭司長)제사장 아론
에게로 돌리되
29 너희가 받은 모든 헌물 중에서 너
희는 그 아름다운 것 곧 거룩하게
한 부분을 가져다가 여호와께 (擧
祭)거제로 드릴지니라
30 이러므로 너는 그들에게 이르라
너희가 그 중에서 아름다운 것을
가져다가 드리고 남은 것은 너희
레위인에게는 타작 마당의 (所出)
소출과 포도즙 틀의 소출 같이 되
리니
31 너희와 너희의 (眷屬)권속이 어디
서든지 이것을 먹을 수 있음은 이
는 회막에서 일한 너희의 (報酬)보
수임이니라
32 너희가 그 중 아름다운 것을 받들
어 드린즉 이로 말미암아 죄를 담
당하지 아니할 것이라 너희는 이
스라엘 자손의 (聖物)성물을 더럽
히지 말라 그리하여야 죽지 아니
하리라

붉은 암송아지의 재

19 여호와께서 모세와 아론에게
말씀하여 이르시되
2 여호와께서 명령하시는 법의 (律
例)율례를 이제 이르노니 이스라
엘 자손에게 일러서 온전하여 흠
이 없고 아직 멍에 메지 아니한 붉
은 암송아지를 네게로 끌어오게
하고
3 너는 그것을 제사장 엘르아살에게
줄 것이요 그는 그것을 진영 밖으
로 끌어내어서 자기 (目前)목전에
서 잡게 할 것이며
4 제사장 엘르아살은 손가락에 그
피를 찍고 그 피를 (會幕)회막 앞
을 향하여 일곱 번 뿌리고
5 그 암소를 자기 (目前)목전에서 불
사르게 하되 그 가죽과 고기와 피
와 똥을 불사르게 하고
6 동시에 제사장은 백향목과 (牛膝
草)우슬초와 (紅色)홍색 실을 가
져다가 암송아지를 사르는 불 가
운데에 던질 것이며
7 제사장은 자기의 옷을 빨고 물로
몸을 씻은 후에 (陣營)진영에 들어
갈 것이라 그는 저녁까지 (不淨)부
정하리라
8 송아지를 불사른 자도 (自己)자기
의 옷을 물로 빨고 물로 그 몸을 씻
을 것이라 그도 저녁까지 부정하
리라
9 이에 정결한 자가 암송아지의 재
를 거두어 진영 밖 정한 곳에 둘지
니 이것은 이스라엘 자손 회중을
위하여 간직하였다가 부정을 씻는
물을 위해 간직할지니 그것은 (贖
罪祭)속죄제니라
10 암송아지의 재를 거둔 자도 자기
의 옷을 빨 것이며 저녁까지 부정

하리라 이는 이스라엘 자손과 그
중에 (居留)거류하는 외인에게
(永遠)영원한 율례니라

시체를 만진 자

11 ●사람의 (屍體)시체를 만진 자는
이레 동안 부정하리니
12 그는 [1]셋째 날과 일곱째 날에 잿물
로 자신을 (淨潔)정결하게 할 것이
라 그리하면 정하려니와 셋째 날
과 일곱째 날에 자신을 정결하게
하지 아니하면 그냥 부정하니
13 누구든지 죽은 사람의 시체를 만
지고 자신을 (淨潔)정결하게 하지
아니하는 자는 여호와의 성막을
더럽힘이라 그가 이스라엘에서 끊
어질 것은 정결하게 하는 물을 그
에게 뿌리지 아니하므로 깨끗하게
되지 못하고 그 부정함이 그대로
있음이니라
14 ●(帳幕)장막에서 사람이 죽을 때
의 법은 이러하니 누구든지 그 장
막에 들어가는 자와 그 장막에 있
는 자가 이레 동안 부정할 것이며
15 뚜껑을 열어 놓고 덮지 아니한 그
릇은 모두 (不淨)부정하니라
16 누구든지 들에서 칼에 죽은 자나
(屍體)시체나 사람의 뼈나 무덤을
만졌으면 이레 동안 부정하리니
17 그 부정한 자를 위하여 (罪)죄를
깨끗하게 하려고 불사른 재를 가
져다가 흐르는 물과 함께 그릇에
담고
18 정결한 자가 (牛膝草)우슬초를 가

1) 제삼일에 이 물로 정결하게 하면 제칠일에 정하려니와 제삼일
에 스스로 정결하게 아니하면 제칠일에 정하지 못하며

져다가 그 물을 찍어 장막과 그 모
든 기구와 거기 있는 사람들에게
뿌리고 또 뼈나 죽임을 당한 자나
시체나 무덤을 만진 자에게 뿌리
되
19 그 정결한 자가 셋째 날과 일곱째
날에 그 부정한 자에게 뿌려서 일
곱째 날에 그를 정결하게 할 것이
며 그는 (自己)자기 옷을 빨고 물
로 몸을 씻을 것이라 저녁이면 정
결하리라
20 ●사람이 (不淨)부정하고도 자신
을 (淨潔)정결하게 하지 아니하면
여호와의 성소를 더럽힘이니 그러
므로 회중 가운데에서 끊어질 것
이니라 그는 정결하게 하는 물로
뿌림을 받지 아니하였은즉 부정하
니라
21 이는 그들의 (永久)영구한 (律例)
율례니라 정결하게 하는 물을 뿌
린 자는 자기의 옷을 빨 것이며 정
결하게 하는 물을 만지는 자는 저
녁까지 부정할 것이며
22 부정한 (者)자가 만진 것은 무엇이
든지 부정할 것이며 그것을 만지
는 자도 저녁까지 부정하리라

가데스의 다툼과 므리바 물(출 17:1-7)

20 첫째 달에 이스라엘 자손 곧
온 회중이 신 (曠野)광야에
이르러 백성이 가데스에 머물더니
미리암이 거기서 죽으매 거기에
장사되니라
2 ●(會衆)회중이 물이 없으므로 모
세와 아론에게로 모여드니라
3 (百姓)백성이 모세와 다투어 말하

여 이르되 우리 형제들이 여호와
앞에서 죽을 때에 우리도 죽었더
라면 좋을 뻔하였도다
4 너희가 어찌하여 여호와의 회중을
이 광야로 (引導)인도하여 우리와
우리 짐승이 다 여기서 죽게 하느
냐
5 너희가 어찌하여 우리를 애굽에서
나오게 하여 이 나쁜 곳으로 인도
하였느냐 이 곳에는 (播種)파종할
곳이 없고 무화과도 없고 포도도
없고 석류도 없고 마실 물도 없도
다
6 모세와 아론이 회중 앞을 떠나 회
막 문에 이르러 엎드리매 여호와
의 (榮光)영광이 그들에게 나타나
며
7 여호와께서 모세에게 말씀하여 이
르시되
8 지팡이를 가지고 네 형 아론과 함
께 회중을 모으고 그들의 (目前)목
전에서 너희는 반석에게 명령하여
물을 내라 하라 네가 그 반석이 물
을 내게 하여 회중과 그들의 짐승
에게 마시게 할지니라
9 모세가 그 (命令)명령대로 여호와
앞에서 지팡이를 잡으니라
10 ● 모세와 아론이 회중을 그 (磐
石)반석 앞에 모으고 모세가 그들
에게 이르되 (叛逆)반역한 너희여
들으라 우리가 너희를 위하여 이
반석에서 물을 내랴 하고
11 모세가 그의 손을 들어 그의 지팡
이로 반석을 두 번 치니 물이 많이
솟아나오므로 회중과 그들의 짐승
이 마시니라
12 여호와께서 모세와 아론에게 이르
시되 너희가 나를 믿지 아니하고
이스라엘 자손의 (目前)목전에서
내 거룩함을 나타내지 아니한 고
로 너희는 이 회중을 내가 그들에
게 준 땅으로 인도하여 들이지 못
하리라 하시니라
13 이스라엘 (子孫)자손이 여호와와
다투었으므로 이를 [1]므리바 물이
라 하니라 여호와께서 그들 중에
서 그 거룩함을 나타내셨더라

에돔이 이스라엘이 지나감을 거절하다

14 ● 모세가 가데스에서 에돔 왕에게
(使臣)사신을 보내며 이르되 당신
의 형제 이스라엘의 말에 우리가
당한 모든 고난을 당신도 아시거
니와
15 우리 조상들이 애굽으로 내려갔
으므로 우리가 애굽에 오래 거주
하였더니 애굽인이 우리 조상들과
우리를 (虐待)학대하였으므로
16 우리가 여호와께 부르짖었더니 우
리 소리를 들으시고 (天使)천사를
보내사 우리를 애굽에서 인도하여
내셨나이다 이제 우리가 당신의
(邊方)변방 모퉁이 한 성읍 가데스
에 있사오니
17 청하건대 우리에게 당신의 땅을
지나가게 하소서 우리가 밭으로나
포도원으로 지나가지 아니하고 우
물물도 마시지 아니하고 왕의 큰
길로만 지나가고 당신의 (地境)지
경에서 나가기까지 왼쪽으로나 오

1) 다툼

른쪽으로나 치우치지 아니하리이
다 한다고 하라 하였더니
18 에돔 왕이 대답하되 너는 우리 가
운데로 지나가지 못하리라 내가
칼을 들고 나아가 너를 (對敵)대적
할까 하노라
19 이스라엘 자손이 이르되 우리가
큰길로만 지나가겠고 우리나 우리
짐승이 당신의 물을 마시면 그 값
을 낼 것이라 우리가 (徒步)도보로
지나갈 뿐인즉 아무 일도 없으리
이다 하나
20 그는 이르되 너는 지나가지 못하
리라 하고 에돔 (王)왕이 많은 백
성을 거느리고 나와서 (强)강한 손
으로 막으니
21 에돔 왕이 이같이 이스라엘이 그
의 영토로 지나감을 (容納)용납하
지 아니하므로 이스라엘이 그들에
게서 돌이키니라

아론의 죽음

22 ●이스라엘 자손 곧 온 회중이 가
데스를 떠나 호르 (山)산에 이르렀
더니
23 여호와께서 에돔 땅 (邊境)변경 호
르 산에서 모세와 아론에게 말씀
하시니라 이르시되
24 아론은 그 조상들에게로 돌아가고
내가 이스라엘 자손에게 준 땅에
는 들어가지 못하리니 이는 너희
가 므리바 물에서 내 말을 (拒逆)
거역한 까닭이니라
25 너는 아론과 그의 아들 엘르아살
을 데리고 호르 (山)산에 올라

1) 정탐 2) 완전히 멸함

26 아론의 옷을 벗겨 그의 아들 엘르
아살에게 입히라 아론은 거기서
죽어 그 (祖上)조상에게로 돌아가
리라
27 모세가 여호와의 명령을 따라 그
들과 함께 (會衆)회중의 목전에서
호르 산에 오르니라
28 모세가 아론의 옷을 벗겨 그의 아
들 엘르아살에게 입히매 아론이
그 (山)산 꼭대기에서 죽으니라 모
세와 엘르아살이 산에서 내려오니
29 온 회중 곧 이스라엘 온 족속이 아
론이 죽은 것을 보고 그를 위하여
삼십 일 동안 (哀哭)애곡하였더라

호르마를 점령하다

21 네겝에 (居住)거주하는 가나
안 사람 곧 아랏의 왕이 이스
라엘이 [1]아다림 길로 온다 함을 듣
고 이스라엘을 쳐서 그 중 몇 사람
을 사로잡은지라
2 이스라엘이 여호와께 (誓願)서원
하여 이르되 주께서 만일 이 백성
을 내 손에 넘기시면 내가 그들의
(城邑)성읍을 다 멸하리이다
3 여호와께서 이스라엘의 목소리를
들으시고 가나안 사람을 그들의
손에 넘기시매 그들과 그들의 성
읍을 다 (滅)멸하니라 그러므로 그
곳 이름을 [2]호르마라 하였더라

놋뱀으로 백성을 구하다

4 ●백성이 호르 산에서 출발하여
홍해 길을 따라 에돔 땅을 우회하
려 하였다가 길로 말미암아 백성
의 마음이 (傷)상하니라
5 백성이 하나님과 모세를 향하여

(怨望)원망하되 어찌하여 우리를
애굽에서 인도해 내어 이 광야에
서 죽게 하는가 이 곳에는 먹을 것
도 없고 물도 없도다 우리 마음이
이 하찮은 음식을 싫어하노라 하
매
6 여호와께서 불뱀들을 (百姓)백성
중에 보내어 백성을 물게 하시므
로 이스라엘 백성 중에 죽은 자가
많은지라
7 백성이 모세에게 이르러 말하되
우리가 여호와와 당신을 향하여
원망함으로 (犯罪)범죄하였사오니
여호와께 (祈禱)기도하여 이 뱀들
을 우리에게서 떠나게 하소서 모
세가 백성을 위하여 기도하매
8 여호와께서 모세에게 이르시되 불
뱀을 만들어 (長)장대 위에 매달아
라 물린 자마다 그것을 보면 살리
라
9 모세가 놋뱀을 만들어 장대 위에
다니 뱀에게 물린 (者)자가 놋뱀을
쳐다본즉 모두 살더라

이스라엘 자손이 모압으로 떠나다

10 ●이스라엘 자손이 그 곳을 떠나
오봇에 (陣)진을 쳤고
11 오봇을 떠나 모압 앞쪽 해 돋는 쪽
광야 이예아바림에 진을 쳤고
12 거기를 떠나 세렛 골짜기에 (陣)진
을 쳤고
13 거기를 떠나 아모리인의 영토에서
흘러 나와서 광야에 이른 아르논
강 건너편에 진을 쳤으니 아르논
은 모압과 아모리 사이에서 모압
의 (境界)경계가 된 곳이라
14 이러므로 여호와의 (戰爭記)전쟁
기에 일렀으되
[1]수바의 와헙과 아르논 골짜기와
15 모든 골짜기의 비탈은 아르 고
을을 향하여 기울어지고 모압의
(境界)경계에 닿았도다
하였더라
16 거기서 [2]브엘에 이르니 브엘은 여
호와께서 모세에게 (命令)명령하
시기를 백성을 모으라 내가 그들
에게 물을 주리라 하시던 우물이
라
17 그 때에 이스라엘이 노래하여 이
르되
우물물아 솟아나라 너희는 그것
을 노래하라
18 이 우물은 지휘관들이 팠고 백성
의 귀인들이 (圭)규와 지팡이로
판 것이로다
하였더라 그들은 광야에서 맛다나
에 이르렀고
19 맛다나에서 나할리엘에 이르렀고
나할리엘에서 바못에 이르렀고
20 바못에서 모압 들에 있는 골짜기
에 이르러 [3](曠野)광야가 내려다
보이는 비스가 산 꼭대기에 이르
렀더라

요단 동쪽을 점령하다(신 2:26-3:11)

21 ●이스라엘이 아모리 왕 시혼에게
(使臣)사신을 보내어 이르되
22 우리에게 당신의 땅을 지나가게
하소서 우리가 밭에든지 (葡萄園)
포도원에든지 들어가지 아니하며
우물물도 마시지 아니하고 당신의

1) 폭풍우 2) 우물 3) 여시몬

(地境)지경에서 다 나가기까지 왕
의 큰길로만 지나가리이다 하나
23 시혼이 이스라엘이 자기 (領土)영
토로 지나감을 (容納)용납하지 아
니하고 그의 백성을 다 모아 이스
라엘을 치러 광야로 나와서 야하
스에 이르러 이스라엘을 치므로
24 이스라엘이 칼날로 그들을 쳐서
무찌르고 그 땅을 아르논에서부
터 얍복까지 (占領)점령하여 암몬
자손에게까지 미치니 암몬 자손의
경계는 견고하더라
25 이스라엘이 이같이 그 모든 성읍
을 빼앗고 그 아모리인의 모든 성
읍 헤스본과 그 모든 (村落)촌락에
거주하였으니
26 헤스본은 아모리인의 왕 시혼의
도성이라 시혼이 그 (前)전 모압
왕을 치고 그의 모든 땅을 아르논
까지 그의 손에서 빼앗았더라
27 그러므로 (詩人)시인이 읊어 이르
되
너희는 헤스본으로 올지어다 시
혼의 성을 세워 견고히 할지어다
28 헤스본에서 불이 나오며 시혼의
성에서 (火焰)화염이 나와서 모
압의 아르를 삼키며 아르논 높은
곳의 주인을 멸하였도다
29 모압아 네가 화를 당하였도다 그
모스의 백성아 네가 (滅亡)멸망
하였도다 그가 그의 아들들을 도
망하게 하였고 그의 딸들을 아모
리인의 왕 시혼의 (捕虜)포로가
되게 하였도다
30 우리가 그들을 쏘아서 헤스본을
디본까지 멸하였고 메드바에 가
까운 노바까지 (荒廢)황폐하게
하였도다
하였더라
31 이스라엘이 아모리인의 땅에 (居
住)거주하였더니
32 모세가 또 사람을 보내어 야셀을
(偵探)정탐하게 하고 그 촌락들을
빼앗고 그 곳에 있던 아모리인을
몰아 내었더라
33 ●그들이 돌이켜 바산 길로 올라
가매 바산 (王)왕 옥이 그의 백성
을 다 거느리고 나와서 그들을 맞
아 에드레이에서 싸우려 하는지라
34 여호와께서 모세에게 이르시되 그
를 두려워하지 말라 내가 그와 그
의 백성과 그의 땅을 네 손에 넘겼
나니 너는 헤스본에 거주하던 아
모리인의 왕 시혼에게 (行)행한 것
같이 그에게도 행할지니라
35 이에 그와 그의 아들들과 그의 백
성을 다 쳐서 한 사람도 남기지 아
니하고 그의 땅을 (占領)점령하였
더라

모압의 왕이 발람을 불러오다

22 이스라엘 자손이 또 길을 떠
나 모압 (平地)평지에 (陣)
진을 쳤으니 요단 건너편 곧 여리
고 맞은편이더라
2 ●십볼의 아들 발락이 이스라엘이
아모리인에게 (行)행한 모든 일을
보았으므로
3 모압이 심히 두려워하였으니 이스
라엘 백성이 많음으로 말미암아
모압이 이스라엘 자손 때문에 (煩

悶)번민하더라
4 미디안 (長老)장로들에게 이르되
이제 이 무리가 소가 밭의 풀을 뜯
어먹음 같이 우리 사방에 있는 것
을 다 뜯어먹으리로다 하니 그 때
에 십볼의 아들 발락이 모압 왕이
었더라
5 그가 사신을 브올의 아들 발람의
고향인 [1](江)강 가 브돌에 보내어
발람을 부르게 하여 이르되 보라
한 (民族)민족이 애굽에서 나왔는
데 그들이 지면에 덮여서 우리 맞
은편에 거주하였고
6 우리보다 강하니 청하건대 와서
나를 위하여 이 백성을 (詛呪)저주
하라 내가 혹 그들을 쳐서 이겨 이
땅에서 몰아내리라 그대가 복을
비는 자는 복을 받고 저주하는 자
는 저주를 받을 줄을 내가 앎이니
라
7 ●모압 장로들과 미디안 장로들이
손에 [2](卜債)복채를 가지고 떠나
발람에게 이르러 발락의 말을 그
에게 전하매
8 발람이 그들에게 이르되 이 밤에
여기서 (留宿)유숙하라 여호와께
서 내게 이르시는 대로 너희에게
대답하리라 모압 귀족들이 발람에
게서 유숙하니라
9 하나님이 발람에게 (臨)임하여 말
씀하시되 너와 함께 있는 이 사람
들이 누구냐
10 발람이 하나님께 아뢰되 모압 (王)
왕 십볼의 아들 발락이 내게 보낸
자들이니이다 이르기를
11 보라 애굽에서 나온 민족이 (地面)
지면에 덮였으니 이제 와서 나를
위하여 그들을 저주하라 내가 혹
그들을 쳐서 몰아낼 수 있으리라
하나이다
12 하나님이 발람에게 이르시되 너는
그들과 함께 가지도 말고 그 백성
을 저주하지도 말라 그들은 (福)복
을 받은 자들이니라
13 발람이 아침에 일어나서 발락의
귀족들에게 이르되 너희는 너희의
땅으로 돌아가라 여호와께서 내가
너희와 함께 가기를 (許諾)허락하
지 아니하시느니라
14 모압 귀족들이 일어나 발락에게로
가서 전하되 발람이 우리와 함께
오기를 (拒絕)거절하더이다
15 ●발락이 다시 그들보다 더 높은
(高官)고관들을 더 많이 보내매
16 그들이 발람에게로 나아가서 그에
게 이르되 십볼의 아들 발락의 말
씀에 청하건대 아무것에도 거리끼
지 말고 내게로 오라
17 내가 그대를 높여 크게 존귀하게
하고 그대가 내게 말하는 것은 무
엇이든지 (施行)시행하리니 청하
건대 와서 나를 위하여 이 백성을
저주하라 하시더이다
18 발람이 발락의 (臣下)신하들에게
대답하여 이르되 발락이 그 집에
가득한 은금을 내게 줄지라도 내
가 (能)능히 여호와 내 하나님의
말씀을 어겨 덜하거나 더하지 못
하겠노라

1) 히, 나할, 유브라데 강 2) 히, 점괘

19 그런즉 이제 너희도 이 밤에 여기
서 (留宿)유숙하라 여호와께서 내
게 무슨 말씀을 더하실는지 알아
보리라
20 밤에 하나님이 발람에게 임하여
이르시되 그 사람들이 너를 부르
러 왔거든 일어나 함께 가라 그러
나 내가 네게 이르는 말만 (遵行)
준행할지니라

발람과 그 나귀

21 ●발람이 아침에 일어나서 자기
나귀에 (鞍裝)안장을 지우고 모압
고관들과 함께 가니
22 그가 감으로 말미암아 하나님이
진노하시므로 여호와의 (使者)사
자가 그를 막으려고 길에 서니라
발람은 자기 나귀를 탔고 그의 두
종은 그와 함께 있더니
23 나귀가 여호와의 (使者)사자가 칼
을 빼어 손에 들고 길에 선 것을 보
고 길에서 벗어나 밭으로 들어간
지라 발람이 나귀를 길로 돌이키
려고 채찍질하니
24 여호와의 사자는 (葡萄園)포도원
사이 좁은 길에 섰고 좌우에는 담
이 있더라
25 나귀가 여호와의 (使者)사자를 보
고 몸을 담에 대고 발람의 발을 그
담에 짓누르매 발람이 다시 채찍
질하니
26 여호와의 사자가 더 나아가서 (左
右)좌우로 (避)피할 데 없는 좁은
곳에 선지라
27 나귀가 여호와의 사자를 보고 발
람 밑에 엎드리니 발람이 (怒)노하
여 자기 지팡이로 나귀를 때리는
지라
28 여호와께서 나귀 입을 여시니 발
람에게 이르되 내가 (當身)당신에
게 무엇을 하였기에 나를 이같이
세 번을 때리느냐
29 발람이 나귀에게 말하되 네가 나
를 (拒逆)거역하기 때문이니 내 손
에 칼이 있었더면 곧 너를 죽였으
리라
30 나귀가 발람에게 이르되 나는 당
신이 오늘까지 당신의 (一生)일생
동안 탄 나귀가 아니냐 내가 언제
당신에게 이같이 하는 버릇이 있
었더냐 그가 말하되 없었느니라
31 ●그 때에 여호와께서 발람의 눈
을 밝히시매 여호와의 (使者)사자
가 손에 칼을 빼들고 길에 선 것을
그가 보고 머리를 숙이고 엎드리
니
32 여호와의 (使者)사자가 그에게 이
르되 너는 어찌하여 네 나귀를 이
같이 세 번 때렸느냐 보라 내 앞에
서 네 길이 (邪惡)사악하므로 내가
너를 막으려고 나왔더니
33 나귀가 나를 보고 이같이 세 번을
돌이켜 내 앞에서 (避)피하였느니
라 나귀가 만일 돌이켜 나를 피하
지 아니하였더면 내가 벌써 너를
죽이고 나귀는 살렸으리라
34 발람이 여호와의 사자에게 말하
되 내가 (犯罪)범죄하였나이다 당
신이 나를 막으려고 길에 서신 줄
을 내가 알지 못하였나이다 당신
이 이를 기뻐하지 아니하시면 나

는 돌아가겠나이다
35 여호와의 사자가 발람에게 이르되
그 사람들과 함께 가라 내가 네게
이르는 말만 말할지니라 발람이 발
락의 (高官)고관들과 함께 가니라

발락이 발람을 대접하다

36 ●발락은 발람이 온다 함을 듣고 모
압 변경의 끝 아르논 가에 있는 성
읍까지 가서 그를 (迎接)영접하고
37 발락은 발람에게 이르되 내가 특
별히 사람을 보내어 그대를 부르
지 아니하였느냐 그대가 어찌 내
게 오지 아니하였느냐 내가 어찌
그대를 높여 (尊貴)존귀하게 하지
못하겠느냐
38 발람이 발락에게 이르되 내가 오
기는 하였으나 무엇을 말할 (能力)
능력이 있으리이까 하나님이 내
입에 주시는 말씀 그것을 말할 뿐
이니이다
39 발람이 발락과 (同行)동행하여 기
럇후솟에 이르러서는
40 발락이 소와 양을 잡아 발람과 그
와 함께 한 (高官)고관들을 (待接)
대접하였더라

발람의 첫번째 예언

41 ●아침에 발락이 발람과 함께 하
고 그를 인도하여 바알의 (山堂)산
당에 오르매 발람이 거기서 이스
라엘 백성의 진 끝까지 보니라

23 발람이 발락에게 이르되 나
를 위하여 여기 제단 일곱을
쌓고 거기 수송아지 일곱 마리와
숫양 일곱 마리를 (準備)준비하소
서 하매
2 발락이 발람의 말대로 준비한 후
에 발락과 발람이 (祭壇)제단에 수
송아지와 숫양을 드리니라
3 발람이 발락에게 이르되 당신의
번제물 곁에 서소서 나는 저리로
가리이다 여호와께서 혹시 오셔서
나를 만나시리니 그가 내게 (指示)
지시하시는 것은 다 당신에게 알
리리이다 하고 언덕길로 가니
4 하나님이 발람에게 (臨)임하시는
지라 발람이 아뢰되 내가 일곱 제
단을 쌓고 각 제단에 수송아지와
숫양을 드렸나이다
5 여호와께서 발람의 입에 말씀을
주시며 이르시되 발락에게 돌아가
서 이렇게 말할지니라
6 그가 발락에게로 돌아간즉 발락과
모압의 모든 고관이 (燔祭物)번제
물 곁에 함께 섰더라
7 발람이 (豫言)예언을 (傳)전하여
말하되

발락이 나를 아람에서, 모압 왕
이 동쪽 산에서 데려다가 이르기
를 와서 나를 위하여 야곱을 저
주하라, 와서 이스라엘을 꾸짖으
라 하도다
8 하나님이 (詛呪)저주하지 않으
신 자를 내가 어찌 저주하며 여
호와께서 꾸짖지 않으신 자를 내
가 어찌 꾸짖으랴
9 내가 바위 위에서 그들을 보며
작은 산에서 그들을 바라보니 이
백성은 홀로 살 것이라 그를 여
러 (民族)민족 중의 하나로 여기
지 않으리로다

10 야곱의 티끌을 누가 능히 세며
이스라엘 사분의 일을 누가 능히
셀고 나는 의인의 죽음을 죽기
원하며 나의 (終末)종말이 그와
같기를 바라노라
하매
11 발락이 발람에게 이르되 그대가
어찌 내게 이같이 행하느냐 나의
원수를 저주하라고 그대를 데려왔
거늘 그대가 오히려 (祝福)축복하
였도다
12 발람이 (對答)대답하여 이르되 여
호와께서 내 입에 주신 말씀을 내
가 어찌 말하지 아니할 수 있으리
이까

발람의 두 번째 예언

13 ●발락이 말하되 나와 함께 그들
을 달리 볼 곳으로 가자 거기서는
그들을 다 보지 못하고 그들의 끝
만 보리니 거기서 나를 (爲)위하여
그들을 (詛呪)저주하라 하고
14 소빔 들로 (引導)인도하여 비스가
꼭대기에 이르러 일곱 제단을 쌓
고 각 제단에 수송아지와 숫양을
드리니
15 발람이 발락에게 이르되 내가 저
기서 여호와를 만나뵐 동안에 여
기 당신의 (燔祭物)번제물 곁에
서소서 하니라
16 여호와께서 발람에게 (臨)임하사
그의 입에 말씀을 주시며 이르시
되 발락에게로 돌아가서 이렇게
말할지니라
17 발람이 가서 본즉 발락이 번제물
곁에 섰고 모압 (高官)고관들이 함
께 있더라 발락이 발람에게 이르
되 여호와께서 무슨 말씀을 하시
더냐
18 발람이 (豫言)예언하여 이르기를
발락이여 일어나 들을지어다 십
볼의 아들이여 내게 (仔細)자세
히 들으라
19 하나님은 사람이 아니시니 거짓
말을 하지 않으시고 인생이 아니
시니 (後悔)후회가 없으시도다
어찌 그 말씀하신 바를 행하지
않으시며 하신 말씀을 (實行)실
행하지 않으시랴
20 내가 (祝福)축복할 것을 받았으
니 그가 주신 복을 내가 돌이키
지 않으리라
21 야곱의 허물을 보지 아니하시며
이스라엘의 (叛逆)반역을 보지 아
니하시는도다 여호와 그들의 하
나님이 그들과 함께 계시니 왕을
부르는 소리가 그 중에 있도다
22 하나님이 그들을 애굽에서 (引
導)인도하여 내셨으니 그의 힘
이 들소와 같도다
23 야곱을 해할 점술이 없고 이스라
엘을 해할 (卜術)복술이 없도다
이 때에 야곱과 이스라엘에 대하
여 논할진대 하나님께서 행하신
일이 어찌 그리 크냐 하리로다
24 이 백성이 암(獅子)사자 같이 일
어나고 수사자 같이 일어나서 움
킨 것을 먹으며 죽인 피를 마시
기 전에는 눕지 아니하리로다
하매
25 발락이 발람에게 이르되 그들을

(詛呪)저주하지도 말고 축복하지
도 말라
26 발람이 발락에게 대답하여 이르
되 내가 (當身)당신에게 말하여 이
르기를 여호와께서 말씀하신 것은
내가 그대로 하지 않을 수 없다고
하지 아니하더이까

발람의 세 번째 예언

27 ●발락이 발람에게 또 이르되 오
라 내가 너를 다른 곳으로 인도하
리니 네가 거기서 나를 위하여 그
들을 저주하기를 하나님이 (或是)
혹시 기뻐하시리라 하고
28 발락이 발람을 인도하여 [1](曠野)
광야가 내려다 보이는 브올 산 꼭
대기에 이르니
29 발람이 발락에게 이르되 나를 위
하여 여기 일곱 (祭壇)제단을 쌓고
거기 수송아지 일곱 마리와 숫양
일곱 마리를 (準備)준비하소서
30 발락이 발람의 말대로 (行)행하여
각 제단에 수송아지와 숫양을 드
리니라

24 발람이 자기가 이스라엘을
축복하는 것을 여호와께서
(善)선히 여기심을 보고 전과 같이
(占術)점술을 쓰지 아니하고 그의
낯을 광야로 향하여
2 눈을 들어 이스라엘이 그 지파대
로 천막 친 것을 보는데 그 때에 하
나님의 (靈)영이 그 위에 임하신지
라
3 그가 예언을 전하여 말하되
브올의 아들 발람이 말하며 눈을
[2]감았던 자가 말하며
4 하나님의 말씀을 듣는 자, 전능
자의 (幻像)환상을 보는 자, 엎
드려서 눈을 뜬 자가 말하기를
5 야곱이여 네 장막들이, 이스라엘
이여 네 (居處)거처들이 어찌 그
리 아름다운고
6 그 벌어짐이 골짜기 같고 강 가
의 동산 같으며 여호와께서 심으
신 (沈香木)침향목들 같고 물 가
의 백향목들 같도다
7 그 물통에서는 물이 넘치겠고 그
씨는 많은 물 가에 있으리로다
그의 왕이 아각보다 높으니 그의
나라가 (興旺)흥왕하리로다
8 하나님이 그를 애굽에서 인도하
여 내셨으니 그 힘이 들소와 같
도다 그의 (敵國)적국을 삼키고
그들의 뼈를 꺾으며 화살로 쏘아
꿰뚫으리로다
9 꿇어 앉고 누움이 수사자와 같고
암사자와도 같으니 일으킬 자 누
구이랴 너를 (祝福)축복하는 자
마다 복을 받을 것이요 너를 저주
하는 자마다 저주를 받을지로다

발람의 마지막 예언

10 ●발락이 발람에게 노하여 손뼉을
치며 말하되 내가 그대를 부른 것
은 내 (怨讐)원수를 (詛呪)저주하
라는 것이어늘 그대가 이같이 세
번 그들을 축복하였도다
11 그러므로 그대는 이제 그대의 곳
으로 달아나라 내가 그대를 높여
심히 (尊貴)존귀하게 하기로 뜻하
였더니 여호와께서 그대를 막아

1) 여시몬 2) 뜬 자

존귀하지 못하게 하셨도다
12 발람이 발락에게 이르되 당신이
내게 보낸 (使臣)사신들에게 내가
말하여 이르지 아니하였나이까
13 가령 발락이 그 집에 가득한 은
금을 내게 줄지라도 나는 여호와
의 말씀을 어기고 (善惡間)선악간
에 내 마음대로 행하지 못하고 여
호와께서 말씀하신 대로 말하리라
하지 아니하였나이까
14 이제 나는 내 백성에게로 돌아가
거니와 들으소서 내가 이 백성이
(後日)후일에 당신의 백성에게 어
떻게 할지를 당신에게 말하리이다
하고
15 (預言)예언하여 이르기를
브올의 아들 발람이 말하며 눈을
[1]감았던 자가 말하며
16 하나님의 말씀을 듣는 자가 말하
며 지극히 높으신 자의 (知識)지
식을 아는 자, 전능자의 (幻像)
환상을 보는 자, 엎드려서 눈을
뜬 자가 말하기를
17 내가 그를 보아도 이 때의 일이
아니며 내가 그를 바라보아도 가
까운 일이 아니로다 한 별이 야곱
에게서 나오며 한 규가 이스라엘
에게서 일어나서 모압을 이쪽에
서 저쪽까지 쳐서 무찌르고 또 셋
의 자식들을 다 (滅)멸하리로다
18 그의 원수 에돔은 그들의 유산이
되며 그의 원수 세일도 그들의
(遺産)유산이 되고 그와 동시에
이스라엘은 용감히 행동하리로
다
19 주권자가 야곱에게서 나서 남은
자들을 그 성읍에서 (滅絕)멸절
하리로다
하고
20 또 아말렉을 바라보며 예언하여
이르기를
아말렉은 민족들의 으뜸이나 그
의 (終末)종말은 멸망에 이르리
로다
하고
21 또 겐 족속을 바라보며 예언하여
이르기를
네 거처가 (堅固)견고하고 네 보
금자리는 바위에 있도다
22 그러나 가인이 (衰弱)쇠약하리
니 나중에는 앗수르의 포로가 되
리로다
하고
23 또 예언하여 이르기를
슬프다 하나님이 이 일을 (行)행
하시리니 그 때에 살 자가 누구
이랴
24 깃딤 (海邊)해변에서 배들이 와
서 앗수르를 (虐待)학대하며 에
벨을 괴롭힐 것이나 그도 멸망하
리로다
하고
25 발람이 일어나 (自己)자기 곳으로
돌아가고 발락도 자기 길로 갔더
라

브올에서 생긴 일

25 이스라엘이 싯딤에 머물러
있더니 그 백성이 모압 여자
들과 (淫行)음행하기를 시작하니라

1) 뜬 자

2 그 여자들이 자기 신들에게 제사
할 때에 이스라엘 백성을 청하매
백성이 먹고 그들의 신들에게 절
하므로
3 이스라엘이 바알브올에게 (加擔)
가담한지라 여호와께서 이스라엘
에게 진노하시니라
4 여호와께서 모세에게 이르시되 백
성의 수령들을 잡아 태양을 향하
여 여호와 앞에 목매어 달라 그리
하면 여호와의 (震怒)진노가 이스
라엘에게서 떠나리라
5 모세가 이스라엘 재판관들에게 이
르되 너희는 각각 바알브올에게
(加擔)가담한 사람들을 죽이라 하
니라
6 ●이스라엘 자손의 온 회중이 (會
幕門)회막문에서 울 때에 이스라
엘 자손 한 사람이 모세와 온 회중
의 눈앞에 미디안의 한 여인을 데
리고 그의 형제에게로 온지라
7 제사장 아론의 (孫子)손자 엘르아
살의 아들 비느하스가 보고 회중
가운데에서 일어나 손에 (槍)창을
들고
8 그 이스라엘 남자를 따라 그의 (幕
舍)막사에 들어가 이스라엘 남자
와 그 여인의 배를 꿰뚫어서 두 사
람을 죽이니 염병이 이스라엘 자
손에게서 그쳤더라
9 그 (染病)염병으로 죽은 자가 이만
사천 명이었더라
10 ●여호와께서 모세에게 말씀하여
이르시되
11 제사장 아론의 손자 엘르아살의
아들 비느하스가 내 (嫉妬心)질
투심으로 질투하여 이스라엘 자손
중에서 내 노를 돌이켜서 내 질투
심으로 그들을 (消滅)소멸하지 않
게 하였도다
12 그러므로 말하라 내가 그에게 내
평화의 (言約)언약을 주리니
13 그와 그의 후손에게 영원한 제사
장 직분의 언약이라 그가 그의 하
나님을 위하여 질투하여 이스라엘
자손을 (贖罪)속죄하였음이니라
14 ●죽임을 당한 이스라엘 남자 곧
미디안 여인과 함께 죽임을 당한
자의 이름은 시므리니 살루의 아
들이요 시므온인의 조상의 가문
중 한 (指導者)지도자이며
15 죽임을 당한 미디안 여인의 이름
은 고스비이니 수르의 딸이라 수
르는 미디안 백성의 한 조상의 가
문의 (首領)수령이었더라
16 ●여호와께서 모세에게 말씀하여
이르시되
17 미디안인들을 (對敵)대적하여 그
들을 치라
18 이는 그들이 속임수로 너희를 대
적하되 브올의 일과 미디안 지휘
관의 딸 곧 브올의 일로 염병이 일
어난 날에 죽임을 당한 그들의 자
매 고스비의 사건으로 너희를 (誘
惑)유혹하였음이니라

두 번째 인구 조사

26 염병 후에 여호와께서 모세
와 (祭司長)제사장 아론의
아들 엘르아살에게 말씀하여 이르
시되

2 이스라엘 자손의 온 회중의 총수
를 그들의 조상의 가문을 따라 조
사하되 이스라엘 중에 이십 세 이
상으로 능히 전쟁에 나갈 만한 모
든 자를 (計數)계수하라 하시니
3 모세와 제사장 엘르아살이 여리고
맞은편 요단 가 모압 (平地)평지에
서 그들에게 (傳)전하여 이르되
4 여호와께서 애굽 땅에서 나온 모
세와 이스라엘 자손에게 (命令)명
령하신 대로 너희는 이십 세 이상
된 자를 계수하라 하니라
5 ●이스라엘의 (長子)장자는 르우
벤이라 르우벤 자손은 하녹에게서
난 하녹 종족과 발루에게서 난 발
루 종족과
6 헤스론에게서 난 헤스론 (宗族)종
족과 갈미에게서 난 갈미 종족이니
7 이는 르우벤 종족들이라 (計數)계
수된 자가 사만 삼천칠백삼십 명
이었더라
8 발루의 아들은 엘리압이요
9 엘리압의 아들은 느무엘과 다단과
아비람이라 이 다단과 아비람은
회중 가운데서 부름을 받은 자들
이니 고라의 무리에 들어가서 모
세와 아론을 거슬러 여호와께 (叛
逆)반역할 때에
10 땅이 그 입을 벌려서 그 무리와 고
라를 삼키매 그들이 죽었고 (當時)
당시에 불이 이백오십 명을 삼켜
(徵表)징표가 되게 하였으나
11 고라의 아들들은 죽지 아니하였더라

1) 창 46:10; 출 6:15, 여므엘 2) 대상 4:24, 야립 3) 창 46:10, 소할 4) 창 46:16, 시본 5) 창 46:16, 에스본 6) 창 46:16, 아로디

12 ●시므온 (子孫)자손의 종족들은
이러하니 [1]느무엘에게서 난 느무
엘 종족과 야민에게서 난 야민 종
족과 [2]야긴에게서 난 야긴 종족과
13 [3]세라에게서 난 세라 (宗族)종족
과 사울에게서 난 사울 종족이라
14 이는 시므온의 종족들이니 (計數)
계수된 자가 이만 이천이백 명이
었더라
15 ●갓 (子孫)자손의 종족들은 이러
하니 [4]스본에게서 난 스본 종족과
학기에게서 난 학기 종족과 수니
에게서 난 수니 종족과
16 [5]오스니에게서 난 오스니 (宗族)종
족과 에리에게서 난 에리 종족과
17 [6]아롯에게서 난 아롯 (宗族)종족
과 아렐리에게서 난 아렐리 종족
이라
18 이는 갓 자손의 종족들이니 (計數)
계수된 자가 사만 오백 명이었더라
19 ●유다의 아들들은 에르와 오난이
라 이 에르와 오난은 가나안 땅에
서 죽었고
20 유다 (子孫)자손의 종족들은 이러
하니 셀라에게서 난 셀라 종족과
베레스에게서 난 베레스 종족과
세라에게서 난 세라 종족이며
21 또 베레스 자손은 이러하니 헤스
론에게서 난 헤스론 (宗族)종족과
하물에게서 난 하물 종족이라
22 이는 유다 종족들이니 (計數)계수
된 자가 칠만 육천오백 명이었더라
23 ●잇사갈 (子孫)자손의 종족들은
이러하니 돌라에게서 난 돌라 종
족과 부와에게서 난 부니 종족과

24 [1]야숩에게서 난 야숩 (宗族)종족
과 시므론에게서 난 시므론 종족
이라
25 이는 잇사갈 종족들이니 (計數)계
수된 자가 육만 사천삼백 명이었
더라
26 ●스불론 (子孫)자손의 종족들은
이러하니 세렛에게서 난 세렛 종
족과 엘론에게서 난 엘론 종족과
얄르엘에게서 난 얄르엘 종족이라
27 이는 스불론 종족들이니 (計數)계
수된 자가 육만 오백 명이었더라
28 ●요셉의 아들들의 (宗族)종족들
은 므낫세와 에브라임이요
29 므낫세의 (子孫)자손 중 마길에게
서 난 자손은 마길 종족이라 마길
이 길르앗을 낳았고 길르앗에게서
난 자손은 길르앗 종족이라
30 길르앗 (子孫)자손은 이러하니 이
에셀에게서 난 이에셀 종족과 헬
렉에게서 난 헬렉 종족과
31 아스리엘에게서 난 아스리엘 (宗
族)종족과 세겜에게서 난 세겜 종
족과
32 스미다에게서 난 스미다 (宗族)종
족과 헤벨에게서 난 헤벨 종족이며
33 헤벨의 아들 슬로브핫은 아들이
없고 딸뿐이라 그 딸의 이름은 말
라와 노아와 호글라와 밀가와 디
르사니
34 이는 므낫세의 종족들이라 (計數)
계수된 자가 오만 이천칠백 명이
었더라
35 ●에브라임 자손의 (宗族)종족들
은 이러하니 수델라에게서 난 수
델라 종족과 [2]베겔에게서 난 베겔
종족과 다한에게서 난 다한 종족
이며
36 수델라 (子孫)자손은 이러하니 에
란에게서 난 에란 종족이라
37 이는 에브라임 자손의 종족들이
니 계수된 자가 삼만 이천오백 명
이라 (以上)이상은 그 종족을 따른
요셉 자손이었더라
38 ●베냐민 (子孫)자손의 종족들은
이러하니 벨라에게서 난 벨라 종
족과 아스벨에게서 난 아스벨 종
족과 [3]아히람에게서 난 아히람 종
족과
39 [4]스부밤에게서 난 스부밤 (宗族)
종족과 후밤에게서 난 후밤 종족
이며
40 벨라의 아들들은 [5]아릇과 나아만
이라 아릇에게서 아릇 (宗族)종족
과 나아만에게서 나아만 종족이
났으니
41 이는 그들의 종족을 따른 베냐민
(子孫)자손이라 계수된 자가 사만
오천육백 명이었더라
42 ●단 (子孫)자손의 종족들은 이러
하니라 [6]수함에게서 수함 종족이
났으니 이는 그들의 종족을 따른
단 종족들이라
43 수함 모든 종족의 (計數)계수된 자
가 육만 사천사백 명이었더라
44 ●아셀 (子孫)자손의 종족들은 이
러하니 임나에게서 난 임나 종족
과 이스위에게서 난 이스위 종족

1) 창 46:13, 욥 2) 대상 7:20, 베렛 3) 대상 8:1, 아하라, 창 46:21, 에히 4) 창 46:21, 뭅빔과 훕빔 5) 대상 8:3, 앗달 6) 창 46:23, 후심

과 브리아에게서 난 브리아 종족
이며
45 브리아의 (子孫)자손 (中)중 헤벨
에게서 난 헤벨 종족과 말기엘에
게서 난 말기엘 종족이며
46 아셀의 딸의 이름은 세라라
47 이는 아셀 자손의 (宗族)종족들이
니 계수된 자가 오만 삼천사백 명
이었더라
48 ●납달리 (子孫)자손은 그들의 종
족대로 이러하니 야셀에게서 난
야셀 종족과 구니에게서 난 구니
종족과
49 예셀에게서 난 예셀 (宗族)종족과
실렘에게서 난 실렘 종족이라
50 이는 그들의 종족을 따른 납달리
종족들이니 (計數)계수된 자가 사
만 오천사백 명이었더라
51 ●이스라엘 자손의 (計數)계수된 자
가 육십만 천칠백삼십 명이었더라
52 ●여호와께서 모세에게 말씀하여
이르시되
53 이 (名數)명수대로 땅을 나눠 주어
기업을 삼게 하라
54 (數)수가 많은 자에게는 기업(基
業)을 많이 줄 것이요 수가 적은
자에게는 기업을 적게 줄 것이니
그들이 계수된 수대로 각기 기업
을 주되
55 오직 그 땅을 제비 뽑아 나누어 그
들의 조상 (支派)지파의 이름을 따
라 얻게 할지니라
56 그 (多少)다소를 막론하고 그들의
기업을 제비 뽑아 나눌지니라
57 ●레위(人)인으로 계수된 (者)자
들의 종족들은 이러하니 게르손에
게서 난 게르손 종족과 고핫에게
서 난 고핫 종족과 므라리에게서
난 므라리 종족이며
58 레위 (宗族)종족들은 이러하니 립
니 종족과 헤브론 종족과 말리 종
족과 무시 종족과 고라 종족이라
고핫은 아므람을 낳았으며
59 아므람의 (妻)처의 이름은 요게벳
이니 레위의 딸이요 애굽에서 레
위에게서 난 자라 그가 아므람에
게서 아론과 모세와 그의 누이 미
리암을 낳았고
60 아론에게서는 나답과 아비후와 엘
르아살과 이다말이 났더니
61 나답과 아비후는 다른 불을 여호
와 앞에 드리다가 죽었더라
62 일 개월 이상으로 계수된 레위인
의 모든 남자는 이만 삼천 명이었
더라 그들은 이스라엘 자손 중 계
수에 들지 아니하였으니 이는 이
스라엘 자손 중에서 그들에게 준
(基業)기업이 없음이었더라
63 ●이는 모세와 제사장 엘르아살이
계수한 자라 그들이 여리고 맞은
편 요단 가 모압 평지에서 이스라
엘 자손을 (計數)계수한 중에는
64 모세와 제사장 아론이 시내 광야
에서 (計數)계수한 이스라엘 자손
은 한 사람도 들지 못하였으니
65 이는 여호와께서 그들에게 대하여
말씀하시기를 그들이 반드시 (曠
野)광야에서 죽으리라 하셨음이라
이러므로 여분네의 아들 갈렙과
눈의 아들 여호수아 외에는 한 사

람도 남지 아니하였더라

슬로브핫의 딸들

27 요셉의 아들 므낫세 종족들
에게 므낫세의 (玄孫)현손
마길의 (曾孫)증손 길르앗의 손
자 헤벨의 아들 슬로브핫의 딸들
이 찾아왔으니 그의 딸들의 이름
은 말라와 노아와 호글라와 밀가
와 디르사라
2 그들이 (會幕)회막 문에서 모세와
제사장 엘르아살과 지휘관들과 온
회중 앞에 서서 이르되
3 우리 아버지가 (曠野)광야에서 죽
었으나 여호와를 거슬러 모인 고
라의 무리에 들지 아니하고 자기
죄로 죽었고 아들이 없나이다
4 어찌하여 아들이 없다고 우리 아
버지의 이름이 그의 종족 중에서
(削除)삭제되리이까 우리 아버지
의 형제 중에서 우리에게 기업을
주소서 하매
5 모세가 그 (事緣)사연을 여호와께
아뢰니라
6 ●여호와께서 모세에게 말씀하여
이르시되
7 슬로브핫 딸들의 말이 옳으니 너
는 반드시 그들의 아버지의 형제
중에서 그들에게 (基業)기업을 주
어 받게 하되 그들의 아버지의 기
업을 그들에게 돌릴지니라
8 너는 이스라엘 (子孫)자손에게 말
하여 이르기를 사람이 죽고 아들
이 없으면 그의 기업을 그의 딸에
게 돌릴 것이요
9 딸도 없으면 그의 기업을 그의 (兄
弟)형제에게 줄 것이요
10 형제도 없으면 그의 (基業)기업을
그의 아버지의 형제에게 줄 것이요
11 그의 아버지의 형제도 없으면 그
의 기업을 가장 가까운 친족에게
주어 받게 할지니라 하고 나 여호
와가 너 모세에게 명령한 대로 이
스라엘 자손에게 (判決)판결의 규
례가 되게 할지니라

모세의 후계자 여호수아(신 31:1-8)

12 ●여호와께서 모세에게 이르시되
너는 이 아바림 (山)산에 올라가서
내가 이스라엘 자손에게 준 땅을
바라보라
13 본 후에는 네 형 아론이 돌아간 것
같이 너도 [1](祖上)조상에게로 돌아
가리니
14 이는 신 광야에서 회중이 (紛爭)분
쟁할 때에 너희가 내 명령을 거역
하고 그 물 가에서 내 거룩함을 그
들의 목전에 나타내지 아니하였음
이니라 이 물은 신 광야 가데스의
므리바 물이니라
15 모세가 여호와께 여짜와 이르되
16 여호와, 모든 (肉體)육체의 생명의
하나님이시여 원하건대 한 사람을
이 회중 위에 세워서
17 그로 그들 앞에 (出入)출입하며 그
들을 인도하여 출입하게 하사 여
호와의 회중이 목자 없는 양과 같
이 되지 않게 하옵소서
18 여호와께서 모세에게 이르시되 눈
의 아들 여호수아는 그 안에 영이
머무는 자니 너는 데려다가 그에

1) 백성

게 (按手)안수하고
19 그를 제사장 엘르아살과 온 회중
앞에 세우고 그들의 목전에서 그
에게 (委託)위탁하여
20 네 (尊貴)존귀를 그에게 돌려 이스
라엘 자손의 온 회중을 그에게 (服
從)복종하게 하라
21 그는 제사장 엘르아살 앞에 설 것
이요 엘르아살은 그를 위하여 우림
의 판결로써 여호와 앞에 물을 것
이며 그와 온 이스라엘 (尊貴)자손
곧 온 (會衆)회중은 엘르아살의 말
을 따라 나가며 들어올 것이니라
22 모세가 여호와께서 자기에게 명령
하신 대로 하여 여호수아를 데려
다가 제사장 엘르아살과 온 회중
앞에 세우고
23 그에게 (按手)안수하여 (委託)위
탁하되 여호와께서 모세에게 명령
하신 대로 하였더라

날마다 바치는 번제물(출 29:38-46)

28 여호와께서 모세에게 말씀하
여 이르시되
2 이스라엘 자손에게 명령하여 그들
에게 이르라 내 (獻物)헌물, 내 음
식인 (火祭物)화제물 내 향기로운
것은 너희가 그 정한 시기에 삼가
내게 바칠지니라
3 또 그들에게 이르라 너희가 여호
와께 드릴 화제는 이러하니 일 년
되고 흠 없는 숫양을 매일 두 마리
씩 (常燔祭)상번제로 드리되
4 어린 (羊)양 한 마리는 아침에 드
리고 어린 양 한 마리는 해 질 때에
드릴 것이요
5 또 고운 가루 십분의 일 에바에 빻
아 낸 기름 사분의 일 힌을 섞어서
(素祭)소제로 드릴 것이니
6 이는 시내 산에서 정한 상번제로
서 여호와께 드리는 (香氣)향기로
운 화제며
7 또 그 전제는 어린 양 한 마리에 사
분의 일 힌을 드리되 거룩한 곳에
서 여호와께 독주의 (奠祭)전제를
부어 드릴 것이며
8 해 질 때에는 두 번째 어린 (羊)양
을 드리되 아침에 드린 소제와 전
제와 같이 여호와께 향기로운 화
제로 드릴 것이니라

안식일

9 ●안식일에는 일 년 되고 흠 없는
숫양 두 마리와 고운 가루 십분의
이에 기름 섞은 (素祭)소제와 그
전제를 드릴 것이니
10 이는 상번제와 그 전제 외에 매
(安息日)안식일의 번제니라

초하루

11 ●(初)초하루에는 수송아지 두 마
리와 숫양 한 마리와 일 년 되고 흠
없는 숫양 일곱 마리로 여호와께
번제를 드리되
12 (每)매 수송아지에는 고운 가루 십
분의 삼에 기름 섞은 소제와 숫양
한 마리에는 고운 가루 십분의 이
에 기름 섞은 소제와
13 매 어린 양에는 고운 가루 십분의
일에 기름 섞은 소제를 향기로운
번제로 여호와께 화제를 드릴 것
이며
14 그 (奠祭)전제는 수송아지 한 마리

에 포도주 반 힌이요 숫양 한 마리
에 삼분의 일 힌이요 어린 양 한 마
리에 사분의 일 힌이니 이는 일 년
중 매월 초하루의 (燔祭)번제며
15 또 상번제와 그 (奠祭)전제 외에
숫염소 한 마리를 속죄제로 여호
와께 드릴 것이니라

유월절(레 23:5-14)

16 ●첫째 달 열넷째 날은 여호와를
위하여 지킬 (逾越節)유월절이며
17 또 그 달 열다섯째 날부터는 명절
이니 이레 동안 (無酵餅)무교병을
먹을 것이며
18 그 첫날에는 (奠祭)성회로 모일 것
이요 아무 일도 하지 말 것이며
19 수송아지 두 마리와 숫양 한 마리
와 일 년 된 숫양 일곱 마리를 다
(欠)흠 없는 것으로 여호와께 (火
祭)화제를 드려 번제가 되게 할 것
이며
20 그 소제로는 고운 가루에 기름을
섞어서 쓰되 수송아지 한 마리에
는 십분의 삼이요 숫(羊)양 한 마
리에는 십분의 이를 드리고
21 어린 양 일곱에는 어린 양 한 마리
마다 (十分)십분의 (一)일을 드릴
것이며
22 또 너희를 속죄하기 위하여 숫염
소 한 마리로 (贖罪祭)속죄제를
드리되
23 아침의 번제 곧 (常燔祭)상번제
외에 그것들을 드릴 것이니라
24 너희는 이 (順序)순서대로 이레 동
안 매일 여호와께 향기로운 화제
의 음식을 드리되 상번제와 그 전
제 외에 드릴 것이며
25 일곱째 날에는 (聖會)성회로 모일
것이요 아무 일도 하지 말 것이니라

칠칠절

26 ●(七七節)칠칠절 처음 익은 열매
를 드리는 날에 너희가 여호와께
새 (素祭)소제를 드릴 때에도 (聖
會)성회로 모일 것이요 아무 일도
하지 말 것이며
27 수송아지 두 마리와 숫양 한 마리
와 일 년 된 숫양 일곱 마리로 여호
와께 (香氣)향기로운 (燔祭)번제
를 드릴 것이며
28 그 (素祭)소제로는 고운 가루에 기
름을 섞어서 쓰되 수송아지 한 마
리마다 십분의 삼이요 숫양 한 마
리에는 십분의 이요
29 어린 (羊)양 일곱 마리에는 어린
양 한 마리마다 십분의 일을 드릴
것이며
30 또 너희를 (贖罪)속죄하기 위하여
숫염소 한 마리를 드리되
31 너희는 다 (欠)흠 없는 것으로 상
번제와 그 소제와 전제 외에 그것
들을 드릴 것이니라

일곱째 달 초하루(레 23:23-25)

29 일곱째 달에 이르러는 그 달
초하루에 성회로 모이고 아
무 (勞動)노동도 하지 말라 이는
너희가 나팔을 불 날이니라
2 너희는 수송아지 한 마리와 숫양
한 마리와 일 년 되고 흠 없는 숫양
일곱 마리를 여호와께 (香氣)향기
로운 번제로 드릴 것이며
3 그 (素祭)소제로는 고운 가루에 기

름을 섞어서 쓰되 수송아지에는
십분의 삼이요 숫양에는 십분의
이요
4 어린 양 일곱 마리에는 어린 양 한
마리마다 (十分)십분의 (一)일을
드릴 것이며
5 또 너희를 속죄하기 (爲)위하여 숫
염소 한 마리로 속죄제를 드리되
6 그 달의 번제와 그 소제와 (常燔祭)
상번제와 그 소제와 그 전제 외에
그 규례를 따라 향기로운 냄새로
화제를 여호와께 드릴 것이니라

속죄일(레 23:26-32)

7 ●일곱째 달 열흘 날에는 너희가
(聖會)성회로 모일 것이요 너희의
(心靈)심령을 괴롭게 하며 아무 일
도 하지 말 것이니라
8 너희는 수송아지 한 마리와 숫양
한 마리와 일 년 된 숫양 일곱 마리
를 다 흠 없는 것으로 여호와께 향
기로운 (燔祭)번제를 드릴 것이며
9 그 (素祭)소제로는 고운 가루에 기
름을 섞어서 쓰되 수송아지 한 마
리에는 십분의 삼이요 숫양 한 마
리에는 십분의 이요
10 어린 (羊)양 일곱 마리에는 어린
양 한 마리마다 십분의 일을 드릴
것이며
11 속죄제와 상번제와 그 소제와 그
(奠祭)전제 외에 숫염소 한 마리를
속죄제로 드릴 것이니라

장막절(레 23:33-44)

12 ●일곱째 달 열다섯째 날에는 너
희가 (聖會)성회로 모일 것이요 아
무 일도 하지 말 것이며 이레 동안
여호와 앞에 (節期)절기를 지킬 것
이라
13 너희 번제로 여호와께 향기로운
(火祭)화제를 드리되 수송아지 열
세 마리와 숫양 두 마리와 일 년 된
숫양 열네 마리를 다 흠 없는 것으
로 드릴 것이며
14 그 소제로는 고운 가루에 기름을
섞어서 수송아지 열세 마리에는
각기 십분의 삼이요 숫(羊)양 두
마리에는 각기 십분의 이요
15 어린 양 열네 마리에는 (各其)각기
십분의 일을 드릴 것이며
16 상번제와 그 소제와 그 전제 외에
숫염소 한 마리를 (贖罪祭)속죄제
로 드릴 것이니라
17 ●둘째 날에는 수송아지 열두 마
리와 숫양 두 마리와 (一 年)일 년
되고 흠 없는 숫양 열네 마리를 드
릴 것이며
18 그 소제와 전제는 수송아지와 숫
양과 어린 양의 수효를 따라서 (規
例)규례대로 할 것이며
19 (常燔祭)상번제와 그 소제와 그
전제 외에 숫염소 한 마리를 속죄
제로 드릴 것이니라
20 ●셋째 날에는 수송아지 열한 마
리와 숫(羊)양 두 마리와 일 년 되
고 흠 없는 숫양 열네 마리를 드릴
것이며
21 그 소제와 전제는 수송아지와 숫
양과 어린 양의 (數爻)수효를 따라
서 규례대로 할 것이며
22 상번제와 그 소제와 그 전제 외에
숫염소 한 마리를 (贖罪祭)속죄제

로 드릴 것이니라
23 ●넷째 날에는 수송아지 열 마리
와 숫양 두 마리와 일 년 되고 (欠)
흠 없는 숫양 열네 마리를 드릴 것
이며
24 그 소제와 전제는 수송아지와 숫
양과 어린 양의 수효를 따라 (規
例)규례대로 할 것이며
25 상번제와 그 소제와 그 전제 외에
숫염소 한 마리를 (贖罪祭)속죄제
로 드릴 것이니라
26 ●다섯째 날에는 수송아지 아홉
마리와 숫(羊)양 두 마리와 일 년
되고 흠 없는 숫양 열네 마리를 드
릴 것이며
27 그 (素祭)소제와 전제는 수송아지
와 숫양과 어린 양의 수효를 따라
서 규례대로 할 것이며
28 상번제와 그 소제와 그 (奠祭)전제
외에 숫염소 한 마리를 속죄제로
드릴 것이니라
29 ●여섯째 날에는 수송아지 여덟
마리와 숫양 두 마리와 일 년 되고
(欠)흠 없는 숫양 열네 마리를 드
릴 것이며
30 그 소제와 전제는 수송아지와 숫
양과 어린 양의 (數爻)수효를 따라
서 규례대로 할 것이며
31 (常燔祭)상번제와 그 소제와 그
전제 외에 숫염소 한 마리를 속죄
제로 드릴 것이니라
32 ●일곱째 날에는 수송아지 일곱
마리와 숫양 두 마리와 (一 年)일
년 되고 흠 없는 숫양 열네 마리를
드릴 것이며
33 그 소제와 전제는 수송아지와 숫
양과 어린 양의 수효를 따라 (規
例)규례대로 할 것이며
34 상번제와 그 소제와 그 전제 (外)
외에 숫염소 한 마리를 속죄제로
드릴 것이니라
35 ●여덟째 날에는 (莊嚴)장엄한
(大會)대회로 모일 것이요 아무 일
도 하지 말 것이며
36 번제로 여호와께 향기로운 (火祭)
화제를 드리되 수송아지 한 마리와
숫양 한 마리와 일 년 되고 흠 없는
숫양 일곱 마리를 드릴 것이며
37 그 소제와 전제는 수송아지와 숫
양과 어린 (羊)양의 수효를 따라
규례대로 할 것이며
38 상번제와 그 소제와 그 전제 외에
숫염소 한 마리를 (贖罪祭)속죄제
로 드릴 것이니라
39 ●너희가 이 절기를 당하거든 여
호와께 이같이 드릴지니 이는 너
희의 서원제나 (樂獻祭)낙헌제로
드리는 번제, 소제, 전제, 화목제
외에 드릴 것이니라
40 모세가 여호와께서 모세에게 명령
하신 모든 일을 이스라엘 (子孫)자
손에게 말하니라

여호와께 서원한 것

30 모세가 이스라엘 자손 지파의
(首領)수령들에게 말하여 이
르되 여호와의 명령이 이러하니라
2 사람이 여호와께 (誓願)서원하였
거나 결심하고 서약하였으면 깨뜨
리지 말고 그가 입으로 말한 대로
다 (履行)이행할 것이니라

3 또 여자가 만일 어려서 그 아버지
집에 있을 때에 여호와께 서원한
일이나 스스로 (決心)결심하려고
한 일이 있다고 하자
4 그의 아버지가 그의 서원이나 그
가 결심한 (誓約)서약을 듣고도 그
에게 아무 말이 없으면 그의 모든
서원을 행할 것이요 그가 결심한
서약을 지킬 것이니라
5 그러나 그의 아버지가 그것을 듣
는 날에 (許諾)허락하지 아니하면
그의 서원과 결심한 서약을 이루
지 못할 것이니 그의 아버지가 허
락하지 아니하였은즉 여호와께서
(赦)사하시리라
6 ●또 혹시 남편을 맞을 때에 서원
이나 결심한 서약을 (輕率)경솔하
게 그의 입술로 말하였으면
7 그의 남편이 그것을 듣고 그 듣는
날에 그에게 아무 말이 없으면 그
(誓願)서원을 이행할 것이요 그가
결심한 서약을 지킬 것이니라
8 그러나 그의 남편이 그것을 듣는
날에 허락하지 아니하면 그 서원
과 결심하려고 경솔하게 입술로
말한 서약은 (無效)무효가 될 것이
니 여호와께서 그 여자를 사하시
리라
9 ●(寡婦)과부나 이혼 당한 여자의
서원이나 그가 결심한 모든 서약
은 지킬 것이니라
10 (婦女)부녀가 혹시 그의 남편의 집
에서 서원을 하였다든지 결심하고
서약을 하였다 하자

1) 히, 백성

11 그의 (男便)남편이 그것을 듣고도
아무 말이 없고 (禁)금하지 않으면
그 서원은 다 이행할 것이요 그가
결심한 서약은 다 지킬 것이니라
12 그러나 그의 남편이 그것을 듣는
날에 (無效)무효하게 하면 그 서원
과 결심한 일에 대하여 입술로 말
한 것을 아무것도 이루지 못하나
니 그의 남편이 그것을 무효하게
하였은즉 여호와께서 그 부녀를
사하시느니라
13 ●모든 서원과 마음을 (自制)자제
하기로 한 모든 서약은 그의 남편
이 그것을 지키게도 할 수 있고 무
효하게도 할 수 있으니
14 그의 남편이 여러 날이 지나도록
말이 없으면 아내의 서원과 스스
로 (決心)결심한 일을 지키게 하는
것이니 이는 그가 그것을 들을 때
에 그의 아내에게 아무 말도 아니
하였으므로 지키게 됨이니라
15 그러나 그의 남편이 들은 지 얼마
후에 그것을 무효하게 하면 그가 아
내의 죄를 (擔當)담당할 것이니라
16 이는 여호와께서 모세에게 명령하
신 (規例)규례니 남편이 아내에게,
아버지가 자기 집에 있는 어린 딸
에 대한 것이니라

미디안에게 여호와의 원수를 갚다

31 여호와께서 모세에게 말씀하
여 이르시되
2 이스라엘 자손의 원수를 미디안에
게 갚으라 그 후에 네가 네 [1](祖上)
조상에게로 돌아가리라
3 모세가 백성에게 말하여 이르되

너와 함께 있는 사람들 가운데서
전쟁에 나갈 사람들을 (武裝)무장
시키고 미디안을 치러 보내어 여
호와의 원수를 갚되
4 이스라엘 모든 지파에게 각 지파
에서 천 명씩을 (戰爭)전쟁에 보낼
지니라 하매
5 각 지파에서 천 명씩 이스라엘 [1]백
만 명 중에서 만 이천 명을 (擇)택
하여 무장을 시킨지라
6 모세가 각 지파에 천 명씩 싸움에
보내되 제사장 엘르아살의 아들
비느하스에게 (聖所)성소의 (器
具)기구와 (信號)신호 나팔을 들
려서 그들과 함께 전쟁에 보내매
7 그들이 여호와께서 모세에게 (命
令)명령하신 대로 미디안을 쳐서
남자를 다 죽였고
8 그 죽인 자 외에 미디안의 다섯
(王)왕을 죽였으니 미디안의 왕들
은 에위와 레겜과 수르와 후르와
레바이며 또 브올의 아들 발람을
칼로 죽였더라
9 이스라엘 자손이 미디안의 부녀
들과 그들의 아이들을 사로잡고
그들의 가축과 양 떼와 재물을 다
(奪取)탈취하고
10 그들이 (居處)거처하는 성읍들과
촌락을 다 불사르고
11 탈취한 것, (擄掠)노략한 것, 사람
과 짐승을 다 빼앗으니라
12 그들이 사로잡은 자와 노략한 것
과 탈취한 것을 가지고 여리고 맞
은편 요단 강 가 모압 평지의 진영
에 이르러 모세와 제사장 엘르아
살과 이스라엘 자손의 (會衆)회중
에게로 나아오니라

군대가 이기고 돌아오다

13 ●모세와 제사장 엘르아살과 회중
의 지도자들이 다 진영 밖에 나가
서 (迎接)영접하다가
14 모세가 군대의 지휘관 곧 싸움에
서 돌아온 (千夫長)천부장들과
(百夫長)백부장들에게 노하니라
15 모세가 그들에게 이르되 너희가
(女子)여자들을 다 살려두었느냐
16 보라 이들이 발람의 꾀를 따라 이
스라엘 자손을 브올의 사건에서
여호와 앞에 (犯罪)범죄하게 하여
여호와의 회중 가운데에 염병이
일어나게 하였느니라
17 그러므로 아이들 중에서 남자는
다 죽이고 남자와 (同寢)동침하여
사내를 아는 여자도 다 죽이고
18 남자와 동침하지 아니하여 사내를
알지 못하는 여자들은 다 너희를
(爲)위하여 살려둘 것이니라
19 너희는 이레 동안 진영 밖에 (駐
屯)주둔하라 누구든지 살인자나
죽임을 당한 사체를 만진 자는 셋
째 날과 일곱째 날에 몸을 깨끗하
게 하고 너희의 포로도 깨끗하게
할 것이며
20 모든 (衣服)의복과 가죽으로 만든
모든 것과 염소털로 만든 모든 것
과 나무로 만든 모든 것을 다 깨끗
하게 할지니라
21 ●제사장 엘르아살이 싸움에 나갔
던 군인들에게 이르되 이는 여호

1) 히, 천천인의

와께서 모세에게 명령하신 (律法)
율법이니라
22 금, 은, 동, 철과 (朱錫)주석과 납
등의
23 불에 견딜 만한 모든 물건은 불을
지나게 하라 그리하면 깨끗하려니
와 다만 (淨潔)정결하게 하는 물로
그것을 깨끗하게 할 것이며 불에
견디지 못할 모든 것은 물을 지나
게 할 것이니라
24 너희는 일곱째 날에 옷을 빨아서
깨끗하게 한 후에 (陣營)진영에 들
어올지니라

전리품 분배

25 ●여호와께서 모세에게 말씀하여
이르시되
26 너는 제사장 엘르아살과 회중의
수령들과 더불어 이 사로잡은 사
람들과 짐승들을 (計數)계수하고
27 그 얻은 물건을 (半分)반분하여 그
절반은 전쟁에 나갔던 군인들에게
주고 절반은 회중에게 주고
28 전쟁에 나갔던 (軍人)군인들은 사
람이나 소나 나귀나 양 떼의 오백
분의 일을 여호와께 드릴지니라
29 곧 이를 그들의 절반에서 가져다
가 여호와의 (擧祭)거제로 제사장
엘르아살에게 주고
30 또 이스라엘 자손이 받은 (折半)
절반에서는 사람이나 소나 나귀나
양 떼나 각종 짐승 오십분의 일을
가져다가 여호와의 성막을 맡은
레위인에게 주라
31 모세와 제사장 엘르아살이 여호와
께서 모세에게 (命令)명령하신 대
로 하니라
32 ●그 (奪取物)탈취물 곧 군인들의
다른 탈취물 외에 양이 육십칠만
오천 마리요
33 소가 (七萬 二千)칠만 이천 마리요
34 나귀가 (六萬 千)육만 천 마리요
35 사람은 남자와 동침하지 아니하여
서 사내를 알지 못하는 여자가 (都
合)도합 삼만 이천 명이니
36 그 절반 곧 전쟁에 나갔던 자들의
(所有)소유가 양이 삼십삼만 칠천
오백 마리라
37 여호와께 (供物)공물로 드린 양이
육백칠십오요
38 소가 삼만 육천 마리라 그 (中)중
에서 여호와께 공물로 드린 것이
칠십이 마리요
39 나귀가 삼만 오백 마리라 그 중에
서 여호와께 (供物)공물로 드린 것
이 육십일 마리요
40 사람이 만 육천 명이라 그 (中)중
에서 여호와께 공물로 드린 자가
삼십이 명이니
41 여호와께 (擧祭)거제의 공물로 드
린 것을 모세가 제사장 엘르아살
에게 주었으니 여호와께서 모세에
게 명령하심과 같았더라
42 ●모세가 (戰爭)전쟁에 나갔던 자
에게서 나누어 이스라엘 자손에게
준 절반
43 곧 (會衆)회중이 받은 절반은 양이
삼십삼만 칠천오백 마리요
44 소가 (三萬 六千)삼만 육천 마리요
45 나귀가 (三萬 五百)삼만 오백 마
리요

46 사람이 (萬 六千 名)만 육천 명이라
47 이스라엘 자손의 그 절반에서 모
세가 사람이나 짐승의 오십분의
일을 (取)취하여 여호와의 (帳幕)
장막을 맡은 레위인에게 주었으니
여호와께서 모세에게 명령하심과
같았더라
48 ●군대의 지휘관들 곧 (千夫長)천
부장과 백부장들이 모세에게 나아
와서
49 모세에게 말하되 당신의 종들이
이끈 군인을 계수한즉 우리 중 한
사람도 (縮)축나지 아니하였기로
50 우리 각 사람이 받은 바 금 패물 곧
발목 고리, 손목 고리, (印章)인장
반지, 귀 고리, 목걸이들을 여호와
께 헌금으로 우리의 생명을 위하
여 여호와 앞에 속죄하려고 가져
왔나이다
51 모세와 제사장 엘르아살이 그들에
게서 그 금으로 만든 모든 (佩物)
패물을 취한즉
52 천부장과 백부장들이 여호와께 드
린 (擧祭)거제의 금의 도합이 만
육천칠백오십 세겔이니
53 (軍人)군인들이 각기 자기를 위하
여 탈취한 것이니라
54 모세와 제사장 엘르아살이 천부장
과 백부장들에게서 금을 취하여
(會幕)회막에 드려 여호와 앞에서
이스라엘 자손의 (記念)기념을 삼
았더라

요단 강 동쪽 지파들(신 3:12-22)

32 르우벤 자손과 갓 자손은 심
히 많은 가축 떼를 가졌더라
그들이 야셀 땅과 길르앗 땅을 본
즉 그 곳은 (牧畜)목축할 만한 장
소인지라
2 갓 (子孫)자손과 르우벤 자손이 와
서 모세와 제사장 엘르아살과 회
중 지휘관들에게 말하여 이르되
3 아다롯과 디본과 야셀과 니므라와
헤스본과 엘르알레와 스밤과 느보
와 브온
4 곧 여호와께서 이스라엘 회중 앞
에서 쳐서 멸하신 땅은 목축할 만
한 장소요 당신의 종들에게는 (家
畜)가축이 있나이다
5 또 이르되 우리가 만일 당신에게
(恩惠)은혜를 입었으면 이 땅을 당
신의 종들에게 그들의 소유로 주
시고 우리에게 요단 강을 건너지
않게 하소서
6 ●모세가 갓 자손과 르우벤 자손
에게 이르되 너희 (兄弟)형제들은
싸우러 가거늘 너희는 여기 앉아
있고자 하느냐
7 너희가 어찌하여 이스라엘 자손에
게 (落心)낙심하게 하여서 여호와
께서 그들에게 주신 땅으로 건너
갈 수 없게 하려 하느냐
8 너희 (祖上)조상들도 내가 가데스
바네아에서 그 땅을 보라고 보냈
을 때에 그리 하였었나니
9 그들이 에스골 골짜기에 올라가서
그 땅을 보고 이스라엘 자손을 (落
心)낙심하게 하여서 여호와께서
그들에게 주신 땅으로 갈 수 없게
하였었느니라
10 그 때에 여호와께서 진노하사 (盟

誓)맹세하여 이르시되
11 애굽에서 나온 자들이 이십 세 이
상으로는 한 사람도 내가 아브라
함과 이삭과 야곱에게 (盟誓)맹세
한 땅을 결코 보지 못하리니 이는
그들이 나를 온전히 따르지 아니
하였음이니라
12 그러나 그나스 사람 여분네의 아
들 갈렙과 눈의 아들 여호수아는
여호와를 (穩全)온전히 따랐느니
라 하시고
13 여호와께서 이스라엘에게 진노하
사 그들에게 사십 년 동안 광야에
(彷徨)방황하게 하셨으므로 여호
와의 (目前)목전에 악을 행한 그
세대가 마침내는 다 끊어졌느니라
14 보라 너희는 너희의 조상의 대를
이어 일어난 (罪人)죄인의 무리로
서 이스라엘을 향하신 여호와의
노를 더욱 심하게 하는도다
15 너희가 만일 돌이켜 여호와를 떠
나면 여호와께서 다시 이 백성을
광야에 버리시리니 그리하면 너희
가 이 모든 백성을 (滅亡)멸망시키
리라
16 ●그들이 모세에게 가까이 나아와
이르되 우리가 이 곳에 우리 (家
畜)가축을 위하여 우리를 짓고 우
리 어린 아이들을 위하여 성읍을
(建築)건축하고
17 이 땅의 원주민이 있으므로 우리
어린 아이들을 그 견고한 성읍에
거주하게 한 후에 우리는 (武裝)
무장하고 이스라엘 자손을 그 곳
으로 인도하기까지 그들의 앞에서
가고
18 이스라엘 자손이 각기 (基業)기업
을 받기까지 우리 집으로 돌아오
지 아니하겠사오며
19 우리는 요단 이쪽 곧 (東)동쪽에서
기업을 받았사오니 그들과 함께
요단 저쪽에서는 기업을 받지 아
니하겠나이다
20 ●모세가 그들에게 이르되 너희가
만일 이 일을 (行)행하여 무장하고
여호와 앞에서 가서 싸우되
21 너희가 다 무장하고 여호와 앞에
서 요단을 건너가서 여호와께서
그의 (怨讐)원수를 자기 앞에서 쫓
아내시고
22 그 땅이 여호와 앞에 복종하게 하
시기까지 싸우면 여호와 앞에서나
이스라엘 앞에서나 (無罪)무죄하
여 돌아오겠고 이 땅은 여호와 앞
에서 너희의 (所有)소유가 되리라
마는
23 너희가 만일 그같이 아니하면 여
호와께 (犯罪)범죄함이니 너희 죄
가 반드시 너희를 찾아낼 줄 알라
24 너희는 어린 아이들을 (爲)위하여
성읍을 건축하고 양을 위하여 우
리를 지으라 그리하고 너희의 입
이 말한 대로 행하라
25 갓 자손과 르우벤 자손이 모세에
게 대답하여 이르되 주의 종들인
우리는 우리 주의 명령대로 (行)행
할 것이라
26 우리의 어린 아이들과 아내와 양
떼와 모든 가축은 이곳 길르앗 (城
邑)성읍들에 두고

27 종들은 우리 주의 말씀대로 (武裝)
무장하고 여호와 앞에서 다 건너
가서 싸우리이다
28 ●이에 모세가 그들에 대하여 (祭
司長)제사장 엘르아살과 눈의 아
들 여호수아와 이스라엘 자손 지
파의 (首領)수령들에게 명령하니
라
29 모세가 그들에게 이르되 갓 자손
과 르우벤 자손이 만일 각각 무장
하고 너희와 함께 요단을 건너가
서 여호와 앞에서 싸워서 그 땅이
너희 앞에 (降服)항복하기에 이르
면 길르앗 땅을 그들의 소유로 줄
것이니라
30 그러나 만일 그들이 너희와 함께
무장하고 건너지 아니하면 그들은
가나안 땅에서 너희와 함께 땅을
(所有)소유할 것이니라
31 갓 자손과 르우벤 자손이 대답하
여 이르되 여호와께서 당신의 종
들에게 (命令)명령하신 대로 우리
가 행할 것이라
32 우리가 (武裝)무장하고 여호와 앞
에서 가나안 땅에 건너가서 요단
이쪽을 우리가 소유할 (基業)기업
이 되게 하리이다
33 ●모세가 갓 자손과 르우벤 자손
과 요셉의 아들 므낫세 반 지파에
게 아모리인의 왕 시혼의 나라와
바산 왕 옥의 나라를 주되 곧 그 땅
과 그 (境內)경내의 성읍들과 그
성읍들의 사방 땅을 그들에게 주
매
34 갓 (子孫)자손은 디본과 아다롯과
아로엘과
35 아다롯소반과 야셀과 욕브하와
36 벧니므라와 벧하란들의 (堅固)견
고한 성읍을 건축하였고 또 양을
위하여 우리를 지었으며
37 르우벤 (子孫)자손은 헤스본과 엘
르알레와 기랴다임과
38 느보와 바알므온들을 (建築)건축
하고 그 이름을 바꾸었고 또 십마
를 건축하고 건축한 (城邑)성읍들
에 새 이름을 주었고
39 므낫세의 아들 마길의 자손은 가
서 길르앗을 쳐서 빼앗고 거기 있
는 아모리(人)인을 쫓아내매
40 모세가 길르앗을 므낫세의 아들
마길에게 주매 그가 거기 (居住)거
주하였고
41 므낫세의 아들 야일은 가서 그 (村
落)촌락들을 빼앗고 [1]하봇야일이
라 불렀으며
42 노바는 가서 그낫과 그 마을들을
빼앗고 (自己)자기 이름을 따라서
노바라 불렀더라

애굽에서 모압까지

33 모세와 아론의 인도로 대오
를 갖추어 애굽을 떠난 이스
라엘 자손들의 (路程)노정은 이러
하니라
2 모세가 여호와의 명령대로 그 노
정을 따라 그들이 (行進)행진한 것
을 기록하였으니 그들이 행진한
대로의 노정은 이러하니라
3 그들이 첫째 달 열다섯째 날에 라
암셋을 떠났으니 곧 (逾越節)유월

1) 야일의 촌락

절 다음 날이라 이스라엘 자손이
애굽 모든 사람의 목전에서 큰 (權
能)권능으로 나왔으니
4 애굽인은 여호와께서 그들 중에
치신 그 모든 장자를 장사하는 때
라 여호와께서 그들의 (神)신들에
게도 (罰)벌을 주셨더라
5 ●이스라엘 (子孫)자손이 라암셋
을 떠나 숙곳에 진을 치고
6 숙곳을 떠나 (曠野)광야 끝 에담에
진을 치고
7 에담을 떠나 바알스본 앞 비하히
롯으로 돌아가서 믹돌 앞에 (陣)진
을 치고
8 하히롯 앞을 떠나 (曠野)광야를 바
라보고 바다 가운데를 지나 에담
광야로 사흘 길을 가서 마라에 진
을 치고
9 마라를 떠나 엘림에 이르니 엘림
에는 샘물 열둘과 (棕櫚)종려 칠십
그루가 있으므로 거기에 진을 치
고
10 엘림을 떠나 (紅海)홍해 가에 진을
치고
11 홍해 가를 떠나 신 광야에 진을 치
고
12 신 (曠野)광야를 떠나
13 돕가에 (陣)진을 치고 돕가를 떠나
알루스에 진을 치고
14 알루스를 떠나 르비딤에 진을 쳤
는데 거기는 (百姓)백성이 마실 물
이 없었더라
15 르비딤을 떠나 시내 (曠野)광야에
진을 치고
16 시내 광야를 떠나 기브롯핫다아와
에 (陣)진을 치고
17 기브롯핫다아와를 떠나 하세롯에
(陣)진을 치고
18 하세롯을 떠나 릿마에 (陣)진을 치
고
19 릿마를 떠나 림몬베레스에 (陣)진
을 치고
20 림몬베레스를 떠나 립나에 (陣)진
을 치고
21 립나를 떠나 릿사에 (陣)진을 치고
22 릿사를 떠나 그헬라다에 (陣)진을
치고
23 그헬라다를 떠나 세벨 (山)산에 진
을 치고
24 세벨 (山)산을 떠나 하라다에 진을
치고
25 하라다를 떠나 막헬롯에 (陣)진을
치고
26 막헬롯을 떠나 다핫에 (陣)진을 치
고
27 다핫을 떠나 데라에 (陣)진을 치고
28 데라를 떠나 밋가에 (陣)진을 치고
29 밋가를 떠나 하스모나에 (陣)진을
치고
30 하스모나를 떠나 모세롯에 (陣)진
을 치고
31 모세롯을 떠나 브네야아간에 (陣)
진을 치고
32 브네야아간을 떠나 홀하깃갓에
(陣)진을 치고
33 홀하깃갓을 떠나 욧바다에 (陣)진
을 치고
34 욧바다를 떠나 아브로나에 (陣)진
을 치고
35 아브로나를 떠나 에시온게벨에

(陣)진을 치고
36 에시온게벨을 떠나 신 (曠野)광야
곧 가데스에 진을 치고
37 가데스를 떠나 에돔 땅 (邊境)변경
의 호르 산에 진을 쳤더라
38 ●이스라엘 자손이 애굽 땅에서
나온 지 사십 년째 오월 초하루에
(祭司長)제사장 아론이 여호와의
(命令)명령으로 호르 산에 올라가
거기서 죽었으니
39 아론이 호르 산에서 죽던 때의 나
이는 (百二十三)백이십삼 세였더
라
40 ●가나안 땅 남방에 살고 있는 가
나안 사람 아랏 왕은 이스라엘 자
손이 온다는 (消息)소식을 들었더
라
41 ●그들이 호르 (山)산을 떠나 살
모나에 진을 치고
42 살모나를 떠나 부논에 (陣)진을 치
고
43 부논을 떠나 오봇에 (陣)진을 치고
44 오봇을 떠나 모압 (邊境)변경 이예
아바림에 진을 치고
45 이임을 떠나 디본갓에 (陣)진을 치
고
46 디본갓을 떠나 알몬디블라다임에
(陣)진을 치고
47 알몬디블라다임을 떠나 느보 앞
아바림 (山)산에 진을 치고
48 아바림 산을 떠나 여리고 맞은편
요단 강 가 모압 (平地)평지에 진
을 쳤으니
49 요단 (江)강 가 모압 평지의 (陣
營)진영이 벧여시못에서부터 아벨
싯딤에 이르렀더라

가나안 땅을 제비 뽑아 나누다

50 ●여리고 맞은(便)편 요단 강 가
모압 평지에서 여호와께서 모세에
게 말씀하여 이르시되
51 이스라엘 (子孫)자손에게 말하여
그들에게 이르라 너희가 요단 강
을 건너 가나안 땅에 들어가거든
52 그 땅의 (原住民)원주민을 너희
앞에서 다 몰아내고 그 새긴 석상
과 부어 만든 우상을 다 깨뜨리며
산당을 다 헐고
53 그 땅을 (占領)점령하여 거기 거주
하라 내가 그 땅을 너희 (所有)소
유로 너희에게 주었음이라
54 너희의 종족을 따라 그 땅을 제비
뽑아 나눌 것이니 수가 많으면 많
은 기업을 주고 적으면 적은 기업
을 주되 각기 제비 뽑은 대로 그 소
유가 될 것인즉 너희 조상의 지파
를 따라 (基業)기업을 받을 것이니
라
55 너희가 만일 그 땅의 원주민을 너
희 앞에서 몰아내지 아니하면 너
희가 남겨둔 자들이 너희의 눈에
가시와 너희의 옆구리에 찌르는
것이 되어 너희가 (居住)거주하는
땅에서 너희를 괴롭게 할 것이요
56 나는 그들에게 (行)행하기로 생각
한 것을 너희에게 행하리라

가나안 땅의 경계

34 여호와께서 모세에게 말씀하
여 이르시되
2 너는 이스라엘 자손에게 명령하여
그들에게 이르라 너희가 가나안

땅에 들어가는 때에 그 땅은 너희
의 기업이 되리니 곧 가나안 사방
(地境)지경이라
3 너희 남쪽은 에돔 곁에 접근한 신
광야니 너희의 남쪽 경계는 동쪽
으로 (鹽海)염해 끝에서 시작하여
4 돌아서 아그랍빔 언덕 (南)남쪽에
이르고 신을 지나 가데스바네아
남쪽에 이르고 또 하살아달을 지
나 아스몬에 이르고
5 아스몬에서 돌아서 애굽 시내를
지나 바다까지 이르느니라
6 ●서쪽 경계는 [1](大海)대해가 경
계가 되나니 이는 너희의 서쪽 경
계니라
7 ●북쪽 (境界)경계는 이러하니 대
해에서부터 호르 산까지 그어라
8 호르 (山)산에서 그어 하맛 어귀에
이르러 스닷에 이르고
9 그 경계가 또 시브론을 지나 하살
에난에 이르나니 이는 너희의 (北)
북쪽 경계니라
10 ●너희의 (東)동쪽 경계는 하살에
난에서 그어 스밤에 이르고
11 그 경계가 또 스밤에서 리블라로
내려가서 아인 동쪽에 이르고 또
내려가서 긴네렛 동쪽 (海邊)해변
에 이르고
12 그 경계가 또 요단으로 내려가서
(鹽海)염해에 이르나니 너희 땅의
사방 경계가 이러하니라
13 ●모세가 이스라엘 자손에게 명령
하여 이르되 이는 너희가 제비 뽑
아 받을 땅이라 여호와께서 이것

1) 대해로 경계를 삼을지니

을 아홉 (支派)지파 반 쪽에게 주
라고 명령하셨나니
14 이는 르우벤 자손의 지파와 갓 자
손의 지파가 함께 그들의 (祖上)조
상의 (家門)가문에 따라 그들의 기
업을 받을 것이며 므낫세의 반쪽
도 기업을 받았음이니라
15 이 두 지파와 그 반 지파는 여리고
맞은편 요단 건너편 곧 해 돋는 쪽
에서 그들의 (基業)기업을 받으리
라

각 지파의 기업 분할 책임자

16 ●여호와께서 또 모세에게 말씀하
여 이르시되
17 너희에게 땅을 기업으로 나눌 자
의 이름은 이러하니 (祭司長)제사
장 엘르아살과 눈의 아들 여호수
아니라
18 너희는 또 기업의 땅을 나누기 위
하여 각 지파에 한 지휘관씩 (擇)
택하라
19 그 사람들의 이름은 이러하니 유
다 (支派)지파에서는 여분네의 아
들 갈렙이요
20 시므온 (支派)지파에서는 암미훗
의 아들 스므엘이요
21 베냐민 (支派)지파에서는 기슬론
의 아들 엘리닷이요
22 단 (子孫)자손 지파에서는 지휘관
요글리의 아들 북기요
23 요셉 자손 중 므낫세 자손 지파에
서는 (指揮官)지휘관 에봇의 아들
한니엘이요
24 에브라임 (子孫)자손 지파에서는
지휘관 십단의 아들 그므엘이요

25 스불론 자손 (支派)지파에서는 지휘관 바르낙의 아들 엘리사반이요

26 잇사갈 자손 지파에서는 (指揮官) 지휘관 앗산의 아들 발디엘이요

27 아셀 (子孫)자손 지파에서는 지휘관 슬로미의 아들 아히훗이요

28 납달리 자손 (支派)지파에서는 지휘관 암미훗의 아들 브다헬이니라 하셨느니라

29 이들이 여호와께서 명령하사 가나안 땅에서 이스라엘 자손에게 (基業)기업을 받게 하신 자들이니라

레위 사람에게 준 성읍

35 여호와께서 여리고 맞은편 요단 강 가 모압 (平地)평지에서 모세에게 말씀하여 이르시되

2 이스라엘 자손에게 명령하여 그들이 받은 기업에서 레위인에게 거주할 성읍들을 주게 하고 너희는 또 그 성읍들을 두르고 있는 (草場)초장을 레위인에게 주어서

3 (城邑)성읍은 그들의 거처가 되게 하고 초장은 그들의 재산인 가축과 짐승들을 둘 곳이 되게 할 것이라

4 너희가 레위인에게 줄 성읍들의 들은 (城壁)성벽에서부터 밖으로 사방 천 규빗이라

5 성을 (中央)중앙에 두고 성 밖 동쪽으로 이천 규빗, 남쪽으로 이천 규빗, 서쪽으로 이천 규빗, 북쪽으로 이천 규빗을 (測量)측량할지니 이는 그들의 성읍의 들이며

6 너희가 레위인에게 줄 성읍은 (殺人者)살인자들이 (避)피하게 할 도피성으로 여섯 성읍이요 그 외에 사십이 성읍이라

7 너희가 레위인에게 모두 사십팔 (城邑)성읍을 주고 그 초장도 함께 주되

8 너희가 이스라엘 자손의 (所有)소유에서 레위인에게 너희가 성읍을 줄 때에 많이 받은 자에게서는 많이 떼어서 주고 적게 받은 자에게서는 적게 떼어 줄 것이라 각기 받은 (基業)기업을 따라서 그 성읍들을 레위인에게 줄지니라

도피성(신 19:1-13; 수 20:1-9)

9 ● 여호와께서 또 모세에게 말씀하여 이르시되

10 이스라엘 자손에게 말하여 그들에게 이르라 너희가 요단 (江)강을 건너 가나안 땅에 들어가거든

11 너희를 위하여 성읍을 (逃避城)도피성으로 정하여 부지중에 살인한 자가 그리로 피하게 하라

12 이는 너희가 (復讐)복수할 자에게서 도피하는 성을 삼아 살인자가 회중 앞에 서서 판결을 받기까지 죽지 않게 하기 위함이니라

13 너희가 줄 (城邑)성읍 중에 여섯을 도피성이 되게 하되

14 세 성읍은 요단 이쪽에 두고 세 성읍은 가나안 땅에 두어 (逃避城) 도피성이 되게 하라

15 이 여섯 성읍은 이스라엘 자손과 타국인과 이스라엘 중에 (居留)거류하는 자의 도피성이 되리니 (不知中)부지중에 살인한 모든 자가 그리로 도피할 수 있으리라

16 ●만일 철 연장으로 사람을 쳐죽
이면 그는 (殺人者)살인자니 그
살인자를 반드시 죽일 것이요
17 만일 사람을 죽일 만한 돌을 손에
들고 사람을 쳐죽이면 이는 (殺人)
살인한 자니 그 살인자는 반드시
죽일 것이요
18 (萬一)만일 사람을 죽일 만한 나무
연장을 손에 들고 사람을 쳐죽이
면 그는 살인한 자니 그 살인자는
반드시 죽일 것이니라
19 피를 (報復)보복하는 자는 그 살인
한 자를 자신이 죽일 것이니 그를
만나면 죽일 것이요
20 만일 미워하는 까닭에 밀쳐 죽이
거나 (機會)기회를 엿보아 무엇을
던져 죽이거나
21 (惡意)악의를 가지고 손으로 쳐죽
이면 그 친 자는 반드시 죽일 것이
니 이는 살인하였음이라 피를 보
복하는 자는 살인자를 만나면 죽
일 것이니라
22 ●악의가 없이 (偶然)우연히 사람
을 밀치거나 기회를 엿봄이 없이
무엇을 던지거나
23 보지 못하고 사람을 죽일 만한 돌
을 던져서 죽였을 때에 이는 (惡
意)악의도 없고 해하려 한 것도 아
닌즉
24 회중이 친 자와 피를 보복하는 자
간에 이 규례대로 (判決)판결하여
25 피를 보복하는 자의 손에서 살인
자를 건져내어 그가 피하였던 도
피성으로 돌려보낼 것이요 그는
거룩한 기름 부음을 받은 (大祭司
長)대제사장이 죽기까지 거기 (居
住)거주할 것이니라
26 그러나 살인자가 어느 때든지 그
피하였던 도피성 (地境)지경 밖에
나가면
27 피를 보복하는 자가 (逃避城)도피
성 지경 밖에서 그 살인자를 만나
죽일지라도 피 흘린 죄가 없나니
28 이는 (殺人者)살인자가 대제사장
이 죽기까지 그 도피성에 머물러
야 할 것임이라 대제사장이 죽은
후에는 그 살인자가 자기 소유의
땅으로 돌아갈 수 있느니라
29 ●이는 너희의 대대로 거주하는
곳에서 판결하는 (規例)규례라
30 사람을 죽인 모든 자 곧 살인한 자
는 증인들의 말을 따라서 죽일 것
이나 한 (證人)증인의 증거만 따라
서 죽이지 말 것이요
31 고의로 살인죄를 (犯)범한 살인자
는 (生命)생명의 속전을 받지 말고
반드시 죽일 것이며
32 또 도피성에 피한 자는 대제사장
이 죽기 전에는 (贖錢)속전을 받고
그의 땅으로 돌아가 거주하게 하
지 말 것이니라
33 너희는 너희가 거주하는 땅을 더
럽히지 말라 피는 땅을 더럽히나
니 피 흘림을 받은 땅은 그 피를 흘
리게 한 자의 피가 아니면 [1](贖)속
함을 받을 수 없느니라
34 너희는 너희가 (居住)거주하는 땅
곧 내가 거주하는 땅을 더럽히지
말라 나 여호와는 이스라엘 자손

1) 히, 속죄할

중에 있음이니라

시집 간 여자의 유산

36 요셉 자손의 (宗族)종족 중
므낫세의 손자 마길의 아들
길르앗 자손 종족들의 (首領)수령
들이 나아와 모세와 이스라엘 자
손의 수령 된 지휘관들 앞에 말하
여
2 이르되 여호와께서 우리 주에게
(命令)명령하사 이스라엘 자손에
게 제비 뽑아 그 기업의 땅을 주게
하셨고 여호와께서 또 우리 주에
게 명령하사 우리 형제 슬로브핫
의 기업을 그의 딸들에게 주게 하
셨은즉
3 그들이 만일 이스라엘 자손의 다
른 지파들의 남자들의 아내가 되
면 그들의 (基業)기업은 우리 조상
의 기업에서 떨어져 나가고 그들
이 속할 그 지파의 기업에 첨가되
리니 그러면 우리가 제비 뽑은 기
업에서 떨어져 나갈 것이요
4 이스라엘 자손의 (禧年)희년을 당
하여 그 기업이 그가 속한 지파에
첨가될 것이라 그런즉 그들의 기
업은 우리 조상 지파의 기업에서
아주 삭감되리이다
5 ●모세가 여호와의 말씀으로 이스
라엘 자손에게 (命令)명령하여 이르
되 요셉 자손 지파의 말이 옳도다
6 슬로브핫의 딸들에게 대한 여호와
의 명령이 이러하니라 이르시되
슬로브핫의 딸들은 마음대로 시집
가려니와 오직 그 (祖上)조상 지파
의 종족에게로만 시집갈지니
7 그리하면 이스라엘 자손의 (基業)
기업이 이 지파에서 저 지파로 옮
기지 않고 이스라엘 자손이 다 각
기 조상 지파의 기업을 지킬 것이
니라 하셨나니
8 이스라엘 자손의 지파 중 그 기업
을 이은 딸들은 모두 자기 조상 지
파의 종족되는 사람의 아내가 될
것이라 그리하면 이스라엘 자손이
각기 조상의 기업을 (保全)보전하
게 되어
9 그 기업이 이 (支派)지파에서 저
지파로 옮기게 하지 아니하고 이
스라엘 자손 지파가 각각 자기 기
업을 지키리라
10 ●슬로브핫의 딸들이 여호와께서
모세에게 명령하신 대로 (行)행하
니라
11 슬로브핫의 딸 말라와 디르사와
호글라와 밀가와 노아가 다 그들
의 (叔父)숙부의 아들들의 아내가
되니라
12 그들이 요셉의 아들 므낫세 (子孫)
자손의 종족 사람의 아내가 되었
으므로 그들의 종족 지파에 그들
의 기업이 남아 있었더라
13 ●이는 여리고 맞은편 요단 가 모
압 평지에서 여호와께서 모세를
통하여 이스라엘 자손에게 명령하
신 (誡命)계명과 (規例)규례니라

申命記 Deuteronomy

서론

1 이는 모세가 요단 저쪽 숩 맞은
편의 아라바 (曠野)광야 곧 바
란과 도벨과 라반과 하세롯과 디
사합 사이에서 이스라엘 무리에게
(宣布)선포한 말씀이니라
2 호렙 산에서 세일 (山)산을 지나
가데스 바네아까지 열 하룻길이었
더라
3 마흔째 해 열한째 달 그 달 첫째 날
에 모세가 이스라엘 자손에게 여
호와께서 그들을 위하여 자기에게
주신 (命令)명령을 다 알렸으니
4 그 때는 모세가 헤스본에 (居住)거
주하는 아모리 왕 시혼을 쳐죽이
고 에드레이에서 아스다롯에 거주
하는 바산 왕 옥을 쳐죽인 후라
5 모세가 요단 저쪽 모압 땅에서 이
(律法)율법을 설명하기 시작하였
더라 일렀으되
6 우리 하나님 여호와께서 호렙 (山)
산에서 우리에게 말씀하여 이르시
기를 너희가 이 산에 거주한 지 오
래니
7 방향을 돌려 행진하여 아모리 족
속의 산지로 가고 그 (近方)근방
곳곳으로 가고 아라바와 산지와
평지와 네겝과 해변과 가나안 족
속의 땅과 레바논과 큰 강 유브라
데까지 가라
8 내가 너희의 조상 아브라함과 이
삭과 야곱에게 (盟誓)맹세하여 그
들과 그들의 후손에게 주리라 한
땅이 너희 앞에 있으니 들어가서
그 땅을 차지할지니라

모세가 수령을 세우다(출 18:13-17)

9 ●그 때에 내가 너희에게 말하여
이르기를 나는 홀로 너희의 짐을
질 수 없도다
10 너희의 하나님 여호와께서 너희를
(蕃盛)번성하게 하셨으므로 너희
가 오늘날 하늘의 별 같이 많거니
와
11 너희 조상의 하나님 여호와께서
너희를 현재보다 천 배나 많게 하
시며 너희에게 (許諾)허락하신 것
과 같이 너희에게 (福)복 주시기를
원하노라
12 그런즉 나 홀로 어찌 능히 너희의
괴로운 일과 너희의 힘겨운 일과
너희의 다투는 일을 (擔當)담당할
수 있으랴
13 너희의 각 지파에서 지혜와 지식
이 있는 인정 받는 자들을 택하라
내가 그들을 세워 너희 (首領)수령
을 삼으리라 한즉
14 너희가 내게 (對答)대답하여 이르
기를 당신의 말씀대로 하는 것이
좋다 하기에
15 내가 너희 지파의 수령으로 지혜
가 있고 인정 받는 자들을 취하여
너희의 수령을 삼되 곧 각 지파를
따라 천부장과 백부장과 오십부장
과 십부장과 (組長)조장을 삼고
16 내가 그 때에 너희의 재판장들에
게 명하여 이르기를 너희가 너희

의 형제 중에서 (訟事)송사를 들
을 때에 쌍방간에 공정히 (判決)판
결할 것이며 그들 중에 있는 (他國
人)타국인에게도 그리 할 것이라
17 재판은 하나님께 속한 것인즉 너
희는 재판할 때에 외모를 보지 말
고 (貴賤)귀천을 차별 없이 듣고
사람의 낯을 두려워하지 말 것이
며 스스로 결단하기 어려운 일이
있거든 내게로 돌리라 내가 들으
리라 하였고
18 내가 너희의 (行)행할 모든 일을
그 때에 너희에게 다 명령하였느
니라

정탐할 사람을 보내다(민 13:1-33)

19 ●우리 하나님 여호와께서 우리에
게 명령하신 대로 우리가 호렙 산
을 떠나 너희가 보았던 그 크고 두
려운 광야를 지나 아모리 족속의
(山地)산지 길로 가데스 바네아에
이른 때에
20 내가 너희에게 이르기를 우리 하
나님 여호와께서 우리에게 주신
아모리 (族屬)족속의 산지에 너희
가 이르렀나니
21 너희의 하나님 여호와께서 이 땅
을 너희 앞에 두셨은즉 너희 조상
의 하나님 여호와께서 너희에게
이르신 대로 올라가서 차지하라
두려워하지 말라 (躊躇)주저하지
말라 한즉
22 너희가 다 내 앞으로 나아와 말하
기를 우리가 사람을 우리보다 먼
저 보내어 우리를 위하여 그 땅을
(偵探)정탐하고 어느 길로 올라가
야 할 것과 어느 성읍으로 들어가
야 할 것을 우리에게 알리게 하자
하기에
23 내가 그 말을 좋게 여겨 너희 중 각
(支派)지파에서 한 사람씩 열둘을
택하매
24 그들이 돌이켜 산지에 올라 에스
골 골짜기에 이르러 그 곳을 (偵
探)정탐하고
25 그 땅의 열매를 손에 가지고 우리
에게로 돌아와서 우리에게 말하여
이르되 우리의 하나님 여호와께서
우리에게 주시는 땅이 좋더라 하
였느니라
26 그러나 너희가 올라가기를 원하지
아니하고 너희의 하나님 여호와의
명령을 (拒逆)거역하여
27 장막 중에서 (怨望)원망하여 이르
기를 여호와께서 우리를 미워하시
므로 아모리 족속의 손에 넘겨 멸
하시려고 우리를 애굽 땅에서 인
도하여 내셨도다
28 우리가 어디로 가랴 우리의 형제
들이 우리를 낙심하게 하여 말하
기를 그 백성은 우리보다 (壯大)장
대하며 그 성읍들은 크고 성곽은
하늘에 닿았으며 우리가 또 거기
서 아낙 자손을 보았노라 하는도
다 하기로
29 내가 너희에게 말하기를 그들을
무서워하지 말라 두려워하지 말라
30 너희보다 먼저 가시는 너희의 하
나님 여호와께서 애굽에서 너희를
위하여 너희 (目前)목전에서 모든
일을 행하신 것 같이 이제도 너희

를 위하여 싸우실 것이며
31 광야에서도 너희가 (當)당하였거
니와 사람이 자기의 아들을 안는
것 같이 너희의 하나님 여호와께
서 너희가 걸어온 길에서 너희를
안으사 이 곳까지 이르게 하셨느
니라 하나
32 이 일에 너희가 너희의 하나님 여
호와를 믿지 아니하였도다

33 그는 너희보다 먼저 그 길을 가시
며 (帳幕)장막 칠 곳을 찾으시고 밤
에는 불로, 낮에는 구름으로 너희
가 갈 길을 지시하신 자이시니라

여호와께서 이스라엘을 벌하시다
(민 14:20-45)

34 ●여호와께서 너희의 말소리를 들
으시고 (怒)노하사 맹세하여 이르
시되
35 이 (惡)악한 세대 사람들 중에는
내가 그들의 조상에게 주기로 (盟
誓)맹세한 좋은 땅을 볼 자가 하나
도 없으리라
36 오직 여분네의 아들 갈렙은 온전
히 여호와께 (順從)순종하였은즉
그는 그것을 볼 것이요 그가 밟은
땅을 내가 그와 그의 자손에게 주
리라 하시고
37 여호와께서 너희 때문에 내게도
(震怒)진노하사 이르시되 너도 그
리로 들어가지 못하리라
38 네 앞에 서 있는 눈의 아들 여호수
아는 그리로 들어갈 것이니 너는
그를 담대하게 하라 그가 이스라
엘에게 그 땅을 (基業)기업으로 차
지하게 하리라
39 또 너희가 사로잡히리라 하던 너
희의 아이들과 당시에 선악을 (分
別)분별하지 못하던 너희의 자녀
들도 그리로 들어갈 것이라 내가
그 땅을 그들에게 주어 산업이 되
게 하리라
40 너희는 방향을 돌려 (紅海)홍해 길
을 따라 광야로 들어갈지니라 하
시매
41 너희가 대답하여 내게 이르기를
우리가 여호와께 (犯罪)범죄하였
사오니 우리 하나님께서 우리에게
명령하신 대로 우리가 올라가서
싸우리이다 하고 너희가 각각 무
기를 가지고 (輕率)경솔히 산지로
올라가려 할 때에
42 여호와께서 내게 이르시되 너는
그들에게 이르기를 너희는 올라가
지 말라 싸우지도 말라 내가 너희
중에 있지 아니하니 너희가 대적
에게 (敗)패할까 하노라 하시기로
43 내가 너희에게 말하였으나 너희가
듣지 아니하고 여호와의 명령을
(拒逆)거역하고 거리낌 없이 산지
로 올라가매
44 그 산지에 (居住)거주하는 아모리
족속이 너희에게 마주 나와 벌 떼
같이 너희를 쫓아 세일 산에서 쳐
서 호르마까지 이른지라
45 너희가 돌아와 여호와 앞에서 (痛
哭)통곡하나 여호와께서 너희의
소리를 듣지 아니하시며 너희에게
귀를 기울이지 아니하셨으므로
46 너희가 가데스에 여러 날 동안 머
물렀나니 곧 너희가 그 곳에 머물

던 날 (數)수대로니라

이스라엘이 광야에서 보낸 해

2 우리가 (方向)방향을 돌려 여호
와께서 내게 명령하신 대로 홍해
길로 광야에 들어가서 여러 날 동
안 세일 산을 두루 다녔더니
2 여호와께서 내게 말씀하여 이르시
되
3 너희가 이 산을 두루 다닌 지 오래
니 돌이켜 (北)북으로 나아가라
4 너는 또 백성에게 명령하여 이르
기를 너희는 세일에 거주하는 너
희 (同族)동족 에서의 자손이 사는
지역으로 지날진대 그들이 너희를
두려워하리니 너희는 스스로 깊이
삼가고
5 그들과 다투지 말라 그들의 땅은
한 발자국도 너희에게 주지 아니
하리니 이는 내가 세일 산을 에서
에게 (基業)기업으로 주었음이라
6 너희는 돈으로 그들에게서 (糧食)
양식을 사서 먹고 돈으로 그들에
게서 물을 사서 마시라
7 네 하나님 여호와께서 네가 하는
모든 일에 네게 (福)복을 주시고
네가 이 큰 (廣野)광야에 두루 다
님을 알고 네 하나님 여호와께서
이 사십 년 동안을 너와 함께 하셨
으므로 네게 부족함이 없었느니라
하시기로
8 우리가 세일 산에 거주하는 우리
동족 에서의 자손을 떠나서 아라
바를 지나며 엘랏과 에시온 게벨
곁으로 지나 (行進)행진하고 돌이
켜 모압 광야 길로 지날 때에
9 여호와께서 내게 이르시되 모압을
괴롭히지 말라 그와 싸우지도 말
라 그 땅을 내가 네게 기업으로 주
지 아니하리니 이는 내가 롯 (子
孫)자손에게 아르를 기업으로 주
었음이라
10 이전에는 에밈 사람이 거기 거주
하였는데 아낙 (族屬)족속 같이 강
하고 많고 키가 크므로
11 그들을 아낙 (族屬)족속과 같이 르
바임이라 불렀으나 모압 사람은
그들을 에밈이라 불렀으며
12 호리 사람도 세일에 거주하였는
데 에서의 자손이 그들을 (滅)멸하
고 그 땅에 (居住)거주하였으니 이
스라엘이 여호와께서 주신 기업의
땅에서 행한 것과 같았느니라)
13 이제 너희는 일어나서 세렛 시내
를 건너가라 하시기로 우리가 세
렛 시내를 건넜으니
14 가데스 바네아에서 떠나 세렛 시
내를 건너기까지 삼십팔 년 동안
이라 이 때에는 그 시대의 모든 군
인들이 여호와께서 그들에게 맹세
하신 대로 진영 중에서 다 (滅亡)
멸망하였나니
15 여호와께서 손으로 그들을 치사
(陣營)진영 중에서 멸하신 고로 마
침내는 다 멸망되었느니라
16 ●모든 (軍人)군인이 사망하여 백
성 중에서 멸망한 후에
17 여호와께서 내게 말씀하여 이르시
18 네가 오늘 모압 (邊境)변경 아르를
지나리니
19 암몬 족속에게 가까이 이르거든

그들을 괴롭히지 말고 그들과 다
투지도 말라 암몬 족속의 땅은 내
가 네게 (基業)기업으로 주지 아니
하리니 이는 내가 그것을 롯 자손
에게 기업으로 주었음이라
20 (이곳도 르바임의 땅이라 하였나
니 (前)전에 르바임이 거기 거주하
였음이요 암몬 족속은 그들을 삼
숨밈이라 일컬었으며
신
21 그 백성은 아낙 족속과 같이 (强)
강하고 많고 키가 컸으나 여호와
께서 암몬 족속 앞에서 그들을 멸
하셨으므로 암몬 족속이 대신하여
그 땅에 거주하였으니
22 마치 세일에 거주한 에서 자손 앞
에 호리 사람을 (滅)멸하심과 같으
니 그들이 호리 사람을 쫓아내고
대신하여 오늘까지 거기에 거주하
였으며
23 또 갑돌에서 나온 갑돌 사람이 가
사까지 각 촌에 (居住)거주하는 아
위 사람을 멸하고 그들을 대신하
여 거기에 거주하였느니라)
24 너희는 일어나 (行進)행진하여 아
르논 골짜기를 건너라 내가 헤스
본 왕 아모리 사람 시혼과 그의 땅
을 네 손에 넘겼은즉 이제 더불어
싸워서 그 땅을 차지하라
25 오늘부터 내가 천하 만민이 너를
무서워하며 너를 두려워하게 하리
니 그들이 네 (名聲)명성을 듣고
떨며 너로 말미암아 근심하리라
하셨느니라

이스라엘이 헤스본 왕 시혼을 치다
(민 21:21-30)

26 ●내가 그데못 광야에서 헤스본
왕 시혼에게 (使者)사자를 보내어
평화의 말로 이르기를
27 나를 네 땅으로 (通過)통과하게 하
라 내가 큰길로만 행하고 좌로나
우로나 치우치지 아니하리라
28 너는 돈을 받고 (糧食)양식을 팔아
내가 먹게 하고 돈을 받고 물을 주
어 내가 마시게 하라 나는 걸어서
지날 뿐인즉
29 세일에 거주하는 에서 (子孫)자손
과 아르에 거주하는 모압 사람이
내게 행한 것 같이 하라 그리하면
내가 요단을 건너서 우리 하나님
여호와께서 우리에게 주시는 땅에
이르리라 하였으나
30 헤스본 왕 시혼이 우리가 통과하
기를 허락하지 아니하였으니 이는
네 하나님 여호와께서 그를 네 손
에 넘기시려고 그의 (性稟)성품을
(頑强)완강하게 하셨고 그의 마음
을 (頑固)완고하게 하셨음이 오늘
날과 같으니라
31 그 때에 여호와께서 내게 이르시
되 내가 이제 시혼과 그의 땅을 네
게 넘기노니 너는 이제부터 그의
땅을 차지하여 (基業)기업으로 삼
으라 하시더니
32 시혼이 그의 모든 백성을 거느리
고 나와서 우리를 (對敵)대적하여
야하스에서 싸울 때에
33 우리 하나님 여호와께서 그를 우
리에게 넘기시매 우리가 그와 그
의 아들들과 그의 모든 (百姓)백성
을 쳤고

34 그 때에 우리가 그의 모든 성읍을
점령하고 그의 각 성읍을 그 남녀
와 (幼兒)유아와 함께 하나도 남기
지 아니하고 진멸하였고
35 다만 그 가축과 성읍에서 (奪取)탈
취한 것은 우리의 소유로 삼았으며
36 우리 하나님 여호와께서 그 모든
땅을 우리에게 넘겨주심으로 아르
논 골짜기 가장자리에 있는 아로
엘과 골짜기 가운데에 있는 성읍
으로부터 길르앗까지 우리가 모든
높은 (城邑)성읍을 (占領)점령하
지 못한 것이 하나도 없었으나
37 오직 암몬 (族屬)족속의 땅 얍복
강 가와 산지에 있는 성읍들과 우
리 하나님 여호와께서 우리가 가
기를 금하신 모든 곳은 네가 가까
이 하지 못하였느니라

이스라엘이 바산 왕 옥을 치다
(민 21:21-35)

3 우리가 돌이켜 바산으로 올라가
매 바산 왕 옥이 그의 모든 백성
을 거느리고 나와서 우리를 (對敵)
대적하여 에드레이에서 싸우고자
하는지라
2 여호와께서 내게 이르시되 그를
두려워하지 말라 내가 그와 그의
모든 백성과 그의 땅을 네 손에 넘
겼으니 네가 헤스본에 (居住)거주
하던 아모리 족속의 왕 시혼에게
행한 것과 같이 그에게도 행할 것
이니라 하시고
3 우리 하나님 여호와께서 바산 (王)
왕 옥과 그의 모든 백성을 우리 손
에 넘기시매 우리가 그들을 쳐서
한 사람도 남기지 아니하였느니라
4 그 때에 우리가 그들에게서 빼앗
지 아니한 성읍이 하나도 없이 다
빼앗았는데 그 (城邑)성읍이 육십
이니 곧 아르곱 온 지방이요 바산
에 있는 옥의 나라이니라
5 그 모든 성읍이 높은 성벽으로 둘
려 있고 문과 빗장이 있어 (堅固)
견고하며 그 외에 성벽 없는 고을
이 심히 많았느니라
6 우리가 헤스본 왕 시혼에게 행한
것과 같이 그 성읍들을 (滅亡)멸망
시키되 각 성읍의 남녀와 유아를
멸망시켰으나
7 다만 모든 가축과 그 성읍들에서
(奪取)탈취한 것은 우리의 소유로
삼았으며
8 그 때에 우리가 요단 (江)강 이쪽
땅을 아르논 골짜기에서부터 헤르
몬 (山)산에까지 아모리 족속의 두
왕에게서 빼앗았으니
9 (헤르몬 산을 시돈 사람은 시룐이
라 부르고 아모리 (族屬)족속은 스
닐이라 불렀느니라)
10 우리가 빼앗은 것은 (平原)평원의
모든 성읍과 길르앗 온 땅과 바산
의 온 땅 곧 옥의 나라 바산의 성읍
살르가와 에드레이까지이니라
11 (르바임 족속의 남은 자는 바산 왕
옥뿐이었으며 그의 (寢牀)침상은
철 침상이라 아직도 암몬 족속의
랍바에 있지 아니하냐 그것을 사
람의 보통 [1]규빗으로 재면 그 길이
가 아홉 규빗이요 너비가 네 규빗

1) 히, 암마

이니라)

요단 강 동쪽에 자리잡은 지파들
(민 32:1-42)

12 ●그 때에 우리가 이 땅을 얻으매
아르논 골짜기 곁의 아로엘에서부
터 길르앗 (山地)산지 절반과 그
성읍들을 내가 르우벤 자손과 갓
자손에게 주었고
13 길르앗의 남은 땅과 옥의 나라였
던 아르곱 온 (地方)지방 곧 온 바
산으로는 내가 므낫세 반 지파에
게 주었노라 (바산을 옛적에는 르
바임의 땅이라 부르더니
14 므낫세의 아들 야일이 그술 족속
과 마아갓 족속의 (境界)경계까지
의 아르곱 온 지방을 점령하고 자
기의 이름으로 이 바산을 오늘날
까지 하봇야일이라 불러오느니라)
15 내가 마길에게 길르앗을 주었고
16 르우벤 자손과 갓 자손에게는 길
르앗에서부터 아르논 골짜기까지
주었으되 그 골짜기의 (中央)중앙
으로 지역을 정하였으니 곧 암몬
자손의 (地域)지역 얍복 강까지며
17 또는 아라바와 요단과 그 지역이
요 긴네렛에서 아라바 바다 곧 (鹽
海)염해와 비스가 산기슭에 이르
기까지의 동쪽 지역이니라
18 ●그 때에 내가 너희에게 명령하
여 이르기를 너희의 하나님 여호
와께서 이 땅을 너희에게 주어 기
업이 되게 하셨은즉 너희의 군인
들은 (武裝)무장하고 너희의 형제
이스라엘 자손의 (先鋒)선봉이 되

1) 산지

어 건너가되
19 너희에게 가축이 많은 줄 내가 아
노니 너희의 (妻子)처자와 가축은
내가 너희에게 준 성읍에 머무르
게 하라
20 여호와께서 너희에게 주신 것 같
이 너희의 형제에게도 (安息)안식
을 주시리니 그들도 요단 저쪽에
서 너희의 하나님 여호와께서 그
들에게 주시는 땅을 받아 기업을
삼기에 이르거든 너희는 각기 내
가 준 기업으로 돌아갈 것이니라
하고
21 그 때에 내가 여호수아에게 (命令)
명령하여 이르기를 너희의 하나님
여호와께서 이 두 왕에게 행하신
모든 일을 네 눈으로 보았거니와
네가 가는 모든 나라에도 여호와
께서 이와 같이 행하시리니
22 너희는 그들을 두려워하지 말라
너희의 하나님 여호와께서 (親)친
히 너희를 위하여 싸우시리라 하
였노라

모세가 요단을 건너지 못하다

23 ●그 때에 내가 여호와께 (懇求)
간구하기를
24 주 여호와여 주께서 주의 크심과
주의 권능을 주의 종에게 나타내시
기를 시작하셨사오니 (天地間)천
지간에 어떤 (神)신이 능히 주께서
행하신 일 곧 주의 큰 능력으로 행
하신 일 같이 행할 수 있으리이까
25 (求)구하옵나니 나를 건너가게 하
사 요단 저쪽에 있는 아름다운 땅,
아름다운 [1]산과 레바논을 보게 하

옵소서 하되
26 여호와께서 너희 때문에 내게 (震
怒)진노하사 내 말을 듣지 아니하
시고 내게 이르시기를 그만해도
(足)족하니 이 일로 다시 내게 말
하지 말라
27 너는 비스가 산 꼭대기에 올라가
서 눈을 들어 (東西南北)동서남북
을 바라고 네 눈으로 그 땅을 바라
보라 너는 이 요단을 건너지 못할
것임이니라
28 너는 여호수아에게 명령하고 그를
(膽大)담대하게 하며 그를 강하게
하라 그는 이 백성을 거느리고 건
너가서 네가 볼 땅을 그들이 기업
으로 얻게 하리라 하셨느니라
29 그 때에 우리가 벧브올 맞은편 골
짜기에 (居住)거주하였느니라

지켜야 할 하나님의 규례들

4 이스라엘아 이제 내가 너희에
게 가르치는 규례와 법도를 듣
고 (遵行)준행하라 그리하면 너희
가 살 것이요 너희 조상의 하나님
여호와께서 너희에게 주시는 땅에
들어가서 그것을 얻게 되리라
2 내가 너희에게 명령하는 말을 너
희는 (加減)가감하지 말고 내가 너
희에게 내리는 너희 하나님 여호
와의 명령을 지키라
3 여호와께서 바알브올의 일로 말미
암아 행하신 바를 너희가 눈으로
보았거니와 바알브올을 따른 모든
사람을 너희의 하나님 여호와께서
너희 가운데에서 (滅亡)멸망시키
셨으되
4 오직 너희의 하나님 여호와께 붙
어 떠나지 않은 너희는 오늘까지
다 (生存)생존하였느니라
5 내가 나의 하나님 여호와께서 (命
令)명령하신 대로 규례와 법도를
너희에게 가르쳤나니 이는 너희가
들어가서 기업으로 차지할 땅에서
그대로 행하게 하려 함인즉
6 너희는 지켜 행하라 이것이 여러
민족 앞에서 너희의 (智慧)지혜요
너희의 (知識)지식이라 그들이 이
모든 규례를 듣고 이르기를 이 큰
나라 사람은 과연 지혜와 지식이
있는 백성이로다 하리라
7 우리 하나님 여호와께서 우리가
그에게 (祈禱)기도할 때마다 우리
에게 가까이 하심과 같이 그 신이
가까이 함을 얻은 큰 나라가 어디
있느냐
8 오늘 내가 너희에게 선포하는 이 율
법과 같이 그 규례와 법도가 (公義)
공의로운 큰 나라가 어디 있느냐
9 ●오직 너는 스스로 삼가며 네 마
음을 힘써 지키라 그리하여 네가
눈으로 본 그 일을 잊어버리지 말
라 네가 (生存)생존하는 날 동안에
그 일들이 네 마음에서 떠나지 않
도록 조심하라 너는 그 일들을 네
아들들과 네 손자들에게 알게 하라
10 네가 호렙 산에서 네 하나님 여호
와 앞에 섰던 날에 여호와께서 내
게 이르시기를 나에게 백성을 모
으라 내가 그들에게 내 말을 들려
주어 그들이 세상에 사는 날 동안
나를 (敬畏)경외함을 배우게 하며

그 자녀에게 가르치게 하리라 하
시매
11 너희가 가까이 나아와서 산 아래
에 서니 그 산에 불이 붙어 불길
이 (衝天)충천하고 어둠과 구름과
(黑暗)흑암이 덮였는데
12 여호와께서 불길 중에서 너희에게
말씀하시되 음성뿐이므로 너희가
그 말소리만 듣고 (形像)형상은 보
지 못하였느니라
13 여호와께서 그의 언약을 너희에게
(頒布)반포하시고 너희에게 지키라
명령하셨으니 곧 (十誡命)십계명이
며 두 돌판에 친히 쓰신 것이라
14 그 때에 여호와께서 내게 명령하
사 너희에게 (規例)규례와 (法度)
법도를 교훈하게 하셨나니 이는
너희가 거기로 건너가 받을 땅에
서 행하게 하려 하심이니라

우상을 만들어 섬기지 말라

15 ● 여호와께서 호렙 (山)산 불길
중에서 너희에게 말씀하시던 날에
너희가 어떤 형상도 보지 못하였
은즉 너희는 깊이 삼가라
16 그리하여 스스로 부패하여 자기를
위해 어떤(形像)형상대로든지 우
상을 새겨 만들지 말라 남자의 형
상이든지, 여자의 형상이든지,
17 땅 위에 있는 어떤 짐승의 (形像)
형상이든지, 하늘을 나는 날개 가
진 어떤 새의 형상이든지,
18 땅 위에 기는 어떤 곤충의 형상이
든지, 땅 아래 물 속에 있는 어떤
(魚族)어족의 형상이든지 만들지
말라
19 또 그리하여 네가 하늘을 향하여
눈을 들어 해와 달과 별들, 하늘 위
의 모든 천체 곧 너희의 하나님 여
호와께서 천하 만민을 위하여 (排
定)배정하신 것을 보고 (迷惑)미
혹하여 그것에 (敬拜)경배하며 섬
기지 말라
20 여호와께서 너희를 택하시고 너희
를 쇠 풀무불 곧 애굽에서 인도하
여 내사 자기 (基業)기업의 백성을
삼으신 것이 오늘과 같아도
21 여호와께서 너희로 말미암아 내게
진노하사 내게 요단을 건너지 못
하며 네 하나님 여호와께서 네게
기업으로 주신 그 아름다운 땅에
들어가지 못하게 하리라고 (盟誓)
맹세하셨은즉
22 나는 이 땅에서 죽고 요단을 건너
지 못하려니와 너희는 건너가서
그 아름다운 땅을 얻으리니
23 너희는 스스로 삼가 너희의 하나
님 여호와께서 너희와 세우신 언
약을 잊지 말고 네 하나님 여호와
께서 금하신 어떤 형상의 우상도
(彫刻)조각하지 말라
24 네 하나님 여호와는 (燒滅)소멸하
는 불이시요 질투하시는 하나님이
시니라
25 ● 네가 그 땅에서 아들을 낳고 손
자를 얻으며 오래 살 때에 만일 스
스로 부패하여 무슨 형상의 (偶像)
우상이든지 (彫刻)조각하여 네 하
나님 여호와 앞에 악을 행함으로
그의 노를 일으키면
26 내가 오늘 천지를 불러 (證據)증거

를 삼노니 너희가 요단을 건너가
서 얻는 땅에서 속히 망할 것이라
너희가 거기서 너희의 날이 길지
못하고 전멸될 것이니라
27 여호와께서 너희를 여러 (民族)민
족 중에 흩으실 것이요 여호와께
서 너희를 쫓아 보내실 그 여러 민
족 중에 너희의 남은 수가 많지 못
할 것이며
28 너희는 거기서 사람의 손으로 만든
바 보지도 못하며 듣지도 못하며
먹지도 못하며 냄새도 맡지 못하는
(木石)목석의 신들을 섬기리라
29 그러나 네가 거기서 네 하나님 여
호와를 찾게 되리니 (萬一)만일 마
음을 다하고 뜻을 다하여 그를 찾
으면 만나리라
30 이 모든 일이 네게 임하여 환난을
당하다가 끝날에 네가 네 하나님
여호와께로 돌아와서 그의 말씀을
(聽從)청종하리니
31 네 하나님 여호와는 (慈悲)자비하
신 하나님이심이라 그가 너를 버
리지 아니하시며 너를 멸하지 아
니하시며 네 조상들에게 맹세하신
언약을 잊지 아니하시리라
32 ● 네가 있기 전 하나님이 사람을
세상에 창조하신 날부터 지금까지
지나간 날을 (詳考)상고하여 보라
하늘 이 끝에서 저 끝까지 이런 큰
일이 있었느냐 이런 일을 들은 적
이 있었느냐
33 어떤 국민이 불 가운데에서 말씀하
시는 하나님의 (音聲)음성을 너처
럼 듣고 생존하였느냐
34 어떤 [1]신이 와서 시험과 (異蹟)이
적과 기사와 전쟁과 강한 손과 편
팔과 크게 두려운 일로 한 민족을
다른 민족에게서 인도하여 낸 일
이 있느냐 이는 다 너희의 하나님
여호와께서 애굽에서 너희를 위하
여 너희의 (目前)목전에서 행하신
일이라
35 이것을 네게 나타내심은 여호와는
하나님이시요 그 외에는 다른 (神)
신이 없음을 네게 알게 하려 하심
이니라
36 여호와께서 너를 (敎訓)교훈하시
려고 하늘에서부터 그의 음성을
네게 듣게 하시며 땅에서는 그의
큰 불을 네게 보이시고 네가 불 가
운데서 나오는 그의 말씀을 듣게
하셨느니라
37 여호와께서 네 조상들을 사랑하신
고로 그 (後孫)후손인 너를 택하시
고 큰 (權能)권능으로 친히 인도하
여 애굽에서 나오게 하시며
38 너보다 강대한 여러 민족을 네 앞
에서 쫓아내고 너를 그들의 땅으
로 인도하여 들여서 그것을 네게
(基業)기업으로 주려 하심이 오늘
과 같으니라
39 그런즉 너는 오늘 위로 하늘에나
아래로 땅에 오직 여호와는 하나
님이시요 다른 신이 없는 줄을 알
아 (銘心)명심하고
40 오늘 내가 네게 명령하는 여호와
의 규례와 명령을 지키라 너와 네
후손이 (福)복을 받아 네 하나님

1) 히, 하나님

여호와께서 네게 주시는 땅에서
한 없이 오래 살리라

요단 강 동쪽의 도피성

41 ●그 때에 모세가 요단 이쪽 해 돋
는 쪽에서 세 성읍을 (區別)구별하
였으니
42 이는 과거에 (怨恨)원한이 없이 부
지중에 살인한 자가 그 곳으로 (逃
避)도피하게 하기 위함이며 그 중
한 성읍으로 도피한 자가 그의 생명
을 (保全)보전하게 하기 위함이라
43 하나는 광야 평원에 있는 베셀이
라 르우벤 (支派)지파를 위한 것이
요 하나는 길르앗 라못이라 갓 지
파를 위한 것이요 하나는 바산 골
란이라 므낫세 지파를 위한 것이
었더라

모세가 선포한 율법

44 ●모세가 이스라엘 자손에게 (宣
布)선포한 율법은 이러하니라
45 이스라엘 자손이 애굽에서 나온
후에 모세가 (證言)증언과 규례와
법도를 선포하였으니
46 요단 동쪽 벳브올 맞은편 골짜기
에서 그리하였더라 이 땅은 헤스
본에 사는 아모리 족속의 왕 시혼
에게 속하였더니 모세와 이스라엘
자손이 애굽에서 나온 후에 그를
쳐서 (滅)멸하고
47 그 땅을 기업으로 얻었고 또 바산
왕 옥의 땅을 얻었으니 그 두 사람
은 아모리 (族屬)족속의 왕으로서
요단 이쪽 해 돋는 쪽에 살았으며
48 그 얻은 땅은 아르논 골짜기 가장
자리의 아로엘에서부터 시온 (山)
산 곧 헤르몬 산까지요
49 요단 이쪽 곧 그 (東)동쪽 온 아라
바니 비스가 기슭 아래 아라바의
바다까지이니라

십계명(출 20:1-17)

5 모세가 온 이스라엘을 불러 그들
에게 이르되 이스라엘아 오늘 내
가 너희의 귀에 말하는 (規例)규례
와 (法度)법도를 듣고 그것을 배우
며 지켜 행하라
2 우리 하나님 여호와께서 호렙 산
에서 우리와 (言約)언약을 세우셨
나니
3 이 언약은 여호와께서 우리 (祖上)
조상들과 세우신 것이 아니요 오
늘 여기 살아 있는 우리 곧 우리와
세우신 것이라
4 여호와께서 산 위 불 가운데에서
너희와 (對面)대면하여 말씀하시
매
5 그 때에 너희가 불을 두려워하여
산에 오르지 못하므로 내가 여호
와와 너희 중간에 서서 여호와의
말씀을 너희에게 (傳)전하였노라
여호와께서 이르시되
6 나는 너를 애굽 땅, 종 되었던 집
에서 (引導)인도하여 낸 네 하나님
여호와라
7 ●나 외에는 다른 (神)신들을 네
게 두지 말지니라
8 ●너는 자기를 위하여 새긴 우상
을 만들지 말고 위로 하늘에 있는
것이나 아래로 땅에 있는 것이나
땅밑 물 속에 있는 것의 어떤 (形
像)형상도 만들지 말며

9 그것들에게 절하지 말며 그것들을
섬기지 말라 나 네 하나님 여호와
는 (嫉妬)질투하는 하나님인즉 나
를 미워하는 자의 (罪)죄를 갚되
아버지로부터 아들에게로 삼사 대
까지 이르게 하거니와
10 나를 사랑하고 내 (誡命)계명을 지
키는 자에게는 천 대까지 은혜를
베푸느니라
11 ●너는 네 하나님 여호와의 이름
을 (妄靈)망령되이 일컫지 말라 나
여호와는 내 이름을 망령되이 일
컫는 자를 죄 없는 줄로 인정하지
아니하리라
12 ●네 하나님 여호와가 네게 (命
令)명령한 대로 안식일을 지켜 거
룩하게 하라
13 엿새 동안은 힘써 네 모든 일을
(行)행할 것이나
14 일곱째 날은 네 하나님 여호와의
(安息日)안식일인즉 너나 네 아들
이나 네 딸이나 네 남종이나 네 여
종이나 네 소나 네 나귀나 네 모든
가축이나 네 문 안에 유하는 객이
라도 아무 일도 하지 못하게 하고
네 남종이나 네 여종에게 너 같이
안식하게 할지니라
15 너는 기억하라 네가 애굽 땅에서
종이 되었더니 네 하나님 여호와가
강한 손과 편 팔로 거기서 너를 인
도하여 내었나니 그러므로 네 하나
님 여호와가 네게 명령하여 (安息
日)안식일을 지키라 하느니라
16 ●너는 네 하나님 여호와께서 명
령한 대로 네 부모를 (恭敬)공경하
라 그리하면 네 하나님 여호와가
네게 준 땅에서 네 생명이 길고 복
을 누리리라
17 ●(殺人)살인하지 말지니라
18 ●(姦淫)간음하지 말지니라
19 ●도둑질 하지 말지니라
20 ●네 이웃에 대하여 거짓 (證據)
증거하지 말지니라
21 ●네 이웃의 아내를 탐내지 말지니
라 네 이웃의 집이나 그의 밭이나
그의 남종이나 그의 여종이나 그의
소나 그의 나귀나 네 이웃의 모든
(所有)소유를 탐내지 말지니라

여호와의 음성 듣기를 두려워하다 (출 20:18-21)

22 ●여호와께서 이 모든 말씀을 산
위 불 가운데, 구름 가운데, (黑暗)
흑암 가운데에서 큰 음성으로 너
희 (總會)총회에 이르신 후에 더
말씀하지 아니하시고 그것을 두
돌판에 써서 내게 주셨느니라
23 산이 불에 타며 캄캄한 가운데에
서 나오는 그 소리를 너희가 듣고
너희 지파의 수령과 (長老)장로들
이 내게 나아와
24 말하되 우리 하나님 여호와께서
그의 영광과 (威嚴)위엄을 우리에
게 보이시매 불 가운데에서 나오
는 음성을 우리가 들었고 하나님
이 사람과 말씀하시되 그 사람이
생존하는 것을 오늘 우리가 보았
나이다
25 이제 우리가 죽을 까닭이 무엇이
니이까 이 큰 불이 우리를 삼킬 것
이요 만일 우리가 우리 하나님 여

호와의 (音聲)음성을 다시 들으면
죽을 것이라
26 (肉身)육신을 가진 자로서 우리처
럼 살아 계시는 하나님의 음성이
불 가운데에서 발함을 듣고 (生存)
생존한 자가 누구니이까
27 당신은 가까이 나아가서 우리 하
나님 여호와께서 하시는 말씀을
다 듣고 우리 하나님 여호와께서
당신에게 이르시는 것을 다 우리
에게 전하소서 우리가 듣고 (行)행
하겠나이다 하였느니라
28 ●여호와께서 너희가 내게 말할
때에 너희가 말하는 소리를 들으
신지라 여호와께서 내게 이르시되
이 (百姓)백성이 네게 말하는 그
말소리를 내가 들은즉 그 말이 다
옳도다
29 다만 그들이 항상 이같은 마음을
품어 나를 (敬畏)경외하며 내 모든
명령을 지켜서 그들과 그 자손이
영원히 복 받기를 원하노라
30 가서 그들에게 각기 (帳幕)장막으
로 돌아가라 이르고
31 너는 여기 내 곁에 서 있으라 내가
모든 명령과 규례와 (法度)법도를
네게 이르리니 너는 그것을 그들
에게 가르쳐서 내가 그들에게 (基
業)기업으로 주는 땅에서 그들에
게 이것을 행하게 하라 하셨나니
32 그런즉 너희 하나님 여호와께서
너희에게 명령하신 대로 너희는
삼가 행하여 (左)좌로나 (右)우로
나 치우치지 말고
33 너희 하나님 여호와께서 너희에
게 명령하신 모든 도를 행하라 그
리하면 너희가 살 것이요 (福)복이
너희에게 있을 것이며 너희가 차
지한 땅에서 너희의 날이 길리라

여호와의 명령과 규례와 법도

6 이는 곧 너희의 하나님 여호와께
서 너희에게 가르치라고 명하신
(命令)명령과 규례와 법도라 너희
가 건너가서 차지할 땅에서 행할
것이니
2 곧 너와 네 아들과 네 손자들이 평
생에 네 하나님 여호와를 (敬畏)경
외하며 내가 너희에게 명한 그 모
든 규례와 명령을 지키게 하기 위
한 것이며 또 네 날을 (長久)장구
하게 하기 위한 것이라
3 이스라엘아 듣고 삼가 그것을 행하
라 그리하면 네가 복을 받고 네 조
상들의 하나님 여호와께서 네게 허
락하심 같이 젖과 꿀이 흐르는 땅
에서 네가 크게 (蕃盛)번성하리라
4 ●이스라엘아 들으라 우리 하나님
여호와는 오직 (唯一)유일한 여호
와이시니
5 너는 마음을 다하고 뜻을 다하고
힘을 다하여 네 하나님 여호와를
사랑하라
6 오늘 내가 네게 (命)명하는 이 말
씀을 너는 마음에 새기고
7 네 자녀에게 부지런히 가르치며
집에 앉았을 때에든지 길을 갈 때
에든지 누워 있을 때에든지 일어
날 때에든지 이 말씀을 (講論)강론
할 것이며
8 너는 또 그것을 네 손목에 매어

(記號)기호를 삼으며 네 (眉間)미
간에 붙여 표로 삼고
9 또 네 집 (門)문설주와 바깥 문에
기록할지니라

불순종에 대한 경고

10 ●네 하나님 여호와께서 네 조상
아브라함과 이삭과 야곱을 향하여
네게 주리라 맹세하신 땅으로 너
를 들어가게 하시고 네가 (建築)건
축하지 아니한 크고 아름다운 성
읍을 얻게 하시며
11 네가 채우지 아니한 아름다운 (物
件)물건이 가득한 집을 얻게 하시
며 네가 파지 아니한 우물을 차지
하게 하시며 네가 심지 아니한 포
도원과 감람나무를 차지하게 하사
네게 배불리 먹게 하실 때에
12 너는 조심하여 너를 애굽 땅 종 되
었던 집에서 (引導)인도하여 내신
여호와를 잊지 말고
13 네 하나님 여호와를 (敬畏)경외하
며 그를 섬기며 그의 이름으로 (盟
誓)맹세할 것이니라
14 너희는 다른 (神)신들 곧 네 사면에
있는 백성의 신들을 따르지 말라
15 너희 중에 계신 너희의 하나님 여
호와는 (嫉妬)질투하시는 하나님
이신즉 너희의 하나님 여호와께서
네게 진노하사 너를 지면에서 (滅
絕)멸절시키실까 두려워하노라
16 ●너희가 맛사에서 (試驗)시험한
것 같이 너희의 하나님 여호와를
시험하지 말고
17 너희의 하나님 여호와께서 너희에
게 명하신 명령과 증거와 (規例)규
례를 삼가 지키며
18-19 여호와께서 보시기에 정직하고
(善良)선량한 일을 행하라 그리하
면 네가 복을 받고 그 땅에 들어가
서 여호와께서 모든 대적을 네 앞
에서 쫓아내시겠다고 네 조상들에
게 맹세하신 아름다운 땅을 차지
하리니 여호와의 말씀과 같으니라
20 ●후일에 네 아들이 네게 묻기를
우리 하나님 여호와께서 명령하신
증거와 (規例)규례와 법도가 무슨
뜻이냐 하거든
21 너는 네 아들에게 이르기를 우리
가 옛적에 애굽에서 바로의 종이
되었더니 여호와께서 (權能)권능
의 손으로 우리를 애굽에서 인도
하여 내셨나니
22 곧 여호와께서 우리의 목전에서
크고 두려운 (異蹟)이적과 (奇事)
기사를 애굽과 바로와 그의 온 집
에 베푸시고
23 우리 (祖上)조상들에게 맹세하신
땅을 우리에게 주어 들어가게 하
시려고 우리를 거기서 인도하여
내시고
24 여호와께서 우리에게 이 모든 규
례를 지키라 명령하셨으니 이는
우리가 우리 하나님 여호와를 (敬
畏)경외하여 항상 복을 누리게 하
기 위하심이며 또 여호와께서 우
리를 오늘과 같이 살게 하려 하심
이라
25 우리가 그 명령하신 대로 이 모든
명령을 우리 하나님 여호와 앞에
서 삼가 지키면 그것이 곧 우리의

(義)의로움이니라 할지니라

여호와께서 택하신 민족
(출 34:11-16)

7 네 하나님 여호와께서 너를 인도
하사 네가 가서 차지할 땅으로
들이시고 네 앞에서 여러 (民族)민
족 헷 족속과 기르가스 족속과 아
모리 족속과 가나안 족속과 브리
스 족속과 히위 족속과 여부스 족
속 곧 너보다 많고 힘이 센 일곱 족
속을 쫓아내실 때에
2 네 하나님 여호와께서 그들을 네
게 넘겨 네게 치게 하시리니 그 때
에 너는 그들을 (殄滅)진멸할 것이
라 그들과 어떤 언약도 하지 말 것
이요 그들을 불쌍히 여기지도 말
것이며
3 또 그들과 (婚姻)혼인하지도 말지
니 네 딸을 그들의 아들에게 주지
말 것이요 그들의 딸도 네 며느리
로 삼지 말 것은
4 그가 네 아들을 (誘惑)유혹하여 그
가 여호와를 떠나고 다른 신들을
섬기게 하므로 여호와께서 너희에
게 (震怒)진노하사 갑자기 너희를
멸하실 것임이니라
5 오직 너희가 그들에게 행할 것은
이러하니 그들의 제단을 헐며 (柱
像)주상을 깨뜨리며 아세라 (木
像)목상을 찍으며 조각한 (偶像)
우상들을 불사를 것이니라
6 너는 여호와 네 하나님의 (聖民)성
민이라 네 하나님 여호와께서 (地
上 萬民)지상 만민 중에서 너를 자
기 기업의 백성으로 택하셨나니
7 여호와께서 너희를 기뻐하시고 너
희를 택하심은 너희가 다른 민족
보다 (數爻)수효가 많기 때문이 아
니니라 너희는 오히려 모든 민족
중에 가장 적으니라
8 여호와께서 다만 너희를 사랑하심
으로 말미암아, 또는 너희의 조상
들에게 하신 맹세를 지키려 하심
으로 말미암아 자기의 (權能)권능
의 손으로 너희를 (引導)인도하여
내시되 너희를 그 종 되었던 집에
서 애굽 왕 바로의 손에서 (贖良)
속량하셨나니
9 그런즉 너는 알라 오직 네 하나님
여호와는 하나님이시요 (信實)신
실하신 하나님이시라 그를 사랑하
고 그의 계명을 지키는 자에게는
(千 代)천 대까지 그의 언약을 이
행하시며 (仁愛)인애를 베푸시되
10 그를 미워하는 자에게는 당장에
(報應)보응하여 멸하시나니 여호
와는 자기를 미워하는 자에게 지
체하지 아니하시고 당장에 그에게
보응하시느니라
11 그런즉 너는 오늘 내가 네게 명하
는 명령과 규례와 (法度)법도를 지
켜 행할지니라

법도를 듣고 지켜 행하면(신 28:1-14)

12 ●너희가 이 모든 법도를 듣고 지
켜 행하면 네 하나님 여호와께서
네 조상들에게 맹세하신 언약을
지켜 네게 (仁愛)인애를 베푸실 것
이라
13 곧 너를 사랑하시고 복을 주사 너
를 번성하게 하시되 네게 주리라

고 네 조상들에게 맹세하신 땅에
서 네 (所生)소생에게 은혜를 베푸
시며 네 토지 (所産)소산과 곡식과
포도주와 기름을 풍성하게 하시고
네 소와 양을 번식하게 하시리니
14 네가 복을 받음이 만민보다 훨씬
더하여 너희 중의 남녀와 너희의
짐승의 암수에 (生育)생육하지 못
함이 없을 것이며
15 여호와께서 또 모든 질병을 네게
서 멀리 하사 너희가 아는 애굽의
(惡疾)악질에 걸리지 않게 하시고
너를 미워하는 모든 자에게 걸리
게 하실 것이라
16 네 하나님 여호와께서 네게 넘겨
주신 모든 민족을 네 눈이 (矜恤)
긍휼히 여기지 말고 진멸하며 그
들의 신을 섬기지 말라 그것이 네
게 올무가 되리라
17 ● 네가 혹시 (心中)심중에 이르기
를 이 민족들이 나보다 많으니 내
가 어찌 그를 쫓아낼 수 있으리요
하리라마는
18 그들을 두려워하지 말고 네 하나
님 여호와께서 바로와 온 애굽에
행하신 것을 잘 (記憶)기억하되
19 네 하나님 여호와께서 너를 (引導)
인도하여 내실 때에 네가 본 큰 시
험과 이적과 기사와 강한 손과 편
팔을 기억하라 네 하나님 여호와
께서 네가 두려워하는 모든 민족
에게 그와 같이 행하실 것이요
20 네 하나님 여호와께서 또 왕벌을
그들 중에 보내어 그들의 남은 자
와 너를 피하여 숨은 자를 (滅)멸
하시리니
21 너는 그들을 두려워하지 말라 너
희의 하나님 여호와 곧 크고 두려
운 하나님이 너희 (中)중에 계심이
니라
22 네 하나님 여호와께서 이 민족들
을 네 앞에서 조금씩 쫓아내시리
니 너는 그들을 급히 멸하지 말
라 들짐승이 (蕃盛)번성하여 너를
(害)해할까 하노라
23 네 하나님 여호와께서 그들을 네
게 넘기시고 그들을 크게 (混亂)혼
란하게 하여 마침내 진멸하시고
24 그들의 왕들을 네 손에 넘기시리
니 너는 그들의 이름을 천하에서
(除)제하여 버리라 너를 당할 자가
없이 네가 마침내 그들을 진멸하
리라
25 너는 그들이 (彫刻)조각한 (神像)
신상들을 불사르고 그것에 입힌
은이나 금을 (貪)탐내지 말며 취하
지 말라 네가 그것으로 말미암아
올무에 걸릴까 하노니 이는 네 하
나님 여호와께서 (可憎)가증히 여
기시는 것임이니라
26 너는 가증한 것을 네 집에 들이지
말라 너도 그것과 같이 (殄滅)진멸
당할까 하노라 너는 그것을 멀리
하며 심히 미워하라 그것은 진멸
당할 것임이니라

이스라엘이 차지할 아름다운 땅

8 내가 오늘 명하는 모든 명령을
너희는 지켜 행하라 그리하면 너
희가 살고 (蕃盛)번성하고 여호와
께서 너희의 조상들에게 (盟誓)맹

세하신 땅에 들어가서 그것을 차
지하리라
2 네 하나님 여호와께서 이 사십 년
동안에 네게 광야 길을 걷게 하신
것을 기억하라 이는 너를 낮추시
며 너를 (試驗)시험하사 네 마음
이 어떠한지 그 명령을 지키는지
지키지 않는지 알려 하심이라
3 너를 낮추시며 너를 주리게 하시
며 또 너도 알지 못하며 네 (祖上)
조상들도 알지 못하던 만나를 네
게 먹이신 것은 사람이 떡으로만
사는 것이 아니요 여호와의 입에
서 나오는 모든 말씀으로 사는 줄
을 네가 알게 하려 하심이니라
4 이 사십 년 동안에 네 (衣服)의복
이 해어지지 아니하였고 네 발이
부르트지 아니하였느니라
5 너는 사람이 그 아들을 (懲戒)징계
함 같이 네 하나님 여호와께서 너
를 징계하시는 줄 마음에 생각하고
6 네 하나님 여호와의 명령을 지켜
그의 길을 따라가며 그를 (敬畏)경
외할지니라
7 네 하나님 여호와께서 너를 아름
다운 땅에 이르게 하시나니 그 곳
은 골짜기든지 산지든지 시내와
(噴泉)분천과 샘이 흐르고
8 밀과 보리의 (所産地)소산지요 포
도와 무화과와 석류와 (橄欖)감람
나무와 꿀의 소산지라
9 네가 먹을 것에 모자람이 없고 네
게 아무 (不足)부족함이 없는 땅이
며 그 땅의 돌은 철이요 산에서는
동을 캘 것이라
10 네가 먹어서 배부르고 네 하나님
여호와께서 (沃土)옥토를 네게 주
셨음으로 말미암아 그를 찬송하리
라

여호와를 잊지 말라

11 ●내가 오늘 네게 명하는 여호와
의 명령과 법도와 (規例)규례를 지
키지 아니하고 네 하나님 여호와
를 잊어버리지 않도록 삼갈지어다
12 네가 먹어서 배부르고 아름다운
집을 짓고 (居住)거주하게 되며
13 또 네 소와 양이 (蕃盛)번성하며
네 은금이 (增殖)증식되며 네 소유
가 다 풍부하게 될 때에
14 네 마음이 (驕慢)교만하여 네 하
나님 여호와를 잊어버릴까 염려하
노라 여호와는 너를 애굽 땅 종 되
었던 집에서 이끌어 내시고
15 너를 인도하여 그 광대하고 위험
한 광야 곧 불뱀과 (全蝎)전갈이
있고 물이 없는 간조한 땅을 지나
게 하셨으며 또 너를 위하여 단단
한 반석에서 물을 내셨으며
16 네 조상들도 알지 못하던 만나를
(曠野)광야에서 네게 먹이셨나니
이는 다 너를 낮추시며 너를 시험
하사 마침내 네게 복을 주려 하심
이었느니라
17 그러나 네가 마음에 이르기를 내
(能力)능력과 내 손의 힘으로 내가
이 재물을 얻었다 말할 것이라
18 네 하나님 여호와를 (記憶)기억하
라 그가 네게 재물 얻을 능력을 주
셨음이라 이같이 하심은 네 조상
들에게 (盟誓)맹세하신 언약을 오

늘과 같이 이루려 하심이니라
19 네가 만일 네 하나님 여호와를 잊
어버리고 다른 신들을 따라 그들
을 섬기며 그들에게 절하면 내가
너희에게 증거하노니 너희가 반드
시 (滅亡)멸망할 것이라
20 여호와께서 너희 앞에서 멸망시키
신 민족들 같이 너희도 멸망하리
니 이는 너희가 너희의 하나님 여
호와의 소리를 (聽從)청종하지 아
니함이니라

백성의 불순종

9 이스라엘아 들으라 네가 오늘 요
단을 건너 너보다 강대한 나라
들로 들어가서 그것을 차지하리니
그 성읍들은 크고 (城壁)성벽은 하
늘에 닿았으며
2 크고 많은 백성은 네가 아는 아낙
자손이라 그에 대한 말을 네가 들
었나니 이르기를 누가 아낙 자손
을 (能)능히 당하리요 하거니와
3 오늘 너는 알라 네 하나님 여호와
께서 (猛烈)맹렬한 불과 같이 네
앞에 나아가신즉 여호와께서 그들
을 멸하사 네 앞에 엎드러지게 하
시리니 여호와께서 네게 말씀하신
것 같이 너는 그들을 쫓아내며 속
히 멸할 것이라
4 네 하나님 여호와께서 그들을 네
앞에서 쫓아내신 후에 네가 심중
에 이르기를 내 공의로움으로 말
미암아 여호와께서 나를 이 땅으
로 인도하여 들여서 그것을 차지
하게 하셨다 하지 말라 이 (民族)
민족들이 악함으로 말미암아 여호
와께서 그들을 네 앞에서 쫓아내
심이니라
5 네가 가서 그 땅을 차지함은 네 공
의로 말미암음도 아니며 네 마음
이 정직함으로 말미암음도 아니요
이 (民族)민족들이 악함으로 말미
암아 네 하나님 여호와께서 그들
을 네 앞에서 쫓아내심이라 여호
와께서 이같이 하심은 네 조상 아
브라함과 이삭과 야곱에게 하신
(盟誓)맹세를 이루려 하심이니라
6 ●그러므로 네가 알 것은 네 하나
님 여호와께서 네게 이 아름다운
땅을 (基業)기업으로 주신 것이 네
공의로 말미암음이 아니니라 너는
목이 곧은 백성이니라
7 너는 (曠野)광야에서 네 하나님 여
호와를 (激怒)격노하게 하던 일을
잊지 말고 기억하라 네가 애굽 땅
에서 나오던 날부터 이 곳에 이르
기까지 늘 여호와를 (拒逆)거역하
였으되
8 호렙 산에서 너희가 여호와를 (激
怒)격노하게 하였으므로 여호와께
서 진노하사 너희를 멸하려 하셨
느니라
9 그 때에 내가 돌판들 곧 여호와께
서 너희와 세우신 언약의 돌판들
을 받으려고 (山)산에 올라가서 사
십 주 사십 야를 산에 머물며 떡도
먹지 아니하고 물도 마시지 아니
하였더니
10 여호와께서 두 돌판을 내게 주셨
나니 그 돌판의 글은 하나님이 손
으로 기록하신 것이요 너희의 (總

會)총회 날에 여호와께서 산상 불
가운데서 너희에게 이르신 모든
말씀이니라
11 사십 (晝)주 사십 (夜)야를 지난
후에 여호와께서 내게 돌판 곧 (言
約)언약의 두 돌판을 주시고
12 내게 이르시되 일어나 여기서 속
히 내려가라 네가 애굽에서 인도
하여 낸 네 백성이 스스로 부패하
여 내가 그들에게 명령한 도를 속
히 떠나 자기를 위하여 (偶像)우상
을 부어 만들었느니라
13 여호와께서 또 내게 말씀하여 이
르시되 내가 이 (百姓)백성을 보았
노라 보라 이는 목이 곧은 백성이
니라
14 나를 막지 말라 내가 그들을 멸하
여 그들의 이름을 천하에서 없애
고 너를 그들보다 (强大)강대한 나
라가 되게 하리라 하시기로
15 내가 돌이켜 산에서 내려오는데
산에는 불이 붙었고 (言約)언약의
두 돌판은 내 두 손에 있었느니라
16 내가 본즉 너희가 너희의 하나님
여호와께 (犯罪)범죄하여 자기를
위하여 송아지를 부어 만들어서
여호와께서 명령하신 도를 빨리
떠났기로
17 내가 그 두 돌판을 내 두 손으로 들
어 던져 너희의 (目前)목전에서 깨
뜨렸노라
18 그리고 내가 전과 같이 사십 주 사
십 야를 여호와 앞에 엎드려서 떡
도 먹지 아니하고 물도 마시지 아
니하였으니 이는 너희가 여호와의
목전에 (惡)악을 (行)행하여 그를
격노하게 하여 크게 죄를 지었음
이라
19 여호와께서 심히 (憤怒)분노하사
너희를 멸하려 하셨으므로 내가
두려워하였노라 그러나 여호와께
서 그 때에도 내 말을 들으셨고
20 여호와께서 또 아론에게 진노하사
그를 멸하려 하셨으므로 내가 그
때에도 아론을 위하여 (祈禱)기도
하고
21 너희의 (罪)죄 곧 너희가 만든 송아
지를 가져다가 불살라 찧고 티끌
같이 가늘게 갈아 그 가루를 산에
서 흘러내리는 시내에 뿌렸느니라
22 ● 너희가 다베라와 맛사와 기브롯
핫다아와에서도 여호와를 (激怒)격
노하게 하였느니라
23 여호와께서 너희를 가데스 바네아
에서 떠나게 하실 때에 이르시기
를 너희는 올라가서 내가 너희에
게 준 땅을 차지하라 하시되 너희
가 너희의 하나님 여호와의 (命令)
명령을 거역하여 믿지 아니하고
그 말씀을 듣지 아니하였나니
24 내가 너희를 알던 날부터 너희가
항상 여호와를 (拒逆)거역하여 왔
느니라
25 ● 그 때에 여호와께서 너희를 멸
하겠다 하셨으므로 내가 (如前)여
전히 사십 주 사십 야를 여호와 앞
에 엎드리고
26 여호와께 (懇求)간구하여 이르되
주 여호와여 주께서 큰 위엄으로
속량하시고 강한 손으로 애굽에서

인도하여 내신 주의 백성 곧 주의
(基業)기업을 멸하지 마옵소서
27 주의 종 아브라함과 이삭과 야곱
을 생각하사 이 백성의 (頑惡)완악
함과 악과 죄를 보지 마옵소서
28 주께서 우리를 인도하여 내신 그
땅 백성이 말하기를 여호와께서
그들에게 (許諾)허락하신 땅으로
그들을 인도하여 들일 만한 (能力)
능력도 없고 그들을 미워하기도
하사 광야에서 죽이려고 인도하여
내셨다 할까 두려워하나이다
29 그들은 주의 큰 능력과 펴신 팔로
(引導)인도하여 내신 주의 백성 곧
주의 기업이로소이다 하였노라

모세가 십계명을 다시 받다(출 34:1-10)

10 그 때에 여호와께서 내게 이
르시기를 너는 처음과 같은
두 돌판을 다듬어 가지고 산에 올
라 내게로 나아오고 또 나무(櫃)궤
하나를 만들라
2 네가 깨뜨린 처음 (板)판에 쓴 말
을 내가 그 판에 쓰리니 너는 그것
을 그 궤에 넣으라 하시기로
3 내가 (皁角木)조각목으로 궤를 만
들고 처음 것과 같은 돌판 둘을 다
듬어 손에 들고 산에 오르매
4 여호와께서 그 총회 날에 산 위 불
가운데에서 너희에게 이르신 (十
誡命)십계명을 처음과 같이 그 판
에 쓰시고 그것을 내게 주시기로
5 내가 돌이켜 산에서 내려와서 여
호와께서 내게 명령하신 대로 그
판을 내가 만든 궤에 넣었더니 (只
今)지금까지 있느니라
6 (이스라엘 자손이 [1])브에롯 브네야
아간에서 길을 떠나 모세라에 이
르러 아론이 거기서 죽어 (葬事)
장사되었고 그의 아들 엘르아살이
그를 이어 제사장의 (職任)직임을
행하였으며
7 또 거기를 떠나 굿고다에 이르고
굿고다를 떠나 욧바다에 이른즉
그 땅에는 시내가 많았으며
8 그 때에 여호와께서 레위 지파를
(區別)구별하여 여호와의 언약 궤
를 메게 하며 여호와 앞에 서서 그
를 섬기며 또 여호와의 이름으로
축복하게 하셨으니 그 일은 오늘
까지 이르느니라
9 그러므로 레위는 그의 형제 중에
분깃이 없으며 (基業)기업이 없고
네 하나님 여호와께서 그에게 말
씀하심 같이 여호와가 그의 기업
이시니라)
10 내가 처음과 같이 사십 주 사십 야
를 산에 머물렀고 그 때에도 여호
와께서 내 말을 들으사 너를 참아
(滅)멸하지 아니하시고
11 여호와께서 내게 이르시되 일어나
서 백성보다 먼저 길을 떠나라 내
가 그들에게 주리라고 그들의 조
상들에게 (盟誓)맹세한 땅에 그들
이 들어가서 그것을 차지하리라
하셨느니라

여호와께서 요구하시는 것

12 ●이스라엘아 네 하나님 여호와께
서 네게 요구하시는 것이 무엇이
냐 곧 네 하나님 여호와를 (敬畏)

1) 야아간의 아들들의 우물들

경외하여 그의 모든 도를 행하고
그를 사랑하며 마음을 다하고 뜻
을 다하여 네 하나님 여호와를 섬
기고
13 내가 오늘 네 (幸福)행복을 위하여
네게 명하는 여호와의 명령과 규
례를 지킬 것이 아니냐
14 하늘과 모든 하늘의 하늘과 땅과
그 위의 (萬物)만물은 본래 네 하
나님 여호와께 (屬)속한 것이로되
15 여호와께서 오직 네 조상들을 기
뻐하시고 그들을 사랑하사 그들의
후손인 너희를 만민 중에서 (擇)택
하셨음이 오늘과 같으니라
16 그러므로 너희는 마음에 (割禮)할
례를 행하고 다시는 목을 곧게 하
지 말라
17 너희의 하나님 여호와는 신 가운
데 신이시며 주 가운데 주시요 크
고 능하시며 두려우신 하나님이시
라 사람을 (外貌)외모로 보지 아니
하시며 (賂物)뇌물을 받지 아니하
시고
18 고아와 과부를 위하여 (正義)정의
를 행하시며 나그네를 사랑하여
그에게 떡과 옷을 주시나니
19 너희는 나그네를 사랑하라 (前)전
에 너희도 애굽 땅에서 나그네 되
었음이니라
20 네 하나님 여호와를 (敬畏)경외하
여 그를 섬기며 그에게 (依支)의지
하고 그의 이름으로 맹세하라
21 그는 네 (讚頌)찬송이시요 네 하나
님이시라 네 눈으로 본 이같이 크
고 두려운 일을 너를 위하여 행하
셨느니라
22 애굽에 내려간 네 (祖上)조상들이
겨우 칠십 인이었으나 이제는 네
하나님 여호와께서 너를 하늘의
별 같이 많게 하셨느니라

여호와께서 행하신 큰 일

11 그런즉 네 하나님 여호와를
사랑하여 그가 주신 책무와
법도와 규례와 명령을 (恒常)항상
지키라
2 너희의 자녀는 알지도 못하고 보
지도 못하였으나 너희가 오늘날
기억할 것은 너희의 하나님 여호
와의 교훈과 그의 (威嚴)위엄과 그
의 강한 손과 펴신 팔과
3 애굽에서 그 왕 바로와 그 전국에
행하신 (異蹟)이적과 기사와
4 또 여호와께서 애굽 군대와 그 말
과 그 (兵車)병거에 행하신 일 곧
그들이 너희를 뒤쫓을 때에 홍해
물로 그들을 덮어 멸하사 오늘까
지 이른 것과
5 또 너희가 이 곳에 이르기까지 (曠
野)광야에서 너희에게 행하신 일과
6 르우벤 자손 엘리압의 아들 다단
과 아비람에게 하신 일 곧 땅이 입
을 벌려서 그들과 그들의 (家族)
가족과 그들의 장막과 그들을 따
르는 온 이스라엘의 한가운데에서
모든 것을 삼키게 하신 일이라
7 너희가 여호와께서 (行)행하신 이
모든 큰 일을 너희의 눈으로 보았
느니라

주리라고 맹세하신 땅

8 ● 그러므로 너희는 내가 오늘 너

희에게 명하는 모든 명령을 지키라
그리하면 너희가 (强盛)강성할 것
이요 너희가 건너가 차지할 땅에
들어가서 그것을 차지할 것이며
9 또 여호와께서 너희의 조상들에
게 (盟誓)맹세하여 그들과 그들의
(後孫)후손에게 주리라고 하신 땅
곧 젖과 꿀이 흐르는 땅에서 너희
의 날이 (長久)장구하리라
10 네가 들어가 차지하려 하는 땅은
네가 나온 애굽 땅과 같지 아니하
니 거기에서는 너희가 (播種)파종
한 후에 발로 물 대기를 (菜蔬)채
소밭에 댐과 같이 하였거니와
11 너희가 건너가서 차지할 땅은 산
과 골짜기가 있어서 하늘에서 내
리는 비를 (吸收)흡수하는 땅이요
12 네 하나님 여호와께서 돌보아 주
시는 땅이라 연초부터 연말까지
네 하나님 여호와의 눈이 (恒常)항
상 그 위에 있느니라
13 ●내가 오늘 너희에게 명하는 내
(命令)명령을 너희가 만일 (聽從)
청종하고 너희의 하나님 여호와를
사랑하여 마음을 다하고 뜻을 다
하여 섬기면
14 [1]여호와께서 너희의 땅에 이른 비,
늦은 비를 적당한 때에 내리시리
니 너희가 (穀食)곡식과 포도주와
기름을 얻을 것이요
15 또 (家畜)가축을 위하여 들에 풀이
나게 하시리니 네가 먹고 배부를
것이라
16 너희는 스스로 삼가라 두렵건대
마음에 (迷惑)미혹하여 돌이켜 다
른 신들을 섬기며 그것에게 절하
므로
17 여호와께서 너희에게 (震怒)진노
하사 하늘을 닫아 비를 내리지 아
니하여 땅이 소산을 내지 않게 하
시므로 너희가 여호와께서 주신
아름다운 땅에서 속히 멸망할까
하노라
18 ●이러므로 너희는 나의 이 말을
너희의 마음과 뜻에 두고 또 그것
을 너희의 손목에 매어 기호를 삼
고 너희 (眉間)미간에 붙여 표를
삼으며
19 또 그것을 너희의 자녀에게 가르
치며 집에 앉아 있을 때에든지, 길
을 갈 때에든지, 누워 있을 때에
든지, 일어날 때에든지 이 말씀을
(講論)강론하고
20 또 네 집 문설주와 바깥 문에 (記
錄)기록하라
21 그리하면 여호와께서 너희 조상들
에게 주리라고 맹세하신 땅에서
너희의 날과 너희의 (子女)자녀의
날이 많아서 하늘이 땅을 덮는 날
과 같으리라
22 너희가 만일 내가 너희에게 명하
는 이 모든 명령을 잘 지켜 행하여
너희의 하나님 여호와를 사랑하고
그의 모든 도를 행하여 그에게 (依
支)의지하면
23 여호와께서 그 모든 나라 백성을
너희 앞에서 다 쫓아내실 것이라
너희가 너희보다 (强大)강대한 나
라들을 차지할 것인즉

1) 히, 내가

24 너희의 발바닥으로 밟는 곳은 다
너희의 소유가 되리니 너희의 (境
界)경계는 곧 광야에서부터 레바
논까지와 유브라데 강에서부터 서
해까지라
25 너희의 하나님 여호와께서 너희에
게 말씀하신 대로 너희가 밟는 모
든 땅 사람들에게 너희를 두려워
하고 무서워하게 하시리니 너희를
(能)능히 당할 사람이 없으리라
26 ●내가 오늘 (福)복과 (詛呪)저주
를 너희 앞에 두나니
27 너희가 만일 내가 오늘 너희에게
명하는 너희의 하나님 여호와의
(命令)명령을 들으면 복이 될 것이
요
28 너희가 만일 내가 오늘 너희에게
명령하는 (道)도에서 돌이켜 떠나
너희의 하나님 여호와의 명령을
듣지 아니하고 본래 알지 못하던
다른 신들을 따르면 저주를 받으
리라
29 네 하나님 여호와께서 네가 가서
차지할 땅으로 너를 인도하여 들
이실 때에 너는 그리심 산에서 (祝
福)축복을 (宣布)선포하고 에발
산에서 저주를 선포하라
30 이 두 산은 요단 강 저쪽 곧 해지는
쪽으로 가는 길 뒤 길갈 맞은편 모
레 상수리나무 곁의 아라바에 거
주하는 가나안 (族屬)족속의 땅에
있지 아니하냐
31 너희가 요단을 건너 너희의 하나
님 여호와께서 너희에게 주시는
땅에 들어가서 그 땅을 차지하려
하나니 반드시 그것을 차지하여
거기 (居住)거주할지라
32 내가 오늘 너희 앞에 베푸는 모든
(規例)규례와 법도를 너희는 지켜
행할지니라

택하신 예배 처소

12 네 조상의 하나님 여호와께
서 네게 주셔서 차지하게 하
신 땅에서 너희가 평생에 지켜 행
할 규례와 법도는 이러하니라
2 너희가 쫓아낼 (民族)민족들이 그
들의 신들을 섬기는 곳은 높은 산
이든지 작은 산이든지 푸른 나무
아래든지를 막론하고 그 모든 곳
을 너희가 마땅히 (破滅)파멸하며
3 그 (祭壇)제단을 헐며 (柱像)주상
을 깨뜨리며 아세라 상을 불사르
고 또 그 조각한 (神像)신상들을
찍어 그 이름을 그 곳에서 멸하라
4 너희의 하나님 여호와께는 너희가
그처럼 (行)행하지 말고
5 오직 너희의 하나님 여호와께서
자기의 이름을 두시려고 너희 모
든 지파 중에서 (擇)택하신 곳인
그 계실 곳으로 찾아 나아가서
6 너희의 번제와 너희의 제물과 너
희의 십일조와 너희 손의 (擧祭)
거제와 너희의 (誓願祭)서원제와
(樂獻 禮物)낙헌 예물과 너희 소
와 양의 처음 난 것들을 너희는 그
리로 가져다가 드리고
7 거기 곧 너희의 하나님 여호와 앞
에서 먹고 너희의 하나님 여호와께
서 너희의 손으로 수고한 일에 복
주심으로 말미암아 너희와 너희의

(家族)가족이 즐거워할지니라
8 우리가 오늘 여기에서는 각기 (所
見)소견대로 하였거니와 너희가
거기에서는 그렇게 하지 말지니라
9 너희가 너희 하나님 여호와께서
주시는 (安息)안식과 기업에 아직
은 이르지 못하였거니와
10 너희가 요단을 건너 너희 하나님
여호와께서 너희에게 (基業)기업
으로 주시는 땅에 거주하게 될 때
또는 여호와께서 너희에게 너희
주위의 모든 대적을 이기게 하시
고 너희에게 안식을 주사 너희를
평안히 거주하게 하실 때에
11 너희는 너희의 하나님 여호와께
서 자기 이름을 두시려고 택하실
그 곳으로 내가 명령하는 것을 모
두 가지고 갈지니 곧 너희의 번제
와 너희의 희생과 너희의 십일조
와 너희 손의 (擧祭)거제와 너희가
여호와께 (誓願)서원하는 모든 아
름다운 서원물을 가져가고
12 너희와 너희의 자녀와 (奴婢)노비
와 함께 너희의 하나님 여호와 앞
에서 즐거워할 것이요 네 성중에
있는 레위인과도 그리할지니 레위
인은 너희 중에 분깃이나 기업이
없음이니라
13 너는 삼가서 네게 보이는 아무 곳
에서나 (燔祭)번제를 드리지 말고
14 오직 너희의 한 (支派)지파 중에
여호와께서 택하실 그 곳에서 번
제를 드리고 또 내가 네게 명령하
는 모든 것을 거기서 행할지니라
15 ● 그러나 네 하나님 여호와께서
네게 주신 복을 따라 각 성에서 네
마음에 원하는 대로 가축을 잡아
그 고기를 먹을 수 있나니 곧 (淨)
정한 자나 (不淨)부정한 자를 막론
하고 노루나 사슴을 먹는 것 같이
먹으려니와
16 오직 그 피는 먹지 말고 물 같이 땅
에 쏟을 것이며
17 너는 곡식과 포도주와 기름의 십
일조와 네 소와 양의 처음 난 것과
네 서원을 갚는 예물과 네 낙헌 예
물과 네 손의 (擧祭物)거제물은
네 각 성에서 먹지 말고
18 오직 네 하나님 여호와께서 택하
실 곳에서 네 하나님 여호와 앞에
서 너는 네 자녀와 (奴婢)노비와
성중에 거주하는 레위인과 함께
그것을 먹고 또 네 손으로 수고한
모든 일로 말미암아 네 하나님 여
호와 앞에서 즐거워하되
19 너는 삼가 네 땅에 (居住)거주하는
동안에 레위인을 저버리지 말지니
라
20 ● 네 하나님 여호와께서 네게 허
락하신 대로 네 (地境)지경을 넓히
신 후에 네 마음에 고기를 먹고자
하여 이르기를 내가 고기를 먹으리
라 하면 네가 언제나 마음에 원하
는 만큼 고기를 먹을 수 있으리니
21 (萬一)만일 네 하나님 여호와께서
자기 이름을 두시려고 택하신 곳
이 네게서 멀거든 내가 네게 명령
한 대로 너는 여호와께서 주신 소
와 양을 잡아 네 각 성에서 네가 마
음에 원하는 모든 것을 먹되

22 정한 자나 (不淨)부정한 자를 막론
하고 노루나 사슴을 먹는 것 같이
먹을 수 있거니와
23 다만 크게 삼가서 그 피는 먹지 말
라 피는 그 (生命)생명인즉 네가
그 생명을 고기와 함께 먹지 못하
리니
24 너는 그것을 먹지 말고 물 같이 땅
에 쏟으라
25 너는 피를 먹지 말라 네가 이같이
여호와께서 의롭게 여기시는 일을
행하면 너와 네 (後孫)후손이 복을
누리리라
26 오직 네 (聖物)성물과 (誓願物)서
원물을 여호와께서 택하신 곳으로
가지고 가라
27 네가 번제를 드릴 때에는 그 고기
와 피를 네 하나님 여호와의 (祭
壇)제단에 드릴 것이요 네 제물의
피는 네 하나님 여호와의 제단 위
에 붓고 그 고기는 먹을지니라
28 내가 네게 명령하는 이 모든 말을
너는 듣고 지키라 네 하나님 여호
와의 목전에 선과 의를 행하면 너
와 네 후손에게 영구히 복이 있으
리라

다른 신들을 섬기지 말라

29 ● 네 하나님 여호와께서 네가 들
어가서 쫓아낼 그 민족들을 네 앞
에서 (滅絕)멸절하시고 네가 그 땅
을 차지하여 거기에 거주하게 하
실 때에
30 너는 스스로 삼가 네 앞에서 멸망
한 그들의 자취를 밟아 올무에 걸
리지 말라 또 그들의 신을 (探求)
탐구하여 이르기를 이 민족들은
그 신들을 어떻게 섬겼는고 나도
그와 같이 하겠다 하지 말라
31 네 하나님 여호와께는 네가 그와
같이 행하지 못할 것이라 그들은
여호와께서 꺼리시며 (可憎)가증
히 여기시는 일을 그들의 (神)신들
에게 행하여 심지어 자기들의 자
녀를 불살라 그들의 신들에게 드
렸느니라
32 ● 내가 너희에게 명령하는 이 모
든 말을 너희는 지켜 행하고 그것
에 (加減)가감하지 말지니라

13 너희 중에 (先知者)선지자나
꿈 꾸는 자가 일어나서 이적
과 기사를 네게 보이고
2 그가 네게 말한 그 (異蹟)이적과
(奇事)기사가 이루어지고 너희가
알지 못하던 다른 신들을 우리가
따라 섬기자고 말할지라도
3 너는 그 선지자나 꿈 꾸는 자의 말
을 (聽從)청종하지 말라 이는 너희
의 하나님 여호와께서 너희가 마
음을 다하고 뜻을 다하여 너희의
하나님 여호와를 사랑하는 (與否)
여부를 알려 하사 너희를 시험하
심이니라
4 너희는 너희의 하나님 여호와를
따르며 그를 경외하며 그의 명령
을 지키며 그의 목소리를 (聽從)청
종하며 그를 섬기며 그를 의지하
며
5 그런 선지자나 꿈 꾸는 자는 죽이
라 이는 그가 너희에게 너희를 애
굽 땅에서 (引導)인도하여 내시며

종 되었던 집에서 (贖良)속량하신
너희의 하나님 여호와를 배반하게
하려 하며 너희의 하나님 여호와
께서 네게 행하라 명령하신 도에
서 너를 꾀어내려고 말하였음이라
너는 이같이 하여 너희 중에서 악
을 제할지니라
6 ● 네 어머니의 아들 곧 네 형제
나 네 자녀나 네 품의 아내나 너와
(生命)생명을 함께 하는 친구가 가
만히 너를 꾀어 이르기를 너와 네
조상들이 알지 못하던 다른 신들
7 곧 네 사방을 둘러싸고 있는 민족
혹 네게서 가깝든지 네게서 멀든
지 땅 이 끝에서 저 끝까지에 있는
민족의 (神)신들을 우리가 가서 섬
기자 할지라도
8 너는 그를 따르지 말며 듣지 말며
긍휼히 여기지 말며 (哀惜)애석히
여기지 말며 덮어 숨기지 말고
9 너는 (容恕)용서 없이 그를 죽이되
죽일 때에 네가 먼저 그에게 손을
대고 후에 뭇 백성이 손을 대라
10 그는 애굽 땅 종 되었던 집에서 너
를 (引導)인도하여 내신 네 하나님
여호와에게서 너를 꾀어 떠나게 하
려 한 자이니 너는 돌로 쳐죽이라
11 그리하면 온 이스라엘이 듣고 두
려워하여 이같은 (惡)악을 다시는
너희 중에서 행하지 못하리라
12 ● 네 하나님 여호와께서 네게 주
어 거주하게 하시는 한 성읍에 대
하여 네게 (所聞)소문이 들리기를
13 너희 가운데서 어떤 (不良輩)불량
배가 일어나서 그 성읍 주민을 (誘
惑)유혹하여 이르기를 너희가 알
지 못하던 다른 신들을 우리가 가
서 섬기자 한다 하거든
14 너는 자세히 묻고 살펴 보아서 이
런 (可憎)가증한 일이 너희 가운데
에 있다는 것이 확실한 사실로 드
러나면
15 너는 마땅히 그 성읍 주민을 칼날
로 죽이고 그 (城邑)성읍과 그 가
운데에 거주하는 모든 것과 그 가
축을 칼날로 진멸하고
16 또 그 속에서 빼앗아 차지한 물건
을 다 거리에 모아 놓고 그 성읍과
그 (奪取物)탈취물 전부를 불살라
네 하나님 여호와께 드릴지니 그
성읍은 영구히 폐허가 되어 다시
는 건축되지 아니할 것이라
17 너는 이 (殄滅)진멸할 물건을 조
금도 네 손에 대지 말라 그리하면
여호와께서 그의 진노를 그치시고
너를 긍휼히 여기시고 자비를 더
하사 네 조상들에게 맹세하심 같
이 너를 번성하게 하실 것이라
18 네가 만일 네 하나님 여호와의 말
씀을 듣고 오늘 내가 네게 명하는
그 모든 명령을 지켜 네 하나님 여
호와의 (目前)목전에서 정직하게
행하면 이같이 되리라

금지된 애도법

14 너희는 너희 하나님 여호와
의 자녀이니 죽은 자를 위하
여 (自己)자기 몸을 베지 말며 눈
썹 사이 이마 위의 털을 밀지 말라
2 너는 네 하나님 여호와의 (聖民)성
민이라 여호와께서 지상 만민 중

에서 너를 택하여 자기 기업의 백
성으로 삼으셨느니라

정한 짐승과 부정한 짐승(레 11:1-47)

3 ●너는 (可憎)가증한 것은 무엇이
든지 먹지 말라
4 너희가 먹을 만한 짐승은 이러하
니 곧 소와 (羊)양과 염소와
5 사슴과 노루와 불그스름한 사슴과
(山)산 염소와 볼기가 흰 노루와
뿔이 긴 사슴과 산양들이라
6 짐승 (中)중에 굽이 갈라져 쪽발도
되고 새김질도 하는 모든 것은 너
희가 먹을 것이니라
7 다만 새김질을 하거나 굽이 갈라
진 짐승 중에도 너희가 먹지 못할
것은 이것이니 곧 (駱駝)낙타와 토
끼와 사반. 그것들은 새김질은 하
나 굽이 갈라지지 아니하였으니
너희에게 (不淨)부정하고
8 돼지는 굽은 갈라졌으나 새김질을
못하므로 너희에게 부정하니 너희
는 이런 것의 고기를 먹지 말 것이
며 그 (死體)사체도 만지지 말 것
이니라
9 ●물에 있는 모든 것 (中)중에서
이런 것은 너희가 먹을 것이니 지
느러미와 비늘 있는 모든 것은 너
희가 먹을 것이요
10 지느러미와 비늘이 없는 모든 것
은 너희가 먹지 말지니 이는 너희
에게 (不淨)부정함이니라
11 (淨)정한 새는 모두 너희가 먹으려
니와
12 이런 것은 먹지 못할지니 곧 (禿)
독수리와 솔개와 물수리와
13 매와 새매와 매의 (種類)종류와
14 까마귀 (種類)종류와
15 (駝鳥)타조와 타흐마스와 갈매기
와 새매 종류와
16 올빼미와 부엉이와 흰 올빼미와
17 (塘鵝)당아와 (兀鷹)올응과 노자
와
18 학과 황새 종류와 (戴勝)대승과 박
쥐며
19 또 날기도 하고 기어다니기도 하
는 것은 너희에게 (不淨)부정하니
너희는 먹지 말 것이나
20 (淨)정한 새는 모두 너희가 먹을지
니라
21 ●너희는 너희의 하나님 여호와의
성민이라 스스로 죽은 모든 것은
먹지 말 것이나 그것을 성중에 (居
留)거류하는 객에게 주어 먹게 하
거나 이방인에게 파는 것은 가하
니라 너는 염소 새끼를 그 어미의
젖에 삶지 말지니라

십일조 규례

22 ●너는 마땅히 매 년 토지 (所産)
소산의 십일조를 드릴 것이며
23 네 하나님 여호와 앞 곧 여호와께
서 그의 이름을 두시려고 택하신
곳에서 네 곡식과 포도주와 기름
의 (十一條)십일조를 먹으며 또
네 소와 양의 처음 난 것을 먹고 네
하나님 여호와 경외하기를 항상
배울 것이니라
24 그러나 네 하나님 여호와께서 자
기의 이름을 두시려고 택하신 곳
이 네게서 너무 멀고 (行路)행로가
어려워서 네 하나님 여호와께서

그 풍부히 주신 것을 가지고 갈 수 없거든

25 그것을 돈으로 바꾸어 그 돈을 싸 가지고 네 하나님 여호와께서 (擇)택하신 곳으로 가서

26 네 마음에 원하는 모든 것을 그 돈으로 사되 소나 양이나 포도주나 (毒酒)독주 등 네 마음에 원하는 모든 것을 구하고 거기 네 하나님 여호와 앞에서 너와 네 (眷屬)권속이 함께 먹고 즐거워할 것이며

27 네 성읍에 거주하는 레위인은 너희 중에 분깃이나 (基業)기업이 없는 자이니 또한 저버리지 말지니라

28 ●매 삼 년 끝에 그 해 (所産)소산의 십분의 일을 다 내어 네 성읍에 저축하여

29 너희 중에 분깃이나 기업이 없는 레위인과 네 성중에 (居留)거류하는 객과 및 고아와 과부들이 와서 먹고 배부르게 하라 그리하면 네 하나님 여호와께서 네 손으로 하는 범사에 네게 복을 주시리라

빚을 면제해 주는 해(레 25:1-7)

15 매 칠 년 끝에는 (免除)면제하라

2 면제의 규례는 이러하니라 그의 이웃에게 꾸어준 모든 (債主)채주는 그것을 면제하고 그의 이웃에게나 그 형제에게 (督促)독촉하지 말지니 이는 여호와를 위하여 면제를 선포하였음이라

3 (異邦人)이방인에게는 네가 (督促)독촉하려니와 네 형제에게 꾸어준 것은 네 손에서 면제하라

4 네가 (萬一)만일 네 하나님 여호와의 말씀만 듣고 내가 오늘 네게 내리는 그 명령을 다 지켜 행하면 네 하나님 여호와께서 네게 기업으로 주신 땅에서 네가 반드시 복을 받으리니 너희 중에 가난한 자가 없으리라

6 네 하나님 여호와께서 네게 허락하신 대로 네게 복을 주시리니 네가 여러 나라에 꾸어 줄지라도 너는 꾸지 아니하겠고 네가 여러 나라를 (統治)통치할지라도 너는 통치를 당하지 아니하리라

7 ●네 하나님 여호와께서 네게 주신 땅 어느 성읍에서든지 가난한 형제가 너와 함께 거주하거든 그 가난한 형제에게 네 마음을 (頑惡)완악하게 하지 말며 네 손을 움켜쥐지 말고

8 반드시 네 손을 그에게 펴서 그에게 (必要)필요한 대로 쓸 것을 넉넉히 꾸어주라

9 삼가 너는 마음에 악한 생각을 품지 말라 곧 이르기를 일곱째 해 면제년이 가까이 왔다 하고 네 (窮乏)궁핍한 형제를 악한 눈으로 바라보며 아무것도 주지 아니하면 그가 너를 여호와께 호소하리니 그것이 네게 죄가 되리라

10 너는 반드시 그에게 줄 것이요, 줄 때에는 아끼는 마음을 품지 말 것이니라 이로 말미암아 네 하나님 여호와께서 네가 하는 모든 일과 네 손이 닿는 모든 일에 네게 (福)

복을 주시리라
11 땅에는 언제든지 가난한 자가 그
치지 아니하겠으므로 내가 네게
명령하여 이르노니 너는 반드시
네 땅 안에 네 형제 중 (困難)곤란
한 자와 (窮乏)궁핍한 자에게 네
손을 펼지니라

종을 대우하는 법(출 21:1-11)

12 ● 네 (同族)동족 히브리 남자나
히브리 여자가 네게 팔렸다 하자
만일 여섯 해 동안 너를 섬겼거든
일곱째 해에 너는 그를 놓아 자유
롭게 할 것이요
13 그를 놓아 (自由)자유하게 할 때에
는 빈 손으로 가게 하지 말고
14 네 양 무리 중에서와 (打作)타작
마당에서와 포도주 틀에서 그에게
후히 줄지니 곧 네 하나님 여호와
께서 네게 복을 주신 대로 그에게
줄지니라
15 너는 애굽 땅에서 종 되었던 것과
네 하나님 여호와께서 너를 (贖良)
속량하셨음을 기억하라 그것으로
말미암아 내가 오늘 이같이 네게
명령하노라
16 종이 만일 너와 네 집을 사랑하므
로 너와 (同居)동거하기를 좋게 여
겨 네게 향하여 내가 주인을 떠나
지 아니하겠노라 하거든
17 송곳을 가져다가 그의 귀를 문에
대고 뚫으라 그리하면 그가 (永久)
영구히 네 종이 되리라 네 여종에
게도 그같이 할지니라
18 그가 여섯 해 동안에 품꾼의 삯의
배나 받을 만큼 너를 섬겼은즉 너
는 그를 놓아 자유하게 하기를 어
렵게 여기지 말라 그리하면 네 하
나님 여호와께서 네 (凡事)범사에
네게 복을 주시리라

처음 난 소와 양의 새끼

19 ● 네 소와 양의 처음 난 수컷은
(區別)구별하여 네 하나님 여호와
께 드릴 것이니 네 소의 첫 새끼는
부리지 말고 네 양의 첫 새끼의 털
은 깎지 말고
20 너와 네 가족은 (每年)매년 여호와
께서 택하신 곳 네 하나님 여호와
앞에서 먹을지니라
21 그러나 그 짐승이 (欠)흠이 있어서
절거나 눈이 멀었거나 무슨 흠이
있으면 네 하나님 여호와께 잡아
드리지 못할지니
22 네 성중에서 먹되 (不淨)부정한 자
나 정한 자가 다 같이 먹기를 노루
와 사슴을 먹음 같이 할 것이요
23 오직 피는 먹지 말고 물 같이 땅에
쏟을지니라

유월절(출 12:1-20)

16 아빕월을 지켜 네 하나님 여
호와께 (逾越節)유월절을
행하라 이는 아빕월에 네 하나님
여호와께서 밤에 너를 애굽에서
(引導)인도하여 내셨음이라
2 여호와께서 자기의 이름을 두시려
고 택하신 곳에서 소와 양으로 네
하나님 여호와께 유월절 (祭祀)제
사를 드리되
3 유교병을 그것과 함께 먹지 말고
이레 동안은 (無酵餠)무교병 곧
고난의 떡을 그것과 함께 먹으라

이는 네가 애굽 땅에서 급히 나왔
음이니 이같이 행하여 네 (平生)평
생에 항상 네가 애굽 땅에서 나온
날을 기억할 것이니라
4 그 이레 동안에는 네 모든 (地境)
지경 가운데에 누룩이 보이지 않
게 할 것이요 또 네가 첫날 해 질
때에 제사 드린 고기를 밤을 지내
아침까지 두지 말 것이며
5 유월절 제사를 네 하나님 여호와
께서 네게 주신 각 (城)성에서 드
리지 말고
6 오직 네 하나님 여호와께서 자기
의 이름을 두시려고 택하신 곳에
서 네가 애굽에서 나오던 (時刻)시
각 곧 초저녁 해 질 때에 유월절 제
물을 드리고
7 네 하나님 여호와께서 택하신 곳
에서 그 고기를 구워 먹고 아침에
네 (帳幕)장막으로 돌아갈 것이니
라
8 너는 엿새 동안은 무교병을 먹고
일곱째 날에 네 하나님 여호와 앞
에 (聖會)성회로 모이고 일하지 말
지니라

칠칠절(출 34:22; 레 23:15-21)

9 ●일곱 주를 셀지니 (穀食)곡식에
낫을 대는 첫 날부터 일곱 주를 세
어
10 네 하나님 여호와 앞에 칠칠절을
지키되 네 하나님 여호와께서 네
게 복을 주신 대로 네 힘을 헤아려
(自願)자원하는 예물을 드리고
11 너와 네 자녀와 노비와 네 성중에
있는 레위인과 및 너희 중에 있는
객과 고아와 과부가 함께 네 하나
님 여호와께서 자기의 이름을 두
시려고 (擇)택하신 곳에서 네 하나
님 여호와 앞에서 즐거워할지니라
12 너는 애굽에서 종 되었던 것을 (記
憶)기억하고 이 (規例)규례를 지
켜 행할지니라

초막절(레 23:33-43)

13 ●너희 타작 마당과 포도주 틀의
(所出)소출을 거두어 들인 후에 이
레 동안 초막절을 지킬 것이요
14 (節期)절기를 지킬 때에는 너와 네
자녀와 노비와 네 성중에 거주하
는 레위인과 객과 고아와 과부가
함께 즐거워하되
15 네 하나님 여호와께서 택하신 곳
에서 너는 이레 동안 네 하나님 여
호와 앞에서 절기를 지키고 네 하
나님 여호와께서 네 모든 (所出)소
출과 네 손으로 행한 모든 일에 복
주실 것이니 너는 온전히 즐거워
할지니라
16 너의 가운데 모든 남자는 일 년에
세 번 곧 무교절과 칠칠절과 (草幕
節)초막절에 네 하나님 여호와께
서 택하신 곳에서 여호와를 뵈옵
되 빈손으로 여호와를 뵈옵지 말
고
17 각 사람이 네 하나님 여호와께서
주신 (福)복을 따라 그 힘대로 드
릴지니라

공의로 재판하라

18 ●네 하나님 여호와께서 네게 주
시는 각 성에서 네 지파를 따라 재
판장들과 지도자들을 둘 것이요

그들은 공의로 백성을 (裁判)재판
할 것이니라
19 너는 재판을 굽게 하지 말며 사람
을 외모로 보지 말며 또 (賂物)뇌
물을 받지 말라 뇌물은 (智慧者)
지혜자의 눈을 어둡게 하고 의인
의 말을 굽게 하느니라
20 너는 마땅히 (公義)공의만을 따르
라 그리하면 네가 살겠고 네 하나
님 여호와께서 네게 주시는 땅을
차지하리라
21 ●네 하나님 여호와를 위하여 쌓
은 제단 곁에 어떤 나무로든지 아
세라 (像)상을 세우지 말며
22 자기를 위하여 (柱像)주상을 세우
지 말라 네 하나님 여호와께서 미
워하시느니라

17

흠이나 (惡疾)악질이 있는
소와 양은 아무것도 네 하나
님 여호와께 드리지 말지니 이는
네 하나님 여호와께 가증한 것이
됨이니라
2 ●네 하나님 여호와께서 네게 주
시는 어느 성중에서든지 너희 가
운데에 어떤 남자나 여자가 네 하
나님 여호와의 목전에 악을 행하
여 그 (言約)언약을 어기고
3 가서 다른 신들을 섬겨 그것에게
절하며 내가 명령하지 아니한 (日
月星辰)일월성신에게 절한다 하
자
4 그것이 네게 알려지므로 네가 듣
거든 자세히 조사해 볼지니 만일
그 일과 말이 (確實)확실하여 이스
라엘 중에 이런 가증한 일을 행함
이 있으면
5 너는 그 악을 행한 남자나 여자를
네 (城門)성문으로 끌어내고 그 남
자나 여자를 돌로 쳐죽이되
6 죽일 자를 두 사람이나 세 사람의
증언으로 죽일 것이요 한 사람의
(證言)증언으로는 죽이지 말 것이
며
7 이런 자를 죽이기 위하여는 증인
이 먼저 그에게 손을 댄 후에 뭇 백
성이 손을 댈지니라 너는 이와 같
이 하여 너희 중에서 악을 (除)제
할지니라
8 ●네 성중에서 서로 피를 흘렸거
나 다투었거나 (毆打)구타하였거
나 서로 간에 고소하여 네가 판결
하기 어려운 일이 생기거든 너는
일어나 네 하나님 여호와께서 택
하실 곳으로 올라가서
9 레위 사람 제사장과 당시 (裁判長)
재판장에게 나아가서 물으라 그리
하면 그들이 어떻게 (判決)판결할
지를 네게 가르치리니
10 여호와께서 (擇)택하신 곳에서 그
들이 네게 보이는 판결의 뜻대로
네가 행하되 그들이 네게 가르치
는 대로 삼가 행할 것이니
11 곧 그들이 네게 가르치는 (律法)율
법의 뜻대로, 그들이 네게 말하는
판결대로 행할 것이요 그들이 네
게 보이는 판결을 어겨 좌로나 우
로나 치우치지 말 것이니라
12 사람이 만일 무법하게 행하고 네
하나님 여호와 앞에 서서 섬기는
(祭司長)제사장이나 재판장에게

듣지 아니하거든 그 사람을 죽여
이스라엘 중에서 악을 제하여 버
리라
13 그리하면 온 (百姓)백성이 듣고 두
려워하여 다시는 무법하게 행하지
아니하리라

이스라엘의 왕

14 ●네가 네 하나님 여호와께서 네
게 주시는 땅에 이르러 그 땅을 차
지하고 (居住)거주할 때에 만일 우
리도 우리 (周圍)주위의 모든 민족
들 같이 우리 위에 왕을 세워야겠
다는 생각이 나거든
15 반드시 네 하나님 여호와께서 택
하신 자를 네 위에 왕으로 세울 것
이며 네 위에 왕을 세우려면 네 형
제 중에서 한 사람을 할 것이요 네
형제 아닌 (他國人)타국인을 네
위에 세우지 말 것이며
16 그는 (兵馬)병마를 많이 두지 말
것이요 병마를 많이 얻으려고 그
백성을 애굽으로 돌아가게 하지
말 것이니 이는 여호와께서 너희
에게 이르시기를 너희가 이 후에
는 그 길로 다시 돌아가지 말 것이
라 하셨음이며
17 그에게 아내를 많이 두어 그의 마
음이 (迷惑)미혹되게 하지 말 것이
며 자기를 위하여 은금을 많이 쌓
지 말 것이니라
18 ●그가 왕위에 오르거든 이 율법
서의 (謄寫本)등사본을 레위 사람
제사장 앞에서 책에 기록하여
19 평생에 자기 옆에 두고 읽어 그의
하나님 여호와 (敬畏)경외하기를
배우며 이 율법의 모든 말과 이 규
례를 지켜 행할 것이라
20 그리하면 그의 마음이 그의 형제
위에 교만하지 아니하고 이 명령
에서 떠나 좌로나 우로나 치우치
지 아니하리니 이스라엘 중에서
그와 그의 자손이 왕위에 있는 날
이 (長久)장구하리라

제사장과 레위 사람의 몫

18 레위 사람 제사장과 레위의
온 지파는 이스라엘 중에 분
깃도 없고 기업도 없을지니 그들
은 여호와의 (火祭物)화제물과 그
기업을 먹을 것이라
2 그들이 그들의 형제 중에서 (基業)
기업을 가지지 않을 것은 여호와
께서 그들의 기업이 되심이니 그
들에게 말씀하심 같으니라
3 제사장이 백성에게서 받을 몫은
이러하니 곧 그 드리는 제물의 소
나 양이나 그 앞다리와 두 볼과
(胃)위라 이것을 제사장에게 줄 것
이요
4 또 네가 처음 거둔 (穀食)곡식과
(葡萄酒)포도주와 기름과 네가 처
음 깎은 양털을 네가 그에게 줄 것
이니
5 이는 네 하나님 여호와께서 네 모
든 지파 중에서 그를 택하여 내시
고 그와 그의 (子孫)자손에게 항상
여호와의 이름으로 서서 섬기게
하셨음이니라
6 ●이스라엘 온 땅 어떤 성읍에든
지 거주하는 레위인이 (懇切)간절
한 (所願)소원이 있어 그가 사는

곳을 떠날지라도 여호와께서 택하
신 곳에 이르면
7 여호와 앞에 선 그의 모든 (兄弟)형
제 레위인과 같이 그의 하나님 여
호와의 이름으로 섬길 수 있나니
8 그 사람의 몫은 그들과 같을 것이
요 그가 조상의 것을 판 것은 (別
途)별도의 소유이니라

다른 민족들의 가증한 행위

9 ●네 하나님 여호와께서 네게 주
시는 땅에 들어가거든 너는 그 (民
族)민족들의 가증한 행위를 본받
지 말 것이니
10 그의 아들이나 딸을 불 가운데로
지나게 하는 자나 점쟁이나 (吉凶)
길흉을 말하는 자나 요술하는 자
나 무당이나
11 진언자나 신접자나 박수나 (招魂
者)초혼자를 너희 가운데에 용납
하지 말라
12 이런 일을 행하는 모든 자를 여호
와께서 (可憎)가증히 여기시나니
이런 가증한 일로 말미암아 네 하
나님 여호와께서 그들을 네 앞에
서 쫓아내시느니라
13 너는 네 하나님 여호와 앞에서 (完
全)완전하라
14 네가 쫓아낼 이 민족들은 길흉을
말하는 자나 점쟁이의 말을 듣거
니와 네게는 네 하나님 여호와께
서 이런 일을 (容納)용납하지 아니
하시느니라

선지자를 일으키실 약속

15 ●네 하나님 여호와께서 너희 가
운데 네 (兄弟)형제 중에서 너를
위하여 나와 같은 선지자 하나를
일으키시리니 너희는 그의 말을
들을지니라
16 이것이 곧 네가 (總會)총회의 날에
호렙 산에서 네 하나님 여호와께
구한 것이라 곧 네가 말하기를 내
가 다시는 내 하나님 여호와의 음
성을 듣지 않게 하시고 다시는 이
큰 불을 보지 않게 하소서 두렵건
대 내가 죽을까 하나이다 하매
17 여호와께서 내게 이르시되 그들의
말이 옳도다
18 내가 그들의 형제 중에서 너와 같
은 (先知者)선지자 하나를 그들을
위하여 일으키고 내 말을 그 입에
두리니 내가 그에게 명령하는 것
을 그가 무리에게 다 말하리라
19 누구든지 내 이름으로 전하는 내
말을 듣지 아니하는 자는 내게
(罰)벌을 받을 것이요
20 만일 어떤 선지자가 내가 전하라
고 (命令)명령하지 아니한 말을 제
마음대로 내 이름으로 전하든지
다른 (神)신들의 이름으로 말하면
그 선지자는 죽임을 당하리라 하
셨느니라
21 네가 마음속으로 이르기를 그 말
이 여호와께서 이르신 말씀인지
우리가 어떻게 알리요 하리라
22 만일 선지자가 있어 여호와의 이
름으로 말한 일에 (證驗)증험도 없
고 성취함도 없으면 이는 여호와
께서 말씀하신 것이 아니요 그 선
지자가 제 마음대로 한 말이니 너
는 그를 두려워하지 말지니라

도피성(민 35:9-28; 수 20:1-9)

19 네 하나님 여호와께서 이 여
러 민족을 멸절하시고 네 하
나님 여호와께서 그 땅을 네게 주
시므로 네가 그것을 받고 그들의
성읍과 (家屋)가옥에 거주할 때에
2 네 하나님 여호와께서 네게 기업
으로 주신 땅 가운데에서 세 성읍
을 너를 위하여 (區別)구별하고
3 네 하나님 여호와께서 네게 기업으
로 주시는 땅 전체를 세 구역으로
나누어 길을 닦고 모든 살인자를
그 성읍으로 (逃避)도피하게 하라
4 살인자가 그리로 도피하여 살 만
한 경우는 이러하니 곧 누구든지
본래 (怨恨)원한이 없이 (不知中)
부지중에 그의 이웃을 죽인 일,
5 가령 사람이 그 이웃과 함께 벌목
하러 (森林)삼림에 들어가서 손에
도끼를 들고 (伐木)벌목하려고 찍
을 때에 도끼가 자루에서 빠져 그
의 이웃을 맞춰 그를 죽게 함과 같
은 것이라 이런 사람은 그 성읍 중
하나로 도피하여 생명을 보존할
것이니라
6 그 사람이 그에게 본래 원한이 없
으니 죽이기에 (合當)합당하지 아
니하나 두렵건대 그 피를 보복하는
자의 마음이 복수심에 불타서 살인
자를 뒤쫓는데 그 가는 길이 멀면
그를 따라 잡아 죽일까 하노라
7 그러므로 내가 네게 (命令)명령하
기를 세 성읍을 너를 위하여 구별
하라 하노라
8 네 하나님 여호와께서 네 조상들
에게 (盟誓)맹세하신 대로 네 (地
境)지경을 넓혀 네 조상들에게 주
리라고 말씀하신 땅을 다 네게 주
실 때
9 또 너희가 오늘 내가 너희에게 명
하는 이 모든 명령을 지켜 행하여
네 하나님 여호와를 사랑하고 항
상 그의 길로 행할 때에는 이 셋 외
에 세 (城邑)성읍을 더하여
10 네 하나님 여호와께서 네게 기업
으로 주시는 땅에서 (無罪)무죄한
피를 흘리지 말라 이같이 하면 그
의 피가 네게로 돌아가지 아니하
리라
11 ●그러나 만일 어떤 사람이 그의
이웃을 미워하여 엎드려 그를 기
다리다가 일어나 상처를 입혀 죽
게 하고 이 한 성읍으로 (逃避)도
피하면
12 그 본 성읍 장로들이 사람을 보내
어 그를 거기서 잡아다가 보복자
의 손에 넘겨 죽이게 할 것이라
13 네 눈이 그를 (矜恤)긍휼히 여기
지 말고 무죄한 피를 흘린 죄를 이
스라엘에서 제하라 그리하면 네게
복이 있으리라

이웃의 경계표를 옮기지 말라

14 ●네 하나님 여호와께서 네게 주
어 차지하게 하시는 땅 곧 네 소유
가 된 기업의 땅에서 조상이 정한
네 이웃의 (境界標)경계표를 옮기
지 말지니라

두세 증인의 입으로 하라

15 ●사람의 모든 악에 관하여 또한
모든 죄에 관하여는 한 증인으로

만 정할 것이 아니요 두 증인의 입
으로나 또는 세 증인의 입으로 그
사건을 (確定)확정할 것이며
16 만일 (僞證)위증하는 자가 있어 어
떤 사람이 악을 행하였다고 말하면
17 그 논쟁하는 (雙方)쌍방이 같이 하
나님 앞에 나아가 그 당시의 제사
장과 재판장 앞에 설 것이요
18 재판장은 자세히 조사하여 그 증
인이 거짓 증거하여 그 형제를 거
짓으로 (謀陷)모함한 것이 (判明)
판명되면
19 그가 그의 형제에게 행하려고 꾀
한 그대로 그에게 행하여 너희 중
에서 (惡)악을 제하라
20 그리하면 그 남은 자들이 듣고 두
려워하여 다시는 그런 악을 너희
중에서 (行)행하지 아니하리라
21 네 눈이 (矜恤)긍휼히 여기지 말
라 생명에는 생명으로, 눈에는 눈
으로, 이에는 이로, 손에는 손으
로, 발에는 발로이니라

적군과 싸우려 할 때에

20 네가 나가서 적군과 싸우려
할 때에 말과 병거와 백성이
너보다 많음을 볼지라도 그들을
두려워하지 말라 애굽 땅에서 너
를 (引導)인도하여 내신 네 하나님
여호와께서 너와 함께 하시느니라
2 너희가 싸울 곳에 가까이 가면 (祭
司長)제사장은 백성에게 나아가서
고하여 그들에게
3 말하여 이르기를 이스라엘아 들으
라 너희가 오늘 너희의 (對敵)대
적과 싸우려고 나아왔으니 마음에
(怯)겁내지 말며 두려워하지 말며
떨지 말며 그들로 말미암아 놀라
지 말라
4 너희 하나님 여호와는 너희와 함
께 행하시며 너희를 위하여 너희
적군과 싸우시고 (救援)구원하실
것이라 할 것이며
5 책임자들은 백성에게 말하여 이르
기를 새 집을 건축하고 낙성식을
행하지 못한 자가 있느냐 그는 집
으로 돌아갈지니 (戰死)전사하면
타인이 낙성식을 행할까 하노라
6 (葡萄園)포도원을 만들고 그 과실
을 먹지 못한 자가 있느냐 그는 집
으로 돌아갈지니 전사하면 타인이
그 과실을 먹을까 하노라
7 여자와 약혼하고 그와 결혼하지
못한 자가 있느냐 그는 집으로 돌
아갈지니 (戰死)전사하면 타인이
그를 데려갈까 하노라 하고
8 (責任者)책임자들은 또 백성에게
말하여 이르기를 두려워서 마음이
허약한 자가 있느냐 그는 집으로
돌아갈지니 그의 형제들의 마음도
그의 마음과 같이 낙심될까 하노
라 하고
9 백성에게 이르기를 마친 후에 (軍
隊)군대의 (指揮官)지휘관들을 세
워 무리를 거느리게 할지니라
10 ● 네가 어떤 성읍으로 나아가서
치려 할 때에는 그 성읍에 먼저
(和平)화평을 선언하라
11 그 성읍이 만일 화평하기로 (回答)
회답하고 너를 향하여 성문을 열
거든 그 모든 주민들에게 네게 (朝

貢)조공을 바치고 너를 섬기게 할
것이요
12 만일 너와 (和平)화평하기를 거부
하고 너를 대적하여 싸우려 하거
든 너는 그 성읍을 에워쌀 것이며
13 네 하나님 여호와께서 그 (城邑)성
읍을 네 손에 넘기시거든 너는 칼
날로 그 안의 남자를 다 쳐죽이고
14 너는 오직 여자들과 (幼兒)유아들
과 가축들과 성읍 가운데에 있는
모든 것을 너를 위하여 (奪取物)
탈취물로 삼을 것이며 너는 네 하
나님 여호와께서 네게 주신 적군
에게서 빼앗은 것을 먹을지니라
15 네가 네게서 멀리 떠난 성읍들 곧
이 민족들에게 (屬)속하지 아니한
성읍들에게는 이같이 행하려니와
16 오직 네 하나님 여호와께서 네게
(基業)기업으로 주시는 이 민족들
의 성읍에서는 호흡 있는 자를 하
나도 살리지 말지니
17 곧 헷 족속과 아모리 족속과 가나
안 족속과 브리스 족속과 히위 족
속과 여부스 족속을 네가 (殄滅)진
멸하되 네 하나님 여호와께서 네
게 명령하신 대로 하라
18 이는 그들이 그 신들에게 행하는
모든 가증한 일을 너희에게 가르
쳐 본받게 하여 너희가 너희의 하
나님 여호와께 (犯罪)범죄하게 할
까 함이니라
19 ● 너희가 어떤 성읍을 오랫동안
에워싸고 그 성읍을 쳐서 점령하
려 할 때에도 도끼를 둘러 그 곳의
나무를 찍어내지 말라 이는 너희
가 먹을 것이 될 것임이니 찍지 말
라 들의 (樹木)수목이 사람이냐 너
희가 어찌 그것을 에워싸겠느냐
20 다만 (果木)과목이 아닌 수목은 찍
어내어 너희와 싸우는 그 성읍을
치는 기구를 만들어 그 성읍을 (陷
落)함락시킬 때까지 쓸지니라

죽인 자를 알지 못하거든

21 네 하나님 여호와께서 네게
주어 차지하게 하신 땅에서
(被殺)피살된 시체가 들에 엎드러
진 것을 발견하고 그 쳐죽인 자가
누구인지 알지 못하거든
2 너희의 장로들과 재판장들은 나가
서 그 피살된 곳의 사방에 있는 성
읍의 (遠近)원근을 잴 것이요
3 그 (被殺)피살된 곳에서 제일 가까
운 성읍의 장로들이 그 성읍에서
아직 부리지 아니하고 멍에를 메
지 아니한 암송아지를 취하여
4 그 (城邑)성읍의 장로들이 물이 항
상 흐르고 갈지도 않고 씨를 뿌린
일도 없는 골짜기로 그 송아지를
끌고 가서 그 골짜기에서 그 송아
지의 목을 꺾을 것이요
5 레위 자손 제사장들도 그리로 갈
지니 그들은 네 하나님 여호와께
서 택하사 자기를 섬기게 하시며
또 여호와의 이름으로 (祝福)축복
하게 하신 자라 모든 (訴訟)소송과
모든 (鬪爭)투쟁이 그들의 말대로
판결될 것이니라
6 그 피살된 곳에서 제일 가까운 성
읍의 모든 (長老)장로들은 그 골짜
기에서 목을 꺾은 암송아지 위에

손을 씻으며
7 말하기를 우리의 손이 이 피를 흘
리지 아니하였고 우리의 눈이 이
것을 보지도 못하였나이다
8 여호와여 주께서 (贖良)속량하신
주의 백성 이스라엘을 사하시고
무죄한 피를 주의 백성 이스라엘
중에 머물러 두지 마옵소서 하면
그 피 흘린 죄가 사함을 받으리니
9 너는 이와 같이 여호와께서 보시
기에 (正直)정직한 일을 행하여
(無罪)무죄한 자의 피 흘린 죄를
너희 중에서 제할지니라

여자 포로를 아내로 삼는 규정

10 ●네가 나가서 (敵軍)적군과 싸울
때에 네 하나님 여호와께서 그들
을 네 손에 넘기시므로 네가 그들
을 사로잡은 후에
11 네가 만일 그 포로 중의 아리따운
여자를 보고 그에게 (戀戀)연연하
여 아내를 삼고자 하거든
12 그를 네 집으로 데려갈 것이요 그
는 그 머리를 밀고 손톱을 베고
13 또 포로의 의복을 벗고 네 집에 살
며 그 부모를 위하여 한 달 동안
(哀哭)애곡한 후에 네가 그에게로
들어가서 그의 남편이 되고 그는
네 아내가 될 것이요
14 그 후에 네가 그를 기뻐하지 아니
하거든 그의 마음대로 가게 하고
결코 돈을 받고 팔지 말지라 네가
그를 (辱)욕보였은즉 종으로 여기
지 말지니라

장자의 상속권

15 ●어떤 사람이 두 아내를 두었는
데 하나는 사랑을 받고 하나는 미
움을 받다가 그 사랑을 받는 자와
미움을 받는 자가 둘 다 아들을 낳
았다 하자 그 미움을 받는 자의 아
들이 (長子)장자이면
16 자기의 (所有)소유를 그의 아들들
에게 (基業)기업으로 나누는 날에
그 사랑을 받는 자의 아들을 장자
로 삼아 참 장자 곧 미움을 받는 자
의 아들보다 앞세우지 말고
17 반드시 그 미움을 받는 자의 아들
을 장자로 인정하여 자기의 소유
에서 그에게는 두 몫을 줄 것이니
그는 자기의 기력의 시작이라 장
자의 (權利)권리가 그에게 있음이
니라

패역한 아들에게 내리는 벌

18 ●사람에게 (頑惡)완악하고 (悖
逆)패역한 아들이 있어 그의 아버
지의 말이나 그 어머니의 말을 순
종하지 아니하고 부모가 징계하여
도 순종하지 아니하거든
19 그의 부모가 그를 끌고 (城門)성문
에 이르러 그 성읍 장로들에게 나
아가서
20 그 성읍 장로들에게 말하기를 우
리의 이 자식은 완악하고 패역하
여 우리 말을 듣지 아니하고 (放
蕩)방탕하며 술에 잠긴 자라 하면
21 그 성읍의 모든 사람들이 그를 돌
로 쳐죽일지니 이같이 네가 너희
중에서 악을 (除)제하라 그리하면
온 이스라엘이 듣고 두려워하리라

기타 규정

22 ●사람이 만일 죽을 죄를 (犯)범

하므로 네가 그를 죽여 나무 위에
달거든
23 그 시체를 나무 위에 밤새도록 두
지 말고 그 날에 장사하여 네 하나
님 여호와께서 네게 기업으로 주
시는 땅을 더럽히지 말라 나무에
달린 자는 하나님께 (詛呪)저주를
받았음이니라

22 네 형제의 소나 (羊)양이 길
잃은 것을 보거든 못 본 체하
지 말고 너는 반드시 그것들을 끌
어다가 네 형제에게 돌릴 것이요
2 네 (兄弟)형제가 네게서 멀거나 또
는 네가 그를 알지 못하거든 그 짐
승을 네 집으로 끌고 가서 네 형제
가 찾기까지 네게 두었다가 그에
게 돌려 줄지니
3 나귀라도 그리하고 (衣服)의복이
라도 그리하고 형제가 잃어버린
어떤 것이든지 네가 얻거든 다 그
리하고 못 본 체하지 말 것이며
4 네 (兄弟)형제의 나귀나 소가 길에
넘어진 것을 보거든 못 본 체하지
말고 너는 반드시 형제를 도와 그
것들을 일으킬지니라
5 ●여자는 남자의 의복을 입지 말
것이요 남자는 여자의 의복을 입
지 말 것이라 이같이 하는 자는 네
하나님 여호와께 (可憎)가증한 자
이니라
6 ●길을 가다가 나무에나 땅에 있
는 새의 보금자리에 새 새끼나 알
이 있고 어미 새가 그의 새끼나 알
을 품은 것을 보거든 그 어미 새와
새끼를 아울러 (取)취하지 말고
7 어미는 반드시 놓아 줄 것이요 새
끼는 취하여도 되나니 그리하면 네
가 복을 누리고 (長壽)장수하리라
8 ●네가 새 집을 지을 때에 지붕에
(欄干)난간을 만들어 사람이 떨어
지지 않게 하라 그 피가 네 집에 돌
아갈까 하노라
9 ●네 포도원에 두 (種子)종자를
섞어 뿌리지 말라 그리하면 네가
뿌린 씨의 열매와 포도원의 (所産)
소산을 다 [1]빼앗길까 하노라
10 너는 소와 나귀를 겨리하여 갈지
말며
11 (羊)양 털과 베 실로 섞어 짠 것을
입지 말지니라
12 ●너희는 너희가 입는 겉옷의 네
귀에 술을 만들지니라

순결에 관한 법

13 ●누구든지 아내를 맞이하여 그에
게 들어간 (後)후에 그를 미워하여
14 비방거리를 만들어 그에게 누명을
씌워 이르되 내가 이 여자를 맞이
하였더니 그와 (同寢)동침할 때에
그가 처녀임을 보지 못하였노라
하면
15 그 처녀의 (父母)부모가 그 처녀의
처녀인 표를 얻어가지고 그 성문
장로들에게로 가서
16 (處女)처녀의 아버지가 장로들에
게 말하기를 내 딸을 이 사람에게
아내로 주었더니 그가 미워하여
17 비방거리를 만들어 말하기를 내가
네 딸에게서 처녀임을 보지 못하
였노라 하나 보라 내 딸의 처녀의

1) 히, 성물이

(表蹟)표적이 이것이라 하고 그 부
모가 그 자리옷을 그 성읍 장로들
앞에 펼 것이요
18 그 성읍 (長老)장로들은 그 사람을
잡아 때리고
19 이스라엘 처녀에게 (陋名)누명을
씌움으로 말미암아 그에게서 은
일백 세겔을 벌금으로 받아 여자
의 아버지에게 주고 그 여자는 그
남자가 평생에 버릴 수 없는 아내
가 되게 하려니와
20 그 일이 참되어 그 처녀에게 처녀
의 (表蹟)표적이 없거든
21 그 처녀를 그의 아버지 집 문에서
끌어내고 그 성읍 사람들이 그를
돌로 쳐죽일지니 이는 그가 그의
아버지 집에서 (娼妓)창기의 행동
을 하여 이스라엘 중에서 악을 행
하였음이라 너는 이와 같이 하여
너희 가운데서 악을 제할지니라
22 ●어떤 남자가 유부녀와 (同寢)동
침한 것이 드러나거든 그 동침한
남자와 그 여자를 둘 다 죽여 이스
라엘 중에 (惡)악을 제할지니라
23 ●처녀인 여자가 남자와 (約婚)약
혼한 후에 어떤 남자가 그를 성읍
중에서 만나 동침하면
24 너희는 그들을 둘 다 (城邑)성읍
문으로 끌어내고 그들을 돌로 쳐
죽일 것이니 그 처녀는 성안에 있
으면서도 소리 지르지 아니하였음
이요 그 남자는 그 이웃의 아내를
욕보였음이라 너는 이같이 하여
너희 가운데에서 악을 (除)제할지
니라
25 ●만일 남자가 어떤 약혼한 처녀
를 들에서 만나서 (强姦)강간하였
으면 그 강간한 남자만 죽일 것이
요
26 처녀에게는 아무것도 행하지 말
것은 처녀에게는 죽일 (罪)죄가 없
음이라 이 일은 사람이 일어나 그
이웃을 쳐죽인 것과 같은 것이라
27 남자가 처녀를 들에서 만난 까닭
에 그 약혼한 처녀가 소리질러도
(救援)구원할 자가 없었음이니라
28 ●만일 남자가 약혼하지 아니한
처녀를 만나 그를 붙들고 동침하
는 중에 그 두 사람이 (發見)발견
되면
29 그 동침한 남자는 그 처녀의 아버
지에게 은 오십 세겔을 주고 그 처
녀를 아내로 삼을 것이라 그가 그
처녀를 욕보였은즉 (平生)평생에
그를 버리지 못하리라
30 ●사람이 그의 아버지의 아내를
취하여 아버지의 (下體)하체를 드
러내지 말지니라

총회에 들어오지 못하는 사람들

23 고환이 상한 자나 음경이 잘
린 자는 여호와의 총회에 들
어오지 못하리라
2 ●(私生子)사생자는 여호와의 총
회에 들어오지 못하리니 (十 代)
십 대에 이르기까지도 여호와의
총회에 들어오지 못하리라
3 ●암몬 사람과 모압 사람은 여호
와의 (總會)총회에 들어오지 못하
리니 그들에게 속한 자는 십 대뿐
아니라 영원히 여호와의 총회에

들어오지 못하리라
4 그들은 너희가 애굽에서 나올 때
에 떡과 물로 너희를 길에서 (迎
接)영접하지 아니하고 메소보다미
아의 브돌 사람 브올의 아들 발람
에게 (賂物)뇌물을 주어 너희를 저
주하게 하려 하였으나
5 네 하나님 여호와께서 너를 사랑
하시므로 네 하나님 여호와께서
발람의 말을 듣지 아니하시고 네
하나님 여호와께서 그 (詛呪)저주
를 변하여 복이 되게 하셨나니
6 네 평생에 그들의 평안함과 (亨通)
형통함을 영원히 구하지 말지니라
7 ●너는 에돔 사람을 미워하지 말
라 그는 네 (兄弟)형제임이니라 애
굽 사람을 미워하지 말라 네가 그
의 땅에서 객이 되었음이니라
8 그들의 삼 대 후 자손은 여호와의
총회에 들어올 수 있느니라

진영을 거룩하게 하는 법

9 ●네가 적군을 치러 (出陣)출진할
때에 모든 악한 일을 스스로 삼갈
지니
10 너희 중에 누가 밤에 (夢泄)몽설함
으로 부정하거든 진영 밖으로 나
가고 진영 안에 들어오지 아니하
다가
11 해 질 때에 목욕하고 해 진 후에
(陣)진에 들어올 것이요
12 네 진영 밖에 (便所)변소를 마련하
고 그리로 나가되
13 네 기구에 작은 삽을 더하여 밖에
나가서 대변을 볼 때에 그것으로
땅을 팔 것이요 몸을 돌려 그 (排
泄物)배설물을 덮을지니
14 이는 네 하나님 여호와께서 너를
구원하시고 적군을 네게 넘기시려
고 네 진영 중에 행하심이라 그러
므로 네 진영을 거룩히 하라 그리
하면 네게서 (不潔)불결한 것을 보
시지 않으므로 너를 떠나지 아니
하시리라

기타 규정

15 ●종이 그의 주인을 피하여 네게
로 (逃亡)도망하거든 너는 그의 주
인에게 돌려주지 말고
16 그가 네 성읍 중에서 원하는 곳을
택하는 대로 너와 함께 네 가운데
에 거주하게 하고 그를 (壓制)압제
하지 말지니라
17 ●이스라엘 여자 중에 (娼妓)창기
가 있지 못할 것이요 이스라엘 남
자 중에 (男娼)남창이 있지 못할지
니
18 창기가 번 돈과 개 같은 자의 소득
은 어떤 (誓願)서원하는 일로든지
네 하나님 여호와의 전에 가져오
지 말라 이 둘은 다 네 하나님 여호
와께 가증한 것임이니라
19 ●네가 형제에게 꾸어주거든 이자
를 받지 말지니 곧 돈의 이자, 식물
의 이자, (利子)이자를 낼 만한 모
든 것의 이자를 받지 말 것이라
20 타국인에게 네가 꾸어주면 이자를
받아도 되거니와 네 형제에게 꾸
어주거든 이자를 받지 말라 그리
하면 네 하나님 여호와께서 네가
들어가서 차지할 땅에서 네 손으
로 하는 (凡事)범사에 복을 내리시

리라
21 ●네 하나님 여호와께 서원하거
든 갚기를 더디하지 말라 네 하나
님 여호와께서 반드시 그것을 네
게 (要求)요구하시리니 더디면 그
것이 네게 죄가 될 것이라
22 네가 서원하지 아니하였으면 (無
罪)무죄하리라 그러나
23 네 입으로 말한 것은 그대로 실행
하도록 (留意)유의하라 무릇 자원
한 예물은 네 하나님 여호와께 네
가 서원하여 입으로 (言約)언약한
대로 행할지니라
24 ●네 이웃의 (葡萄園)포도원에 들
어갈 때에는 마음대로 그 포도를
배불리 먹어도 되느니라 그러나
그릇에 담지는 말 것이요
25 네 이웃의 (穀食)곡식밭에 들어갈
때에는 네가 손으로 그 이삭을 따
도 되느니라 그러나 네 이웃의 곡
식밭에 낫을 대지는 말지니라

이혼과 재혼

24 사람이 아내를 맞이하여 데
려온 후에 그에게 (羞恥)수
치되는 일이 있음을 발견하고 그
를 기뻐하지 아니하면 이혼 증서
를 써서 그의 손에 주고 그를 자기
집에서 내보낼 것이요
2 그 (女子)여자는 그의 집에서 나가
서 다른 사람의 아내가 되려니와
3 그의 둘째 남편도 그를 미워하여
(離婚 證書)이혼 증서를 써서 그
의 손에 주고 그를 자기 집에서 내
보냈거나 또는 그를 아내로 맞이
한 둘째 남편이 죽었다 하자
4 그 여자는 이미 몸을 더럽혔은즉
그를 내보낸 전남편이 그를 다시
아내로 맞이하지 말지니 이 일은
여호와 앞에 가증한 것이라 너는
네 하나님 여호와께서 네게 기업
으로 주시는 땅을 (犯罪)범죄하게
하지 말지니라

기타 규정

5 ●사람이 새로이 아내를 맞이하였
으면 그를 (軍隊)군대로 내보내지
말 것이요 아무 직무도 그에게 맡
기지 말 것이며 그는 일 년 동안 한
가하게 집에 있으면서 그가 맞이
한 아내를 즐겁게 할지니라
6 ●사람이 맷돌이나 그 위짝을 전
당 잡지 말지니 이는 그 생명을
(典當)전당 잡음이니라
7 ●사람이 자기 형제 곧 이스라엘
자손 중 한 사람을 유인하여 종으
로 삼거나 판 것이 (發見)발견되면
그 (誘引)유인한 자를 죽일지니 이
같이 하여 너희 중에서 악을 제할
지니라
8 ●너는 나병에 대하여 삼가서 레
위 사람 제사장들이 너희에게 가
르치는 대로 네가 힘써 다 지켜 행
하되 너희는 내가 그들에게 명령
한 대로 지켜 (行)행하라
9 너희는 애굽에서 나오는 길에서
네 하나님 여호와께서 미리암에게
행하신 일을 (記憶)기억할지니라
10 ●네 이웃에게 무엇을 꾸어줄 때
에 너는 그의 집에 들어가서 (典當
物)전당물을 취하지 말고
11 너는 밖에 서 있고 네게 꾸는 (者)

자가 전당물을 밖으로 가지고 나
와서 네게 줄 것이며
12 그가 가난한 자이면 너는 그의 (典
當物)전당물을 가지고 자지 말고
13 해 질 때에 그 전당물을 반드시 그
에게 돌려줄 것이라 그리하면 그
가 그 옷을 입고 자며 너를 위하여
(祝福)축복하리니 그 일이 네 하나
님 여호와 앞에서 네 공의로움이
되리라
14 ●(困窮)곤궁하고 (貧寒)빈한한
품꾼은 너희 형제든지 네 땅 성문
안에 우거하는 객이든지 그를 학
대하지 말며
15 그 품삯을 당일에 주고 해 진 후까
지 미루지 말라 이는 그가 가난하
므로 그 품삯을 간절히 바람이라
그가 너를 여호와께 (呼訴)호소하
지 않게 하라 그렇지 않으면 그것
이 네게 죄가 될 것임이라
16 ●아버지는 그 (子息)자식들로 말
미암아 죽임을 당하지 않을 것이
요 자식들은 그 아버지로 말미암
아 죽임을 당하지 않을 것이니 각
사람은 자기 죄로 말미암아 죽임
을 당할 것이니라
17 ●너는 객이나 고아의 (訟事)송사
를 억울하게 하지 말며 과부의 옷
을 전당 잡지 말라
18 너는 애굽에서 종 되었던 일과 네
하나님 여호와께서 너를 거기서
(贖良)속량하신 것을 기억하라 이
러므로 내가 네게 이 일을 행하라
명령하노라
19 ●네가 밭에서 곡식을 벨 때에 그
한 뭇을 밭에 잊어버렸거든 다시
가서 가져오지 말고 나그네와 (孤
兒)고아와 (寡婦)과부를 위하여
남겨두라 그리하면 네 하나님 여
호와께서 네 손으로 하는 모든 일
에 복을 내리시리라
20 네가 네 감람나무를 떤 후에 그 가
지를 다시 살피지 말고 그 남은 것
은 (客)객과 (孤兒)고아와 과부를
위하여 남겨두며
21 네가 네 포도원의 (葡萄)포도를 딴
후에 그 남은 것을 다시 따지 말고
객과 고아와 과부를 위하여 남겨
두라
22 너는 애굽 땅에서 종 되었던 것을
기억하라 이러므로 내가 네게 이
일을 행하라 (命令)명령하노라

25 사람들 사이에 시비가 생겨
재판을 청하면 재판장은 그
들을 재판하여 의인은 의롭다 하
고 악인은 (定罪)정죄할 것이며
2 악인에게 (笞刑)태형이 합당하면
재판장은 그를 엎드리게 하고 그
앞에서 그의 죄에 따라 수를 맞추
어 때리게 하라
3 사십까지는 때리려니와 그것을 넘
기지는 못할지니 만일 그것을 넘
겨 매를 지나치게 때리면 네가 네
형제를 (輕)경히 여기는 것이 될까
하노라
4 ●곡식 떠는 소에게 (網)망을 씌
우지 말지니라

죽은 형제에 대한 의무

5 ●(兄弟)형제들이 함께 사는데 그
중 하나가 죽고 아들이 없거든 그

죽은 자의 아내는 나가서 타인에
게 시집 가지 말 것이요 그의 남편
의 형제가 그에게로 들어가서 그
를 맞이하여 아내로 삼아 그의 남
편의 형제 된 의무를 그에게 다 행
할 것이요
6 그 (女人)여인이 낳은 첫 아들이
그 죽은 형제의 이름을 잇게 하여
그 이름이 이스라엘 중에서 끊어
지지 않게 할 것이니라
7 그러나 그 사람이 만일 그 형제의
아내 맞이하기를 즐겨하지 아니하
면 그 형제의 아내는 그 (城門)성
문으로 장로들에게로 나아가서 말
하기를 내 남편의 형제가 그의 형
제의 이름을 이스라엘 중에 잇기
를 싫어하여 남편의 형제 된 (義
務)의무를 내게 행하지 아니하나
이다 할 것이요
8 그 성읍 장로들은 그를 불러다가
말할 것이며 그가 이미 (定)정한
뜻대로 말하기를 내가 그 여자를
맞이하기를 즐겨하지 아니하노라
하면
9 그의 형제의 아내가 (長老)장로들
앞에서 그에게 나아가서 그의 발
에서 신을 벗기고 그의 얼굴에 침
을 뱉으며 이르기를 그의 형제의
집을 세우기를 즐겨 아니하는 자
에게는 이같이 할 것이라 하고
10 이스라엘 (中)중에서 그의 이름을
신 벗김 받은 자의 집이라 부를 것
이니라

다른 법

11 ●두 사람이 서로 싸울 때에 한 사
람의 아내가 그 치는 자의 손에서
그의 남편을 구하려 하여 가까이
가서 손을 벌려 그 사람의 (陰囊)
음낭을 잡거든
12 너는 그 (女人)여인의 손을 찍어버
릴 것이고 네 눈이 그를 불쌍히 여
기지 말지니라
13 ●너는 네 주머니에 두 종류의 저
울(錘)추 곧 큰 것과 작은 것을 넣
지 말 것이며
14 네 집에 두 (種類)종류의 되 곧 큰
것과 작은 것을 두지 말 것이요
15 오직 (穩全)온전하고 (公正)공정
한 저울추를 두며 온전하고 공정
한 되를 둘 것이라 그리하면 네 하
나님 여호와께서 네게 주시는 땅
에서 네 날이 길리라
16 이런 일들을 행하는 모든 자, 악을
행하는 모든 자는 네 하나님 여호
와께 (可憎)가증하니라

아말렉에 대한 기억을 지워버리라

17 ●너희는 애굽에서 나오는 길에
아말렉이 네게 행한 일을 (記憶)기
억하라
18 곧 그들이 너를 길에서 만나 네가
(疲困)피곤할 때에 네 뒤에 떨어진
약한 자들을 쳤고 하나님을 두려
워하지 아니하였느니라
19 그러므로 네 하나님 여호와께서
네게 기업으로 주어 차지하게 하
시는 땅에서 네 하나님 여호와께
서 사방에 있는 모든 적군으로부
터 네게 (安息)안식을 주실 때에
너는 천하에서 아말렉에 대한 기
억을 지워버리라 너는 잊지 말지

니라

토지 소산

26 네 하나님 여호와께서 네게
기업으로 주어 차지하게 하
실 땅에 네가 들어가서 거기에 (居
住)거주할 때에
2 네 하나님 여호와께서 네게 주신
땅에서 그 토지의 모든 (所産)소산
의 맏물을 거둔 후에 그것을 가져
다가 광주리에 담고 네 하나님 여
호와께서 그의 이름을 두시려고
택하신 곳으로 그것을 가지고 가
서
3 그 때의 (祭司長)제사장에게 나아
가 그에게 이르기를 내가 오늘 당
신의 하나님 여호와께 아뢰나이다
내가 여호와께서 우리에게 주시
겠다고 우리 조상들에게 맹세하신
땅에 이르렀나이다 할 것이요
4 제사장은 네 손에서 그 광주리를
받아서 네 하나님 여호와의 (祭壇)
제단 앞에 놓을 것이며
5 너는 또 네 하나님 여호와 앞에 아
뢰기를 내 조상은 (放浪)방랑하는
아람 사람으로서 애굽에 내려가
거기에서 소수로 거류하였더니 거
기에서 크고 강하고 번성한 민족
이 되었는데
6 애굽 사람이 우리를 (虐待)학대하
며 우리를 괴롭히며 우리에게 중
노동을 시키므로
7 우리가 우리 조상의 하나님 여호
와께 부르짖었더니 여호와께서 우
리 음성을 들으시고 우리의 고통
과 (辛苦)신고와 (壓制)압제를 보
시고
8 여호와께서 강한 손과 편 팔과 큰
(威嚴)위엄과 이적과 기사로 우리
를 애굽에서 인도하여 내시고
9 이곳으로 인도하사 이 땅 곧 젖과
꿀이 흐르는 땅을 주셨나이다
10 여호와여 이제 내가 주께서 내게
주신 토지 소산의 맏물을 가져왔
나이다 하고 너는 그것을 네 하나
님 여호와 앞에 두고 네 하나님 여
호와 앞에 (敬拜)경배할 것이며
11 네 하나님 여호와께서 너와 네 집
에 주신 모든 복으로 말미암아 너
는 레위인과 너희 가운데에 (居留)
거류하는 객과 함께 즐거워할지니
라
12 ● 셋째 해 곧 (十一條)십일조를
드리는 해에 네 모든 소산의 십일
조 내기를 마친 후에 그것을 레위
인과 객과 고아와 과부에게 주어
네 성읍 안에서 먹고 배부르게 하
라
13 그리 할 때에 네 하나님 여호와 앞
에 아뢰기를 내가 (聖物)성물을 내
집에서 내어 레위인과 객과 고아
와 과부에게 주기를 주께서 내게
명령하신 명령대로 하였사오니 내
가 주의 명령을 (犯)범하지도 아니
하였고 잊지도 아니하였나이다
14 내가 (哀哭)애곡하는 날에 이 성물
을 먹지 아니하였고 (不淨)부정한
몸으로 이를 떼어두지 아니하였고
죽은 자를 위하여 이를 쓰지 아니
하였고 내 하나님 여호와의 말씀
을 (聽從)청종하여 주께서 내게 명

령하신 대로 다 행하였사오니
15 원하건대 주의 거룩한 (處所)처
소 하늘에서 보시고 주의 백성 이
스라엘에게 복을 주시며 우리 조
상들에게 맹세하여 우리에게 주신
젖과 꿀이 흐르는 땅에 복을 내리
소서 할지니라

하나님의 보배로운 백성

16 ●오늘 네 하나님 여호와께서 이
(規例)규례와 (法度)법도를 행하
라고 네게 명령하시나니 그런즉
너는 마음을 다하고 뜻을 다하여
지켜 행하라
17 네가 오늘 여호와를 네 하나님으
로 인정하고 또 그 도를 행하고 그
의 규례와 명령과 법도를 지키며
그의 소리를 들으리라 (確言)확언
하였고
18 여호와께서도 네게 말씀하신 대로
오늘 너를 그의 보배로운 백성이
되게 하시고 그의 모든 명령을 지
키라 (確言)확언하셨느니라
19 그런즉 여호와께서 너를 그 지으
신 모든 민족 위에 뛰어나게 하사
찬송과 명예와 영광을 삼으시고
그가 말씀하신 대로 너를 네 하나
님 여호와의 (聖民)성민이 되게 하
시리라

돌 위에 기록한 율법

27 모세와 이스라엘 (長老)장로
들이 백성에게 명령하여 이
르되 내가 오늘 너희에게 명령하
는 이 명령을 너희는 다 지킬지니
라
2 너희가 요단을 건너 네 하나님 여
호와께서 네게 주시는 땅에 들어
가는 날에 큰 돌들을 세우고 (石
灰)석회를 바르라
3 요단을 건넌 후에 이 (律法)율법의
모든 말씀을 그 위에 (紀錄)기록하
라 그리하면 네 하나님 여호와께
서 네게 주시는 땅 곧 젖과 꿀이 흐
르는 땅에 네가 들어가기를 네 조
상들의 하나님 여호와께서 네게
말씀하신 대로 하리라
4 너희가 요단을 건너거든 내가 오
늘 너희에게 명령하는 이 돌들을
에발 산에 세우고 그 위에 (石灰)
석회를 바를 것이며
5 또 거기서 네 하나님 여호와를 위
하여 (祭壇)제단 곧 돌단을 쌓되
그것에 쇠 연장을 대지 말지니라
6 너는 다듬지 않은 돌로 네 하나님
여호와의 제단을 쌓고 그 위에 네
하나님 여호와께 (燔祭)번제를 드
릴 것이며
7 또 (和睦祭)화목제를 드리고 거기
에서 먹으며 네 하나님 여호와 앞
에서 즐거워하라
8 너는 이 율법의 모든 말씀을 그 돌
들 위에 분명하고 (正確)정확하게
기록할지니라
9 ●모세와 레위 제사장들이 온 이
스라엘에게 말하여 이르되 이스라
엘아 (潛潛)잠잠하여 들으라 오늘
네가 네 하나님 여호와의 백성이
되었으니
10 그런즉 네 하나님 여호와의 말씀
을 (聽從)청종하여 내가 오늘 네게
명령하는 그 명령과 규례를 행할

지니라

에발 산에서 선포한 저주

11 ●모세가 그 날 (百姓)백성에게
명령하여 이르되
12 너희가 요단을 건넌 후에 시므온
과 레위와 유다와 잇사갈과 요셉
과 베냐민은 백성을 (祝福)축복하
기 위하여 그리심 산에 서고
13 르우벤과 갓과 아셀과 스불론과
단과 납달리는 (詛呪)저주하기 위
하여 에발 산에 서고
14 레위 사람은 큰 소리로 이스라엘
모든 사람에게 말하여 이르기를
15 (匠色)장색의 손으로 조각하였거
나 부어 만든 우상은 여호와께 가
증하니 그것을 만들어 은밀히 세
우는 자는 저주를 받을 것이라 할
것이요 모든 백성은 응답하여 말
하되 아멘 할지니라
16 ●그의 부모를 (輕忽)경홀히 여기
는 자는 저주를 받을 것이라 할 것
이요 모든 백성은 아멘 할지니라
17 ●그의 이웃의 (境界標)경계표를
옮기는 자는 저주를 받을 것이라
할 것이요 모든 백성은 아멘 할지
니라
18 ●(盲人)맹인에게 길을 잃게 하는
자는 저주를 받을 것이라 할 것이
요 모든 백성은 아멘 할지니라
19 ●객이나 고아나 과부의 (訟事)송
사를 억울하게 하는 자는 저주를
받을 것이라 할 것이요 모든 백성
은 아멘 할지니라
20 ●그의 아버지의 아내와 (同寢)동
침하는 자는 그의 아버지의 하체
를 드러냈으니 저주를 받을 것이
라 할 것이요 모든 백성은 아멘 할
지니라
21 ●짐승과 (交合)교합하는 모든 자
는 저주를 받을 것이라 할 것이요
모든 백성은 아멘 할지니라
22 ●그의 자매 곧 그의 아버지의 딸
이나 어머니의 딸과 동침하는 자
는 (詛呪)저주를 받을 것이라 할 것
이요 모든 백성은 아멘 할지니라
23 ●장모와 동침하는 자는 저주를
받을 것이라 할 것이요 모든 백성
은 아멘 할지니라
24 ●그의 이웃을 (暗殺)암살하는 자
는 저주를 받을 것이라 할 것이요
모든 백성은 아멘 할지니라
25 ●(無罪)무죄한 자를 죽이려고 뇌
물을 받는 자는 저주를 받을 것이
라 할 것이요 모든 백성은 아멘 할
지니라
26 ●이 율법의 말씀을 (實行)실행하
지 아니하는 자는 저주를 받을 것
이라 할 것이요 모든 백성은 아멘
할지니라

순종하여 받는 복
(레 26:3-13; 신 7:12-24)

28 네가 네 하나님 여호와의 말
씀을 삼가 듣고 내가 오늘 네
게 명령하는 그의 모든 명령을 지
켜 행하면 네 하나님 여호와께서
너를 (世界)세계 모든 (民族)민족
위에 뛰어나게 하실 것이라
2 네가 네 하나님 여호와의 말씀을
(聽從)청종하면 이 모든 복이 네게
임하며 네게 이르리니

3 성읍에서도 복을 받고 들에서도
복을 받을 것이며
4 네 몸의 자녀와 네 토지의 (所産)
소산과 네 짐승의 새끼와 소와 양
의 새끼가 복을 받을 것이며
5 네 광주리와 떡 반죽 그릇이 (福)
복을 받을 것이며
6 네가 들어와도 (福)복을 받고 나가
도 복을 받을 것이니라
7 ●여호와께서 너를 (對敵)대적하
기 위해 일어난 적군들을 네 앞에
서 패하게 하시리라 그들이 한 길
로 너를 치러 들어왔으나 네 앞에
서 일곱 길로 도망하리라
8 여호와께서 명령하사 네 (倉庫)창
고와 네 손으로 하는 모든 일에 복
을 내리시고 네 하나님 여호와께
서 네게 주시는 땅에서 네게 복을
주실 것이며
9 여호와께서 네게 (盟誓)맹세하신
대로 너를 세워 자기의 성민이 되
게 하시리니 이는 네가 네 하나님
여호와의 명령을 지켜 그 길로 행
할 것임이니라
10 땅의 모든 (百姓)백성이 여호와의
이름이 너를 위하여 불리는 것을
보고 너를 두려워하리라
11 여호와께서 네게 주리라고 네 조
상들에게 맹세하신 땅에서 네게
복을 주사 네 몸의 (所生)소생과
가축의 새끼와 토지의 (所産)소산
을 많게 하시며
12 여호와께서 너를 위하여 하늘의
아름다운 (寶庫)보고를 여시사 네
땅에 때를 따라 비를 내리시고 네
손으로 하는 모든 일에 복을 주시
리니 네가 많은 민족에게 꾸어줄
지라도 너는 꾸지 아니할 것이요
13 여호와께서 너를 머리가 되고 꼬
리가 되지 않게 하시며 위에만 있
고 아래에 있지 않게 하시리니 오
직 너는 내가 오늘 네게 (命令)명
령하는 네 하나님 여호와의 명령
을 듣고 지켜 행하며
14 내가 오늘 너희에게 명령하는 그
말씀을 떠나 좌로나 우로나 치우
치지 아니하고 다른 (神)신을 따라
섬기지 아니하면 이와 같으리라
15 네가 만일 네 하나님 여호와의 말
씀을 (順從)순종하지 아니하여 내
가 오늘 네게 명령하는 그의 모든
명령과 (規例)규례를 지켜 행하지
아니하면 이 모든 저주가 네게 임
하며 네게 이를 것이니
16 네가 (城邑)성읍에서도 저주를 받
으며 들에서도 저주를 받을 것이
요
17 또 네 광주리와 떡 반죽 그릇이
(詛呪)저주를 받을 것이요
18 네 몸의 소생과 네 토지의 소산과
네 소와 양의 새끼가 저주를 받을
것이며
19 네가 들어와도 (詛呪)저주를 받고
나가도 저주를 받으리라

불순종하여 받는 저주

20 ●네가 악을 행하여 [1]그를 잊으므
로 네 손으로 하는 모든 일에 여호
와께서 저주와 혼란과 책망을 내
리사 망하며 속히 (破滅)파멸하게

1) 히, 나

하실 것이며
21 여호와께서 네 몸에 염병이 들게
하사 네가 들어가 차지할 땅에서
마침내 너를 (滅)멸하실 것이며
22 여호와께서 폐병과 열병과 염증과
학질과 (旱災)한재와 (風災)풍재
와 썩는 재앙으로 너를 치시리니
이 재앙들이 너를 따라서 너를 진
멸하게 할 것이라
23 네 머리 위의 하늘은 놋이 되고 네
아래의 땅은 (鐵)철이 될 것이며
24 여호와께서 비 대신에 티끌과 모
래를 네 땅에 내리시리니 그것들
이 하늘에서 네 위에 내려 마침내
너를 (滅)멸하리라
25 ●여호와께서 네 적군 앞에서 너
를 패하게 하시리니 네가 그들을
치러 한 길로 나가서 그들 앞에서
일곱 길로 (逃亡)도망할 것이며 네
가 또 땅의 모든 나라 중에 흩어지
고
26 네 (屍體)시체가 공중의 모든 새와
땅의 짐승들의 밥이 될 것이나 그
것들을 쫓아줄 자가 없을 것이며
27 여호와께서 애굽의 종기와 (痔疾)
치질과 괴혈병과 피부병으로 너를
치시리니 네가 치유 받지 못할 것
이며
28 여호와께서 또 너를 미치는 것과
눈 머는 것과 (精神病)정신병으로
치시리니
29 맹인이 어두운 데에서 더듬는 것
과 같이 네가 (白晝)백주에도 더듬
고 네 길이 형통하지 못하여 항상
(壓制)압제와 (擄掠)노략을 당할
뿐이리니 너를 구원할 자가 없을
것이며
30 네가 여자와 약혼하였으나 다른
사람이 그 여자와 같이 동침할 것
이요 집을 (建築)건축하였으나 거
기에 거주하지 못할 것이요 포도
원을 심었으나 네가 그 열매를 따
지 못할 것이며
31 네 소를 네 목전에서 잡았으나 네
가 먹지 못할 것이며 네 나귀를 네
목전에서 빼앗겨도 도로 찾지 못
할 것이며 네 양을 (怨讐)원수에게
빼앗길 것이나 너를 [1]도와 줄 자가
없을 것이며
32 네 자녀를 다른 민족에게 빼앗기
고 종일 생각하고 찾음으로 눈이
(疲困)피곤하여지나 네 손에 힘이
없을 것이며
33 네 토지 소산과 네 수고로 얻은 것
을 네가 알지 못하는 민족이 먹겠
고 너는 항상 (壓制)압제와 (虐待)
학대를 받을 뿐이리니
34 이러므로 네 눈에 보이는 일로 말
미암아 네가 미치리라
35 여호와께서 네 무릎과 다리를 쳐
서 고치지 못할 심한 (腫氣)종기를
생기게 하여 발바닥에서부터 정수
리까지 이르게 하시리라
36 ●여호와께서 너와 네가 세울 네
임금을 너와 네 조상들이 알지 못
하던 나라로 끌어 가시리니 네가
거기서 (木石)목석으로 만든 다른
신들을 섬길 것이며
37 여호와께서 너를 끌어 가시는 모

1) 히, 구원할

든 민족 중에서 네가 놀람과 속담
과 (誹謗)비방거리가 될 것이라
38 네가 많은 (種子)종자를 들에 뿌
릴지라도 메뚜기가 먹으므로 거둘
것이 적을 것이며
39 네가 (葡萄園)포도원을 심고 가
꿀지라도 벌레가 먹으므로 포도를
따지 못하고 포도주를 마시지 못
할 것이며
40 네 모든 (境內)경내에 감람나무가
있을지라도 그 열매가 떨어지므로
그 기름을 네 몸에 바르지 못할 것
이며
41 네가 자녀를 낳을지라도 그들이
(捕虜)포로가 되므로 너와 함께 있
지 못할 것이며
42 네 모든 나무와 토지 (所産)소산은
메뚜기가 먹을 것이며
43 너의 중에 (寓居)우거하는 이방인
은 점점 높아져서 네 위에 뛰어나
고 너는 점점 낮아질 것이며
44 그는 네게 꾸어줄지라도 너는 그
에게 꾸어주지 못하리니 그는 머
리가 되고 너는 꼬리가 될 것이라
45 네가 네 하나님 여호와의 말씀을
청종하지 아니하고 네게 명령하신
그의 명령과 (規例)규례를 지키지
아니하므로 이 모든 (詛呪)저주가
네게 와서 너를 따르고 네게 이르
러 마침내 너를 멸하리니
46 이 모든 저주가 너와 네 자손에게
영원히 있어서 (表徵)표징과 (訓
戒)훈계가 되리라
47 ●네가 모든 것이 (豊足)풍족하여
도 기쁨과 즐거운 마음으로 네 하
나님 여호와를 섬기지 아니함으로
말미암아
48 네가 주리고 목마르고 헐벗고 모
든 것이 (不足)부족한 중에서 여호
와께서 보내사 너를 치게 하실 적
군을 섬기게 될 것이니 그가 철 멍
에를 네 목에 메워 마침내 너를 멸
할 것이라
49 곧 여호와께서 멀리 땅 끝에서 한
민족을 독수리가 날아오는 것 같
이 너를 치러 오게 하시리니 이는
네가 그 (言語)언어를 알지 못하는
민족이요
50 그 용모가 (凶惡)흉악한 민족이라
노인을 보살피지 아니하며 (幼兒)
유아를 불쌍히 여기지 아니하며
51 네 가축의 새끼와 네 토지의 소산
을 먹어 마침내 너를 (滅亡)멸망시
키며 또 곡식이나 포도주나 기름
이나 소의 새끼나 양의 새끼를 너
를 위하여 남기지 아니하고 마침
내 너를 멸절시키리라
52 그들이 전국에서 네 모든 성읍을
에워싸고 네가 의뢰하는 높고 (堅
固)견고한 성벽을 다 헐며 네 하나
님 여호와께서 네게 주시는 땅의
모든 성읍에서 너를 에워싸리니
53 네가 적군에게 에워싸이고 맹렬한
공격을 받아 (困難)곤란을 당하므
로 네 하나님 여호와께서 네게 주
신 자녀 곧 네 몸의 소생의 살을 먹
을 것이라
54 너희 중에 (溫柔)온유하고 연약한
남자까지도 그의 형제와 그의 품
의 아내와 그의 남은 자녀를 미운

눈으로 바라보며
55 자기가 먹는 그 자녀의 살을 그 중
누구에게든지 주지 아니하리니 이
는 네 적군이 네 모든 성읍을 에워
싸고 (猛烈)맹렬히 너를 쳐서 (困
難)곤란하게 하므로 아무것도 그
에게 남음이 없는 까닭일 것이며
56 또 너희 중에 (溫柔)온유하고 (軟
弱)연약한 부녀 곧 온유하고 연약
하여 자기 발바닥으로 땅을 밟아
보지도 아니하던 자라도 자기 품
의 남편과 자기 자녀를 미운 눈으
로 바라보며
57 자기 다리 사이에서 나온 (胎)태와
자기가 낳은 어린 자식을 남몰래
먹으리니 이는 네 적군이 네 생명
을 에워싸고 맹렬히 쳐서 곤란하
게 하므로 아무것도 얻지 못함이
리라
58 ●네가 만일 이 책에 기록한 이 율
법의 모든 말씀을 지켜 행하지 아
니하고 네 하나님 여호와라 하는
영화롭고 두려운 이름을 (敬畏)경
외하지 아니하면
59 여호와께서 네 재앙과 네 자손의
(災殃)재앙을 극렬하게 하시리니
그 재앙이 크고 오래고 그 질병이
중하고 오랠 것이라
60 여호와께서 네가 두려워하던 애굽
의 모든 (疾病)질병을 네게로 가져
다가 네 몸에 들어붙게 하실 것이
며
61 또 이 (律法册)율법책에 기록하지
아니한 모든 질병과 모든 재앙을
네가 멸망하기까지 여호와께서 네
게 내리실 것이니
62 너희가 하늘의 별 같이 많을지라
도 네 하나님 여호와의 말씀을 (聽
從)청종하지 아니하므로 남는 자
가 얼마 되지 못할 것이라
63 여호와께서 너희에게 선을 행하시
고 너희를 (蕃盛)번성하게 하시기
를 기뻐하시던 것 같이 이제는 여
호와께서 너희를 망하게 하시며
멸하시기를 기뻐하시리니 너희가
들어가 차지할 땅에서 뽑힐 것이
요
64 여호와께서 너를 땅 이 끝에서 저
끝까지 만민 중에 흩으시리니 네
가 그 곳에서 너와 네 조상들이 알
지 못하던 목석 (偶像)우상을 섬길
것이라
65 그 여러 민족 중에서 네가 평안함
을 얻지 못하며 네 발바닥이 쉴 곳
도 얻지 못하고 여호와께서 거기
에서 네 마음을 떨게 하고 눈을 쇠
하게 하고 정신을 (散亂)산란하게
하시리니
66 네 생명이 (危險)위험에 처하고 주
야로 두려워하며 네 생명을 (確信)
확신할 수 없을 것이라
67 네 마음의 두려움과 눈이 보는 것
으로 말미암아 아침에는 이르기를
아하 저녁이 되었으면 좋겠다 할
것이요 저녁에는 이르기를 아하
아침이 되었으면 좋겠다 하리라
68 여호와께서 너를 배에 싣고 전에
네게 말씀하여 이르시기를 네가
다시는 그 길을 보지 아니하리라
하시던 그 길로 너를 애굽으로 끌

어 가실 것이라 거기서 너희가 너
희 몸을 (敵軍)적군에게 남녀 종으
로 팔려 하나 너희를 살 자가 없으
리라

모압 땅에서 세우신 언약

29 호렙에서 이스라엘 자손과
세우신 (言約)언약 외에 여
호와께서 모세에게 명령하여 모압
땅에서 그들과 세우신 언약의 말
씀은 이러하니라
2 ●모세가 온 이스라엘을 (召集)소
집하고 그들에게 이르되 여호와께
서 애굽 땅에서 너희의 목전에 바
로와 그의 모든 신하와 그의 온 땅
에 행하신 모든 일을 너희가 보았
나니
3 곧 그 큰 (試驗)시험과 (異蹟)이적
과 큰 기사를 네 눈으로 보았느니
라
4 그러나 깨닫는 마음과 보는 눈과
듣는 귀는 오늘까지 여호와께서
너희에게 주지 아니하셨느니라
5 [1]주께서 사십 년 동안 너희를 광야
에서 (引導)인도하셨거니와 너희
몸의 옷이 낡아지지 아니하였고
너희 발의 신이 해어지지 아니하
였으며
6 너희에게 떡도 먹지 못하며 포도
주나 (毒酒)독주를 마시지 못하게
하셨음은 [2]주는 너희의 하나님 여
호와이신 줄을 알게 하려 하심이
니라
7 너희가 이 곳에 올 때에 헤스본 왕
시혼과 바산 (王)왕 옥이 우리와

1) 히, 내가 2) 히, 나는

싸우러 나왔으므로 우리가 그들을
치고
8 그 땅을 차지하여 르우벤과 갓과
므낫세 반 지파에게 (基業)기업으
로 주었나니
9 그런즉 너희는 이 언약의 말씀을
지켜 행하라 그리하면 너희가 하
는 모든 일이 (亨通)형통하리라
10 ●오늘 너희 곧 너희의 수령과 너
희의 지파와 너희의 장로들과 너
희의 (指導者)지도자와 이스라엘
모든 남자와
11 너희의 유아들과 너희의 아내와
및 네 진중에 있는 (客)객과 너를
위하여 나무를 패는 자로부터 물
긷는 자까지 다 너희의 하나님 여
호와 앞에 서 있는 것은
12 네 하나님 여호와의 언약에 (參與)
참여하며 또 네 하나님 여호와께
서 오늘 네게 하시는 맹세에 참여
하여
13 여호와께서 네게 말씀하신 대로
또 네 조상 아브라함과 이삭과 야
곱에게 (盟誓)맹세하신 대로 오늘
너를 세워 자기 백성을 삼으시고
그는 친히 네 하나님이 되시려 함
이니
14 ●내가 이 (言約)언약과 맹세를
너희에게만 세우는 것이 아니라
15 오늘 우리 하나님 여호와 앞에서
우리와 함께 여기 서 있는 (者)자
와 오늘 우리와 함께 여기 있지 아
니한 자에게까지이니
16 (우리가 애굽 땅에서 살았던 것과
너희가 여러 나라를 (通過)통과한

것을 너희가 알며
17 너희가 또 그들 중에 있는 (可憎)
가증한 것과 목석과 은금의 (偶像)
우상을 보았느니라)
18 너희 중에 남자나 여자나 가족이
나 지파나 오늘 그 마음이 우리 하
나님 여호와를 떠나서 그 모든 민
족의 신들에게 가서 섬길까 염려
하며 (毒草)독초와 쑥의 뿌리가 너
희 중에 생겨서
19 이 저주의 말을 듣고도 (心中)심중
에 스스로 복을 빌어 이르기를 내
가 내 마음이 (頑惡)완악하여 젖은
것과 마른 것이 멸망할지라도 내
게는 평안이 있으리라 할까 함이
라
20 여호와는 이런 자를 사하지 않으
실 뿐 아니라 그 위에 여호와의
(憤怒)분노와 (嫉妬)질투의 불을
부으시며 또 이 책에 기록된 모든
저주를 그에게 더하실 것이라 여
호와께서 그의 이름을 천하에서
지워버리시되
21 여호와께서 곧 이스라엘 모든 지
파 중에서 그를 (區別)구별하시고
이 율법책에 기록된 모든 언약의
저주대로 그에게 화를 더하시리라
22 ●너희 뒤에 일어나는 너희의 자
손과 멀리서 오는 객이 그 땅의
(災殃)재앙과 여호와께서 그 땅에
유행시키시는 질병을 보며
23 그 온 땅이 (硫黃)유황이 되며 소
금이 되며 또 불에 타서 심지도 못
하며 결실함도 없으며 거기에는
아무 풀도 나지 아니함이 옛적에
여호와께서 (震怒)진노와 (激憤)
격분으로 (滅)멸하신 소돔과 고모
라와 아드마와 스보임의 무너짐과
같음을 보고 물을 것이요
24 여러 나라 사람들도 묻기를 여호
와께서 어찌하여 이 땅에 이같이
행하셨느냐 이같이 크고 (猛烈)맹
렬하게 노하심은 무슨 뜻이냐 하
면
25 그 때에 사람들이 대답하기를 그
무리가 자기 조상의 하나님 여호
와께서 그들의 조상을 애굽에서
인도하여 내실 때에 더불어 세우
신 (言約)언약을 버리고
26 가서 자기들이 알지도 못하고 여
호와께서 그들에게 주시지도 아니
한 다른 (神)신들을 따라가서 그들
을 섬기고 절한 까닭이라
27 이러므로 여호와께서 이 땅에 진
노하사 이 책에 기록된 모든 저주
대로 (災殃)재앙을 내리시고
28 여호와께서 또 진노와 격분과 크
게 (痛恨)통한하심으로 그들을 이
땅에서 뽑아내사 다른 나라에 내
던지심이 오늘과 같다 하리라
29 감추어진 일은 우리 하나님 여호
와께 속하였거니와 나타난 일은
(永遠)영원히 우리와 우리 자손에
게 속하였나니 이는 우리에게 이
율법의 모든 말씀을 행하게 하심
이니라

복 받는 길

30 내가 네게 (陳述)진술한 모
든 복과 저주가 네게 임하므
로 네가 네 하나님 여호와로부터

쫓겨간 모든 나라 가운데서 이 일
이 마음에서 기억이 나거든
2 너와 네 자손이 네 하나님 여호와
께로 돌아와 내가 오늘 네게 명령
한 것을 (穩全)온전히 따라 마음을
다하고 뜻을 다하여 여호와의 말
씀을 (聽從)청종하면
3 네 하나님 여호와께서 마음을 돌
이키시고 너를 긍휼히 여기사 (捕
虜)포로에서 돌아오게 하시되 네
하나님 여호와께서 흩으신 그 모
든 백성 중에서 너를 모으시리니
4 네 쫓겨간 (者)자들이 하늘 가에
있을지라도 네 하나님 여호와께서
거기서 너를 모으실 것이며 거기
서부터 너를 이끄실 것이라
5 네 하나님 여호와께서 너를 네 조
상들이 차지한 땅으로 돌아오게
하사 네게 다시 그것을 차지하게
하실 것이며 여호와께서 또 네게
선을 행하사 너를 네 조상들보다
더 (蕃盛)번성하게 하실 것이며
6 네 하나님 여호와께서 네 마음과
네 자손의 마음에 할례를 베푸사
너로 마음을 다하며 뜻을 다하여
네 하나님 여호와를 사랑하게 하
사 너로 (生命)생명을 얻게 하실
것이며
7 네 하나님 여호와께서 네 적군과
너를 미워하고 (逼迫)핍박하던 자
에게 이 모든 저주를 내리게 하시
리니
8 너는 돌아와 다시 여호와의 말씀
을 (聽從)청종하고 내가 오늘 네게
명령하는 그 모든 명령을 행할 것
이라
9-10 네가 네 하나님 여호와의 말씀을
청종하여 이 율법책에 기록된 그
의 명령과 규례를 지키고 네 마음
을 다하며 뜻을 다하여 여호와 네
하나님께 돌아오면 네 하나님 여
호와께서 네 손으로 하는 모든 일
과 네 몸의 소생과 네 가축의 새끼
와 네 토지 (所産)소산을 많게 하
시고 네게 복을 주시되 곧 여호와
께서 네 조상들을 기뻐하신 것과
같이 너를 다시 기뻐하사 네게 복
을 주시리라
11 ●내가 오늘 네게 명령한 이 (命
令)명령은 네게 어려운 것도 아니
요 먼 것도 아니라
12 하늘에 있는 것이 아니니 네가 이
르기를 누가 우리를 위하여 하늘
에 올라가 그의 명령을 우리에게
로 가지고 와서 우리에게 들려
(行)행하게 하랴 할 것이 아니요
13 이것이 바다 밖에 있는 것이 아
니니 네가 이르기를 누가 우리를
(爲)위하여 바다를 건너가서 그의
명령을 우리에게로 가지고 와서
우리에게 들려 행하게 하랴 할 것
도 아니라
14 오직 그 말씀이 네게 매우 가까워
서 네 입에 있으며 네 마음에 있은
즉 네가 이를 (行)행할 수 있느니
라
15 ●보라 내가 오늘 생명과 복과 사
망과 화를 네 앞에 두었나니
16 곧 내가 오늘 네게 명령하여 네 하
나님 여호와를 사랑하고 그 모든

길로 행하며 그의 명령과 규례와
법도를 지키라 하는 것이라 그리
하면 네가 생존하며 (蕃盛)번성할
것이요 또 네 하나님 여호와께서
네가 가서 차지할 땅에서 네게 복
을 주실 것임이니라
17 그러나 네가 만일 마음을 돌이켜
듣지 아니하고 (誘惑)유혹을 받아
다른 신들에게 절하고 그를 섬기
면
18 내가 오늘 너희에게 선언하노니
너희가 반드시 망할 것이라 너희
가 요단을 건너가서 차지할 땅에
서 너희의 날이 길지 못할 것이니
라
19 내가 오늘 하늘과 땅을 불러 너희
에게 증거를 삼노라 내가 (生命)생
명과 사망과 복과 저주를 네 앞에
두었은즉 너와 네 자손이 살기 위
하여 생명을 택하고
20 네 하나님 여호와를 사랑하고 그
의 말씀을 (聽從)청종하며 또 그를
의지하라 [1]그는 네 생명이시요 네
장수이시니 여호와께서 네 조상
아브라함과 이삭과 야곱에게 주리
라고 맹세하신 땅에 네가 거주하
리라

여호수아가 모세의 뒤를 잇다

31 또 모세가 가서 온 이스라엘
에게 이 말씀을 전하여
2 그들에게 이르되 이제 내 나이 백
이십 세라 내가 더 이상 (出入)출
입하지 못하겠고 여호와께서도 내
게 이르시기를 너는 이 요단을 건
너지 못하리라 하셨느니라
3 여호와께서 이미 말씀하신 것과
같이 네 하나님 여호와께서 너보
다 먼저 건너가사 이 (民族)민족
들을 네 앞에서 (滅)멸하시고 네가
그 땅을 차지하게 할 것이며 여호
수아는 네 앞에서 건너갈지라
4 또한 여호와께서 이미 (滅)멸하신
아모리 왕 시혼과 옥과 및 그 땅에
행하신 것과 같이 그들에게도 행
하실 것이라
5 또한 여호와께서 그들을 너희 앞
에 넘기시리니 너희는 내가 너희
에게 명한 모든 (命令)명령대로 그
들에게 행할 것이라
6 너희는 (强)강하고 (膽大)담대하
라 두려워하지 말라 그들 앞에서
떨지 말라 이는 네 하나님 여호와
그가 너와 함께 가시며 결코 너를
떠나지 아니하시며 버리지 아니하
실 것임이라 하고
7 모세가 여호수아를 불러 온 이스
라엘의 (目前)목전에서 그에게 이
르되 너는 강하고 (膽大)담대하
라 너는 이 백성을 거느리고 여호
와께서 그들의 조상에게 주리라고
맹세하신 땅에 들어가서 그들에게
그 땅을 차지하게 하라
8 그리하면 여호와 그가 네 앞에서
가시며 너와 함께 하사 너를 떠나
지 아니하시며 버리지 아니하시리
니 너는 두려워하지 말라 놀라지
말라

일곱 해마다 율법을 낭독하여 주라

9 ●또 모세가 이 율법을 써서 여호

1) 그것이

와의 (言約櫃)언약궤를 메는 레위
자손 제사장들과 이스라엘 모든
장로에게 주고
10 모세가 그들에게 명령하여 이르기
를 매 칠 년 끝 해 곧 (免除年)면제
년의 초막절에
11 온 이스라엘이 네 하나님 여호와
앞 그가 택하신 곳에 모일 때에 이
(律法)율법을 (朗讀)낭독하여 온
이스라엘에게 듣게 할지니
12 곧 백성의 남녀와 어린이와 네 성
읍 안에 거류하는 (他國人)타국인
을 모으고 그들에게 듣고 배우고
네 하나님 여호와를 (敬畏)경외하
며 이 율법의 모든 말씀을 지켜 행
하게 하고
13 또 너희가 요단을 건너가서 차지
할 땅에 거주할 동안에 이 말씀을
알지 못하는 그들의 자녀에게 듣
고 네 하나님 여호와 (敬畏)경외하
기를 배우게 할지니라

여호와께서 모세에게 하신 마지막 지시

14 ●여호와께서 모세에게 이르시되
네가 죽을 기한이 가까웠으니 여
호수아를 불러서 함께 (會幕)회막
으로 나아오라 내가 그에게 명령
을 내리리라 모세와 여호수아가
나아가서 회막에 서니
15 여호와께서 구름 기둥 가운데에서
(帳幕)장막에 나타나시고 구름 기
둥은 장막 문 위에 머물러 있더라
16 또 여호와께서 모세에게 이르시되
너는 네 조상과 함께 누우려니와
이 백성은 그 땅으로 들어가 (淫
亂)음란히 그 땅의 이방 신들을 따
르며 일어날 것이요 나를 버리고
내가 그들과 맺은 언약을 어길 것
이라
17 내가 그들에게 (震怒)진노하여 그
들을 버리며 내 얼굴을 숨겨 그들
에게 보이지 않게 할 것인즉 그들
이 삼킴을 당하여 허다한 재앙과
환난이 그들에게 (臨)임할 그 때에
그들이 말하기를 이 재앙이 우리
에게 내림은 우리 하나님이 우리
가운데에 계시지 않은 까닭이 아
니냐 할 것이라
18 또 그들이 돌이켜 다른 신들을 따
르는 모든 (惡行)악행으로 말미암
아 내가 그 때에 반드시 내 얼굴을
숨기리라
19 그러므로 이제 너희는 이 노래를
써서 이스라엘 자손들에게 가르쳐
그들의 입으로 부르게 하여 이 노
래로 나를 위하여 이스라엘 자손
들에게 (證據)증거가 되게 하라
20 내가 그들의 조상들에게 (盟誓)맹
세한 바 젖과 꿀이 흐르는 땅으로
그들을 인도하여 들인 후에 그들
이 먹어 배부르고 살찌면 돌이켜
다른 신들을 섬기며 나를 (蔑視)멸
시하여 내 (言約)언약을 어기리니
21 그들이 수많은 (災殃)재앙과 (患
難)환난을 당할 때에 그들의 자손
이 부르기를 잊지 아니한 이 노래
가 그들 앞에 (證人)증인처럼 되리
라 나는 내가 맹세한 땅으로 그들
을 인도하여 들이기 전 오늘 나는
그들이 생각하는 바를 아노라
22 그러므로 모세가 그 날 이 노래를

써서 이스라엘 (子孫)자손들에게
가르쳤더라
23 여호와께서 또 눈의 아들 여호수
아에게 명령하여 이르시되 너는
이스라엘 자손들을 인도하여 내가
그들에게 맹세한 땅으로 들어가게
하리니 (强)강하고 담대하라 내가
너와 함께 하리라 하시니라
24 ● 모세가 이 율법의 말씀을 다
(册)책에 써서 마친 후에
25 모세가 여호와의 (言約櫃)언약궤
를 메는 레위 사람에게 명령하여
이르되
26 이 (律法册)율법책을 가져다가 너
희 하나님 여호와의 언약궤 곁에
두어 너희에게 증거가 되게 하라
27 내가 너희의 반역함과 목이 곧은
것을 아나니 오늘 내가 살아서 너
희와 함께 있어도 너희가 여호와
를 (拒逆)거역하였거든 하물며 내
가 죽은 후의 일이랴
28 너희 지파 모든 장로와 관리들을
내 앞에 모으라 내가 이 말씀을 그
들의 귀에 들려주고 그들에게 하
늘과 땅을 (證據)증거로 삼으리라
29 내가 알거니와 내가 죽은 후에 너
희가 스스로 부패하여 내가 너희
에게 명령한 길을 떠나 여호와의
목전에 악을 행하여 너희의 손으
로 하는 일로 그를 (激怒)격노하게
하므로 너희가 후일에 재앙을 당
하리라 하니라

모세의 노래

30 ● 그리고 모세가 이스라엘 (總會)
총회에 이 노래의 말씀을 끝까지
읽어 들리니라

32

하늘이여 귀를 기울이라 내
가 말하리라 땅은 내 입의
말을 들을지어다
2 내 (敎訓)교훈은 비처럼 내리고
내 말은 이슬처럼 맺히나니 연한
풀 위의 가는 비 같고 채소 위의
단비 같도다
3 내가 여호와의 이름을 (傳播)전
파하리니 너희는 우리 하나님께
(威嚴)위엄을 돌릴지어다
4 그는 반석이시니 그가 하신 일이
완전하고 그의 모든 길이 (正義)
정의롭고 진실하고 거짓이 없으
신 하나님이시니 (公義)공의로
우시고 바르시도다
5 그들이 여호와를 향하여 악을 행
하니 하나님의 (子女)자녀가 아
니요 흠이 있고 삐뚤어진 세대로
다
6 어리석고 지혜 없는 백성아 여호
와께 이같이 (報答)보답하느냐
그는 네 아버지시요 너를 지으신
이가 아니시냐 그가 너를 만드시
고 너를 세우셨도다
7 옛날을 기억하라 (歷代)역대의
연대를 생각하라 네 아버지에게
물으라 그가 네게 설명할 것이요
네 어른들에게 물으라 그들이 네
게 말하리로다
8 지극히 높으신 자가 민족들에게
기업을 주실 때에, (人種)인종을
나누실 때에 이스라엘 자손의 수
효대로 백성들의 (境界)경계를
정하셨도다

9 여호와의 분깃은 자기 백성이라
야곱은 그가 택하신 (基業)기업
이로다
10 여호와께서 그를 황무지에서, 짐
승이 부르짖는 광야에서 만나시
고 (護衛)호위하시며 보호하시
며 자기의 눈동자 같이 지키셨도
다
11 마치 독수리가 자기의 보금자리
를 어지럽게 하며 (自己)자기의
새끼 위에 너풀거리며 그의 날개
를 펴서 새끼를 받으며 그의 날
개 위에 그것을 업는 것 같이
12 여호와께서 홀로 그를 인도하셨
고 그와 함께 한 다른 (神)신이
없었도다
13 여호와께서 그가 땅의 높은 곳을
타고 다니게 하시며 밭의 소산을
먹게 하시며 반석에서 꿀을, 굳
은 (盤石)반석에서 기름을 빨게
하시며
14 소의 엉긴 젖과 양의 젖과 어린
양의 기름과 바산에서 난 숫양과
염소와 (至極)지극히 아름다운
밀을 먹이시며 또 포도즙의 붉은
술을 마시게 하셨도다
15 그런데 여수룬이 기름지매 발로
찼도다 네가 살찌고 (肥大)비대
하고 (潤澤)윤택하매 자기를 지
으신 하나님을 버리고 자기를 구
원하신 반석을 업신여겼도다
16 그들이 다른 신으로 그의 질투를
일으키며 가증한 것으로 그의 진
노를 (激發)격발하였도다
17 그들은 하나님께 (祭祀)제사하
지 아니하고 귀신들에게 하였으
니 곧 그들이 알지 못하던 신들,
근래에 들어온 새로운 신들 너희
의 조상들이 두려워하지 아니하
던 것들이로다
18 너를 낳은 반석을 네가 (相關)상
관하지 아니하고 너를 내신 하나
님을 네가 잊었도다
19 그러므로 여호와께서 보시고 미
워하셨으니 그 자녀가 그를 (激
怒)격노하게 한 까닭이로다
20 그가 말씀하시기를 내가 내 얼굴
을 그들에게서 숨겨 그들의 종말
이 어떠함을 보리니 그들은 심히
(悖逆)패역한 세대요 진실이 없
는 자녀임이로다
21 그들이 하나님이 아닌 것으로 내
질투를 일으키며 (虛無)허무한
것으로 내 진노를 일으켰으니 나
도 백성이 아닌 자로 그들에게
시기가 나게 하며 어리석은 민족
으로 그들의 분노를 일으키리로
다
22 그러므로 내 분노의 불이 일어나
서 스올의 깊은 곳까지 불사르며
땅과 그 (所産)소산을 삼키며 산
들의 터도 불타게 하는도다
23 내가 (災殃)재앙을 그들 위에 쌓
으며 내 화살이 다할 때까지 그
들을 쏘리로다
24 그들이 주리므로 (衰弱)쇠약하
며 불 같은 더위와 독한 질병에
삼켜질 것이라 내가 들짐승의 이
와 티끌에 기는 것의 독을 그들
에게 보내리로다

25 밖으로는 칼에, 방 안에서는 놀
람에 (滅亡)멸망하리니 젊은 남
자도 처녀도 백발 노인과 함께
젖 먹는 아이까지 그러하리로다
26 내가 그들을 흩어서 사람들 사이
에서 그들에 대한 (記憶)기억이
끊어지게 하리라 하였으나
27 혹시 내가 원수를 자극하여 그들
의 원수가 잘못 생각할까 걱정하
였으니 원수들이 말하기를 우리
의 (手段)수단이 높으며 여호와
가 이 모든 것을 행함이 아니라
할까 염려함이라
28 그들은 (謀略)모략이 없는 민족
이라 그들 중에 분별력이 없도다
29 만일 그들이 지혜가 있어 이것을
깨달았으면 자기들의 종말을 (分
別)분별하였으리라
30 그들의 (盤石)반석이 그들을 팔
지 아니하였고 여호와께서 그들
을 내주지 아니하셨더라면 어찌
하나가 천을 쫓으며 둘이 만을
도망하게 하였으리요
31 (眞實)진실로 그들의 (盤石)반
석이 우리의 반석과 같지 아니하
니 우리의 원수들이 스스로 판단
하도다
32 이는 그들의 포도나무는 소돔의
포도나무요 고모라의 밭의 (所
産)소산이라 그들의 포도는 독
이 든 포도이니 그 송이는 쓰며
33 그들의 포도주는 뱀의 독이요
(毒蛇)독사의 맹독이라
34 이것이 내게 쌓여 있고 내 (庫
間)곳간에 봉하여 있지 아니한
가
35 그들이 실족할 그 때에 내가 (報
復)보복하리라 그들의 환난날이
가까우니 그들에게 닥칠 그 일이
속히 오리로다
36 참으로 여호와께서 자기 백성을
(判斷)판단하시고 그 종들을 불
쌍히 여기시리니 곧 그들의 무력
함과 갇힌 자나 놓인 자가 없음
을 보시는 때에로다
37 또한 그가 말씀하시기를 그들의
신들이 어디 있으며 그들이 (避)
피하던 반석이 어디 있느냐
38 그들의 제물의 기름을 먹고 그들
의 (奠祭)전제의 제물인 포도주
를 마시던 자들이 일어나 너희를
돕게 하고 너희를 위해 피난처가
되게 하라
39 이제는 나 곧 내가 그인 줄 알라
나 외에는 신이 없도다 나는 죽
이기도 하며 살리기도 하며 상하
게도 하며 낫게도 하나니 내 손
에서 (能)능히 빼앗을 자가 없도
다
40 이는 내가 하늘을 향하여 내 손
을 들고 말하기를 내가 (永遠)영
원히 살리라 하였노라
41 내가 내 번쩍이는 칼을 갈며 내
손이 정의를 붙들고 내 대적들에
게 복수하며 나를 미워하는 자들
에게 (報應)보응할 것이라
42 내 화살이 피에 취하게 하고 내
칼이 그 고기를 삼키게 하리니
곧 (被殺者)피살자와 포로된 자

의 피요 [1])대적의 우두머리의 머
리로다
43 너희 민족들아 주의 백성과 즐거
워하라 주께서 그 종들의 피를
갚으사 그 대적들에게 복수하시
고 자기 땅과 자기 백성을 위하
여 (贖罪)속죄하시리로다
44 모세와 눈의 아들 호세아가 와서
이 노래의 모든 말씀을 (百姓)백성
에게 말하여 들리니라
45 모세가 이 모든 말씀을 온 이스라
엘에게 말하기를 마치고
46 그들에게 이르되 내가 오늘 너희
에게 (證言)증언한 모든 말을 너희
의 마음에 두고 너희의 자녀에게
명령하여 이 (律法)율법의 모든 말
씀을 지켜 행하게 하라
47 이는 너희에게 헛된 일이 아니라
너희의 생명이니 이 일로 말미암
아 너희가 요단을 건너가 차지할
그 땅에서 너희의 날이 (長久)장구
하리라
48 ●바로 그 날에 여호와께서 모세
에게 말씀하여 이르시되
49 너는 여리고 맞은편 모압 땅에 있
는 아바림 (山)산에 올라가 느보
산에 이르러 내가 이스라엘 자손
에게 (基業)기업으로 주는 가나안
땅을 바라보라
50 네 형 아론이 호르 산에서 죽어 그
의 [2])(祖上)조상에게로 돌아간 것
같이 너도 올라가는 이 산에서 죽
어 네 조상에게로 돌아가리니
51 이는 너희가 신 광야 가데스의 므
리바 물 가에서 이스라엘 자손 중
내게 (犯罪)범죄하여 내 거룩함을
이스라엘 자손 중에서 나타내지
아니한 까닭이라
52 네가 비록 내가 이스라엘 (子孫)자
손에게 주는 땅을 맞은편에서 바
라보기는 하려니와 그리로 들어가
지는 못하리라 하시니라

모세의 축복

33 하나님의 사람 모세가 죽기
전에 이스라엘 자손을 위하
여 (祝福)축복함이 이러하니라
2 그가 일렀으되
여호와께서 시내 산에서 오시고
세일 산에서 일어나시고 바란 산
에서 비추시고 일만 성도 가운데
에 (降臨)강림하셨고 그의 오른
손에는 그들을 위해 [3])번쩍이는
불이 있도다
3 여호와께서 백성을 사랑하시나
니 모든 성도가 그의 (手中)수중
에 있으며 주의 발 아래에 앉아
서 주의 말씀을 받는도다
4 모세가 우리에게 율법을 명령하
였으니 곧 야곱의 (總會)총회의
기업이로다
5 여수룬에 왕이 있었으니 곧 백성
의 (首領)수령이 모이고 이스라
엘 모든 지파가 함께 한 때에로
다
6 르우벤은 죽지 아니하고 살기를
(願)원하며 그 사람 수가 적지
아니하기를 원하나이다
7 유다에 대한 (祝福)축복은 이러하
니라 일렀으되

1) 히, 또는 장발한 2) 히, 백성 3) 불가타 역과 몇 사본에는 '불타는 율례'

여호와여 유다의 음성을 들으시
고 그의 백성에게로 인도하시오
며 그의 손으로 자기를 위하여
싸우게 하시고 주께서 도우사 그
가 그 (對敵)대적을 치게 하시기
를 원하나이다
8 레위에 대하여는 일렀으되
주의 둠밈과 우림이 주의 (敬虔)
경건한 자에게 있도다 주께서 그
를 맛사에서 (試驗)시험하시고
므리바 물 가에서 그와 다투셨도
다
9 그는 그의 부모에게 대하여 이르
기를 내가 그들을 보지 못하였다
하며 그의 형제들을 인정하지 아
니하며 그의 자녀를 알지 아니한
것은 주의 말씀을 (遵行)준행하
고 주의 언약을 지킴으로 말미암
음이로다
10 주의 법도를 야곱에게, 주의 율
법을 이스라엘에게 가르치며 주
앞에 (焚香)분향하고 온전한 번
제를 주의 제단 위에 드리리로다
11 여호와여 그의 (財産)재산을 풍
족하게 하시고 그의 손의 일을
받으소서 그를 대적하여 일어나
는 자와 미워하는 자의 허리를
꺾으사 다시 일어나지 못하게 하
옵소서
12 베냐민에 대하여는 일렀으되
여호와의 사랑을 입은 자는 그
곁에 (安全)안전히 살리로다 여
호와께서 그를 날이 마치도록 보
호하시고 그를 자기 어깨 사이에
있게 하시리로다
13 요셉에 대하여는 일렀으되
원하건대 그 땅이 여호와께 복을
받아 하늘의 보물인 이슬과 땅
아래에 (貯藏)저장한 물과
14 태양이 결실하게 하는 (膳物)선
물과 (太陰)태음이 자라게 하는
선물과
15 옛 산의 좋은 (産物)산물과 영원
한 작은 언덕의 선물과
16 땅의 선물과 거기 충만한 것과
가시떨기나무 가운데에 계시던
이의 (恩惠)은혜로 말미암아 복
이 요셉의 머리에, 그의 형제 중
[1]구별한 자의 정수리에 임할지로
다
17 그는 첫 수송아지 같이 (威嚴)위
엄이 있으니 그 뿔이 들소의 뿔
같도다 이것으로 민족들을 받아
땅 끝까지 이르리니 곧 에브라임
의 자손은 만만이요 므낫세의 자
손은 천천이리로다
18 스불론에 대하여는 일렀으되
스불론이여 너는 밖으로 나감을
기뻐하라 잇사갈이여 너는 (帳
幕)장막에 있음을 즐거워하라
19 그들이 백성들을 불러 산에 이르
게 하고 거기에서 의로운 제사를
드릴 것이며 바다의 (豊富)풍부
한 것과 모래에 감추어진 보배를
(吸收)흡수하리로다
20 갓에 대하여는 일렀으되
갓을 광대하게 하시는 이에게
(讚頌)찬송을 부를지어다 갓이
암사자 같이 엎드리고 팔과 정수

1) 귀한

리를 찢는도다
21 그가 자기를 위하여 먼저 기업
을 택하였으니 곧 입법자의 분깃
으로 준비된 것이로다 그가 백성
의 수령들과 함께 와서 여호와의
(公義)공의와 이스라엘과 세우
신 법도를 행하도다
22 단에 대하여는 일렀으되
단은 바산에서 뛰어나오는 (獅
子)사자의 새끼로다
23 납달리에 대하여는 일렀으되
은혜가 (豊盛)풍성하고 여호와의
복이 가득한 납달리여 너는 [1]서
쪽과 남쪽을 차지할지로다
24 아셀에 대하여는 일렀으되
아셀은 아들들 중에 더 (福)복을
받으며 그의 형제에게 기쁨이 되
며 그의 발이 기름에 잠길지로다
25 네 문빗장은 철과 놋이 될 것이
니 네가 사는 날을 따라서 (能
力)능력이 있으리로다
26 여수룬이여 하나님 같은 이가 없
도다 그가 너를 도우시려고 하늘
을 타고 (穹蒼)궁창에서 (威嚴)
위엄을 나타내시는도다
27 영원하신 하나님이 네 처소가 되
시니 그의 영원하신 팔이 네 아
래에 있도다 그가 네 앞에서 대
적을 쫓으시며 (滅)멸하라 하시
도다
28 이스라엘이 (安全)안전히 거하
며 야곱의 샘은 곡식과 새 포도
주의 땅에 홀로 있나니 곧 그의
하늘이 이슬을 내리는 곳에로다

1) 바다 쪽

29 이스라엘이여 너는 행복한 사람
이로다 여호와의 (救援)구원을
너 같이 얻은 백성이 누구냐 그
는 너를 돕는 방패시요 네 영광
의 칼이시로다 네 대적이 네게
복종하리니 네가 그들의 높은 곳
을 밟으리로다

모세의 죽음

34 모세가 모압 (平地)평지에
서 느보 산에 올라가 여리고
맞은편 비스가 산꼭대기에 이르매
여호와께서 길르앗 온 땅을 단까
지 보이시고
2 또 온 납달리와 에브라임과 므낫
세의 땅과 (西海)서해까지의 유다
온 땅과
3 네겝과 종려나무의 성읍 여리고
골짜기 (平地)평지를 소알까지 보
이시고
4 여호와께서 그에게 이르시되 이는
내가 아브라함과 이삭과 야곱에게
맹세하여 그의 (後孫)후손에게 주
리라 한 땅이라 내가 네 눈으로 보
게 하였거니와 너는 그리로 건너
가지 못하리라 하시매
5 이에 여호와의 종 모세가 여호와
의 말씀대로 모압 땅에서 죽어
6 벳브올 맞은편 모압 땅에 있는 골
짜기에 (葬事)장사되었고 오늘까
지 그의 묻힌 곳을 아는 자가 없느
니라
7 모세가 죽을 때 나이 백이십 세였
으나 그의 눈이 흐리지 아니하였
고 (氣力)기력이 (衰)쇠하지 아니
하였더라

8 이스라엘 자손이 모압 평지에서
모세를 위하여 (哀哭)애곡하는 기
간이 끝나도록 모세를 위하여 삼
십 일을 애곡하니라
9 ●모세가 눈의 아들 여호수아에
게 안수하였으므로 그에게 (智慧)
지혜의 영이 (充滿)충만하니 이스
라엘 자손이 여호와께서 모세에게
명령하신 대로 여호수아의 말을
순종하였더라
10 그 후에는 이스라엘에 모세와 같
은 선지자가 일어나지 못하였나니
모세는 여호와께서 (對面)대면하
여 아시던 자요
11 여호와께서 그를 애굽 땅에 보내
사 바로와 그의 모든 신하와 그의
온 땅에 모든 (異蹟)이적과 기사와
12 모든 큰 (權能)권능과 위엄을 행하
게 하시매 온 이스라엘의 목전에
서 그것을 행한 자이더라

여호수아 Joshua

여호와께서 여호수아에게 말씀하시다

1 여호와의 종 모세가 죽은 후에
여호와께서 모세의 (隨從者)수
종자 눈의 아들 여호수아에게 말
씀하여 이르시되
2 내 종 모세가 죽었으니 이제 너는
이 모든 (百姓)백성과 더불어 일어
나 이 요단을 건너 내가 그들 곧 이
스라엘 자손에게 주는 그 땅으로
가라
3 내가 모세에게 말한 바와 같이 너
희 발바닥으로 밟는 곳은 모두 내
가 너희에게 주었노니

4 곧 광야와 이 레바논에서부터 큰
강 곧 유브라데 강까지 헷 족속의
온 땅과 또 해 지는 쪽 (大海)대해
까지 너희의 영토가 되리라
5 네 평생에 너를 능히 (對敵)대적할
자가 없으리니 내가 모세와 함께
있었던 것 같이 너와 함께 있을 것
임이니라 내가 너를 떠나지 아니
하며 버리지 아니하리니
6 강하고 (膽大)담대하라 너는 내가
그들의 조상에게 (盟誓)맹세하여
그들에게 주리라 한 땅을 이 백성
에게 차지하게 하리라
7 오직 강하고 극히 담대하여 나의
종 모세가 네게 명령한 그 율법을
다 지켜 행하고 우로나 좌로나 치
우치지 말라 그리하면 어디로 가
든지 (亨通)형통하리니
8 이 율법책을 네 입에서 떠나지 말
게 하며 (晝夜)주야로 그것을 (默
想)묵상하여 그 안에 기록된 대로
다 지켜 행하라 그리하면 네 길이
평탄하게 될 것이며 네가 형통하
리라
9 내가 네게 (命令)명령한 것이 아
니냐 강하고 담대하라 두려워하지
말며 놀라지 말라 네가 어디로 가
든지 네 하나님 여호와가 너와 함
께 하느니라 하시니라

여호수아가 백성에게 명령을 내리다

10 ●이에 여호수아가 그 백성의 (官
吏)관리들에게 명령하여 이르되
11 (陣中)진중에 두루 다니며 그 백
성에게 명령하여 이르기를 양식을
준비하라 사흘 안에 너희가 이 요
단을 건너 너희의 하나님 여호와
께서 너희에게 주사 차지하게 하
시는 땅을 차지하기 위하여 들어
갈 것임이니라 하라
12 ●여호수아가 또 르우벤 지파와
갓 (支派)지파와 므낫세 반 지파에
게 말하여 이르되
13 여호와의 종 모세가 너희에게 명
령하여 이르기를 너희의 하나님
여호와께서 너희에게 (安息)안식
을 주시며 이 땅을 너희에게 주시
리라 하였나니 너희는 그 말을 (記
憶)기억하라
14 너희의 (妻子)처자와 가축은 모세
가 너희에게 준 요단 이쪽 땅에 머
무르려니와 너희 모든 용사들은
(武將)무장하고 너희의 형제보다
앞서 건너가서 그들을 돕되

15 여호와께서 너희를 안식하게 하신
것 같이 너희의 형제도 안식하며
그들도 너희의 하나님 여호와께서
주시는 그 땅을 차지하기까지 하
라 그리고 너희는 너희 (所有地)
소유지 곧 여호와의 종 모세가 너
희에게 준 요단 이쪽 해 돋는 곳으
로 돌아와서 그것을 차지할지니라
16 그들이 여호수아에게 (對答)대답
하여 이르되 당신이 우리에게 명
령하신 것은 우리가 다 행할 것이
요 당신이 우리를 보내시는 곳에
는 우리가 가리이다
17 우리는 (凡事)범사에 모세에게 순
종한 것 같이 당신에게 순종하려
니와 오직 당신의 하나님 여호와
께서 모세와 함께 계시던 것 같이
당신과 함께 계시기를 원하나이다
18 누구든지 당신의 명령을 (拒逆)거
역하며 당신의 말씀을 (順從)순종
하지 아니하는 자는 죽임을 당하
리니 오직 강하고 담대하소서

여호수아가 여리고에 정탐꾼을 보내다

2 눈의 아들 여호수아가 싯딤에
서 두 사람을 정탐꾼으로 보내
며 이르되 가서 그 땅과 여리고를
엿보라 하매 그들이 가서 라합이
라 하는 기생의 집에 들어가 거기
서 (留宿)유숙하더니
2 어떤 사람이 여리고 왕에게 말하
여 이르되 보소서 이 밤에 이스라
엘 자손 중의 몇 사람이 이 땅을
(偵探)정탐하러 이리로 들어왔나
이다
3 여리고 (王)왕이 라합에게 사람을
보내어 이르되 네게로 와서 네 집
에 들어간 그 사람들을 끌어내라
그들은 이 온 땅을 정탐하러 왔느
니라
4 그 (女人)여인이 그 두 사람을 이
미 숨긴지라 이르되 (果然)과연 그
사람들이 내게 왔었으나 그들이
어디에서 왔는지 나는 알지 못하
였고
5 그 사람들이 어두워 성문을 닫을
때쯤 되어 나갔으니 어디로 갔는
지 내가 알지 못하나 (急)급히 따
라가라 그리하면 그들을 따라잡으
리라 하였으나
6 그가 이미 그들을 이끌고 지붕에
올라가서 그 지붕에 벌여 놓은 삼
대에 숨겼더라
7 그 사람들은 요단 나루터까지 그
들을 쫓아갔고 그들을 뒤쫓는 자
들이 나가자 곧 (城門)성문을 닫았
더라
8 ●또 그들이 눕기 전에 라합이 지
붕에 올라가서 그들에게 이르러
9 말하되 여호와께서 이 땅을 너희
에게 주신 줄을 내가 아노라 우리
가 너희를 심히 두려워하고 이 땅
주민들이 다 너희 앞에서 (肝膽)
간담이 녹나니
10 이는 너희가 애굽에서 나올 때에
여호와께서 너희 앞에서 홍해 물
을 마르게 하신 일과 너희가 요단
저쪽에 있는 아모리 사람의 두 왕
시혼과 옥에게 행한 일 곧 그들을
(全滅)전멸시킨 일을 우리가 들었
음이니라

11 우리가 듣자 곧 마음이 녹았고 너
희로 말미암아 사람이 (精神)정신
을 잃었나니 너희의 하나님 여호
와는 위로는 하늘에서도 아래로는
땅에서도 하나님이시니라
12 그러므로 이제 청하노니 내가 너
희를 (善待)선대하였은즉 너희도
내 아버지의 집을 선대하도록 여
호와로 내게 맹세하고 내게 증표
를 내라
13 그리고 나의 부모와 나의 남녀 형
제와 그들에게 (屬)속한 모든 사람
을 살려 주어 우리 목숨을 죽음에
서 건져내라

14 그 사람들이 그에게 이르되 네가
우리의 이 일을 (漏洩)누설하지 아
니하면 우리의 목숨으로 너희를
대신할 것이요 여호와께서 우리에
게 이 땅을 주실 때에는 인자하고
진실하게 너를 (待遇)대우하리라
15 ●라합이 그들을 창문에서 줄로
달아 내리니 그의 집이 성벽 위에
있으므로 그가 성벽 위에 (居住)거
주하였음이라
16 라합이 그들에게 이르되 두렵건대
뒤쫓는 사람들이 너희와 마주칠까
하노니 너희는 산으로 가서 거기
서 사흘 동안 숨어 있다가 뒤쫓는
자들이 돌아간 (後)후에 너희의 길
을 갈지니라
17 그 사람들이 그에게 이르되 네가
우리에게 (誓約)서약하게 한 이
(盟誓)맹세에 대하여 우리가 허물
이 없게 하리니
18 우리가 이 땅에 들어올 때에 우리를
달아 내린 창문에 이 붉은 줄을 매
고 네 부모와 형제와 네 아버지의
(家族)가족을 다 네 집에 모으라
19 누구든지 네 집 (門)문을 나가서
거리로 가면 그의 피가 그의 머리
로 돌아갈 것이요 우리는 허물이
없으리라 그러나 누구든지 너와
함께 집에 있는 자에게 손을 대면
그의 피는 우리의 머리로 돌아오
려니와
20 네가 우리의 이 일을 누설하면 네
가 우리에게 (誓約)서약하게 한 맹
세에 대하여 우리에게 허물이 없
으리라 하니
21 라합이 이르되 너희의 말대로 할
것이라 하고 그들을 보내어 가게
하고 붉은 줄을 (窓門)창문에 매니
라
22 ●그들이 가서 (山)산에 이르러
뒤쫓는 자들이 돌아가기까지 사흘
을 거기 머물매 뒤쫓는 자들이 그
들을 길에서 두루 찾다가 찾지 못
하니라
23 그 두 사람이 돌이켜 산에서 내려
와 (江)강을 건너 눈의 아들 여호
수아에게 나아가서 그들이 겪은
모든 일을 고하고
24 또 여호수아에게 이르되 (眞實)진
실로 여호와께서 그 온 땅을 우리
손에 주셨으므로 그 땅의 모든 주
민이 우리 앞에서 (肝膽)간담이 녹
더이다 하더라

이스라엘 백성이 요단을 건너다

3 또 여호수아가 아침에 일찍이
일어나서 그와 모든 이스라엘

자손들과 더불어 싯딤에서 떠나
요단에 이르러 건너가기 전에 거
기서 (留宿)유숙하니라
2 사흘 후에 관리들이 (陣中)진중으
로 두루 다니며
3 백성에게 (命令)명령하여 이르되
너희는 레위 사람 제사장들이 너
희 하나님 여호와의 언약궤 메는
것을 보거든 너희가 있는 곳을 떠
나 그 뒤를 따르라
4 그러나 너희와 그 사이 (距離)거리
가 이천 [1]규빗쯤 되게 하고 그것에
가까이 하지는 말라 그리하면 너
희가 행할 길을 알리니 너희가 (以
前)이전에 이 길을 지나보지 못하
였음이니라 하니라
5 여호수아가 또 백성에게 이르되
너희는 자신을 성결하게 하라 여
호와께서 내일 너희 가운데에 (奇
異)기이한 일들을 행하시리라
6 여호수아가 또 제사장들에게 말하
여 이르되 (言約櫃)언약궤를 메고
백성에 앞서 건너라 하매 곧 언약
궤를 메고 백성에 앞서 나아가니라
7 ●여호와께서 여호수아에게 이르
시되 내가 오늘부터 시작하여 너
를 온 이스라엘의 (目前)목전에서
크게 하여 내가 모세와 함께 있었
던 것 같이 너와 함께 있는 것을 그
들이 알게 하리라
8 너는 언약궤를 멘 (祭司長)제사장
들에게 명령하여 이르기를 너희가
요단 물 가에 이르거든 요단에 들
어서라 하라
9 여호수아가 이스라엘 (子孫)자손
에게 이르되 이리 와서 너희의 하
나님 여호와의 말씀을 들으라 하고
10 또 말하되 살아 계신 하나님이 너
희 가운데에 계시사 가나안 (族屬)
족속과 헷 족속과 히위 족속과 브
리스 족속과 기르가스 족속과 아
모리 족속과 여부스 족속을 너희
앞에서 반드시 쫓아내실 줄을 이
것으로서 너희가 알리라
11 보라 온 땅의 주의 (言約櫃)언약
궤가 너희 앞에서 요단을 건너가
나니
12 이제 이스라엘 지파 중에서 각 지
파에 한 사람씩 열두 명을 (擇)택
하라
13 온 땅의 주 여호와의 (櫃)궤를 멘
(祭司長)제사장들의 발바닥이 요
단 물을 밟고 멈추면 요단 물 곧 위
에서부터 흘러내리던 물이 끊어지
고 한 곳에 쌓여 서리라
14 ●백성이 요단을 건너려고 자기들
의 (帳幕)장막을 떠날 때에 제사장
들은 언약궤를 메고 백성 앞에서
나아가니라
15 요단이 곡식 거두는 (時期)시기에
는 항상 언덕에 넘치더라 궤를 멘
자들이 요단에 이르며 궤를 멘 제
사장들의 발이 물 가에 잠기자
16 곧 위에서부터 흘러내리던 물이
그쳐서 사르단에 가까운 매우 멀
리 있는 아담 성읍 변두리에 일어
나 한 곳에 쌓이고 아라바의 바다
(鹽海)염해로 향하여 흘러가는 물
은 온전히 끊어지매 백성이 여리

1) 히, 암마

고 앞으로 바로 건널새
17 여호와의 언약궤를 멘 제사장들은
요단 가운데 마른 땅에 굳게 섰고
그 모든 (百姓)백성이 요단을 건너
기를 마칠 때까지 모든 이스라엘
은 그 마른 땅으로 건너갔더라

길갈에 세운 열두 돌

4 그 모든 (百姓)백성이 요단을
건너가기를 마치매 여호와께서
여호수아에게 말씀하여 이르시되
2 백성의 각 (支派)지파에 한 사람씩
열두 사람을 택하고
3 그들에게 명령하여 이르기를 요단
가운데 (祭司長)제사장들의 발이
굳게 선 그 곳에서 돌 열둘을 택하
여 그것을 가져다가 오늘밤 너희
가 (留宿)유숙할 그 곳에 두게 하
라 하시니라
4 여호수아가 이스라엘 자손 중에서
각 지파에 한 사람씩 (準備)준비한
그 열두 사람을 불러
5 그들에게 이르되 요단 가운데로
들어가 너희 하나님 여호와의 궤
앞으로 가서 이스라엘 (子孫)자손
들의 지파 수대로 각기 돌 한 개씩
가져다가 어깨에 메라
6 이것이 너희 중에 (表徵)표징이 되
리라 후일에 너희의 자손들이 물
어 이르되 이 돌들은 무슨 뜻이냐
하거든
7 그들에게 이르기를 요단 물이 여
호와의 (言約櫃)언약궤 앞에서 끊
어졌나니 곧 언약궤가 요단을 건
널 때에 요단 물이 끊어졌으므로
이 돌들이 이스라엘 자손에게 영
원히 (記念)기념이 되리라 하라 하
니라
8 이스라엘 자손들이 여호수아가
(命令)명령한 대로 행하되 여호
와께서 여호수아에게 이르신 대
로 이스라엘 자손들의 지파의 수
를 따라 요단 가운데에서 돌 열둘
을 택하여 자기들이 유숙할 곳으
로 가져다가 거기에 두었더라
9 여호수아가 또 요단 가운데 곧 (言
約櫃)언약궤를 멘 제사장들의 발
이 선 곳에 돌 열둘을 세웠더니 오
늘까지 거기에 있더라
10 또 여호와께서 여호수아에게 명령
하사 백성에게 말하게 하신 일 곧
모세가 여호수아에게 명령한 일이
다 마치기까지 (櫃)궤를 멘 제사장
들이 요단 가운데에 서 있고 백성
은 속히 건넜으며
11 모든 백성이 건너기를 마친 후에
여호와의 궤와 제사장들이 백성의
(目前)목전에서 건넜으며
12 르우벤 자손과 갓 자손과 므낫세
반 지파는 모세가 그들에게 이른
것 같이 (武裝)무장하고 이스라엘
자손들보다 앞서 건너갔으니
13 무장한 사만 명 (假量)가량이 여호
와 앞에서 건너가 싸우려고 여리
고 평지에 이르니라
14 그 날에 여호와께서 모든 이스라엘
의 목전에서 여호수아를 크게 하시
매 그가 (生存)생존한 날 동안에
백성이 그를 두려워하기를 모세를
두려워하던 것 같이 하였더라
15 ●여호와께서 여호수아에게 말씀

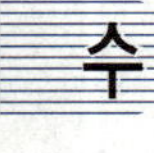

하여 이르시되
16 (證據櫃)증거궤를 멘 제사장들에
게 명령하여 요단에서 올라오게
하라 하신지라
17 여호수아가 제사장들에게 (命令)
명령하여 이르기를 요단에서 올라
오라 하매
18 여호와의 (言約櫃)언약궤를 멘 제
사장들이 요단 가운데에서 나오며
그 발바닥으로 육지를 밟는 동시
에 요단 물이 (本)본 곳으로 도로
흘러서 전과 같이 언덕에 넘쳤더
라
19 ●첫째 달 십일에 백성이 요단에
서 올라와 여리고 동쪽 경계 길갈
에 (陣)진 치매
20 여호수아가 요단에서 가져온 그
열두 돌을 길갈에 세우고
21 이스라엘 자손들에게 말하여 이르
되 (後日)후일에 너희의 자손들이
그들의 아버지에게 묻기를 이 돌
들은 무슨 뜻이니이까 하거든
22 너희는 너희의 (子孫)자손들에게
알게 하여 이르기를 이스라엘이 마
른 땅을 밟고 이 요단을 건넜음이라
23 너희의 하나님 여호와께서 요단
물을 너희 앞에서 마르게 하사 너
희를 건너게 하신 것이 너희의 하
나님 여호와께서 우리 앞에 (紅海)
홍해를 말리시고 우리를 건너게
하심과 같았나니
24 이는 땅의 모든 백성에게 여호와
의 손이 강하신 것을 알게 하며 너
희가 너희의 하나님 여호와를 항
상 (敬畏)경외하게 하려 하심이라

하라

5 요단 서쪽의 아모리 사람의 모
든 왕들과 해변의 가나안 사람
의 모든 왕들이 여호와께서 요단
물을 이스라엘 자손들 앞에서 말리
시고 [1]우리를 건너게 하셨음을 듣
고 마음이 녹았고 이스라엘 자손
들 때문에 (精神)정신을 잃었더라

이스라엘이 길갈에서 할례를 받다

2 ●그 때에 여호와께서 여호수아에
게 이르시되 너는 부싯돌로 칼을
만들어 이스라엘 자손들에게 다시
(割禮)할례를 행하라 하시매
3 여호수아가 부싯돌로 칼을 만들어
[2]할례 산에서 이스라엘 자손들에
게 할례를 (行)행하니라
4 여호수아가 할례를 (施行)시행한
까닭은 이것이니 애굽에서 나온
모든 백성 중 남자 곧 모든 군사는
애굽에서 나온 후 광야 길에서 죽
었는데
5 그 나온 백성은 다 (割禮)할례를
받았으나 다만 애굽에서 나온 후
광야 길에서 난 자는 할례를 받지
못하였음이라
6 이스라엘 자손들이 여호와의 음성
을 (聽從)청종하지 아니하므로 여
호와께서 그들에게 대하여 (盟誓)
맹세하사 그들의 조상들에게 맹
세하여 우리에게 주리라고 하신
땅 곧 젖과 꿀이 흐르는 땅을 그들
이 보지 못하게 하리라 하시매 애
굽에서 나온 족속 곧 군사들이 다
(滅絕)멸절하기까지 사십 년 동안

1) 그들 2) 기브앗 하아랄롯

을 광야에서 헤매었더니
7 그들의 (代)대를 잇게 하신 이 자
손에게 여호수아가 할례를 행하
였으니 길에서는 그들에게 할례를
행하지 못하였으므로 할례 없는
자가 되었음이었더라
8 또 그 모든 백성에게 할례 행하기
를 마치매 백성이 (陣中)진중 각
(處所)처소에 머물며 낫기를 기다
릴 때에
9 여호와께서 여호수아에게 이르시
되 내가 오늘 애굽의 (羞恥)수치를
너희에게서 떠나가게 하였다 하셨
으므로 그 곳 이름을 오늘까지 [1]길
갈이라 하느니라
10 ●또 이스라엘 자손들이 길갈에
진 쳤고 그 달 십사일 저녁에는 여
리고 평지에서 (逾越節)유월절을
지켰으며
11 유월절 이튿날에 그 땅의 (所産物)
소산물을 먹되 그 날에 (無酵餠)
무교병과 볶은 곡식을 먹었더라
12 또 그 땅의 소산물을 먹은 다음 날
에 만나가 그쳤으니 이스라엘 사
람들이 다시는 만나를 얻지 못하
였고 그 해에 가나안 땅의 (所出)
소출을 먹었더라

칼을 든 여호와의 군대 대장

13 ●여호수아가 여리고에 가까이 이
르렀을 때에 눈을 들어 본즉 한 사
람이 칼을 빼어 손에 들고 마주 서
있는지라 여호수아가 나아가서 그
에게 묻되 너는 우리를 위하느냐
우리의 (敵)적들을 위하느냐 하니

1) 굴러간다

14 그가 이르되 아니라 나는 여호와
의 (軍隊)군대 대장으로 지금 왔느
니라 하는지라 여호수아가 얼굴을
땅에 대고 엎드려 절하고 그에게
이르되 내 주여 종에게 무슨 말씀
을 하려 하시나이까
15 여호와의 군대 (大將)대장이 여호
수아에게 이르되 네 발에서 신을
벗으라 네가 선 곳은 거룩하니라
하니 여호수아가 그대로 행하니라

여리고 성이 무너지다

6 이스라엘 자손들로 말미암아
여리고는 굳게 닫혔고 (出入)출
입하는 자가 없더라
2 여호와께서 여호수아에게 이르
시되 보라 내가 여리고와 그 왕과
(勇士)용사들을 네 손에 넘겨 주었
으니
3 너희 모든 군사는 그 성을 둘러 성
주위를 (每日)매일 한 번씩 돌되
엿새 동안을 그리하라
4 (祭司長)제사장 일곱은 일곱 (羊
角)양각 나팔을 잡고 (言約櫃)언
약궤 앞에서 나아갈 것이요 일곱
째 날에는 그 성을 일곱 번 돌며 그
(祭司長)제사장들은 나팔을 불 것
이며
5 제사장들이 양각 나팔을 길게 불
어 그 나팔 소리가 너희에게 들릴
때에는 백성은 다 큰 소리로 외쳐
부를 것이라 그리하면 그 (城壁)성
벽이 무너져 내리리니 백성은 각
기 앞으로 올라갈지니라 하시매
6 눈의 아들 여호수아가 (祭司長)제
사장들을 불러 그들에게 이르되

너희는 언약궤를 메고 제사장 일
곱은 양각 나팔 일곱을 잡고 여호
와의 궤 앞에서 나아가라 하고
7 또 백성에게 이르되 나아가서 그
성을 돌되 무장한 자들이 여호와
의 (櫃)궤 앞에서 나아갈지니라 하
니라
8 ●여호수아가 백성에게 이르기를
마치매 제사장 일곱은 (羊角)양각
나팔 일곱을 잡고 여호와 앞에서
나아가며 나팔을 불고 여호와의
언약궤는 그 뒤를 따르며
9 그 (武裝)무장한 자들은 나팔 부는
제사장들 앞에서 행진하며 (後軍)
후군은 궤 뒤를 따르고 제사장들
은 나팔을 불며 행진하더라
10 여호수아가 백성에게 (命令)명령
하여 이르되 너희는 외치지 말며
너희 음성을 들리게 하지 말며 너
희 입에서 아무 말도 내지 말라 그
리하다가 내가 너희에게 명령하여
외치라 하는 날에 외칠지니라 하고
11 여호와의 궤가 그 성을 한 번 돌게
하고 그들이 진영으로 들어와서
(陣營)진영에서 자니라
12 ●또 여호수아가 아침에 일찍이
일어나니 (祭司長)제사장들이 여
호와의 궤를 메고
13 제사장 일곱은 (羊角)양각 나팔 일
곱을 잡고 여호와의 (櫃)궤 앞에서
계속 행진하며 나팔을 불고 무장
한 자들은 그 앞에 (行進)행진하며
후군은 여호와의 궤 뒤를 따르고
제사장들은 나팔을 불며 행진하니
라
14 그 둘째 날에도 그 성을 한 번 돌고
진영으로 돌아오니라 엿새 동안을
이같이 (行)행하니라
15 ●일곱째 날 새벽에 그들이 일찍
이 일어나서 전과 같은 방식으로
그 (城)성을 일곱 번 도니 그 성을
일곱 번 돌기는 그 날뿐이었더라
16 일곱 번째에 (祭司長)제사장들이
나팔을 불 때에 여호수아가 백성
에게 이르되 외치라 여호와께서
너희에게 이 성을 주셨느니라
17 이 성과 그 가운데에 있는 모든 것
은 여호와께 온전히 바치되 기생
라합과 그 집에 동거하는 자는 모
두 살려 주라 이는 우리가 보낸
(使者)사자들을 그가 숨겨 주었음
이니라
18 너희는 온전히 바치고 그 바친 것
중에서 어떤 것이든지 취하여 너
희가 이스라엘 (陣營)진영으로 바
치는 것이 되게 하여 고통을 당하
게 되지 아니하도록 오직 너희는
그 바친 물건에 손대지 말라
19 은금과 동철 기구들은 다 여호와
께 (區別)구별될 것이니 그것을 여
호와의 곳간에 들일지니라 하니라
20 이에 백성은 외치고 제사장들은
나팔을 불매 (百姓)백성이 나팔 소
리를 들을 때에 크게 소리 질러 외
치니 (城壁)성벽이 무너져 내린지
라 백성이 각기 앞으로 나아가 그
성에 들어가서 그 성을 점령하고
21 그 성 안에 있는 모든 것을 온전히
바치되 남녀 노소와 소와 양과 나
귀를 칼날로 (滅)멸하니라

22 ●여호수아가 그 땅을 (偵探)정탐
한 두 사람에게 이르되 그 기생의
집에 들어가서 너희가 그 여인에
게 맹세한 대로 그와 그에게 (屬)
속한 모든 것을 이끌어 내라 하매
23 (偵探)정탐한 젊은이들이 들어가
서 라합과 그의 부모와 그의 형제
와 그에게 속한 모든 것을 이끌어
내고 또 그의 (親族)친족도 다 이
끌어 내어 그들을 이스라엘의 진
영 밖에 두고
24 무리가 그 성과 그 가운데에 있는
모든 것을 불로 사르고 은금과 동
철 기구는 여호와의 집 (庫間)곳간
에 두었더라
25 여호수아가 (妓生)기생 라합과 그
의 아버지의 가족과 그에게 속한
모든 것을 살렸으므로 그가 오늘까
지 이스라엘 중에 거주하였으니 이
는 여호수아가 여리고를 정탐하려
고 보낸 사자들을 숨겼음이었더라
26 여호수아가 그 때에 맹세하게 하
여 이르되 누구든지 일어나서 이
여리고 성을 (建築)건축하는 자는
여호와 앞에서 (詛呪)저주를 받을
것이라 그 기초를 쌓을 때에 그의
맏아들을 잃을 것이요 그 문을 세
울 때에 그의 막내아들을 잃으리
라 하였더라
27 여호와께서 여호수아와 함께 하시
니 여호수아의 (所聞)소문이 그 온
땅에 퍼지니라

아간의 범죄

7 이스라엘 자손들이 온전히 바
친 물건으로 말미암아 (犯罪)범
죄하였으니 이는 유다 지파 세라
의 (曾孫)증손 삽디의 손자 갈미의
아들 아간이 온전히 바친 물건을
가졌음이라 여호와께서 이스라엘
자손들에게 진노하시니라
2 ●여호수아가 여리고에서 사람을
벧엘 동쪽 벧아웬 곁에 있는 아이
로 보내며 그들에게 말하여 이르
되 올라가서 그 땅을 (偵探)정탐하
라 하매 그 사람들이 올라가서 아
이를 정탐하고
3 여호수아에게로 돌아와 그에게 이
르되 백성을 다 올라가게 하지 말
고 이삼천 명만 올라가서 아이를
치게 하소서 그들은 (少數)소수이
니 모든 백성을 그리로 보내어 수
고롭게 하지 마소서 하므로
4 백성 중 삼천 명쯤 그리로 올라갔
다가 아이 사람 앞에서 도망하니
5 아이 사람이 그들을 삼십육 명쯤
쳐죽이고 (城門)성문 앞에서부터
스바림까지 쫓아가 내려가는 비탈
에서 쳤으므로 백성의 마음이 녹
아 물 같이 된지라
6 여호수아가 옷을 찢고 이스라엘
장로들과 함께 여호와의 (櫃)궤 앞
에서 땅에 엎드려 머리에 티끌을
뒤집어쓰고 저물도록 있다가
7 이르되 슬프도소이다 주 여호와여
어찌하여 이 백성을 (引導)인도하
여 요단을 건너게 하시고 우리를
아모리 사람의 손에 넘겨 멸망시
키려 하셨나이까 우리가 요단 저
쪽을 (滿足)만족하게 여겨 거주하
였더면 좋을 뻔하였나이다

8 주여 이스라엘이 그의 (怨讐)원수
들 앞에서 돌아섰으니 내가 무슨
말을 하오리이까
9 가나안 사람과 이 땅의 모든 사람
들이 듣고 우리를 둘러싸고 우리
이름을 (世上)세상에서 끊으리니
주의 크신 이름을 위하여 어떻게
하시려 하나이까 하니
10 여호와께서 여호수아에게 이르시
되 일어나라 어찌하여 이렇게 엎
드렸느냐
11 이스라엘이 (犯罪)범죄하여 내가
그들에게 명령한 나의 (言約)언약
을 어겼으며 또한 그들이 온전히
바친 물건을 가져가고 도둑질하며
속이고 그것을 그들의 물건들 가
운데에 두었느니라
12 그러므로 이스라엘 자손들이 그들
의 (怨讐)원수 앞에 능히 맞서지
못하고 그 앞에서 돌아섰나니 이
는 그들도 온전히 바친 것이 됨이
라 그 온전히 바친 물건을 너희 중
에서 멸하지 아니하면 내가 다시
는 너희와 함께 있지 아니하리라
13 너는 일어나서 백성을 거룩하게
하여 이르기를 너희는 내일을 위
하여 스스로 거룩하게 하라 이스
라엘의 하나님 여호와의 말씀에
이스라엘아 너희 가운데에 (穩全)
온전히 바친 물건이 있나니 너희
가 그 온전히 바친 물건을 너희 가
운데에서 제하기까지는 네 원수들
앞에 능히 맞서지 못하리라
14 너희는 아침에 너희의 지파대로
가까이 나아오라 여호와께 뽑히는
그 지파는 그 (族屬)족속대로 가까
이 나아올 것이요 여호와께 뽑히
는 족속은 그 가족대로 가까이 나
아올 것이요 여호와께 뽑히는 그
가족은 그 남자들이 가까이 나아
올 것이며
15 온전히 바친 물건을 가진 자로 뽑
힌 자를 불사르되 그와 그의 모든
소유를 그리하라 이는 여호와의
언약을 어기고 이스라엘 가운데에
서 (妄靈)망령된 일을 행하였음이
라 하셨다 하라
16 ● 이에 여호수아가 아침 일찍이
일어나서 이스라엘을 그의 (支派)
지파대로 가까이 나아오게 하였더
니 유다 지파가 뽑혔고
17 유다 족속을 가까이 나아오게 하
였더니 세라 족속이 뽑혔고 세라
족속의 (各)각 남자를 가까이 나아
오게 하였더니 삽디가 뽑혔고
18 삽디의 가족 각 남자를 가까이 나
아오게 하였더니 유다 지파 세라
의 (曾孫)증손이요 삽디의 손자요
갈미의 아들인 아간이 뽑혔더라
19 그러므로 여호수아가 아간에게 이
르되 내 아들아 청하노니 이스라
엘의 하나님 여호와께 영광을 돌
려 그 앞에 (自服)자복하고 네가
행한 일을 내게 알게 하라 그 일을
내게 숨기지 말라 하니
20 아간이 여호수아에게 대답하여 이
르되 참으로 나는 이스라엘의 하
나님 여호와께 (犯罪)범죄하여 이
러이러하게 행하였나이다
21 내가 (擄掠)노략한 물건 중에 시날

(産)산의 아름다운 외투 한 벌과
은 이백 세겔과 그 무게가 오십 세
겔 되는 금덩이 하나를 보고 탐내
어 가졌나이다 보소서 이제 그 물
건들을 내 장막 가운데 땅 속에 감
추었는데 은은 그 밑에 있나이다
하더라
22 ●이에 여호수아가 (使者)사자들
을 보내매 그의 장막에 달려가 본
즉 물건이 그의 장막 안에 감추어
져 있는데 은은 그 밑에 있는지라
23 그들이 그것을 (帳幕)장막 가운데
서 취하여 여호수아와 이스라엘
모든 자손에게 가지고 오매 그들
이 그것을 여호와 앞에 쏟아 놓으
니라
24 여호수아가 이스라엘 모든 사람과
더불어 세라의 아들 아간을 잡고 그
은과 그 외투와 그 금덩이와 그의
아들들과 그의 딸들과 그의 소들과
그의 나귀들과 그의 [1](羊)양들과 그
의 장막과 그에게 속한 모든 것을
이끌고 아골 골짜기로 가서
25 여호수아가 이르되 네가 어찌하여
우리를 괴롭게 하였느냐 여호와께
서 오늘 너를 괴롭게 하시리라 하
니 온 이스라엘이 그를 돌로 치고
(物件)물건들도 돌로 치고 불사르
고
26 그 위에 돌 무더기를 크게 쌓았더
니 오늘까지 있더라 여호와께서
그의 (猛烈)맹렬한 (震怒)진노를
그치시니 그러므로 그 곳 이름을
오늘까지 [2]아골 골짜기라 부르더라

1) 히, 양과 염소의 떼 2) 괴로움

아이 성을 점령하다

8 여호와께서 여호수아에게 이르
시되 두려워하지 말라 놀라지
말라 (軍士)군사를 다 거느리고 일
어나 아이로 올라가라 보라 내가
아이 왕과 그의 백성과 그의 성읍
과 그의 땅을 다 네 손에 넘겨 주었
으니
2 너는 여리고와 그 왕에게 행한 것
같이 아이와 그 왕에게 행하되 오
직 거기서 탈취할 물건과 가축은
스스로 가지라 너는 아이 성 뒤에
(伏兵)복병을 둘지니라 하시니
3 ●이에 여호수아가 일어나서 군사
와 함께 아이로 올라가려 하여 (勇
士)용사 삼만 명을 뽑아 밤에 보내
며
4 그들에게 명령하여 이르되 너희는
성읍 뒤로 가서 성읍을 향하여 (埋
伏)매복하되 그 성읍에서 너무 멀
리 하지 말고 다 스스로 준비하라
5 나와 나를 따르는 모든 백성은 다
(城邑)성읍으로 가까이 가리니 그
들이 처음과 같이 우리에게로 쳐
올라올 것이라 그리 할 때에 우리
가 그들 앞에서 (逃亡)도망하면
6 그들이 나와서 우리를 추격하며
이르기를 그들이 처음과 같이 우
리 앞에서 도망한다 하고 우리의
(誘引)유인을 받아 그 성읍에서 멀
리 떠날 것이라 우리가 그들 앞에
서 도망하거든
7 너희는 매복한 곳에서 일어나 그
성읍을 (占領)점령하라 너희 하나
님 여호와께서 그 성읍을 너희 손

에 주시리라
8 너희가 그 성읍을 (取)취하거든 그
것을 불살라 여호와의 말씀대로
행하라 보라 내가 너희에게 명령
하였느니라 하고
9 그들을 보내매 그들이 매복할 곳으
로 가서 아이 서쪽 벧엘과 아이 사
이에 매복하였고 여호수아는 그 밤
에 (百姓)백성 가운데에서 잤더라
10 ●여호수아가 아침에 일찍이 일어
나 백성을 점호하고 이스라엘 (長
老)장로들과 더불어 백성에 앞서
아이로 올라가매
11 그와 함께 한 군사가 다 올라가서
그 성읍 앞에 가까이 이르러 아이
북쪽에 (陣)진 치니 그와 아이 사
이에는 한 골짜기가 있더라
12 그가 약 오천 명을 택하여 성읍 서
쪽 벧엘과 아이 사이에 (埋伏)매복
시키니
13 이와 같이 성읍 북쪽에는 온 (軍
隊)군대가 있고 성읍 서쪽에는 복
병이 있었더라 여호수아가 그 밤
에 골짜기 가운데로 들어가니
14 아이 왕이 이를 보고 그 성읍 백성
과 함께 일찍이 일어나 급히 나가
아라바 앞에 이르러 (定)정한 때에
이스라엘과 싸우려 하나 성읍 뒤
에 복병이 있는 줄은 알지 못하였
더라
15 여호수아와 온 이스라엘이 그들
앞에서 거짓으로 패한 척하여 광
야 길로 (逃亡)도망하매
16 그 성읍에 있는 모든 백성이 그들
을 추격하려고 모여 여호수아를
추격하며 (誘引)유인함을 받아 아
이 성읍을 멀리 떠나니
17 아이와 벧엘에 이스라엘을 따라가
지 아니한 자가 하나도 없으며 성
문을 열어 놓고 이스라엘을 (追擊)
추격하였더라
18 ●여호와께서 여호수아에게 이르
시되 네 손에 잡은 (短槍)단창을
들어 아이를 가리키라 내가 이 성
읍을 네 손에 넘겨 주리라 여호수
아가 그의 손에 잡은 단창을 들어
그 성읍을 가리키니
19 그의 손을 드는 순간에 (伏兵)복병
이 그들의 자리에서 급히 일어나
성읍으로 달려 들어가서 점령하고
곧 (城邑)성읍에 불을 놓았더라
20 아이 사람이 뒤를 돌아본즉 그 성
읍에 (煙氣)연기가 하늘에 닿은 것
이 보이니 이 길로도 저 길로도 도
망할 수 없이 되었고 광야로 도망
하던 이스라엘 백성은 그 추격하
던 자에게로 돌아섰더라
21 여호수아와 온 이스라엘이 그 복
병이 성읍을 (占領)점령함과 성읍
에 연기가 오름을 보고 다시 돌이
켜 아이 사람들을 쳐죽이고
22 (伏兵)복병도 성읍에서 나와 그들
을 치매 그들이 이스라엘 중간에
든지라 어떤 사람들은 이쪽에서
어떤 사람들은 저쪽에서 쳐죽여서
한 사람도 남거나 도망하지 못하
게 하였고
23 아이 (王)왕을 사로잡아 여호수아
앞으로 끌어 왔더라
24 ●이스라엘이 자기들을 광야로 추

격하던 모든 아이 주민을 들에서
죽이되 그들을 다 칼날에 엎드러
지게 하여 (殄滅)진멸하기를 마치
고 온 이스라엘이 아이로 돌아와
서 칼날로 죽이매
25 그 날에 엎드러진 아이 사람들은
(男女)남녀가 모두 만 이천 명이라
26 아이 주민들을 진멸하여 바치기까
지 여호수아가 (短槍)단창을 잡아
든 손을 거두지 아니하였고
27 오직 그 성읍의 가축과 노략한 것
은 여호와께서 여호수아에게 명령
하신 대로 이스라엘이 (奪取)탈취
하였더라
28 이에 여호수아가 아이를 불살라 그
것으로 영원한 무더기를 만들었더
니 오늘까지 (荒廢)황폐하였으며
29 그가 또 아이 왕을 저녁 때까지 나
무에 달았다가 해 질 때에 명령하
여 그의 (屍體)시체를 나무에서 내
려 그 성문 어귀에 던지고 그 위에
돌로 큰 무더기를 쌓았더니 그것
이 오늘까지 있더라

에발 산에서 율법을 낭독하다

30 ●그 때에 여호수아가 이스라엘의
하나님 여호와를 위하여 에발 산
에 한 (祭壇)제단을 쌓았으니
31 이는 여호와의 종 모세가 이스라
엘 자손에게 명령한 것과 모세의
(律法册)율법책에 기록된 대로 쇠
연장으로 다듬지 아니한 새 돌로
만든 제단이라 무리가 여호와께
번제물과 화목제물을 그 위에 드
렸으며
32 여호수아가 거기서 모세가 기록한
율법을 이스라엘 자손의 (目前)목
전에서 그 돌에 기록하매
33 온 이스라엘과 그 장로들과 관리
들과 재판장들과 (本土人)본토인
뿐 아니라 이방인까지 여호와의
언약궤를 멘 레위 사람 제사장들
앞에서 궤의 좌우에 서되 절반은
그리심 산 앞에, 절반은 에발 산 앞
에 섰으니 이는 전에 여호와의 종
모세가 이스라엘 백성에게 축복하
라고 명령한 대로 함이라
34 그 후에 여호수아가 (律法册)율법
책에 기록된 모든 것 대로 축복과
저주하는 율법의 모든 말씀을 (朗
讀)낭독하였으니
35 모세가 명령한 것은 여호수아가
이스라엘 온 회중과 여자들과 아
이와 그들 중에 (同行)동행하는 거
류민들 앞에서 낭독하지 아니한
말이 하나도 없었더라

기브온 주민들이 여호수아를 속이다

9

이 일 후에 요단 서쪽 (山地)산
지와 평지와 레바논 앞 대해 연
안에 있는 헷 사람과 아모리 사람
과 가나안 사람과 브리스 사람과
히위 사람과 여부스 사람의 모든
왕들이 이 일을 듣고
2 모여서 (一心)일심으로 여호수아
와 이스라엘에 맞서서 싸우려 하
더라
3 ●기브온 주민들이 여호수아가 여
리고와 아이에 행한 일을 듣고
4 꾀를 내어 사신의 모양을 꾸미되
해어진 (纏袋)전대와 해어지고 찢
어져서 기운 가죽 포도주 부대를

나귀에 싣고
5 그 발에는 낡아서 기운 신을 신고
낡은 옷을 입고 다 마르고 곰팡이
가 난 떡을 (準備)준비하고
6 그들이 길갈 진영으로 가서 여호
수아에게 이르러 그와 이스라엘
사람들에게 이르되 우리는 먼 나
라에서 왔나이다 이제 우리와 (條
約)조약을 맺읍시다 하니
7 이스라엘 사람들이 히위 사람에게
이르되 너희가 우리 가운데에 (居
住)거주하는 듯하니 우리가 어떻
게 너희와 조약을 맺을 수 있으랴
하나
8 그들이 여호수아에게 이르되 우리
는 (當身)당신의 종들이니이다 하
매 여호수아가 그들에게 묻되 너
희는 누구며 어디서 왔느냐 하니
9 그들이 여호수아에게 대답하되 종
들은 당신의 하나님 여호와의 이
름으로 말미암아 심히 먼 나라에
서 왔사오니 이는 우리가 그의 (所
聞)소문과 그가 애굽에서 행하신
모든 일을 들으며
10 또 그가 요단 동쪽에 있는 아모리
사람의 두 왕들 곧 헤스본 왕 시혼
과 아스다롯에 있는 바산 왕 옥에
게 (行)행하신 모든 일을 들었음이
니이다
11 그러므로 우리 장로들과 우리 나
라의 모든 (住民)주민이 우리에게
말하여 이르되 너희는 (旅行)여행
할 양식을 손에 가지고 가서 그들
을 만나서 그들에게 이르기를 우
리는 당신들의 종들이니 이제 우
리와 조약을 맺읍시다 하라 하였
나이다
12 우리의 이 떡은 우리가 당신들에
게로 오려고 떠나던 날에 우리들
의 집에서 아직도 뜨거운 것을 (糧
食)양식으로 가지고 왔으나 보소
서 이제 말랐고 곰팡이가 났으며
13 또 우리가 포도주를 담은 이 가죽
(負袋)부대도 새 것이었으나 찢어
지게 되었으며 우리의 이 옷과 신
도 여행이 매우 길었으므로 낡아
졌나이다 한지라
14 무리가 그들의 양식을 (取)취하고
는 어떻게 할지를 여호와께 묻지
아니하고
15 여호수아가 곧 그들과 (和親)화친
하여 그들을 살리리라는 조약을
맺고 (會衆)회중 족장들이 그들에
게 맹세하였더라
16 ●그들과 조약을 맺은 후 사흘이
지나서야 그들이 이웃에서 자기들
중에 (居住)거주하는 자들이라 함
을 들으니라
17 이스라엘 자손이 (行軍)행군하여
셋째 날에 그들의 여러 성읍들에
이르렀으니 그들의 성읍들은 기브
온과 그비라와 브에롯과 기럇여아
림이라
18 그러나 회중 족장들이 이스라엘의
하나님 여호와로 그들에게 (盟誓)
맹세했기 때문에 이스라엘 자손이
그들을 치지 못한지라 그러므로
회중이 다 족장들을 원망하니
19 모든 (族長)족장이 온 회중에게 이
르되 우리가 이스라엘의 하나님

여호와로 그들에게 맹세하였은즉
이제 그들을 건드리지 못하리라
20 우리가 그들에게 맹세한 (盟約)맹
약으로 말미암아 진노가 우리에게
임할까 하노니 이렇게 행하여 그
들을 살리리라 하고
21 무리에게 이르되 그들을 살리라
하니 족장들이 그들에게 이른 대
로 그들이 온 (會衆)회중을 위하여
나무를 패며 물을 긷는 자가 되었
더라
22 ●여호수아가 그들을 불러다가 말
하여 이르되 너희가 우리 가운데
에 거주하면서 어찌하여 (甚)심히
먼 곳에서 왔다고 하여 우리를 속
였느냐
23 그러므로 너희가 (詛呪)저주를 받
나니 너희가 대를 이어 종이 되어
다 내 하나님의 집을 위하여 나무를
패며 물을 긷는 자가 되리라 하니
24 그들이 여호수아에게 대답하여 이
르되 당신의 하나님 여호와께서
그의 종 모세에게 (命令)명령하
사 이 땅을 다 당신들에게 주고 이
땅의 모든 주민을 당신들 앞에서
(滅)멸하라 하신 것이 당신의 종들
에게 분명히 들리므로 당신들로 말
미암아 우리의 목숨을 잃을까 심히
두려워하여 이같이 하였나이다
25 보소서 이제 우리가 당신의 손에
있으니 당신의 (意向)의향에 좋고
옳은 대로 우리에게 행하소서 한
지라
26 여호수아가 곧 그대로 그들에게
행하여 그들을 이스라엘 (子孫)자
손의 손에서 건져서 죽이지 못하
게 하니라
27 그 날에 여호수아가 그들을 여호
와께서 택하신 곳에서 회중을 위
하며 여호와의 (祭壇)제단을 위하
여 나무를 패며 물을 긷는 자들로
삼았더니 오늘까지 이르니라

여호수아가 기브온을 구하다

10 그 때에 여호수아가 아이를
빼앗아 (殄滅)진멸하되 여리
고와 그 왕에게 행한 것 같이 아이
와 그 왕에게 행한 것과 또 기브온
주민이 이스라엘과 (和親)화친하
여 그 중에 있다 함을 예루살렘 왕
아도니세덱이 듣고
2 크게 두려워하였으니 이는 기브온
은 (王都)왕도와 같은 큰 성임이요
아이보다 크고 그 사람들은 다 강
함이라
3 예루살렘 (王)왕 아도니세덱이 헤
브론 왕 호함과 야르뭇 왕 비람과
라기스 왕 야비아와 에글론 왕 드
빌에게 보내어 이르되
4 내게로 올라와 나를 도우라 우리
가 기브온을 치자 이는 기브온이
여호수아와 이스라엘 자손과 더불
어 (和親)화친하였음이니라 하매
5 아모리 족속의 다섯 왕들 곧 예루
살렘 왕과 헤브론 왕과 야르뭇 왕
과 라기스 왕과 에글론 왕이 함께
모여 자기들의 모든 군대를 거느
리고 올라와 기브온에 (對陣)대진
하고 싸우니라
6 ●기브온 사람들이 길갈 진영에
사람을 보내어 여호수아에게 전하

되 당신의 종들 돕기를 더디게 하
지 마시고 속히 우리에게 올라와
우리를 구하소서 (山地)산지에 거
주하는 아모리 사람의 왕들이 다
모여 우리를 치나이다 하매
7 여호수아가 모든 군사와 (勇士)용
사와 더불어 길갈에서 올라가니라
8 그 때에 여호와께서 여호수아에게
이르시되 그들을 두려워하지 말
라 내가 그들을 네 손에 넘겨 주었
으니 그들 중에서 한 사람도 너를
(當)당할 자 없으리라 하신지라
9 여호수아가 길갈에서 밤새도록 올
라가 갑자기 그들에게 이르니
10 여호와께서 그들을 이스라엘 앞에
서 패하게 하시므로 여호수아가
그들을 기브온에서 크게 (殺戮)살
육하고 벧호론에 올라가는 비탈에
서 (追擊)추격하여 아세가와 막게
다까지 이르니라
11 그들이 이스라엘 앞에서 도망하여
벧호론의 비탈에서 내려갈 때에
여호와께서 하늘에서 큰 (雨雹)우
박덩이를 아세가에 이르기까지 내
리시매 그들이 죽었으니 이스라엘
자손의 칼에 죽은 자보다 우박에
죽은 자가 더 많았더라
12 ●여호와께서 아모리 사람을 이스
라엘 자손에게 넘겨 주시던 날에
여호수아가 여호와께 아뢰어 이스
라엘의 (目前)목전에서 이르되

태양아 너는 기브온 위에 머무르
라 달아 너도 아얄론 골짜기에서
그리할지어다

하매
13 태양이 머물고 달이 멈추기를 백
성이 그 대적에게 원수를 갚기까
지 하였느니라 야살의 책에 태양이
(中天)중천에 머물러서 거의 (終
日)종일토록 속히 내려가지 아니
하였다고 기록되지 아니하였느냐
14 여호와께서 사람의 목소리를 들으
신 이같은 날은 (前)전에도 없었고
(後)후에도 없었나니 이는 여호와
께서 이스라엘을 위하여 싸우셨음
이니라
15 ●여호수아가 온 이스라엘과 더불
어 길갈 (陣營)진영으로 돌아왔더
라

아모리의 모든 왕과 땅을 취하다

16 ●그 다섯 왕들이 (逃亡)도망하여
막게다의 굴에 숨었더니
17 어떤 사람이 여호수아에게 고하여
이르되 막게다의 굴에 그 다섯 왕
들이 숨은 것을 (發見)발견하였나
이다 하니
18 여호수아가 이르되 (窟)굴 어귀에
큰 돌을 굴려 막고 사람을 그 곁에
두어 그들을 지키게 하고
19 너희는 지체하지 말고 너희 (對敵)
대적의 뒤를 따라가 그 후군을 쳐
서 그들이 자기들의 성읍에 들어
가지 못하게 하라 너희 하나님 여
호와께서 그들을 너희 손에 넘겨
주셨느니라 하고
20 여호수아와 이스라엘 자손이 그들
을 크게 살륙하여 거의 멸하였고
그 남은 몇 사람은 (堅固)견고한
성들로 들어간 고로
21 모든 백성이 (平安)평안히 막게다

진영으로 돌아와 여호수아에게 이
르렀더니 혀를 놀려 이스라엘 자
손을 대적하는 자가 없었더라
22 ●그 때에 여호수아가 이르되 굴
어귀를 열고 그 굴에서 그 다섯
(王)왕들을 내게로 끌어내라 하매
23 그들이 그대로 하여 그 다섯 왕들
곧 예루살렘 왕과 헤브론 왕과 야
르뭇 왕과 라기스 왕과 에글론 왕
을 (窟)굴에서 그에게로 끌어내니
라
24 그 (王)왕들을 여호수아에게로 끌
어내매 여호수아가 이스라엘 모든
사람을 부르고 자기와 함께 갔던
지휘관들에게 이르되 가까이 와서
이 왕들의 목을 발로 밟으라 하매
그들이 가까이 가서 그들의 목을
밟으매
25 여호수아가 그들에게 이르되 두려
워하지 말며 놀라지 말고 강하고
(膽大)담대하라 너희가 맞서서 싸
우는 모든 (對敵)대적에게 여호와
께서 다 이와 같이 하시리라 하고
26 그 (後)후에 여호수아가 그 왕들을
쳐죽여 다섯 나무에 매달고 저녁
까지 나무에 달린 채로 두었다가
27 해 질 때에 여호수아가 명령하매
그들의 (屍體)시체를 나무에서 내
려 그들이 숨었던 굴 안에 던지고
굴 어귀를 큰 돌로 막았더니 오늘
까지 그대로 있더라
28 ●그 날에 여호수아가 막게다를
취하고 칼날로 그 성읍과 왕을 쳐
서 그 성읍과 그 중에 있는 모든 사
람을 (殄滅)진멸하여 바치고 한 사
람도 남기지 아니하였으니 막게다
왕에게 행한 것이 여리고 왕에게
행한 것과 같았더라
29 ●여호수아가 온 이스라엘과 더
불어 막게다에서 립나로 나아가서
립나와 싸우매
30 여호와께서 또 그 (城邑)성읍과 그
왕을 이스라엘의 손에 붙이신지라
칼날로 그 성읍과 그 중의 모든 사
람을 쳐서 멸하여 한 사람도 남기
지 아니하였으니 그 왕에게 행한
것이 여리고 왕에게 행한 것과 같
았더라
31 ●여호수아가 또 온 이스라엘과
더불어 립나에서 라기스로 나아가
서 (對陣)대진하고 싸우더니
32 여호와께서 라기스를 이스라엘의
손에 넘겨 주신지라 이튿날에 그
성읍을 (占領)점령하고 칼날로 그
것과 그 안의 모든 사람을 쳐서 멸
하였으니 립나에 행한 것과 같았
더라
33 ●그 때에 게셀 왕 호람이 라기스
를 도우려고 올라오므로 여호수아
가 그와 그의 (百姓)백성을 쳐서
한 사람도 남기지 아니하였더라
34 ●여호수아가 온 이스라엘과 더불
어 라기스에서 에글론으로 나아가
서 (對陣)대진하고 싸워
35 그 날에 그 성읍을 취하고 칼날로
그것을 쳐서 그 중에 있는 모든 사
람을 (當日)당일에 진멸하여 바쳤
으니 라기스에 행한 것과 같았더라
36 ●여호수아가 또 온 이스라엘과
더불어 에글론에서 헤브론으로 올

라가서 싸워
37 그 성읍을 점령하고 그것과 그 왕
과 그 속한 성읍들과 그 중의 모든
사람을 칼날로 쳐서 하나도 남기
지 아니하였으니 그 성읍들과 그
중의 모든 사람을 (殄滅)진멸하여
바친 것이 에글론에 행한 것과 같
았더라
38 ●여호수아가 온 이스라엘과 더불
어 돌아와서 드빌에 이르러 싸워
39 그 (城邑)성읍과 그 (王)왕과 그
속한 성읍들을 점령하고 칼날로
그 성읍을 쳐서 그 안의 모든 사람
을 진멸하여 바치고 하나도 남기
지 아니하였으니 드빌과 그 왕에
게 행한 것이 헤브론에 행한 것과
같았으며 립나와 그 왕에게 행한
것과 같았더라
40 ●이와 같이 여호수아가 그 온 땅
곧 산지와 네겝과 평지와 (傾斜地)
경사지와 그 모든 왕을 쳐서 하나
도 남기지 아니하고 호흡이 있는
모든 자는 다 진멸하여 바쳤으니
이스라엘의 하나님 여호와께서 명
령하신 것과 같았더라
41 여호수아가 또 가데스 바네아에서
가사까지와 온 고센 땅을 기브온
에 이르기까지 치매
42 이스라엘의 하나님 여호와께서 이
스라엘을 위하여 싸우셨으므로 여
호수아가 이 모든 왕들과 그들의
땅을 (單番)단번에 빼앗으니라
43 여호수아가 온 이스라엘과 더불어
길갈 진영으로 돌아왔더라

가나안 북방을 취하다

11 하솔 왕 야빈이 이 (消息)소
식을 듣고 마돈 왕 요밥과 시
므론 왕과 악삽 왕과
2 및 북쪽 (山地)산지와 긴네롯 남쪽
아라바와 평지와 서쪽 돌의 높은
곳에 있는 왕들과
3 동쪽과 서쪽의 가나안 (族屬)족속
과 아모리 족속과 헷 족속과 브리
스 족속과 산지의 여부스 족속과
미스바 땅 헤르몬 산 아래 히위 족
속에게 사람을 보내매
4 그들이 그 모든 군대를 거느리고
나왔으니 백성이 많아 해변의 수
많은 모래 같고 말과 (兵車)병거도
심히 많았으며
5 이 왕들이 모두 모여 나아와서 이
스라엘과 싸우려고 메롬 물 가에
함께 (陣)진 쳤더라
6 ●여호와께서 여호수아에게 이르
시되 그들로 말미암아 두려워하지
말라 내일 이맘때에 내가 그들을
이스라엘 앞에 넘겨 주어 (沒殺)몰
살시키리니 너는 그들의 말 뒷발
의 힘줄을 끊고 그들의 병거를 불
사르라 하시니라
7 이에 여호수아가 모든 군사와 함
께 메롬 물 가로 가서 갑자기 (襲
擊)습격할 때에
8 여호와께서 그들을 이스라엘의 손
에 넘겨 주셨기 때문에 그들을 (擊
破)격파하고 큰 시돈과 미스르봇
마임까지 추격하고 동쪽으로는 미
스바 골짜기까지 추격하여 한 사
람도 남기지 아니하고 쳐죽이고
9 여호수아가 여호와께서 자기에게

(命令)명령하신 대로 행하여 그들
의 말 뒷발의 힘줄을 끊고 그들의
(兵車)병거를 불로 살랐더라
10 ●하솔은 (本來)본래 그 모든 나
라의 머리였더니 그 때에 여호수
아가 돌아와서 하솔을 (取)취하고
그 왕을 칼날로 쳐죽이고
11 그 가운데 모든 사람을 칼날로 쳐
서 (殄滅)진멸하여 (呼吸)호흡이
있는 자는 하나도 남기지 아니하
였고 또 하솔을 불로 살랐고
12 여호수아가 그 왕들의 모든 성읍
과 그 모든 왕을 붙잡아 칼날로 쳐
서 (殄滅)진멸하여 바쳤으니 여호
와의 종 모세가 명령한 것과 같이
하였으되
13 여호수아가 하솔만 불살랐고 산
위에 세운 (城邑)성읍들은 이스라
엘이 불사르지 아니하였으며
14 이 성읍들의 모든 재물과 가축은
이스라엘 자손들이 (奪取)탈취하
고 모든 사람은 칼날로 쳐서 멸하
여 호흡이 있는 자는 하나도 남기
지 아니하였으니
15 여호와께서 그의 종 모세에게 명
령하신 것을 모세는 여호수아에
게 명령하였고 여호수아는 그대로
(行)행하여 여호와께서 모세에게
명하신 모든 것을 하나도 행하지
아니한 것이 없었더라

여호수아가 취한 지역

16 ●여호수아가 이같이 그 온 땅 곧
산지와 온 네겝과 고센 온 땅과
(平地)평지와 아라바와 이스라엘
산지와 평지를 점령하였으니
17 곧 세일로 올라가는 할락 (山)산에
서부터 헤르몬 산 아래 레바논 골
짜기의 바알갓까지라 그들의 왕들
을 모두 잡아 쳐죽였으며
18 여호수아가 그 모든 (王)왕들과 싸
운 지가 오랫동안이라
19 기브온 주민 히위 족속 외에는 이
스라엘 자손과 (和親)화친한 성읍
이 하나도 없고 이스라엘 자손이
싸워서 다 점령하였으니
20 그들의 마음이 (頑惡)완악하여 이
스라엘을 (對敵)대적하여 싸우러
온 것은 여호와께서 그리하게 하
신 것이라 그들을 진멸하여 바치
게 하여 (恩惠)은혜를 입지 못하게
하시고 여호와께서 모세에게 명령
하신 대로 그들을 멸하려 하심이
었더라
21 ●그 때에 여호수아가 가서 산지
와 헤브론과 드빌과 아납과 유다
온 산지와 이스라엘의 온 산지에
서 아낙 사람들을 (滅絕)멸절하고
그가 또 그들의 성읍들을 [1]진멸하
여 바쳤으므로
22 이스라엘 (子孫)자손의 땅에는 아
낙 사람들이 하나도 남지 아니하
였고 가사와 가드와 아스돗에만
남았더라
23 이와 같이 여호수아가 여호와께서
모세에게 말씀하신 대로 그 온 땅
을 점령하여 이스라엘 지파의 (區
分)구분에 따라 (基業)기업으로
주매 그 땅에 전쟁이 그쳤더라

모세가 정복한 왕들

1) 히, 바쳤으므로

12 이스라엘 자손이 요단 저편
해 돋는 쪽 곧 아르논 골짜기
에서 헤르몬 산까지의 동쪽 온 아
라바를 차지하고 그 땅에서 쳐죽
인 왕들은 이러하니라
2 시혼은 헤스본에 거주하던 아모리
족속의 왕이라 그가 다스리던 땅
은 아르논 골짜기 가에 있는 아로
엘에서부터 골짜기 가운데 성읍과
길르앗 (折半)절반 곧 암몬 자손의
경계 얍복 강까지이며
3 또 동방 아라바 긴네롯 바다까지
이며 또 동방 아라바의 바다 곧
(鹽海)염해의 벧여시못으로 통한
길까지와 남쪽으로 비스가 산기슭
까지이며
4 옥은 르바의 남은 (族屬)족속으로
서 아스다롯과 에드레이에 거주하
던 바산의 왕이라
5 그가 다스리던 땅은 헤르몬 산과
살르가와 온 바산과 및 그술 사람
과 마아가 사람의 (境界)경계까지
의 길르앗 절반이니 헤스본 왕 시
혼의 경계에 접한 곳이라
6 여호와의 종 모세와 이스라엘 자
손이 그들을 치고 여호와의 종 모
세가 그 땅을 르우벤 사람과 갓 사
람과 므낫세 반 지파에게 (基業)기
업으로 주었더라

여호수아가 정복한 왕들

7 ●여호수아와 이스라엘 자손이 요
단 이편 곧 서쪽 레바논 골짜기의
바알갓에서부터 세일로 올라가는
곳 할락 산까지 쳐서 멸한 그 땅
의 왕들은 이러하니라 (그 땅을 여
호수아가 이스라엘의 지파들에게
(區分)구분에 따라 (所有)소유로
주었으니
8 곧 산지와 평지와 아라바와 (傾斜
地)경사지와 광야와 네겝 곧 헷 족
속과 아모리 족속과 가나안 족속
과 브리스 족속과 히위 족속과 여
부스 족속의 땅이라)
9 하나는 여리고 (王)왕이요 하나는
벧엘 곁의 아이 왕이요
10 하나는 예루살렘 (王)왕이요 하나
는 헤브론 왕이요 하나는 야르뭇
왕이요
11 하나는 라기스 (王)왕이요
12 하나는 에글론 (王)왕이요 하나는
게셀 왕이요
13 하나는 드빌 (王)왕이요 하나는 게
델 왕이요
14 하나는 호르마 (王)왕이요 하나는
아랏 왕이요
15 하나는 립나 (王)왕이요 하나는 아
둘람 왕이요
16 하나는 막게다 (王)왕이요 하나는
벧엘 왕이요
17 하나는 답부아 (王)왕이요 하나는
헤벨 왕이요
18 하나는 아벡 (王)왕이요 하나는 랏
사론 왕이요
19 하나는 마돈 (王)왕이요 하나는 하
솔 왕이요
20 하나는 시므론 므론 (王)왕이요 하
나는 악삽 왕이요
21 하나는 다아낙 (王)왕이요 하나는
므깃도 왕이요
22 하나는 게데스 (王)왕이요 하나는

갈멜의 욕느암 왕이요
23 하나는 돌의 높은 곳의 돌 (王)왕
이요 하나는 길갈의 고임 왕이요
24 하나는 디르사 (王)왕이라 모두 서
른한 왕이었더라

정복하지 못한 지역

13 여호수아가 나이가 많아 늙
으매 여호와께서 그에게 이
르시되 너는 나이가 많아 늙었고
얻을 땅이 매우 많이 남아 있도다
2 이 남은 땅은 이러하니 블레셋 사
람의 모든 (地域)지역과 그술 족속
의 모든 지역
3 곧 애굽 앞 시홀 시내에서부터 가
나안 사람에게 속한 북쪽 에그론
경계까지와 블레셋 사람의 다섯
(統治者)통치자들의 땅 곧 가사
족속과 아스돗 족속과 아스글론
족속과 가드 족속과 에그론 족속
과 또 남쪽 아위 족속의 땅과
4 또 가나안 (族屬)족속의 모든 땅과
시돈 사람에게 속한 므아라와 아
모리 족속의 경계 아벡까지와
5 또 그발 족속의 땅과 해 뜨는 곳의
온 레바논 곧 헤르몬 (山)산 아래
바알갓에서부터 하맛에 들어가는
곳까지와
6 또 레바논에서부터 미스르봇마임
까지 (山地)산지의 모든 주민 곧
모든 시돈 사람의 땅이라 내가 그
들을 이스라엘 자손 앞에서 쫓아
내리니 너는 내가 명령한 대로 그
땅을 이스라엘에게 (分配)분배하
여 (基業)기업이 되게 하되
7 너는 이 땅을 아홉 (支派)지파와
므낫세 반 지파에게 나누어 기업
이 되게 하라 하셨더라

요단 동쪽 기업의 분배

8 ●므낫세 반 지파와 함께 르우벤
족속과 갓 족속은 요단 저편 (東)
동쪽에서 그들의 기업을 모세에게
받았는데 여호와의 종 모세가 그
들에게 준 것은 이러하니
9 곧 아르논 골짜기 가에 있는 아로
엘에서부터 골짜기 가운데에 있는
성읍과 디본까지 이르는 메드바
온 (平地)평지와
10 헤스본에서 다스리던 아모리 족속
의 왕 시혼의 모든 (城邑)성읍 곧
암몬 자손의 경계까지와
11 길르앗과 및 그술 족속과 마아갓
족속의 지역과 온 헤르몬 (山)산과
살르가까지 온 바산
12 곧 르바의 남은 족속으로서 아스
다롯과 에드레이에서 다스리던 바
산 (王)왕 옥의 온 나라라 모세가
이 땅의 사람들을 쳐서 쫓아냈어
도
13 그술 족속과 마아갓 족속은 이스
라엘 (子孫)자손이 쫓아내지 아니
하였으므로 그술과 마아갓이 오늘
까지 이스라엘 가운데에서 (居住)
거주하니라
14 오직 레위 지파에게는 여호수아
가 기업으로 준 것이 없었으니 이
는 그에게 말씀하신 것과 같이 이
스라엘의 하나님 여호와께 드리는
(火祭物)화제물이 그들의 기업이
되었음이더라

르우벤 자손의 기업

15 ●모세가 르우벤 자손의 지파에게
그들의 (家族)가족을 따라서 기업
을 주었으니
16 그들의 (地域)지역은 아르논 골짜
기 가에 있는 아로엘에서부터 골
짜기 가운데 있는 성읍과 메드바
곁에 있는 온 평지와
17 헤스본과 그 평지에 있는 모든 (城
邑)성읍 곧 디본과 바못 바알과 벧
바알 므온과
18 야하스와 그데못과 메바앗과
19 기랴다임과 십마와 골짜기의 언덕
에 있는 세렛 사할과
20 벳브올과 비스가 (山)산기슭과 벧
여시못과
21 (平地)평지 모든 성읍과 헤스본에
서 다스리던 아모리 족속의 왕 시
혼의 온 나라라 모세가 시혼을 그
땅에 거주하는 시혼의 군주들 곧
미디안의 귀족 에위와 레겜과 술
과 훌과 레바와 함께 죽였으며
22 이스라엘 자손이 그들을 (殺戮)살
육하는 중에 브올의 아들 (占術家)
점술가 발람도 칼날로 죽였더라
23 르우벤 자손의 서쪽 경계는 요단
과 그 강 가라 이상은 르우벤 자손
의 기업으로 그 가족대로 받은 성
읍들과 (周邊)주변 마을들이니라

갓 자손의 기업

24 ●모세가 갓 지파 곧 갓 자손에게
도 그들의 가족을 따라서 (基業)기
업을 주었으니
25 그들의 지역은 야셀과 길르앗 모
든 성읍과 암몬 자손의 땅 (折半)
절반 곧 랍바 앞의 아로엘까지와
26 헤스본에서 라맛 미스베와 브도님
까지와 마하나임에서 드빌 (地域)
지역까지와
27 골짜기에 있는 벧 하람과 벧니므
라와 숙곳과 사본 곧 헤스본 (王)
왕시혼의 나라의 남은 땅 요단과
그 강 가에서부터 요단 동쪽 긴네
렛 바다의 끝까지라
28 이는 갓 (子孫)자손의 기업으로 그
들의 가족대로 받은 성읍들과 주
변 마을들이니라

동쪽 므낫세 자손의 기업

29 ●모세가 므낫세 반 지파에게 기
업을 주었으되 므낫세 자손의 (半)
반 지파에게 그들의 가족대로 주
었으니
30 그 (地域)지역은 마하나임에서부
터 온 바산 곧 바산 왕 옥의 온 나
라와 바산에 있는 야일의 모든 고
을 육십 성읍과
31 길르앗 (折半)절반과 바산 왕 옥의
나라 성읍 아스다롯과 에드레이라
이는 므낫세의 아들 마길의 자손
에게 돌린 것이니 곧 마길 자손의
절반이 그들의 (家族)가족대로 받
으니라
32 ●요단 동쪽 여리고 맞은편 모압
평지에서 모세가 (分配)분배한 기
업이 이러하여도
33 오직 레위 지파에게는 모세가 (基
業)기업을 주지 아니하였으니 이
는 그들에게 말씀하신 것과 같이
이스라엘의 하나님 여호와께서 그
들의 기업이 되심이었더라

요단 서쪽 기업의 분배

14 이것은 이스라엘 자손이 가
나안 땅에서 받은 기업 곧 제
사장 엘르아살과 눈의 아들 여호
수아와 이스라엘 자손 지파의 (族
長)족장들이 분배한 것이니라
2 여호와께서 모세에게 명령하신 대
로 그들의 기업을 제비 뽑아 아홉
지파와 반 지파에게 주었으니
3 이는 두 지파와 반 지파의 기업은
모세가 요단 저쪽에서 주었음이요
레위 (子孫)자손에게는 그들 가운
데에서 기업을 주지 아니하였으니
4 이는 요셉의 자손이 므낫세와 에
브라임의 두 지파가 되었음이라
이 땅에서 레위 사람에게 아무 분
깃도 주지 아니하고 다만 거주할
성읍들과 가축과 재산을 위한 (牧
草地)목초지만 주었으니
5 이스라엘 자손이 여호와께서 모
세에게 (命令)명령하신 것과 같이
(行)행하여 그 땅을 나누었더라

갈렙이 헤브론을 기업으로 받다

6 ●그 때에 유다 (子孫)자손이 길
갈에 있는 여호수아에게 나아오고
그니스 사람 여분네의 아들 갈렙
이 여호수아에게 말하되 여호와께
서 가데스 바네아에서 나와 당신
에게 대하여 하나님의 사람 모세
에게 이르신 일을 당신이 아시는
바라
7 내 나이 사십 세에 여호와의 종 모
세가 가데스 바네아에서 나를 보
내어 이 땅을 (偵探)정탐하게 하였
으므로 내가 성실한 마음으로 그
에게 보고하였고
8 나와 함께 올라갔던 내 형제들은
백성의 (肝膽)간담을 녹게 하였으
나 나는 내 하나님 여호와께 충성
하였으므로
9 그 날에 모세가 (盟誓)맹세하여 이
르되 네가 내 하나님 여호와께 충
성하였은즉 네 발로 밟는 땅은 영
원히 너와 네 자손의 (基業)기업이
되리라 하였나이다
10 이제 보소서 여호와께서 이 말씀
을 모세에게 이르신 때로부터 이
스라엘이 광야에서 방황한 이 사
십오 년 동안을 여호와께서 말씀
하신 대로 나를 (生存)생존하게 하
셨나이다 오늘 내가 팔십오 세로
되
11 모세가 나를 보내던 날과 같이 오
늘도 내가 여전히 (強健)강건하니
내 힘이 그 때나 지금이나 같아서
싸움에나 출입에 감당할 수 있으니
12 그 날에 여호와께서 말씀하신 이
산지를 지금 내게 주소서 당신도
그 날에 들으셨거니와 그 곳에는
아낙 사람이 있고 그 성읍들은 크
고 (堅固)견고할지라도 여호와께
서 나와 함께 하시면 내가 여호와
께서 말씀하신 대로 그들을 쫓아
내리이다 하니
13 ●여호수아가 여분네의 아들 갈렙
을 위하여 (祝福)축복하고 헤브론
을 그에게 주어 기업을 삼게 하매
14 헤브론이 그니스 사람 여분네의
아들 갈렙의 기업이 되어 오늘까
지 이르렀으니 이는 그가 이스라
엘의 하나님 여호와를 온전히 좇

았음이라
15 헤브론의 옛 이름은 기럇 아르바
라 아르바는 아낙 사람 가운데에
서 가장 큰 사람이었더라 그리고
그 땅에 (戰爭)전쟁이 그쳤더라

유다 자손의 땅

15 또 유다 자손의 지파가 그들
의 가족대로 제비 뽑은 땅의
남쪽으로는 에돔 경계에 이르고
또 남쪽 끝은 신 (曠野)광야까지라
2 또 그들의 남쪽 경계는 염해의 끝
곧 남향한 (海灣)해만에서부터
3 아그랍빔 비탈 (南)남쪽으로 지
나 신에 이르고 가데스 바네아 남
쪽으로 올라가서 헤스론을 지나며
아달로 올라가서 돌이켜 갈가에
이르고
4 거기서 아스몬에 이르러 애굽 시
내로 나아가 바다에 이르러 (境界)
경계의 끝이 되나니 이것이 너희
남쪽 경계가 되리라
5 그 동쪽 경계는 염해이니 요단 끝
까지요 그 북쪽 경계는 요단 끝에
있는 (海灣)해만에서부터
6 벧 호글라로 올라가서 벧 아라바
(北)북쪽을 지나 르우벤 자손 보한
의 돌에 이르고
7 또 아골 골짜기에서부터 드빌을
지나 북쪽으로 올라가서 그 강 남
쪽에 있는 아둠밈 비탈 맞은편 길
갈을 (向)향하고 나아가 엔 세메스
물들을 지나 엔로겔에 이르며
8 또 힌놈의 아들의 골짜기로 올라
가서 여부스 곧 예루살렘 (南)남쪽
어깨에 이르며 또 힌놈의 골짜기
앞 서쪽에 있는 산 꼭대기로 올라
가나니 이곳은 르바임 골짜기 북
쪽 끝이며
9 또 이 (山)산 꼭대기에서부터 넵도
아 샘물까지 이르러 에브론 산 성
읍들로 나아가고 또 바알라 곧 기
럇 여아림으로 접어들며
10 또 바알라에서부터 (西)서쪽으로
돌이켜 세일 산에 이르러 여아림
산 곧 그살론 곁 북쪽에 이르고 또
벧 세메스로 내려가서 딤나를 지
나고
11 또 에그론 비탈 북쪽으로 나아가
식그론으로 접어들어 바알라 (山)
산을 지나고 얍느엘에 이르나니
그 끝은 바다며
12 서쪽 경계는 대해와 그 해안이니
유다 자손이 그들의 가족대로 받
은 (四方)사방 (境界)경계가 이러
하니라

갈렙이 헤브론과 드빌을 정복하다

13 ●여호와께서 여호수아에게 명령
하신 대로 여호수아가 기럇 아르
바 곧 헤브론을 유다 (子孫)자손
중에서 분깃으로 여분네의 아들
갈렙에게 주었으니 아르바는 아낙
의 아버지였더라
14 갈렙이 거기서 아낙의 (所生)소생
그 세 아들 곧 세새와 아히만과 달
매를 쫓아내었고
15 거기서 올라가서 드빌 (住民)주민
을 쳤는데 드빌의 (本)본 이름은
기럇 세벨이라
16 갈렙이 말하기를 기럇 세벨을 쳐
서 그것을 (占領)점령하는 자에게

는 내가 내 딸 악사를 아내로 주리
라 하였더니
17 갈렙의 아우 그나스의 아들인 옷
니엘이 그것을 점령함으로 갈렙이
(自己)자기 딸 악사를 그에게 아내
로 주었더라
18 악사가 (出嫁)출가할 때에 그에게
청하여 자기 아버지에게 밭을 구
하자 하고 나귀에서 내리매 갈렙
이 그에게 묻되 네가 무엇을 원하
느냐 하니
19 이르되 내게 (福)복을 주소서 아버
지께서 나를 네겝 땅으로 보내시
오니 샘물도 내게 주소서 하매 갈
렙이 윗샘과 아랫샘을 그에게 주
었더라

유다 자손의 기업

20 ●유다 자손의 지파가 그들의 가
족대로 받은 (基業)기업은 이러하
니라
21 ●유다 자손의 (支派)지파의 남쪽
끝 에돔 경계에 접근한 성읍들은
갑스엘과 에델과 야굴과
22 기나와 디모나와 아다다와
23 게데스와 하솔과 잇난과
24 십과 델렘과 브알롯과
25 하솔 하닷다와 그리욧 헤스론 곧
하솔과
26 아맘과 세마와 몰라다와
27 하살갓다와 헤스몬과 벧 벨렛과
28 하살 수알과 브엘세바와 비스요댜
와
29 바알라와 이임과 에셈과
30 엘돌랏과 그실과 홀마와
31 시글락과 맛만나와 산산나와
32 르바옷과 실힘과 아인과 림몬이니
모두 스물아홉 (城邑)성읍과 그 마
을들이었으며
33 (平地)평지에는 에스다올과 소라
와 아스나와
34 사노아와 엔간님과 답부아와 에남
과
35 야르뭇과 아둘람과 소고와 아세가
와
36 사아라임과 아디다임과 그데라와
그데로다임이니 열네 (城邑)성읍
과 그 마을들이었으며
37 스난과 하다사와 믹달갓과
38 딜르안과 미스베와 욕드엘과
39 라기스와 보스갓과 에글론과
40 갑본과 라맘과 기들리스와
41 그데롯과 벧다곤과 나아마와 막게
다이니 열여섯 (城邑)성읍과 그 마
을들이었으며
42 립나와 에델과 아산과
43 입다와 아스나와 느십과
44 그일라와 악십과 마레사니 아홉
(城邑)성읍과 그 마을들이었으며
45 에그론과 그 (村落)촌락들과 그 마
을들과
46 에그론에서부터 바다까지 아스돗
곁에 있는 모든 (城邑)성읍과 그
마을들이었으며
47 아스돗과 그 촌락들과 그 마을들
과 가사와 그 촌락들과 그 마을들
이니 애굽 시내와 (大海)대해의 경
계에까지 이르렀으며
48 (山地)산지는 사밀과 얏딜과 소고
와
49 단나와 기럇 산나 곧 드빌과

50 아납과 에스드모와 아님과
51 고센과 홀론과 길로이니 열한 (城
邑)성읍과 그 마을들이었으며
52 아랍과 두마와 에산과
53 야님과 벧 답부아와 아베가와
54 훔다와 기럇 아르바 곧 헤브론과
시올이니 아홉 (城邑)성읍과 그 마
을들이었으며
55 마온과 갈멜과 십과 윳다와
56 이스르엘과 욕드암과 사노아와
57 가인과 기브아와 딤나니 열 (城邑)
성읍과 그 마을들이었으며
58 할훌과 벧술과 그돌과
59 마아랏과 벧 아놋과 엘드곤이니
여섯 (城邑)성읍과 그 마을들이었
으며
60 기럇 바알 곧 기럇 여아림과 랍바
이니 두 (城邑)성읍과 그 마을들이
었으며
61 (曠野)광야에는 벧 아라바와 밋딘
과 스가가와
62 닙산과 소금 (城邑)성읍과 엔 게디
니 여섯 성읍과 그 마을들이었더
라
63 ● 예루살렘 주민 여부스 족속을
유다 자손이 쫓아내지 못하였으므
로 여부스 족속이 오늘까지 유다
자손과 함께 예루살렘에 (居住)거
주하니라

에브라임과 서쪽 므낫세 자손의 기업

16 요셉 자손이 제비 뽑은 것은
여리고 샘 동쪽 곧 여리고 곁
요단으로부터 광야로 들어가 여리
고로부터 벧엘 (山地)산지로 올라
가고
2 벧엘에서부터 루스로 나아가 아렉
(族屬)족속의 경계를 지나 아다롯
에 이르고
3 서쪽으로 내려가서 야블렛 족속의
경계와 아래 벧호론과 게셀에까지
이르고 그 끝은 바다라
4 요셉의 자손 므낫세와 에브라임이
그들의 (基業)기업을 받았더라

에브라임 자손의 기업

5 ● 에브라임 자손이 그들의 가족대
로 받은 지역은 이러하니라 그들
의 기업의 (境界)경계는 동쪽으로
아다롯 앗달에서 윗 벧호론에 이
르고
6 또 (西)서쪽으로 나아가 북쪽 믹므
다에 이르고 동쪽으로 돌아 다아
낫 실로에 이르러 야노아 동쪽을
지나고
7 야노아에서부터 아다롯과 나아라
로 내려가 여리고를 만나서 요단
으로 나아가고
8 또 답부아에서부터 서쪽으로 지나
서 가나 시내에 이르나니 그 끝은
바다라 에브라임 자손의 지파가
그들의 (家族)가족대로 받은 기업
이 이러하였고
9 그 외에 므낫세 자손의 기업 중에
서 에브라임 자손을 위하여 (區分)
구분한 모든 성읍과 그 마을들도
있었더라
10 그들이 게셀에 거주하는 가나안
족속을 쫓아내지 아니하였으므로
가나안 족속이 오늘까지 에브라임
가운데에 거주하며 (勞役)노역하
는 종이 되니라

서쪽 므낫세 자손의 기업

17 므낫세 지파를 위하여 제비
뽑은 것은 이러하니라 므낫
세는 요셉의 장자였고 므낫세의
장자 마길은 길르앗의 아버지라
그는 (勇士)용사였기 때문에 길르
앗과 바산을 받았으므로
2 므낫세의 남은 자손을 위하여 그
들의 (家族)가족대로 제비를 뽑았
는데 그들은 곧 아비에셀의 (子孫)
자손과 헬렉의 자손과 아스리엘의
자손과 세겜의 자손과 헤벨의 자
손과 스미다의 자손이니 그들의
가족대로 요셉의 아들 므낫세의
남자 (子孫)자손들이며
3 헤벨의 아들 길르앗의 손자 마길
의 증손 므낫세의 (玄孫)현손 슬로
브핫은 아들이 없고 딸뿐이요 그
딸들의 이름은 말라와 노아와 호
글라와 밀가와 디르사라
4 그들이 (祭司長)제사장 엘르아살
과 눈의 아들 여호수아와 지도자
들 앞에 나아와서 말하기를 여호
와께서 모세에게 명령하사 우리
형제 중에서 우리에게 기업을 주
라 하셨다 하매 여호와의 명령을
따라 그들에게 그들의 아버지 형
제들 중에서 기업을 주므로
5 요단 동쪽 길르앗과 바산 (外)외에
므낫세에게 열 분깃이 돌아갔으니
6 므낫세의 여자 자손들이 그의 남
자 자손들 중에서 기업을 받은 까
닭이었으며 길르앗 땅은 므낫세의
남은 자손들에게 (屬)속하였더라
7 ●므낫세의 경계는 아셀에서부터
세겜 앞 믹므닷까지이며 그 오른
쪽으로 가서 엔답부아 (住民)주민
의 경계에 이르나니
8 답부아 땅은 므낫세에게 속하였으
되 므낫세 (境界)경계에 있는 답부
아는 에브라임 자손에게 속하였으
며
9 또 그 경계가 가나 시내로 내려가
서 그 시내 남쪽에 이르나니 므낫
세의 성읍 중에 이 (城邑)성읍들은
에브라임에게 (屬)속하였으며 므
낫세의 경계는 그 시내 북쪽이요
그 끝은 바다이며
10 남쪽으로는 에브라임에 (屬)속하
였고 북쪽으로는 므낫세에 속하였
고 바다가 그 경계가 되었으며 그
들의 땅의 북쪽은 아셀에 이르고
동쪽은 잇사갈에 이르렀으며
11 잇사갈과 아셀에도 므낫세의 (所
有)소유가 있으니 곧 벧 스안과 그
마을들과 이블르암과 그 마을들과
돌의 주민과 그 마을들이요 또 엔
돌 주민과 그 마을들과 다아낙 주
민과 그 마을들과 므깃도 주민과
그 마을들 세 언덕 지역이라
12 그러나 므낫세 자손이 그 성읍들
의 주민을 쫓아내지 못하매 가나
안 족속이 (決心)결심하고 그 땅에
거주하였더니
13 이스라엘 자손이 (强盛)강성한 후
에야 가나안 족속에게 (勞役)노역
을 시켰고 다 쫓아내지 아니하였
더라

에브라임과 므낫세 지파가 땅을 더 요구함

14 ● 요셉 자손이 여호수아에게 말
하여 이르되 여호와께서 지금까지
내게 복을 주시므로 내가 큰 (民
族)민족이 되었거늘 당신이 나의
기업을 위하여 한 제비, 한 분깃으
로만 내게 주심은 어찌함이니이까
하니
15 여호수아가 그들에게 이르되 네가
큰 민족이 되므로 에브라임 산지
가 네게 너무 좁을진대 브리스 족
속과 르바임 족속의 땅 (森林)삼림
에 올라가서 스스로 (開拓)개척하
라 하니라
16 요셉 자손이 이르되 그 산지는 우
리에게 넉넉하지도 못하고 골짜기
땅에 거주하는 모든 가나안 족속
에게는 벧 스안과 그 마을들에 거
주하는 자이든지 이스르엘 골짜기
에 거주하는 자이든지 다 (鐵 兵
車)철 병거가 있나이다 하니
17 여호수아가 다시 요셉의 족속 곧
에브라임과 므낫세에게 말하여 이
르되 너는 큰 민족이요 큰 (權能)
권능이 있은즉 한 분깃만 가질 것
이 아니라
18 그 산지도 네 것이 되리니 비록 삼
림이라도 네가 (開拓)개척하라 그
끝까지 네 것이 되리라 가나안 족
속이 비록 철 병거를 가졌고 강할
지라도 네가 능히 그를 쫓아내리
라 하였더라

나머지 땅 분배

18 이스라엘 자손의 온 회중이
실로에 모여서 거기에 (會
幕)회막을 세웠으며 그 땅은 그들
앞에서 돌아와 (征服)정복되었더
라
2 그러나 이스라엘 자손 중에 그 (基
業)기업의 분배를 받지 못한 자가
아직도 일곱 지파라
3 여호수아가 이스라엘 자손에게 이
르되 너희가 너희 조상의 하나님
여호와께서 너희에게 주신 땅을
점령하러 가기를 어느 때까지 (遲
滯)지체하겠느냐
4 너희는 각 지파에 세 사람씩 (選
定)선정하라 내가 그들을 보내리
니 그들은 일어나서 그 땅에 두루
다니며 그들의 기업에 따라 그 땅
을 그려 가지고 내게로 돌아올 것
이라
5 그들이 그 땅을 일곱 부분으로 나
누되 유다는 남쪽 자기 (地域)지역
에 있고 요셉의 족속은 북쪽에 있
는 그들의 지역에 있으니
6 그 땅을 일곱 (部分)부분으로 그려
서 이 곳 내게로 가져오라 그러면
내가 여기서 너희를 위하여 우리
하나님 여호와 앞에서 제비를 뽑
으리라
7 레위 사람은 너희 중에 분깃이 없
나니 여호와의 (祭司長)제사장
(職分)직분이 그들의 기업이 됨이
며 갓과 르우벤과 므낫세 반 지파
는 요단 저편 동쪽에서 이미 기업
을 받았나니 이는 여호와의 종 모
세가 그들에게 준 것이니라 하더라
8 ● 그 사람들이 일어나 떠나니 여
호수아가 그 땅을 그리러 가는 사
람들에게 (命令)명령하여 이르되

가서 그 땅으로 두루 다니며 그것
을 그려 가지고 내게로 돌아오라
내가 여기 실로의 여호와 앞에서
너희를 위하여 제비를 뽑으리라
하니
9 그 사람들이 가서 그 땅으로 두루
다니며 성읍들을 따라서 일곱 부
분으로 (冊)책에 그려서 실로 진영
에 돌아와 여호수아에게 나아오니
10 여호수아가 그들을 위하여 실로의
여호와 앞에서 제비를 뽑고 그가
거기서 이스라엘 자손의 분파대로
그 땅을 (分配)분배하였더라

베냐민 자손의 기업

11 ●베냐민 자손 (支派)지파를 위하
여 그들의 가족대로 제비를 뽑았
으니 그 제비 뽑은 땅의 (境界)경
계는 유다 자손과 요셉 자손의 중
간이라
12 그들의 북방 경계는 요단에서부터
여리고 북쪽으로 올라가서 서쪽
산지를 넘어서 또 올라가서 벧아
웬 (荒蕪地)황무지에 이르며
13 또 그 경계가 거기서부터 루스로
나아가서 루스 남쪽에 이르나니
루스는 곧 벧엘이며 또 그 경계가
아다롯 앗달로 내려가서 아래 벧
호론 남쪽 (山)산곁으로 지나고
14 벧호론 앞 남쪽 산에서부터 서쪽
으로 돌아 남쪽으로 (向)향하여 유
다 자손의 성읍 기럇 바알 곧 기럇
여아림에 이르러 끝이 되나니 이
는 서쪽 경계며
15 남쪽 경계는 기럇 여아림 끝에서
부터 서쪽으로 나아가 넵도아 물
(根源)근원에 이르고
16 르바임 골짜기 북쪽 힌놈의 아들
골짜기 앞에 있는 산 끝으로 내려
가고 또 힌놈의 골짜기로 내려가
서 여부스 (南)남쪽에 이르러 엔
로겔로 내려가고
17 또 북쪽으로 접어들어 엔 세메스
로 나아가서 아둠밈 비탈 맞은편
글릴롯으로 나아가서 르우벤 (子
孫)자손 보한의 돌까지 내려가고
18 (北)북으로 아라바 맞은편을 지나
아라바로 내려가고
19 또 북으로 벧 호글라 곁을 지나서
요단 남쪽 끝에 있는 (鹽海)염해의
북쪽 해만이 그 경계의 끝이 되나
니 이는 남쪽 경계며
20 동쪽 경계는 요단이니 이는 베냐
민 자손이 그들의 (家族)가족대로
받은 기업의 사방 경계였더라
21 ●베냐민 자손의 (支派)지파가 그
들의 가족대로 받은 성읍들은 여리
고와 벧 호글라와 에멕 그시스와
22 벧 아라바와 스마라임과 벧엘과
23 아윔과 바라와 오브라와
24 그발 암모니와 오브니와 게바이니
열두 (城邑)성읍과 또 그 마을들이
며
25 기브온과 라마와 브에롯과
26 미스베와 그비라와 모사와
27 레겜과 이르브엘과 다랄라와
28 셀라와 엘렙과 여부스 곧 예루살
렘과 기부앗과 기럇이니 열네 성
읍이요 또 그 마을들이라 이는 베
냐민 (子孫)자손이 그들의 가족대
로 받은 기업이었더라

시므온 자손의 기업

19 둘째로 시므온 곧 시므온 자
손의 지파를 위하여 그들의
가족대로 제비를 뽑았으니 그들의
(基業)기업은 유다 자손의 기업 중
에서라
2 그들이 받은 (基業)기업은 브엘세
바 곧 세바와 몰라다와
3 하살 수알과 발라와 에셈과
4 엘돌랏과 브둘과 호르마와
5 시글락과 벧 말가봇과 하살수사와
6 벧 르바옷과 사루헨이니 열세 (城
邑)성읍이요 또 그 마을들이며
7 또 아인과 림몬과 에델과 아산이
니 네 (城邑)성읍이요 또 그 마을
들이며
8 또 네겝의 라마 곧 바알랏 브엘까
지 이 성읍들을 둘러 있는 모든 마
을들이니 이는 시므온 자손의 지
파가 그들의 (家族)가족대로 받은
기업이라
9 시므온 자손의 이 기업은 유다 자
손의 기업 중에서 (取)취하였으니
이는 유다 자손의 분깃이 (自己)
자기들에게 너무 많으므로 시므온
자손이 자기의 기업을 그들의 기
업 중에서 받음이었더라

스불론 자손의 기업

10 ● 셋째로 스불론 자손을 위하여
그들의 가족대로 제비를 뽑았으니
그들의 기업의 (境界)경계는 사릿
까지이며
11 (西)서쪽으로 올라가서 마랄라에
이르러 답베셋을 만나 욕느암 앞
시내를 만나고
12 사릿에서부터 동쪽으로 돌아 해
뜨는 쪽을 향하여 기슬롯 다볼의
(境界)경계에 이르고 다브랏으로
나가서 야비아로 올라가고
13 또 거기서부터 동쪽으로 가드 헤
벨을 지나 엣 가신에 이르고 네아
까지 (連結)연결된 림몬으로 나아
가서
14 (北)북쪽으로 돌아 한나돈에 이르
고 입다엘 골짜기에 이르러 끝이
되며
15 또 갓닷과 나할랄과 시므론과 이
달라와 베들레헴이니 모두 열두
(城邑)성읍과 그 마을들이라
16 스불론 (子孫)자손이 그들의 가족
대로 받은 기업은 이 성읍들과 그
마을들이었더라

잇사갈 자손의 기업

17 ● 넷째로 잇사갈 곧 잇사갈 자손
을 (爲)위하여 그들의 가족대로 제
비를 뽑았으니
18 그들의 (地域)지역은 이스르엘과
그술롯과 수넴과
19 하바라임과 시온과 아나하랏과
20 랍빗과 기시온과 에베스와
21 레멧과 엔 간님과 엔핫다와 벧 바
세스이며
22 그 (境界)경계는 다볼과 사하수마
와 벧 세메스에 이르고 그 끝은 요
단이니 모두 열여섯 성읍과 그 마
을들이라
23 잇사갈 자손 지파가 그 가족대로
받은 (基業)기업은 이 성읍들과 그
마을들이었더라

아셀 자손의 기업

24 ●다섯째로 아셀 자손의 (支派)지
파를 위하여 그 가족대로 제비를
뽑았으니
25 그들의 (地域)지역은 헬갓과 할리
와 베덴과 악삽과
26 알람멜렉과 아맛과 미살이며 그
경계의 (西)서쪽은 갈멜을 만나 시
홀 림낫에 이르고
27 해 뜨는 쪽으로 돌아 벧 다곤에 이
르며 스불론을 만나고 (北)북쪽으
로 입다 엘 골짜기를 만나 벧에멕
과 느이엘에 이르고 가불 왼쪽으
로 나아가서
28 에브론과 르홉과 함몬과 가나를
지나 큰 시돈까지 이르고
29 돌아서 라마와 (堅固)견고한 성읍
두로에 이르고 돌아서 호사에 이
르고 악십 지방 곁 바다가 끝이 되
며
30 또 움마와 아벡과 르홉이니 모두
스물두 (城邑)성읍과 그 마을들이
라
31 아셀 (子孫)자손의 지파가 그 가족
대로 받은 기업은 이 성읍들과 그
마을들이었더라

납달리 자손의 기업

32 ●여섯째로 납달리 자손을 (爲)위
하여 납달리 자손의 가족대로 제
비를 뽑았으니
33 그들의 (地域)지역은 헬렙과 사아
난님의 상수리나무에서부터 아다
미 네겝과 얍느엘을 지나 락굼까
지요 그 끝은 요단이며
34 서쪽으로 돌아 아스놋 다볼에 이
르고 그 곳에서부터 훅곡으로 나
아가 (南)남쪽은 스불론에 이르고
서쪽은 아셀에 이르며 해 뜨는 쪽
은 요단에서 유다에 이르고
35 그 (堅固)견고한 성읍들은 싯딤과
세르와 함맛과 락갓과 긴네렛과
36 아다마와 라마와 하솔과
37 게데스와 에드레이와 엔 하솔과
38 이론과 믹다렐과 호렘과 벧 아낫
과 벧 세메스니 모두 열아홉 (城
邑)성읍과 그 마을들이라
39 납달리 자손의 지파가 그 (家族)가
족대로 받은 기업은 이 성읍들과
그 마을들이었더라

단 자손의 기업

40 ●일곱째로 단 자손의 지파를 (爲)
위하여 그들의 가족대로 제비를
뽑았으니
41 그들의 기업의 (地域)지역은 소라
와 에스다올과 이르세메스와
42 사알랍빈과 아얄론과 이들라와
43 엘론과 딤나와 에그론과
44 엘드게와 깁브돈과 바알랏과
45 여훗과 브네브락과 가드 림몬과
46 메얄곤과 락곤과 욥바 맞은(便)편
경계까지라
47 그런데 단 자손의 경계는 더욱 (擴
張)확장되었으니 이는 단 자손이
올라가서 레셈과 싸워 그것을 (占
領)점령하여 칼날로 치고 그것을
차지하여 거기 거주하였음이라 그
들의 조상 단의 이름을 따라서 레
셈을 단이라 하였더라
48 단 (子孫)자손의 지파가 그에 딸린
가족대로 받은 기업은 이 성읍들
과 그들의 마을들이었더라

기업의 땅 나누기를 마치다

49 ●이스라엘 자손이 그들의 경계를
따라서 (基業)기업의 땅 나누기를
마치고 자기들 중에서 눈의 아들
여호수아에게 기업을 주었으니
50 곧 여호와의 명령대로 여호수아가
요구한 성읍 에브라임 산지 딤낫
세라를 주매 여호수아가 그 성읍
을 (建設)건설하고 거기 거주하였
더라
51 ●제사장 엘르아살과 눈의 아들
여호수아와 이스라엘 자손의 지파
의 족장들이 실로에 있는 (會幕)회
막 문 여호와 앞에서 제비 뽑아 나
눈 기업이 이러하니라 이에 땅 나
누는 일을 마쳤더라

도피성

20 여호와께서 여호수아에게 말
씀하여 이르시되
2 이스라엘 자손에게 말하여 이르기
를 내가 모세를 통하여 너희에게
말한 (逃避城)도피성들을 너희를
위해 정하여
3 (不知中)부지중에 실수로 사람을
죽인 자를 그리로 도망하게 하라
이는 너희를 위해 피의 (報復者)
보복자를 피할 곳이니라
4 이 성읍들 중의 하나에 도피하는
자는 그 성읍에 들어가는 문 어귀
에 서서 그 성읍의 장로들의 귀에
자기의 사건을 말할 것이요 그들
은 그를 성읍에 받아들여 한 곳을
주어 자기들 중에 (居住)거주하게
하고
5 피의 보복자가 그의 뒤를 따라온
다 할지라도 그들은 그 살인자를
그의 손에 내주지 말지니 이는 본
래 미워함이 없이 (不知中)부지중
에 그의 이웃을 죽였음이라
6 그 살인자는 (會衆)회중 앞에 서서
재판을 받기까지 또는 그 당시 대
제사장이 죽기까지 그 성읍에 거
주하다가 그 후에 그 살인자는 그
성읍 곧 자기가 도망하여 나온 자
기 성읍 자기 집으로 돌아갈지니
라 하라 하시니라
7 ●이에 그들이 납달리의 (山地)산
지 갈릴리 게데스와 에브라임 산
지의 세겜과 유다 산지의 기럇 아
르바 곧 헤브론과
8 여리고 동쪽 요단 저쪽 르우벤 지
파 중에서 평지 광야의 베셀과 갓
지파 중에서 길르앗 라못과 므낫
세 지파 중에서 바산 골란을 (區
別)구별하였으니
9 이는 곧 이스라엘 모든 자손과 그
들 중에 (居留)거류하는 거류민을
위하여 선정된 성읍들로서 누구든
지 부지중에 살인한 자가 그리로
도망하여 그가 회중 앞에 설 때까
지 피의 보복자의 손에 죽지 아니
하게 하기 위함이라

레위 사람의 성읍

21 그 때에 레위 사람의 (族長)
족장들이 제사장 엘르아살과
눈의 아들 여호수아와 이스라엘
자손의 지파 족장들에게 나아와
2 가나안 땅 실로에서 그들에게 말
하여 이르되 여호와께서 모세에게
명령하사 우리가 거주할 (城邑)성

읍들과 우리 가축을 위해 그 목초
지들을 우리에게 주라 하셨나이다
하매
3 이스라엘 자손이 여호와의 (命令)
명령을 따라 자기의 기업에서 이
성읍들과 그 (牧草地)목초지들을
레위 사람에게 주니라
4 ●그핫 (家族)가족을 위하여 제비
를 뽑았는데 레위 사람 중 제사장
아론의 자손들은 유다 지파와 시므
온 지파와 베냐민 지파 중에서 제
비 뽑은 대로 열세 성읍을 받았고
5 그핫 (子孫)자손들 중에 남은 자는
에브라임 지파의 가족과 단 지파
와 므낫세 반 지파 중에서 제비 뽑
은 대로 열 성읍을 받았으며
6 게르손 자손들은 잇사갈 지파의
가족들과 아셀 (支派)지파와 납달
리 지파와 바산에 있는 므낫세 반
지파 중에서 제비 뽑은 대로 열세
성읍을 받았더라
7 ●므라리 자손들은 그 가족대로
르우벤 지파와 갓 지파와 스불론
지파 중에서 열두 (城邑)성읍을 받
았더라
8 ●여호와께서 모세에게 명령하신
대로 이스라엘 자손이 제비 뽑아
레위 사람에게 준 성읍들과 그 (牧
草地)목초지들이 이러하니라
9 유다 자손의 지파와 시므온 자손
의 지파 중에서는 이 아래에 (記
名)기명한 성읍들을 주었는데
10 레위 자손 중 그핫 가족들에 속한
아론 자손이 첫째로 제비 뽑혔으
므로
11 아낙의 아버지 아르바의 성읍 유
다 (山地)산지 기럇 아르바 곧 헤
브론과 그 주위의 목초지를 그들
에게 주었고
12 그 성읍의 밭과 그 (村落)촌락들은
여분네의 아들 갈렙에게 주어 소
유가 되게 하였더라
13 ●(祭司長)제사장 아론의 자손에
게 준 것은 살인자의 (逃避城)도
피성 헤브론과 그 목초지이요 또
립나와 그 목초지와
14 얏딜과 그 (牧草地)목초지와 에스
드모아와 그 목초지와
15 홀론과 그 (牧草地)목초지와 드빌
과 그 목초지와
16 아인과 그 목초지와 윳다와 그 목
초지와 벧 세메스와 그 목초지이
니 이 두 지파에서 아홉 (城邑)성
읍을 냈고
17 또 베냐민 (支派)지파 중에서는 기
브온과 그 목초지와 게바와 그 목
초지와
18 아나돗과 그 목초지와 알몬과 그
목초지 곧 네 (城邑)성읍을 냈으니
19 제사장 아론 (子孫)자손의 성읍은
모두 열세 성읍과 그 목초지들이
었더라
20 ●레위 사람인 그핫 자손 중에 남
은 자들의 (家族)가족들 곧 그핫
자손에게는 제비 뽑아 에브라임 지
파 중에서 그 성읍들을 주었으니
21 곧 살인자의 (逃避城)도피성 에브
라임 산지 세겜과 그 목초지이요
또 게셀과 그 목초지와
22 깁사임과 그 (牧草地)목초지와 벧

호론과 그 목초지이니 네 성읍이
요
23 또 단 (支派)지파 중에서 준 것은
엘드게와 그 목초지와 깁브돈과
그 목초지와
24 아얄론과 그 목초지와 가드 림몬
과 그 목초지이니 네 (城邑)성읍이
요
25 또 므낫세 (半)반 지파 중에서 준
것은 다아낙과 그 목초지와 가드
림몬과 그 목초지이니 두 성읍이
라
26 그핫 자손의 남은 가족들을 (爲)위
한 성읍들은 모두 열 성읍과 그 목
초지들이었더라
27 ●레위 (家族)가족의 게르손 자손
에게는 므낫세 반 지파 중에서 살
인자의 도피성 바산 골란과 그 목
초지를 주었고 또 브에스드라와 그
목초지를 주었으니 두 성읍이요
28 잇사갈 (支派)지파 중에서는 기시
온과 그 목초지와 다브랏과 그 목
초지와
29 야르뭇과 그 목초지와 엔 간님과
그 목초지를 주었으니 네 (城邑)성
읍이요
30 아셀 지파 중에서는 미살과 그 목
초지와 압돈과 그 (牧草地)목초지
와
31 헬갓과 그 목초지와 르홉과 그 목
초지를 주었으니 네 (城邑)성읍이
요
32 납달리 지파 중에서는 (殺人者)살
인자의 (逃避城)도피성 갈릴리 게
데스와 그 목초지를 주었고 또 함
못 돌과 그 목초지와 가르단과 그
목초지를 주었으니 세 성읍이라
33 게르손 사람이 그 가족대로 받은
성읍은 모두 열세 (城邑)성읍과 그
목초지들이었더라
34 ●그 남은 레위 사람 므라리 자손
의 (家族)가족들에게 준 것은 스불
론 지파 중에서 욕느암과 그 목초
지와 가르다와 그 목초지와
35 딤나와 그 (牧草地)목초지와 나할
랄과 그 목초지이니 네 성읍이요
36 르우벤 (支派)지파 (中)중에서 준
것은 베셀과 그 목초지와 야하스
와 그 목초지와
37 그데못과 그 목초지와 므바앗과
그 목초지이니 네 (城邑)성읍이요
38 갓 지파 중에서 준 것은 살인자의
(逃避城)도피성 길르앗 라못과 그
목초지이요 또 마하나임과 그 목
초지와
39 헤스본과 그 (牧草地)목초지와 야
셀과 그 목초지이니 모두 네 성읍
이라
40 이는 레위 가족의 남은 자 곧 므라
리 자손이 그들의 가족대로 받은
(城邑)성읍이니 그들이 제비 뽑아
얻은 성읍이 열두 성읍이었더라
41 ●레위 사람들이 이스라엘 자손의
(基業)기업 중에서 받은 성읍은 모
두 마흔여덟 성읍이요 또 그 목초
지들이라
42 이 (各)각 (城邑)성읍의 주위에 목
초지가 있었고 모든 성읍이 다 그
러하였더라

약속하신 온 땅을 차지하다

43 ●여호와께서 이스라엘의 조상들
에게 (盟誓)맹세하사 주리라 하신
온 땅을 이와 같이 이스라엘에게
다 주셨으므로 그들이 그것을 차
지하여 거기에 거주하였으니
44 여호와께서 그들의 주위에 (安息)
안식을 주셨으되 그 조상들에게
맹세하신 대로 하셨으므로 그들의
모든 원수들 중에 그들과 맞선 자
가 하나도 없었으니 이는 여호와
께서 그들의 모든 원수들을 그들
의 손에 넘겨 주셨음이니라
45 여호와께서 이스라엘 족속에게 말
씀하신 (善)선한 말씀이 하나도 남
음이 없이 다 (應)응하였더라

여호수아가 동쪽 지파들을 보내다

22 그 때에 여호수아가 르우
벤 사람과 갓 사람과 므낫세
(半)반 지파를 불러서
2 그들에게 이르되 여호와의 종 모
세가 너희에게 명령한 것을 너희
가 다 지키며 또 내가 너희에게 명
령한 모든 일에 너희가 내 말을
(順從)순종하여
3 오늘까지 날이 오래도록 너희가
너희 형제를 떠나지 아니하고 오
직 너희의 하나님 여호와께서 명
령하신 그 (責任)책임을 지키도다
4 이제는 너희의 하나님 여호와께서
이미 말씀하신 대로 너희 형제에
게 (安息)안식을 주셨으니 그런즉
이제 너희는 여호와의 종 모세가
요단 저쪽에서 너희에게 준 소유
지로 가서 너희의 장막으로 돌아
가되
5 오직 여호와의 종 모세가 너희에
게 명령한 명령과 율법을 반드시
행하여 너희의 하나님 여호와를
사랑하고 그의 모든 길로 행하며
그의 (誡命)계명을 지켜 그에게 친
근히 하고 너희의 마음을 다하며
성품을 다하여 그를 섬길지니라
하고
6 여호수아가 그들에게 (祝福)축복
하여 보내매 그들이 자기 장막으
로 갔더라
7 ●므낫세 반 지파에게는 모세가
바산에서 기업을 주었고 그 남은
반 지파에게는 여호수아가 요단
이쪽 서쪽에서 그들의 (兄弟)형제
들과 함께 기업을 준지라 여호수
아가 그들을 그들의 (帳幕)장막으
로 돌려보낼 때에 그들에게 축복
하고
8 말하여 이르되 너희는 많은 재산
과 심히 많은 가축과 은과 금과 구
리와 쇠와 심히 많은 의복을 가지
고 너희의 장막으로 돌아가서 너
희의 원수들에게서 (奪取)탈취한
것을 너희의 형제와 나눌지니라
하매
9 르우벤 자손과 갓 자손과 므낫세
반 지파가 가나안 땅 실로에서 이
스라엘 자손을 떠나 여호와께서
모세에게 명령하신 대로 받은 땅
곧 그들의 (所有地)소유지 길르앗
으로 가니라

요단 가에 제단을 쌓다

10 ●르우벤 자손과 갓 자손과 므낫
세 반 지파가 가나안 땅 요단 언덕

가에 이르자 거기서 요단 가에 (祭
壇)제단을 쌓았는데 보기에 큰 제
단이었더라
11 이스라엘 자손이 들은즉 이르기
를 르우벤 자손과 갓 자손과 므낫
세 반 지파가 가나안 땅의 맨 앞쪽
요단 언덕 가 이스라엘 자손에게
(屬)속한 쪽에 제단을 쌓았다 하는
지라
12 이스라엘 자손이 이를 듣자 곧 이
스라엘 자손의 온 (會衆)회중이 실
로에 모여서 그들과 싸우러 가려
하니라
13 ●이스라엘 자손이 (祭司長)제사
장 엘르아살의 아들 비느하스를
길르앗 땅으로 보내어 르우벤 자
손과 갓 자손과 므낫세 반 지파를
보게 하되
14 이스라엘 각 지파에서 한 지도자
씩 열 지도자들을 그와 함께 하게
하니 그들은 각기 그들의 조상들
의 (家門)가문의 수령으로서 이스
라엘 중에서 (千夫長)천부장들이
라
15 그들이 길르앗 땅에 이르러 르우
벤 (子孫)자손과 갓 자손과 므낫세
반 지파에게 나아가서 그들에게
말하여 이르되
16 여호와의 온 회중이 말하기를 너
희가 어찌하여 이스라엘 하나님께
(犯罪)범죄하여 오늘 여호와를 따
르는 데서 돌아서서 너희를 위하
여 제단을 쌓아 너희가 오늘 여호
와께 거역하고자 하느냐
17 브올의 죄악으로 말미암아 여호와
의 회중에 (災殃)재앙이 내렸으나
오늘까지 우리가 그 죄에서 정결
함을 받지 못하였거늘 그 죄악이
우리에게 부족하여서
18 오늘 너희가 돌이켜 여호와를 따
르지 아니하려고 하느냐 너희가
오늘 여호와를 (背逆)배역하면 내
일은 그가 이스라엘 온 회중에게
진노하시리라
19 그런데 너희의 소유지가 만일 깨
끗하지 아니하거든 여호와의 (聖
幕)성막이 있는 여호와의 소유지
로 건너와 우리 중에서 소유지를
나누어 가질 것이니라 오직 우리
하나님 여호와의 제단 외에 다른
제단을 쌓음으로 여호와를 (拒逆)
거역하지 말며 우리에게도 거역하
지 말라
20 세라의 아들 아간이 온전히 바친
물건에 대하여 범죄하므로 이스라
엘 온 (會衆)회중에 진노가 임하지
아니하였느냐 그의 죄악으로 멸망
한 자가 그 한 사람만이 아니었느
니라 하니라
21 ●르우벤 자손과 갓 자손과 므낫
세 반 지파가 이스라엘 천천의 (首
領)수령들에게 대답하여 이르되
22 전능하신 자 하나님 여호와, 전능
하신 자 하나님 여호와께서 아시
나니 이스라엘도 장차 알리라 이
일이 만일 여호와를 거역함이거나
범죄함이거든 주께서는 오늘 우리
를 (救援)구원하지 마시옵소서
23 우리가 제단을 쌓은 것이 돌이켜
여호와를 따르지 아니하려 함이거

나 또는 그 위에 (燔祭)번제나 (素
祭)소제를 드리려 함이거나 또는
화목제물을 드리려 함이거든 여호
와는 친히 벌하시옵소서
24 우리가 목적이 있어서 주의하고
이같이 하였노라 곧 생각하기를
후일에 너희의 자손이 우리 자손
에게 말하여 이르기를 너희가 이
스라엘 하나님 여호와와 무슨 (相
關)상관이 있느냐
25 너희 르우벤 자손 갓 자손아 여호
와께서 우리와 너희 사이에 요단
으로 경계를 삼으셨나니 너희는
여호와께 받을 분깃이 없느니라
하여 너희의 자손이 우리 자손에
게 여호와 (敬畏)경외하기를 그치
게 할까 하여
26 우리가 말하기를 우리가 이제 한
제단 쌓기를 준비하자 하였노니
이는 번제를 위함도 아니요 다른
(祭祀)제사를 위함도 아니라
27 우리가 여호와 앞에서 우리의 번
제와 우리의 다른 제사와 우리의
(和睦祭)화목제로 섬기는 것을 우
리와 너희 사이와 우리의 (後代)
후대 사이에 증거가 되게 할 뿐으
로서 너희 자손들이 (後日)후일에
우리 자손들에게 이르기를 너희는
여호와께 받을 분깃이 없다 하지
못하게 하려 함이라
28 우리가 말하였거니와 만일 그들이
후일에 우리에게나 우리 후대에게
이같이 말하면 우리가 말하기를
우리 조상이 지은 여호와의 제단
(模形)모형을 보라 이는 번제를 위
한 것도 아니요 다른 제사를 위한
것도 아니라 오직 우리와 너희 사
이에 증거만 되게 할 뿐이라
29 우리가 번제나 소제나 다른 제사
를 위하여 우리 하나님 여호와의
(聖幕)성막 앞에 있는 제단 외에
제단을 쌓음으로 여호와를 (拒逆)
거역하고 오늘 여호와를 따르는
데에서 돌아서려는 것은 결단코
아니라 하리라
30 ●제사장 비느하스와 그와 함께
한 회중의 (指導者)지도자들 곧
이스라엘 천천의 수령들이 르우벤
자손과 갓 자손과 므낫세 자손의
말을 듣고 좋게 여긴지라
31 제사장 엘르아살의 아들 비느하스
가 르우벤 자손과 갓 자손과 므낫
세 자손에게 이르되 우리가 오늘
여호와께서 우리 중에 계신 줄을
아노니 이는 너희가 이 죄를 여호
와께 (犯)범하지 아니하였음이니
라 너희가 이제 이스라엘 자손을
여호와의 손에서 건져내었느니라
하고
32 제사장 엘르아살의 아들 비느하스
와 지도자들이 르우벤 자손과 갓
자손을 떠나 길르앗 땅에서 가나
안 땅 이스라엘 자손에게 돌아와
그들에게 (報告)보고하매
33 그 일이 이스라엘 자손을 즐겁게
한지라 이스라엘 자손이 하나님을
(讚頌)찬송하고 르우벤 자손과 갓
자손이 거주하는 땅에 가서 싸워
그것을 멸하자 하는 말을 다시는
하지 아니하였더라

34 르우벤 자손과 갓 자손이 그 제단
을 엣이라 불렀으니 우리 사이에
이 제단은 여호와께서 하나님이
되시는 (證據)증거라 함이었더라

여호수아의 마지막 말

23 여호와께서 주위의 모든 (怨
讐)원수들로부터 이스라엘
을 쉬게 하신 지 오랜 후에 여호수
아가 나이 많아 늙은지라
2 여호수아가 온 이스라엘 곧 그들
의 장로들과 (首領)수령들과 재판
장들과 (官吏)관리들을 불러다가
그들에게 이르되 나는 나이가 많
아 늙었도다
3 너희의 하나님 여호와께서 너희를
위하여 이 모든 나라에 (行)행하신
일을 너희가 다 보았거니와 너희
의 하나님 여호와 그는 너희를 위
하여 싸우신 이시니라
4 보라 내가 요단에서부터 해 지는
쪽 (大海)대해까지의 남아 있는 나
라들과 이미 멸한 모든 나라를 내
가 너희를 위하여 제비 뽑아 너희
의 지파에게 (基業)기업이 되게 하
였느니라
5 너희의 하나님 여호와 그가 너희
앞에서 그들을 쫓아내사 너희 (目
前)목전에서 그들을 떠나게 하시
리니 너희의 하나님 여호와께서
너희에게 말씀하신 대로 너희가
그 땅을 차지할 것이라
6 그러므로 너희는 크게 힘써 모세
의 (律法 冊)율법 책에 기록된 것
을 다 지켜 행하라 그것을 떠나 우
로나 좌로나 치우치지 말라
7 너희 중에 남아 있는 이 민족들 중
에 들어 가지 말라 그들의 (神)신
들의 이름을 부르지 말라 그것들
을 가리켜 (盟誓)맹세하지 말라 또
그것을 섬겨서 그것들에게 절하지
말라
8 오직 너희의 하나님 여호와께 가
까이 하기를 오늘까지 (行)행한 것
같이 하라
9 이는 여호와께서 (强大)강대한 나
라들을 너희의 앞에서 쫓아내셨으
므로 오늘까지 너희에게 맞선 자
가 하나도 없었느니라
10 너희 중 한 사람이 천 명을 쫓으리
니 이는 너희의 하나님 여호와 그
가 너희에게 말씀하신 것 같이 너
희를 (爲)위하여 싸우심이라
11 그러므로 스스로 (操心)조심하여
너희의 하나님 여호와를 사랑하라
12 너희가 만일 돌아서서 너희 중에
남아 있는 이 민족들을 가까이 하
여 더불어 (婚姻)혼인하며 서로 왕
래하면
13 (確實)확실히 알라 너희의 하나님
여호와께서 이 민족들을 너희 목
전에서 다시는 쫓아내지 아니하시
리니 그들이 너희에게 올무가 되
며 덫이 되며 너희의 옆구리에 채
찍이 되며 너희의 눈에 가시가 되
어서 너희가 마침내 너희의 하나
님 여호와께서 너희에게 주신 이
아름다운 땅에서 멸하리라
14 ●보라 나는 오늘 온 세상이 가는
길로 가려니와 너희의 하나님 여
호와께서 너희에게 대하여 말씀하

신 모든 (善)선한 말씀이 하나도
틀리지 아니하고 다 너희에게 (應)
응하여 그 중에 하나도 어김이 없
음을 너희 모든 사람은 마음과 뜻
으로 아는 바라
15 너희의 하나님 여호와께서 너희에
게 말씀하신 모든 선한 말씀이 너
희에게 임한 것 같이 여호와께서
모든 불길한 말씀도 너희에게 임
하게 하사 너희의 하나님 여호와
께서 너희에게 주신 이 아름다운
땅에서 너희를 (滅絕)멸절하기까
지 하실 것이라
16 만일 너희가 너희의 하나님 여호
와께서 너희에게 명령하신 (言約)
언약을 범하고 가서 다른 신들을
섬겨 그들에게 절하면 여호와의
(震怒)진노가 너희에게 미치리니
너희에게 주신 아름다운 땅에서
너희가 속히 멸망하리라 하니라

여호수아가 세겜에 모인 백성에게 이르다

24 여호수아가 이스라엘 모든
지파를 세겜에 모으고 이스
라엘 장로들과 그들의 수령들과
(裁判長)재판장들과 관리들을 부
르매 그들이 하나님 앞에 나와 선
지라
2 여호수아가 모든 백성에게 이르되
이스라엘의 하나님 여호와께서 이
같이 말씀하시기를 옛적에 너희의
(祖上)조상들 곧 아브라함의 아버
지, 나홀의 아버지 데라가 강 저쪽
에 거주하여 다른 신들을 섬겼으
나
3 내가 너희의 조상 아브라함을 강
저쪽에서 이끌어 내어 가나안 온
땅에 두루 행하게 하고 그의 씨를
(蕃盛)번성하게 하려고 그에게 이
삭을 주었으며
4 이삭에게는 야곱과 에서를 주었고
에서에게는 세일 산을 (所有)소유
로 주었으나 야곱과 그의 자손들
은 애굽으로 내려갔으므로
5 내가 모세와 아론을 보내었고 또
애굽에 (災殃)재앙을 내렸나니 곧
내가 그들 가운데 행한 것과 같고
그 후에 너희를 (引導)인도하여 내
었노라
6 내가 너희의 (祖上)조상들을 애굽
에서 인도하여 내어 바다에 이르
게 한즉 애굽 사람들이 병거와 마
병을 거느리고 너희의 조상들을
홍해까지 쫓아오므로
7 너희의 조상들이 나 여호와께 부
르짖기로 내가 너희와 애굽 사람
들 사이에 (黑暗)흑암을 두고 바다
를 이끌어 그들을 덮었나니 내가
애굽에서 행한 일을 너희의 눈이
보았으며 또 너희가 많은 날을 광
야에서 거주하였느니라
8 내가 또 너희를 인도하여 요단 저
쪽에 거주하는 아모리 족속의 땅
으로 들어가게 하매 그들이 너희
와 싸우기로 내가 그들을 너희 손
에 넘겨 주매 너희가 그 땅을 (占
領)점령하였고 나는 그들을 너희
앞에서 (滅絕)멸절시켰으며
9 또한 모압 왕 십볼의 아들 발락이
일어나 이스라엘과 싸우더니 사람

을 보내어 브올의 아들 발람을 불
러다가 너희를 (詛呪)저주하게 하
려 하였으나
10 내가 발람을 위해 듣기를 원하지
아니하였으므로 그가 오히려 너희
를 (祝福)축복하였고 나는 너희를
그의 손에서 건져내었으며
11 너희가 요단을 건너 여리고에 이
른즉 여리고 (住民)주민들 곧 아모
리 족속과 브리스 족속과 가나안
족속과 헷 족속과 기르가스 족속
과 히위 족속과 여부스 족속이 너
희와 싸우기로 내가 그들을 너희
의 손에 넘겨 주었으며
12 내가 왕벌을 너희 앞에 보내어 그
아모리 (族屬)족속의 두 왕을 너희
앞에서 쫓아내게 하였나니 너희의
칼이나 너희의 활로써 이같이 한
것이 아니며
13 내가 또 너희가 수고하지 아니한
땅과 너희가 (建設)건설하지 아니
한 성읍들을 너희에게 주었더니
너희가 그 가운데에 거주하며 너
희는 또 너희가 심지 아니한 포도
원과 감람원의 열매를 먹는다 하
셨느니라
14 ●그러므로 이제는 여호와를 (敬
畏)경외하며 (穩全)온전함과 진실
함으로 그를 섬기라 너희의 조상
들이 강 저쪽과 애굽에서 섬기던
신들을 치워 버리고 여호와만 섬
기라
15 만일 여호와를 섬기는 것이 너희
에게 좋지 않게 보이거든 너희 조
상들이 강 저쪽에서 섬기던 (神)
신들이든지 또는 너희가 거주하는
땅에 있는 아모리 족속의 신들이
든지 너희가 섬길 자를 오늘 택하
라 오직 나와 내 집은 여호와를 섬
기겠노라 하니
16 백성이 대답하여 이르되 우리가
(決斷)결단코 여호와를 버리고 다
른 신들을 섬기기를 하지 아니하
오리니
17 이는 우리 하나님 여호와께서 친
히 우리와 우리 조상들을 인도하
여 애굽 땅 종 되었던 집에서 올라
오게 하시고 우리 (目前)목전에서
그 큰 (異蹟)이적들을 행하시고 우
리가 행한 모든 길과 우리가 지나
온 모든 백성들 중에서 우리를 보
호하셨음이며
18 여호와께서 또 모든 백성들과 이
땅에 (居住)거주하던 아모리 족속
을 우리 앞에서 쫓아내셨음이라
그러므로 우리도 여호와를 섬기리
니 그는 우리 하나님이심이니이다
하니라
19 ●여호수아가 백성에게 이르되 너
희가 여호와를 능히 섬기지 못할
것은 그는 거룩하신 하나님이시요
(嫉妬)질투하시는 하나님이시니
너희의 잘못과 죄들을 사하지 아
니하실 것임이라
20 만일 너희가 여호와를 버리고 이
방 신들을 섬기면 너희에게 복을
내리신 후에라도 돌이켜 너희에
게 (災殃)재앙을 내리시고 너희를
(滅)멸하시리라 하니
21 (百姓)백성이 여호수아에게 말하

되 아니니이다 우리가 여호와를
섬기겠나이다 하는지라
22 여호수아가 백성에게 이르되 너희
가 여호와를 택하고 그를 섬기리
라 하였으니 스스로 (證人)증인이
되었느니라 하니 그들이 이르되
우리가 증인이 되었나이다 하더라
23 여호수아가 이르되 그러면 이제
너희 중에 있는 (異邦)이방 신들을
치워 버리고 너희의 마음을 이스
라엘의 하나님 여호와께로 향하라
하니
24 백성이 여호수아에게 말하되 우리
하나님 여호와를 우리가 섬기고
그의 목소리를 우리가 (聽從)청종
하리이다 하는지라
25 그 날에 여호수아가 세겜에서 백
성과 더불어 언약을 맺고 그들을
위하여 (律例)율례와 (法度)법도
를 제정하였더라
26 여호수아가 이 모든 말씀을 하나
님의 율법책에 기록하고 큰 돌을
가져다가 거기 여호와의 (聖所)성
소 곁에 있는 상수리나무 아래에
세우고
27 모든 백성에게 이르되 보라 이 돌
이 우리에게 (證據)증거가 되리니
이는 여호와께서 우리에게 하신
모든 말씀을 이 돌이 들었음이니
라 그런즉 너희가 너희의 하나님
을 부인하지 못하도록 이 돌이 증
거가 되리라 하고
28 백성을 보내어 각기 (基業)기업으
로 돌아가게 하였더라

여호수아와 엘르아살이 죽다

29 ●이 일 (後)후에 여호와의 종 눈
의 아들 여호수아가 백십 세에 죽
으매
30 그들이 그를 그의 기업의 경내 딤
낫 세라에 (葬事)장사하였으니 딤
낫 세라는 에브라임 산지 가아스
산 북쪽이었더라
31 이스라엘이 여호수아가 사는 날
동안과 여호수아 뒤에 (生存)생존
한 장로들 곧 여호와께서 이스라
엘을 위하여 행하신 모든 일을 아
는 자들이 사는 날 동안 여호와를
섬겼더라
32 ●또 이스라엘 자손이 애굽에서
가져 온 요셉의 뼈를 세겜에 (葬
事)장사하였으니 이곳은 야곱이
백 [1]크시타를 주고 세겜의 아버지
하몰의 자손들에게서 산 밭이라
그것이 요셉 자손의 (基業)기업이
되었더라
33 아론의 아들 엘르아살도 죽으매
그들이 그를 그의 아들 비느하스
가 에브라임 (山地)산지에서 받은
산에 장사하였더라

1) 크시타는 옛 무게 단위로서 정확한 중량은 불분명함

士師記 Judges

유다와 시므온 지파가 아도니 베섹을 잡다

1 여호수아가 죽은 후에 이스라
엘 자손이 여호와께 여쭈어 이
르되 우리 가운데 누가 먼저 올라
가서 가나안 (族屬)족속과 싸우리
이까
2 여호와께서 이르시되 유다가 올라
갈지니라 보라 내가 이 땅을 그의
손에 넘겨 주었노라 하시니라
3 유다가 그의 (兄弟)형제 시므온에
게 이르되 내가 제비 뽑아 얻은 땅
에 나와 함께 올라가서 가나안 족
속과 싸우자 그리하면 나도 네가
제비 뽑아 얻은 땅에 함께 가리라
하니 이에 시므온이 그와 함께 가
니라
4 유다가 올라가매 여호와께서 가나
안 족속과 브리스 족속을 그들의
손에 넘겨 주시니 그들이 베섹에
서 (萬 名)만 명을 죽이고
5 또 베섹에서 아도니 베섹을 만나
그와 싸워서 가나안 (族屬)족속과
브리스 족속을 죽이니
6 아도니 베섹이 (逃亡)도망하는지
라 그를 쫓아가서 잡아 그의 엄지
손가락과 엄지발가락을 자르매
7 아도니 베섹이 이르되 옛적에 칠
십 명의 왕들이 그들의 엄지손가
락과 엄지발가락이 잘리고 내 (床)
상 아래에서 먹을 것을 줍더니 하
나님이 내가 행한 대로 내게 갚으
심이로다 하니라 무리가 그를 끌
고 예루살렘에 이르렀더니 그가
거기서 죽었더라

유다 지파가 예루살렘과 헤브론을 치다

8 ●유다 자손이 예루살렘을 쳐서
(占領)점령하여 칼날로 치고 그 성
을 불살랐으며
9 그 후에 유다 자손이 내려가서 산
지와 (南方)남방과 평지에 거주하
는 가나안 족속과 싸웠고
10 유다가 또 가서 헤브론에 (居住)거
주하는 가나안 족속을 쳐서 세새
와 아히만과 달매를 죽였더라 헤
브론의 본 이름은 기럇 아르바였
더라

옷니엘이 드빌을 치다(수 15:13-19)

11 ●거기서 나아가서 드빌의 (住民)
주민들을 쳤으니 드빌의 본 이름
은 기럇 세벨이라
12 갈렙이 말하기를 기럇 세벨을 쳐
서 그것을 (占領)점령하는 자에게
는 내 딸 악사를 아내로 주리라 하
였더니
13 갈렙의 아우 그나스의 아들인 옷
니엘이 그것을 (占領)점령하였으
므로 갈렙이 그의 딸 악사를 그에
게 아내로 주었더라
14 악사가 (出嫁)출가할 때에 그에게
청하여 자기 아버지에게 밭을 구
하자 하고 나귀에서 내리매 갈렙
이 묻되 네가 무엇을 원하느냐 하
니
15 이르되 내게 (福)복을 주소서 아
버지께서 나를 남방으로 보내시니

샘물도 내게 주소서 하매 갈렙이
윗샘과 아랫샘을 그에게 주었더라

유다와 베냐민 지파의 승리

16 ●모세의 (丈人)장인은 겐 사람이
라 그의 자손이 유다 자손과 함께
종려나무 성읍에서 올라가서 아랏
남방의 유다 황무지에 이르러 그
백성 중에 거주하니라
17 유다가 그의 형제 시므온과 함께
가서 스밧에 거주하는 가나안 족
속을 쳐서 그 곳을 [1](殄滅)진멸하
였으므로 그 성읍의 이름을 호르
마라 하니라
18 유다가 또 가사 및 그 (地域)지역
과 아스글론 및 그 지역과 에그론
및 그 지역을 점령하였고
19 여호와께서 유다와 함께 계셨으므
로 그가 산지 주민을 쫓아내었으
나 골짜기의 주민들은 (鐵兵車)철
병거가 있으므로 그들을 쫓아내지
못하였으며
20 그들이 모세가 (命令)명령한 대로
헤브론을 갈렙에게 주었더니 그가
거기서 아낙의 세 아들을 쫓아내
었고
21 베냐민 자손은 예루살렘에 거주
하는 여부스 족속을 쫓아내지 못
하였으므로 여부스 족속이 베냐민
(子孫)자손과 함께 오늘까지 예루
살렘에 거주하니라

에브라임과 므낫세 지파가 벧엘을 치다

22 ●요셉 (家門)가문도 벧엘을 치러
올라가니 여호와께서 그와 함께
하시니라

1) 여호와께 드릴 목적으로 멸망시킴을 뜻함

23 요셉 가문이 벧엘을 (偵探)정탐하
게 하였는데 그 성읍의 본 이름은
루스라
24 정탐꾼들이 그 성읍에서 한 사람
이 나오는 것을 보고 그에게 이르
되 청하노니 이 성읍의 입구를 우
리에게 보이라 그리하면 우리가
네게 (善待)선대하리라 하매
25 그 사람이 성읍의 입구를 가리킨
지라 이에 그들이 칼날로 그 성읍
을 쳤으되 오직 그 사람과 그의
(家族)가족을 놓아 보내매
26 그 사람이 헷 사람들의 땅에 가서
성읍을 (建築)건축하고 그것의 이
름을 루스라 하였더니 오늘까지
그 곳의 이름이 되니라

쫓아내지 못한 가나안 족속

27 ●므낫세가 벧스안과 그에 딸린
마을들의 주민과 다아낙과 그에
딸린 마을들의 주민과 돌과 그에
딸린 마을들의 주민과 이블르암과
그에 딸린 마을들의 주민과 므깃
도와 그에 딸린 마을들의 주민들
을 쫓아내지 못하매 가나안 족속
이 (決心)결심하고 그 땅에 거주하
였더니
28 이스라엘이 강성한 후에야 가나안
족속에게 (勞役)노역을 시켰고 다
쫓아내지 아니하였더라
29 ●에브라임이 게셀에 거주하는 가
나안 (族屬)족속을 쫓아내지 못하
매 가나안 족속이 게셀에서 그들
중에 거주하였더라
30 ●스불론은 기드론 주민과 나할롤
주민을 쫓아내지 못하였으므로 가

나안 족속이 그들 중에 거주하면
서 (勞役)노역을 하였더라
31 ●아셀이 악고 주민과 시돈 주민
과 알랍과 악십과 헬바와 아빅과
르홉 주민을 쫓아내지 못하고
32 아셀 족속이 그 땅의 주민 가나안
족속 가운데 (居住)거주하였으니
이는 그들을 쫓아내지 못함이었더
라
33 ●납달리는 벧세메스 주민과 벧아
낫 주민을 쫓아내지 못하고 그 땅
의 주민 가나안 (族屬)족속 가운데
거주하였으나 벧세메스와 벧아낫
주민들이 그들에게 노역을 하였더
라
34 ●아모리 족속이 단 자손을 산지
로 몰아넣고 골짜기에 내려오기를
(容納)용납하지 아니하였으며
35 결심하고 헤레스 산과 아얄론과
사알빔에 거주하였더니 요셉의 가
문의 힘이 (强盛)강성하매 아모리
족속이 마침내는 노역을 하였으며
36 아모리 족속의 (境界)경계는 아그
랍빔 비탈의 바위부터 위쪽이었더
라

여호와의 사자가 보김에 나타나다

2 여호와의 (使者)사자가 길갈에
서부터 보김으로 올라와 말하
되 내가 너희를 애굽에서 올라오
게 하여 내가 너희의 조상들에게
맹세한 땅으로 들어가게 하였으며
또 내가 이르기를 내가 너희와 함
께 한 언약을 영원히 어기지 아니
하리니
2 너희는 이 땅의 주민과 언약을 맺
지 말며 그들의 (祭壇)제단들을 헐
라 하였거늘 너희가 내 목소리를
듣지 아니하였으니 어찌하여 그리
하였느냐
3 그러므로 내가 또 말하기를 내가
그들을 너희 앞에서 쫓아내지 아
니하리니 그들이 너희 옆구리에
가시가 될 것이며 그들의 (神)신들
이 너희에게 올무가 되리라 하였
노라
4 여호와의 (使者)사자가 이스라엘
모든 자손에게 이 말씀을 이르매
백성이 소리를 높여 운지라
5 그러므로 그 곳을 이름하여 [1]보김
이라 하고 그들이 거기서 여호와
께 (祭祀)제사를 드렸더라

여호수아가 죽다

6 ●전에 여호수아가 백성을 보내매
이스라엘 자손이 각기 그들의 (基
業)기업으로 가서 땅을 차지하였
고
7 백성이 여호수아가 사는 날 동안
과 여호수아 뒤에 (生存)생존한 장
로들 곧 여호와께서 이스라엘을
위하여 행하신 모든 큰 일을 본 자
들이 사는 날 동안에 여호와를 섬
겼더라
8 여호와의 종 눈의 아들 여호수아
가 (百十)백십 (歲)세에 죽으매
9 무리가 그의 기업의 경내 에브라
임 산지 가아스 산 북쪽 딤낫 헤레
스에 (葬事)장사하였고
10 그 (世代)세대의 사람도 다 그 조상
들에게로 돌아갔고 그 후에 일어

1) 우는 자들

난 다른 세대는 여호와를 알지 못
하며 여호와께서 이스라엘을 위하
여 행하신 일도 알지 못하였더라

이스라엘이 여호와를 버리다

11 ●이스라엘 자손이 여호와의 (目
前)목전에 악을 행하여 바알들을
섬기며
12 애굽 땅에서 그들을 (引導)인도하
여 내신 그들의 조상들의 하나님
여호와를 버리고 다른 신들 곧 그
들의 주위에 있는 백성의 신들을
따라 그들에게 절하여 여호와를
(震怒)진노하시게 하였으되
13 곧 그들이 여호와를 버리고 바알
과 아스다롯을 섬겼으므로
14 여호와께서 이스라엘에게 진노하
사 (擄掠)노략하는 자의 손에 넘겨
주사 그들이 노략을 당하게 하시
며 또 주위에 있는 모든 대적의 손
에 팔아 넘기시매 그들이 다시는
대적을 당하지 못하였으며
15 그들이 어디로 가든지 여호와의
손이 그들에게 (災殃)재앙을 내리
시니 곧 여호와께서 말씀하신 것
과 같고 여호와께서 그들에게 맹
세하신 것과 같아서 그들의 괴로
움이 심하였더라
16 ●여호와께서 (士師)사사들을 세
우사 노략자의 손에서 그들을 구
원하게 하셨으나
17 그들이 그 사사들에게도 순종하지
아니하고 오히려 다른 신들을 따
라가 (淫行)음행하며 그들에게 절
하고 여호와의 명령을 순종하던
그들의 조상들이 행하던 길에서

속히 치우쳐 떠나서 그와 같이 행
하지 아니하였더라
18 여호와께서 그들을 위하여 (士師)
사사들을 세우실 때에는 그 사사
와 함께 하셨고 그 사사가 사는 날
동안에는 여호와께서 그들을 대적
의 손에서 구원하셨으니 이는 그
들이 대적에게 (壓迫)압박과 괴롭
게 함을 받아 슬피 부르짖으므로
여호와께서 뜻을 돌이키셨음이거
늘
19 그 사사가 죽은 후에는 그들이 돌
이켜 그들의 조상들보다 더욱 (墮
落)타락하여 다른 신들을 따라 섬
기며 그들에게 절하고 그들의 행
위와 (悖逆)패역한 길을 그치지 아
니하였으므로
20 여호와께서 이스라엘에게 진노하
여 이르시되 이 백성이 내가 그들
의 조상들에게 명령한 (言約)언약
을 어기고 나의 목소리를 순종하
지 아니하였은즉
21 나도 여호수아가 죽을 때에 남겨
둔 (異邦)이방 민족들을 다시는 그
들 앞에서 하나도 쫓아내지 아니
하리니
22 이는 이스라엘이 그들의 조상들이
지킨 것 같이 나 여호와의 (道)도
를 지켜 행하나 아니하나 그들을
시험하려 함이라 하시니라
23 여호와께서 그 (異邦)이방 (民族)
민족들을 머물러 두사 그들을 속
히 쫓아내지 아니하셨으며 여호수
아의 손에 넘겨 주지 아니하셨더
라

그 땅에 남겨 두신 사람들

3 여호와께서 가나안의 모든 (戰
爭)전쟁들을 알지 못한 이스라
엘을 (試驗)시험하려 하시며
2 이스라엘 자손의 (世代)세대 중에
아직 전쟁을 알지 못하는 자들에
게 그것을 가르쳐 알게 하려 하사
남겨 두신 이방 민족들은
3 블레셋의 다섯 (君主)군주들과 모
든 가나안 (族屬)족속과 시돈 족속
과 바알 헤르몬 산에서부터 하맛
입구까지 레바논 산에 거주하는
히위 족속이라
4 남겨 두신 이 이방 민족들로 이스
라엘을 (試驗)시험하사 여호와께
서 모세를 통하여 그들의 조상들
에게 이르신 명령들을 순종하는지
알고자 하셨더라
5 그러므로 이스라엘 (子孫)자손은
가나안 족속과 헷 족속과 아모리
족속과 브리스 족속과 히위 족속
과 여부스 족속 가운데에 거주하
면서
6 그들의 딸들을 맞아 아내로 삼으
며 (自己)자기 딸들을 그들의 아들
들에게 주고 또 그들의 신들을 섬
겼더라

사사 옷니엘

7 ●이스라엘 자손이 여호와의 (目
前)목전에 악을 행하여 자기들의
하나님 여호와를 잊어버리고 바알
들과 아세라들을 섬긴지라
8 여호와께서 이스라엘에게 (震怒)
진노하사 그들을 [1]메소보다미아
왕 구산 리사다임의 손에 파셨으
므로 이스라엘 자손이 구산 리사
다임을 팔 년 동안 섬겼더니
9 이스라엘 (子孫)자손이 여호와께
부르짖으매 여호와께서 이스라엘
자손을 위하여 한 (救援者)구원자
를 세워 그들을 구원하게 하시니
그는 곧 갈렙의 아우 그나스의 아
들 옷니엘이라
10 여호와의 (靈)영이 그에게 임하셨
으므로 그가 이스라엘의 사사가
되어 나가서 싸울 때에 여호와께
서 메소보다미아 왕 구산 리사다
임을 그의 손에 넘겨 주시매 옷니
엘의 손이 구산 리사다임을 이기
니라
11 그 땅이 (平穩)평온한 지 사십 년
에 그나스의 아들 옷니엘이 죽었
더라

사사 에훗

12 ●이스라엘 자손이 또 여호와의
목전에 악을 행하니라 이스라엘
자손이 여호와의 목전에 악을 행
하므로 여호와께서 모압 왕 에글
론을 (强盛)강성하게 하사 그들을
(對敵)대적하게 하시매
13 에글론이 암몬과 아말렉 자손들을
모아 가지고 와서 이스라엘을 쳐
서 종려나무 (城邑)성읍을 점령한
지라
14 이에 이스라엘 (子孫)자손이 모압
왕 에글론을 열여덟 해 동안 섬기
니라
15 ●이스라엘 자손이 여호와께 부르
짖으매 여호와께서 그들을 위하여

1) 히, 아람 나하라임

한 (救援者)구원자를 세우셨으니
그는 곧 베냐민 사람 게라의 아들
왼손잡이 에훗이라 이스라엘 자손
이 그를 통하여 모압 왕 에글론에
게 (貢物)공물을 바칠 때에
16 에훗이 길이가 한 [1]규빗 되는 (左
右)좌우에 날선 칼을 만들어 그의
오른쪽 허벅지 옷 속에 차고
17 (貢物)공물을 모압 왕 에글론에게
바쳤는데 에글론은 매우 (肥鈍)비
둔한 자였더라
18 에훗이 공물 바치기를 마친 후에
공물을 메고 온 자들을 보내고
19 자기는 길갈 (近處)근처 돌 뜨는
곳에서부터 돌아와서 이르되 왕이
여 내가 (隱密)은밀한 일을 왕에게
아뢰려 하나이다 하니 왕이 명령
하여 조용히 하라 하매 모셔 선 자
들이 다 물러간지라
20 에훗이 그에게로 들어가니 왕은
서늘한 다락방에 홀로 앉아 있는
중이라 에훗이 이르되 내가 하나
님의 명령을 받들어 왕에게 아뢸
일이 있나이다 하매 왕이 그의 (座
席)좌석에서 일어나니
21 에훗이 왼손을 뻗쳐 그의 오른쪽
허벅지 위에서 칼을 빼어 (王)왕의
몸을 찌르매
22 칼자루도 날을 따라 들어가서 그
끝이 등 뒤까지 나갔고 그가 칼을
그의 몸에서 빼내지 아니하였으므
로 기름이 칼날에 엉겼더라
23 에훗이 (玄關)현관에 나와서 다락
문들을 뒤에서 닫아 잠그니라

1) 히, 암마 2) 용변을 보신다 3) 히, 부끄러울 때까지

24 ●에훗이 나간 후에 왕의 신하들
이 들어와서 다락문들이 잠겼음을
보고 이르되 왕이 (分明)분명히 서
늘한 방에서 그의 [2]발을 가리우신
다 하고
25 그들이 [3]오래 기다려도 왕이 다락
문들을 열지 아니하는지라 열쇠를
가지고 열어 본즉 그들의 (君主)군
주가 이미 땅에 엎드러져 죽었더
라
26 ●그들이 기다리는 동안에 에훗이
피하여 돌 뜨는 곳을 지나 스이라
로 (逃亡)도망하니라
27 그가 이르러 에브라임 산지에서
(喇叭)나팔을 불매 이스라엘 자손
이 산지에서 그를 따라 내려오니
에훗이 앞서 가며
28 그들에게 이르되 나를 따르라 여
호와께서 너희의 원수들인 모압을
너희의 손에 넘겨 주셨느니라 하
매 무리가 에훗을 따라 내려가 모
압 맞은편 요단 강 나루를 (掌握)
장악하여 한 사람도 건너지 못하
게 하였고
29 그 때에 모압 사람 약 만 명을 죽였
으니 모두 (壯士)장사요 모두 (勇
士)용사라 한 사람도 도망하지 못
하였더라
30 그 날에 모압이 이스라엘 (手下)수
하에 굴복하매 그 땅이 팔십 년 동
안 평온하였더라

사사 삼갈

31 ●에훗 후에는 아낫의 아들 삼갈
이 있어 소 모는 막대기로 블레셋
사람 육백 명을 죽였고 그도 이스

라엘을 (救援)구원하였더라

사사 드보라

4 에훗이 죽으니 이스라엘 자손
이 또 여호와의 목전에 악을 행
하매
2 여호와께서 하솔에서 통치하는 가
나안 왕 야빈의 손에 그들을 파셨
으니 그의 (軍隊 長官)군대 장관
은 하로셋 학고임에 거주하는 시
스라요
3 야빈 왕은 철 병거 구백 대가 있어
이십 년 동안 이스라엘 자손을 심
히 (虐待)학대했으므로 이스라엘
자손이 여호와께 부르짖었더라
4 ●그 때에 랍비돗의 아내 (女先知
者)여선지자 드보라가 이스라엘의
사사가 되었는데
5 그는 에브라임 산지 라마와 벧엘
사이 드보라의 종려나무 아래에
거주하였고 이스라엘 자손은 그에
게 나아가 (裁判)재판을 받더라
6 드보라가 사람을 보내어 아비노암
의 아들 바락을 납달리 게데스에
서 불러다가 그에게 이르되 이스
라엘의 하나님 여호와께서 이같이
명령하지 아니하셨느냐 너는 납달
리 (子孫)자손과 스불론 자손 만
명을 거느리고 다볼 산으로 가라
7 내가 야빈의 군대 장관 시스라와
그의 (兵車)병거들과 그의 무리를
기손 강으로 이끌어 네게 이르게
하고 그를 네 손에 넘겨 주리라 하
셨느니라
8 바락이 그에게 이르되 만일 당신
이 나와 함께 가면 내가 가려니와
만일 당신이 나와 함께 가지 아니
하면 나도 가지 아니하겠노라 하
니
9 이르되 내가 반드시 너와 함께 가
리라 그러나 네가 이번에 가는 길
에서는 (榮光)영광을 얻지 못하리
니 이는 여호와께서 시스라를 여
인의 손에 파실 것임이니라 하고
드보라가 일어나 바락과 함께 게
데스로 가니라
10 바락이 스불론과 납달리를 게데스
로 부르니 (萬)만 (名)명이 그를
따라 올라가고 드보라도 그와 함
께 올라가니라
11 ●모세의 [1](丈人)장인 [2]호밥의 자
손 중 겐 사람 헤벨이 자기 족속을
떠나 게데스에 가까운 사아난님
상수리나무 곁에 이르러 장막을
쳤더라
12 ●아비노암의 아들 바락이 다볼
산에 오른 것을 사람들이 시스라
에게 알리매
13 시스라가 모든 병거 곧 (鐵兵車)
철 병거 구백 대와 자기와 함께 있
는 모든 백성을 하로셋학고임에서
부터 기손 강으로 모은지라
14 드보라가 바락에게 이르되 일어나
라 이는 여호와께서 시스라를 네
손에 넘겨 주신 날이라 여호와께
서 너에 앞서 나가지 아니하시느
냐 하는지라 이에 바락이 만 명을
거느리고 다볼 (山)산에서 내려가
니
15 여호와께서 바락 앞에서 시스라와

1) 히, 처남이란 뜻도 있음 2) 민 10:29를 보라

그의 모든 병거와 그의 온 군대를
칼날로 (混亂)혼란에 빠지게 하시
매 시스라가 병거에서 내려 걸어
서 (逃亡)도망한지라
16 바락이 그의 병거들과 군대를 (追
擊)추격하여 하로셋학고임에 이르
니 시스라의 온 군대가 다 칼에 엎
드러졌고 한 사람도 남은 자가 없
었더라
17 ●시스라가 걸어서 도망하여 겐
사람 헤벨의 아내 야엘의 (帳幕)장
막에 이르렀으니 이는 하솔 왕 야
빈과 겐 사람 헤벨의 집 사이에는
(和平)화평이 있음이라
18 야엘이 나가 시스라를 (迎接)영접
하며 그에게 말하되 나의 주여 들
어오소서 내게로 들어오시고 두려
워하지 마소서 하매 그가 그 장막
에 들어가니 야엘이 이불로 그를
덮으니라
19 시스라가 그에게 말하되 청하노니
내게 물을 조금 마시게 하라 내가
목이 마르다 하매 우유 부대를 열
어 그에게 마시게 하고 그를 덮으
니
20 그가 또 이르되 (帳幕)장막 문에
섰다가 (萬一)만일 사람이 와서 네
게 묻기를 여기 어떤 사람이 있느
냐 하거든 너는 없다 하라 하고
21 그가 깊이 잠드니 헤벨의 아내 야
엘이 장막 말뚝을 가지고 손에 방
망이를 들고 그에게로 가만히 가
서 말뚝을 그의 관자놀이에 박으
매 말뚝이 꿰뚫고 땅에 박히니 그
가 (氣絶)기절하여 죽으니라
22 바락이 시스라를 (追擊)추격할 때
에 야엘이 나가서 그를 맞아 그에
게 이르되 오라 네가 찾는 그 사람
을 내가 네게 보이리라 하매 바락
이 그에게 들어가 보니 시스라가
엎드러져 죽었고 말뚝이 그의 관
자놀이에 박혔더라
23 ●이와 같이 이 날에 하나님이 가
나안 왕 야빈을 이스라엘 자손 앞
에 (屈伏)굴복하게 하신지라
24 이스라엘 자손의 손이 가나안 왕
야빈을 (漸漸)점점 더 눌러서 마침
내 가나안 왕 야빈을 (殄滅)진멸하
였더라

드보라와 바락의 노래

5 이 날에 드보라와 아비노암의
아들 바락이 노래하여 이르되
2 이스라엘의 (領率者)영솔자들이
영솔하였고 백성이 즐거이 (獻
身)헌신하였으니 여호와를 찬송
하라
3 너희 왕들아 들으라 (統治者)통
치자들아 귀를 기울이라 나 곧
내가 여호와를 노래할 것이요 이
스라엘의 하나님 여호와를 (讚
頌)찬송하리로다
4 여호와여 주께서 세일에서부터
나오시고 에돔 들에서부터 진행
하실 때에 땅이 (震動)진동하고
하늘이 물을 내리고 구름도 물을
내렸나이다
5 산들이 여호와 앞에서 (震動)진
동하니 저 시내 산도 이스라엘의
하나님 여호와 앞에서 진동하였
도다

6 아낫의 아들 삼갈의 날에 또는
야엘의 날에는 (大路)대로가 비
었고 길의 행인들은 오솔길로 다
녔도다
7 이스라엘에는 마을 [1]사람들이 그
쳤으니 나 드보라가 일어나 이스
라엘의 어머니가 되기까지 그쳤
도다
8 무리가 새 신들을 택하였으므로
그 때에 전쟁이 성문에 이르렀으
나 이스라엘의 사만 명 중에 (防
牌)방패와 (槍)창이 보였던가
9 내 마음이 이스라엘의 방백을 사
모함은 그들이 백성 중에서 즐거
이 (獻身)헌신하였음이니 여호
와를 찬송하라
10 흰 나귀를 탄 자들, 양탄자에 앉
은 자들, 길에 행하는 자들아 (傳
播)전파할지어다
11 활 쏘는 자들의 소리로부터 멀리
떨어진 물 긷는 곳에서도 여호와
의 (公義)공의로우신 일을 전하
라 이스라엘에서 마을 사람들을
위한 의로우신 일을 노래하라 그
때에 여호와의 백성이 성문에 내
려갔도다
12 깰지어다 깰지어다 드보라여 깰
지어다 깰지어다 너는 노래할지
어다 일어날지어다 바락이여 아
비노암의 아들이여 네가 사로잡
은 자를 끌고 갈지어다
13 그 때에 남은 (貴人)귀인과 백성
이 내려왔고 여호와께서 나를 위
하여 (勇士)용사를 치시려고 내
려오셨도다
14 에브라임에게서 나온 자들은 아
말렉에 뿌리 박힌 자들이요 베냐
민은 백성들 중에서 너를 따르는
자들이요 마길에게서는 명령하
는 자들이 내려왔고 스불론에게
서는 [2](大將軍)대장군의 지팡이
를 잡은 자들이 내려왔도다
15 잇사갈의 (方伯)방백들이 드보
라와 함께 하니 잇사갈과 같이
바락도 그의 뒤를 따라 골짜기로
달려 내려가니 르우벤 시냇가에
서 큰 (決心)결심이 있었도다
16 네가 양의 우리 가운데에 앉아서
(牧者)목자의 피리 부는 소리를
들음은 어찌 됨이냐 르우벤 시냇
가에서 큰 결심이 있었도다
17 길르앗은 요단 강 저쪽에 거주하
며 단은 배에 머무름이 어찌 됨
이냐 아셀은 (海邊)해변에 앉으
며 자기 (港灣)항만에 거주하도
다
18 스불론은 죽음을 무릅쓰고 목숨
을 아끼지 아니한 (百姓)백성이
요 납달리도 들의 높은 곳에서
그러하도다
19 왕들이 와서 싸울 때에 가나안
왕들이 므깃도 물 가 다아낙에서
싸웠으나 (銀)은을 (奪取)탈취
하지 못하였도다
20 별들이 하늘에서부터 싸우되 그
들이 다니는 길에서 시스라와 싸
웠도다
21 기손 강은 그 무리를 (漂流)표류
시켰으니 이 기손 강은 옛 강이

1) 또는 지도자들이 2) 히, 기록하는 자의

라 내 (靈魂)영혼아 네가 힘 있
는 자를 밟았도다
22 그 때에 (軍馬)군마가 빨리 달리
니 말굽 소리가 땅을 울리도다
23 여호와의 사자의 말씀에 메로스
를 (詛呪)저주하라 너희가 거듭
거듭 그 주민들을 저주할 것은
그들이 와서 여호와를 돕지 아니
하며 여호와를 도와 용사를 치지
아니함이니라 하시도다
24 겐 사람 헤벨의 아내 야엘은 다
른 여인들보다 복을 받을 것이니
(帳幕)장막에 있는 여인들보다
더욱 복을 받을 것이로다
25 시스라가 물을 구하매 (牛乳)우
유를 주되 곧 엉긴 (牛乳)우유를
귀한 그릇에 담아 주었고
26 손으로 장막 말뚝을 잡으며 오른
손에 일꾼들의 방망이를 들고 시
스라를 쳐서 그의 머리를 뚫되
곧 그의 (貫子)관자놀이를 꿰뚫
었도다
27 그가 그의 발 앞에 꾸부러지며
엎드러지고 쓰러졌고 그의 발 앞
에 꾸부러져 엎드러져서 그 꾸부
러진 곳에 엎드러져 죽었도다
28 시스라의 어머니가 (窓門)창문
을 통하여 바라보며 창살을 통하
여 부르짖기를 그의 (兵車)병거
가 어찌하여 더디 오는가 그의
병거들의 걸음이 어찌하여 늦어
지는가 하매
29 그의 (智慧)지혜로운 시녀들이
(對答)대답하였겠고 그도 스스
로 대답하기를
30 그들이 어찌 (擄掠物)노략물을
얻지 못하였으랴 그것을 나누지
못하였으랴 사람마다 한두 처녀
를 얻었으리로다 시스라는 (彩
色)채색 옷을 노략하였으리니
그것은 수 놓은 채색 옷이리로다
곧 양쪽에 수 놓은 채색 옷이리
니 노략한 자의 목에 꾸미리로다
하였으리라
31 여호와여 주의 (怨讐)원수들은
다 이와 같이 망하게 하시고 주
를 사랑하는 자들은 해가 힘 있
게 돋음 같게 하시옵소서
하니라 그 땅이 사십 년 동안 평온
하였더라

사사 기드온

6 이스라엘 자손이 또 여호와의
(目前)목전에 악을 행하였으므
로 여호와께서 칠 년 동안 그들을
미디안의 손에 넘겨 주시니
2 미디안의 손이 이스라엘을 이긴지
라 이스라엘 자손이 미디안으로
말미암아 산에서 웅덩이와 굴과
(山城)산성을 자기들을 위하여 만
들었으며
3 이스라엘이 (播種)파종한 때면 미
디안과 아말렉과 동방 사람들이
치러 올라와서
4 진을 치고 가사에 이르도록 (土地)
토지 (所産)소산을 멸하여 이스라
엘 가운데에 먹을 것을 남겨 두지
아니하며 양이나 소나 나귀도 남
기지 아니하니
5 이는 그들이 그들의 짐승과 (帳幕)
장막을 가지고 올라와 메뚜기 떼

갈이 많이 들어오니 그 사람과 (駱
駝)낙타가 무수함이라 그들이 그
땅에 들어와 멸하려 하니
6 이스라엘이 미디안으로 말미암아
(窮乏)궁핍함이 심한지라 이에 이
스라엘 자손이 여호와께 부르짖었
더라
7 ●이스라엘 자손이 미디안으로 말
미암아 여호와께 부르짖었으므로
8 여호와께서 이스라엘 자손에게 한
선지자를 보내시니 그가 그들에게
이르되 여호와께서 이같이 말씀하
시기를 이스라엘의 하나님 내가
너희를 애굽에서 (引導)인도하여
내며 너희를 그 종 되었던 집에서
나오게 하여
9 애굽 사람의 손과 너희를 (虐待)학
대하는 모든 자의 손에서 너희를
건져내고 그들을 너희 앞에서 쫓
아내고 그 땅을 너희에게 주었으
며
10 내가 또 너희에게 이르기를 나는
너희의 하나님 여호와이니 너희가
(居住)거주하는 아모리 사람의 땅
의 신들을 두려워하지 말라 하였
으나 너희가 내 목소리를 듣지 아
니하였느니라 하셨다 하니라
11 ●여호와의 (使者)사자가 아비에
셀 사람 요아스에게 속한 오브라
에 이르러 상수리나무 아래에 앉
으니라 마침 요아스의 아들 기드
온이 미디안 사람에게 알리지 아
니하려 하여 밀을 포도주 틀에서
(打作)타작하더니
12 여호와의 사자가 기드온에게 나타
나 이르되 큰 (勇士)용사여 여호와
께서 너와 함께 계시도다 하매
13 기드온이 그에게 대답하되 오 나
의 주여 여호와께서 우리와 함께
계시면 어찌하여 이 모든 일이 우
리에게 일어났나이까 또 우리 조
상들이 일찍이 우리에게 이르기를
여호와께서 우리를 애굽에서 올라
오게 하신 것이 아니냐 한 그 모든
(異蹟)이적이 어디 있나이까 이제
여호와께서 우리를 버리사 미디안
의 손에 우리를 넘겨 주셨나이다
하니
14 여호와께서 그를 향하여 이르시되
너는 가서 이 너의 힘으로 이스라
엘을 미디안의 손에서 (救援)구원
하라 내가 너를 보낸 것이 아니냐
하시니라
15 그러나 기드온이 그에게 대답하되
오 주여 내가 무엇으로 이스라엘
을 구원하리이까 보소서 나의 집
은 므낫세 중에 (極)극히 (弱)약하
고 나는 내 아버지 집에서 가장 작
은 자니이다 하니
16 여호와께서 그에게 이르시되 내가
반드시 너와 함께 하리니 네가 미
디안 사람 치기를 한 사람을 치듯
하리라 하시니라
17 기드온이 그에게 대답하되 만일
내가 주께 (恩惠)은혜를 얻었사오
면 나와 말씀하신 이가 주 되시는
(表徵)표징을 내게 보이소서
18 내가 (禮物)예물을 가지고 다시 주
께로 와서 그것을 주 앞에 드리기
까지 이 곳을 떠나지 마시기를 원

하나이다 하니 그가 이르되 내가
너 돌아올 때까지 머무르리라 하
니라
19 ●기드온이 가서 염소 새끼 하나
를 (準備)준비하고 가루 한 에바로
무교병을 만들고 고기를 소쿠리에
담고 국을 양푼에 담아 상수리나
무 아래 그에게로 가져다가 드리
매
20 하나님의 사자가 그에게 이르되
고기와 (無酵餠)무교병을 가져다
가 이 바위 위에 놓고 국을 부으라
하니 기드온이 그대로 하니라
21 여호와의 (使者)사자가 손에 잡은
지팡이 끝을 내밀어 고기와 무교
병에 대니 불이 바위에서 나와 고
기와 무교병을 살랐고 여호와의
사자는 떠나서 보이지 아니한지라
22 기드온이 그가 여호와의 사자인
줄을 알고 이르되 슬프도소이다
주 여호와여 내가 여호와의 사자
를 (對面)대면하여 보았나이다 하
니
23 여호와께서 그에게 이르시되 너는
(安心)안심하라 두려워하지 말라
죽지 아니하리라 하시니라
24 기드온이 여호와를 위하여 거기서
(祭壇)제단을 쌓고 그것을 [1]여호
와 살롬이라 하였더라 그것이 오
늘까지 아비에셀 사람에게 속한
오브라에 있더라
25 ●그 날 밤에 여호와께서 기드온
에게 이르시되 네 아버지에게 있
는 수소 곧 칠 년 된 둘째 수소를

1) 여호와는 평강이라

끌어 오고 네 아버지에게 있는 바
알의 (祭壇)제단을 헐며 그 곁의
아세라 상을 찍고
26 또 이 산성 꼭대기에 네 하나님 여
호와를 위하여 (規例)규례대로 한
제단을 쌓고 그 둘째 수소를 잡아
네가 찍은 아세라 나무로 (燔祭)번
제를 드릴지니라 하시니라
27 이에 기드온이 종 열 사람을 데리
고 여호와께서 그에게 말씀하신
대로 행하되 그의 아버지의 (家門)
가문과 그 (城邑)성읍 사람들을 두
려워하므로 이 일을 감히 낮에 행
하지 못하고 밤에 행하니라
28 ●그 성읍 사람들이 아침에 일찍
이 일어나 본즉 바알의 (祭壇)제단
이 (破壞)파괴되었으며 그 곁의 아
세라가 찍혔고 새로 쌓은 제단 위
에 그 둘째 수소를 드렸는지라
29 서로 물어 이르되 이것이 누구의
(所行)소행인가 하고 그들이 캐어
물은 후에 이르되 요아스의 아들
기드온이 이를 행하였도다 하고
30 성읍 사람들이 요아스에게 이르되
네 아들을 끌어내라 그는 (當然)당
연히 죽을지니 이는 바알의 (祭壇)
제단을 파괴하고 그 곁의 아세라
를 찍었음이니라 하니
31 요아스가 자기를 둘러선 모든 자
에게 이르되 너희가 바알을 위하
여 다투느냐 너희가 바알을 (救援)
구원하겠느냐 그를 위하여 다투는
자는 아침까지 죽임을 당하리라
바알이 과연 신일진대 그의 제단
을 (破壞)파괴하였은즉 그가 자신

을 위해 다툴 것이니라 하니라
32 그 날에 기드온을 여룹바알이라
불렀으니 이는 그가 바알의 (祭壇)
제단을 파괴하였으므로 바알이 그
와 더불어 다툴 것이라 함이었더
라
33 ●그 때에 미디안과 아말렉과 (東
方)동방 사람들이 다 함께 모여 요
단 강을 건너와서 이스르엘 골짜
기에 진을 친지라
34 여호와의 (靈)영이 기드온에게 임
하시니 기드온이 나팔을 불매 아
비에셀이 그의 뒤를 따라 부름을
받으니라
35 기드온이 또 사자들을 온 므낫세
에 두루 보내매 그들도 모여서 그
를 따르고 또 사자들을 아셀과 스
불론과 납달리에 보내매 그 무리
도 올라와 그를 (迎接)영접하더라
36 ●기드온이 하나님께 여쭈되 주께
서 이미 말씀하심 같이 내 손으로
이스라엘을 (救援)구원하시려거든
37 보소서 내가 양털 한 뭉치를 (打
作)타작 마당에 두리니 만일 이슬
이 양털에만 있고 (周邊)주변 땅은
마르면 주께서 이미 말씀하심 같
이 내 손으로 이스라엘을 구원하
실 줄을 내가 알겠나이다 하였더
니
38 그대로 된지라 이튿날 기드온이
일찍이 일어나서 양털을 가져다가
그 양털에서 이슬을 짜니 물이 그
릇에 가득하더라
39 기드온이 또 하나님께 여쭈되 주
여 내게 노하지 마옵소서 내가 이
번만 말하리이다 구하옵나니 내게
이번만 양털로 (試驗)시험하게 하
소서 원하건대 양털만 마르고 그
주변 땅에는 다 이슬이 있게 하옵
소서 하였더니
40 그 밤에 하나님이 그대로 행하시
니 곧 양털만 마르고 그 (周邊)주
변 땅에는 다 이슬이 있었더라

기드온이 미디안을 치다

7 여룹바알이라 하는 기드온과
그를 따르는 모든 백성이 일찍
이 일어나 하롯 샘 곁에 (陣)진을
쳤고 미디안의 진영은 그들의 북
쪽이요 모레 산 앞 골짜기에 있었
더라
2 ●여호와께서 기드온에게 이르시
되 너를 따르는 백성이 너무 많은
즉 내가 그들의 손에 미디안 사람
을 넘겨 주지 아니하리니 이는 이
스라엘이 나를 거슬러 스스로 자
랑하기를 내 손이 나를 (救援)구원
하였다 할까 함이니라
3 이제 너는 (百姓)백성의 귀에 외
쳐 이르기를 누구든지 두려워 떠
는 자는 길르앗 산을 떠나 돌아가
라 하라 하시니 이에 돌아간 백성
이 이만 이천 명이요 남은 자가 만
명이었더라
4 ●여호와께서 또 기드온에게 이르
시되 백성이 아직도 많으니 그들
을 (引導)인도하여 물 가로 내려가
라 거기서 내가 너를 위하여 그들
을 시험하리라 내가 누구를 가리
켜 네게 이르기를 이 사람이 너와
함께 가리라 하면 그는 너와 함께

갈 것이요 내가 누구를 가리켜 네
게 이르기를 이 사람은 너와 함께
가지 말 것이니라 하면 그는 가지
말 것이니라 하신지라
5 이에 (百姓)백성을 (引導)인도하
여 물 가에 내려가매 여호와께서
기드온에게 이르시되 누구든지 개
가 핥는 것 같이 혀로 물을 핥는 자
들을 너는 따로 세우고 또 누구든
지 무릎을 꿇고 마시는 자들도 그
와 같이 하라 하시더니
6 손으로 움켜 입에 대고 핥는 자의
(數)수는 삼백 명이요 그 외의 백
성은 다 무릎을 꿇고 물을 마신지
라
7 여호와께서 기드온에게 이르시되
내가 이 물을 핥아 먹은 삼백 명으
로 너희를 (救援)구원하며 미디안
을 네 손에 넘겨 주리니 남은 백성
은 각각 자기의 (處所)처소로 돌아
갈 것이니라 하시니
8 이에 백성이 (糧食)양식과 나팔
을 손에 든지라 기드온이 이스라
엘 모든 백성을 각각 그의 장막으
로 돌려보내고 그 삼백 명은 머물
게 하니라 미디안 진영은 그 아래
골짜기 가운데에 있었더라
9 ●그 밤에 여호와께서 기드온에게
이르시되 일어나 (陣營)진영으로
내려가라 내가 그것을 네 손에 넘
겨 주었느니라
10 만일 네가 내려가기를 두려워하거
든 네 (部下)부하 부라와 함께 그
진영으로 내려가서
11 그들이 하는 말을 들으라 그 후에
네 손이 강하여져서 그 진영으로
내려가리라 하시니 기드온이 이에
그의 부하 부라와 함께 (軍隊)군대
가 있는 진영 근처로 내려간즉
12 미디안과 아말렉과 (東方)동방의
모든 사람들이 골짜기에 누웠는데
메뚜기의 많은 수와 같고 그들의
낙타의 수가 많아 해변의 모래가
많음 같은지라
13 기드온이 그 곳에 이른즉 어떤 사
람이 그의 친구에게 꿈을 말하여
이르기를 보라 내가 한 꿈을 꾸었
는데 꿈에 보리떡 한 덩어리가 미
디안 진영으로 굴러 들어와 한 (帳
幕)장막에 이르러 그것을 쳐서 무
너뜨려 위쪽으로 엎으니 그 장막
이 쓰러지더라
14 그의 (親舊)친구가 (對答)대답하
여 이르되 이는 다른 것이 아니라
이스라엘 사람 요아스의 아들 기
드온의 칼이라 하나님이 미디안과
그 모든 진영을 그의 손에 넘겨 주
셨느니라 하더라
15 ●기드온이 그 꿈과 (解夢)해몽하
는 말을 듣고 경배하며 이스라엘
진영으로 돌아와 이르되 일어나라
여호와께서 미디안과 그 모든 진
영을 너희 손에 넘겨 주셨느니라
하고
16 삼백 명을 세 (隊)대로 나누어 각
손에 나팔과 빈 항아리를 들리고
항아리 안에는 횃불을 감추게 하
고
17 그들에게 이르되 너희는 나만 보
고 내가 하는 대로 하되 내가 그

(陣營)진영 근처에 이르러서 내가
하는 대로 너희도 그리하여
18 나와 나를 따르는 자가 다 나팔을
불거든 너희도 모든 진영 (周圍)주
위에서 나팔을 불며 이르기를 여
호와를 위하라, 기드온을 위하라
하라 하니라
19 ●기드온과 그와 함께 한 백 명이
이경 초에 진영 근처에 이른즉 바
로 파수꾼들을 (交代)교대한 때라
그들이 나팔을 불며 손에 가졌던
항아리를 부수니라
20 세 대가 (喇叭)나팔을 불며 항아리
를 부수고 왼손에 횃불을 들고 오
른손에 나팔을 들어 불며 외쳐 이
르되 여호와와 기드온의 칼이다
하고
21 (各其)각기 제자리에 서서 그 진영
을 에워싸매 그 온 진영의 군사들
이 뛰고 부르짖으며 (逃亡)도망하
였는데
22 삼백 명이 나팔을 불 때에 여호와
께서 그 온 (陣營)진영에서 친구끼
리 칼로 치게 하시므로 (敵軍)적군
이 도망하여 스레라의 벧 싯다에
이르고 또 답밧에 가까운 아벨므
홀라의 (境界)경계에 이르렀으며
23 이스라엘 사람들은 납달리와 아셀
과 온 므낫세에서부터 부름을 받
고 미디안을 (追擊)추격하였더라
24 ●기드온이 사자들을 보내서 에브
라임 온 산지로 두루 다니게 하여
이르기를 내려와서 미디안을 치고
그들을 앞질러 벧 바라와 요단 강
에 이르는 (水路)수로를 (占領)점
령하라 하매 이에 에브라임 사람
들이 다 모여 벧 바라와 요단 강에
이르는 수로를 점령하고
25 또 미디안의 두 방백 오렙과 스엡
을 사로잡아 오렙은 오렙 바위에
서 죽이고 스엡은 스엡 포도주 틀
에서 죽이고 미디안을 (追擊)추격
하였고 오렙과 스엡의 머리를 요
단 강 건너편에서 기드온에게 가
져왔더라

기드온이 죽인 미디안 왕들

8 에브라임 사람들이 기드온에게
이르되 네가 미디안과 싸우러 갈
때에 우리를 부르지 아니하였으니
우리를 이같이 (待接)대접함은 어
찌 됨이냐 하고 그와 크게 다투는
지라
2 기드온이 그들에게 이르되 내가
이제 행한 일이 너희가 한 것에
(比較)비교되겠느냐 에브라임의
끝물 포도가 아비에셀의 만물 포
도보다 낫지 아니하냐
3 하나님이 미디안의 (方伯)방백 오
렙과 스엡을 너희 손에 넘겨 주셨
으니 내가 한 일이 어찌 능히 너희
가 한 것에 비교되겠느냐 하니라
기드온이 이 말을 하매 그 때에 그
들의 노여움이 풀리니라
4 ●기드온과 그와 함께 한 자 삼백
명이 요단 강에 이르러 건너고 비
록 (疲困)피곤하나 추격하며
5 그가 숙곳 사람들에게 이르되 나를
따르는 백성이 (疲困)피곤하니 청
하건대 그들에게 떡덩이를 주라 나
는 미디안의 왕들인 세바와 살문나

의 뒤를 추격하고 있노라 하니
6 숙곳의 (方伯)방백들이 이르되 세
바와 살문나의 손이 지금 네 손 안
에 있다는거냐 어찌 우리가 네 군
대에게 떡을 주겠느냐 하는지라
7 기드온이 이르되 그러면 여호와께
서 세바와 살문나를 내 손에 넘겨
주신 후에 내가 들가시와 찔레로
너희 살을 찢으리라 하고
8 거기서 브누엘로 올라가서 그들에
게도 그같이 구한즉 브누엘 사람
들의 대답도 숙곳 사람들의 (對答)
대답과 같은지라
9 기드온이 또 브누엘 사람들에게
말하여 이르되 내가 평안히 돌아
올 때에 이 (望臺)망대를 헐리라
하니라
10 ●이 때에 세바와 살문나가 갈골
에 있는데 동방 사람의 모든 (軍隊)
군대 중에 칼 든 자 십이만 명이 죽
었고 그 남은 만 오천 명 가량은 그
들을 따라와서 거기에 있더라
11 적군이 (安心)안심하고 있는 중에
기드온이 노바와 욕브하 동쪽 장
막에 거주하는 자의 길로 올라가
서 그 (敵陣)적진을 치니
12 세바와 살문나가 도망하는지라 기
드온이 그들의 뒤를 (追擊)추격하
여 미디안의 두 왕 세바와 살문나
를 사로잡고 그 온 진영을 (擊破)
격파하니라
13 ●요아스의 아들 기드온이 헤레스
비탈 (戰場)전장에서 돌아오다가
14 숙곳 사람 중 한 소년을 잡아 그를
(審問)심문하매 그가 숙곳의 방백
들과 (長老)장로들 칠십칠 명을 그
에게 적어 준지라
15 기드온이 숙곳 사람들에게 이르러
말하되 너희가 전에 나를 (戱弄)희
롱하여 이르기를 세바와 살문나의
손이 지금 네 손 안에 있다는거냐
어찌 우리가 네 (疲困)피곤한 사람
들에게 떡을 주겠느냐 한 그 세바
와 살문나를 보라 하고
16 그 성읍의 장로들을 붙잡아 들가
시와 찔레로 숙곳 사람들을 (懲罰)
징벌하고
17 브누엘 망대를 헐며 그 (城邑)성읍
사람들을 죽이니라
18 ●이에 그가 세바와 살문나에게
말하되 너희가 다볼에서 죽인 자
들은 어떠한 사람들이더냐 하니
(對答)대답하되 그들이 너와 같아
서 하나 같이 왕자들의 모습과 같
더라 하니라
19 그가 이르되 그들은 내 (兄弟)형제
들이며 내 어머니의 아들들이니라
여호와께서 살아 계심을 두고 맹
세하노니 너희가 만일 그들을 살
렸더라면 나도 너희를 죽이지 아
니하였으리라 하고
20 그의 맏아들 여델에게 이르되 일
어나 그들을 죽이라 하였으나 그
(少年)소년이 그의 칼을 빼지 못하
였으니 이는 아직 어려서 두려워
함이었더라
21 세바와 살문나가 이르되 네가 일
어나 우리를 치라 사람이 어떠하
면 그의 힘도 그러하니라 하니 기
드온이 일어나 세바와 살문나를

죽이고 그들의 낙타 목에 있던 초
승달 (裝飾)장식들을 떼어서 가지
니라
22 ●그 때에 이스라엘 사람들이 기
드온에게 이르되 당신이 우리를 미
디안의 손에서 구원하셨으니 당신
과 당신의 아들과 당신의 (孫子)손
자가 우리를 다스리소서 하는지라
23 기드온이 그들에게 이르되 내가
너희를 다스리지 아니하겠고 나의
아들도 너희를 다스리지 아니할
것이요 여호와께서 너희를 다스리
시리라 하니라
24 기드온이 또 그들에게 이르되 내
가 너희에게 (要請)요청할 일이 있
으니 너희는 각기 탈취한 귀고리
를 내게 줄지니라 하였으니 이는
그들이 이스마엘 사람들이므로 금
귀고리가 있었음이라
25 무리가 (對答)대답하되 우리가 즐
거이 드리리이다 하고 겉옷을 펴
고 각기 탈취한 귀고리를 그 가운
데에 던지니
26 기드온이 (要請)요청한 금 귀고리
의 무게가 금 천칠백 세겔이요 그
외에 또 초승달 장식들과 패물과
미디안 왕들이 입었던 자색 의복
과 또 그 외에 그들의 낙타 목에 둘
렀던 사슬이 있었더라
27 기드온이 그 금으로 에봇 하나를
만들어 자기의 (城邑)성읍 오브라
에 두었더니 온 이스라엘이 그것
을 (淫亂)음란하게 (爲)위하므로
그것이 기드온과 그의 집에 올무
가 되니라
28 미디안이 이스라엘 자손 앞에 (服
從)복종하여 다시는 그 머리를 들
지 못하였으므로 기드온이 사는 사
십 년 동안 그 땅이 평온하였더라

기드온이 죽다

29 ●요아스의 아들 여룹바알이 돌아
가서 자기 집에 (居住)거주하였는
데
30 기드온이 아내가 많으므로 그의 몸
에서 낳은 아들이 칠십 명이었고
31 세겜에 있는 그의 (妾)첩도 아들을
낳았으므로 그 이름을 아비멜렉이
라 하였더라
32 요아스의 아들 기드온이 나이가
많아 죽으매 아비에셀 사람의 오
브라에 있는 그의 아버지 요아스
의 묘실에 (葬事)장사되었더라
33 ●기드온이 이미 죽으매 이스라엘
자손이 돌아서서 바알들을 따라가
(淫行)음행하였으며 또 바알브릿
을 자기들의 신으로 삼고
34 이스라엘 자손이 (周圍)주위의 모
든 (怨讐)원수들의 손에서 자기들
을 건져내신 여호와 자기들의 하
나님을 기억하지 아니하며
35 또 여룹바알이라 하는 기드온이
이스라엘에 베푼 모든 (恩惠)은혜
를 따라 그의 집을 (厚待)후대하지
도 아니하였더라

아비멜렉

9 여룹바알의 아들 아비멜렉이
세겜에 가서 그의 어머니의 형
제에게 이르러 그들과 그의 (外祖
父)외조부의 집의 온 가족에게 말
하여 이르되

2 청하노니 너희는 세겜의 모든 사
람들의 귀에 말하라 여룹바알의
아들 칠십 명이 다 너희를 다스림
과 한 사람이 너희를 다스림이 어
느 것이 너희에게 나으냐 또 나는
너희와 (骨肉)골육임을 기억하라
하니
3 그의 어머니의 (兄弟)형제들이 그
를 위하여 이 모든 말을 세겜의 모
든 사람들의 귀에 말하매 그들의
마음이 아비멜렉에게로 기울어서
이르기를 그는 우리 형제라 하고
4 바알브릿 신전에서 은 칠십 개를
내어 그에게 주매 아비멜렉이 그
것으로 방탕하고 (輕薄)경박한 사
람들을 사서 자기를 따르게 하고
5 오브라에 있는 그의 아버지의 집
으로 가서 여룹바알의 아들 곧 (自
己)자기 형제 칠십 명을 한 바위
위에서 죽였으되 다만 여룹바알의
막내 아들 요담은 스스로 숨었으
므로 남으니라
6 세겜의 모든 사람과 밀로 모든 (族
屬)족속이 모여서 세겜에 있는 상
수리나무 기둥 곁에서 아비멜렉을
왕으로 삼으니라
7 ●사람들이 요담에게 그 일을 알
리매 요담이 그리심 (山)산 꼭대기
로 가서 서서 그의 목소리를 높여
그들에게 외쳐 이르되 세겜 사람
들아 내 말을 들으라 그리하여야
하나님이 너희의 말을 들으시리라
8 하루는 나무들이 나가서 기름을
부어 자신들 위에 왕으로 삼으려
하여 (橄欖)감람나무에게 이르되
너는 우리 위에 왕이 되라 하매
9 감람나무가 그들에게 이르되 내게
있는 나의 기름은 하나님과 사람
을 (榮華)영화롭게 하나니 내가 어
찌 그것을 버리고 가서 나무들 위
에 우쭐대리요 한지라
10 나무들이 또 (無花果)무화과나무
에게 이르되 너는 와서 우리 위에
왕이 되라 하매
11 (無花果)무화과나무가 그들에게
이르되 나의 단 것과 나의 아름다
운 열매를 내가 어찌 버리고 가서
나무들 위에 우쭐대리요 한지라
12 나무들이 또 (葡萄)포도나무에게
이르되 너는 와서 우리 위에 왕이
되라 하매
13 (葡萄)포도나무가 그들에게 이르되
하나님과 사람을 기쁘게 하는 내
포도주를 내가 어찌 버리고 가서
나무들 위에 우쭐대리요 한지라
14 이에 모든 나무가 가시나무에게
이르되 너는 와서 우리 위에 (王)
왕이 되라 하매
15 가시나무가 나무들에게 이르되 만
일 너희가 참으로 내게 기름을 부
어 너희 위에 왕으로 삼겠거든 와
서 내 그늘에 피하라 그리하지 아
니하면 불이 가시나무에서 나와서
레바논의 (柏香木)백향목을 사를
것이니라 하였느니라
16 이제 너희가 아비멜렉을 세워 왕
으로 삼았으니 너희가 행한 것이
(果然)과연 (眞實)진실하고 의로
우냐 이것이 여룹바알과 그의 집
을 선대함이냐 이것이 그의 손이

행한 대로 그에게 보답함이냐
17 우리 아버지가 전에 죽음을 무릅
쓰고 너희를 위하여 싸워 미디안
의 손에서 너희를 건져냈거늘
18 너희가 오늘 일어나 우리 아버지
의 집을 쳐서 그의 아들 칠십 명을
한 바위 위에서 죽이고 그의 여종
의 아들 아비멜렉이 너희 (兄弟)형
제가 된다고 그를 세워 세겜 사람
들 위에 왕으로 삼았도다
19 만일 너희가 오늘 여룹바알과 그
의 집을 (待接)대접한 것이 진실
하고 의로운 일이면 너희가 아비
멜렉으로 말미암아 기뻐할 것이요
아비멜렉도 너희로 말미암아 기뻐
하려니와
20 그렇지 아니하면 아비멜렉에게서
불이 나와서 세겜 사람들과 밀로
의 집을 사를 것이요 세겜 사람들
과 밀로의 집에서도 불이 나와 아
비멜렉을 사를 것이니라 하고
21 요담이 그의 형제 아비멜렉 앞에
서 (逃亡)도망하여 피해서 브엘로
가서 거기에 (居住)거주하니라
22 ●아비멜렉이 이스라엘을 다스린
지 삼 년에
23 하나님이 아비멜렉과 세겜 사람들
사이에 (惡)악한 (靈)영을 보내시
매 세겜 사람들이 아비멜렉을 (背
叛)배반하였으니
24 이는 여룹바알의 아들 칠십 명에게
저지른 (暴虐)포학한 일을 갚되 그
들을 죽여 피 흘린 죄를 그들의 형
제 아비멜렉과 아비멜렉의 손을 도
와 그의 형제들을 죽이게 한 세겜
사람들에게로 돌아가게 하심이라
25 세겜 사람들이 산들의 꼭대기에
사람을 매복시켜 아비멜렉을 엿보
게 하고 그 길로 지나는 모든 자를
다 (强奪)강탈하게 하니 어떤 사람
이 그것을 아비멜렉에게 알리니라
26 ●에벳의 아들 가알이 그의 형제
와 더불어 세겜에 이르니 세겜 사
람들이 그를 (信賴)신뢰하니라
27 그들이 밭에 가서 포도를 거두어다
가 밟아 짜서 (宴會)연회를 베풀고
그들의 신당에 들어가서 먹고 마시
며 아비멜렉을 (詛呪)저주하니
28 에벳의 아들 가알이 이르되 아비
멜렉은 누구며 세겜은 누구기에
우리가 아비멜렉을 섬기리요 그가
여룹바알의 아들이 아니냐 그의
(臣僕)신복은 스불이 아니냐 차라
리 세겜의 아버지 하몰의 (後孫)후
손을 섬길 것이라 우리가 어찌 아
비멜렉을 섬기리요
29 이 백성이 내 수하에 있었더라면
내가 아비멜렉을 (除去)제거하였으
리라 하고 아비멜렉에게 이르되 네
군대를 증원해서 나오라 하니라
30 ●그 (城邑)성읍의 방백 스불이
에벳의 아들 가알의 말을 듣고 노
하여
31 (使者)사자들을 아비멜렉에게 가
만히 보내어 이르되 보소서 에벳
의 아들 가알과 그의 형제들이 세
겜에 이르러 그 성읍이 당신을 대
적하게 하니
32 (當身)당신은 당신과 함께 있는 백
성과 더불어 밤에 일어나 밭에 (埋

伏)매복하였다가
33 아침 해 뜰 때에 당신이 일찍 일어
나 이 성읍을 (掩襲)엄습하면 가알
및 그와 함께 있는 백성이 나와서
당신을 대적하리니 당신은 (機會)
기회를 보아 그에게 행하소서 하니
34 ●아비멜렉과 그와 함께 있는 모
든 백성이 밤에 일어나 네 떼로 나
누어 세겜에 맞서 (埋伏)매복하였
더니
35 에벳의 아들 가알이 나와서 (城邑)
성읍 문 입구에 설 때에 아비멜렉
과 그와 함께 있는 백성이 (埋伏)
매복하였던 곳에서 일어난지라
36 가알이 그 (百姓)백성을 보고 스불
에게 이르되 보라 백성이 산 꼭대
기에서부터 내려오는도다 하니 스
불이 그에게 이르되 네가 산 그림
자를 사람으로 보았느니라 하는지
라
37 가알이 다시 말하여 이르되 보라
(百姓)백성이 밭 가운데를 따라 내
려오고 또 한 떼는 므오느님 상수
리나무 길을 따라 오는도다 하니
38 스불이 그에게 이르되 네가 전에
말하기를 아비멜렉이 누구이기에
우리가 그를 섬기리요 하던 그 입
이 이제 어디 있느냐 이들이 네가
업신여기던 그 백성이 아니냐 (請)
청하노니 이제 나가서 그들과 싸
우라 하니
39 가알이 세겜 사람들보다 앞에 서
서 나가 아비멜렉과 싸우다가
40 아비멜렉이 그를 (追擊)추격하니
그 앞에서 도망하였고 (負傷)부상
하여 엎드러진 자가 많아 성문 입
구까지 이르렀더라
41 아비멜렉은 아루마에 거주하고 스
불은 가알과 그의 형제들을 쫓아
내어 세겜에 (居住)거주하지 못하
게 하더니
42 이튿날 백성이 밭으로 나오매 사
람들이 그것을 아비멜렉에게 알리
니라
43 아비멜렉이 자기 백성을 세 무리
로 나누어 밭에 (埋伏)매복시켰더
니 백성이 성에서 나오는 것을 보
고 일어나 그들을 치되
44 아비멜렉과 그 떼는 돌격하여 (城
門)성문 입구에 서고 두 무리는 밭
에 있는 자들에게 (突擊)돌격하여
그들을 죽이니
45 아비멜렉이 그 날 (終日)종일토록
그 성을 쳐서 마침내는 점령하고
거기 있는 백성을 죽이며 그 성을
헐고 소금을 뿌리니라
46 ●세겜 (望臺)망대의 모든 사람들
이 이를 듣고 엘브릿 (神殿)신전의
(堡壘)보루로 들어갔더니
47 세겜 (望臺)망대의 모든 사람들이
모인 것이 아비멜렉에게 알려지매
48 아비멜렉 및 그와 함께 있는 모든
(百姓)백성이 살몬 산에 오르고 아
비멜렉이 손에 도끼를 들고 나뭇
가지를 찍어 그것을 들어올려 자
기 어깨에 메고 그와 함께 있는 백
성에게 이르되 너희는 내가 행하
는 것을 보나니 빨리 나와 같이 행
하라 하니
49 모든 백성들도 (各各)각각 나뭇가

지를 찍어서 아비멜렉을 따라 (堡
壘)보루 위에 놓고 그것들이 얹혀
있는 보루에 불을 놓으매 세겜 망
대에 있는 사람들이 다 죽었으니
남녀가 약 천 명이었더라
50 ●아비멜렉이 데베스에 가서 데베
스에 맞서 진 치고 그것을 (占領)
점령하였더니
51 성읍 중에 (堅固)견고한 망대가 있
으므로 그 성읍 백성의 남녀가 모
두 그리로 도망하여 들어가서 문
을 잠그고 망대 꼭대기로 올라간
지라
52 아비멜렉이 망대 앞에 이르러 (攻
擊)공격하며 망대의 문에 가까이
나아가서 그것을 불사르려 하더니
53 한 여인이 맷돌 위짝을 아비멜렉
의 머리 위에 내려 던져 그의 (頭
蓋骨)두개골을 깨뜨리니
54 아비멜렉이 자기의 (武器)무기를
든 청년을 급히 불러 그에게 이르
되 너는 칼을 빼어 나를 죽이라 사
람들이 나를 가리켜 이르기를 여
자가 그를 죽였다 할까 하노라 하
니 그 청년이 그를 찌르매 그가 죽
은지라
55 이스라엘 사람들이 아비멜렉이 죽
은 것을 보고 각각 자기 (處所)처
소로 떠나갔더라
56 아비멜렉이 그의 형제 칠십 명을
죽여 자기 아버지에게 행한 악행
을 하나님이 이같이 갚으셨고
57 또 세겜 사람들의 모든 (惡行)악
행을 하나님이 그들의 머리에 갚
으셨으니 여룹바알의 아들 요담의
(詛呪)저주가 그들에게 응하니라

사사 돌라

10 아비멜렉의 뒤를 이어서 잇
사갈 사람 도도의 (孫子)손
자 부아의 아들 돌라가 일어나서
이스라엘을 구원하니라 그가 에브
라임 산지 사밀에 거주하면서
2 이스라엘의 (士師)사사가 된 지 이
십삼 년 만에 죽으매 사밀에 (葬
事)장사되었더라

사사 야일

3 ●그 후에 길르앗 사람 야일이 일
어나서 이십이 년 동안 이스라엘
의 (士師)사사가 되니라
4 그에게 아들 삼십 명이 있어 어린
나귀 삼십을 탔고 (城邑)성읍 삼십
을 가졌는데 그 성읍들은 길르앗
땅에 있고 오늘까지 [1]하봇야일이
라 부르더라
5 야일이 죽으매 가몬에 (葬事)장사
되었더라

사사 입다

6 ●이스라엘 (子孫)자손이 다시 여
호와의 목전에 악을 행하여 바알
들과 아스다롯과 아람의 신들과
시돈의 신들과 모압의 신들과 암
몬 자손의 신들과 블레셋 사람들
의 신들을 섬기고 여호와를 버리
고 그를 섬기지 아니하므로
7 여호와께서 이스라엘에게 (震怒)
진노하사 블레셋 사람들의 손과
암몬 자손의 손에 그들을 파시매
8 그 해에 그들이 요단 강 저쪽 길르
앗에 있는 아모리 (族屬)족속의 땅

1) 야일의 동네

에 있는 모든 이스라엘 자손을 쳤
으며 열여덟 해 동안 억압하였더라
9 암몬 자손이 또 요단을 건너서 유
다와 베냐민과 에브라임 족속과
싸우므로 이스라엘의 (困苦)곤고
가 심하였더라
10 ●이스라엘 자손이 여호와께 부르
짖어 이르되 우리가 우리 하나님
을 버리고 바알들을 섬김으로 (主)
주께 (犯罪)범죄하였나이다 하니
11 여호와께서 이스라엘 자손에게 이
르시되 내가 애굽 사람과 아모리
사람과 암몬 자 손과 블레셋 사람
에게서 너희를 (救援)구원하지 아
니하였느냐
12 또 시돈 사람과 아말렉 사람과 마
온 사람이 너희를 (壓制)압제할 때
에 너희가 내게 부르짖으므로 내
가 너희를 그들의 손에서 구원하
였거늘
13 너희가 나를 버리고 다른 신들을
섬기니 그러므로 내가 다시는 너
희를 (救援)구원하지 아니하리라
14 가서 너희가 택한 신들에게 부르
짖어 너희의 (患難)환난 때에 그들
이 너희를 구원하게 하라 하신지
라
15 이스라엘 자손이 여호와께 여쭈되
우리가 (犯罪)범죄하였사오니 주
께서 보시기에 좋은 대로 우리에
게 행하시려니와 오직 주께 구하
옵나니 오늘 우리를 건져내옵소서
하고
16 자기 가운데에서 (異邦)이방 신들
을 제하여 버리고 여호와를 섬기
매 여호와께서 이스라엘의 (困苦)
곤고로 말미암아 마음에 근심하시
니라
17 ●그 때에 암몬 자손이 모여서 길
르앗에 (陣)진을 쳤으므로 이스라
엘 자손도 모여서 미스바에 진을
치고
18 길르앗 백성과 방백들이 서로 이
르되 누가 먼저 나가서 암몬 자손
과 싸움을 (始作)시작하랴 그가 길
르앗 모든 주민의 머리가 되리라
하니라

11

길르앗 사람 입다는 큰 (勇
士)용사였으니 기생이 길르
앗에게서 낳은 아들이었고
2 길르앗의 아내도 그의 아들들을
낳았더라 그 아내의 아들들이 자
라매 입다를 쫓아내며 그에게 이
르되 너는 다른 여인의 (子息)자식
이니 우리 아버지의 집에서 기업
을 잇지 못하리라 한지라
3 이에 입다가 그의 형제들을 피하
여 돕 땅에 거주하매 (雜類)잡류가
그에게로 모여 와서 그와 함께 출
입하였더라
4 ●얼마 후에 암몬 (子孫)자손이
이스라엘을 치려 하니라
5 암몬 자손이 이스라엘을 치려 할
때에 길르앗 (長老)장로들이 입다
를 데려오려고 돕 땅에 가서
6 입다에게 이르되 우리가 암몬 자
손과 싸우려 하니 당신은 와서 우
리의 (長官)장관이 되라 하니
7 입다가 길르앗 장로들에게 이르되
너희가 전에 나를 미워하여 내 아

버지 집에서 쫓아내지 아니하였느
냐 이제 너희가 (患難)환난을 당하
였다고 어찌하여 내게 왔느냐 하
니라
8 그러므로 길르앗 장로들이 입다에
게 이르되 이제 우리가 당신을 찾
아온 것은 우리와 함께 가서 암몬
자손과 싸우게 하려 함이니 그리
하면 (當身)당신이 우리 길르앗 모
든 (住民)주민의 머리가 되리라 하
매
9 입다가 길르앗 장로들에게 이르되
너희가 나를 데리고 (故鄕)고향으
로 돌아가서 암몬 자손과 싸우게
할 때에 만일 여호와께서 그들을
내게 넘겨 주시면 내가 (果然)과연
너희의 머리가 되겠느냐 하니
10 길르앗 장로들이 입다에게 이르되
여호와는 우리 사이의 (證人)증인
이시니 당신의 말대로 우리가 그
렇게 행하리이다 하니라
11 이에 입다가 길르앗 장로들과 함
께 가니 백성이 그를 자기들의 머
리와 (長官)장관을 삼은지라 입다
가 미스바에서 자기의 말을 다 여
호와 앞에 아뢰니라
12 ●입다가 암몬 자손의 왕에게 사
자들을 보내 이르되 네가 나와 무
슨 (相關)상관이 있기에 내 땅을
치러 내게 왔느냐 하니
13 암몬 자손의 왕이 입다의 사자들
에게 대답하되 이스라엘이 애굽
에서 올라올 때에 아르논에서부터
얍복과 요단까지 내 땅을 (占領)점
령했기 때문이니 이제 그것을 (平
和)평화롭게 돌려 달라 하니라
14 입다가 암몬 자손의 왕에게 다시
(使者)사자들을 보내
15 그에게 이르되 입다가 이같이 말
하노라 이스라엘이 모압 땅과 암
몬 자손의 땅을 (占領)점령하지 아
니하였느니라
16 이스라엘이 애굽에서 올라올 때에
(曠野)광야로 행하여 홍해에 이르
고 가데스에 이르러서는
17 이스라엘이 사자들을 에돔 왕에게
보내어 이르기를 청하건대 나를
네 땅 가운데로 지나게 하라 하였
으나 에돔 왕이 이를 듣지 아니하
였고 또 그와 같이 사람을 모압 왕
에게도 보냈으나 그도 (許諾)허락
하지 아니하므로 이스라엘이 가데
스에 머물렀더니
18 그 후에 광야를 지나 에돔 땅과 모
압 땅을 돌아서 모압 땅의 해 뜨는
쪽으로 들어가 아르논 저쪽에 진
쳤고 아르논은 모압의 (境界)경계
이므로 모압 (地域)지역 안에는 들
어가지 아니하였으며
19 이스라엘이 헤스본 왕 곧 아모리
(族屬)족속의 왕 시혼에게 사자들
을 보내어 그에게 이르되 청하건
대 우리를 당신의 땅으로 지나 우
리의 곳에 이르게 하라 하였으나
20 시혼이 이스라엘을 믿지 아니하여
그의 (地域)지역으로 지나지 못하
게 할 뿐 아니라 그의 모든 백성을
모아 야하스에 진 치고 이스라엘
을 치므로
21 이스라엘의 하나님 여호와께서

시혼과 그의 모든 백성을 이스라
엘의 손에 넘겨 주시매 이스라엘
이 그들을 쳐서 그 땅 주민 아모리
(族屬)족속의 온 땅을 (占領)점령
하되
22 아르논에서부터 얍복까지와 광야
에서부터 요단까지 아모리 족속의
온 (地域)지역을 점령하였느니라
23 이스라엘의 하나님 여호와께서 이
같이 아모리 (族屬)족속을 자기 백
성 이스라엘 앞에서 쫓아내셨거늘
네가 그 땅을 얻고자 하는 것이 옳
으냐
24 네 (神)신 그모스가 네게 주어 차
지하게 한 것을 네가 차지하지 아
니하겠느냐 우리 하나님 여호와께
서 우리 앞에서 어떤 사람이든지
쫓아내시면 그것을 우리가 차지하
리라
25 이제 네가 모압 (王)왕 십볼의 아
들 발락보다 더 나은 것이 있느냐
그가 이스라엘과 더불어 다툰 일
이 있었느냐 싸운 일이 있었느냐
26 이스라엘이 헤스본과 그 마을들과
아로엘과 그 마을들과 아르논 강
가에 있는 모든 (城邑)성읍에 (居
住)거주한 지 삼백 년이거늘 그 동
안에 너희가 어찌하여 도로 찾지
아니하였느냐
27 내가 네게 (罪)죄를 짓지 아니하였
거늘 네가 나를 쳐서 내게 악을 행
하고자 하는도다 원하건대 (審判)
심판하시는 여호와께서 오늘 이스
라엘 자손과 암몬 자손 사이에 (判
決)판결하시옵소서 하였으나
28 암몬 자손의 왕이 입다가 사람을
보내어 말한 것을 듣지 아니하였
더라
29 ●이에 여호와의 (靈)영이 입다에
게 (臨)임하시니 입다가 길르앗과
므낫세를 지나서 길르앗의 미스베
에 이르고 길르앗의 미스베에서부
터 암몬 자손에게로 나아갈 때에
30 그가 여호와께 (誓願)서원하여 이
르되 주께서 과연 암몬 자손을 내
손에 넘겨 주시면
31 내가 암몬 자손에게서 평안히 돌
아올 때에 누구든지 내 집 문에서
나와서 나를 (迎接)영접하는 그는
여호와께 돌릴 것이니 내가 그를
번제물로 드리겠나이다 하니라
32 이에 입다가 암몬 (子孫)자손에게
이르러 그들과 싸우더니 여호와께
서 그들을 그의 손에 넘겨 주시매
33 아로엘에서부터 민닛에 이르기까
지 이십 성읍을 치고 또 아벨 그라
밈까지 매우 크게 무찌르니 이에
암몬 자손이 이스라엘 자손 앞에
(降服)항복하였더라

입다의 딸

34 ●입다가 미스바에 있는 자기 집
에 이를 때에 보라 그의 딸이 (小
鼓)소고를 잡고 춤추며 나와서 영
접하니 이는 그의 무남독녀라
35 입다가 이를 보고 자기 옷을 찢으
며 이르되 어찌할꼬 내 딸이여 너
는 나를 (慘澹)참담하게 하는 자요
너는 나를 괴롭게 하는 자 중의 하
나로다 내가 여호와를 향하여 입
을 열었으니 능히 돌이키지 못하

리로다 하니
36 딸이 그에게 이르되 나의 아버지
여 아버지께서 여호와를 (向)향하
여 입을 여셨으니 아버지의 입에
서 낸 말씀대로 내게 행하소서 이
는 여호와께서 아버지를 위하여
아버지의 대적 암몬 자손에게 (怨
讐)원수를 갚으셨음이니이다 하니
라
37 또 그의 아버지에게 이르되 이 일
만 내게 (許諾)허락하사 나를 두
달만 버려 두소서 내가 내 여자 친
구들과 산에 가서 나의 처녀로 죽
음을 인하여 (哀哭)애곡하겠나이
다 하니
38 그가 이르되 가라 하고 두 달을 기
한하고 그를 보내니 그가 그 여자
친구들과 가서 산 위에서 처녀로
죽음을 인하여 (哀哭)애곡하고
39 두 달 만에 그의 아버지에게로 돌
아온지라 그는 자기가 (誓願)서원
한 대로 딸에게 행하니 딸이 남자
를 알지 못하였더라 이것이 이스
라엘에 (慣習)관습이 되어
40 이스라엘의 딸들이 해마다 가서
길르앗 사람 입다의 딸을 위하여
나흘씩 (哀哭)애곡하더라

입다와 에브라임 사람들

12 에브라임 사람들이 모여 북
쪽으로 가서 입다에게 이르
되 네가 암몬 (子孫)자손과 싸우러
건너갈 때에 어찌하여 우리를 불
러 너와 함께 가게 하지 아니하였
느냐 우리가 반드시 너와 네 집을
불사르리라 하니
2 입다가 그들에게 이르되 나와 내
백성이 암몬 자손과 크게 싸울 때
에 내가 너희를 부르되 너희가 나
를 그들의 손에서 (救援)구원하지
아니한 (故)고로
3 나는 너희가 도와 주지 아니하는
것을 보고 내 목숨을 돌보지 아니
하고 건너가서 암몬 (子孫)자손을
쳤더니 여호와께서 그들을 내 손
에 넘겨 주셨거늘 너희가 어찌하
여 오늘 내게 올라와서 나와 더불
어 싸우고자 하느냐 하니라
4 입다가 길르앗 사람을 다 모으고
에브라임과 싸웠으며 길르앗 사람
들이 에브라임을 쳐서 무찔렀으니
이는 에브라임의 말이 너희 길르
앗 사람은 (本來)본래 에브라임에
서 (逃亡)도망한 자로서 에브라임
과 므낫세 중에 있다 하였음이라
5 길르앗 사람이 에브라임 사람보다
앞서 요단 강 나루턱을 (掌握)장
악하고 에브라임 사람의 도망하는
자가 말하기를 청하건대 나를 건
너가게 하라 하면 길르앗 사람이
그에게 묻기를 네가 에브라임 사
람이냐 하여 그가 만일 아니라 하
면
6 그에게 이르기를 쉽볼렛이라 (發
音)발음하라 하여 에브라임 사람
이 그렇게 바로 말하지 못하고 십
볼렛이라 발음하면 길르앗 사람이
곧 그를 잡아서 요단 강 나루턱에
서 죽였더라 그 때에 에브라임 사
람의 죽은 자가 사만 이천 명이었
더라

7 ●입다가 이스라엘의 사사가 된
지 육 년이라 길르앗 사람 입다가
죽으매 길르앗에 있는 그의 성읍
에 (葬事)장사되었더라

사사 입산

8 ●그 뒤를 이어 베들레헴의 입산
이 이스라엘의 (士師)사사가 되었
더라
9 그가 아들 삼십 명과 딸 삼십 명을
두었더니 그가 딸들을 밖으로 시
집 보냈고 아들들을 (爲)위하여는
밖에서 여자 삼십 명을 데려왔더
라 그가 이스라엘의 사사가 된 지
칠 년이라
10 입산이 죽으매 베들레헴에 (葬事)
장사되었더라
11 ●그 뒤를 이어 스불론 사람 엘론
이 이스라엘의 사사가 되어 십 년
동안 이스라엘을 다스렸더라
12 스불론 사람 엘론이 죽으매 스불
론 땅 아얄론에 (葬事)장사되었더
라

사사 압돈

13 ●그 뒤를 이어 비라돈 사람 힐렐
의 아들 압돈이 이스라엘의 (士師)
사사가 되었더라
14 그에게 아들 사십 명과 손자 삼십
명이 있어 어린 나귀 칠십 마리를
탔더라 압돈이 이스라엘의 사사가
된 지 팔 년이라
15 비라돈 사람 힐렐의 아들 압돈이
죽으매 에브라임 땅 아말렉 사람
의 (山地)산지 비라돈에 (葬事)장
사되었더라

삼손이 태어나다

13 이스라엘 자손이 다시 여호
와의 (目前)목전에 악을 행
하였으므로 여호와께서 그들을 사
십 년 동안 블레셋 사람의 손에 넘
겨 주시니라
2 ●소라 땅에 단 (支派)지파의 가
족 중에 마노아라 이름하는 자가
있더라 그의 아내가 (姙娠)임신하
지 못하므로 출산하지 못하더니
3 여호와의 사자가 그 여인에게 나
타나서 그에게 이르시되 보라 네
가 (本來)본래 (姙娠)임신하지 못
하므로 출산하지 못하였으나 이제
임신하여 아들을 낳으리니
4 그러므로 너는 삼가 포도주와 독
주를 마시지 말며 어떤 (不淨)부정
한 것도 먹지 말지니라
5 보라 네가 임신하여 아들을 낳으
리니 그의 머리 위에 (削刀)삭도를
대지 말라 이 아이는 태에서 나옴
으로부터 하나님께 바쳐진 나실인
이 됨이라 그가 블레셋 사람의 손
에서 이스라엘을 구원하기 시작하
리라 하시니
6 이에 그 여인이 가서 그의 (男便)
남편에게 말하여 이르되 하나님의
사람이 내게 오셨는데 그의 모습
이 하나님의 사자의 (容貌)용모 같
아서 심히 두려우므로 어디서부터
왔는지를 내가 묻지 못하였고 그
도 자기 이름을 내게 이르지 아니
하였으며
7 그가 내게 이르기를 보라 네가 (姙
娠)임신하여 아들을 낳으리니 이
제 포도주와 독주를 마시지 말며

어떤 부정한 것도 먹지 말라 이 아
이는 (胎)태에서부터 그가 죽는 날
까지 하나님께 바쳐진 나실인이
됨이라 하더이다 하니라
8 ●마노아가 여호와께 (祈禱)기도
하여 이르되 주여 구하옵나니 주
께서 보내셨던 하나님의 사람을
우리에게 다시 오게 하사 우리가
그 낳을 아이에게 어떻게 행할지
를 우리에게 가르치게 하소서 하
니
9 하나님이 마노아의 목소리를 들으
시니라 여인이 밭에 앉았을 때에
하나님의 사자가 다시 그에게 (臨)
임하였으나 그의 남편 마노아는
함께 있지 아니한지라
10 여인이 (急)급히 달려가서 그의 남
편에게 알리어 이르되 보소서 (前
日)전일에 내게 오셨던 그 사람이
내게 나타났나이다 하매
11 마노아가 일어나 아내를 따라가서
그 사람에게 이르러 그에게 묻되
(當身)당신이 이 여인에게 말씀하
신 그 사람이니이까 하니 이르되
내가 그로다 하니라
12 마노아가 이르되 이제 당신의 말
씀대로 되기를 (願)원하나이다 이
아이를 어떻게 기르며 우리가 그
에게 어떻게 행하리이까
13 여호와의 (使者)사자가 마노아에
게 이르되 내가 여인에게 말한 것
들을 그가 다 삼가서
14 포도나무의 (所産)소산을 먹지 말
며 포도주와 독주를 마시지 말며
어떤 (不淨)부정한 것도 먹지 말고
내가 그에게 명령한 것은 다 지킬
것이니라 하니라
15 ●마노아가 여호와의 사자에게 말
하되 구하옵나니 당신은 우리에게
머물러서 우리가 당신을 위하여
염소 새끼 하나를 (準備)준비하게
하소서 하니
16 여호와의 사자가 마노아에게 이르
되 네가 비록 나를 머물게 하나 내
가 네 음식을 먹지 아니하리라 (燔
祭)번제를 준비하려거든 마땅히
여호와께 드릴지니라 하니 이는
그가 여호와의 사자인 줄을 마노
아가 알지 못함이었더라
17 마노아가 또 여호와의 사자에게
말하되 당신의 이름이 무엇이니이
까 당신의 말씀이 이루어질 때에
우리가 당신을 (尊貴)존귀히 여기
리이다 하니
18 여호와의 사자가 그에게 이르되
어찌하여 내 이름을 묻느냐 내 이
름은 (奇妙者)기묘자라 하니라
19 이에 마노아가 염소 새끼와 (素祭
物)소제물을 가져다가 바위 위에
서 여호와께 드리매 이적이 일어
난지라 마노아와 그의 아내가 본
즉
20 불꽃이 (祭壇)제단에서부터 하늘
로 올라가는 동시에 여호와의 사
자가 제단 불꽃에 휩싸여 올라간
지라 마노아와 그의 아내가 그것
을 보고 그들의 얼굴을 땅에 대고
엎드리니라
21 ●여호와의 (使者)사자가 마노아
와 그의 아내에게 다시 나타나지

아니하니 마노아가 그제야 그가
여호와의 사자인 줄 알고
22 그의 아내에게 이르되 우리가 하
나님을 보았으니 반드시 죽으리로
다 하니
23 그의 아내가 그에게 이르되 여호
와께서 우리를 죽이려 하셨더라
면 우리 손에서 (燔祭)번제와 (素
祭)소제를 받지 아니하셨을 것이
요 이 모든 일을 보이지 아니하셨
을 것이며 이제 이런 말씀도 우리
에게 이르지 아니하셨으리이다 하
였더라
24 그 (女人)여인이 아들을 낳으매 그
의 이름을 삼손이라 하니라 그 아
이가 자라매 여호와께서 그에게
(福)복을 주시더니
25 소라와 에스다올 사이 마하네단에
서 여호와의 영이 그를 움직이기
(始作)시작하셨더라

삼손과 딤나의 여자

14 삼손이 딤나에 내려가서 거
기서 블레셋 사람의 딸들 중
에서 한 (女子)여자를 보고
2 올라와서 자기 (父母)부모에게 말
하여 이르되 내가 딤나에서 블레
셋 사람의 딸들 중에서 한 여자를
보았사오니 이제 그를 맞이하여
내 아내로 삼게 하소서 하매
3 그의 부모가 그에게 이르되 네 형
제들의 딸들 중에나 내 백성 중에
어찌 여자가 없어서 네가 (割禮)
할례 받지 아니한 블레셋 사람에
게 가서 아내를 맞으려 하느냐 하
니 삼손이 그의 아버지에게 이르
되 내가 그 여자를 좋아하오니 나
를 위하여 그 여자를 데려오소서
하니라
4 그 때에 블레셋 사람이 이스라엘
을 다스린 까닭에 삼손이 틈을 타
서 블레셋 사람을 치려 함이었으
나 그의 부모는 이 일이 여호와께
로부터 나온 것인 줄은 알지 못하
였더라
5 ●삼손이 그의 부모와 함께 딤나
에 내려가 딤나의 포도원에 이른
즉 젊은 (獅子)사자가 그를 보고
소리 지르는지라
6 여호와의 (靈)영이 삼손에게 (强)
강하게 임하니 그가 손에 아무것
도 없이 그 사자를 염소 새끼를 찢
는 것 같이 찢었으나 그는 자기가
행한 일을 부모에게 알리지 아니
하였더라
7 그가 내려가서 그 (女子)여자와 말
하니 그 여자가 삼손의 눈에 들었
더라
8 얼마 후에 삼손이 그 여자를 맞이
하려고 다시 가다가 돌이켜 그 (獅
子)사자의 주검을 본즉 사자의 몸
에 벌 떼와 꿀이 있는지라
9 손으로 그 꿀을 떠서 걸어가며 먹
고 그의 부모에게 이르러 그들에
게 그것을 드려서 먹게 하였으나
그 꿀을 (獅子)사자의 몸에서 떠왔
다고는 알리지 아니하였더라
10 ●삼손의 아버지가 여자에게로 내
려가매 삼손이 거기서 잔치를 베
풀었으니 청년들은 이렇게 행하는
(風俗)풍속이 있음이더라

11 무리가 삼손을 보고 삼십 명을 데
려와서 (親舊)친구를 삼아 그와 함
께 하게 한지라
12 삼손이 그들에게 이르되 이제 내
가 너희에게 수수께끼를 내리니
잔치하는 이레 동안에 너희가 그
것을 풀어 내게 말하면 내가 베옷
삼십 벌과 겉옷 삼십 벌을 너희에
게 주리라
13 그러나 그것을 (能)능히 내게 말하
지 못하면 너희가 내게 베옷 삼십
벌과 겉옷 삼십 벌을 줄지니라 하
니 그들이 이르되 네가 수수께끼
를 내면 우리가 그것을 들으리라
하매
14 삼손이 그들에게 이르되 먹는 자
에게서 먹는 것이 나오고 (强)강한
자에게서 단 것이 나왔느니라 하
니라 그들이 사흘이 되도록 수수
께끼를 풀지 못하였더라
15 ●일곱째 날에 이르러 그들이 삼
손의 아내에게 이르되 너는 네 (男
便)남편을 꾀어 그 수수께끼를 우
리에게 알려 달라 하라 그렇지 아
니하면 너와 네 아버지의 집을 불
사르리라 너희가 우리의 (所有)소
유를 빼앗고자 하여 우리를 청한
것이 아니냐 그렇지 아니하냐 하
니
16 삼손의 아내가 그의 앞에서 울며
이르되 당신이 나를 미워할 뿐이
요 사랑하지 아니하는도다 우리
(民族)민족에게 수수께끼를 말하
고 그 뜻을 내게 알려 주지 아니하
도다 하는지라 삼손이 그에게 이
르되 보라 내가 그것을 나의 부모
에게도 알려 주지 아니하였거든
어찌 그대에게 알게 하리요 하였
으나
17 칠 일 동안 그들이 잔치할 때 그의
아내가 그 앞에서 울며 그에게 (强
要)강요함으로 일곱째 날에는 그
가 그의 아내에게 수수께끼를 알
려 주매 그의 아내가 그것을 자기
백성들에게 알려 주었더라
18 일곱째 날 해 지기 전에 (城邑)성
읍 사람들이 삼손에게 이르되 무
엇이 꿀보다 달겠으며 무엇이 사
자보다 강하겠느냐 한지라 삼손
이 그들에게 이르되 너희가 내 암
송아지로 밭 갈지 아니하였더라면
내 수수께끼를 능히 풀지 못하였
으리라 하니라
19 ●여호와의 영이 삼손에게 갑자기
임하시매 삼손이 아스글론에 내려
가서 그 곳 사람 삼십 명을 쳐죽이
고 (擄掠)노략하여 수수께끼 푼 자
들에게 옷을 주고 심히 노하여 그
의 아버지의 집으로 올라갔고
20 삼손의 아내는 삼손의 (親舊)친구
였던 그의 친구에게 준 바 되었더
라

15 얼마 (後)후 밀 거둘 때에 삼
손이 염소 새끼를 가지고 그
의 아내에게로 찾아 가서 이르되
내가 방에 들어가 내 아내를 보고
자 하노라 하니 (丈人)장인이 들어
오지 못하게 하고
2 이르되 네가 그를 심히 미워하는
줄 알고 그를 네 친구에게 주었노

라 그의 동생이 그보다 더 아름답
지 아니하냐 청하노니 너는 그를
(代身)대신하여 (同生)동생을 아
내로 맞이하라 하니
3 삼손이 그들에게 이르되 이번은
내가 블레셋 사람들을 (害)해할지
라도 그들에게 (對)대하여 내게 허
물이 없을 것이니라 하고
4 삼손이 가서 여우 삼백 마리를 붙
들어서 그 꼬리와 꼬리를 매고 홰
를 가지고 그 두 꼬리 사이에 한 홰
를 달고
5 홰에 불을 붙이고 그것을 블레셋
사람들의 (穀食)곡식 밭으로 몰아
들여서 곡식 단과 아직 베지 아니
한 곡식과 포도원과 감람나무들을
사른지라
6 블레셋 사람들이 이르되 누가 이
일을 행하였느냐 하니 사람들이
(對答)대답하되 딤나 사람의 사위
삼손이니 장인이 삼손의 아내를
빼앗아 그의 친구에게 준 까닭이
라 하였더라 블레셋 사람들이 올
라가서 그 여인과 그의 아버지를
불사르니라
7 삼손이 그들에게 이르되 너희가
이같이 행하였은즉 내가 너희에게
(怨讐)원수를 갚고야 말리라 하고
8 블레셋 사람들의 정강이와 넓적다
리를 크게 쳐서 죽이고 내려가서
에담 바위 틈에 머물렀더라

삼손이 블레셋을 치다

9 ●이에 블레셋 사람들이 올라와
유다에 (陣)진을 치고 레히에 가득
한지라
10 유다 사람들이 이르되 너희가 어
찌하여 올라와서 우리를 치느냐
그들이 대답하되 우리가 올라온
것은 삼손을 (結縛)결박하여 그가
우리에게 행한 대로 그에게 행하
려 함이로라 하는지라
11 유다 사람 삼천 명이 에담 바위 틈
에 내려가서 삼손에게 이르되 너
는 블레셋 사람이 우리를 다스리
는 줄을 알지 못하느냐 네가 어찌
하여 우리에게 이같이 행하였느냐
하니 삼손이 그들에게 이르되 그
들이 내게 행한 대로 나도 그들에
게 행하였노라 하니라
12 그들이 삼손에게 이르되 우리가
너를 (結縛)결박하여 블레셋 사람
의 손에 넘겨 주려고 내려왔노라
하니 삼손이 그들에게 이르되 너
희가 나를 치지 아니하겠다고 내
게 (盟誓)맹세하라 하매
13 그들이 삼손에게 말하여 이르되
아니라 우리가 다만 너를 단단히
결박하여 그들의 손에 넘겨 줄 뿐
이요 우리가 (決斷)결단코 너를 죽
이지 아니하리라 하고 새 밧줄 둘
로 결박하고 바위 틈에서 그를 끌
어내니라
14 ●삼손이 레히에 이르매 블레셋
사람들이 그에게로 마주 나가며
소리 지를 때 여호와의 영이 삼손
에게 갑자기 임하시매 그의 팔 위
의 밧줄이 불탄 삼과 같이 그의
(結縛)결박되었던 손에서 떨어진
지라
15 삼손이 나귀의 새 턱뼈를 보고 손

을 내밀어 집어들고 그것으로 천
명을 죽이고
16 이르되
나귀의 턱뼈로 한 더미, 두 더미
를 쌓았음이여 나귀의 턱뼈로 내
가 천 명을 죽였도다
하니라
17 그가 말을 마치고 턱뼈를 (自己)자
기 손에서 내던지고 그 곳을 [1]라맛
레히라 이름하였더라
18 삼손이 심히 목이 말라 여호와께
부르짖어 이르되 주께서 종의 손
을 통하여 이 큰 구원을 베푸셨사
오나 내가 이제 목말라 죽어서 (割
禮)할례 받지 못한 자들의 손에 떨
어지겠나이다 하니
19 하나님이 레히에서 한 우묵한 곳
을 터뜨리시니 거기서 물이 솟아
나오는지라 삼손이 그것을 마시고
정신이 (回復)회복되어 (蘇生)소
생하니 그러므로 그 샘 이름을 [2]엔
학고레라 불렀으며 그 샘이 오늘
까지 레히에 있더라
20 블레셋 사람의 때에 삼손이 이스
라엘의 (士師)사사로 이십 년 동안
지냈더라

삼손이 가사에 가다

16 삼손이 가사에 가서 거기서
한 (妓生)기생을 보고 그에
게로 들어갔더니
2 가사 사람들에게 삼손이 왔다고
알려지매 그들이 곧 그를 에워싸
고 밤새도록 (城門)성문에 (埋伏)
매복하고 밤새도록 조용히 하며
이르기를 새벽이 되거든 그를 죽
이리라 하였더라
3 삼손이 밤중까지 누워 있다가 그
밤중에 일어나 (城)성 (門)문짝들
과 두 문설주와 문빗장을 빼어 가
지고 그것을 모두 어깨에 메고 헤
브론 앞산 꼭대기로 가니라

삼손과 들릴라

4 ●이 후에 삼손이 소렉 골짜기의
들릴라라 이름하는 (女人)여인을
사랑하매
5 블레셋 사람의 방백들이 그 여인
에게로 올라가서 그에게 이르되
삼손을 꾀어서 무엇으로 말미암아
그 큰 힘이 생기는지 그리고 우리
가 어떻게 하면 능히 그를 결박하
여 (屈伏)굴복하게 할 수 있을는지
알아보라 그리하면 우리가 각각
은 천백 개씩을 네게 주리라 하니
6 들릴라가 삼손에게 말하되 청하건
대 (當身)당신의 큰 힘이 무엇으로
말미암아 생기며 어떻게 하면 능
히 당신을 (結縛)결박하여 굴복하
게 할 수 있을는지 내게 말하라 하
니
7 삼손이 그에게 이르되 만일 마르
지 아니한 새 활줄 일곱으로 나를
(結縛)결박하면 내가 약해져서 다
른 사람과 같으리라
8 블레셋 사람의 (方伯)방백들이 마
르지 아니한 새 활줄 일곱을 여인
에게로 가져오매 그가 그것으로
삼손을 결박하고
9 이미 사람을 방 안에 (埋伏)매복시
켰으므로 삼손에게 말하되 삼손이

1) 턱뼈의 산 2) 부르짖은 자의 샘

여 블레셋 사람들이 당신에게 들
이닥쳤느니라 하니 삼손이 그 줄
들을 끊기를 불탄 삼실을 끊음 같
이 하였고 그의 힘의 (根源)근원은
알아내지 못하니라
10 ●들릴라가 삼손에게 이르되 보라
당신이 나를 (戲弄)희롱하여 내게
거짓말을 하였도다 (請)청하건대
무엇으로 당신을 결박할 수 있을
는지 이제는 내게 말하라 하니
11 삼손이 그에게 이르되 (萬一)만일
쓰지 아니한 새 밧줄들로 나를 결
박하면 내가 약해져서 다른 사람
과 같으리라 하니라
12 들릴라가 새 밧줄들을 가져다가
그것들로 그를 (結縛)결박하고 그
에게 이르되 삼손이여 블레셋 사
람이 당신에게 들이닥쳤느니라 하
니 삼손이 팔 위의 줄 끊기를 실을
끊음 같이 하였고 그 때에도 사람
이 방 안에 (埋伏)매복하였더라
13 ●들릴라가 삼손에게 이르되 당신
이 이 때까지 나를 (戲弄)희롱하여
내게 거짓말을 하였도다 내가 무
엇으로 당신을 결박할 수 있을는
지 내게 말하라 하니 삼손이 그에
게 이르되 그대가 만일 나의 머리
털 일곱 가닥을 베틀의 날실에 섞
어 짜면 되리라 하는지라
14 들릴라가 바디로 그 머리털을 단
단히 짜고 그에게 이르되 삼손이
여 블레셋 사람들이 (當身)당신에
게 들이닥쳤느니라 하니 삼손이
잠을 깨어 베틀의 바디와 날실을
다 빼내니라

15 ●들릴라가 삼손에게 이르되 당신
의 마음이 내게 있지 아니하면서
당신이 어찌 나를 사랑한다 하느
냐 당신이 이로써 세 번이나 나를
(戲弄)희롱하고 당신의 큰 힘이 무
엇으로 말미암아 생기는지를 내게
말하지 아니하였도다 하며
16 날마다 그 말로 그를 재촉하여 조
르매 삼손의 마음이 (煩惱)번뇌하
여 죽을 지경이라
17 삼손이 (眞心)진심을 드러내어 그
에게 이르되 내 머리 위에는 삭도
를 대지 아니하였나니 이는 내가
모태에서부터 하나님의 나실인이
되었음이라 만일 내 머리가 밀리
면 내 힘이 내게서 떠나고 나는 약
해져서 다른 사람과 같으리라 하
니라
18 ●들릴라가 삼손이 진심을 다 알
려 주므로 사람을 보내어 블레셋
사람들의 (方伯)방백들을 불러 이
르되 삼손이 내게 진심을 알려 주
었으니 이제 한 번만 올라오라 하
니 블레셋 방백들이 손에 은을 가
지고 그 여인에게로 올라오니라
19 들릴라가 삼손에게 (自己)자기 무
릎을 베고 자게 하고 사람을 불러
그의 머리털 일곱 가닥을 밀고 괴
롭게 하여 본즉 그의 힘이 없어졌
더라
20 들릴라가 이르되 삼손이여 블레셋
사람이 (當身)당신에게 들이닥쳤
느니라 하니 삼손이 잠을 깨며 이
르기를 내가 전과 같이 나가서 몸
을 떨치리라 하였으나 여호와께서

이미 자기를 떠나신 줄을 깨닫지
못하였더라
21 블레셋 사람들이 그를 붙잡아 그
의 눈을 빼고 끌고 가사에 내려가
놋 줄로 매고 그에게 (獄)옥에서
맷돌을 돌리게 하였더라
22 그의 머리털이 밀린 후에 다시 자
라기 (始作)시작하니라

삼손이 죽다

23 ●블레셋 사람의 방백들이 이르되
우리의 신이 우리 (怨讐)원수 삼손
을 우리 손에 넘겨 주었다 하고 다
모여 그들의 신 다곤에게 큰 제사
를 드리고 즐거워하고
24 백성들도 삼손을 보았으므로 이르
되 우리의 땅을 망쳐 놓고 우리의
많은 사람을 죽인 원수를 우리의
신이 우리 손에 넘겨 주었다 하고
자기들의 신을 (讚揚)찬양하며
25 그들의 마음이 즐거울 때에 이르
되 삼손을 불러다가 우리를 위하
여 재주를 부리게 하자 하고 (獄)
옥에서 삼손을 불러내매 삼손이
그들을 위하여 재주를 부리니라
그들이 삼손을 두 기둥 사이에 세
웠더니
26 삼손이 자기 손을 붙든 소년에게
이르되 나에게 이 집을 버틴 기둥
을 찾아 그것을 (依支)의지하게 하
라 하니라
27 그 집에는 남녀가 가득하니 블레
셋 모든 방백들도 거기에 있고 지
붕에 있는 남녀도 삼천 명 (假量)
가량이라 다 삼손이 재주 부리는
것을 보더라
28 ●삼손이 여호와께 부르짖어 이르
되 주 여호와여 구하옵나니 나를
생각하옵소서 하나님이여 구하옵
나니 이번만 나를 강하게 하사 나
의 두 눈을 뺀 블레셋 사람에게 원
수를 (單番)단번에 갚게 하옵소서
하고
29 삼손이 집을 버틴 두 기둥 가운데
하나는 왼손으로 하나는 오른손으
로 껴 (依支)의지하고
30 삼손이 이르되 블레셋 사람과 함
께 죽기를 원하노라 하고 힘을 다
하여 몸을 굽히매 그 집이 곧 무너
져 그 안에 있는 모든 방백들과 온
(百姓)백성에게 덮이니 삼손이 죽
을 때에 죽인 자가 살았을 때에 죽
인 자보다 더욱 많았더라
31 그의 형제와 아버지의 온 집이 다
내려가서 그의 시체를 가지고 올
라가서 소라와 에스다올 사이 그
의 아버지 마노아의 (葬地)장지에
장사하니라 삼손이 이스라엘의 사
사로 이십 년 동안 지냈더라

미가 집의 제사장

17 에브라임 (山地)산지에 미가
라 이름하는 사람이 있더니
2 그의 어머니에게 이르되 어머니께
서 은 천백을 잃어버리셨으므로
(詛呪)저주하시고 내 귀에도 말씀
하셨더니 보소서 그 은이 내게 있
나이다 내가 그것을 가졌나이다
하니 그의 어머니가 이르되 내 아
들이 여호와께 복 받기를 원하노
라 하니라
3 미가가 은 천백을 그의 어머니에

게 도로 주매 그의 어머니가 이르
되 내가 내 아들을 위하여 한 신상
을 새기며 한 (神像)신상을 부어
만들기 위해 내 손에서 이 은을 여
호와께 거룩히 드리노라 그러므로
내가 이제 이 은을 네게 도로 주리
라
4 미가가 그 은을 그의 어머니에게
도로 주었으므로 어머니가 그 은
이백을 가져다 (銀匠色)은장색에
게 주어 한 신상을 새기고 한 신상
을 부어 만들었더니 그 신상이 미
가의 집에 있더라
5 그 사람 미가에게 신당이 있으므
로 그가 에봇과 드라빔을 만들고
한 아들을 세워 그의 (祭司長)제
사장으로 삼았더라
6 그 때에는 이스라엘에 왕이 없었
으므로 사람마다 자기 (所見)소견
에 옳은 대로 행하였더라
7 ●유다 (家族)가족에 속한 유다
베들레헴에 한 청년이 있었으니
그는 레위인으로서 거기서 거류하
였더라
8 그 사람이 거주할 곳을 찾고자 하
여 그 성읍 유다 베들레헴을 떠나
가다가 에브라임 (山地)산지로 가
서 미가의 집에 이르매
9 미가가 그에게 묻되 너는 어디서
부터 오느냐 하니 그가 이르되 나
는 유다 베들레헴의 레위인으로서
(居留)거류할 곳을 찾으러 가노라
하는지라
10 미가가 그에게 이르되 네가 나와
함께 거주하며 나를 위하여 아버
지와 (祭司長)제사장이 되라 내가
해마다 은 열과 의복 한 벌과 먹을
것을 주리라 하므로 그 레위인이
들어갔더라
11 그 레위인이 그 사람과 함께 거주
하기를 (滿足)만족하게 생각했으
니 이는 그 청년이 미가의 아들 중
하나 같이 됨이라
12 미가가 그 레위인을 거룩하게 (區
別)구별하매 그 청년이 미가의 제
사장이 되어 그 집에 있었더라
13 이에 미가가 이르되 레위인이 내
제사장이 되었으니 이제 여호와께
서 내게 (福)복 주실 줄을 아노라
하니라

미가와 단 지파

18 그 때에 이스라엘에 왕이 없
었고 단 지파는 그 때에 거
주할 기업의 땅을 구하는 중이었
으니 이는 그들이 이스라엘 지파
중에서 그 때까지 기업을 (分配)분
배 받지 못하였음이라
2 단 자손이 소라와 에스다올에서부
터 그들의 가족 가운데 용맹스런
다섯 사람을 보내어 땅을 정탐하
고 살피게 하며 그들에게 이르되
너희는 가서 땅을 살펴보라 하매
그들이 에브라임 산지에 가서 미
가의 집에 이르러 거기서 (留宿)유
숙하니라
3 그들이 미가의 집에 있을 때에 그
레위 청년의 (音聲)음성을 알아듣
고 그리로 돌아가서 그에게 이르
되 누가 너를 이리로 인도하였으
며 네가 여기서 무엇을 하며 여기

서 무엇을 얻었느냐 하니
4 그가 그들에게 이르되 미가가 이
러이러하게 나를 대접하고 나를
(雇用)고용하여 나를 자기의 제사
장으로 삼았느니라 하니라
5 그들이 그에게 이르되 청하건대
우리를 위하여 하나님께 물어 보
아서 우리가 가는 길이 (亨通)형통
할는지 우리에게 알게 하라 하니
6 그 제사장이 그들에게 이르되 (平
安)평안히 가라 너희가 가는 길은
여호와 앞에 있느니라 하니라
7 ●이에 다섯 사람이 떠나 라이스
에 이르러 거기 있는 백성을 본즉
(念慮)염려 없이 거주하며 시돈 사
람들이 사는 것처럼 평온하며 안
전하니 그 땅에는 부족한 것이 없
으며 부를 누리며 시돈 사람들과
거리가 멀고 어떤 사람과도 상종
하지 아니함이라
8 그들이 소라와 에스다올에 돌아가
서 그들의 (兄弟)형제들에게 이르
매 형제들이 그들에게 묻되 너희
가 보기에 어떠하더냐 하니
9 이르되 일어나 그들을 치러 올라
가자 우리가 그 땅을 본즉 매우 좋
더라 너희는 가만히 있느냐 나아
가서 그 땅 얻기를 게을리 하지 말
라
10 너희가 가면 평화로운 백성을 만
날 것이요 그 땅은 넓고 그 곳에는
세상에 있는 것이 하나도 (不足)부
족함이 없느니라 하나님이 그 땅
을 너희 손에 넘겨 주셨느니라 하
는지라
11 ●단 지파의 가족 중 육백 명이
(武器)무기를 지니고 소라와 에스
다올에서 출발하여
12 올라가서 유다에 있는 기랏여아림
에 (陳)진 치니 그러므로 그 곳 이
름이 오늘까지 마하네 단이며 그
곳은 기럇여아림 뒤에 있더라
13 무리가 거기서 떠나 에브라임 (山
地)산지 미가의 집에 이르니라
14 ●전에 라이스 땅을 정탐하러 갔
던 다섯 사람이 그 형제들에게 말
하여 이르되 이 집에 에봇과 드라
빔과 새긴 (神像)신상과 부어 만든
신상이 있는 줄을 너희가 아느냐
그런즉 이제 너희는 마땅히 행할
것을 생각하라 하고
15 다섯 사람이 그 쪽으로 향하여 그
청년 레위 사람의 집 곧 미가의 집
에 이르러 그에게 (問安)문안하고
16 단 자손 육백 명은 (武器)무기를
지니고 문 입구에 서니라
17 그 땅을 (偵探)정탐하러 갔던 다섯
사람이 그리로 들어가서 새긴 신
상과 에봇과 드라빔과 부어 만든
신상을 가져갈 때에 그 제사장은
무기를 지닌 육백 명과 함께 문 입
구에 섰더니
18 그 다섯 사람이 미가의 집에 들어
가서 그 새긴 (神像)신상과 에봇과
드라빔과 부어 만든 신상을 가지
고 나오매 그 제사장이 그들에게
묻되 너희가 무엇을 하느냐 하니
19 그들이 그에게 이르되 (潛潛)잠잠
하라 네 손을 입에 대라 우리와 함
께 가서 우리의 아버지와 제사장

이 되라 네가 한 사람의 집의 제사
장이 되는 것과 이스라엘의 한 지
파 한 (族屬)족속의 제사장이 되는
것 중에서 어느 것이 낫겠느냐 하
는지라
20 그 제사장이 마음에 기뻐하여 에
봇과 드라빔과 새긴 (偶像)우상을
받아 가지고 그 백성 가운데로 들
어가니라
21 ●그들이 돌이켜서 어린 아이들과
(家畜)가축과 값진 물건들을 앞세
우고 길을 떠나더니
22 그들이 미가의 집을 멀리 떠난 때
에 미가의 이웃집 사람들이 모여
서 단 (子孫)자손을 따라 붙어서
23 단 (子孫)자손을 부르는지라 그들
이 얼굴을 돌려 미가에게 이르되
네가 무슨 일로 이같이 모아 가지
고 왔느냐 하니
24 미가가 이르되 내가 만든 신들과
(祭司長)제사장을 빼앗아 갔으니
이제 내게 오히려 남은 것이 무엇
이냐 너희가 어찌하여 나더러 무
슨 일이냐고 하느냐 하는지라
25 단 자손이 그에게 이르되 네 목소
리를 우리에게 들리게 하지 말라
노한 자들이 너희를 쳐서 네 생명
과 네 (家族)가족의 생명을 잃게
할까 하노라 하고
26 단 자손이 자기 길을 간지라 미가
가 단 자손이 자기보다 (强)강한
것을 보고 돌이켜 집으로 돌아갔
더라
27 ●단 자손이 미가가 만든 것과 그
제사장을 취하여 라이스에 이르러
(閑暇)한가하고 걱정 없이 사는 백
성을 만나 칼날로 그들을 치며 그
성읍을 불사르되
28 그들을 구원할 자가 없었으니 그
성읍이 베드르홉 가까운 골짜기에
있어서 시돈과 (距離)거리가 멀고
(相從)상종하는 사람도 없음이었
더라 단 자손이 성읍을 세우고 거
기 거주하면서
29 이스라엘에게서 태어난 그들의
(祖上)조상 단의 이름을 따라 그
성읍을 단이라 하니라 그 성읍의
본 이름은 라이스였더라
30 단 자손이 자기들을 위하여 그 새
긴 (神像)신상을 세웠고 [1]모세의
손자요 게르솜의 아들인 요나단과
그의 자손은 단 지파의 제사장이
되어 그 땅 백성이 사로잡히는 날
까지 이르렀더라
31 하나님의 집이 실로에 있을 동안
에 미가가 만든 바 새긴 (神像)신
상이 단 자손에게 있었더라

어떤 레위 사람과 그의 첩

19 이스라엘에 왕이 없을 그 때
에 에브라임 산지 구석에 (居
留)거류하는 어떤 레위 사람이 유
다 베들레헴에서 첩을 맞이하였더
니
2 그 첩이 (行淫)행음하고 남편을 떠
나 유다 베들레헴 그의 아버지의
집에 돌아가서 거기서 넉 달 동안
을 지내매
3 그의 남편이 그 여자에게 (多情)
다정하게 말하고 그를 데려오고자

1) 또는 므낫세의

하여 하인 한 사람과 나귀 두 마리
를 데리고 그에게로 가매 여자가
그를 (引導)인도하여 아버지의 집
에 들어가니 그 여자의 아버지가
그를 보고 기뻐하니라
4 그의 장인 곧 그 여자의 아버지가
그를 머물게 하매 그가 삼 일 동안
그와 함께 머물며 먹고 마시며 거
기서 (留宿)유숙하다가
5 넷째 날 아침에 일찍이 일어나 떠
나고자 하매 그 여자의 아버지가
그의 사위에게 이르되 떡을 조금
먹고 그대의 (氣力)기력을 돋운 후
에 그대의 길을 가라 하니라
6 두 사람이 앉아서 함께 먹고 마시
매 그 여자의 아버지가 그 사람에
게 이르되 청하노니 이 밤을 여기
서 (留宿)유숙하여 그대의 마음을
즐겁게 하라 하니
7 그 사람이 일어나서 가고자 하되
그의 장인의 (懇請)간청으로 거기
서 다시 유숙하더니
8 다섯째 날 아침에 일찍이 일어나
떠나고자 하매 그 여자의 아버지
가 이르되 (請)청하노니 그대의
(氣力)기력을 돋우고 해가 기울도
록 머물라 하므로 두 사람이 함께
먹고
9 그 사람이 첩과 하인과 더불어 일
어나 떠나고자 하매 그의 장인 곧
그 여자의 아버지가 그에게 이르
되 보라 이제 날이 저물어 가니 청
하건대 이 밤도 유숙하라 보라 해
가 기울었느니라 그대는 여기서
유숙하여 그대의 마음을 즐겁게
하고 (來日)내일 일찍이 그대의 길
을 가서 그대의 집으로 돌아가라
하니
10 ●그 사람이 다시 밤을 지내고자
하지 아니하여 일어나서 떠나 여
부스 맞은편에 이르렀으니 여부스
는 곧 예루살렘이라 (鞍裝)안장 지
운 나귀 두 마리와 첩이 그와 함께
하였더라
11 그들이 여부스에 가까이 갔을 때
에 해가 지려 하는지라 종이 주인
에게 이르되 청하건대 우리가 돌
이켜 여부스 사람의 이 (城邑)성읍
에 들어가서 유숙하십시다 하니
12 주인이 그에게 이르되 우리가 돌
이켜 이스라엘 자손에게 속하지
아니한 (異邦)이방 사람의 성읍으
로 들어갈 것이 아니니 기브아로
나아가리라 하고
13 또 그 종에게 이르되 우리가 기브
아나 라마 중 한 곳에 가서 거기서
유숙하자 하고
14 모두 앞으로 나아가더니 베냐민에
(屬)속한 기브아에 가까이 이르러
해가 진지라
15 기브아에 가서 유숙하려고 그리로
돌아 들어가서 성읍 넓은 거리에
앉아 있으나 그를 집으로 (迎接)영
접하여 유숙하게 하는 자가 없었
더라
16 ●저녁 때에 한 (老人)노인이 밭
에서 일하다가 돌아오니 그 사람
은 본래 에브라임 산지 사람으로
서 기브아에 거류하는 자요 그 곳
사람들은 베냐민 자손이더라

17 노인이 눈을 들어 (城邑)성읍 넓은
거리에 나그네가 있는 것을 본지
라 노인이 묻되 그대는 어디로 가
며 어디서 왔느냐 하니
18 그가 그에게 이르되 우리는 유다
베들레헴에서 에브라임 산지 구석
으로 가나이다 나는 그 곳 사람으
로서 유다 베들레헴에 갔다가 이
제 여호와의 집으로 가는 중인데
나를 자기 집으로 (迎接)영접하는
사람이 없나이다
19 우리에게는 나귀들에게 먹일 짚과
여물이 있고 나와 당신의 여종과
당신의 종인 우리들과 함께 한 청
년에게 먹을 (糧食)양식과 포도주
가 있어 무엇이든지 부족함이 없
나이다 하는지라
20 그 노인이 이르되 그대는 안심하
라 그대의 쓸 것은 모두 내가 (擔
當)담당할 것이니 거리에서는 유
숙하지 말라 하고
21 그를 데리고 (自己)자기 집에 들어
가서 나귀에게 먹이니 그들이 발
을 씻고 먹고 마시니라
22 ●그들이 마음을 즐겁게 할 때에
그 성읍의 (不良輩)불량배들이 그
집을 에워싸고 문을 두들기며 집
주인 노인에게 말하여 이르되 네
집에 들어온 사람을 끌어내라 우
리가 그와 관계하리라 하니
23 집 주인 그 사람이 그들에게로 나
와서 이르되 아니라 내 형제들아
청하노니 이같은 악행을 저지르지
말라 이 사람이 내 집에 들어왔으
니 이런 (妄靈)망령된 일을 행하지
말라
24 보라 여기 내 (處女)처녀 딸과 이
사람의 첩이 있은즉 내가 그들을
끌어내리니 너희가 그들을 욕보이
든지 너희 눈에 좋은 대로 행하되
오직 이 사람에게는 이런 (妄靈)망
령된 일을 행하지 말라 하나
25 무리가 듣지 아니하므로 그 사람
이 자기 첩을 붙잡아 그들에게 밖
으로 끌어내매 그들이 그 여자와
관계하였고 밤새도록 그 여자를
능욕하다가 새벽 (未明)미명에 놓
은지라
26 (東)동틀 때에 여인이 자기의 주인
이 있는 그 사람의 집 문에 이르러
엎드러져 밝기까지 거기 엎드러져
있더라
27 ●그의 주인이 일찍이 일어나 집
문을 열고 떠나고자 하더니 그 여
인이 집 문에 엎드러져 있고 그의
두 손이 (門地枋)문지방에 있는
것을 보고
28 그에게 이르되 일어나라 우리가
떠나가자 하나 아무 대답이 없는
지라 이에 그의 (屍體)시체를 나귀
에 싣고 행하여 자기 곳에 돌아가
서
29 그 집에 이르러서는 칼을 가지고
자기 첩의 (屍體)시체를 거두어 그
마디를 찍어 열두 덩이에 나누고
그것을 이스라엘 사방에 두루 보
내매
30 그것을 보는 자가 다 이르되 이스
라엘 자손이 애굽 땅에서 올라온
날부터 오늘까지 이런 일은 일어

나지도 아니하였고 보지도 못하였
도다 이 일을 생각하고 (相議)상의
한 후에 말하자 하니라

이스라엘이 전쟁 준비를 하다

20 이에 모든 이스라엘 자손이
단에서부터 브엘세바까지와
길르앗 땅에서 나와서 그 (會衆)회
중이 (一齊)일제히 미스바에서 여
호와 앞에 모였으니
2 온 백성의 어른 곧 이스라엘 모든
(支派)지파의 어른들은 하나님 백
성의 (總會)총회에 섰고 칼을 빼는
보병은 사십만 명이었으며
3 이스라엘 자손이 미스바에 올라간
것을 베냐민 자손이 들었더라 이
스라엘 자손이 이르되 이 (惡)악한
일이 어떻게 일어났는지 우리에게
말하라 하니
4 레위 사람 곧 죽임을 당한 여인의
(男便)남편이 대답하여 이르되 내
가 내 첩과 더불어 베냐민에 속한
기브아에 (留宿)유숙하러 갔더니
5 기브아 사람들이 나를 치러 일어
나서 밤에 내가 묵고 있던 집을 에
워싸고 나를 죽이려 하고 내 첩을
(辱)욕보여 그를 죽게 한지라
6 내가 내 첩의 시체를 거두어 쪼개
서 이스라엘 기업의 온 땅에 보냈
나니 이는 그들이 이스라엘 중에
서 (淫行)음행과 망령된 일을 행하
였기 때문이라
7 이스라엘 자손들아 너희가 다 여
기 있은즉 너희의 의견과 (方策)방
책을 낼지니라 하니라
8 ●모든 백성이 일제히 일어나 이
르되 우리가 한 사람도 자기 (帳
幕)장막으로 돌아가지 말며 한 사
람도 자기 집으로 들어가지 말고
9 우리가 이제 기브아 사람에게 이
렇게 행하리니 곧 제비를 뽑아서
그들을 치되
10 우리가 이스라엘 모든 지파 중에
서 백 명에 열 명, 천 명에 백 명,
만 명에 천 명을 뽑아 그 백성을 위
하여 (糧食)양식을 (準備)준비하
고 그들에게 베냐민의 기브아에
가서 그 무리가 이스라엘 중에서
망령된 일을 행한 대로 징계하게
하리라 하니라
11 이와 같이 이스라엘 모든 사람이
하나 같이 (合心)합심하여 그 성읍
을 치려고 모였더라
12 ●이스라엘 지파들이 베냐민 온
지파에 사람들을 보내어 두루 다
니며 이르기를 너희 중에서 생긴
이 (惡行)악행이 어찌 됨이냐
13 그런즉 이제 기브아 사람들 곧 그
(不良輩)불량배들을 우리에게 넘
겨 주어서 우리가 그들을 죽여 이
스라엘 중에서 악을 제거하여 버
리게 하라 하나 베냐민 자손이 그
들의 형제 이스라엘 자손의 말을
듣지 아니하고
14 도리어 (城邑)성읍들로부터 기브
아에 모이고 나가서 이스라엘 자
손과 싸우고자 하니라
15 그 때에 그 성읍들로부터 나온 베
냐민 자손의 (數)수는 칼을 빼는
자가 모두 이만 육천 명이요 그 외
에 기브아 주민 중 택한 자가 칠백

명인데
16 이 모든 백성 중에서 (擇)택한 칠
백 명은 다 왼손잡이라 물매로 돌
을 던지면 조금도 틀림이 없는 자
들이더라

이스라엘과 베냐민 자손이 싸우다

17 ●베냐민 자손 외에 이스라엘 사
람으로서 칼을 빼는 자의 수는 사
십만 명이니 다 (戰士)전사라
18 이스라엘 자손이 일어나 벧엘에
올라가서 하나님께 여쭈어 이르되
우리 (中)중에 누가 먼저 올라가서
베냐민 자손과 싸우리이까 하니
여호와께서 말씀하시되 유다가 먼
저 갈지니라 하시니라
19 ●이스라엘 자손이 아침에 일어나
기브아를 대하여 (陣)진을 치니라
20 이스라엘 사람이 나가 베냐민과
싸우려고 (戰列)전열을 갖추고 기
브아에서 그들과 싸우고자 하매
21 베냐민 자손이 기브아에서 나와서
(當日)당일에 이스라엘 사람 이만
이천 명을 땅에 엎드러뜨렸으나
22 이스라엘 사람들이 스스로 용기를
내어 첫날 (戰列)전열을 갖추었던
곳에서 다시 전열을 갖추니라
23 이스라엘 자손이 올라가 여호와
앞에서 저물도록 울며 여호와께
여쭈어 이르되 내가 다시 나아가
서 내 (兄弟)형제 베냐민 자손과
싸우리이까 하니 여호와께서 말씀
하시되 올라가서 치라 하시니라
24 ●그 이튿날에 이스라엘 자손이
베냐민 자손을 치러 나아가매
25 베냐민도 그 이튿날에 기브아에서
그들을 치러 나와서 다시 이스라
엘 자손 만 팔천 명을 땅에 엎드러
뜨렸으니 다 칼을 빼는 (者)자였더
라
26 이에 온 이스라엘 자손 모든 백성
이 올라가 벧엘에 이르러 울며 거
기서 여호와 앞에 앉아서 그 날이
저물도록 (禁食)금식하고 번제와
화목제를 여호와 앞에 드리고
27 이스라엘 자손이 여호와께 물으니
라 그 때에는 하나님의 (言約櫃)
언약궤가 거기 있고
28 아론의 손자인 엘르아살의 아들
비느하스가 그 앞에 모시고 섰더
라 이스라엘 자손들이 여쭈기를
우리가 다시 나아가 내 (兄弟)형제
베냐민 자손과 싸우리이까 말리이
까 하니 여호와께서 이르시되 올
라가라 내일은 내가 그를 네 손에
넘겨 주리라 하시는지라
29 ●이스라엘이 기브아 주위에 군사
를 (埋伏)매복하니라
30 이스라엘 자손이 셋째 날에 베냐
민 자손을 치러 올라가서 전과 같
이 기브아에 맞서 (戰列)전열을 갖
추매
31 베냐민 (子孫)자손이 나와서 백성
을 맞더니 꾀임에 빠져 성읍을 떠
났더라 그들이 큰 길 곧 한쪽은 벧
엘로 올라가는 길이요 한쪽은 기
브아의 들로 가는 길에서 백성을
쳐서 전과 같이 이스라엘 사람 삼
십 명 가량을 죽이기 시작하며
32 베냐민 자손이 스스로 이르기를
이들이 처음과 같이 우리 앞에서

(敗)패한다 하나 이스라엘 자손은
이르기를 우리가 도망하여 그들을
성읍에서 큰 길로 꾀어내자 하고
33 이스라엘 사람이 모두 그들의 (處
所)처소에서 일어나서 바알다말
에서 전열을 갖추었고 이스라엘의
복병은 그 장소 곧 기브아 초장에
서 쏟아져 나왔더라
34 온 이스라엘 사람 중에서 택한 사
람 만 명이 기브아에 이르러 치매
싸움이 (熾烈)치열하나 베냐민 사
람은 화가 자기에게 미친 줄을 알
지 못하였더라
35 여호와께서 이스라엘 앞에서 베냐
민을 치시매 (當日)당일에 이스라
엘 자손이 베냐민 사람 이만 오천
백 명을 죽였으니 다 칼을 빼는 자
였더라

이스라엘이 승리한 방법

36 ●이에 베냐민 자손이 자기가 패
한 것을 깨달았으니 이는 이스라
엘 사람이 기브아에 (埋伏)매복한
군사를 믿고 잠깐 베냐민 사람 앞
을 피하매
37 (伏兵)복병이 급히 나와 기브아로
돌격하고 나아가며 칼날로 온 성
읍을 쳤음이더라
38 처음에 이스라엘 사람과 (伏兵)복
병 사이에 약속하기를 성읍에서
큰 연기가 치솟는 것으로 (軍號)군
호를 삼자 하고
39 이스라엘 사람은 싸우다가 물러가
고 베냐민 사람은 이스라엘 사람
삼십 명 (假量)가량을 쳐죽이기를
시작하며 이르기를 이들이 틀림없
이 처음 싸움 같이 우리에게 패한
다 하다가
40 (煙氣)연기 구름이 기둥 같이 성
읍 가운데에서 치솟을 때에 베냐
민 사람이 뒤를 돌아보매 온 성읍
에 연기가 하늘에 닿았고
41 이스라엘 사람은 돌아서는지라 베
냐민 사람들이 (禍)화가 자기들에
게 미친 것을 보고 심히 놀라
42 이스라엘 사람 앞에서 몸을 돌려
(曠野)광야 길로 향하였으나 군사
가 급히 (追擊)추격하며 각 성읍에
서 나온 자를 그 가운데에서 진멸
하니라
43 그들이 베냐민 사람을 에워싸고
기브아 앞 동쪽까지 (追擊)추격하
며 그 쉬는 곳에서 짓밟으매
44 베냐민 중에서 엎드러진 자가 만
팔천 명이니 다 (勇士)용사더라
45 그들이 몸을 돌려 (曠野)광야로 도
망하였으나 림몬 바위에 이르는
큰 길에서 이스라엘이 또 오천 명
을 이삭 줍듯 하고 또 급히 그 뒤를
따라 기돔에 이르러 또 이천 명을
죽였으니
46 이 날에 베냐민 사람으로서 칼을
빼는 자가 엎드러진 것이 모두 이
만 오천 명이니 다 (勇士)용사였더
라
47 베냐민 사람 육백 명이 돌이켜 광
야로 도망하여 림몬 바위에 이르
러 거기에서 넉 달 동안을 지냈더
라
48 이스라엘 사람이 베냐민 자손에게
로 돌아와서 온 성읍과 (家畜)가축

과 만나는 자를 다 칼날로 치고 닥
치는 성읍은 모두 다 불살랐더라

베냐민 자손의 아내

21 이스라엘 사람들이 미스바에
서 (盟誓)맹세하여 이르기를
우리 중에 누구든지 딸을 베냐민
사람에게 아내로 주지 아니하리라
하였더라
2 (百姓)백성이 벧엘에 이르러 거기
서 저녁까지 하나님 앞에 앉아서
큰 소리로 울며
3 이르되 이스라엘의 하나님 여호와
여 어찌하여 이스라엘에 이런 일
이 생겨서 오늘 이스라엘 중에 한
(支派)지파가 없어지게 하시나이
까 하더니
4 이튿날에 백성이 일찍이 일어나
거기에 한 제단을 쌓고 번제와 (和
睦祭)화목제를 드렸더라
5 이스라엘 자손이 이르되 이스라엘
온 (支派)지파 중에 (總會)총회와
함께 하여 여호와 앞에 올라오지
아니한 자가 누구냐 하니 이는 그
들이 크게 (盟誓)맹세하기를 미스
바에 와서 여호와 앞에 이르지 아
니하는 자는 반드시 죽일 것이라
하였음이라
6 이스라엘 자손이 그들의 형제 베
냐민을 위하여 뉘우쳐 이르되 오
늘 이스라엘 중에 한 (支派)지파가
끊어졌도다
7 그 남은 자들에게 우리가 어떻게
하면 아내를 얻게 하리요 우리가
전에 여호와로 (盟誓)맹세하여 우
리의 딸을 그들의 아내로 주지 아
니하리라 하였도다
8 ●또 이르되 이스라엘 지파 중 미
스바에 올라와서 여호와께 이르지
아니한 자가 누구냐 하고 본즉 야
베스 길르앗에서는 한 사람도 (陣
營)진영에 이르러 (總會)총회에
참여하지 아니하였으니
9 백성을 (計數)계수할 때에 야베스
길르앗 주민이 하나도 거기 없음
을 보았음이라
10 회중이 큰 용사 만 이천 명을 그리
로 보내며 그들에게 명령하여 이
르되 가서 야베스 길르앗 (住民)주
민과 (婦女)부녀와 어린 아이를 칼
날로 치라
11 너희가 (行)행할 일은 모든 남자
및 남자와 잔 여자를 (殄滅)진멸하
여 바칠 것이니라 하였더라
12 그들이 야베스 길르앗 주민 중에
서 젊은 처녀 사백 명을 얻었으니
이는 아직 남자와 (同寢)동침한 일
이 없어 남자를 알지 못하는 자라
그들을 실로 진영으로 데려오니
이 곳은 가나안 땅이더라
13 ●온 회중이 림몬 바위에 있는 베
냐민 자손에게 사람을 보내어 평
화를 (公布)공포하게 하였더니
14 그 때에 베냐민이 돌아온지라 이
에 이스라엘 사람이 야베스 길르
앗 여자들 중에서 살려 둔 여자들
을 그들에게 주었으나 아직도 (不
足)부족하므로
15 (百姓)백성들이 베냐민을 위하여
뉘우쳤으니 이는 여호와께서 이스
라엘 지파들 중에 한 지파가 빠지

게 하셨음이었더라
16 ●회중의 장로들이 이르되 베냐민
의 여인이 다 (滅絕)멸절되었으니
이제 그 남은 자들에게 어떻게 하
여야 아내를 얻게 할까 하고
17 또 이르되 베냐민 중 도망하여 살
아 남은 자에게 마땅히 (基業)기업
이 있어야 하리니 그리하면 이스
라엘 중에 한 지파가 사라짐이 없
으리라
18 그러나 우리가 우리의 딸을 그들
의 아내로 주지 못하리니 이는 이
스라엘 자손이 (盟誓)맹세하여 이
르기를 딸을 베냐민에게 아내로
주는 자는 저주를 받으리라 하였
음이로다 하니라
19 또 이르되 보라 벧엘 북쪽 르보나
남쪽 벧엘에서 세겜으로 올라가는
큰 길 동쪽 실로에 매년 여호와의
(名節)명절이 있도다 하고
20 베냐민 자손에게 명령하여 이르되
가서 (葡萄園)포도원에 숨어
21 보다가 실로의 여자들이 춤을 추
러 나오거든 너희는 포도원에서
나와서 실로의 딸 중에서 (各各)각
각 하나를 붙들어 가지고 자기의
아내로 삼아 베냐민 땅으로 돌아
가라
22 만일 그의 아버지나 형제가 와서
우리에게 시비하면 우리가 그에게
말하기를 청하건대 너희는 우리에
게 (恩惠)은혜를 베풀어 그들을 우
리에게 줄지니라 이는 우리가 전
쟁할 때에 각 사람을 위하여 그의
아내를 얻어 주지 못하였고 너희
가 자의로 그들에게 준 것이 아니
니 너희에게 죄가 없을 것임이니
라 하겠노라 하매
23 베냐민 자손이 그같이 행하여 춤
추는 여자들 중에서 자기들의 (數
字)숫자대로 붙들어 아내로 삼아
자기 기업에 돌아가서 성읍들을
건축하고 거기에 거주하였더라
24 그 때에 이스라엘 자손이 그 곳에
서 각기 자기의 지파, 자기의 (家
族)가족에게로 돌아갔으니 곧 각
기 그 곳에서 나와서 자기의 기업
으로 돌아갔더라
25 ●그 때에 이스라엘에 왕이 없으
므로 사람이 각기 자기의 (所見)소
견에 옳은 대로 행하였더라

룻記 Ruth

엘리멜렉과 그 가족의 모압 이주

1 (士師)사사들이 치리하던 때에
그 땅에 (凶年)흉년이 드니라
유다 베들레헴에 한 사람이 그의
아내와 두 아들을 데리고 모압 지
방에 가서 거류하였는데
2 그 사람의 이름은 엘리멜렉이요
그의 아내의 이름은 나오미요 그
의 두 아들의 이름은 말론과 기룐
이니 유다 베들레헴 에브랏 사람
들이더라 그들이 모압 (地方)지방
에 들어가서 거기 살더니
3 나오미의 (男便)남편 엘리멜렉이
죽고 나오미와 그의 두 아들이 남
았으며
4 그들은 모압 여자 중에서 그들의
아내를 맞이하였는데 하나의 이름
은 오르바요 하나의 이름은 룻이
더라 그들이 거기에 (居住)거주한
지 십 년쯤에
5 말론과 기룐 두 사람이 다 죽고 그
여인은 두 아들과 (男便)남편의 뒤
에 남았더라

나오미와 룻이 베들레헴으로 오다

6 ●그 여인이 모압 지방에서 여호
와께서 자기 백성을 돌보시사 그
들에게 (糧食)양식을 주셨다 함을
듣고 이에 두 며느리와 함께 일어
나 모압 지방에서 돌아오려 하여
7 있던 곳에서 나오고 두 며느리도
그와 함께 하여 유다 땅으로 돌아
오려고 길을 가다가
8 나오미가 두 며느리에게 이르되
너희는 각기 너희 어머니의 집으
로 돌아가라 너희가 죽은 자들과
나를 (善待)선대한 것 같이 여호와
께서 너희를 선대하시기를 원하며
9 여호와께서 너희에게 (許諾)허락
하사 각기 남편의 집에서 위로를
받게 하시기를 원하노라 하고 그
들에게 입 맞추매 그들이 소리를
높여 울며
10 나오미에게 이르되 아니니이다 우
리는 어머니와 함께 어머니의 (百
姓)백성에게로 돌아가겠나이다 하
는지라
11 나오미가 이르되 내 딸들아 돌아
가라 너희가 어찌 나와 함께 가려
느냐 내 (胎中)태중에 너희의 남편
될 아들들이 아직 있느냐
12 내 딸들아 되돌아 가라 나는 늙었
으니 남편을 두지 못할지라 (假令)
가령 내가 소망이 있다고 말한다
든지 오늘 밤에 남편을 두어 아들
들을 낳는다 하더라도
13 너희가 어찌 그들이 자라기를 기
다리겠으며 어찌 남편 없이 지내
겠다고 (決心)결심하겠느냐 내 딸
들아 그렇지 아니하니라 여호와의
손이 나를 치셨으므로 나는 너희
로 말미암아 더욱 마음이 아프도
다 하매
14 그들이 소리를 높여 다시 울더니
오르바는 그의 (媤)시어머니에게
입 맞추되 룻은 그를 붙좇았더라
15 ●나오미가 또 이르되 보라 네 (同

壻)동서는 그의 백성과 그의 (神)
신들에게로 돌아가나니 너도 너의
동서를 따라 돌아가라 하니
16 룻이 이르되 내게 어머니를 떠나
며 어머니를 따르지 말고 돌아가
라 (强勸)강권하지 마옵소서 어머
니께서 가시는 곳에 나도 가고 어
머니께서 머무시는 곳에서 나도
머물겠나이다 어머니의 백성이 나
의 백성이 되고 어머니의 하나님
이 나의 하나님이 되시리니
17 어머니께서 죽으시는 곳에서 나도
죽어 거기 묻힐 것이라 만일 내가
죽는 일 외에 어머니를 떠나면 여
호와께서 내게 벌을 내리시고 더
내리시기를 (願)원하나이다 하는
지라
18 나오미가 룻이 자기와 함께 가기
로 굳게 (決心)결심함을 보고 그에
게 말하기를 그치니라
19 ●이에 그 두 사람이 베들레헴까
지 갔더라 베들레헴에 이를 때에
온 (城邑)성읍이 그들로 말미암아
떠들며 이르기를 이이가 [1]나오미
냐 하는지라
20 나오미가 그들에게 이르되 나를
나오미라 부르지 말고 나를 [2]마라
라 부르라 이는 (全能者)전능자가
나를 심히 괴롭게 하셨음이니라
21 내가 (豊足)풍족하게 나갔더니 여
호와께서 내게 비어 돌아오게 하
셨느니라 여호와께서 나를 (懲罰)
징벌하셨고 전능자가 나를 괴롭게
하셨거늘 너희가 어찌 나를 나오
미라 부르느냐 하니라
22 나오미가 모압 지방에서 그의 며
느리 모압 여인 룻과 함께 돌아왔
는데 그들이 보리 (秋收)추수 시작
할 때에 베들레헴에 이르렀더라

룻이 보아스를 만나다

2 나오미의 남편 엘리멜렉의 친
족으로 [3](有力)유력한 자가 있
으니 그의 이름은 보아스더라
2 모압 여인 룻이 나오미에게 이르
되 원하건대 내가 밭으로 가서 내
가 누구에게 (恩惠)은혜를 입으면
그를 따라서 이삭을 줍겠나이다
하니 나오미가 그에게 이르되 내
딸아 갈지어다 하매
3 룻이 가서 베는 자를 따라 밭에서
이삭을 줍는데 우연히 엘리멜렉의
(親族)친족 보아스에게 (屬)속한
밭에 이르렀더라
4 마침 보아스가 베들레헴에서부터
와서 베는 자들에게 이르되 여호
와께서 너희와 함께 하시기를 원
하노라 하니 그들이 대답하되 여
호와께서 (當身)당신에게 복 주시
기를 원하나이다 하니라
5 보아스가 베는 자들을 거느린 (使
喚)사환에게 이르되 이는 누구의
소녀냐 하니
6 베는 자를 거느린 (使喚)사환이 대
답하여 이르되 이는 나오미와 함
께 모압 지방에서 돌아온 모압 소
녀인데
7 그의 말이 나로 베는 자를 따라 단
사이에서 이삭을 줍게 하소서 하
였고 아침부터 와서는 잠시 집에

1) 희락 2) 괴로움 3) 부호

서 쉰 외에 지금까지 (繼續)계속하
는 중이니이다
8 ●보아스가 룻에게 이르되 내 딸아
들으라 이삭을 주우러 다른 밭으로
가지 말며 여기서 떠나지 말고 나
의 (少女)소녀들과 함께 있으라
9 그들이 베는 밭을 보고 그들을 따
르라 내가 그 소년들에게 (命令)명
령하여 너를 건드리지 말라 하였
느니라 목이 마르거든 그릇에 가
서 소년들이 길어 온 것을 마시지
니라 하는지라
10 룻이 엎드려 얼굴을 땅에 대고 절
하며 그에게 이르되 나는 (異邦)
이방 여인이거늘 당신이 어찌하여
내게 은혜를 베푸시며 나를 돌보
시나이까 하니
11 보아스가 그에게 (對答)대답하여
이르되 네 남편이 죽은 후로 네가
시어머니에게 행한 모든 것과 네
부모와 (故國)고국을 떠나 전에 알
지 못하던 백성에게로 온 일이 내
게 분명히 알려졌느니라
12 여호와께서 네가 행한 일에 보답
하시기를 원하며 이스라엘의 하나
님 여호와께서 그의 날개 아래에
(保護)보호를 받으러 온 네게 (穩
全)온전한 상 주시기를 원하노라
하는지라
13 룻이 이르되 내 주여 내가 당신께
(恩惠)은혜 입기를 원하나이다 나
는 당신의 하녀 중의 하나와도 같
지 못하오나 당신이 이 하녀를 (慰
勞)위로하시고 마음을 기쁘게 하
는 말씀을 하셨나이다 하니라
14 ●(食事)식사할 때에 보아스가 룻
에게 이르되 이리로 와서 떡을 먹
으며 네 떡 조각을 (醋)초에 찍으
라 하므로 룻이 곡식 베는 자 곁에
앉으니 [1]그가 볶은 곡식을 주매 룻
이 배불리 먹고 남았더라
15 룻이 이삭을 주우러 일어날 때에
보아스가 자기 소년들에게 명령하
여 이르되 그에게 곡식 단 사이에
서 줍게 하고 (責望)책망하지 말며
16 또 그를 (爲)위하여 곡식 다발에서
조금씩 뽑아 버려서 그에게 줍게
하고 꾸짖지 말라 하니라
17 ●룻이 밭에서 저녁까지 줍고 그
주운 것을 떠니 보리가 한 에바쯤
되는지라
18 그것을 가지고 (城邑)성읍에 들어
가서 시어머니에게 그 주운 것을
보이고 그가 배불리 먹고 남긴 것
을 내어 시어머니에게 드리매
19 시어머니가 그에게 이르되 오늘
어디서 주웠느냐 어디서 일을 하
였느냐 너를 돌본 자에게 (福)복이
있기를 원하노라 하니 룻이 누구
에게서 일했는지를 시어머니에게
알게 하여 이르되 오늘 일하게 한
사람의 이름은 보아스니이다 하는
지라
20 나오미가 자기 며느리에게 이르되
그가 여호와로부터 복 받기를 원
하노라 그가 살아 있는 자와 죽은
자에게 은혜 베풀기를 그치지 아
니하도다 하고 나오미가 또 그에
게 이르되 그 사람은 우리와 가까

1) 그들이

우니 우리 [1](基業)기업을 무를 자
중의 하나이니라 하니라
21 모압 여인 룻이 이르되 그가 내게
또 이르기를 내 (秋收)추수를 다
마치기까지 너는 내 소년들에게
가까이 있으라 하더이다 하니
22 나오미가 며느리 룻에게 이르되
내 딸아 너는 그의 (少女)소녀들
과 함께 나가고 다른 밭에서 사람
을 만나지 아니하는 것이 좋으니
라 하는지라
23 이에 룻이 보아스의 소녀들에게
가까이 있어서 보리 (秋收)추수와
밀 추수를 마치기까지 이삭을 주
우며 그의 시어머니와 함께 거주
하니라

룻이 보아스와 가까워지다

3 룻의 시어머니 나오미가 그에
게 이르되 내 딸아 내가 너를 위
하여 (安息)안식할 곳을 구하여 너
를 복되게 하여야 하지 않겠느냐
2 네가 함께 하던 하녀들을 둔 보아
스는 우리의 (親族)친족이 아니냐
보라 그가 오늘 밤에 타작 마당에
서 보리를 까불리라
3 그런즉 너는 (沐浴)목욕하고 기름
을 바르고 (衣服)의복을 입고 (打
作)타작 마당에 내려가서 그 사람
이 먹고 마시기를 다 하기까지는
그에게 보이지 말고
4 그가 누울 때에 너는 그가 눕는 곳
을 알았다가 들어가서 그의 발치
이불을 들고 거기 누우라 그가 네
할 일을 네게 알게 하리라 하니
5 룻이 (媤)시어머니에게 이르되 어
머니의 말씀대로 내가 다 행하리
이다 하니라
6 ●그가 (打作)타작 마당으로 내려
가서 시어머니의 명령대로 다 하
니라
7 보아스가 먹고 마시고 마음이 즐
거워 가서 (穀食)곡식 단 더미의
끝에 눕는지라 룻이 가만히 가서
그의 발치 이불을 들고 거기 누웠
더라
8 밤중에 그가 놀라 몸을 돌이켜 본
즉 한 (女人)여인이 자기 발치에
누워 있는지라

9 이르되 네가 누구냐 하니 대답하
되 나는 당신의 여종 룻이오니 당
신의 옷자락을 펴 당신의 여종을
덮으소서 이는 당신이 (基業)기업
을 무를 자가 됨이니이다 하니
10 그가 이르되 내 딸아 여호와께서
네게 복 주시기를 원하노라 네가
가난하건 부하건 젊은 자를 따르
지 아니하였으니 네가 베푼 (仁愛)
인애가 처음보다 나중이 더하도다
11 그리고 이제 내 딸아 두려워하지
말라 내가 네 말대로 네게 다 행하
리라 네가 (賢淑)현숙한 여자인 줄
을 나의 성읍 백성이 다 아느니라
12 참으로 나는 (基業)기업을 무를 자
이나 기업 무를 자로서 나보다 더
가까운 사람이 있으니
13 이 밤에 여기서 머무르라 아침에
그가 기업 무를 자의 책임을 네게
(履行)이행하려 하면 좋으니 그가
그 기업 무를 자의 책임을 행할 것

1) 레 25:25을 보라

이니라 만일 그가 기업 무를 자의
책임을 네게 이행하기를 기뻐하지
아니하면 여호와께서 살아 계심을
두고 맹세하노니 내가 기업 무를
자의 책임을 네게 이행하리라 아
침까지 누워 있을지니라 하는지라
14 ●룻이 새벽까지 그의 발치에 누
웠다가 사람이 서로 알아보기 어
려울 때에 일어났으니 보아스가
말하기를 여인이 (打作)타작 마당
에 들어온 것을 사람이 알지 못하
여야 할 것이라 하였음이라
15 보아스가 이르되 네 겉옷을 가져
다가 그것을 펴서 잡으라 하매 그
것을 펴서 잡으니 보리를 여섯
(番)번 되어 룻에게 [1]지워 주고 성
읍으로 들어가니라
16 룻이 시어머니에게 가니 그가 이
르되 내 딸아 [2]어떻게 되었느냐 하
니 룻이 그 사람이 자기에게 (行)
행한 것을 다 알리고
17 이르되 그가 내게 이 보리를 여섯
(番)번 되어 주며 이르기를 빈 손
으로 네 시어머니에게 가지 말라
하더이다 하니라
18 이에 시어머니가 이르되 내 딸아
이 (事件)사건이 어떻게 될지 알기
까지 앉아 있으라 그 사람이 오늘
이 일을 (成就)성취하기 전에는 쉬
지 아니하리라 하니라

룻이 보아스와 결혼하다

4 보아스가 (城門)성문으로 올라
가서 거기 앉아 있더니 마침 보

1) 수리아와 라틴 번역에는, 이워 주니 그가 성으로 돌아가니라
2) 너는 누구냐

아스가 말하던 기업 무를 자가 지
나가는지라 보아스가 그에게 이르
되 아무개여 이리로 와서 앉으라
하니 그가 와서 앉으매
2 보아스가 그 성읍 장로 열 명을
(請)청하여 이르되 당신들은 여기
앉으라 하니 그들이 앉으매
3 보아스가 그 기업 무를 자에게 이
르되 모압 지방에서 돌아온 나오
미가 우리 형제 엘리멜렉의 (所有
地)소유지를 팔려 하므로
4 내가 여기 앉은 이들과 내 (百姓)
백성의 (長老)장로들 앞에서 그것
을 사라고 네게 말하여 알게 하려
하였노라 만일 네가 무르려면 무
르려니와 만일 네가 무르지 아니
하려거든 내게 고하여 알게 하라
네 다음은 나요 그 외에는 무를 자
가 없느니라 하니 그가 이르되 내
가 무르리라 하는지라
5 보아스가 이르되 네가 나오미의
손에서 그 밭을 사는 날에 곧 죽은
자의 아내 모압 여인 룻에게서 사
서 그 죽은 자의 (基業)기업을 그
의 이름으로 세워야 할지니라 하
니
6 그 기업 무를 자가 이르되 나는 내
기업에 (損害)손해가 있을까 하여
나를 위하여 무르지 못하노니 내
가 무를 것을 네가 무르라 나는 무
르지 못하겠노라 하는지라
7 ●옛적 이스라엘 중에는 모든 것
을 무르거나 (交換)교환하는 일을
(確定)확정하기 위하여 사람이 그
의 신을 벗어 그의 이웃에게 주더

니 이것이 이스라엘 중에 증명하
는 전례가 된지라
8 이에 그 기업 무를 자가 보아스에
게 이르되 네가 너를 (爲)위하여
사라 하고 그의 신을 벗는지라
9 보아스가 장로들과 모든 백성에
게 이르되 내가 엘리멜렉과 기룐
과 말론에게 있던 모든 것을 나오
미의 손에서 산 일에 너희가 오늘
(證人)증인이 되었고
10 또 말론의 아내 모압 여인 룻을 사
서 나의 아내로 맞이하고 그 죽은
자의 기업을 그의 이름으로 세워
그의 이름이 그의 형제 중과 그 곳
성문에서 끊어지지 아니하게 함에
너희가 오늘 (證人)증인이 되었느
니라 하니
11 성문에 있는 모든 백성과 장로들
이 이르되 우리가 (證人)증인이 되
나니 여호와께서 네 집에 들어가
는 여인으로 이스라엘의 집을 세
운 라헬과 레아 두 사람과 같게 하
시고 네가 에브랏에서 유력하고
베들레헴에서 유명하게 하시기를
원하며
12 여호와께서 이 젊은 여자로 말미
암아 네게 (相續者)상속자를 주사
네 집이 다말이 유다에게 낳아준
베레스의 집과 같게 하시기를 원
하노라 하니라
13 ●이에 보아스가 룻을 맞이하여
아내로 삼고 그에게 들어갔더니
여호와께서 그에게 (姙娠)임신하
게 하시므로 그가 아들을 낳은지
라
14 여인들이 나오미에게 이르되 (讚
頌)찬송할지로다 여호와께서 오늘
네게 기업 무를 자가 없게 하지 아
니하셨도다 이 아이의 이름이 이
스라엘 중에 유명하게 되기를 원
하노라
15 이는 네 생명의 (回復者)회복자
이며 네 노년의 (奉養者)봉양자라
곧 너를 사랑하며 일곱 아들보다
귀한 네 며느리가 낳은 자로다 하
니라
16 나오미가 아기를 받아 품에 품고
그의 양육자가 되니
17 그의 이웃 여인들이 그에게 이름
을 지어 주되 나오미에게 아들이
태어났다 하여 그의 이름을 오벳
이라 하였는데 그는 다윗의 아버
지인 이새의 아버지였더라
18 ●베레스의 (系譜)계보는 이러하
니라 베레스는 헤스론을 낳고
19 헤스론은 람을 낳았고 람은 암미
나답을 낳았고
20 암미나답은 나손을 낳았고 나손은
살몬을 낳았고
21 살몬은 보아스를 낳았고 보아스는
오벳을 낳았고
22 오벳은 이새를 낳고 이새는 다윗
을 낳았더라

엘가나의 실로 순례

1 에브라임 산지 라마다임소빔에
에브라임 사람 엘가나라 하는
사람이 있었으니 그는 여로함의
아들이요 엘리후의 손자요 도후의
증손이요 숩의 (玄孫)현손이더라
2 그에게 두 아내가 있었으니 한 사
람의 이름은 한나요 한 사람의 이
름은 브닌나라 브닌나에게는 자식
이 있고 한나에게는 (子息)자식이
없었더라

3 이 사람이 매년 자기 성읍에서 나
와서 실로에 올라가서 만군의 여
호와께 (禮拜)예배하며 (祭祀)제
사를 드렸는데 엘리의 두 아들 홉
니와 비느하스가 여호와의 제사장
으로 거기에 있었더라
4 엘가나가 (祭祀)제사를 드리는 날
에는 (祭物)제물의 분깃을 그의 아
내 브닌나와 그의 모든 자녀에게
주고
5 한나에게는 갑절을 주니 이는 그
를 사랑함이라 그러나 여호와께서
그에게 (妊娠)임신하지 못하게 하
시니
6 여호와께서 그에게 임신하지 못하
게 하시므로 그의 (敵手)적수인 브
닌나가 그를 심히 격분하게 하여
괴롭게 하더라
7 매년 한나가 여호와의 집에 올라
갈 때마다 남편이 그같이 하매 브
닌나가 그를 (激憤)격분시키므로
그가 울고 먹지 아니하니
8 그의 (男便)남편 엘가나가 그에게
이르되 한나여 어찌하여 울며 어
찌하여 먹지 아니하며 어찌하여
그대의 마음이 슬프냐 내가 그대
에게 열 아들보다 낫지 아니하냐
하니라

한나와 엘리

9 ●그들이 실로에서 먹고 마신 후
에 한나가 일어나니 그 때에 (祭司
長)제사장 엘리는 여호와의 전 (門
설柱)문설주 곁 (椅子)의자에 앉
아 있었더라
10 한나가 마음이 괴로워서 여호와께
(祈禱)기도하고 (痛哭)통곡하며
11 (誓願)서원하여 이르되 만군의 여
호와여 만일 주의 여종의 (苦痛)고
통을 돌보시고 나를 기억하사 주
의 여종을 잊지 아니하시고 주의
여종에게 아들을 주시면 내가 그
의 평생에 그를 여호와께 드리고
(削刀)삭도를 그의 머리에 대지 아
니하겠나이다
12 ●그가 여호와 앞에 오래 기도하
는 동안에 엘리가 그의 입을 (注
目)주목한즉
13 한나가 속으로 말하매 입술만 움
직이고 (音聲)음성은 들리지 아니
하므로 엘리는 그가 취한 줄로 생
각한지라
14 엘리가 그에게 이르되 네가 언제
까지 취하여 있겠느냐 (葡萄酒)포
도주를 끊으라 하니
15 한나가 대답하여 이르되 내 주여

그렇지 아니하니이다 나는 마음
이 슬픈 여자라 포도주나 독주를
마신 것이 아니요 여호와 앞에 내
(心情)심정을 (通)통한 것뿐이오
니
16 당신의 여종을 악한 여자로 여기
지 마옵소서 내가 지금까지 말한
것은 나의 (寃痛)원통함과 격분됨
이 많기 때문이니이다 하는지라
17 엘리가 (對答)대답하여 이르되 평
안히 가라 이스라엘의 하나님이
네가 기도하여 구한 것을 (許諾)허
락하시기를 원하노라 하니
18 이르되 당신의 여종이 당신께 (恩
惠)은혜 입기를 원하나이다 하고
가서 먹고 얼굴에 다시는 근심 빛
이 없더라

사무엘의 출생과 봉헌

19 ● 그들이 아침에 일찍이 일어나
여호와 앞에 (敬拜)경배하고 돌아
가 라마의 자기 집에 이르니라 엘
가나가 그의 아내 한나와 동침하
매 여호와께서 그를 생각하신지라
20 한나가 (妊娠)임신하고 때가 이르
매 아들을 낳아 사무엘이라 이름
하였으니 이는 내가 여호와께 그
를 구하였다 함이더라
21 ● 그 사람 엘가나와 그의 온 집이
여호와께 (每年祭)매년제와 서원
제를 드리러 올라갈 때에
22 오직 한나는 올라가지 아니하고
그의 남편에게 이르되 아이를 젖
떼거든 내가 그를 데리고 가서 여
호와 앞에 뵙게 하고 거기에 (永
遠)영원히 있게 하리이다 하니
23 그의 남편 엘가나가 그에게 이르
되 그대의 (所見)소견에 좋은 대로
하여 그를 젖 떼기까지 기다리라
오직 여호와께서 그의 말씀대로
이루시기를 원하노라 하니라 이에
그 여자가 그의 아들을 양육하며
그가 젖 떼기까지 기다리다가
24 젖을 뗀 후에 그를 데리고 올라갈
새 수소 세 마리와 밀가루 한 에바
와 포도주 한 가죽(負袋)부대를 가
지고 실로 여호와의 집에 나아갔
는데 아이가 어리더라
25 그들이 수소를 잡고 아이를 데리
고 엘리에게 가서
26 한나가 이르되 내 주여 당신의 사
심으로 (盟誓)맹세하나이다 나는
여기서 내 주 당신 곁에 서서 여호
와께 기도하던 여자라
27 이 아이를 위하여 내가 기도하였
더니 내가 구하여 기도한 바를 여
호와께서 내게 (許諾)허락하신지
라
28 그러므로 나도 그를 여호와께 드
리되 그의 (平生)평생을 여호와께
드리나이다 하고 그가 거기서 여
호와께 (敬拜)경배하니라

한나의 기도

2 한나가 기도하여 이르되
내 마음이 여호와로 말미암아
즐거워하며 내 뿔이 여호와로 말
미암아 높아졌으며 내 입이 내
(怨讐)원수들을 향하여 크게 열
렸으니 이는 내가 주의 구원으로
말미암아 기뻐함이니이다
2 여호와와 같이 거룩하신 이가 없

으시니 이는 주 밖에 다른 이가
없고 우리 하나님 같은 (磐石)반
석도 없으심이니이다
3 심히 (驕慢)교만한 말을 다시 하
지 말 것이며 (傲慢)오만한 말을
너희의 입에서 내지 말지어다 여
호와는 지식의 하나님이시라 행
동을 달아 보시느니라
4 (勇士)용사의 활은 꺾이고 넘어
진 자는 힘으로 띠를 띠도다
5 (豐足)풍족하던 자들은 양식을 위
하여 품을 팔고 주리던 자들은 다
시 주리지 아니하도다 전에 임신
하지 못하던 자는 일곱을 낳았고
많은 자녀를 둔 자는 쇠약하도다
6 여호와는 죽이기도 하시고 살리
기도 하시며 스올에 내리게도 하
시고 거기에서 올리기도 하시는
도다
7 여호와는 가난하게도 하시고
(富)부하게도 하시며 낮추기도
하시고 높이기도 하시는도다
8 가난한 자를 (塵土)진토에서 일
으키시며 빈궁한 자를 거름더미
에서 올리사 귀족들과 함께 앉게
하시며 (榮光)영광의 자리를 차
지하게 하시는도다 땅의 기둥들
은 여호와의 것이라 여호와께서
세계를 그것들 위에 세우셨도다
9 그가 그의 거룩한 자들의 발을 지
키실 것이요 악인들을 (黑暗)흑
암 중에서 잠잠하게 하시리니 힘
으로는 이길 사람이 없음이로다
10 여호와를 (對敵)대적하는 자는

1) 히, 오늘날

산산이 깨어질 것이라 하늘에서
우레로 그들을 치시리로다 여호
와께서 땅 끝까지 심판을 내리시
고 자기 왕에게 힘을 주시며 자기
의 기름 부음을 받은 자의 뿔을
높이시리로다
하니라
11 엘가나는 라마의 자기 집으로 돌
아가고 그 아이는 (祭司長)제사장
엘리 앞에서 여호와를 섬기니라

행실이 나쁜 엘리의 아들들

12 ●엘리의 아들들은 (行實)행실이
나빠 여호와를 알지 못하더라
13 그 제사장들이 백성에게 행하는
(慣習)관습은 이러하니 곧 어떤 사
람이 제사를 드리고 그 고기를 삶
을 때에 제사장의 (使喚)사환이 손
에 세 살 갈고리를 가지고 와서
14 그것으로 냄비에나 솥에나 큰 솥
에나 가마에 찔러 넣어 갈고리에
걸려 나오는 것은 제사장이 (自己)
자기 것으로 가지되 실로에서 그
곳에 온 모든 이스라엘 사람에게
이같이 할 뿐 아니라
15 기름을 태우기 전에도 제사장의
(使喚)사환이 와서 제사 드리는 사
람에게 이르기를 제사장에게 구워
드릴 고기를 내라 그가 네게 삶은
고기를 원하지 아니하고 날 것을
원하신다 하다가
16 그 사람이 이르기를 반드시 [1]먼저
기름을 태운 후에 네 마음에 (願)
원하는 대로 가지라 하면 그가 말
하기를 아니라 (只今)지금 내게 내
라 그렇지 아니하면 내가 억지로

빼앗으리라 하였으니
17 이 소년들의 (罪)죄가 여호와 앞에
심히 큼은 그들이 여호와의 (祭祀)
제사를 멸시함이었더라

실로에 머문 사무엘

18 ●사무엘은 어렸을 때에 (細麻布)
세마포 에봇을 입고 여호와 앞에
서 섬겼더라
19 그의 어머니가 매년 드리는 (祭祀)
제사를 드리러 그의 남편과 함께
올라갈 때마다 작은 겉옷을 지어
다가 그에게 주었더니
20 엘리가 엘가나와 그의 아내에게
축복하여 이르되 여호와께서 이
여인으로 말미암아 네게 다른 (後
嗣)후사를 주사 이가 여호와께 간
구하여 얻어 바친 아들을 대신하
게 하시기를 원하노라 하였더니
그들이 자기 집으로 돌아가매
21 여호와께서 한나를 돌보시사 그로
하여금 (妊娠)임신하여 세 아들과
두 딸을 낳게 하셨고 아이 사무엘
은 여호와 앞에서 자라니라

엘리와 그의 아들들

22 ●엘리가 매우 늙었더니 그의 아
들들이 온 이스라엘에게 행한 모
든 일과 회막 문에서 (隨從)수종
드는 여인들과 동침하였음을 듣고
23 그들에게 이르되 너희가 어찌하여
이런 일을 하느냐 내가 너희의 (惡
行)악행을 이 모든 백성에게서 듣
노라
24 내 아들들아 그리하지 말라 내게
들리는 소문이 좋지 아니하니라
너희가 여호와의 백성으로 (犯罪)
범죄하게 하는도다
25 사람이 사람에게 범죄하면 [1]하나
님이 (審判)심판하시려니와 만일
사람이 여호와께 범죄하면 누가
그를 위하여 간구하겠느냐 하되
그들이 자기 아버지의 말을 듣지
아니하였으니 이는 여호와께서 그
들을 죽이기로 뜻하셨음이더라
26 아이 사무엘이 점점 자라매 여호
와와 사람들에게 (恩寵)은총을 더
욱 받더라

엘리의 집에 내린 저주

27 ●하나님의 사람이 엘리에게 와서
그에게 이르되 여호와의 말씀에
너희 (祖上)조상의 집이 애굽에서
바로의 집에 속하였을 때에 내가
그들에게 나타나지 아니하였느냐
28 이스라엘 모든 (支派)지파 중에서
내가 그를 택하여 내 (祭司長)제
사장으로 삼아 그가 내 제단에 올
라 (焚香)분향하며 내 앞에서 에봇
을 입게 하지 아니하였느냐 이스
라엘 자손이 드리는 모든 (火祭)화
제를 내가 네 조상의 집에 주지 아
니하였느냐
29 너희는 어찌하여 내가 내 처소에
서 명령한 내 (祭物)제물과 (禮物)
예물을 밟으며 네 아들들을 나보
다 더 중히 여겨 내 백성 이스라엘
이 드리는 가장 좋은 것으로 너희
들을 살지게 하느냐
30 그러므로 이스라엘의 하나님 나
여호와가 말하노라 내가 전에 네
집과 네 조상의 집이 내 앞에 영원

1) 법관

히 행하리라 하였으나 이제 나 여
호와가 말하노니 결단코 그렇게
하지 아니하리라 나를 존중히 여
기는 자를 내가 존중히 여기고 나
를 멸시하는 자를 내가 (輕蔑)경멸
하리라
31 보라 내가 네 팔과 네 조상의 집 팔
을 끊어 네 집에 (老人)노인이 하
나도 없게 하는 날이 이를지라
32 이스라엘에게 모든 복을 내리는
중에 너는 내 (處所)처소의 [1](患
難)환난을 볼 것이요 네 집에 영원
토록 노인이 없을 것이며
33 내 제단에서 내가 끊어 버리지 아
니할 네 사람이 네 눈을 (衰殘)쇠
잔하게 하고 네 마음을 슬프게 할
것이요 네 집에서 출산되는 모든
자가 젊어서 죽으리라
34 네 두 아들 홉니와 비느하스가 한
날에 죽으리니 그 둘이 당할 그 일
이 네게 (表徵)표징이 되리라
35 내가 나를 위하여 (忠實)충실한 제
사장을 일으키리니 그 사람은 내
마음, 내 뜻대로 행할 것이라 내가
그를 위하여 (堅固)견고한 집을 세
우리니 그가 나의 기름 부음을 받
은 자 앞에서 영구히 행하리라
36 그리고 네 집에 남은 사람이 각기
와서 은 한 조각과 떡 한 덩이를 위
하여 그에게 엎드려 이르되 청하
노니 내게 제사장의 (職分)직분 하
나를 맡겨 내게 떡 조각을 먹게 하
소서 하리라 하셨다 하니라

여호와께서 사무엘을 부르시다

1) 대적

3 아이 사무엘이 엘리 앞에서 여
호와를 섬길 때에는 여호와의
말씀이 (稀貴)희귀하여 (異像)이
상이 흔히 보이지 않았더라
2 엘리의 눈이 점점 어두워 가서 잘
보지 못하는 그 때에 그가 자기
(處所)처소에 누웠고
3 하나님의 등불은 아직 꺼지지 아
니하였으며 사무엘은 하나님의
(櫃)궤 있는 여호와의 전 안에 누
웠더니
4 여호와께서 사무엘을 부르시는지
라 그가 (對答)대답하되 내가 여기
있나이다 하고
5 엘리에게로 달려가서 이르되 (當
身)당신이 나를 부르셨기로 내가
여기 있나이다 하니 그가 이르되
나는 부르지 아니하였으니 다시
누우라 하는지라 그가 가서 누웠
더니
6 여호와께서 다시 사무엘을 부르시
는지라 사무엘이 일어나 엘리에게
로 가서 이르되 당신이 나를 부르
셨기로 내가 여기 있나이다 하니
그가 (對答)대답하되 내 아들아 내
가 부르지 아니하였으니 다시 누
우라 하니라
7 사무엘이 아직 여호와를 알지 못
하고 여호와의 말씀도 아직 그에
게 나타나지 아니한 때라
8 여호와께서 세 번째 사무엘을 부
르시는지라 그가 일어나 엘리에게
로 가서 이르되 (當身)당신이 나
를 부르셨기로 내가 여기 있나이
다 하니 엘리가 여호와께서 이 아

이를 부르신 줄을 깨닫고
9 엘리가 사무엘에게 이르되 가서
누웠다가 그가 너를 부르시거든
네가 말하기를 여호와여 말씀하옵
소서 (主)주의 종이 듣겠나이다 하
라 하니 이에 사무엘이 가서 자기
(處所)처소에 누우니라
10 ●여호와께서 (臨)임하여 서서 전
과 같이 사무엘아 사무엘아 부르시
는지라 사무엘이 이르되 말씀하옵
소서 주의 종이 듣겠나이다 하니
11 여호와께서 사무엘에게 이르시되
보라 내가 이스라엘 중에 한 일을
(行)행하리니 그것을 듣는 자마다
두 귀가 울리리라
12 내가 엘리의 집에 (對)대하여 말한
것을 처음부터 끝까지 그 날에 그
에게 다 이루리라
13 내가 그의 집을 영원토록 심판하
겠다고 그에게 말한 것은 그가 아
는 죄악 때문이니 이는 그가 자기
의 아들들이 저주를 (自請)자청하
되 금하지 아니하였음이니라
14 그러므로 내가 엘리의 집에 대하
여 맹세하기를 엘리 집의 죄악은
제물로나 예물로나 (永遠)영원히
(贖罪)속죄함을 받지 못하리라 하
였노라 하셨더라
15 ●사무엘이 아침까지 누웠다가 여
호와의 집의 문을 열었으나 그 (異
像)이상을 엘리에게 알게 하기를
두려워하더니
16 엘리가 사무엘을 불러 이르되 내
아들 사무엘아 하니 그가 (對答)대
답하되 내가 여기 있나이다 하니
그가
17 이르되 네게 무엇을 말씀하셨느냐
청하노니 내게 숨기지 말라 네게
말씀하신 모든 것을 하나라도 숨
기면 하나님이 네게 (罰)벌을 내리
시고 또 내리시기를 원하노라 하
는지라
18 사무엘이 그것을 그에게 (仔細)자
세히 말하고 조금도 숨기지 아니
하니 그가 이르되 이는 여호와이
시니 (善)선하신 대로 하실 것이니
라 하니라
19 ●사무엘이 자라매 여호와께서 그
와 함께 계셔서 그의 말이 하나도
땅에 떨어지지 않게 하시니
20 단에서부터 브엘세바까지의 온 이
스라엘이 사무엘은 여호와의 (先
知者)선지자로 세우심을 입은 줄
을 알았더라
21 여호와께서 실로에서 다시 나타나
시되 여호와께서 실로에서 여호와
의 말씀으로 사무엘에게 (自己)자
기를 나타내시니라

4

사무엘의 말이 온 이스라엘에
(傳播)전파되니라

언약궤를 빼앗기다

●이스라엘은 나가서 블레셋 사람
들과 싸우려고 에벤에셀 곁에 진
치고 블레셋 사람들은 아벡에 진
쳤더니
2 블레셋 사람들이 이스라엘에 대하
여 (戰列)전열을 벌이니라 그 둘이
싸우다가 이스라엘이 블레셋 사람
들 앞에서 패하여 그들에게 전쟁
에서 죽임을 당한 (軍士)군사가 사

천 명 가량이라
3 백성이 진영으로 돌아오매 이스라
엘 장로들이 이르되 여호와께서 어
찌하여 우리에게 오늘 블레셋 사람
들 앞에 패하게 하셨는고 여호와의
언약궤를 실로에서 우리에게로 가
져다가 우리 중에 있게 하여 그것
으로 우리를 우리 원수들의 손에서
(救援)구원하게 하자 하니
4 이에 백성이 실로에 사람을 보내
어 그룹 사이에 계신 만군의 여호
와의 (言約櫃)언약궤를 거기서 가
져왔고 엘리의 두 아들 홉니와 비
느하스는 하나님의 언약궤와 함께
거기에 있었더라
5 ●여호와의 언약궤가 (陣營)진영
에 들어올 때에 온 이스라엘이 큰
소리로 외치매 땅이 울린지라
6 블레셋 사람이 그 외치는 소리를
듣고 이르되 히브리 (陣營)진영에
서 큰 소리로 외침은 어찌 됨이냐
하다가 여호와의 궤가 진영에 들
어온 줄을 깨달은지라
7 블레셋 사람이 두려워하여 이르되
(神)신이 진영에 이르렀도다 하고
또 이르되 우리에게 화로다 전날
에는 이런 일이 없었도다
8 우리에게 화로다 누가 우리를 이
능한 신들의 손에서 건지리요 그
들은 광야에서 여러 가지 (災殃)재
앙으로 애굽인을 친 신들이니라
9 너희 블레셋 사람들아 강하게 되
며 (大丈夫)대장부가 되라 너희가
히브리 사람의 종이 되기를 그들
이 너희의 종이 되었던 것 같이 되
지 말고 대장부 같이 되어 싸우라
하고
10 블레셋 사람들이 쳤더니 이스라엘
이 패하여 각기 장막으로 도망하
였고 (殺戮)살륙이 심히 커서 이스
라엘 보병의 엎드러진 자가 삼만
명이었으며
11 하나님의 궤는 빼앗겼고 엘리의
두 아들 홉니와 비느하스는 죽임
을 (當)당하였더라

엘리가 죽다

12 ●(當日)당일에 어떤 베냐민 사람
이 진영에서 달려나와 자기의 옷
을 찢고 자기의 머리에 티끌을 덮
어쓰고 실로에 이르니라
13 그가 이를 때는 엘리가 길 옆 자기
의 의자에 앉아 기다리며 그의 마
음이 하나님의 궤로 말미암아 떨
릴 즈음이라 그 사람이 (城邑)성읍
에 들어오며 알리매 온 성읍이 부
르짖는지라
14 엘리가 그 부르짖는 소리를 듣고
이르되 이 떠드는 소리는 어찌 됨
이냐 그 사람이 빨리 가서 엘리에
게 말하니
15 그 때에 엘리의 나이가 구십팔
(歲)세라 그의 눈이 어두워서 보지
못하더라
16 그 사람이 엘리에게 말하되 나는
진중에서 나온 자라 내가 오늘 진
중에서 (逃亡)도망하여 왔나이다
엘리가 이르되 내 아들아 일이 어
떻게 되었느냐
17 (消息)소식을 전하는 자가 대답하
여 이르되 이스라엘이 블레셋 사

람들 앞에서 도망하였고 백성 중
에는 큰 살륙이 있었고 당신의 두
아들 홉니와 비느하스도 죽임을
당하였고 하나님의 궤는 빼앗겼나
이다
18 하나님의 궤를 말할 때에 엘리가
자기 의자에서 뒤로 넘어져 문 곁
에서 목이 부러져 죽었으니 나이
가 많고 비대한 까닭이라 그가 이
스라엘의 (士師)사사가 된 지 사십
년이었더라

비느하스의 아내가 죽다

19 ●그의 며느리인 비느하스의 아내
가 임신하여 (解産)해산 때가 가까
웠더니 하나님의 궤를 빼앗긴 것
과 그의 시아버지와 남편이 죽은
소식을 듣고 갑자기 아파서 몸을
구푸려 해산하고
20 죽어갈 때에 곁에 서 있던 여인들
이 그에게 이르되 두려워하지 말
라 네가 아들을 낳았다 하되 그가
대답하지도 아니하며 (關念)관념
하지도 아니하고
21 이르기를 (榮光)영광이 이스라엘
에서 떠났다 하고 아이 이름을 [1]이
가봇이라 하였으니 하나님의 궤가
빼앗겼고 그의 시아버지와 남편이
죽었기 때문이며
22 또 이르기를 하나님의 (櫃)궤를 빼
앗겼으므로 영광이 이스라엘에서
떠났다 하였더라

블레셋 사람에게 빼앗긴 언약궤

5 블레셋 사람들이 하나님의 (櫃)
궤를 빼앗아 가지고 에벤에셀
에서부터 아스돗에 이르니라
2 블레셋 사람들이 하나님의 궤를
가지고 다곤의 (神殿)신전에 들어
가서 다곤 곁에 두었더니
3 아스돗 사람들이 이튿날 일찍이
일어나 본즉 다곤이 여호와의 (櫃)
궤 앞에서 엎드러져 그 얼굴이 땅
에 닿았는지라 그들이 다곤을 일
으켜 다시 그 자리에 세웠더니
4 그 이튿날 아침에 그들이 일찍이
일어나 본즉 다곤이 여호와의 궤
앞에서 또다시 엎드러져 얼굴이
땅에 닿았고 그 머리와 두 손목은
끊어져 (門地枋)문지방에 있고 다
곤의 몸뚱이만 남았더라
5 그러므로 다곤의 (祭司長)제사장
들이나 다곤의 신전에 들어가는
자는 오늘까지 아스돗에 있는 다
곤의 문지방을 밟지 아니하더라
6 ●여호와의 손이 아스돗 사람에게
(嚴重)엄중히 더하사 독한 종기의
재앙으로 아스돗과 그 지역을 쳐
서 망하게 하니
7 아스돗 사람들이 이를 보고 이르
되 이스라엘 (神)신의 궤를 우리와
함께 있지 못하게 할지라 그의 손
이 우리와 우리 신 다곤을 친다 하
고
8 이에 사람을 보내어 블레셋 사람
들의 모든 (方伯)방백을 모으고 이
르되 우리가 이스라엘 신의 궤를
어찌하랴 하니 그들이 (對答)대답
하되 이스라엘 신의 궤를 가드로
옮겨 가라 하므로 이스라엘 신의
궤를 옮겨 갔더니

1) 영광이 없다 함

9 그것을 옮겨 간 후에 여호와의 손
이 심히 큰 (患難)환난을 그 성읍
에 더하사 성읍 사람들의 작은 자
와 큰 자를 다 쳐서 독한 종기가 나
게 하신지라
10 이에 그들이 하나님의 궤를 에그
론으로 보내니라 하나님의 궤가
에그론에 이른즉 에그론 사람이
부르짖어 이르되 그들이 이스라엘
신의 궤를 우리에게로 가져다가
우리와 우리 (百姓)백성을 죽이려
한다 하고
11 이에 사람을 보내어 블레셋 모든
방백을 모으고 이르되 이스라엘
신의 궤를 보내어 그 있던 곳으로
돌아가게 하고 우리와 우리 백성
이 죽임 당함을 면하게 하자 하니
이는 온 성읍이 사망의 환난을 당
함이라 거기서 하나님의 손이 (嚴
重)엄중하시므로
12 죽지 아니한 사람들은 독한 (腫氣)
종기로 치심을 당해 성읍의 부르
짖음이 하늘에 사무쳤더라

언약궤가 돌아오다

6 여호와의 궤가 블레셋 사람들
의 [1](地妨)지방에 있은 지 일곱
달이라
2 블레셋 사람들이 제사장들과 (卜
術者)복술자들을 불러서 이르되
우리가 여호와의 궤를 어떻게 할
까 그것을 어떻게 그 있던 곳으로
보낼 것인지 우리에게 가르치라
3 그들이 이르되 이스라엘 (神)신의
궤를 보내려거든 거저 보내지 말

1) 히, 들

고 그에게 속건제를 드려야 할지
니라 그리하면 병도 낫고 그의 손
을 너희에게서 옮기지 아니하는
(理由)이유도 알리라 하니
4 그들이 이르되 무엇으로 그에게
드릴 속건제를 삼을까 하니 이르
되 블레셋 사람의 방백의 수효대
로 금 독종 다섯과 금 쥐 다섯 마리
라야 하리니 너희와 너희 통치자
에게 내린 (災殃)재앙이 같음이니
라
5 그러므로 너희는 너희의 독한 종
기의 (形像)형상과 땅을 해롭게 하
는 쥐의 형상을 만들어 이스라엘
신께 영광을 돌리라 그가 혹 그의
손을 너희와 너희의 신들과 너희
땅에서 가볍게 하실까 하노라
6 애굽인과 바로가 그들의 마음을
(頑惡)완악하게 한 것 같이 어찌하
여 너희가 너희의 마음을 완악하
게 하겠느냐 그가 그들 중에서 재
앙을 내린 후에 그들이 백성을 가
게 하므로 백성이 떠나지 아니하
였느냐
7 그러므로 새 수레를 하나 만들고
멍에를 메어 보지 아니한 젖 나는
소 두 마리를 끌어다가 소에 수레
를 메우고 그 송아지들은 떼어 집
으로 돌려보내고
8 여호와의 궤를 가져다가 수레에
싣고 (贖愆祭)속건제로 드릴 금으
로 만든 물건들은 상자에 담아 궤
곁에 두고 그것을 보내어 가게 하
고
9 보고 있다가 만일 궤가 그 본 지

역 길로 올라가서 벧세메스로 가
면 이 큰 재앙은 그가 우리에게 내
린 것이요 그렇지 아니하면 우리
를 친 것이 그의 손이 아니요 (偶
然)우연히 당한 것인 줄 알리라 하
니라
10 ●그 사람들이 그같이 하여 젖 나
는 소 둘을 끌어다가 수레를 메우
고 송아지들은 집에 가두고
11 여호와의 궤와 및 금 쥐와 그들의
독종의 (形像)형상을 담은 상자를
수레 위에 실으니
12 암소가 벧세메스 길로 바로 행하
여 대로로 가며 갈 때에 울고 좌우
로 치우치지 아니하였고 블레셋
(方伯)방백들은 벧세메스 경계선
까지 따라 가니라
13 벧세메스 사람들이 골짜기에서 밀
을 베다가 눈을 들어 (櫃)궤를 보
고 그 본 것을 기뻐하더니
14 수레가 벧세메스 사람 여호수아의
밭 큰 돌 있는 곳에 이르러 선지라
무리가 수레의 나무를 패고 그 암
소들을 (燔祭物)번제물로 여호와
께 드리고
15 레위인은 여호와의 궤와 그 궤와
함께 있는 금 보물 담긴 상자를 내
려다가 큰 돌 위에 두매 그 날에 벧
세메스 사람들이 여호와께 (燔祭)
번제와 다른 제사를 드리니라
16 블레셋 다섯 (方伯)방백이 이것을
보고 그 날에 에그론으로 돌아갔
더라
17 ●블레셋 사람이 여호와께 속건제
물로 드린 (金 毒腫)금 독종은 이
러하니 아스돗을 위하여 하나요
가사를 위하여 하나요 아스글론을
위하여 하나요 가드를 위하여 하
나요 에그론을 위하여 하나이며
18 드린 바 금 쥐들은 견고한 성읍에
서부터 시골의 마을에까지 그리고
사람들이 여호와의 궤를 놓은 큰
[1]돌에 이르기까지 다섯 방백들에
게 속한 블레셋 사람들의 모든 (城
邑)성읍들의 수대로였더라 그 돌
은 벧세메스 사람 여호수아의 밭
에 오늘까지 있더라

언약궤를 기럇여아림으로 보내다

19 ●벧세메스 사람들이 여호와의 궤
를 들여다 본 까닭에 그들을 치사
[2](오만) 칠십 명을 죽이신지라 여
호와께서 백성을 쳐서 크게 (殺戮)
살륙하셨으므로 백성이 슬피 울었
더라
20 벧세메스 사람들이 이르되 이 거
룩하신 하나님 여호와 앞에 누가
(能)능히 서리요 그를 우리에게서
누구에게로 올라가시게 할까 하고
21 (傳令)전령들을 기럇여아림 주민
에게 보내어 이르되 블레셋 사람
들이 여호와의 궤를 도로 가져왔
으니 너희는 내려와서 그것을 너
희에게로 옮겨 가라

7 기럇여아림 사람들이 와서 여
호와의 궤를 옮겨 [3]산에 사는
아비나답의 집에 들여놓고 그의
아들 엘리아살을 거룩하게 (區別)
구별하여 여호와의 궤를 지키게
하였더니

1) 초장 2) 어떤 사본에는, 오만이 없음 3) 기브아

2 궤가 기럇여아림에 들어간 날부터
이십 년 동안 오래 있은지라 이스
라엘 온 족속이 여호와를 (思慕)사
모하니라

사무엘이 이스라엘을 다스리다

3 ●사무엘이 이스라엘 온 족속에게
말하여 이르되 만일 너희가 (全心)
전심으로 여호와께 돌아오려거든
이방 신들과 아스다롯을 너희 중
에서 제거하고 너희 마음을 여호
와께로 향하여 그만을 섬기라 그
리하면 너희를 블레셋 사람의 손
에서 건져내시리라
4 이에 이스라엘 자손이 바알들과
아스다롯을 (除去)제거하고 여호
와만 섬기니라
5 ●사무엘이 이르되 온 이스라엘은
미스바로 모이라 내가 너희를 위
하여 여호와께 (祈禱)기도하리라
하매
6 그들이 미스바에 모여 물을 길어
여호와 앞에 붓고 그 날 종일 (禁
食)금식하고 거기에서 이르되 우
리가 여호와께 범죄하였나이다 하
니라 사무엘이 미스바에서 이스라
엘 자손을 다스리니라
7 이스라엘 (子孫)자손이 미스바에
모였다 함을 블레셋 사람들이 듣
고 그들의 (方伯)방백들이 이스라
엘을 치러 올라온지라 이스라엘
자손들이 듣고 블레셋 사람들을
두려워하여
8 이스라엘 자손이 사무엘에게 이르
되 당신은 우리를 위하여 우리 하
나님 여호와께 쉬지 말고 부르짖
어 우리를 블레셋 사람들의 손에
서 (救援)구원하시게 하소서 하니
9 사무엘이 젖 먹는 어린 양 하나를
가져다가 온전한 번제를 여호와께
드리고 이스라엘을 위하여 여호와
께 부르짖으매 여호와께서 (應答)
응답하셨더라
10 사무엘이 (燔祭)번제를 드릴 때에
블레셋 사람이 이스라엘과 싸우려
고 가까이 오매 그 날에 여호와께
서 블레셋 사람에게 큰 우레를 발
하여 그들을 어지럽게 하시니 그
들이 이스라엘 앞에 패한지라
11 이스라엘 사람들이 미스바에서 나
가서 블레셋 사람들을 (追擊)추격
하여 벧갈 아래에 이르기까지 쳤
더라
12 ●사무엘이 돌을 (取)취하여 미스
바와 센 사이에 세워 이르되 여호
와께서 여기까지 우리를 도우셨다
하고 그 이름을 [1]에벤에셀이라 하
니라
13 이에 블레셋 사람들이 (屈伏)굴복
하여 다시는 이스라엘 지역 안에
들어오지 못하였으며 여호와의 손
이 사무엘이 사는 날 동안에 블레
셋 사람을 막으시매
14 블레셋 사람들이 이스라엘에게서
빼앗았던 성읍이 에그론부터 가드
까지 이스라엘에게 (回復)회복되
니 이스라엘이 그 사방 지역을 블
레셋 사람들의 손에서 도로 찾았
고 또 이스라엘과 아모리 사람 사
이에 평화가 있었더라

1) 도움의 돌

15 ●사무엘이 사는 날 동안에 이스
라엘을 다스렸으되
16 해마다 벧엘과 길갈과 미스바로
(巡廻)순회하여 그 모든 곳에서 이
스라엘을 다스렸고
17 라마로 돌아왔으니 이는 거기에
자기 집이 있음이니라 거기서도
이스라엘을 다스렸으며 또 거기에
여호와를 위하여 (祭壇)제단을 쌓
았더라

백성이 왕을 요구하다

8 사무엘이 늙으매 그의 아들들을
이스라엘 (士師)사사로 삼으니
2 (長子)장자의 이름은 요엘이요 차
자의 이름은 아비야라 그들이 브
엘세바에서 사사가 되니라
3 그의 아들들이 자기 아버지의 행
위를 따르지 아니하고 이익을 따
라 뇌물을 받고 (判決)판결을 굽게
하니라
4 ●이스라엘 모든 (長老)장로가 모
여 라마에 있는 사무엘에게 나아
가서
5 그에게 이르되 보소서 당신은 늙
고 당신의 아들들은 당신의 (行爲)
행위를 따르지 아니하니 모든 나
라와 같이 우리에게 (王)왕을 세워
우리를 다스리게 하소서 한지라
6 우리에게 왕을 주어 우리를 다스
리게 하라 했을 때에 사무엘이 그
것을 기뻐하지 아니하여 여호와께
(祈禱)기도하매
7 여호와께서 사무엘에게 이르시되
(百姓)백성이 네게 한 말을 다 들
으라 이는 그들이 너를 버림이 아
니요 나를 버려 자기들의 왕이 되
지 못하게 함이니라
8 내가 그들을 애굽에서 (引導)인도
하여 낸 날부터 오늘까지 그들이
모든 행사로 나를 버리고 다른 신
들을 섬김 같이 네게도 그리하는
도다
9 그러므로 그들의 말을 듣되 너는
그들에게 엄히 (警告)경고하고 그
들을 다스릴 왕의 제도를 가르치라
10 ●사무엘이 왕을 (要求)요구하는
백성에게 여호와의 모든 말씀을
말하여
11 이르되 너희를 다스릴 왕의 (制度)
제도는 이러하니라 그가 너희 아
들들을 데려다가 그의 병거와 말
을 어거하게 하리니 그들이 그 병
거 앞에서 달릴 것이며
12 그가 또 너희의 아들들을 (千夫長)
천부장과 (五十夫長)오십부장을
삼을 것이며 자기 밭을 갈게 하고
자기 (秋收)추수를 하게 할 것이며
자기 무기와 병거의 장비도 만들
게 할 것이며
13 그가 또 너희의 딸들을 데려다가
(香料)향료 만드는 자와 요리하는
자와 떡 굽는 자로 삼을 것이며
14 그가 또 너희의 밭과 포도원과 감
람원에서 (第一)제일 좋은 것을 가
져다가 자기의 신하들에게 줄 것
이며
15 그가 또 너희의 곡식과 포도원 소
산의 십일조를 거두어 자기의 [1](官
吏)관리와 신하에게 줄 것이며

1) 환관

16 그가 또 너희의 (奴婢)노비와 가장
아름다운 소년과 나귀들을 끌어다
가 자기 일을 시킬 것이며
17 너희의 양 떼의 (十分)십분의 일을
거두어 가리니 너희가 그의 종이
될 것이라
18 그 날에 너희는 너희가 택한 왕으
로 말미암아 부르짖되 그 날에 여
호와께서 너희에게 (應答)응답하
지 아니하시리라 하니
19 ●백성이 사무엘의 말 듣기를 (拒
絕)거절하여 이르되 아니로소이다
우리도 우리 왕이 있어야 하리니
20 우리도 다른 나라들 같이 되어 우
리의 (王)왕이 우리를 다스리며 우
리 앞에 나가서 우리의 싸움을 싸
워야 할 것이니이다 하는지라
21 사무엘이 (百姓)백성의 말을 다 듣
고 여호와께 아뢰매
22 여호와께서 사무엘에게 이르시되
그들의 말을 들어 왕을 세우라 하
시니 사무엘이 이스라엘 사람들에
게 이르되 너희는 (各其)각기 (城
邑)성읍으로 돌아가라 하니라

사울이 사무엘을 만나다

9 베냐민 지파에 기스라 이름하
는 유력한 사람이 있으니 그는
아비엘의 아들이요 스롤의 손자요
베고랏의 증손이요 아비아의 (玄
孫)현손이며 베냐민 사람이더라
2 기스에게 아들이 있으니 그의 이
름은 사울이요 (俊秀)준수한 (少
年)소년이라 이스라엘 자손 중에
그보다 더 준수한 자가 없고 키는
모든 백성보다 어깨 위만큼 더 컸
더라
3 사울의 아버지 기스가 암나귀들을
잃고 그의 아들 사울에게 이르되
너는 일어나 한 (使喚)사환을 데리
고 가서 암나귀들을 찾으라 하매
4 그가 에브라임 (山地)산지와 살리
사 땅으로 두루 다녀 보았으나 찾
지 못하고 사알림 땅으로 두루 다
녀 보았으나 그 곳에는 없었고 베
냐민 사람의 땅으로 두루 다녀 보
았으나 찾지 못하니라
5 ●그들이 숩 땅에 이른 때에 사울
이 함께 가던 사환에게 이르되 돌
아가자 내 아버지께서 암나귀 생
각은 (姑捨)고사하고 우리를 위하
여 걱정하실까 두려워하노라 하니
6 그가 (對答)대답하되 보소서 이 성
읍에 하나님의 사람이 있는데 존
경을 받는 사람이라 그가 말한 것
은 반드시 다 응하나니 그리로 가
사이다 그가 혹 우리가 갈 길을 가
르쳐 줄까 하나이다 하는지라
7 사울이 그의 (使喚)사환에게 이르
되 우리가 가면 그 사람에게 무엇
을 드리겠느냐 우리 주머니에 먹
을 것이 다하였으니 하나님의 사
람에게 드릴 예물이 없도다 무엇
이 있느냐 하니
8 사환이 사울에게 다시 (對答)대답
하여 이르되 보소서 내 손에 (銀)
은 한 세겔의 사분의 일이 있으니
하나님의 사람에게 드려 우리 길
을 가르쳐 달라 하겠나이다 하더
라
9 (옛적 이스라엘에 사람이 하나님

께 가서 물으려 하면 말하기를 (先
見者)선견자에게로 가자 하였으니
지금 선지자라 하는 자를 옛적에
는 선견자라 일컬었더라)
10 사울이 그의 사환에게 이르되 네
말이 옳다 가자 하고 그들이 하나
님의 사람이 있는 (城邑)성읍으로
가니라
11 ●그들이 성읍을 향한 비탈길로
올라가다가 물 길으러 나오는 소
녀들을 만나 그들에게 묻되 (先見
者)선견자가 여기 있느냐 하니
12 그들이 대답하여 이르되 있나이다
보소서 그가 (當身)당신보다 앞서
갔으니 빨리 가소서 백성이 오늘
산당에서 제사를 드리므로 그가
오늘 성읍에 들어오셨나이다
13 당신들이 성읍으로 들어가면 그가
먹으러 산당에 올라가기 전에 곧
만나리이다 그가 오기 전에는 백
성이 먹지 아니하나니 이는 그가
제물을 (祝謝)축사한 후에야 청함
을 받은 자가 먹음이니이다 그러
므로 지금 올라가소서 곧 그를 만
나리이다 하는지라
14 그들이 성읍으로 올라가서 그리로
들어갈 때에 사무엘이 마침 (山堂)
산당으로 올라가려고 마주 나오더
라
15 ●사울이 오기 (前)전날에 여호와
께서 사무엘에게 알게 하여 이르
시되
16 내일 이맘 때에 내가 베냐민 땅에
서 한 사람을 네게로 보내리니 너
는 그에게 기름을 부어 내 백성 이
스라엘의 지도자로 삼으라 그가
내 백성을 블레셋 사람들의 손에
서 (救援)구원하리라 내 백성의 부
르짖음이 내게 상달되었으므로 내
가 그들을 돌보았노라 하셨더니
17 사무엘이 사울을 볼 때에 여호와
께서 그에게 이르시되 보라 이는
내가 네게 말한 사람이니 이가 내
(百姓)백성을 다스리리라 하시니
라
18 사울이 (城門)성문 안 사무엘에게
나아가 이르되 선견자의 집이 어
디인지 청하건대 내게 가르치소서
하니
19 사무엘이 사울에게 대답하여 이르
되 내가 (先見者)선견자이니라 너
는 내 앞서 산당으로 올라가라 너
희가 오늘 나와 함께 먹을 것이요
아침에는 내가 너를 보내되 네 마
음에 있는 것을 다 네게 말하리라
20 사흘 전에 잃은 네 암나귀들을
(念慮)염려하지 말라 찾았느니라
온 [1]이스라엘이 사모하는 자가 누
구냐 너와 네 아버지의 온 집이
아니냐 하는지라
21 사울이 대답하여 이르되 나는 이
스라엘 지파의 가장 작은 지파 베
냐민 사람이 아니니이까 또 나의
가족은 베냐민 지파 모든 가족 중
에 가장 (微弱)미약하지 아니하니
이까 당신이 어찌하여 내게 이같
이 말씀하시나이까 하니
22 ●사무엘이 사울과 그의 사환을
(引導)인도하여 객실로 들어가서

1) 이스라엘의 보배가

청한 자 중 상석에 앉게 하였는데
객은 삼십 명 가량이었더라
23 사무엘이 (料理人)요리인에게 이
르되 내가 네게 주며 네게 두라고
말한 그 부분을 가져오라
24 (料理人)요리인이 [1]넓적다리와 그
것에 붙은 것을 가져다가 사울 앞
에 놓는지라 사무엘이 이르되 보
라 이는 두었던 것이니 네 앞에 놓
고 먹으라 내가 백성을 청할 때부
터 너를 위하여 이것을 두고 이 때
를 기다리게 하였느니라 그 날에
사울이 사무엘과 함께 먹으니라

사무엘이 사울에게 기름을 붓다

25 ●그들이 산당에서 내려 성읍에
들어가서는 사무엘이 사울과 함께
지붕에서 (談話)담화하고
26 그들이 일찍이 일어날새 (東)동틀
때쯤이라 사무엘이 지붕에서 사울
을 불러 이르되 일어나라 내가 너
를 보내리라 하매 사울이 일어나
고 그 두 사람 사울과 사무엘이 함
께 밖으로 나가서
27 성읍 끝에 이르매 사무엘이 사울
에게 이르되 (使喚)사환에게 우리
를 앞서게 하라 하니라 사환이 앞
서가므로 또 이르되 너는 이제 잠
깐 서 있으라 내가 하나님의 말씀
을 네게 들려 주리라 하더라

10 이에 사무엘이 기름병을 가
져다가 사울의 머리에 붓고
입맞추며 이르되 여호와께서 네게
기름을 부으사 그의 기업의 (指導
者)지도자로 삼지 아니하셨느냐

[1] 어깨

2 네가 오늘 나를 떠나가다가 베냐
민 경계 셀사에 있는 라헬의 (墓
室)묘실 곁에서 두 사람을 만나리
니 그들이 네게 이르기를 네가 찾
으러 갔던 암나귀들을 찾은지라
네 아버지가 암나귀들의 염려는
놓았으나 너희로 말미암아 걱정하
여 이르되 내 아들을 위하여 어찌
하리요 하더라 할 것이요
3 네가 거기서 더 나아가서 다볼 상
수리나무에 이르면 거기서 하나님
을 뵈오려고 벧엘로 올라가는 세
사람을 만나리니 한 사람은 염소
새끼 셋을 이끌었고 한 사람은 떡
세 덩이를 가졌고 한 사람은 (葡萄
酒)포도주 한 가죽부대를 가진 자
라
4 그들이 네게 (問安)문안하고 떡 두
덩이를 주겠고 너는 그의 손에서
받으리라
5 그 후에 네가 하나님의 산에 이르
리니 그 곳에는 블레셋 사람들의
영문이 있느니라 네가 그리로 가
서 그 성읍으로 들어갈 때에 선지
자의 무리가 산당에서부터 (琵琶)
비파와 (小鼓)소고와 저와 (竪琴)
수금을 앞세우고 예언하며 내려오
는 것을 만날 것이요
6 네게는 여호와의 (靈)영이 크게 임
하리니 너도 그들과 함께 예언을
하고 변하여 새 사람이 되리라
7 이 (徵兆)징조가 네게 임하거든 너
는 기회를 따라 행하라 하나님이
너와 함께 하시느니라
8 너는 나보다 앞서 길갈로 내려가

라 내가 네게로 내려가서 번제와
(和睦祭)화목제를 드리리니 내가
네게 가서 네가 행할 것을 가르칠
때까지 칠 일 동안 기다리라
9 ●그가 사무엘에게서 떠나려고 몸
을 돌이킬 때에 하나님이 새 마음
을 주셨고 그 날 그 (徵兆)징조도
다 응하니라
10 그들이 산에 이를 때에 선지자의
무리가 그를 (迎接)영접하고 하나
님의 영이 사울에게 크게 임하므
로 그가 그들 중에서 예언을 하니
11 전에 사울을 알던 모든 사람들이
사울이 선지자들과 함께 (豫言)예
언함을 보고 서로 이르되 기스의
아들에게 무슨 일이 일어났느냐
사울도 선지자들 중에 있느냐 하
고
12 그 곳의 어떤 사람은 말하여 이르
되 그들의 아버지가 누구냐 한지
라 그러므로 (俗談)속담이 되어 이
르되 사울도 선지자들 중에 있느
냐 하더라
13 사울이 (豫言)예언하기를 마치고
산당으로 가니라
14 ●사울의 (叔父)숙부가 사울과 그
의 사환에게 이르되 너희가 어디
로 갔더냐 사울이 이르되 암나귀
들을 찾다가 찾지 못하므로 사무
엘에게 갔었나이다 하니
15 사울의 (叔父)숙부가 이르되 청하
노니 사무엘이 너희에게 이른 말
을 내게 말하라 하니라
16 사울이 그의 숙부에게 말하되 그
가 암나귀들을 찾았다고 우리에게
(分明)분명히 말하더이다 하고 사
무엘이 말하던 나라의 일은 말하
지 아니하니라

사울이 왕으로 뽑히다

17 ●사무엘이 (百姓)백성을 미스바
로 불러 여호와 앞에 모으고
18 이스라엘 자손에게 이르되 이스라
엘 하나님 여호와께서 이같이 말
씀하시기를 내가 이스라엘을 애굽
에서 인도하여 내고 너희를 애굽
인의 손과 너희를 (壓制)압제하는
모든 나라의 손에서 건져내었느니
라 하셨거늘
19 너희는 너희를 모든 (災難)재난과
고통 중에서 친히 구원하여 내신
너희의 하나님을 오늘 버리고 이
르기를 우리 위에 왕을 세우라 하
는도다 그런즉 이제 너희의 지파
대로 천 명씩 여호와 앞에 나아오
라 하고
20 사무엘이 이에 이스라엘 모든 (支
派)지파를 가까이 오게 하였더니
베냐민 지파가 뽑혔고
21 베냐민 지파를 그들의 (家族別)가
족별로 가까이 오게 하였더니 마
드리의 가족이 뽑혔고 그 중에서
기스의 아들 사울이 뽑혔으나 그
를 찾아도 찾지 못한지라
22 그러므로 그들이 또 여호와께 묻
되 그 사람이 여기 왔나이까 여호
와께서 (對答)대답하시되 그가 짐
보따리들 사이에 숨었느니라 하셨
더라
23 그들이 달려 가서 거기서 그를 데
려오매 그가 (百姓)백성 중에 서니

다른 사람보다 어깨 위만큼 컸더
라
24 사무엘이 모든 백성에게 이르되
너희는 여호와께서 (擇)택하신 자
를 보느냐 모든 백성 중에 짝할 이
가 없느니라 하니 모든 백성이 왕
의 (萬歲)만세를 외쳐 부르니라
25 ●사무엘이 나라의 제도를 백성에
게 말하고 책에 (記錄)기록하여 여
호와 앞에 두고 모든 백성을 각기
집으로 보내매
26 사울도 기브아 자기 집으로 갈 때
에 마음이 하나님께 (感動)감동된
유력한 자들과 함께 갔느니라
27 어떤 불량배는 이르되 이 사람이
어떻게 우리를 (救援)구원하겠느
냐 하고 멸시하며 예물을 바치지
아니하였으나 그는 잠잠하였더라

사울이 암몬 사람을 치다

11 암몬 사람 나하스가 올라와서
길르앗 야베스에 맞서 진 치
매 야베스 모든 사람들이 나하스
에게 이르되 우리와 (言約)언약하
자 그리하면 우리가 너를 섬기리
라 하니
2 암몬 사람 나하스가 그들에게 이
르되 내가 너희 오른 눈을 다 빼야
너희와 언약하리라 내가 온 이스
라엘을 이같이 (侮辱)모욕하리라
3 야베스 장로들이 그에게 이르되
우리에게 이레 동안 말미를 주어
우리가 이스라엘 온 지역에 (傳令)
전령들을 보내게 하라 만일 우리
를 구원할 자가 없으면 네게 나아
가리라 하니라
4 이에 전령들이 사울이 사는 기브
아에 이르러 이 말을 백성에게
(傳)전하매 모든 백성이 소리를 높
여 울더니
5 마침 사울이 밭에서 소를 몰고 오
다가 이르되 (百姓)백성이 무슨 일
로 우느냐 하니 그들이 야베스 사
람의 말을 전하니라
6 ●사울이 이 말을 들을 때에 하나
님의 영에게 크게 (感動)감동되매
그의 노가 크게 일어나
7 한 겨리의 소를 잡아 (脚)각을 뜨
고 전령들의 손으로 그것을 이스
라엘 모든 지역에 두루 보내어 이
르되 누구든지 나와서 사울과 사
무엘을 따르지 아니하면 그의 소
들도 이와 같이 하리라 하였더니
여호와의 두려움이 백성에게 (臨)
임하매 그들이 한 사람 같이 나온
지라
8 사울이 베섹에서 그들의 (數)수를
세어 보니 이스라엘 자손이 삼십
만 명이요 유다 사람이 삼만 명이
더라
9 무리가 와 있는 전령들에게 이르
되 너희는 길르앗 야베스 사람에
게 이같이 이르기를 내일 해가 더
울 때에 너희가 (救援)구원을 받으
리라 하라 전령들이 돌아가서 야
베스 사람들에게 전하매 그들이
기뻐하니라
10 야베스 사람들이 이에 이르되 우
리가 (來日)내일 너희에게 나아가
리니 너희 생각에 좋을 대로 우리
에게 다 행하라 하니라

11 이튿날 사울이 백성을 (三 隊)삼
대로 나누고 새벽에 적진 한가운
데로 들어가서 날이 더울 때까지
암몬 사람들을 치매 남은 자가 다
흩어져서 둘도 함께 한 자가 없었
더라

사무엘이 길갈에서 사울을 왕으로 세우다

12 ●(百姓)백성이 사무엘에게 이르
되 사울이 어찌 우리를 다스리겠
느냐 한 자가 누구니이까 그들을
끌어내소서 우리가 죽이겠나이다
13 사울이 이르되 이 날에는 사람을
죽이지 못하리니 여호와께서 오늘
이스라엘 중에 (救援)구원을 베푸
셨음이니라
14 ●사무엘이 (百姓)백성에게 이르
되 오라 우리가 길갈로 가서 나라
를 새롭게 하자
15 모든 백성이 길갈로 가서 거기서
여호와 앞에서 사울을 왕으로 삼
고 길갈에서 여호와 앞에 (和睦祭)
화목제를 드리고 사울과 이스라엘
모든 사람이 거기서 크게 기뻐하
니라

사무엘의 마지막 말

12 사무엘이 온 이스라엘에게
이르되 보라 너희가 내게 한
말을 내가 다 듣고 너희 위에 (王)
왕을 세웠더니
2 이제 왕이 너희 앞에 (出入)출입하
느니라 보라 나는 늙어 머리가 희
어졌고 내 아들들도 너희와 함께
있느니라 내가 어려서부터 오늘까
지 너희 앞에 출입하였거니와
3 내가 여기 있나니 여호와 앞과 그
의 기름 부음을 받은 자 앞에서 내
게 대하여 증언하라 내가 누구의
소를 빼앗았느냐 누구의 나귀를
빼앗았느냐 누구를 속였느냐 누구
를 (壓制)압제하였느냐 내 눈을 흐
리게 하는 뇌물을 누구의 손에서
받았느냐 그리하였으면 내가 그것
을 너희에게 갚으리라 하니
4 그들이 이르되 당신이 우리를 속
이지 아니하였고 (壓制)압제하지
아니하였고 누구의 손에서든지 아
무것도 빼앗은 것이 없나이다 하
니라
5 사무엘이 백성에게 이르되 너희가
내 손에서 아무것도 찾아낸 것이
없음을 여호와께서 너희에게 대하
여 (證言)증언하시며 그의 기름 부
음을 받은 자도 오늘 증언하느니
라 하니 그들이 이르되 그가 증언
하시나이다 하니라
6 ●사무엘이 백성에게 이르되 모세
와 아론을 세우시며 너희 (祖上)조
상들을 애굽 땅에서 인도하여 내
신 이는 여호와이시니
7 그런즉 가만히 서 있으라 여호와
께서 너희와 너희 조상들에게 행
하신 모든 (公義)공의로운 일에 대
하여 내가 여호와 앞에서 너희와
담론하리라
8 야곱이 애굽에 들어간 후 너희 조
상들이 여호와께 부르짖으매 여호
와께서 모세와 아론을 보내사 그
두 사람으로 너희 조상들을 애굽
에서 (引導)인도해 내어 이 곳에
살게 하셨으나

9 그들이 그들의 하나님 여호와를
잊은지라 여호와께서 그들을 하솔
(軍司令官)군사령관 시스라의 손
과 블레셋 사람들의 손과 모압 왕
의 손에 넘기셨더니 그들이 저희
를 치매
10 백성이 여호와께 부르짖어 이르되
우리가 여호와를 버리고 바알들과
아스다롯을 섬김으로 (犯罪)범죄
하였나이다 그러하오나 이제 우리
를 (怨讐)원수들의 손에서 건져내
소서 그리하시면 우리가 주를 섬
기겠나이다 하매
11 여호와께서 여룹바알과 1)베단과
입다와 나 사무엘을 보내사 너희
를 너희 사방 (怨讐)원수의 손에서
건져내사 너희에게 안전하게 살게
하셨거늘
12 너희가 암몬 (子孫)자손의 (王)왕
나하스가 너희를 치러 옴을 보고
너희의 하나님 여호와께서는 너희
의 왕이 되심에도 불구하고 너희
가 내게 이르기를 아니라 우리를
다스릴 왕이 있어야 하겠다 하였
도다
13 이제 너희가 (求)구한 왕, 너희가
(擇)택한 왕을 보라 여호와께서 너
희 위에 왕을 세우셨느니라
14 너희가 만일 여호와를 (敬畏)경외
하여 그를 섬기며 그의 목소리를
듣고 여호와의 명령을 거역하지
아니하며 또 너희와 너희를 다스
리는 왕이 너희의 하나님 여호와
를 따르면 좋겠지마는

1) 칠십인 역본에는, '바락'

15 너희가 만일 여호와의 목소리를
듣지 아니하고 여호와의 명령을
(拒逆)거역하면 여호와의 손이 너
희의 조상들을 치신 것 같이 너희
를 치실 것이라
16 너희는 이제 가만히 서서 여호와
께서 너희 (目前)목전에서 행하시
는 이 큰 일을 보라
17 오늘은 밀 베는 때가 아니냐 내가
여호와께 아뢰리니 여호와께서 우
레와 비를 보내사 너희가 왕을 구
한 일 곧 여호와의 목전에서 범한
(罪惡)죄악이 큼을 너희에게 밝히
알게 하시리라
18 이에 사무엘이 여호와께 아뢰매
여호와께서 그 날에 우레와 비를
보내시니 모든 (百姓)백성이 여호
와와 사무엘을 크게 두려워하니라
19 ● 모든 백성이 사무엘에게 이르되
당신의 종들을 위하여 당신의 하
나님 여호와께 (祈禱)기도하여 우
리가 죽지 않게 하소서 우리가 우
리의 모든 죄에 왕을 구하는 악을
더하였나이다
20 사무엘이 백성에게 이르되 두려
워하지 말라 너희가 과연 이 모든
(惡)악을 행하였으나 여호와를 따
르는 데에서 돌아서지 말고 오직
너희의 마음을 다하여 여호와를
섬기라
21 돌아서서 (有益)유익하게도 못하
며 구원하지도 못하는 헛된 것을
따르지 말라 그들은 헛되니라
22 여호와께서는 너희를 자기 백성으
로 삼으신 것을 기뻐하셨으므로

여호와께서는 그의 크신 이름을
(爲)위해서라도 자기 백성을 버리
지 아니하실 것이요
23 나는 너희를 (爲)위하여 (祈禱)기
도하기를 쉬는 죄를 여호와 앞에
결단코 범하지 아니하고 선하고
의로운 길을 너희에게 가르칠 것
인즉
24 너희는 여호와께서 너희를 위하여
행하신 그 큰 일을 생각하여 오직
그를 경외하며 너희의 마음을 다
하여 (眞實)진실히 섬기라
25 만일 너희가 여전히 악을 행하면
너희와 너희 왕이 다 (滅亡)멸망하
리라

사울이 블레셋과 싸우다

13 사울이 왕이 될 때에 사십
(歲)세라 그가 이스라엘을
다스린 지 이 년에
2 이스라엘 사람 삼천 명을 택하여
그 중에서 이천 명은 자기와 함께
믹마스와 벧엘 산에 있게 하고 일
천 명은 요나단과 함께 베냐민 기
브아에 있게 하고 남은 백성은 각
기 (帳幕)장막으로 보내니라
3 요나단이 게바에 있는 블레셋 사
람의 (守備隊)수비대를 치매 블레
셋 사람이 이를 들은지라 사울이
온 땅에 나팔을 불어 이르되 히브
리 사람들은 들으라 하니
4 온 이스라엘이 사울이 블레셋 사
람들의 수비대를 친 것과 이스라
엘이 블레셋 사람들의 미움을 받
게 되었다 함을 듣고 그 백성이 길
갈로 모여 사울을 따르니라
5 ●블레셋 사람들이 이스라엘과 싸
우려고 모였는데 병거가 삼만이요
마병이 육천 명이요 백성은 (海邊)
해변의 모래 같이 많더라 그들이
올라와 벧아웬 동쪽 믹마스에 진
치매
6 이스라엘 사람들이 위급함을 보고
(切迫)절박하여 굴과 수풀과 바위
틈과 은밀한 곳과 웅덩이에 숨으
며
7 어떤 히브리 사람들은 요단을 건
너 갓과 길르앗 땅으로 가되 사울
은 아직 길갈에 있고 그를 따른 모
든 (百姓)백성은 떨더라
8 ●사울은 사무엘이 정한 (期限)기
한대로 이레 동안을 기다렸으나
사무엘이 길갈로 오지 아니하매
백성이 사울에게서 흩어지는지라
9 사울이 이르되 번제와 (和睦祭物)
화목제물을 이리로 가져오라 하여
번제를 드렸더니
10 번제 드리기를 마치자 사무엘이
온지라 사울이 나가 맞으며 [1](問
安)문안하매
11 사무엘이 이르되 왕이 행하신 것
이 무엇이냐 하니 사울이 이르되
백성은 내게서 흩어지고 당신은
(定)정한 날 안에 오지 아니하고
블레셋 사람은 믹마스에 모였음을
내가 보았으므로
12 이에 내가 이르기를 블레셋 사람
들이 나를 치러 길갈로 내려오겠
거늘 내가 여호와께 은혜를 간구
하지 못하였다 하고 (不得已)부득

1) 축복

이하여 번제를 드렸나이다 하니라
13 사무엘이 사울에게 이르되 왕이
(妄靈)망령되이 행하였도다 왕이
왕의 하나님 여호와께서 왕에게
내리신 명령을 지키지 아니하였도
다 그리하였더라면 여호와께서 이
스라엘 위에 왕의 나라를 영원히
세우셨을 것이거늘
14 지금은 왕의 나라가 길지 못할 것
이라 여호와께서 왕에게 (命令)명
령하신 바를 왕이 지키지 아니하
였으므로 여호와께서 그의 마음에
맞는 사람을 구하여 여호와께서
그를 그의 백성의 지도자로 삼으
셨느니라 하고
15 사무엘이 일어나 길갈에서 떠나
베냐민 기브아로 올라가니라 ●사
울이 자기와 함께 한 백성의 수를
세어 보니 육백 명 (假量)가량이라
16 사울과 그의 아들 요나단과 그들
과 함께 한 백성은 베냐민 게바에
있고 블레셋 사람들은 믹마스에
(陣)진 쳤더니
17 노략꾼들이 세 대로 블레셋 사람
들의 (陣營)진영에서 나와서 한 대
는 오브라 길을 따라서 수알 땅에
이르렀고
18 한 대는 벧호론 길로 향하였고 한
대는 (曠野)광야쪽으로 스보임 골
짜기가 내려다 보이는 지역 길로
향하였더라
19 ●그 때에 이스라엘 온 땅에 (鐵
工)철공이 없었으니 이는 블레셋
사람들이 말하기를 히브리 사람이
칼이나 창을 만들까 두렵다 하였
음이라
20 온 이스라엘 사람들이 (各其)각기
보습이나 삽이나 도끼나 괭이를
벼리려면 블레셋 사람들에게로 내
려갔었는데
21 곧 그들이 괭이나 삽이나 쇠스랑
이나 도끼나 쇠채찍이 무딜 때에
그리하였으므로
22 싸우는 날에 사울과 요나단과 함
께 한 (百姓)백성의 손에는 칼이나
창이 없고 오직 사울과 그의 아들
요나단에게만 있었더라
23 블레셋 사람들의 (部隊)부대가 나
와서 믹마스 어귀에 이르렀더라

요나단이 블레셋을 습격하다

14 하루는 사울의 아들 요나단
이 자기의 무기를 든 소년에
게 이르되 우리가 건너편 블레셋
사람들의 (部隊)부대로 건너가자
하고 그의 아버지에게는 아뢰지
아니하였더라
2 사울이 기브아 변두리 미그론에
있는 (石榴)석류나무 아래에 머물
렀고 함께 한 백성은 육백 명 가량
이며
3 아히야는 에봇을 입고 거기 있었
으니 그는 이가봇의 형제 아히둡
의 아들이요 비느하스의 손자요
실로에서 여호와의 제사장이 되었
던 엘리의 (曾孫)증손이었더라 백
성은 요나단이 간 줄을 알지 못하
니라
4 요나단이 블레셋 사람들에게로 건
너가려 하는 어귀 사이 이쪽에는
(險)험한 바위가 있고 저쪽에도 험

한 바위가 있는데 하나의 이름은
보세스요 하나의 이름은 세네라
5 한 바위는 (北)북쪽에서 믹마스 앞
에 일어섰고 하나는 (南)남쪽에서
게바 앞에 일어섰더라
6 ●요나단이 자기의 무기를 든 소
년에게 이르되 우리가 이 (割禮)할
례 받지 않은 자들에게로 건너가
자 여호와께서 우리를 위하여 일
하실까 하노라 여호와의 구원은
사람이 많고 적음에 달리지 아니
하였느니라
7 (武器)무기를 든 자가 그에게 이르
되 당신의 마음에 있는 대로 다 행
하여 앞서 가소서 내가 당신과 마
음을 같이 하여 따르리이다
8 요나단이 이르되 보라 우리가 그
사람들에게로 건너가서 그들에게
보이리니
9 그들이 (萬一)만일 우리에게 이르
기를 우리가 너희에게로 가기를
기다리라 하면 우리는 우리가 있
는 곳에 가만히 서서 그들에게로
올라가지 말 것이요
10 그들이 만일 말하기를 우리에게
로 올라오라 하면 우리가 올라갈
것은 여호와께서 그들을 우리 손
에 넘기셨음이니 이것이 우리에게
(表徵)표징이 되리라 하고
11 둘이 다 블레셋 사람들에게 보이
매 블레셋 사람이 이르되 보라 히
브리 사람이 그들이 숨었던 구멍
에서 나온다 하고
12 그 (部隊)부대 사람들이 요나단과
그의 무기를 든 자에게 이르되 우
리에게로 올라오라 너희에게 보여
줄 것이 있느니라 한지라 요나단
이 자기의 무기를 든 자에게 이르
되 나를 따라 올라오라 여호와께
서 그들을 이스라엘의 손에 넘기
셨느니라 하고
13 요나단이 손 발로 기어 올라갔고
그 무기를 든 자도 따랐더라 블레
셋 사람들이 요나단 앞에서 엎드
러지매 (武器)무기를 든 자가 따라
가며 죽였으니
14 요나단과 그 무기를 든 자가 반나
절 갈이 땅 안에서 처음으로 쳐죽
인 자가 이십 명 (假量)가량이라
15 들에 있는 진영과 모든 백성들이
공포에 떨었고 부대와 노략꾼들도
떨었으며 땅도 (震動)진동하였으
니 이는 [1]큰 떨림이었더라

블레셋 군인들이 칼로 서로를 치다

16 ●베냐민 기브아에 있는 사울의
파수꾼이 바라본즉 (許多)허다한
블레셋 사람들이 무너져 이리 저
리 흩어지더라
17 사울이 자기와 함께 한 백성에게
이르되 우리에게서 누가 나갔는지
(點呼)점호하여 보라 하여 점호한
즉 요나단과 그의 무기를 든 자가
없어졌더라
18 사울이 아히야에게 이르되 하나님
의 궤를 이리로 가져오라 하니 그
때에 하나님의 궤가 이스라엘 (子
孫)자손과 함께 있음이니라
19 사울이 제사장에게 말할 때에 블
레셋 사람들의 진영에 (騷動)소동

1) 하나님이 떨리게 하심이었더라

이 점점 더한지라 사울이 제사장
에게 이르되 네 손을 거두라 하고
20 사울과 그와 함께 한 모든 백성이
모여 전장에 가서 본즉 블레셋 사
람들이 각각 칼로 자기의 동무들
을 치므로 크게 (混亂)혼란하였더
라
21 전에 블레셋 사람들과 함께 하던
히브리 사람이 사방에서 블레셋
사람들과 함께 (陣營)진영에 들어
왔더니 그들이 돌이켜 사울과 요
나단과 함께 한 이스라엘 사람들
과 합하였고
22 에브라임 산지에 숨었던 이스라엘
모든 사람도 블레셋 사람들이 도
망함을 듣고 싸우러 나와서 그들
을 (追擊)추격하였더라
23 여호와께서 그 날에 이스라엘을
구원하시므로 (戰爭)전쟁이 벧아
웬을 지나니라

사울의 맹세와 요나단의 실수

24 ●이 날에 이스라엘 백성들이 피
곤하였으니 이는 사울이 백성에게
맹세시켜 경계하여 이르기를 저녁
곧 내가 내 원수에게 보복하는 때
까지 아무 음식물이든지 먹는 사
람은 (詛呪)저주를 받을지어다 하
였음이라 그러므로 모든 백성이
음식물을 맛보지 못하고
25 그들이 다 수풀에 들어간즉 땅에
꿀이 있더라
26 백성이 수풀로 들어갈 때에 꿀이
흐르는 것을 보고도 그들이 (盟誓)
맹세를 두려워하여 손을 그 입에
대는 자가 없었으나
27 요나단은 그의 아버지가 백성에게
맹세하여 (命令)명령할 때에 듣지
못하였으므로 손에 가진 지팡이
끝을 내밀어 벌집의 꿀을 찍고 그
의 손을 돌려 입에 대매 눈이 밝아
졌더라
28 그 때에 백성 중 한 사람이 말하여
이르되 당신의 (父親)부친이 백성
에게 맹세하여 (嚴)엄히 말씀하시
기를 오늘 음식물을 먹는 사람은
저주를 받을지어다 하셨나이다 그
러므로 백성이 피곤하였나이다 하
니
29 요나단이 이르되 내 아버지께서
이 땅을 (困難)곤란하게 하셨도다
보라 내가 이 꿀 조금을 맛보고도
내 눈이 이렇게 밝아졌거든
30 하물며 백성이 오늘 그 대적에게
서 탈취하여 얻은 것을 임의로 먹
었더라면 블레셋 사람을 (殺戮)살
륙함이 더욱 많지 아니하였겠느냐
31 ●그 날에 백성이 믹마스에서부터
아얄론에 이르기까지 블레셋 사람
들을 쳤으므로 그들이 심히 (疲困)
피곤한지라
32 백성이 이에 탈취한 (物件)물건에
달려가서 양과 소와 송아지들을
끌어다가 그것을 땅에서 잡아 피
째 먹었더니
33 무리가 사울에게 전하여 이르되
보소서 백성이 고기를 피째 먹어
여호와께 (犯罪)범죄하였나이다
사울이 이르되 너희가 믿음 없이
행하였도다 이제 큰 돌을 내게로
굴려 오라 하고

34 또 사울이 이르되 너희는 백성 중
에 흩어져 다니며 그들에게 이르
기를 사람은 (各其)각기 소와 양을
이리로 끌어다가 여기서 잡아 먹
되 피째로 먹어 여호와께 범죄하
지 말라 하라 하매 그 밤에 모든 백
성이 각각 자기의 소를 끌어다가
거기서 잡으니라
35 사울이 여호와를 위하여 (祭壇)제
단을 쌓았으니 이는 그가 여호와
를 위하여 처음 쌓은 제단이었더
라
36 ●사울이 이르되 우리가 밤에 블
레셋 사람들을 (追擊)추격하여 동
틀 때까지 그들 중에서 탈취하고
한 사람도 남기지 말자 무리가 이
르되 왕의 생각에 좋은 대로 하소
서 할 때에 제사장이 이르되 이리
로 와서 하나님께로 나아가사이다
하매
37 사울이 하나님께 묻자오되 내가
블레셋 사람들을 추격하리이까
(主)주께서 그들을 이스라엘의 손
에 넘기시겠나이까 하되 그 날에
(對答)대답하지 아니하시는지라
38 사울이 이르되 너희 (軍隊)군대의
지휘관들아 다 이리로 오라 오늘
이 죄가 누구에게 있나 알아보자
39 이스라엘을 (救援)구원하신 여호
와께서 살아 계심을 두고 (盟誓)맹
세하노니 내 아들 요나단에게 있
다 할지라도 반드시 죽으리라 하
되 모든 백성 중 한 사람도 대답하
지 아니하매
40 이에 그가 온 이스라엘에게 이르
되 너희는 저쪽에 있으라 나와 내
아들 요나단은 이쪽에 있으리라
(百姓)백성이 사울에게 말하되 왕
의 생각에 좋은 대로 하소서 하니
라
41 이에 사울이 이스라엘의 하나님
여호와께 아뢰되 원하건대 실상을
보이소서 하였더니 요나단과 사울
이 뽑히고 백성은 (免)면한지라
42 사울이 이르되 나와 내 아들 요나
단 사이에 뽑으라 하였더니 요나
단이 뽑히니라
43 ●사울이 요나단에게 이르되 네가
(行)행한 것을 내게 말하라 요나단
이 말하여 이르되 내가 다만 내 손
에 가진 지팡이 끝으로 꿀을 조금
맛보았을 뿐이오나 내가 죽을 수
밖에 없나이다
44 사울이 이르되 요나단아 네가 반
드시 죽으리라 그렇지 않으면 하
나님이 내게 (罰)벌을 내리시고 또
내리시기를 (願)원하노라 하니
45 백성이 사울에게 말하되 이스라엘
에 이 큰 구원을 이룬 요나단이 죽
겠나이까 결단코 그렇지 아니하니
이다 여호와의 살아 계심을 두고
맹세하옵나니 그의 머리털 하나
도 땅에 떨어지지 아니할 것은 그
가 오늘 하나님과 (同役)동역하였
음이니이다 하여 백성이 요나단을
구원하여 죽지 않게 하니라
46 사울이 블레셋 사람들 (追擊)추격
하기를 그치고 올라가매 블레셋
사람들이 자기 곳으로 돌아가니라

사울의 업적과 그 집안

47 ●사울이 이스라엘 (王位)왕위에
오른 후에 사방에 있는 모든 대적
곧 모압과 암몬 자손과 에돔과 소
바의 왕들과 블레셋 사람들을 쳤
는데 향하는 곳마다 이겼고
48 용감하게 아말렉 사람들을 치고
이스라엘을 그 (掠奪)약탈하는 자
들의 손에서 건졌더라
49 ●사울의 아들은 요나단과 이스위
와 말기수아요 그의 두 딸의 이름
은 이러하니 맏딸의 이름은 메랍
이요 작은 딸의 이름은 미갈이며
50 사울의 아내의 이름은 아히노암이
니 아히마아스의 딸이요 그의 군
사령관의 이름은 아브넬이니 사울
의 (叔父)숙부 넬의 아들이며
51 사울의 아버지는 기스요 아브넬의
아버지는 넬이니 아비엘의 아들이
었더라
52 ●사울이 사는 날 동안에 블레셋
사람과 큰 싸움이 있었으므로 사
울이 힘 센 사람이나 (勇敢)용감한
사람을 보면 그들을 불러모았더라

사울이 아말렉을 치다

15 사무엘이 사울에게 이르되
여호와께서 나를 보내어 왕
에게 기름을 부어 그의 (百姓)백성
이스라엘 위에 왕으로 삼으셨은즉
이제 왕은 여호와의 말씀을 들으
소서
2 만군의 여호와께서 이같이 말씀하
시기를 아말렉이 이스라엘에게 행
한 일 곧 애굽에서 나올 때에 길에
서 (對敵)대적한 일로 내가 그들을
벌하노니
3 지금 가서 아말렉을 쳐서 그들의
모든 (所有)소유를 남기지 말고
(殄滅)진멸하되 남녀와 소아와 젖
먹는 아이와 우양과 낙타와 나귀
를 죽이라 하셨나이다 하니
4 ●사울이 백성을 (召集)소집하고
그들을 들라임에서 세어 보니 보
병이 이십만 명이요 유다 사람이
만 명이라
5 사울이 아말렉 성에 이르러 골짜
기에 (伏兵)복병시키니라
6 사울이 겐 사람에게 이르되 아말
렉 사람 중에서 떠나 가라 그들과
함께 너희를 멸하게 될까 하노라
이스라엘 모든 자손이 애굽에서
올라올 때에 너희가 그들을 (善待)
선대하였느니라 이에 겐 사람이
아말렉 사람 중에서 떠나니라
7 사울이 하윌라에서부터 애굽 앞
술에 이르기까지 아말렉 사람을
치고
8 아말렉 사람의 왕 아각을 사로잡
고 칼날로 그의 모든 백성을 (殄
滅)진멸하였으되
9 사울과 백성이 아각과 그의 양과
소의 가장 좋은 것 또는 기름진 것
과 어린 양과 모든 좋은 것을 남기
고 진멸하기를 즐겨 아니하고 (價
値)가치 없고 하찮은 것은 진멸하
니라

여호와께서 사울을 버리시다

10 ●여호와의 말씀이 사무엘에게
(臨)임하니라 이르시되
11 내가 사울을 왕으로 세운 것을 (後
悔)후회하노니 그가 돌이켜서 나

를 따르지 아니하며 내 명령을 행
하지 아니하였음이니라 하신지라
사무엘이 근심하여 온 밤을 여호
와께 부르짖으니라
12 사무엘이 사울을 만나려고 아침에
일찍이 일어났더니 어떤 사람이
사무엘에게 말하여 이르되 사울이
갈멜에 이르러 자기를 위하여 [1](記
念碑)기념비를 세우고 발길을 돌
려 길갈로 내려갔다 하는지라
13 사무엘이 사울에게 이른즉 사울이
그에게 이르되 원하건대 당신은
여호와께 복을 받으소서 내가 여
호와의 (命令)명령을 행하였나이
다 하니
14 사무엘이 이르되 그러면 내 귀에
들려오는 이 (羊)양의 소리와 내게
들리는 소의 소리는 어찌 됨이니
이까 하니라
15 사울이 이르되 그것은 무리가 아
말렉 사람에게서 끌어 온 것인데
백성이 당신의 하나님 여호와께
(祭祀)제사하려 하여 양들과 소들
중에서 가장 좋은 것을 남김이요
그 외의 것은 우리가 진멸하였나
이다 하는지라
16 사무엘이 사울에게 이르되 가만히
계시옵소서 간 밤에 여호와께서
내게 이르신 것을 (王)왕에게 말하
리이다 하니 그가 이르되 말씀하
소서
17 ● 사무엘이 이르되 왕이 스스로
작게 여길 그 때에 이스라엘 (支
派)지파의 머리가 되지 아니하셨
나이까 여호와께서 왕에게 기름을
부어 이스라엘 왕을 삼으시고
18 또 여호와께서 왕을 길로 보내시
며 이르시기를 가서 (罪人)죄인 아
말렉 사람을 진멸하되 다 없어지
기까지 치라 하셨거늘
19 어찌하여 왕이 여호와의 목소리를
청종하지 아니하고 (奪取)탈취하
기에만 급하여 여호와께서 악하게
여기시는 일을 행하였나이까
20 사울이 사무엘에게 이르되 나는
실로 여호와의 목소리를 청종하여
여호와께서 보내신 길로 가서 아
말렉 왕 아각을 끌어 왔고 아말렉
사람들을 (殄滅)진멸하였으나
21 다만 백성이 그 마땅히 멸할 것 중
에서 가장 좋은 것으로 길갈에서
(當身)당신의 하나님 여호와께 제
사하려고 양과 소를 끌어 왔나이
다 하는지라
22 사무엘이 이르되 여호와께서 번제
와 다른 제사를 그의 목소리를 청
종하는 것을 좋아하심 같이 좋아
하시겠나이까 (順從)순종이 제사
보다 낫고 듣는 것이 숫양의 기름
보다 나으니
23 이는 (拒逆)거역하는 것은 점치는
죄와 같고 완고한 것은 사신 우상
에게 절하는 죄와 같음이라 왕이
여호와의 말씀을 버렸으므로 여호
와께서도 왕을 버려 왕이 되지 못
하게 하셨나이다 하니
24 ● 사울이 사무엘에게 이르되 내가
범죄하였나이다 내가 여호와의 명
령과 당신의 말씀을 어긴 것은 내

1) 히, 손을 세우고

가 백성을 두려워하여 그들의 말
을 (聽從)청종하였음이니이다
25 청하오니 지금 내 죄를 (赦)사하고
나와 함께 돌아가서 나로 하여금
여호와께 경배하게 하소서 하니
26 사무엘이 사울에게 이르되 나는
왕과 함께 돌아가지 아니하리니
이는 왕이 여호와의 말씀을 버렸
으므로 여호와께서 (王)왕을 버려
이스라엘 왕이 되지 못하게 하셨
음이니이다 하고
27 사무엘이 가려고 돌아설 때에 사
울이 그의 겉옷자락을 붙잡으매
찢어진지라
28 사무엘이 그에게 이르되 여호와께
서 오늘 이스라엘 나라를 왕에게
서 떼어 왕보다 나은 (王)왕의 이
웃에게 주셨나이다
29 이스라엘의 (至尊者)지존자는 거
짓이나 (變改)변개함이 없으시니
그는 사람이 아니시므로 결코 변
개하지 않으심이니이다 하니
30 사울이 이르되 내가 범죄하였을지
라도 이제 청하옵나니 내 백성의
장로들 앞과 이스라엘 앞에서 나
를 높이사 나와 함께 돌아가서 내
가 당신의 하나님 여호와께 (敬拜)
경배하게 하소서 하더라
31 이에 사무엘이 돌이켜 사울을 따
라가매 사울이 여호와께 (敬拜)경
배하니라

사무엘이 아각을 처형하다

32 ●사무엘이 이르되 너희는 아말렉
사람의 왕 아각을 내게로 끌어 오
라 하였더니 아각이 즐거이 오며
이르되 진실로 (死亡)사망의 괴로
움이 지났도다 하니라
33 사무엘이 이르되 네 칼이 여인들
에게 자식이 없게 한 것 같이 여인
중 네 어미에게 (子息)자식이 없으
리라 하고 그가 길갈에서 여호와
앞에서 아각을 찍어 쪼개니라

사무엘이 다윗에게 기름을 붓다

34 ●이에 사무엘은 라마로 가고 사
울은 사울 기브아 (自己)자기의 집
으로 올라가니라
35 사무엘이 죽는 날까지 사울을 다
시 가서 보지 아니하였으니 이는
그가 사울을 위하여 슬퍼함이었고
여호와께서는 사울을 이스라엘 왕
으로 삼으신 것을 (後悔)후회하셨
더라

16

여호와께서 사무엘에게 이
르시되 내가 이미 사울을 버
려 이스라엘 왕이 되지 못하게 하
였거늘 네가 그를 (爲)위하여 언제
까지 슬퍼하겠느냐 너는 뿔에 기
름을 채워 가지고 가라 내가 너를
베들레헴 사람 이새에게로 보내리
니 이는 내가 그의 아들 중에서 한
왕을 보았느니라 하시는지라
2 사무엘이 이르되 내가 어찌 갈 수
있으리이까 사울이 들으면 나를
죽이리이다 하니 여호와께서 이르
시되 너는 암송아지를 끌고 가서
말하기를 내가 여호와께 (祭祀)제
사를 드리러 왔다 하고
3 이새를 제사에 (請)청하라 내가 네
게 행할 일을 가르치리니 내가 네
게 알게 하는 자에게 나를 위하여

기름을 부을지니라
4 사무엘이 여호와의 말씀대로 행하
여 베들레헴에 이르매 성읍 장로
들이 떨며 그를 영접하여 이르되
(平康)평강을 위하여 오시나이까
5 이르되 평강을 위함이니라 내가
여호와께 제사하러 왔으니 스스로
(聖潔)성결하게 하고 와서 나와 함
께 제사하자 하고 이새와 그의 아
들들을 성결하게 하고 제사에 청
하니라
6 ●그들이 오매 사무엘이 엘리압을
보고 마음에 이르기를 여호와의
기름 부으실 자가 (果然)과연 주님
앞에 있도다 하였더니
7 여호와께서 사무엘에게 이르시되
그의 용모와 키를 보지 말라 내가
이미 그를 버렸노라 내가 보는 것
은 사람과 같지 아니하니 사람은
(外貌)외모를 보거니와 나 여호와
는 (中心)중심을 보느니라 하시더
라
8 이새가 아비나답을 불러 사무엘
앞을 지나가게 하매 사무엘이 이
르되 이도 여호와께서 (擇)택하지
아니하셨느니라 하니
9 이새가 삼마로 지나게 하매 사무
엘이 이르되 이도 여호와께서 (擇)
택하지 아니하셨느니라 하니라
10 이새가 그의 아들 일곱을 다 사무
엘 앞으로 지나가게 하나 사무엘
이 이새에게 이르되 여호와께서
이들을 (擇)택하지 아니하셨느니
라 하고
11 또 사무엘이 이새에게 이르되 네
아들들이 다 여기 있느냐 이새가
이르되 아직 막내가 남았는데 그
는 양을 지키나이다 사무엘이 이
새에게 이르되 사람을 보내어 그
를 데려오라 그가 여기 오기까지
는 우리가 (食事)식사 자리에 앉지
아니하겠노라
12 이에 사람을 보내어 그를 데려오
매 그의 빛이 붉고 눈이 빼어나고
얼굴이 아름답더라 여호와께서 이
르시되 이가 그니 일어나 기름을
부으라 하시는지라
13 사무엘이 기름 뿔병을 가져다가
그의 형제 중에서 그에게 부었더
니 이 날 이후로 다윗이 여호와의
영에게 크게 (感動)감동되니라 사
무엘이 떠나서 라마로 가니라

사울을 섬기게 된 다윗

14 ●여호와의 영이 사울에게서 떠나
고 여호와께서 부리시는 (惡靈)악
령이 그를 번뇌하게 한지라
15 사울의 신하들이 그에게 이르되
보소서 하나님께서 부리시는 악령
이 왕을 (煩惱)번뇌하게 하온즉
16 원하건대 우리 주께서는 당신 앞
에서 모시는 신하들에게 명령하여
(竪琴)수금을 잘 타는 사람을 구
하게 하소서 하나님께서 부리시는
악령이 왕에게 이를 때에 그가 손
으로 타면 왕이 나으시리이다 하
는지라
17 사울이 (臣下)신하에게 이르되 나
를 위하여 잘 타는 사람을 구하여
내게로 데려오라 하니
18 소년 중 한 사람이 대답하여 이르

되 내가 베들레헴 사람 이새의 아
들을 본즉 수금을 탈 줄 알고 용기
와 무용과 구변이 있는 (俊秀)준수
한 자라 여호와께서 그와 함께 계
시더이다 하더라
19 사울이 이에 (傳令)전령들을 이새
에게 보내어 이르되 양 치는 네 아
들 다윗을 내게로 보내라 하매
20 이새가 떡과 한 가죽(負袋)부대의
포도주와 염소 새끼를 나귀에 실
리고 그의 아들 다윗을 시켜 사울
에게 보내니
21 다윗이 사울에게 이르러 그 앞에
모셔 서매 사울이 그를 크게 사랑
하여 자기의 (武器)무기를 드는 자
로 삼고
22 또 사울이 이새에게 사람을 보내
어 이르되 원하건대 다윗을 내 앞
에 모셔 서게 하라 그가 내게 (恩
寵)은총을 얻었느니라 하니라
23 하나님께서 부리시는 악령이 사울
에게 이를 때에 다윗이 수금을 들
고 와서 손으로 탄즉 사울이 (爽
快)상쾌하여 낫고 악령이 그에게
서 떠나더라

골리앗이 이스라엘의 군대를 모욕하다

17 블레셋 사람들이 그들의 (軍
隊)군대를 모으고 싸우고자
하여 유다에 속한 소고에 모여 소
고와 아세가 사이의 에베스담밈에
진 치매
2 사울과 이스라엘 사람들이 모여서
[1]엘라 골짜기에 진 치고 블레셋 사
람들을 대하여 (戰列)전열을 벌였
으니
3 블레셋 사람들은 이쪽 (山)산에 섰
고 이스라엘은 저쪽 산에 섰고 그
사이에는 골짜기가 있었더라
4 블레셋 사람들의 (陣營)진영에서
싸움을 돋우는 자가 왔는데 그의
이름은 골리앗이요 가드 사람이라
그의 키는 여섯 [2]규빗 한 뼘이요
5 머리에는 놋 투구를 썼고 몸에는
비늘 (甲)갑옷을 입었으니 그 갑옷
의 무게가 놋 오천 세겔이며
6 그의 다리에는 놋 (脚絆)각반을 쳤
고 어깨 사이에는 놋 단창을 메었
으니
7 그 창 자루는 베틀 채 같고 창 날은
철 육백 세겔이며 (防牌)방패 든
자가 앞서 행하더라
8 그가 서서 이스라엘 군대를 향하
여 외쳐 이르되 너희가 어찌하여
나와서 전열을 벌였느냐 나는 블
레셋 사람이 아니며 너희는 사울
의 (臣僕)신복이 아니냐 너희는 한
사람을 택하여 내게로 내려보내라
9 그가 나와 싸워서 나를 죽이면 우
리가 너희의 종이 되겠고 (萬一)만
일 내가 이겨 그를 죽이면 너희가
우리의 종이 되어 우리를 섬길 것
이니라
10 그 블레셋 사람이 또 이르되 내가
오늘 이스라엘의 군대를 (侮辱)모
욕하였으니 사람을 보내어 나와
더불어 싸우게 하라 한지라
11 사울과 온 이스라엘이 블레셋 사
람의 이 말을 듣고 놀라 크게 두려
워하니라

1) 상수리 2) 히, 암마

사울의 진영에 나타난 다윗

12 ●다윗은 유다 베들레헴 에브랏
사람 이새라 하는 사람의 아들이
었는데 이새는 사울 (當時)당시 사
람 중에 나이가 많아 늙은 사람으
로서 여덟 아들이 있는 중
13 그 장성한 세 아들은 사울을 따라
싸움에 나갔으니 싸움에 나간 세
아들의 이름은 (長子)장자 엘리압
이요 그 다음은 아비나답이요 셋
째는 삼마며
14 다윗은 막내라 (長成)장성한 세 사
람은 사울을 따랐고
15 다윗은 사울에게로 (往來)왕래하
며 베들레헴에서 그의 아버지의
양을 칠 때에
16 그 블레셋 사람이 사십 일을 (朝
夕)조석으로 나와서 몸을 나타내
었더라
17 ●이새가 그의 아들 다윗에게 이
르되 지금 네 형들을 위하여 이 볶
은 곡식 한 에바와 이 떡 열 덩이를
가지고 (陣營)진영으로 속히 가서
네 형들에게 주고
18 이 치즈 열 덩이를 가져다가 그들
의 천부장에게 주고 네 형들의 안
부를 살피고 (證票)증표를 가져오
라
19 그 때에 사울과 그들과 이스라엘
모든 사람들은 엘라 골짜기에서
블레셋 사람들과 싸우는 (中)중이
더라
20 다윗이 아침에 일찍이 일어나서
양을 양 지키는 자에게 맡기고 이
새가 명령한 대로 가지고 가서 진
영에 이른즉 마침 군대가 전장에
나와서 싸우려고 (高喊)고함치며,
21 이스라엘과 블레셋 사람들이 전열
을 벌이고 양군이 서로 (對峙)대치
하였더라
22 다윗이 자기의 짐을 짐 지키는 자
의 손에 맡기고 군대로 달려가서
형들에게 (問安)문안하고
23 그들과 함께 말할 때에 마침 블레
셋 사람의 싸움 돋우는 가드 사람
골리앗이라 하는 자가 그 (戰列)전
열에서 나와서 전과 같은 말을 하
매 다윗이 들으니라
24 이스라엘 모든 사람이 그 사람을
보고 (甚)심히 두려워하여 그 앞에
서 (逃亡)도망하며
25 이스라엘 사람들이 이르되 너희가
이 올라 온 사람을 보았느냐 참으
로 이스라엘을 (侮辱)모욕하러 왔
도다 그를 죽이는 사람은 왕이 많
은 재물로 부하게 하고 그의 딸을
그에게 주고 그 아버지의 집을 이
스라엘 중에서 세금을 면제하게
하시리라
26 다윗이 곁에 서 있는 사람들에게
말하여 이르되 이 블레셋 사람을
죽여 이스라엘의 (恥辱)치욕을 제
거하는 사람에게는 어떠한 대우를
하겠느냐 이 할례 받지 않은 블레
셋 사람이 누구이기에 살아 계시
는 하나님의 군대를 모욕하겠느냐
27 (百姓)백성이 전과 같이 말하여 이
르되 그를 죽이는 사람에게는 이
러이러하게 하시리라 하니라
28 ●큰형 엘리압이 다윗이 사람들에

게 하는 말을 들은지라 그가 다윗
에게 (怒)노를 발하여 이르되 네가
어찌하여 이리로 내려왔느냐 들에
있는 양들을 누구에게 맡겼느냐
나는 네 교만과 네 마음의 (頑惡)
완악함을 아노니 네가 전쟁을 구
경하러 왔도다
29 다윗이 이르되 내가 무엇을 하였
나이까 어찌 [1](理由)이유가 없으
리이까 하고
30 돌아서서 다른 사람을 향하여 전
과 같이 말하매 백성이 전과 같이
(對答)대답하니라
31 ●어떤 사람이 다윗이 한 말을 듣
고 그것을 사울에게 (傳)전하였으
므로 사울이 다윗을 부른지라
32 다윗이 사울에게 말하되 그로 말
미암아 사람이 (落膽)낙담하지 말
것이라 주의 종이 가서 저 블레셋
사람과 싸우리이다 하니
33 사울이 다윗에게 이르되 네가 가
서 저 블레셋 사람과 싸울 수 없으
리니 너는 소년이요 그는 어려서
부터 (勇士)용사임이니라
34 다윗이 사울에게 말하되 주의 종
이 아버지의 양을 지킬 때에 (獅
子)사자나 곰이 와서 양 떼에서 새
끼를 물어가면
35 내가 따라가서 그것을 치고 그 입
에서 새끼를 건져내었고 그것이
일어나 나를 해하고자 하면 내가
그 (鬚髥)수염을 잡고 그것을 쳐죽
였나이다
36 주의 종이 사자와 곰도 쳤은즉 살

1) 말 한 마디뿐이 아니니이까 하고

아 계시는 하나님의 군대를 모욕
한 이 (割禮)할례 받지 않은 블레
셋 사람이리이까 그가 그 짐승의
하나와 같이 되리이다
37 또 다윗이 이르되 여호와께서 나
를 (獅子)사자의 발톱과 곰의 발톱
에서 건져내셨은즉 나를 이 블레
셋 사람의 손에서도 건져내시리이
다 사울이 다윗에게 이르되 가라
여호와께서 너와 함께 계시기를
원하노라
38 이에 사울이 자기 (軍服)군복을 다
윗에게 입히고 놋 투구를 그의 머
리에 씌우고 또 그에게 갑옷을 입
히매
39 다윗이 칼을 (軍服)군복 위에 차
고는 익숙하지 못하므로 (試驗的)
시험적으로 걸어 보다가 사울에게
말하되 익숙하지 못하니 이것을
입고 가지 못하겠나이다 하고 곧
벗고
40 손에 막대기를 가지고 시내에서
매끄러운 돌 다섯을 골라서 자기
(牧者)목자의 (諸具)제구 곧 주머
니에 넣고 손에 물매를 가지고 블
레셋 사람에게로 나아가니라

다윗이 골리앗을 이기다

41 ●블레셋 사람이 방패 든 사람을
앞세우고 다윗에게로 (漸漸)점점
가까이 나아가니라
42 그 블레셋 사람이 둘러보다가 다
윗을 보고 업신여기니 이는 그가
젊고 붉고 (容貌)용모가 아름다움
이라
43 블레셋 사람이 다윗에게 이르되

네가 나를 개로 여기고 막대기를
가지고 내게 나아왔느냐 하고 그
의 신들의 이름으로 다윗을 (詛呪)
저주하고
44 그 블레셋 사람이 또 다윗에게 이
르되 내게로 오라 내가 네 살을
(空中)공중의 새들과 들짐승들에
게 주리라 하는지라
45 다윗이 블레셋 사람에게 이르되
너는 칼과 창과 (短槍)단창으로 내
게 나아 오거니와 나는 만군의 여
호와의 이름 곧 네가 모욕하는 이
스라엘 군대의 하나님의 이름으로
네게 나아가노라
46 오늘 여호와께서 너를 내 손에 넘
기시리니 내가 너를 쳐서 네 목을
베고 블레셋 군대의 (屍體)시체를
오늘 공중의 새와 땅의 들짐승에
게 주어 온 땅으로 이스라엘에 하
나님이 계신 줄 알게 하겠고
47 또 여호와의 (救援)구원하심이 칼
과 창에 있지 아니함을 이 무리에
게 알게 하리라 전쟁은 여호와께
속한 것인즉 그가 너희를 우리 손
에 넘기시리라
48 블레셋 사람이 일어나 다윗에게로
마주 가까이 올 때에 다윗이 블레
셋 사람을 (向)향하여 빨리 달리며
49 손을 주머니에 넣어 돌을 가지고
물매로 던져 블레셋 사람의 이마
를 치매 돌이 그의 이마에 박히니
땅에 엎드러지니라
50 ● 다윗이 이같이 물매와 돌로 블
레셋 사람을 이기고 그를 쳐죽였
으나 (自己)자기 손에는 칼이 없었
더라
51 다윗이 달려가서 블레셋 사람을
밟고 그의 칼을 그 칼 집에서 빼내
어 그 칼로 그를 죽이고 그의 머리
를 베니 블레셋 사람들이 자기 (勇
士)용사의 죽음을 보고 도망하는
지라
52 이스라엘과 유다 사람들이 일어나
서 소리 지르며 블레셋 사람들을
쫓아 가이와 에그론 (城門)성문까
지 이르렀고 블레셋 사람들의 부상
자들은 사아라임 가는 길에서부터
가드와 에그론까지 엎드러졌더라
53 이스라엘 자손이 블레셋 사람들을
쫓다가 돌아와서 그들의 진영을
(擄掠)노략하였고
54 다윗은 그 블레셋 사람의 머리를
예루살렘으로 가져가고 (甲冑)갑
주는 자기 장막에 두니라

다윗이 사울 앞에 서다

55 ● 사울은 다윗이 블레셋 사람을
향하여 나아감을 보고 군사령관
아브넬에게 묻되 아브넬아 이 소
년이 누구의 아들이냐 아브넬이
이르되 왕이여 왕의 사심으로 (盟
誓)맹세하옵나니 내가 알지 못하
나이다 하매
56 왕이 이르되 너는 이 (青年)청년이
누구의 아들인가 물어보라 하였더
니
57 다윗이 그 블레셋 사람을 죽이고
돌아올 때에 그 블레셋 사람의 머
리가 그의 손에 있는 채 아브넬이
그를 사울 앞으로 (引導)인도하니
58 사울이 그에게 묻되 (少年)소년이

여 누구의 아들이냐 하니 다윗이
대답하되 나는 주의 종 베들레헴
사람 이새의 아들이니이다 하니라

18 다윗이 사울에게 말하기를
마치매 요나단의 마음이 다
윗의 마음과 하나가 되어 요나단
이 그를 자기 (生命)생명 같이 사
랑하니라
2 그 날에 사울은 다윗을 머무르게
하고 그의 아버지의 집으로 다시
돌아가기를 (許諾)허락하지 아니
하였고
3 요나단은 다윗을 자기 생명 같이
사랑하여 더불어 (言約)언약을 맺
었으며
4 요나단이 자기가 입었던 겉옷을
벗어 다윗에게 주었고 자기의 (軍
服)군복과 칼과 활과 띠도 그리하
였더라
5 다윗은 사울이 보내는 곳마다 가
서 지혜롭게 행하매 사울이 그를
군대의 (長)장으로 삼았더니 온 백
성이 (合當)합당히 여겼고 사울의
신하들도 합당히 여겼더라

사울이 불쾌하여 다윗을 주목하다

6 ●무리가 돌아올 때 곧 다윗이 블
레셋 사람을 죽이고 돌아올 때에
여인들이 이스라엘 모든 성읍에서
나와서 노래하며 춤추며 소고와
경쇠를 가지고 왕 사울을 (歡迎)환
영하는데
7 여인들이 뛰놀며 노래하여 이르되
사울이 죽인 자는 (千千)천천이
요 다윗은 (萬萬)만만이로다
한지라
8 사울이 그 말에 (不快)불쾌하여 심
히 노하여 이르되 다윗에게는 만
만을 돌리고 내게는 천천만 돌리
니 그가 더 얻을 것이 나라 말고 무
엇이냐 하고
9 그 날 후로 사울이 다윗을 (注目)
주목하였더라
10 ●그 이튿날 하나님께서 부리시는
악령이 사울에게 힘 있게 내리매
그가 집 안에서 (精神)정신 없이
떠들어대므로 다윗이 평일과 같이
손으로 수금을 타는데 그 때에 사
울의 손에 창이 있는지라
11 그가 스스로 이르기를 내가 다윗
을 (壁)벽에 박으리라 하고 사울이
그 (槍)창을 던졌으나 다윗이 그의
앞에서 두 번 (避)피하였더라
12 여호와께서 사울을 떠나 다윗과
함께 계시므로 사울이 그를 두려
워한지라
13 그러므로 사울이 그를 자기 곁에
서 떠나게 하고 그를 천부장으로
삼으매 그가 백성 앞에 (出入)출입
하며
14 다윗이 그의 모든 일을 (智慧)지
혜롭게 행하니라 여호와께서 그와
함께 계시니라
15 사울은 다윗이 크게 (智慧)지혜롭
게 행함을 보고 그를 두려워하였
으나
16 온 이스라엘과 유다는 다윗을 사
랑하였으니 그가 (自己)자기들 앞
에 출입하기 때문이었더라

다윗이 사울의 사위가 되다

17 ●사울이 다윗에게 이르되 내 맏

딸 메랍을 네게 아내로 주리니 오
직 너는 나를 위하여 (勇氣)용기를
내어 여호와의 싸움을 싸우라 하
니 이는 그가 생각하기를 내 손을
그에게 대지 않고 블레셋 사람들의
손을 그에게 대게 하리라 함이라
18 다윗이 사울에게 이르되 내가 누
구며 이스라엘 중에 내 [1](親屬)친
속이나 내 아버지의 집이 무엇이
기에 내가 왕의 사위가 되리이까
하였더니
19 사울의 딸 메랍을 다윗에게 줄 (時
期)시기에 므홀랏 사람 아드리엘
에게 아내로 주었더라
20 사울의 딸 미갈이 다윗을 사랑하
매 어떤 사람이 사울에게 알린지
라 사울이 그 일을 좋게 여겨
21 스스로 이르되 내가 딸을 그에게
주어서 그에게 올무가 되게 하고
블레셋 사람들의 손으로 그를 치
게 하리라 하고 이에 사울이 다윗
에게 이르되 네가 오늘 다시 내 사
위가 되리라 하니라
22 ●사울이 그의 신하들에게 명령하
되 너희는 다윗에게 (祕密)비밀히
말하여 이르기를 보라 왕이 너를
기뻐하시고 모든 신하도 너를 사
랑하나니 그런즉 네가 왕의 사위
가 되는 것이 가하니라 하라
23 사울의 신하들이 이 말을 다윗의
귀에 전하매 다윗이 이르되 왕의
사위 되는 것을 너희는 작은 일로
보느냐 나는 가난하고 (賤)천한 사
람이라 한지라
24 사울의 (臣下)신하들이 사울에게
말하여 이르되 다윗이 이러이러하
게 말하더이다 하니
25 사울이 이르되 너희는 다윗에게
이같이 말하기를 왕이 아무 것도
원하지 아니하고 다만 왕의 원수
의 (報復)보복으로 블레셋 사람들
의 포피 백 개를 원하신다 하라 하
였으니 이는 사울의 생각에 다윗
을 블레셋 사람들의 손에 죽게 하
리라 함이라
26 사울의 신하들이 이 말을 다윗에
게 아뢰매 다윗이 왕의 사위 되는
것을 좋게 여기므로 (結婚)결혼할
날이 차기 전에
27 다윗이 일어나서 그의 부하들과
함께 가서 블레셋 사람 이백 명을
죽이고 그들의 (包皮)포피를 가져
다가 수대로 왕께 드려 왕의 사위
가 되고자 하니 사울이 그의 딸 미
갈을 다윗에게 아내로 주었더라
28 여호와께서 다윗과 함께 계심을
사울이 보고 알았고 사울의 딸 미
갈도 그를 사랑하므로
29 사울이 다윗을 더욱더욱 두려워하
여 (平生)평생에 다윗의 대적이 되
니라
30 ●블레셋 사람들의 (方伯)방백들
이 싸우러 나오면 그들이 나올 때
마다 다윗이 사울의 모든 신하보
다 더 지혜롭게 행하매 이에 그의
이름이 심히 귀하게 되니라

사울이 다윗을 죽이려 하다

19 사울이 그의 아들 요나단과
그의 모든 신하에게 다윗을

1) 생명

죽이라 말하였더니 사울의 아들
요나단이 다윗을 (甚)심히 좋아하
므로
2 그가 다윗에게 말하여 이르되 내
아버지 사울이 너를 죽이기를 꾀
하시느니라 그러므로 이제 청하노
니 아침에 조심하여 (隱密)은밀한
곳에 숨어 있으라
3 내가 나가서 네가 있는 들에서 내
아버지 곁에 서서 네 일을 내 아버
지와 말하다가 무엇을 보면 네게
알려 주리라 하고
4 요나단이 그의 아버지 사울에게
다윗을 (稱讚)칭찬하여 이르되 원
하건대 왕은 신하 다윗에게 범죄
하지 마옵소서 그는 왕께 득죄하
지 아니하였고 그가 왕께 행한 일
은 심히 선함이니이다
5 그가 자기 생명을 아끼지 아니하
고 블레셋 사람을 죽였고 여호와
께서는 온 이스라엘을 위하여 큰
구원을 이루셨으므로 왕이 이를
보고 기뻐하셨거늘 어찌 까닭 없
이 다윗을 죽여 (無罪)무죄한 피를
흘려 범죄하려 하시나이까
6 사울이 요나단의 말을 듣고 (盟誓)
맹세하되 여호와께서 살아 계심을
두고 맹세하거니와 그가 죽임을
당하지 아니하리라
7 요나단이 다윗을 불러 그 모든 일
을 그에게 알리고 요나단이 그를
사울에게로 (引導)인도하니 그가
사울 앞에 전과 같이 있었더라
8 ●(戰爭)전쟁이 다시 있으므로 다
윗이 나가서 블레셋 사람들과 싸
워 그들을 크게 쳐죽이매 그들이
그 앞에서 도망하니라
9 사울이 손에 (短槍)단창을 가지고
그의 집에 앉았을 때에 여호와께
서 부리시는 악령이 사울에게 접
하였으므로 다윗이 손으로 수금을
탈 때에
10 사울이 단창으로 다윗을 벽에 박
으려 하였으나 그는 사울의 앞을
피하고 사울의 창은 벽에 박힌지
라 다윗이 그 밤에 (逃避)도피하매
11 사울이 전령들을 다윗의 집에 보
내어 그를 지키다가 아침에 그를
죽이게 하려 한지라 다윗의 아내
미갈이 다윗에게 말하여 이르되
당신이 이 밤에 당신의 (生命)생명
을 구하지 아니하면 내일에는 죽
임을 당하리라 하고
12 미갈이 다윗을 창에서 달아 내리
매 그가 피하여 (逃亡)도망하니라
13 미갈이 (偶像)우상을 가져다가 침
상에 누이고 염소 털로 엮은 것을
그 머리에 씌우고 의복으로 그것
을 덮었더니
14 사울이 (傳令)전령들을 보내어 다
윗을 잡으려 하매 미갈이 이르되
그가 병들었느니라
15 사울이 또 전령들을 보내어 다윗
을 보라 하며 이르되 그를 (寢牀)
침상째 내게로 들고 오라 내가 그
를 죽이리라
16 전령들이 들어가 본즉 침상에는
(偶像)우상이 있고 염소 털로 엮은
것이 그 머리에 있었더라
17 사울이 미갈에게 이르되 너는 어

찌하여 이처럼 나를 속여 내 (對
敵)대적을 놓아 피하게 하였느냐
미갈이 사울에게 대답하되 그가
내게 이르기를 나를 놓아 가게 하
라 어찌하여 나로 너를 죽이게 하
겠느냐 하더이다 하니라
18 ●다윗이 (逃避)도피하여 라마로
가서 사무엘에게로 나아가서 사울
이 자기에게 행한 일을 다 전하였
고 다윗과 사무엘이 나욧으로 가
서 살았더라
19 어떤 사람이 사울에게 (傳)전하여
이르되 다윗이 라마 나욧에 있더
이다 하매
20 사울이 다윗을 잡으러 전령들을
보냈더니 그들이 선지자 무리가
(豫言)예언하는 것과 사무엘이 그
들의 수령으로 선 것을 볼 때에 하
나님의 영이 사울의 전령들에게
임하매 그들도 예언을 한지라
21 어떤 사람이 그것을 사울에게 알
리매 사울이 다른 전령들을 보냈
더니 그들도 (豫言)예언을 했으므
로 사울이 세 번째 다시 전령들을
보냈더니 그들도 예언을 한지라
22 이에 사울도 라마로 가서 세구에
있는 큰 우물에 (到着)도착하여 물
어 이르되 사무엘과 다윗이 어디
있느냐 어떤 사람이 이르되 라마
나욧에 있나이다
23 사울이 라마 나욧으로 가니라 하
나님의 (靈)영이 그에게도 (臨)임
하시니 그가 라마 나욧에 이르기
까지 걸어가며 예언을 하였으며
24 그가 또 그의 옷을 벗고 사무엘 앞
에서 예언을 하며 하루 밤낮을 벗
은 몸으로 누웠더라 그러므로 속
담에 이르기를 사울도 (先知者)선
지자중에 있느냐 하니라

요나단이 다윗을 돕다

20 다윗이 라마 나욧에서 도망
하여 요나단에게 이르되 내
가 무엇을 하였으며 내 (罪惡)죄악
이 무엇이며 네 아버지 앞에서 내
죄가 무엇이기에 그가 내 생명을
찾느냐
2 요나단이 그에게 이르되 (決斷)결
단코 아니라 네가 죽지 아니하리
라 내 아버지께서 크고 작은 일을
내게 알리지 아니하고는 행하지
아니하나니 내 아버지께서 어찌하
여 이 일은 내게 숨기리요 그렇지
아니하니라
3 다윗이 또 (盟誓)맹세하여 이르되
내가 네게 (恩惠)은혜 받은 줄을
네 아버지께서 밝히 알고 스스로
이르기를 요나단이 슬퍼할까 두려
운즉 그에게 이것을 알리지 아니
하리라 함이니라 그러나 진실로
여호와의 살아 계심과 네 생명을
두고 맹세하노니 나와 죽음의 사
이는 한 걸음 뿐이니라
4 요나단이 다윗에게 이르되 네 마
음의 (所願)소원이 무엇이든지 내
가 너를 위하여 그것을 이루리라
5 다윗이 요나단에게 이르되 (來日)
내일은 초하루인즉 내가 마땅히
왕을 모시고 앉아 (食事)식사를 하
여야 할 것이나 나를 보내어 셋째
날 저녁까지 들에 숨게 하고

6 네 아버지께서 만일 나에 대하여
자세히 묻거든 그 때에 너는 말하
기를 다윗이 자기 성읍 베들레헴
으로 급히 가기를 내게 허락하라
(懇請)간청하였사오니 이는 온 가
족을 위하여 거기서 매년제를 드
릴 때가 됨이니이다 하라
7 그의 말이 좋다 하면 네 종이 (平
安)평안하려니와 그가 만일 노하
면 나를 해하려고 결심한 줄을 알
지니
8 그런즉 바라건대 네 종에게 인자
하게 행하라 네가 네 종에게 여호
와 앞에서 너와 (盟約)맹약하게 하
였음이니라 그러나 내게 죄악이
있으면 네가 친히 나를 죽이라 나
를 네 아버지에게로 데려갈 이유
가 무엇이냐 하니라
9 요나단이 이르되 이 일이 결코 네
게 일어나지 아니하리라 내 아버
지께서 너를 해치려 확실히 (決心)
결심한 줄 알면 내가 네게 와서 그
것을 네게 이르지 아니하겠느냐
하니
10 다윗이 요나단에게 이르되 네 아
버지께서 혹 엄하게 네게 (對答)대
답하면 누가 그것을 내게 알리겠
느냐 하더라
11 요나단이 다윗에게 이르되 오라
우리가 들로 가자 하고 두 사람이
들로 가니라
12 ●요나단이 다윗에게 이르되 이스
라엘의 하나님 여호와께서 증언하
시거니와 내가 내일이나 모레 이
맘때에 내 아버지를 살펴서 너 다
윗에게 대한 (意向)의향이 선하면
내가 사람을 보내어 네게 알리지
않겠느냐
13 그러나 만일 내 아버지께서 너를
해치려 하는데도 내가 이 일을 네
게 알려 주어 너를 보내어 (平安)
평안히 가게 하지 아니하면 여호
와께서 나 요나단에게 벌을 내리
시고 또 내리시기를 원하노라 여
호와께서 내 아버지와 함께 하신
것 같이 너와 함께 하시기를 원하
노니
14 너는 내가 사는 날 동안에 여호와
의 (仁慈)인자하심을 내게 베풀어
서 나를 죽지 않게 할 뿐 아니라
15 여호와께서 너 다윗의 대적들을
(地面)지면에서 다 끊어 버리신 때
에도 너는 네 인자함을 내 집에서
영원히 끊어 버리지 말라 하고
16 이에 요나단이 다윗의 집과 (言約)
언약하기를 여호와께서는 다윗의
대적들을 치실지어다 하니라
17 ●다윗에 대한 요나단의 사랑이
그를 다시 (盟誓)맹세하게 하였으
니 이는 자기 생명을 사랑함 같이
그를 사랑함이었더라
18 요나단이 다윗에게 이르되 내일은
초하루인즉 네 자리가 비므로 네
가 없음을 (仔細)자세히 물으실 것
이라
19 너는 사흘 동안 있다가 빨리 내려
가서 그 일이 있던 날에 숨었던 곳
에 이르러 에셀 바위 곁에 있으라
20 내가 과녁을 쏘려 함 같이 화살 셋
을 그 바위 곁에 쏘고

21 아이를 보내어 가서 화살을 찾으
라 하며 내가 짐짓 아이에게 이르
기를 보라 화살이 네 이쪽에 있으
니 가져오라 하거든 너는 돌아올
지니 여호와께서 살아 계심을 두
고 맹세하노니 네가 평안 (無事)무
사할 것이요
22 (萬一)만일 아이에게 이르기를 보
라 화살이 네 앞쪽에 있다 하거든
네 길을 가라 여호와께서 너를 보
내셨음이니라
23 너와 내가 말한 일에 대하여는 여
호와께서 너와 나 사이에 (永遠)영
원토록 계시느니라 하니라
24 ●다윗이 들에 숨으니라 초하루가
되매 왕이 앉아 (飮食)음식을 먹을
때에
25 왕은 (平時)평시와 같이 (壁)벽 곁
자기 자리에 앉아 있고 요나단은
서 있고 아브넬은 사울 곁에 앉아
있고 다윗의 자리는 비었더라
26 그러나 그 날에는 사울이 아무 말
도 하지 아니하였으니 이는 생각
하기를 그에게 무슨 사고가 있어
서 부정한가보다 정녕히 (不淨)부
정한가보다 하였음이더니
27 이튿날 곧 그 달의 둘째 날에도 다
윗의 자리가 (如前)여전히 비었으
므로 사울이 그의 아들 요나단에
게 묻되 이새의 아들이 어찌하여
어제와 오늘 식사에 나오지 아니
하느냐 하니
28 요나단이 사울에게 대답하되 다윗
이 내게 베들레헴으로 가기를 (懇
請)간청하여
29 이르되 원하건대 나에게 가게 하
라 우리 가족이 그 성읍에서 (祭
祀)제사할 일이 있으므로 나의 형
이 내게 오기를 명령하였으니 내
가 네게 사랑을 받거든 내가 가서
내 형들을 보게 하라 하였으므로
그가 왕의 식사 자리에 오지 아니
하였나이다 하니
30 ●사울이 요나단에게 화를 내며
그에게 이르되 (悖逆無道)패역무
도한 계집의 소생아 네가 이새의
아들을 택한 것이 네 수치와 네 어
미의 벌거벗은 수치 됨을 내가 어
찌 알지 못하랴
31 이새의 아들이 땅에 사는 동안은
너와 네 나라가 든든히 서지 못하
리라 그런즉 이제 사람을 보내어
그를 내게로 끌어 오라 그는 [1]죽어
야 할 (者)자이니라 한지라
32 요나단이 그의 아버지 사울에게
(對答)대답하여 이르되 그가 죽을
일이 무엇이니이까 무엇을 행하였
나이까
33 사울이 요나단에게 단창을 던져
죽이려 한지라 요나단이 그의 아
버지가 다윗을 죽이기로 (決心)결
심한 줄 알고
34 심히 노하여 (食卓)식탁에서 떠나
고 그 달의 둘째 날에는 먹지 아니
하였으니 이는 그의 아버지가 다
윗을 욕되게 하였으므로 다윗을
위하여 슬퍼함이었더라
35 ●아침에 요나단이 작은 아이를
데리고 다윗과 정한 (時間)시간에

1) 사망의 자식이니라

들로 나가서
36 아이에게 이르되 달려가서 내가
쏘는 화살을 찾으라 하고 아이가
달려갈 때에 요나단이 화살을 그
의 위로 지나치게 쏘니라
37 아이가 요나단이 쏜 화살 있는 곳
에 이를 즈음에 요나단이 아이 뒤
에서 외쳐 이르되 화살이 네 앞쪽
에 있지 아니하냐 하고
38 요나단이 아이 뒤에서 또 외치되
(遲滯)지체 말고 빨리 달음질하라
하매 요나단의 아이가 화살을 주
워 가지고 주인에게로 돌아왔으나
39 그 아이는 아무것도 알지 못하고
요나단과 다윗만 그 일을 알았더
라
40 요나단이 그의 (武器)무기를 아이
에게 주며 이르되 이것을 가지고
성읍으로 가라 하니
41 아이가 가매 다윗이 곧 바위 남쪽
에서 일어나서 땅에 엎드려 세 번
절한 후에 서로 입 맞추고 같이 울
되 다윗이 더욱 (甚)심하더니
42 요나단이 다윗에게 이르되 평안히
가라 우리 두 사람이 여호와의 이
름으로 (盟誓)맹세하여 이르기를
여호와께서 영원히 나와 너 사이
에 계시고 내 자손과 네 자손 사이
에 계시리라 하였느니라 하니 다
윗은 일어나 떠나고 요나단은 성
읍으로 들어가니라

다윗이 사울을 피하여 도망하다

21 다윗이 놉에 가서 제사장 아
히멜렉에게 이르니 아히멜렉
이 떨며 다윗을 (迎接)영접하여 그
에게 이르되 어찌하여 네가 홀로
있고 함께 하는 자가 아무도 없느
냐 하니
2 다윗이 (祭司長)제사장 아히멜렉
에게 이르되 왕이 내게 일을 명령
하고 이르시기를 내가 너를 보내
는 것과 네게 명령한 일은 아무것
도 사람에게 알리지 말라 하시기
로 내가 나의 소년들을 이러이러
한 곳으로 오라고 말하였나이다
3 이제 당신의 (手中)수중에 무엇이
있나이까 떡 다섯 덩이나 무엇이
나 있는 대로 내 손에 주소서 하니
4 제사장이 다윗에게 (對答)대답하
여 이르되 보통 떡은 내 수중에 없
으나 거룩한 떡은 있나니 그 소년
들이 여자를 가까이만 하지 아니
하였으면 주리라 하는지라
5 다윗이 제사장에게 대답하여 이르
되 우리가 참으로 삼 일 동안이나
여자를 가까이 하지 아니하였나이
다 내가 떠난 길이 보통 여행이라
도 소년들의 그릇이 성결하겠거든
하물며 오늘 그들의 그릇이 (聖潔)
성결하지 아니하겠나이까 하매
6 제사장이 그 거룩한 떡을 주었으
니 거기는 (陳設餠)진설병 곧 여
호와 앞에서 물려 낸 떡밖에 없었
음이라 이 떡은 더운 떡을 드리는
날에 물려 낸 것이더라
7 ●그 날에 사울의 신하 한 사람이
여호와 앞에 머물러 있었는데 그
는 도엑이라 이름하는 에돔 사람
이요 사울의 (牧者長)목자장이었
더라

8 다윗이 아히멜렉에게 이르되 여기
당신의 수중에 창이나 칼이 없나
이까 왕의 일이 급하므로 내가 내
칼과 (武器)무기를 가지지 못하였
나이다 하니
9 제사장이 이르되 네가 엘라 골짜
기에서 죽인 블레셋 사람 골리앗
의 칼이 (褓)보자기에 싸여 에봇
뒤에 있으니 네가 그것을 가지려
거든 가지라 여기는 그것밖에 다
른 것이 없느니라 하는지라 다윗
이 이르되 그같은 것이 또 없나니
내게 주소서 하더라
10 ●그 날에 다윗이 사울을 두려워
하여 일어나 (逃亡)도망하여 가드
왕 아기스에게로 가니
11 아기스의 (臣下)신하들이 아기스
에게 말하되 이는 그 땅의 왕 다윗
이 아니니이까 무리가 춤추며 이
사람의 일을 노래하여 이르되
사울이 죽인 자는 천천이요 다윗
은 만만이로다
하지 아니하였나이까 한지라
12 다윗이 이 말을 그의 마음에 두고
가드 왕 아기스를 (甚)심히 두려워
하여
13 그들 앞에서 그의 (行動)행동을 변
하여 미친 체하고 대문짝에 그적
거리며 침을 수염에 흘리매
14 아기스가 그의 (臣下)신하에게 이
르되 너희도 보거니와 이 사람이
미치광이로다 어찌하여 그를 내게
로 데려왔느냐
15 내게 미치광이가 (不足)부족하여
서 너희가 이 자를 데려다가 내 앞
에서 미친 짓을 하게 하느냐 이 자
가 어찌 내 집에 들어오겠느냐 하
니라

사울이 놉의 제사장들을 죽이다

22 그러므로 다윗이 그 곳을 떠
나 아둘람 굴로 (逃亡)도망
하매 그의 형제와 아버지의 온 집
이 듣고 그리로 내려가서 그에게
이르렀고
2 (患難)환난 당한 모든 자와 빚진
모든 자와 마음이 원통한 자가 다
그에게로 모였고 그는 그들의 우
두머리가 되었는데 그와 함께 한
자가 사백 명 가량이었더라
3 ●다윗이 거기서 모압 미스베로
가서 모압 왕에게 이르되 하나님
이 나를 위하여 어떻게 하실지를
내가 알기까지 나의 부모가 나와
서 (當身)당신들과 함께 있게 하기
를 청하나이다 하고
4 부모를 인도하여 모압 왕 앞에 나
아갔더니 그들은 다윗이 (要塞)요
새에 있을 동안에 모압 왕과 함께
있었더라
5 (先知者)선지자 갓이 다윗에게 이
르되 너는 이 요새에 있지 말고 떠
나 유다 땅으로 들어가라 다윗이
떠나 헤렛 수풀에 이르니라
6 ●사울이 다윗과 그와 함께 있는
사람들이 나타났다 함을 들으니라
그 때에 사울이 기브아 높은 곳에
서 손에 (短槍)단창을 들고 에셀
나무 아래에 앉았고 모든 신하들
은 그의 곁에 섰더니
7 사울이 곁에 선 신하들에게 이르

되 너희 베냐민 사람들아 들으라
이새의 아들이 너희에게 각기 밭
과 (葡萄園)포도원을 주며 너희를
천부장, 백부장을 삼겠느냐
8 너희가 다 (共謀)공모하여 나를 대
적하며 내 아들이 이새의 아들과
맹약하였으되 내게 고발하는 자가
하나도 없고 나를 위하여 슬퍼하
거나 내 아들이 내 신하를 선동하
여 오늘이라도 매복하였다가 나를
치려 하는 것을 내게 알리는 자가
하나도 없도다 하니
9 그 때에 에돔 사람 도엑이 사울의
신하 중에 섰더니 (對答)대답하여
이르되 이새의 아들이 놉에 와서
아히둡의 아들 아히멜렉에게 이른
것을 내가 보았는데
10 아히멜렉이 그를 위하여 여호와께
묻고 그에게 (飮食)음식도 주고 블
레셋 사람 골리앗의 칼도 주더이
다
11 ●왕이 사람을 보내어 아히둡의
아들 (祭司長)제사장 아히멜렉과
그의 아버지의 온 집 곧 놉에 있는
제사장들을 부르매 그들이 다 왕
께 이른지라
12 사울이 이르되 너 아히둡의 아들
아 들으라 (對答)대답하되 내 주여
내가 여기 있나이다
13 사울이 그에게 이르되 네가 어찌
하여 이새의 아들과 공모하여 나
를 대적하여 그에게 떡과 칼을 주
고 그를 위하여 하나님께 물어서
그에게 오늘이라도 (埋伏)매복하
였다가 나를 치게 하려 하였느냐
하니
14 아히멜렉이 왕에게 대답하여 이르
되 왕의 모든 신하 중에 다윗 같이
(忠實)충실한 자가 누구인지요 그
는 왕의 사위도 되고 왕의 호위대
장도 되고 왕실에서 존귀한 자가
아니니이까
15 내가 그를 위하여 하나님께 물은
것이 오늘이 처음이니이까 (決斷)
결단코 아니니이다 원하건대 왕은
종과 종의 아비의 온 집에 아무것
도 돌리지 마옵소서 왕의 종은 이
모든 크고 작은 일에 관하여 아는
것이 없나이다 하니라
16 (王)왕이 이르되 아히멜렉아 네가
반드시 죽을 것이요 너와 네 아비
의 온 집도 그러하리라 하고
17 왕이 좌우의 (護衛兵)호위병에게
이르되 돌아가서 여호와의 제사
장들을 죽이라 그들도 다윗과 합
력하였고 또 그들이 다윗이 도망
한 것을 알고도 내게 알리지 아니
하였음이니라 하나 왕의 신하들이
손을 들어 여호와의 제사장들 죽
이기를 싫어한지라
18 왕이 도엑에게 이르되 너는 돌아
가서 제사장들을 죽이라 하매 에
돔 사람 도엑이 돌아가서 제사장
들을 쳐서 그 날에 (細麻布)세마
포 에봇 입은 자 팔십오 명을 죽였
고
19 제사장들의 (城邑)성읍 놉의 남녀
와 아이들과 젖 먹는 자들과 소와
나귀와 양을 칼로 쳤더라
20 ●아히둡의 아들 아히멜렉의 아들

중 하나가 피하였으니 그의 이름
은 아비아달이라 그가 (逃亡)도망
하여 다윗에게로 가서
21 사울이 여호와의 (祭司長)제사장
들 죽인 일을 다윗에게 알리매
22 다윗이 아비아달에게 이르되 그
날에 에돔 사람 도엑이 거기 있기
로 그가 반드시 사울에게 말할 줄
내가 알았노라 네 아버지 집의 모
든 사람 죽은 것이 나의 탓이로다
23 두려워하지 말고 내게 있으라 내
(生命)생명을 찾는 자가 네 생명도
찾는 자니 네가 나와 함께 있으면
안전하리라 하니라

다윗이 그일라를 구원하다

23 사람들이 다윗에게 전하여
이르되 보소서 블레셋 사람
이 그일라를 쳐서 그 타작 마당을
(奪取)탈취하더이다 하니
2 이에 다윗이 여호와께 묻자와 이
르되 내가 가서 이 블레셋 사람들
을 치리이까 여호와께서 다윗에게
이르시되 가서 블레셋 사람들을
치고 그일라를 (救援)구원하라 하
시니
3 다윗의 사람들이 그에게 이르되
보소서 우리가 유다에 있기도 두
렵거든 하물며 그일라에 가서 블
레셋 사람들의 (軍隊)군대를 치는
일이리이까 한지라
4 다윗이 여호와께 다시 묻자온대
여호와께서 (對答)대답하여 이르
시되 일어나 그일라로 내려가라
내가 블레셋 사람들을 네 손에 넘
기리라 하신지라
5 다윗과 그의 사람들이 그일라로
가서 블레셋 사람들과 싸워 그들
을 크게 쳐서 죽이고 그들의 가축
을 끌어 오니라 다윗이 이와 같이
그일라 (住民)주민을 구원하니라
6 ●아히멜렉의 아들 아비아달이 그
일라 다윗에게로 (逃亡)도망할 때
에 손에 에봇을 가지고 내려왔더
라
7 다윗이 그일라에 온 것을 어떤 사
람이 사울에게 알리매 사울이 이
르되 하나님이 그를 내 손에 넘기
셨도다 그가 문과 문 빗장이 있는
(城邑)성읍에 들어갔으니 갇혔도
다
8 사울이 모든 백성을 (軍士)군사로
불러모으고 그일라로 내려가서 다
윗과 그의 사람들을 에워싸려 하
더니
9 다윗은 사울이 자기를 해하려 하
는 (陰謀)음모를 알고 제사장 아
비아달에게 이르되 에봇을 이리로
가져오라 하고
10 다윗이 이르되 이스라엘 하나님
여호와여 사울이 나 때문에 이 성
읍을 멸하려고 그일라로 내려오기
를 꾀한다 함을 주의 종이 (分明)
분명히 들었나이다
11 그일라 사람들이 나를 그의 손에
넘기겠나이까 주의 종이 들은 대
로 사울이 내려 오겠나이까 이스
라엘의 하나님 여호와여 (願)원하
건대 주의 종에게 일러 주옵소서
하니 여호와께서 이르시되 그가
내려오리라 하신지라

12 다윗이 이르되 그일라 사람들이
나와 내 사람들을 사울의 손에 넘
기겠나이까 하니 여호와께서 이르
시되 그들이 너를 넘기리라 하신
지라
13 다윗과 그의 사람 육백 명 (假量)
가량이 일어나 그일라를 떠나서
갈 수 있는 곳으로 갔더니 다윗이
그일라에서 피한 것을 어떤 사람
이 사울에게 말하매 사울이 가기
를 그치니라
14 다윗이 (曠野)광야의 요새에도 있
었고 또 십 광야 산골에도 머물렀
으므로 사울이 매일 찾되 하나님
이 그를 그의 손에 넘기지 아니하
시니라

다윗이 엔게디 요새로 피하다

15 ●다윗이 사울이 자기의 (生命)생
명을 빼앗으려고 나온 것을 보았
으므로 그가 십 광야 수풀에 있었
더니
16 사울의 아들 요나단이 일어나 수
풀에 들어가서 다윗에게 이르러
그에게 하나님을 힘 있게 (依止)의
지하게 하였는데
17 곧 요나단이 그에게 이르기를 두
려워하지 말라 내 아버지 사울의
손이 네게 미치지 못할 것이요 너
는 이스라엘 (王)왕이 되고 나는
네 다음이 될 것을 내 아버지 사울
도 안다 하니라
18 두 사람이 여호와 앞에서 (言約)언
약하고 다윗은 수풀에 머물고 요
나단은 자기 집으로 돌아가니라

1) 여시몬 2) 또는 족속

19 ●그 때에 십 사람들이 기브아에
이르러 사울에게 나아와 이르되
다윗이 우리와 함께 [1]광야 남쪽 하
길라 산 수풀 (要塞)요새에 숨지
아니하였나이까
20 그러하온즉 왕은 내려오시기를 원
하시는 대로 내려오소서 그를 왕
의 손에 넘길 것이 우리의 (義務)
의무니이다 하니
21 사울이 이르되 너희가 나를 (矜恤)
긍휼히 여겼으니 여호와께 복 받
기를 원하노라
22 어떤 사람이 내게 말하기를 그는
심히 지혜롭게 행동한다 하나니
너희는 가서 더 (仔細)자세히 살펴
서 그가 어디에 숨었으며 누가 거
기서 그를 보았는지 알아보고
23 그가 숨어 있는 모든 곳을 (偵探)
정탐하고 실상을 내게 보고하라
내가 너희와 함께 가리니 그가 이
땅에 있으면 유다 [2]몇 천 명 중에
서라도 그를 찾아내리라 하더라
24 ●그들이 일어나 사울보다 먼저
십으로 가니라 다윗과 그의 사람
들이 [1](曠野)광야 남쪽 마온 광야
아라바에 있더니
25 사울과 그의 사람들이 찾으러 온
것을 어떤 사람이 다윗에게 아뢰
매 이에 다윗이 바위로 내려가 마
온 황무지에 있더니 사울이 듣고
마온 (荒蕪地)황무지로 다윗을 따
라가서는
26 사울이 산 이쪽으로 가매 다윗과
그의 사람들은 산 저쪽으로 가며
다윗이 사울을 두려워하여 급히

(避)피하려 하였으니 이는 사울과
그의 사람들이 다윗과 그의 사람
들을 에워싸고 잡으려 함이었더라
27 전령이 사울에게 와서 이르되 급
히 오소서 블레셋 사람들이 땅을
(侵擄)침노하나이다
28 이에 사울이 다윗 뒤쫓기를 그치
고 돌아와 블레셋 사람들을 치러
갔으므로 그 곳을 [1]셀라하마느곳
이라 (稱)칭하니라
29 다윗이 거기서 올라가서 엔게디
(要塞)요새에 머무니라

다윗이 사울을 살려 주다

24 사울이 블레셋 사람을 쫓다가
돌아오매 어떤 사람이 그에게
말하여 이르되 보소서 다윗이 엔게
디 (曠野)광야에 있더이다 하니
2 사울이 온 이스라엘에서 (擇)택한
사람 삼천 명을 거느리고 다윗과
그의 사람들을 찾으러 들염소 바
위로 갈새
3 길 가 양의 우리에 이른즉 (窟)굴
이 있는지라 사울이 [2]뒤를 보러 들
어가니라 다윗과 그의 사람들이
그 굴 깊은 곳에 있더니
4 다윗의 사람들이 이르되 보소서
여호와께서 당신에게 이르시기를
내가 (怨讐)원수를 네 손에 넘기리
니 네 생각에 좋은 대로 그에게 행
하라 하시더니 이것이 그 날이니
이다 하니 다윗이 일어나서 사울
의 겉옷 자락을 가만히 베니라
5 그리 한 (後)후에 사울의 옷자락
벰으로 말미암아 다윗의 마음이
찔려
6 자기 사람들에게 이르되 내가 손
을 들어 여호와의 기름 부음을 받
은 내 주를 치는 것은 여호와께서
(禁)금하시는 것이니 그는 여호와
의 기름 부음을 받은 자가 됨이니
라 하고
7 다윗이 이 말로 (自己)자기 사람들
을 금하여 사울을 해하지 못하게
하니라 사울이 일어나 굴에서 나
가 자기 길을 가니라
8 ●그 (後)후에 다윗도 일어나 굴
에서 나가 사울의 뒤에서 외쳐 이
르되 내 주 왕이여 하매 사울이 돌
아보는지라 다윗이 땅에 엎드려
절하고
9 다윗이 사울에게 이르되 보소서
다윗이 왕을 (害)해하려 한다고 하
는 사람들의 말을 왕은 어찌하여
들으시나이까
10 오늘 여호와께서 굴에서 왕을 내
손에 넘기신 것을 왕이 아셨을 것
이니이다 어떤 사람이 나를 (勸)권
하여 왕을 죽이라 하였으나 내가
왕을 아껴 말하기를 나는 내 손을
들어 내 주를 해하지 아니하리니
그는 여호와의 기름 부음을 받은
자이기 때문이라 하였나이다
11 내 아버지여 보소서 내 손에 있는
왕의 옷자락을 보소서 내가 왕을
죽이지 아니하고 겉옷 자락만 베
었은즉 내 손에 악이나 (罪過)죄과
가 없는 줄을 오늘 아실지니이다
왕은 내 생명을 찾아 해하려 하시
나 나는 왕에게 범죄한 일이 없나

1) 분리하는 바위 2) 히, 발을 가리려

이다
12 여호와께서는 나와 왕 사이를 (判
斷)판단하사 여호와께서 나를 위
하여 왕에게 보복하시려니와 내
손으로는 왕을 해하지 않겠나이다
13 옛 (俗談)속담에 말하기를 악은 악
인에게서 난다 하였으니 내 손이
왕을 해하지 아니하리이다
14 이스라엘 왕이 누구를 따라 나왔
으며 누구의 뒤를 쫓나이까 죽은
개나 벼룩을 쫓음이니이다
15 그런즉 여호와께서 (裁判長)재판
장이 되어 나와 왕 사이에 심판하
사 나의 사정을 살펴 억울함을 풀
어 주시고 나를 왕의 손에서 건지
시기를 원하나이다 하니라
16 ●다윗이 사울에게 이같이 말하기
를 마치매 사울이 이르되 내 아들
다윗아 이것이 네 목소리냐 하고
소리를 높여 울며
17 다윗에게 이르되 나는 너를 학대
하되 너는 나를 (善待)선대하니 너
는 나보다 의롭도다
18 네가 나 (善待)선대한 것을 오늘
나타냈나니 여호와께서 나를 네
손에 넘기셨으나 네가 나를 죽이
지 아니하였도다
19 사람이 그의 (怨讐)원수를 만나면
그를 평안히 가게 하겠느냐 네가
오늘 내게 행한 일로 말미암아 여
호와께서 네게 선으로 갚으시기를
원하노라
20 보라 나는 네가 반드시 왕이 될 것
을 알고 이스라엘 나라가 네 손에
(堅固)견고히 설 것을 아노니
21 그런즉 너는 내 (後孫)후손을 끊지
아니하며 내 아버지의 집에서 내
이름을 멸하지 아니할 것을 이제
여호와의 이름으로 내게 맹세하라
하니라
22 다윗이 사울에게 맹세하매 사울은
집으로 돌아가고 다윗과 그의 사
람들은 (要塞)요새로 올라가니라

사무엘이 죽다

25 사무엘이 죽으매 온 이스라
엘 무리가 모여 그를 두고
슬피 울며 라마 그의 집에서 그를
(葬事)장사한지라 다윗이 일어나
바란 광야로 내려가니라

다윗과 아비가일

2 ●마온에 한 사람이 있는데 그의
(生業)생업이 갈멜에 있고 심히 부
하여 양이 삼천 마리요 염소가 천
마리이므로 그가 갈멜에서 그의
양 털을 깎고 있었으니
3 그 사람의 이름은 나발이요 그의
아내의 이름은 아비가일이라 그
여자는 총명하고 용모가 아름다우
나 남자는 (頑固)완고하고 행실이
악하며 그는 갈렙 족속이었더라
4 다윗이 나발이 자기 양 털을 깎는
다 함을 (曠野)광야에서 들은지라
5 다윗이 이에 소년 열 명을 보내며
그 소년들에게 이르되 너희는 갈
멜로 올라가 나발에게 이르러 내
이름으로 그에게 (問安)문안하고
6 그 부하게 사는 자에게 이르기를
너는 평강하라 네 집도 (平康)평강
하라 네 소유의 모든 것도 평강하
라

7 네게 양 털 깎는 자들이 있다 함을
이제 내가 들었노라 네 (牧者)목자
들이 우리와 함께 있었으나 우리
가 그들을 해하지 아니하였고 그
들이 갈멜에 있는 동안에 그들의
것을 하나도 잃지 아니하였나니
8 네 소년들에게 물으면 그들이 네
게 말하리라 그런즉 내 소년들이
네게 (恩惠)은혜를 얻게 하라 우리
가 좋은 날에 왔은즉 네 손에 있는
대로 네 종들과 네 아들 다윗에게
주기를 원하노라 하더라 하라
9 ●다윗의 (少年)소년들이 가서 다
윗의 이름으로 이 모든 말을 나발
에게 말하기를 마치매
10 나발이 다윗의 사환들에게 대답하
여 이르되 다윗은 누구며 이새의
아들은 누구냐 요즈음에 (各其)각
기 주인에게서 억지로 떠나는 종
이 많도다
11 내가 어찌 내 떡과 물과 내 양 털
깎는 자를 (爲)위하여 잡은 고기를
가져다가 어디서 왔는지도 알지
못하는 자들에게 주겠느냐 한지라
12 이에 다윗의 소년들이 돌아서 자
기 길로 행하여 돌아와 이 모든 말
을 그에게 (傳)전하매
13 다윗이 자기 사람들에게 이르되
너희는 각기 칼을 차라 하니 각기
칼을 차매 다윗도 자기 칼을 차고
사백 명 가량은 데리고 올라가고
이백 명은 (所有物)소유물 곁에
있게 하니라
14 ●하인들 가운데 하나가 나발의
아내 아비가일에게 말하여 이르되
다윗이 우리 주인에게 문안하러
광야에서 전령들을 보냈거늘 주인
이 그들을 (侮辱)모욕하였나이다
15 우리가 들에 있어 그들과 (相從)상
종할 동안에 그 사람들이 우리를
매우 선대하였으므로 우리가 다치
거나 잃은 것이 없었으니
16 우리가 (羊)양을 지키는 동안에 그
들이 우리와 함께 있어 밤낮 우리
에게 담이 되었음이라
17 그런즉 이제 당신은 어떻게 할지
를 알아 생각하실지니 이는 다윗
이 우리 주인과 주인의 온 집을 해
하기로 (決定)결정하였음이니이다
주인은 불량한 사람이라 더불어
말할 수 없나이다 하는지라
18 ●아비가일이 급히 떡 이백 덩이
와 포도주 두 가죽 부대와 잡아서
(料理)요리한 양 다섯 마리와 볶은
곡식 다섯 [1]세아와 건포도 백 송이
와 무화과 뭉치 이백 개를 가져다
가 나귀들에게 싣고
19 소년들에게 이르되 나를 앞서 가
라 나는 너희 뒤에 가리라 하고 그
의 (男便)남편 나발에게는 말하지
아니하니라
20 아비가일이 나귀를 타고 산 호젓
한 곳을 따라 내려가더니 다윗과
그의 사람들이 (自己)자기에게로
마주 내려오는 것을 만나니라
21 다윗이 이미 말하기를 내가 이 자
의 소유물을 광야에서 지켜 그 모
든 것을 하나도 손실이 없게 한 것
이 (眞實)진실로 허사라 그가 악으

1) 히, 3분의 1에바

로 나의 선을 갚는도다
22 내가 그에게 (屬)속한 모든 남자
가운데 한 사람이라도 아침까지
남겨 두면 하나님은 [1]다윗에게 벌
을 내리시고 또 내리시기를 원하
노라 하였더라
23 ●아비가일이 다윗을 보고 (急)급
히 나귀에서 내려 다윗 앞에 엎드
려 그의 얼굴을 땅에 대니라
24 그가 다윗의 발에 엎드려 이르되
내 주여 원하건대 이 (罪惡)죄악을
나 곧 내게로 돌리시고 여종에게
주의 귀에 말하게 하시고 이 여종
의 말을 들으소서
25 원하옵나니 내 주는 이 (不良)불량
한 사람 나발을 개의치 마옵소서
그의 이름이 그에게 적당하니 그
의 이름이 나발이라 그는 미련한
자니이다 여종은 내 주께서 보내
신 소년들을 보지 못하였나이다
26 내 주여 여호와께서 살아 계심을
두고 맹세하노니 내 주도 살아 계
시거니와 내 주의 손으로 피를 흘
려 친히 (報復)보복하시는 일을 여
호와께서 막으셨으니 내 주의 원
수들과 내 주를 해하려 하는 자들
은 나발과 같이 되기를 원하나이
다
27 여종이 내 주께 가져온 이 (禮物)
예물을 내 주를 따르는 이 소년들
에게 주게 하시고
28 주의 여종의 허물을 (容恕)용서하
여 주옵소서 여호와께서 반드시
내 주를 위하여 든든한 집을 세우

1) 히, 다윗의 원수에게

시리니 이는 내 주께서 여호와의
싸움을 싸우심이요 내 주의 일생
에 내 주에게서 악한 일을 찾을 수
없음이니이다
29 사람이 일어나서 내 주를 쫓아 내
주의 생명을 찾을지라도 내 주의
생명은 내 주의 하나님 여호와와
함께 생명 싸개 속에 싸였을 것이
요 내 주의 (怨讐)원수들의 생명은
물매로 던지듯 여호와께서 그것을
던지시리이다
30 여호와께서 내 주에 대하여 하신
말씀대로 모든 선을 내 주에게 행
하사 내 주를 이스라엘의 (指導者)
지도자로 세우실 때에
31 내 주께서 무죄한 피를 흘리셨다
든지 내 주께서 친히 보복하셨다
든지 함으로 말미암아 슬퍼하실
것도 없고 내 주의 마음에 걸리는
것도 없으시리니 다만 여호와께서
내 주를 (厚待)후대하실 때에 원하
건대 내 주의 여종을 생각하소서
하니라
32 ●다윗이 아비가일에게 이르되 오
늘 너를 보내어 나를 (迎接)영접하
게 하신 이스라엘의 하나님 여호
와를 찬송할지로다
33 또 네 지혜를 칭찬할지며 또 네게
복이 있을지로다 오늘 내가 피를
흘릴 것과 친히 (復讐)복수하는 것
을 네가 막았느니라
34 나를 막아 너를 해하지 않게 하신
이스라엘의 하나님 여호와의 살아
계심을 두고 맹세하노니 네가 급
히 와서 나를 (迎接)영접하지 아니

하였더면 밝는 아침에는 과연 나
발에게 한 남자도 남겨 두지 아니
하였으리라 하니라
35 다윗이 그가 가져온 것을 그의 손
에서 받고 그에게 이르되 네 집으
로 (平安)평안히 올라가라 내가 네
말을 듣고 네 청을 허락하노라
36 ●아비가일이 나발에게로 돌아오
니 그가 왕의 잔치와 같은 잔치를
그의 집에 (排設)배설하고 크게 취
하여 마음에 기뻐하므로 아비가일
이 밝는 아침까지는 아무 말도 하
지 아니하다가
37 아침에 나발이 포도주에서 깬 후
에 그의 아내가 그에게 이 일을 말
하매 그가 [1](落膽)낙담하여 몸이
돌과 같이 되었더니
38 한 열흘 (後)후에 여호와께서 나발
을 치시매 그가 죽으니라
39 ●나발이 죽었다 함을 다윗이 듣
고 이르되 나발에게 당한 나의 모
욕을 갚아 주사 종으로 악한 일을
하지 않게 하신 여호와를 (讚頌)찬
송할지로다 여호와께서 나발의 악
행을 그의 머리에 돌리셨도다 하
니라 다윗이 아비가일을 자기 아
내로 삼으려고 사람을 보내어 그
에게 말하게 하매
40 다윗의 전령들이 갈멜에 가서 아
비가일에게 이르러 그에게 말하여
이르되 다윗이 (當身)당신을 아내
로 삼고자 하여 우리를 당신께 보
내더이다 하니
41 아비가일이 일어나 몸을 굽혀 얼
굴을 땅에 대고 이르되 내 주의 여
종은 내 주의 (傳令)전령들의 발
씻길 종이니이다 하고
42 아비가일이 급히 일어나서 나귀를
타고 그를 뒤따르는 (處女)처녀 다
섯과 함께 다윗의 전령들을 따라
가서 다윗의 아내가 되니라
43 ●다윗이 또 이스르엘 아히노암을
아내로 맞았더니 그들 두 사람이
그의 아내가 되니라
44 사울이 그의 딸 다윗의 아내 미갈
을 갈림에 사는 라이스의 아들 [2]발
디에게 주었더라

다윗이 또 사울을 살려 주다

26 십 사람이 기브아에 와서 사
울에게 말하여 이르되 다윗
이 (曠野)광야 앞 하길라 산에 숨
지 아니하였나이까 하매
2 사울이 일어나 십 광야에서 다윗
을 찾으려고 이스라엘에서 (擇)택
한 사람 삼천 명과 함께 십 광야로
내려가서
3 사울이 (曠野)광야 앞 하길라 산
길 가에 진 치니라 다윗이 광야에
있더니 사울이 자기를 따라 광야
로 들어옴을 알고
4 이에 다윗이 (偵探)정탐꾼을 보내
어 사울이 과연 이른 줄 알고
5 다윗이 일어나 사울이 진 친 곳에
이르러 사울과 넬의 아들 (軍司令
官)군사령관 아브넬이 머무는 곳
을 본즉 사울이 진영 가운데에 누
웠고 백성은 그를 둘러 진 쳤더라
6 ●이에 다윗이 헷 사람 아히멜렉
과 스루야의 아들 요압의 아우 아

1) 히, 마음이 죽어 2) 발디엘[삼하 3:15]

비새에게 물어 이르되 누가 나와
더불어 (陣營)진영에 내려가서 사
울에게 이르겠느냐 하니 아비새가
이르되 내가 함께 가겠나이다
7 다윗과 아비새가 밤에 그 (百姓)백
성에게 나아가 본즉 사울이 진영
가운데 누워 자고 창은 머리 곁 땅
에 꽂혀 있고 아브넬과 백성들은
그를 둘러 누웠는지라
8 아비새가 다윗에게 이르되 하나님
이 오늘 당신의 (怨讐)원수를 당
신의 손에 넘기셨나이다 그러므로
청하오니 내가 창으로 그를 찔러
서 단번에 땅에 꽂게 하소서 내가
그를 두 번 찌를 것이 없으리이다
하니
9 다윗이 아비새에게 이르되 죽이지
말라 누구든지 손을 들어 여호와
의 기름 부음 받은 자를 치면 (罪)
죄가 없겠느냐 하고
10 다윗이 또 이르되 여호와께서 살
아 계심을 두고 (盟誓)맹세하노니
여호와께서 그를 치시리니 혹은
죽을 날이 이르거나 또는 전장에
나가서 망하리라
11 내가 손을 들어 여호와의 기름 부
음 받은 자를 치는 것을 여호와께
서 (禁)금하시나니 너는 그의 머리
곁에 있는 창과 물병만 가지고 가
자 하고
12 다윗이 사울의 머리 곁에서 (槍)창
과 물병을 가지고 떠나가되 아무
도 보거나 눈치 채지 못하고 깨어
있는 사람도 없었으니 이는 여호
와께서 그들을 깊이 잠들게 하셨
으므로 그들이 다 잠들어 있었기
때문이었더라
13 ●이에 다윗이 건너편으로 가서
멀리 산 꼭대기에 서니 (距離)거리
가 멀더라
14 다윗이 백성과 넬의 아들 아브넬
을 대하여 외쳐 이르되 아브넬아
너는 대답하지 아니하느냐 하니
아브넬이 (對答)대답하여 이르되
왕을 부르는 너는 누구냐 하더라
15 다윗이 아브넬에게 이르되 네가
용사가 아니냐 이스라엘 가운데에
너 같은 자가 누구냐 그러한데 네
가 어찌하여 네 주 왕을 (保護)보
호하지 아니하느냐 백성 가운데
한 사람이 네 주 왕을 죽이려고 들
어갔었느니라
16 네가 행한 이 일이 옳지 못하도다
여호와께서 살아 계심을 두고 (盟
誓)맹세하노니 여호와의 기름 부
음 받은 너희 주를 보호하지 아니
하였으니 너희는 마땅히 죽을 자
이니라 이제 왕의 창과 왕의 머리
곁에 있던 물병이 어디 있나 보라
하니
17 ●사울이 다윗의 (音聲)음성을 알
아 듣고 이르되 내 아들 다윗아 이
것이 네 음성이냐 하는지라 다윗
이 이르되 내 주 왕이여 내 음성이
니이다 하고
18 또 이르되 내 주는 어찌하여 주의
종을 쫓으시나이까 내가 무엇을
하였으며 내 손에 무슨 (惡)악이
있나이까
19 원하건대 내 주 왕은 이제 종의 말

을 들으소서 만일 왕을 (衝動)충동
시켜 나를 해하려 하는 이가 여호
와시면 여호와께서는 제물을 받으
시기를 원하나이다마는 만일 사람
들이면 그들이 여호와 앞에 저주
를 받으리니 이는 그들이 이르기
를 너는 가서 다른 신들을 섬기라
하고 오늘 나를 쫓아내어 여호와
의 기업에 참여하지 못하게 함이
니이다
20 그런즉 청하건대 여호와 앞에서
먼 이 곳에서 이제 나의 피가 땅에
흐르지 말게 하옵소서 이는 산에
서 메추라기를 사냥하는 자와 같
이 이스라엘 왕이 한 벼룩을 (搜
索)수색하러 나오셨음이니이다
21 ●사울이 이르되 내가 (犯罪)범죄
하였도다 내 아들 다윗아 돌아오
라 네가 오늘 내 생명을 귀하게 여
겼은즉 내가 다시는 너를 해하려
하지 아니하리라 내가 어리석은
일을 하였으니 대단히 잘못되었도
다 하는지라
22 다윗이 (對答)대답하여 이르되 왕
은 창을 보소서 한 소년을 보내어
가져가게 하소서
23 여호와께서 사람에게 그의 (公義)
공의와 신실을 따라 갚으시리니
이는 여호와께서 오늘 왕을 내 손
에 넘기셨으되 나는 손을 들어 여
호와의 기름 부음을 받은 자 치기
를 원하지 아니하였음이니이다
24 오늘 왕의 생명을 내가 중히 여긴
것 같이 내 생명을 여호와께서 중
히 여기셔서 모든 (患難)환난에서
나를 구하여 내시기를 바라나이다
하니라
25 사울이 다윗에게 이르되 내 아들
다윗아 네게 복이 있을지로다 네
가 큰 일을 행하겠고 반드시 (勝
利)승리를 얻으리라 하니라 다윗
은 자기 길로 가고 사울은 자기 곳
으로 돌아가니라

다윗이 블레셋 땅으로 피하다

27 다윗이 그 마음에 생각하기
를 내가 후일에는 사울의 손
에 붙잡히리니 블레셋 사람들의
땅으로 피하여 들어가는 것이 좋
으리로다 사울이 이스라엘 온 (領
土)영토 내에서 다시 나를 찾다가
단념하리니 내가 그의 손에서 벗
어나리라 하고
2 다윗이 일어나 함께 있는 사람 (六
百)육백 명과 더불어 가드 왕 마옥
의 아들 아기스에게로 건너가니라
3 다윗과 그의 사람들이 저마다 가
족을 거느리고 가드에서 아기스와
(同居)동거하였는데 다윗이 그의
두 아내 이스르엘 여자 아히노암
과 나발의 아내였던 갈멜 여자 아
비가일과 함께 하였더니
4 다윗이 가드에 (逃亡)도망한 것을
어떤 사람이 사울에게 전하매 사
울이 다시는 그를 수색하지 아니
하니라
5 ●다윗이 아기스에게 이르되 바라
건대 내가 당신께 (恩惠)은혜를 입
었다면 [1]지방 성읍 가운데 한 곳을
내게 주어 내가 살게 하소서 당신

1) 들

의 종이 어찌 당신과 함께 왕도에
살리이까 하니
6 아기스가 그 날에 시글락을 그에
게 주었으므로 시글락이 오늘까지
유다 왕에게 (屬)속하니라
7 다윗이 블레셋 사람들의 [1]지방에
산 날 수는 일 년 사 (個月)개월이
었더라
8 ●다윗과 그의 사람들이 올라가
서 그술 사람과 기르스 사람과 아
말렉 사람을 침노하였으니 그들은
옛적부터 술과 애굽 땅으로 지나
가는 지방의 (住民)주민이라
9 다윗이 그 땅을 쳐서 남녀를 살려
두지 아니하고 양과 소와 나귀와
낙타와 (衣服)의복을 빼앗아 가지
고 돌아와 아기스에게 이르매
10 아기스가 이르되 너희가 오늘은
누구를 (侵擄)침노하였느냐 하니
다윗이 이르되 유다 네겝과 여라
무엘 사람의 네겝과 겐 사람의 네
겝이니이다 하였더라
11 다윗이 그 남녀를 살려서 가드로
데려가지 아니한 것은 그의 생각
에 그들이 우리에게 대하여 이르
기를 다윗이 행한 일이 이러하니
라 하여 블레셋 사람들의 지방에
거주하는 동안에 이같이 행하는
(習慣)습관이 있었다 할까 두려워
함이었더라
12 아기스가 다윗을 믿고 말하기를
다윗이 자기 백성 이스라엘에게
심히 미움을 받게 되었으니 그는
(永遠)영원히 내 부하가 되리라고

1) 들

생각하니라

28 그 때에 블레셋 사람들이 이
스라엘과 싸우려고 군대를
모집한지라 아기스가 다윗에게 이
르되 너는 밝히 알라 너와 네 사람
들이 나와 함께 나가서 군대에 (參
加)참가할 것이니라
2 다윗이 아기스에게 이르되 그러면
(當身)당신의 종이 행할 바를 아
시리이다 하니 아기스가 다윗에게
이르되 그러면 내가 너를 영원히
내 머리 지키는 자를 삼으리라 하
니라

사울이 신접한 여인을 찾다

3 ●사무엘이 죽었으므로 온 이스
라엘이 그를 두고 슬피 울며 그의
(故鄕)고향 라마에 장사하였고 사
울은 신접한 자와 박수를 그 땅에
서 쫓아내었더라
4 블레셋 사람들이 모여 수넴에 이
르러 (陣)진 치매 사울이 온 이스
라엘을 모아 길보아에 진 쳤더니
5 사울이 블레셋 사람들의 (軍隊)군
대를 보고 두려워서 그의 마음이
크게 떨린지라
6 사울이 여호와께 묻자오되 여호와
께서 꿈으로도, 우림으로도, 선지
자로도 그에게 (對答)대답하지 아
니하시므로
7 사울이 그의 신하들에게 이르되
나를 위하여 신접한 여인을 찾으
라 내가 그리로 가서 그에게 물으
리라 하니 그의 신하들이 그에게
이르되 보소서 엔돌에 (神接)신접
한 여인이 있나이다

8 ●사울이 다른 옷을 입어 (變裝)변
장하고 두 사람과 함께 갈새 그들
이 밤에 그 여인에게 이르러서는
사울이 이르되 청하노니 나를 위
하여 신접한 술법으로 내가 네게
말하는 사람을 불러 올리라 하니
9 여인이 그에게 이르되 네가 사울
이 행한 일 곧 그가 신접한 자와 박
수를 이 땅에서 (滅絕)멸절시켰음
을 아나니 네가 어찌하여 내 생명
에 올무를 놓아 나를 죽게 하려느
냐 하는지라
10 사울이 여호와의 이름으로 그에게
(盟誓)맹세하여 이르되 여호와께
서 살아 계심을 두고 맹세하노니
네가 이 일로는 벌을 당하지 아니
하리라 하니
11 (女人)여인이 이르되 내가 누구를
네게로 불러 올리랴 하니 사울이
이르되 사무엘을 불러 올리라 하
는지라
12 여인이 사무엘을 보고 큰 소리로
외치며 사울에게 말하여 이르되
(當身)당신이 어찌하여 나를 속이
셨나이까 당신이 사울이시니이다
13 왕이 그에게 이르되 두려워하지
말라 네가 무엇을 보았느냐 하니
여인이 사울에게 이르되 내가 (靈)
영이 땅에서 올라오는 것을 보았
나이다 하는지라
14 사울이 그에게 이르되 그의 (貌樣)
모양이 어떠하냐 하니 그가 이르
되 한 노인이 올라오는데 그가 겉
옷을 입었나이다 하더라 사울이
그가 사무엘인 줄 알고 그의 얼굴
을 땅에 대고 절하니라
15 ●사무엘이 사울에게 이르되 네가
어찌하여 나를 불러 올려서 나를
성가시게 하느냐 하니 사울이 대
답하되 나는 심히 (多急)다급하니
이다 블레셋 사람들은 나를 향하
여 군대를 일으켰고 하나님은 나
를 떠나서 다시는 선지자로도, 꿈
으로도 내게 대답하지 아니하시기
로 내가 행할 일을 알아보려고 당
신을 불러 올렸나이다 하더라
16 사무엘이 이르되 여호와께서 너를
떠나 네 (對敵)대적이 되셨거늘 네
가 어찌하여 내게 묻느냐
17 여호와께서 나를 (通)통하여 말씀
하신 대로 네게 행하사 나라를 네
손에서 떼어 네 이웃 다윗에게 주
셨느니라
18 네가 여호와의 목소리를 (順從)순
종하지 아니하고 그의 진노를 아
말렉에게 쏟지 아니하였으므로 여
호와께서 오늘 이 일을 네게 행하
셨고
19 여호와께서 이스라엘을 너와 함께
블레셋 사람들의 손에 넘기시리니
(來日)내일 너와 네 아들들이 나
와 함께 있으리라 여호와께서 또
이스라엘 군대를 블레셋 사람들의
손에 넘기시리라 하는지라
20 ●사울이 갑자기 땅에 (完全)완전
히 엎드러지니 이는 사무엘의 말
로 말미암아 심히 두려워함이요
또 그의 기력이 다하였으니 이는
그가 하루 밤낮을 음식을 먹지 못
하였음이니라

21 그 여인이 사울에게 이르러 그가
심히 (苦痛)고통 당함을 보고 그에
게 이르되 여종이 왕의 말씀을 듣
고 내 생명을 아끼지 아니하고 왕
이 내게 이르신 말씀을 순종하였
사오니
22 그런즉 청하건대 이제 당신도 여
종의 말을 들으사 내가 왕 앞에 한
조각 떡을 드리게 하시고 왕은 잡
수시고 길 가실 때에 (氣力)기력을
얻으소서 하니
23 사울이 (拒絕)거절하여 이르되 내
가 먹지 아니하겠노라 하니라 그
의 신하들과 여인이 강권하매 그
들의 말을 듣고 땅에서 일어나 침
상에 앉으니라
24 여인의 집에 살진 송아지가 있으
므로 그것을 급히 잡고 가루를 가
져다가 뭉쳐 (無酵餠)무교병을 만
들고 구워서
25 사울 앞에와 그의 (臣下)신하들 앞
에 내놓으니 그들이 먹고 일어나
서 그 밤에 가니라

블레셋 사람들이 다윗을 좋아하지 아니하다

29 블레셋 사람들은 그들의 모
든 (軍隊)군대를 아벡에 모
았고 이스라엘 사람들은 이스르엘
에 있는 샘 곁에 진 쳤더라
2 블레셋 사람들의 (首領)수령들은
수백 명씩 수천 명씩 인솔하여 나
아가고 다윗과 그의 사람들은 아기
스와 함께 그 뒤에서 나아가더니
3 블레셋 사람들의 (方伯)방백들이
이르되 이 히브리 사람들이 무엇
을 하려느냐 하니 아기스가 블레
셋 사람들의 방백들에게 이르되
이는 이스라엘 왕 사울의 신하 다
윗이 아니냐 그가 나와 함께 있은
지 여러 날 여러 해로되 그가 망명
하여 온 날부터 오늘까지 내가 그
의 허물을 보지 못하였노라
4 블레셋 사람의 방백들이 그에게
노한지라 블레셋 방백들이 그에게
이르되 이 사람을 돌려보내어 왕
이 그에게 정하신 그 처소로 가게
하소서 그는 우리와 함께 싸움에
내려가지 못하리니 그가 전장에서
우리의 (對敵)대적이 될까 하나이
다 그가 무엇으로 그 주와 다시 화
합하리이까 이 사람들의 머리로
하지 아니하겠나이까
5 그들이 춤추며 노래하여 이르되
사울이 죽인 자는 (天天)천천이
요 다윗은 (萬萬)만만이로다
하던 그 다윗이 아니니이까 하니
6 ●아기스가 다윗을 불러 그에게
이르되 여호와께서 살아 계심을
두고 맹세하노니 네가 정직하여
내게 온 날부터 오늘까지 네게 악
이 있음을 보지 못하였으니 나와
함께 (陣中)진중에 출입하는 것이
내 생각에는 좋으나 수령들이 너
를 좋아하지 아니하니
7 그러므로 이제 너는 (平安)평안히
돌아가서 블레셋 사람들의 수령들
에게 거슬러 보이게 하지 말라 하
니라
8 다윗이 아기스에게 이르되 내가
무엇을 하였나이까 내가 당신 앞

에 오늘까지 있는 동안에 당신이
종에게서 무엇을 보셨기에 내가
가서 내 주 왕의 (怨讐)원수와 싸
우지 못하게 하시나이까 하니
9 아기스가 다윗에게 대답하여 이르
되 네가 내 목전에 하나님의 전령
같이 선한 것을 내가 아나 블레셋
사람들의 방백들은 말하기를 그가
우리와 함께 (戰場)전장에 올라가
지 못하리라 하니
10 그런즉 너는 너와 함께 온 네 주의
(臣下)신하들과 더불어 새벽에 일
어나라 너희는 새벽에 일어나서
밝거든 곧 떠나라 하니라
11 이에 다윗이 (自己)자기 사람들과
더불어 아침에 일찍이 일어나서
떠나 블레셋 사람들의 땅으로 돌
아가고 블레셋 사람들은 이스르엘
로 올라가니라

다윗이 아말렉을 치다

30 다윗과 그의 사람들이 사흘
만에 시글락에 이른 때에 아
말렉 사람들이 이미 네겝과 시글
락을 (侵擄)침노하였는데 그들이
시글락을 쳐서 불사르고
2 거기에 있는 젊거나 늙은 여인들
은 한 사람도 죽이지 아니하고 다
사로잡아 끌고 (自己)자기 길을 갔
더라
3 다윗과 그의 사람들이 (城邑)성읍
에 이르러 본즉 성읍이 불탔고 자
기들의 아내와 자녀들이 사로잡혔
는지라
4 다윗과 그와 함께 한 백성이 울
(氣力)기력이 없도록 소리를 높여
울었더라
5 (다윗의 두 아내 이스르엘 (女人)여
인 아히노암과 갈멜 사람 나발의 아
내였던 아비가일도 사로잡혔더라)
6 백성들이 자녀들 때문에 마음이
슬퍼서 다윗을 돌로 치자 하니 다
윗이 크게 (多急)다급하였으나 그
의 하나님 여호와를 힘입고 용기
를 얻었더라
7 ●다윗이 아히멜렉의 아들 (祭司
長)제사장 아비아달에게 이르되
원하건대 에봇을 내게로 가져오라
아비아달이 에봇을 다윗에게로 가
져가매
8 다윗이 여호와께 묻자와 이르되
내가 이 군대를 (追擊)추격하면 따
라잡겠나이까 하니 여호와께서 그
에게 대답하시되 그를 쫓아가라
네가 반드시 따라잡고 도로 찾으
리라
9 이에 다윗과 또 그와 함께 한 (六
百)육백 명이 가서 브솔 시내에 이
르러 뒤떨어진 자를 거기 머물게
했으되
10 곧 (疲困)피곤하여 브솔 시내를 건
너지 못하는 이백 명을 머물게 했
고 다윗은 사백 명을 거느리고 쫓
아가니라
11 ●무리가 들에서 애굽 사람 하나
를 만나 그를 다윗에게로 데려다
가 떡을 주어 먹게 하며 물을 마시
게 하고
12 그에게 무화과 뭉치에서 뗀 덩이
하나와 (乾葡萄)건포도 두 송이를
주었으니 그가 밤낮 사흘 동안 떡

도 먹지 못하였고 물도 마시지 못
하였음이니라 그가 먹고 정신을
차리매
13 다윗이 그에게 이르되 너는 누구
에게 속하였으며 어디에서 왔느냐
하니 그가 이르되 나는 애굽 (少
年)소년이요 아말렉 사람의 종이
더니 사흘 전에 병이 들매 주인이
나를 버렸나이다
14 우리가 그렛 사람의 남방과 유다
에 속한 지방과 갈렙 남방을 (侵擄)
침노하고 시글락을 불살랐나이다
15 다윗이 그에게 이르되 네가 나를
그 군대로 (引導)인도하겠느냐 하
니 그가 이르되 당신이 나를 죽이
지도 아니하고 내 주인의 수중에
넘기지도 아니하겠다고 하나님의
이름으로 내게 맹세하소서 그리하
면 내가 당신을 그 군대로 인도하
리이다 하니라
16 ●그가 다윗을 인도하여 내려가니
그들이 온 땅에 (遍滿)편만하여 블
레셋 사람들의 땅과 유다 땅에서
크게 약탈하였음으로 말미암아 먹
고 마시며 춤추는지라
17 다윗이 새벽부터 이튿날 저물 때
까지 그들을 치매 낙타를 타고 (逃
亡)도망한 소년 사백 명 외에는 피
한 사람이 없었더라
18 다윗이 아말렉 사람들이 빼앗아
갔던 모든 것을 도로 찾고 그의 두
아내를 (救援)구원하였고
19 그들이 약탈하였던 것 곧 무리의
자녀들이나 빼앗겼던 것은 크고
작은 것을 (莫論)막론하고 아무것
도 잃은 것이 없이 모두 다윗이 도
로 찾아왔고
20 다윗이 또 양 떼와 소 떼를 다 되찾
았더니 무리가 그 가축들을 앞에
몰고 가며 이르되 이는 다윗의 (戰
利品)전리품이라 하였더라
21 ●다윗이 전에 (疲困)피곤하여 능
히 자기를 따르지 못하므로 브솔
시내에 머물게 한 이백 명에게 오
매 그들이 다윗과 그와 함께 한 백
성을 영접하러 나오는지라 다윗이
그 백성에게 이르러 문안하매
22 다윗과 함께 갔던 자들 가운데 악
한 자와 불량배들이 다 이르되 그
들이 우리와 함께 가지 아니하였
은즉 우리가 도로 찾은 (物件)물건
은 무엇이든지 그들에게 주지 말
고 각자의 처자만 데리고 떠나가
게 하라 하는지라
23 다윗이 이르되 나의 형제들아 여호
와께서 우리를 (保護)보호하시고
우리를 치러 온 그 군대를 우리 손
에 넘기셨은즉 그가 우리에게 주신
것을 너희가 이같이 못하리라
24 이 일에 누가 너희에게 듣겠느냐
전장에 내려갔던 자의 분깃이나
(所有物)소유물 곁에 머물렀던 자
의 분깃이 동일할지니 같이 분배
할 것이니라 하고
25 그 날부터 다윗이 이것으로 이스
라엘의 (律例)율례와 (規例)규례
를 삼았더니 오늘까지 이르니라
26 ●다윗이 시글락에 이르러 전리품
을 그의 (親舊)친구 유다 장로들에
게 보내어 이르되 보라 여호와의

원수에게서 탈취한 것을 너희에게
선사하노라 하고
27 벧엘에 있는 자와 (南方)남방 라못
에 있는 자와 얏딜에 있는 자와
28 아로엘에 있는 자와 십못에 있는
(者)자와 에스드모아에 있는 자와
29 라갈에 있는 자와 여라므엘 사람
의 성읍들에 있는 자와 겐 사람의
(城邑)성읍들에 있는 자와
30 홀마에 있는 자와 고라산에 있는
자와 아닥에 있는 (者)자와
31 헤브론에 있는 자에게와 다윗과
그의 사람들이 (往來)왕래하던 모
든 곳에 보내었더라

사울과 요나단이 죽다(대상 10:1-14)

31 블레셋 사람들이 이스라엘을
치매 이스라엘 사람들이 블레
셋 사람들 앞에서 (逃亡)도망하여
길보아 산에서 엎드러져 죽으니라
2 블레셋 사람들이 사울과 그의 아
들들을 (追擊)추격하여 사울의 아
들 요나단과 아비나답과 말기수아
를 죽이니라
3 사울이 (敗戰)패전하매 활 쏘는 자
가 따라잡으니 사울이 그 활 쏘는
자에게 [1]중상을 입은지라
4 그가 무기를 든 자에게 이르되 네
칼을 빼어 그것으로 나를 찌르라
할례 받지 않은 자들이 와서 나를
찌르고 (侮辱)모욕할까 두려워하
노라 하나 무기를 든 자가 심히 두
려워하여 감히 행하지 아니하는지
라 이에 사울이 자기의 칼을 뽑아
서 그 위에 엎드러지매
5 (武器)무기를 든 자가 사울이 죽음
을 보고 자기도 자기 칼 위에 엎드
러져 그와 함께 죽으니라
6 사울과 그의 세 아들과 (武器)무기
를 든 자와 그의 모든 사람이 다 그
날에 함께 죽었더라
7 ●골짜기 저쪽에 있는 이스라엘
사람과 요단 건너쪽에 있는 자들
이 이스라엘 사람들이 (逃亡)도망
한 것과 사울과 그의 아들들이 죽
었음을 보고 성읍들을 버리고 도
망하매 블레셋 사람들이 이르러
거기에서 사니라
8 그 이튿날 블레셋 사람들이 죽은
자를 벗기러 왔다가 사울과 그의
세 아들이 길보아 (山)산에서 죽은
것을 보고
9 사울의 머리를 베고 그의 갑옷을
벗기고 자기들의 (神堂)신당과 백
성에게 알리기 위하여 그것을 블
레셋 사람들의 땅 사방에 보내고
10 그의 갑옷은 아스다롯의 집에 두
고 그의 (屍體)시체는 벧산 성벽에
못 박으매
11 길르앗 야베스 (住民)주민들이 블
레셋 사람들이 사울에게 행한 일
을 듣고
12 모든 (壯士)장사들이 일어나 밤새
도록 달려가서 사울의 시체와 그
의 아들들의 시체를 벧산 성벽에
서 내려 가지고 야베스에 돌아가
서 거기서 불사르고
13 그의 뼈를 가져다가 야베스 에셀
나무 아래에 (葬事)장사하고 칠 일
동안 금식하였더라

1) 히, 심히 근심

사무엘下 2Samuel

사울이 죽은 소식을 다윗이 듣다

1 사울이 죽은 (後)후에 다윗이
아말렉 사람을 쳐죽이고 돌아
와 다윗이 시글락에서 이틀을 머
물더니
2 사흘째 되는 날에 한 사람이 사울
의 (陣營)진영에서 나왔는데 그의
옷은 찢어졌고 머리에는 흙이 있
더라 그가 다윗에게 나아와 땅에
엎드려 절하매
3 다윗이 그에게 묻되 너는 어디서
왔느냐 하니 (對答)대답하되 이스
라엘 진영에서 도망하여 왔나이다
하니라
4 다윗이 그에게 이르되 일이 어떻
게 되었느냐 너는 내게 말하라 그
가 대답하되 (軍士)군사가 전쟁
중에 도망하기도 하였고 무리 가
운데에 엎드러져 죽은 자도 많았
고 사울과 그의 아들 요나단도 죽
었나이다 하는지라
5 다윗이 자기에게 알리는 (青年)청
년에게 묻되 사울과 그의 아들 요
나단이 죽은 줄을 네가 어떻게 아
느냐
6 그에게 알리는 청년이 이르되 내
가 우연히 길보아 산에 올라가 보
니 사울이 자기 창에 기대고 (兵
車)병거와 기병은 그를 급히 따르
는데
7 사울이 뒤로 돌아 나를 보고 부르
시기로 내가 (對答)대답하되 내가
여기 있나이다 한즉
8 내게 이르되 너는 누구냐 하시기
로 내가 그에게 (對答)대답하되
나는 아말렉 사람이니이다 한즉
9 또 내게 이르시되 내 목숨이 아
직 내게 완전히 있으므로 내가 (苦
痛)고통 중에 있나니 청하건대 너
는 내 곁에 서서 나를 죽이라 하시
기로
10 그가 엎드러진 후에는 살 수 없는
줄을 내가 알고 그의 곁에 서서 죽
이고 그의 머리에 있는 (王冠)왕
관과 팔에 있는 고리를 벗겨서 내
주께로 가져왔나이다 하니라
11 ● 이에 다윗이 (自己)자기 옷을
잡아 찢으매 함께 있는 모든 사람
도 그리하고
12 사울과 그의 아들 요나단과 여호
와의 백성과 이스라엘 (族屬)족속
이 칼에 죽음으로 말미암아 저녁
때까지 슬퍼하여 울며 (禁食)금식
하니라
13 다윗이 그 소식을 전한 청년에게
묻되 너는 어디 사람이냐 대답하
되 나는 아말렉 사람 곧 (外國人)
외국인의 아들이니이다 하니
14 다윗이 그에게 이르되 네가 어찌
하여 손을 들어 여호와의 기름 부
음 받은 (者)자 죽이기를 두려워
하지 아니하였느냐 하고
15 다윗이 (青年)청년 중 한 사람을
불러 이르되 가까이 가서 그를 죽
이라 하매 그가 치매 곧 죽으니라
16 다윗이 그에게 이르기를 네 피가

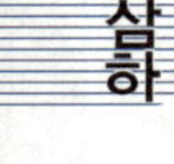

네 머리로 돌아갈지어다 네 입이
네게 대하여 (證言)증언하기를 내
가 여호와의 기름 부음 받은 자를
죽였노라 함이니라 하였더라

사울과 요나단을 위한 다윗의 조가

17 ●다윗이 이 슬픈 노래로 사울과
그의 아들 요나단을 (弔喪)조상하
고
18 (命令)명령하여 그것을 유다 족속
에게 가르치라 하였으니 곧 활 노
래라 야살의 책에 기록되었으되
19 이스라엘아 네 영광이 산 위에
서 죽임을 당하였도다 오호라
두 (勇士)용사가 엎드러졌도다
20 이 일을 가드에도 알리지 말며
아스글론 거리에도 (傳播)전파
하지 말지어다 블레셋 사람들의
딸들이 즐거워할까, 할례 받지
못한 자의 딸들이 개가를 부를
까 (念慮)염려로다
21 길보아 산들아 너희 위에 이슬
과 비가 내리지 아니하며 (祭物)
제물 낼 밭도 없을지어다 거기
서 두 용사의 방패가 버린 바 됨
이니라 곧 사울의 방패가 기름
부음을 받지 아니함 같이 됨이
로다
22 죽은 자의 피에서, (勇士)용사
의 기름에서 요나단의 활이 뒤
로 물러가지 아니하였으며 사울
의 칼이 헛되이 돌아오지 아니
하였도다
23 사울과 요나단이 (生前)생전에
사랑스럽고 아름다운 자이러니
죽을 때에도 서로 떠나지 아니
하였도다 그들은 독수리보다 빠
르고 (獅子)사자보다 강하였도
다
24 이스라엘 딸들아 사울을 슬퍼하
여 울지어다 그가 붉은 옷으로
너희에게 (華麗)화려하게 입혔
고 금 노리개를 너희 옷에 채웠
도다
25 (嗚呼)오호라 두 용사가 전쟁
중에 엎드러졌도다 요나단이 네
산 위에서 죽임을 당하였도다
26 내 형 요나단이여 내가 그대를
애통함은 그대는 내게 심히 아
름다움이라 그대가 나를 사랑함
이 (奇異)기이하여 여인의 사랑
보다 더하였도다
27 오호라 두 용사가 엎드러졌으며
싸우는 (武器)무기가 망하였도
다
하였더라

다윗이 유다의 왕이 되다

2 그 후에 다윗이 여호와께 여쭈
어 아뢰되 내가 유다 한 (城邑)
성읍으로 올라가리이까 여호와께
서 이르시되 올라가라 다윗이 아
뢰되 어디로 가리이까 이르시되
헤브론으로 갈지니라
2 다윗이 그의 두 아내 이스르엘 (女
人)여인 아히노암과 갈멜 사람 나
발의 아내였던 아비가일을 데리고
그리로 올라갈 때에
3 또 자기와 함께 한 (追從者)추종
자들과 그들의 가족들을 다윗이
다 데리고 올라가서 헤브론 각 성
읍에 살게 하니라

4 유다 사람들이 와서 거기서 다윗
에게 기름을 부어 유다 (族屬)족
속의 왕으로 삼았더라 ●어떤 사
람이 다윗에게 말하여 이르되 사
울을 장사한 사람은 길르앗 야베
스 사람들이니이다 하매
5 다윗이 길르앗 야베스 사람들에게
전령들을 보내 그들에게 이르되
너희가 너희 (主)주 사울에게 이
처럼 은혜를 베풀어 그를 장사하
였으니 여호와께 복을 받을지어다
6 너희가 이 일을 하였으니 이제 여
호와께서 (恩惠)은혜와 진리로 너
희에게 베푸시기를 원하고 나도
이 선한 일을 너희에게 갚으리니
7 이제 너희는 손을 강하게 하고 (膽
大)담대히 할지어다 너희 주 사울
이 죽었고 또 유다 족속이 내게 기
름을 부어 그들의 왕으로 삼았음
이니라 하니라

이스보셋이 이스라엘의 왕이 되다

8 ●사울의 (軍司令官)군사령관 넬
의 아들 아브넬이 이미 사울의 아
들 이스보셋을 데리고 마하나임으
로 건너가
9 길르앗과 아술과 이스르엘과 에브
라임과 베냐민과 온 이스라엘의
(王)왕으로 삼았더라
10 사울의 아들 이스보셋이 이스라엘
왕이 될 때에 나이가 사십 세이며
두 해 동안 왕위에 있으니라 유다
(族屬)족속은 다윗을 따르니
11 다윗이 헤브론에서 유다 족속의
왕이 된 날 (數)수는 칠 년 육 개
월이더라

이스라엘과 유다의 전쟁

12 ●넬의 아들 아브넬과 사울의 아
들 이스보셋의 (臣僕)신복들은 마
하나임에서 나와 기브온에 이르고
13 스루야의 아들 요압과 다윗의 (臣
僕)신복들도 나와 기브온 못 가에
서 그들을 만나 함께 앉으니 이는
못 이쪽이요 그는 못 저쪽이라
14 아브넬이 요압에게 이르되 원하건
대 (青年)청년들에게 일어나서 우
리 앞에서 겨루게 하자 요압이 이
르되 일어나게 하자 하매
15 그들이 일어나 그 (數)수대로 나
아가니 베냐민과 사울의 아들 이
스보셋의 편에 열두 명이요 다윗
의 신복 중에 열두 명이라
16 각기 상대방의 머리를 잡고 칼로
상대방의 옆구리를 찌르매 (一齊)
일제히 쓰러진지라 그러므로 그
곳을 [1]헬갓 핫수림이라 일컬었으
며 기브온에 있더라
17 그 날에 싸움이 심히 (猛烈)맹렬
하더니 아브넬과 이스라엘 사람들
이 다윗의 신복들 앞에서 패하니
라
18 ●그 곳에 스루야의 세 아들 요압
과 아비새와 아사헬이 있었는데
아사헬의 발은 들노루 같이 빠르
더라
19 아사헬이 아브넬을 쫓아 달려가되
(左右)좌우로 치우치지 않고 아브
넬의 뒤를 쫓으니
20 아브넬이 뒤를 돌아보며 이르되
아사헬아 너냐 (對答)대답하되 나

1) 날카로운 칼의 밭

로라
21 아브넬이 그에게 이르되 너는 왼
쪽으로나 오른쪽으로나 가서 청년
하나를 붙잡아 그의 (軍服)군복을
빼앗으라 하되 아사헬이 그렇게
하기를 원하지 아니하고 그의 뒤
를 쫓으매
22 아브넬이 다시 아사헬에게 이르되
너는 나 쫓기를 그치라 내가 너를
쳐서 땅에 엎드러지게 할 까닭이
무엇이냐 그렇게 하면 내가 어떻
게 네 형 요압을 (對面)대면하겠
느냐 하되
23 그가 물러가기를 (拒絕)거절하매
아브넬이 창 뒤 끝으로 그의 배를
찌르니 창이 그의 등을 꿰뚫고 나
간지라 곧 그 곳에 엎드러져 죽으
매 아사헬이 엎드러져 죽은 곳에
이르는 자마다 머물러 섰더라
24 ● 요압과 아비새가 아브넬의 뒤
를 쫓아 기브온 거친 땅의 길 가
기아 맞은쪽 암마 (山)산에 이를
때에 해가 졌고
25 베냐민 (族屬)족속은 함께 모여
아브넬을 따라 한 무리를 이루고
작은 산 꼭대기에 섰더라
26 아브넬이 요압에게 외쳐 이르되
칼이 영원히 사람을 상하겠느냐
마침내 (慘酷)참혹한 일이 생길
줄을 알지 못하느냐 네가 언제 무
리에게 그의 형제 쫓기를 그치라
명령하겠느냐
27 요압이 이르되 하나님이 살아 계
심을 두고 맹세하노니 네가 말하
지 아니하였더면 무리가 아침에
각각 다 돌아갔을 것이요 그의 (兄
弟)형제를 쫓지 아니하였으리라
하고
28 요압이 (喇叭)나팔을 불매 온 무
리가 머물러 서고 다시는 이스라
엘을 쫓아가지 아니하고 다시는
싸우지도 아니하니라
29 아브넬과 그의 (部下)부하들이 밤
새도록 걸어서 아라바를 지나 요
단을 건너 비드론 온 땅을 지나 마
하나임에 이르니라
30 ● 요압이 아브넬 쫓기를 그치고
돌아와 무리를 다 모으니 다윗의
(臣僕)신복 중에 열아홉 명과 아
사헬이 없어졌으나
31 다윗의 신복들이 베냐민과 아브넬
에게 (屬)속한 자들을 쳐서 삼백
육십 명을 죽였더라
32 무리가 아사헬을 들어올려 베들
레헴에 있는 그의 (祖上)조상 묘
에 장사하고 요압과 그의 부하들
이 밤새도록 걸어서 헤브론에 이
른 때에 날이 밝았더라

3 사울의 집과 다윗의 집 사이에
(戰爭)전쟁이 오래매 다윗은
점점 강하여 가고 사울의 집은 점
점 약하여 가니라

다윗의 아들들 (대상 3:1-4)

2 ● 다윗이 헤브론에서 아들들을
낳았으되 맏아들은 암논이라 이스
르엘 여인 아히노암의 (所生)소생
이요
3 둘째는 길르압이라 갈멜 사람 나
발의 아내였던 아비가일의 소생이
요 셋째는 압살롬이라 그술 (王)

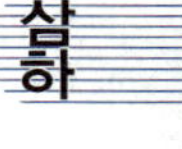

왕 달매의 딸 마아가의 아들이요
4 넷째는 아도니야라 학깃의 아들이
요 다섯째는 스바댜라 아비달의
아들이요
5 여섯째는 이드르암이라 다윗의 아
내 에글라의 소생이니 이들은 다
윗이 헤브론에서 낳은 (者)자들이
더라

아브넬이 이스보셋을 배반하다

6 ●사울의 집과 다윗의 집 사이에
전쟁이 있는 동안에 아브넬이 사
울의 집에서 점점 (權勢)권세를
잡으니라
7 사울에게 첩이 있었으니 이름은
리스바요 아야의 딸이더라 이스보
셋이 아브넬에게 이르되 네가 어
찌하여 내 아버지의 첩과 (通姦)
통간하였느냐 하니
8 아브넬이 이스보셋의 말을 매우
(忿)분하게 여겨 이르되 내가 유
다의 개 머리냐 내가 오늘 당신의
아버지 사울의 집과 그의 형제와
그의 친구에게 은혜를 베풀어 당
신을 다윗의 손에 내주지 아니하
였거늘 당신이 오늘 이 여인에게
관한 허물을 내게 돌리는도다
9 여호와께서 다윗에게 (盟誓)맹세
하신 대로 내가 이루게 하지 아니
하면 하나님이 아브넬에게 벌 위
에 벌을 내리심이 마땅하니라
10 그 맹세는 곧 이 나라를 사울의 집
에서 다윗에게 옮겨서 그의 (王
位)왕위를 단에서 브엘세바까지
이스라엘과 유다에 세우리라 하신
것이니라 하매

11 이스보셋이 아브넬을 두려워하여
감히 한 마디도 (對答)대답하지
못하니라
12 ●아브넬이 자기를 대신하여 전
령들을 다윗에게 보내어 이르되
이 땅이 누구의 것이니이까 또 이
르되 당신은 나와 더불어 (言約)
언약을 맺사이다 내 손이 당신을
도와 온 이스라엘이 당신에게 돌
아가게 하리이다 하니
13 다윗이 이르되 좋다 내가 너와 언
약을 맺거니와 내가 네게 한 가지
일을 (要求)요구하노니 나를 보러
올 때에 우선 사울의 딸 미갈을 데
리고 오라 그리하지 아니하면 내
얼굴을 보지 못하리라 하고
14 다윗이 사울의 아들 이스보셋에게
전령들을 보내 이르되 내 처 미갈
을 내게로 돌리라 그는 내가 전에
블레셋 사람의 포피 백 개로 나와
(定婚)정혼한 자니라 하니
15 이스보셋이 사람을 보내 그의 (男
便)남편 라이스의 아들 발디엘에
게서 그를 빼앗아 오매
16 그의 (男便)남편이 그와 함께 오
되 울며 바후림까지 따라왔더니
아브넬이 그에게 돌아가라 하매
돌아가니라
17 ●아브넬이 이스라엘 (長老)장로
들에게 말하여 이르되 너희가 여
러 번 다윗을 너희의 임금으로 세
우기를 구하였으니
18 이제 그대로 하라 여호와께서 이
미 다윗에 대하여 말씀하시기를
내가 내 종 다윗의 손으로 내 백성

이스라엘을 구원하여 블레셋 사람
의 손과 모든 (對敵)대적의 손에
서 벗어나게 하리라 하셨음이니라
하고
19 아브넬이 또 베냐민 사람의 귀에
말하고 아브넬이 이스라엘과 베냐
민의 온 집이 (善)선하게 여기는
모든 것을 다윗의 귀에 말하려고
헤브론으로 가니라
20 아브넬이 부하 이십 명과 더불어
헤브론에 이르러 다윗에게 나아가
니 다윗이 아브넬과 그와 함께 한
사람을 위하여 잔치를 (排設)배설
하였더라
21 아브넬이 다윗에게 말하되 내가
일어나 가서 온 이스라엘 무리를
내 주 왕의 앞에 모아 더불어 언약
을 맺게 하고 마음에 원하시는 대
로 모든 것을 다스리시게 하리이
다 하니 이에 다윗이 아브넬을 보
내매 그가 (平安)평안히 가니라

아브넬이 살해되다

22 ● 다윗의 (臣僕)신복들과 요압이
적군을 치고 크게 노략한 물건을
가지고 돌아오니 아브넬은 이미
보냄을 받아 평안히 갔고 다윗과
함께 헤브론에 있지 아니한 때라
23 요압 및 요압과 함께 한 모든 (軍
士)군사가 돌아오매 어떤 사람이
요압에게 말하여 이르되 넬의 아
들 아브넬이 왕에게 왔더니 왕이
보내매 그가 평안히 갔나이다 하
니
24 요압이 (王)왕에게 나아가 이르되
어찌 하심이니이까 아브넬이 왕에
게 나아왔거늘 어찌하여 그를 보
내 잘 가게 하셨나이까
25 왕도 아시려니와 넬의 아들 아브
넬이 온 것은 왕을 속임이라 그가
왕이 (出入)출입하는 것을 알고
왕이 하시는 모든 것을 알려 함이
니이다 하고
26 이에 요압이 다윗에게서 나와 (傳
令)전령들을 보내 아브넬을 쫓아
가게 하였더니 시라 우물 가에서
그를 데리고 돌아왔으나 다윗은
알지 못하였더라
27 ● 아브넬이 헤브론으로 돌아오매
요압이 더불어 조용히 말하려는
듯이 그를 데리고 (城門)성문안으
로 들어가 거기서 배를 찔러 죽이
니 이는 자기의 동생 아사헬의 피
로 말미암음이더라
28 그 후에 다윗이 듣고 이르되 넬의
아들 아브넬의 피에 대하여 나와
내 나라는 여호와 앞에 영원히 (無
罪)무죄하니
29 그 죄가 요압의 머리와 그의 아버
지의 온 집으로 돌아갈지어다 또
요압의 집에서 (白濁病者)백탁병
자나 나병 환자나 지팡이를 의지
하는 자나 칼에 죽는 자나 양식이
떨어진 자가 끊어지지 아니할지로
다 하니라
30 요압과 그의 (同生)동생 아비새가
아브넬을 죽인 것은 그가 기브온
전쟁에서 자기 동생 아사헬을 죽
인 까닭이었더라

아브넬을 장사하다

31 ● 다윗이 요압과 및 자기와 함께

있는 모든 백성에게 이르되 너희
는 옷을 찢고 굵은 베를 띠고 아브
넬 앞에서 애도하라 하니라 다윗
왕이 (喪輿)상여를 따라가
32 아브넬을 헤브론에 (葬事)장사하
고 아브넬의 무덤에서 왕이 소리
를 높여 울고 백성도 다 우니라
33 왕이 아브넬을 위하여 (哀歌)애가
를 지어 이르되
아브넬의 죽음이 어찌하여 미련
한 자의 죽음 같은고
34 네 손이 (結縛)결박되지 아니하
였고 네 발이 차꼬에 채이지 아
니하였거늘 불의한 자식의 앞에
엎드러짐 같이 네가 엎드러졌도
다
하매 온 백성이 다시 그를 슬퍼하
여 우니라
35 (夕陽)석양에 뭇 백성이 나아와
다윗에게 음식을 권하니 다윗이
맹세하여 이르되 만일 내가 해 지
기 전에 떡이나 다른 모든 것을 맛
보면 하나님이 내게 벌 위에 벌을
내리심이 마땅하니라 하매
36 온 (百姓)백성이 보고 기뻐하며
왕이 무슨 일을 하든지 무리가 다
기뻐하므로
37 이 날에야 온 (百姓)백성과 온 이
스라엘이 넬의 아들 아브넬을 죽
인 것이 왕이 한 것이 아닌 줄을
아니라
38 왕이 그의 신복에게 이르되 오늘
이스라엘의 지도자요 큰 (人物)인
물이 죽은 것을 알지 못하느냐
39 내가 기름 부음을 받은 왕이 되었
으나 오늘 약하여서 스루야의 아
들인 이 사람들을 (制馭)제어하기
가 너무 어려우니 여호와는 악행
한 자에게 그 악한 대로 갚으실지
로다 하니라

이스보셋이 살해되다

4 사울의 아들 이스보셋은 아브
넬이 헤브론에서 죽었다 함을
듣고 손의 (脈)맥이 풀렸고 온 이
스라엘이 놀라니라
2 사울의 아들 이스보셋에게 (軍指
揮官)군지휘관 두 사람이 있으니
한 사람의 이름은 바아나요 한 사
람의 이름은 레갑이라 베냐민 족
속 브에롯 사람 림몬의 아들들이
더라 브에롯도 베냐민 지파에 속
하였으니
3 일찍이 브에롯 사람들이 깃다임으
로 도망하여 오늘까지 거기에 (寓
居)우거함이더라
4 ●사울의 아들 요나단에게 다리
저는 아들 하나가 있었으니 이름
은 므비보셋이라 전에 사울과 요
나단이 죽은 소식이 이스르엘에서
올 때에 그의 나이가 다섯 살이었
는데 그 유모가 안고 (逃亡)도망
할 때 급히 도망하다가 아이가 떨
어져 절게 되었더라
5 ●브에롯 사람 림몬의 아들 레갑
과 바아나가 길을 떠나 볕이 쬘 때
즈음에 이스보셋의 집에 이르니
마침 그가 (寢牀)침상에서 낮잠을
자는지라
6 레갑과 그의 (兄弟)형제 바아나가
밀을 가지러 온 체하고 집 가운데

로 들어가서 그의 배를 찌르고 도
망하였더라
7 그들이 집에 들어가니 이스보셋이
(寢室)침실에서 침상 위에 누워
있는지라 그를 쳐죽이고 목을 베
어 그의 머리를 가지고 밤새도록
아라바 길로 가
8 헤브론에 이르러 다윗 왕에게 이
스보셋의 머리를 드리며 아뢰되
왕의 생명을 (害)해하려 하던 원
수 사울의 아들 이스보셋의 머리
가 여기 있나이다 여호와께서 오
늘 우리 주 되신 왕의 원수를 사울
과 그의 자손에게 갚으셨나이다
하니
9 다윗이 브에롯 사람 림몬의 아들
레갑과 그의 형제 바아나에게 대
답하여 그들에게 이르되 내 생명
을 여러 (患難)환난 가운데서 건
지신 여호와께서 살아 계심을 두
고 맹세하노니
10 전에 사람이 내게 알리기를 보라
사울이 죽었다 하며 그가 좋은 (消
息)소식을 전하는 줄로 생각하였
어도 내가 그를 잡아 시글락에서
죽여서 그것을 그 소식을 전한 갚
음으로 삼았거든
11 하물며 악인이 의인을 그의 집 (寢
床)침상 위에서 죽인 것이겠느냐
그런즉 내가 악인의 피흘린 죄를
너희에게 갚아서 너희를 이 땅에
서 없이하지 아니하겠느냐 하고
12 청년들에게 (命令)명령하매 곧 그
들을 죽이고 수족을 베어 헤브론
못 가에 매달고 이스보셋의 머리
를 가져다가 헤브론에서 아브넬의
무덤에 매장하였더라

다윗이 온 이스라엘의 왕이 되다
(대상 11:1-3)

5 이스라엘 모든 (支派)지파가
헤브론에 이르러 다윗에게 나
아와 이르되 보소서 우리는 왕의
한 골육이니이다
2 전에 곧 사울이 우리의 왕이 되었
을 때에도 이스라엘을 거느려 출
입하게 하신 분은 왕이시었고 여
호와께서도 왕에게 말씀하시기를
네가 내 백성 이스라엘의 (牧者)
목자가 되며 네가 이스라엘의 주
권자가 되리라 하셨나이다 하니라
3 이에 이스라엘 모든 장로가 헤브
론에 이르러 왕에게 나아오매 다
윗 왕이 헤브론에서 여호와 앞에
그들과 (言約)언약을 맺으매 그들
이 다윗에게 기름을 부어 이스라
엘 왕으로 삼으니라
4 ●다윗이 나이가 삼십 세에 (王
位)왕위에 올라 사십 년 동안 다
스렸으되
5 헤브론에서 칠 년 육 (個月)개월
동안 유다를 다스렸고 예루살렘에
서 삼십삼 년 동안 온 이스라엘과
유다를 다스렸더라

다윗이 시온을 빼앗아 성을 둘러 쌓다
(대상 11:4-9; 14:1-2)

6 ●왕과 그의 부하들이 예루살렘
으로 가서 그 땅 (住民)주민 여부
스 사람을 치려 하매 그 사람들이
다윗에게 이르되 네가 결코 이리
로 들어오지 못하리라 맹인과 다

리 저는 자라도 너를 물리치리라
하니 그들 생각에는 다윗이 이리
로 들어오지 못하리라 함이나
7 다윗이 시온 (山城)산성을 빼앗았
으니 이는 다윗 성이더라
8 그 날에 다윗이 이르기를 누구든
지 여부스 사람을 치거든 물 긷는
데로 올라가서 다윗의 마음에 미
워하는 다리 저는 사람과 맹인을
치라 하였으므로 (俗談)속담이 되
어 이르기를 맹인과 다리 저는 사
람은 집에 들어오지 못하리라 하
더라
9 다윗이 그 (山城)산성에 살면서
다윗 성이라 이름하고 다윗이 밀
로에서부터 안으로 성을 둘러 쌓
으니라
10 만군의 하나님 여호와께서 함께
계시니 다윗이 (漸漸)점점 강성하
여 가니라
11 ● 두로 왕 히람이 다윗에게 (使
節)사절들과 백향목과 목수와 석
수를 보내매 그들이 다윗을 위하
여 집을 지으니
12 다윗이 여호와께서 자기를 세우사
이스라엘 왕으로 삼으신 것과 그
의 (百姓)백성 이스라엘을 위하여
그 나라를 높이신 것을 알았더라

다윗의 아들과 딸들(대상 14:3-7)

13 ● 다윗이 헤브론에서 올라온 후
에 예루살렘에서 (妻妾)처첩들을
더 두었으므로 아들과 딸들이 또
다윗에게서 나니
14 예루살렘에서 그에게서 난 (者)자
들의 이름은 삼무아와 소밥과 나
단과 솔로몬과
15 입할과 엘리수아와 네벡과 야비아
와
16 엘리사마와 엘랴다와 엘리벨렛이
었더라

다윗이 블레셋을 쳐서 이기다 (대상 14:8-17)

17 ● 이스라엘이 다윗에게 기름을
부어 이스라엘 왕으로 삼았다 함
을 블레셋 사람들이 듣고 블레셋
사람들이 다윗을 찾으러 다 올라
오매 다윗이 듣고 (要塞)요새로
나가니라
18 블레셋 사람들이 이미 이르러 르
바임 골짜기에 가득한지라
19 다윗이 여호와께 여쭈어 이르되
내가 블레셋 사람에게로 올라가리
이까 여호와께서 그들을 내 손에
넘기시겠나이까 하니 여호와께서
다윗에게 말씀하시되 올라가라 내
가 반드시 블레셋 사람을 네 손에
넘기리라 하신지라
20 다윗이 바알브라심에 이르러 거기
서 그들을 치고 다윗이 말하되 여
호와께서 물을 흩음 같이 내 앞에
서 내 (對敵)대적을 흩으셨다 하
므로 그 곳 이름을 바알브라심이
라 부르니라
21 거기서 블레셋 사람들이 그들의
(偶像)우상을 버렸으므로 다윗과
그의 부하들이 치우니라
22 ● 블레셋 사람들이 다시 올라와
서 르바임 골짜기에 가득한지라
23 다윗이 여호와께 여쭈니 이르시되
올라가지 말고 그들 뒤로 돌아서

뽕나무 수풀 맞은편에서 그들을
(奇襲)기습하되
24 뽕나무 꼭대기에서 걸음 걷는 소
리가 들리거든 곧 (攻擊)공격하라
그 때에 여호와가 너보다 앞서 나
아가서 블레셋 군대를 치리라 하
신지라
25 이에 다윗이 여호와의 (命令)명령
대로 행하여 블레셋 사람을 쳐서
게바에서 게셀까지 이르니라

하나님의 궤를 다윗 성으로 옮기다
(대상 13:1-14; 15:25-16:6, 43)

6 다윗이 이스라엘에서 뽑은 무
리 (三萬)삼만명을 다시 모으
고
2 다윗이 일어나 자기와 함께 있는
모든 사람과 더불어 바알레유다로
가서 거기서 하나님의 궤를 메어
오려 하니 그 궤는 그룹들 사이에
좌정하신 (萬軍)만군의 여호와의
이름으로 불리는 것이라
3 그들이 하나님의 (櫃)궤를 새 수
레에 싣고 산에 있는 아비나답의
집에서 나오는데 아비나답의 아들
웃사와 아효가 그 새 수레를 모니
라
4 그들이 산에 있는 아비나답의 집
에서 하나님의 (櫃)궤를 싣고 나
올 때에 아효는 궤 앞에서 가고
5 다윗과 이스라엘 온 족속은 잣나
무로 만든 여러 가지 악기와 수금
과 (琵琶)비파와 소고와 양금과 제
금으로 여호와 앞에서 연주하더라
6 ● 그들이 나곤의 (打作)타작 마당
에 이르러서는 소들이 뛰므로 웃
사가 손을 들어 하나님의 궤를 붙
들었더니
7 여호와 하나님이 웃사가 잘못함으
로 말미암아 (震怒)진노하사 그를
그 곳에서 치시니 그가 거기 하나
님의 궤 곁에서 죽으니라
8 여호와께서 웃사를 치시므로 다윗
이 (忿)분하여 그 곳을 [1]베레스웃
사라 부르니 그 이름이 오늘까지
이르니라
9 다윗이 그 날에 여호와를 두려워
하여 이르되 여호와의 (櫃)궤가
어찌 내게로 오리요 하고
10 다윗이 여호와의 궤를 옮겨 다윗
(城)성 자기에게로 메어 가기를
즐겨하지 아니하고 가드 사람 오
벧에돔의 집으로 메어 간지라
11 여호와의 궤가 가드 사람 오벧에
돔의 집에 석 달을 있었는데 여호
와께서 오벧에돔과 그의 온 집에
(福)복을 주시니라
12 ● 어떤 사람이 다윗 왕에게 아뢰
어 이르되 여호와께서 하나님의
궤로 말미암아 오벧에돔의 집과
그의 모든 (所有)소유에 복을 주
셨다 한지라 다윗이 가서 하나님
의 궤를 기쁨으로 메고 오벧에돔
의 집에서 다윗 성으로 올라갈새
13 여호와의 궤를 멘 사람들이 여섯
걸음을 가매 다윗이 소와 살진 송
아지로 (祭祀)제사를 드리고
14 다윗이 여호와 앞에서 힘을 다하
여 춤을 추는데 그 때에 다윗이 베
에봇을 입었더라

1) 웃사를 침이라는 뜻

15 다윗과 온 이스라엘 족속이 즐거
이 (歡呼)환호하며 나팔을 불고
여호와의 궤를 메어오니라
16 ● 여호와의 궤가 다윗 성으로 들
어올 때에 사울의 딸 미갈이 창으
로 내다보다가 다윗 왕이 여호와
앞에서 뛰놀며 춤추는 것을 보고
(心中)심중에 그를 업신여기니라
17 여호와의 궤를 메고 들어가서 다
윗이 그것을 위하여 친 장막 가운
데 그 준비한 자리에 그것을 두매
다윗이 번제와 (和睦祭)화목제를
여호와 앞에 드리니라
18 다윗이 (燔祭)번제와 화목제 드리
기를 마치고 만군의 여호와의 이
름으로 백성에게 축복하고
19 모든 백성 곧 온 이스라엘 무리에
게 남녀를 (莫論)막론하고 떡 한
개와 고기 한 조각과 건포도 떡 한
덩이씩 나누어 주매 모든 백성이
각기 집으로 돌아가니라
20 ● 다윗이 자기의 가족에게 축복
하러 돌아오매 사울의 딸 미갈이
나와서 다윗을 맞으며 이르되 이
스라엘 왕이 오늘 어떻게 (榮華)
영화로우신지 방탕한 자가 염치
없이 자기의 몸을 드러내는 것처
럼 오늘 그의 신복의 계집종의 눈
앞에서 몸을 드러내셨도다 하니
21 다윗이 미갈에게 이르되 이는 여
호와 앞에서 한 것이니라 그가 네
아버지와 그의 온 집을 버리시고
나를 (擇)택하사 나를 여호와의
백성 이스라엘의 (主權者)주권자

1) 사사[대상 17:6]

로 삼으셨으니 내가 여호와 앞에
서 뛰놀리라
22 내가 이보다 더 낮아져서 스스로
(賤)천하게 보일지라도 네가 말한
바 계집종에게는 내가 높임을 받
으리라 한지라
23 그러므로 사울의 딸 미갈이 죽는
날까지 그에게 (子息)자식이 없으
니라

다윗과 다윗 왕국에 대한 하나님의 약속
(대상 17:1-15)

7 여호와께서 (周圍)주위의 모든
원수를 무찌르사 왕으로 궁에
평안히 살게 하신 때에
2 왕이 (先知者)선지자 나단에게 이
르되 볼지어다 나는 백향목 궁에
살거늘 하나님의 궤는 휘장 가운
데에 있도다
3 나단이 왕께 아뢰되 여호와께서
왕과 함께 계시니 마음에 있는 모
든 것을 (行)행하소서 하니라
4 그 밤에 여호와의 말씀이 나단에
게 (臨)임하여 이르시되
5 가서 내 종 다윗에게 말하기를 여
호와께서 이와 같이 말씀하시되
네가 나를 위하여 내가 살 집을
(建築)건축하겠느냐
6 내가 이스라엘 자손을 애굽에서
(引導)인도하여 내던 날부터 오늘
까지 집에 살지 아니하고 장막과
성막 안에서 다녔나니
7 이스라엘 자손과 더불어 다니는
모든 곳에서 내가 내 백성 이스라
엘을 먹이라고 명령한 이스라엘 [1)]
어느 (支派)지파들 가운데 하나에

게 내가 말하기를 너희가 어찌하
여 나를 위하여 백향목 집을 건축
하지 아니하였느냐고 말하였느냐
8 그러므로 이제 내 종 다윗에게 이
와 같이 말하라 만군의 여호와께
서 이와 같이 말씀하시기를 내가
너를 (牧場)목장 곧 양을 따르는
데에서 데려다가 내 백성 이스라
엘의 주권자로 삼고
9 네가 가는 모든 곳에서 내가 너와
함께 있어 네 모든 (怨讐)원수를
네 앞에서 멸하였은즉 땅에서 위
대한 자들의 이름 같이 네 이름을
위대하게 만들어 주리라
10 내가 또 내 백성 이스라엘을 위하
여 한 곳을 정하여 그를 심고 그를
(居住)거주하게 하고 다시 옮기지
못하게 하며 악한 종류로 전과 같
이 그들을 해하지 못하게 하여
11 전에 내가 (士師)사사에게 명령하
여 내 백성 이스라엘을 다스리던
때와 같지 아니하게 하고 너를 모
든 원수에게서 벗어나 편히 쉬게
하리라 여호와가 또 네게 이르노
니 여호와가 너를 위하여 집을 짓
고
12 네 수한이 차서 네 (祖上)조상들
과 함께 누울 때에 내가 네 몸에서
날 네 씨를 네 뒤에 세워 그의 나
라를 견고하게 하리라
13 그는 내 이름을 위하여 집을 건축
할 것이요 나는 그의 나라 왕위를
영원히 (堅固)견고하게 하리라
14 나는 그에게 아버지가 되고 그는
내게 아들이 되리니 그가 만일 죄
를 범하면 내가 사람의 매와 인생
의 채찍으로 (懲戒)징계하려니와
15 내가 네 앞에서 물러나게 한 사울
에게서 내 (恩寵)은총을 빼앗은
것처럼 그에게서 빼앗지는 아니하
리라
16 네 집과 네 나라가 내 앞에서 영원
히 보전되고 네 왕위가 (永遠)영
원히 견고하리라 하셨다 하라
17 나단이 이 모든 말씀들과 이 모든
(啓示)계시대로 다윗에게 말하니
라

다윗의 기도(대상 17:16-27)

18 ● 다윗 왕이 여호와 앞에 들어가
앉아서 이르되 (主)주 여호와여
나는 누구이오며 내 집은 무엇이
기에 나를 여기까지 이르게 하셨
나이까
19 주 여호와여 주께서 이것을 오히
려 적게 여기시고 또 종의 집에 있
을 먼 (將來)장래의 일까지도 말
씀하셨나이다 주 여호와여 이것이
사람의 법이니이다
20 (主)주 여호와는 주의 종을 아시
오니 다윗이 다시 주께 무슨 말씀
을 하오리이까
21 주의 말씀으로 말미암아 주의 뜻
대로 이 모든 큰 일을 (行)행하사
주의 종에게 알게 하셨나이다
22 그런즉 주 여호와여 주는 (偉大)
위대하시니 이는 우리 귀로 들은
대로는 주와 같은 이가 없고 주 외
에는 신이 없음이니이다
23 땅의 어느 한 나라가 주의 백성 이
스라엘과 같으리이까 하나님이 가

서 (救贖)구속하사 자기 백성으로
삼아 주의 명성을 내시며 그들을
위하여 큰 일을, 주의 땅을 위하여
두려운 일을 애굽과 많은 나라들
과 그의 신들에게서 구속하신 백
성 앞에서 행하셨사오며
24 주께서 주의 백성 이스라엘을 세
우사 (永遠)영원히 주의 백성으로
삼으셨사오니 여호와여 주께서 그
들의 하나님이 되셨나이다
25 여호와 하나님이여 이제 (主)주의
종과 종의 집에 (對)대하여 말씀
하신 것을 영원히 세우시며 말씀
하신 대로 행하사
26 사람이 영원히 주의 이름을 크게
높여 이르기를 만군의 여호와는
이스라엘의 하나님이라 하게 하옵
시며 주의 종 다윗의 집이 주 앞에
(堅固)견고하게 하옵소서
27 만군의 여호와 이스라엘의 하나님
이여 주의 종의 귀를 여시고 이르
시기를 내가 너를 위하여 집을 세
우리라 하셨으므로 주의 종이 이
기도로 주께 (懇求)간구할 마음이
생겼나이다
28 (主)주 여호와여 오직 주는 하나
님이시며 주의 말씀들이 참되시니
이다 주께서 이 좋은 것을 주의 종
에게 말씀하셨사오니
29 이제 (請)청하건대 종의 집에 복
을 주사 주 앞에 영원히 있게 하옵
소서 주 여호와께서 말씀하셨사오
니 주의 종의 집이 영원히 복을 받
게 하옵소서 하니라

1) 모성의 굴레 2) 또는 삼분의 이는 죽이고 삼분의 일은 살리니

다윗이 어디로 가든지 이기다

(대상 18:1-17)

8 그 후에 다윗이 블레셋 사람들
을 쳐서 (降服)항복을 받고 블
레셋 사람들의 손에서 [1]메덱암마
를 빼앗으니라
2 ●다윗이 또 모압을 쳐서 그들로
땅에 엎드리게 하고 줄로 재어 [2]
그 두 줄 길이의 사람은 죽이고 한
줄 길이의 사람은 살리니 모압 사
람들이 다윗의 종들이 되어 (朝
貢)조공을 드리니라
3 ●르홉의 아들 소바 왕 하닷에셀
이 자기 (權勢)권세를 회복하려고
유브라데 강으로 갈 때에 다윗이
그를 쳐서
4 그에게서 마병 천칠백 명과 보병
이만 명을 사로잡고 (兵車)병거
일백 대의 말만 남기고 다윗이 그
외의 병거의 말은 다 발의 힘줄을
끊었더니
5 다메섹의 아람 사람들이 소바 왕
하닷에셀을 도우러 온지라 다윗이
아람 사람 (二萬 二千)이만 이천
명을 죽이고
6 다윗이 다메섹 아람에 (守備隊)수
비대를 두매 아람 사람이 다윗의
종이 되어 조공을 바치니라 다윗
이 어디로 가든지 여호와께서 이
기게 하시니라
7 다윗이 하닷에셀의 (臣僕)신복들
이 가진 금 방패를 빼앗아 예루살
렘으로 가져오고
8 또 다윗 (王)왕이 하닷에셀의 고
을 베다와 베로대에서 매우 많은

놋을 빼앗으니라
9 ●하맛 왕 도이가 다윗이 하닷에
셀의 온 (軍隊)군대를 쳐서 무찔
렀다 함을 듣고
10 도이가 그의 아들 요람을 보내 다
윗 왕에게 문안하고 (祝福)축복하
게 하니 이는 하닷에셀이 도이와
더불어 전쟁이 있던 터에 다윗이
하닷에셀을 쳐서 무찌름이라 요람
이 은 그릇과 금 그릇과 놋 그릇을
가지고 온지라
11 다윗 왕이 그것도 여호와께 드리
되 그가 (征服)정복한 모든 나라
에서 얻은 은금
12 곧 아람과 모압과 암몬 자손과 블
레셋 사람과 아말렉에게서 얻은
것들과 소바 왕 르홉의 아들 하닷
에셀에게서 (擄掠)노략한 것과 같
이 드리니라
13 ●다윗이 소금 골짜기에서 [1]에돔
사람 만 팔천 명을 쳐죽이고 돌아
와서 (名聲)명성을 떨치니라
14 다윗이 에돔에 수비대를 두되 온
에돔에 (守備隊)수비대를 두니 에
돔 사람이 다 다윗의 종이 되니라
다윗이 어디로 가든지 여호와께서
이기게 하셨더라
15 ●다윗이 온 이스라엘을 다스려
다윗이 모든 백성에게 정의와 (公
義)공의를 행할새
16 스루야의 아들 요압은 군사령관이
되고 아힐룻의 아들 여호사밧은
(史官)사관이 되고
17 아히둡의 아들 사독과 아비아달의
아들 아히멜렉은 (祭司長)제사장
이 되고 스라야는 서기관이 되고
18 여호야다의 아들 브나야는 그렛
사람과 블렛 사람을 (管轄)관할하
고 다윗의 아들들은 대신들이 되
니라

다윗과 므비보셋

9 다윗이 이르되 사울의 집에 아
직도 남은 사람이 있느냐 내가
요나단으로 말미암아 그 사람에게
(恩寵)은총을 베풀리라 하니라
2 사울의 집에는 종 한 사람이 있으
니 그의 이름은 시바라 그를 다윗
의 앞으로 부르매 왕이 그에게 말
하되 네가 시바냐 하니 이르되 (當
身)당신의 종이니이다 하니라
3 왕이 이르되 사울의 집에 아직도
남은 사람이 없느냐 내가 그 사람
에게 하나님의 (恩寵)은총을 베풀
고자 하노라 하니 시바가 왕께 아
뢰되 요나단의 아들 하나가 있는
데 다리 저는 자니이다 하니라
4 (王)왕이 그에게 말하되 그가 어
디 있느냐 하니 시바가 왕께 아뢰
되 로드발 암미엘의 아들 마길의
집에 있나이다 하니라
5 다윗 (王)왕이 사람을 보내어 로
드발 암미엘의 아들 마길의 집에
서 그를 데려오니
6 사울의 (孫子)손자 요나단의 아들
므비보셋이 다윗에게 나아와 그
앞에 엎드려 절하매 다윗이 이르
되 므비보셋이여 하니 그가 이르
기를 보소서 당신의 종이니이다
7 다윗이 그에게 이르되 무서워하지

1) 히, 아람[시편 60편 제목과 대상 18:11,12]

말라 내가 반드시 네 아버지 요나
단으로 말미암아 네게 은총을 베
풀리라 내가 네 할아버지 사울의
모든 밭을 다 네게 도로 주겠고 또
너는 (恒常)항상 내 상에서 떡을
먹을지니라 하니
8 그가 절하여 이르되 이 종이 무엇
이기에 (王)왕께서 죽은 개 같은
나를 돌아보시나이까 하니라
9 ●왕이 사울의 (侍從)시종 시바를
불러 그에게 이르되 사울과 그의
온 집에 속한 것은 내가 다 네 주
인의 아들에게 주었노니
10 너와 네 아들들과 네 종들은 그를
위하여 땅을 갈고 거두어 네 주인
의 아들에게 양식을 대주어 먹게
하라 그러나 네 주인의 아들 므비
보셋은 (恒常)항상 내 상에서 떡을
먹으리라 하니라 시바는 아들이
열다섯 명이요 종이 스무 명이라
11 시바가 왕께 아뢰되 내 주 왕께서
모든 일을 종에게 명령하신 대로
종이 (遵行)준행하겠나이다 하니
라 므비보셋은 왕자 중 하나처럼
왕의 상에서 먹으니라
12 므비보셋에게 어린 아들 하나가
있으니 이름은 미가더라 시바의
집에 사는 (者)자마다 므비보셋의
종이 되니라
13 므비보셋이 (恒常)항상 왕의 상에
서 먹으므로 예루살렘에 사니라
그는 두 발을 다 절더라

다윗이 암몬과 싸우다(대상 19:1-19)

10 그 후에 암몬 자손의 왕이
죽고 그의 아들 하눈이 (代
身)대신하여 왕이 되니
2 다윗이 이르되 내가 나하스의 아
들 하눈에게 (恩寵)은총을 베풀
되 그의 아버지가 내게 은총을 베
푼 것 같이 하리라 하고 다윗이 그
의 신하들을 보내 그의 아버지를
조상하라 하니라 다윗의 신하들이
암몬 자손의 땅에 이르매
3 암몬 자손의 (官吏)관리들이 그들
의 주 하눈에게 말하되 왕은 다윗
이 조객을 당신에게 보낸 것이 왕
의 아버지를 공경함인 줄로 여기
시나이까 다윗이 그의 신하들을
당신에게 보내 이 성을 엿보고 탐
지하여 함락시키고자 함이 아니니
이까 하니
4 이에 하눈이 다윗의 신하들을 잡
아 그들의 (鬚髥)수염 절반을 깎
고 그들의 의복의 중동볼기까지
자르고 돌려보내매
5 사람들이 이 일을 다윗에게 알리
니라 그 사람들이 크게 부끄러워
하므로 왕이 그들을 맞으러 보내
이르기를 너희는 (鬚髥)수염이 자
라기까지 여리고에서 머물다가 돌
아오라 하니라
6 ●암몬 (子孫)자손들이 자기들이
다윗에게 미움이 된 줄 알고 암몬
자손들이 사람을 보내 벧르홉 아
람 사람과 소바 아람 사람의 보병
이만 명과 마아가 왕과 그의 사람
천 명과 돕 사람 만 이천 명을 고
용한지라
7 다윗이 듣고 요압과 (勇士)용사의
온 무리를 보내매

8 암몬 자손은 나와서 (城門)성문어
귀에 진을 쳤고 소바와 르홉 아람
사람과 돕과 마아가 사람들은 따
로 들에 있더라
9 ● 요압이 자기와 맞서 앞뒤에 친
(敵陣)적진을 보고 이스라엘의 선
발한 자 중에서 또 엄선하여 아람
사람과 싸우려고 진 치고
10 그 백성의 남은 자를 그 아우 아비
새의 수하에 맡겨 암몬 자손과 싸
우려고 (陣)진 치게 하고
11 이르되 만일 아람 사람이 나보다
강하면 네가 나를 돕고 만일 암몬
(子孫)자손이 너보다 강하면 내가
가서 너를 도우리라
12 너는 (膽大)담대하라 우리가 우
리 백성과 우리 하나님의 성읍들
을 위하여 담대히 하자 여호와께
서 선히 여기시는 대로 행하시기
를 원하노라 하고
13 요압과 그와 함께 한 백성이 아람
사람을 (對抗)대항하여 싸우려고
나아가니 그들이 그 앞에서 도망
하고
14 암몬 자손은 아람 사람이 (逃亡)
도망함을 보고 그들도 아비새 앞
에서 도망하여 성읍으로 들어간지
라 요압이 암몬 자손을 떠나 예루
살렘으로 돌아가니라
15 ● 아람 사람이 (自己)자기가 이스
라엘 앞에서 패하였음을 보고 다
모이매
16 하닷에셀이 사람을 보내 강 건너
쪽에 있는 아람 사람을 불러 내매
그들이 헬람에 이르니 하닷에셀의
(軍司令官)군사령관 소박이 그들
을 거느린지라
17 어떤 사람이 다윗에게 알리매 그
가 온 이스라엘을 모으고 요단을
건너 헬람에 이르매 아람 사람들
이 다윗을 향하여 (陣)진을 치고
더불어 싸우더니
18 아람 사람이 이스라엘 앞에서 (逃
亡)도망한지라 다윗이 아람 병거
칠백 대와 마병 사만 명을 죽이고
또 그 군사령관 소박을 치매 거기
서 죽으니라
19 하닷에셀에게 속한 왕들이 자기가
이스라엘 앞에서 패함을 보고 이
스라엘과 (和親)화친하고 섬기니
그러므로 아람 사람들이 두려워하
여 다시는 암몬 자손을 돕지 아니
하니라

다윗과 밧세바

11 그 해가 돌아와 왕들이 (出
戰)출전할 때가 되매 다윗이
요압과 그에게 있는 그의 부하들
과 온 이스라엘 군대를 보내니 그
들이 암몬 자손을 멸하고 랍바를
에워쌌고 다윗은 예루살렘에 그대
로 있더라
2 ● 저녁 때에 다윗이 그의 (寢牀)
침상에서 일어나 왕궁 옥상에서
거닐다가 그 곳에서 보니 한 여인
이 목욕을 하는데 심히 아름다워
보이는지라
3 다윗이 사람을 보내 그 (女人)여
인을 알아보게 하였더니 그가 아
뢰되 그는 엘리암의 딸이요 헷 사
람 우리아의 아내 밧세바가 아니

니이까 하니
4 다윗이 전령을 보내어 그 여자를
자기에게로 데려오게 하고 그 여
자가 그 부정함을 깨끗하게 하였
으므로 더불어 (同寢)동침하매 그
여자가 자기 집으로 돌아가니라
5 그 여인이 (妊娠)임신하매 사람을
보내 다윗에게 말하여 이르되 내
가 임신하였나이다 하니라
6 ●다윗이 요압에게 (寄別)기별하
여 헷 사람 우리아를 내게 보내라
하매 요압이 우리아를 다윗에게로
보내니
7 우리아가 다윗에게 이르매 다윗이
요압의 (安否)안부와 군사의 안부
와 싸움이 어떠했는지를 묻고
8 그가 또 우리아에게 이르되 네 집
으로 내려가서 발을 씻으라 하니
우리아가 왕궁에서 나가매 왕의
(飮食物)음식물이 뒤따라 가니라
9 그러나 우리아는 집으로 내려가지
아니하고 왕궁 문에서 그의 주의
모든 (部下)부하들과 더불어 잔지
라
10 어떤 사람이 다윗에게 아뢰되 우
리아가 그의 집으로 내려가지 아
니하였나이다 다윗이 우리아에게
이르되 네가 길 갔다가 돌아온 것
이 아니냐 어찌하여 네 집으로 내
려가지 아니하였느냐 하니
11 우리아가 다윗에게 아뢰되 (言約
櫃)언약궤와 이스라엘과 유다가
야영 중에 있고 내 주 요압과 내
왕의 부하들이 바깥 들에 진 치고
있거늘 내가 어찌 내 집으로 가서
먹고 마시고 내 처와 같이 자리이
까 내가 이 일을 행하지 아니하기
로 왕의 살아 계심과 왕의 혼의 살
아 계심을 두고 맹세하나이다 하
니라
12 다윗이 우리아에게 이르되 오늘도
여기 있으라 (來日)내일은 내가
너를 보내리라 우리아가 그 날에
예루살렘에 머무니라 이튿날
13 다윗이 그를 불러서 그로 그 앞에
서 먹고 마시고 취하게 하니 저녁
때에 그가 나가서 그의 주의 (部
下)부하들과 더불어 침상에 눕고
그의 집으로 내려가지 아니하니라
14 ●아침이 되매 다윗이 (便紙)편지
를 써서 우리아의 손에 들려 요압
에게 보내니
15 그 편지에 써서 이르기를 너희가
우리아를 (猛烈)맹렬한 싸움에 앞
세워 두고 너희는 뒤로 물러가서
그로 맞아 죽게 하라 하였더라
16 요압이 그 성을 살펴 (勇士)용사
들이 있는 것을 아는 그 곳에 우리
아를 두니
17 그 성 사람들이 나와서 요압과 더
불어 싸울 때에 다윗의 (部下)부
하 중 몇 사람이 엎드러지고 헷 사
람 우리아도 죽으니라
18 요압이 사람을 보내 그 전쟁의 모
든 일을 다윗에게 (報告)보고할새
19 그 전령에게 명령하여 이르되 (戰
爭)전쟁의 모든 일을 네가 왕께
보고하기를 마친 후에
20 혹시 왕이 노하여 네게 말씀하기
를 너희가 어찌하여 (城)성에 그

처럼 가까이 가서 싸웠느냐 그들
이 성 위에서 쏠 줄을 알지 못하였
느냐
21 여룹베셋의 아들 아비멜렉을 쳐죽
인 자가 누구냐 (女人)여인 하나
가 성에서 맷돌 위짝을 그 위에 던
지매 그가 데벳스에서 죽지 아니
하였느냐 어찌하여 성에 가까이
갔더냐 하시거든 네가 말하기를
왕의 종 헷 사람 우리아도 죽었나
이다 하라
22 ● (傳令)전령이 가서 다윗에게 이
르러 요압이 그를 보낸 모든 일을
다윗에게 아뢰어
23 이르되 그 사람들이 우리보다 우
세하여 우리를 향하여 들로 나오
므로 우리가 그들을 쳐서 (城門)
성문 어귀까지 미쳤더니
24 활 쏘는 자들이 성 위에서 왕의
(部下)부하들을 향하여 쏘매 왕의
부하 중 몇 사람이 죽고 왕의 종
헷 사람 우리아도 죽었나이다 하
니
25 다윗이 전령에게 이르되 너는 요
압에게 이같이 말하기를 이 일로
걱정하지 말라 칼은 이 사람이나
저 사람이나 삼키느니라 그 성을
향하여 더욱 힘써 싸워 (陷落)함
락시키라 하여 너는 그를 담대하
게 하라 하니라
26 ● 우리아의 아내는 그 (男便)남편
우리아가 죽었음을 듣고 그의 남
편을 위하여 소리내어 우니라
27 그 (葬禮)장례를 마치매 다윗이
사람을 보내 그를 왕궁으로 데려
오니 그가 그의 아내가 되어 그에
게 아들을 낳으니라 다윗이 행한
그 일이 여호와 보시기에 악하였
더라

나단의 책망과 다윗의 회개

12 여호와께서 나단을 다윗에
게 보내시니 그가 다윗에게
가서 그에게 이르되 한 성읍에 두
사람이 있는데 한 사람은 (富)부
하고 한 사람은 가난하니
2 그 부한 사람은 양과 소가 (甚)심
히 많으나
3 가난한 사람은 아무것도 없고 자
기가 사서 기르는 작은 암양 새끼
한 마리뿐이라 그 암양 새끼는 그
와 그의 자식과 함께 자라며 그가
먹는 것을 먹으며 그의 (盞)잔으
로 마시며 그의 품에 누우므로 그
에게는 딸처럼 되었거늘
4 어떤 행인이 그 (富者)부자에게
오매 부자가 자기에게 온 행인을
위하여 자기의 양과 소를 아껴 잡
지 아니하고 가난한 사람의 양 새
끼를 빼앗아다가 자기에게 온 사
람을 위하여 잡았나이다 하니
5 다윗이 그 사람으로 말미암아 노
하여 나단에게 이르되 여호와의
살아 계심을 두고 (盟誓)맹세하노
니 이 일을 행한 그 사람은 마땅히
죽을 자라
6 그가 불쌍히 여기지 아니하고 이
런 일을 행하였으니 그 양 새끼를
네 (倍)배나 갚아 주어야 하리라
한지라
7 ● 나단이 다윗에게 이르되 당신

이 그 사람이라 이스라엘의 하나
님 여호와께서 이와 같이 이르시
기를 내가 너를 이스라엘 왕으로
기름 붓기 위하여 너를 사울의 손
에서 (救援)구원하고
8 네 주인의 집을 네게 주고 네 주인
의 아내들을 네 품에 두고 이스라
엘과 유다 족속을 네게 맡겼느니
라 만일 그것이 (不足)부족하였을
것 같으면 내가 네게 이것 저것을
더 주었으리라
9 그러한데 어찌하여 네가 여호와
의 말씀을 업신여기고 나 보기에
(惡)악을 행하였느냐 네가 칼로
헷 사람 우리아를 치되 암몬 자손
의 칼로 죽이고 그의 아내를 빼앗
아 네 아내로 삼았도다
10 이제 네가 나를 업신여기고 헷 사
람 우리아의 아내를 빼앗아 네 아
내로 삼았은즉 칼이 네 집에서 (永
遠)영원토록 떠나지 아니하리라
하셨고
11 여호와께서 또 이와 같이 이르시
기를 보라 내가 너와 네 집에 (災
殃)재앙을 일으키고 내가 네 눈앞
에서 네 아내를 빼앗아 네 이웃들
에게 주리니 그 사람들이 네 아내
들과 더불어 백주에 동침하리라
12 너는 (隱密)은밀히 행하였으나 나
는 온 이스라엘 앞에서 백주에 이
일을 행하리라 하셨나이다 하
13 다윗이 나단에게 이르되 내가 여
호와께 (罪)죄를 범하였노라 하매
나단이 다윗에게 말하되 여호와께
서도 당신의 죄를 사하셨나니 당
신이 죽지 아니하려니와
14 이 일로 말미암아 여호와의 (怨
讐)원수가 크게 비방할 거리를 얻
게 하였으니 당신이 낳은 아이가
반드시 죽으리이다 하고
15 나단이 (自己)자기 집으로 돌아가
니라

다윗의 아이가 죽다

● 우리아의 아내가 다윗에게 낳
은 아이를 여호와께서 치시매
(甚)심히 앓는지라
16 다윗이 그 아이를 위하여 하나님
께 간구하되 다윗이 (禁食)금식하
고 안에 들어가서 밤새도록 땅에
엎드렸으니
17 그 집의 늙은 (者)자들이 그 곁에
서서 다윗을 땅에서 일으키려 하
되 왕이 듣지 아니하고 그들과 더
불어 먹지도 아니하더라
18 이레 만에 그 아이가 죽으니라 그
러나 다윗의 (臣下)신하들이 아이
가 죽은 것을 왕에게 아뢰기를 두
려워하니 이는 그들이 말하기를
아이가 살았을 때에 우리가 그에
게 말하여도 왕이 그 말을 듣지 아
니하셨나니 어떻게 그 아이가 죽
은 것을 그에게 아뢸 수 있으랴 왕
이 상심하시리로다 함이라
19 다윗이 그의 신하들이 서로 수군
거리는 것을 보고 그 아이가 죽은
줄을 다윗이 깨닫고 그의 신하들
에게 묻되 아이가 죽었느냐 하니
(對答)대답하되 죽었나이다 하는
지라
20 다윗이 땅에서 일어나 몸을 씻고

기름을 바르고 (衣服)의복을 갈아
입고 여호와의 (殿)전에 들어가서
경배하고 왕궁으로 돌아와 명령하
여 음식을 그 앞에 차리게 하고 먹
은지라
21 그의 신하들이 그에게 이르되 아
이가 살았을 때에는 그를 위하여
(禁食)금식하고 우시더니 죽은 후
에는 일어나서 잡수시니 이 일이
어찌 됨이니이까 하니
22 이르되 아이가 살았을 때에 내가
금식하고 운 것은 (或是)혹시 여
호와께서 나를 불쌍히 여기사 아
이를 살려 주실는지 누가 알까 생
각함이거니와
23 (只今)지금은 죽었으니 내가 어찌
금식하랴 내가 다시 돌아오게 할
수 있느냐 나는 그에게로 가려니
와 그는 내게로 돌아오지 아니하
리라 하니라

솔로몬이 태어나다

24 ● 다윗이 그의 아내 밧세바를 (慰
勞)위로하고 그에게 들어가 그와
동침하였더니 그가 아들을 낳으매
그의 이름을 솔로몬이라 하니라
여호와께서 그를 사랑하사
25 (先知者)선지자 나단을 보내 그의
이름을 [1]여디디야라 하시니 이는
여호와께서 사랑하셨기 때문이더
라

다윗이 랍바를 쳐서 점령하다 (대상 20:1-3)

26 ● 요압이 암몬 자손의 랍바를 쳐
서 그 왕성을 (占領)점령하매
27 요압이 (傳令)전령을 다윗에게 보
내 이르되 내가 랍바 곧 물들의 성
읍을 쳐서 점령하였으니
28 이제 왕은 그 백성의 남은 (軍士)
군사를 모아 그 성에 맞서 진 치고
이 성읍을 쳐서 점령하소서 내가
이 성읍을 점령하면 이 성읍이 내
이름으로 일컬음을 받을까 두려워
하나이다 하니
29 다윗이 모든 군사를 모아 랍바로
가서 그 곳을 쳐서 (占領)점령하
고
30 그 왕의 머리에서 보석 박힌 왕관
을 가져오니 그 (重量)중량이 금
한 달란트라 다윗이 자기의 머리
에 쓰니라 다윗이 또 그 성읍에서
(擄掠)노략한 물건을 무수히 내오
고
31 그 안에 있는 백성들을 끌어내어
[2]톱질과 써레질과 철도끼질과 벽
돌구이를 그들에게 하게 하니라
암몬 자손의 모든 (城邑)성읍을
이같이 하고 다윗과 모든 백성이
예루살렘으로 돌아가니라

암논과 다말

13 그 (後)후에 이 일이 있으니
라 다윗의 아들 압살롬에게
아름다운 누이가 있으니 이름은
다말이라 다윗의 다른 아들 암논
이 그를 사랑하나
2 그는 (處女)처녀이므로 어찌할 수
없는 줄을 알고 암논이 그의 누이
다말 때문에 울화로 말미암아 병
이 되니라

1) 여호와께 사랑을 입음 2) 톱으로 켜고 써레로 썰고 도끼로
찍고 벽돌 가마로 지나게 하고

3 암논에게 요나답이라 하는 (親舊)
친구가 있으니 그는 다윗의 형 시
므아의 아들이요 심히 간교한 자
라
4 그가 암논에게 이르되 왕자여 (當
身)당신은 어찌하여 나날이 이렇
게 파리하여 가느냐 내게 말해 주
지 아니하겠느냐 하니 암논이 말
하되 내가 아우 압살롬의 누이 다
말을 사랑함이니라 하니라
5 요나답이 그에게 이르되 (寢牀)침
상에 누워 병든 체하다가 네 아버
지가 너를 보러 오거든 너는 그에
게 말하기를 원하건대 내 누이 다
말이 와서 내게 떡을 먹이되 내가
보는 데에서 떡을 차려 그의 손으
로 먹여 주게 하옵소서 하라 하니
6 암논이 곧 누워 병든 체하다가 왕
이 와서 그를 볼 때에 암논이 왕께
아뢰되 원하건대 내 누이 다말이
와서 내가 보는 데에서 (菓子)과
자 두어 개를 만들어 그의 손으로
내게 먹여 주게 하옵소서 하니
7 ●다윗이 사람을 그의 집으로 보
내 다말에게 이르되 이제 네 오라
버니 암논의 집으로 가서 그를 위
하여 (飮食)음식을 차리라 한지라
8 다말이 그 오라버니 암논의 집에
이르매 그가 누웠더라 다말이 밀
가루를 가지고 반죽하여 그가 보
는 데서 과자를 만들고 그 (菓子)
과자를 굽고
9 그 냄비를 가져다가 그 앞에 쏟아
놓아도 암논이 먹기를 (拒絶)거절
하고 암논이 이르되 모든 사람을
내게서 나가게 하라 하니 다 그를
떠나 나가니라
10 암논이 다말에게 이르되 (飮食物)
음식물을 가지고 침실로 들어오라
내가 네 손에서 먹으리라 하니 다
말이 자기가 만든 과자를 가지고
침실에 들어가 그의 오라버니 암
논에게 이르러
11 그에게 먹이려고 가까이 가지고
갈 때에 암논이 그를 붙잡고 그에
게 이르되 나의 누이야 와서 나와
(同寢)동침하자 하는지라
12 그가 그에게 대답하되 아니라 내
오라버니여 나를 (辱)욕되게 하지
말라 이런 일은 이스라엘에서 마
땅히 행하지 못할 것이니 이 어리
석은 일을 행하지 말라
13 내가 이 (羞恥)수치를 지니고 어
디로 가겠느냐 너도 이스라엘에서
어리석은 자 중의 하나가 되리라
이제 청하건대 왕께 말하라 그가
나를 네게 주기를 거절하지 아니
하시리라 하되
14 암논이 그 말을 듣지 아니하고 다
말보다 힘이 세므로 억지로 그와
(同寢)동침하니라
15 ●그리하고 암논이 그를 (甚)심히
미워하니 이제 미워하는 미움이
전에 사랑하던 사랑보다 더한지라
암논이 그에게 이르되 일어나 가
라 하니
16 다말이 그에게 이르되 옳지 아니
하다 나를 쫓아보내는 이 큰 (惡)
악은 아까 내게 행한 그 악보다 더
하다 하되 암논이 그를 듣지 아니

하고
17 그가 부리는 종을 불러 이르되 이
계집을 내게서 이제 내보내고 곧
(門)문빗장을 지르라 하니
18 암논의 하인이 그를 끌어내고 곧
문빗장을 지르니라 다말이 [1](彩
色)채색옷을 입었으니 출가하지
아니한 공주는 이런 옷으로 단장
하는 법이라
19 다말이 재를 (自己)자기의 머리에
덮어쓰고 그의 채색옷을 찢고 손
을 머리 위에 얹고 가서 크게 울부
짖으니라
20 ● 그의 오라버니 압살롬이 그에
게 이르되 네 오라버니 암논이 너
와 함께 있었느냐 그러나 그는 네
오라버니이니 누이야 지금은 잠잠
히 있고 이것으로 말미암아 근심
하지 말라 하니라 이에 다말이 그
의 오라버니 압살롬의 집에 있어
(凄凉)처량하게 지내니라
21 다윗 왕이 이 모든 일을 듣고 심히
(怒)노하니라
22 압살롬은 암논이 그의 누이 다말
을 (辱)욕되게 하였으므로 그를
미워하여 암논에 대하여 잘잘못을
압살롬이 말하지 아니하니라

압살롬의 복수

23 ● 만 이 년 후에 에브라임 곁 바
알하솔에서 압살롬이 양 털을 깎
는 일이 있으매 압살롬이 왕의 모
든 아들을 (請)청하고
24 압살롬이 왕께 나아가 말하되 이
제 종에게 양 털 깎는 일이 있사오
니 청하건대 왕은 신하들을 데리
시고 (當身)당신의 종과 함께 가
사이다 하니
25 왕이 압살롬에게 이르되 아니라
내 아들아 이제 우리가 다 갈 것
없다 네게 누를 끼칠까 하노라 하
니라 압살롬이 그에게 (懇請)간청
하였으나 그가 가지 아니하고 그
에게 복을 비는지라
26 압살롬이 이르되 그렇게 하지 아
니하시려거든 (請)청하건대 내 형
암논이 우리와 함께 가게 하옵소
서 왕이 그에게 이르되 그가 너와
함께 갈 것이 무엇이냐 하되
27 압살롬이 (懇請)간청하매 왕이 암
논과 왕의 모든 아들을 그와 함께
그에게 보내니라
28 압살롬이 이미 그의 종들에게 명
령하여 이르기를 너희는 이제 암
논의 마음이 술로 즐거워할 때를
(仔細)자세히 보다가 내가 너희에
게 암논을 치라 하거든 그를 죽이
라 두려워하지 말라 내가 너희에
게 명령한 것이 아니냐 너희는 담
대히 용기를 내라 한지라
29 압살롬의 종들이 압살롬의 (命令)
명령대로 암논에게 행하매 왕의
모든 아들들이 일어나 각기 노새
를 타고 도망하니라
30 ● 그들이 길에 있을 때에 압살롬
이 왕의 모든 아들들을 죽이고 하
나도 남기지 아니하였다는 (所聞)
소문이 다윗에게 이르매
31 왕이 곧 일어나서 자기의 옷을 찢
고 땅에 드러눕고 그의 (臣下)신

1) 긴 옷

하들도 다 옷을 찢고 모셔 선지라
32 다윗의 형 시므아의 아들 요나답
이 아뢰어 이르되 내 주여 젊은 왕
자들이 다 죽임을 당한 줄로 생각
하지 마옵소서 오직 암논만 죽었
으리이다 그가 압살롬의 누이 다
말을 욕되게 한 날부터 압살롬이
(決心)결심한 것이니이다
33 그러하온즉 내 주 왕이여 왕자들
이 다 죽은 줄로 생각하여 (傷心)
상심하지 마옵소서 오직 암논만
죽었으리이다 하니라
34 ● 이에 압살롬은 (逃亡)도망하니
라 파수하는 청년이 눈을 들어 보
니 보아라 뒷산 언덕길로 여러 사
람이 오는도다
35 요나답이 왕께 아뢰되 보소서 (王
子)왕자들이 오나이다 당신의 종
이 말한 대로 되었나이다 하고
36 말을 마치자 왕자들이 이르러 소
리를 높여 (痛哭)통곡하니 왕과
그의 모든 신하들도 심히 통곡하
니라
37 ● 압살롬은 (逃亡)도망하여 그술
왕 암미훌의 아들 달매에게로 갔
고 다윗은 날마다 그의 아들로 말
미암아 슬퍼하니라
38 압살롬이 (逃亡)도망하여 그술로
가서 거기에 산 지 삼 년이라
39 [1]다윗 왕의 마음이 압살롬을 향하
여 (懇切)간절하니 암논은 이미
죽었으므로 왕이 위로를 받았음이
더라

압살롬이 예루살렘으로 돌아오다

1) 다윗 왕이 압살롬에게 발노하기를 쉬니

14

스루야의 아들 요압이 왕의
마음이 압살롬에게로 (向)
향하는 줄 알고
2 드고아에 사람을 보내 거기서 (智
惠)지혜로운 여인 하나를 데려다
가 그에게 이르되 청하건대 너는
상주가 된 것처럼 상복을 입고 기
름을 바르지 말고 죽은 사람을 위
하여 오래 슬퍼하는 여인 같이 하
고
3 (王)왕께 들어가서 그에게 이러이
러하게 말하라고 요압이 그의 입
에 할 말을 넣어 주니라
4 ● 드고아 (女人)여인이 왕께 아뢸
때에 얼굴을 땅에 대고 엎드려 이
르되 왕이여 도우소서 하니
5 왕이 그에게 이르되 무슨 일이냐
하니라 대답하되 나는 (眞正)진정
으로 과부니이다 남편은 죽고
6 이 (女)여종에게 아들 둘이 있더
니 그들이 들에서 싸우나 그들을
말리는 사람이 아무도 없으므로
한 아이가 다른 아이를 쳐죽인지
라
7 온 (族屬)족속이 일어나서 당신의
여종 나를 핍박하여 말하기를 그
의 동생을 쳐죽인 자를 내놓으라
우리가 그의 동생 죽인 죄를 갚아
그를 죽여 상속자 될 것까지 끊겠
노라 하오니 그러한즉 그들이 내
게 남아 있는 숯불을 꺼서 내 남편
의 이름과 씨를 세상에 남겨두지
아니하겠나이다 하니
8 왕이 여인에게 이르되 네 집으로
가라 내가 너를 위하여 (命令)명

령을 내리리라 하는지라
9 드고아 여인이 왕께 아뢰되 내 주
왕이여 그 죄는 나와 내 아버지의
집으로 돌릴 것이니 왕과 (王位)
왕위는 허물이 없으리이다
10 (王)왕이 이르되 누구든지 네게
말하는 자를 내게로 데려오라 그
가 다시는 너를 건드리지도 못하
리라 하니라
11 여인이 이르되 청하건대 왕은 왕
의 하나님 여호와를 (記憶)기억하
사 원수 갚는 자가 더 죽이지 못하
게 하옵소서 내 아들을 죽일까 두
렵나이다 하니 왕이 이르되 여호
와께서 살아 계심을 두고 맹세하
노니 네 아들의 머리카락 하나도
땅에 떨어지지 아니하리라 하니라
12 ● 여인이 이르되 청하건대 당신
의 여종을 (容納)용납하여 한 말
씀을 내 주 왕께 여쭙게 하옵소서
하니 그가 이르되 말하라 하니라
13 여인이 이르되 그러면 어찌하여
왕께서 하나님의 (百姓)백성에게
대하여 이같은 생각을 하셨나이까
이 말씀을 하심으로 왕께서 죄 있
는 사람 같이 되심은 그 내쫓긴 자
를 왕께서 집으로 돌아오게 하지
아니하심이니이다
14 우리는 필경 죽으리니 땅에 쏟아
진 물을 다시 담지 못함 같을 것이
오나 하나님은 생명을 빼앗지 아
니하시고 (方策)방책을 베푸사 내
쫓긴 자가 하나님께 버린 자가 되
지 아니하게 하시나이다
15 이제 내가 와서 내 주 왕께 이 말
씀을 여쭙는 것은 백성들이 나를
두렵게 하므로 당신의 여종이 스
스로 말하기를 내가 왕께 여쭈오
면 혹시 종이 청하는 것을 왕께서
(施行)시행하실 것이라
16 왕께서 들으시고 나와 내 아들을
함께 하나님의 (基業)기업에서 끊
을 자의 손으로부터 주의 종을 구
원하시리라 함이니이다
17 당신의 여종이 또 스스로 말하기
를 내 주 왕의 말씀이 나의 (慰勞)
위로가 되기를 원한다 하였사오니
이는 내 주 왕께서 하나님의 사자
같이 선과 악을 분간하심이니이다
원하건대 왕의 하나님 여호와께서
왕과 같이 계시옵소서
18 ● 왕이 그 여인에게 (對答)대답하
여 이르되 바라노니 내가 네게 묻
는 것을 내게 숨기지 말라 여인이
이르되 내 주 왕은 말씀하옵소서
19 왕이 이르되 이 모든 일에 요압이
너와 함께 하였느냐 하니 여인이
대답하여 이르되 내 주 왕의 살아
계심을 두고 (盟誓)맹세하옵나니
내 주 왕의 말씀을 좌로나 우로나
옮길 자가 없으리이다 왕의 종 요
압이 내게 명령하였고 그가 이 모
든 말을 왕의 여종의 입에 넣어 주
었사오니
20 이는 왕의 종 요압이 이 일의 형
편을 바꾸려 하여 이렇게 함이니
이다 내 주 왕의 지혜는 하나님의
(使者)사자의 지혜와 같아서 땅에
있는 일을 다 아시나이다 하니라
21 ● 왕이 요압에게 이르되 내가 이

일을 (許諾)허락하였으니 가서 청
년 압살롬을 데려오라 하니라
22 요압이 땅에 엎드려 절하고 왕을
위하여 복을 빌고 요압이 이르되
내 주 왕이여 종의 구함을 왕이 허
락하시니 종이 왕 앞에서 (恩惠)
은혜입은 줄을 오늘 아나이다 하
고
23 요압이 일어나 그술로 가서 압살
롬을 데리고 예루살렘으로 오니
24 왕이 이르되 그를 그의 집으로 물
러가게 하여 내 얼굴을 볼 수 없게
하라 하매 압살롬이 (自己)자기
집으로 돌아가고 왕의 얼굴을 보
지 못하니라

다윗이 압살롬과 화해하다

25 ●온 이스라엘 가운데에서 압살
롬 같이 아름다움으로 크게 (稱
讚)칭찬 받는 자가 없었으니 그는
발바닥부터 정수리까지 흠이 없음
이라
26 그의 머리털이 무거우므로 (年末)
연말마다 깎았으며 그의 머리 털
을 깎을 때에 그것을 달아본즉 그
의 머리털이 왕의 저울로 이백 세
겔이었더라
27 압살롬이 아들 셋과 딸 하나를 낳
았는데 딸의 이름은 다말이라 그
는 얼굴이 아름다운 (女子)여자더
라
28 ●압살롬이 이태 동안 예루살렘
에 있으되 (王)왕의 얼굴을 보지
못하였으므로
29 압살롬이 요압을 (王)왕께 보내려
하여 압살롬이 요압에게 사람을
보내 부르되 그에게 오지 아니하
고 또 다시 그에게 보내되 오지 아
니하는지라
30 압살롬이 자기의 종들에게 이르되
보라 요압의 밭이 내 밭 (近處)근
처에 있고 거기 보리가 있으니 가
서 불을 지르라 하니라 압살롬의
종들이 그 밭에 불을 질렀더니
31 요압이 일어나 압살롬의 집으로
가서 그에게 이르되 어찌하여 네
종들이 내 밭에 불을 질렀느냐 하
니
32 압살롬이 요압에게 (對答)대답하
되 내가 일찍이 사람을 네게 보내
너를 이리로 오라고 청한 것은 내
가 너를 왕께 보내 아뢰게 하기를
어찌하여 내가 그술에서 돌아오
게 되었나이까 이 때까지 거기에
있는 것이 내게 나았으리이다 하
려 함이로라 이제는 네가 나로 하
여금 왕의 얼굴을 볼 수 있게 하라
내가 만일 죄가 있으면 왕이 나를
죽이시는 것이 옳으니라 하는지라
33 요압이 (王)왕께 나아가서 그에게
아뢰매 왕이 압살롬을 부르니 그
가 왕께 나아가 그 앞에서 얼굴을
땅에 대어 그에게 절하매 왕이 압
살롬과 입을 맞추니라

압살롬이 반역하다

15 그 후에 압살롬이 자기를 위
하여 병거와 말들을 (準備)
준비하고 호위병 오십 명을 그 앞
에 세우니라
2 압살롬이 일찍이 일어나 성문 길
곁에 서서 어떤 사람이든지 (訟

事)송사가 있어 왕에게 재판을 청
하러 올 때에 그 사람을 불러 이르
되 너는 어느 성읍 사람이냐 하니
그 사람의 대답이 종은 이스라엘
아무 지파에 속하였나이다 하면
3 압살롬이 그에게 이르기를 보라
네 일이 옳고 바르다마는 네 (訟
事)송사를 들을 사람을 왕께서 세
우지 아니하셨다 하고
4 또 압살롬이 이르기를 내가 이 땅
에서 (裁判官)재판관이 되고 누구
든지 송사나 재판할 일이 있어 내
게로 오는 자에게 내가 정의 베풀
기를 원하노라 하고
5 사람이 가까이 와서 그에게 절하
려 하면 압살롬이 손을 펴서 그 사
람을 붙들고 그에게 입을 맞추니
6 이스라엘 무리 중에 왕께 (裁判)
재판을 청하러 오는 자들마다 압
살롬의 행함이 이와 같아서 이스
라엘 사람의 마음을 압살롬이 훔
치니라
7 ● [1]사 년 만에 압살롬이 왕께 아
뢰되 내가 여호와께 (誓願)서원한
것이 있사오니 청하건대 내가 헤
브론에 가서 그 서원을 이루게 하
소서
8 당신의 종이 아람 그술에 있을 때
에 (誓願)서원하기를 만일 여호와
께서 반드시 나를 예루살렘으로
돌아가게 하시면 내가 여호와를
섬기리이다 하였나이다
9 왕이 그에게 이르되 (平安)평안히
가라 하니 그가 일어나 헤브론으
로 가니라
10 이에 압살롬이 (偵探)정탐을 이스
라엘 모든 지파 가운데에 두루 보
내 이르기를 너희는 나팔 소리를
듣거든 곧 말하기를 압살롬이 헤
브론에서 왕이 되었다 하라 하니
라
11 그 때 (請)청함을 받은 이백 명이
압살롬과 함께 예루살렘에서부터
헤브론으로 내려갔으니 그들은 압
살롬이 꾸민 그 모든 일을 알지 못
하고 그저 따라가기만 한 사람들
이라
12 제사 드릴 때에 압살롬이 사람을
보내 다윗의 모사 길로 사람 아히
도벨을 그의 성읍 길로에서 청하
여 온지라 (叛逆)반역하는 일이
커가매 압살롬에게로 돌아오는 백
성이 많아지니라

다윗이 예루살렘에서 도망하다

13 ●(傳令)전령이 다윗에게 와서 말
하되 이스라엘의 인심이 다 압살
롬에게로 돌아갔나이다 한지라
14 다윗이 예루살렘에 함께 있는 그
의 모든 신하들에게 이르되 일어
나 (逃亡)도망하자 그렇지 아니하
면 우리 중 한 사람도 압살롬에게
서 피하지 못하리라 빨리 가자 두
렵건대 그가 우리를 급히 따라와
우리를 해하고 칼날로 성읍을 칠
까 하노라
15 왕의 (臣下)신하들이 왕께 이르되
우리 주 왕께서 하고자 하시는 대
로 우리가 행하리이다 보소서 당
신의 종들이니이다 하더라

1) 어떤 기록에는 사십이라 함

16 왕이 나갈 때에 그의 (家族)가족
을 다 따르게 하고 후궁 열 명을
왕이 남겨 두어 왕궁을 지키게 하
니라
17 왕이 나가매 모든 (百姓)백성이
다 따라서 [1]벧메르학에 이르러 멈
추어 서니
18 그의 모든 신하들이 그의 곁으로
지나가고 모든 그렛 사람과 모든
블렛 사람과 및 왕을 따라 가드에
서 온 모든 가드 사람 육백 명이
왕 앞으로 (行進)행진하니라
19 ● 그 때에 (王)왕이 가드 사람 잇
대에게 이르되 어찌하여 너도 우
리와 함께 가느냐 너는 쫓겨난 나
그네이니 돌아가서 왕과 함께 네
곳에 있으라
20 너는 어제 왔고 나는 (定處)정처
없이 가니 오늘 어찌 너를 우리와
함께 떠돌아다니게 하리요 너도
돌아가고 네 동포들도 데려가라
은혜와 진리가 너와 함께 있기를
원하노라 하니라
21 잇대가 왕께 대답하여 이르되 여
호와의 살아 계심과 내 주 왕의 살
아 계심으로 맹세하옵나니 (眞實)
진실로 내 주 왕께서 어느 곳에 계
시든지 사나 죽으나 종도 그 곳에
있겠나이다 하니
22 다윗이 잇대에게 이르되 앞서 건
너가라 하매 가드 사람 잇대와 그
의 (修行者)수행자들과 그와 함께
한 아이들이 다 건너가고
23 온 땅 사람이 큰 소리로 울며 모든

1) 먼 궁

백성이 앞서 건너가매 왕도 기드
론 시내를 건너가니 건너간 모든
백성이 (曠野)광야 길로 향하니라
24 ● 보라 사독과 그와 함께 한 모든
레위 사람도 하나님의 (言約櫃)언
약궤를 메어다가 하나님의 궤를
내려놓고 아비아달도 올라와서 모
든 백성이 성에서 나오기를 기다
리도다
25 왕이 사독에게 이르되 보라 하나
님의 궤를 성읍으로 도로 메어 가
라 만일 내가 여호와 앞에서 (恩
惠)은혜를 입으면 도로 나를 인도
하사 내게 그 궤와 그 계신 데를
보이시리라
26 그러나 그가 이와 같이 말씀하시
기를 내가 너를 기뻐하지 아니한
다 하시면 종이 여기 있사오니
(善)선히 여기시는 대로 내게 행
하시옵소서 하리라
27 왕이 또 제사장 사독에게 이르되
네가 (先見者)선견자가 아니냐 너
는 너희의 두 아들 곧 네 아들 아
히마아스와 아비아달의 아들 요나
단을 데리고 평안히 성읍으로 돌
아가라
28 너희에게서 내게 알리는 (消息)소
식이 올 때까지 내가 광야 나루터
에서 기다리리라 하니라
29 사독과 아비아달이 하나님의 (櫃)
궤를 예루살렘으로 도로 메어다
놓고 거기 머물러 있으니라
30 ● 다윗이 (橄欖)감람 산 길로 올
라갈 때에 그의 머리를 그가 가리
고 맨발로 울며 가고 그와 함께 가

는 모든 백성들도 각각 자기의 머
리를 가리고 울며 올라가니라
31 어떤 사람이 다윗에게 알리되 압
살롬과 함께 (謀叛)모반한 자들
가운데 아히도벨이 있나이다 하니
다윗이 이르되 여호와여 원하옵
건대 아히도벨의 모략을 어리석게
하옵소서 하니라
32 다윗이 하나님을 (敬拜)경배하는
마루턱에 이를 때에 아렉 사람 후
새가 옷을 찢고 흙을 머리에 덮어
쓰고 다윗을 맞으러 온지라
33 다윗이 그에게 이르되 네가 만일
나와 함께 나아가면 내게 (累)누
를 끼치리라
34 그러나 네가 만일 성읍으로 돌아
가서 압살롬에게 말하기를 왕이여
내가 왕의 종이니이다 전에는 내
가 왕의 아버지의 종이었더니 이
제는 내가 왕의 종이니이다 하면
네가 나를 위하여 아히도벨의 (謀
略)모략을 패하게 하리라
35 사독과 아비아달 두 제사장이 너
와 함께 거기 있지 아니하냐 네가
왕의 궁중에서 무엇을 듣든지 사
독과 아비아달 두 (祭司長)제사장
에게 알리라
36 그들의 두 아들 곧 사독의 아히마
아스와 아비아달의 요나단이 그들
과 함께 거기 있나니 너희가 듣는
모든 것을 그들 편에 내게 (消息)
소식을 알릴지니라 하는지라
37 다윗의 (親舊)친구 후새가 곧 성
읍으로 들어가고 압살롬도 예루살
렘으로 들어갔더라

다윗과 시바

16 다윗이 마루턱을 조금 지나
니 므비보셋의 종 시바가
(鞍裝)안장 지운 두 나귀에 떡 이
백 개와 건포도 백 송이와 여름 과
일 백 개와 포도주 한 가죽부대를
싣고 다윗을 맞는지라
2 왕이 시바에게 이르되 네가 무
슨 뜻으로 이것을 가져왔느냐 하
니 시바가 이르되 나귀는 왕의 (家
族)가족들이 타게 하고 떡과 과일
은 청년들이 먹게 하고 포도주는
들에서 피곤한 자들에게 마시게
하려 함이니이다
3 왕이 이르되 네 주인의 아들이 어
디 있느냐 하니 시바가 왕께 아뢰
되 예루살렘에 있는데 그가 말하
기를 이스라엘 (族屬)족속이 오늘
내 아버지의 나라를 내게 돌리리
라 하나이다 하는지라
4 왕이 시바에게 이르되 므비보셋에
게 있는 것이 다 네 것이니라 하니
라 시바가 이르되 내가 절하나이다
내 주 왕이여 내가 왕 앞에서 (恩
惠)은혜를 입게 하옵소서 하니라

다윗과 시므이

5 ●다윗 왕이 바후림에 이르매 거
기서 사울의 친족 한 사람이 나오
니 게라의 아들이요 이름은 시므
이라 그가 나오면서 계속하여 (詛
呪)저주하고
6 또 다윗과 다윗 왕의 모든 신하들
을 향하여 돌을 던지니 그 때에 모
든 백성과 (勇士)용사들은 다 왕
의 좌우에 있었더라

7 시므이가 (詛呪)저주하는 가운데
이와 같이 말하니라 피를 흘린 자
여 사악한 자여 가거라 가거라
8 사울의 (族屬)족속의 모든 피를
여호와께서 네게로 돌리셨도다 그
를 이어서 네가 왕이 되었으나 여
호와께서 나라를 네 아들 압살롬
의 손에 넘기셨도다 보라 너는 피
를 흘린 자이므로 화를 자초하였
느니라 하는지라
9 ●스루야의 아들 아비새가 왕께
여짜오되 이 죽은 개가 어찌 내 주
왕을 (詛呪)저주하리이까 청하건
대 내가 건너가서 그의 머리를 베
게 하소서 하니
10 왕이 이르되 스루야의 아들들아
내가 너희와 무슨 (相關)상관이
있느냐 그가 저주하는 것은 여호
와께서 그에게 다윗을 저주하라
하심이니 네가 어찌 그리하였느냐
할 자가 누구겠느냐 하고
11 또 다윗이 아비새와 모든 (臣下)
신하들에게 이르되 내 몸에서 난
아들도 내 생명을 해하려 하거든
하물며 이 베냐민 사람이랴 여호
와께서 그에게 명령하신 것이니
그가 저주하게 버려두라
12 혹시 여호와께서 나의 (怨痛)원통
함을 감찰하시리니 오늘 그 저주
때문에 여호와께서 선으로 내게
갚아 주시리라 하고
13 다윗과 그의 (追從者)추종자들이
길을 갈 때에 시므이는 산비탈로
따라가면서 저주하고 그를 향하여
돌을 던지며 먼지를 날리더라
14 왕과 그와 함께 있는 백성들이 [1]다
(疲困)피곤하여 한 곳에 이르러
거기서 쉬니라

압살롬의 입성과 후새의 위장 전향

15 ●압살롬과 모든 이스라엘 (百姓)
백성들이 예루살렘에 이르고 아히
도벨도 그와 함께 이른지라
16 다윗의 친구 아렉 사람 후새가 압
살롬에게 나갈 때에 그에게 말하
기를 왕이여 만세, 왕이여 (萬歲)
만세 하니
17 압살롬이 후새에게 이르되 이것이
네가 친구를 (厚待)후대하는 것이
냐 네가 어찌하여 네 친구와 함께
가지 아니하였느냐 하니
18 후새가 압살롬에게 이르되 그렇지
아니하니이다 내가 여호와와 이
백성 모든 이스라엘의 (擇)택한
자에게 속하여 그와 함께 있을 것
이니이다
19 또 내가 이제 누구를 섬기리이까
그의 아들이 아니니이까 내가 전
에 왕의 아버지를 섬긴 것 같이
(王)왕을 섬기리이다 하니라
20 ●압살롬이 아히도벨에게 이르되
너는 어떻게 행할 (計略)계략을
우리에게 가르치라 하니
21 아히도벨이 압살롬에게 이르되 왕
의 아버지가 남겨 두어 왕궁을 지
키게 한 (後宮)후궁들과 더불어
동침하소서 그리하면 왕께서 왕의
아버지가 미워하는 바 됨을 온 이
스라엘이 들으리니 왕과 함께 있
는 모든 사람의 힘이 더욱 (强)강

1) 아예빔에 이르러

하여지리이다 하니라
22 이에 사람들이 압살롬을 위하여
옥상에 (帳幕)장막을 치니 압살롬
이 온 이스라엘 무리의 눈앞에서
그 아버지의 후궁들과 더불어 동
침하니라
23 그 때에 아히도벨이 베푸는 계략
은 사람이 하나님께 물어서 받은
말씀과 같은 것이라 아히도벨의
모든 (計略)계략은 다윗에게나 압
살롬에게나 그와 같이 여겨졌더라

압살롬이 아히도벨의 계략을 따르지 않다

17 아히도벨이 또 압살롬에게
이르되 이제 내가 사람 만
이천 명을 택하게 하소서 오늘 밤
에 내가 일어나서 다윗의 뒤를 (追
跡)추적하여
2 그가 곤하고 힘이 빠졌을 때에 (奇
襲)기습하여 그를 무섭게 하면 그
와 함께 있는 모든 백성이 도망하
리니 내가 다윗 왕만 쳐죽이고
3 모든 백성이 당신께 돌아오게 하
리니 모든 사람이 돌아오기는 왕
이 찾는 이 사람에게 달렸음이라
그리하면 모든 백성이 (平安)평안
하리이다 하니
4 압살롬과 이스라엘 (長老)장로들
이 다 그 말을 옳게 여기더라
5 ●압살롬이 이르되 아렉 사람 후
새도 부르라 우리가 이제 그의 말
도 듣자 하니라
6 후새가 압살롬에게 이르매 압살롬
이 그에게 말하여 이르되 아히도
벨이 이러이러하게 말하니 우리가
그 말대로 (行)행하랴 그렇지 아
니하거든 너는 말하라 하니
7 후새가 압살롬에게 이르되 이번에
는 아히도벨이 베푼 (計略)계략이
좋지 아니하니이다 하고
8 또 후새가 말하되 왕도 아시거니
와 왕의 아버지와 그의 추종자들
은 용사라 그들은 들에 있는 곰이
새끼를 빼앗긴 것 같이 (激忿)격
분하였고 왕의 부친은 전쟁에 익
숙한 사람인즉 백성과 함께 자지
아니하고
9 지금 그가 어느 굴에나 어느 곳에
숨어 있으리니 혹 [1]무리 중에 몇
이 먼저 엎드러지면 그 (所聞)소
문을 듣는 자가 말하기를 압살롬
을 따르는 자 가운데에서 패함을
당하였다 할지라
10 비록 그가 (獅子)사자 같은 마음
을 가진 용사의 아들일지라도 낙
심하리니 이는 이스라엘 무리가
왕의 아버지는 영웅이요 그의 추
종자들도 용사인 줄 앎이니이다
11 나는 이렇게 계략을 세웠나이다
온 이스라엘을 단부터 브엘세바
까지 바닷가의 많은 모래 같이 당
신께로 모으고 친히 (戰場)전장에
나가시고
12 우리가 그 만날 만한 곳에서 그를
(奇襲)기습하기를 이슬이 땅에 내
림 같이 우리가 그의 위에 덮여 그
와 그 함께 있는 모든 사람을 하나
도 남겨 두지 아니할 것이요
13 또 만일 그가 어느 (城)성에 들었

1) 저가 무리 중에 몇을 치면

으면 온 이스라엘이 밧줄을 가져
다가 그 성을 강으로 끌어들여서
그 곳에 작은 돌 하나도 보이지 아
니하게 할 것이니이다 하매
14 압살롬과 온 이스라엘 사람들이
이르되 아렉 사람 후새의 계략은
아히도벨의 계략보다 낫다 하니
이는 여호와께서 압살롬에게 화를
내리려 하사 아히도벨의 좋은 계
략을 물리치라고 (命令)명령하셨
음이더라

후새의 계략과 아히도벨의 죽음

15 ● 이에 후새가 사독과 아비아달
두 (祭司長)제사장에게 이르되 아
히도벨이 압살롬과 이스라엘 장로
들에게 이러이러하게 계략을 세웠
고 나도 이러이러하게 계략을 세
웠으니
16 이제 너희는 빨리 사람을 보내 다
윗에게 전하기를 오늘밤에 (曠野)
광야 나루터에서 자지 말고 아무
쪼록 건너가소서 하라 혹시 왕과
그를 따르는 모든 백성이 몰사할
까 하노라 하니라
17 그 때에 요나단과 아히마아스
가 사람이 볼까 두려워하여 감히
(城)성에 들어가지 못하고 [1]에느
로겔 가에 머물고 어떤 여종은 그
들에게 나와서 말하고 그들은 가
서 다윗 왕에게 알리더니
18 한 (靑年)청년이 그들을 보고 압
살롬에게 알린지라 그 두 사람이
빨리 달려서 바후림 어떤 사람의
집으로 들어가서 그의 뜰에 있는

1) 로겔 샘 2) 이스마엘

우물 속으로 내려가니
19 그 집 여인이 덮을 것을 가져다가
우물 아귀를 덮고 찧은 (穀食)곡
식을 그 위에 널매 전혀 알지 못
하더라
20 압살롬의 종들이 그 집에 와서 (女
人)여인에게 묻되 아히마아스와
요나단이 어디 있느냐 하니 여인
이 그들에게 이르되 그들이 시내
를 건너가더라 하니 그들이 찾아
도 만나지 못하고 예루살렘으로
돌아가니라
21 ● 그들이 간 후에 두 사람이 우
물에서 올라와서 다윗 왕에게 가
서 다윗 왕에게 말하여 이르되 (當
身)당신들은 일어나 빨리 물을 건
너가소서 아히도벨이 당신들을 해
하려고 이러이러하게 계략을 세웠
나이다
22 다윗이 일어나 모든 (百姓)백성과
함께 요단을 건널새 새벽까지 한
사람도 요단을 건너지 못한 자가
없었더라
23 아히도벨이 자기 계략이 시행되지
못함을 보고 나귀에 (鞍裝)안장을
지우고 일어나 고향으로 돌아가
자기 집에 이르러 집을 정리하고
스스로 목매어 죽으매 그의 조상
의 묘에 장사되니라
24 ● 이에 다윗은 마하나임에 이르
고 압살롬은 모든 이스라엘 사람
과 함께 요단을 건너니라
25 압살롬이 아마사로 요압을 (代身)
대신하여 군지휘관으로 삼으니라
아마사는 [2]이스라엘 사람 이드라

라 하는 자의 아들이라 이드라가
나하스의 딸 아비갈과 동침하여
그를 낳았으며 아비갈은 요압의
어머니 스루야의 동생이더라
26 이에 이스라엘 무리와 압살롬이
길르앗 땅에 (陣)진 치니라
27 ● 다윗이 마하나임에 이르렀을
때에 암몬 (族屬)족속에게 속한
랍바 사람 나하스의 아들 소비와
로데발 사람 암미엘의 아들 마길과
로글림 길르앗 사람 바르실래가
28 (寢牀)침상과 대야와 질그릇과 밀
과 보리와 밀가루와 볶은 곡식과
콩과 팥과 볶은 녹두와
29 꿀과 버터와 양과 치즈를 가져다
가 다윗과 그와 함께 한 (百姓)백
성에게 먹게 하였으니 이는 그들
생각에 백성이 들에서 시장하고
(困)곤하고 목마르겠다 함이더라

압살롬이 패하다

18 이에 다윗이 그와 함께 한
(百姓)백성을 찾아가서 천
부장과 백부장을 그들 위에 세우
고
2 다윗이 그의 백성을 내보낼새 삼
분의 일은 요압의 휘하에, 삼분의
일은 스루야의 아들 요압의 동생
아비새의 휘하에 넘기고 삼분의
일은 가드 사람 잇대의 휘하에 넘
기고 왕이 (百姓)백성에게 이르되
나도 반드시 너희와 함께 나가리
라 하니
3 백성들이 이르되 왕은 나가지 마
소서 우리가 (逃亡)도망할지라도
그들은 우리에게 마음을 쓰지 아
니할 터이요 우리가 절반이나 죽
을지라도 우리에게 마음을 쓰지
아니할 터이라 왕은 우리 만 명보
다 중하시오니 왕은 성읍에 계시
다가 우리를 도우심이 좋으니이다
하니라
4 왕이 그들에게 이르되 너희가 좋
게 여기는 대로 내가 행하리라 하
고 문 곁에 왕이 서매 모든 백성이
백 명씩 천 명씩 (隊)대를 지어 나
가는지라
5 왕이 요압과 아비새와 잇대에게
명령하여 이르되 나를 위하여 젊
은 압살롬을 너그러이 (待遇)대우
하라 하니 왕이 압살롬을 위하여
모든 군지휘관에게 명령할 때에
백성들이 다 들으니라
6 ● 이에 (百姓)백성이 이스라엘을
치러 들로 나가서 에브라임 수풀
에서 싸우더니
7 거기서 이스라엘 백성이 다윗의
(部下)부하들에게 패하매 그 날
그 곳에서 전사자가 많아 이만 명
에 이르렀고
8 그 땅에서 (四面)사면으로 퍼져
싸웠으므로 그 날에 수풀에서 죽
은 자가 칼에 죽은 자보다 많았더
라
9 ● 압살롬이 다윗의 부하들과 마
주치니라 압살롬이 노새를 탔는데
그 노새가 큰 상수리나무 (蕃盛)
번성한 가지 아래로 지날 때에 압
살롬의 머리가 그 상수리나무에
걸리매 그가 공중과 그 땅 사이에
달리고 그가 탔던 노새는 그 아래

로 빠져나간지라
10 한 사람이 보고 요압에게 알려 이
르되 내가 보니 압살롬이 상수리
나무에 달렸더이다 하니
11 요압이 그 알린 사람에게 이르되
네가 보고 어찌하여 (當場)당장에
쳐서 땅에 떨어뜨리지 아니하였느
냐 내가 네게 은 열 개와 띠 하나
를 주었으리라 하는지라
12 그 사람이 요압에게 대답하되 내
가 내 손에 은 천 개를 받는다 할
지라도 나는 왕의 아들에게 손을
대지 아니하겠나이다 우리가 들었
거니와 왕이 당신과 아비새와 잇
대에게 명령하여 이르시기를 삼가
누구든지 젊은 압살롬을 (害)해하
지 말라 하셨나이다
13 아무 일도 왕 앞에는 숨길 수 없나
니 내가 만일 거역하여 그의 생명
을 해하였더라면 당신도 나를 (對
敵)대적하였으리이다 하니
14 요압이 이르되 나는 너와 같이 (遲
滯)지체할 수 없다 하고 손에 작
은 창 셋을 가지고 가서 상수리나
무 가운데서 아직 살아 있는 압살
롬의 심장을 찌르니
15 요압의 (武器)무기를 든 청년 열
명이 압살롬을 에워싸고 쳐죽이니
라
16 ● 요압이 (喇叭)나팔을 불어 백성
들에게 그치게 하니 그들이 이스
라엘을 추격하지 아니하고 돌아오
니라
17 그들이 압살롬을 옮겨다가 수풀
가운데 큰 구멍에 그를 던지고 그
위에 매우 큰 돌무더기를 쌓으니
라 온 이스라엘 무리가 (各其)각
기 장막으로 도망하니라
18 압살롬이 살았을 때에 자기를 위
하여 한 비석을 마련하여 세웠으
니 이는 그가 자기 이름을 전할 아
들이 내게 없다고 말하였음이더라
그러므로 자기 이름을 기념하여
그 (碑石)비석에 이름을 붙였으며
그 비석이 왕의 골짜기에 있고 이
제까지 그것을 압살롬의 기념비라
일컫더라

압살롬의 죽음과 다윗의 울음

19 ● 사독의 아들 아히마아스가 이
르되 청하건대 내가 빨리 왕에게
가서 여호와께서 왕의 원수 갚아
주신 (消息)소식을 전하게 하소서
20 요압이 그에게 이르되 너는 오늘
(消息)소식을 전하는 자가 되지
말고 다른 날에 전할 것이니라 왕
의 아들이 죽었나니 네가 오늘 소
식을 전하지 못하리라 하고
21 요압이 구스 사람에게 이르되 네
가 가서 본 것을 (王)왕께 아뢰라
하매 구스 사람이 요압에게 절하
고 달음질하여 가니
22 사독의 아들 아히마아스가 다시
요압에게 이르되 청하건대 아무쪼
록 내가 또한 구스 사람의 뒤를 따
라 달려가게 하소서 하니 요압이
이르되 내 아들아 너는 왜 달려가
려 하느냐 이 (消息)소식으로 말
미암아서는 너는 상을 받지 못하
리라 하되
23 그가 한사코 달려가겠노라 하는지

라 요압이 이르되 그리하라 하니
아히마아스가 들길로 달음질하여
구스 사람보다 앞질러가니라
24 ●때에 다윗이 두 문 사이에 앉아
있더라 (把守)파수꾼이 성 문 위
층에 올라가서 눈을 들어 보니 어
떤 사람이 홀로 달려오는지라
25 파수꾼이 외쳐 왕께 아뢰매 왕이
이르되 그가 만일 혼자면 그의 입
에 (消息)소식이 있으리라 할 때
에 그가 점점 가까이 오니라
26 파수꾼이 본즉 한 사람이 또 달려
오는지라 파수꾼이 문지기에게 외
쳐 이르되 보라 한 사람이 또 혼자
달려온다 하니 왕이 이르되 그도
(消息)소식을 가져오느니라
27 파수꾼이 이르되 내가 보기에는
앞선 사람의 달음질이 사독의 아
들 아히마아스의 달음질과 같으니
이다 하니 왕이 이르되 그는 좋은
사람이니 좋은 (消息)소식을 가져
오느니라 하니라
28 ●아히마아스가 외쳐 왕께 아뢰
되 평강하옵소서 하고 왕 앞에서
얼굴을 땅에 대고 절하며 이르되
왕의 하나님 여호와를 찬양하리로
소이다 그의 손을 들어 내 주 왕을
(對敵)대적하는 자들을 넘겨 주셨
나이다 하니
29 왕이 이르되 젊은 압살롬은 잘 있
느냐 하니라 아히마아스가 대답하
되 요압이 왕의 [1]종 나를 보낼 때
에 크게 (騷動)소동하는 것을 보
았사오나 무슨 일인지 알지 못하
였나이다 하니
30 (王)왕이 이르되 물러나 거기 서
있으라 하매 물러나서 서 있더라
31 ●구스 사람이 이르러 말하되 내
주 왕께 아뢸 (消息)소식이 있나
이다 여호와께서 오늘 왕을 대적
하던 모든 원수를 갚으셨나이다
하니
32 왕이 구스 사람에게 묻되 젊은 압
살롬은 잘 있느냐 구스 사람이 대
답하되 내 주 왕의 (怨讐)원수와
일어나서 왕을 대적하는 자들은
다 그 청년과 같이 되기를 원하나
이다 하니
33 왕의 마음이 심히 아파 문 위층으
로 올라가서 우니라 그가 올라갈
때에 말하기를 내 아들 압살롬아
내 아들 내 아들 압살롬아 차라리
내가 너를 (代身)대신하여 죽었더
면, 압살롬 내 아들아 내 아들아
하였더라

요압이 다윗에게 항의하다

19 어떤 사람이 요압에게 아뢰
되 왕이 압살롬을 (爲)위하
여 울며 슬퍼하시나이다 하니
2 왕이 그 아들을 위하여 슬퍼한다
함이 그 날에 백성들에게 들리매
그 날의 (勝利)승리가 모든 백성
에게 슬픔이 된지라
3 그 날에 백성들이 싸움에 쫓겨 부
끄러워 (逃亡)도망함 같이 가만히
성읍으로 들어가니라
4 (王)왕이 그의 얼굴을 가리고 큰 소
리로 부르되 내 아들 압살롬아 압
살롬아 내 아들아 내 아들아 하니

1) 종과

5 요압이 집에 들어가서 왕께 말씀
드리되 왕께서 오늘 왕의 생명과
왕의 자녀의 생명과 (妻妾)처첩과
비빈들의 생명을 구원한 모든 부
하들의 얼굴을 부끄럽게 하시니
6 이는 왕께서 미워하는 자는 사랑
하시며 사랑하는 자는 미워하시고
오늘 (指揮官)지휘관들과 부하들
을 멸시하심을 나타내심이라 오늘
내가 깨달으니 만일 압살롬이 살
고 오늘 우리가 다 죽었더면 왕이
마땅히 여기실 뻔하였나이다
7 이제 곧 일어나 나가 왕의 부하들
의 마음을 (慰勞)위로하여 말씀하
옵소서 내가 여호와를 두고 맹세
하옵나니 왕이 만일 나가지 아니
하시면 오늘 밤에 한 사람도 왕과
함께 머물지 아니할지라 그리하면
그 화가 왕이 젊었을 때부터 지금
까지 당하신 모든 화보다 더욱 심
하리이다 하니
8 왕이 일어나 (城門)성문에 앉으매
어떤 사람이 모든 백성에게 말하
되 왕이 문에 앉아 계신다 하니 모
든 백성이 왕 앞으로 나아오니라

다윗의 귀환 준비

●이스라엘은 이미 각기 (帳幕)장
막으로 도망하였더라
9 이스라엘 모든 (支派)지파 백성
들이 변론하여 이르되 왕이 우리
를 원수의 손에서 구원하여 내셨
고 또 우리를 블레셋 사람들의 손
에서 구원하셨으나 이제 압살롬을
피하여 그 땅에서 나가셨고
10 우리가 기름을 부어 우리를 다스
리게 한 압살롬은 싸움에서 죽었
거늘 이제 너희가 어찌하여 왕을
도로 모셔 올 일에 (潛潛)잠잠하
고 있느냐 하니라
11 ●다윗 왕이 사독과 아비아달 두
제사장에게 (消息)소식을 전하여
이르되 너희는 유다 장로들에게
말하여 이르기를 왕의 말씀이 온
이스라엘이 왕을 왕궁으로 도로
모셔오자 하는 말이 왕께 들렸거
늘 너희는 어찌하여 왕을 궁으로
모시는 일에 나중이 되느냐
12 너희는 내 형제요 내 (骨肉)골육
이거늘 너희는 어찌하여 왕을 도
로 모셔오는 일에 나중이 되리요
하셨다 하고
13 너희는 또 아마사에게 이르기를
너는 내 골육이 아니냐 네가 요압
을 이어서 항상 내 앞에서 (指揮
官)지휘관이 되지 아니하면 하나
님이 내게 벌 위에 벌을 내리시기
를 바라노라 하셨다 하라 하여
14 모든 유다 사람들의 마음을 하나
같이 기울게 하매 그들이 왕께 (傳
喝)전갈을 보내어 이르되 당신께
서는 모든 부하들과 더불어 돌아
오소서 한지라
15 왕이 돌아와 요단에 이르매 유다
(族屬)족속이 왕을 맞아 요단을
건너가게 하려고 길갈로 오니라

다윗과 시므이

16 ●바후림에 있는 베냐민 사람 게
라의 아들 시므이가 (急)급히 유
다 사람과 함께 다윗 왕을 맞으러
내려올 때에

17 베냐민 사람 천 명이 그와 함께 하
고 사울 집안의 종 시바도 그의 아
들 열다섯과 종 스무 명과 더불어
그와 함께 하여 요단 (江)강을 밟
고 건너 왕 앞으로 나아오니라
18 왕의 (家族)가족을 건너가게 하며
왕이 좋게 여기는 대로 쓰게 하려
하여 나룻배로 건너가니 왕이 요
단을 건너가게 할 때에 게라의 아
들 시므이가 왕 앞에 엎드려
19 왕께 아뢰되 내 주여 원하건대 내
게 죄를 돌리지 마옵소서 내 주 왕
께서 예루살렘에서 나오시던 날에
종의 (悖逆)패역한 일을 기억하지
마시오며 왕의 마음에 두지 마옵
소서
20 왕의 종 내가 (犯罪)범죄한 줄 아
옵기에 오늘 요셉의 온 족속 중 내
가 먼저 내려와서 내 주 왕을 영접
하나이다 하니
21 ● 스루야의 아들 아비새가 (對答)
대답하여 이르되 시므이가 여호와
의 기름 부으신 자를 저주하였으
니 그로 말미암아 죽어야 마땅하
지 아니하니이까 하니라
22 다윗이 이르되 스루야의 아들들아
내가 너희와 무슨 (相關)상관이
있기에 너희가 오늘 나의 [1]원수가
되느냐 오늘 어찌하여 이스라엘
가운데에서 사람을 죽이겠느냐 내
가 오늘 이스라엘의 왕이 된 것을
내가 알지 못하리요 하고
23 왕이 시므이에게 이르되 네가 죽
지 아니하리라 하고 그에게 (盟
誓)맹세하니라

다윗과 므비보셋

24 ● 사울의 손자 므비보셋이 내려
와 왕을 맞으니 그는 왕이 떠난 날
부터 평안히 돌아오는 날까지 그
의 발을 맵시 내지 아니하며 그의
(鬚髥)수염을 깎지 아니하며 옷을
빨지 아니하였더라
25 [2]예루살렘에서 와서 (王)왕을 맞
을 때에 왕이 그에게 물어 이르되
므비보셋이여 네가 어찌하여 나와
함께 가지 아니하였더냐 하니
26 대답하되 내 주 왕이여 왕의 종인
나는 다리를 절므로 내 나귀에 (鞍
裝)안장을 지워 그 위에 타고 왕
과 함께 가려 하였더니 내 종이 나
를 속이고
27 종인 나를 내 주 왕께 모함하였나
이다 내 (主)주 왕께서는 하나님
의 사자와 같으시니 왕의 처분대
로 하옵소서
28 내 아버지의 온 집이 내 주 왕 앞
에서는 다만 죽을 사람이 되지 아
니하였나이까 그러나 종을 왕의
상에서 (飮食)음식 먹는 자 가운
데에 두셨사오니 내게 아직 무슨
공의가 있어서 다시 왕께 부르짖
을 수 있사오리이까 하니라
29 (王)왕이 그에게 이르되 네가 어
찌하여 또 네 일을 말하느냐 내가
이르노니 너는 시바와 밭을 나누
라 하니
30 므비보셋이 왕께 아뢰되 내 주 왕
께서 평안히 (王宮)왕궁에 돌아오
시게 되었으니 그로 그 전부를 차

1) 히, 사탄 2) 저가 왕을 맞으러 예루살렘에 이를 때에

지하게 하옵소서 하니라

다윗과 바르실래

31 ●길르앗 사람 바르실래가 (王)왕
이 요단을 건너가게 하려고 로글림
에서 내려와 함께 요단에 이르니
32 바르실래는 매우 늙어 나이가 팔
십 세라 그는 큰 (富者)부자이므
로 왕이 마하나임에 머물 때에 그
가 왕을 공궤하였더라
33 왕이 바르실래에게 이르되 너는
나와 함께 건너가자 예루살렘에서
내가 너를 (供饋)공궤하리라
34 바르실래가 왕께 아뢰되 내 (生
命)생명의 날이 얼마나 있사옵겠
기에 어찌 왕과 함께 예루살렘으
로 올라가리이까
35 내 나이가 이제 팔십 세라 어떻게
좋고 흉한 것을 (分揀)분간할 수
있사오며 음식의 맛을 알 수 있사
오리이까 이 종이 어떻게 다시 노
래하는 남자나 여인의 소리를 알
아들을 수 있사오리이까 어찌하여
종이 내 주 왕께 아직도 누를 끼치
리이까
36 (當身)당신의 종은 왕을 모시고
요단을 건너려는 것뿐이거늘 왕께
서 어찌하여 이같은 상으로 내게
갚으려 하시나이까
37 청하건대 당신의 종을 돌려보내옵
소서 내가 내 고향 부모의 묘 곁에
서 죽으려 하나이다 그러나 왕의
종 김함이 여기 있사오니 청하건
대 그가 내 주 왕과 함께 건너가게
하시옵고 왕의 (處分)처분대로 그
에게 베푸소서 하니라
38 왕이 대답하되 김함이 나와 함께
건너가리니 나는 네가 좋아하는
대로 그에게 베풀겠고 또 네가 내
게 구하는 것은 다 너를 위하여
(施行)시행하리라 하니라
39 (百姓)백성이 다 요단을 건너매
왕도 건너가서 왕이 바르실래에게
입을 맞추고 그에게 복을 비니 그
가 자기 곳으로 돌아가니라

남북의 분쟁

40 ●왕이 길갈로 건너오고 김함도
함께 건너오니 온 유다 백성과 이
스라엘 백성의 (折半)절반이나 왕
과 함께 건너니라
41 온 이스라엘 사람이 왕께 나아와
왕께 아뢰되 우리 형제 유다 사람
들이 어찌 왕을 도둑하여 왕과 왕
의 집안과 왕을 따르는 모든 사람
을 (引導)인도하여 요단을 건너가
게 하였나이까 하매
42 모든 유다 사람이 이스라엘 사람
에게 대답하되 왕은 우리의 (宗
親)종친인 까닭이라 너희가 어찌
이 일에 대하여 분 내느냐 우리가
왕의 것을 조금이라도 얻어 먹었
느냐 왕께서 우리에게 선물로 주
신 것이 있느냐
43 이스라엘 사람이 유다 사람에게 대
답하여 이르되 우리는 왕에 대하여
열 몫을 가졌으니 다윗에게 대하
여 너희보다 더욱 (關係)관계가 있
거늘 너희가 어찌 우리를 멸시하여
우리 왕을 모셔 오는 일에 먼저 우
리와 의논하지 아니하였느냐 하나
유다 사람의 말이 이스라엘 사람의

말보다 더 강경하였더라

세바의 반역

20 마침 거기에 (不良輩)불량배
하나가 있으니 그의 이름은
세바인데 베냐민 사람 비그리의 아
들이었더라 그가 나팔을 불며 이르
되 우리는 다윗과 나눌 분깃이 없
으며 이새의 아들에게서 받을 유산
이 우리에게 없도다 이스라엘아 각
각 장막으로 돌아가라 하매
2 이에 온 이스라엘 사람들이 다윗
따르기를 그치고 올라가 비그리의
아들 세바를 따르나 유다 사람들
은 그들의 왕과 (合)합하여 요단
에서 예루살렘까지 따르니라
3 ●다윗이 예루살렘 본궁에 이르
러 전에 머물러 왕궁을 지키게 한
후궁 열 명을 잡아 (別室)별실에
가두고 먹을 것만 주고 그들에게
관계하지 아니하니 그들이 죽는
날까지 갇혀서 생과부로 지내니라
4 ●왕이 아마사에게 이르되 너는
나를 (爲)위하여 삼 일 내로 유다
사람을 큰 소리로 불러 모으고 너
도 여기 있으라 하니라
5 아마사가 유다 사람을 모으러 가
더니 왕이 정한 기일에 (遲滯)지
체된지라
6 다윗이 이에 아비새에게 이르되
이제 비그리의 아들 세바가 압살
롬보다 우리를 더 해하리니 너는
네 주의 부하들을 데리고 그의 뒤
를 쫓아가라 그가 (堅固)견고한
성읍에 들어가 우리들을 피할까
염려하노라 하매
7 요압을 따르는 자들과 그렛 사람
들과 블렛 사람들과 모든 (勇士)
용사들이 다 아비새를 따라 비그
리의 아들 세바를 뒤쫓으려고 예
루살렘에서 나와
8 기브온 큰 바위 곁에 이르매 아마
사가 맞으러 오니 그 때에 요압이
(軍服)군복을 입고 띠를 띠고 칼
집에 꽂은 칼을 허리에 맸는데 그
가 나아갈 때에 칼이 빠져 떨어졌
더라
9 요압이 아마사에게 이르되 내 형
은 평안하냐 하며 오른손으로 아
마사의 (鬚髯)수염을 잡고 그와
입을 맞추려는 체하매
10 아마사가 요압의 손에 있는 칼은
(注意)주의하지 아니한지라 요압
이 칼로 그의 배를 찌르매 그의 창
자가 땅에 쏟아지니 그를 다시 치
지 아니하여도 죽으니라 ●요압
과 그의 동생 아비새가 비그리의
아들 세바를 뒤쫓을새
11 요압의 (青年)청년 중 하나가 아마
사 곁에 서서 이르되 요압을 좋아
하는 자가 누구이며 요압을 따라
다윗을 위하는 자는 누구냐 하니
12 아마사가 길 가운데 피 속에 놓여
있는지라 그 청년이 모든 (百姓)백
성이 서 있는 것을 보고 아마사를
큰길에서부터 밭으로 옮겼으나 거
기에 이르는 자도 다 멈추어 서는
것을 보고 옷을 그 위에 덮으니라
13 아마사를 큰길에서 옮겨가매 사람
들이 다 요압을 따라 비그리의 아
들 세바를 뒤쫓아가니라

14 ● 세바가 이스라엘 모든 (支派)지
파 가운데 두루 다녀서 아벨과 벧
마아가와 베림 온 땅에 이르니 그
무리도 다 모여 그를 따르더라
15 이에 그들이 벧마아가 아벨로 가
서 세바를 에우고 그 (城邑)성읍
을 향한 지역 언덕 위에 토성을 쌓
고 요압과 함께 한 모든 백성이 성
벽을 쳐서 헐고자 하더니
16 그 성읍에서 (智慧)지혜로운 여
인 한 사람이 외쳐 이르되 들을지
어다 들을지어다 청하건대 너희는
요압에게 이르기를 이리로 가까이
오라 내가 네게 말하려 하노라 한
다 하라
17 요압이 그 여인에게 가까이 가니
여인이 이르되 당신이 요압이니이
까 하니 (對答)대답하되 그러하다
하니라 여인이 그에게 이르되 여
종의 말을 들으소서 하니 대답하
되 내가 들으리라 하니라
18 (女人)여인이 말하여 이르되 옛
사람들이 흔히 말하기를 아벨에게
가서 물을 것이라 하고 그 일을 끝
내었나이다
19 나는 이스라엘의 화평하고 (忠誠)
충성된 자 중 하나이거늘 당신이
이스라엘 가운데 어머니 같은 성
을 멸하고자 하시는도다 어찌하여
당신이 여호와의 기업을 삼키고자
하시나이까 하니
20 요압이 대답하여 이르되 (決斷)결
단코 그렇지 아니하다 결단코 그
렇지 아니하다 삼키거나 멸하거나
하려 함이 아니니
21 그 일이 그러한 것이 아니니라 에
브라임 산지 사람 비그리의 아들
그의 이름을 세바라 하는 자가 손
을 들어 왕 다윗을 (對敵)대적하
였나니 너희가 그만 내주면 내가
이 성벽에서 떠나가리라 하니라
여인이 요압에게 이르되 그의 머
리를 성벽에서 당신에게 내어던지
리이다 하고
22 이에 여인이 그의 (智慧)지혜를
가지고 모든 백성에게 나아가매
그들이 비그리의 아들 세바의 머
리를 베어 요압에게 던진지라 이
에 요압이 나팔을 불매 무리가 흩
어져 성읍에서 물러나 각기 장막
으로 돌아가고 요압은 예루살렘으
로 돌아와 왕에게 나아가니라

다윗의 관리들

23 ● 요압은 이스라엘 온 (軍隊)군대
의 지휘관이 되고 여호야다의 아
들 브나야는 그렛 사람과 블렛 사
람의 지휘관이 되고
24 [1]아도람은 (監役官)감역관이 되고
아힐룻의 아들 여호사밧은 사관이
되고
25 스와는 (書記官)서기관이 되고 사
독과 아비아달은 제사장이 되고
26 야일 사람 이라는 다윗의 (大臣)
대신이 되니라

다윗이 기브온 사람의 말을 들어 주다

21 다윗의 (時代)시대에 해를 거
듭하여 삼 년 기근이 있으므
로 다윗이 여호와 앞에 간구하매

1) 왕상 4:6; 5:14 및 몇몇 칠십인역 사본과 시리아어역에는 아도니람

여호와께서 이르시되 이는 사울과
피를 흘린 그의 집으로 말미암음
이니 그가 기브온 사람을 죽였음
이니라 하시니라
2 기브온 사람은 이스라엘 (族屬)족
속이 아니요 그들은 아모리 사람
중에서 남은 자라 이스라엘 족속
들이 전에 그들에게 맹세하였거
늘 사울이 이스라엘과 유다 족속
을 위하여 열심이 있으므로 그들
을 죽이고자 하였더라 이에 왕이
기브온 사람을 불러 그들에게 물
으니라
3 다윗이 그들에게 묻되 내가 너희
를 위하여 어떻게 하랴 내가 어떻
게 (贖罪)속죄하여야 너희가 여호
와의 기업을 위하여 복을 빌겠느
냐 하니
4 기브온 사람이 그에게 대답하되
사울과 그의 집과 우리 사이의 문
제는 은금에 있지 아니하오며 이
스라엘 가운데에서 사람을 죽이는
문제도 우리에게 있지 아니하니이
다 하니라 왕이 이르되 너희가 말
하는 대로 (施行)시행하리라
5 그들이 왕께 아뢰되 우리를 (虐殺)
학살하였고 또 우리를 멸하여 이
스라엘 영토 내에 머물지 못하게
하려고 謀害(모해)한 사람의
6 (子孫)자손 일곱 사람을 우리에게
내주소서 여호와께서 택하신 사울
의 고을 기브아에서 우리가 그들
을 여호와 앞에서 목 매어 달겠나
이다 하니 왕이 이르되 내가 내주
리라 하니라
7 ●그러나 다윗과 사울의 아들 요
나단 사이에 서로 여호와를 두고
(盟誓)맹세한 것이 있으므로 왕이
사울의 손자 요나단의 아들 므비
보셋은 아끼고
8 왕이 이에 아야의 딸 리스바에게
서 난 자 곧 사울의 두 아들 알모
니와 므비보셋과 사울의 딸 메랍
에게서 난 (者)자 곧 므홀랏 사람
바르실래의 아들 아드리엘의 다섯
아들을 붙잡아
9 그들을 기브온 사람의 손에 넘기
니 기브온 사람이 그들을 산 위에
서 여호와 앞에 목 매어 달매 그들
일곱 사람이 (同時)동시에 죽으니
죽은 때는 곡식 베는 첫날 곧 보리
를 베기 시작하는 때더라
10 ●아야의 딸 리스바가 굵은 베를
가져다가 자기를 위하여 바위 위
에 펴고 곡식 베기 시작할 때부터
하늘에서 비가 (屍體)시체에 쏟아
지기까지 그 시체에 낮에는 공중
의 새가 앉지 못하게 하고 밤에는
들짐승이 범하지 못하게 한지라
11 이에 아야의 딸 사울의 (妾)첩 리
스바가 행한 일이 다윗에게 알려
지매
12 다윗이 가서 사울의 뼈와 그의 아
들 요나단의 뼈를 길르앗 야베스
사람에게서 가져가니 이는 (前)전
에 블레셋 사람들이 사울을 길보
아에서 죽여 블레셋 사람들이 벧
산 거리에 매단 것을 그들이 가만
히 가져온 것이라
13 다윗이 그 곳에서 사울의 뼈와 그

의 아들 요나단의 뼈를 가지고 올
라오매 사람들이 그 달려 죽은
(者)자들의 뼈를 거두어다가
14 사울과 그의 아들 요나단의 뼈와
함께 베냐민 땅 셀라에서 그의 아
버지 기스의 묘에 (葬事)장사하되
모두 왕의 명령을 따라 행하니라
그 후에야 하나님이 그 땅을 위한
기도를 들으시니라

블레셋의 거인들을 죽인 다윗의 용사들 (대상 20:4-8)

15 ● 블레셋 사람이 다시 이스라엘
을 치거늘 다윗이 그의 (部下)부
하들과 함께 내려가서 블레셋 사
람과 싸우더니 다윗이 피곤하매
16 [1](巨人族)거인족의 아들 중에 무
게가 삼백 세겔 되는 놋 창을 들고
새 칼을 찬 이스비브놉이 다윗을
죽이려 하므로
17 스루야의 아들 아비새가 다윗을
도와 그 블레셋 사람을 쳐죽이니
그 때에 다윗의 (追從者)추종자들
이 그에게 맹세하여 이르되 왕은
다시 우리와 함께 전장에 나가지
마옵소서 이스라엘의 등불이 꺼지
지 말게 하옵소서 하니라
18 ● 그 후에 다시 블레셋 사람과 곱
에서 (戰爭)전쟁할 때에 후사 사
람 십브개는 [1]거인족의 아들 중의
삽을 쳐죽였고
19 또 다시 블레셋 사람과 곱에서 (戰
爭)전쟁할 때에 베들레헴 사람 야
레오르김의 아들 엘하난은 가드
골리앗의 아우 라흐미를 죽였는데
그 자의 창 자루는 베틀 채 같았더
라
20 또 가드에서 전쟁할 때에 그 곳에
키가 큰 자 하나는 손가락과 발가
락이 (各其)각기 여섯 개씩 모두
스물 네 개가 있는데 그도 거인족
의 소생이라
21 그가 이스라엘 사람을 (凌辱)능욕
하므로 다윗의 형 삼마의 아들 요
나단이 그를 죽이니라
22 이 네 사람 가드의 거인족의 (所
生)소생이 다윗의 손과 그의 부하
들의 손에 다 넘어졌더라

다윗의 승전가(시 18편)

22 여호와께서 다윗을 모든 (怨
讐)원수의 손과 사울의 손에
서 구원하신 그 날에 다윗이 이 노
래의 말씀으로 여호와께 아뢰어
2 이르되
여호와는 나의 (磐石)반석이시
요 나의 요새시요 나를 위하여
나를 건지시는 자시요
3 내가 피할 나의 반석의 하나님
이시요 나의 방패시요 나의 (救
援)구원의 뿔이시요 나의 높은
망대시요 그에게 피할 나의 피
난처시요 나의 구원자시라 나를
폭력에서 구원하셨도다
4 내가 (讚頌)찬송 받으실 여호와
께 아뢰리니 내 원수들에게서
구원을 받으리로다
5 (死亡)사망의 물결이 나를 에우
고 불의의 창수가 나를 두렵게
하였으며
6 스올의 줄이 나를 두르고 (死亡)

1) 라파의

사망의 올무가 내게 이르렀도다
7 내가 (患難)환난 중에서 여호와
께 아뢰며 나의 하나님께 아뢰
었더니 그가 그의 성전에서 내
소리를 들으심이여 나의 부르짖
음이 그의 귀에 들렸도다
8 이에 땅이 (震動)진동하고 떨며
하늘의 기초가 요동하고 흔들렸
으니 그의 진노로 말미암음이로
다
9 그의 코에서 (煙氣)연기가 오르
고 입에서 불이 나와 사름이여
그 불에 숯이 피었도다
10 그가 또 하늘을 드리우고 (降臨)
강림하시니 그의 발 아래는 어
두캄캄하였도다
11 그룹을 타고 날으심이여 바람
날개 위에 나타나셨도다
12 그가 (黑暗)흑암 곧 모인 물과
공중의 빽빽한 구름으로 둘린
(帳幕)장막을 삼으심이여
13 그 앞에 있는 (光彩)광채로 말
미암아 숯불이 피었도다
14 여호와께서 하늘에서 우렛소리
를 내시며 (至尊)지존하신 자가
음성을 내심이여
15 화살을 날려 그들을 흩으시며
번개로 무찌르셨도다
16 이럴 때에 여호와의 꾸지람과
콧김으로 말미암아 물 밑이 드
러나고 (世上)세상의 기초가 나
타났도다
17 그가 위에서 손을 내미사 나를
붙드심이여 많은 물에서 나를
건져내셨도다
18 나를 강한 (怨讐)원수와 미워하
는 자에게서 건지셨음이여 그들
은 나보다 강했기 때문이로다
19 그들이 나의 (災殃)재앙의 날에
내게 이르렀으나 여호와께서 나
의 의지가 되셨도다
20 나를 또 넓은 곳으로 (引導)인
도하시고 나를 기뻐하시므로 구
원하셨도다
21 여호와께서 내 공의를 따라 (賞)
상 주시며 내 손의 깨끗함을 따
라 갚으셨으니
22 이는 내가 여호와의 (道)도를 지
키고 악을 행함으로 내 하나님
을 떠나지 아니하였으며
23 그의 모든 (法度)법도를 내 앞
에 두고 그의 규례를 버리지 아
니하였음이로다
24 내가 또 그의 앞에 (完全)완전하
여 스스로 지켜 죄악을 피하였나
니
25 그러므로 여호와께서 내 (義)의
대로, 그의 눈앞에서 내 깨끗한
대로 내게 갚으셨도다
26 (慈悲)자비한 자에게는 주의 자
비하심을 나타내시며 완전한 자
에게는 주의 완전하심을 보이시
며
27 깨끗한 자에게는 주의 깨끗하심
을 보이시며 (邪惡)사악한 자에
게는 주의 거스르심을 보이시리
이다
28 주께서 (困苦)곤고한 백성은 구
원하시고 (驕慢)교만한 자를 살
피사 낮추시리이다

29 여호와여 주는 나의 (燈)등불이
시니 여호와께서 나의 어둠을
밝히시리이다
30 내가 주를 (依賴)의뢰하고 적진
으로 달리며 내 하나님을 의지
하고 성벽을 뛰어넘나이다
31 하나님의 도는 (完全)완전하고
여호와의 말씀은 진실하니 그는
자기에게 피하는 모든 자에게
방패시로다
32 여호와 외에 누가 하나님이며
우리 하나님 외에 누가 (磐石)
반석이냐
33 하나님은 나의 (堅固)견고한 요
새시며 나를 안전한 곳으로 인
도하시며
34 나의 발로 암사슴 발 같게 하시며
나를 나의 높은 곳에 세우시며
35 내 손을 가르쳐 싸우게 하시니
내 팔이 놋 활을 당기도다
36 주께서 또 주의 구원의 방패를
내게 주시며 주의 (溫柔)온유함
이 나를 크게 하셨나이다
37 내 걸음을 넓게 하셨고 내 발이
미끄러지지 아니하게 하셨나이다
38 내가 내 (怨讐)원수를 뒤쫓아
멸하였사오며 그들을 무찌르기
전에는 돌이키지 아니하였나이
다
39 내가 그들을 무찔러 (全滅)전멸
시켰더니 그들이 내 발 아래에
엎드러지고 능히 일어나지 못하
였나이다
40 이는 주께서 내게 전쟁하게 하
려고 능력으로 내게 띠 띠우사
일어나 나를 치는 자를 내게 (屈
伏)굴복하게 하셨사오며
41 주께서 또 내 (怨讐)원수들이
등을 내게로 향하게 하시고 내
게 나를 미워하는 자를 끊어 버
리게 하셨음이니이다
42 그들이 도움을 구해도 (救援)구
원할 자가 없었고 여호와께 부
르짖어도 대답하지 아니하셨나
이다
43 내가 그들을 땅의 티끌 같이 부
스러뜨리고 거리의 진흙 같이
밟아 헤쳤나이다
44 주께서 또 나를 내 백성의 다툼
에서 건지시고 나를 (保全)보전
하사 모든 민족의 으뜸으로 삼
으셨으니 내가 알지 못하는 백
성이 나를 섬기리이다
45 이방인들이 내게 (屈伏)굴복함
이여 그들이 내 소문을 귀로 듣
고 곧 내게 순복하리로다
46 이방인들이 (衰弱)쇠약하여 그
들의 견고한 곳에서 떨며 나오
리로다
47 여호와의 사심을 두고 나의 반
석을 (讚頌)찬송하며 내 구원의
반석이신 하나님을 높일지로다
48 이 하나님이 나를 위하여 (報復)
보복하시고 민족들이 내게 복종
하게 하시며
49 나를 (怨讐)원수들에게서 이끌
어 내시며 나를 대적하는 자 위
에 나를 높이시고 나를 (强暴)
강포한 자에게서 건지시는도다
50 이러므로 여호와여 내가 모든

(民族)민족 중에서 주께 감사하
며 주의 이름을 찬양하리이다
51 여호와께서 그의 왕에게 큰 (救
援)구원을 주시며 기름 부음 받
은 자에게 인자를 베푸심이여
영원하도록 다윗과 그 후손에게
로다
하였더라

다윗의 마지막 말

23 이는 다윗의 마지막 말이라
이새의 아들 다윗이 말함이
여 높이 세워진 (者)자, 야곱의
하나님께로부터 기름 부음 받은
자, 이스라엘의 노래 잘 하는 자
가 말하노라
2 여호와의 (靈)영이 나를 통하여
말씀하심이여 그의 말씀이 내
혀에 있도다
3 이스라엘의 하나님이 말씀하시
며 이스라엘의 (磐石)반석이 내
게 이르시기를 사람을 공의로
다스리는 자, 하나님을 경외함
으로 다스리는 자여
4 그는 돋는 해의 아침 빛 같고 구
름 없는 아침 같고 비 내린 후의
(光線)광선으로 땅에서 움이 돋
는 새 풀 같으니라 하시도다
5 내 집이 하나님 앞에 이같지 아
니하냐 하나님이 나와 더불어
영원한 (言約)언약을 세우사 만
사에 구비하고 견고하게 하셨으
니 나의 모든 구원과 나의 모든
소원을 어찌 이루지 아니하시랴
6 그러나 (邪惡)사악한 자는 다
내버려질 가시나무 같으니 이는
손으로 잡을 수 없음이로다
7 그것들을 만지는 자는 철과 창
자루를 가져야 하리니 그것들이
(當場)당장에 불살리리로다
하니라

다윗의 용사들

8 ●다윗의 용사들의 이름은 이러
하니라 다그몬 사람 요셉밧세벳이
라고도 하고 에센 사람 아디노라
고도 하는 자는 군지휘관의 두목
이라 그가 (單番)단번에 팔백 명
을 쳐죽였더라
9 ●그 다음은 아호아 사람 도대의
아들 엘르아살이니 다윗과 함께
한 세 용사 중의 한 사람이라 블레
셋 사람들이 싸우려고 거기에 모
이매 이스라엘 사람들이 물러간지
라 세 (勇士)용사가 싸움을 돋우고
10 그가 나가서 손이 (疲困)피곤하여
그의 손이 칼에 붙기까지 블레셋
사람을 치니라 그 날에 여호와께
서 크게 이기게 하셨으므로 백성
들은 돌아와 그의 뒤를 따라가며
노략할 뿐이었더라
11 ●그 다음은 하랄 사람 아게의 아
들 삼마라 블레셋 사람들이 (士氣)
사기가 올라 거기 녹두나무가 가
득한 한쪽 밭에 모이매 백성들은
블레셋 사람들 앞에서 도망하되
12 그는 그 밭 가운데 서서 막아 블레
셋 사람들을 친지라 여호와께서
큰 (救援)구원을 이루시니라
13 ●또 삼십 두목 중 세 사람이 (穀
食)곡식 벨 때에 아둘람 굴에 내
려가 다윗에게 나아갔는데 때에

블레셋 사람의 한 무리가 르바임
골짜기에 진 쳤더라
14 그 때에 다윗은 산성에 있고 그 때
에 블레셋 사람의 (要塞)요새는
베들레헴에 있는지라
15 다윗이 (所願)소원하여 이르되 베
들레헴 성문 곁 우물 물을 누가 내
게 마시게 할까 하매
16 세 용사가 블레셋 사람의 (陣營)
진영을 돌파하고 지나가서 베들레
헴 성문 곁 우물 물을 길어 가지고
다윗에게로 왔으나 다윗이 마시기
를 기뻐하지 아니하고 그 물을 여
호와께 부어 드리며
17 이르되 여호와여 내가 나를 위하여
결단코 이런 일을 하지 아니하리이
다 이는 목숨을 걸고 갔던 사람들
의 피가 아니니이까 하고 마시기를
즐겨하지 아니하니라 세 (勇士)용
사가 이런 일을 행하였더라
18 ● 또 스루야의 아들 요압의 아우
아비새이니 그는 그 세 사람의 우
두머리라 그가 그의 (槍)창을 들
어 삼백 명을 죽이고 세 사람 중에
이름을 얻었으니
19 그는 세 사람 중에 가장 (尊貴)존
귀한 자가 아니냐 그가 그들의 우
두머리가 되었으나 그러나 첫 세
사람에게는 미치지 못하였더라
20 ● 또 갑스엘 용사의 손자 여호야
다의 아들 브나야이니 그는 (勇
猛)용맹스런 일을 행한 자라 일찍
이 모압 아리엘의 아들 둘을 죽였
고 또 눈이 올 때에 구덩이에 내려
가서 사자 한 마리를 쳐죽였으며
21 또 (壯大)장대한 애굽 사람을 죽
였는데 그의 손에 창이 있어도 그
가 막대기를 가지고 내려가 그 애
굽 사람의 손에서 창을 빼앗아 그
창으로 그를 죽였더라
22 여호야다의 아들 브나야가 이런
일을 행하였으므로 세 (勇士)용사
중에 이름을 얻고
23 삼십 명보다 (尊貴)존귀하나 그러
나 세 사람에게는 미치지 못하였
더라 다윗이 그를 세워 시위대 대
장을 삼았더라
24 ● 요압의 아우 아사헬은 (三十)삼
십 명 중의 하나요 또 베들레헴 도
도의 아들 엘하난과
25 하롯 사람 삼훗과 하롯 사람 엘리
가와
26 발디 사람 헬레스와 드고아 사람
익게스의 아들 이라와
27 아나돗 사람 아비에셀과 후사 사
람 므분내와
28 아호아 사람 살몬과 느도바 사람
마하래와
29 느도바 사람 바아나의 아들 헬렙
과 베냐민 (子孫)자손에 속한 기
브아 사람 리배의 아들 잇대와
30 비라돈 사람 브나야와 가아스 시
냇가에 사는 힛대와
31 아르바 사람 아비알본과 바르훔
사람 아스마웻과
32 사알본 사람 엘리아바와 야센의
아들 요나단과
33 하랄 사람 삼마와 아랄 사람 사랄
의 아들 아히암과
34 마아가 사람의 (孫子)손자 아하스

배의 아들 엘리벨렛과 길로 사람
아히도벨의 아들 엘리암과
35 갈멜 사람 헤스래와 아랍 사람 바
아래와
36 소바 사람 나단의 아들 이갈과 갓
사람 바니와
37 암몬 사람 셀렉과 스루야의 아들
요압의 (武器)무기를 잡은 자 브
에롯 사람 나하래와
38 이델 사람 이라와 이델 사람 가렙과
39 헷 사람 우리아라 (以上)이상 총
수가 삼십칠 명이었더라

인구 조사(대상 21:1-27)

24 여호와께서 다시 이스라엘
을 향하여 진노하사 그들을
치시려고 다윗을 격동시키사 가서
이스라엘과 유다의 (人口)인구를
조사하라 하신지라
2 이에 왕이 그 곁에 있는 (軍司令
官)군사령관 요압에게 이르되 너
는 이스라엘 모든 지파 가운데로
다니며 이제 단에서부터 브엘세바
까지 인구를 조사하여 백성의 수
를 내게 보고하라 하니
3 요압이 왕께 아뢰되 이 (百姓)백성
이 얼마든지 왕의 하나님 여호와
께서 백 배나 더하게 하사 내 주 왕
의 눈으로 보게 하시기를 원하나
이다 그런데 내 주 왕은 어찌하여
이런 일을 기뻐하시나이까 하되
4 왕의 (命令)명령이 요압과 군대
사령관들을 재촉한지라 요압과 사
령관들이 이스라엘 인구를 조사하
려고 왕 앞에서 물러나
5 요단을 건너 갓 골짜기 가운데 (城
邑)성읍 아로엘 오른쪽 곧 야셀
맞은쪽에 이르러 장막을 치고
6 길르앗에 이르고 닷딤홋시 땅에
이르고 또 다나안에 이르러서는
시돈으로 돌아
7 두로 (堅固)견고한 성에 이르고
히위 사람과 가나안 사람의 모든
성읍에 이르고 유다 남쪽으로 나
와 브엘세바에 이르니라
8 그들 무리가 (國內)국내를 두루
돌아 아홉 달 스무 날 만에 예루살
렘에 이르러
9 요압이 백성의 수를 왕께 (報告)
보고하니 곧 이스라엘에서 칼을
빼는 담대한 자가 팔십만 명이요
유다 사람이 오십만 명이었더라
10 ● 다윗이 백성을 (調查)조사한 후
에 그의 마음에 자책하고 다윗이
여호와께 아뢰되 내가 이 일을 행
함으로 큰 죄를 범하였나이다 여
호와여 이제 간구하옵나니 종의
죄를 사하여 주옵소서 내가 심히
미련하게 행하였나이다 하니라
11 다윗이 아침에 일어날 때에 여호
와의 말씀이 다윗의 (先見者)선견
자된 선지자 갓에게 임하여 이르
시되
12 가서 다윗에게 말하기를 여호와
께서 이와 같이 말씀하시기를 내
가 네게 세 가지를 보이노니 너를
(爲)위하여 너는 그 중에서 하나
를 택하라 내가 그것을 네게 행하
리라 하셨다 하라 하시니
13 갓이 다윗에게 이르러 아뢰어 이
르되 왕의 땅에 칠 년 (饑饉)기근

이 있을 것이니이까 혹은 왕이 왕
의 원수에게 쫓겨 석 달 동안 그들
앞에서 도망하실 것이니이까 혹은
왕의 땅에 사흘 동안 전염병이 있
을 것이니이까 왕은 생각하여 보
고 나를 보내신 이에게 무엇을 대
답하게 하소서 하는지라
14 다윗이 갓에게 이르되 내가 고통
중에 있도다 청하건대 여호와께
서는 (矜恤)긍휼이 크시니 우리가
여호와의 손에 빠지고 내가 사람
의 손에 빠지지 아니하기를 원하
노라 하는지라
15 이에 여호와께서 그 아침부터 정
하신 때까지 (傳染病)전염병을 이
스라엘에게 내리시니 단에서부터
브엘세바까지 백성의 죽은 자가
칠만 명이라
16 천사가 예루살렘을 향하여 그의
손을 들어 멸하려 하더니 여호와
께서 이 (災殃)재앙 내리심을 뉘
우치사 백성을 멸하는 천사에게
이르시되 족하다 이제는 네 손을
거두라 하시니 여호와의 사자가
여부스 사람 아라우나의 타작 마
당 곁에 있는지라
17 다윗이 백성을 치는 (天使)천사를
보고 곧 여호와께 아뢰어 이르되
나는 범죄하였고 악을 행하였거니
와 이 양 무리는 무엇을 행하였나
이까 청하건대 주의 손으로 나와
내 아버지의 집을 치소서 하니라
18 ●이 날에 갓이 다윗에게 이르러
그에게 아뢰되 올라가서 여부스
사람 아라우나의 (打作)타작 마당
에서 여호와를 위하여 제단을 쌓
으소서 하매
19 다윗이 여호와께서 (命令)명령하
신 바 갓의 말대로 올라가니라
20 아라우나가 바라보다가 왕과 그의
(部下)부하들이 자기를 향하여 건
너옴을 보고 나가서 왕 앞에서 얼
굴을 땅에 대고 절하며
21 이르되 어찌하여 내 주 왕께서 종
에게 (臨)임하시나이까 하니 다윗
이 이르되 네게서 타작 마당을 사
서 여호와께 제단을 쌓아 백성에
게 내리는 재앙을 그치게 하려 함
이라 하는지라
22 아라우나가 다윗에게 아뢰되 원하
건대 내 주 왕은 좋게 여기시는 대
로 취하여 드리소서 (燔祭)번제에
대하여는 소가 있고 땔 나무에 대
하여는 마당질 하는 도구와 소의
멍에가 있나이다
23 왕이여 아라우나가 이것을 다 왕께
드리나이다 하고 또 왕께 아뢰되
왕의 하나님 여호와께서 왕을 기쁘
게 받으시기를 (願)원하나이다
24 왕이 아라우나에게 이르되 그렇지
아니하다 내가 값을 주고 네게서
사리라 값 없이는 내 하나님 여호
와께 (燔祭)번제를 드리지 아니하
리라 하고 다윗이 은 오십 세겔로
타작 마당과 소를 사고
25 그 곳에서 여호와를 위하여 (祭
壇)제단을 쌓고 번제와 화목제를
드렸더니 이에 여호와께서 그 땅
을 위한 기도를 들으시매 이스라
엘에게 내리는 재앙이 그쳤더라

列王記上 1Kings

다윗이 늙은 때

1 다윗 (王)왕이 나이가 많아 늙
으니 이불을 덮어도 따뜻하지
아니한지라
2 그의 (侍從)시종들이 왕께 아뢰되
우리 주 왕을 위하여 젊은 처녀 하
나를 구하여 그로 왕을 받들어 모
시게 하고 왕의 품에 누워 우리 주
왕으로 따뜻하시게 하리이다 하고
3 이스라엘 사방 (領土)영토 내에
아리따운 처녀를 구하던 중 수넴
여자 아비삭을 얻어 왕께 데려왔
으니
4 이 (處女)처녀는 심히 아름다워
그가 왕을 받들어 시중들었으나
왕이 잠자리는 같이 하지 아니하
였더라

아도니야가 왕이 되고자 하다

5 ●그 때에 학깃의 아들 아도니야
가 스스로 높여서 이르기를 내가
왕이 되리라 하고 자기를 위하여
병거와 기병과 호위병 오십 명을
(準備)준비하니
6 그는 압살롬 다음에 태어난 자요
용모가 심히 (俊秀)준수한 자라
그의 아버지가 네가 어찌하여 그
리 하였느냐고 하는 말로 [1)]한 번
도 그를 섭섭하게 한 일이 없었더
라
7 아도니야가 스루야의 아들 요압과
제사장 아비아달과 (謀議)모의하
니 그들이 따르고 도우나
8 제사장 사독과 여호야다의 아들
브나야와 선지자 나단과 시므이와
레이와 다윗의 (勇士)용사들은 아
도니야와 같이 하지 아니하였더라
9 아도니야가 에느로겔 (近方)근방
소헬렛 바위 곁에서 양과 소와 살
찐 송아지를 잡고 왕자 곧 자기의
모든 동생과 왕의 신하 된 유다 모
든 사람을 다 청하였으나
10 선지자 나단과 브나야와 (勇士)용
사들과 자기 동생 솔로몬은 청하
지 아니하였더라

솔로몬이 왕이 되다

11 ●나단이 솔로몬의 어머니 밧세
바에게 말하여 이르되 학깃의 아
들 아도니야가 (王)왕이 되었음을
듣지 못하였나이까 우리 주 다윗
은 알지 못하시나이다
12 이제 내게 당신의 (生命)생명과
당신의 아들 솔로몬의 생명을 구
할 계책을 말하도록 허락하소서
13 당신은 다윗 왕 앞에 들어가서 아
뢰기를 내 주 왕이여 전에 왕이 여
종에게 맹세하여 이르시기를 네
아들 솔로몬이 반드시 나를 이어
왕이 되어 내 왕위에 앉으리라 하
지 아니하셨나이까 그런데 아도니
야가 무슨 (理由)이유로 왕이 되
었나이까 하소서
14 당신이 거기서 왕과 말씀하실 때
에 나도 뒤이어 들어가서 당신의
말씀을 (確證)확증하리이다
15 ●밧세바가 이에 (寢室)침실에 들

1) 평생에

어가 왕에게 이르니 왕이 심히 늙
었으므로 수넴 여자 아비삭이 시
중들었더라
16 밧세바가 몸을 굽혀 왕께 절하니
(王)왕이 이르되 어찌 됨이냐
17 그가 왕께 (對答)대답하되 내 주
여 왕이 전에 왕의 하나님 여호와
를 가리켜 여종에게 맹세하시기를
네 아들 솔로몬이 반드시 나를 이
어 왕이 되어 내 왕위에 앉으리라
하셨거늘
18 이제 아도니야가 (王)왕이 되었어
도 내 주 왕은 알지 못하시나이다
19 그가 수소와 살찐 송아지와 양을
많이 잡고 왕의 모든 아들과 (祭
司長)제사장 아비아달과 군사령
관 요압을 청하였으나 왕의 종 솔
로몬은 청하지 아니하였나이다
20 내 주 왕이여 온 이스라엘이 왕에
게 다 주목하고 누가 내 주 왕을
이어 그 왕위에 앉을지를 (公布)
공포하시기를 기다리나이다
21 그렇지 아니하면 내 주 왕께서 그
의 (祖上)조상들과 함께 잘 때에
나와 내 아들 솔로몬은 죄인이 되
리이다
22 ●밧세바가 왕과 말할 때에 (先知
者)선지자 나단이 들어온지라
23 어떤 사람이 왕께 말하여 이르되
(先知者)선지자 나단이 여기 있나
이다 하니 그가 왕 앞에 들어와서
얼굴을 땅에 대고 왕께 절하고
24 이르되 내 주 왕께서 이르시기를
아도니야가 나를 이어 왕이 되어
내 (王位)왕위에 앉으리라 하셨나

이까
25 그가 오늘 내려가서 수소와 살찐
송아지와 양을 많이 잡고 왕의 모
든 아들과 군사령관들과 제사장
아비아달을 청하였는데 그들이 아
도니야 앞에서 먹고 마시며 아도
니야 왕은 (萬歲壽)만세수를 하옵
소서 하였나이다
26 그러나 왕의 종 나와 제사장 사독
과 여호야다의 아들 브나야와 왕
의 종 솔로몬은 (請)청하지 아니
하였사오니
27 이것이 내 주 왕께서 정하신 일이
니이까 그런데 왕께서 내 주 왕을
이어 그 (王位)왕위에 앉을 자를
종에게 알게 하지 아니하셨나이다
28 다윗 왕이 (命令)명령하여 이르되
밧세바를 내 앞으로 부르라 하매
그가 왕의 앞으로 들어가 그 앞에
서는지라
29 왕이 이르되 내 생명을 모든 (患
難)환난에서 구하신 여호와께서
살아 계심을 두고 (盟誓)맹세하노
라
30 내가 (以前)이전에 이스라엘의 하
나님 여호와를 가리켜 네게 맹세하
여 이르기를 네 아들 솔로몬이 반
드시 나를 이어 왕이 되고 나를 대
신하여 내 왕위에 앉으리라 하였으
니 내가 오늘 그대로 행하리라
31 밧세바가 얼굴을 땅에 대고 절하
며 내 주 다윗 왕은 (萬歲壽)만세
수를 하옵소서 하니라
32 ●다윗 왕이 이르되 (祭司長)제사
장 사독과 선지자 나단과 여호야

다의 아들 브나야를 내 앞으로 부
르라 하니 그들이 왕 앞에 이른지
라
33 왕이 그들에게 이르되 너희는 너
희 주의 신하들을 데리고 내 아들
솔로몬을 내 노새에 태우고 기혼
으로 (引導)인도하여 내려가고
34 거기서 제사장 사독과 선지자 나
단은 그에게 기름을 부어 이스라
엘 왕으로 삼고 너희는 뿔(喇叭)
나팔을 불며 솔로몬 왕은 만세수
를 하옵소서 하고
35 그를 따라 올라오라 그가 와서 내
왕위에 앉아 나를 (代身)대신하여
왕이 되리라 내가 그를 세워 이스
라엘과 유다의 통치자로 지명하였
느니라
36 여호야다의 아들 브나야가 왕께
(對答)대답하여 이르되 아멘 내
주 왕의 하나님 여호와께서도 이
렇게 말씀하시기를 원하오며
37 또 여호와께서 내 주 왕과 함께 계
심 같이 솔로몬과 함께 계셔서 그
의 (王位)왕위를 내 주 다윗 왕의
왕위보다 더 크게 하시기를 원하
나이다 하니라
38 ●제사장 사독과 선지자 나단과
여호야다의 아들 브나야와 그렛
사람과 블렛 사람이 내려가서 솔
로몬을 다윗 왕의 노새에 태우고
(引導)인도하여 기혼으로 가서
39 제사장 사독이 (聖幕)성막 가운데
에서 기름 담은 뿔을 가져다가 솔
로몬에게 기름을 부으니 이에 뿔
나팔을 불고 모든 백성이 솔로몬
왕은 만세수를 하옵소서 하니라
40 모든 (百姓)백성이 그를 따라 올
라와서 피리를 불며 크게 즐거워
하므로 땅이 그들의 소리로 말미
암아 갈라질 듯하니
41 아도니야와 그와 함께 한 손님들
이 먹기를 마칠 때에 다 들은지라
요압이 뿔(喇叭)나팔 소리를 듣고
이르되 어찌하여 성읍 중에서 소
리가 요란하냐
42 말할 때에 제사장 아비아달의 아들
요나단이 오는지라 아도니야가 이
르되 들어오라 너는 용사라 아름다
운 (消息)소식을 가져오는도다
43 요나단이 아도니야에게 대답하여
이르되 (果然)과연 우리 주 다윗
왕이 솔로몬을 왕으로 삼으셨나이
다
44 왕께서 (祭司長)제사장 사독과 선
지자 나단과 여호야다의 아들 브
나야와 그렛 사람과 블렛 사람을
솔로몬과 함께 보내셨는데 그들
무리가 왕의 노새에 솔로몬을 태
워다가
45 (祭司長)제사장 사독과 (先知者)
선지자 나단이 기혼에서 기름을
부어 왕으로 삼고 무리가 그 곳에
서 올라오며 즐거워하므로 성읍이
진동하였나니 당신들에게 들린 소
리가 이것이라
46 또 솔로몬도 (王座)왕좌에 앉아
있고
47 왕의 신하들도 와서 우리 주 다윗
왕에게 축복하여 이르기를 왕의
하나님이 솔로몬의 이름을 왕의

이름보다 더 아름답게 하시고 그
의 왕위를 왕의 (位)위보다 크게
하시기를 원하나이다 하매 왕이
침상에서 몸을 굽히고
48 또한 이르시기를 이스라엘의 하나
님 여호와를 (讚頌)찬송하리로다
여호와께서 오늘 내 왕위에 앉을
자를 주사 내 눈으로 보게 하셨도
다 하셨나이다 하니
49 아도니야와 함께 한 손님들이 다
놀라 일어나 (各其)각기 갈 길로
간지라
50 아도니야도 솔로몬을 두려워하여
일어나 가서 (祭壇)제단 뿔을 잡
으니
51 어떤 사람이 솔로몬에게 말하여
이르되 아도니야가 솔로몬 왕을
두려워하여 (只今)지금 제단 뿔을
잡고 말하기를 솔로몬 왕이 오늘
칼로 자기 종을 죽이지 않겠다고
내게 맹세하기를 원한다 하나이다
52 솔로몬이 이르되 그가 (萬一)만일
[1]선한 사람일진대 그의 머리털 하
나도 땅에 떨어지지 아니하려니와
그에게 악한 것이 보이면 죽으리
라 하고
53 사람을 보내어 그를 (祭壇)제단에
서 이끌어 내리니 그가 와서 솔로
몬 왕께 절하매 솔로몬이 이르기
를 네 집으로 가라 하였더라

다윗이 솔로몬에게 마지막으로 이르다

2 다윗이 죽을 날이 (臨迫)임박
하매 그의 아들 솔로몬에게 명
령하여 이르되

1) 그럴 만한 사람

2 내가 이제 세상 모든 사람이 가는
길로 가게 되었노니 너는 힘써 (大
丈夫)대장부가 되고
3 네 하나님 여호와의 명령을 지켜
그 길로 행하여 그 법률과 계명과
율례와 증거를 모세의 율법에 기
록된 대로 지키라 그리하면 네가
무엇을 하든지 어디로 가든지 (亨
通)형통할지라
4 여호와께서 내 일에 대하여 말씀
하시기를 만일 네 (子孫)자손들이
그들의 길을 삼가 마음을 다하고
(性稟)성품을 다하여 진실히 내
앞에서 행하면 이스라엘 (王位)왕
위에 오를 사람이 네게서 끊어지
지 아니하리라 하신 말씀을 확실
히 이루게 하시리라
5 스루야의 아들 요압이 내게 행한
일 곧 이스라엘 군대의 두 사령관
넬의 아들 아브넬과 예델의 아들
아마사에게 행한 일을 네가 알거
니와 그가 그들을 죽여 태평 시대
에 (戰爭)전쟁의 피를 흘리고 전
쟁의 피를 자기의 허리에 띤 띠와
발에 신은 신에 묻혔으니
6 네 지혜대로 행하여 그의 (白髮)
백발이 평안히 스올에 내려가지
못하게 하라
7 마땅히 길르앗 바르실래의 아들들
에게 (恩寵)은총을 베풀어 그들이
네 상에서 먹는 자 중에 참여하게
하라 내가 네 형 압살롬의 낯을 피
하여 도망할 때에 그들이 내게 나
왔느니라
8 바후림 베냐민 사람 게라의 아들

시므이가 너와 함께 있나니 그는
내가 마하나임으로 갈 때에 (惡
毒)악독한 말로 나를 저주하였느
니라 그러나 그가 요단에 내려와
서 나를 영접하므로 내가 여호와
를 두고 맹세하여 이르기를 내가
칼로 너를 죽이지 아니하리라 하
였노라
9 그러나 그를 (無罪)무죄한 자로
여기지 말지어다 너는 지혜 있는
사람이므로 그에게 행할 일을 알
지니 그의 백발이 피 가운데 스올
에 내려가게 하라

다윗이 죽다

10 ● 다윗이 그의 (祖上)조상들과 함
께 누워 다윗 성에 장사되니
11 다윗이 이스라엘 (王)왕이 된 지
사십 년이라 헤브론에서 칠 년 동
안 다스렸고 예루살렘에서 삼십삼
년 동안 다스렸더라
12 솔로몬이 그의 아버지 다윗의 왕
위에 앉으니 그의 나라가 심히 (堅
固)견고하니라

아도니야가 죽임을 당하다

13 ● 학깃의 아들 아도니야가 솔로
몬의 어머니 밧세바에게 나아온지
라 밧세바가 이르되 네가 화평한
(目的)목적으로 왔느냐 대답하되
화평한 목적이니이다
14 또 이르되 내가 말씀드릴 일이 있
나이다 밧세바가 이르되 말하라
15 그가 이르되 당신도 아시는 바이
거니와 이 (王位)왕위는 내 것이
었고 온 이스라엘은 다 얼굴을 내
게로 향하여 왕으로 삼으려 하였
는데 그 왕권이 돌아가 내 아우의
것이 되었음은 여호와께로 말미암
음이니이다
16 이제 내가 한 가지 (所願)소원을
당신에게 구하오니 내 청을 거절
하지 마옵소서 밧세바가 이르되
말하라
17 그가 이르되 청하건대 솔로몬 왕
에게 말씀하여 그가 수넴 여자 아
비삭을 내게 주어 아내를 삼게 하
소서 왕이 당신의 청을 (拒絕)거
절하지 아니하리이다
18 밧세바가 이르되 좋다 내가 너를
(爲)위하여 왕께 말하리라
19 ● 밧세바가 이에 아도니야를 위
하여 말하려고 솔로몬 왕에게 이
르니 왕이 일어나 (迎接)영접하여
절한 후에 다시 왕좌에 앉고 그의
어머니를 위하여 자리를 베푸니
그가 그의 오른쪽에 앉는지라
20 밧세바가 이르되 내가 한 가지 작
은 일로 왕께 구하오니 내 청을 거
절하지 마소서 왕이 (對答)대답하
되 내 어머니여 구하소서 내가 어
머니의 청을 거절하지 아니하리이
다
21 이르되 (請)청하건대 수넴 여자
아비삭을 아도니야에게 주어 아내
로 삼게 하소서
22 솔로몬 왕이 그의 어머니에게 대
답하여 이르되 어찌하여 아도니
야를 위하여 수넴 여자 아비삭을
(求)구하시나이까 그는 나의 형이
오니 그를 위하여 왕권도 구하옵
소서 그뿐 아니라 제사장 아비아

달과 스루야의 아들 요압을 위해
서도 구하옵소서 하고
23 여호와를 두고 (盟誓)맹세하여 이
르되 아도니야가 이런 말을 하였
은즉 그의 생명을 잃지 아니하면
하나님은 내게 벌 위에 벌을 내리
심이 마땅하니이다
24 그러므로 이제 나를 세워 내 아버
지 다윗의 왕위에 오르게 하시고
(許諾)허락하신 말씀대로 나를 위
하여 집을 세우신 여호와께서 살
아 계심을 두고 맹세하노니 아도
니야는 오늘 죽임을 당하리라 하
고
25 여호야다의 아들 브나야를 보내매
그가 아도니야를 쳐서 죽였더라

아비아달의 추방과 요압의 처형

26 ●왕이 제사장 아비아달에게 이
르되 네 (故鄕)고향 아나돗으로
가라 너는 마땅히 죽을 자이로되
네가 내 아버지 다윗 앞에서 주 여
호와의 궤를 메었고 또 내 아버지
가 모든 환난을 받을 때에 너도 환
난을 받았은즉 내가 오늘 너를 죽
이지 아니하노라 하고
27 아비아달을 쫓아내어 여호와의 제
사장 (職分)직분을 파면하니 여호
와께서 실로에서 엘리의 집에 대
하여 하신 말씀을 응하게 함이더
라
28 ●그 (所聞)소문이 요압에게 들리
매 그가 여호와의 장막으로 도망
하여 제단 뿔을 잡으니 이는 그가
다윗을 떠나 압살롬을 따르지 아
니하였으나 아도니야를 따랐음이
더라
29 어떤 사람이 솔로몬 왕에게 아뢰
되 요압이 여호와의 (帳幕)장막으
로 도망하여 제단 곁에 있나이다
솔로몬이 여호야다의 아들 브나야
를 보내며 이르되 너는 가서 그를
치라
30 브나야가 여호와의 (帳幕)장막에
이르러 그에게 이르되 왕께서 나
오라 하시느니라 그가 대답하되
아니라 내가 여기서 죽겠노라 브
나야가 돌아가서 왕께 아뢰어 이
르되 요압이 이리이리 내게 대답
하더이다
31 왕이 이르되 그의 말과 같이 하여
그를 죽여 묻으라 요압이 까닭 없
이 흘린 피를 나와 내 아버지의 집
에서 네가 (除)제하리라
32 여호와께서 요압의 피를 그의 머
리로 돌려보내실 것은 그가 자기
보다 의롭고 선한 두 사람을 쳤음
이니 곧 이스라엘 (軍司令官)군사
령관 넬의 아들 아브넬과 유다 군
사령관 예델의 아들 아마사를 칼
로 죽였음이라 이 일을 내 아버지
다윗은 알지 못하셨나니
33 그들의 피는 영영히 요압의 머리
와 그의 자손의 머리로 돌아갈지
라도 다윗과 그의 자손과 그의 집
과 그의 왕위에는 여호와께로 말
미암는 (平康)평강이 영원히 있으
리라
34 여호야다의 아들 브나야가 곧 올
라가서 그를 쳐죽이매 그가 (曠
野)광야에 있는 자기의 집에 매장

되니라
35 왕이 이에 여호야다의 아들 브나
야를 요압을 (代身)대신하여 군사
령관으로 삼고 또 제사장 사독으
로 아비아달을 대신하게 하니라

시므이가 처형되다

36 ●(王)왕이 사람을 보내어 시므이
를 불러서 이르되 너는 예루살렘
에서 너를 위하여 집을 짓고 거기
서 살고 어디든지 나가지 말라
37 너는 (分明)분명히 알라 네가 나
가서 기드론 시내를 건너는 날에
는 반드시 죽임을 당하리니 네 피
가 네 머리로 돌아가리라
38 시므이가 왕께 (對答)대답하되 이
말씀이 좋사오니 내 주 왕의 말씀
대로 종이 그리 하겠나이다 하고
이에 날이 오래도록 예루살렘에
머무니라
39 ●삼 년 후에 시므이의 두 종이
가드 왕 마아가의 아들 아기스에
게로 (逃亡)도망하여 간지라 어떤
사람이 시므이에게 말하여 이르되
당신의 종이 가드에 있나이다
40 시므이가 그 종을 찾으려고 일어
나 그의 나귀에 (鞍裝)안장을 지
우고 가드로 가서 아기스에게 나
아가 그의 종을 가드에서 데려왔
더니
41 시므이가 예루살렘에서부터 가드
에 갔다가 돌아온 일을 어떤 사람
이 솔로몬에게 말한지라
42 왕이 사람을 보내어 시므이를 불
러서 이르되 내가 너에게 여호와
를 두고 맹세하게 하고 경고하여
이르기를 너는 (分明)분명히 알
라 네가 밖으로 나가서 어디든지
가는 날에는 죽임을 (當)당하리라
하지 아니하였느냐 너도 내게 말
하기를 내가 들은 말씀이 좋으니
이다 하였거늘
43 네가 어찌하여 여호와를 두고 한
(盟誓)맹세와 내가 네게 이른 명
령을 지키지 아니하였느냐
44 왕이 또 시므이에게 이르되 네가
네 마음으로 아는 모든 (惡)악 곧
내 아버지에게 행한 바를 네가 스
스로 아나니 여호와께서 네 (惡)
악을 네 머리로 돌려보내시리라
45 그러나 솔로몬 왕은 복을 받고 다
윗의 왕위는 영원히 여호와 앞에
서 (堅固)견고히 서리라 하고
46 여호야다의 아들 브나야에게 (命
令)명령하매 그가 나가서 시므이
를 치니 그가 죽은지라 이에 나라
가 솔로몬의 손에 견고하여지니라

솔로몬이 지혜를 구하다(대하 1:3-12)

3 솔로몬이 애굽의 왕 바로와 더
불어 (婚姻)혼인 관계를 맺어
그의 딸을 맞이하고 다윗 성에 데
려다가 두고 자기의 왕궁과 여호
와의 성전과 예루살렘 주위의 성
의 공사가 끝나기를 기다리니라
2 그 때까지 여호와의 이름을 위하
여 성전을 아직 건축하지 아니하
였으므로 백성들이 [1](山堂)산당에
서 제사하며
3 솔로몬이 여호와를 사랑하고 그의
아버지 다윗의 (法度)법도를 행하

1) 제단이 있는 높은 곳

였으나 산당에서 제사하며 분향하
더라
4 ●이에 왕이 (祭祀)제사하러 기브
온으로 가니 거기는 (山堂)산당이
큼이라 솔로몬이 그 제단에 (一千
燔祭)일천 번제를 드렸더니
5 기브온에서 밤에 여호와께서 솔로
몬의 꿈에 나타나시니라 하나님이
이르시되 내가 네게 무엇을 줄꼬
너는 (求)구하라
6 솔로몬이 이르되 주의 종 내 아버
지 다윗이 (誠實)성실과 공의와
정직한 마음으로 주와 함께 주 앞
에서 행하므로 주께서 그에게 큰
은혜를 베푸셨고 주께서 또 그를
위하여 이 큰 은혜를 항상 주사 오
늘과 같이 그의 자리에 앉을 아들
을 그에게 주셨나이다
7 나의 하나님 여호와여 주께서 종
으로 종의 아버지 다윗을 (代身)
대신하여 왕이 되게 하셨사오나
종은 작은 아이라 출입할 줄을 알
지 못하고
8 주께서 택하신 백성 가운데 있나
이다 그들은 큰 백성이라 (數爻)
수효가 많아서 셀 수도 없고 기록
할 수도 없사오니
9 누가 주의 이 많은 백성을 (裁判)
재판할 수 있사오리이까 듣는 마
음을 종에게 주사 주의 백성을 재
판하여 선악을 분별하게 하옵소서
10 솔로몬이 이것을 (求)구하매 그
말씀이 주의 마음에 든지라
11 이에 하나님이 그에게 이르시되
네가 이것을 구하도다 자기를 위
하여 장수하기를 구하지 아니하
며 (富)부도 구하지 아니하며 자
기 원수의 생명을 멸하기도 구하
지 아니하고 오직 송사를 듣고 분
별하는 지혜를 구하였으니
12 내가 네 말대로 하여 네게 지혜롭
고 (聰明)총명한 마음을 주노니
네 앞에도 너와 같은 자가 없었거
니와 네 뒤에도 너와 같은 자가 일
어남이 없으리라
13 내가 또 네가 구하지 아니한 부귀
와 (榮光)영광도 네게 주노니 네
(平生)평생에 왕들 중에 너와 같
은 자가 없을 것이라
14 네가 만일 네 아버지 다윗이 행함
같이 내 길로 행하며 내 (法度)법
도와 명령을 지키면 내가 또 네 날
을 길게 하리라
15 솔로몬이 깨어 보니 꿈이더라 이
에 예루살렘에 이르러 여호와의
언약궤 앞에 서서 번제와 (感謝)
감사의 제물을 드리고 모든 신하
들을 위하여 잔치하였더라

솔로몬의 재판

16 ●그 때에 (娼妓)창기 두 여자가
왕에게 와서 그 앞에 서며
17 한 여자는 말하되 내 주여 나와 이
여자가 한집에서 사는데 내가 그
와 함께 집에 있으며 (解産)해산
하였더니
18 내가 (解産)해산한 지 사흘 만에
이 여자도 해산하고 우리가 함께
있었고 우리 둘 외에는 집에 다른
사람이 없었나이다
19 그런데 밤에 저 (女子)여자가 그

의 아들 위에 누우므로 그의 아들
이 죽으니
20 그가 밤중에 일어나서 이 여종 내
가 잠든 사이에 내 아들을 내 곁
에서 가져다가 (自己)자기의 품에
누이고 자기의 죽은 아들을 내 품
에 뉘었나이다
21 아침에 내가 내 아들을 젖 먹이려
고 일어나 본즉 죽었기로 내가 아
침에 (仔細)자세히 보니 내가 낳
은 아들이 아니더이다 하매
22 다른 여자는 이르되 아니라 산 것
은 내 아들이요 죽은 것은 네 아들
이라 하고 이 여자는 이르되 아니
라 죽은 것이 네 아들이요 산 것이
내 아들이라 하며 (王)왕 앞에서
그와 같이 (爭論)쟁론하는지라
23 왕이 이르되 이 (女子)여자는 말
하기를 산 것은 내 아들이요 죽은
것은 네 아들이라 하고 저 여자는
말하기를 아니라 죽은 것이 네 아
들이요 산 것이 내 아들이라 하는
도다 하고
24 또 이르되 칼을 내게로 가져오라
하니 칼을 (王)왕 앞으로 가져온
지라
25 왕이 이르되 산 아이를 둘로 나누
어 (半)반은 이 여자에게 주고 반
은 저 여자에게 주라
26 그 산 아들의 어머니 되는 여자가
그 아들을 (爲)위하여 마음이 불
붙는 것 같아서 왕께 아뢰어 청하
건대 내 주여 산 아이를 그에게 주
시고 아무쪼록 죽이지 마옵소서
하되 다른 여자는 말하기를 내 것
도 되게 말고 네 것도 되게 말고
나누게 하라 하는지라
27 왕이 (對答)대답하여 이르되 산
아이를 저 여자에게 주고 결코 죽
이지 말라 저가 그의 어머니이니
라 하매
28 온 이스라엘이 왕이 (審理)심리하
여 판결함을 듣고 왕을 두려워하
였으니 이는 하나님의 지혜가 그
의 속에 있어 판결함을 봄이더라

솔로몬이 거느린 신하들

4 솔로몬 왕이 온 이스라엘의
(王)왕이 되었고
2 그의 (臣下)신하들은 이러하니라
사독의 아들 아사리아는 제사장이
요
3 시사의 아들 엘리호렙과 아히야는
(書記官)서기관이요 아힐룻의 아
들 여호사밧은 사관이요
4 여호야다의 아들 브나야는 군사령
관이요 사독과 아비아달은 (祭司
長)제사장이요
5 나단의 아들 아사리아는 지방 (官
長)관장의 두령이요 나단의 아들
사붓은 제사장이니 왕의 벗이요
6 아히살은 궁내대신이요 압다의 아
들 아도니람은 (勞動)노동 감독관
이더라
7 ●솔로몬이 또 온 이스라엘에 열
두 지방 (官長)관장을 두매 그 사
람들이 왕과 왕실을 위하여 양식
을 공급하되 각기 일 년에 한 달씩
양식을 공급하였으니
8 그들의 이름은 이러하니라 에브라
임 (山地)산지에는 벤훌이요

9 마가스와 사알빔과 벧세메스와 엘론벧하난에는 벤데겔이요

10 아룹봇에는 벤헤셋이니 소고와 헤벨 온 땅을 그가 (主管)주관하였으며

11 [1]나밧 돌 높은 땅 온 (地方)지방에는 벤아비나답이니 그는 솔로몬의 딸 다밧을 아내로 삼았으며

12 다아낙과 므깃도와 이스르엘 아래 사르단 가에 있는 벧스안 온 땅은 아힐룻의 아들 바아나가 맡았으니 벧스안에서부터 아벨므홀라에 이르고 욕느암 바깥까지 미쳤으며

13 길르앗 라못에는 벤게벨이니 그는 길르앗에 있는 므낫세의 아들 야일의 모든 마을을 (主管)주관하였고 또 바산 아르곱 땅의 성벽과 놋빗장 있는 육십 개의 큰 성읍을 주관하였으며

14 마하나임에는 잇도의 아들 아히나답이요

15 납달리에는 아히마아스이니 그는 솔로몬의 딸 바스맛을 아내로 삼았으며

16 아셀과 아롯에는 후새의 아들 바아나요

17 잇사갈에는 바루아의 아들 여호사밧이요

18 베냐민에는 엘라의 아들 시므이요

19 아모리 사람의 왕 시혼과 바산 왕 옥의 나라 길르앗 땅에는 우리의 아들 게벨이니 그 땅에서는 그 한 사람만 지방 (官長)관장이 되었더라

솔로몬의 영화

20 ● 유다와 이스라엘의 (人口)인구가 바닷가의 모래 같이 많게 되매 먹고 마시며 즐거워하였으며

21 솔로몬이 그 [2]강에서부터 블레셋 사람의 땅에 이르기까지와 애굽 (地境)지경에 미치기까지의 모든 나라를 다스리므로 솔로몬이 사는 동안에 그 나라들이 조공을 바쳐 섬겼더라

22 솔로몬의 하루의 (飮食物)음식물은 가는 밀가루가 삼십 고르요 굵은 밀가루가 육십 고르요

23 살진 소가 열 마리요 (草場)초장의 소가 스무 마리요 양이 백 마리이며 그 외에 수사슴과 노루와 암사슴과 살진 새들이었더라

24 솔로몬이 그 [2]강 건너편을 딥사에서부터 가사까지 모두, 그 [2]강 건너편의 왕을 모두 다스리므로 그가 사방에 둘린 (民族)민족과 평화를 누렸으니

25 솔로몬이 사는 동안에 유다와 이스라엘이 단에서부터 브엘세바에 이르기까지 각기 포도나무 아래와 무화과나무 아래에서 (平安)평안히 살았더라

26 솔로몬의 (兵車)병거의 말 외양간이 사만이요 마병이 만 이천 명이며

27 그 지방 (官長)관장들은 각각 자기가 맡은 달에 솔로몬 왕과 왕의 상에 참여하는 모든 자를 위하여 먹을 것을 공급하여 부족함이 없게 하였으며

28 또 그들이 각기 (職務)직무를 따

1) 또는 돌 높은 땅 2) 유브라테 강

라 말과 준마에게 먹일 보리와 꼴
을 그 말들이 있는 곳으로 가져왔
더라
29 ●하나님이 솔로몬에게 (智慧)지
혜와 총명을 심히 많이 주시고 또
넓은 마음을 주시되 바닷가의 모
래 같이 하시니
30 솔로몬의 (智慧)지혜가 동쪽 모든
사람의 지혜와 애굽의 모든 지혜
보다 뛰어난지라
31 그는 모든 사람보다 지혜로워서
예스라 사람 에단과 마홀의 아들
헤만과 갈골과 다르다보다 나으므
로 그의 이름이 (四方)사방 모든
나라에 들렸더라
32 그가 (箴言)잠언 삼천 가지를 말
하였고 그의 노래는 천다섯 편이
며
33 그가 또 (草木)초목에 대하여 말
하되 레바논의 백향목으로부터 담
에 나는 우슬초까지 하고 그가 또
짐승과 새와 기어다니는 것과 물
고기에 대하여 말한지라
34 사람들이 솔로몬의 지혜를 들으러
왔으니 이는 그의 지혜의 소문을
들은 (天下)천하 모든 왕들이 보
낸 자들이더라

솔로몬이 성전 건축을 준비하다
(대하 2:1-18)

5 솔로몬이 기름 부음을 받고 그
의 아버지를 이어 왕이 되었
다 함을 두로 왕 히람이 듣고 그의
(臣下)신하들을 솔로몬에게 보냈
으니 이는 히람이 평생에 다윗을
사랑하였음이라
2 이에 솔로몬이 히람에게 사람을
보내어 이르되
3 당신도 알거니와 내 아버지 다윗
이 사방의 (戰爭)전쟁으로 말미암
아 그의 하나님 여호와의 이름을
위하여 성전을 건축하지 못하고
여호와께서 그의 원수들을 그의
발바닥 밑에 두시기를 기다렸나이
다
4 이제 내 하나님 여호와께서 내게
사방의 (泰平)태평을 주시매 원수
도 없고 재앙도 없도다
5 여호와께서 내 아버지 다윗에게
하신 말씀에 내가 너를 이어 네 자
리에 오르게 할 네 아들 그가 내
이름을 위하여 (聖殿)성전을 건축
하리라 하신 대로 내가 내 하나님
여호와의 이름을 위하여 성전을
건축하려 하오니
6 당신은 (命令)명령을 내려 나를
위하여 레바논에서 백향목을 베어
내게 하소서 내 종과 당신의 종이
함께 할 것이요 또 내가 당신의 모
든 말씀대로 당신의 종의 삯을 당
신에게 드리리이다 당신도 알거니
와 우리 중에는 시돈 사람처럼 벌
목을 잘하는 자가 없나이다
7 ●히람이 솔로몬의 말을 듣고 크
게 기뻐하여 이르되 오늘 여호와
를 (讚揚)찬양할지로다 그가 다윗
에게 지혜로운 아들을 주사 그 많
은 백성을 다스리게 하셨도다 하
고
8 이에 솔로몬에게 사람을 보내어
이르되 당신이 사람을 보내어 하

신 말씀을 내가 들었거니와 내 (柏
香木)백향목 재목과 잣나무 재목
에 대하여는 당신이 바라시는 대
로 할지라
9 내 종이 레바논에서 바다로 (運
搬)운반하겠고 내가 그것을 바다
에서 뗏목으로 엮어 당신이 지정
하는 곳으로 보내고 거기서 그것
을 풀리니 당신은 받으시고 내 원
을 이루어 나의 (宮庭)궁정을 위
하여 음식물을 주소서 하고
10 솔로몬의 모든 (願)원대로 백향목
재목과 잣나무 재목을 주매
11 솔로몬이 히람에게 그의 (宮庭)궁
정의 음식물로 밀 이만 고르와 맑
은 기름 이십 고르를 주고 해마다
그와 같이 주었더라
12 여호와께서 그의 말씀대로 솔로몬
에게 지혜를 주신 고로 히람과 솔
로몬이 (親睦)친목하여 두 사람이
함께 약조를 맺었더라
13 ●이에 솔로몬 왕이 온 이스라엘
가운데서 (役軍)역군을 불러일으
키니 그 역군의 수가 삼만 명이라
14 솔로몬이 그들을 한 달에 만 명씩
번갈아 레바논으로 보내매 그들이
한 달은 레바논에 있고 두 달은 집
에 있으며 아도니람은 (監督)감독
이 되었고
15 솔로몬에게 또 짐꾼이 칠만 명이
요 산에서 돌을 뜨는 자가 (八萬)
팔만 명이며
16 이 외에 그 사역을 (監督)감독하
는 관리가 삼천삼백 명이라 그들

1) 히, 암마

이 일하는 백성을 거느렸더라
17 이에 왕이 명령을 내려 크고 귀한
돌을 떠다가 다듬어서 (聖殿)성전
의 기초석으로 놓게 하매
18 솔로몬의 건축자와 히람의 (建築
者)건축자와 그발 사람이 그 돌을
다듬고 성전을 건축하기 위하여
(材木)재목과 돌들을 갖추니라

솔로몬이 성전을 건축하다

6 이스라엘 자손이 애굽 땅에서
나온 지 사백팔십 년이요 솔로
몬이 이스라엘 왕이 된 지 사 년
시브월 곧 둘째 달에 솔로몬이 여
호와를 위하여 성전 건축하기를
(始作)시작하였더라
2 솔로몬 왕이 여호와를 위하여 (建
築)건축한 성전은 길이가 육십 [1]
규빗이요 너비가 이십 규빗이요
높이가 삼십 규빗이며
3 성전의 (聖所)성소 앞 주랑의 길
이는 성전의 너비와 같이 이십 규
빗이요 그 너비는 성전 앞에서부
터 십 규빗이며
4 성전을 위하여 창틀 있는 붙박이
(窓門)창문을 내고
5 또 성전의 벽 곧 성소와 지성소의
벽에 (連接)연접하여 돌아가며 다
락들을 건축하되 다락마다 돌아가
며 골방들을 만들었으니
6 (下層)하층 다락의 너비는 다섯
규빗이요 중층 다락의 너비는 여
섯 규빗이요 셋째 층 다락의 너비
는 일곱 규빗이라 성전의 벽 바깥
으로 돌아가며 턱을 내어 골방 들
보들로 성전의 벽에 박히지 아니

하게 하였으며
7 이 성전은 (建築)건축할 때에 돌
을 그 뜨는 곳에서 다듬고 가져다
가 건축하였으므로 건축하는 동안
에 성전 속에서는 방망이나 도끼
나 모든 철 연장 소리가 들리지 아
니하였으며
8 (中層)중층 골방의 문은 성전 오
른쪽에 있는데 나사 모양 층계로
말미암아 하층에서 중층에 오르고
중층에서 셋째 층에 오르게 하였
더라
9 (聖殿)성전의 건축을 마치니라 그
성전은 백향목 서까래와 널판으로
덮었고
10 또 온 성전으로 돌아가며 높이가
다섯 규빗 되는 다락방을 (建築)
건축하되 백향목 들보로 성전에
연접하게 하였더라
11 ● 여호와의 말씀이 솔로몬에게
(臨)임하여 이르시되
12 네가 (只今)지금 이 성전을 건축
하니 네가 만일 내 법도를 따르며
내 율례를 행하며 내 모든 계명을
지켜 그대로 행하면 내가 네 아버
지 다윗에게 한 말을 네게 확실히
이룰 것이요
13 내가 또한 이스라엘 (子孫)자손
가운데에 거하며 내 백성 이스라
엘을 버리지 아니하리라 하셨더라

성전 내부 장식(대하 3:8-14)

14 ● 솔로몬이 (聖殿)성전 건축하기
를 마치고
15 백향목 널판으로 성전의 안벽 곧
성전 마루에서 (天障)천장까지의
벽에 입히고 또 잣나무 널판으로
성전 마루를 놓고
16 또 성전 뒤쪽에서부터 이십 규빗
되는 곳에 마루에서 천장까지 백
향목 널판으로 가로막아 성전의
내소 곧 (至聖所)지성소를 만들었
으며
17 (內所)내소 앞에 있는 외소 곧 성
소의 길이가 사십 규빗이며
18 성전 안에 입힌 (柏香木)백향목에
는 박과 핀 꽃을 아로새겼고 모두
백향목이라 돌이 보이지 아니하며
19 여호와의 (言約櫃)언약궤를 두기
위하여 성전 안에 내소를 마련하
였는데
20 그 내소의 안은 길이가 이십 규빗
이요 너비가 이십 규빗이요 높이
가 이십 규빗이라 (精金)정금으로
입혔고 백향목 제단에도 입혔더라
21 솔로몬이 정금으로 외소 안에 입
히고 (內所)내소 앞에 금사슬로
건너지르고 내소를 금으로 입히고
22 온 (聖殿)성전을 금으로 입히기를
마치고 내소에 속한 제단의 전부
를 금으로 입혔더라
23 ● 내소 안에 (橄欖)감람나무로 두
그룹을 만들었는데 그 높이가 각
각 십 규빗이라
24 한 그룹의 이쪽 날개도 다섯 규빗
이요 저쪽 날개도 다섯 규빗이니
이쪽 날개 끝으로부터 저쪽 날개
끝까지 (十)십 규빗이며
25 다른 그룹도 십 규빗이니 그 두 그
룹은 같은 크기와 같은 (貌樣)모
양이요

26 이 그룹의 높이가 (十)십 규빗이
요 저 그룹도 같았더라
27 솔로몬이 내소 가운데에 그룹을
두었으니 그룹들의 날개가 펴져
있는데 이쪽 그룹의 날개는 이쪽
(壁)벽에 닿았고 저쪽 그룹의 날개
는 저쪽 벽에 닿았으며 두 날개는
성전의 중앙에서 서로 닿았더라
28 그가 (金)금으로 그룹을 입혔더라
29 ● 내 외소 (四方)사방 벽에는 모
두 그룹들과 종려와 핀 꽃 형상을
아로새겼고
30 (內外)내외 성전 마루에는 금으로
입혔으며
31 내소에 들어가는 곳에는 감람나무
로 문을 만들었는데 그 (門引枋)
문인방과 문설주는 벽의 오분의
일이요
32 (橄欖)감람나무로 만든 그 두 문
짝에 그룹과 종려와 핀 꽃을 아로
새기고 금으로 입히되 곧 그룹들
과 종려에 금으로 입혔더라
33 또 (外所)외소의 문을 위하여 감
람나무로 문설주를 만들었으니 곧
벽의 사분의 일이며
34 그 두 (門)문짝은 잣나무라 이쪽
문짝도 두 짝으로 접게 되었고 저
쪽 문짝도 두 짝으로 접게 되었으
며
35 그 문짝에 그룹들과 (棕櫚)종려와
핀 꽃을 아로새기고 금으로 입히
되 그 새긴 데에 맞게 하였고
36 또 다듬은 돌 세 켜와 (柏香木)백
향목 두꺼운 판자 한 켜로 둘러 안
뜰을 만들었더라
37 ● 넷째 해 시브월에 여호와의 성
전 (基礎)기초를 쌓았고
38 열한째 해 불월 곧 여덟째 달에 그
(設計)설계와 식양대로 성전 건축
이 다 끝났으니 솔로몬이 칠 년 동
안 성전을 건축하였더라

솔로몬의 궁

7 솔로몬이 자기의 왕궁을 십삼
년 동안 건축하여 그 전부를
(竣工)준공하니라
2 그가 레바논 나무로 (王宮)왕궁을
지었으니 길이가 백 규빗이요 너비
가 오십 규빗이요 높이가 삼십 규
빗이라 백향목 기둥이 네 줄이요
기둥 위에 백향목 들보가 있으며
3 기둥 위에 있는 들보 사십오 개를
(柏香木)백향목으로 덮었는데 들
보는 한 줄에 열 다섯이요
4 또 (窓)창틀이 세 줄로 있는데 창
과 창이 세 층으로 서로 마주 (對)
대하였고
5 모든 문과 문설주를 다 큰 나무로
네모지게 만들었는데 창과 창이
세 층으로 서로 마주 (對)대하였
으며
6 또 기둥을 세워 (柱廊)주랑을 지
었으니 길이가 오십 규빗이요 너
비가 삼십 규빗이며 또 기둥 앞에
한 주랑이 있고 또 그 앞에 기둥과
섬돌이 있으며
7 또 (審判)심판하기 위하여 보좌의
주랑 곧 재판하는 주랑을 짓고 온
마루를 백향목으로 덮었고
8 솔로몬이 (居處)거처할 왕궁은 그
주랑 뒤 다른 뜰에 있으니 그 양식

이 동일하며 솔로몬이 또 그가 장
가 든 바로의 딸을 위하여 집을 지
었는데 이 주랑과 같더라
9 ●이 집들은 안팎을 모두 귀하고
다듬은 돌로 지었으니 크기대로
톱으로 켠 것이라 그 (礎石)초석
에서 처마까지와 외면에서 큰 뜰
에 이르기까지 다 그러하니
10 그 (礎石)초석은 귀하고 큰 돌 곧
십 규빗 되는 돌과 여덟 규빗 되는
돌이라
11 그 위에는 크기대로 다듬은 (貴)
귀한 돌도 있고 백향목도 있으며
12 또 큰 뜰 (周圍)주위에는 다듬은
돌 세 켜와 백향목 두꺼운 판자 한
켜를 놓았으니 마치 여호와의 성
전 안뜰과 주랑에 놓은 것 같더라

놋쇠 대장장이 히람과 두 놋기둥 (대하 3:15-17)

13 ●솔로몬 (王)왕이 사람을 보내어
히람을 두로에서 데려오니
14 그는 납달리 (支派)지파 과부의
아들이요 그의 아버지는 두로 사
람이니 놋쇠 대장장이라 이 히람
은 모든 놋 일에 지혜와 총명과 재
능을 구비한 자이더니 솔로몬 왕
에게 와서 그 모든 공사를 하니라
15 그가 놋기둥 둘을 만들었으니 그
높이는 (各各)각각 십팔 규빗이라
각각 십이 규빗 되는 줄을 두를 만
하며
16 또 놋을 녹여 부어서 기둥 머리를
만들어 기둥 꼭대기에 두었으니
한쪽 머리의 높이도 다섯 규빗이
요 다른쪽 머리의 높이도 다섯 규
빗이며
17 기둥 꼭대기에 있는 머리를 위하
여 바둑판 (貌樣)모양으로 얽은
그물과 사슬 모양으로 땋은 것을
만들었으니 이 머리에 일곱이요
저 머리에 일곱이라
18 기둥을 이렇게 만들었고 또 두 줄
(石榴)석류를 한 그물 위에 둘러
만들어서 기둥 꼭대기에 있는 머
리에 두르게 하였고 다른 기둥 머
리에도 그렇게 하였으며
19 (柱廊)주랑 기둥 꼭대기에 있는
머리의 네 규빗은 백합화 모양으
로 만들었으며
20 이 두 기둥 머리에 있는 그물 곁
곧 그 머리의 공 같이 둥근 곳으로
돌아가며 각기 (石榴)석류 이백
개가 줄을 지었더라
21 이 두 기둥을 성전의 (柱廊)주랑
앞에 세우되 오른쪽 기둥을 세우
고 그 이름을 [1]야긴이라 하고 왼
쪽의 기둥을 세우고 그 이름을 [2]
보아스라 하였으며
22 그 두 기둥 꼭대기에는 백합화 형
상이 있더라 두 기둥의 (工事)공
사가 끝나니라

놋을 부어 만든 바다(대하 4:2-5)

23 ●또 바다를 부어 만들었으니 그
(直徑)직경이 십 규빗이요 그 모
양이 둥글며 그 높이는 다섯 규빗
이요 주위는 삼십 규빗 줄을 두를
만하며
24 그 가장자리 아래에는 돌아가며
박이 있는데 (每)매 규빗에 열 개

1) 저가 세우리라 2) 그에게 능력이 있다

씩 있어서 바다 (周圍)주위에 둘
렸으니 그 박은 바다를 부어 만들
때에 두 줄로 부어 만들었으며
25 그 바다를 소 열두 마리가 받쳤으
니 셋은 북쪽을 (向)향하였고 셋
은 서쪽을 향하였고 셋은 남쪽을
향하였고 셋은 동쪽을 향하였으며
바다를 그 위에 놓았고 소의 뒤는
다 안으로 두었으며
26 바다의 두께는 한 손 너비만 하고
그것의 가는 백합화의 양식으로
(盞)잔 가와 같이 만들었으니 그
바다에는 이천 밧을 담겠더라

놋 받침 수레와 물두멍

27 ●또 놋으로 받침 수레 열을 만들
었으니 (每)매 받침 수레의 길이
가 네 규빗이요 너비가 네 규빗이
요 높이가 세 규빗이라
28 그 받침 수레의 (構造)구조는 이
러하니 사면 옆 가장자리 가운데
에는 판이 있고
29 가장자리 가운데 판에는 사자와
소와 그룹들이 있고 또 가장자리
위에는 놓는 자리가 있고 사자와
소 아래에는 화환 (貌樣)모양이
있으며
30 그 받침 수레에 각각 네 놋바퀴와
놋축이 있고 받침 수레 네 발 밑에
는 어깨 같은 것이 있으며 그 어깨
같은 것은 물두멍 아래쪽에 부어
만들었고 (花環)화환은 각각 그
옆에 있으며
31 그 받침 수레 위로 들이켜 높이가
한 규빗 되게 내민 것이 있고 그
면은 직경 한 규빗 반 되게 (半圓
形)반원형으로 우묵하며 그 나머
지 면에는 아로새긴 것이 있으며
그 내민 판들은 네모지고 둥글지
아니하며
32 네 바퀴는 옆판 밑에 있고 바퀴 축
은 받침 수레에 (連結)연결되었는
데 바퀴의 높이는 각각 한 규빗 반
이며
33 그 바퀴의 (構造)구조는 병거 바
퀴의 구조 같은데 그 축과 테와 살
과 통이 다 부어 만든 것이며
34 받침 수레 네 모퉁이에 어깨 같은
것 넷이 있는데 그 어깨는 받침 수
레와 (連結)연결되었고
35 받침 수레 위에 둥근 테두리가 있
는데 높이가 (半)반 규빗이요 또
받침 수레 위의 버팀대와 옆판들
이 받침 수레와 연결되었고
36 버팀대 판과 옆판에는 각각 빈 곳
을 따라 그룹들과 사자와 (棕櫚)
종려나무를 아로새겼고 또 그 둘
레에 화환 모양이 있더라
37 이와 같이 받침 수레 열 개를 만들
었는데 그 부어 만든 법과 크기와
(樣式)양식을 다 동일하게 만들었
더라
38 또 물두멍 열 개를 놋으로 만들
었는데 물두멍마다 각각 사십 밧
을 담게 하였으며 매 물두멍의 (直
徑)직경은 네 규빗이라 열 받침
수레 위에 각각 물두멍이 하나씩
이더라
39 그 받침 수레 다섯은 (聖殿)성전
오른쪽에 두었고 다섯은 성전 왼
쪽에 두었고 성전 오른쪽 동남쪽

에는 그 바다를 두었더라

성전 기구들(대하 4:11-5:1)

40 ●히람이 또 [1]물두멍과 부삽과 대
접들을 만들었더라 이와 같이 히
람이 솔로몬 왕을 (爲)위하여 여
호와의 전의 모든 일을 마쳤으니
41 곧 기둥 둘과 그 기둥 꼭대기의 공
같은 머리 둘과 또 기둥 꼭대기의
공 같은 머리를 가리는 그물 둘과
42 또 그 그물들을 위하여 만든 바 매
그물에 두 줄씩으로 기둥 위의 공
같은 두 머리를 가리게 한 (石榴)
석류 사백 개와
43 또 열 (個)개의 받침 수레와 받침
수레 위의 열 개의 물두멍과
44 한 바다와 그 바다 아래의 소 열두
마리와
45 솥과 부삽과 대접들이라 히람이
솔로몬 왕을 위하여 여호와의 (聖
殿)성전에 이 모든 그릇을 빛난
놋으로 만드니라
46 왕이 요단 (平地)평지에서 숙곳과
사르단 사이의 차진 흙에 그것들
을 부어 내었더라
47 (器具)기구가 심히 많으므로 솔로
몬이 다 달아보지 아니하고 두었
으니 그 놋 무게를 능히 (測量)측
량할 수 없었더라
48 ●솔로몬이 또 여호와의 성전의
모든 기구를 만들었으니 곧 (金
壇)금 단과 진설병의 금 상과
49 내소 앞에 (左右)좌우로 다섯씩
둘 정금 등잔대며 또 금 꽃과 등잔
과 불집게며
50 또 (精金)정금 대접과 불집게와
주발과 숟가락과 불을 옮기는 그
릇이며 또 내소 곧 지성소 문의 금
돌쩌귀와 성전 곧 외소 문의 금 돌
쩌귀더라
51 ●솔로몬 왕이 여호와의 성전을
위하여 만드는 모든 일을 마친지
라 이에 솔로몬이 그의 아버지 다
윗이 드린 물건 곧 은과 금과 기구
들을 가져다가 여호와의 성전 (庫
間)곳간에 두었더라

언약궤를 성전으로 옮기다(대하 5:2-6:2)

8 이에 솔로몬이 여호와의 (言約
櫃)언약궤를 다윗 성 곧 시온
에서 메어 올리고자 하여 이스라
엘 장로와 모든 지파의 우두머리
곧 이스라엘 자손의 족장들을 예
루살렘에 있는 자기에게로 소집하
니
2 이스라엘 모든 사람이 다 에다님
월 곧 일곱째 달 (節期)절기에 솔
로몬 왕에게 모이고
3 이스라엘 (長老)장로들이 다 이르
매 제사장들이 궤를 메니라
4 여호와의 궤와 (會幕)회막과 성막
안의 모든 거룩한 기구들을 메고
올라가되 제사장과 레위 사람이
그것들을 메고 올라가매
5 솔로몬 왕과 그 앞에 모인 이스라
엘 (會衆)회중이 그와 함께 그 궤
앞에 있어 양과 소로 (祭祀)제사를
지냈으니 그 수가 많아 (記錄)기록
할 수도 없고 셀 수도 없었더라
6 제사장들이 여호와의 언약궤를 그
처소로 메어 들였으니 곧 성전의

1) 대하 4:11에는 [솥]

내소인 (至聖所)지성소 그룹들의
날개 아래라
7 그룹들이 그 (櫃)궤 처소 위에서
날개를 펴서 궤와 그 채를 덮었는
데
8 채가 길므로 채 끝이 내소 앞 (聖
所)성소에서 보이나 밖에서는 보
이지 아니하며 그 채는 오늘까지
그 곳에 있으며
9 그 궤 안에는 두 돌판 외에 아무
것도 없으니 이것은 이스라엘 (子
孫)자손이 애굽 땅에서 나온 후
여호와께서 저희와 언약을 맺으실
때에 모세가 호렙에서 그 안에 넣
은 것이더라
10 제사장이 (聖所)성소에서 나올 때
에 구름이 여호와의 성전에 가득
하매
11 (祭司長)제사장이 그 구름으로 말
미암아 능히 서서 섬기지 못하였
으니 이는 여호와의 (榮光)영광이
여호와의 성전에 가득함이었더라

솔로몬의 연설(대하 6:3-11)

12 ●그 때에 솔로몬이 이르되 여호
와께서 캄캄한 데 계시겠다 말씀
하셨사오나
13 내가 참으로 주를 위하여 계실 성
전을 (建築)건축하였사오니 주께
서 영원히 계실 처소로소이다 하
고
14 얼굴을 돌이켜 이스라엘의 온 (會
衆)회중을 위하여 축복하니 그 때
에 이스라엘의 온 회중이 서 있더
라
15 왕이 이르되 이스라엘의 하나님
여호와를 (頌祝)송축할지로다 여
호와께서 그의 입으로 내 아버지
다윗에게 말씀하신 것을 이제 그
의 손으로 이루셨도다 이르시기를
16 내가 내 (百姓)백성 이스라엘을
애굽에서 인도하여 낸 날부터 내
이름을 둘 만한 집을 건축하기 위
하여 이스라엘 모든 지파 가운데
에서 아무 성읍도 택하지 아니하
고 다만 다윗을 택하여 내 백성 이
스라엘을 다스리게 하였노라 하신
지라
17 내 아버지 다윗이 이스라엘의 하
나님 여호와의 이름을 위하여 (聖
殿)성전을 건축할 마음이 있었더
니
18 여호와께서 내 아버지 다윗에게
이르시되 네가 내 이름을 위하여
성전을 (建築)건축할 마음이 있으
니 이 마음이 네게 있는 것이 좋도
다
19 그러나 너는 그 (聖殿)성전을 건
축하지 못할 것이요 네 몸에서 낳
을 네 아들 그가 내 이름을 위하여
성전을 건축하리라 하시더니
20 이제 여호와께서 말씀하신 대로
이루시도다 내가 여호와께서 말씀
하신 대로 내 아버지 다윗을 이어
서 일어나 이스라엘의 왕위에 앉
고 이스라엘의 하나님 여호와의
이름을 위하여 성전을 (建築)건축
하고
21 내가 또 그 곳에 우리 (祖上)조상
들을 애굽 땅에서 인도하여 내실
때에 그들과 세우신 바 여호와의

언약을 넣은 궤를 위하여 한 처소
를 설치하였노라

솔로몬의 기도(대하 6:12-42)

22 ●솔로몬이 여호와의 (祭壇)제단
앞에서 이스라엘의 온 회중과 마
주서서 하늘을 향하여 손을 펴고
23 이르되 이스라엘의 하나님 여호와
여 위로 하늘과 아래로 땅에 주와
같은 신이 없나이다 주께서는 온
마음으로 주의 앞에서 행하는 종
들에게 (言約)언약을 지키시고 은
혜를 베푸시나이다
24 (主)주께서 주의 종 내 아버지 다
윗에게 하신 말씀을 지키사 주의
입으로 말씀하신 것을 손으로 이
루심이 오늘과 같으니이다
25 이스라엘의 하나님 여호와여 주께
서 주의 종 내 아버지 다윗에게 말
씀하시기를 네 (子孫)자손이 자기
길을 삼가서 네가 내 앞에서 행한
것 같이 내 앞에서 (行)행하기만
하면 네게서 나서 이스라엘의 왕
위에 앉을 사람이 내 앞에서 끊어
지지 아니하리라 하셨사오니 이제
다윗을 위하여 그 하신 말씀을 지
키시옵소서
26 그런즉 이스라엘의 하나님이여
(願)원하건대 주는 주의 종 내 아
버지 다윗에게 하신 말씀이 확실
하게 하옵소서
27 ●하나님이 참으로 땅에 (居)거하
시리이까 하늘과 하늘들의 하늘이
라도 주를 용납하지 못하겠거든
하물며 내가 건축한 이 성전이오
리이까
28 그러나 내 하나님 여호와여 주의
종의 기도와 (懇求)간구를 돌아보
시며 이 종이 오늘 주 앞에서 부르
짖음과 비는 기도를 들으시옵소서
29 주께서 전에 말씀하시기를 내 이
름이 거기 있으리라 하신 곳 이 성
전을 향하여 주의 눈이 주야로 보
시오며 주의 종이 이 곳을 향하여
비는 (祈禱)기도를 들으시옵소서
30 주의 종과 주의 백성 이스라엘이
이 곳을 향하여 기도할 때에 주는
그 (懇求)간구함을 들으시되 주께
서 계신 곳 하늘에서 들으시고 들
으시사 사하여 주옵소서
31 ●만일 어떤 사람이 그 이웃에게
(犯罪)범죄함으로 맹세시킴을 받
고 그가 와서 이 성전에 있는 주의
제단 앞에서 맹세하거든
32 주는 하늘에서 들으시고 행하시되
주의 종들을 (審判)심판하사 악한
자의 죄를 정하여 그 행위대로 그
머리에 돌리시고 의로운 자를 의
롭다 하사 그의 의로운 바대로 갚
으시옵소서
33 ●만일 주의 (百姓)백성 이스라엘
이 주께 범죄하여 (敵國)적국 앞
에 패하게 되므로 주께로 돌아와
서 주의 이름을 인정하고 이 성전
에서 주께 기도하며 간구하거든
34 주는 하늘에서 들으시고 주의 백
성 이스라엘의 (罪)죄를 사하시고
그들의 조상들에게 주신 땅으로
돌아오게 하옵소서
35 ●만일 그들이 주께 (犯罪)범죄함
으로 말미암아 하늘이 닫히고 비

가 없어서 주께 벌을 받을 때에 이
곳을 향하여 기도하며 주의 이름
을 찬양하고 그들의 죄에서 떠나
거든
36 주는 하늘에서 들으사 주의 종들
과 주의 백성 이스라엘의 죄를 사
하시고 그들이 마땅히 행할 선한
길을 가르쳐 주시오며 주의 백성
에게 (基業)기업으로 주신 주의
땅에 비를 내리시옵소서
37 ● 만일 이 땅에 (饑饉)기근이나
전염병이 있거나 곡식이 시들거나
깜부기가 나거나 메뚜기나 황충이
나거나 (敵國)적국이 와서 성읍을
에워싸거나 무슨 재앙이나 무슨
질병이 있든지 막론하고
38 한 사람이나 혹 주의 온 백성 이스
라엘이 다 각각 자기의 마음에 재
앙을 깨닫고 이 성전을 향하여 손
을 펴고 무슨 (祈禱)기도나 무슨
간구를 하거든
39 주는 계신 곳 하늘에서 들으시고
(赦)사하시며 각 사람의 마음을
아시오니 그들의 모든 행위대로
행하사 갚으시옵소서 주만 홀로
사람의 마음을 다 아심이니이다
40 그리하시면 그들이 주께서 우리
조상들에게 주신 땅에서 사는 동
안에 (恒常)항상 주를 경외하리이
다
41 ● 또 주의 백성 이스라엘에 속하
지 아니한 자 곧 주의 이름을 위하
여 먼 지방에서 온 (異邦人)이방
인이라도
42 그들이 주의 크신 이름과 주의 능
한 손과 주의 펴신 팔의 (所聞)소
문을 듣고 와서 이 성전을 향하여
기도하거든
43 주는 계신 곳 하늘에서 들으시고
이방인이 주께 부르짖는 대로 이
루사 땅의 (萬民)만민이 주의 이
름을 알고 주의 백성 이스라엘처
럼 (敬畏)경외하게 하시오며 또
내가 건축한 이 성전을 주의 이름
으로 일컫는 줄을 알게 하옵소서
44 ● 주의 백성이 그들의 (敵國)적국
과 더불어 싸우고자 하여 주께서
보내신 길로 나갈 때에 그들이 주
께서 택하신 성읍과 내가 주의 이
름을 위하여 건축한 성전이 있는
쪽을 향하여 여호와께 기도하거든
45 주는 하늘에서 그들의 (祈禱)기도
와 간구를 들으시고 그들의 일을
돌아보옵소서
46 ● 범죄하지 아니하는 사람이 없
사오니 그들이 주께 범죄함으로
주께서 그들에게 진노하사 그들을
적국에게 넘기시매 (敵國)적국이
그들을 사로잡아 (遠近)원근을 막
론하고 적국의 땅으로 끌어간 후
에
47 그들이 사로잡혀 간 땅에서 스스
로 깨닫고 그 사로잡은 자의 땅에
서 돌이켜 주께 (懇求)간구하기를
우리가 범죄하여 반역을 행하며
악을 지었나이다 하며
48 자기를 사로잡아 간 적국의 땅에
서 온 마음과 온 뜻으로 주께 돌아
와서 주께서 그들의 (祖上)조상들
에게 주신 땅 곧 주께서 택하신 성

읍과 내가 주의 이름을 위하여 건
축한 성전 있는 쪽을 향하여 주께
기도하거든
49 주는 계신 곳 하늘에서 그들의 기
도와 (懇求)간구를 들으시고 그들
의 일을 돌아보시오며
50 주께 범죄한 백성을 (容恕)용서하
시며 주께 범한 그 모든 허물을 사
하시고 그들을 사로잡아 간 자 앞
에서 그들로 불쌍히 여김을 얻게
하사 그 사람들로 그들을 불쌍히
여기게 하옵소서
51 그들은 주께서 철 풀무 같은 애굽
에서 (引導)인도하여 내신 주의
백성, 주의 소유가 됨이니이다
52 원하건대 주는 눈을 들어 종의 (懇
求)간구함과 주의 백성 이스라엘
의 간구함을 보시고 주께 부르짖
는 대로 들으시옵소서
53 주 여호와여 주께서 우리 (祖上)
조상을 애굽에서 인도하여 내실
때에 주의 종 모세를 통하여 말씀
하심 같이 주께서 세상 만민 가운
데에서 그들을 구별하여 주의 기
업으로 삼으셨나이다

솔로몬의 축복

54 ●솔로몬이 무릎을 꿇고 손을 펴
서 하늘을 향하여 이 기도와 간구
로 여호와께 아뢰기를 마치고 여
호와의 (祭壇)제단 앞에서 일어나
55 서서 큰 소리로 이스라엘의 온 (會
衆)회중을 위하여 축복하며 이르
되
56 여호와를 (讚頌)찬송할지로다 그
가 말씀하신 대로 그의 백성 이스
라엘에게 태평을 주셨으니 그 종
모세를 통하여 무릇 말씀하신 그
모든 좋은 약속이 하나도 이루어
지지 아니함이 없도다
57 우리 하나님 여호와께서 우리 (祖
上)조상들과 함께 계시던 것 같이
우리와 함께 계시옵고 우리를 떠
나지 마시오며 버리지 마시옵고
58 우리의 마음을 주께로 향하여 그
의 모든 길로 행하게 하시오며 우
리 조상들에게 명령하신 (誡命)계
명과 법도와 율례를 지키게 하시
기를 원하오며
59 여호와 앞에서 내가 (懇求)간구한
이 말씀이 주야로 우리 하나님 여
호와께 가까이 있게 하시옵고 또
주의 종의 일과 주의 백성 이스라
엘의 일을 날마다 필요한 대로 돌
아보사
60 이에 (世上)세상 만민에게 여호와
께서만 하나님이시고 그 외에는
없는 줄을 알게 하시기를 원하노
라
61 그런즉 너희의 마음을 우리 하나
님 여호와께 (穩全)온전히 바쳐
완전하게 하여 오늘과 같이 그의
법도를 행하며 그의 계명을 지킬
지어다

성전 봉헌식(대하 7:4-10)

62 ●이에 왕과 및 왕과 함께 한 이
스라엘이 다 여호와 앞에 (犧牲祭
物)희생제물을 드리니라
63 솔로몬이 (和睦祭)화목제의 희생
제물을 드렸으니 곧 여호와께 드
린 소가 이만 이천 마리요 양이 십

이만 마리라 이와 같이 왕과 모든
이스라엘 자손이 여호와의 성전의
봉헌식을 행하였는데
64 그 날에 왕이 여호와의 성전 앞뜰
가운데를 거룩히 (區別)구별하고
거기서 번제와 소제와 감사제물의
기름을 드렸으니 이는 여호와의
앞 놋 제단이 작으므로 번제물과
소제물과 화목제의 기름을 다 용
납할 수 없음이라
65 그 때에 솔로몬이 칠 일과 칠 일
도합 십사 일간을 우리 하나님 여
호와 앞에서 (節期)절기로 지켰는
데 하맛 어귀에서부터 애굽 강까
지의 온 이스라엘의 큰 회중이 모
여 그와 함께 하였더니
66 여덟째 날에 솔로몬이 백성을 돌
려보내매 백성이 왕을 위하여 (祝
福)축복하고 자기 장막으로 돌아
가는데 여호와께서 그의 종 다윗
과 그의 백성 이스라엘에게 베푸
신 모든 은혜로 말미암아 기뻐하
며 마음에 즐거워하였더라

여호와께서 다시 솔로몬에게 나타나시다

9 솔로몬이 여호와의 (聖殿)성전
과 왕궁 건축하기를 마치며 자
기가 이루기를 원하던 모든 것을
마친 때에
2 여호와께서 (前)전에 기브온에서
나타나심 같이 다시 솔로몬에게
나타나사
3 여호와께서 그에게 이르시되 네
기도와 네가 내 앞에서 간구한 바
를 내가 들었은즉 나는 네가 건축
한 이 성전을 거룩하게 (區別)구
별하여 내 이름을 영원히 그 곳에
두며 내 눈길과 내 마음이 항상 거
기에 있으리니
4 네가 만일 네 아버지 다윗이 행함
같이 마음을 온전히 하고 바르게
하여 내 앞에서 행하며 내가 네게
명령한 대로 온갖 일에 순종하여
내 (法度)법도와 (律例)율례를 지
키면
5 내가 네 아버지 다윗에게 말하기
를 이스라엘의 왕위에 오를 사람
이 네게서 끊어지지 아니하리라
한 대로 네 이스라엘의 (王位)왕
위를 영원히 견고하게 하려니와
6 (萬一)만일 너희나 너희의 자손이
아주 돌아서서 나를 따르지 아니
하며 내가 너희 앞에 둔 나의 계명
과 법도를 지키지 아니하고 가서
다른 신을 섬겨 그것을 경배하면
7 내가 이스라엘을 내가 그들에게
준 땅에서 끊어 버릴 것이요 내 이
름을 위하여 내가 거룩하게 (區
別)구별한 이 성전이라도 내 앞에
서 던져버리리니 이스라엘은 모든
민족 가운데에서 속담거리와 이야
기거리가 될 것이며
8 이 (聖殿)성전이 높을지라도 지나
가는 자마다 놀라며 비웃어 이르
되 여호와께서 무슨 까닭으로 이
땅과 이 성전에 이같이 행하셨는
고 하면
9 (對答)대답하기를 그들이 그들의
조상들을 애굽 땅에서 인도하여
내신 그들의 하나님 여호와를 버
리고 다른 신을 따라가서 그를 경

배하여 섬기므로 여호와께서 이
모든 재앙을 그들에게 내리심이라
하리라 하셨더라

솔로몬과 히람의 거래(대하 8:1-2)

10 ● 솔로몬이 두 집 곧 여호와의 성
전과 왕궁을 이십 년 만에 (建築)
건축하기를 마치고
11 갈릴리 땅의 (城邑)성읍 스무 곳
을 히람에게 주었으니 이는 두로
왕 히람이 솔로몬에게 그 온갖 소
원대로 백향목과 잣나무와 금을
제공하였음이라
12 히람이 두로에서 와서 솔로몬이
(自己)자기에게 준 성읍들을 보고
눈에 들지 아니하여
13 이르기를 내 (兄弟)형제여 내게
준 이 성읍들이 이러한가 하고 이
름하여 가불 땅이라 하였더니 그
이름이 오늘까지 있느니라
14 히람이 (金)금 일백이십 달란트를
왕에게 보내었더라

솔로몬의 나머지 업적(대하 8:3-18)

15 ● 솔로몬 왕이 (役軍)역군을 일으
킨 까닭은 이러하니 여호와의 성
전과 자기 왕궁과 밀로와 예루살
렘 성과 하솔과 므깃도와 게셀을
건축하려 하였음이라
16 전에 애굽 왕 바로가 올라와서 게
셀을 (奪取)탈취하여 불사르고 그
성읍에 사는 가나안 사람을 죽이
고 그 (城邑)성읍을 자기 딸 솔로
몬의 아내에게 예물로 주었더니
17 솔로몬이 게셀과 아래 벧호론을
(建築)건축하고
18 또 바알랏과 그 땅의 들에 있는 다
드몰과
19 자기에게 있는 모든 (國庫城)국고
성과 병거성들과 마병의 성들을
건축하고 솔로몬이 또 예루살렘과
레바논과 그가 다스리는 온 땅에
건축하고자 하던 것을 다 건축하
였는데
20 이스라엘 (子孫)자손이 아닌 아모
리 사람과 헷 사람과 브리스 사람
과 히위 사람과 여부스 사람 중 남
아 있는 모든 사람
21 곧 이스라엘 자손이 다 멸하지 못
하므로 그 땅에 남아 있는 그들의
자손들을 솔로몬이 (奴隸)노예로
역군을 삼아 오늘까지 이르렀으되
22 다만 이스라엘 (子孫)자손은 솔로
몬이 노예를 삼지 아니하였으니
그들은 군사와 그 신하와 고관과
대장이며 병거와 마병의 지휘관이
됨이었더라
23 ● 솔로몬에게 일을 (監督)감독하
는 우두머리 오백오십 명이 있어
일하는 백성을 다스렸더라
24 ● 바로의 딸이 다윗 성에서부터
올라와 솔로몬이 그를 위하여 (建
築)건축한 궁에 이를 때에 솔로몬
이 밀로를 건축하였더라
25 ● 솔로몬이 여호와를 위하여 쌓
은 제단 위에 해마다 세 번씩 번
제와 (感謝)감사의 제물을 드리고
또 여호와 앞에 있는 제단에 (焚
香)분향하니라 이에 성전 짓는 일
을 마치니라
26 ● 솔로몬 왕이 에돔 땅 홍해 물
가의 엘롯 (近處)근처 에시온게벨

에서 배들을 지은지라
27 히람이 자기 종 곧 바다에 익숙한
(沙工)사공들을 솔로몬의 종과 함
께 그 배로 보내매
28 그들이 오빌에 이르러 거기서
(金)금 사백이십 달란트를 얻고
솔로몬 왕에게로 가져왔더라

스바의 여왕이 솔로몬을 찾아오다 (대하 9:1-12)

10 스바의 여왕이 여호와의 이
름으로 말미암은 솔로몬의
(名聲)명성을 듣고 와서 어려운
문제로 그를 시험하고자 하여
2 예루살렘에 이르니 (隨行)수행하
는 자가 심히 많고 향품과 심히 많
은 금과 보석을 낙타에 실었더라
그가 솔로몬에게 나아와 자기 마
음에 있는 것을 다 말하매
3 솔로몬이 그가 묻는 말에 다 (對
答)대답하였으니 왕이 알지 못하
여 대답하지 못한 것이 하나도 없
었더라
4 스바의 여왕이 솔로몬의 모든 (智
慧)지혜와 그 건축한 왕궁과
5 그 상의 식물과 그의 신하들의 좌
석과 그의 시종들이 (侍立)시립한
것과 그들의 관복과 술 관원들과
여호와의 성전에 올라가는 층계를
보고 크게 감동되어
6 왕께 말하되 내가 내 나라에서 당
신의 (行爲)행위와 당신의 지혜에
대하여 들은 소문이 사실이로다
7 내가 그 말들을 믿지 아니하였더
니 이제 와서 친히 본즉 내게 말한
것은 절반도 못되니 당신의 지혜
와 복이 내가 들은 (所聞)소문보
다 더하도다
8 복되도다 당신의 사람들이여 복되
도다 당신의 이 신하들이여 항상
당신 앞에 서서 당신의 (智慧)지
혜를 들음이로다
9 당신의 하나님 여호와를 (頌祝)송
축할지로다 여호와께서 당신을 기
뻐하사 이스라엘 왕위에 올리셨고
여호와께서 영원히 이스라엘을 사
랑하시므로 당신을 세워 왕으로
삼아 정의와 공의를 행하게 하셨
도다 하고
10 이에 그가 금 일백이십 달란트와
심히 많은 (香品)향품과 보석을
왕에게 드렸으니 스바의 여왕이
솔로몬 왕에게 드린 것처럼 많은
향품이 다시 오지 아니하였더라
11 ● 오빌에서부터 금을 실어온 히
람의 배들이 오빌에서 많은 백단
목과 보석을 (運搬)운반하여 오매
12 왕이 백단목으로 여호와의 성
전과 왕궁의 난간을 만들고 또 노
래하는 자를 위하여 (竪琴)수금과
비파를 만들었으니 이같은 백단목
은 전에도 온 일이 없었고 오늘까
지도 보지 못하였더라
13 솔로몬 왕이 왕의 (規例)규례대로
스바의 여왕에게 물건을 준 것 외
에 또 그의 소원대로 구하는 것을
주니 이에 그가 그의 신하들과 함
께 본국으로 돌아갔더라

솔로몬의 재산과 지혜(대하 9:13-29)

14 ● 솔로몬의 (歲入金)세입금의 무
게가 금 육백육십육 달란트요

15 그 외에 또 (商人)상인들과 무역
하는 객상과 아라비아의 모든 왕
들과 나라의 고관들에게서도 가져
온지라
16 솔로몬 왕이 쳐서 늘인 금으로 큰
(防牌)방패 이백 개를 만들었으니
매 방패에 든 금이 육백 세겔이며
17 또 쳐서 늘인 금으로 작은 방패 삼
백 개를 만들었으니 매 방패에 든
금이 삼 [1]마네라 왕이 이것들을
레바논 나무 (宮)궁에 두었더라
18 왕이 또 (象牙)상아로 큰 보좌를
만들고 정금으로 입혔으니
19 그 (寶座)보좌에는 여섯 층계가
있고 보좌 뒤에 둥근 머리가 있고
앉는 자리 양쪽에는 팔걸이가 있
고 팔걸이 곁에는 사자가 하나씩
서 있으며
20 또 열두 (獅子)사자가 있어 그 여
섯 층계 좌우편에 서 있으니 어느
나라에도 이같이 만든 것이 없었
더라
21 솔로몬 왕이 마시는 그릇은 다 금
이요 레바논 나무 궁의 그릇들도
다 (精金)정금이라 은 (器物)기물
이 없으니 솔로몬의 시대에 은을
귀히 여기지 아니함은
22 왕이 바다에 다시스 배들을 두어
히람의 배와 함께 있게 하고 그 다
시스 배로 삼 년에 한 번씩 금과
은과 (象牙)상아와 원숭이와 (孔
雀)공작을 실어 왔음이더라
23 ● 솔로몬 왕의 (財産)재산과 지혜
가 세상의 그 어느 왕보다 큰지라
24 온 (世上)세상 사람들이 다 하나
님께서 솔로몬의 마음에 주신 지
혜를 들으며 그의 얼굴을 보기 원
하여
25 그들이 각기 (禮物)예물을 가지고
왔으니 곧 은 그릇과 금 그릇과 의
복과 갑옷과 향품과 말과 노새라
해마다 그리하였더라
26 ● 솔로몬이 (兵車)병거와 마병을
모으매 병거가 천사백 대요 마병
이 만이천 명이라 병거성에도 두
고 예루살렘 왕에게도 두었으며
27 왕이 예루살렘에서 (銀)은을 돌
같이 흔하게 하고 백향목을 평지
의 뽕나무 같이 많게 하였더라
28 솔로몬의 말들은 애굽에서 들여왔
으니 왕의 (商人)상인들이 값주고
산 것이며
29 애굽에서 들여온 (兵車)병거는 한
대에 은 육백 세겔이요 말은 한 필
에 백오십 세겔이라 이와 같이 헷
사람의 모든 왕과 아람 왕들에게
그것들을 되팔기도 하였더라

솔로몬의 마음이 여호와를 떠나다

11 솔로몬 왕이 바로의 딸 외에
(異邦)이방의 많은 여인을
사랑하였으니 곧 모압과 암몬과
에돔과 시돈과 헷 여인이라
2 여호와께서 일찍이 이 여러 백성
에 대하여 이스라엘 자손에게 말
씀하시기를 너희는 그들과 서로
(通婚)통혼하지 말며 그들도 너희
와 서로 통혼하게 하지 말라 그들
이 반드시 너희의 마음을 돌려 그
들의 신들을 따르게 하리라 하셨

1) 1마네는 50세겔

으나 솔로몬이 그들을 사랑하였더
라
3 왕은 (後宮)후궁이 칠백 명이요
첩이 삼백 명이라 그의 여인들이
왕의 마음을 돌아서게 하였더라
4 솔로몬의 나이가 많을 때에 그의
여인들이 그의 마음을 돌려 다른
신들을 따르게 하였으므로 왕의
마음이 그의 아버지 다윗의 마음
과 같지 아니하여 그의 하나님 여
호와 앞에 (穩全)온전하지 못하였
으니
5 이는 시돈 사람의 여신 아스다롯
을 따르고 암몬 사람의 (可憎)가
증한 밀곰을 따름이라
6 솔로몬이 여호와의 눈앞에서 (惡)
악을 행하여 그의 아버지 다윗이
여호와를 온전히 따름 같이 따르
지 아니하고
7 모압의 가증한 그모스를 위하여
예루살렘 앞 산에 (山堂)산당을
지었고 또 암몬 자손의 가증한 몰
록을 위하여 그와 같이 하였으며
8 그가 또 그의 (異邦)이방 여인들
을 위하여 다 그와 같이 한지라 그
들이 자기의 신들에게 분향하며
제사하였더라
9 ●솔로몬이 마음을 돌려 이스라
엘의 하나님 여호와를 떠나므로
여호와께서 그에게 (震怒)진노하
시니라 여호와께서 일찍이 두 번
이나 그에게 나타나시고
10 이 일에 대하여 (命令)명령하사
다른 신을 따르지 말라 하셨으나
그가 여호와의 명령을 지키지 않
았으므로
11 여호와께서 솔로몬에게 말씀하시
되 네게 이러한 일이 있었고 또 네
가 내 언약과 내가 네게 명령한
(法度)법도를 지키지 아니하였으
니 내가 반드시 이 나라를 네게서
빼앗아 네 신하에게 주리라
12 그러나 네 아버지 다윗을 위하여
네 (世代)세대에는 이 일을 행하
지 아니하고 네 아들의 손에서 빼
앗으려니와
13 오직 내가 이 나라를 다 빼앗지 아
니하고 내 종 다윗과 내가 택한 예
루살렘을 위하여 한 (支派)지파를
네 아들에게 주리라 하셨더라

솔로몬의 대적

14 ●여호와께서 에돔 사람 하닷을
일으켜 솔로몬의 (對敵)대적이 되
게 하시니 그는 왕의 (子孫)자손
으로서 에돔에 거하였더라
15 전에 다윗이 에돔에 있을 때에 군
대 지휘관 요압이 가서 죽임을 당
한 자들을 (葬事)장사하고 에돔의
남자를 다 쳐서 죽였는데
16 요압은 에돔의 (男子)남자를 다
없애기까지 이스라엘 무리와 함께
여섯 달 동안 그 곳에 머물렀더라
17 그 때에 하닷은 작은 아이라 그의
아버지 (臣下)신하 중 에돔 사람
몇몇과 함께 도망하여 애굽으로
가려 하여
18 미디안을 떠나 바란에 이르고 거
기서 사람을 데리고 애굽으로 가
서 애굽 왕 바로에게 나아가매 바
로가 그에게 집과 먹을 (糧食)양

식을 주며 또 토지를 주었더라
19 하닷이 바로의 눈 앞에 크게 (恩
寵)은총을 얻었으므로 바로가 자
기의 처제 곧 왕비 다브네스의 아
우를 그의 아내로 삼으매
20 다브네스의 아우가 그로 말미암아
아들 그누밧을 낳았더니 다브네스
가 그 아이를 바로의 (宮中)궁중
에서 젖을 떼게 하매 그누밧이 바
로의 궁에서 바로의 아들 가운데
있었더라
21 하닷이 애굽에 있어서 다윗이 그
의 조상들과 함께 잔 것과 (軍隊)
군대 지휘관 요압이 죽은 것을 듣
고 바로에게 아뢰되 나를 보내어
내 고국으로 가게 하옵소서
22 바로가 그에게 이르되 네가 나와
함께 있어 무슨 (不足)부족함이 있
기에 네 고국으로 가기를 구하느
냐 대답하되 없나이다 그러나 아
무쪼록 나를 보내옵소서 하였더라
23 ● 하나님이 또 엘리아다의 아들
르손을 일으켜 솔로몬의 (對敵者)
대적자가 되게 하시니 그는 그의
주인 소바 왕 하닷에셀에게서 도
망한 자라
24 다윗이 소바 사람을 죽일 때에 르
손이 사람들을 자기에게 모으고
그 무리의 (魁首)괴수가 되어 다
메섹으로 가서 살다가 거기서 왕
이 되었더라
25 솔로몬의 (一平生)일평생에 하닷
이 끼친 환난 외에 르손이 수리아
왕이 되어 이스라엘을 대적하고
미워하였더라

여로보암에게 하신 여호와의 말씀

26 ● 솔로몬의 신하 느밧의 아들 여로
보암이 또한 손을 들어 왕을 대적
하였으니 그는 에브라임 족속인 스
레다 사람이요 그의 어머니의 이름
은 스루아이니 (寡婦)과부더라
27 그가 손을 들어 왕을 대적하는 까
닭은 이러하니라 솔로몬이 밀로를
건축하고 그의 아버지 다윗의 성
읍이 무너진 것을 (修築)수축하였
는데
28 이 사람 여로보암은 큰 (勇士)용
사라 솔로몬이 이 청년의 부지런
함을 보고 세워 요셉 족속의 일을
감독하게 하였더니
29 그 즈음에 여로보암이 예루살렘에
서 나갈 때에 실로 사람 (先知者)
선지자 아히야가 길에서 그를 만
나니 아히야가 새 의복을 입었고
그 두 사람만 들에 있었더라
30 아히야가 (自己)자기가 입은 새
옷을 잡아 열두 조각으로 찢고
31 여로보암에게 이르되 너는 열 조
각을 가지라 이스라엘의 하나님
여호와의 말씀이 내가 이 나라를
솔로몬의 손에서 찢어 빼앗아 열
(支派)지파를 네게 주고
32 오직 내 종 다윗을 위하고 이스라
엘 모든 지파 중에서 택한 성읍 예
루살렘을 위하여 한 (支派)지파를
솔로몬에게 주리니
33 이는 그들이 나를 버리고 시돈 사
람의 여신 아스다롯과 모압의 신
그모스와 암몬 자손의 신 밀곰을
경배하며 그의 아버지 다윗이 행

함 같지 아니하여 내 길로 행하지
아니하며 나 보기에 (正直)정직한
일과 내 법도와 내 율례를 행하지
아니함이니라
34 그러나 내가 택한 내 종 다윗이 내
명령과 내 (法度)법도를 지켰으므
로 내가 그를 위하여 솔로몬의 생
전에는 온 나라를 그의 손에서 빼
앗지 아니하고 주관하게 하려니와
35 내가 그의 아들의 손에서 나라를
빼앗아 그 열 (支派)지파를 네게
줄 것이요
36 그의 아들에게는 내가 한 지파를
주어서 내가 거기에 내 이름을 두
고자 하여 택한 성읍 예루살렘에
서 내 종 다윗이 (恒常)항상 내 앞
에 등불을 가지고 있게 하리라
37 내가 너를 취하리니 너는 네 마음
에 (願)원하는 대로 다스려 이스
라엘 위에 왕이 되되
38 네가 만일 내가 명령한 모든 일에
(順從)순종하고 내 길로 행하며
내 눈에 (合當)합당한 일을 하며
내 종 다윗이 행함 같이 내 율례와
명령을 지키면 내가 너와 함께 있
어 내가 다윗을 위하여 세운 것 같
이 너를 위하여 견고한 집을 세우
고 이스라엘을 네게 주리라
39 내가 이로 말미암아 다윗의 (子
孫)자손을 괴롭게 할 것이나 영원
히 하지는 아니하리라 하셨느니라
한지라
40 이러므로 솔로몬이 여로보암을 죽
이려 하매 여로보암이 일어나 애
굽으로 (逃亡)도망하여 애굽 왕
시삭에게 이르러 솔로몬이 죽기까
지 애굽에 있으니라

솔로몬이 죽다(대하 9:29-31)

41 ●솔로몬의 남은 (事蹟)사적과 그
의 행한 모든 일과 그의 지혜는 솔
로몬의 실록에 기록되지 아니하였
느냐
42 솔로몬이 예루살렘에서 온 이스라
엘을 다스린 날 (數)수가 사십 년
이라
43 솔로몬이 그의 (祖上)조상들과 함
께 자매 그의 아버지 다윗의 성읍
에 장사되고 그의 아들 르호보암
이 대신하여 왕이 되니라

북쪽 지파들의 배반(대하 10:1-19)

12 르호보암이 세겜으로 갔으
니 이는 온 이스라엘이 그를
(王)왕으로 삼고자 하여 세겜에
이르렀음이더라
2 느밧의 아들 여로보암이 전에 솔
로몬 왕의 얼굴을 피하여 애굽으
로 도망하여 있었더니 이제 그 (所
聞)소문을 듣고 여전히 애굽에 있
는 중에
3 무리가 사람을 보내 그를 불렀더
라 여로보암과 이스라엘의 온 (會
衆)회중이 와서 르호보암에게 말
하여 이르되
4 왕의 아버지가 우리의 멍에를 무
겁게 하였으나 왕은 이제 왕의 아
버지가 우리에게 시킨 (苦役)고역
과 메운 무거운 멍에를 가볍게 하
소서 그리하시면 우리가 왕을 섬
기겠나이다
5 르호보암이 (對答)대답하되 갔다

가 삼 일 후에 다시 내게로 오라
하매 백성이 가니라
6 ●르호보암 왕이 그의 아버지 솔
로몬의 (生前)생전에 그 앞에 모
셨던 노인들과 (議論)의논하여 이
르되 너희는 어떻게 충고하여 이
백성에게 대답하게 하겠느냐
7 대답하여 이르되 왕이 만일 오늘
이 백성을 섬기는 자가 되어 그들
을 섬기고 좋은 말로 대답하여 이
르시면 그들이 (永遠)영원히 왕의
종이 되리이다 하나
8 왕이 노인들이 (諮問)자문하는 것
을 버리고 자기 앞에 모셔 있는 자
기와 함께 자라난 어린 사람들과
의논하여
9 이르되 너희는 어떻게 자문하여
이 (百姓)백성에게 대답하게 하겠
느냐 백성이 내게 말하기를 왕의
아버지가 우리에게 메운 멍에를
가볍게 하라 하였느니라
10 함께 자라난 (少年)소년들이 왕께
아뢰어 이르되 이 (百姓)백성들이
왕께 아뢰기를 왕의 부친이 우리
의 멍에를 무겁게 하였으나 왕은
우리를 위하여 가볍게 하라 하였
은즉 왕은 대답하기를 내 새끼 손
가락이 내 아버지의 허리보다 굵
으니
11 내 아버지께서 너희에게 무거운
멍에를 메게 하였으나 이제 나는
너희의 멍에를 더욱 무겁게 할지
라 내 아버지는 채찍으로 너희를
(懲戒)징계하였으나 나는 전갈 채
찍으로 너희를 징계하리라 하소서
12 ●삼 일 만에 여로보암과 모든 백
성이 르호보암에게 나아왔으니 이
는 왕이 (命令)명령하여 이르기를
삼 일 만에 내게로 다시 오라 하였
음이라
13 왕이 (暴虐)포학한 말로 백성에게
대답할새 노인의 자문을 버리고
14 어린 사람들의 자문을 따라 그들
에게 말하여 이르되 내 아버지는
너희의 멍에를 무겁게 하였으나
나는 너희의 멍에를 더욱 무겁게
할지라 내 아버지는 채찍으로 너
희를 징계하였으나 나는 전갈 채
찍으로 너희를 (懲治)징치하리라
하니라
15 왕이 이같이 (百姓)백성의 말을
듣지 아니하였으니 이 일은 여호
와께로 말미암아 난 것이라 여호
와께서 전에 실로 사람 아히야로
느밧의 아들 여로보암에게 하신
말씀을 이루게 하심이더라
16 ●온 이스라엘이 자기들의 말을
왕이 듣지 아니함을 보고 왕에게
대답하여 이르되 우리가 다윗과
무슨 관계가 있느냐 이새의 아들
에게서 받을 유산이 없도다 이스
라엘아 너희의 (帳幕)장막으로 돌
아가라 다윗이여 이제 너는 네 집
이나 돌아보라 하고 이스라엘이
그 장막으로 돌아가니라
17 그러나 유다 (城邑)성읍들에 사는
이스라엘 자손에게는 르호보암이
그들의 왕이 되었더라
18 르호보암 왕이 (役軍)역군의 감독
아도람을 보냈더니 온 이스라엘이

그를 돌로 쳐죽인지라 르호보암
왕이 급히 수레에 올라 예루살렘
으로 (逃亡)도망하였더라
19 이에 이스라엘이 다윗의 집을 (背
叛)배반하여 오늘까지 이르렀더
라
20 온 이스라엘이 여로보암이 돌아
왔다 함을 듣고 사람을 보내 그를
(公會)공회로 청하여 온 이스라엘
의 왕으로 삼았으니 유다 지파 외
에는 다윗의 집을 따르는 자가 없
으니라

스마야가 여호와의 말씀을 전하다
(대하 11:1-4)

21 ● 르호보암이 예루살렘에 이르러
유다 온 (族屬)족속과 베냐민 지
파를 모으니 택한 용사가 십팔만
명이라 이스라엘 족속과 싸워 나
라를 회복하여 솔로몬의 아들 르
호보암에게 돌리려 하더니
22 하나님의 말씀이 하나님의 사람
스마야에게 (臨)임하여 이르시되
23 솔로몬의 아들 유다 왕 르호보암
과 유다와 베냐민 온 (族屬)족속
과 또 그 남은 백성에게 말하여 이
르기를
24 여호와의 말씀이 너희는 올라가지
말라 너희 형제 이스라엘 (子孫)
자손과 싸우지 말고 각기 집으로
돌아가라 이 일이 나로 말미암아
난 것이라 하셨다 하라 하신지라
그들이 여호와의 말씀을 듣고 그
말씀을 따라 돌아갔더라

여로보암이 금송아지를 만들다

25 ● 여로보암이 에브라임 산지에
세겜을 건축하고 거기서 살며 또
거기서 나가서 부느엘을 (建築)건
축하고
26 그의 마음에 스스로 이르기를 나
라가 이제 다윗의 집으로 돌아가
리로다
27 만일 이 백성이 예루살렘에 있는
여호와의 (聖殿)성전에 제사를 드
리고자 하여 올라가면 이 백성의
마음이 유다 왕 된 그들의 주 르호
보암에게로 돌아가서 나를 죽이고
유다의 왕 르호보암에게로 돌아가
리로다 하고
28 이에 (計劃)계획하고 두 금송아지
를 만들고 무리에게 말하기를 너
희가 다시는 예루살렘에 올라갈
것이 없도다 이스라엘아 이는 너
희를 애굽 땅에서 인도하여 올린
너희의 (神)신들이라 하고
29 하나는 벧엘에 두고 하나는 단에
둔지라
30 이 일이 (罪)죄가 되었으니 이는
백성들이 단까지 가서 그 하나에
게 경배함이더라
31 그가 또 (山堂)산당들을 짓고 레
위 자손 아닌 보통 백성으로 제사
장을 삼고
32 여덟째 달 곧 그 달 열다섯째 날로
절기를 정하여 유다의 절기와 비
슷하게 하고 제단에 올라가되 벧
엘에서 그와 같이 행하여 그가 만
든 송아지에게 제사를 드렸으며
그가 지은 산당의 (祭司長)제사장
을 벧엘에서 세웠더라
33 그가 자기 마음대로 정한 달 곧 여

덟째 달 열다섯째 날로 이스라엘
자손을 위하여 절기로 정하고 벧
엘에 쌓은 제단에 올라가서 (焚
香)분향하였더라

벧엘 제단 규탄

13 보라 그 때에 하나님의 사람
이 여호와의 말씀으로 말미
암아 유다에서부터 벧엘에 이르니
마침 여로보암이 (祭壇)제단 곁에
서서 분향하는지라
2 하나님의 사람이 (祭壇)제단을 향
하여 여호와의 말씀으로 외쳐 이
르되 제단아 제단아 여호와께서
이와 같이 말씀하시기를 다윗의
집에 요시야라 이름하는 아들을
낳으리니 그가 네 위에 분향하는
(山堂)산당 제사장을 네 위에서
제물로 바칠 것이요 또 사람의 뼈
를 네 위에서 사르리라 하셨느니
라 하고
3 그 날에 그가 (徵兆)징조를 들어
이르되 이는 여호와께서 말씀하신
징조라 제단이 갈라지며 그 위에
있는 재가 쏟아지리라 하매
4 여로보암 왕이 하나님의 사람이
벧엘에 있는 (祭壇)제단을 향하여
외쳐 말함을 들을 때에 제단에서
손을 펴며 그를 잡으라 하더라 그
를 향하여 편 손이 말라 다시 거두
지 못하며
5 하나님의 사람이 여호와의 말씀으
로 보인 징조대로 (祭壇)제단이 갈
라지며 재가 제단에서 쏟아진지라
6 왕이 하나님의 사람에게 말하여
이르되 청하건대 너는 나를 위하
여 네 하나님 여호와께 은혜를 구
하여 내 손이 다시 성하게 (祈禱)
기도하라 하나님의 사람이 여호와
께 은혜를 구하니 왕의 손이 다시
성하여 전과 같이 되니라
7 왕이 하나님의 사람에게 이르되
나와 함께 집에 가서 쉬라 내가 네
게 (禮物)예물을 주리라
8 하나님의 사람이 왕께 대답하되
왕께서 왕의 집 (折半)절반을 내
게 준다 할지라도 나는 왕과 함께
들어가지도 아니하고 이 곳에서는
떡도 먹지 아니하고 물도 마시지
아니하리니
9 이는 곧 여호와의 말씀이 내게 (命
令)명령하여 이르시기를 떡도 먹
지 말며 물도 마시지 말고 왔던 길
로 되돌아가지 말라 하셨음이니이
다 하고
10 이에 다른 길로 가고 (自己)자기
가 벧엘에 오던 길로 되돌아가지
도 아니하니라

벧엘의 늙은 선지자

11 ● 벧엘에 한 늙은 (先知者)선지자
가 살더니 그의 아들들이 와서 이
날에 하나님의 사람이 벧엘에서
행한 모든 일을 그에게 말하고 또
그가 왕에게 드린 말씀도 그들이
그들의 아버지에게 말한지라
12 그들의 아버지가 그들에게 이르되
그가 어느 길로 가더냐 하니 그의
아들들이 유다에서부터 온 하나님
의 사람의 간 길을 보았음이라
13 그가 그의 아들들에게 이르되 나
를 위하여 나귀에 (鞍裝)안장을

지우라 그들이 나귀에 안장을 지
우니 그가 타고
14 하나님의 사람을 뒤따라가서 상수
리나무 아래에 앉은 것을 보고 이
르되 그대가 유다에서 온 하나님
의 사람이냐 (對答)대답하되 그러
하다
15 그가 그 사람에게 이르되 나와 함
께 집으로 가서 떡을 먹으라
16 (對答)대답하되 나는 그대와 함께
돌아가지도 못하겠고 그대와 함께
들어가지도 못하겠으며 내가 이
곳에서 그대와 함께 떡도 먹지 아
니하고 물도 마시지 아니하리니
17 이는 여호와의 말씀이 내게 이르
시기를 네가 거기서 떡도 먹지 말
고 물도 마시지 말며 또 네가 오던
길로 되돌아가지도 말라 하셨음이
로다
18 그가 그 사람에게 이르되 나도 그
대와 같은 선지자라 (天使)천사가
여호와의 말씀으로 내게 이르기를
그를 네 집으로 데리고 돌아가서
그에게 떡을 먹이고 물을 마시게
하라 하였느니라 하니 이는 그 사
람을 속임이라
19 이에 그 사람이 그와 함께 돌아가
서 그의 집에서 떡을 먹으며 물을
마시니라
20 ● 그들이 (床)상 앞에 앉아 있을
때에 여호와의 말씀이 그 사람을
데려온 선지자에게 임하니
21 그가 유다에서부터 온 하나님의
사람을 향하여 외쳐 이르되 여호
와의 말씀에 네가 여호와의 말씀
을 어기며 네 하나님 여호와께서
네게 내리신 (命令)명령을 지키지
아니하고
22 돌아와서 여호와가 너더러 떡도
먹지 말고 물도 마시지 말라 하신
곳에서 떡을 먹고 물을 마셨으니
네 (屍體)시체가 네 조상들의 묘
실에 들어가지 못하리라 하셨느니
라 하니라
23 그리고 자기가 데리고 온 선지자
가 떡을 먹고 물을 마신 후에 그를
위하여 나귀에 (鞍裝)안장을 지우
니라
24 이에 그 사람이 가더니 (獅子)사
자가 길에서 그를 만나 물어 죽이
매 그의 시체가 길에 버린 바 되니
나귀는 그 곁에 서 있고 사자도 그
시체 곁에 서 있더라
25 지나가는 사람들이 길에 버린 (屍
體)시체와 그 시체 곁에 선 사자
를 보고 그 늙은 선지자가 사는 성
읍에 가서 말한지라
26 그 사람을 길에서 데리고 돌아간
선지자가 듣고 말하되 이는 여호
와의 말씀을 어긴 하나님의 사람
이로다 여호와께서 그에게 하신
말씀과 같이 여호와께서 그를 (獅
子)사자에게 넘기시매 사자가 그
를 찢어 죽였도다 하고
27 이에 그의 아들들에게 말하여 이
르되 나를 위하여 나귀에 (鞍裝)
안장을 지우라 그들이 안장을 지
우매
28 그가 가서 본즉 그의 시체가 길에
버린 바 되었고 나귀와 (獅子)사

자는 그 시체 곁에 서 있는데 사자
가 시체를 먹지도 아니하였고 나
귀를 찢지도 아니하였더라
29 늙은 선지자가 하나님의 사람의
시체를 들어 나귀에 실어 가지고
돌아와 자기 (城邑)성읍으로 들어
가서 슬피 울며 장사하되
30 곧 그의 시체를 자기의 묘실에 두
고 (嗚呼)오호라 내 형제여 하며
그를 위하여 슬피우니라
31 그 사람을 (葬事)장사한 후에 그
가 그 아들들에게 말하여 이르되
내가 죽거든 하나님의 사람을 장
사한 (墓室)묘실에 나를 장사하되
내 뼈를 그의 뼈 곁에 두라
32 그가 여호와의 말씀으로 벧엘에
있는 (祭壇)제단을 향하고 또 사
마리아 성읍들에 있는 모든 산당
을 향하여 외쳐 말한 것이 반드시
이룰 것임이니라

여로보암의 죄

33 ● 여로보암이 이 일 후에도 그의
악한 길에서 떠나 돌이키지 아니
하고 다시 일반 백성을 (山堂)산
당의 제사장으로 삼되 누구든지
자원하면 그 사람을 산당의 제사
장으로 삼았으므로
34 이 일이 여로보암 집에 죄가 되어
그 집이 땅 위에서 끊어져 (滅亡)
멸망하게 되니라

여로보암의 아들의 죽음

14 그 때에 여로보암의 아들
아비야가 (病)병든지라
2 여로보암이 자기 아내에게 이르되
청하건대 일어나 (變裝)변장하여 사
람들이 그대가 여로보암의 아내임
을 알지 못하게 하고 실로로 가라
거기 (先知者)선지자 아히야가 있나
니 그는 이전에 내가 이 백성의 왕
이 될 것을 내게 말한 사람이니라
3 그대의 손에 떡 열 개와 과자와 꿀
한 (瓶)병을 가지고 그에게로 가
라 그가 그대에게 이 아이가 어떻
게 될지를 알게 하리라
4 여로보암의 아내가 그대로 하여
일어나 실로로 가서 아히야의 집
에 이르니 아히야는 나이가 많아
눈이 어두워 보지 못하더라
5 여호와께서 아히야에게 이르시되
여로보암의 아내가 자기 아들이
병 들었으므로 네게 물으러 오나
니 너는 이러이러하게 (對答)대답
하라 그가 들어올 때에 다른 사람
인 체함이니라
6 ● 그가 문으로 들어올 때에 아히
야가 그 발소리를 듣고 말하되 여
로보암의 아내여 들어오라 네가
어찌하여 다른 사람인 체하느냐
내가 명령을 받아 (凶)흉한 일을
네게 전하리니
7 가서 여로보암에게 말하라 이스라
엘의 하나님 여호와의 말씀이 내
가 너를 (百姓)백성 중에서 들어
내 백성 이스라엘의 주권자가 되
게 하고
8 나라를 다윗의 집에서 찢어내어
네게 주었거늘 너는 내 종 다윗이
내 (命令)명령을 지켜 전심으로
나를 따르며 나 보기에 정직한 일
만 행하였음과 같지 아니하고

9 네 (以前)이전 사람들보다도 더
악을 행하고 가서 너를 위하여 다
른 신을 만들며 우상을 부어 만들
어 나를 노엽게 하고 나를 네 등
뒤에 버렸도다
10 그러므로 내가 여로보암의 집에
(災殃)재앙을 내려 여로보암에게
속한 사내는 이스라엘 가운데 매인
자나 놓인 자나 다 끊어 버리되 거
름 더미를 쓸어 버림 같이 여로보
암의 집을 말갛게 쓸어 버릴지라
11 여로보암에게 속한 자가 성읍에서
죽은즉 개가 먹고 들에서 죽은즉
(空中)공중의 새가 먹으리니 이는
여호와께서 말씀하셨음이니라 하
셨나니
12 너는 일어나 네 집으로 가라 네 발
이 (城邑)성읍에 들어갈 때에 그
아이가 죽을지라
13 온 이스라엘이 그를 위하여 슬퍼
하며 (葬事)장사하려니와 여로보
암에게 속한 자는 오직 이 아이만
묘실에 들어가리니 이는 여로보암
의 집 가운데에서 그가 이스라엘
의 하나님 여호와를 향하여 선한
뜻을 품었음이니라
14 여호와께서 이스라엘 위에 한
(王)왕을 일으키신즉 그가 그 날
에 여로보암의 집을 끊어 버리리
라 언제냐 하니 곧 이제라
15 여호와께서 이스라엘을 쳐서 물에
서 흔들리는 갈대 같이 되게 하시
고 이스라엘을 그의 (祖上)조상들
에게 주신 이 좋은 땅에서 뽑아 그
들을 [1]강 너머로 흩으시리니 그들
이 아세라 상을 만들어 여호와를
진노하게 하였음이니라
16 여호와께서 여로보암의 죄로 말미
암아 이스라엘을 버리시리니 이는
그도 (犯罪)범죄하고 이스라엘로
범죄하게 하였음이니라 하니라
17 ● 여로보암의 아내가 일어나 디르
사로 돌아가서 집 (門地枋)문지방
에 이를 때에 그 아이가 죽은지라
18 온 이스라엘이 그를 장사하고 그를
위하여 슬퍼하니 여호와께서 그의
종 (先知者)선지자 아히야를 통하
여 하신 말씀과 같이 되었더라

여로보암의 죽음

19 ● 여로보암의 그 남은 행적 곧 그
가 어떻게 싸웠는지와 어떻게 다
스렸는지는 이스라엘 왕 (歷代志
略)역대지략에 기록되니라
20 여로보암이 왕이 된 지 이십이 년
이라 그가 그의 (祖上)조상들과
함께 자매 그의 아들 나답이 대신
하여 왕이 되니라

유다 왕 르호보암(대하 11:5-12:15)

21 ● 솔로몬의 아들 르호보암은 유
다 왕이 되었으니 르호보암이 왕
위에 오를 때에 나이가 사십일 세
라 여호와께서 자기 이름을 두시
려고 이스라엘 모든 지파 가운데
에서 택하신 (城邑)성읍 예루살렘
에서 십칠 년 동안 다스리니라 그
의 어머니의 이름은 나아마요 암
몬 사람이더라
22 유다가 여호와 보시기에 (惡)악을
행하되 그의 조상들이 행한 모든

1) 유브라데 강

일보다 뛰어나게 하여 그 범한 죄
로 여호와를 노엽게 하였으니
23 이는 그들도 산 위에와 모든 푸른
나무 아래에 산당과 (偶像)우상과
아세라 상을 세웠음이라
24 그 땅에 또 (男色)남색하는 자가
있었고 여호와께서 이스라엘 자손
앞에서 쫓아내신 국민의 모든 가
증한 일을 무리가 본받아 행하였
더라
25 ● 르호보암 왕 (第五年)제오년에
애굽의 왕 시삭이 올라와서 예루
살렘을 치고
26 여호와의 성전의 보물과 왕궁의
(寶物)보물을 모두 빼앗고 또 솔
로몬이 만든 금 방패를 다 빼앗은
지라
27 르호보암 왕이 그 (代身)대신 놋
으로 방패를 만들어 왕궁 문을 지
키는 시위대 대장의 손에 맡기매
28 왕이 여호와의 성전에 들어갈 때
마다 시위하는 자가 그 (防牌)방
패를 들고 갔다가 시위소로 도로
가져갔더라
29 ● 르호보암의 남은 (事蹟)사적과
그가 행한 모든 일은 유다 왕 역대
지략에 기록되지 아니하였느냐
30 르호보암과 여로보암 사이에 (恒
常)항상 전쟁이 있으니라
31 르호보암이 그의 조상들과 함께
자니 그의 조상들과 함께 다윗 성
에 (葬事)장사되니라 그의 어머니
의 이름은 나아마요 암몬 사람이
더라 그의 아들 아비얌이 대신하
여 왕이 되니라

유다 왕 아비얌(대하 13:1-14:1)

15 느밧의 아들 여로보암 (王)
왕 열여덟째 해에 아비얌이
유다 왕이 되고
2 예루살렘에서 (三 年)삼 년 동안
다스리니라 그의 어머니의 이름은
마아가요 아비살롬의 딸이더라
3 아비얌이 그의 아버지가 이미 행
한 모든 죄를 행하고 그의 마음이
그의 조상 다윗의 마음과 같지 아
니하여 그의 하나님 여호와 앞에
(穩全)온전하지 못하였으나
4 그의 하나님 여호와께서 다윗을
위하여 예루살렘에서 그에게 등불
을 주시되 그의 아들을 세워 뒤를
잇게 하사 예루살렘을 (堅固)견고
하게 하셨으니
5 이는 다윗이 헷 사람 우리아의 일
외에는 평생에 여호와 보시기에
(正直)정직하게 행하고 자기에게
명령하신 모든 일을 어기지 아니
하였음이라
6 르호보암과 여로보암 사이에 사는
날 동안 (戰爭)전쟁이 있었더니
7 아비얌과 여로보암 사이에도 (戰
爭)전쟁이 있으니라 아비얌의 남
은 사적과 그 행한 모든 일은 유다
왕 역대지략에 기록되지 아니하였
느냐
8 아비얌이 그의 (祖上)조상들과 함
께 자니 다윗 성에 장사되고 그 아
들 아사가 대신하여 왕이 되니라

유다 왕 아사(대하 15:16-16:6)

9 ● 이스라엘의 여로보암 (王)왕 제
이십년에 아사가 유다 왕이 되어

10 예루살렘에서 사십일 (年)년 동안
다스리니라 그의 어머니의 이름은
마아가라 아비살롬의 딸이더라
11 아사가 그의 조상 다윗 같이 여호
와 보시기에 (正直)정직하게 행하
여
12 (男色)남색하는 자를 그 땅에서
쫓아내고 그의 조상들이 지은 모
든 (偶像)우상을 없애고
13 또 그의 어머니 마아가가 혐오스
러운 아세라 상을 만들었으므로
(太后)태후의 위를 폐하고 그 우
상을 찍어 기드론 시냇가에서 불
살랐으나
14 다만 (山堂)산당은 없애지 아니하
니라 그러나 아사의 마음이 일평
생 여호와 앞에 온전하였으며
15 그가 그의 아버지가 (聖別)성별한
것과 자기가 성별한 것을 여호와
의 성전에 받들어 드렸으니 곧 은
과 금과 그릇들이더라
16 ● 아사와 이스라엘의 왕 바아사
사이에 일생 동안 (戰爭)전쟁이
있으니라
17 이스라엘의 왕 바아사가 유다를
치러 올라와서 라마를 건축하여
사람을 유다 왕 아사와 (往來)왕
래하지 못하게 하려 한지라
18 아사가 여호와의 성전 (庫間)곳간
과 왕궁 곳간에 남은 은금을 모두
가져다가 그 신하의 손에 넘겨 다
메섹에 거주하고 있는 아람의 왕
헤시온의 손자 다브림몬의 아들
벤하닷에게 보내며 이르되
19 나와 당신 사이에 (約條)약조가
있고 내 아버지와 당신의 아버지
사이에도 있었느니라 내가 당신에
게 은금 예물을 보냈으니 와서 이
스라엘의 왕 바아사와 세운 약조
를 깨뜨려서 그가 나를 떠나게 하
라 하매
20 벤하닷이 아사 왕의 말을 듣고 그
의 군대 (指揮官)지휘관들을 보내
이스라엘 성읍들을 치되 이욘과
단과 아벨벧마아가와 긴네렛 온
땅과 납달리 온 땅을 쳤더니
21 바아사가 듣고 라마를 건축하는
일을 중단하고 디르사에 (居住)거
주하니라
22 이에 아사 왕이 온 유다에 명령을
내려 한 사람도 (謀免)모면하지
못하게 하여 바아사가 라마를 건
축하던 돌과 재목을 가져오게 하
고 그것으로 베냐민의 게바와 미
스바를 건축하였더라
23 ● 아사의 남은 사적과 모든 (權
勢)권세와 그가 행한 모든 일과
성읍을 건축한 일이 유다 왕 역대
지략에 기록되지 아니하였느냐 그
러나 그는 늙그막에 발에 병이 들
었더라
24 아사가 그의 (祖上)조상들과 함께
자매 그의 조상들과 함께 그의 조
상 다윗의 성읍에 장사되고 그의
아들 여호사밧이 대신하여 왕이
되니라

이스라엘 왕 나답

25 ● 유다의 아사 (王)왕 둘째 해에
여로보암의 아들 나답이 이스라엘
왕이 되어 이 년 동안 이스라엘을

다스리니라
26 그가 여호와 보시기에 (惡)악을
행하되 그의 아버지의 길로 행하
며 그가 이스라엘에게 범하게 한
그 죄 중에 행한지라
27 이에 잇사갈 (族屬)족속 아히야의
아들 바아사가 그를 모반하여 블
레셋 사람에게 속한 깁브돈에서
그를 죽였으니 이는 나답과 온 이
스라엘이 깁브돈을 에워싸고 있었
음이더라
28 유다의 아사 왕 셋째 해에 바아사
가 나답을 죽이고 (代身)대신하여
왕이 되고
29 왕이 될 때에 여로보암의 온 집을
쳐서 (生命)생명 있는 자를 한 사
람도 남기지 아니하고 다 멸하였
는데 여호와께서 그의 종 실로 사
람 아히야를 통하여 하신 말씀과
같이 되었으니
30 이는 여로보암이 (犯罪)범죄하고
또 이스라엘에게 범하게 한 죄로
말미암음이며 또 그가 이스라엘의
하나님 여호와를 노엽게 한 일 때
문이었더라
31 나답의 남은 (事蹟)사적과 행한
모든 일은 이스라엘 왕 역대지략
에 기록되지 아니하였느냐
32 아사와 이스라엘의 바아사 왕 사
이에 일생 동안 (戰爭)전쟁이 있
으니라

이스라엘 왕 바아사

33 ●유다의 아사 (王)왕 셋째 해에
아히야의 아들 바아사가 디르사에
서 모든 이스라엘의 왕이 되어 이
십사 년 동안 다스리니라
34 바아사가 여호와 보시기에 (惡)악
을 행하되 여로보암의 길로 행하
며 그가 이스라엘에게 (犯)범하게
한 그 죄 중에 행하였더라

16

여호와의 말씀이 하나니의
아들 예후에게 (臨)임하여
바아사를 꾸짖어 이르시되
2 내가 너를 티끌에서 들어 내 백성
이스라엘 위에 주권자가 되게 하
였거늘 네가 여로보암의 길로 행
하며 내 백성 이스라엘에게 (犯
罪)범죄하게 하여 그들의 죄로 나
를 노엽게 하였은즉
3 내가 너 바아사와 네 집을 쓸어버
려 네 집이 느밧의 아들 여로보암
의 집 같이 되게 하리니
4 바아사에게 속한 자가 성읍에서
죽은즉 개가 먹고 그에게 속한 자
가 들에서 죽은즉 (空中)공중의
새가 먹으리라 하셨더라
5 ●바아사의 남은 사적과 행한 모
든 일과 (權勢)권세는 이스라엘
왕 역대지략에 기록되지 아니하였
느냐
6 바아사가 그의 조상들과 함께 자매
디르사에 (葬事)장사되고 그의 아
들 엘라가 대신하여 왕이 되니라
7 여호와의 말씀이 하나니의 아들 선
지자 예후에게도 임하사 바아사와
그의 집을 꾸짖으심은 그가 여로
보암의 집과 같이 여호와 보시기
에 모든 악을 행하며 그의 손의 (行
爲)행위로 여호와를 노엽게 하였
음이며 또 그의 집을 쳤음이더라

이스라엘 왕 엘라

8 ●유다의 아사 왕 제이십육년에
바아사의 아들 엘라가 디르사에서
이스라엘의 왕이 되어 이 년 동안
그 (王位)왕위에 있으니라
9 엘라가 디르사에 있어 (王宮)왕궁
맡은 자 아르사의 집에서 마시고
취할 때에 그 신하 곧 병거 절반을
통솔한 지휘관 시므리가 왕을 모
반하여
10 시므리가 들어가서 그를 쳐죽이고
그를 (代身)대신하여 왕이 되니
곧 유다의 아사 왕 제이십칠년이
라
11 시므리가 왕이 되어 왕위에 오를
때에 바아사의 온 집안 사람들을
죽이되 남자는 그의 (親族)친족이
든지 그의 친구든지 한 사람도 남
기지 아니하고
12 바아사의 온 집을 (滅)멸하였는데
선지자 예후를 통하여 바아사를
꾸짖어 하신 여호와의 말씀 같이
되었으니
13 이는 바아사의 모든 (罪)죄와 그
의 아들 엘라의 죄 때문이라 그들
이 범죄하고 또 이스라엘에게 범
죄하게 하여 그들의 헛된 것들로
이스라엘의 하나님 여호와를 노하
시게 하였더라
14 엘라의 남은 사적과 행한 모든 일
은 이스라엘 왕 역대지략에 (記
錄)기록되지 아니하였느냐

이스라엘 왕 시므리

15 ●유다의 아사 왕 제이십칠년에
시므리가 디르사에서 칠 일 동안
왕이 되니라 그 때에 (百姓)백성
들이 블레셋 사람에게 속한 깁브
돈을 향하여 진을 치고 있더니
16 (陣中)진중 백성들이 시므리가 모
반하여 왕을 죽였다는 말을 들은
지라 그 날에 이스라엘의 무리가
진에서 군대 지휘관 오므리를 이
스라엘의 왕으로 삼으매
17 오므리가 이에 이스라엘의 무리를
거느리고 깁브돈에서부터 올라와
서 디르사를 에워 쌌더라
18 시므리가 성읍이 (陷落)함락됨을
보고 왕궁 요새에 들어가서 왕궁
에 불을 지르고 그 가운데에서 죽
었으니
19 이는 그가 여호와 보시기에 악을
행하여 (犯罪)범죄하였기 때문이
니라 그가 여로보암의 길로 행하
며 그가 이스라엘에게 죄를 범하
게 한 그 죄 중에 행하였더라
20 시므리의 남은 (行爲)행위와 그가
반역한 일은 이스라엘 왕 역대지
략에 기록되지 아니하였느냐

이스라엘 왕 오므리

21 ●그 때에 이스라엘 백성이 둘로
나뉘어 그 (折半)절반은 기낫의
아들 디브니를 따라 그를 왕으로
삼으려 하고 그 절반은 오므리를
따랐더니
22 오므리를 따른 (百姓)백성이 기낫
의 아들 디브니를 따른 백성을 이
긴지라 디브니가 죽으매 오므리가
왕이 되니라
23 유다의 아사 왕 제삼십일년에 오
므리가 이스라엘의 왕이 되어 십

이 년 동안 (王位)왕위에 있으며
디르사에서 육 년 동안 다스리니
라
24 그가 은 두 달란트로 세멜에게서
사마리아 산을 사고 그 산 위에 성
읍을 건축하고 그 건축한 성읍 이
름을 그 산 (主人)주인이었던 세
멜의 이름을 따라 사마리아라 일
컬었더라
25 오므리가 여호와 보시기에 (惡)악
을 행하되 그 전의 모든 사람보다
더욱 악하게 행하여
26 느밧의 아들 여로보암의 모든 길
로 행하며 그가 이스라엘에게 죄
를 범하게 한 그 죄 중에 행하여
그들의 헛된 것들로 이스라엘의
하나님 여호와를 (怒)노하시게 하
였더라
27 오므리가 행한 그 남은 사적과 그
가 부린 권세는 이스라엘 왕 (歷
代志略)역대지략에 기록되지 아
니하였느냐
28 오므리가 그의 (祖上)조상들과 함
께 자매 사마리아에 장사되고 그
의 아들 아합이 대신하여 왕이 되
니라

이스라엘 왕 아합

29 ● 유다의 아사 왕 (第三十八年)
제삼십팔년에 오므리의 아들 아
합이 이스라엘의 왕이 되니라 오
므리의 아들 아합이 사마리아에서
이십이 년 동안 이스라엘을 다스
리니라
30 오므리의 아들 아합이 그의 (以
前)이전의 모든 사람보다 여호와
보시기에 악을 더욱 행하여
31 느밧의 아들 여로보암의 죄를 따
라 행하는 것을 오히려 가볍게 여
기며 시돈 사람의 왕 엣바알의 딸
이세벨을 아내로 삼고 가서 바알
을 섬겨 (禮拜)예배하고
32 사마리아에 (建築)건축한 바알의
신전 안에 바알을 위하여 제단을
쌓으며
33 또 아세라 상을 만들었으니 그는
그 (以前)이전의 이스라엘의 모든
왕보다 심히 이스라엘 하나님 여
호와를 노하시게 하였더라
34 그 (時代)시대에 벧엘 사람 히엘
이 여리고를 건축하였는데 그가
그 터를 쌓을 때에 맏아들 아비람
을 잃었고 그 성문을 세울 때에 막
내 아들 스굽을 잃었으니 여호와
께서 눈의 아들 여호수아를 통하
여 하신 말씀과 같이 되었더라

엘리야와 가뭄

17 길르앗에 (寓居)우거하는 자
중에 디셉 사람 엘리야가 아
합에게 말하되 내가 섬기는 이스
라엘의 하나님 여호와께서 살아
계심을 두고 맹세하노니 내 말이
없으면 수 년 동안 비도 이슬도 있
지 아니하리라 하니라
2 여호와의 말씀이 엘리야에게 (臨)
임하여 이르시되
3 너는 여기서 떠나 (東)동쪽으로
가서 요단 앞 그릿 시냇가에 숨고
4 그 시냇물을 마시라 내가 까마귀
들에게 (命令)명령하여 거기서 너
를 먹이게 하리라

5 그가 여호와의 말씀과 같이 하여
곧 가서 요단 앞 그릿 시냇가에 머
물매
6 까마귀들이 아침에도 떡과 고기
를, 저녁에도 떡과 고기를 가져왔
고 그가 시냇물을 마셨으나
7 땅에 비가 내리지 아니하므로 얼
마 (後)후에 그 시내가 마르니라

엘리야와 사르밧 과부

8 ●여호와의 말씀이 엘리야에게
(臨)임하여 이르시되
9 너는 일어나 시돈에 속한 사르밧
으로 가서 거기 머물라 내가 그 곳
(寡婦)과부에게 명령하여 네게 음
식을 주게 하였느니라
10 그가 일어나 사르밧으로 가서 성
문에 이를 때에 한 (寡婦)과부가
그 곳에서 나뭇가지를 줍는지라
이에 불러 이르되 청하건대 그릇
에 물을 조금 가져다가 내가 마시
게 하라
11 그가 가지러 갈 때에 엘리야가 그
를 불러 이르되 (請)청하건대 네
손의 떡 한 조각을 내게로 가져오
라
12 그가 이르되 당신의 하나님 여호
와께서 살아 계심을 두고 (盟誓)
맹세하노니 나는 떡이 없고 다만
통에 가루 한 움큼과 병에 기름 조
금 뿐이라 내가 나뭇가지 둘을 주
워다가 나와 내 아들을 위하여 음
식을 만들어 먹고 그 후에는 죽으
리라
13 엘리야가 그에게 이르되 두려워하
지 말고 가서 네 말대로 하려니와
먼저 그것으로 나를 위하여 작은
떡 한 (個)개를 만들어 내게로 가
져오고 그 후에 너와 네 아들을 위
하여 만들라
14 이스라엘의 하나님 여호와의 말씀
이 나 여호와가 비를 (地面)지면에
내리는 날까지 그 통의 가루가 떨
어지지 아니하고 그 병의 기름이
없어지지 아니하리라 하셨느니라
15 그가 가서 엘리야의 말대로 하였
더니 그와 엘리야와 그의 (食口)
식구가 여러 날 먹었으나
16 여호와께서 엘리야를 통하여 하신
말씀 같이 (通)통의 가루가 떨어
지지 아니하고 병의 기름이 없어
지지 아니하니라
17 ●이 일 후에 그 집 주인 되는 여
인의 아들이 병들어 증세가 심히
(危重)위중하다가 숨이 끊어진지
라
18 여인이 엘리야에게 이르되 하나님
의 사람이여 당신이 나와 더불어
무슨 (相關)상관이 있기로 내 (罪)
죄를 생각나게 하고 또 내 아들을
죽게 하려고 내게 오셨나이까
19 엘리야가 그에게 그의 아들을 달
라 하여 그를 그 여인의 품에서 받
아 안고 자기가 (居處)거처하는
다락에 올라가서 자기 침상에 누
이고
20 여호와께 부르짖어 이르되 내 하
나님 여호와여 주께서 또 내가 우
거하는 집 과부에게 (災殃)재앙을
내리사 그 아들이 죽게 하셨나이
까 하고

21 그 아이 위에 몸을 세 번 펴서 엎
드리고 여호와께 부르짖어 이르되
내 하나님 여호와여 원하건대 이
아이의 (魂)혼으로 그의 몸에 돌
아오게 하옵소서 하니
22 여호와께서 엘리야의 소리를 들으
시므로 그 아이의 (魂)혼이 몸으
로 돌아오고 살아난지라
23 엘리야가 그 아이를 안고 다락에
서 (房)방으로 내려가서 그의 어
머니에게 주며 이르되 보라 네 아
들이 살아났느니라
24 여인이 엘리야에게 이르되 내가
이제야 당신은 하나님의 사람이시
요 당신의 입에 있는 여호와의 말
씀이 (眞實)진실한 줄 아노라 하
니라

엘리야와 바알 선지자들

18 많은 날이 지나고 제삼년에
여호와의 말씀이 엘리야에
게 임하여 이르시되 너는 가서 아
합에게 보이라 내가 비를 (地面)
지면에 내리리라
2 엘리야가 아합에게 보이려고 가니
그 때에 사마리아에 (饑饉)기근이
심하였더라
3 아합이 왕궁 맡은 자 오바댜를 불
렀으니 이 오바댜는 여호와를 (至
極)지극히 경외하는 자라
4 이세벨이 여호와의 선지자들을 멸
할 때에 오바댜가 선지자 백 명을
가지고 오십 명씩 (窟)굴에 숨기
고 떡과 물을 먹였더라
5 아합이 오바댜에게 이르되 이 땅
의 모든 물 (根源)근원과 모든 내
로 가자 혹시 꼴을 얻으리라 그리
하면 말과 노새를 살리리니 짐승
을 다 잃지 않게 되리라 하고
6 두 사람이 두루 다닐 땅을 나누어
아합은 홀로 이 길로 가고 오바댜
는 홀로 저 길로 가니라
7 ●오바댜가 길에 있을 때에 엘리
야가 그를 만난지라 그가 알아보
고 엎드려 말하되 내 주 엘리야여
(當身)당신이시니이까
8 그가 그에게 (對答)대답하되 그러
하다 가서 네 주에게 말하기를 엘
리야가 여기 있다 하라
9 이르되 내가 무슨 (罪)죄를 범하
였기에 당신이 당신의 종을 아합
의 손에 넘겨 죽이게 하려 하시나
이까
10 당신의 하나님 여호와께서 살아
계심을 두고 맹세하노니 내 주께
서 사람을 보내어 당신을 찾지 아
니한 (族屬)족속이나 나라가 없었
는데 그들이 말하기를 엘리야가
없다 하면 그 나라와 그 족속으로
당신을 보지 못하였다는 맹세를
하게 하였거늘
11 이제 (當身)당신의 말씀이 가서
네 주에게 말하기를 엘리야가 여
기 있다 하라 하시나
12 내가 당신을 떠나간 후에 여호와
의 영이 내가 알지 못하는 곳으로
당신을 이끌어 가시리니 내가 가
서 아합에게 말하였다가 그가 당
신을 찾지 못하면 내가 죽임을 당
하리이다 당신의 종은 어려서부터
여호와를 (敬畏)경외하는 자라

13 이세벨이 여호와의 (先知者)선지
자들을 죽일 때에 내가 여호와의
선지자 중에 백 명을 오십 명씩 굴
에 숨기고 떡과 물로 먹인 일이 내
주에게 들리지 아니하였나이까
14 이제 당신의 말씀이 가서 네 (主)
주에게 말하기를 엘리야가 여기
있다 하라 하시니 그리하면 그가
나를 죽이리이다
15 엘리야가 이르되 내가 섬기는 만
군의 여호와께서 살아 계심을 두
고 (盟誓)맹세하노니 내가 오늘
아합에게 보이리라
16 ● 오바댜가 가서 아합을 만나 그
에게 말하매 아합이 엘리야를 만
나러 가다가
17 엘리야를 볼 때에 아합이 그에게
이르되 이스라엘을 괴롭게 하는
(者)자여 너냐
18 그가 (對答)대답하되 내가 이스라
엘을 괴롭게 한 것이 아니라 당신
과 당신의 아버지의 집이 괴롭게
하였으니 이는 여호와의 명령을
버렸고 당신이 바알들을 따랐음이
라
19 그런즉 사람을 보내 온 이스라엘과
이세벨의 상에서 먹는 바알의 (先
知者)선지자 사백오십 명과 아세
라의 선지자 사백 명을 갈멜 산으
로 모아 내게로 나아오게 하소서
20 ● 아합이 이에 이스라엘의 모든
(子孫)자손에게로 사람을 보내 선
지자들을 갈멜 산으로 모으니라
21 엘리야가 모든 백성에게 가까이
나아가 이르되 너희가 어느 때까
지 둘 사이에서 머뭇머뭇 하려느
냐 여호와가 만일 하나님이면 그
를 따르고 바알이 만일 하나님이
면 그를 따를지니라 하니 백성이
말 한마디도 (對答)대답하지 아니
하는지라
22 엘리야가 (百姓)백성에게 이르되
여호와의 선지자는 나만 홀로 남
았으나 바알의 선지자는 사백오십
명이로다
23 그런즉 송아지 둘을 우리에게 가
져오게 하고 그들은 송아지 한 마
리를 택하여 (脚)각을 떠서 나무
위에 놓고 불은 붙이지 말며 나도
송아지 한 마리를 잡아 나무 위에
놓고 불은 붙이지 않고
24 너희는 너희 신의 이름을 부르라
나는 여호와의 이름을 부르리니
이에 불로 (應答)응답하는 신 그
가 하나님이니라 백성이 다 대답
하되 그 말이 옳도다 하니라
25 ● 엘리야가 바알의 선지자들에게
이르되 너희는 많으니 먼저 송아
지 한 마리를 (擇)택하여 잡고 너
희 신의 이름을 부르라 그러나 불
을 붙이지 말라
26 그들이 받은 송아지를 가져다가
잡고 아침부터 낮까지 바알의 이
름을 불러 이르되 바알이여 우리
에게 (應答)응답하소서 하나 아무
소리도 없고 아무 응답하는 자도
없으므로 그들이 그 쌓은 제단 주
위에서 뛰놀더라
27 정오에 이르러는 엘리야가 그들을
(嘲弄)조롱하여 이르되 큰 소리로

부르라 그는 신인즉 묵상하고 있는
지 혹은 그가 잠깐 나갔는지 혹은
그가 길을 행하는지 혹은 그가 잠
이 들어서 깨워야 할 것인지 하매
28 이에 그들이 큰 소리로 부르고 그
들의 (規例)규례를 따라 피가 흐
르기까지 칼과 창으로 그들의 몸
을 상하게 하더라
29 이같이 하여 정오가 지났고 그들
이 미친 듯이 떠들어 저녁 (素祭)
소제 드릴 때까지 이르렀으나 아
무 소리도 없고 응답하는 자나 돌
아보는 자가 아무도 없더라
30 ● 엘리야가 모든 백성을 향하여
이르되 내게로 가까이 오라 백성
이 다 그에게 가까이 가매 그가 무
너진 여호와의 제단을 (修築)수축
하되
31 야곱의 아들들의 (支派)지파의 수
효를 따라 엘리야가 돌 열두 개를
취하니 이 야곱은 옛적에 여호와
의 말씀이 임하여 이르시기를 네
이름을 이스라엘이라 하리라 하신
자더라
32 그가 여호와의 이름을 (依支)의지
하여 그 돌로 제단을 쌓고 제단을
돌아가며 곡식 종자 [1]두 세아를
둘 만한 도랑을 만들고
33 또 나무를 벌이고 송아지의 각을
떠서 나무 위에 놓고 이르되 통 넷
에 물을 채워다가 (燔祭物)번제물
과 나무 위에 부으라 하고
34 또 이르되 다시 그리하라 하여 다
시 그리하니 또 이르되 세 (番)번
째로 그리하라 하여 세 (番)번째
로 그리하니
35 물이 (祭壇)제단으로 두루 흐르고
도랑에도 물이 가득 찼더라
36 저녁 (素祭)소제 드릴 때에 이르
러 선지자 엘리야가 나아가서 말
하되 아브라함과 이삭과 이스라엘
의 하나님 여호와여 주께서 이스
라엘 중에서 하나님이신 것과 내
가 주의 종인 것과 내가 주의 말씀
대로 이 모든 일을 행하는 것을 오
늘 알게 하옵소서
37 여호와여 내게 (應答)응답하옵소
서 내게 응답하옵소서 이 백성에
게 주 여호와는 하나님이신 것과
주는 그들의 마음을 되돌이키심을
알게 하옵소서 하매
38 이에 여호와의 불이 내려서 (燔祭
物)번제물과 나무와 돌과 흙을 태
우고 또 도랑의 물을 핥은지라
39 모든 (百姓)백성이 보고 엎드려
말하되 여호와 그는 하나님이시로
다 여호와 그는 하나님이시로다
하니
40 엘리야가 그들에게 이르되 바알의
(先知者)선지자를 잡되 그들 중
하나도 도망하지 못하게 하라 하
매 곧 잡은지라 엘리야가 그들을
기손 시내로 내려다가 거기서 죽
이니라

가뭄이 그침

41 ● 엘리야가 아합에게 이르되 올
라가서 먹고 마시소서 큰 비 소리
가 있나이다
42 아합이 먹고 마시러 올라가니라

1) 약 15리터

엘리야가 갈멜 (山)산 꼭대기로
올라가서 땅에 꿇어 엎드려 그의
얼굴을 무릎 사이에 넣고
43 그의 (使喚)사환에게 이르되 올라
가 바다쪽을 바라보라 그가 올라
가 바라보고 말하되 아무것도 없
나이다 이르되 일곱 번까지 다시
가라
44 일곱 번째 이르러서는 그가 말하
되 바다에서 사람의 손 만한 작은
구름이 일어나나이다 이르되 올라
가 아합에게 말하기를 비에 막히
지 아니하도록 (馬車)마차를 갖추
고 내려가소서 하라 하니라
45 조금 후에 구름과 바람이 일어나
서 하늘이 캄캄해지며 큰 비가 내
리는지라 아합이 (馬車)마차를 타
고 이스르엘로 가니
46 여호와의 (能力)능력이 엘리야에
게 임하매 그가 허리를 동이고 이
스르엘로 들어가는 곳까지 아합
앞에서 달려갔더라

호렙 산의 엘리야

19 아합이 엘리야가 행한 모든
일과 그가 어떻게 모든 (先
知者)선지자를 칼로 죽였는지를
이세벨에게 말하니
2 이세벨이 사신을 엘리야에게 보내
어 이르되 내가 내일 이맘때에는
반드시 네 (生命)생명을 저 사람
들 중 한 사람의 생명과 같게 하리
라 그렇게 하지 아니하면 신들이
내게 (罰)벌 위에 벌을 내림이 마
땅하니라 한지라
3 그가 이 형편을 보고 일어나 자기
의 생명을 위해 도망하여 유다에
속한 브엘세바에 이르러 자기의
(使喚)사환을 그 곳에 머물게 하
고
4 자기 자신은 광야로 들어가 하룻
길쯤 가서 한 로뎀 나무 아래에 앉
아서 자기가 죽기를 원하여 이르
되 여호와여 넉넉하오니 지금 내
생명을 거두시옵소서 나는 내 (祖
上)조상들보다 낫지 못하니이다
하고
5 로뎀 나무 아래에 누워 자더니 (天
使)천사가 그를 어루만지며 그에
게 이르되 일어나서 먹으라 하는
지라
6 본즉 머리맡에 숯불에 구운 떡과
한 (甁)병 물이 있더라 이에 먹고
마시고 다시 누웠더니
7 여호와의 (天使)천사가 또 다시
와서 어루만지며 이르되 일어나
먹으라 네가 갈 길을 다 가지 못할
까 하노라 하는지라
8 이에 일어나 먹고 마시고 그 (飮
食物)음식물의 힘을 의지하여 사
십 (晝)주 사십 (夜)야를 가서 하
나님의 산 호렙에 이르니라
9 ● 엘리야가 그 곳 굴에 들어가 거
기서 머물더니 여호와의 말씀이
그에게 (臨)임하여 이르시되 엘리
야야 네가 어찌하여 여기 있느냐
10 그가 대답하되 내가 (萬軍)만군의
하나님 여호와께 열심이 유별하오
니 이는 이스라엘 자손이 주의 언
약을 버리고 주의 제단을 헐며 칼
로 주의 선지자들을 죽였음이오며

오직 나만 남았거늘 그들이 내 생
명을 찾아 빼앗으려 하나이다
11 여호와께서 이르시되 너는 나가
서 여호와 앞에서 산에 서라 하시
더니 여호와께서 지나가시는데 여
호와 앞에 크고 강한 바람이 산을
가르고 바위를 부수나 바람 가운
데에 여호와께서 계시지 아니하며
바람 후에 (地震)지진이 있으나
지진 가운데에도 여호와께서 계시
지 아니하며
12 또 지진 후에 불이 있으나 불 가운
데에도 여호와께서 계시지 아니하
더니 불 후에 (細微)세미한 소리
가 있는지라
13 엘리야가 듣고 겉옷으로 얼굴을
가리고 나가 굴 어귀에 서매 소리
가 그에게 (臨)임하여 이르시되
엘리야야 네가 어찌하여 여기 있
느냐
14 그가 (對答)대답하되 내가 만군의
하나님 여호와께 열심이 유별하오
니 이는 이스라엘 자손이 주의 언
약을 버리고 주의 제단을 헐며 칼
로 주의 선지자들을 죽였음이오며
오직 나만 남았거늘 그들이 내 생
명을 찾아 빼앗으려 하나이다
15 ● 여호와께서 그에게 이르시되
너는 네 길을 돌이켜 (曠野)광야
를 통하여 다메섹에 가서 이르거
든 하사엘에게 기름을 부어 아람
의 왕이 되게 하고
16 너는 또 님시의 아들 예후에게 기
름을 부어 이스라엘의 왕이 되게
하고 또 아벨므홀라 사밧의 아들
엘리사에게 기름을 부어 너를 (代
身)대신하여 선지자가 되게 하라
17 하사엘의 칼을 (避)피하는 자를
예후가 죽일 것이요 예후의 칼을
피하는 (者)자를 엘리사가 죽이리
라
18 그러나 내가 이스라엘 가운데에
칠천 명을 남기리니 다 바알에게
무릎을 꿇지 아니하고 다 바알에
게 입맞추지 아니한 (者)자니라

엘리야가 엘리사를 부르다

19 ● 엘리야가 거기서 떠나 사밧의
아들 엘리사를 만나니 그가 열두
겨릿소를 앞세우고 밭을 가는데
(自己)자기는 열두째 겨릿소와 함
께 있더라 엘리야가 그리로 건너
가서 겉옷을 그의 위에 던졌더니
20 그가 소를 버리고 엘리야에게로
달려가서 이르되 (請)청하건대 나
를 내 부모와 입맞추게 하소서 그
리한 후에 내가 당신을 따르리이
다 엘리야가 그에게 이르되 돌아
가라 내가 네게 어떻게 행하였느
냐 하니라
21 엘리사가 그를 떠나 돌아가서 한
겨릿소를 가져다가 잡고 소의 (器
具)기구를 불살라 그 고기를 삶아
백성에게 주어 먹게 하고 일어나
엘리야를 따르며 수종 들었더라

아람과 이스라엘의 싸움

20 아람의 벤하닷 왕이 그의
(軍隊)군대를 다 모으니 왕
삼십이 명이 그와 함께 있고 또 말
과 (兵車)병거들이 있더라 이에
올라가서 사마리아를 에워싸고 그

곳을 치며
2 (使者)사자들을 성 안에 있는 이
스라엘의 아합 왕에게 보내 이르
기를 벤하닷이 그에게 이르되
3 네 (銀金)은금은 내 것이요 네 아
내들과 네 자녀들의 아름다운 자
도 내 것이니라 하매
4 이스라엘의 왕이 (對答)대답하여
말하기를 내 주 왕이여 왕의 말씀
같이 나와 내 것은 다 왕의 것이니
이다 하였더니
5 (使臣)사신들이 다시 와서 이르되
벤하닷이 이르노라 내가 이미 네
게 사람을 보내어 말하기를 너는
네 은금과 아내들과 자녀들을 내
게 넘기라 하였거니와
6 (來日)내일 이맘때에 내가 내 신
하들을 네게 보내리니 그들이 네
집과 네 신하들의 집을 수색하여
네 눈이 기뻐하는 것을 그들의 손
으로 잡아 가져가리라 한지라
7 이에 이스라엘 왕이 나라의 (長
老)장로를 다 불러 이르되 너희는
이 사람이 악을 도모하고 있는 줄
을 자세히 알라 그가 내 아내들과
내 자녀들과 내 은금을 빼앗으려
고 사람을 내게 보냈으나 내가 (拒
絕)거절하지 못하였노라
8 모든 장로와 백성들이 다 왕께 아
뢰되 왕은 듣지도 말고 (許諾)허
락하지도 마옵소서 한지라
9 그러므로 왕이 벤하닷의 (使臣)사
신들에게 이르되 너희는 내 주 왕
께 말하기를 왕이 처음에 보내 종
에게 구하신 것은 내가 다 그대로
하려니와 이것은 내가 할 수 없나
이다 하라 하니 사자들이 돌아가
서 보고하니라
10 그 때에 벤하닷이 다시 그에게 사
람을 보내어 이르되 사마리아의 [1]
부스러진 것이 나를 따르는 백성
의 무리의 손에 채우기에 족할 것
같으면 신들이 내게 (罰)벌 위에
벌을 내림이 마땅하니라 하매
11 이스라엘 왕이 (對答)대답하여 이
르되 갑옷 입는 자가 갑옷 벗는 자
같이 자랑하지 못할 것이라 하라
하니라
12 그 때에 벤하닷이 왕들과 장막에
서 마시다가 이 말을 듣고 그의 신
하들에게 이르되 너희는 (陣營)진
영을 치라 하매 곧 성읍을 향하여
진영을 치니라
13 ●한 (先知者)선지자가 이스라엘
의 아합 왕에게 나아가서 이르되
여호와의 말씀이 네가 이 큰 무리
를 보느냐 내가 오늘 그들을 네 손
에 넘기리니 너는 내가 여호와인
줄을 알리라 하셨나이다
14 아합이 이르되 누구를 통하여 그
렇게 하시리이까 (對答)대답하되
여호와의 말씀이 각 지방 고관의
청년들로 하리라 하셨나이다 아합
이 이르되 누가 싸움을 시작하리
이까 대답하되 왕이니이다
15 아합이 이에 각 (地方)지방 고관
의 청년들을 계수하니 이백삼십이
명이요 그 외에 모든 백성 곧 이스
라엘의 모든 자손을 계수하니 칠

1) 티끌

천 명이더라
16 ● 그들이 정오에 나가니 벤하닷
은 (帳幕)장막에서 돕는 왕 삼십
이 명과 더불어 마시고 취한 중이
라
17 각 지방의 고관의 청년들이 먼저
나갔더라 벤하닷이 (偵探)정탐꾼
을 보냈더니 그들이 보고하여 이
르되 사마리아에서 사람들이 나오
더이다 하매
18 그가 이르되 (和親)화친하러 나올
지라도 사로잡고 싸우러 나올지라
도 사로잡으라 하니라
19 각 지방 (高官)고관의 청년들과
그들을 따르는 군대가 성읍에서
나가서
20 각각 적군을 쳐죽이매 아람 사람
이 도망하는지라 이스라엘이 쫓
으니 아람 왕 벤하닷이 말을 타고
(馬兵)마병과 더불어 도망하여 피
하니라
21 이스라엘 왕이 나가서 말과 (兵
車)병거를 치고 또 아람 사람을
쳐서 크게 이겼더라

아람 군대의 두 번째 공격

22 ● 그 선지자가 이스라엘 왕에게
나아와 이르되 왕은 가서 힘을 기
르고 왕께서 행할 일을 알고 (準
備)준비하소서 해가 바뀌면 아람
왕이 왕을 치러 오리이다 하니라
23 아람 왕의 신하들이 왕께 아뢰되
그들의 (神)신은 (山)산의 신이므
로 그들이 우리보다 강하였거니와
우리가 만일 평지에서 그들과 싸
우면 반드시 그들보다 강할지라
24 또 왕은 이 일을 행하실지니 곧 왕
들을 제하여 각각 그 곳에서 떠나
게 하고 그들 대신에 (總督)총독
들을 두시고
25 또 왕의 잃어버린 (軍隊)군대와
같은 군대를 왕을 위하여 보충하
고 말은 말대로, 병거는 병거대로
보충하고 우리가 평지에서 그들
과 싸우면 반드시 그들보다 강하
리이다 왕이 그 말을 듣고 그리하
니라
26 ● 해가 바뀌니 벤하닷이 아람 사
람을 (召集)소집하고 아벡으로 올
라와서 이스라엘과 싸우려 하매
27 이스라엘 자손도 소집되어 (軍糧)
군량을 받고 마주 나가서 그들 앞
에 진영을 치니 이스라엘 자손은
두 무리의 적은 염소 떼와 같고 아
람 사람은 그 땅에 가득하였더라
28 그 때에 하나님의 사람이 이스라
엘 왕에게 나아와 말하여 이르되
여호와의 말씀에 아람 사람이 말
하기를 여호와는 산의 신이요 골
짜기의 신은 아니라 하는도다 그
러므로 내가 이 큰 (軍隊)군대를
다 네 손에 넘기리니 너희는 내가
여호와인 줄을 알리라 하셨나이다
하니라
29 진영이 서로 대치한 지 칠 일이라
일곱째 날에 (接戰)접전하여 이스
라엘 자손이 하루에 아람 보병 십
만 명을 죽이매
30 그 남은 자는 아벡으로 도망하여
(城邑)성읍으로 들어갔더니 그 성
벽이 그 남은 자 이만 칠천 명 위에

무너지고 벤하닷은 도망하여 성읍
에 이르러 골방으로 들어가니라
31 ● 그의 (臣下)신하들이 그에게 말
하되 우리가 들은즉 이스라엘 집
의 왕들은 인자한 왕이라 하니 만
일 우리가 굵은 베로 허리를 동이
고 테두리를 머리에 쓰고 이스라
엘의 왕에게로 나아가면 그가 혹
시 왕의 생명을 살리리이다 하고
32 그들이 굵은 베로 허리를 동이고
테두리를 머리에 쓰고 이스라엘의
왕에게 이르러 이르되 왕의 종 벤
하닷이 청하기를 내 (生命)생명을
살려 주옵소서 하더이다 아합이
이르되 그가 아직도 살아 있느냐
그는 내 형제이니라
33 그 사람들이 좋은 (徵兆)징조로
여기고 그 말을 얼른 받아 대답하
여 이르되 벤하닷은 왕의 형제니
이다 왕이 이르되 너희는 가서 그
를 인도하여 오라 벤하닷이 이에
왕에게 나아오니 왕이 그를 병거
에 올린지라
34 벤하닷이 왕께 아뢰되 내 아버지
께서 당신의 아버지에게서 빼앗은
모든 성읍을 내가 돌려보내리이
다 또 내 아버지께서 사마리아에
서 만든 것 같이 당신도 다메섹에
서 당신을 위하여 거리를 만드소
서 아합이 이르되 내가 이 (條約)
조약으로 인해 당신을 놓으리라
하고 이에 더불어 조약을 맺고 그
를 놓았더라

한 선지자가 아합을 규탄하다

35 ● 선지자의 무리 중 한 사람이 여
호와의 말씀을 그의 (親舊)친구에
게 이르되 너는 나를 치라 하였더
니 그 사람이 치기를 싫어하는지
라
36 그가 그 사람에게 이르되 네가 여
호와의 말씀을 듣지 아니하였으니
네가 나를 떠나갈 때에 사자가 너
를 죽이리라 그 사람이 그의 곁을
떠나가더니 (獅子)사자가 그를 만
나 죽였더라
37 그가 또 다른 사람을 만나 이르되
너는 나를 치라 하매 그 사람이 그
를 치되 (傷)상하도록 친지라
38 선지자가 가서 수건으로 자기의
눈을 가리어 (變裝)변장하고 길
가에서 왕을 기다리다가
39 왕이 지나갈 때에 그가 소리 질러
왕을 불러 이르되 종이 (戰場)전
장 가운데에 나갔더니 한 사람이
돌이켜 어떤 사람을 끌고 내게로
와서 말하기를 이 사람을 지키라
만일 그를 잃어 버리면 네 (生命)
생명으로 그의 생명을 대신하거나
그렇지 아니하면 네가 은 한 달란
트를 내어야 하리라 하였거늘
40 종이 이리 저리 일을 볼 동안에 그
가 없어졌나이다 이스라엘 왕이
그에게 이르되 네가 스스로 (決
定)결정하였으니 그대로 당하여
야 하리라
41 그가 급히 자기의 눈을 가린 (手
巾)수건을 벗으니 이스라엘 왕이
그는 선지자 중의 한 사람인 줄을
알아본지라
42 그가 왕께 아뢰되 여호와의 말씀

이 내가 멸하기로 (作定)작정한
사람을 네 손으로 놓았은즉 네 목
숨은 그의 목숨을 대신하고 네 백
성은 그의 백성을 대신하리라 하
셨나이다
43 이스라엘 왕이 근심하고 답답하여
그의 (王宮)왕궁으로 돌아가려고
사마리아에 이르니라

나봇의 포도원

21 그 후에 이 일이 있으니라 이
스르엘 사람 나봇에게 이스
르엘에 (葡萄園)포도원이 있어 사
마리아의 왕 아합의 왕궁에서 가
깝더니
2 아합이 나봇에게 말하여 이르되
네 포도원이 내 왕궁 곁에 가까이
있으니 내게 주어 (菜蔬)채소 밭
을 삼게 하라 내가 그 대신에 그보
다 더 아름다운 포도원을 네게 줄
것이요 만일 네가 좋게 여기면 그
값을 돈으로 네게 주리라
3 나봇이 아합에게 말하되 내 (祖
上)조상의 유산을 왕에게 주기를
여호와께서 금하실지로다 하니
4 이스르엘 사람 나봇이 아합에게
대답하여 이르기를 내 조상의 유
산을 왕께 줄 수 없다 하므로 아합
이 근심하고 답답하여 왕궁으로
돌아와 (寢床)침상에 누워 얼굴을
돌리고 식사를 아니하니
5 그의 아내 이세벨이 그에게 나아
와 이르되 왕의 마음에 무엇을 근
심하여 (食事)식사를 아니하나이
까
6 왕이 그에게 이르되 내가 이스르
엘 사람 나봇에게 말하여 이르기
를 네 (葡萄園)포도원을 내게 주
되 돈으로 바꾸거나 만일 네가 좋
아하면 내가 그 대신에 포도원을
네게 주리라 한즉 그가 대답하기
를 내가 내 포도원을 네게 주지 아
니하겠노라 하기 때문이로다
7 그의 아내 이세벨이 그에게 이르
되 왕이 지금 이스라엘 나라를 다
스리시나이까 일어나 식사를 하시
고 마음을 즐겁게 하소서 내가 이
스르엘 사람 나봇의 (葡萄園)포도
원을 왕께 드리리이다 하고
8 아합의 이름으로 (便紙)편지들을
쓰고 그 (印)인을 치고 봉하여 그
의 성읍에서 나봇과 함께 사는 장
로와 귀족들에게 보내니
9 그 편지 사연에 이르기를 (禁食)
금식을 선포하고 나봇을 백성 가
운데에 높이 앉힌 후에
10 불량자 두 사람을 그의 앞에 마주
앉히고 그에게 대하여 (證據)증거
하기를 네가 하나님과 왕을 저주
하였다 하게 하고 곧 그를 끌고 나
가서 돌로 쳐죽이라 하였더라
11 ● 그의 (城邑)성읍 사람 곧 그의
성읍에 사는 장로와 귀족들이 이
세벨의 지시 곧 그가 자기들에게
보낸 편지에 쓴 대로 하여
12 금식을 (宣布)선포하고 나봇을 백
성 가운데 높이 앉히매
13 때에 불량자 두 사람이 들어와 그
의 앞에 앉고 백성 앞에서 나봇에
게 대하여 증언을 하여 이르기를
나봇이 하나님과 왕을 (詛呪)저주

하였다 하매 무리가 그를 성읍 밖
으로 끌고 나가서 돌로 쳐죽이고
14 이세벨에게 (通報)통보하기를 나
봇이 돌에 맞아 죽었나이다 하니
15 이세벨이 나봇이 돌에 맞아 죽었
다 함을 듣고 이세벨이 아합에게
이르되 일어나 그 이스르엘 사람
나봇이 돈으로 바꾸어 주기를 싫
어하던 나봇의 (葡萄園)포도원을
차지하소서 나봇이 살아 있지 아
니하고 죽었나이다
16 아합은 나봇이 죽었다 함을 듣고
곧 일어나 이스르엘 사람 나봇의
(葡萄園)포도원을 차지하러 그리
로 내려갔더라
17 ● 여호와의 말씀이 디셉 사람 엘
리야에게 (臨)임하여 이르시되
18 너는 일어나 내려가서 사마리아에
있는 이스라엘의 아합 (王)왕을
만나라 그가 나봇의 포도원을 차
지하러 그리로 내려갔나니
19 너는 그에게 말하여 이르기를 여
호와의 말씀이 네가 죽이고 또 빼
앗았느냐고 하셨다 하고 또 그에
게 이르기를 여호와의 말씀이 개
들이 나봇의 피를 핥은 곳에서 개
들이 네 피 곧 네 몸의 피도 핥으
리라 하였다 하라
20 아합이 엘리야에게 이르되 내 (對
敵者)대적자여 네가 나를 찾았느
냐 대답하되 내가 찾았노라 네가
네 자신을 팔아 여호와 보시기에
악을 행하였으므로
21 여호와의 말씀이 내가 (災殃)재앙
을 네게 내려 너를 쓸어 버리되 네
게 속한 남자는 이스라엘 가운데
에 매인 자나 놓인 자를 다 멸할
것이요
22 또 네 집이 느밧의 아들 여로보암
의 집처럼 되게 하고 아히야의 아
들 바아사의 집처럼 되게 하리니
이는 네가 나를 (怒)노하게 하고
이스라엘이 범죄하게 한 까닭이니
라 하셨고
23 이세벨에게 대하여도 여호와께서
말씀하여 이르시되 개들이 이스
르엘 (城邑)성읍 곁에서 이세벨을
먹을지라
24 아합에게 속한 자로서 성읍에서
죽은 자는 개들이 먹고 들에서 죽
은 자는 (空中)공중의 새가 먹으
리라고 하셨느니라 하니
25 예로부터 아합과 같이 그 자신을
팔아 여호와 앞에서 악을 행한 자
가 없음은 그를 그의 아내 이세벨
이 (衝動)충동하였음이라
26 그가 여호와께서 이스라엘 (子孫)
자손 앞에서 쫓아내신 아모리 사
람의 모든 행함 같이 우상에게 복
종하여 심히 가증하게 행하였더라
27 ● 아합이 이 모든 말씀을 들을 때
에 그의 옷을 찢고 굵은 베로 몸을
동이고 (禁食)금식하고 굵은 베에
누우며 또 풀이 죽어 다니더라
28 여호와의 말씀이 디셉 사람 엘리
야에게 (臨)임하여 이르시되
29 아합이 내 앞에서 (謙卑)겸비함을
네가 보느냐 그가 내 앞에서 겸비
하므로 내가 재앙을 저의 시대에
는 내리지 아니하고 그 아들의 시

대에야 그의 집에 재앙을 내리리
라 하셨더라

선지자 미가야가 아합에게 경고하다
(대하 18:2-27)

22 아람과 이스라엘 사이에
(戰爭)전쟁이 없이 삼 년을
지냈더라
2 셋째 해에 유다의 여호사밧 (王)
왕이 이스라엘의 왕에게 내려가매
3 이스라엘의 왕이 그의 신하들에게
이르되 길르앗 라못은 (本來)본래
우리의 것인 줄을 너희가 알지 못
하느냐 우리가 어찌 아람의 왕의
손에서 도로 찾지 아니하고 잠잠
히 있으리요 하고
4 여호사밧에게 이르되 (當身)당신
은 나와 함께 길르앗 라못으로 가
서 싸우시겠느냐 여호사밧이 이스
라엘 왕에게 이르되 나는 당신과
같고 내 백성은 당신의 백성과 같
고 내 말들도 당신의 말들과 같으
니이다
5 ●여호사밧이 또 이스라엘의 왕
에게 이르되 (請)청하건대 먼저
여호와의 말씀이 어떠하신지 물어
보소서
6 이스라엘의 왕이 이에 (先知者)선
지자 사백 명쯤 모으고 그들에게
이르되 내가 길르앗 라못에 가서
싸우랴 말랴 그들이 이르되 올라
가소서 주께서 그 성읍을 왕의 손
에 넘기시리이다
7 여호사밧이 이르되 이 (外)외에
우리가 물을 만한 여호와의 선지
자가 여기 있지 아니하니이까
8 이스라엘의 왕이 여호사밧 왕에게
이르되 아직도 이믈라의 아들 미
가야 한 사람이 있으니 그로 말미
암아 여호와께 물을 수 있으나 그
는 내게 대하여 (吉)길한 일은 (豫
言)예언하지 아니하고 (凶)흉한
일만 예언하기로 내가 그를 미워
하나이다 여호사밧이 이르되 왕은
그런 말씀을 마소서
9 이스라엘의 왕이 한 (內侍)내시를
불러 이르되 이믈라의 아들 미가
야를 속히 오게 하라 하니라
10 이스라엘의 왕과 유다의 여호사밧
왕이 (王服)왕복을 입고 사마리아
성문 어귀 광장에서 각기 왕좌에
앉아 있고 모든 선지자가 그들의
앞에서 예언을 하고 있는데
11 그나아나의 아들 시드기야는 자기
를 위하여 철로 뿔들을 만들어 가
지고 말하되 여호와의 말씀이 왕
이 이것들로 아람 사람을 찔러 (殄
滅)진멸하리라 하셨다 하고
12 모든 선지자도 그와 같이 (豫言)
예언하여 이르기를 길르앗 라못으
로 올라가 승리를 얻으소서 여호
와께서 그 성읍을 왕의 손에 넘기
시리이다 하더라
13 미가야를 부르러 간 (使臣)사신이
일러 이르되 선지자들의 말이 하
나 같이 왕에게 길하게 하니 청하
건대 당신의 말도 그들 중 한 사람
의 말처럼 길하게 하소서
14 미가야가 이르되 여호와께서 살아
계심을 두고 (盟誓)맹세하노니 여
호와께서 내게 말씀하시는 것 곧

그것을 내가 말하리라 하고
15 이에 왕에게 이르니 왕이 그에
게 이르되 미가야야 우리가 길르
앗 라못으로 싸우러 가랴 또는 말
랴 그가 왕께 이르되 올라가서 (勝
利)승리를 얻으소서 여호와께서
그 성읍을 왕의 손에 넘기시리이
다
16 왕이 그에게 이르되 내가 몇 번이
나 네게 맹세하게 하여야 네가 여
호와의 이름으로 (眞實)진실한 것
으로만 내게 말하겠느냐
17 그가 이르되 내가 보니 온 이스라
엘이 (牧者)목자 없는 양 같이 산
에 흩어졌는데 여호와의 말씀이
이 무리에게 주인이 없으니 각각
평안히 자기의 집으로 돌아갈 것
이니라 하셨나이다
18 이스라엘의 왕이 여호사밧 왕에
게 이르되 저 사람이 내게 대하여
(吉)길한 것을 예언하지 아니하고
(凶)흉한 것을 예언하겠다고 당신
에게 말씀하지 아니하였나이까
19 미가야가 이르되 그런즉 왕은 여
호와의 말씀을 들으소서 내가 보
니 여호와께서 그의 (寶座)보좌에
앉으셨고 하늘의 (萬軍)만군이 그
의 좌우편에 모시고 서 있는데
20 여호와께서 말씀하시기를 누가 아
합을 꾀어 그를 길르앗 라못에 올
라가서 죽게 할꼬 하시니 하나는
이렇게 하겠다 하고 또 하나는 저
렇게 하겠다 하였는데
21 한 (靈)영이 나아와 여호와 앞에
서서 말하되 내가 그를 꾀겠나이
다
22 여호와께서 그에게 이르시되 어떻
게 하겠느냐 이르되 내가 나가서
거짓말하는 (靈)영이 되어 그의
모든 선지자들의 입에 있겠나이다
여호와께서 이르시되 너는 꾀겠고
또 이루리라 나가서 그리하라 하
셨은즉
23 이제 여호와께서 거짓말하는 영을
왕의 이 모든 선지자의 입에 넣으
셨고 또 여호와께서 왕에 대하여
(禍)화를 말씀하셨나이다
24 ● 그나아나의 아들 시드기야가
가까이 와서 미가야의 뺨을 치며
이르되 여호와의 (靈)영이 나를
떠나 어디로 가서 네게 말씀하시
더냐
25 미가야가 이르되 네가 골(房)방에
들어가서 숨는 그 날에 보리라
26 이스라엘의 왕이 이르되 미가야를
잡아 (城主)성주 아몬과 왕자 요
아스에게로 끌고 돌아가서
27 말하기를 왕의 말씀이 이 놈을
(獄)옥에 가두고 내가 평안히 돌
아올 때까지 (苦生)고생의 떡과
고생의 물을 먹이라 하였다 하라
28 미가야가 이르되 왕이 참으로 (平
安)평안히 돌아오시게 될진대 여
호와께서 나를 통하여 말씀하지
아니하셨으리이다 또 이르되 너희
(百姓)백성들아 다 들을지어다 하
니라

아합의 죽음(대하 18:28-34)

29 ● 이스라엘의 (王)왕과 유다의 여
호사밧 왕이 길르앗 라못으로 올

라가니라
30 이스라엘의 왕이 여호사밧에게 이
르되 나는 (變裝)변장하고 전쟁터
로 들어가려 하노니 당신은 왕복
을 입으소서 하고 이스라엘의 왕
이 변장하고 전쟁터로 들어가니라
31 아람 왕이 그의 (兵車)병거의 지
휘관 삼십이 명에게 명령하여 이
르기를 너희는 작은 자나 큰 자와
더불어 싸우지 말고 오직 이스라
엘 왕과 싸우라 한지라
32 (兵車)병거의 지휘관들이 여호사
밧을 보고 그들이 이르되 이가 틀
림없이 이스라엘의 왕이라 하고
돌이켜 그와 싸우려 한즉 여호사
밧이 소리를 지르는지라
33 병거의 (指揮官)지휘관들이 그가
이스라엘의 왕이 아님을 보고 쫓
기를 그치고 돌이켰더라
34 한 사람이 (無心)무심코 활을 당
겨 이스라엘 왕의 갑옷 솔기를 맞
힌지라 왕이 그 병거 모는 자에게
이르되 내가 부상하였으니 네 손
을 돌려 내가 전쟁터에서 나가게
하라 하였으나
35 이 날에 (戰爭)전쟁이 맹렬하였으
므로 왕이 병거 가운데에 붙들려
서서 아람 사람을 막다가 저녁에
이르러 죽었는데 (傷處)상처의 피
가 흘러 병거 바닥에 고였더라
36 해가 질 녘에 (陣中)진중에서 외
치는 소리가 있어 이르되 각기 성
읍으로 또는 각기 본향으로 가라
하더라
37 ● 왕이 이미 죽으매 그의 시체를
메어 사마리아에 이르러 왕을 사
마리아에 (葬事)장사하니라
38 그 병거를 사마리아 못에서 씻으
매 개들이 그의 피를 핥았으니 여
호와께서 하신 말씀과 같이 되었
더라 거기는 창기들이 (沐浴)목욕
하는 곳이었더라
39 아합의 남은 (行蹟)행적과 그가
행한 모든 일과 그가 건축한 상아
궁과 그가 건축한 모든 성읍은 이
스라엘 왕 역대지략에 기록되지
아니하였느냐
40 아합이 그의 조상들과 함께 자매
그의 아들 아하시야가 대신하여
(王)왕이 되니라

유다 왕 여호사밧(대하 20:31-21:1)

41 ● 이스라엘의 아합 왕 (第四年)제
사년에 아사의 아들 여호사밧이
유다의 왕이 되니
42 여호사밧이 왕이 될 때에 나이가
삼십오 (歲)세라 예루살렘에서 이
십오 년 동안 다스리니라 그의 어
머니의 이름은 아수바라 실히의
딸이더라
43 여호사밧이 그의 아버지 아사의
모든 길로 행하며 돌이키지 아니
하고 여호와 앞에서 정직히 행하
였으나 산당은 폐하지 아니하였으
므로 백성이 아직도 산당에서 제
사를 드리며 (焚香)분향하였더라
44 여호사밧이 이스라엘의 왕과 더불
어 (和平)화평하니라
45 ● 여호사밧의 남은 (事蹟)사적과
그가 부린 권세와 그가 어떻게 전
쟁하였는지는 다 유다 왕 역대지

략에 기록되지 아니하였느냐
46 그가 그의 아버지 아사의 시대에
남아 있던 [1](男色)남색하는 자들
을 그 땅에서 쫓아내었더라
47 그 때에 에돔에는 왕이 없고 (攝
政 王)섭정 왕이 있었더라
48 여호사밧이 다시스의 선박을 (製
造)제조하고 오빌로 금을 구하러
보내려 하였더니 그 배가 에시온
게벨에서 (破船)파선하였으므로
가지 못하게 되매
49 아합의 아들 아하시야가 여호사밧
에게 이르되 내 종으로 당신의 종
과 함께 배에 가게 하라 하나 여호
사밧이 (許諾)허락하지 아니하였
더라
50 여호사밧이 그의 조상들과 함께
자매 그의 (祖上)조상 다윗 성에

1) 우상 신전의 남자 창기

그의 조상들과 함께 장사되고 그
의 아들 여호람이 대신하여 왕이
되니라

이스라엘 왕 아하시야

51 ● 유다의 여호사밧 (王)왕 제십칠
년에 아합의 아들 아하시야가 사
마리아에서 이스라엘의 왕이 되어
이 년 동안 이스라엘을 다스리니
라
52 그가 여호와 앞에서 악을 행하여
그의 아버지의 길과 그의 어머니
의 길과 이스라엘에게 (犯罪)범죄
하게 한 느밧의 아들 여로보암의
길로 행하며
53 바알을 섬겨 그에게 (禮拜)예배하
여 이스라엘의 하나님 여호와를
노하시게 하기를 그의 아버지의
온갖 행위 같이 하였더라

列王記下 2Kings

엘리야와 아하시야 왕

1 아합이 죽은 후에 모압이 이스
라엘을 (背叛)배반하였더라
2 아하시야가 사마리아에 있는 그의
다락 (欄干)난간에서 떨어져 병들
매 사자를 보내며 그들에게 이르
되 가서 에그론의 신 바알세붑에
게 이 병이 낫겠나 물어 보라 하니
라
3 여호와의 (使者)사자가 디셉 사람
엘리야에게 이르되 너는 일어나
올라가서 사마리아 왕의 사자를
만나 그에게 이르기를 이스라엘에
하나님이 없어서 너희가 에그론의
신 바알세붑에게 물으러 가느냐
4 그러므로 여호와의 말씀이 네가
올라간 (寢牀)침상에서 내려오지
못할지라 네가 반드시 죽으리라
하셨다 하라 엘리야가 이에 가니
라
5 ●사자들이 왕에게 돌아오니 (王)
왕이 그들에게 이르되 너희는 어
찌하여 돌아왔느냐 하니
6 그들이 말하되 한 사람이 올라와
서 우리를 만나 이르되 너희는 너
희를 보낸 왕에게로 돌아가서 그
에게 고하기를 여호와의 말씀이
이스라엘에 하나님이 없어서 네가
에그론의 신 바알세붑에게 물으려
고 보내느냐 그러므로 네가 올라
간 (寢床)침상에서 내려오지 못할
지라 네가 반드시 죽으리라 하셨
다 하라 하더이다
7 (王)왕이 그들에게 이르되 올라와
서 너희를 만나 이 말을 너희에게
한 그 사람은 어떤 사람이더냐
8 그들이 그에게 대답하되 그는 [1]털
이 많은 사람인데 허리에 가죽 띠
를 띠었더이다 하니 (王)왕이 이
르되 그는 디셉 사람 엘리야로다
9 ●이에 (五十夫長)오십부장과 그
의 군사 오십 명을 엘리야에게로
보내매 그가 엘리야에게로 올라가
본즉 산 꼭대기에 앉아 있는지라
그가 엘리야에게 이르되 하나님의
사람이여 왕의 말씀이 내려오라
하셨나이다
10 엘리야가 (五十夫長)오십부장에
게 대답하여 이르되 내가 만일 하
나님의 사람이면 불이 하늘에서
내려와 너와 너의 오십 명을 사를
지로다 하매 불이 곧 하늘에서 내
려와 그와 그의 군사 오십 명을 살
랐더라
11 (王)왕이 다시 다른 (五十夫長)오
십부장과 그의 군사 오십 명을 엘
리야에게로 보내니 그가 엘리야에
게 말하여 이르되 하나님의 사람
이여 왕의 말씀이 속히 내려오라
하셨나이다 하니
12 엘리야가 그들에게 (對答)대답하
여 이르되 내가 만일 하나님의 사
람이면 불이 하늘에서 내려와 너
와 너의 오십 명을 사를지로다 하
매 하나님의 불이 곧 하늘에서 내

1) 털옷 입은

려와 그와 그의 군사 오십 명을 살
랐더라
13 왕이 세 번째 오십부장과 그의 군
사 오십 명을 보낸지라 셋째 오십
부장이 올라가서 엘리야 앞에 이
르러 그의 무릎을 꿇어 엎드려 (懇
求)간구하여 이르되 하나님의 사
람이여 원하건대 나의 (生命)생명
과 당신의 종인 이 오십 명의 생명
을 당신은 귀히 보소서
14 불이 하늘에서 내려와 (前番)전번
의 오십부장 둘과 그의 군사 오십
명을 살랐거니와 나의 생명을 당
신은 귀히 보소서 하매
15 여호와의 (使者)사자가 엘리야에
게 이르되 너는 그를 두려워하지
말고 함께 내려가라 하신지라 엘
리야가 곧 일어나 그와 함께 내려
와 왕에게 이르러

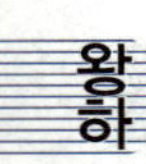

16 말하되 여호와의 말씀이 네가 사
자를 보내 에그론의 신 바알세붑
에게 물으려 하니 이스라엘에 그
의 말을 물을 만한 하나님이 안 계
심이냐 그러므로 네가 그 올라간
(寢牀)침상에서 내려오지 못할지
라 네가 반드시 죽으리라 하셨다
하니라
17 ●왕이 엘리야가 (傳)전한 여호와
의 말씀대로 죽고 그가 아들이 없
으므로 여호람이 그를 (代身)대신
하여 왕이 되니 유다 왕 여호사밧
의 아들 여호람의 둘째 해였더라
18 아하시야가 행한 그 남은 (事蹟)
사적은 모두 이스라엘 왕 역대지
략에 기록되지 아니하였느냐

엘리야가 하늘로 올라가다

2 여호와께서 회오리 바람으로
엘리야를 하늘로 올리고자 하
실 때에 엘리야가 엘리사와 더불
어 길갈에서 나가더니
2 엘리야가 엘리사에게 이르되 청하
건대 너는 여기 머물라 여호와께
서 나를 벧엘로 보내시느니라 하
니 엘리사가 이르되 여호와께서
살아 계심과 당신의 영혼이 살아
있음을 두고 (盟誓)맹세하노니 내
가 당신을 떠나지 아니하겠나이다
하는지라 이에 두 사람이 벧엘로
내려가니
3 벧엘에 있는 (先知者)선지자의 제
자들이 엘리사에게로 나아와 그에
게 이르되 여호와께서 오늘 당신
의 선생을 당신의 머리 위로 데려
가실 줄을 아시나이까 하니 이르
되 나도 또한 아노니 너희는 잠잠
하라 하니라
4 엘리야가 그에게 이르되 엘리사
야 청하건대 너는 여기 머물라 여
호와께서 나를 여리고로 보내시느
니라 엘리사가 이르되 여호와께서
살아 계심과 당신의 영혼이 살아
있음을 두고 (盟誓)맹세하노니 내
가 당신을 떠나지 아니하겠나이다
하니라 그들이 여리고에 이르매
5 여리고에 있는 선지자의 (弟子)제
자들이 엘리사에게 나아와 이르되
여호와께서 오늘 당신의 선생을
당신의 머리 위로 데려가실 줄을
아시나이까 하니 엘리사가 이르되
나도 아노니 너희는 잠잠하라

6 엘리야가 또 엘리사에게 이르되
(請)청하건대 너는 여기 머물라
여호와께서 나를 요단으로 보내시
느니라 하니 그가 이르되 여호와
께서 살아 계심과 당신의 영혼이
살아 있음을 두고 (盟誓)맹세하노
니 내가 당신을 떠나지 아니하겠
나이다 하는지라 이에 두 사람이
가니라
7 선지자의 (弟子)제자 오십 명이
가서 멀리 서서 바라보매 그 두 사
람이 요단 가에 서 있더니
8 엘리야가 겉옷을 가지고 말아 물
을 치매 물이 이리 저리 갈라지고
두 사람이 마른 땅 위로 건너더라
9 건너매 엘리야가 엘리사에게 이르
되 나를 네게서 데려감을 당하기
전에 내가 네게 어떻게 할지를 구
하라 엘리사가 이르되 당신의 (聖
靈)성령이 하시는 역사가 갑절이
나 내게 있게 하소서 하는지라
10 이르되 네가 어려운 일을 (求)구
하는도다 그러나 나를 네게서 데
려가시는 것을 네가 보면 그 일이
네게 이루어지려니와 그렇지 아니
하면 이루어지지 아니하리라 하고
11 두 사람이 길을 가며 말하더니 불
수레와 불말들이 두 사람을 갈라
놓고 엘리야가 회오리 바람으로
하늘로 올라가더라
12 ● 엘리사가 보고 소리 지르되 내
아버지여 내 아버지여 이스라엘의
(兵車)병거와 그 마병이여 하더니
다시 보이지 아니하는지라 이에
엘리사가 자기의 옷을 잡아 둘로
찢고
13 엘리야의 몸에서 떨어진 겉옷을
주워 가지고 돌아와 요단 언덕에
서서
14 엘리야의 몸에서 떨어진 그의 겉
옷을 가지고 물을 치며 이르되 엘
리야의 하나님 여호와는 어디 계
시니이까 하고 그도 물을 치매 물
이 이리 저리 갈라지고 엘리사가
건너니라
15 ● 맞은편 여리고에 있는 선지자
의 제자들이 그를 보며 말하기를
엘리야의 성령이 하시는 (役事)역
사가 엘리사 위에 머물렀다 하고
가서 그에게로 나아가 땅에 엎드
려 그에게 경배하고
16 그에게 이르되 당신의 종들에게
용감한 사람 오십 명이 있으니 청
하건대 그들이 가서 당신의 주인
을 찾게 하소서 (念慮)염려하건대
여호와의 성령이 그를 들고 가다
가 어느 산에나 어느 골짜기에 던
지셨을까 하나이다 하니라 엘리사
가 이르되 보내지 말라 하나
17 무리가 그로 부끄러워하도록 (强
請)강청하매 보내라 한지라 그들
이 오십 명을 보냈더니 사흘 동안
을 찾되 발견하지 못하고
18 엘리사가 여리고에 머무는 (中)중
에 무리가 그에게 돌아오니 엘리
사가 그들에게 이르되 내가 가지
말라고 너희에게 이르지 아니하였
느냐 하였더라

엘리사의 기적

19 ● 그 성읍 사람들이 엘리사에게

말하되 우리 주인께서 보시는 바
와 같이 이 성읍의 위치는 좋으나
물이 나쁘므로 (土産)토산이 익지
못하고 떨어지나이다
20 엘리사가 이르되 새 그릇에 소금
을 담아 내게로 가져오라 하매 곧
가져온지라
21 엘리사가 물 (根源)근원으로 나아
가서 소금을 그 가운데에 던지며
이르되 여호와의 말씀이 내가 이
물을 고쳤으니 이로부터 다시는
죽음이나 열매 맺지 못함이 없을
지니라 하셨느니라 하니
22 그 물이 엘리사가 한 말과 같이 고
쳐져서 오늘에 이르렀더라
23 ● 엘리사가 거기서 벧엘로 올라
가더니 그가 길에서 올라갈 때에
작은 아이들이 성읍에서 나와 그
를 (嘲弄)조롱하여 이르되 대머리
여 올라가라 대머리여 올라가라
하는지라
24 엘리사가 뒤로 돌이켜 그들을 보
고 여호와의 이름으로 (詛呪)저주
하매 곧 수풀에서 암곰 둘이 나와
서 아이들 중의 사십이 명을 찢었
더라
25 엘리사가 거기서부터 갈멜 (山)산
으로 가고 거기서 사마리아로 돌
아왔더라

이스라엘과 모압의 전쟁

3 유다의 여호사밧 (王)왕 열여덟
째 해에 아합의 아들 여호람이
사마리아에서 이스라엘을 열두 해
동안 다스리니라
2 그가 여호와 보시기에 악을 행하
였으나 그의 부모와 같이 하지는
아니하였으니 이는 그가 그의 아
버지가 만든 바알의 (柱像)주상을
없이하였음이라
3 그러나 그가 느밧의 아들 여로보
암이 이스라엘에게 범하게 한 그
(罪)죄를 따라 행하고 떠나지 아
니하였더라
4 ● 모압 왕 메사는 (羊)양을 치는
자라 새끼 양 십만 마리의 털과 숫
양 십만 마리의 털을 이스라엘 왕
에게 바치더니
5 아합이 죽은 후에 모압 왕이 이스
라엘 왕을 (背叛)배반한지라
6 그 때에 여호람 (王)왕이 사마리
아에서 나가 온 이스라엘을 둘러
보고
7 또 가서 유다의 왕 여호사밧에게
(使臣)사신을 보내 이르되 모압
왕이 나를 배반하였으니 당신은
나와 함께 가서 모압을 치시겠느
냐 하니 그가 이르되 내가 올라가
리이다 나는 당신과 같고 내 백성
은 당신의 백성과 같고 내 말들도
당신의 말들과 같으니이다 하는지
라
8 여호람이 이르되 우리가 어느 길
로 올라가리이까 하니 그가 (對
答)대답하되 에돔 광야 길로니이
다 하니라
9 이스라엘 왕과 유다 왕과 에돔 왕
이 가더니 길을 둘러 간 지 칠 일
에 군사와 따라가는 (家畜)가축을
먹일 물이 없는지라
10 이스라엘 (王)왕이 이르되 슬프다

여호와께서 이 세 왕을 불러 모아
모압의 손에 넘기려 하시는도다
하니
11 여호사밧이 이르되 우리가 여호와
께 물을 만한 여호와의 선지자가
여기 없느냐 하는지라 이스라엘
왕의 신하들 중의 한 사람이 (對
答)대답하여 이르되 전에 엘리야
의 손에 물을 붓던 사밧의 아들 엘
리사가 여기 있나이다 하니
12 여호사밧이 이르되 여호와의 말씀
이 그에게 있도다 하는지라 이에
이스라엘 (王)왕과 여호사밧과 에
돔 왕이 그에게로 내려가니라
13 ● 엘리사가 이스라엘 왕에게 이
르되 내가 당신과 무슨 (相關)상
관이 있나이까 당신의 (父親)부친
의 선지자들과 당신의 모친의 선
지자들에게로 가소서 하니 이스라
엘 왕이 그에게 이르되 그렇지 아
니하니이다 여호와께서 이 세 왕
을 불러 모아 모압의 손에 넘기려
하시나이다 하니라
14 엘리사가 이르되 내가 섬기는 만
군의 여호와께서 살아 계심을 두
고 (盟誓)맹세하노니 내가 만일
유다의 왕 여호사밧의 얼굴을 봄
이 아니면 그 앞에서 당신을 향하
지도 아니하고 보지도 아니하였으
리이다
15 이제 내게로 거문고 탈 (者)자를
불러오소서 하니라 거문고 타는
자가 거문고를 탈 때에 여호와의
손이 엘리사 위에 있더니
16 그가 이르되 여호와의 말씀이 이
골짜기에 개(川)천을 많이 파라
하셨나이다
17 여호와께서 이르시기를 너희가 바
람도 보지 못하고 비도 보지 못하
되 이 골짜기에 물이 가득하여 너
희와 너희 (家畜)가축과 짐승이
마시리라 하셨나이다
18 이것은 여호와께서 보시기에 작은
일이라 여호와께서 모압 사람도
(當身)당신의 손에 넘기시리니
19 당신들이 모든 (堅固)견고한 성읍
과 모든 아름다운 성읍을 치고 모
든 좋은 나무를 베고 모든 샘을 메
우고 돌로 모든 좋은 밭을 헐리이
다 하더니
20 아침이 되어 (素祭)소제 드릴 때
에 물이 에돔 쪽에서부터 흘러와
그 땅에 가득하였더라
21 ● 모압의 모든 사람은 왕들이 올
라와서 자기를 치려 한다 함을 듣
고 갑옷 입을 만한 자로부터 그
(以上)이상이 다 모여 그 경계에
서 있더라
22 아침에 모압 사람이 일찍이 일어
나서 해가 물에 비치므로 맞은
(便)편 물이 붉어 피와 같음을 보
고
23 이르되 이는 피라 틀림없이 저 왕
들이 싸워 서로 죽인 것이로다 모
압 사람들아 이제 (擄掠)노략하러
가자 하고
24 이스라엘 진에 이르니 이스라엘
사람이 일어나 모압 사람을 쳐서
그들 앞에서 도망하게 하고 그 (地
境)지경에 들어가며 모압 사람을

치고
25 그 성읍들을 쳐서 헐고 (各其)각
기 돌을 던져 모든 좋은 밭에 가득
하게 하고 모든 샘을 메우고 모든
좋은 나무를 베고 길하레셋의 돌
들은 남기고 물매꾼이 두루 다니
며 치니라
26 모압 왕이 (戰勢)전세가 극렬하여
당하기 어려움을 보고 칼찬 군사
칠백 명을 거느리고 돌파하여 지
나서 에돔 왕에게로 가고자 하되
가지 못하고
27 이에 자기 (王位)왕위를 이어 왕
이 될 맏아들을 데려와 성 위에서
번제를 드린지라 이스라엘에게 크
게 격노함이 임하매 그들이 떠나
각기 고국으로 돌아갔더라

과부의 기름 그릇

4 선지자의 제자들의 아내 중의
한 여인이 엘리사에게 부르짖
어 이르되 당신의 종 나의 남편이
이미 죽었는데 당신의 종이 여호
와를 (敬畏)경외한 줄은 당신이
아시는 바니이다 이제 빚 준 사람
이 와서 나의 두 아이를 데려가 그
의 종을 삼고자 하나이다 하니
2 엘리사가 그에게 이르되 내가 너
를 (爲)위하여 어떻게 하랴 네 집
에 무엇이 있는지 내게 말하라 그
가 이르되 계집종의 집에 기름 한
그릇 외에는 아무것도 없나이다
하니
3 이르되 너는 밖에 나가서 모든 이
웃에게 그릇을 빌리라 빈 그릇을
빌리되 조금 빌리지 말고
4 너는 네 두 아들과 함께 들어가서
(門)문을 닫고 그 모든 그릇에 기
름을 부어서 차는 대로 옮겨 놓으
라 하니라
5 여인이 물러가서 그의 두 아들과
함께 문을 닫은 (後)후에 그들은
그릇을 그에게로 가져오고 그는
부었더니
6 그릇에 다 찬지라 (女人)여인이
아들에게 이르되 또 그릇을 내게
로 가져오라 하니 아들이 이르되
다른 그릇이 없나이다 하니 기름
이 곧 그쳤더라
7 그 여인이 하나님의 사람에게 나
아가서 말하니 그가 이르되 너는
가서 기름을 팔아 빚을 갚고 남은
것으로 너와 네 두 아들이 (生活)
생활하라 하였더라

엘리사와 수넴 여인

8 ●하루는 엘리사가 수넴에 이르
렀더니 거기에 한 귀한 여인이 그
를 (懇勸)간권하여 음식을 먹게
하였으므로 엘리사가 그 곳을 지
날 때마다 음식을 먹으러 그리로
들어갔더라
9 여인이 그의 (男便)남편에게 이르
되 항상 우리를 지나가는 이 사람
은 하나님의 거룩한 사람인 줄을
내가 아노니
10 청하건대 우리가 그를 위하여 작
은 방을 담 위에 만들고 (寢牀)침
상과 책상과 의자와 촛대를 두사
이다 그가 우리에게 이르면 거기
에 머물리이다 하였더라
11 하루는 엘리사가 거기에 이르러

그 (房)방에 들어가 누웠더니
12 자기 (使喚)사환 게하시에게 이르
되 이 수넴 여인을 불러오라 하니
곧 여인을 부르매 여인이 그 앞에
선지라
13 엘리사가 자기 사환에게 이르되
너는 그에게 이르라 네가 이같이
우리를 위하여 세심한 (配慮)배려
를 하는도다 내가 너를 위하여 무
엇을 하랴 왕에게나 사령관에게
무슨 구할 것이 있느냐 하니 여인
이 이르되 나는 내 백성 중에 거주
하나이다 하니라
14 엘리사가 이르되 그러면 그를 위
하여 무엇을 하여야 할까 하니 게
하시가 (對答)대답하되 참으로 이
여인은 아들이 없고 그 남편은 늙
었나이다 하니
15 이르되 다시 부르라 하여 부르매
(女人)여인이 문에 서니라
16 엘리사가 이르되 한 해가 지나 이
때쯤에 네가 아들을 안으리라 하
니 (女人)여인이 이르되 아니로소
이다 내 주 하나님의 사람이여 당
신의 계집종을 속이지 마옵소서
하니라
17 ● 여인이 과연 (孕胎)잉태하여 한
해가 지나 이 때쯤에 엘리사가 여
인에게 말한 대로 아들을 낳았더
라
18 그 아이가 자라매 하루는 (秋收)
추수꾼들에게 나가서 그의 아버지
에게 이르렀더니
19 그의 아버지에게 이르되 내 머리
야 내 머리야 하는지라 그의 아버
지가 (使喚)사환에게 말하여 그의
어머니에게로 데려가라 하매
20 곧 어머니에게로 데려갔더니 낮까
지 어머니의 무릎에 앉아 있다가
죽은지라
21 그의 어머니가 올라가서 아들을
하나님의 사람의 (寢牀)침상 위에
두고 문을 닫고 나와
22 그 남편을 불러 이르되 청하건대
(使喚)사환 한 명과 나귀 한 마리
를 내게로 보내소서 내가 하나님
의 사람에게 달려갔다가 돌아오리
이다 하니
23 그 남편이 이르되 초하루도 아니
요 안식일도 아니거늘 그대가 오
늘 어찌하여 그에게 나아가고자
하느냐 하는지라 여인이 이르되
(平安)평안을 비나이다 하니라
24 이에 나귀에 (鞍裝)안장을 지우고
자기 사환에게 이르되 몰고 가라
내가 말하지 아니하거든 나를 위
하여 달려가기를 멈추지 말라 하
고
25 드디어 갈멜 (山)산으로 가서 하
나님의 사람에게로 나아가니라
● 하나님의 사람이 멀리서 그를
보고 자기 (使喚)사환 게하시에게
이르되 저기 수넴 여인이 있도다
26 너는 달려가서 그를 맞아 이르기
를 너는 (平安)평안하냐 네 남편
이 평안하냐 아이가 평안하냐 하
라 하였더니 여인이 대답하되 평
안하다 하고
27 (山)산에 이르러 하나님의 사람에
게 나아가서 그 발을 안은지라 게

하시가 가까이 와서 그를 물리치
고자 하매 하나님의 사람이 이르
되 가만 두라 그의 (靈魂)영혼이
괴로워하지마는 여호와께서 내게
숨기시고 이르지 아니하셨도다 하
니라
28 여인이 이르되 내가 내 (主)주께
아들을 구하더이까 나를 속이지
말라고 내가 말하지 아니하더이까
하니
29 엘리사가 게하시에게 이르되 네
허리를 묶고 내 지팡이를 손에 들
고 가라 사람을 만나거든 인사하
지 말며 사람이 네게 (人事)인사
할지라도 대답하지 말고 내 지팡
이를 그 아이 얼굴에 놓으라 하는
지라
30 아이의 어머니가 이르되 여호와께
서 살아 계심과 당신의 영혼이 살
아 계심을 두고 (盟誓)맹세하노니
내가 당신을 떠나지 아니하리이다
엘리사가 이에 일어나 여인을 따
라가니라
31 게하시가 그들보다 앞서 가서 지
팡이를 그 아이의 얼굴에 놓았으
나 소리도 없고 듣지도 아니하는
지라 돌아와서 엘리사를 맞아 그
에게 말하여 아이가 깨지 아니하
였나이다 하니라
32 ● 엘리사가 집에 들어가 보니 아
이가 죽었는데 자기의 (寢牀)침상
에 눕혔는지라
33 들어가서는 문을 닫으니 두 사람
뿐이라 엘리사가 여호와께 (祈禱)
기도하고
34 아이 위에 올라 엎드려 자기 입을
그의 입에, 자기 눈을 그의 눈에,
자기 손을 그의 손에 대고 그의 몸
에 엎드리니 아이의 살이 (次次)
차차 따뜻하더라
35 엘리사가 내려서 집 안에서 한 번
이리 저리 다니고 다시 아이 위에
올라 엎드리니 아이가 일곱 (番)
번 재채기 하고 눈을 뜨는지라
36 엘리사가 게하시를 불러 저 수넴
(女人)여인을 불러오라 하니 곧
부르매 여인이 들어가니 엘리사가
이르되 네 아들을 데리고 가라 하
니라
37 (女人)여인이 들어가서 엘리사의
발 앞에서 땅에 엎드려 절하고 아
들을 안고 나가니라

두 가지 기적

38 ● 엘리사가 다시 길갈에 이르니
그 땅에 (凶年)흉년이 들었는데
선지자의 제자들이 엘리사의 앞에
앉은지라 엘리사가 자기 사환에게
이르되 큰 솥을 걸고 선지자의 제
자들을 위하여 국을 끓이라 하매
39 한 사람이 (菜蔬)채소를 캐러 들
에 나가 들포도덩굴을 만나 그것
에서 들호박을 따서 옷자락에 채
워가지고 돌아와 썰어 국 끓이는
솥에 넣되 그들은 무엇인지 알지
못한지라
40 이에 퍼다가 무리에게 주어 먹게
하였더니 무리가 국을 먹다가 그
들이 외쳐 이르되 하나님의 사람
이여 솥에 죽음의 (毒)독이 있나
이다 하고 능히 먹지 못하는지라

41 엘리사가 이르되 그러면 가루를
가져오라 하여 솥에 던지고 이르
되 퍼다가 무리에게 주어 먹게 하
라 하매 이에 솥 가운데 (毒)독이
없어지니라
42 ● 한 사람이 바알 살리사에서부
터 와서 처음 만든 떡 곧 보리떡
이십 개와 또 자루에 담은 (菜蔬)
채소를 하나님의 사람에게 드린지
라 그가 이르되 무리에게 주어 먹
게 하라
43 그 (使喚)사환이 이르되 내가 어
찌 이것을 백 명에게 주겠나이까
하나 엘리사는 또 이르되 무리에
게 주어 먹게 하라 여호와의 말씀
이 그들이 먹고 남으리라 하셨느
니라
44 그가 그들 앞에 주었더니 여호와
께서 말씀하신 대로 먹고 남았더
라

나아만이 고침을 받다

5 아람 왕의 군대 장관 나아만은
그의 주인 앞에서 크고 존귀한
자니 이는 여호와께서 전에 그에
게 아람을 구원하게 하셨음이라
그는 큰 (勇士)용사이나 나병환자
더라
2 전에 아람 사람이 떼를 지어 나가
서 이스라엘 땅에서 어린 소녀 하
나를 사로잡으매 그가 나아만의
아내에게 (隨從)수종들더니
3 그의 여주인에게 이르되 우리 주인
이 사마리아에 계신 선지자 앞에
계셨으면 좋겠나이다 그가 그 (癩
病)나병을 고치리이다 하는지라
4 나아만이 들어가서 그의 (主人)주
인께 아뢰어 이르되 이스라엘 땅
에서 온 소녀의 말이 이러이러하
더이다 하니
5 아람 왕이 이르되 갈지어다 이제
내가 이스라엘 왕에게 글을 보내
리라 하더라 나아만이 곧 떠날새
(銀)은 십 달란트와 (金)금 육천
개와 의복 열 벌을 가지고 가서
6 이스라엘 왕에게 그 글을 (傳)전
하니 일렀으되 내가 내 (臣下)신
하 나아만을 당신에게 보내오니
이 글이 당신에게 이르거든 당신
은 그의 나병을 고쳐 주소서 하였
더라
7 이스라엘 왕이 그 글을 읽고 자기
옷을 찢으며 이르되 내가 사람을
죽이고 살리는 하나님이냐 그가
어찌하여 사람을 내게로 보내 그
의 (癩病)나병을 고치라 하느냐
너희는 깊이 생각하고 저 왕이 틈
을 타서 나와 더불어 시비하려 함
인줄 알라 하니라
8 ● 하나님의 사람 엘리사가 이스
라엘 왕이 자기의 옷을 찢었다 함
을 듣고 왕에게 보내 이르되 왕이
어찌하여 옷을 찢었나이까 그 사
람을 내게로 오게 하소서 그가 이
스라엘 중에 (先知者)선지자가 있
는 줄을 알리이다 하니라
9 나아만이 이에 말들과 (兵車)병거
들을 거느리고 이르러 엘리사의
집 문에 서니
10 엘리사가 (使者)사자를 그에게 보
내 이르되 너는 가서 요단 강에 몸

을 일곱 번 씻으라 네 살이 회복되
어 깨끗하리라 하는지라
11 나아만이 노하여 물러가며 이르되
내 생각에는 그가 내게로 나와 서
서 그의 하나님 여호와의 이름을
부르고 그의 손을 그 (部位)부위
위에 흔들어 나병을 고칠까 하였
도다
12 다메섹 강 아바나와 바르발은 이
스라엘 모든 강물보다 낫지 아니
하냐 내가 거기서 몸을 씻으면 깨
끗하게 되지 아니하랴 하고 몸을
돌려 (憤怒)분노하여 떠나니
13 그의 종들이 나아와서 말하여 이
르되 내 아버지여 선지자가 (當
身)당신에게 큰 일을 행하라 말하
였더면 행하지 아니하였으리이까
하물며 당신에게 이르기를 씻어
깨끗하게 하라 함이리이까 하니
14 나아만이 이에 내려가서 하나님의
사람의 말대로 요단 강에 일곱 번
몸을 잠그니 그의 살이 어린 아이
의 살 같이 (回復)회복되어 깨끗
하게 되었더라
15 ● 나아만이 모든 군대와 함께 하
나님의 사람에게로 도로 와서 그
의 앞에 서서 이르되 내가 이제 이
스라엘 외에는 온 천하에 신이 없
는 줄을 아나이다 청하건대 당신
의 종에게서 (禮物)예물을 받으소
서 하니
16 이르되 내가 섬기는 여호와께서
살아 계심을 두고 맹세하노니 내
가 그 앞에서 받지 아니하리라 하
였더라 나아만이 받으라고 (强勸)
강권하되 그가 거절하니라
17 나아만이 이르되 그러면 청하건대
노새 두 마리에 실을 흙을 당신의
종에게 주소서 이제부터는 종이
(燔祭物)번제물과 다른 희생제사
를 여호와 외 다른 신에게는 드리
지 아니하고 다만 여호와께 드리
겠나이다
18 오직 한 가지 일이 있사오니 여호
와께서 당신의 종을 용서하시기
를 원하나이다 곧 내 주인께서 림
몬의 (神堂)신당에 들어가 거기서
경배하며 그가 내 손을 의지하시
매 내가 림몬의 신당에서 몸을 굽
히오니 내가 림몬의 신당에서 몸
을 굽힐 때에 여호와께서 이 일에
대하여 당신의 종을 용서하시기를
원하나이다 하니
19 엘리사가 이르되 너는 (平安)평안
히 가라 하니라 그가 엘리사를 떠
나 조금 가니라
20 ● 하나님의 사람 엘리사의 (使喚)
사환 게하시가 스스로 이르되 내
주인이 이 아람 사람 나아만에게
면하여 주고 그가 가지고 온 것을
그의 손에서 받지 아니하였도다
여호와께서 살아 계심을 두고 맹
세하노니 내가 그를 쫓아가서 무
엇이든지 그에게서 받으리라 하고
21 나아만의 뒤를 쫓아가니 나아만
이 (自己)자기 뒤에 달려옴을 보
고 수레에서 내려 맞이하여 이르
되 평안이냐 하니
22 그가 이르되 (平安)평안하나이다
우리 주인께서 나를 보내시며 말

씀하시기를 지금 선지자의 제자
중에 두 청년이 에브라임 산지에
서부터 내게로 왔으니 청하건대
당신은 그들에게 은 한 달란트와
옷 두 벌을 주라 하시더이다
23 나아만이 이르되 바라건대 두 달
란트를 받으라 하고 그를 강권하
여 은 두 달란트를 두 (纏帶)전대
에 넣어 매고 옷 두 벌을 아울러
두 사환에게 지우매 그들이 게하
시 앞에서 지고 가니라
24 언덕에 이르러서는 게하시가 그
(物件)물건을 두 사환의 손에서
받아 집에 감추고 그들을 보내 가
게 한 후
25 들어가 그의 (主人)주인 앞에 서
니 엘리사가 이르되 게하시야 네
가 어디서 오느냐 하니 대답하되
당신의 종이 아무데도 가지 아니
하였나이다 하니라
26 엘리사가 이르되 한 사람이 수레
에서 내려 너를 맞이할 때에 내 마
음이 함께 가지 아니하였느냐 (只
今)지금이 어찌 은을 받으며 옷을
받으며 감람원이나 포도원이나 양
이나 소나 남종이나 여종을 받을
때이냐
27 그러므로 나아만의 나병이 네게
들어 네 자손에게 미쳐 (永遠)영
원토록 이르리라 하니 게하시가
그 앞에서 물러나오매 나병이 발
하여 눈같이 되었더라

쇠도끼를 찾다

6 선지자의 제자들이 엘리사에게
이르되 보소서 우리가 당신과
함께 (居住)거주하는 이 곳이 우
리에게는 좁으니
2 우리가 요단으로 가서 거기서 각
각 한 재목을 가져다가 그 곳에 우
리가 거주할 (處所)처소를 세우사
이다 하니 엘리사가 이르되 가라
하는지라
3 그 하나가 이르되 (請)청하건대
당신도 종들과 함께 하소서 하니
엘리사가 이르되 내가 가리라 하
고
4 드디어 그들과 함께 가니라 무리
가 요단에 이르러 나무를 베더니
5 한 사람이 나무를 벨 때에 쇠도끼
가 물에 떨어진지라 이에 외쳐 이
르되 아아, 내 (主)주여 이는 빌려
온 것이니이다 하니
6 하나님의 사람이 이르되 어디 빠
졌느냐 하매 그 곳을 보이는지라
엘리사가 나뭇가지를 베어 물에
던져 쇠도끼를 떠오르게 하고
7 이르되 너는 그것을 집으라 하니
그 사람이 손을 내밀어 그것을 집
으니라

아람 군대를 물리치다

8 ●그 때에 아람 왕이 이스라엘과
더불어 싸우며 그의 신복들과 (議
論)의논하여 이르기를 우리가 아
무데 아무데 진을 치리라 하였더
니
9 하나님의 사람이 이스라엘 (王)왕
에게 보내 이르되 왕은 삼가 아무
곳으로 지나가지 마소서 아람 사
람이 그 곳으로 나오나이다 하는
지라

10 이스라엘 왕이 하나님의 사람이
자기에게 말하여 경계한 곳으로
사람을 보내 (防備)방비하기가 한
두 번이 아닌지라
11 이러므로 아람 왕의 마음이 (不
安)불안하여 그 신복들을 불러 이
르되 우리 중에 누가 이스라엘 왕
과 내통하는 것을 내게 말하지 아
니하느냐 하니
12 그 (臣僕)신복 중의 한 사람이 이
르되 우리 주 왕이여 아니로소이
다 오직 이스라엘 선지자 엘리사
가 왕이 침실에서 하신 말씀을 이
스라엘의 왕에게 고하나이다 하는
지라
13 (王)왕이 이르되 너희는 가서 엘
리사가 어디 있나 보라 내가 사람
을 보내어 그를 잡으리라 왕에게
아뢰어 이르되 보라 그가 도단에
있도다 하나이다
14 ● 왕이 이에 말과 병거와 많은
(軍士)군사를 보내매 그들이 밤에
가서 그 성읍을 에워쌌더라
15 하나님의 사람의 (使喚)사환이 일
찍이 일어나서 나가보니 군사와
말과 병거가 성읍을 에워쌌는지라
그의 사환이 엘리사에게 말하되
아아, 내 주여 우리가 어찌하리이
까 하니
16 (對答)대답하되 두려워하지 말라
우리와 함께 한 자가 그들과 함께
한 자보다 많으니라 하고
17 (祈禱)기도하여 이르되 여호와여
원하건대 그의 눈을 열어서 보게
하옵소서 하니 여호와께서 그 청
년의 눈을 여시매 그가 보니 불말
과 불병거가 산에 가득하여 엘리
사를 둘렀더라
18 아람 사람이 엘리사에게 내려오매
엘리사가 여호와께 (祈禱)기도하
여 이르되 원하건대 저 무리의 눈
을 어둡게 하옵소서 하매 엘리사
의 말대로 그들의 눈을 어둡게 하
신지라
19 엘리사가 그들에게 이르되 이는
그 길이 아니요 이는 그 성읍도 아
니니 나를 따라 오라 내가 너희를
(引導)인도하여 너희가 찾는 사람
에게로 나아가리라 하고 그들을
인도하여 사마리아에 이르니라
20 ● 사마리아에 들어갈 때에 엘리
사가 이르되 여호와여 이 무리의
눈을 열어서 보게 하옵소서 하니
여호와께서 그들의 눈을 여시매
그들이 보니 (自己)자기들이 사마
리아 가운데에 있더라
21 이스라엘 (王)왕이 그들을 보고
엘리사에게 이르되 내 아버지여
내가 치리이까 내가 치리이까 하
니
22 대답하되 치지 마소서 칼과 활로
사로잡은 자인들 어찌 치리이까
떡과 물을 그들 앞에 두어 먹고 마
시게 하고 그들의 (主人)주인에게
로 돌려보내소서 하는지라
23 왕이 위하여 (飮食)음식을 많이
베풀고 그들이 먹고 마시매 놓아
보내니 그들이 그들의 주인에게로
돌아가니라 이로부터 아람 군사의
부대가 다시는 이스라엘 땅에 들

어오지 못하니라

에워싸인 사마리아가 굶주리다

24 ●이 후에 아람 왕 벤하닷이 그의
온 (軍隊)군대를 모아 올라와서
사마리아를 에워싸니
25 아람 사람이 사마리아를 에워싸므
로 (城中)성중이 크게 주려서 나
귀 머리 하나에 은 팔십 세겔이요
비둘기 똥 사분의 일 갑에 은 다섯
세겔이라 하니
26 이스라엘 (王)왕이 성 위로 지나
갈 때에 한 여인이 외쳐 이르되 나
의 주 왕이여 도우소서
27 왕이 이르되 여호와께서 너를 돕
지 아니하시면 내가 무엇으로 너
를 도우랴 (打作)타작 마당으로
말미암아 하겠느냐 포도주 틀로
말미암아 하겠느냐 하니라
28 또 이르되 무슨 일이냐 하니 여인
이 (對答)대답하되 이 여인이 내
게 이르기를 네 아들을 내놓아라
우리가 오늘 먹고 내일은 내 아들
을 먹자 하매
29 우리가 드디어 내 아들을 삶아 먹
었더니 이튿날에 내가 그 (女人)
여인에게 이르되 네 아들을 내놓
아라 우리가 먹으리라 하나 그가
그의 아들을 숨겼나이다 하는지라
30 왕이 그 여인의 말을 듣고 자기 옷
을 찢으니라 그가 성 위로 지나갈
때에 (百姓)백성이 본즉 그의 속
살에 굵은 베를 입었더라
31 왕이 이르되 사밧의 아들 엘리사
의 머리가 오늘 그 몸에 붙어 있으
면 하나님이 내게 (罰)벌 위에 벌
을 내리실지로다 하니라
32 그 때에 엘리사가 그의 집에 앉아
있고 장로들이 그와 함께 앉아 있
는데 왕이 자기 (處所)처소에서
사람을 보냈더니 그 (使者)사자가
이르기 전에 엘리사가 장로들에게
이르되 너희는 이 살인한 자의 아
들이 내 머리를 베려고 사람을 보
내는 것을 보느냐 너희는 보다가
사자가 오거든 문을 닫고 문 안에
들이지 말라 그의 주인의 발소리
가 그의 뒤에서 나지 아니하느냐
하고
33 무리와 말을 할 때에 그 사자가 그
에게 이르니라 왕이 이르되 이 (災
殃)재앙이 여호와께로부터 나왔
으니 어찌 더 여호와를 기다리리
요

7 엘리사가 이르되 여호와의 말
씀을 들을지어다 여호와께서
이르시되 (來日)내일 이맘때에 사
마리아 성문에서 고운 밀가루 한
스아를 한 세겔로 매매하고 보리
두 스아를 한 세겔로 매매하리라
하셨느니라
2 그 때에 왕이 그의 손에 의지하는
자 곧 한 (長官)장관이 하나님의
사람에게 대답하여 이르되 여호와
께서 하늘에 (窓)창을 내신들 어
찌 이런 일이 있으리요 하더라 엘
리사가 이르되 네가 네 눈으로 보
리라 그러나 그것을 먹지는 못하
리라 하니라

아람 군대가 도망하다

3 ●(城門)성문 어귀에 나병환자 네

사람이 있더니 그 친구에게 서로
말하되 우리가 어찌하여 여기 앉
아서 죽기를 기다리랴
4 만일 우리가 성읍으로 가자고 말
한다면 성읍에는 굶주림이 있으니
우리가 거기서 죽을 것이요 만일
우리가 여기서 머무르면 역시 우
리가 죽을 것이라 그런즉 우리가
가서 아람 군대에게 (降服)항복하
자 그들이 우리를 살려 두면 살 것
이요 우리를 죽이면 죽을 것이라
하고
5 아람 진으로 가려 하여 해 질 무렵
에 일어나 아람 (陣營)진영 끝에
이르러서 본즉 그 곳에 한 사람도
없으니
6 이는 주께서 아람 군대로 병거 소
리와 말 소리와 큰 (軍隊)군대의
소리를 듣게 하셨으므로 아람 사
람이 서로 말하기를 이스라엘 왕
이 우리를 치려 하여 헷 사람의 왕
들과 애굽 왕들에게 값을 주고 그
들을 우리에게 오게 하였다 하고
7 해질 무렵에 일어나서 도망하되
그 (帳幕)장막과 말과 나귀를 버
리고 (陣營)진영을 그대로 두고
목숨을 위하여 도망하였음이라
8 그 나병환자들이 (陣營)진영 끝에
이르자 한 장막에 들어가서 먹고
마시고 거기서 은과 금과 의복을
가지고 가서 감추고 다시 와서 다
른 장막에 들어가 거기서도 가지
고 가서 감추니라
9 ●나병환자들이 그 (親舊)친구에
게 서로 말하되 우리가 이렇게 해
서는 아니되겠도다 오늘은 아름다
운 소식이 있는 날이거늘 우리가
침묵하고 있도다 만일 밝은 아침
까지 기다리면 벌이 우리에게 미
칠지니 이제 떠나 왕궁에 가서 알
리자 하고
10 가서 (城邑)성읍 문지기를 불러
그들에게 말하여 이르되 우리가
아람 진에 이르러서 보니 거기에
한 사람도 없고 사람의 소리도 없
고 오직 말과 나귀만 매여 있고 장
막들이 그대로 있더이다 하는지라
11 그가 문지기들을 부르매 그들이
(王宮)왕궁에 있는 자에게 말하니
12 왕이 밤에 일어나 그의 (臣僕)신
복들에게 이르되 아람 사람이 우
리에게 행한 것을 내가 너희에게
알게 하노니 그들이 우리가 주린
것을 알고 있으므로 그 진영을 떠
나서 들에 (埋伏)매복하고 스스로
이르기를 그들이 성읍에서 나오거
든 우리가 사로잡고 성읍에 들어
가겠다 한 것이니라 하니
13 그의 신하 중 한 사람이 대답하여
이르되 청하건대 아직 성중에 남
아 있는 말 다섯 마리를 취하고 사
람을 보내 (偵探)정탐하게 하소서
그것들이 성중에 남아 있는 이스
라엘 온 무리 곧 멸망한 이스라엘
온 무리와 같으니이다 하고
14 그들이 병거 둘과 그 말들을 취한
지라 왕이 아람 군대 뒤로 보내며
가서 (偵探)정탐하라 하였더니
15 그들이 그들의 뒤를 따라 요단에
이른즉 아람 사람이 급히 (逃亡)

도망하느라고 버린 의복과 병기가
길에 가득하였더라 사자가 돌아와
서 왕에게 알리니
16 백성들이 나가서 아람 사람의 (陣
營)진영을 (擄掠)노략한지라 이
에 고운 밀가루 한 스아에 한 세겔
이 되고 보리 두 스아가 한 세겔이
되니 여호와의 말씀과 같이 되었
고
17 왕이 그의 손에 (依支)의지하였
던 그의 장관을 세워 성문을 지키
게 하였더니 백성이 성문에서 그
를 밟으매 하나님의 사람의 말대
로 죽었으니 곧 왕이 내려왔을 때
에 그가 말한 대로라
18 하나님의 사람이 왕에게 말한 바
와 같으니 이르기를 내일 이맘 때
에 사마리아 성문에서 보리 두 스
아를 한 세겔로 (賣買)매매하고
고운 밀가루 한 스아를 한 세겔로
매매하리라 한즉
19 그 때에 이 (長官)장관이 하나님
의 사람에게 대답하여 이르되 여
호와께서 하늘에 창을 내신들 어
찌 이 일이 있으랴 하매 대답하기
를 네가 네 눈으로 보리라 그러나
그것을 먹지는 못하리라 하였더니
20 그의 (長官)장관에게 그대로 이루
어졌으니 곧 백성이 성문에서 그
를 밟으매 죽었더라

수넴 여인이 돌아오다

8 엘리사가 이전에 아들을 다시
살려 준 여인에게 이르되 너는
일어나서 네 가족과 함께 거주할
만한 곳으로 가서 거주하라 여호
와께서 (饑饉)기근을 부르셨으니
그대로 이 땅에 칠 년 동안 임하리
라 하니
2 (女人)여인이 일어나서 하나님의
사람의 말대로 행하여 그의 가족
과 함께 가서 블레셋 사람들의 땅
에 칠 년을 우거하다가
3 칠 년이 다하매 여인이 블레셋 사
람들의 땅에서 돌아와 자기 집과
(田土)전토를 위하여 호소하려 하
여 왕에게 나아갔더라
4 그 때에 왕이 하나님의 사람의 사
환 게하시와 서로 말하며 이르되
너는 엘리사가 행한 모든 큰 일을
내게 (說明)설명하라 하니
5 게하시가 곧 엘리사가 죽은 자를
다시 살린 일을 왕에게 이야기할
때에 그 다시 살린 아이의 어머니
가 자기 집과 전토를 위하여 왕에
게 (呼訴)호소하는지라 게하시가
이르되 내 주 왕이여 이는 그 여인
이요 저는 그의 아들이니 곧 엘리
사가 다시 살린 자니이다 하니라
6 왕이 그 여인에게 물으매 여인이
설명한지라 왕이 그를 위하여 한
관리를 (任命)임명하여 이르되 이
여인에게 속한 모든 것과 이 땅에
서 떠날 때부터 이제까지 그의 밭
의 (所出)소출을 다 돌려 주라 하
였더라

엘리사와 아람 왕 벤하닷

7 ● 엘리사가 다메섹에 갔을 때에
아람 왕 벤하닷이 (炳)병들었더니
왕에게 들리기를 이르되 하나님의
사람이 여기 이르렀나이다 하니

8 왕이 하사엘에게 이르되 너는 손
에 (禮物)예물을 가지고 가서 하
나님의 사람을 맞이하고 내가 이
병에서 살아나겠는지 그를 통하여
여호와께 물으라
9 하사엘이 그를 맞이하러 갈새 다
메섹의 모든 좋은 (物品)물품으로
예물을 삼아 가지고 낙타 사십 마
리에 싣고 나아가서 그의 앞에 서
서 이르되 당신의 아들 아람 왕 벤
하닷이 나를 당신에게 보내 이르
되 나의 이 병이 낫겠나이까 하더
이다 하니
10 엘리사가 이르되 너는 가서 그에
게 말하기를 (王)왕이 반드시 나
으리라 하라 그러나 여호와께서
그가 반드시 죽으리라고 내게 알
게 하셨느니라 하고
11 하나님의 사람이 그가 부끄러워하
기까지 그의 얼굴을 쏘아보다가
우니
12 하사엘이 이르되 내 주여 어찌하
여 우시나이까 하는지라 대답하되
네가 이스라엘 자손에게 행할 모
든 악을 내가 앎이라 네가 그들의
성에 불을 지르며 장정을 칼로 죽
이며 어린 아이를 메치며 아이 밴
(婦女)부녀를 가르리라 하니
13 하사엘이 이르되 당신의 개 같은
종이 무엇이기에 이런 큰일을 행
하오리이까 하더라 엘리사가 (對
答)대답하되 여호와께서 네가 아
람 왕이 될 것을 내게 알게 하셨느
니라 하더라
14 그가 엘리사를 떠나가서 그의 (主
人)주인에게 나아가니 왕이 그에
게 묻되 엘리사가 네게 무슨 말을
하더냐 하니 대답하되 그가 내게
이르기를 왕이 반드시 살아나시리
이다 하더이다 하더라
15 그 이튿날에 하사엘이 이불을 물
에 적시어 왕의 얼굴에 덮으매 왕
이 죽은지라 그가 (代身)대신하여
왕이 되니라

유다 왕 여호람(대하 21:1-20)

16 ●이스라엘의 (王)왕 아합의 아들
요람 제오년에 여호사밧이 유다의
왕이었을 때에 유다의 왕 여호사
밧의 아들 여호람이 왕이 되니라
17 여호람이 왕이 될 때에 나이가 삼
십이 세라 예루살렘에서 팔 년 동
안 (痛治)통치하니라
18 그가 이스라엘 왕들의 길을 가서
아합의 집과 같이 하였으니 이는
아합의 딸이 그의 아내가 되었음
이라 그가 여호와 보시기에 (惡)
악을 행하였으나
19 여호와께서 그의 종 다윗을 위하
여 유다 (滅)멸하기를 즐겨하지
아니하셨으니 이는 그와 그의 자
손에게 항상 등불을 주겠다고 말
씀하셨음이더라
20 ●여호람 때에 에돔이 유다의 손
에서 (背叛)배반하여 자기 위에
왕을 세운 고로
21 여호람이 모든 (兵車)병거를 거느
리고 사일로 갔더니 밤에 일어나
자기를 에워싼 에돔 사람과 그 병
거의 장관들을 치니 이에 백성이
도망하여 각각 그들의 장막들로

돌아갔더라
22 이와 같이 에돔이 유다의 (手下)
수하에서 배반하였더니 오늘까지
그러하였으며 그 때에 립나도 배
반하였더라
23 여호람의 남은 사적과 그가 행한
모든 일은 유다 왕 (歷代志略)역
대지략에 기록되지 아니하였느냐
24 여호람이 그의 조상들과 함께 자
매 그의 조상들과 함께 다윗 성에
(葬事)장사되고 그의 아들 아하시
야가 대신하여 왕이 되니라

유다 왕 아하시야(대하 22:1-6)

25 ● 이스라엘의 (王)왕 아합의 아들
요람 제십이년에 유다 왕 여호람
의 아들 아하시야가 왕이 되니
26 아하시야가 왕이 될 때에 나이가
이십이 세라 예루살렘에서 일 년
을 (統治)통치하니라 그의 어머니
의 이름은 아달랴라 이스라엘 왕
오므리의 손녀이더라
27 아하시야가 아합의 집 길로 행하
여 아합의 집과 같이 여호와 보시
기에 악을 (行)행하였으니 그는
아합의 집의 사위가 되었음이러라
28 그가 아합의 아들 요람과 함께 길
르앗 라못으로 가서 아람 왕 하사
엘과 더불어 싸우더니 아람 사람
들이 요람에게 (負傷)부상을 입힌
지라
29 요람 왕이 아람 왕 하사엘과 싸울
때에 라마에서 아람 사람에게 당
한 부상을 (治療)치료하려 하여
이스르엘로 돌아왔더라 유다의 왕
여호람의 아들 아하시야가 아합의
아들 요람을 보기 위하여 내려갔
으니 이는 그에게 병이 생겼음이
더라

예후가 이스라엘 왕이 되다

9 선지자 엘리사가 선지자의 (弟
子)제자 중 하나를 불러 이르되
너는 허리를 동이고 이 기름병을
손에 가지고 길르앗 라못으로 가
라
2 거기에 이르거든 님시의 (孫子)손
자 여호사밧의 아들 예후를 찾아
들어가서 그의 형제 중에서 일어
나게 하고 그를 데리고 골방으로
들어가
3 기름병을 가지고 그의 머리에 부
으며 이르기를 여호와의 말씀이
내가 네게 기름을 부어 이스라엘
왕으로 삼노라 하셨느니라 하고
곧 문을 열고 도망하되 (遲滯)지
체하지 말지니라 하니
4 그 (青年)청년 곧 그 선지자의 청
년이 길르앗 라못으로 가니라
5 그가 이르러 보니 군대 (長官)장
관들이 앉아 있는지라 소년이 이
르되 장관이여 내가 당신에게 할
말이 있나이다 예후가 이르되 우
리 모든 사람 중에 누구에게 하려
느냐 하니 이르되 장관이여 당신
에게니이다 하는지라
6 예후가 일어나 집으로 들어가니
청년이 그의 머리에 기름을 부으
며 그에게 이르되 이스라엘 하나
님 여호와의 말씀이 내가 네게 기
름을 부어 여호와의 (百姓)백성
곧 이스라엘의 왕으로 삼노니

7 너는 네 주 아합의 집을 치라 내가
나의 종 곧 (先知者)선지자들의
피와 여호와의 종들의 피를 이세
벨에게 갚아 주리라
8 아합의 온 집이 (滅亡)멸망하리니
이스라엘 중에 매인자나 놓인 자
나 아합에게 (屬)속한 모든 남자
는 내가 다 (滅絕)멸절하되
9 아합의 집을 느밧의 아들 여로보
암의 집과 같게 하며 또 아히야의
아들 바아사의 집과 같게 할지라
10 이스르엘 지방에서 개들이 이세
벨을 먹으리니 그를 (葬事)장사할
사람이 없으리라 하셨느니라 하고
곧 문을 열고 도망하니라
11 ●예후가 나와서 그의 주인의 (臣
僕)신복들에게 이르니 한 사람이
그에게 묻되 평안하냐 그 미친 자
가 무슨 까닭으로 그대에게 왔더
냐 대답하되 그대들이 그 사람과
그가 말한 것을 알리라 하더라
12 무리가 이르되 (當)당치 아니한
말이라 청하건대 그대는 우리에
게 이르라 하니 대답하되 그가 이
리 이리 내게 말하여 이르기를 여
호와의 말씀이 내가 네게 기름을
부어 이스라엘 (王)왕으로 삼는다
하셨다 하더라 하는지라
13 무리가 (各各)각각 자기의 옷을
급히 가져다가 섬돌 위 곧 예후의
밑에 깔고 나팔을 불며 이르되 예
후는 왕이라 하니라

이스라엘 왕 요람이 살해되다

14 ●이에 님시의 손자 여호사밧의
아들 예후가 요람을 (背叛)배반하
였으니 곧 요람이 온 이스라엘과
더불어 아람의 왕 하사엘과 맞서
서 길르앗 라못을 지키다가
15 아람의 왕 하사엘과 더불어 싸울
때에 아람 사람에게 부상한 것을
치료하려 하여 이스르엘로 돌아왔
던 때라 예후가 이르되 너희 뜻에
(合當)합당하거든 한 사람이라도
이 성에서 도망하여 이스르엘에
알리러 가지 못하게 하라 하니라
16 예후가 (兵車)병거를 타고 이스르
엘로 가니 요람 왕이 거기에 누워
있었음이라 유다의 왕 아하시야는
요람을 보러 내려왔더라
17 ●이스르엘 (望臺)망대에 파수꾼
하나가 서 있더니 예후의 무리가
오는 것을 보고 이르되 내가 한 무
리를 보나이다 하니 요람이 이르
되 한 사람을 말에 태워 보내어 맞
이하여 평안하냐 묻게 하라 하는
지라
18 한 사람이 말을 타고 가서 만나 이
르되 왕의 말씀이 (平安)평안하냐
하시더이다 하매 예후가 이르되
평안이 네게 상관이 있느냐 내 뒤
로 물러나라 하니라 파수꾼이 전
하여 이르되 (使者)사자가 그들에
게 갔으나 돌아오지 아니하나이다
하는지라
19 다시 한 사람을 말에 태워 보내었
더니 그들에게 가서 이르되 왕의
말씀이 (平安)평안하냐 하시더이
다 하매 예후가 이르되 평안이 네
게 상관이 있느냐 내 뒤를 따르라
하더라

20 (婆瘦)파수꾼이 또 전하여 이르되
그도 그들에게까지 갔으나 돌아오
지 아니하고 그 병거 모는 것이 님
시의 손자 예후가 모는 것 같이 미
치게 모나이다 하니
21 ● 요람이 이르되 메우라 하매 그
의 병거를 메운지라 이스라엘 왕
요람과 유다 왕 아하시야가 각각
그의 병거를 타고 가서 예후를 맞
을새 이스르엘 사람 나봇의 (土
地)토지에서 만나매
22 요람이 예후를 보고 이르되 예후
야 평안하냐 하니 대답하되 네 어
머니 이세벨의 (淫行)음행과 (術
數)술수가 이렇게 많으니 어찌 평
안이 있으랴 하더라
23 요람이 곧 손을 돌이켜 도망하며
아하시야에게 이르되 아하시야여
(叛逆)반역이로다 하니
24 예후가 힘을 다하여 활을 당겨 요
람의 두 팔 사이를 쏘니 화살이 그
의 염통을 꿰뚫고 나오매 그가 (兵
車)병거 가운데에 엎드러진지라
25 예후가 그의 장관 빗갈에게 이르
되 그 시체를 가져다가 이스르엘
사람 나봇의 밭에 던지라 네가 (記
憶)기억하려니와 이전에 너와 내
가 함께 타고 그의 아버지 아합을
좇았을 때에 여호와께서 이같이
그의 일을 예언하셨느니라
26 여호와께서 말씀하시기를 내가 어
제 나봇의 피와 그의 아들들의 피
를 (分明)분명히 보았노라 여호와
께서 또 말씀하시기를 이 토지에
서 네게 갚으리라 하셨으니 그런
즉 여호와의 말씀대로 그의 시체
를 가져다가 이 밭에 던질지니라
하는지라

유다 왕 아하시야가 살해되다

27 ● 유다의 왕 아하시야가 이를 보
고 정원의 (亭子)정자 길로 도망
하니 예후가 그 뒤를 쫓아가며 이
르되 그도 병거 가운데서 죽이라
하매 이블르암 가까운 구르 비탈
에서 치니 그가 므깃도까지 도망
하여 거기서 죽은지라
28 그의 신복들이 그를 병거에 싣
고 예루살렘에 이르러 다윗 성에
서 그들의 조상들과 함께 그의 (墓
室)묘실에 장사하니라
29 ● 아합의 아들 요람의 제십일년
에 아하시야가 유다 (王)왕이 되
었었더라

이세벨 왕후가 살해되다

30 ● 예후가 이스르엘에 오니 이세
벨이 듣고 눈을 그리고 머리를 꾸
미고 (窓)창에서 바라보다가
31 예후가 문에 들어오매 이르되 주
인을 죽인 너 시므리여 (平安)평
안하냐 하니
32 예후가 얼굴을 들어 창을 향하고
이르되 내 편이 될 자가 누구냐 누
구냐 하니 두어 (內侍)내시가 예
후를 내다보는지라
33 이르되 그를 내려던지라 하니 내
려던지매 그의 피가 담과 말에게
튀더라 예후가 그의 (屍體)시체를
밟으니라
34 예후가 들어가서 먹고 마시고 이
르되 가서 이 (詛呪)저주 받은 여

자를 찾아 장사하라 그는 왕의 딸
이니라 하매
35 가서 (葬事)장사하려 한즉 그 두
골과 발과 그의 손 외에는 찾지 못
한지라
36 돌아와서 전하니 예후가 이르되
이는 여호와께서 그 종 디셉 사람
엘리야를 통하여 말씀하신 바라
이르시기를 이스르엘 (土地)토지
에서 개들이 이세벨의 살을 먹을
지라
37 그 (屍體)시체가 이스르엘 토지에
서 거름같이 밭에 있으리니 이것
이 이세벨이라고 가리켜 말하지
못하게 되리라 하셨느니라 하였더
라

아합의 아들들이 살해되다

10 아합의 아들 칠십 명이 사마
리아에 있는지라 예후가 (便
紙)편지들을 써서 사마리아에 보
내서 이스르엘 귀족들 곧 장로들
과 아합의 여러 아들을 교육하는
자들에게 전하니 일렀으되
2 너희 주의 아들들이 너희와 함께
있고 또 병거와 말과 (堅固)견고
한 성과 무기가 너희에게 있으니
이 편지가 너희에게 이르거든
3 너희 주의 아들들 중에서 가장 어
질고 정직한 자를 택하여 그의 아
버지의 (王座)왕좌에 두고 너희
주의 집을 위하여 싸우라 하였더
라
4 그들이 (甚)심히 두려워하여 이르
되 두 왕이 그를 당하지 못하였거
든 우리가 어찌 당하리요 하고
5 그 왕궁을 책임지는 자와 그 성읍
을 책임지는 자와 (長老)장로들과
왕자를 교육하는 자들이 예후에게
말을 전하여 이르되 우리는 당신
의 종이라 당신이 말하는 모든 것
을 우리가 행하고 어떤 사람이든
지 왕으로 세우지 아니하리니 당
신이 보기에 좋은 대로 행하라 한
지라
6 예후가 다시 그들에게 편지를 부
치니 일렀으되 만일 너희가 내 편
이 되어 내 말을 너희가 들으려거
든 너희 주의 아들된 사람들의 머
리를 가지고 내일 이맘때에 이스
르엘에 이르러 내게 나아오라 하
였더라 왕자 칠십 명이 그 성읍의
(貴族)귀족들, 곧 그들을 양육하
는 자들과 함께 있는 중에
7 (便紙)편지가 그들에게 이르매 그
들이 왕자 칠십 명을 붙잡아 죽이
고 그들의 머리를 광주리에 담아
이스르엘 예후에게로 보내니라
8 (使者)사자가 와서 예후에게 전하
여 이르되 그 무리가 왕자들의 머
리를 가지고 왔나이다 이르되 두
무더기로 쌓아 내일 아침까지 문
어귀에 두라 하고
9 이튿날 아침에 그가 나가 서서 뭇
백성에게 이르되 너희는 의롭도다
나는 내 주를 (背叛)배반하여 죽
였거니와 이 여러 사람을 죽인 자
는 누구냐
10 그런즉 이제 너희는 알라 곧 여호
와께서 아합의 집에 대하여 하신
말씀은 하나도 땅에 떨어지지 아

니하리라 여호와께서 그의 종 엘
리야를 (通)통하여 하신 말씀을
이제 이루셨도다 하니라
11 예후가 아합의 집에 속한 이스르
엘에 남아 있는 자를 다 죽이고 또
그의 귀족들과 (信賴)신뢰 받는
자들과 제사장들을 죽이되 그에게
속한 자를 하나도 생존자를 남기
지 아니하였더라

아하시야 왕의 형제들이 살해되다

12 ● 예후가 일어나서 사마리아로
가더니 (途中)도중에 목자가 양털
깎는 집에 이르러
13 예후가 유다의 왕 아하시야의 형
제들을 만나 묻되 너희는 누구냐
하니 대답하되 우리는 아하시야의
형제라 이제 왕자들과 (太后)태후
의 아들들에게 (問安)문안하러 내
려가노라 하는지라
14 이르되 사로잡으라 하매 곧 사로
잡아 (牧子)목자가 양털 깎는 집
웅덩이 곁에서 죽이니 사십이 명
이 하나도 남지 아니하였더라

아합의 나머지 사람들이 살해되다

15 ● 예후가 거기에서 떠나가다가
자기를 맞이하러 오는 레갑의 아
들 여호나답을 만난지라 그의 안
부를 묻고 그에게 이르되 내 마음
이 네 마음을 향하여 진실함과 같
이 네 마음도 진실하냐 하니 여호
나답이 대답하되 그러하니이다 이
르되 그러면 나와 손을 잡자 손을
잡으니 예후가 끌어 (兵車)병거에
올리며
16 이르되 나와 함께 가서 여호와를
위한 나의 (熱心)열심을 보라 하
고 이에 자기 병거에 태우고
17 사마리아에 이르러 거기에 남아
있는 바 아합에게 속한 자들을 죽
여 (殄滅)진멸하였으니 여호와께
서 엘리야에게 이르신 말씀과 같
이 되었더라

바알을 섬기는 자들이 살해되다

18 ● 예후가 뭇 (百姓)백성을 모으고
그들에게 이르되 아합은 바알을
조금 섬겼으나 예후는 많이 섬기
리라
19 그러므로 내가 이제 큰 (祭祀)제
사를 바알에게 드리고자 하노니
바알의 모든 선지자와 모든 섬기
는 자와 모든 제사장들을 한 사람
도 빠뜨리지 말고 불러 내게로 나
아오게 하라 모든 오지 아니하는
자는 살려 두지 아니하리라 하니
이는 예후가 바알 섬기는 자를 멸
하려 하여 계책을 씀이라
20 예후가 바알을 위하는 (大會)대회
를 거룩히 열라 하매 드디어 (公
布)공포되었더라
21 예후가 온 이스라엘에 사람을 두
루 보냈더니 바알을 섬기는 모든
사람이 하나도 빠진 자가 없이 다
이르렀고 무리가 바알의 (神堂)신
당에 들어가매 바알의 신당 이쪽
부터 저쪽까지 가득하였더라
22 예후가 (禮服)예복 맡은 자에게
이르되 예복을 내다가 바알을 섬
기는 모든 자에게 주라 하매 그들
에게로 예복을 가져온지라
23 예후가 레갑의 아들 여호나답과

더불어 바알의 (神堂)신당에 들
어가서 바알을 섬기는 자들에게
이르되 너희는 살펴보아 바알을
섬기는 자들만 여기 있게 하고 여
호와의 종은 하나도 여기 너희 중
에 있지 못하게 하라 하고
24 무리가 (燔祭)번제와 다른 제사를
드리려고 들어간 때에 예후가 팔
십 명을 밖에 두며 이르되 내가 너
희 손에 넘겨 주는 사람을 한 사람
이라도 도망하게 하는 자는 자기
의 생명으로 그 사람의 생명을 대
신하리라 하니라
25 ● (燔祭)번제 드리기를 다하매 예
후가 호위병과 지휘관들에게 이르
되 들어가서 한 사람도 나가지 못
하게 하고 죽이라 하매 호위병과
지휘관들이 칼로 그들을 죽여 밖
에 던지고
26 바알의 신당 있는 성으로 가서 바
알의 신당에서 (木像)목상들을 가
져다가 불사르고
27 바알의 목상을 헐며 바알의 신당
을 헐어서 (便所)변소를 만들었더
니 오늘까지 이르니라
28 예후가 이와 같이 이스라엘 중에
서 바알을 (滅)멸하였으나
29 이스라엘에게 (犯罪)범죄하게 한
느밧의 아들 여로보암의 죄 곧 벧
엘과 단에 있는 금송아지를 섬기
는 죄에서는 떠나지 아니하였더라
30 ● 여호와께서 예후에게 이르시되
네가 나보기에 (正直)정직한 일을
행하되 잘 행하여 내 마음에 있는
대로 아합 집에 다 행하였은즉 네
자손이 이스라엘 왕위를 이어 사
대를 지내리라 하시니라
31 그러나 예후가 (全心)전심으로 이
스라엘 하나님 여호와의 율법을
지켜 행하지 아니하며 여로보암이
이스라엘에게 범하게 한 그 죄에
서 떠나지 아니하였더라

예후가 죽다

32 ● 이 때에 여호와께서 이스라엘
에서 땅을 잘라 내기 (始作)시작
하시매 하사엘이 이스라엘의 모든
영토에서 공격하되
33 요단 (東)동쪽 길르앗 온 땅 곧 갓
사람과 르우벤 사람과 므낫세 사
람의 땅 아르논 골짜기에 있는 아
로엘에서부터 길르앗과 바산까지
하였더라
34 예후의 남은 (事蹟)사적과 행한
모든 일과 업적은 이스라엘 왕 역
대지략에 기록되지 아니하였느냐
35 예후가 그의 (祖上)조상들과 함께
자매 사마리아에 장사되고 그의
아들 여호아하스가 그를 대신하여
왕이 되니라
36 예후가 사마리아에서 이스라엘을
다스린 햇(數)수는 스물여덟 해이
더라

유다 여왕 아달랴(대하 22:10-23:15)

11 아하시야의 어머니 아달랴가
그의 아들이 죽은 것을 보고
일어나 왕의 자손을 모두 (滅絕)
멸절하였으나
2 요람 왕의 딸 아하시야의 누이 여
호세바가 아하시야의 아들 요아스
를 왕자들이 죽임을 당하는 중에

서 빼내어 그와 그의 (乳母)유모
를 침실에 숨겨 아달랴를 피하여
죽임을 당하지 아니하게 한지라
3 요아스가 그와 함께 여호와의 (聖
殿)성전에 육 년을 숨어 있는 동
안에 아달랴가 나라를 다스렸더라
4 ● 일곱째 해에 여호야다가 사람
을 보내 가리 사람의 백부장들과
호위병의 백부장들을 불러 데리고
여호와의 성전으로 들어가서 그
들과 언약을 맺고 그들에게 여호
와의 성전에서 (盟誓)맹세하게 한
후에 왕자를 그들에게 보이고
5 (命令)명령하여 이르되 너희가 행
할 것이 이러하니 안식일에 들어
온 너희 중 삼분의 일은 왕궁을 주
의하여 지키고
6 삼분의 일은 수르 문에 있고 삼분
의 일은 (護衛隊)호위대 뒤에 있
는 문에 있어서 이와 같이 왕궁을
주의하여 지키고
7 (安息日)안식일에 나가는 너희 중
두 대는 여호와의 성전을 주의하
여 지켜 왕을 호위하되
8 너희는 각각 손에 무기를 잡고 왕
을 호위하며 너희 대열을 침범하
는 모든 자는 죽이고 왕이 출입할
때에 (侍衛)시위할지니라 하니
9 ● 백부장들이 이에 제사장 여호
야다의 모든 명령대로 행하여 각
기 (管轄)관할하는 바 안식일에
들어오는 자와 안식일에 나가는
자를 거느리고 제사장 여호야다에
게 나아오매
10 (祭司長)제사장이 여호와의 성전
에 있는 다윗 왕의 창과 방패를 백
부장들에게 주니
11 (護衛兵)호위병이 각각 손에 무기
를 잡고 왕을 호위하되 성전 오른
쪽에서부터 왼쪽까지 제단과 성전
곁에 서고
12 여호야다가 왕자를 인도하여 내어
왕관을 씌우며 (律法册)율법책을
주고 기름을 부어 왕으로 삼으매
무리가 박수하며 왕의 만세를 부
르니라
13 ● 아달랴가 호위병과 백성의 소
리를 듣고 여호와의 (聖殿)성전에
들어가 백성에게 이르러
14 보매 왕이 (規例)규례대로 단 위
에 섰고 장관들과 나팔수가 왕의
곁에 모셔 섰으며 온 백성이 즐거
워하여 나팔을 부는지라 아달랴가
옷을 찢으며 외치되 반역이로다
반역이로다 하매
15 제사장 여호야다가 (軍隊)군대를
거느린 백부장들에게 명령하여 이
르되 그를 대열 밖으로 몰아내라
그를 따르는 자는 모두 칼로 죽이
라 하니 제사장의 이 말은 여호와
의 성전에서는 그를 죽이지 말라
함이라
16 이에 그의 길을 열어 주매 그가
(王宮)왕궁의 말이 다니는 길로
가다가 거기서 죽임을 당하였더라

여호야다의 개혁(대하 23:16-21)

17 ● 여호야다가 왕과 백성에게 여
호와와 (言約)언약을 맺어 여호와
의 백성이 되게 하고 왕과 백성 사
이에도 언약을 세우게 하매

18 온 백성이 바알의 신당으로 가서
그 신당을 허물고 그 제단들과 우
상들을 철저히 깨뜨리고 그 제단
앞에서 바알의 제사장 맛단을 죽
이니라 제사장이 관리들을 세워
여호와의 성전을 (守直)수직하게
하고
19 또 백부장들과 가리 사람과 호위
병과 온 백성을 거느리고 왕을 (引
導)인도하여 여호와의 성전에서
내려와 호위병의 문 길을 통하여
왕궁에 이르매 그가 왕의 왕좌에
앉으니
20 온 백성이 즐거워하고 온 성이 (平
穩)평온하더라 아달랴를 무리가
왕궁에서 칼로 죽였더라
21 ● 요아스가 (王)왕이 될 때에 나
이가 칠 세였더라

유다 왕 요아스(대하 24:1-16)

12 예후의 제칠년에 요아스가
왕이 되어 예루살렘에서 사
십 년간 (統治)통치하니라 그의
어머니의 이름은 시비아라 브엘세
바 사람이더라
2 요아스는 제사장 여호야다가 그를
(敎訓)교훈하는 모든 날 동안에는
여호와 보시기에 정직히 행하였으
되
3 다만 산당들을 (除去)제거하지 아
니하였으므로 백성이 여전히 산당
에서 제사하며 분향하였더라
4 ● 요아스가 제사장들에게 이르되
여호와의 성전에 거룩하게 하여
드리는 모든 은 곧 사람이 (通用)
통용하는 은이나 각 사람의 몸값
으로 드리는 은이나 (自願)자원하
여 여호와의 성전에 드리는 모든
은을
5 제사장들이 각각 아는 자에게서
받아들여 성전의 어느 곳이든지
파손된 것을 보거든 그것으로 (修
理)수리하라 하였으나
6 요아스 왕 제이십삼년에 이르도록
(祭司長)제사장들이 성전의 파손
한 데를 수리하지 아니하였는지라
7 요아스 왕이 대제사장 여호야다와
제사장들을 불러 이르되 너희가
어찌하여 성전의 (破損)파손한 데
를 수리하지 아니하였느냐 이제부
터는 너희가 아는 사람에게서 은
을 받지 말고 그들이 성전의 파손
한 데를 위하여 드리게 하라
8 제사장들이 다시는 백성에게 은을
받지도 아니하고 성전 파손한 것
을 (修理)수리하지도 아니하기로
동의하니라
9 ● 제사장 여호야다가 한 궤를 가
져다가 그것의 뚜껑에 구멍을 뚫
어 여호와의 (殿門)전문 어귀 오
른쪽 곧 제단 옆에 두매 여호와의
성전에 가져 오는 모든 은을 다 문
을 지키는 제사장들이 그 궤에 넣
더라
10 이에 그 궤 가운데 은이 많은 것을
보면 왕의 서기와 대제사장이 올
라와서 여호와의 성전에 있는 대
로 그 은을 계산하여 (封)봉하고
11 그 달아본 은을 일하는 자 곧 여호
와의 성전을 맡은 자의 손에 넘기
면 그들은 또 여호와의 성전을 수

리하는 목수와 (建築)건축하는 자
들에게 주고
12 또 미장이와 (石手)석수에게 주
고 또 여호와의 성전 파손한 데를
수리할 (材木)재목과 다듬은 돌을
사게 하며 그 성전을 수리할 모든
물건을 위하여 쓰게 하였으되
13 여호와의 성전에 드린 그 은으로
그 성전의 은 대접이나 불집게나
(周鉢)주발이나 나팔이나 아무 금
그릇이나 은 그릇도 만들지 아니
하고
14 그 은을 일하는 자에게 주어 그것
으로 여호와의 성전을 (修理)수리
하게 하였으며
15 또 그 은을 받아 일꾼에게 주는 사
람들과 (會計)회계하지 아니하였
으니 이는 그들이 성실히 일을 하
였음이라
16 (贖愆祭)속건제의 은과 속죄제의
은은 여호와의 성전에 드리지 아
니하고 제사장에게 돌렸더라
17 ● 그 때에 아람 왕 하사엘이 올라
와서 가드를 쳐서 (占領)점령하고
예루살렘을 향하여 올라오고자 하
므로
18 유다의 왕 요아스가 그의 (祖上)
조상들 유다 왕 여호사밧과 여호
람과 아하시야가 구별하여 드린
모든 성물과 자기가 구별하여 드
린 성물과 여호와의 성전 곳간과
왕궁에 있는 금을 다 가져다가 아
람 왕 하사엘에게 보냈더니 하사
엘이 예루살렘에서 떠나갔더라
19 ● 요아스의 남은 (事蹟)사적과 그
가 행한 모든 일은 유다 왕 역대지
략에 기록되지 아니하였느냐
20 요아스의 (臣僕)신복들이 일어나
반역하여 실라로 내려가는 길 가
의 밀로 궁에서 그를 죽였고
21 그를 쳐서 죽인 신복은 시므앗의
아들 요사갈과 소멜의 아들 여호
사바드였더라 그는 다윗 성에 그
의 조상들과 함께 (葬事)장사되고
그의 아들 아마샤가 그를 대신하
여 왕이 되니라

이스라엘 왕 여호아하스

13 유다의 왕 아하시야의 아들
요아스의 제이십삼 년에 예
후의 아들 여호아하스가 사마리아
에서 이스라엘 왕이 되어 십칠 (年
間)년간 다스리며
2 여호와 보시기에 악을 행하여 이
스라엘에게 (犯罪)범죄하게 한 느
밧의 아들 여로보암의 죄를 따라
가고 거기서 떠나지 아니하였으므
로
3 여호와께서 이스라엘에게 (怒)노
하사 늘 아람 왕 하사엘의 손과 그
의 아들 벤하닷의 손에 넘기셨더
니
4 아람 왕이 이스라엘을 (虐待)학대
하므로 여호아하스가 여호와께 간
구하매 여호와께서 들으셨으니 이
는 그들이 학대받음을 보셨음이라
5 여호와께서 이에 (救援者)구원자
를 이스라엘에게 주시매 이스라엘
자손이 아람 사람의 손에서 벗어
나 전과 같이 자기 장막에 거하였
으니

6 그들이 이스라엘에게 (犯罪)범죄
하게 한 여로보암 집의 죄에서 떠
나지 아니하고 그 안에서 따라 행
하며 또 사마리아에 아세라 목상
을 그냥 두었더라
7 아람 왕이 여호아하스의 백성을
멸절하여 타작 마당의 티끌 같이
되게 하고 (馬兵)마병 오십 명과
(兵車)병거 열 대와 보병 만 명 외
에는 여호아하스에게 남겨 두지
아니하였더라
8 여호아하스의 남은 사적과 행한
모든 일과 그의 (業績)업적은 이
스라엘 왕 역대지략에 기록되지
아니하였느냐
9 여호아하스가 그의 조상들과 함께
자매 사마리아에 (葬事)장사되고
그 아들 요아스가 대신하여 왕이
되니라

이스라엘 왕 요아스

10 ●유다의 (王)왕 요아스의 제삼십
칠 년에 여호아하스의 아들 요아
스가 사마리아에서 이스라엘 왕이
되어 십육 년간 다스리며
11 여호와께서 보시기에 (惡)악을 행
하여 이스라엘에게 범죄하게 한
느밧의 아들 여로보암의 모든 죄
에서 떠나지 아니하고 그 가운데
행하였더라
12 요아스의 남은 사적과 행한 모든
일과 유다 왕 아마샤와 싸운 그의
(業績)업적은 이스라엘 왕 역대지
략에 기록되지 아니하였느냐
13 요아스가 그의 조상들과 함께 자
매 이스라엘 왕들과 함께 사마리
아에 (葬事)장사되고 여로보암이
그 자리에 앉으니라

엘리사가 죽다

14 ●엘리사가 죽을 병이 들매 이스
라엘의 왕 요아스가 그에게로 내
려와 자기의 얼굴에 눈물을 흘리
며 이르되 내 아버지여 내 아버지
여 이스라엘의 병거와 (馬兵)마병
이여 하매
15 엘리사가 그에게 이르되 활과 화
살들을 가져오소서 하는지라 활과
화살들을 그에게 가져오매
16 또 이스라엘 왕에게 이르되 왕의
손으로 활을 잡으소서 하매 그가
손으로 잡으니 엘리사가 (自己)자
기 손을 왕의 손 위에 얹고
17 이르되 동쪽 창을 여소서 하여 곧
열매 엘리사가 이르되 쏘소서 하
는지라 곧 쏘매 엘리사가 이르되
이는 여호와를 위한 (救援)구원의
화살 곧 아람에 대한 구원의 화살
이니 왕이 아람 사람을 멸절하도
록 아벡에서 치리이다 하니라
18 또 이르되 화살들을 집으소서 곧
집으매 엘리사가 또 이스라엘 왕
에게 이르되 땅을 치소서 하는지
라 이에 세 (番)번 치고 그친지라
19 하나님의 사람이 (怒)노하여 이르
되 왕이 대여섯 번을 칠 것이니이
다 그리하였더면 왕이 아람을 진
멸하기까지 쳤으리이다 그런즉 이
제는 왕이 아람을 세 번만 치리이
다 하니라
20 ●엘리사가 죽으니 그를 장사하
였고 해가 바뀌매 모압 (盜賊)도

적 떼들이 그 땅에 온지라
21 마침 사람을 장사하는 자들이 그
도적 떼를 보고 그의 시체를 엘리
사의 묘실에 들이던지매 시체가
엘리사의 뼈에 닿자 곧 (回生)회
생하여 일어섰더라

이스라엘과 아람의 전쟁

22 ●여호아하스 왕의 시대에 아람
왕 하사엘이 항상 이스라엘을 (虐
待)학대하였으나
23 여호와께서 아브라함과 이삭과 야
곱과 더불어 세우신 (言約)언약
때문에 이스라엘에게 은혜를 베풀
며 그들을 불쌍히 여기시며 돌보
사 멸하기를 즐겨하지 아니하시고
이 때까지 자기 앞에서 쫓아내지
아니하셨더라
24 아람의 왕 하사엘이 죽고 그의 아
들 벤하닷이 (代身)대신하여 왕이
되매
25 여호아하스의 아들 요아스가 하사
엘의 아들 벤하닷의 손에서 성읍
을 다시 빼앗으니 이 (城邑)성읍
들은 자기 부친 여호아하스가 전
쟁 중에 빼앗겼던 것이라 요아스
가 벤하닷을 세 번 쳐서 무찌르고
이스라엘 성읍들을 회복하였더라

유다 왕 아마샤(대하 25:1-24)

14 이스라엘의 왕 여호아하스
의 아들 요아스 (第二年)제
이년에 유다의 왕 요아스의 아들
아마샤가 왕이 되니
2 그가 왕이 된 때에 나이 이십오 세
라 예루살렘에서 이십구 (年間)년
간 다스리니라 그의 어머니의 이
름은 여호앗단이요 예루살렘 사람
이더라
3 아마샤가 여호와 보시기에 (正直)
정직히 행하였으나 그의 조상 다
윗과는 같지 아니하였으며 그의
아버지 요아스가 행한 대로 다 행
하였어도
4 오직 산당들을 (除去)제거하지 아
니하였으므로 백성이 여전히 산당
에서 제사를 드리며 분향하였더라
5 나라가 그의 손에 굳게 서매 그의
부왕을 죽인 (臣僕)신복들을 죽였
으나
6 왕을 죽인 자의 자녀들은 죽이지
아니하였으니 이는 모세의 (律法
冊)율법책에 기록된 대로 함이라
곧 여호와께서 명령하여 이르시기
를 자녀로 말미암아 아버지를 죽
이지 말 것이요 아버지로 말미암
아 자녀를 죽이지 말 것이라 오직
사람마다 자기의 죄로 말미암아
죽을 것이니라 하셨더라
7 아마샤가 소금 골짜기에서 에돔
사람 만 명을 죽이고 또 (戰爭)전
쟁을 하여 셀라를 취하고 이름을
욕드엘이라 하였더니 오늘까지 그
러하니라
8 ●아마샤가 예후의 (孫子)손자 여
호아하스의 아들 이스라엘의 왕
요아스에게 사자를 보내 이르되
오라 우리가 서로 대면하자 한지
라
9 이스라엘의 왕 요아스가 유다의
왕 아마샤에게 사람을 보내 이르
되 레바논 가시나무가 레바논 (柏

香木)백향목에게 전갈을 보내어
이르기를 네 딸을 내 아들에게 주
어 아내로 삼게 하라 하였더니 레
바논 들짐승이 지나가다가 그 가
시나무를 짓밟았느니라
10 네가 에돔을 쳐서 파하였으므로
마음이 교만하였으니 스스로 영광
을 삼아 왕궁에나 네 집으로 돌아
가라 어찌하여 화를 (自取)자취하
여 너와 유다가 함께 망하고자 하
느냐 하나
11 아마샤가 듣지 아니하므로 이스라
엘의 왕 요아스가 올라와서 그와
유다의 왕 아마샤가 유다의 벧세
메스에서 (對面)대면하였더니
12 유다가 이스라엘 앞에서 패하여
각기 장막으로 (逃亡)도망한지라
13 이스라엘 왕 요아스가 벧세메스에
서 아하시야의 (孫子)손자 요아스
의 아들 유다 왕 아마샤를 사로잡
고 예루살렘에 이르러 예루살렘
성벽을 에브라임 문에서부터 성
모퉁이 문까지 사백 [1]규빗을 헐고
14 또 여호와의 성전과 왕궁 곳간에
있는 금 은과 모든 (器皿)기명을
탈취하고 또 사람을 볼모로 잡고
서 사마리아로 돌아갔더라
15 ● 요아스의 남은 사적과 그의 (業
績)업적과 또 유다의 왕 아마샤와
싸운 일은 이스라엘 왕 역대지략
에 기록되지 아니하였느냐
16 요아스가 그의 조상들과 함께 자
매 이스라엘 왕들과 사마리아에
함께 (葬事)장사되고 그의 아들

1) 히, 암마

여로보암이 대신하여 왕이 되니라

유다 왕 아마샤가 죽다(대하 25:25-28)

17 ● 이스라엘의 왕 여호아하스의
아들 요아스가 죽은 후에도 유다
의 왕 요아스의 아들 아마샤가 십
오 년간을 (生存)생존하였더라
18 아마샤의 남은 (行蹟)행적은 유다
왕 역대지략에 기록되지 아니하였
느냐
19 예루살렘에서 무리가 그를 (叛逆)
반역한 고로 그가 라기스로 도망
하였더니 반역한 무리가 사람을
라기스로 따라 보내 그를 거기서
죽이게 하고
20 그 시체를 말에 실어다가 예루살
렘에서 그의 조상들과 함께 다윗
성에 (葬事)장사하니라
21 유다 온 백성이 아사랴를 그의 아
버지 아마샤를 (代身)대신하여 왕
으로 삼으니 그 때에 그의 나이가
십육 세라
22 아마샤가 그의 조상들과 함께 잔
후에 아사랴가 엘랏을 (建築)건축
하여 유다에 복귀시켰더라

이스라엘 왕 여로보암 2세

23 ● 유다의 (王)왕 요아스의 아들
아마샤 제십오년에 이스라엘의 왕
요아스의 아들 여로보암이 사마리
아에서 왕이 되어 사십일 년간 다
스렸으며
24 여호와 보시기에 악을 행하여 이
스라엘에게 (犯罪)범죄하게 한 느
밧의 아들 여로보암의 모든 죄에
서 떠나지 아니하였더라
25 이스라엘의 하나님 여호와께서 그

의 종 가드헤벨 아밋대의 아들 선
지자 요나를 통하여 하신 말씀과
같이 여로보암이 이스라엘 영토를
(回復)회복하되 하맛 어귀에서부
터 아라바 바다까지 하였으니
26 이는 여호와께서 이스라엘의 (苦
難)고난이 (甚)심하여 매인 자도
없고 놓인 자도 없고 이스라엘을
도울 자도 없음을 보셨고
27 여호와께서 또 이스라엘의 이름을
천하에서 없이 하겠다고도 아니하
셨으므로 요아스의 아들 여로보암
의 손으로 (救援)구원하심이었더
라
28 ● 여로보암의 남은 (事蹟)사적과
모든 행한 일과 싸운 업적과 다메
섹을 회복한 일과 이전에 유다에
속하였던 하맛을 이스라엘에 돌린
일은 이스라엘 왕 역대지략에 기
록되지 아니하였느냐
29 여로보암이 그의 (祖上)조상 이스
라엘 왕들과 함께 자고 그의 아들
스가랴가 대신하여 왕이 되니라

유다 왕 아사랴(대하 26:1-23)

15 이스라엘 (王)왕 여로보암
제이십칠년에 유다 왕 아마
샤의 아들 아사랴가 왕이 되니
2 그가 왕이 될 때에 나이가 십육 세
라 예루살렘에서 오십이 (年間)년
간 다스리니라 그의 어머니의 이
름은 여골리야라 예루살렘 사람이
더라
3 아사랴가 그의 아버지 아마샤의
모든 (行爲)행위대로 여호와 보시
기에 정직히 행하였으나
4 오직 산당은 제거하지 아니하였으
므로 백성이 여전히 그 산당에서
제사를 드리며 (焚香)분향하였고
5 여호와께서 왕을 치셨으므로 그가
죽는 날까지 나병환자가 되어 (別
宮)별궁에 거하고 왕자 요담이 왕
궁을 다스리며 그 땅의 백성을 치
리하였더라
6 아사랴의 남은 사적과 행한 모든
일은 유다 왕 역대지략에 (記錄)
기록되지 아니하였느냐
7 아사랴가 그의 (祖上)조상들과 함
께 자매 다윗 성에 그의 조상들과
함께 장사되고 그의 아들 요담이
대신하여 왕이 되니라

이스라엘 왕 스가랴

8 ● 유다의 (王)왕 아사랴의 제삼십
팔년에 여로보암의 아들 스가랴가
사마리아에서 여섯 달 동안 이스
라엘을 다스리며
9 그의 조상들의 행위대로 여호와
보시기에 악을 행하여 이스라엘로
(犯罪)범죄하게 한 느밧의 아들
여로보암의 죄에서 떠나지 아니한
지라
10 야베스의 아들 살룸이 그를 반역
하여 백성 앞에서 쳐죽이고 (代
身)대신하여 왕이 되니라
11 스가랴의 남은 (事績)사적은 이스
라엘 왕 역대지략에 기록되니라
12 여호와께서 예후에게 말씀하여 이
르시기를 네 (子孫)자손이 사 대
동안 이스라엘 왕위에 있으리라
하신 그 말씀대로 과연 그렇게 되
니라

이스라엘 왕 살룸

13 ● 유다 (王)왕 웃시야 제삼십구년
에 야베스의 아들 살룸이 사마리
아에서 왕이 되어 한 달 동안 다스
리니라
14 가디의 아들 므나헴이 디르사에서
부터 사마리아로 올라가서 야베스
의 아들 살룸을 거기에서 쳐죽이
고 (代身)대신하여 왕이 되니라
15 살룸의 남은 사적과 그가 (叛逆)
반역한 일은 이스라엘 왕 역대지
략에 기록되니라
16 그 때에 므나헴이 디르사에서 와
서 딥사와 그 가운데에 있는 모든
사람과 그 사방을 쳤으니 이는 그
들이 (城門)성문을 열지 아니하였
음이라 그러므로 그들이 그 곳을
치고 그 가운데에 아이 밴 부녀를
갈랐더라

이스라엘 왕 므나헴

17 ● 유다 (王)왕 아사랴 제삼십구년
에 가디의 아들 므나헴이 이스라
엘 왕이 되어 사마리아에서 십 년
간 다스리며
18 여호와 보시기에 악을 행하여 이
스라엘로 (犯罪)범죄하게 한 느
밧의 아들 여로보암의 죄에서 (平
生)평생 떠나지 아니하였더라
19 앗수르 왕 불이 와서 그 땅을 치려
하매 므나헴이 (銀)은 천 달란트
를 불에게 주어서 그로 자기를 도
와 주게 함으로 나라를 자기 손에
굳게 세우고자 하여
20 그 은을 이스라엘 모든 큰 (富者)
부자에게서 강탈하여 각 사람에게
은 오십 세겔씩 내게 하여 앗수르
왕에게 주었더니 이에 앗수르 왕
이 되돌아가 그 땅에 머물지 아니
하였더라
21 므나헴의 남은 사적과 그가 행한
모든 일은 이스라엘 왕 역대지략
에 (記錄)기록되지 아니하였느냐
22 므나헴이 그의 (祖上)조상들과 함
께 자고 그의 아들 브가히야가 대
신하여 왕이 되니라

이스라엘 왕 브가히야

23 ● 유다의 (王)왕 아사랴 제오십년
에 므나헴의 아들 브가히야가 사
마리아에서 이스라엘 왕이 되어
이 년간 다스리며
24 여호와께서 보시기에 (惡)악을 행
하여 이스라엘로 범죄하게 한 느
밧의 아들 여로보암의 죄에서 떠
나지 아니한지라
25 그 장관 르말랴의 아들 베가가 (叛
逆)반역하여 사마리아 왕궁 호위
소에서 왕과 아르곱과 아리에를
죽이되 길르앗 사람 오십 명과 더
불어 죽이고 대신하여 왕이 되었
더라
26 브가히야의 남은 (事蹟)사적과 그
가 행한 모든 일은 이스라엘 왕 역
대지략에 기록되니라

이스라엘 왕 베가

27 ● 유다의 왕 아사랴 제오십이년
에 르말랴의 아들 베가가 이스라
엘 왕이 되어 사마리아에서 이십
(年間)년간 다스리며
28 여호와께서 보시기에 악을 행하여
이스라엘로 (犯罪)범죄하게 한 느

밧의 아들 여로보암의 죄에서 떠
나지 아니하였더라
29 ●이스라엘 왕 베가 때에 앗수르
왕 디글랏 빌레셀이 와서 이욘과
아벨벳 마아가와 야노아와 게데스
와 하솔과 길르앗과 갈릴리와 납
달리 온 땅을 (占領)점령하고 그
백성을 사로잡아 앗수르로 옮겼더
라
30 웃시야의 아들 요담 제이십년에
엘라의 아들 호세아가 (叛逆)반역
하여 르말랴의 아들 베가를 쳐서
죽이고 대신하여 왕이 되니
31 베가의 남은 사적과 그가 행한 모
든 일은 이스라엘 왕 (歷代志略)
역대지략에 기록되니라

유다 왕 요담(대하 27:1-9)

32 ●이스라엘의 (王)왕 르말랴의 아
들 베가 제이년에 유다 왕 웃시야
의 아들 요담이 왕이 되니
33 나이가 이십오 (歲)세라 예루살렘
에서 십육 년간 다스리니라 그의
어머니의 이름은 여루사라 사독의
딸이더라
34 요담이 그의 아버지 웃시야의 모
든 행위대로 여호와께서 보시기에
(正直)정직히 행하였으나
35 오직 (山堂)산당을 제거하지 아니
하였으므로 백성이 여전히 그 산
당에서 제사를 드리며 분향하였더
라 요담이 여호와의 성전의 윗문
을 건축하니라
36 요담의 남은 (事蹟)사적과 그가
행한 모든 일은 유다 왕 역대지략
에 기록되지 아니하였느냐
37 ●그 때에 여호와께서 비로소 아
람 (王)왕 르신과 르말랴의 아들
베가를 보내어 유다를 치게 하셨
더라
38 요담이 그의 조상들과 함께 자매
그의 조상 다윗 성에 조상들과 함
께 (葬事)장사되고 그 아들 아하
스가 대신하여 왕이 되니라

유다 왕 아하스(대하 28:1-27)

16 르말랴의 아들 베가 제십칠
년에 유다의 (王)왕 요담의
아들 아하스가 왕이 되니
2 아하스가 왕이 될 때에 나이가 이
십 세라 예루살렘에서 십육 년간
다스렸으나 그의 조상 다윗과 같
지 아니하여 그의 하나님 여호와
께서 보시기에 (正直)정직히 행하
지 아니하고
3 이스라엘의 여러 왕의 길로 행하
며 또 여호와께서 이스라엘 자손
앞에서 쫓아내신 이방 사람의 (可
憎)가증한 일을 따라 자기 아들을
불 가운데로 지나가게 하며
4 또 산당들과 작은 산 위와 모든 푸
른 나무 아래에서 제사를 드리며
(焚香)분향하였더라
5 ●이 때에 아람의 왕 르신과 이스
라엘의 왕 르말랴의 아들 베가가
예루살렘에 올라와서 싸우려 하여
아하스를 에워쌌으나 (能)능히 이
기지 못하니라
6 (當時)당시에 아람의 왕 르신이
엘랏을 (恢復)회복하여 아람에 돌
리고 유다 사람을 엘랏에서 쫓아
내었고 아람 사람이 엘랏에 이르

러 거기에 거주하여 오늘까지 이
르렀더라
7 아하스가 앗수르 왕 디글랏 빌레
셀에게 사자를 보내 이르되 나는
왕의 (臣僕)신복이요 왕의 아들이
라 이제 아람 왕과 이스라엘 왕이
나를 치니 청하건대 올라와 그 손
에서 나를 (救援)구원하소서 하고
8 아하스가 여호와의 성전과 왕궁
곳간에 있는 (銀金)은금을 내어다
가 앗수르 왕에게 예물로 보냈더
니
9 앗수르 왕이 그 (請)청을 듣고 곧
올라와서 다메섹을 쳐서 점령하여
그 백성을 사로잡아 기르로 옮기
고 또 르신을 죽였더라
10 ●아하스 왕이 앗수르의 왕 디글
랏 빌레셀을 만나러 다메섹에 갔
다가 거기 있는 (祭壇)제단을 보
고 아하스 왕이 그 제단의 모든 구
조와 제도의 양식을 그려 제사장
우리야에게 보냈더니
11 아하스 왕이 다메섹에서 돌아오기
전에 (祭司長)제사장 우리야가 아
하스 왕이 다메섹에서 보낸 대로
모두 행하여 제사장 우리야가 제
단을 만든지라
12 왕이 다메섹에서 돌아와 제단을
보고 제단 앞에 나아가 그 위에
(祭祀)제사를 드리되
13 자기의 번제물과 소제물을 불사르
고 또 전제물을 붓고 (酬恩祭)수
은제 짐승의 피를 제단에 뿌리고
14 또 여호와의 앞 곧 (聖殿)성전 앞
에 있던 놋 제단을 새 제단과 여호
와의 성전 사이에서 옮겨다가 그
제단 북쪽에 그것을 두니라
15 아하스 왕이 (祭司長)제사장 우리
야에게 명령하여 이르되 아침 번
제물과 저녁 소제물과 왕의 (燔
祭)번제물과 그 소제물과 모든 국
민의 번제물과 그 소제물과 전제
물을 다 이 큰 제단 위에 불사르고
또 번제물의 피와 다른 제물의 피
를 다 그 위에 뿌리라 오직 놋 제
단은 내가 주께 여쭐 일에만 쓰게
하라 하매
16 (祭司長)제사장 우리야가 아하스
왕의 모든 명령대로 행하였더라
17 ●아하스 왕이 물두멍 받침의 옆
(板)판을 떼내고 물두멍을 그 자
리에서 옮기고 또 놋바다를 놋소
위에서 내려다가 돌판 위에 그것
을 두며
18 또 안식일에 쓰기 위하여 성전에
건축한 (廊室)낭실과 왕이 밖에서
들어가는 낭실을 앗수르 왕을 두
려워하여 여호와의 성전에 옮겨
세웠더라
19 아하스가 행한 그 남은 (事蹟)사
적은 유다 왕 역대지략에 기록되
지 아니하였느냐
20 아하스가 그의 조상들과 함께 자
매 다윗 성에 그 열조와 함께 장
사되고 그의 아들 히스기야가 (代
身)대신하여 왕이 되니라

이스라엘 왕 호세아

17 유다의 왕 아하스 제십이년
에 엘라의 아들 호세아가 사
마리아에서 이스라엘 왕이 되어

구 (年間)년간 다스리며
2 여호와께서 보시기에 (惡)악을 행
하였으나 다만 그 전 이스라엘 여
러 왕들과 같이 하지는 아니하였
더라
3 앗수르의 왕 살만에셀이 올라오
니 호세아가 그에게 종이 되어 (朝
貢)조공을 드리더니
4 그가 애굽의 왕 소에게 (使者)사
자들을 보내고 해마다 하던 대로
앗수르 왕에게 조공을 드리지 아
니하매 앗수르 왕이 호세아가 배
반함을 보고 그를 옥에 감금하여
두고
5 앗수르 (王)왕이 올라와 그 온 땅
에 두루다니고 사마리아로 올라와
그 곳을 삼 년간 에워쌌더라
6 호세아 (第九年)제구년에 앗수르
왕이 사마리아를 점령하고 이스라
엘 사람을 사로잡아 앗수르로 끌
어다가 고산 강 가에 있는 할라와
하볼과 메대 사람의 여러 고을에
두었더라

앗수르 왕이 사마리아를 차지하다

7 ●이 일은 이스라엘 자손이 자기
를 애굽 땅에서 인도하여 내사 애
굽의 왕 바로의 손에서 벗어나게
하신 그 하나님 여호와께 죄를 범
하고 또 다른 신들을 (敬畏)경외
하며
8 여호와께서 이스라엘 (子孫)자손
앞에서 쫓아내신 이방 사람의 (規
例)규례와 이스라엘 여러 왕이 세
운 (律例)율례를 행하였음이라
9 이스라엘의 (子孫)자손이 점차로
불의를 행하여 그 하나님 여호와
를 배역하여 모든 성읍에 망대로
부터 견고한 성에 이르도록 산당
을 세우고
10 모든 산 위에와 모든 푸른 나무 아
래에 (木像)목상과 아세라 상을
세우고
11 또 여호와께서 그들 앞에서 물리
치신 이방 사람 같이 그 곳 모든
산당에서 분향하며 또 악을 행하
여 여호와를 (激怒)격노하게 하였
으며
12 또 (偶像)우상을 섬겼으니 이는
여호와께서 그들에게 행하지 말라
고 말씀하신 일이라
13 여호와께서 각 선지자와 각 선견
자를 통하여 이스라엘과 유다에게
지정하여 이르시기를 너희는 돌이
켜 너희 악한 길에서 떠나 나의 명
령과 율례를 지키되 내가 너희 조
상들에게 명령하고 또 내 종 선지
자들을 통하여 너희에게 전한 모
든 (律法)율법대로 행하라 하셨으
나
14 그들이 듣지 아니하고 그들의 목
을 곧게 하기를 그들의 하나님 여
호와를 믿지 아니하던 그들 (祖
上)조상들의 목 같이 하여
15 여호와의 (律例)율례와 여호와께
서 그들의 조상들과 더불어 세우
신 언약과 경계하신 말씀을 버리
고 허무한 것을 뒤따라 허망하며
또 여호와께서 명령하사 따르지
말라 하신 사방 이방 사람을 따라
16 그들의 하나님 여호와의 모든 명

령을 버리고 자기들을 위하여 두
송아지 (形像)형상을 부어 만들고
또 아세라 목상을 만들고 하늘의
일월 성신을 경배하며 또 바알을
섬기고
17 또 자기 자녀를 불 가운데로 지나
가게 하며 (卜術)복술과 (邪術)사
술을 행하고 스스로 팔려 여호와
보시기에 악을 행하여 그를 격노
하게 하였으므로
18 여호와께서 이스라엘에게 심히 노
하사 그들을 그의 앞에서 (除去)
제거하시니 오직 유다 지파 외에
는 남은 자가 없으니라
19 ● 유다도 그들의 하나님 여호와
의 (命令)명령을 지키지 아니하고
이스라엘 사람들이 만든 관습을
행하였으므로
20 여호와께서 이스라엘의 온 (族屬)
족속을 버리사 괴롭게 하시며 노
략꾼의 손에 넘기시고 마침내 그
의 앞에서 쫓아내시니라
21 이스라엘을 다윗의 집에서 찢어
나누시매 그들이 느밧의 아들 여
로보암을 왕으로 삼았더니 여로
보암이 이스라엘을 몰아 여호와를
떠나고 큰 (罪)죄를 범하게 하매
22 이스라엘 (子孫)자손이 여로보암
이 행한 모든 죄를 따라 행하여 거
기서 떠나지 아니하므로
23 여호와께서 그의 종 모든 (先知
者)선지자를 통하여 하신 말씀대
로 드디어 이스라엘을 그 앞에서
내쫓으신지라 이스라엘이 고향에
서 앗수르에 사로잡혀 가서 오늘
까지 이르렀더라

앗수르 사람들이 사마리아에 거주하다

24 ● 앗수르 왕이 바벨론과 구다와
아와와 하맛과 스발와임에서 사
람을 옮겨다가 이스라엘 (子孫)자
손을 대신하여 사마리아 여러 (城
邑)성읍에 두매 그들이 사마리아
를 차지하고 그 여러 성읍에 거주
하니라
25 그들이 처음으로 거기 거주할 때
에 여호와를 경외하지 아니하므로
여호와께서 (獅子)사자들을 그들
가운데에 보내시매 몇 사람을 죽
인지라
26 그러므로 어떤 사람이 앗수르 왕
에게 말하여 이르되 왕께서 사마
리아 여러 성읍에 옮겨 거주하
게 하신 민족들이 그 땅 (神)신의
(法)법을 알지 못하므로 그들의
신이 사자들을 그들 가운데에 보
내매 그들을 죽였사오니 이는 그
들이 그 땅 신의 법을 알지 못함이
니이다 하니라
27 ● 앗수르 왕이 명령하여 이르되
너희는 그 곳에서 사로잡아 온 제
사장 한 사람을 그 곳으로 데려가
되 그가 그 곳에 가서 (居住)거주
하며 그 땅 신의 법을 무리에게 가
르치게 하라 하니
28 이에 사마리아에서 사로잡혀 간
제사장 중 한 사람이 와서 벧엘에
살며 백성에게 어떻게 여호와 (敬
畏)경외할지를 가르쳤더라
29 그러나 각 민족이 각기 자기의 신
상들을 만들어 사마리아 사람이

지은 여러 산당들에 두되 각 (民
族)민족이 자기들이 거주한 성읍
에서 그렇게 하여
30 바벨론 사람들은 숙곳브놋을 만들
었고 굿 사람들은 네르갈을 만들
었고 하맛 사람들은 아시마를 만
들었고
31 아와 사람들은 닙하스와 다르닥을
만들었고 스발와임 사람들은 그
(子女)자녀를 불살라 그들의 신
아드람멜렉과 아남멜렉에게 드렸
으며
32 그들이 또 여호와를 (敬畏)경외하
여 자기 중에서 사람을 산당의 제
사장으로 택하여 그 산당들에서
자기를 위하여 제사를 드리게 하
니라
33 이와 같이 그들이 여호와도 경외
하고 또한 어디서부터 옮겨왔든지
그 민족의 (風俗)풍속대로 자기의
신들도 섬겼더라
34 ● 그들이 오늘까지 이전 (風俗)풍
속대로 행하여 여호와를 경외하지
아니하며 또 여호와께서 이스라엘
이라 이름을 주신 야곱의 자손에
게 명령하신 율례와 법도와 율법
과 계명을 (遵行)준행하지 아니하
는도다
35 옛적에 여호와께서 야곱의 자손에
게 언약을 세우시고 그들에게 명
령하여 이르시되 너희는 다른 신
을 경외하지 말며 그를 경배하지
말며 그를 섬기지 말며 그에게 (祭
祀)제사하지 말고
36 오직 큰 (能力)능력과 편 팔로 너
희를 애굽에서 인도하여 내신 여
호와만 경외하여 그를 예배하며
그에게 제사를 드릴 것이며
37 또 여호와가 너희를 위하여 기록
한 율례와 법도와 율법과 (誡命)
계명을 지켜 영원히 행하고 다른
신들을 경외하지 말며
38 또 내가 너희와 세운 (言約)언약
을 잊지 말며 다른 신들을 경외하
지 말고
39 오직 너희 하나님 여호와만을 (敬
畏)경외하라 그가 너희를 모든 원
수의 손에서 건져내리라 하셨으나
40 그러나 그들이 듣지 아니하고 오
히려 이전 (風俗)풍속대로 행하였
느니라
41 이 여러 민족이 여호와를 경외하
고 또 그 아로새긴 (偶像)우상을
섬기니 그들의 자자 손손이 그들
의 조상들이 행하던 대로 그들도
오늘까지 행하니라

유다 왕 히스기야(대하 29:1-2; 31:1)

18 이스라엘의 (王)왕 엘라의
아들 호세아 제삼년에 유다
왕 아하스의 아들 히스기야가 왕
이 되니
2 그가 왕이 될 때에 나이가 이십오
(歲)세라 예루살렘에서 이십구 년
간 다스리니라 그의 어머니의 이
름은 아비요 스가리야의 딸이더라
3 히스기야가 그의 (祖上)조상 다윗
의 모든 행위와 같이 여호와께서
보시기에 정직하게 행하여
4 그가 여러 산당들을 (除去)제거하
며 주상을 깨뜨리며 아세라 목상

을 찍으며 모세가 만들었던 놋뱀
을 이스라엘 자손이 이때까지 향
하여 분향하므로 그것을 부수고 [1]
느후스단이라 일컬었더라
5 히스기야가 이스라엘 하나님 여호
와를 (依支)의지하였는데 그의 전
후 유다 여러 왕 중에 그러한 자가
없었으니
6 곧 그가 여호와께 (聯合)연합하여
그에게서 떠나지 아니하고 여호와
께서 모세에게 명령하신 계명을
지켰더라
7 여호와께서 그와 함께 하시매 그
가 어디로 가든지 (亨通)형통하였
더라 저가 앗수르 왕을 배반하고
섬기지 아니하였고
8 그가 블레셋 사람들을 쳐서 가사
와 그 사방에 이르고 (望臺)망대
에서부터 견고한 성까지 이르렀더
라
9 ● 히스기야 왕 (第四年)제사년 곧
이스라엘의 왕 엘라의 아들 호세
아 제칠년에 앗수르의 왕 살만에
셀이 사마리아로 올라와서 에워쌌
더라
10 삼 년 후에 그 성읍이 (陷落)함락
되니 곧 히스기야 왕의 제육년이
요 이스라엘 왕 호세아의 제구년
에 사마리아가 함락되매
11 앗수르 왕이 이스라엘을 사로잡아
앗수르에 이르러 고산 (江)강 가
에 있는 할라와 하볼과 메대 사람
의 여러 성읍에 두었으니
12 이는 그들이 하나님 여호와의 말

1) 놋조각이라는 뜻

씀을 듣지 아니하고 그의 (言約)
언약과 여호와의 종 모세가 명령
한 모든 것을 따르지 아니하였음
이더라

앗수르 사람들이 예루살렘을 위협하다
(대하 32:1-19; 사 36:1-22)

13 ● 히스기야 왕 제십사년에 앗수
르의 왕 산헤립이 올라와서 유다
모든 견고한 성읍들을 쳐서 (占
領)점령하매
14 유다의 왕 히스기야가 라기스로
사람을 보내어 앗수르 왕에게 이
르되 내가 범죄하였나이다 나를
떠나 돌아가소서 왕이 내게 지우
시는 것을 내가 (當)당하리이다
하였더니 앗수르 왕이 곧 은 삼백
달란트와 금 삼십 달란트를 정하
여 유다 왕 히스기야에게 내게 한
지라
15 히스기야가 이에 여호와의 (聖殿)
성전과 왕궁 곳간에 있는 은을 다
주었고
16 또 그 때에 유다 왕 히스기야가 여
호와의 (聖殿)성전 문의 금과 자
기가 모든 기둥에 입힌 금을 벗겨
모두 앗수르 왕에게 주었더라
17 ● 앗수르 왕이 다르단과 랍사리
스와 랍사게로 하여금 (大軍)대군
을 거느리고 라기스에서부터 예루
살렘으로 가서 히스기야 왕을 치
게 하매 그들이 예루살렘으로 올
라가니라 그들이 올라가서 윗못
수도 곁 곧 세탁자의 밭에 있는 큰
길에 이르러 서니라
18 그들이 왕을 부르매 힐기야의 아

들로서 왕궁의 (責任者)책임자인
엘리야김과 서기관 셉나와 아삽의
아들 사관 요아가 그에게 나가니
19 랍사게가 그들에게 이르되 너희는
히스기야에게 말하라 대왕 앗수르
왕의 말씀이 네가 (依賴)의뢰하는
이 의뢰가 무엇이냐
20 네가 싸울 만한 (計巧)계교와 용
력이 있다고 한다마는 이는 입에
붙은 말 뿐이라 네가 이제 누구를
의뢰하고 나를 반역하였느냐
21 이제 네가 너를 위하여 저 상한 갈
대 지팡이 애굽을 의뢰하도다 사
람이 그것을 (依支)의지하면 그의
손에 찔려 들어갈지라 애굽의 왕
바로는 그에게 의뢰하는 모든 자
에게 이와 같으니라
22 너희가 내게 이르기를 우리는 우
리 하나님 여호와를 의뢰하노라
하리라마는 히스기야가 그들의
(山堂)산당들과 제단을 제거하고
유다와 예루살렘 사람에게 명령하
기를 예루살렘 이 제단 앞에서만
예배하라 하지 아니하였느냐 하셨
나니
23 (請)청하건대 이제 너는 내 주 앗
수르 왕과 내기하라 네가 만일 말
을 탈 사람을 낼 수 있다면 나는
네게 말 이천 마리를 주리라
24 네가 어찌 내 주의 신하 중 지극히
작은 지휘관 한 사람인들 물리치
며 애굽을 (依賴)의뢰하고 그 병
거와 (騎兵)기병을 얻을 듯하냐
25 내가 어찌 여호와의 뜻이 아니고
야 이제 이 곳을 (滅)멸하러 올라
왔겠느냐 여호와께서 전에 내게
이르시기를 이 땅으로 올라와서
쳐서 멸하라 하셨느니라 하는지라
26 힐기야의 아들 엘리야김과 셉나와
요아가 랍사게에게 이르되 우리가
알아듣겠사오니 청하건대 아람 말
로 (當身)당신의 종들에게 말씀하
시고 성 위에 있는 백성이 듣는 데
서 유다 말로 우리에게 말씀하지
마옵소서
27 랍사게가 그에게 이르되 내 주께
서 네 주와 네게만 이 말을 하라고
나를 보내신 것이냐 성 위에 앉은
사람들도 너희와 함께 자기의 (大
便)대변을 먹게 하고 자기의 소변
을 마시게 하신 것이 아니냐 하고
28 랍사게가 드디어 일어서서 유다
말로 크게 소리 질러 불러 이르되
너희는 (大王)대왕 앗수르 왕의
말씀을 들으라
29 (王)왕의 말씀이 너희는 히스기야
에게 속지 말라 그가 너희를 내 손
에서 건져내지 못하리라
30 또한 히스기야가 너희에게 여호와
를 (依賴)의뢰하라 함을 듣지 말
라 그가 이르기를 여호와께서 반
드시 우리를 건지실지라 이 성읍
이 앗수르 왕의 손에 함락되지 아
니하게 하시리라 할지라도
31 너희는 히스기야의 말을 듣지 말
라 앗수르 왕의 말씀이 너희는 내
게 (降服)항복하고 내게로 나아오
라 그리하고 너희는 각각 그의 포
도와 무화과를 먹고 또한 각각 자
기의 우물의 물을 마시라

32 내가 장차 와서 너희를 한 지방으
로 옮기리니 그 곳은 너희 (本土)
본토와 같은 지방 곧 곡식과 포도
주가 있는 지방이요 떡과 포도원
이 있는 지방이요 기름 나는 (橄
欖)감람과 꿀이 있는 지방이라 너
희가 살고 죽지 아니하리라 히스
기야가 너희를 설득하여 이르기를
여호와께서 우리를 건지시리라 하
여도 히스기야에게 듣지 말라
33 (民族)민족의 신들 중에 어느 한
신이 그의 땅을 앗수르 왕의 손에
서 건진 자가 있느냐
34 하맛과 아르밧의 (神)신들이 어디
있으며 스발와임과 헤나와 아와의
신들이 어디 있느냐 그들이 사마
리아를 내 손에서 건졌느냐
35 (民族)민족의 모든 신들 중에 누
가 그의 땅을 내 손에서 건졌기에
여호와가 예루살렘을 내 손에서
건지겠느냐 하셨느니라
36 ● 그러나 백성이 (潛潛)잠잠하고
한 마디도 그에게 대답하지 아니
하니 이는 왕이 명령하여 대답하
지 말라 하였음이라
37 이에 힐기야의 아들로서 (王宮)왕
궁 내의 책임자인 엘리야김과 서
기관 셉나와 아삽의 아들 사관 요
아가 옷을 찢고 히스기야에게 나
아가서 랍사게의 말을 전하니라

왕이 이사야의 충고를 듣고자 하다
(사 37:1-7)

19 히스기야 왕이 듣고 그 옷을
찢고 굵은 베를 두르고 여호
와의 (殿)전에 들어가서
2 (王宮)왕궁의 책임자인 엘리야김
과 서기관 셉나와 제사장 중 장로
들에게 굵은 베를 둘려서 아모스
의 아들 선지자 이사야에게로 보
내매
3 그들이 이사야에게 이르되 히스기
야의 말씀이 오늘은 (患難)환난과
징벌과 모욕의 날이라 아이를 낳
을 때가 되었으나 해산할 힘이 없
도다
4 랍사게가 그의 주 앗수르 왕의 보
냄을 받고 와서 살아 계신 하나님
을 (誹謗)비방하였으니 당신의 하
나님 여호와께서 혹시 그의 말을
들으셨을지라 당신의 하나님 여호
와께서 그 들으신 말 때문에 꾸짖
으실 듯하니 당신은 이 남아 있는
자들을 위하여 기도하소서 하더이
다 하니라
5 이와 같이 히스기야 왕의 (臣僕)
신복이 이사야에게 나아가니
6 이사야가 그들에게 이르되 너희는
너희 주에게 이렇게 말하라 여호
와의 말씀이 너는 앗수르 왕의 신
복에게 들은 바 나를 (侮辱)모욕
하는 말 때문에 두려워하지 말라
7 내가 한 영을 그의 속에 두어 그로
소문을 듣고 그의 (本國)본국으로
돌아가게 하고 또 그의 본국에서
그에게 칼에 죽게 하리라 하셨느
니라 하더라

앗수르가 또 위협하다(사 37:8-20)

8 ● 랍사게가 돌아가다가 앗수르
(王)왕이 이미 라기스에서 떠났다
함을 듣고 립나로 가서 앗수르 왕

을 만났으니 왕이 거기서 립나와
싸우는 중이더라
9 앗수르 왕은 구스 왕 디르하가가
당신과 싸우고자 나왔다 함을 듣
고 다시 히스기야에게 (使者)사자
를 보내며 이르되
10 너희는 유다의 (王)왕 히스기야에
게 이같이 말하여 이르기를 네가
믿는 네 하나님이 예루살렘을 앗
수르 왕의 손에 넘기지 아니하겠
다 하는 말에 속지 말라
11 앗수르의 여러 왕이 여러 나라에
행한 바 (殄滅)진멸한 일을 네가
들었나니 네가 어찌 구원을 얻겠
느냐
12 내 (祖上)조상들이 멸하신 여러
민족 곧 고산과 하란과 레셉과 들
라살에 있는 에덴 족속을 그 나라
들의 신들이 건졌느냐
13 하맛 왕과 아르밧 왕과 스발와임
(城)성의 왕과 헤나와 아와의 왕
들이 다 어디 있느냐 하라 하니라
14 ● 히스기야가 (使者)사자의 손에
서 편지를 받아보고 여호와의 성
전에 올라가서 히스기야가 그 편
지를 여호와 앞에 펴 놓고
15 그 앞에서 히스기야가 기도하여
이르되 그룹들 위에 계신 이스라
엘의 하나님 여호와여 주는 천하
만국에 홀로 하나님이시라 주께서
(天地)천지를 만드셨나이다
16 여호와여 귀를 기울여 들으소서
여호와여 눈을 떠서 보시옵소서
산헤립이 살아 계신 하나님을 (誹
謗)비방하러 보낸 말을 들으시옵
소서
17 여호와여 앗수르 여러 왕이 (果
然)과연 여러 민족과 그들의 땅을
황폐하게 하고
18 또 그들의 신들을 불에 던졌사오
니 이는 그들이 신이 아니요 사람
의 손으로 만든 것 곧 나무와 돌
뿐이므로 (滅)멸하였나이다
19 우리 하나님 여호와여 (願)원하건
대 이제 우리를 그의 손에서 구원
하옵소서 그리하시면 천하 만국이
주 여호와가 홀로 하나님이신 줄
알리이다 하니라

이사야가 왕에게 보낸 여호와의 말씀
(사 37:21-38)

20 ● 아모스의 아들 이사야가 히스
기야에게 보내 이르되 이스라엘
하나님 여호와의 말씀이 네가 앗
수르 왕 산헤립 때문에 내게 (祈
禱)기도하는 것을 내가 들었노라
하셨나이다
21 여호와께서 앗수르 왕에게 대하여
이같이 말씀하시기를
처녀 딸 시온이 너를 (蔑視)멸
시하며 너를 비웃었으며 딸 예
루살렘이 너를 향하여 머리를
흔들었느니라
22 네가 누구를 꾸짖었으며 (誹謗)
비방하였느냐 누구를 향하여 소
리를 높였으며 눈을 높이 떴느
냐 이스라엘의 거룩한 자에게
그리하였도다
23 네가 (使者)사자들을 통하여 주
를 비방하여 이르기를 내가 많
은 병거를 거느리고 여러 산 꼭

대기에 올라가며 레바논 깊은
곳에 이르러 높은 백향목과 아
름다운 잣나무를 베고 내가 그
가장 먼 곳에 들어가며 그의 동
산의 무성한 수풀에 이르리라
24 내가 땅을 파서 (異邦)이방의
물을 마셨고 나의 발바닥으로
애굽의 모든 강들을 말렸노라
하였도다
25 네가 듣지 못하였느냐 이 일은
내가 태초부터 행하였고 옛날부
터 정한 바라 이제 내가 이루어
너로 견고한 성들을 (滅)멸하여
무너진 돌무더기가 되게 함이니
라
26 그러므로 거기에 거주하는 (百
姓)백성의 힘이 약하여 두려워
하며 놀랐나니 그들은 들의 채
소와 푸른 풀과 지붕의 잡초와
자라기 전에 시든 (穀草)곡초
같이 되었느니라
27 네 (居處)거처와 네 출입과 네
가 내게 향한 분노를 내가 다 아
노니
28 네가 내게 향한 (憤怒)분노와
네 교만한 말이 내 귀에 들렸도
다 그러므로 내가 갈고리를 네
코에 꿰고 재갈을 네 입에 물려
너를 오던 길로 끌어 돌이키리
라
하셨나이다
29 ●또 네게 보일 (徵兆)징조가 이
러하니 너희가 금년에는 스스로
자라난 것을 먹고 내년에는 그것
에서 난 것을 먹되 제삼년에는 심
고 거두며 포도원을 심고 그 열매
를 먹으리라
30 유다 (族屬)족속 중에서 피하고
남은 자는 다시 아래로 뿌리를 내
리고 위로 열매를 맺을지라
31 남은 자는 예루살렘에서부터 나올
것이요 피하는 자는 시온 산에서
부터 나오리니 여호와의 (熱心)열
심이 이 일을 이루리라 하셨나이
다 하니라
32 그러므로 여호와께서 앗수르 왕을
가리켜 이르시기를 그가 이 성에
이르지 못하며 이리로 화살을 쏘
지 못하며 방패를 성을 향하여 세
우지 못하며 치려고 (土城)토성을
쌓지도 못하고
33 오던 길로 돌아가고 이 (城)성에
이르지 못하리라 하셨으니 이는
여호와의 말씀이시라
34 내가 나와 나의 종 다윗을 위하여
이 성을 보호하여 (救援)구원하리
라 하셨나이다 하였더라

산헤립이 죽다

35 ●이 밤에 여호와의 (使者)사자가
나와서 앗수르 진영에서 군사 십
팔만 오천 명을 친지라 아침에 일
찍이 일어나 보니 다 송장이 되었
더라
36 앗수르 왕 산헤립이 떠나 돌아가
서 니느웨에 (居住)거주하더니
37 그가 그의 신 니스록의 신전에서
경배할 때에 아드람멜렉과 사레셀
이 그를 칼로 쳐죽이고 아라랏 땅
으로 그들이 (逃亡)도망하매 그
아들 에살핫돈이 대신하여 왕이

되니라

히스기야의 발병과 회복
(대하 32:24-26; 사 38:1-8, 21-22)

20 그 때에 히스기야가 (病)병
들어 죽게 되매 아모스의 아
들 선지자 이사야가 그에게 나아
와서 그에게 이르되 여호와의 말
씀이 너는 집을 정리하라 네가 죽
고 살지 못하리라 하셨나이다
2 히스기야가 낯을 벽으로 향하고
여호와께 (祈禱)기도하여 이르되
3 여호와여 구하오니 내가 (眞實)진
실과 전심으로 주 앞에 행하며 주
께서 보시기에 선하게 행한 것을
기억하옵소서 하고 히스기야가 심
히 통곡하더라
4 이사야가 (城邑)성읍 가운데까지
도 이르기 전에 여호와의 말씀이
그에게 임하여 이르시되
5 너는 돌아가서 내 백성의 (主權
者)주권자 히스기야에게 이르기
를 왕의 조상 다윗의 하나님 여호
와의 말씀이 내가 네 기도를 들었
고 네 눈물을 보았노라 내가 너를
낫게 하리니 네가 삼 일 만에 여호
와의 성전에 올라가겠고
6 내가 네 날에 십오 년을 더할 것이
며 내가 너와 이 성을 앗수르 왕
의 손에서 구원하고 내가 나를 위
하고 또 내 종 다윗을 위하므로 이
성을 (保護)보호하리라 하셨다 하
라 하셨더라
7 이사야가 이르되 무화과 반죽을
가져오라 하매 무리가 가져다가
그 (傷處)상처에 놓으니 나으니
8 ●히스기야가 이사야에게 이르되
여호와께서 나를 낫게 하시고 삼
일 만에 여호와의 성전에 올라가
게 하실 무슨 (徵表)징표가 있나
이까 하니
9 이사야가 이르되 여호와께서 하신
말씀을 응하게 하실 일에 대하여
여호와께로부터 왕에게 한 징표가
임하리이다 해 그림자가 (十度)십
도를 나아갈 것이니이까 혹 십도
를 물러갈 것이니이까 하니
10 히스기야가 (對答)대답하되 그림
자가 십도를 나아가기는 쉬우니
그리할 것이 아니라 십도가 뒤로
물러갈 것이니이다 하니라
11 선지자 이사야가 여호와께 (懇求)
간구하매 아하스의 해시계 위에
나아갔던 해 그림자를 십도 뒤로
물러가게 하셨더라

바벨론에서 온 사자들(사 39:1-8)

12 ●그 때에 발라단의 아들 바벨론
의 왕 브로닥발라단이 히스기야가
병 들었다 함을 듣고 편지와 (禮
物)예물을 그에게 보낸지라
13 히스기야가 (使者)사자들의 말을
듣고 자기 보물고의 금은과 향품
과 보배로운 기름과 그의 군기고
와 창고의 모든 것을 다 사자들에
게 보였는데 왕궁과 그의 나라 안
에 있는 모든 것 중에서 히스기야
가 그에게 보이지 아니한 것이 없
더라
14 선지자 이사야가 히스기야 왕에
게 나아와 그에게 이르되 이 사람
들이 무슨 말을 하였으며 어디서

부터 왕에게 왔나이까 히스기야가
이르되 먼 (地方)지방 바벨론에서
왔나이다 하니
15 이사야가 이르되 그들이 (王宮)왕
궁에서 무엇을 보았나이까 하니
히스기야가 대답하되 내 궁에 있
는 것을 그들이 다 보았나니 나의
창고에서 하나도 보이지 아니한
것이 없나이다 하더라

히스기야가 죽다(대하 32:32-33)

16 ●이사야가 히스기야에게 이르되
여호와의 말씀을 들으소서
17 여호와의 말씀이 날이 이르리니
(王宮)왕궁의 모든 것과 왕의 조
상들이 오늘까지 쌓아 두었던 것
이 바벨론으로 옮긴 바 되고 하나
도 남지 아니할 것이요
18 또 왕의 몸에서 날 아들 중에서 사
로잡혀 바벨론 왕궁의 (宦官)환관
이 되리라 하셨나이다 하니
19 히스기야가 이사야에게 이르되 당
신이 전한 바 여호와의 말씀이 선
하니이다 하고 또 이르되 만일 내
가 사는 날에 (太平)태평과 진실
이 있을진대 어찌 선하지 아니하
리요 하니라
20 히스기야의 남은 사적과 그의 모
든 업적과 저수지와 (水道)수도를
만들어 물을 성 안으로 끌어들인
일은 유다 왕 역대지략에 기록되
지 아니하였느냐
21 히스기야가 그의 (祖上)조상들과
함께 자고 그의 아들 므낫세가 대
신하여 왕이 되니라

유다 왕 므낫세(대하 33:1-20)

21 므낫세가 왕이 될 때에 나이
가 십이 (歲)세라 예루살렘
에서 오십오 년간 다스리니라 그
의 어머니의 이름은 헵시바더라
2 므낫세가 여호와 보시기에 악을
행하여 여호와께서 이스라엘 자손
앞에서 쫓아내신 이방 사람의 (可
憎)가증한 일을 따라서
3 그의 아버지 히스기야가 헐어 버
린 (山堂)산당들을 다시 세우며
이스라엘의 왕 아합의 행위를 따
라 바알을 위하여 제단을 쌓으며
아세라 목상을 만들며 하늘의 일
월 성신을 경배하여 섬기며
4 여호와께서 (前)전에 이르시기를
내가 내 이름을 예루살렘에 두리
라 하신 여호와의 성전에 제단들
을 쌓고
5 또 여호와의 (聖殿)성전 두 마당
에 하늘의 일월 성신을 위하여 제
단들을 쌓고
6 또 자기의 아들을 불 가운데로 지
나게 하며 점치며 (邪術)사술을
행하며 신접한 자와 박수를 신임
하여 여호와께서 보시기에 악을
많이 행하여 그 진노를 일으켰으
며
7 또 자기가 만든 아로새긴 아세라
목상을 성전에 세웠더라 옛적에
여호와께서 이 성전에 대하여 다
윗과 그의 아들 솔로몬에게 이르
시기를 내가 이스라엘의 모든 지
파 중에서 택한 이 성전과 예루살
렘에 내 이름을 (永遠)영원히 둘
지라

8 만일 이스라엘이 나의 모든 명령
과 나의 종 모세가 명령한 모든 율
법을 지켜 행하면 내가 그들의 발
로 다시는 그의 조상들에게 준 땅
에서 떠나 (流離)유리하지 아니하
게 하리라 하셨으나
9 이 백성이 듣지 아니하였고 므낫
세의 꾐을 받고 악을 행한 것이 여
호와께서 이스라엘 (子孫)자손 앞
에서 멸하신 여러 민족보다 더 심
하였더라
10 ● 여호와께서 그의 종 모든 (先知
者)선지자들을 통하여 말씀하여
이르시되
11 유다 왕 므낫세가 이 가증한 일과
악을 행함이 그 전에 있던 아모리
사람들의 행위보다 더욱 심하였
고 또 그들의 우상으로 유다를 (犯
罪)범죄하게 하였도다
12 그러므로 이스라엘의 하나님 여호
와가 말하노니 내가 이제 예루살
렘과 유다에 (災殃)재앙을 내리리
니 듣는 자마다 두 귀가 울리리라
13 내가 사마리아를 잰 줄과 아합의
집을 다림 보던 (錘)추를 예루살
렘에 베풀고 또 사람이 그릇을 씻
어 엎음 같이 예루살렘을 씻어 버
릴지라
14 내가 나의 (基業)기업에서 남은
자들을 버려 그들의 원수의 손에
넘긴즉 그들이 모든 원수에게 노
략거리와 겁탈거리가 되리니
15 이는 애굽에서 나온 그의 조상 때
부터 오늘까지 내가 보기에 악을
행하여 나의 (震怒)진노를 일으켰
음이니라 하셨더라
16 ● 므낫세가 유다에게 (犯罪)범죄
하게 하여 여호와께서 보시기에
악을 행한 것 외에도 또 무죄한 자
의 피를 심히 많이 흘려 예루살렘
이 끝에서 저 끝까지 가득하게 하
였더라
17 므낫세의 남은 사적과 그가 행한
모든 일과 범한 죄는 유다 왕 역대
지략에 (記錄)기록되지 아니하였
느냐
18 므낫세가 그의 조상들과 함께 자
매 그의 궁궐 동산 곧 웃사의 동산
에 (葬事)장사되고 그의 아들 아
몬이 대신하여 왕이 되니라

유다 왕 아몬(대하 33:21-25)

19 ● 아몬이 왕이 될 때에 나이가 이
십이 세라 예루살렘에서 이 (年
間)년간 다스리니라 그의 어머니
의 이름은 므슬레멧이요 욧바 하
루스의 딸이더라
20 아몬이 그의 아버지 므낫세의
(行)행함 같이 여호와 보시기에
악을 행하되
21 그의 아버지가 행한 모든 길로 행
하여 그의 아버지가 섬기던 우상
을 섬겨 그것들에게 (敬拜)경배하
고
22 그의 (祖上)조상들의 하나님 여호
와를 버리고 그 길로 행하지 아니
하더니
23 그의 신복들이 그에게 (叛逆)반역
하여 왕을 궁중에서 죽이매
24 그 국민이 아몬 왕을 (叛逆)반역
한 사람들을 다 죽이고 그의 아들

요시야를 대신하게 하여 왕을 삼
았더라
25 아몬이 행한 바 남은 사적은 유다
왕 역대지략에 (記錄)기록되지 아
니하였느냐
26 아몬이 웃사의 동산 자기 (墓室)
묘실에 장사되고 그의 아들 요시
야가 대신하여 왕이 되니라

유다 왕 요시야(대하 34:1-2)

22 요시야가 (王位)왕위에 오
를 때에 나이가 팔 세라 예
루살렘에서 삼십일 년간 다스리니
라 그의 어머니의 이름은 여디다
요 보스갓 아다야의 딸이더라
2 요시야가 여호와 보시기에 (正直)
정직히 행하여 그의 조상 다윗의
모든 길로 행하고 좌우로 치우치
지 아니하였더라

율법책을 발견하다(대하 34:8-28)

3 ●요시야 왕 열여덟째 해에 왕이
므술람의 손자 아살리야의 아들
(書記官)서기관 사반을 여호와의
성전에 보내며 이르되
4 너는 (大祭司長)대제사장 힐기야
에게 올라가서 백성이 여호와의
성전에 드린 은 곧 문 지킨 자가
수납한 은을 계산하여
5 여호와의 성전을 맡은 (監督者)감
독자의 손에 넘겨 그들이 여호와
의 성전에 있는 작업자에게 주어
성전에 부서진 것을 수리하게 하
되
6 곧 (木手)목수와 건축자와 미장이
에게 주게 하고 또 재목과 다듬은
돌을 사서 그 성전을 수리하게 하
라
7 그러나 그들의 손에 맡긴 은을 회
계하지 말지니 이는 그들이 (眞
實)진실하게 행함이니라
8 ●대제사장 힐기야가 (書記官)서
기관 사반에게 이르되 내가 여호
와의 성전에서 율법책을 발견하였
노라 하고 힐기야가 그 책을 사반
에게 주니 사반이 읽으니라
9 서기관 사반이 왕에게 돌아가서
보고하여 이르되 왕의 (臣僕)신복
들이 성전에서 찾아낸 돈을 쏟아
여호와의 성전을 맡은 감독자의
손에 맡겼나이다 하고
10 또 서기관 사반이 왕에게 말하
여 이르되 제사장 힐기야가 내게
(冊)책을 주더이다 하고 사반이
왕의 앞에서 읽으매
11 왕이 (律法冊)율법책의 말을 듣자
곧 그의 옷을 찢으니라
12 왕이 제사장 힐기야와 사반의 아
들 아히감과 미가야의 아들 악볼
과 서기관 사반과 왕의 (侍從)시
종 아사야에게 명령하여 이르되
13 너희는 가서 나와 백성과 온 유다
를 위하여 이 (發見)발견한 책의
말씀에 대하여 여호와께 물으라
우리 조상들이 이 책의 말씀을 듣
지 아니하며 이 책에 우리를 위하
여 기록된 모든 것을 행하지 아니
하였으므로 여호와께서 우리에게
내리신 진노가 크도다
14 ●이에 제사장 힐기야와 또 아히
감과 악볼과 사반과 아사야가 여
선지 훌다에게로 나아가니 그는

할하스의 손자 디과의 아들로서
(禮服)예복을 주관하는 살룸의 아
내라 예루살렘 둘째 구역에 거주
하였더라 그들이 그와 더불어 말
하매
15 훌다가 그들에게 이르되 이스라엘
하나님 여호와의 말씀이 너희는
너희를 내게 보낸 사람에게 말하
기를
16 여호와의 말씀이 내가 이 곳과 그
주민에게 (災殃)재앙을 내리되 곧
유다 왕이 읽은 책의 모든 말대로
하리니
17 이는 이 백성이 나를 버리고 다른
신에게 (焚香)분향하며 그들의 손
의 모든 행위로 나를 격노하게 하
였음이라 그러므로 내가 이 곳을
향하여 내린 진노가 꺼지지 아니
하리라 하라 하셨느니라
18 너희를 보내 여호와께 묻게 한 유
다 왕에게는 너희가 이렇게 말하
라 이스라엘의 하나님 여호와가
이같이 말씀하셨느니라 네가 들은
말들에 (對)대하여는
19 내가 이 곳과 그 (住民)주민에게
대하여 빈 터가 되고 저주가 되리
라 한 말을 네가 듣고 마음이 부드
러워져서 여호와 앞 곧 내 앞에서
겸비하여 옷을 찢고 통곡하였으므
로 나도 네 말을 들었노라 여호와
가 말하였느니라
20 그러므로 보라 내가 너로 너의 조
상들에게 돌아가서 평안히 (墓室)
묘실로 들어가게 하리니 내가 이
곳에 내리는 모든 재앙을 네 눈이
보지 못하리라 하셨느니라 하니
사자들이 왕에게 보고하니라

요시야가 이방 예배를 없애다
(대하 34:3-7, 29-33)

23 왕이 보내 유다와 예루살렘
의 모든 (長老)장로를 자기
에게로 모으고
2 이에 왕이 여호와의 성전에 올라
가매 유다 모든 사람과 예루살렘
주민과 제사장들과 선지자들과 모
든 백성이 노소를 막론하고 다 왕
과 함께 한지라 왕이 여호와의 성
전 안에서 발견한 (言約册)언약책
의 모든 말씀을 읽어 무리의 귀에
들리고
3 왕이 단 위에 서서 여호와 앞에서
언약을 세우되 마음을 다하고 뜻
을 다하여 여호와께 (順宗)순종하
고 그의 계명과 법도와 율례를 지
켜 이 책에 기록된 이 언약의 말씀
을 이루게 하리라 하매 백성이 다
그 언약을 따르기로 하니라
4 ●왕이 대제사장 힐기야와 모든
부제사장들과 문을 지킨 자들에게
(命令)명령하여 바알과 아세라와
하늘의 일월 성신을 위하여 만든
모든 그릇들을 여호와의 성전에서
내다가 예루살렘 바깥 기드론 밭
에서 불사르고 그것들의 재를 벧
엘로 가져가게 하고
5 옛적에 유다 왕들이 세워서 유다
모든 성읍과 예루살렘 (周圍)주위
의 산당들에서 분향하며 우상을
섬기게 한 제사장들을 폐하며 또
바알과 해와 달과 별 떼와 하늘의

모든 별에게 분향하는 자들을 폐
하고
6 또 여호와의 성전에서 아세라 상
을 내다가 예루살렘 바깥 기드론
시내로 가져다 거기에서 불사르고
빻아서 가루를 만들어 그 가루를
(平民)평민의 묘지에 뿌리고
7 또 여호와의 성전 가운데 (男娼)
남창의 집을 헐었으니 그 곳은 여
인이 아세라를 위하여 휘장을 짜
는 처소였더라
8 또 유다 각 성읍에서 모든 제사장
을 불러오고 또 제사장이 (焚香)
분향하던 (山堂)산당을 게바에서
부터 브엘세바까지 더럽게 하고
또 성문의 산당들을 헐어 버렸으
니 이 산당들은 그 성읍의 지도자
여호수아의 대문 어귀 곧 성문 왼
쪽에 있었더라
9 산당들의 제사장들은 예루살렘 여
호와의 제단에 올라가지 못하고
다만 그의 형제 중에서 (無酵餠)
무교병을 먹을 뿐이었더라
10 왕이 또 힌놈의 아들 골짜기의 도
벳을 더럽게 하여 어떤 사람도 몰
록에게 드리기 위하여 자기의 (子
女)자녀를 불로 지나가지 못하게
하고
11 또 유다 여러 왕이 (太陽)태양을
위하여 드린 말들을 제하여 버렸
으니 이 말들은 여호와의 성전으
로 들어가는 곳의 근처 내시 나단
멜렉의 집 곁에 있던 것이며 또 태
양 수레를 불사르고
12 유다 여러 왕이 아하스의 다락 지
붕에 세운 (祭壇)제단들과 므낫세
가 여호와의 성전 두 마당에 세운
제단들을 왕이 다 헐고 거기서 빻
아내려서 그것들의 가루를 기드론
시내에 쏟아 버리고
13 또 예루살렘 앞 (滅亡)멸망의 산
오른쪽에 세운 산당들을 왕이 더
럽게 하였으니 이는 옛적에 이스
라엘 왕 솔로몬이 시돈 사람의 가
증한 아스다롯과 모압 사람의 가
증한 그모스와 암몬 자손의 가증
한 밀곰을 위하여 세웠던 것이며
14 왕이 또 (石像)석상들을 깨뜨리며
아세라 목상들을 찍고 사람의 해
골로 그 곳에 채웠더라
15 ● 또한 이스라엘에게 (犯罪)범죄
하게 한 느밧의 아들 여로보암이
벧엘에 세운 제단과 산당을 왕이
헐고 또 그 산당을 불사르고 빻아
서 가루를 만들며 또 아세라 목상
을 불살랐더라
16 요시야가 몸을 돌이켜 산에 있는
무덤들을 보고 보내어 그 무덤에
서 (骸骨)해골을 가져다가 제단
위에서 불살라 그 제단을 더럽게
하니라 이 일을 하나님의 사람이
전하였더니 그 전한 여호와의 말
씀대로 되었더라
17 요시야가 이르되 내게 보이는 저
것은 무슨 (碑石)비석이냐 하니
성읍 사람들이 그에게 말하되 왕
께서 벧엘의 제단에 대하여 행하
신 이 일을 전하러 유다에서 왔던
하나님의 사람의 묘실이니이다 하
니라

18 이르되 그대로 두고 그의 뼈를 옮
기지 말라 하매 무리가 그의 뼈와
사마리아에서 온 (先知者)선지자
의 뼈는 그대로 두었더라
19 전에 이스라엘 여러 왕이 사마리
아 각 성읍에 지어서 여호와를 (激
怒)격노하게 한 산당을 요시야가
다 제거하되 벧엘에서 행한 모든
일대로 행하고
20 또 거기 있는 산당의 (祭司長)제
사장들을 다 제단 위에서 죽이고
사람의 해골을 제단 위에서 불사
르고 예루살렘으로 돌아왔더라

요시야 왕이 유월절을 지키다
(대하 35:1-19)

21 ● 왕이 뭇 백성에게 명령하여 이
르되 이 (言約冊)언약책에 기록된
대로 너희의 하나님 여호와를 위
하여 유월절을 지키라 하매
22 (士師)사사가 이스라엘을 다스리
던 시대부터 이스라엘 여러 왕의
시대와 유다 여러 왕의 시대에 이
렇게 (逾越節)유월절을 지킨 일이
없었더니
23 요시야 왕 열여덟째 해에 예루살
렘에서 여호와 앞에 이 (逾越節)
유월절을 지켰더라

요시야의 나머지 개혁

24 ● 요시야가 또 유다 땅과 예루살
렘에 보이는 (神接)신접한 자와
점쟁이와 드라빔과 우상과 모든
가증한 것을 다 제거하였으니 이
는 대제사장 힐기야가 여호와의
성전에서 발견한 책에 기록된 율
법의 말씀을 이루려 함이라
25 요시야와 같이 마음을 다하며 뜻
을 다하며 힘을 다하여 모세의 모
든 (律法)율법을 따라 여호와께로
돌이킨 왕은 요시야 전에도 없었고
후에도 그와 같은 자가 없었더라
26 ● 그러나 여호와께서 유다를 향
하여 내리신 그 크게 타오르는 (震
怒)진노를 돌이키지 아니하셨으
니 이는 므낫세가 여호와를 격노
하게 한 그 모든 격노 때문이라
27 여호와께서 이르시되 내가 이스라
엘을 물리친 것 같이 유다도 내 앞
에서 물리치며 내가 택한 이 성 예
루살렘과 내 이름을 거기에 두리
라 한 이 (聖殿)성전을 버리리라
하셨더라

요시야가 죽다(대하 35:20-36:1)

28 ● 요시야의 남은 (事蹟)사적과 행
한 모든 일은 유다 왕 역대지략에
기록되지 아니하였느냐
29 요시야 (當時)당시에 애굽의 왕
바로 느고가 앗수르 왕을 치고자
하여 유브라데 강으로 올라가므로
요시야 왕이 맞서 나갔더니 애굽
왕이 요시야를 므깃도에서 만났을
때에 죽인지라
30 신복들이 그의 (屍體)시체를 병거
에 싣고 므깃도에서 예루살렘으로
돌아와 그의 무덤에 장사하니 백
성들이 요시야의 아들 여호아하스
를 데려다가 그에게 기름을 붓고
그의 아버지를 대신하여 왕으로
삼았더라

유다 왕 여호아하스(대하 36:2-4)

31 ● 여호아하스가 왕이 될 때에 나

이가 이십삼 세라 예루살렘에서
석 달(間)간 다스리니라 그의 어
머니의 이름은 하무달이라 립나
예레미야의 딸이더라
32 여호아하스가 그의 (祖上)조상들
의 모든 행위대로 여호와 보시기
에 악을 행하였더니
33 바로 느고가 그를 하맛 땅 립나에
가두어 예루살렘에서 왕이 되지
못하게 하고 또 그 나라로 은 백
달란트와 금 한 달란트를 (罰金)
벌금으로 내게 하고
34 바로 느고가 요시야의 아들 엘리
아김을 그의 아버지 요시야를 (代
身)대신하여 왕으로 삼고 그의 이
름을 고쳐 여호야김이라 하고 여
호아하스는 애굽으로 잡아갔더니
그가 거기서 죽으니라
35 여호야김이 은과 금을 바로에게
주니라 그가 바로 느고의 명령대
로 그에게 그 돈을 주기 위하여 나
라에 부과하되 백성들 각 사람의
힘대로 액수를 정하고 은금을 (徵
收)징수하였더라

유다 왕 여호야김(대하 36:5-8)

36 ●여호야김이 왕이 될 때에 나이
가 이십오 (歲)세라 예루살렘에서
십일 년간 다스리니라 그의 어머
니의 이름은 스비다라 루마 브다
야의 딸이더라
37 여호야김이 그의 (祖上)조상들이
행한 모든 일을 따라서 여호와 보
시기에 악을 행하였더라

24

여호야김 (時代)시대에 바벨
론의 왕 느부갓네살이 올라
오매 여호야김이 삼 년간 섬기다
가 돌아서 그를 배반하였더니
2 여호와께서 그의 종 선지자들을
통하여 하신 말씀과 같이 갈대아
의 부대와 아람의 부대와 모압의
부대와 암몬 자손의 부대를 여호
야김에게로 보내 유다를 쳐 (滅)
멸하려 하시니
3 이 일이 유다에 (臨)임함은 곧 여
호와의 말씀대로 그들을 자기 앞
에서 물리치고자 하심이니 이는
므낫세의 지은 모든 죄 때문이며
4 또 그가 (無罪)무죄한 자의 피를
흘려 그의 피가 예루살렘에 가득
하게 하였음이라 여호와께서 사하
시기를 즐겨하지 아니하시니라
5 ●여호야김의 남은 (事蹟)사적과
행한 모든 일은 유다 왕 역대지략
에 기록되지 아니하였느냐
6 여호야김이 그의 조상들과 함께
자매 그의 아들 여호야긴이 대신
하여 왕이 되니라
7 애굽 왕이 다시는 그 나라에서 나
오지 못하였으니 이는 바벨론 왕
이 애굽 강에서부터 유브라데 강
까지 애굽 왕에게 속한 땅을 다
(占領)점령하였음이더라

유다 왕 여호야긴(대하 36:9-10)

8 ●여호야긴이 왕이 될 때에 나이
가 십팔 세라 예루살렘에서 석 달
(間)간 다스리니라 그의 어머니의
이름은 느후스다요 예루살렘 엘라
단의 딸이더라
9 여호야긴이 그의 아버지의 모든
(行爲)행위를 따라서 여호와께서

보시기에 악을 행하였더라
10 ●그 때에 바벨론의 왕 느부갓네
살의 (臣僕)신복들이 예루살렘에
올라와서 그 성을 에워싸니라
11 그의 신복들이 에워쌀 때에 바벨
론의 왕 느부갓네살도 그 (城)성
에 이르니
12 유다의 왕 여호야긴이 그의 어머
니와 신복과 지도자들과 (內侍)내
시들과 함께 바벨론 왕에게 나아
가매 왕이 잡으니 때는 바벨론의
왕 여덟째 해이라
13 그가 여호와의 (聖殿)성전의 모든
보물과 왕궁 보물을 집어내고 또
이스라엘의 왕 솔로몬이 만든 것
곧 여호와의 성전의 금 그릇을 다
파괴하였으니 여호와의 말씀과 같
이 되었더라
14 그가 또 예루살렘의 모든 (百姓)
백성과 모든 지도자와 모든 용사
만 명과 모든 장인과 대장장이를
사로잡아 가매 비천한 자 외에는
그 땅에 남은 자가 없었더라
15 그가 여호야긴을 바벨론으로 사로
잡아 가고 왕의 어머니와 왕의 아
내들과 내시들과 나라에 (權勢)권
세있는 자도 예루살렘에서 바벨론
으로 사로잡아 가고
16 또 용사 칠천 명과 (匠人)장인과
대장장이 천 명 곧 용감하여 싸움
을 할 만한 모든 자들을 바벨론 왕
이 바벨론으로 사로잡아 가고
17 바벨론 왕이 또 여호야긴의 숙부
맛다니야를 (代身)대신하여 왕으
로 삼고 그의 이름을 고쳐 시드기
야라 하였더라

유다 왕 시드기야
(대하 36:11-12; 렘 52:1-3상)

18 ●시드기야가 왕이 될 때에 나이
가 이십일 세라 예루살렘에서 십
일 (年間)년간 다스리니라 그의
어머니의 이름은 하무달이요 립나
인 예레미야의 딸이더라
19 그가 여호야김의 모든 (行爲)행위
를 따라 여호와 보시기에 악을 행
한지라
20 여호와께서 예루살렘과 유다를
(震怒)진노하심이 그들을 그 앞에
서 쫓아내실 때까지 이르렀더라
●시드기야가 바벨론 왕을 배반
하니라

예루살렘의 멸망(대하 36:13-21;
렘 52:3하-11)

25 시드기야 제구년 열째 달 십
일에 바벨론의 왕 느부갓네
살이 그의 모든 군대를 거느리고
예루살렘을 치러 올라와서 그 성
에 대하여 (陣)진을 치고 주위에
(土城)토성을 쌓으매
2 그 성이 시드기야 왕 제십일년까
지 (包圍)포위되었더라
3 그 해 넷째 달 구일에 성 중에 (飢
饉)기근이 심하여 그 땅 백성의
양식이 떨어졌더라
4 그 성벽이 파괴되매 모든 (軍士)
군사가 밤중에 두 성벽 사이 왕의
동산 곁문 길로 도망하여 갈대아
인들이 그 성읍을 에워쌌으므로
그가 아라바 길로 가더니
5 갈대아 군대가 그 왕을 뒤쫓아가

서 여리고 (平地)평지에서 그를
따라 잡으매 왕의 모든 군대가 그
를 떠나 흩어진지라
6 그들이 왕을 사로잡아 그를 립나
에 있는 바벨론 왕에게로 끌고 가
매 그들이 그를 (審問)심문하니라
7 그들이 시드기야의 아들들을 그의
눈앞에서 죽이고 시드기야의 두
눈을 빼고 놋 사슬로 그를 (結縛)
결박하여 바벨론으로 끌고 갔더라

성전 붕괴(렘 52:12-33)

8 ●바벨론 왕 느부갓네살의 열아
홉째 해 오월 칠일에 바벨론 왕의
신복 (侍衛隊長)시위대장 느부사
라단이 예루살렘에 이르러
9 여호와의 성전과 왕궁을 불사르고
예루살렘의 모든 집을 (貴人)귀인
의 집까지 불살랐으며
10 시위대장에게 속한 갈대아 온 군
대가 예루살렘 주위의 (城壁)성벽
을 헐었으며
11 성 중에 남아 있는 백성과 바벨론
왕에게 (降服)항복한 자들과 무리
중 남은 자는 시위대장 느부사라
단이 모두 사로잡아 가고
12 시위대장이 그 땅의 비천한 자를
남겨 두어 (葡萄園)포도원을 다스
리는 자와 농부가 되게 하였더라
13 ●갈대아 사람이 또 여호와의 (聖
殿)성전의 두 놋 기둥과 받침들과
여호와의 성전의 놋 바다를 깨뜨
려 그 놋을 바벨론으로 가져가고
14 또 가마들과 부삽들과 부집게들과
숟가락들과 섬길 때에 쓰는 모든
놋그릇을 다 가져갔으며
15 시위대장이 또 불 옮기는 그릇들
과 (周鉢)주발들 곧 금으로 만든
것이나 은으로 만든 것이나 모두
가져갔으며
16 또 솔로몬이 여호와의 (聖殿)성전
을 위하여 만든 두 기둥과 한 바다
와 받침들을 가져갔는데 이 모든
기구의 놋 무게를 헤아릴 수 없었
으니
17 그 한 기둥은 높이가 열여덟 규빗
이요 그 꼭대기에 놋 머리가 있어
높이가 세 규빗이요 그 머리에 둘
린 그물과 석류가 다 놋이라 다른
기둥의 (粧飾)장식과 그물도 이와
같았더라

유다 백성이 바벨론으로 사로잡혀 가다 (렘 52:24-27)

18 ●시위대장이 (大祭司長)대제사
장 스라야와 부제사장 스바냐와
성전 문지기 세 사람을 사로잡고
19 또 성 중에서 사람을 사로잡았으
니 곧 군사를 거느린 내시 한 사람
과 또 성 중에서 만난 바 왕의 시
종 다섯 사람과 백성을 (徵集)징
집하는 장관의 서기관 한 사람과
성 중에서 만난 바 백성 육십 명이
라
20 (侍衛隊長)시위대장 느부사라단
이 그들을 사로잡아 가지고 립나
바벨론 왕에게 나아가매
21 바벨론 왕이 하맛 땅 립나에서 다
쳐죽였더라 이와 같이 유다가 사
로잡혀 (本土)본토에서 떠났더라

유다 지도자 그달리야 (렘 40:7-9; 41:1-3)

22 ●유다 땅에 머물러 있는 백성은
곧 바벨론 왕 느부갓네살이 남긴
자라 왕이 사반의 (孫子)손자 아
히감의 아들 그달리야가 관할하게
하였더라
23 모든 군대 (指揮官)지휘관과 그를
따르는 자가 바벨론 왕이 그달리
야를 지도자로 삼았다 함을 듣고
이에 느다니야의 아들 이스마엘
과 가레아의 아들 요하난과 느도
바 사람 단후멧의 아들 스라야와
마아가 사람의 아들 야아사니야와
그를 따르는 사람이 모두 미스바
로 가서 그달리야에게 나아가매
24 그달리야가 그들과 그를 따르는
군사들에게 (盟誓)맹세하여 이르
되 너희는 갈대아 인을 섬기기를
두려워하지 말고 이 땅에 살며 바
벨론 왕을 섬기라 그리하면 너희
가 평안하리라 하니라
25 칠월에 왕족 엘리사마의 손자 느
다니야의 아들 이스마엘이 (部下)
부하 열 명을 거느리고 와서 그달
리야를 쳐서 죽이고 또 그와 함께
미스바에 있는 유다 사람과 갈대
아 사람을 죽인지라
26 (老少)노소를 (莫論)막론하고 백
성과 군대 장관들이 다 일어나서
애굽으로 갔으니 이는 갈대아 사
람을 두려워함이었더라

여호야긴이 석방되다(렘 52:31-34)

27 ●유다의 왕 여호야긴이 사로잡
혀 간 지 삼십칠 년 곧 바벨론의
왕 에윌므로닥이 (卽位)즉위한 원
년 십이월 그 달 이십칠일에 유다
의 왕 여호야긴을 옥에서 내놓아
그 머리를 들게 하고
28 그에게 좋게 말하고 그의 (地位)
지위를 바벨론에 그와 함께 있는
모든 왕의 지위보다 높이고
29 그 (罪囚)죄수의 의복을 벗게 하
고 그의 일평생에 항상 왕의 앞에
서 (糧食)양식을 먹게 하였고
30 그가 쓸 것은 날마다 왕에게서 받
는 양이 있어서 (終身)종신토록
끊이지 아니하였더라

歷代上 1Chronicles

아담에서 아브라함까지
(창 5:1-32; 10:1-32; 11:10-26)

1 아담, 셋, 에노스,
2 게난, 마할랄렐, 야렛,
3 에녹, 므두셀라, 라멕,
4 노아, 셈, 함과 야벳은 (祖上)조상
들이라
5 ●야벳의 (子孫)자손은 고멜과 마
곡과 마대와 야완과 두발과 메섹
과 디라스요
6 고멜의 (子孫)자손은 아스그나스
와 디밧과 도갈마요
7 야완의 (子孫)자손은 엘리사와 다
시스와 깃딤과 도다님이더라
8 ●함의 (子孫)자손은 구스와 미스
라임과 붓과 가나안이요
9 구스의 자손은 스바와 하윌라와
삽다와 라아마와 삽드가요 라아마
의 자손은 스바와 드단이요
10 구스가 또 니므롯을 낳았으니 세
상에서 첫 (英傑)영걸이며
11 미스라임은 루딤과 아나밈과 르하
빔과 납두힘과
12 바드루심과 가슬루힘과 갑도림을
낳았으니 블레셋 (宗族)종족은 가
슬루힘에게서 나왔으며
13 가나안은 맏아들 시돈과 헷을 낳
고
14 또 여부스 종족과 아모리 종족과
기르가스 종족과
15 히위 (宗族)종족과 알가 종족과
신 종족과
16 아르왓 종족과 스말 종족과 하맛
종족을 낳았더라
17 ●셈의 (子孫)자손은 엘람과 앗수
르와 아르박삿과 룻과 아람과 우
스와 훌과 게델과 메섹이라
18 아르박삿은 셀라를 낳고 셀라는
에벨을 낳고
19 에벨은 두 아들을 낳아 하나의 이
름을 벨렉이라 하였으니 이는 그
때에 땅이 나뉘었음이요 그의 아
우의 이름은 욕단이며
20 욕단이 알모닷과 셀렙과 하살마웻
과 예라와
21 하도람과 우살과 디글라와
22 에발과 아비마엘과 스바와
23 오빌과 하윌라와 요밥을 낳았으니
욕단의 (子孫)자손은 이상과 같으
니라
24 ●셈, 아르박삿, 셀라,
25 에벨, 벨렉, 르우,
26 스룩, 나홀, 데라,
27 아브람 곧 아브라함은 (祖上)조상
들이요

이스마엘의 세계(창 25:12-16)

28 ●아브라함의 자손은 이삭과 이
스마엘이라
29 이스마엘의 (族譜)족보는 이러하
니 그의 맏아들은 느바욧이요 다
음은 게달과 앗브엘과 밉삼과
30 미스마와 두마와 맛사와 하닷과
데마와
31 여둘과 나비스와 게드마라 이들은
이스마엘의 자손들이라
32 ●아브라함의 (小室)소실 그두라

가 낳은 자손은 시므란과 욕산과
므단과 미디안과 이스박과 수아요
욕산의 자손은 스바와 드단이요
33 미디안의 (子孫)자손은 에바와 에
벨과 하녹과 아비다와 엘다아니
이들은 모두 그두라의 자손들이라

에서의 자손(창 36:1-19, 20-30)

34 ● 아브라함이 이삭을 낳았으니
이삭의 아들은 에서와 이스라엘이
더라
35 ● 에서의 아들은 엘리바스와 르
우엘과 여우스와 얄람과 고라요
36 엘리바스의 아들은 데만과 오말과
스비와 가담과 그나스와 딤나와
아말렉이요
37 르우엘의 아들은 나핫과 세라와
삼마와 밋사요
38 세일의 아들은 로단과 소발과 시
브온과 아나와 디손과 에셀과 디
산이요
39 로단의 아들은 호 리와 호맘이요
로단의 누이는 딤나요
40 소발의 아들은 알란과 마나핫과
에발과 스비와 오남이요 시브온의
아들은 아야와 아나요
41 아나의 아들은 디손이요 디손의
아들은 하므란과 에스반과 이드란
과 그란이요
42 에셀의 아들은 빌한과 사아완과
야아간이요 디산의 아들은 우스와
아란이더라

에돔 땅을 다스린 왕들(창 36:31-43)

43 ● 이스라엘 자손을 다스리는 왕
이 있기 전에 에돔 땅을 다스린 왕
은 이러 하니라 브올의 아들 벨라
니 그의 (都城)도성 이름은 딘하
바이며
44 벨라가 죽으매 보스라 세라의 아
들 요밥이 (代身)대신하여 왕이
되고
45 요밥이 죽으매 데만 (宗族)종족의
땅의 사람 후삼이 대신하여 왕이
되고
46 후삼이 죽으매 브닷의 아들 하닷
이 대신하여 왕이 되었으니 하닷
은 모압 들에서 미디안을 친 자요
그 (都城)도성 이름은 아윗이며
47 하닷이 죽으매 마스레가의 사믈라
가 대신하여 (王)왕이 되고
48 사믈라가 죽으매 (江)강 가의 르
호봇 사울이 대신하여 왕이 되고
49 사울이 죽으매 악볼의 아들 바알
하난이 (代身)대신하여 왕이 되고
50 바알하난이 죽으매 하닷이 (代身)
대신하여 왕이 되었으니 그의 도
성 이름은 바이요 그의 아내의 이
름은 므헤다벨이라 메사합의 (孫
女)손녀요 마드렛의 딸이더라
51 하닷이 죽으니라 그리고 에돔의
(族長)족장은 이러하니 딤나 족장
과 알랴 족장과 여뎃 족장과
52 오홀리바마 족장과 엘라 족장과
비논 족장과
53 그나스 족장과 데만 족장과 밉살
족장과
54 막디엘 족장과 이람 족장이라 에
돔의 (族長)족장이 이러하였더라

2 이스라엘의 아들은 이러하니
르우벤과 시므온과 레위와 유
다와 잇사갈과 스불론과

2 단과 요셉과 베냐민과 납달리와
갓과 아셀이더라

유다의 자손

3 ●유다의 아들은 에르와 오난과
셀라니 이 세 사람은 가나안 사람
수아의 딸이 유다에게 낳아 준 자
요 유다의 맏아들 에르는 여호와
보시기에 (惡)악하였으므로 여호
와께서 죽이셨고
4 유다의 며느리 다말이 유다에게
베레스와 세라를 낳아 주었으니
유다의 아들이 모두 다섯이더라
5 ●베레스의 아들은 헤스론과 하
물이요
6 세라의 아들은 시므리와 에단과
헤만과 갈골과 다라니 모두 다섯
사람이요
7 갈미의 아들은 아갈이니 그는 (殄
滅)진멸시킬 물건을 범하여 이스
라엘을 괴롭힌 자이며

8 에단의 아들은 아사랴더라

다윗의 가계

9 ●헤스론이 낳은 아들은 여라므
엘과 람과 글루배라
10 람은 암미나답을 낳고 암미나답은
나손을 낳았으니 나손은 유다 자
손의 (方伯)방백이며
11 나손은 살마를 낳고 살마는 보아
스를 낳고
12 보아스는 오벳을 낳고 오벳은 이
새를 낳고
13 이새는 맏아들 엘리압과 둘째로
아비나답과 셋째로 시므아와
14 넷째로 느다넬과 다섯째로 랏대와
15 여섯째로 오셈과 일곱째로 다윗을
낳았으며
16 그들의 자매는 스루야와 아비가일
이라 스루야의 아들은 아비새와
요압과 아사헬 (三兄弟)삼형제요
17 아비가일은 아마사를 낳았으니 아
마사의 아버지는 이스마엘 사람
예델이었더라

헤스론의 자손

18 ●헤스론의 아들 갈렙이 그의 아
내 아수바와 여리옷에게서 아들을
낳았으니 그가 낳은 아들들은 예
셀과 소밥과 아르돈이며
19 아수바가 죽은 (後)후에 갈렙이
또 에브랏에게 장가 들었더니 에
브랏이 그에게 훌을 낳아 주었고
20 훌은 우리를 낳고 우리는 브살렐
을 낳았더라
21 ●그 후에 헤스론이 육십 세에 길
르앗의 아버지 마길의 딸에게 장
가 들어 (同寢)동침하였더니 그가
스굽을 헤스론에게 낳아 주었으며
22 스굽은 야일을 낳았고 야일은 길
르앗 땅에서 스물세 (城邑)성읍을
가졌더니
23 그술과 아람이 야일의 성읍들과
그낫과 그에 딸린 성읍들 모두 육
십을 그들에게서 빼앗았으며 이들
은 다 길르앗의 아버지 마길의 (子
孫)자손이었더라
24 헤스론이 갈렙 에브라다에서 죽
은 (後)후에 그의 아내 아비야가
그로 말미암아 아스훌을 낳았으니
아스훌은 드고아의 아버지더라

여라므엘의 자손

25 ●헤스론의 맏아들 여라므엘의

아들은 맏아들 람과 그 다음 브나
와 오렌과 오셈과 아히야이며
26 여라므엘이 다른 아내가 있었으니
이름은 아다라라 그는 오남의 어
머니더라
27 여라므엘의 맏아들 람의 아들은
마아스와 야민과 에겔이요
28 오남의 아들들은 삼매와 야다요
삼매의 아들은 나답과 아비술이며
29 아비술의 아내의 이름은 아비하일
이라 아비하일이 아반과 몰릿을
그에게 낳아 주었으며
30 나답의 아들들은 셀렛과 압바임이
라 셀렛은 아들이 없이 죽었고
31 압바임의 아들은 이시요 이시의
아들은 세산이요 세산의 아들은
알래요
32 삼매의 아우 야다의 아들들은 예
델과 요나단이라 예델은 아들이
없이 죽었고
33 요나단의 아들들은 벨렛과 사사라
여라므엘의 (子孫)자손은 이러하
며
34 세산은 아들이 없고 딸뿐이라 그
에게 야르하라 하는 애굽 종이 있
으므로
35 세산이 딸을 그 종 야르하에게 주
어 아내를 삼게 하였더니 그가 그
로 말미암아 앗대를 낳고
36 앗대는 나단을 낳고 나단은 사밧
을 낳고
37 사밧은 에블랄을 낳고 에블랄은
오벳을 낳고
38 오벳은 예후를 낳고 예후는 아사
라를 낳고
39 아사라는 헬레스를 낳고 헬레스는
엘르아사를 낳고
40 엘르아사는 시스매를 낳고 시스매
는 살룸을 낳고
41 살룸은 여가먀를 낳고 여가먀는
엘리사마를 낳았더라

갈렙의 자손

42 ● 여라므엘의 아우 갈렙의 아들
곧 맏아들은 메사이니 십의 아버
지요 그 아들은 마레사니 헤브론
의 아버지이며
43 헤브론의 아들들은 고라와 답부아
와 레겜과 세마라
44 세마는 라함을 낳았으니 라함은
요르그암의 아버지이며 레겜은 삼
매를 낳았고
45 삼매의 아들은 마온이라 마온은
벧술의 아버지이며
46 갈렙의 (小室)소실 에바는 하란과
모사와 가세스를 낳고 하란은 가
세스를 낳았으며
47 야대의 아들은 레겜과 요단과 게
산과 벨렛과 에바와 사압이며
48 갈렙의 소실 마아가는 세벨과 디
르하나를 낳았고
49 또 맛만나의 아버지 사압을 낳았
고 또 막베나와 기브아의 아버지
스와를 낳았으며 갈렙의 딸은 악
사더라
50 ● 갈렙의 (子孫)자손 곧 에브라다
의 맏아들 훌의 아들은 이러하니
기럇여아림의 아버지 소발과
51 베들레헴의 아버지 살마와 벧가델
의 아버지 하렙이라
52 기럇여아림의 아버지 소발의 자

손은 하로에와 므누홋 사람의 (折
半)절반이니
53 기랏여아림 족속들은 이델 종족과
붓 종족과 수맛 종족과 미스라 종
족이라 이로 말미암아 소라와 에
스다올 두 종족이 나왔으며
54 살마의 자손들은 베들레헴과 느도
바 (宗族)종족과 아다롯벳요압과
마나핫 종족의 절반과 소라 종족
과
55 야베스에 살던 서기관 종족 곧 디
랏 종족과 시므앗 종족과 수갓 종
족이니 이는 다 레갑 (家門)가문
의 조상 함맛에게서 나온 겐 종족
이더라

다윗 왕의 아들과 딸

3 다윗이 헤브론에서 낳은 아들
들은 이러하니 맏아들은 암논
이라 이스르엘 여인 아히노암의
소생이요 둘째는 다니엘이라 갈멜
여인 아비가일의 (所生)소생이요
2 셋째는 압살롬이라 그술 (王)왕
달매의 딸 마아가의 아들이요 넷
째는 아도니야라 학깃의 아들이요
3 다섯째는 스바댜라 아비달의 (所
生)소생이요 여섯째는 이드르암
이라 다윗의 아내 에글라의 소생
이니
4 이 여섯은 헤브론에서 낳았더라
다윗이 거기서 칠 년 육 개월 다스
렸고 또 예루살렘에서 삼십삼 년
다스렸으며
5 예루살렘에서 그가 낳은 아들들은
이러하니 시므아와 소밥과 나단과
솔로몬 네 사람은 다 암미엘의 딸

밧수아의 소생이요
6 또 입할과 엘리사마와 엘리벨렛과
7 노가와 네벡과 야비아와
8 엘리사마와 엘랴다와 엘리벨렛 아
홉 사람은
9 다 다윗의 아들이요 그들의 누이
는 다말이며 이 외에 또 (小室)소
실의 아들이 있었더라

솔로몬 왕의 자손

10 ●솔로몬의 아들은 르호보암이요
그의 아들은 아비야요 그의 아들
은 아사요 그의 아들은 여호사밧
이요
11 그의 아들은 요람이요 그의 아들
은 아하시야요 그의 아들은 요아
스요
12 그의 아들은 아마샤요 그의 아들
은 아사랴요 그의 아들은 요담이
요
13 그의 아들은 아하스요 그의 아들
은 히스기야요 그의 아들은 므낫
세요
14 그의 아들은 아몬이요 그의 아들
은 요시야이며
15 요시야의 아들들은 맏아들 요하난
과 둘째 여호야김과 셋째 시드기
야와 넷째 살룸이요
16 여호야김의 아들들은 그의 아들
여고냐, 그의 아들 시드기야요
17 사로잡혀 간 여고냐의 아들들은
그의 아들 스알디엘과
18 말기람과 브다야와 세낫살과 여가
먀와 호사마와 느다뱌요
19 브다야의 아들들은 스룹바벨과 시
므이요 스룹바벨의 아들은 므술람

과 하나냐와 그의 (妹弟)매제 슬
로밋과
20 또 하수바와 오헬과 베레갸와 하
사다와 유삽헤셋 다섯 사람이요
21 하나냐의 아들은 블라댜와 여사야
요 또 르바야의 아들 아르난의 아
들들, 오바댜의 아들들, 스가냐의
아들들이니
22 스가냐의 아들은 스마야요 스마야
의 아들들은 핫두스와 이갈과 바
리야와 느아랴와 사밧 여섯 사람
이요
23 느아랴의 아들은 에료에내와 히스
기야와 아스리감 세 사람이요
24 에료에내의 아들들은 호다위야와
엘리아십과 블라야와 악굽과 요하
난과 들라야와 아나니 일곱 사람
이더라

유다의 자손

4 유다의 아들들은 베레스와 헤
스론과 갈미와 훌과 소발이라
2 소발의 아들 르아야는 야핫을 낳
고 야핫은 아후매와 라핫을 낳았
으니 이는 소라 사람의 (宗族)종
족이며
3 에담 조상의 자손들은 이스르엘과
이스마와 잇바스와 그들의 (妹弟)
매제 하술렐보니와
4 그돌의 아버지 브누엘과 후사의
아버지 에셀이니 이는 다 베들레
헴의 아버지 에브라다의 맏아들
훌의 소생이며
5 드고아의 아버지 아스훌의 두 아
내는 헬라와 나아라라
6 나아라는 그에게 아훗삼과 헤벨과
데므니와 하아하스다리를 낳아 주
었으니 이는 나아라의 (所生)소생
이요
7 헬라의 아들들은 세렛과 이소할과
에드난이며
8 고스는 아눕과 소베바와 하룸의
아들 아하헬 (宗族)종족들을 낳았
으며
9 야베스는 그의 형제보다 (貴重)귀
중한 자라 그의 어머니가 이름하
여 이르되 야베스라 하였으니 이
는 내가 수고로이 낳았다 함이었
더라
10 야베스가 이스라엘 하나님께 아뢰
어 이르되 주께서 내게 복을 주시
려거든 나의 지역을 넓히시고 주
의 손으로 나를 도우사 나로 (患
難)환난을 벗어나 내게 근심이 없
게 하옵소서 하였더니 하나님이
그가 구하는 것을 허락하셨더라

다른 족보

11 ● 수하의 (兄)형 글룹이 므힐을
낳았으니 므힐은 에스돈의 아버지
요
12 에스돈은 베드라바와 바세아와 이
르나하스의 아버지 드힌나를 낳았
으니 이는 다 레가 사람이며
13 그나스의 아들들은 옷니엘과 스라
야요 옷니엘의 아들은 하닷이며
14 므오노대는 오브라를 낳고 스라
야는 요압을 낳았으니 요압은 게
하라심의 (祖上)조상이라 그들은
(工匠)공장이었더라
15 여분네의 아들 갈렙의 (子孫)자손
은 이루와 엘라와 나암과 엘라의

자손과 그나스요
16 여할렐렐의 아들은 십과 시바와
디리아와 아사렐이요
17 에스라의 아들들은 예델과 메렛과
에벨과 얄론이며 메렛은 미리암과
삼매와 에스드모아의 (祖上)조상
이스바를 낳았으니
18 이는 메렛이 아내로 맞은 바로의
딸 비디아의 아들들이며 또 그의
아내 여후디야는 그돌의 (祖上)조
상 예렛과 소고의 조상 헤벨과 사
노아의 조상 여구디엘을 낳았으며
19 나함의 누이인 호디야의 아내의
아들들은 가미 사람 그일라의 아
버지와 마아가 사람 에스드모아며
20 시몬의 아들들은 암논과 린나와
벤하난과 딜론이요 이시의 아들들
은 소헷과 벤소헷이더라
21 유다의 아들 셀라의 자손은 레가
의 아버지 에르와 마레사의 아버
지 라아다와 (細麻布)세마포 짜는
자의 집 곧 아스베야의 집 종족과
22 또 요김과 고세바 사람들과 요아
스와 모압을 다스리던 사랍과 야
수비네헴이니 이는 다 옛 기록에
(依存)의존한 것이라
23 이 모든 사람은 토기장이가 되어
수풀과 산울 가운데에 거주하는
자로서 거기서 왕과 함께 거주하
면서 (王)왕의 일을 하였더라

시므온의 자손

24 ● 시므온의 아들들은 느무엘과
야민과 야립과 세라와 사울이요
25 사울의 아들은 살룸이요 그의 아
들은 밉삼이요 그의 아들은 미스
마요
26 미스마의 아들은 함무엘이요 그의
아들은 삭굴이요 그의 아들은 시
므이라
27 시므이에게는 아들 열여섯과 딸
여섯이 있으나 그의 형제에게는
자녀가 몇이 못되니 그들의 온 종
족이 유다 자손처럼 (蕃盛)번성하
지 못하였더라
28 시므온 자손이 (居住)거주한 곳은
브엘세바와 몰라다와 하살수알과
29 빌하와 에셈과 돌랏과
30 브두엘과 호르마와 시글락과
31 벧말가봇과 하살수심과 벧비리와
사아라임이니 다윗 왕 때까지 이
모든 성읍이 그들에게 속하였으며
32 그들이 사는 곳은 에담과 아인과
림몬과 도겐과 아산 다섯 (城邑)
성읍이요
33 또 모든 (城邑)성읍 주위에 살던
주민들의 경계가 바알까지 다다랐
으니 시므온 자손의 거주지가 이
러하고 각기 계보가 있더라
34 또 메소밥과 야믈렉과 아마시야의
아들 요사와
35 요엘과 아시엘의 (曾孫)증손 스라
야의 손자 요시비야의 아들 예후
와
36 또 엘료에내와 야아고바와 여소하
야와 아사야와 아디엘과 여시미엘
과 브나야와
37 또 스마야의 오대 손 시므리의 (玄
孫)현손 여다야의 증손 알론의 손
자 시비의 아들은 시사이니
38 여기 기록된 것들은 그들의 종족

과 그들의 가문의 (指導者)지도자
들의 이름이라 그들이 매우 번성
한지라
39 그들이 그들의 양 떼를 위하여 목
장을 구하고자 하여 골짜기 동쪽
그돌 (地境)지경에 이르러
40 기름지고 아름다운 목장을 발견하
였는데 그 땅이 넓고 (安靜)안정
되고 평안하니 이는 옛적부터 거
기에 거주해 온 사람은 함의 자손
인 까닭이라
41 이 명단에 기록된 사람들이 유다
왕 히스기야 때에 가서 그들의 장
막을 쳐서 무찌르고 거기에 있는
모우님 사람을 쳐서 (殄滅)진멸하
고 대신하여 오늘까지 거기에 살
고 있으니 이는 그들의 양 떼를 먹
일 목장이 거기에 있음이며
42 또 시므온 (子孫)자손 중에 오백
명이 이시의 아들 블라댜와 느아
랴와 르바야와 웃시엘을 (頭目)두
목으로 삼고 세일 산으로 가서
43 (避身)피신하여 살아남은 아말렉
사람을 치고 오늘까지 거기에 거
주하고 있더라

르우벤의 자손

5 이스라엘의 장자 르우벤의 아
들들은 이러하니라 르우벤은
장자라도 그의 아버지의 침상을
더럽혔으므로 장자의 (名分)명분
이 이스라엘의 아들 요셉의 자손
에게로 돌아가서 족보에 장자의
명분대로 기록되지 못하였느니라
2 유다는 (兄弟)형제보다 뛰어나고
(主權者)주권자가 유다에게서 났
으나 (長子)장자의 명분은 요셉에
게 있으니라
3 이스라엘의 (長子)장자 르우벤의
아들들은 하녹과 발루와 헤스론과
갈미요
4 요엘의 아들은 스마야요 그의 아
들은 곡이요 그의 아들은 시므이
요
5 그의 아들은 미가요 그의 아들은
르아야요 그의 아들은 바알이요
6 그의 아들은 브에라이니 그는 르
우벤 자손의 (指導者)지도자로서
앗수르 왕 디글랏빌레셀에게 사로
잡힌 자라
7 그의 형제가 종족과 (系譜)계보대
로 우두머리 된 자는 여이엘과 스
가랴와
8 벨라니 벨라는 아사스의 아들이요
세마의 손자요 요엘의 (曾孫)증손
이라 그가 아로엘에 살면서 느보
와 바알므온까지 다다랐고
9 또 동으로 가서 거주하면서 유브
라데 강에서부터 광야 지경까지
다다랐으니 이는 길르앗 땅에서
그 가축이 (蕃殖)번식함이라
10 사울 왕 때에 그들이 하갈 사람과
더불어 싸워 손으로 쳐죽이고 길
르앗 동쪽 온 땅에서 (帳幕)장막
에 거주하였더라

갓의 자손

11 ●갓 자손은 르우벤 사람을 마주
(對)대하여 바산 땅에 거주하면서
살르가까지 다다랐으니
12 우두머리는 요엘이요 다음은 사밤
이요 또 야내와 바산에 산 사밧이

요
13 그 조상의 (家門)가문의 형제들은
미가엘과 므술람과 세바와 요래와
야간과 시아와 에벨 일곱 명이니
14 이는 다 아비하일의 아들들이라
아비하일은 후리의 아들이요 야로
아의 (孫子)손자요 길르앗의 증손
이요 미가엘의 현손이요 여시새의
오대 손이요 야도의 육대 손이요
부스의 칠대 손이며
15 또 구니의 (孫子)손자 압디엘의
아들 아히가 우두머리가 되었고
16 그들이 바산 길르앗과 그 마을과
사론의 모든 들에 (居住)거주하여
그 사방 변두리에 다다랐더라
17 (以上)이상은 유다 왕 요담 때와
이스라엘 왕 여로보암 때에 (族
譜)족보에 기록되었더라

므낫세 반 지파의 용사

18 ●르우벤 자손과 갓 사람과 므낫
세 반 지파에서 나가 싸울 만한
(勇士)용사 곧 능히 방패와 칼을
들며 활을 당겨 싸움에 익숙한 자
는 사만 사천칠백육십 명이라
19 그들이 하갈 사람과 여두르와 나
비스와 노답과 싸우는 중에
20 도우심을 입었으므로 하갈 사람과
그들과 함께 있는 자들이 다 그들
의 손에 패하였으니 이는 그들이
싸울 때에 하나님께 (依賴)의뢰하
고 부르짖으므로 하나님이 그들에
게 응답하셨음이라
21 그들이 (對敵)대적의 짐승 곧 낙
타 오만 마리와 양 이십오만 마리
와 나귀 이천 마리를 빼앗으며 사
람 십만 명을 사로잡았고
22 죽임을 당한 자가 많았으니 이 싸
움이 하나님께로 말미암았음이라
그들이 그들의 땅에 (居住)거주하
여 사로잡힐 때까지 이르렀더라

므낫세 반 지파의 자손들

23 ●므낫세 반 지파 자손들이 그 땅
에 거주하면서 그들이 (蕃盛)번성
하여 바산에서부터 바알헤르몬과
스닐과 헤르몬 산까지 다다랐으며
24 그들의 족장은 에벨과 이시와 엘
리엘과 아스리엘과 예레미야와 호
다위야와 야디엘이며 다 (勇敢)용
감하고 유명한 족장이었더라

므낫세 반 지파의 추방

25 ●그들이 그들의 조상들의 하나
님께 범죄하여 하나님이 그들 앞
에서 (滅)멸하신 그 땅 백성의 신
들을 (姦淫)간음하듯 섬긴지라
26 그러므로 이스라엘 하나님이 앗수
르 왕 불의 마음을 일으키시며 앗
수르 왕 디글랏빌레셀의 마음을
일으키시매 곧 르우벤과 갓과 므
낫세 (半)반 지파를 사로잡아 할
라와 하볼과 하라와 고산 강 가에
옮긴지라 그들이 오늘까지 거기에
있으니라

레위의 가계

6 레위의 아들들은 게르손과 그
핫과 므라리요
2 그핫의 아들들은 아므람과 이스할
과 헤브론과 웃시엘이요
3 아므람의 (子女)자녀는 아론과 모
세와 미리암이요 아론의 자녀는
나답과 아비후와 엘르아살과 이다

말이며
4 엘르아살은 비느하스를 낳고 비느
하스는 아비수아를 낳고
5 아비수아는 북기를 낳고 북기는
웃시를 낳고
6 웃시는 스라히야를 낳고 스라히야
는 므라욧을 낳고
7 므라욧은 아마랴를 낳고 아마랴는
아히둡을 낳고
8 아히둡은 사독을 낳고 사독은 아
히마아스를 낳고
9 아히마아스는 아사랴를 낳고 아사
랴는 요하난을 낳고
10 요하난은 아사랴를 낳았으니 이
아사랴는 솔로몬이 예루살렘에 세
운 성전에서 제사장의 (職分)직분
을 행한 자이며
11 아사랴는 아마랴를 낳고 아마랴는
아히둡을 낳고
12 아히둡은 사독을 낳고 사독은 살
룸을 낳고
13 살룸은 힐기야를 낳고 힐기야는
아사랴를 낳고
14 아사랴는 스라야를 낳고 스라야는
여호사닥을 낳았으며
15 여호와께서 느부갓네살의 손으로
유다와 예루살렘 (百姓)백성을 옮
기실 때에 여호사닥도 가니라

레위의 자손

16 ● 레위의 아들들은 게르손과 그
핫과 므라리이며
17 게르손의 아들들의 이름은 이러하
니 립니와 시므이요
18 그핫의 아들들은 아므람과 이스할
과 헤브론과 웃시엘이요
19 므라리의 아들들은 말리와 무시라
그 조상에 따라 레위의 (宗族)종
족은 이러하니
20 게르손에게서 난 자는 곧 그의 아
들 립니요 그의 아들은 야핫이요
그의 아들은 심마요
21 그의 아들은 요아요 그의 아들은
잇도요 그의 아들은 세라요 그의
아들은 여아드래이며
22 그핫에게서 난 자는 곧 그 아들은
암미나답이요 그의 아들은 고라요
그의 아들은 앗실이요
23 그의 아들은 엘가나요 그의 아들
은 에비아삽이요 그의 아들은 앗
실이요
24 그의 아들은 다핫이요 그의 아들
은 우리엘이요 그의 아들은 웃시
야요 그의 아들은 사울이라
25 엘가나의 아들들은 아마새와 아히
못이라
26 엘가나로 말하면 그의 (子孫)자손
은 이러하니 그의 아들은 소배요
그의 아들은 나핫이요
27 그의 아들은 엘리압이요 그의 아
들은 여로함이요 그의 아들은 엘
가나라
28 사무엘의 아들들은 맏아들 요엘이
요 다음은 아비야라
29 므라리에게서 난 자는 말리요 그
의 아들은 립니요 그의 아들은 시
므이요 그의 아들은 웃사요
30 그의 아들은 시므아요 그의 아들
은 학기야요 그의 아들은 아사야
더라

회막 앞에서 찬송하는 사람들

31 ●(言約櫃)언약궤가 평안을 얻었
을 때에 다윗이 여호와의 성전에
서 찬송하는 직분을 맡긴 자들은
아래와 같았더라
32 솔로몬이 예루살렘에서 여호와
의 성전을 세울 때까지 그들이 (會
幕)회막 앞에서 찬송하는 일을 행
하되 그 계열대로 직무를 행하였
더라
33 (職務)직무를 행하는 자와 그의
아들들은 이러하니 그핫의 자손
중에 헤만은 찬송하는 자라 그는
요엘의 아들이요 요엘은 사무엘의
아들이요
34 사무엘은 엘가나의 아들이요 엘가
나는 여로함의 아들이요 여로함은
엘리엘의 아들이요 엘리엘은 도아
의 아들이요
35 도아는 숩의 아들이요 숩은 엘가
나의 아들이요 엘가나는 마핫의
아들이요 마핫은 아마새의 아들이
요
36 아마새는 엘가나의 아들이요 엘가
나는 요엘의 아들이요 요엘은 아
사랴의 아들이요 아사랴는 스바냐
의 아들이요
37 스바냐는 다핫의 아들이요 다핫은
앗실의 아들이요 앗실은 에비아
삽의 아들이요 에비아삽은 고라의
아들이요
38 고라는 이스할의 아들이요 이스
할은 그핫의 아들이요 그핫은 레
위의 아들이요 레위는 이스라엘의
아들이라
39 헤만의 형제 아삽은 헤만의 오른
쪽에서 (職務)직무를 행하였으니
그는 베레갸의 아들이요 베레갸는
시므아의 아들이요
40 시므아는 미가엘의 아들이요 미가
엘은 바아세야의 아들이요 바아세
야는 말기야의 아들이요
41 말기야는 에드니의 아들이요 에드
니는 세라의 아들이요 세라는 아
다야의 아들이요
42 아다야는 에단의 아들이요 에단은
심마의 아들이요 심마는 시므이의
아들이요
43 시므이는 야핫의 아들이요 야핫은
게르손의 아들이요 게르손은 레위
의 아들이며
44 그들의 (兄弟)형제 므라리의 자
손 중 그의 왼쪽에서 직무를 행하
는 자는 에단이라 에단은 기시의
아들이요 기시는 압디의 아들이요
압디는 말룩의 아들이요
45 말룩은 하사뱌의 아들이요 하사뱌
는 아마시야의 아들이요 아마시야
는 힐기야의 아들이요
46 힐기야는 암시의 아들이요 암시는
바니의 아들이요 바니는 세멜의
아들이요
47 세멜은 말리의 아들이요 말리는
무시의 아들이요 무시는 므라리의
아들이요 므라리는 레위의 아들이
며
48 그들의 형제 레위 사람들은 하나
님의 집 (帳幕)장막의 모든 일을
맡았더라

아론의 자손

49 ●아론과 그의 자손들은 번제단

과 향단 위에 분향하며 제사를 드
리며 지성소의 모든 일을 하여 하
나님의 종 모세의 모든 명령대로
이스라엘을 위하여 (贖罪)속죄하
니
50 아론의 (子孫)자손들은 이러하니
라 그의 아들은 엘르아살이요 그
의 아들은 비느하스요 그의 아들
은 아비수아요
51 그의 아들은 북기요 그의 아들은
웃시요 그의 아들은 스라히야요
52 그의 아들은 므라욧이요 그의 아
들은 아마랴요 그의 아들은 아히
둡이요
53 그의 아들은 사독이요 그의 아들
은 아히마아스이더라

레위 사람의 정착지

54 ●그들의 (居住)거주한 곳은 사방
지계 안에 있으니 그들의 마을은
아래와 같으니라 아론 자손 곧 그
핫 종족이 먼저 제비 뽑았으므로
55 그들에게 유다 땅의 헤브론과 그
사방 (草原)초원을 주었고
56 그러나 그 (城)성의 밭과 마을은
여분네의 아들 갈렙에게 주었으며
57 아론 자손에게 (逃避城)도피성을
주었으니 헤브론과 립나와 그 초
원과 얏딜과 에스드모아와 그 초
원과
58 힐렌과 그 (草原)초원과 드빌과
그 초원과
59 아산과 그 초원과 벧세메스와 그
초원이며
60 또 베냐민 (支派)지파 중에서는
게바와 그 초원과 알레멧과 그 초
원과 아나돗과 그 초원을 주었으
니 그들의 종족이 얻은 성이 모두
열셋이었더라
61 ●그핫 자손의 남은 자에게는 절
반 (支派)지파 즉 므낫세 반 지파
종족 중에서 제비 뽑아 열 성읍을
주었고
62 게르손 자손에게는 그들의 종족대
로 잇사갈 지파와 아셀 지파와 납
달리 지파와 바산에 있는 므낫세
지파 중에서 열세 성읍을 주었고
63 므라리 (子孫)자손에게는 그 종족
대로 르우벤 지파와 갓 지파와 스
불론 지파 중에서 제비 뽑아 열두
성읍을 주었더라
64 이스라엘 자손이 이 모든 성읍과
그 (牧草地)목초지를 레위 자손에
게 주되
65 유다 자손의 지파와 시므온 자손
의 지파와 베냐민 자손의 지파 중
에서 이 위에 (記錄)기록한 여러
성읍을 제비 뽑아 주었더라
66 ●그핫 자손의 몇 종족은 에브라
임 지파 중에서 성읍을 얻어 (領
土)영토를 삼았으며
67 또 그들에게 (逃避城)도피성을 주
었으니 에브라임 산중 세겜과 그
초원과 게셀과 그 초원과
68 욕므암과 그 (草原)초원과 벧호론
과 그 초원과
69 아얄론과 그 초원과 가드림몬과
그 초원이며
70 또 그핫 자손의 남은 종족에게는
므낫세 반 (支派)지파 중에서 아
넬과 그 초원과 빌르암과 그 초원

을 주었더라
71 ●게르손 (子孫)자손에게는 므낫
세 반 지파 종족 중에서 바산의 골
란과 그 초원과 아스다롯과 그 초
원을 주고
72 또 잇사갈 지파 중에서 게데스와
그 (草原)초원과 다브랏과 그 초
원과
73 라못과 그 초원과 아넴과 그 초원
을 주고
74 아셀 (支派)지파 중에서 마살과
그 초원과 압돈과 그 초원과
75 후곡과 그 (草原)초원과 르홉과
그 초원을 주고
76 납달리 지파 중에서 갈릴리의 게
데스와 그 초원과 함몬과 그 초원
과 기랴다임과 그 초원을 주니라
77 ●므라리 자손의 남은 자에게는
스불론 지파 중에서 림모노와 그
초원과 다볼과 그 초원을 주었고
78 또 요단 건너 동쪽 곧 여리고 맞은
편 르우벤 지파 중에서 (曠野)광
야의 베셀과 그 초원과 야사와 그
초원과
79 그데못과 그 (草原)초원과 메바앗
과 그 초원을 주었고
80 또 갓 (支派)지파 중에서 길르앗
의 라못과 그 초원과 마하나임과
그 초원과
81 헤스본과 그 (草原)초원과 야셀과
그 초원을 주었더라

잇사갈의 자손

7 잇사갈의 아들들은 돌라와 부
아와 야숩과 시므론 네 사람이
며
2 돌라의 아들들은 웃시와 르바야와
여리엘과 야매와 입삼과 스므엘이
니 다 그의 아버지 돌라의 집 우두
머리라 대대로 (勇士)용사이더니
다윗 때에 이르러는 그 수효가 이
만 이천육백 명이었더라
3 웃시의 아들은 이스라히야요 이스
라히야의 아들들은 미가엘과 오바
댜와 요엘과 잇시야 다섯 사람이
모두 우두머리며
4 그들과 함께 있는 자는 그 계보와
종족대로 능히 (出戰)출전할 만한
군대가 삼만 육천 명이니 이는 그
처자가 많기 때문이며
5 그의 형제 잇사갈의 모든 종족은
다 용감한 장사라 그 전체를 (計
數)계수하면 팔만 칠천 명이었더
라

베냐민의 자손

6 ●베냐민의 아들들은 벨라와 베
겔과 여디아엘 세 사람이며
7 벨라의 아들들은 에스본과 우시와
웃시엘과 여리못과 이리 다섯 사
람이니 다 그 집의 우두머리요 큰
용사라 그 (系譜)계보대로 계수하
면 이만 이천삼십사 명이며
8 베겔의 아들들은 스미라와 요아스
와 엘리에셀과 엘료에내와 오므리
와 여레못과 아비야와 아나돗과
알레멧이니 베겔의 아들들은 모두
이러하며
9 그들은 다 그 집의 우두머리요 용
감한 (壯士)장사라 그 자손을 계
보에 의해 계수하면 이만 이백 명
이며

10 여디아엘의 아들은 빌한이요 빌한
의 아들들은 여우스와 베냐민과
에훗과 그나아나와 세단과 다시스
와 아히사할이니
11 이 여디아엘의 아들들은 모두 그
집의 우두머리요 큰 (勇士)용사라
그들의 자손 중에 능히 출전할 만
한 자가 만 칠천이백 명이며
12 일의 아들은 숩빔과 훕빔이요 아
헬의 아들은 후심이더라

납달리의 자손

13 ● 납달리의 아들들은 야시엘과
구니와 예셀과 살룸이니 이는 빌
하의 (孫子)손자더라

므낫세의 자손

14 ● 므낫세의 아들들은 그의 아내
가 낳아 준 아스리엘과 그의 (小
室)소실 아람 여인이 낳아 준 길
르앗의 아버지 마길이니
15 마길은 훕빔과 숩빔의 누이 마아
가라 하는 이에게 장가 들었더라
므낫세의 둘째 아들의 이름은 슬
로브핫이니 슬로브핫은 딸들만 낳
았으며
16 마길의 아내 마아가는 아들을 낳
아 그의 이름을 베레스라 하였으
며 그의 아우의 이름은 세레스이
며 세레스의 아들들은 울람과 라
겜이요
17 울람의 아들들은 브단이니 이는
다 길르앗의 (子孫)자손이라 길르
앗은 마길의 아들이요 므낫세의
손자이며
18 그의 누이 함몰레겟은 이스훗과
아비에셀과 말라를 낳았고
19 스미다의 아들들은 아히안과 세겜
과 릭히와 아니암이더라

에브라임의 자손

20 ● 에브라임의 아들은 수델라요
그의 아들은 베렛이요 그의 아들
은 다핫이요 그의 아들은 엘르아
다요 그의 아들은 다핫이요
21 그의 아들은 사밧이요 그의 아들
은 수델라며 그가 또 에셀과 엘르
앗을 낳았으나 그들이 가드 (原住
民)원주민에게 죽임을 당하였으
니 이는 그들이 내려가서 가드 사
람의 짐승을 빼앗고자 하였음이라
22 그의 아버지 에브라임이 여러 날
슬퍼하므로 그의 형제가 가서 (慰
勞)위로하였더라
23 그리고 에브라임이 그의 아내와
동침하매 (妊娠)임신하여 아들을
낳으니 그 집이 재앙을 받았으므
로 그의 이름을 브리아라 하였더
라
24 에브라임의 딸은 세에라이니 그가
아래 윗 성 벧호론과 우센세에라
를 (建設)건설하였더라
25 브리아의 아들들은 레바와 레셉이
요 레셉의 아들은 델라요 그의 아
들은 다한이요
26 그의 아들은 라단이요 그의 아들
은 암미훗이요 그의 아들은 엘리
사마요
27 그의 아들은 눈이요 그의 아들은
여호수아더라
28 ● 에브라임 자손의 (土地)토지와
거주지는 벧엘과 그 주변 마을이
요 동쪽으로는 나아란이요 서쪽에

는 게셀과 그 주변 마을이며 또 세
겜과 그 주변 마을이니 아사와 그
주변 마을까지이며
29 또 므낫세 자손의 (地界)지계에
가까운 벧스안과 그 주변 마을과
다아낙과 그 주변 마을과 므깃도
와 그 주변 마을과 돌과 그 주변
마을이라 이스라엘의 아들 요셉의
자손이 이 여러 곳에 거하였더라

아셀의 자손

30 ●아셀의 아들들은 임나와 이스
와와 이스위와 브리아요 그들의
(妹弟)매제는 세라이며
31 브리아의 아들들은 헤벨과 말기엘
이니 말기엘은 비르사잇의 아버지
이며
32 헤벨은 야블렛과 소멜과 호담과
그들의 매제 수아를 낳았으며
33 야블렛의 아들들은 바삭과 빔할과
아스왓이니 야블렛의 아들은 이러
하며
34 소멜의 아들들은 아히와 로가와
호바와 아람이요
35 그의 아우 헬렘의 아들들은 소바
와 임나와 셀레스와 아말이요
36 소바의 아들들은 수아와 하르네벨
과 수알과 베리와 이므라와
37 베셀과 홋과 사마와 실사와 이드
란과 브에라요
38 예델의 아들들은 여분네와 비스바
와 아라요
39 울라의 아들들은 아라와 한니엘과
리시아이니
40 이는 다 아셀의 자손으로 우두머
리요 정선된 용감한 장사요 (方
伯)방백의 우두머리라 출전할 만
한 자를 그들의 계보대로 계수하
면 이만 육천 명이었더라

베냐민의 자손

8 베냐민이 낳은 자는 맏아들 벨
라와 둘째 아스벨과 셋째 아하
라와
2 넷째 노하와 다섯째 라바이며
3 벨라에게 아들들이 있으니 곧 앗
달과 게라와 아비훗과
4 아비수아와 나아만과 아호아와
5 게라와 스부반과 후람이라
6 에훗의 아들들은 이러하니라 그들
은 게바 (住民)주민의 우두머리로
서, 사로잡혀 마나핫으로 갔으니
7 곧 나아만과 아히야와 게라이며
게라는 또 웃사와 아히훗을 낳았
으며
8 사하라임은 두 아내 후심과 바아
라를 내 보낸 (後)후에 모압 땅에
서 자녀를 낳았으니
9 그의 아내 호데스에게서 낳은 자
는 요밥과 시비야와 메사와 말감
과
10 여우스와 사갸와 미르마이니 이
아들들은 우두머리이며
11 또 그의 아내 후심에게서 아비둡
과 엘바알을 낳았으며
12 엘바알의 아들들은 에벨과 미삼과
세멧이니 그는 오노와 롯과 그 (周
邊)주변 마을들을 세웠고
13 또 브리아와 세마이니 그들은 아
얄론 (住民)주민의 우두머리가 되
어 그들이 가드 주민을 쫓아냈더
라

14 아히요와 사삭과 여레못과
15 스바댜와 아랏과 에델과
16 미가엘과 이스바와 요하는 다 브
리아의 아들들이요
17 스바댜와 므술람과 히스기와 헤벨
과
18 이스므래와 이슬리아와 요밥은 다
엘바알의 아들들이요
19 야김과 시그리와 삽디와
20 엘리에내와 실르대와 엘리엘과
21 아다야와 브라야와 시므랏은 다
시므이의 아들들이요
22 이스반과 에벨과 엘리엘과
23 압돈과 시그리와 하난과
24 하나냐와 엘람과 안도디야와
25 이브드야와 브누엘은 다 사삭의
아들들이요
26 삼스래와 스하랴와 아달랴와
27 야아레시야와 엘리야와 시그리는
다 여로함의 아들들이니
28 그들은 다 (家門)가문의 우두머리
이며 그들의 족보의 우두머리로서
예루살렘에 거주하였더라

기브온과 예루살렘의 베냐민 사람들

29 ● 기브온의 (祖上)조상 여이엘은
기브온에 거주하였으니 그 아내의
이름은 마아가며
30 (長子)장자는 압돈이요 다음은 술
과 기스와 바알과 나답과
31 그돌과 아히오와 세겔이며
32 미글롯은 시므아를 낳았으며 그들
은 친족들과 더불어 마주하고 예
루살렘에 (居住)거주하였더라
33 넬은 기스를 낳고 기스는 사울을
낳고 사울은 요나단과 말기수아와
아비나답과 에스바알을 낳았으며
34 요나단의 아들은 므립바알이라 므
립바알은 미가를 낳았고
35 미가의 아들들은 비돈과 멜렉과
다레아와 아하스이며
36 아하스는 여호앗다를 낳고 여호앗
다는 알레멧과 아스마웻과 시므리
를 낳고 시므리는 모사를 낳고
37 모사는 비느아를 낳았으며 비느아
의 아들은 라바요 그의 아들은 엘
르아사요 그의 아들은 아셀이며
38 아셀에게 여섯 아들이 있어 그들
의 이름은 이러하니 아스리감과
보그루와 이스마엘과 스아랴와 오
바댜와 하난이라 아셀의 모든 아
들이 이러하며
39 그의 아우 에섹의 아들은 이러하
니 그의 맏아들은 울람이요 둘째
는 여우스요 셋째는 엘리벨렛이며
40 울람의 아들은 다 용감한 장사요
활을 잘 쏘는 자라 아들과 손자가
많아 모두 백오십 명이었더라 베
냐민의 (子孫)자손들은 이러하였
더라

포로 생활에서 돌아온 백성

9 온 이스라엘이 그 계보대로 (計
數)계수되어 그들은 이스라엘
왕조실록에 기록되니라 유다가 범
죄함으로 말미암아 바벨론으로 사
로잡혀 갔더니
2 그들의 땅 안에 있는 성읍에 처음
으로 거주한 이스라엘 사람들은
(祭司長)제사장들과 레위 사람들
과 느디님 사람들이라
3 유다 (子孫)자손과 베냐민 자손과

에브라임과 므낫세 자손 중에서
예루살렘에 거주한 자는
4 유다의 아들 베레스 자손 중에 우
대이니 그는 암미훗의 아들이요
오므리의 손자요 이므리의 증손이
요 바니의 (玄孫)현손이며
5 실로 사람 중에서는 맏아들 아사
야와 그의 아들들이요
6 세라 자손 중에서는 여우엘과 그
(兄弟)형제 육백구십 명이요
7 베냐민 (子孫)자손 중에서는 핫스
누아의 증손 호다위아의 손자 므
술람의 아들 살루요
8 여로함의 아들 이브느야와 미그리
의 (孫子)손자 웃시의 아들 엘라
요 이브니야의 증손 르우엘의 손
자 스바댜의 아들 무술람이요
9 또 그의 형제들이라 그들의 계보
대로 (計數)계수하면 구백오십육
명이니 다 종족의 가문의 우두머
리들이더라

예루살렘에 정착한 제사장들

10 ● (祭司長)제사장 중에서는 여다
야와 여호야립과 야긴과
11 하나님의 (聖殿)성전을 맡은 자
아사랴이니 그는 힐기야의 아들이
요 므술람의 손자요 사독의 증손
이요 므라욧의 현손이요 아히둡의
오대손이며
12 또 아다야이니 그는 여로함의 아
들이요 바스훌의 손자요 말기야
의 증손이며 또 마아새니 그는 아
디엘의 아들이요 야세라의 손자요
므술람의 (曾孫)증손이요 므실레
밋의 현손이요 임멜의 오대손이며
13 또 그의 형제들이니 종족의 가문
의 우두머리라 하나님의 성전의
(任務)임무를 수행할 힘있는 자는
모두 천칠백육십 명이더라

예루살렘에 정착한 레위 사람들

14 ● 레위 사람 중에서는 므라리 (子
孫)자손 스마야이니 그는 핫숩의
아들이요 아스리감의 손자요 하사
뱌의 증손이며
15 또 박박갈과 헤레스와 갈랄과 맛
다냐이니 그는 미가의 아들이요
시그리의 손자요 아삽의 (曾孫)증
손이며
16 또 오바댜이니 그는 스마야의 아
들이요 갈랄의 손자요 여두둔의
증손이며 또 베레갸이니 그는 아
사의 아들이요 엘가나의 손자라
느도바 사람의 마을에 (居住)거주
하였더라

예루살렘에 정착한 회막 문지기

17 ● 문지기는 살룸과 악굽과 달몬
과 아히만과 그의 (兄弟)형제들이
니 살룸은 그 우두머리라
18 이 사람들은 전에 왕의 문 동쪽 곧
레위 자손의 (陣營)진영의 문지기
이며
19 고라의 증손 에비아삽의 손자 고
레의 아들 살룸과 그의 종족 형제
곧 고라의 자손이 (隨從)수종 드
는 일을 맡아 성막 문들을 지켰으
니 그들의 조상들도 여호와의 진
영을 맡고 출입문을 지켰으며
20 여호와께서 함께 하신 엘르아살의
아들 비느하스가 옛적에 그의 무
리를 거느렸고

21 므셀레먀의 아들 스가랴는 (會幕)
회막 문지기가 되었더라
22 택함을 입어 문지기 된 자가 모두
이백열두 명이니 이는 그들의 마
을에서 그들의 (系譜)계보대로 계
수된 자요 다윗과 선견자 사무엘
이 전에 세워서 이 직분을 맡긴 자
라
23 그들과 그들의 자손이 그 (順次)
순차를 좇아 여호와의 성전 곧 성
막 문을 지켰는데
24 이 문지기가 동, 서, 남, 북 (四方)
사방에 섰고
25 그들의 마을에 있는 (兄弟)형제들
은 이레마다 와서 그들과 함께 있
으니
26 이는 문지기의 우두머리 된 레위
사람 넷이 (重要)중요한 직분을
맡아 하나님의 성전 모든 방과 곳
간을 지켰음이라
27 그들은 하나님의 성전을 맡은 직
분이 있으므로 성전 (周圍)주위에
서 밤을 지내며 아침마다 문을 여
는 책임이 그들에게 있었더라

나머지 레위 사람들

28 ●그 중에 어떤 자는 섬기는 데
쓰는 기구를 맡아서 그 (數爻)수
효대로 들여가고 수효대로 내오며
29 또 어떤 자는 성소의 기구와 모든
그릇과 고운 가루와 포도주와 기
름과 (油香)유향과 향품을 맡았으
며
30 또 제사장의 아들 중의 어떤 자는
(香品)향품으로 향기름을 만들었
으며
31 고라 자손 살룸의 맏아들 맛디댜
라 하는 레위 사람은 (煎餠)전병
을 굽는 일을 맡았으며
32 또 그의 형제 그핫 자손 중에 어떤
자는 (陳設)진설하는 떡을 맡아
안식일마다 준비하였더라
33 ●또 찬송하는 자가 있으니 곧 레
위 우두머리라 그들은 골방에 거
주하면서 주야로 자기 직분에 (專
念)전념하므로 다른 일은 하지 아
니하였더라
34 그들은 다 레위 가문의 우두머리
이며 그들의 (族譜)족보의 우두머
리로서 예루살렘에 거주하였더라

사울의 족보(대상 8:29-38)

35 ●기브온의 (祖上)조상 여이엘은
기브온에 거주하였으니 그의 아내
의 이름은 마아가라
36 그의 맏아들은 압돈이요 다음은
술과 기스와 바알과 넬과 나답과
37 그돌과 아히오와 스가랴와 미글롯
이며
38 미글롯은 시므암을 낳았으니 그들
은 그들의 친족들과 더불어 마주
하고 예루살렘에 (居住)거주하였
더라
39 넬은 기스를 낳고 기스는 사울을
낳고 사울은 요나단과 말기수아와
아비나답과 에스바알을 낳았으며
40 요나단의 아들은 므립바알이라 므
립바알은 미가를 낳았고
41 미가의 아들들은 비돈과 멜렉과
다레아와 아하스이며
42 아하스는 야라를 낳고 야라는 알
레멧과 아스마웻과 시므리를 낳

고 시므리는 모사를 낳고
43 모사는 비느아를 낳았으며 비느아
의 아들은 르바야요 그의 아들은
엘르아사요 그의 아들은 아셀이며
44 아셀이 여섯 아들이 있으니 그들
의 이름은 아스리감과 보그루와
이스마엘과 스아랴와 오바댜와 하
난이라 아셀의 아들들이 이러하였
더라

사울 왕이 죽다(삼상 31:1-13)

10 블레셋 사람들과 이스라엘
이 싸우더니 이스라엘 사람
들이 블레셋 사람들 앞에서 (逃
亡)도망하다가 길보아 산에서 죽
임을 당하여 엎드러지니라
2 블레셋 사람들이 사울과 그 아들
들을 (追擊)추격하여 블레셋 사람
들이 사울의 아들 요나단과 아비
나답과 말기수아를 죽이고
3 사울을 맹렬히 치며 활 쏘는 자가
사울에게 따라 미치매 사울이 그
쏘는 자로 말미암아 심히 (多急)
다급하여
4 사울이 자기의 (武器)무기를 가진
자에게 이르되 너는 칼을 빼어 그
것으로 나를 찌르라 할례 받지 못
한 자들이 와서 나를 욕되게 할까
두려워하노라 그러나 그의 무기를
가진 자가 심히 두려워하여 행하
기를 원하지 아니하매 사울이 자
기 칼을 뽑아서 그 위에 엎드러지
니
5 무기 가진 자가 사울이 죽는 것을
보고 (自己)자기도 칼에 엎드러져
죽으니라
6 이와 같이 사울과 그의 세 아들과
그 온 집안이 함께 죽으니라
7 ●골짜기에 있는 모든 이스라엘
사람이 그들의 (逃亡)도망한 것과
사울과 그의 아들들이 다 죽은 것
을 보고 그 성읍들을 버리고 도망
하매 블레셋 사람들이 와서 거기
에 거주하니라
8 이튿날에 블레셋 사람들이 와서
죽임을 당한 자의 옷을 벗기다
가 사울과 그의 아들들이 길보아
(山)산에 엎드러졌음을 보고
9 곧 사울의 옷을 벗기고 그의 머리
와 갑옷을 가져다가 사람을 블레
셋 땅 사방에 보내 모든 이방 신전
과 그 백성에게 (消息)소식을 전
하고
10 사울의 갑옷을 그들의 (神殿)신전
에 두고 그의 머리를 다곤의 신전
에 단지라
11 길르앗야베스 모든 사람이 블레셋
사람들이 사울에게 (行)행한 모든
일을 듣고
12 (勇士)용사들이 다 일어나서 사울
의 시체와 그의 아들들의 시체를
거두어 야베스로 가져다가 그 곳
상수리나무 아래에 그 해골을 장
사하고 칠 일간 금식하였더라
13 사울이 죽은 것은 여호와께 범죄
하였기 때문이라 그가 여호와의
말씀을 지키지 아니하고 또 (神
接)신접한 자에게 가르치기를 청
하고
14 여호와께 묻지 아니하였으므로 여
호와께서 그를 죽이시고 그 나라

를 이새의 아들 다윗에게 넘겨 주
셨더라

다윗이 이스라엘과 유다의 왕이 되다
(삼하 5:1-10)

11 온 이스라엘이 헤브론에 모
여 다윗을 보고 이르되 우리
는 왕의 가까운 (血族)혈족이니이
다
2 전에 곧 사울이 왕이 되었을 때에
도 이스라엘을 거느리고 출입하
게 한 자가 왕이시었고 왕의 하나
님 여호와께서도 왕에게 말씀하시
기를 네가 내 백성 이스라엘의 목
자가 되며 내 백성 이스라엘의 (主
權者)주권자가 되리라 하셨나이
다 하니라
3 이에 이스라엘의 모든 (長老)장로
가 헤브론에 있는 왕에게로 나아
가니 헤브론에서 다윗이 그들과
여호와 앞에 (言約)언약을 맺으매
그들이 다윗에게 기름을 부어 이
스라엘의 왕으로 삼으니 여호와께
서 사무엘을 통하여 전하신 말씀
대로 되었더라
4 ●다윗이 온 이스라엘과 더불어
예루살렘 곧 여부스에 이르니 여
부스 땅의 (住民)주민들이 거기에
거주하였더라
5 여부스 (原住民)원주민이 다윗에
게 이르기를 네가 이리로 들어오
지 못하리라 하나 다윗이 시온 산
성을 빼앗았으니 이는 다윗 성이
더라
6 다윗이 이르되 먼저 여부스 사람
을 치는 자는 우두머리와 (指揮
官)지휘관으로 삼으리라 하였더
니 스루야의 아들 요압이 먼저 올
라갔으므로 우두머리가 되었고
7 다윗이 그 (山城)산성에 살았으므
로 무리가 다윗 성이라 불렀으며
8 다윗이 밀로에서부터 두루 성을
쌓았고 그 성의 나머지는 요압이
(重修)중수하였더라
9 만군의 여호와께서 함께 계시니
다윗이 점점 (强盛)강성하여 가니
라

다윗의 용사들(삼하 23:8-39)

10 ●다윗에게 있는 (勇士)용사의 우
두머리는 이러하니라 이 사람들이
온 이스라엘과 더불어 다윗을 힘
껏 도와 나라를 얻게 하고 그를 세
워 왕으로 삼았으니 이는 여호와
께서 이스라엘에 대하여 이르신
말씀대로 함이었더라
11 다윗에게 있는 (勇士)용사의 (數
爻)수효가 이러하니라 학몬 사람
의 아들 야소브암은 삼십 명의 우
두머리라 그가 (槍)창을 들어 한
꺼번에 삼백 명을 죽였고
12 그 다음은 아호아 사람 도도의 아
들 엘르아살이니 세 (勇士)용사
중 하나이라
13 그가 바스담밈에서 다윗과 함께
있었더니 블레셋 사람들이 그 곳
에 모여와서 치니 거기에 보리가
많이 난 밭이 있더라 백성들이 블
레셋 사람들 앞에서 (逃亡)도망하
되
14 그가 그 밭 가운데에 서서 그 밭을
보호하여 블레셋 사람들을 죽였으

니 여호와께서 큰 (救援)구원으로
구원하심이었더라
15 ● 삼십 우두머리 중 세 사람이 바
위로 내려가서 아둘람 굴 다윗에
게 이를 때에 블레셋 (軍隊)군대
가 르바임 골짜기에 진 쳤더라
16 그 때에 다윗은 (山城)산성에 있
고 블레셋 사람들의 진영은 베들
레헴에 있는지라
17 다윗이 (渴望)갈망하여 이르되 베
들레헴 성문 곁 우물 물을 누가 내
게 마시게 할꼬 하매
18 이 세 사람이 블레셋 사람들의 (軍
隊)군대를 돌파하고 지나가서 베
들레헴 (城門)성문 곁 우물 물을
길어가지고 다윗에게로 왔으나 다
윗이 마시기를 기뻐하지 아니하고
그 물을 여호와께 부어드리고
19 이르되 내 하나님이여 내가 결단
코 이런 일을 하지 아니하리이다
(生命)생명을 돌아보지 아니하고
갔던 이 사람들의 피를 어찌 마시
리이까 하고 그들이 자기 생명도
돌보지 아니하고 이것을 가져왔으
므로 그것을 마시기를 원하지 아
니하니라 세 용사가 이런 일을 행
하였더라
20 ● 요압의 아우 아비새는 그 세 명
중 우두머리라 그가 (槍)창을 휘
둘러 삼백 명을 죽이고 그 세 명
가운데에 이름을 얻었으니
21 그는 둘째 세 (名)명 가운데에 가
장 뛰어나 그들의 우두머리가 되
었으나 첫째 세 명에게는 미치지
못하니라
22 ● 갑스엘 용사의 손자 여호야다
의 아들 브나야는 용감한 사람이
라 그가 모압 아리엘의 아들 둘을
죽였고 또 눈 올 때에 (陷穽)함정
에 내려가서 사자 한 마리를 죽였
으며
23 또 키가 큰 애굽 사람을 죽였는데
그 사람의 키가 다섯 [1]규빗이요
그 손에 든 (槍)창이 베틀채 같으
나 그가 막대기를 가지고 내려가
서 그 애굽 사람의 손에서 창을 빼
앗아 그 창으로 죽였더라
24 여호야다의 아들 브나야가 이런
일을 행하였으므로 세 (勇士)용사
중에 이름을 얻고
25 삼십 명 중에서는 뛰어나나 첫째
세 사람에게는 미치지 못하니라
다윗이 그를 세워 (侍衛隊長)시위
대장을 삼았더라
26 ● 또 (軍士)군사 중의 큰 용사는
요압의 아우 아사헬과 베들레헴
사람 도도의 아들 엘하난과
27 하롤 사람 삼훗과 블론 사람 헬레
스와
28 드고아 사람 익게스의 아들 이라
와 아나돗 사람 아비에셀과
29 후사 사람 십브개와 아호아 사람
일래와
30 느도바 사람 마하래와 느도바 사
람 바아나의 아들 헬렛과
31 베냐민 자손에 (屬)속한 기브아
사람 리배의 아들 이대와 비라돈
사람 브나야와
32 가아스 시냇가에 사는 후래와 아

1) 히, 암마

르바 사람 아비엘과
33 바하룸 사람 아스마웻과 사알본
사람 엘리아바와
34 기손 사람 하셈의 아들들과 하랄
사람 사게의 아들 요나단과
35 하랄 사람 사갈의 아들 아히암과
울의 아들 엘리발과
36 므게랏 사람 헤벨과 블론 사람 아
히야와
37 갈멜 사람 헤스로와 에스배의 아
들 나아래와
38 나단의 아우 요엘과 하그리의 아
들 밉할과
39 암몬 사람 셀렉과 스루야의 아들
요압의 (武器)무기 잡은 자 베롯
사람 나하래와
40 이델 사람 이라와 이델 사람 가렙
과
41 헷 사람 우리아와 알래의 아들 사
밧과
42 르우벤 자손 시사의 아들 곧 르우
벤 자손의 우두머리 아디나와 그
(追從者)추종자 삼십 명과
43 마아가의 아들 하난과 미덴 사람
요사밧과
44 아스드랏 사람 웃시야와 아로엘
사람 호담의 아들 사마와 여이엘
과
45 시므리의 아들 여디아엘과 그의
아우 디스 사람 요하와
46 마하위 사람 엘리엘과 엘라암의
아들 여리배와 요사위야와 모압
사람 이드마와
47 엘리엘과 오벳과 므소바 사람 야
아시엘이더라

베냐민 지파에서 다윗을 도운 용사들

12 다윗이 기스의 아들 사울로
말미암아 시글락에 숨어 있
을 때에 그에게 와서 싸움을 도운
(勇士)용사 중에 든 자가 있었으
니
2 그들은 활을 가지며 좌우 손을 놀
려 물매도 던지며 화살도 쏘는 자
요 베냐민 지파 사울의 (同族)동
족인데 그 이름은 이러하니라
3 그 우두머리는 아히에셀이요 다음
은 요아스이니 기브아 사람 스마
아의 두 아들이요 또 아스마웻의
아들 여시엘과 벨렛과 또 브라가
와 아나돗 사람 예후와
4 기브온 사람 곧 삼십 명 중에 (勇
士)용사요 삼십 명의 우두머리가
된 이스마야이며 또 예레미야와
야하시엘과 요하난과 그데라 사람
요사밧과
5 엘루새와 여리못과 브아랴와 스마
랴와 하룹 사람 스바댜와
6 고라 사람들 엘가나와 잇시야와
아사렐과 요에셀과 야소브암이며
7 그돌 사람 여로함의 아들 요엘라
와 스바댜더라

갓 지파에서 다윗을 도운 용사들

8 ●갓 사람 중에서 광야에 있는 요
새에 이르러 다윗에게 돌아온 자
가 있었으니 다 용사요 싸움에 익
숙하여 (防牌)방패와 창을 능히
쓰는 자라 그의 얼굴은 사자 같고
빠르기는 산의 사슴 같으니
9 그 우두머리는 에셀이요 둘째는
오바댜요 셋째는 엘리압이요

10 넷째는 미스만나요 다섯째는 예레
미야요
11 여섯째는 앗대요 일곱째는 엘리엘
이요
12 여덟째는 요하난이요 아홉째는 엘
사밧이요
13 열째는 예레미야요 열한째는 막반
내라
14 이 갓 자손이 군대 지휘관이 [1]되
어 그 작은 자는 (百夫長)백부장
이요, 그 큰 자는 천부장이더니
15 (正月)정월에 요단 강 물이 모든
언덕에 넘칠 때에 이 무리가 강물
을 건너서 골짜기에 있는 모든 자
에게 동서로 도망하게 하였더라

베냐민과 유다에서 다윗을 도운 용사들

16 ● 베냐민과 유다 자손 중에서 (要
塞)요새에 이르러 다윗에게 나오
매
17 다윗이 나가서 맞아 그들에게 말
하여 이르되 만일 너희가 평화로
이 내게 와서 나를 돕고자 하면 내
마음이 너희 마음과 하나가 되려
니와 만일 너희가 나를 속여 내 대
적에게 넘기고자 하면 내 손에 불
의함이 없으니 우리 조상들의 하
나님이 (鑑察)감찰하시고 책망하
시기를 원하노라 하매
18 그 때에 (聖靈)성령이 삼십 명의
우두머리 아마새를 감싸시니 이르
되 다윗이여 우리가 당신에게 속
하겠고 이새의 아들이여 우리가
당신과 함께 있으리니 원하건대
평안하소서 당신도 평안하고 당신
을 돕는 자에게도 평안이 있을지
니 이는 당신의 하나님이 당신을
도우심이니이다 한지라 다윗이 그
들을 받아들여 군대 지휘관을 삼
았더라

므낫세 지파에서 다윗을 도운 용사들

19 ● 다윗이 전에 블레셋 사람들과
함께 가서 사울을 치려 할 때에 므
낫세 지파에서 두어 사람이 다윗
에게 돌아왔으나 다윗 등이 블레
셋 사람들을 돕지 못하였음은 블
레셋 사람들의 방백이 서로 의논
하고 보내며 이르기를 그가 그의
왕 사울에게로 돌아가리니 우리
머리가 (危殆)위태할까 하노라 함
이라
20 다윗이 시글락으로 갈 때에 므낫
세 지파에서 그에게로 돌아온 자
는 아드나와 요사밧과 여디아엘과
미가엘과 요사밧과 엘리후와 실르
대이니 다 므낫세의 (千夫長)천부
장이라
21 이 무리가 다윗을 도와 도둑 떼를
쳤으니 그들은 다 큰 용사요 (軍
隊)군대 지휘관이 됨이었더라
22 그 때에 사람이 날마다 다윗에게
로 돌아와서 돕고자 하매 큰 (軍
隊)군대를 이루어 하나님의 군대
와 같았더라

다윗의 군사들

23 ● 싸움을 준비한 군대 지휘관들
이 헤브론에 이르러 다윗에게로
나아와서 여호와의 말씀대로 사울
의 나라를 그에게 돌리고자 하였
으니 그 (數爻)수효가 이러하였더

1) 되니 그 작은 자는 일당 백이요 큰 자는 일당 천이라

라
24 유다 (子孫)자손 중에서 방패와
창을 들고 싸움을 준비한 자가 육
천팔백 명이요
25 시므온 자손 중에서 싸움하는 큰
(勇士)용사가 칠천백 명이요
26 레위 (子孫)자손 중에서 사천육백
명이요
27 아론의 집 우두머리 여호야다와
그와 함께 있는 자가 삼천칠백
(名)명이요
28 또 젊은 용사 사독과 그의 (家門)
가문의 지휘관이 이십이 명이요
29 베냐민 자손 곧 사울의 (同族)동
족은 아직도 태반이나 사울의 집
을 따르나 그 중에서 나온 자가 삼
천 명이요
30 에브라임 자손 중에서 (家族)가족
으로서 유명한 큰 용사가 이만팔
백 명이요
31 므낫세 반 지파 중에 이름이 (記
錄)기록된 자로서 와서 다윗을 세
워 왕으로 삼으려 하는 자가 만 팔
천 명이요
32 잇사갈 자손 중에서 (時勢)시세를
알고 이스라엘이 마땅히 행할 것
을 아는 우두머리가 이백 명이니
그들은 그 모든 형제를 통솔하는
자이며
33 스불론 중에서 모든 무기를 가지
고 (戰列)전열을 갖추고 두 마음
을 품지 아니하고 능히 진영에 나
아가서 싸움을 잘하는 자가 오만
명이요
34 납달리 중에서 지휘관 천 명과 (防
牌)방패와 창을 가지고 따르는 자
가 삼만 칠천 명이요
35 단 (子孫)자손 중에서 싸움을 잘
하는 자가 이만 팔천육백 명이요
36 아셀 중에서 능히 (陣營)진영에
나가서 싸움을 잘하는 자가 사만
명이요
37 요단 저편 르우벤 자손과 갓 자손
과 므낫세 반 지파 중에서 모든
(武器)무기를 가지고 능히 싸우는
자가 십이만 명이었더라
38 ●이 모든 군사가 전열을 갖추고
다 (誠心)성심으로 헤브론에 이르
러 다윗을 온 이스라엘 왕으로 삼
고자 하고 또 이스라엘의 남은 자
도 다 한 마음으로 다윗을 왕으로
삼고자 하여
39 무리가 거기서 다윗과 함께 사흘
을 지내며 먹고 마셨으니 이는 그
들의 형제가 이미 (食物)식물을
준비하였음이며
40 또 그들의 (近處)근처에 있는 자
로부터 잇사갈과 스불론과 납달리
까지도 나귀와 낙타와 노새와 소
에다 음식을 많이 실어왔으니 곧
밀가루 과자와 무화과 과자와 건
포도와 포도주와 기름이요 소와
양도 많이 가져왔으니 이는 이스
라엘 가운데에 기쁨이 있음이었더
라

하나님의 궤를 옮기다(삼하 6:1-11)

13 다윗이 천부장과 백부장 곧
모든 지휘관과 더불어 (議
論)의논하고
2 다윗이 이스라엘의 온 (會衆)회중

에게 이르되 만일 너희가 좋게 여
기고 또 우리의 하나님 여호와께
로 말미암았으면 우리가 이스라엘
온 땅에 남아 있는 우리 형제와 또
초원이 딸린 성읍에 사는 제사장
과 레위 사람에게 전령을 보내 그
들을 우리에게로 모이게 하고
3 우리가 우리 하나님의 (櫃)궤를
우리에게로 옮겨오자 사울 때에는
우리가 궤 앞에서 묻지 아니하였
느니라 하매
4 뭇 백성의 눈이 이 일을 좋게 여기
므로 온 (會衆)회중이 그대로 행
하겠다 한지라
5 이에 다윗이 애굽의 시홀 시내에
서부터 하맛 어귀까지 온 이스라
엘을 불러모으고 기럇여아림에서
부터 하나님의 (櫃)궤를 메어오고
자 할새
6 다윗이 온 이스라엘을 거느리고
바알라 곧 유다에 (屬)속한 기럇
여아림에 올라가서 여호와 하나님
의 궤를 메어오려 하니 이는 여호
와께서 두 그룹 사이에 계시므로
그러한 이름으로 일컬음을 받았더
라
7 하나님의 (櫃)궤를 새 수레에 싣
고 아비나답의 집에서 나오는데
웃사와 아히오는 수레를 몰며
8 다윗과 이스라엘 온 무리는 하나
님 앞에서 힘을 다하여 뛰놀며 노
래하며 수금과 비파와 소고와 제
금과 나팔로 (演奏)연주하니라
9 ●기돈의 (打作)타작 마당에 이르
러서는 소들이 뛰므로 웃사가 손
을 펴서 궤를 붙들었더니
10 웃사가 손을 펴서 궤를 붙듦으로
말미암아 여호와께서 (震怒)진노
하사 치시매 그가 거기 하나님 앞
에서 죽으니라
11 여호와께서 웃사의 몸을 찢으셨으
므로 다윗이 (怒)노하여 그 곳을
베레스 웃사라 부르니 그 이름이
오늘까지 이르니라
12 그 날에 다윗이 하나님을 두려워
하여 이르되 내가 어떻게 하나님
의 (櫃)궤를 내 곳으로 오게 하리
요 하고
13 다윗이 궤를 옮겨 자기가 있는 다
윗 성으로 메어들이지 못하고 그
(代身)대신 가드 사람 오벧에돔의
집으로 메어가니라
14 하나님의 궤가 오벧에돔의 집에
서 그의 가족과 함께 석 달을 있으
니라 여호와께서 오벧에돔의 집과
그의 모든 (所有)소유에 복을 내
리셨더라

예루살렘에서 다윗이 활동하다
(삼하 5:11-16)

14 두로 왕 히람이 다윗에게
사신들과 백향목과 (石手)
석수와 (木手)목수를 보내 그의
궁전을 건축하게 하였더라
2 다윗이 여호와께서 자기를 이스라
엘의 왕으로 삼으신 줄을 깨달았
으니 이는 그의 (百姓)백성 이스
라엘을 위하여 그의 나라가 높이
들림을 받았음을 앎이었더라
3 ●다윗이 예루살렘에서 또 아내
들을 맞아 다윗이 다시 아들들과

딸들을 낳았으니
4 예루살렘에서 낳은 아들들의 이름
은 삼무아와 소밥과 나단과 솔로
몬과
5 입할과 엘리수아와 엘벨렛과
6 노가와 네벡과 야비아와
7 엘리사마와 브엘랴다와 엘리벨렛
이었더라

다윗이 블레셋을 이기다(삼하 5:17-25)

8 ●다윗이 기름 부음을 받아 온 이
스라엘의 왕이 되었다 함을 블레
셋 사람들이 듣고 모든 블레셋 사
람들이 다윗을 찾으러 올라오매
다윗이 듣고 (對抗)대항하러 나갔
으나
9 블레셋 사람들이 이미 이르러 르
바임 골짜기로 쳐들어온지라
10 다윗이 하나님께 물어 이르되 내
가 블레셋 사람들을 치러 올라가
리이까 (主)주께서 그들을 내 손
에 넘기시겠나이까 하니 여호와께
서 그에게 이르시되 올라가라 내
가 그들을 네 손에 넘기리라 하신
지라
11 이에 무리가 바알브라심으로 올라
갔더니 다윗이 거기서 그들을 치
고 다윗이 이르되 하나님이 물을
쪼갬 같이 내 손으로 내 (對敵)대
적을 흩으셨다 하므로 그 곳 이름
을 바알브라심이라 부르니라
12 블레셋 사람이 그들의 (偶像)우상
을 그 곳에 버렸으므로 다윗이 명
령하여 불에 사르니라
13 ●블레셋 사람들이 다시 골짜기
를 (侵犯)침범한지라
14 다윗이 또 하나님께 묻자온대 하
나님이 이르시되 마주 올라가지
말고 그들 뒤로 돌아 뽕나무 수풀
맞은편에서 그들을 (奇襲)기습하
되
15 뽕나무 꼭대기에서 걸음 걷는 소
리가 들리거든 곧 나가서 싸우라
너보다 하나님이 앞서 나아가서
블레셋 사람들의 (軍隊)군대를 치
리라 하신지라
16 이에 다윗이 하나님의 명령대로
(行)행하여 블레셋 사람들의 군대
를 쳐서 기브온에서부터 게셀까지
이르렀더니
17 다윗의 (名聲)명성이 온 세상에
퍼졌고 여호와께서 모든 이방 민
족으로 그를 두려워하게 하셨더라

하나님의 궤를 옮길 준비

15 다윗이 다윗 성에서 자기를
위하여 (宮殿)궁전을 세우
고 또 하나님의 궤를 둘 곳을 마련
하고 그것을 위하여 장막을 치고
2 다윗이 이르되 레위 사람 외에는
하나님의 (櫃)궤를 멜 수 없나니
이는 여호와께서 그들을 (擇)택하
사 여호와의 궤를 메고 (永遠)영
원히 그를 섬기게 하셨음이라 하
고
3 다윗이 이스라엘 온 무리를 예루
살렘으로 모으고 여호와의 (櫃)궤
를 그 마련한 곳으로 메어 올리고
자 하여
4 다윗이 아론 (子孫)자손과 레위
사람을 모으니
5 그핫 자손 중에 (指導者)지도자

우리엘과 그의 형제가 백이십 명
이요
6 므라리 자손 중에 지도자 아사야
와 그의 (兄弟)형제가 이백이십
명이요
7 게르솜 자손 중에 (指導者)지도자
요엘과 그의 형제가 백삼십 명이
요
8 엘리사반 (子孫)자손 중에 지도자
스마야와 그의 형제가 이백 명이
요
9 헤브론 자손 중에 지도자 엘리엘
과 그의 형제가 팔십 (名)명이요
10 웃시엘 (子孫)자손 중에 지도자
암미나답과 그의 형제가 백십이
명이라
11 다윗이 (祭司長)제사장 사독과 아
비아달을 부르고 또 레위 사람 우
리엘과 아사야와 요엘과 스마야와
엘리엘과 암미나답을 불러
12 그들에게 이르되 너희는 레위 사
람의 지도자이니 너희와 너희 형
제는 몸을 (聖潔)성결하게 하고
내가 마련한 곳으로 이스라엘의
하나님 여호와의 궤를 메어 올리
라
13 전에는 너희가 메지 아니하였으
므로 우리 하나님 여호와께서 우
리를 찢으셨으니 이는 우리가 (規
例)규례대로 그에게 구하지 아니
하였음이라 하니
14 이에 제사장들과 레위 사람들이
이스라엘 하나님 여호와의 궤를
메고 올라가려 하여 몸을 (聖潔)
성결하게 하고
15 모세가 여호와의 말씀을 따라 (命
令)명령한 대로 레위 자손이 채에
하나님의 궤를 꿰어 어깨에 메니
라
16 ●다윗이 레위 사람의 어른들에
게 명령하여 그의 형제들을 노래
하는 자들로 세우고 (琵琶)비파와
(竪琴)수금과 (提琴)제금 등의 악
기를 울려서 즐거운 소리를 크게
내라 하매
17 레위 사람이 요엘의 아들 헤만과
그의 형제 중 베레야의 아들 아삽
과 그의 (兄弟)형제 므라리 자손
중에 구사야의 아들 에단을 세우
고
18 그 다음으로 그들의 형제 스가랴
와 벤과 야아시엘과 스미라못과
여히엘과 운니와 엘리압과 브나야
와 마아세야와 맛디디야와 엘리블
레후와 믹네야와 (門)문지기 오벧
에돔과 여이엘을 세우니
19 노래하는 자 헤만과 아삽과 에단
은 놋제금을 크게 치는 (者)자요
20 스가랴와 아시엘과 스미라못과 여
히엘과 운니와 엘리압과 마아세
야와 브나야는 (琵琶)비파를 타서
알라못에 맞추는 자요
21 맛디디야와 엘리블레후와 믹네야
와 오벧에돔과 여이엘과 아사시야
는 수금을 타서 여덟째 음에 맞추
어 (引導)인도하는 자요
22 레위 사람의 지도자 그나냐는 노
래에 익숙하므로 노래를 (引導)인
도하는 자요
23 베레갸와 엘가나는 궤 앞에서 문

을 지키는 자요
24 제사장 스바냐와 요사밧과 느다넬
과 아미새와 스가랴와 브나야와
엘리에셀은 하나님의 궤 앞에서
(喇叭)나팔을 부는 자요 오벧에돔
과 여히야는 궤 앞에서 문을 지키
는 자이더라

하나님의 궤를 예루살렘으로 옮기다 (삼하 6:12-22)

25 ●이에 다윗과 이스라엘 장로들
과 천부장들이 가서 여호와의 (言
約櫃)언약궤를 즐거이 메고 오벧
에돔의 집에서 올라왔는데
26 하나님이 여호와의 언약궤를 멘
레위 사람을 도우셨으므로 무리가
수송아지 일곱 마리와 숫양 일곱
마리로 (祭祀)제사를 드렸더라
27 다윗과 및 궤를 멘 레위 사람과 노
래하는 자와 그의 우두머리 그나
냐와 모든 노래하는 자도 다 (細
麻布)세마포 겉옷을 입었으며 다
윗은 또 베 에봇을 입었고
28 이스라엘 무리는 크게 부르며 뿔
나팔과 나팔을 불며 제금을 치며
(琵琶)비파와 수금을 힘있게 타며
여호와의 언약궤를 메어 올렸더라
29 ●여호와의 언약궤가 다윗 성으
로 들어올 때에 사울의 딸 미갈이
(窓)창으로 내다보다가 다윗 왕이
춤추며 뛰노는 것을 보고 그 마음
에 업신여겼더라

16 하나님의 궤를 메고 들어가
서 다윗이 그것을 위하여 친
장막 가운데에 두고 (燔祭)번제와
화목제를 하나님께 드리니라
2 다윗이 번제와 화목제 드리기를
마치고 여호와의 이름으로 백성에
게 (祝福)축복하고
3 이스라엘 무리 중 남녀를 막론하
고 각 사람에게 떡 한 덩이와 (椰
子)야자열매로 만든 과자와 건포
도로 만든 과자 하나씩을 나누어
주었더라
4 ●또 레위 사람을 세워 여호와의
궤 앞에서 섬기며 이스라엘 하나
님 여호와를 칭송하고 감사하며
(讚揚)찬양하게 하였으니
5 아삽은 우두머리요 그 다음은 스
가랴와 여이엘과 스미라못과 여히
엘과 맛디디아와 엘리압과 브나야
와 오벧에돔과 여이엘이라 비파와
(竪琴)수금을 타고 아삽은 제금을
힘있게 치고
6 제사장 브나야와 야하시엘은 항상
하나님의 (言約櫃)언약궤 앞에서
나팔을 부니라

감사 찬양(시 105:1-15; 96:1-13; 106:47-48)

7 ●그 날에 다윗이 아삽과 그의 형
제를 세워 먼저 여호와께 (感謝)
감사하게 하여 이르기를
8 너희는 여호와께 감사하며 그의
이름을 불러 아뢰며 그가 (行)행
하신 일을 만민 중에 알릴지어다
9 그에게 노래하며 그를 찬양하고
그의 모든 (奇事)기사를 전할지
어다
10 그의 (聖號)성호를 자랑하라 여
호와를 구하는 자마다 마음이
즐거울지로다

11 여호와와 그의 (能力)능력을 구
할지어다 항상 그의 얼굴을 찾
을지어다
12-13 그의 종 이스라엘의 후손 곧 택
하신 야곱의 자손 너희는 그의
행하신 기사와 그의 이적과 그
의 입의 (法度)법도를 기억할지
어다
14 그는 여호와 우리 하나님이시라
그의 (法度)법도가 온 땅에 있
도다
15 너희는 그의 언약 곧 천 대에 명
령하신 말씀을 영원히 (記憶)기
억할지어다
16 이것은 아브라함에게 하신 언약
이며 이삭에게 하신 (盟誓)맹세
이며
17 이는 야곱에게 세우신 율례 곧
이스라엘에게 하신 영원한 (言
約)언약이라
18 이르시기를 내가 가나안 땅을
네게 주어 너희 (基業)기업의
지경이 되게 하리라 하셨도다
19 그 때에 너희 사람 수가 적어서
보잘것없으며 그 땅에 (客)객이
되어
20 이 민족에게서 저 민족에게로,
이 나라에서 다른 백성에게로
(流浪)유랑하였도다
21 여호와께서는 사람이 그들을 해
하기를 (容納)용납하지 아니하
시고 그들 때문에 왕들을 꾸짖
어
22 이르시기를 나의 기름 부은 자
에게 손을 대지 말며 나의 (先知
者)선지자를 해하지 말라 하셨
도다
23 온 땅이여 여호와께 노래하며
그의 구원을 날마다 (宣布)선포
할지어다
24 그의 영광을 모든 민족 중에, 그
의 기이한 (行蹟)행적을 만민
중에 선포할지어다
25 여호와는 위대하시니 (極盡)극
진히 찬양할 것이요 모든 신보
다 경외할 것임이여
26 (萬國)만국의 모든 신은 헛것이
나 여호와께서는 하늘을 지으셨
도다
27 (尊貴)존귀와 (威嚴)위엄이 그
의 앞에 있으며 능력과 즐거움
이 그의 처소에 있도다
28 여러 나라의 종족들아 (榮光)영
광과 권능을 여호와께 돌릴지어
다 여호와께 돌릴지어다
29 여호와의 이름에 (合當)합당한
영광을 그에게 돌릴지어다 제물
을 들고 그 앞에 들어갈지어다
아름답고 거룩한 것으로 여호와
께 경배할지어다
30 온 땅이여 그 앞에서 떨지어다
(世界)세계가 굳게 서고 흔들리
지 아니하는도다
31 하늘은 기뻐하고 땅은 즐거워하
며 모든 나라 중에서는 이르기
를 여호와께서 (統治)통치하신
다 할지로다
32 바다와 거기 (充滿)충만한 것이
외치며 밭과 그 가운데 모든 것
은 즐거워할지로다

33 그리 할 때에 숲 속의 나무들이
여호와 앞에서 즐거이 노래하리
니 주께서 땅을 (審判)심판하러
오실 것임이로다
34 여호와께 감사하라 그는 선하시
며 그의 (仁慈)인자하심이 영원
함이로다
35 너희는 이르기를 우리 구원의
하나님이여 우리를 (救援)구원
하여 만국 가운데에서 건져내시
고 모으사 우리로 주의 거룩한
이름을 감사하며 주의 영광을
드높이게 하소서 할지어다
36 여호와 이스라엘의 하나님을 영
원부터 영원까지 (頌祝)송축할
지로다
하매 모든 백성이 아멘 하고 여호
와를 찬양하였더라

기브온에서 번제를 드리다

37 ●다윗이 아삽과 그의 형제를 여
호와의 (言約櫃)언약궤 앞에 있게
하며 항상 그 궤 앞에서 섬기게 하
되 날마다 그 일대로 하게 하였고
38 오벧에돔과 그의 (兄弟)형제 육십
팔 명과 여두둔의 아들 오벧에돔
과 호사를 문지기로 삼았고
39 제사장 사독과 그의 형제 제사장
들에게 기브온 산당에서 여호와의
(聖幕)성막 앞에 모시게 하여
40 (恒常)항상 아침 저녁으로 번제단
위에 여호와께 번제를 드리되 여
호와의 율법에 기록하여 이스라엘
에게 명령하신 대로 다 준행하게
하였고
41 또 여호와의 (仁慈)인자하심이 영
원하시므로 그들과 함께 헤만과
여두둔과 그리고 택함을 받아 지
명된 나머지 사람을 세워 감사하
게 하였고
42 또 그들과 함께 헤만과 여두둔을
세워 나팔과 제금들과 하나님을
찬송하는 (樂器)악기로 소리를 크
게 내게 하였고 또 여두둔의 아들
에게 문을 지키게 하였더라
43 이에 뭇 백성은 각각 그 집으로 돌
아가고 다윗도 자기 집을 위하여
(祝福)축복하려고 돌아갔더라

다윗에 대한 여호와의 말씀과 계시
(삼하 7:1-17)

17 다윗이 그의 궁전에 거주할
때에 다윗이 선지자 나단에
게 이르되 나는 백향목 궁에 거주
하거늘 여호와의 언약궤는 (揮帳)
휘장 아래에 있도다
2 나단이 다윗에게 아뢰되 하나님이
왕과 함께 계시니 마음에 있는 바
를 모두 행하소서
3 그 밤에 하나님의 말씀이 나단에
게 (臨)임하여 이르시되
4 가서 내 종 다윗에게 말하기를 여
호와의 말씀이 너는 내가 거할 집
을 (建築)건축하지 말라
5 내가 이스라엘을 애굽에서 올라
오게 한 날부터 오늘까지 집에 있
지 아니하고 오직 이 (帳幕)장막
과 저 장막에 있으며 이 (聖幕)성
막과 저 성막에 있었나니
6 이스라엘 무리와 더불어 가는 모
든 곳에서 내가 내 백성을 먹이라
고 명령한 이스라엘 어느 (士師)사

사에게 내가 말하기를 너희가 어
찌하여 내 백향목 집을 건축하지
아니하였느냐고 말하였느냐 하고
7 또한 내 종 다윗에게 이처럼 말하
라 만군의 여호와께서 이처럼 말
씀하시기를 내가 너를 목장 곧 양
떼를 따라다니던 데에서 데려다가
내 백성 이스라엘의 (主權者)주권
자로 삼고
8 네가 어디로 가든지 내가 너와 함
께 있어 네 모든 대적을 네 앞에서
멸하였은즉 세상에서 (尊貴)존귀
한 자들의 이름 같은 이름을 네게
만들어 주리라
9 내가 또 내 백성 이스라엘을 위하
여 한 곳을 정하여 그들을 심고 그
들이 그 곳에 거주하면서 다시는
옮겨가지 아니하게 하며 (惡)악한
사람들에게 전과 같이 그들을 해
치지 못하게 하여
10 전에 내가 사사에게 명령하여 내
백성 이스라엘을 다스리던 때와
같지 아니하게 하고 또 네 모든 대
적으로 네게 복종하게 하리라 또
네게 이르노니 여호와가 너를 위
하여 한 (王朝)왕조를 세울지라
11 네 생명의 연한이 차서 네가 조상
들에게로 돌아가면 내가 네 뒤에
네 씨 곧 네 아들 중 하나를 세우
고 그 나라를 (堅固)견고하게 하
리니
12 그는 나를 위하여 집을 (建築)건
축할 것이요 나는 그의 왕위를 영
원히 견고하게 하리라
13 나는 그의 아버지가 되고 그는 나
의 아들이 되리니 나의 인자를 그
에게서 빼앗지 아니하기를 내가
네 (前)전에 있던 자에게서 빼앗
음과 같이 하지 아니할 것이며
14 내가 영원히 그를 내 집과 내 나
라에 세우리니 그의 (王位)왕위가
영원히 견고하리라 하셨다 하라
15 나단이 이 모든 말씀과 이 모든
(啓示)계시대로 다윗에게 전하니
라

다윗의 감사 기도(삼하 7:18-29)

16 ●다윗 왕이 여호와 앞에 들어가
앉아서 이르되 여호와 하나님이여
나는 누구이오며 내 집은 무엇이
기에 나에게 이에 이르게 하셨나
이까
17 하나님이여 주께서 이것을 오히
려 작게 여기시고 또 종의 집에 대
하여 먼 장래까지 말씀하셨사오니
여호와 하나님이여 나를 (尊貴)존
귀한 자들 같이 여기셨나이다
18 주께서 주의 종에게 베푸신 (榮
譽)영예에 대하여 이 다윗이 다시
주께 무슨 말을 하오리이까 주께
서는 주의 종을 아시나이다
19 여호와여 주께서 (主)주의 종을
위하여 주의 뜻대로 이 모든 큰 일
을 행하사 이 모든 큰 일을 알게
하셨나이다
20 여호와여 우리 귀로 들은 대로는
주와 같은 이가 없고 주 외에는 하
나님이 없나이다
21 땅의 어느 한 나라가 주의 백성 이
스라엘과 같으리이까 하나님이 자
기 백성을 (救贖)구속하시려고 나

가사 크고 두려운 일로 말미암아
이름을 얻으시고 애굽에서 구속하
신 자기 백성 앞에서 모든 민족을
쫓아내셨사오며
22 주께서 주의 (百姓)백성 이스라
엘을 (永遠)영원히 주의 백성으로
삼으셨사오니 여호와여 주께서 그
들의 하나님이 되셨나이다
23 여호와여 이제 주의 종과 그의 집
에 대하여 말씀하신 것을 (永遠)
영원히 견고하게 하시며 말씀하신
대로 행하사
24 (堅固)견고하게 하시고 사람에게
영원히 주의 이름을 높여 이르기
를 만군의 여호와는 이스라엘의
하나님 곧 이스라엘에게 하나님이
시라 하게 하시며 주의 종 다윗의
왕조가 주 앞에서 견고히 서게 하
옵소서
25 나의 하나님이여 주께서 종을 위
하여 왕조를 세우실 것을 이미 듣
게 하셨으므로 주의 종이 주 앞에
서 이 (祈禱)기도로 간구할 마음
이 생겼나이다
26 여호와여 오직 주는 하나님이시라
주께서 이 좋은 것으로 주의 종에
게 (許諾)허락하시고
27 이제 주께서 종의 왕조에 (福)복
을 주사 주 앞에 영원히 두시기를
기뻐하시나이다 여호와여 주께서
복을 주셨사오니 이 복을 영원히
누리리이다 하니라

다윗의 승전 기록(삼하 8:1-18)

18 그 후에 다윗이 블레셋 사람
들을 쳐서 (降服)항복을 받
고 블레셋 사람들의 손에서 가드
와 그 동네를 빼앗고
2 또 모압을 치매 모압 사람이 다윗
의 종이 되어 (朝貢)조공을 바치
니라
3 ●소바 왕 하닷에셀이 유브라데
강 가에서 자기 (勢力)세력을 펴
고자 하매 다윗이 그를 쳐서 하맛
까지 이르고
4 다윗이 그에게서 병거 천 대와 기
병 칠천 명과 (步兵)보병 이만 명
을 빼앗고 다윗이 그 병거 백 대의
말들만 남기고 그 외의 병거의 말
은 다 발의 힘줄을 끊었더니
5 다메섹 아람 사람이 소바 왕 하닷
에셀을 도우러 온지라 다윗이 아
람 사람 이만 이천 명을 죽이고
6 다윗이 다메섹 아람에 수비대를
두매 아람 사람이 다윗의 종이 되
어 (朝貢)조공을 바치니라 다윗이
어디로 가든지 여호와께서 이기게
하시니라
7 다윗이 하닷에셀의 신하들이 가진
(金 防牌)금 방패를 빼앗아 예루
살렘으로 가져오고
8 또 하닷에셀의 (城邑)성읍 디브핫
과 군에서 심히 많은 놋을 빼앗았
더니 솔로몬이 그것으로 [1]놋대야
와 기둥과 놋그릇들을 만들었더라
9 ●하맛 왕 도우가 다윗이 소바 왕
하닷에셀의 온 (軍隊)군대를 쳐서
무찔렀다 함을 듣고
10 그의 아들 하도람을 보내서 다윗
왕에게 문안하고 축복하게 하니

1) 히, 놋바다

이는 하닷에셀이 벌써 도우와 맞
서 여러 번 (戰爭)전쟁이 있던 터
에 다윗이 하닷에셀을 쳐서 무찔
렀음이라 하도람이 금과 은과 놋
의 여러 가지 그릇을 가져온지라
11 다윗 왕이 그것도 여호와께 드리
되 에돔과 모압과 암몬 자손과 블
레셋 사람들과 아말렉 등 모든 이
방 민족에게서 빼앗아 온 (銀金)
은금과 함께 하여 드리니라
12 스루야의 아들 아비새가 소금 골
짜기에서 에돔 사람 만 팔천 명을
쳐죽인지라
13 다윗이 에돔에 (守備隊)수비대를
두매 에돔 사람이 다 다윗의 종이
되니라 다윗이 어디로 가든지 여
호와께서 이기게 하셨더라
14 ● 다윗이 온 이스라엘을 다스려
모든 백성에게 정의와 (公義)공의
를 행할새
15 스루야의 아들 요압은 군대사령관
이 되고 아힐룻의 아들 여호사밧
은 (行政長官)행정장관이 되고
16 아히둡의 아들 사독과 아비아달의
아들 아비멜렉은 (祭司長)제사장
이 되고 사워사는 서기관이 되고
17 여호야다의 아들 브나야는 그렛
사람과 블렛 사람을 다스리고 다
윗의 아들들은 왕을 모시는 사람
들의 우두머리가 되니라

다윗이 암몬과 아람을 치다
(삼하 10:1-19)

19 그 후에 암몬 자손의 왕 나
하스가 죽고 그의 아들이
(代身)대신하여 왕이 되니
2 다윗이 이르되 하눈의 아버지 나
하스가 전에 내게 (好意)호의를
베풀었으니 이제 내가 그의 아들
하눈에게 호의를 베풀리라 하고
사절들을 보내서 그의 아버지 죽
음을 문상하게 하니라 다윗의 신
하들이 암몬 자손의 땅에 이르러
하눈에게 나아가 문상하매
3 암몬 자손의 방백들이 하눈에게
말하되 왕은 다윗이 조문사절을
보낸 것이 왕의 부친을 존경함인
줄로 여기시나이까 그의 신하들이
왕에게 나아온 것이 이 땅을 엿보
고 (偵探)정탐하여 전복시키고자
함이 아니니이까 하는지라
4 하눈이 이에 다윗의 신하들을 잡
아 그들의 (鬚髥)수염을 깎고 그
의복을 볼기 중간까지 자르고 돌
려보내매
5 어떤 사람이 다윗에게 가서 그 사
람들이 당한 일을 말하니라 그 사
람들이 심히 부끄러워하므로 다윗
이 그들을 맞으러 보내 왕이 이르
기를 너희는 (鬚髥)수염이 자라기
까지 여리고에 머물다가 돌아오라
하니라
6 ● 암몬 (子孫)자손이 자기가 다윗
에게 밉게 한 줄 안지라 하눈과 암
몬 자손은 더불어 은 천 달란트를
아람 나하라임과 아람마아가와 소
바에 보내 병거와 마병을 삯 내되
7 곧 병거 삼만 이천 대와 마아가 왕
과 그의 군대를 고용하였더니 그
들이 와서 메드바 앞에 (陣)진 치
매 암몬 자손이 그 모든 성읍으로

부터 모여 와서 싸우려 한지라
8 다윗이 듣고 요압과 (勇士)용사의
온 무리를 보냈더니
9 암몬 자손은 나가서 (城門)성문
앞에 진을 치고 도우러 온 여러 왕
은 따로 들에 있더라
10 ● 요압이 앞 뒤에 친 (敵陣)적진
을 보고 이스라엘에서 뽑은 자 중
에서 또 뽑아 아람 사람을 대하여
진을 치고
11 그 남은 무리는 그의 아우 아비새
의 (手下)수하에 맡겨 암몬 자손
을 대하여 진을 치게 하고
12 이르되 만일 아람 사람이 나보다
강하면 네가 나를 돕고 만일 암몬
자손이 너보다 (强)강하면 내가
너를 도우리라
13 너는 힘을 내라 우리가 우리 백성
과 우리 하나님의 성읍들을 위하
여 힘을 내자 여호와께서 (善)선
히 여기시는 대로 행하시기를 원
하노라 하고
14 요압과 그 (追從者)추종자가 싸우
려고 아람 사람 앞에 나아가니 그
들이 그 앞에서 도망하고
15 암몬 자손은 아람 사람이 (逃亡)
도망함을 보고 그들도 요압의 아
우 아비새 앞에서 도망하여 성읍
으로 들어간지라 이에 요압이 예
루살렘으로 돌아오니라
16 ● 아람 사람이 자기가 이스라엘
앞에서 패하였음을 보고 (使臣)사
신을 보내 강 건너편에 있는 아람
사람을 불러내니 하닷에셀의 군대
사령관 소박이 그들을 거느린지라
17 어떤 사람이 다윗에게 (傳)전하매
다윗이 온 이스라엘을 모으고 요
단을 건너 아람 사람에게 이르러
그들을 향하여 진을 치니라 다윗
이 아람 사람을 향하여 진을 치매
그들이 다윗과 맞서 싸우더니
18 아람 사람이 이스라엘 앞에서 도
망한지라 다윗이 아람 병거 칠천
대의 군사와 보병 사만 명을 죽이
고 또 군대 (指揮官)지휘관 소박
을 죽이매
19 하닷에셀의 부하들이 자기가 이스
라엘 앞에서 패하였음을 보고 다
윗과 더불어 (和親)화친하여 섬기
고 그 후로는 아람 사람이 암몬 자
손 돕기를 원하지 아니하였더라

다윗이 랍바를 함락시키다
(삼하 12:26-31)

20 해가 바뀌어 왕들이 (出戰)
출전할 때가 되매 요압이 그
군대를 거느리고 나가서 암몬 자
손의 땅을 격파하고 들어가 랍바
를 에워싸고 다윗은 예루살렘에
그대로 있더니 요압이 랍바를 쳐
서 함락시키매
2 다윗이 그 왕의 머리에서 보석 있
는 왕관을 빼앗아 (重量)중량을
달아보니 금 한 달란트라 그들의
왕관을 자기 머리에 쓰니라 다윗
이 또 그 성에서 노략한 물건을 무
수히 내오고
3 그 가운데 (百姓)백성을 끌어내어
톱과 쇠도끼와 돌써래로 일하게
하니라 다윗이 암몬 자손의 모든
성읍을 이같이 하고 다윗이 모든

백성과 함께 예루살렘으로 돌아오
니라

블레셋 사람들과 싸우다
(삼하 21:15-22)

4 ●이 후에 블레셋 사람들과 게셀
에서 전쟁할 때에 후사 사람 십브
개가 키가 큰 자의 아들 중에 십배
를 쳐죽이매 그들이 (降服)항복하
였더라
5 다시 블레셋 사람들과 (戰爭)전쟁
할 때에 야일의 아들 엘하난이 가
드 사람 골리앗의 아우 라흐미를
죽였는데 이 사람의 창자루는 베
틀채 같았더라
6 또 가드에서 전쟁할 때에 그 곳에
키 큰 자 하나는 손과 발에 가락이
여섯씩 모두 스물넷이 있는데 그
도 키가 큰 자의 (所生)소생이라
7 그가 이스라엘을 (凌辱)능욕하므
로 다윗의 형 시므아의 아들 요나
단이 그를 죽이니라
8 가드의 키 큰 자의 소생이라도 다
윗의 손과 그 (臣下)신하의 손에
다 죽었더라

다윗의 인구 조사(삼하 24:1-25)

21 사탄이 일어나 이스라엘을
대적하고 다윗을 (衝動)충동
하여 이스라엘을 계수하게 하니라
2 다윗이 요압과 백성의 지도자들에
게 이르되 너희는 가서 브엘세바
에서부터 단까지 이스라엘을 (計
數)계수하고 돌아와 내게 보고하
여 그 (數爻)수효를 알게 하라 하
니
3 요압이 아뢰되 여호와께서 그 백
성을 지금보다 백 배나 더하시기
를 원하나이다 내 주 왕이여 이
(百姓)백성이 다 내 주의 종이 아
니니이까 내 주께서 어찌하여 이
일을 명령하시나이까 어찌하여 이
스라엘이 범죄하게 하시나이까 하
나
4 왕의 (命令)명령이 요압을 재촉한
지라 드디어 요압이 떠나 이스라
엘 땅에 두루 다닌 후에 예루살렘
으로 돌아와
5 요압이 백성의 (數爻)수효를 다윗
에게 보고하니 이스라엘 중에 칼
을 뺄 만한 자가 백십만 명이요 유
다 중에 칼을 뺄 만한 자가 사십칠
만 명이라
6 요압이 왕의 (命令)명령을 마땅치
않게 여겨 레위와 베냐민 사람은
계수하지 아니하였더라
7 하나님이 이 일을 (惡)악하게 여
기사 이스라엘을 치시매
8 다윗이 하나님께 아뢰되 내가 이
일을 행함으로 큰 죄를 (犯)범하
였나이다 이제 간구하옵나니 종의
죄를 용서하여 주옵소서 내가 심
히 미련하게 행하였나이다 하니라
9 ●여호와께서 다윗의 (先見者)선
견자 갓에게 말씀하여 이르시되
10 가서 다윗에게 말하여 이르기를
여호와의 말씀이 내가 네게 세 가
지를 내어 놓으리니 그 중에서 하
나를 네가 (擇)택하라 내가 그것
을 네게 행하리라 하셨다 하라 하
신지라
11 갓이 다윗에게 나아가 그에게 말

하되 여호와의 말씀이 너는 마음
대로 (擇)택하라
12 혹 삼년 (饑饉)기근이든지 혹 네
가 석 달을 적군에게 패하여 적군
의 칼에 쫓길 일이든지 혹 여호와
의 칼 곧 전염병이 사흘 동안 이
땅에 유행하며 여호와의 천사가
이스라엘 온 지경을 멸할 일이든
지라고 하셨나니 내가 무슨 말로
나를 보내신 이에게 대답할지를
(決定)결정하소서 하니
13 다윗이 갓에게 이르되 내가 곤경
에 빠졌도다 여호와께서는 (矜恤)
긍휼이 심히 크시니 내가 그의 손
에 빠지고 사람의 손에 빠지지 아
니하기를 원하나이다 하는지라
14 이에 여호와께서 이스라엘 백성에
게 (傳染病)전염병을 내리시매 이
스라엘 백성 중에서 죽은 자가 칠
만 명이었더라
15 하나님이 예루살렘을 멸하러 천
사를 보내셨더니 천사가 멸하려
할 때에 여호와께서 보시고 이 (災
殃)재앙 내림을 뉘우치사 멸하는
천사에게 이르시되 족하다 이제는
네 손을 거두라 하시니 그 때에 여
호와의 천사가 여부스 사람 오르
난의 타작 마당 곁에 선지라
16 다윗이 눈을 들어 보매 여호와의
(天使)천사가 천지 사이에 섰고
칼을 빼어 손에 들고 예루살렘 하
늘을 향하여 편지라 다윗이 장로
들과 더불어 굵은 베를 입고 얼굴
을 땅에 대고 엎드려
17 하나님께 아뢰되 명령하여 백성을
계수하게 한 자가 내가 아니니이
까 (犯罪)범죄하고 악을 행한 자
는 곧 나이니이다 이 양 떼는 무엇
을 행하였나이까 청하건대 나의
하나님 여호와여 주의 손으로 나
와 내 아버지의 집을 치시고 주의
백성에게 재앙을 내리지 마옵소서
하니라
18 ● 여호와의 천사가 갓에게 명령
하여 다윗에게 이르시기를 다윗
은 올라가서 여부스 사람 오르난
의 타작 마당에서 여호와를 위하
여 (祭壇)제단을 쌓으라 하신지라
19 이에 갓이 여호와의 이름으로 이
른 말씀대로 다윗이 올라가니라
20 그 때에 오르난이 밀을 (打作)타
작하다가 돌이켜 천사를 보고 오
르난이 네 명의 아들과 함께 숨었
더니
21 다윗이 오르난에게 나아가매 오르
난이 내다보다가 다윗을 보고 (打
作)타작 마당에서 나와 얼굴을 땅
에 대고 다윗에게 절하매
22 다윗이 오르난에게 이르되 이 타
작하는 곳을 내게 넘기라 너는 (相
當)상당한 값으로 내게 넘기라 내
가 여호와를 위하여 여기 한 제단
을 쌓으리니 그리하면 전염병이
백성 중에서 그치리라 하니
23 오르난이 다윗에게 말하되 왕은
취하소서 내 주 왕께서 좋게 여기
시는 대로 행하소서 보소서 내가
이것들을 드리나이다 소들은 (燔
祭物)번제물로, 곡식 떠는 기계는
화목으로, 밀은 소제물로 삼으시

기 위하여 다 드리나이다 하는지
라
24 다윗 왕이 오르난에게 이르되 그
렇지 아니하다 내가 반드시 (相
當)상당한 값으로 사리라 내가 여
호와께 드리려고 네 물건을 빼앗
지 아니하겠고 값 없이는 번제를
드리지도 아니하리라 하니라
25 그리하여 다윗은 그 터 값으로 금
육백 세겔을 달아 오르난에게 주
고
26 다윗이 거기서 여호와를 위하여
제단을 쌓고 (燔祭)번제와 화목제
를 드려 여호와께 아뢰었더니 여
호와께서 하늘에서부터 번제단 위
에 불을 내려 응답하시고
27 여호와께서 천사를 (命令)명령하
시매 그가 칼을 칼집에 꽂았더라
28 ●이 때에 다윗이 여호와께서 여
부스 사람 오르난의 타작 마당에
서 (應答)응답하심을 보고 거기서
제사를 드렸으니
29 옛적에 모세가 광야에서 지은 여
호와의 (聖幕)성막과 번제단이 그
때에 기브온 산당에 있었으나
30 다윗이 여호와의 (天使)천사의 칼
을 두려워하여 감히 그 앞에 가서
하나님께 묻지 못하더라

22

다윗이 이르되 이는 여호와
하나님의 (聖殿)성전이요
이는 이스라엘의 번제단이라 하였
더라

성전 건축 준비

2 ●다윗이 명령하여 이스라엘 땅
에 거류하는 이방 사람을 모으고
(石手)석수를 시켜 하나님의 성전
을 건축할 돌을 다듬게 하고
3 다윗이 또 문짝 못과 거멀 못에 쓸
철을 많이 (準備)준비하고 또 무
게를 달 수 없을 만큼 심히 많은
놋을 준비하고
4 또 (柏香木)백향목을 무수히 준비
하였으니 이는 시돈 사람과 두로
사람이 백향목을 다윗에게로 많이
(輸運)수운하여 왔음이라
5 다윗이 이르되 내 아들 솔로몬은
어리고 미숙하고 여호와를 위하
여 건축할 성전은 극히 웅장하여
만국에 (名聲)명성과 영광이 있게
하여야 할지라 그러므로 내가 이
제 그것을 위하여 준비하리라 하
고 다윗이 죽기 전에 많이 준비하
였더라
6 ●다윗이 그의 아들 솔로몬을 불
러 이스라엘 하나님 여호와를 위
하여 성전 (建築)건축하기를 부탁
하여
7 다윗이 솔로몬에게 이르되 내 아
들아 나는 내 하나님 여호와의 이
름을 위하여 (聖殿)성전을 건축할
마음이 있었으나
8 여호와의 말씀이 내게 임하여 이
르시되 너는 피를 심히 많이 흘렸
고 크게 (戰爭)전쟁하였느니라 네
가 내 앞에서 땅에 피를 많이 흘렸
은즉 내 이름을 위하여 성전을 건
축하지 못하리라
9 보라 한 아들이 네게서 나리니 그
는 (溫順)온순한 사람이라 내가
그로 주변 모든 대적에게서 평온

을 얻게 하리라 그의 이름을 솔로
몬이라 하리니 이는 내가 그의 생
전에 평안과 안일함을 이스라엘에
게 줄 것임이니라
10 그가 내 이름을 위하여 성전을 건
축할지라 그는 내 아들이 되고 나
는 그의 아버지가 되어 그 나라 왕
위를 이스라엘 위에 굳게 세워 (永
遠)영원까지 이르게 하리라 하셨
나니
11 이제 내 아들아 여호와께서 너와
함께 계시기를 (願)원하며 네가
형통하여 여호와께서 네게 대하여
말씀하신 대로 네 하나님 여호와
의 성전을 건축하며
12 여호와께서 네게 지혜와 총명을
주사 네게 이스라엘을 다스리게
하시고 네 하나님 여호와의 (律
法)율법을 지키게 하시기를 더욱
원하노라
13 그 때에 네가 만일 여호와께서 모
세를 통하여 이스라엘에게 명령하
신 모든 규례와 법도를 삼가 행하
면 (亨通)형통하리니 강하고 (膽
大)담대하여 두려워하지 말고 놀
라지 말지어다
14 내가 환난 중에 여호와의 성전을
위하여 금 십만 달란트와 은 백만
달란트와 놋과 철을 그 무게를 달
수 없을 만큼 심히 많이 준비하였
고 또 (材木)재목과 돌을 준비하
였으나 너는 더할 것이며
15 또 장인이 네게 많이 있나니 곧
(石手)석수와 목수와 온갖 일에
익숙한 모든 사람이니라
16 금과 은과 놋과 철이 (無數)무수
하니 너는 일어나 일하라 여호와
께서 너와 함께 계실지로다 하니
라
17 ● 다윗이 또 이스라엘 모든 (方
伯)방백에게 명령하여 그의 아들
솔로몬을 도우라 하여 이르되
18 너희 하나님 여호와께서 너희와
함께 계시지 아니하시느냐 사면으
로 너희에게 평온함을 주지 아니
하셨느냐 이 땅 주민을 내 손에 넘
기사 이 땅으로 여호와와 그의 백
성 앞에 (服從)복종하게 하셨나니
19 이제 너희는 마음과 뜻을 바쳐서
너희 하나님 여호와를 구하라 그
리고 일어나서 여호와 하나님의
성전을 건축하고 여호와의 (言約
櫃)언약궤와 하나님 성전의 기물
을 가져다가 여호와의 이름을 위
하여 건축한 성전에 들이게 하라
하였더라

레위 사람의 일

23 다윗이 나이가 많아 늙으
매 아들 솔로몬을 이스라엘
(王)왕으로 삼고
2 이스라엘 모든 (方伯)방백과 제사
장과 레위 사람을 모았더라
3 레위 사람은 삼십 세 이상으로 (計
數)계수하니 모든 남자의 수가 삼
만 팔천 명인데
4 그 중의 이만 사천 명은 여호와의
성전의 일을 보살피는 자요 육천
명은 (官員)관원과 재판관이요
5 사천 명은 문지기요 사천 명은 그
가 여호와께 (讚頌)찬송을 드리기

위하여 만든 악기로 찬송하는 자
들이라
6 다윗이 레위의 아들들을 게르손과
그핫과 므라리에 따라 각 (班)반
으로 나누었더라
7 ● 게르손 (子孫)자손은 라단과 시
므이라
8 라단의 아들들은 우두머리 여히엘
과 또 세담과 요엘 세 사람이요
9 시므이의 아들들은 슬로밋과 하시
엘과 하란 세 사람이니 이는 라단
의 우두머리들이며
10 또 시므이의 아들들은 야핫과 시
나와 여우스와 브리아이니 이 네
사람도 시므이의 아들이라
11 그 우두머리는 야핫이요 그 다음
은 시사며 여우스와 브리아는 아
들이 많지 아니하므로 그들과 한
조상의 (家門)가문으로 계수되었
더라
12 ● 그핫의 아들들은 아므람과 이
스할과 헤브론과 웃시엘 네 사람
이라
13 아므람의 아들들은 아론과 모세이
니 아론은 그 자손들과 함께 구별
되어 몸을 성결하게 하여 영원토
록 심히 거룩한 자가 되어 여호와
앞에 (焚香)분향하고 섬기며 영원
토록 그 이름으로 축복하게 되었
느니라
14 하나님의 사람 모세의 아들들은
레위 지파 중에 (記錄)기록되었으
니
15 모세의 아들은 게르솜과 엘리에셀
이라
16 게르솜의 아들중에 스브엘이 우두
머리가 되었고
17 엘리에셀의 아들들은 우두머리 르
하뱌라 엘리에셀에게 이 외에는
다른 아들이 없고 르하뱌의 아들
들은 심히 많았으며
18 이스할의 아들들은 우두머리 슬로
밋이요
19 헤브론의 아들들은 우두머리 여리
야와 둘째 아마랴와 셋째 야하시
엘과 넷째 여가므암이며
20 웃시엘의 아들들은 우두머리 미가
와 그 다음 잇시야더라
21 ● 므라리의 아들들은 마흘리와
무시요 마흘리의 아들들은 엘르아
살과 기스라
22 엘르아살이 아들이 없이 죽고 딸
만 있더니 그의 (兄弟)형제 기스
의 아들이 그에게 장가 들었으며
23 무시의 아들들은 마흘리와 에델과
여레못 세 사람이더라
24 ● 이는 다 레위 자손이니 그 조상
의 가문을 따라 (計數)계수된 이
름이 기록되고 여호와의 성전에서
섬기는 일을 하는 이십세 이상 된
우두머리들이라
25 다윗이 이르기를 이스라엘 하나님
여호와께서 평강을 그의 백성에게
주시고 예루살렘에 영원히 (居)거
하시나니
26 레위 사람이 다시는 성막과 그 가
운데에서 쓰는 모든 (器具)기구를
멜 필요가 없다 한지라
27 다윗의 (遺言)유언대로 레위 자손
이 이십 세 이상으로 계수되었으

니
28 그 직분은 아론의 자손을 도와 여
호와의 성전과 뜰과 골방에서 섬
기고 또 모든 성물을 (淨潔)정결
하게 하는 일 곧 하나님의 성전에
서 섬기는 일과
29 또 (陳設餠)진설병과 고운 가루의
소제물 곧 무교전병이나 과자를
굽는 것이나 반죽하는 것이나 또
모든 저울과 자를 맡고
30 아침과 저녁마다 서서 여호와께
(感謝)감사하고 찬송하며
31 또 안식일과 초하루와 절기에 모
든 (燔祭)번제를 여호와께 드리되
그가 명령하신 규례의 정한 수효
대로 항상 여호와 앞에 드리며
32 또 회막의 직무와 성소의 (職務)
직무와 그들의 형제 아론 자손의
직무를 지켜 여호와의 성전에서
수종드는 것이더라

제사장 직분을 맡은 사람들

24 아론 자손의 (系列)계열들
이 이러하니라 아론의 아들
들은 나답과 아비후와 엘르아살과
이다말이라
2 나답과 아비후가 그들의 아버지보
다 먼저 죽고 그들에게 아들이 없
으므로 엘르아살과 이다말이 (祭
司長)제사장의 (職分)직분을 행
하였더라
3 다윗이 엘르아살의 (子孫)자손 사
독과 이다말의 자손 아히멜렉과
더불어 그들을 나누어 각각 그 섬
기는 직무를 맡겼는데
4 엘르아살의 자손 중에 우두머리가
이다말의 자손보다 많으므로 나눈
것이 이러하니 엘르아살 자손의
우두머리가 열여섯 명이요 이다말
자손은 그 조상들의 (家門)가문을
따라 여덟 명이라
5 이에 제비 뽑아 피차에 (差等)차
등이 없이 나누었으니 이는 성전
의 일을 다스리는 자와 하나님의
일을 다스리는 자가 엘르아살의
자손 중에도 있고 이다말의 자손
중에도 있음이라
6 레위 사람 느다넬의 아들 (書記
官)서기관 스마야가 왕과 방백과
제사장 사독과 아비아달의 아들
아히멜렉과 및 제사장과 레위 사
람의 우두머리 앞에서 그 이름을
기록하여 엘르아살의 자손 중에서
한 집을 뽑고 이다말의 자손 중에
서 한 집을 뽑았으니
7 첫째로 제비 뽑힌 자는 여호야립
이요 둘째는 여다야요
8 셋째는 하림이요 넷째는 스오림이
요
9 다섯째는 말기야요 여섯째는 미야
민이요
10 일곱째는 학고스요 여덟째는 아비
야요
11 아홉째는 예수아요 열째는 스가냐
요
12 열한째는 엘리아십이요 열두째는
야김이요
13 열셋째는 훕바요 열넷째는 예세
브압이요
14 열다섯째는 빌가요 열여섯째는 임
멜이요

15 열일곱째는 헤실이요 열여덟째는
합비세스요
16 열아홉째는 브다히야요 스무째는
여헤스겔이요
17 스물한째는 야긴이요 스물두째는
가물이요
18 스물셋째는 들라야요 스물넷째는
마아시야라
19 이와 같은 (職務)직무에 따라 여
호와의 성전에 들어가서 그의 아
버지 아론을 도왔으니 이는 이스
라엘의 하나님 여호와께서 명하신
규례더라

레위 자손 중에 남은 자들

20 ● 레위 (子孫)자손 중에 남은 자
는 이러하니 아므람의 아들들 중
에는 수바엘이요 수바엘의 아들들
중에는 예드야며
21 르하뱌에게 이르러는 그의 아들들
중에 우두머리 잇시야요
22 이스할의 아들들 중에는 슬로못이
요 슬로못의 아들들 중에는 야핫
이요
23 헤브론의 아들들은 (長子)장자 여
리야와 둘째 아마랴와 셋째 야하
시엘과 넷째 여가므암이요
24 웃시엘의 아들들은 미가요 미가의
아들들 중에는 사밀이요
25 미가의 아우는 잇시야라 잇시야의
아들들 중에는 스가랴이며
26 므라리의 아들들은 마흘리와 무시
요 야아시야의 아들들은 브노이니
27 므라리의 (子孫)자손 야아시야에
게서 난 자는 브노와 소함과 삭굴
과 이브리요
28 마흘리의 아들 중에는 엘르아살이
니 엘르아살은 아들이 없으며
29 기스에게 이르러는 그의 아들 여
라므엘이요
30 무시의 아들들은 마흘리와 에델과
여리못이니 이는 다 그 조상의 가
문에 따라 (記錄)기록한 레위 자
손이라
31 이 여러 사람도 다윗 왕과 사독과
아히멜렉과 (祭司長)제사장과 레
위 우두머리 앞에서 그들의 형제
아론 자손처럼 제비 뽑혔으니 장
자의 가문과 막내 동생의 가문이
다름이 없더라

찬송을 맡은 사람들

25 다윗이 군대 지휘관들과 더
불어 아삽과 헤만과 여두둔
의 자손 중에서 구별하여 섬기게
하되 수금과 비파와 제금을 잡아 [1]
신령한 노래를 하게 하였으니 그
(職務)직무대로 일하는 자의 수효
는 이러하니라
2 아삽의 아들들은 삭굴과 요셉과
느다냐와 아사렐라니 이 아삽의
아들들이 아삽의 (指揮)지휘 아래
왕의 명령을 따라 [1]신령한 노래를
하며
3 여두둔에게 이르러서는 그의 아들
들 그달리야와 스리와 여사야와 [2]
시므이와 하사뱌와 맛디디야 여섯
사람이니 그의 아버지 여두둔의
지휘 아래 수금을 잡아 [1](神靈)신
령한 노래를 하며 여호와께 감사
하며 찬양하며

1) 히, 예언을 뜻함 2) 히, '시므이'가 없음. 헬, '시므이'

4 헤만에게 이르러는 그의 아들들
북기야와 맛다냐와 웃시엘과 스브
엘과 여리못과 하나냐와 하나니와
엘리아다와 깃달디와 로맘디에셀
과 요스브가사와 말로디와 호딜과
마하시옷이라
5 이는 다 헤만의 아들들이니 (喇
叭)나팔을 부는 자들이며 헤만은
하나님의 말씀을 가진 왕의 선견
자라 하나님이 헤만에게 열네 아
들과 세 딸을 주셨더라
6 이들이 다 그들의 아버지의 지휘
아래 제금과 비파와 수금을 잡아
여호와의 (殿)전에서 노래하여 하
나님의 전을 섬겼으며 아삽과 여
두둔과 헤만은 왕의 지휘 아래 있
었으니
7 그들과 모든 형제 곧 여호와 찬송
하기를 배워 익숙한 자의 (數爻)
수효가 이백팔십팔 명이라
8 이 무리의 큰 자나 작은 자나 스승
이나 제자를 (莫論)막론하고 다같
이 제비 뽑아 직임을 얻었으니
9 첫째로 제비 뽑힌 자는 아삽의 아
들 중 요셉이요 둘째는 그달리야
이니 그와 그의 (兄弟)형제들과
아들들 십이 명이요
10 셋째는 삭굴이니 그의 아들들과
형제들과 십이 명이요
11 넷째는 이스리이니 그의 아들들과
형제들과 십이 명이요
12 다섯째는 느다냐니 그의 아들들과
형제들과 십이 명이요
13 여섯째는 북기야니 그의 아들들과
형제들과 십이 명이요
14 일곱째는 여사렐라니 그의 아들들
과 형제들과 십이 명이요
15 여덟째는 여사야니 그의 아들들과
형제들과 십이 명이요
16 아홉째는 맛다냐니 그의 아들들과
형제들과 십이 명이요
17 열째는 시므이니 그의 아들들과
형제들과 십이 명이요
18 열한째는 아사렐이니 그의 아들들
과 형제들과 십이 명이요
19 열두째는 하사뱌니 그의 아들들과
형제들과 십이 명이요
20 열셋째는 수바엘이니 그의 아들들
과 형제들과 십이 명이요
21 열넷째는 맛디디야니 그의 아들들
과 형제들과 십이 명이요
22 열다섯째는 여레못이니 그의 아들
들과 형제들과 십이 명이요
23 열여섯째는 하나냐니 그의 아들들
과 형제들과 십이 명이요
24 열일곱째는 요스브가사니 그의 아
들들과 형제들과 십이 명이요
25 열여덟째는 하나니니 그의 아들들
과 형제들과 십이 명이요
26 열아홉째는 말로디니 그의 아들들
과 형제들과 십이 명이요
27 스무째는 엘리아다니 그의 아들들
과 형제들과 십이 명이요
28 스물한째는 호딜이니 그의 아들들
과 형제들과 십이 명이요
29 스물두째는 깃달디니 그의 아들들
과 형제들과 십이 명이요
30 스물셋째는 마하시옷이니 그의 아
들들과 형제들과 십이 명이요
31 스물넷째는 로맘디에셀이니 그의

아들들과 형제들과 십이 명이었더
라

성전 문지기

26 고라 사람들의 문지기 반들
은 이러하니라 아삽의 (家
門)가문 중 고레의 아들 므셀레먀
라
2 므셀레먀의 아들들인 맏아들 스가
랴와 둘째 여디야엘과 셋째 스바
댜와 넷째 야드니엘과
3 다섯째 엘람과 여섯째 여호하난과
일곱째 엘여호에내이며
4 오벧에돔의 아들들은 맏아들 스마
야와 둘째 여호사밧과 셋째 요아
와 넷째 사갈과 다섯째 느다넬과
5 여섯째 암미엘과 일곱째 잇사갈과
여덟째 브울래대이니 이는 하나님
이 오벧에돔에게 (福)복을 주셨음
이라
6 그의 아들 스마야도 두어 아들을
낳았으니 그들의 조상의 가문을
다스리는 자요 큰 (勇士)용사라
7 스마야의 아들들은 오드니와 르바
엘과 오벳과 엘사밧이며 엘사밧의
형제 엘리후와 스마갸는 (能力)능
력이 있는 자이니
8 이는 다 오벧에돔의 자손이라 그
들과 그의 아들들과 그의 형제들
은 다 능력이 있어 그 (職務)직무
를 잘하는 자이니 오벧에돔에게서
난 자가 육십이 명이며
9 또 므셀레먀의 아들과 형제 열여
덟 명은 (能力)능력이 있는 자라
10 므라리 자손 중 호사에게도 아들
들이 있으니 그의 (長子)장자는
시므리라 시므리는 본래 맏아들이
아니나 그의 아버지가 장자로 삼
았고
11 둘째는 힐기야요 셋째는 드발리야
요 넷째는 스가랴이니 호사의 아
들들과 형제들이 열세 (名)명이더
라
12 ●이상은 다 문지기의 (班長)반장
으로서 그 형제처럼 직임을 얻어
여호와의 성전에서 섬기는 자들이
라
13 각 문을 지키기 위하여 그의 조상
의 가문을 따라 대소를 (莫論)막
론하고 다 제비 뽑혔으니
14 셀레먀는 동쪽을 뽑았고 그의 아
들 스가랴는 (明哲)명철한 모사라
모사를 위하여 제비 뽑으니 북쪽
을 뽑았고
15 오벧에돔은 남쪽을 뽑았고 그의
아들들은 (庫間)곳간에 뽑혔으며
16 숩빔과 호사는 서쪽을 뽑아 큰 길
로 통한 살래겟 문 곁에 있어 서로
대하여 (把守)파수하였으니
17 동쪽 문에 레위 사람이 여섯이요
북쪽 문에 (每日)매일 네 사람이
요 남쪽 문에 매일 네 사람이요 곳
간에는 둘씩이며
18 서쪽 뜰에 있는 큰 길에 네 사람
그리고 뜰에 두 사람이라
19 고라와 므라리 자손의 문지기의
(職責)직책은 이러하였더라

성전 곳간을 맡은 사람들

20 ●레위 사람 중에 아히야는 하나
님의 전 곳간과 (聖物)성물 곳간
을 맡았으며

21 라단의 자손은 곧 라단에게 (屬)
속한 게르손 사람의 자손이니 게
르손 사람 라단에게 속한 가문의
우두머리는 여히엘리라
22 여히엘리의 아들들은 스담과 그의
아우 요엘이니 여호와의 (聖殿)성
전 곳간을 맡았고
23 아므람 (子孫)자손과 이스할 자손
과 헤브론 자손과 웃시엘 자손 중
에
24 모세의 아들 게르솜의 자손 스브
엘은 (庫間)곳간을 맡았고
25 그의 형제 곧 엘리에셀에게서 난
자는 그의 아들 르하뱌와 그의 아
들 여사야와 그의 아들 요람과 그
의 아들 시그리와 그의 아들 슬로
못이라
26 이 슬로못과 그의 형제는 (聖物)
성물의 모든 곳간을 맡았으니 곧
다윗 왕과 가문의 우두머리와 천
부장과 백부장과 군대의 모든 지
휘관이 구별하여 드린 성물이라
27 그들이 싸울 때에 노략하여 얻은
물건 중에서 (區別)구별하여 드려
여호와의 성전을 개수한 일과
28 선견자 사무엘과 기스의 아들 사
울과 넬의 아들 아브넬과 스루야
의 아들 요압이 무엇이든지 (區
別)구별하여 드린 성물은 다 슬로
못과 그의 형제의 지휘를 받았더
라

다른 레위 사람들의 직임

29 ● 이스할 자손 중에 그나냐와 그
의 아들들은 (聖殿)성전 밖에서
이스라엘의 일을 다스리는 관원과
재판관이 되었고
30 헤브론 자손 중에 하사뱌와 그의
동족 용사 천 칠백 명은 요단 서쪽
에서 이스라엘을 주관하여 여호와
의 모든 일과 왕을 섬기는 (職任)
직임을 맡았으며
31 헤브론 자손 중에서는 여리야가
그의 (族譜)족보와 종족대로 헤브
론 자손의 우두머리가 되었더라
다윗이 왕 위에 있은 지 사십 년에
길르앗 야셀에서 그들 중에 구하
여 큰 용사를 얻었으니
32 그의 형제 중 이천칠백 명이 다 용
사요 가문의 우두머리라 다윗 왕
이 그들로 르우벤과 갓과 므낫세
반 지파를 (主管)주관하여 하나님
의 모든 일과 왕의 일을 다스리게
하였더라

모든 가문의 우두머리와 관원들

27 이스라엘 자손의 모든 가문
의 우두머리와 (千夫長)천
부장과 백부장과 왕을 섬기는 관
원들이 그들의 숫자대로 반이 나
누이니 각 반열이 이만 사천 명씩
이라 일 년 동안 달마다 들어가며
나왔으니
2 첫째 달 반의 (班長)반장은 삽디
엘의 아들 야소브암이요 그의 반
에 이만 사천 명이라
3 그는 베레스의 자손으로서 첫째
달 반의 모든 (指揮官)지휘관의
우두머리가 되었고
4 둘째 달 반의 (班長)반장은 아호
아 사람 도대요 또 미글롯이 그의
반의 (主掌)주장이 되었으니 그의

반에 이만 사천 명이요
5 셋째 달 군대의 셋째 지휘관은 (大
祭司長)대제사장 여호야다의 아
들 브나야요 그의 반에 이만 사천
명이라
6 이 브나야는 삼십 명 중에 (勇士)
용사요 삼십 명 위에 있으며 그의
반 중에 그의 아들 암미사밧이 있
으며
7 넷째 달 넷째 지휘관은 요압의 아
우 아사헬이요 그 다음은 그의 아
들 스바댜이니 그의 반에 이만 사
천 명이요
8 다섯째 달 다섯째 (指揮官)지휘관
은 이스라 사람 삼훗이니 그의 반
에 이만 사천 명이요
9 여섯째 달 여섯째 지휘관은 드고
아 사람 익게스의 아들 이라이니
그의 (班)반에 이만 사천 명이요
10 일곱째 달 일곱째 지휘관은 에브
라임 자손에 (屬)속한 발론 사람
헬레스이니 그의 반에 이만 사천
명이요
11 여덟째 달 여덟째 지휘관은 세라
(族屬)족속 후사 사람 십브개이니
그의 반에 이만 사천 명이요
12 아홉째 달 아홉째 지휘관은 베냐
민 자손 아나돗 사람 아비에셀이
니 그의 (班)반에 이만 사천 명이
요
13 열째 달 열째 (指揮官)지휘관은
세라 족속 느도바 사람 마하래이
니 그의 반에 이만 사천 명이요
14 열한째 달 열한째 지휘관은 에브
라임 자손에 속한 비라돈 사람 브
나야이니 그의 반에 이만 사천 명
이요
15 열두째 달 열두째 지휘관은 옷니
엘 자손에 (屬)속한 느도바 사람
헬대니 그 반에 이만 사천 명이었
더라

각 지파를 관할하는 자들

16 ● 이스라엘 지파를 (管轄)관할하
는 자는 이러하니라 르우벤 사람
의 지도자는 시그리의 아들 엘리
에셀이요 시므온 사람의 지도자는
마아가의 아들 스바댜요
17 레위 사람의 (指導者)지도자는 그
무엘의 아들 하사뱌요 아론 자손
의 지도자는 사독이요
18 유다의 지도자는 다윗의 (兄)형
엘리후요 잇사갈의 지도자는 미가
엘의 아들 오므리요
19 스불론의 (指導者)지도자는 오바
댜의 아들 이스마야요 납달리의
지도자는 아스리엘의 아들 여레못
이요
20 에브라임 자손의 지도자는 아사시
야의 아들 호세아요 므낫세 (半)
반 지파의 지도자는 브다야의 아
들 요엘이요
21 길르앗에 있는 므낫세 반 (支派)
지파의 지도자는 스가랴의 아들
잇도요 베냐민의 지도자는 아브넬
의 아들 야아시엘이요
22 단은 여로함의 아들 아사렐이니
이들은 이스라엘 (支派)지파의 지
휘관이었더라
23 이스라엘 사람의 이십 세 (以下)
이하의 수효는 다윗이 조사하지

아니하였으니 이는 여호와께서 전
에 말씀하시기를 이스라엘 사람을
하늘의 별 같이 많게 하리라 하셨
음이라
24 스루야의 아들 요압이 (調査)조사
하기를 시작하고 끝내지도 못해서
그 일로 말미암아 진노가 이스라
엘에게 임한지라 그 수효를 다윗
왕의 역대지략에 기록하지 아니하
였더라

왕의 재산을 맡은 자들

25 ● 아디엘의 아들 아스마웻은 왕
의 곳간을 맡았고 웃시야의 아들
요나단은 밭과 성읍과 마을과 (望
臺)망대의 곳간을 맡았고
26 글룹의 아들 에스리는 밭 가는 (農
民)농민을 거느렸고
27 라마 사람 시므이는 (葡萄園)포도
원을 맡았고 스밤 사람 삽디는 포
도원의 소산 포도주 곳간을 맡았
고
28 게델 사람 바알하난은 (平野)평야
의 감람나무와 뽕나무를 맡았고
요아스는 기름 곳간을 맡았고
29 사론 사람 시드래는 사론에서 먹
이는 소 떼를 맡았고 아들래의 아
들 사밧은 골짜기에 있는 소 떼를
맡았고
30 이스마엘 사람 오빌은 (駱駝)낙타
를 맡았고 메로놋 사람 예드야는
나귀를 맡았고 하갈 사람 야시스
는 양 떼를 맡았으니
31 다윗 왕의 (財産)재산을 맡은 자
들이 이러하였더라

다윗을 섬기는 사람들

32 ● 다윗의 숙부 요나단은 지혜가
있어서 (謀士)모사가 되며 서기관
도 되었고 학모니의 아들 여히엘
은 왕자들의 수종자가 되었고
33 아히도벨은 왕의 (謀士)모사가 되
었고 아렉 사람 후새는 왕의 벗이
되었고
34 브나야의 아들 여호야다와 아비아
달은 아히도벨의 뒤를 이었고 요
압은 왕의 군대 (指揮官)지휘관이
되었더라

다윗이 성전 건축을 지시하다

28 다윗이 이스라엘 모든 고관
들 곧 각 지파의 어른과 왕
을 섬기는 반장들과 천부장들과
백부장들과 및 왕과 왕자의 모든
소유와 가축의 (監督)감독과 내시
와 장사와 모든 용사를 예루살렘
으로 (召集)소집하고
2 이에 다윗 왕이 일어서서 이르되
나의 형제들, 나의 백성들아 내 말
을 들으라 나는 여호와의 언약궤
곧 우리 하나님의 발판을 (奉安)
봉안할 성전을 건축할 마음이 있
어서 건축할 재료를 준비하였으나
3 하나님이 내게 이르시되 너는 전
쟁을 많이 한 사람이라 피를 많이
흘렸으니 내 이름을 위하여 성전
을 (建築)건축하지 못하리라 하셨
느니라
4 그러나 이스라엘 하나님 여호와
께서 전에 나를 내 (父親)부친의
온 집에서 택하여 영원히 이스라
엘 왕이 되게 하셨나니 곧 하나님
이 유다 지파를 택하사 머리를 삼

으시고 유다의 가문에서 내 부친
의 집을 택하시고 내 부친의 아들
들 중에서 나를 기뻐하사 온 이스
라엘의 왕을 삼으셨느니라
5 여호와께서 내게 여러 아들을 주
시고 그 모든 아들 중에서 내 아들
솔로몬을 (擇)택하사 여호와의 나
라 왕위에 앉혀 이스라엘을 다스
리게 하려 하실새
6 내게 이르시기를 네 아들 솔로몬
그가 내 (聖殿)성전을 (建築)건축
하고 내 여러 뜰을 만들리니 이는
내가 그를 택하여 내 아들로 삼고
나는 그의 아버지가 될 것임이라
7 그가 만일 나의 계명과 법도를 힘
써 (遵行)준행하기를 오늘과 같이
하면 내가 그의 나라를 영원히 견
고하게 하리라 하셨느니라
8 이제 너희는 온 이스라엘 곧 여호
와의 회중이 보는 데에서와 우리
하나님이 들으시는 데에서 너희
하나님 여호와의 모든 (誡命)계명
을 구하여 지키기로 하라 그리하
면 너희가 이 아름다운 땅을 누리
고 너희 후손에게 끼쳐 영원한 기
업이 되게 하리라
9 내 아들 솔로몬아 너는 네 아버지
의 하나님을 알고 (穩全)온전한
마음과 기쁜 뜻으로 섬길지어다
여호와께서는 모든 마음을 (鑑察)
감찰하사 모든 의도를 아시나니
네가 만일 그를 찾으면 만날 것이
요 만일 네가 그를 버리면 그가 너
를 영원히 버리시리라
10 그런즉 이제 너는 삼갈지어다 여
호와께서 너를 택하여 성전의 건
물을 (建築)건축하게 하셨으니 힘
써 행할지니라 하니라
11 ●다윗이 성전의 복도와 그 집들
과 그 곳간과 다락과 골방과 속죄
소의 (設計圖)설계도를 그의 아들
솔로몬에게 주고
12 또 그가 (靈感)영감으로 받은 모
든 것 곧 여호와의 성전의 뜰과 사
면의 모든 방과 하나님의 성전 곳
간과 성물 곳간의 설계도를 주고
13 또 제사장과 레위 사람의 (班列)
반열과 여호와의 성전에서 섬기는
모든 일과 여호와의 성전을 섬기
는 데에 쓰는 모든 그릇의 (樣式)
양식을 설명하고
14 또 모든 섬기는 데에 쓰는 금 (器
具)기구를 만들 금의 무게와 모든
섬기는 데에 쓰는 은 기구를 만들
은의 무게를 정하고
15 또 금 등잔대들과 그 (燈盞)등잔
곧 각 등잔대와 그 등잔을 만들 금
의 무게와 은 등잔대와 그 등잔을
만들 은의 무게를 각기 그 기구에
알맞게 하고
16 또 (陳設餠)진설병의 각 상을 만
들 금의 무게를 정하고 은상을 만
들 은도 그렇게 하고
17 갈고리와 대접과 종지를 만들 (純
金)순금과 금 잔 곧 각 잔을 만들
금의 무게와 또 은 잔 곧 각 잔을
만들 은의 무게를 정하고
18 또 향단에 쓸 순금과 또 수레 곧
금 그룹들의 설계도대로 만들 금
의 무게를 정해 주니 이 그룹들은

날개를 펴서 여호와의 (言約櫃)언
약궤를 덮는 것이더라
19 다윗이 이르되 여호와의 손이 내
게 임하여 이 모든 일의 (設計)설
계를 그려 나에게 알려 주셨느니
라
20 ● 또 그의 아들 솔로몬에게 이르
되 너는 강하고 (膽大)담대하게
이 일을 행하라 두려워하지 말며
놀라지 말라 네가 여호와의 성전
공사의 모든 일을 마치기까지 여
호와 하나님 나의 하나님이 너와
함께 계시사 네게서 떠나지 아니
하시고 너를 버리지 아니하시리라
21 제사장과 레위 사람의 반이 있으
니 하나님의 성전의 모든 (工事)
공사를 도울 것이요 또 모든 공사
에 유능한 기술자가 기쁜 마음으
로 너와 함께 할 것이요 또 모든
지휘관과 백성이 온전히 네 명령
아래에 있으리라

성전 건축에 쓸 예물

29 다윗 왕이 온 회중에게 이
르되 내 아들 솔로몬이 유
일하게 하나님께서 택하신 바 되
었으나 아직 어리고 (未熟)미숙하
며 이 공사는 크도다 이 성전은 사
람을 위한 것이 아니요 여호와 하
나님을 위한 것이라
2 내가 이미 내 하나님의 성전을 위
하여 힘을 다하여 준비하였나니
곧 기구를 만들 금과 은과 놋과 철
과 나무와 또 마노와 가공할 검은
보석과 (彩石)채석과 다른 모든
보석과 옥돌이 매우 많으며
3 (聖殿)성전을 위하여 준비한 이
모든 것 외에도 내 마음이 내 하나
님의 성전을 사모하므로 내가 (私
有)사유한 금, 은으로 내 하나님
의 성전을 위하여 드렸노니
4 곧 오빌의 금 삼천 달란트와 순은
칠천 달란트라 모든 성전 (壁)벽
에 입히며
5 금, 은 그릇을 만들며 (匠人)장인
의 손으로 하는 모든 일에 쓰게 하
였노니 오늘 누가 즐거이 손에 채
워 여호와께 드리겠느냐 하는지라
6 ● 이에 모든 (家門)가문의 지도자
들과 이스라엘 모든 지파의 지도
자들과 천부장과 백부장과 왕의
사무관이 다 즐거이 드리되
7 하나님의 성전 (工事)공사를 위하
여 금 오천 달란트와 금 만 다릭
은 만 달란트와 놋 만 팔천 달란트
와 철 십만 달란트를 드리고
8 (寶石)보석을 가진 모든 사람은
게르손 사람 여히엘의 손에 맡겨
여호와의 성전 곳간에 드렸더라
9 백성들은 (自願)자원하여 드렸으
므로 기뻐하였으니 곧 그들이 성
심으로 여호와께 자원하여 드렸으
므로 다윗 왕도 심히 기뻐하니라

다윗의 감사 기도

10 ● 다윗이 온 회중 앞에서 여호와
를 (頌祝)송축하여 이르되 우리
조상 이스라엘의 하나님 여호와여
주는 영원부터 영원까지 송축을
받으시옵소서
11 여호와여 위대하심과 권능과 영광
과 승리와 (威嚴)위엄이 다 주께

속하였사오니 천지에 있는 것이
다 주의 것이로소이다 여호와여
(主權)주권도 주께 속하였사오니
주는 높으사 만물의 머리이심이니
이다
12 부와 (貴)귀가 주께로 말미암고
또 주는 만물의 주재가 되사 손에
권세와 능력이 있사오니 모든 사
람을 크게 하심과 강하게 하심이
주의 손에 있나이다
13 우리 하나님이여 이제 우리가 주
께 감사하오며 주의 (榮華)영화로
운 이름을 찬양하나이다
14 나와 내 (百姓)백성이 무엇이기에
이처럼 즐거운 마음으로 드릴 힘
이 있었나이까 모든 것이 주께로
말미암았사오니 우리가 주의 손에
서 받은 것으로 주께 드렸을 뿐이
니이다
15 우리는 우리 조상들과 같이 주님
앞에서 이방 나그네와 (居留民)거
류민들이라 세상에 있는 날이 그
림자 같아서 희망이 없나이다
16 우리 하나님 여호와여 우리가 주
의 거룩한 이름을 위하여 성전을
(建築)건축하려고 미리 (貯蓄)저
축한 이 모든 물건이 다 주의 손에
서 왔사오니 다 주의 것이니이다
17 나의 하나님이여 주께서 마음을
(鑑察)감찰하시고 (正直)정직을
기뻐하시는 줄을 내가 아나이다
내가 정직한 마음으로 이 모든 것
을 즐거이 드렸사오며 이제 내가
또 여기 있는 주의 (百姓)백성이
주께 자원하여 드리는 것을 보오
니 심히 기쁘도소이다
18 우리 조상들 아브라함과 이삭과
이스라엘의 하나님 여호와여 주께
서 이것을 주의 백성의 (心中)심
중에 영원히 두어 생각하게 하시
고 그 마음을 준비하여 주께로 돌
아오게 하시오며
19 또 내 아들 솔로몬에게 정성된 마
음을 주사 주의 계명과 (勸勉)권
면과 율례를 지켜 이 모든 일을 행
하게 하시고 내가 위하여 준비한
것으로 성전을 건축하게 하옵소서
하였더라
20 ●다윗이 온 회중에게 이르되 너
희는 너희 하나님 여호와를 (頌
祝)송축하라 하매 회중이 그의 조
상들의 하나님 여호와를 송축하고
머리를 숙여 여호와와 왕에게 절
하고
21 이튿날 여호와께 제사를 드리고
또 여호와께 (燔祭)번제를 드리니
수송아지가 천 마리요 숫양이 천
마리요 어린 양이 천 마리요 또 그
전제라 온 이스라엘을 위하여 풍
성한 제물을 드리고
22 이 날에 무리가 크게 기뻐하여 여
호와 앞에서 먹으며 마셨더라 ●
무리가 다윗의 아들 솔로몬을 다
시 왕으로 삼아 기름을 부어 여호
와께 돌려 (主權者)주권자가 되게
하고 사독에게도 기름을 부어 제
사장이 되게 하니라
23 솔로몬이 여호와께서 주신 왕위에
앉아 아버지 다윗을 이어 왕이 되
어 형통하니 온 이스라엘이 그의

명령에 (順從)순종하며
24 모든 방백과 용사와 다윗 왕의 여
러 아들들이 솔로몬 왕에게 (服
從)복종하니
25 여호와께서 솔로몬을 모든 이스라
엘의 목전에서 심히 크게 하시고
또 왕의 (威嚴)위엄을 그에게 주
사 그전 이스라엘 모든 왕보다 뛰
어나게 하셨더라

다윗의 행적

26 ●이새의 아들 다윗이 온 이스라
엘의 왕이 되어
27 이스라엘을 다스린 (期間)기간은
사십 년이라 헤브론에서 칠 년간
다스렸고 예루살렘에서 삼십삼 년
을 다스렸더라
28 그가 나이 많아 늙도록 부하고 존
귀를 누리다가 죽으매 그의 아들
솔로몬이 (代身)대신하여 왕이 되
니라
29 다윗 왕의 (行蹟)행적은 처음부터
끝까지 선견자 사무엘의 글과 선
지자 나단의 글과 선견자 갓의 글
에 다 기록되고
30 또 그의 왕 된 일과 그의 (權勢)권
세와 그와 이스라엘과 온 세상 모
든 나라의 지난 날의 역사가 다 기
록되어 있느니라

십계명

The Ten Commandments

하나님이 이 모든 말씀으로 말씀하여 이르시되,
나는 너를 애굽 땅, 종 되었던
집에서 인도하여 낸 네 하나님 여호와니라.

제일은, 너는 나 외에는 다른 신들을 네게 두지 말라.

제이는, 너를 위하여 새긴 우상을 만들지 말고,
또 위로 하늘에 있는 것이나, 아래로 땅에 있는 것이나,
땅 아래 물 속에 있는 것의 어떤 형상도 만들지 말며,
그것들에게 절하지 말며, 그것들을 섬기지 말라.

나 네 하나님 여호와는 질투하는 하나님인즉
나를 미워하는 자의 죄를 갚되,
아버지로부터 아들에게로 삼사 대까지 이르게 하거니와,
나를 사랑하고 내 계명을 지키는 자에게는
천 대까지 은혜를 베푸느니라.

제삼은, 너는 네 하나님 여호와의 이름을 망령되게 부르지 말라.

여호와는 그의 이름을 망령되게 부르는 자를 죄 없다 하지 아니하리라.

제사는, 안식일을 기억하여 거룩하게 지키라.

엿새 동안은 힘써 네 모든 일을 행할 것이나,
일곱째 날은 네 하나님 여호와의 안식일인즉,
너나 네 아들이나 네 딸이나, 네 남종이나, 네 여종이나,
네 가축이나, 네 문 안에 머무는 객이라도 아무 일도 하지 말라.